여러분의 합격을 응원하는

해커스경찰의 특별 혜택!

FREE 경찰 형사법 **특강**

해커스경찰(police.Hackers.com) 접속 후 로그인 ▶ 상단의 [무료강좌 → 경찰 무료강의] 클릭하여 이용

해커스경찰 온라인 단과강의 **20% 할인쿠폰**

6B473759683E366W

해커스경찰(police.Hackers.com) 접속 후 로그인 ▶ 상단의 [내강의실] 클릭 ▶
[쿠폰/포인트] 클릭 ▶ 쿠폰번호 입력 후 이용

* 등록 후 7일간 사용 가능(ID당 1회에 한해 등록 가능)

경위공채 합격예측 **온라인 모의고사 응시권 + 해설강의 수강권**

F739BEBBBB8ECY9V

해커스경찰(police.Hackers.com) 접속 후 로그인 ▶ 상단의 [내강의실] 클릭 ▶
[쿠폰/포인트] 클릭 ▶ 쿠폰번호 입력 후 이용

* ID당 1회에 한해 등록 가능

쿠폰 이용 관련 문의 **1588-4055**

단기 합격을 위한
해커스경찰 커리큘럼

입문

탄탄한 기본기와 핵심 개념 완성!

누구나 이해하기 쉬운 개념 설명과 풍부한 예시로 부담없이 쌩기초 다지기

TIP 베이스가 있다면 **기본 단계**부터!

▼

기본+심화

필수 개념 학습으로 이론 완성!

반드시 알아야 할 기본 개념과 문제풀이 전략을 학습하고
심화 개념 학습으로 고득점을 위한 응용력 다지기

▼

기출+예상 문제풀이

문제풀이로 집중 학습하고 실력 업그레이드!

기출문제의 유형과 출제 의도를 이해하고 최신 출제 경향을 반영한
예상문제를 풀어보며 본인의 취약영역을 파악 및 보완하기

▼

동형모의고사

동형모의고사로 실전력 강화!

실제 시험과 같은 형태의 실전모의고사를 풀어보며 실전감각 극대화

▼

마무리

시험 직전 실전 시뮬레이션!

각 과목별 시험에 출제되는 내용들을 최종 점검하며 실전 완성

PASS

* 커리큘럼 및 세부 일정은 상이할 수 있으며,
자세한 사항은 해커스경찰 사이트에서 확인하세요.

단계별 교재 확인 및
수강신청은 여기서!

police.Hackers.com

해커스경찰

허정 형사법

기본서 | 2권 형법각론

해커스경찰

허정

약력

상해푸단대학교 법학과 졸업

현 | 법무법인 예건 파트너변호사
현 | 해커스 변호사 형사법 전임(해커스 변호사 강사 콘테스트 1위)
현 | 해커스 경찰간부 형사법 전임
현 | 대법원 국선변호인
현 | 서울고등법원 소송구조변호사
현 | 국방부 군범죄 및 유족 국선변호인
현 | 서울행정법원 소송구조 변호사
현 | 서울남부지방법원 논스톱 국선변호인 및 국선변호인
현 | 서울북부지방법원 논스톱 국선변호인 및 국선변호인
현 | 서울시 공익변호사
현 | 대한변호사협회 장애인법률지원변호사단 단원
현 | 대한변호사협회 사회복지시설 무연고 사망자 유류금 신속처리 법률지원단 단원
현 | 서울지방변호사회 중대재해처벌법 대응 TF 자문위원
현 | 서울 강서경찰서 형사당직변호사
현 | 네이버지식iN 전문가 답변 상담변호사
현 | 서울명덕여자중학교 및 서울화곡초등학교 명예교사
현 | 9988병원 고문변호사
현 | 로메디 주식회사 고문변호사
현 | P2P 플랫폼 사건 고소대리인
현 | 가상화폐 브이글로벌 사건 고소대리인
전 | 조선일보 G20 기자

저서

해커스경찰 허정 형사법 기출문제집
해커스경찰 허정 형사법 기본서
해커스변호사 형사소송법의 맥 암기장
해커스변호사 형법의 맥 암기장
해커스변호사 형법의 맥
해커스변호사 변호사시험 핵심기출 형사법 선택형
해커스변호사 형법 신체계 H 최근 3개년 중요판례
해커스변호사 형사소송법 신체계 H 최근 3개년 중요판례

최단기 합격을!
최고의 수험적합적 교재로

경찰직 시험
합격을 위한 필수 기본서

경찰직 공부, 어떻게 시작할까?

『2026 해커스경찰 허정 형사법 기본서 2권 형법각론』은 경찰직 시험에 최적화된 교재로 구성하였을 뿐만 아니라 법원직, 검찰직 시험 등에도 대비할 수 있도록 만전을 기하였습니다.

『2026 해커스경찰 허정 형사법 기본서 2권 형법각론』은 형사법 이론과 판례 및 사례를 체계적으로 정리한 경찰직 시험 형사법 수험서로, 다음과 같은 특징을 가지고 있습니다.

첫째, 형사법의 핵심을 쉽고 정확하게 이해할 수 있도록 구성하였습니다.
효율적인 학습을 위해 시험과 무관한 지엽적인 이론은 배제하고, 시험에 출제되는 이론만을 엄선하여 수록하였습니다. 또한 주요 이론의 내용을 한눈에 알아볼 수 있도록 도표화하여 일목요연하게 정리하였습니다.

둘째, 최신 판례 및 개정 법령을 전면 반영하였고, 효과적인 학습이 가능하도록 구성하였습니다.
2025년까지의 형사법 개정 내용, 2025년 7월 30일까지의 대법원 공보판례와 공보미게재판례를 모두 반영하였습니다. 판례와 이론을 연결시켜 쉽게 이해할 수 있도록 쟁점별로 배치하였고, 자주 출제되는 중요 쟁점에 관한 판례는 혼동의 우려가 있는 비교판례와 함께 수록하여 효과적으로 판례를 정리할 수 있도록 하였습니다. 또한 효율적인 학습의 마무리를 위해 재출제될 가능성이 높은 판례는 한두 줄로 요약 정리하여 수록하였습니다.

셋째, 다양한 학습장치를 통해 수험생 여러분들의 입체적인 학습을 지원합니다.
사례문제로 출제되어 왔거나 출제 가능성이 높은 판례 및 사례는 사실관계를 중심으로 하여 '판례연습', '사례연습' 문제로 만들어 사례형 통합문제에 대비할 수 있도록 하였고, 중요한 비교판례는 함께 묶어 구성하였습니다. 또한 수험생 여러분들이 스스로 중요도를 파악하고 강약을 조절하여 학습할 수 있도록 지문별, 쟁점별로 완벽하게 '기출표시'를 하였고, 핵심내용에는 밑줄처리를 하였습니다.

더불어, 경찰직 시험 전문 사이트 해커스경찰(police.Hackers.com)에서 교재 학습 중 궁금한 점을 나누고 다양한 무료학습 자료를 함께 이용하여 학습 효과를 극대화할 수 있습니다.

부디 『2026 해커스경찰 허정 형사법 기본서 2권 형법각론』과 함께 경찰직 형사법 시험 고득점을 달성하고 합격을 향해 한걸음 더 나아가시길 바라며, 경찰직 합격을 꿈꾸는 수험생 여러분에게 훌륭한 길잡이가 되기를 바랍니다.

2025년 10월
허정

목차

해커스경찰
police.Hackers.com

제1편

개인적 법익에 관한 죄

제1장 생명과 신체에 대한 죄

제1절 살인의 죄

출제 POINT

사람의 시기에 관한 판례, 존속살해죄에서 존비속관계의 인정 여부에 관한 판례, 영아살해죄에서 직계존속의 의미에 관한 판례가 자주 출제되는 부분이다.

Ⅰ 총설

보호법익은 사람의 생명이며, 보호의 정도는 침해범이다.

Ⅱ 보통살인죄

제250조(살인) ① 사람을 살해한 자는 사형, 무기 또는 5년 이상의 징역에 처한다.

제254조(미수범) 본죄의 미수범은 처벌한다.

1. 의의

보통살인죄는 고의로 사람을 살해함으로써 성립하는 범죄로서 살인의 죄의 기본적 구성요건이다.

2. 구성요건

(1) 객관적 구성요건

① 객체: 사람이다. ⅰ) 사람은 살아있는(생명 있는) 사람을 말한다. 따라서 자연인에 한하고 법인은 제외된다. ⅱ) 사람은 '타인'에 한한다. 따라서 자살은 살인죄의 구성요건해당성이 없다. ⅲ) 살아있는 자연인인 이상 그 생존능력의 유무를 불문한다.

판례 | 자살 도중인 자 = 살인죄의 객체 ○

피해자가 자살 도중이라도 이에 가공하여 살해의 목적을 달한 경우에는 살인죄가 된다[대판 1948.5.14. 4181형상38].

㉮ 사람의 시기

판례 | 사람의 시기 = 자연분만과 제왕절개의 구별없이 모두 분만개시시(진통시)

1. **(자연분만의 경우)** 사람의 생명과 신체의 안전을 보호법익으로 하고 있는 형법상의 해석으로서는 사람의 시기는 규칙적인 진통을 동반하면서 태아가 태반으로부터 이탈하기 시작한 때, 다시 말하면 분만이 개시된 때(소위 진통설 또는 분만개시설)라고 봄이 타당하며, 이는 형법 제251조(영아살해)에서 분만 중의 태아도 살인죄의 객체가 된다고 규정하고 있는 점을 미루어 보더라도 그 근거를 찾을 수 있는 바이니 조산원이 분만 중인 태아를 질식사에 이르게 한 경우에는 업무상과실치사죄가 성립한다[대판 1982.10.12. 81도2621].
2. **(제왕절개에 의한 출생의 경우)** [1] 사람의 생명과 신체의 안전을 보호법익으로 하고 있는 형법의 해석으로는 규칙적인 진통을 동반하면서 분만이 개시된 때(소위 진통설 또는 분만개시설)가 사람의 시기라고 봄이 타당하다. [20 법원9급]*
[2] 제왕절개 수술의 경우 '의학적으로 제왕절개 수술이 가능하였고 규범적으로 수술이 필요하였던 시기'는 판단하는 사람 및 상황에 따라 다를 수 있어 분만개시 시점 즉, 사람의 시기도 불명확하게 되므로 이 시점을 분만의 시기로 볼 수는 없다[대판 2007.6.29. 2005도3832]. [18 변호사, 17 경찰채용, 16 경찰승진]*

㉯ 사람의 종기: ⅰ) 호흡종지설, ⅱ) 심장종지설, ⅲ) 뇌사설의 견해가 있다.

② 행위: 살해이다. ⅰ) 살해란 고의로 사람의 생명을 자연적인 사기에 앞서서 단절시키는 것을 말한다. ⅱ) 살해의 수단 · 방법에는 제한이 없다. 따라서 유형(예 독살, 자(刺)살, 사살) · 무형(예 정신적 고통, 충격), 직접 · 간접(예 독약의 우송, 정신병자의 이용), 작위 · 부작위의 방법을 불문한다.

판례 | 보라매 병원 사건(전담의와 3년차 수련의 = 작위에 의한 살인죄의 종범)

의사인 피고인들이 그 지시를 받는 인턴에게 피해자를 집으로 후송하고 호흡보조 장치를 제거할 것을 지시하는 등의 적극적 행위를 통하여 피해자 妻의 부작위에 의한 살인행위를 도운 이상 이는 작위에 의한 방조범으로 봄이 상당하다[대판 2004.6.24. 2002도995].

판례 | 살해의사로 낫을 들고 피해자에게 다가서려고 하였다면 실행의 착수 인정

피고인이 격분하여 피해자를 살해할 것을 마음먹고 밖으로 나가 낫을 들고 피해자에게 다가서려고 하였으나 제3자가 이를 제지하여 그 틈을 타서 피해자가 도망함으로써 살인의 목적을 이루지 못한 경우, 피고인이 낫을 들고 피해자에게 접근함으로써 살인의 실행행위에 착수하였다고 할 것이므로 이는 살인미수에 해당한다[대판 1986.2.25. 85도2773]. [19 국가9급, 18 국가9급]*

(2) 주관적 구성요건

판례 | 살인죄에 있어서 범의의 인정 기준

1. 살인죄에 있어서의 범의는 반드시 살해의 목적이나 계획적인 살해의 의도가 있어야만 인정되는 것은 아니고 자기의 행위로 인하여 타인의 사망의 결과를 발생시킬 만한 가능 또는 위험이 있음을 인식하거나 예견하면 족한 것이고 피해자의 사망을 희망하거나 목적으로 할 필요는 없고, 그 인식 또는 예견은 확정적인 것은 물론 불확정적인 것이라도 이른바 미필적 고의로도 인정되는 것이다[대판 2000.8.18. 2000도2231]. [19 국가7급, 18 경찰채용, 17 국가9급, 16 경찰승진]*
2. 피고인이 범행 당시 살인의 고의는 없었고 단지 상해 또는 폭행의 고의만 있었을 뿐이라고 다투는 경우에, 피고인에게 범행 당시 살인의 고의가 있었는지는 피고인이 범행에 이르게 된 경위, 범행의 동기, 준비된 흉기의 유무 · 종류 · 용법, 공격의 부위와 반복성, 사망의 결과발생 가능성 정도, 범행 후 결과 회피행동의 유무 등 범행 전후의 객관적인 사정을 종합하여 판단할 수밖에 없다[대판 2015.10.29. 2015도5355]. [16 경찰채용]*

판례 | 살인의 고의가 인정되는 경우

1. 건장한 체격의 군인이 왜소한 체격의 피해자를 폭행하고 특히 급소인 목을 설골이 부러질 정도로 세게 졸라 사망케 한 경우[대판 2001.3.9. 2000도5590]. [18 변호사]*
2. 피고인들이 피해자의 머리나 가슴 등 치명적인 부위가 아닌 허벅지나 종아리 부위 등을 주로 찔렀다고 하더라도 칼로 피해자를 20여 회나 힘껏 찔러 그로 인하여 피해자가 과다 실혈로 사망하게 된 경우[대판 2002.10.25. 2002도4089]. [20 국가9급, 16 경간부]*

2-1. 피고인이 길이 39cm의 식도로 피해자의 하복부를 찔러 직경 5cm, 깊이 15cm 이상의 자창을 입혀 복강내 출혈로 인한 혈복증으로 피해자를 의식불명에 이르게 한 경우[대판 1982.12.28. 82도2525].

3. 피고인이 9세의 여자 어린이에 불과하여 항거를 쉽게 제압할 수 있는 피해자의 목을 감아서 졸라 실신시킨 후 그곳을 떠나버린 경우[대판 1994.12.22. 94도2511].

3-1. 가로 15㎝, 세로 16㎝, 길이 153㎝, 무게 7㎏의 각이 진 목재로 길바닥에 누워 있던 피해자의 머리를 때려 피해자가 외상성뇌지주막하출혈로 사망한 경우[대판 1998.6.9. 98도980].

4. 피고인이 교통사고를 가장하여 피해자들을 살해하고 보험금을 수령하여 자신의 경제적 곤란을 해결하고 신변을 정리하는 한편, 그 범행을 은폐할 목적으로 피해자들을 승용차에 태운 후에 고의로 승용차를 저수지에 추락시켜 피해자들을 사망하게 한 경우[대판 2001.11.27. 2001도4392].
5. 계획적인 의도가 없었다 하더라도 길이 30㎝의 과도로 피해자를 힘껏 찔러 사망케 한 경우라면 피고인의 범의가 순간적 발생이라 할지라도 살해의 결과가 발생하리라는 인식이 있었다고 봄이 상당하다[대판 1987.12.7. 87도2195].
6. 시위대원 3명과 같이 시내버스를 탈취한 후, 술에 취한 채 탈취한 버스를 운전하여 그때 시위대를 진압하기 위하여 차도를 차단하여 포진하고 있는 충남경찰국 기동대원을 향하여 시속 50㎞의 속력으로 돌진한 경우[대판 1988.6.14. 88도692].

판례 | 살인의 고의를 속단할 수 없는 경우

경찰관이 질주하는 화물자동차의 승강구에 뛰어올라 동 차에 적재되어 있는 임산물에 대한 부정성 여부를 조사하기 위하여 정차를 명함에 있어 화주가 이를 피하기 위하여 경찰관을 폭행하여 동 차로부터 추락시킨 결과 사망케 한 경우 위 사실만으로는 가해자가 피해자를 살해할 것을 결의하였다고 속단할 수는 없다[대판 1957.5.24. 4290형상56].

Ⅲ 존속살해죄

제250조(존속살해) ② 자기 또는 배우자의 직계존속을 살해한 자는 사형, 무기 또는 7년 이상의 징역에 처한다.

제254조(미수범) 본죄의 미수범은 처벌한다.

참고 존속살해죄와 보통살인죄의 구별

혼인 외의 자가	인지 전의 생부를 살해한 경우	보통살인죄
	인지 후의 생부를 살해한 경우	존속살해죄
	인지 전의 생모를 살해한 경우	존속살해죄(주의)
	인지 후의 생모를 살해한 경우	존속살해죄

양자가	실부모를 살해한 경우	존속살해죄
	양부모를 살해한 경우	존속살해죄
친양자가	실부모를 살해한 경우	보통살인죄(주의)
	양부모를 살해한 경우	존속살해죄
계자가 계모를 살해한 경우		보통살인죄
서자가 적모를 살해한 경우		보통살인죄
남편의 사망 후 그 처가 시부모를 살해한 경우		보통살인죄
동일한 기회에 배우자를 먼저 살해하고 계속하여 그의 직계존속을 살해한 경우		배우자에 대한 보통살인죄와 존속살해죄

판례 | 존비속 관계가 인정되는 경우

1. 혼인외의 출생자와 생모 간에는 그 생모의 인지나 출생신고를 기다리지 않고 자의 출생으로 당연히 법률상의 친족관계가 생기는 것이라 해석된다[대판 1980.9.9. 80도1731].
2. 양자가 양가친족과 법정혈족 관계를 맺더라도 친생부모와의 자연혈족 관계는 소멸하지 않는다[대판 1967.1.31. 66도1483].

판례 | 무효행위의 전환에 의하여 존비속관계가 인정되는 경우

1. **(인지의 효력이 인정된 경우)** 혼인신고가 위법하여 무효인 경우에도 무효인 혼인 중 출생한 자를 그 호적에 출생신고하여 등재한 이상 그 자에 대한 인지의 효력이 있다[대판 1971.11.15. 71다1983].
2. **(입양의 효력이 인정된 경우)** 당사자가 입양의 의사로 친생자 출생신고를 하고 거기에 입양의 실질적 요건이 구비되어 있다면 그 형식에 다소 잘못이 있더라도 입양의 효력이 발생하고, 이 경우의 허위의 친생자 출생신고는 법률상의 친자관계인 양친자관계를 공시하는 입양신고의 기능을 하게 되는 것이다[대판 2007.11.29. 2007도8333].

   비교판례 피살자(女)가 그의 문전에 버려진 영아인 피고인을 주어다 기르고 그 부(夫)와의 친생자인것처럼 출생신고를 하였으나 입양요건을 갖추지 아니하였다면 피고인과의 사이에 모자관계가 성립될 리 없으므로, 피고인이 동녀(同女)를 살해하였다고 하여도 존속살해죄로 처벌할 수 없다[대판 1981.10.13. 81도2466]. [17 경찰채용]*

Ⅳ 영아살해죄1)

제251조(영아살해)2) 삭제 〈2023.8.8.〉 [시행일: 2024.2.9.] [16 경찰채용]*

부칙 〈법률 제19582호, 2023.8.8.〉

제1조(시행일) 이 법은 공포한 날부터 시행한다. 다만, 제251조, 제254조, 제272조 및 제275조의 개정규정은 공포 후 6개월이 경과한 날부터 시행한다.

1) [개정이유] 영아살해죄 및 영아유기죄를 폐지함으로써 저항 능력이 없거나 현저히 부족한 사회적 약자인 영아를 범죄로부터 두텁게 보호하려 함.
2) [시행 2023.8.8.] [법률 제19582호, 2023.8.8. 일부개정]

V 촉탁·승낙살인죄

> **제252조(촉탁, 승낙에 의한 살인 등)** ① 사람의 촉탁이나 승낙을 받아 그를 살해한 자는 1년 이상 10년 이하의 징역에 처한다.
> **제254조(미수범)** 본죄의 미수범은 처벌한다.

(1) 객관적 구성요건

① 객체: 촉탁 또는 승낙을 한 자이다. 다만, 죽음의 의미를 이해할 능력이 있고, 살해에 대한 촉탁·승낙의 효과를 판단할 능력이 있는 자에 국한된다. 따라서 정신병자·유아는 촉탁·승낙살인죄의 객체가 될 수 없다.

② 행위

㉮ 촉탁·승낙: 촉탁은 이미 죽음을 결의한 자로부터 살해의 부탁을 받는 것을 말하며, 승낙이란 이미 살해의사를 가진 자가 피해자의 살해에 대한 동의를 얻는 것을 말한다.

㉯ 요건: 촉탁·승낙은 진지한 것(자유의사에 의한 하자 없는 것)이어야 한다. 따라서 위계·위력에 의하여 촉탁·승낙이 있는 때에는 위계·위력에 의한 살인죄(제253조)가 성립한다.

(2) 주관적 구성요건

고의가 성립하려면 피해자의 촉탁·승낙을 받았다는 인식이 있어야 한다.

VI 자살교사·방조죄

> **제252조(촉탁, 승낙에 의한 살인 등)** ② 사람을 교사하거나 방조하여 자살하게 한 자도 제1항의 형에 처한다.
> **제254조(미수범)** 본죄의 미수범은 처벌한다.

1. 구성요건

① 주체: 자연인이면 모두 본죄의 주체가 된다. 다만, 자살자 본인은 필요적 공범에 해당하나 불가벌이다.

② 객체: 행위자 이외의 자연인이다. 자살의 의미를 이해할 능력이 있고, 자살을 판단할 능력이 있는 자에 국한된다. 따라서 자살의 의미를 이해할 수 있는 능력이 없는 자(예 유아, 정신병자)를 교사·방조하여 자살하게 한 경우에는 살인죄의 간접정범이 성립한다. 다만, 자살의 의미를 이해할 수 있는 능력이 있는 자라도 위계·위력에 의하여 자살하게 한 때에는 위계·위력에 의한 살인죄가 성립한다.

판례 | 자살의 의미를 이해할 수 없는 자를 권유하여 자살케 한 경우 = 살인죄의 간접정범

피고인이 7세, 3세 남짓 된 어린 자식들에 대하여 함께 죽자고 권유하여 물속에 따라 들어오게 하여 결국 익사하게 하였다면 비록 피해자들을 물속에 직접 밀어서 빠뜨리지는 않았다고 하더라도 자살의 의미를 이해할 능력이 없고 피고인의 말이라면 무엇이나 복종하는 어린 자식들을 권유하여 익사하게 한 이상 살인죄의 범의는 있었음이 분명하고 살인죄의 법리를 오해한 위법이 없다[대판 1987.1.20. 86도2395].

③ 행위: 자살을 교사 또는 방조하여 자살하게 하는 것이다. 자살교사 · 방조죄는 독립된 범죄이므로 자살을 교사 · 방조한 때에 실행의 착수가 인정된다(다수설).

판례 | 자살방조죄가 성립하는 경우

피해자가 피고인과 말다툼을 하다가 '죽고 싶다' 또는 '같이 죽자'고 하며 피고인에게 기름을 사오라고 하자 피고인이 휘발유 1병을 사다주었는데 피해자가 몸에 휘발유를 뿌리고 불을 붙여 자살한 경우, 자살방조죄가 인정된다[대판 2010.4.29. 2010도2328]. [19 법원9급, 16 법원행시]*

판례 | 자살방조죄가 인정되지 않은 경우(자살용 청산염의 판매광고가 사기목적이었던 경우)

[1] 자살방조죄가 성립하기 위해서는 그 방조 상대방의 구체적인 자살의 실행을 원조하여 이를 용이하게 하는 행위의 존재 및 그 점에 대한 행위자의 인식이 요구된다. [19 경찰승진, 16 법원행시]*

[2] 피고인이 인터넷 사이트 내 자살관련 카페게시판에 청산염 등 자살용 유독물의 판매광고를 한 행위가 단지 금원편취 목적의 사기행각의 일환으로 이루어졌고, 변사자들이 다른 경로로 입수한 청산염을 이용하여 자살하였다면 피고인의 행위는 자살방조에 해당하지 않는다[대판 2005.6.10. 2005도1373].

2. 합의동사(합의정사, 공동자살)

① 진정으로 자살할 의사로 공동자살을 기도한 자 가운데 생존자의 죄책: 생존자의 행위가 사망자에 대하여 자살의 교사 · 방조로 인정되면 자살교사 · 방조죄가 성립한다(통설).

② 생존자가 죽을 의사 없이 함께 죽자고 상대방을 기망하여 자살하게 한 경우[3]의 죄책: 위계에 의한 살인죄(제253조)가 성립한다.

③ 자살한 자가 자살의 의미를 이해할 수 없는 경우 생존자의 죄책: 살인죄의 간접정범이 성립한다.

Ⅶ 위계 · 위력에 의한 살인죄

제253조(위계 등에 의한 촉탁살인 등) 전조의 경우에 위계 또는 위력으로써 촉탁 또는 승낙하게 하거나 자살을 결의하게 한 때에는 제250조의 예에 의한다. [16 경찰채용]*

제254조(미수범) 본죄의 미수범은 처벌한다.

① 위계란 목적이나 수단을 상대방에게 알리지 아니하고 그의 부지나 착오를 이용하여 목적을 달성하는 것을 말한다(예 합의동사를 가장하여 자살케 한 경우).

② 위력이란 사람의 의사를 제압하기에 족한 세력으로서 무형적 · 유형적 힘을 말한다(예 폭행 · 협박, 정치적 · 경제적 · 사회적 지위의 이용).

3) 이와 달리 독약을 탄 음료수를 커피라고 기망하여 상대방을 살해한 경우는 살인죄가 성립할 뿐이다.

Ⅷ 살인예비 · 음모죄

제255조(예비, 음모) 제250조(보통살인죄, 존속살해죄)와 제253조(위계 · 위력에 의한 살인죄)의 죄를 범할 목적으로 예비 또는 음모한 자는 10년 이하의 징역에 처한다.4)

판례 | 살인예비죄가 성립하는 경우

[1] 형법 제255조, 제250조의 살인예비죄가 성립하기 위하여는 … 실행의 착수까지에는 이르지 아니하는 살인죄의 실현을 위한 준비행위가 있어야 한다. 여기서의 준비행위는 물적인 것에 한정되지 아니하며, 특별한 정형이 있는 것도 아니지만, 단순히 범행의 의사 또는 계획만으로는 그것이 있다고 할 수 없고 객관적으로 보아서 살인죄의 실현에 실질적으로 기여할 수 있는 외적 행위를 필요로 한다. [23 경간부]*

[2] **(인적 예비가 인정된 경우)** 甲이 乙을 살해하기 위하여 丙, 丁 등을 고용하면서 그들에게 대가의 지급을 약속한 경우, 甲에게는 살인죄를 범할 목적 및 살인의 준비에 관한 고의뿐만 아니라 살인죄의 실현을 위한 준비행위를 하였음을 인정할 수 있다는 이유로 살인예비죄의 성립을 인정한 사례[대판 2009.10.29. 2009도7150].

제2절 상해와 폭행의 죄

출제 POINT

상해와 폭행의 인정 여부에 관한 판례, 상해의 동시범의 특례규정, 특수폭행에서 '위험한 물건 휴대'와 관련한 판례를 정리해 두어야 한다.

Ⅰ 총설

참고 상해죄와 폭행죄의 구별

구분	상해의 죄	폭행의 죄
보호법익	신체의 건강	신체의 건재
보호정도	침해범 · 결과범	추상적 위험범 · 거동범
수단	유형적 · 무형적 방법	유형적 방법
미수	처벌	불벌
소송조건	없음	반의사불벌죄

4) 촉탁승낙살인죄, 자살교사방조죄, 영아살해죄의 경우 예비 또는 음모를 처벌하는 규정이 없다는 점이 출제된 바 있다.

Ⅱ 상해죄

제257조(상해) ① 사람의 신체를 상해한 자는 7년 이하의 징역, 10년 이하의 자격정지 또는 1천만원 이하의 벌금에 처한다.
③ 미수범은 처벌한다.

1. 의의

상해죄란 고의로 사람의 신체를 상해함으로써 성립하는 범죄이다.

2. 구성요건

(1) 객관적 구성요건

① 객체: 사람의 신체이다. 타인의 신체를 의미하므로 자상은 상해죄의 구성요건해당성이 없다.

판례 | 낙태에 의한 태아 사망 = 임산부의 신체훼손 X, 낙태행위 = 임산부에 대한 상해 X

현행 형법이 사람에 대한 상해 및 과실치사상의 죄에 관한 규정과는 별도로 태아를 독립된 행위객체로 하는 낙태죄, 부동의 낙태죄, 낙태치상 및 낙태치사의 죄 등에 관한 규정을 두어 포태한 부녀의 자기낙태행위 및 제3자의 부동의 낙태행위, 낙태로 인하여 위 부녀에게 상해 또는 사망에 이르게 한 행위 등에 대하여 처벌하도록 한 점, 과실낙태행위 및 낙태미수 행위에 대하여 따로 처벌규정을 두지 아니한 점 등에 비추어 보면, 우리 형법은 태아를 임산부 신체의 일부로 보거나, 낙태행위가 임산부의 태아양육, 출산기능의 침해라는 측면에서 낙태죄와는 별개로 임산부에 대한 상해죄를 구성하는 것으로 보지는 않는다고 해석된다. 따라서 태아를 사망에 이르게 하는 행위가 임산부 신체의 일부를 훼손하는 것이라거나 태아의 사망으로 인하여 그 태아를 양육 · 출산하는 임산부의 생리적 기능이 침해되어 임산부에 대한 상해가 된다고 볼 수는 없다[대판 2007.6.29. 2005도3832; 동지 대판 2009.7.9. 2009도1025]. [19 법원행시, 19 법원9급, 17 경찰승진]*

② 행위: 상해이다.

판례 | 상해의 판단기준

상해죄에 있어 피해자의 신체의 완전성을 훼손하거나 생리적 기능에 장애를 초래하였는지는 객관적, 일률적으로 판단할 것이 아니라 피해자의 연령, 성별, 체격 등 신체, 정신상의 구체적 상태 등을 기준으로 판단하여야 한다[대판 2016.11.25. 2016도15018]. [18 경간부]*

판례 | 상해에 해당하지 않는 경우

1. **(일상생활에서 생길 수 있는 극히 경미한 상처: 동전크기의 멍)** 피고인이 피해자와 연행문제로 시비하는 과정에서 치료도 필요 없는 가벼운 상처를 입었으나, 그 정도의 상처는 일상생활에서 얼마든지 생길 수 있는 극히 경미한 상처이므로 굳이 따로 치료할 필요도 없는 것이어서 그로 인하여 인체의 완전성을 해하거나 건강상태를 불량하게 변경하였다고 보기 어려우므로, 피해자가 약 1주간의 치료를 요하는 좌측 팔 부분의 동전크기의 멍이 든 것은 상해죄에서 말하는 상해에 해당되지 않는다[대판 1996.12.23. 96도2673]. [18 법원행시]*

   동지판례 강간 도중 흥분하여 피해자의 왼쪽 어깨를 입으로 빨아서 생긴 동전크기 정도의 반상출혈상은 …강간치상죄의 상해에 해당한다 할 수 없다[대판 1986.7.8. 85도2042].

2. **(일상생활에 지장이 없고 자연적으로 치유될 수 있는 정도의 상처)** 피해자를 강간하려다가 미수에 그치고 그 과정에서 피해자에게 경부 및 전흉부 피하출혈, 통증으로 약 7일 간의 가료를 요하는 상처가 발생하였으나 그 상처가 굳이 치료를 받지 않더라도 일상생활을 하는 데 아무런 지장이 없고 시일이 경과함에 따라 자연적으로 치유될 수 있는 정도라면 그로 인하여 신체의 완전성이 손상되고 생활기능에 장애가 왔다거나 건강상태가 불량하게 변경되었다고 보기는 어려워 강간치상죄의 상해에 해당하지 않는다고 한 사례[대판 1994.11.4. 94도1311], [대판 2000.2.25. 99도3910]. [17 경간부]*

3. **(음모를 잘라낸 경우)** [1] 강제추행치상죄에 있어서의 상해는 피해자의 신체의 건강상태가 불량하게 변경되고 생활기능에 장애가 초래되는 것을 말하는 것으로서, 신체의 외모에 변화가 생겼다고 하더라도 신체의 생리적 기능에 장애를 초래하지 아니하는 이상 상해에 해당한다고 할 수 없다. [19 국가9급, 17 경찰채용]*
   [2] 음모는 성적성숙함을 나타내거나 치부를 가려주는 등의 시각적 · 감각적인 기능 이외에 특별한 생리적 기능이 없는 것이므로, 피해자의 음모의 모근 부분을 남기고 모간 부분만을 일부 잘라냄으로써 음모의 전체적인 외관에 변형만이 생겼다면, 이로 인하여 피해자에게 수치심을 야기하기는 하겠지만, 병리적으로 보아 피해자의 신체의 건강상태가 불량하게 변경되거나 생활기능에 장애가 초래되었다고 할 수는 없을 것이므로, 그것이 폭행에 해당할 수 있음은 별론으로 하고 강제추행치상죄의 상해에 해당한다고 할 수는 없다[대판 2000.3.23. 99도3099].

판례 | 상해에 해당하는 경우

(1) 정리를 요하는 판례

1. **(장시간의 기절)** 오랜 시간 동안의 협박과 폭행을 이기지 못하고 실신하여 범인들이 불러온 구급차 안에서야 정신을 차리게 되었다면, 외부적으로 어떤 상처가 발생하지 않았다고 하더라도 생리적 기능에 훼손을 입어 신체에 대한 상해가 있었다고 봄이 상당하다[대판 1996.12.10. 96도2529]. [23 경간부, 19 국가9급, 19 경찰채용, 17 경간부]*

2. **(임신불능의 자궁적출)** 난소의 제거로 이미 임신불능 상태에 있는 피해자의 자궁을 적출했다 하더라도 그 경우 자궁을 제거한 것이 신체의 완전성을 해한 것이 아니라거나 생활기능에 아무런 장애를 주는 것이 아니라거나 건강상태를 불량하게 변경한 것이 아니라고 할 수 없고 이는 업무상 과실치상죄에 있어서의 상해에 해당한다[대판 1993.7.27. 92도2345]. [16 경찰승진]*

3. **(주의할 것)** 피고인이 강간하려고 피해자의 반항을 억압하는 과정에서 주먹으로 피해자의 얼굴과 머리를 몇 차례 때려 피해자가 코피를 흘리고 콧등이 부었다면 비록 병원에서 치료를 받지 않더라도 일상생활에 지장이 없고, 또 자연적으로 치료될 수 있는 것이라 하더라도 강간치상죄에 있어서의 상해에 해당한다[대판 1991.10.22. 91도1832]. [23 경간부]*

4. **(주의할 것)** 미성년자에 대한 추행행위로 인하여 그 피해자의 외음부 부위에 염증이 발생한 것이라면, 그 증상이 약간의 발적과 경도의 염증이 수반된 정도에 불과하다고 하더라도 그로 인하여 피해자 신체의 건강상태가 불량하게 변경되고 생활기능에 장애가 초래된 것이 아니라고 볼 수 없으니, 이러한 상해는 미성년자의제강제추행치상죄의 상해의 개념에 해당한다[대판 1996.11.22. 96도139].

5. 타인의 신체에 폭행을 가하여 보행불능 · 수면장애 · 식욕감퇴 등 기능의 장해를 일으킨 때에는 외관상 상처가 없더라도 형법상 상해를 입힌 경우에 해당한다[대판 1969.3.11. 69도161]. [19 국가9급]*

(2) 상해에 해당하는 것이 확실하여 일독으로 충분한 판례

1. 피해자가 강제추행 과정에서 가해자로부터 왼쪽 젖가슴을 꽉 움켜잡힘으로 인하여 왼쪽 젖가슴에 약 10일간의 치료를 요하는 좌상을 입고, 심한 압통과 약간의 종창이 있어 그 치료를 위하여 병원에서 주사를 맞고 3일간 투약을 한 경우, 피해자는 위와 같은 상처로 인하여 신체의 건강상태가 불량하게 변경되고 생활기능에 장애가 초래되었다 할 것이어서 이는 강제추행치상죄에 있어서의 상해의 개념에 해당한다[대판 2000.2.11. 99도4794]. [23 경간부]*

2. 피고인이 배수로 뚜껑으로 경비차량 뒷유리창을 파손하여 그 유리조각을 튀기는 방법으로 경찰관의 뒷머리 부위에 가한 약 14일간의 치료를 요하는 후두부 찰과상은 상해죄의 상해에 해당한다[대판 2008.11.13. 2007도9794].

3. 정신과적 증상인 외상 후 스트레스 장애도 성폭력범죄의 처벌 및 피해자보호 등에 관한 법률 제9조 제1항 소정의 상해에 해당한다[대판 1999.1.26. 98도3732]. [22 경간부, 20 경간부, 17 경간부]*

(2) 주관적 구성요건

상해의 고의가 있어야 한다. 따라서 폭행의 고의로 상해의 결과가 발생한 경우 폭행치상죄가 성립하고, 상해의 고의로 폭행에 그친 경우 상해죄의 미수범이 성립한다.

판례 | 상해의 고의

상해죄의 성립에는 상해의 원인인 폭행에 대한 인식이 있으면 충분하고 상해를 가할 의사의 존재까지는 필요하지 않다[대판 2000.7.4. 99도4341]. [18 경찰승진, 18 경찰채용, 17 국가7급, 16 경찰승진]*

판례해설 본 판례에 대하여는 이론상 문제가 있다는 지적이 있다.

관련판례 상해죄의 성립에는 상해의 고의와 신체의 완전성을 해하는 행위 및 이로 인하여 발생하는 인과관계 있는 상해의 결과가 있어야 하므로 상해죄에 있어서는 신체의 완전성을 해하는 행위와 그로 인한 상해의 부위와 정도가 증거에 의하여 명백하게 확정되어야 하고, 상해부위의 판시없는 상해죄의 인정은 위법하다[대판 1982.12.28. 82도2588]. [19 국가9급]*

3. 죄수 및 타죄와의 관계

판례 | 수인의 피해자에 대한 개별적인 상해 = 실체적 경합

상해를 입힌 행위가 동일한 일시 · 장소에서 동일한 목적으로 저질러진 것이라 하더라도 피해자를 달리하고 있으면 피해자별로 각각 별개의 상해죄를 구성한다고 보아야 할 것이고 1개의 행위가 수개의 죄에 해당하는 경우라고 볼 수 없다[대판 1983.4.26. 83도524]. [17 경찰채용]*

Ⅲ 존속상해죄

제257조(존속상해) ② 자기 또는 배우자의 직계존속에 대하여 제1항의 죄를 범한 때에는 10년 이하의 징역 또는 1천 500만원 이하의 벌금에 처한다.
③ 미수범은 처벌한다.

판례 | 친자관계의 판단(호적부의 기재가 절대적 기준이 아님)

피고인은 호적부상 피해자와 母사이에 태어난 친생자로 등재되어 있으나 피해자가 집을 떠난 사이 母가 타인과 정교관계를 맺어 피고인을 출산하였다면 피고인과 피해자 사이에는 친자관계가 없으므로 존속상해죄는 성립될 수 없다[대판 1983.6.28. 83도996].

Ⅳ 중상해죄

제258조(중상해) ① 사람의 신체를 상해하여 생명에 대한 위험을 발생하게 한 자는 1년 이상 10년 이하의 징역에 처한다.
② 신체의 상해로 인하여 불구 또는 불치나 난치의 질병에 이르게 한 자도 전항의 형과 같다.

1. 의의

① 중상해죄란 사람의 신체를 상해하여 생명에 대한 위험을 발생하게 하거나, 불구 또는 불치나 난치의 질병에 이르게 함으로써 성립하는 범죄이다.

② 중상해죄는 부진정결과적 가중범에 해당한다(다수설). 따라서 중한 결과에 대하여 과실 이외에 고의가 있는 경우에도 성립한다.

2. 구성요건

판례 | 중상해를 인정한 경우

1. [1] 피고인이 피해자를 협박하여 그로 하여금 자상(自傷)케 한 경우에 피고인에게 상해의 결과에 대한 인식이 있고 또 그 협박의 정도가 피해자의 의사결정의 자유를 상실케 함에 족한 것인 이상 상해죄를 구성한다.
   [2] 면도칼로 콧등을 길이 2.5cm, 깊이 0.56cm 절단함으로써 전치 3개월을 요하는 상처를 입혀 안면부 불구가 되게 한 경우 중상해죄에 해당한다[대판 1970.9.22. 70도1638]. [16 국가9급]*
2. 혀를 깨물어 발음을 곤란케 한 경우[부산지법 1965.1.12. 64고6813].
3. 안부(얼굴부위)에 폭력을 가하여 실명케 한 경우[대판 1960.4.6. 4292형상395].

판례 | 중상해를 부정한 경우

1. [1] 형법상의 중상해는 사람의 신체를 상해하여 생명에 대한 위험을 발생하게 하거나, 신체의 상해로 인하여 불구 또는 불치나 난치의 질병에 이르게 한 경우에 성립한다.
   [2] 1~2개월간 입원할 정도로 다리가 부러진 상해 또는 3주간의 치료를 요하는 우측흉부자상은 중상해에 해당하지 않는다[대판 2005.12.9. 2005도7527].
2. 하구치 2개의 탈락상을 입힌 경우[대판 1960.2.29. 4292형상413].

참고 '중(重)○○죄' 정리 [20 경찰승진, 19 경간부, 19 경찰채용, 18 경찰채용, 17 경찰승진, 16 경간부]*

범죄	구성요건요소	비고
중유기죄(제271조 제3항 · 제4항) 중권리행사방해죄(제326조)	생명에 대한 위험발생	부진정결과적가중범 ○ 미수처벌규정 × 구체적 위험범 ○
중손괴죄(제368조)	생명 또는 신체에 대한 위험발생	
중상해죄(제258조) 특수중상해죄(제258조의2)	생명에 대한 위험발생 불구 또는 불치나 난치의 질병	
중체포 · 감금죄(제277조)	가혹한 행위	진정결과적가중범 × 부진정결과적가중범 × 미수처벌규정 ○

Ⅴ 존속중상해죄

제258조(존속중상해) ③ 자기 또는 배우자의 직계존속에 대하여 전2항의 죄를 범한 때에는 2년 이상 15년 이하의 징역에 처한다.

Ⅴ-Ⅰ 특수상해죄

제258조의2(특수상해) ① 단체 또는 다중의 위력을 보이거나 위험한 물건을 휴대하여 제257조 제1항 또는 제2항의 죄를 범한 때에는 1년 이상 10년 이하의 징역에 처한다.
② 단체 또는 다중의 위력을 보이거나 위험한 물건을 휴대하여 제258조의 죄를 범한 때에는 2년 이상 20년 이하의 징역에 처한다.
③ 제1항의 미수범은 처벌한다. 〈본조신설 2016.1.6〉[5)]

판례 | 위험한 물건에 해당하는 경우

피고인이 길이 140cm, 지름 4cm인 대나무로 갑의 머리를 여러 차례 때려 대나무가 부러졌고, 갑은 두피에 표재성 손상을 입어 사건 당일 병원에서 봉합술을 받았다면 피고인이 사용한 대나무는 '위험한 물건'에 해당한다[대판 2017.12.28. 2015도5854].

Ⅵ 상해치사죄 · 존속상해치사죄

제259조(상해치사) ① 사람의 신체를 상해하여 사망에 이르게 한 자는 3년 이상의 유기징역에 처한다.
② 자기 또는 배우자의 직계존속에 대하여 전항의 죄를 범한 때에는 무기 또는 5년 이상의 징역에 처한다.

Ⅶ 상해의 동시범특례

제263조(동시범) 독립행위가 경합하여 상해의 결과를 발생하게 한 경우에 있어서 원인된 행위가 판명되지 아니한 때에는 공동정범의 예에 의한다.

Ⅷ 폭행죄

제260조(폭행) ① 사람의 신체에 대하여 폭행을 가한 자는 2년 이하의 징역, 500만원 이하의 벌금, 구류 또는 과료에 처한다.
③ 피해자의 명시한 의사에 반하여 공소를 제기할 수 없다.

5) 폭처법 제3조 제1항이 삭제되면서 형법에 신설된 조항이다.

1. 총설

참고 형법상 폭행의 개념

구분	개념(대상)	해당범죄
최광의	대상을 불문하고(사람에 대한 것이든, 물건에 대한 것이든) 일체의 유형력의 행사를 말한다.	• 내란죄 • 소요죄
광의	'사람'에 대한 직접 · 간접의 유형력 행사를 말한다. ※ 물건에 대한 유형력의 행사가 간접적으로 사람에 작용하는 '간접폭행'도 여기에 해당한다.	공무집행방해죄
협의	사람의 '신체'에 대한 유형력의 행사를 말한다. ※ 반드시 신체에 대한 직접적인 접촉을 요건으로 하는 것은 아니다.	폭행죄, 존속폭행죄
최협의	반항을 불가능하게 하거나(강도죄, 준강도죄), 현저히 곤란하게 할 정도 이상(강간죄)의 가장 강력한 유형력의 행사를 말한다. ※ (주의) '사람'에 대한 직접 · 간접의 유형력 행사를 불문한다.	• 강도죄, 준강도죄 • 강간죄

2. 구성요건

(1) 객관적 구성요건

① 객체: 사람의 신체이다.

② 행위: 폭행이다. 폭행죄의 폭행은 사람의 신체에 대한 유형력의 행사를 의미한다(협의의 폭행)(예 주먹에 의한 타격, 침을 뱉는 행위, 손이나 옷을 밀치고 잡아당기는 행위, 투석, 수염이나 모발의 절단, 안수기도를 하면서 가슴과 배를 반복하여 누르거나 때린 경우).

판례 | 전화를 통한 폭언과 욕설의 반복이 폭행에 해당할 수 있는지 여부(원칙 소극)

[1] 형법 제260조에 규정된 폭행죄는 사람의 신체에 대한 유형력의 행사를 가리키며, 그 유형력의 행사는 신체적 고통을 주는 물리력의 작용을 의미하므로 신체의 청각기관을 직접적으로 자극하는 음향도 경우에 따라서는 유형력에 포함될 수 있다. [20 경찰채용, 19 경간부, 18 변호사, 17 경찰승진, 16 경찰승진]*

[2] 피해자의 신체에 공간적으로 근접하여 고성으로 폭언이나 욕설을 하거나 동시에 손발이나 물건을 휘두르거나 던지는 행위는 직접 피해자의 신체에 접촉하지 아니하였다 하더라도 피해자에 대한 불법한 유형력의 행사로서 폭행에 해당될 수 있는 것이지만, 거리상 멀리 떨어져 있는 사람에게 전화기를 이용하여 전화하면서 고성을 내거나 그 전화 대화를 녹음 후 듣게 하는 경우에는 특수한 방법으로 수화자의 청각기관을 자극하여 그 수화자로 하여금 고통스럽게 느끼게 할 정도의 음향을 이용하였다는 등의 특별한 사정이 없는 한 신체에 대한 유형력의 행사를 한 것으로 보기 어렵다[대판 2003.1.10. 2000도5716]. [23 경간부]*

판례 | 폭행에 해당하는 경우

1. 폭행은 그 성질상 반드시 신체상 가해의 결과를 야기함에 족한 완력행사가 있음을 요하지 아니하고 육체상 고통을 수반하는 것도 요하지 아니하므로 폭언을 수차 반복하는 것도 폭행인 것이다[대판 1956.12.21. 4289형상297].
2. 피해자에게 근접하여 욕설을 하면서 때릴 듯이 손발이나 물건을 휘두르거나 던지는 행위는 직접 피해자의 신체에 접촉하지 않았다고 하여도 피해자에 대한 불법한 유형력의 행사로서 폭행에 해당한다[대판 1990.2.13. 89도1406]. [20 경찰채용, 18 경간부, 18 경찰채용]*
3. 어린애를 업은 사람을 밀어 넘어뜨려 그 결과 어린애가 사망하였다면 폭행치사죄가 성립한다[대판 1972.11.28. 72도2201]. [19 국가9급, 16 변호사]*
4. 안수기도에 수반하는 신체적 행위가 단순히 손을 얹거나 약간 누르는 정도가 아니라 그것이 지나쳐서 가슴과 배를 반복하여 누르거나 때려 그로 인하여 사망에 이른 것과 같은 정도의 것이라면, 이는 사람의 신체에 대한 유형력의 행사로서 폭행의 개념에 속하는 행위이다[대판 1994.8.23. 94도1484].
5. 폭행죄에서 말하는 폭행이란 사람의 신체에 대하여 육체적·정신적으로 고통을 주는 유형력을 행사함을 뜻하는 것으로서 반드시 피해자의 신체에 접촉함을 필요로 하는 것은 아니고, 그 불법성은 행위의 목적과 의도, 행위 당시의 정황, 행위의 태양과 종류, 피해자에게 주는 고통의 유무와 정도 등을 종합하여 판단하여야 한다. 따라서 자신의 차를 가로막는 피해자를 부딪친 것은 아니라고 하더라도, 피해자를 부딪칠 듯이 차를 조금씩 전진시키는 것을 반복하는 행위 역시 피해자에 대해 위법한 유형력을 행사한 것이라고 보아야 한다[대판 2016.10.27. 2016도9302]. [23 경간부, 23 변호사, 22 경간부, 19 법원행시, 19 경찰채용, 18 경찰승진, 17 국가7급]*

판례해설 피고인에게는 특수폭행죄가 성립한다.

판례 | 폭행에 해당하지 않는 경우

1. 공소외인이 만나주지 않는다는 이유로 시정된 탁구장문과 주방문을 부수고 주방으로 들어가 방문을 열어주지 않으면 모두 죽여버린다고 폭언하면서 시정된 방문을 수회 발로 찬 피고인의 행위는 재물손괴죄 또는 숙소 안의 자에게 해악을 고지하여 외포케 하는 단순협박죄에 해당함은 별론으로 하고 단순히 방문을 발로 몇 번 찼다고 하여 그것이 피해자들의 신체에 대한 유형력의 행사로는 볼 수 없어 폭행죄에 해당한다고 할 수 없다[대판 1984.2.14. 83도3186].
2. 폭행이란 사람에 대한 유형력의 행사 등 불법한 공격을 뜻하고 그 대상은 사람의 신체이므로 비닐봉지에 넣어 둔 인분을 타인가의 앞마당에 던졌을 뿐 사람의 신체에 대하여 공격한 것이 아니면 이 사실만으로는 형법상의 폭행의 범주에 들어간다고 할 수 없다[대판 1977.2.8. 75도2673].
3. 피해자가 시비를 걸려고 양팔을 잡는 것을 피하고자 몸을 틀어 뿌리친 것뿐인 행위는 이를 폭행에 해당한다고 할 수 없을 뿐만 아니라 설사 폭행에 해당한다고 하더라도 위 행위는 피해자의 불법한 공격으로부터 자신을 보호하고 이를 벗어나기 위하여 필요한 최소한도의 방어를 한 것으로서 사회상규에 어긋나지 아니하여 위법성이 없다[대판 1985.10.8. 85도1915].
4. 상대방이 먼저 피고인에게 덤벼들고, 빰을 꼬집고, 주먹으로 쥐어박았기 때문에 피고인이 상대방을 부둥켜 안은 행위를 유형력의 행사인 폭행으로 볼 수 없다[대판 1977.2.8. 76도3758]. [19 경간부]*
5. 상대방의 시비를 만류하면서 조용히 얘기나 하자며 그의 팔을 2, 3회 끌은 사실만 가지고는 사람의 신체에 대한 불법한 공격이라고 볼 수 없어 형법 제260조 제1항 소정의 폭행죄에 해당한다고 볼 수 없다[대판 1986.10.14. 86도1796]. [23 경간부, 19 경간부]*
6. 피고인이 피해자에게 욕설을 한 것만을 가지고 당연히 폭행을 한 것이라고 할 수는 없을 것이고, 피해자 집의 대문을 발로 찬 것이 막바로 또는 당연히 피해자의 신체에 대하여 유형력을 행사한 경우에 해당한다고 할 수도 없다[대판 1991.1.29. 90도2153].
7. 단순히 눈을 부릅뜨고 "이 십팔놈아, 가면 될 것 아니냐"라고 욕설을 한 것만으로는 피해자에게 불쾌감을 주는 데 그칠 뿐 피해자의 신체에 대한 유형력의 행사라고 보기 어려워 폭행죄를 구성한다고 할 수 없다[대판 2001.3.9. 2001도277].

판례 | 스토킹행위와 관련된 판례

1. [1] 스토킹행위를 전제로 하는 스토킹범죄는 행위자의 어떠한 행위를 매개로 이를 인식한 상대방에게 불안감 또는 공포심을 일으킴으로써 그의 자유로운 의사결정의 자유 및 생활형성의 자유와 평온이 침해되는 것을 막고 이를 보호법익으로 하는 위험범이라고 볼 수 있으므로, 구 스토킹범죄의 처벌 등에 관한 법률(2023.7.11. 법률 제19518호로 개정되기 전의 것, 이하 '구 스토킹처벌법'이라 한다) 제2조 제1호[6] 각 목의 행위가 객관적·일반적으로 볼 때 이를 인식한 상대방에게 불안감 또는 공포심을 일으키기에 충분한 정도라고 평가될 수 있다면 현실적으로 상대방이 불안감 내지 공포심을 갖게 되었는지와 관계없이 '스토킹행위'에 해당하고, 나아가 그와 같은 일련의 스토킹행위가 지속되거나 반복되면 '스토킹범죄'가 성립한다. 이때 구 스토킹처벌법 제2조 제1호 각 목의 행위가 객관적·일반적으로 볼 때 상대방에게 불안감 또는 공포심을 일으키기에 충분한 정도인지는 행위자와 상대방의 관계·지위·성향, 행위에 이르게 된 경위, 행위 태양, 행위자와 상대방의 언동, 주변의 상황 등 행위 전후의 여러 사정을 종합하여 객관적으로 판단하여야 한다.
[2] 빌라 아래층에 살던 피고인이 불상의 도구로 여러 차례 벽 또는 천장을 두드려 '쿵쿵' 소리를 내어 이를 위층에 살던 피해자의 의사에 반하여 피해자에게 도달하게 하였다는 공소사실로 스토킹범죄의 처벌 등에 관한 법률 위반죄로 기소된 사안에서, 이웃 간 소음 등으로 인한 분쟁과정에서 위와 같은 행위가 발생하였다고 하여 곧바로 정당한 이유 없이 객관적·일반적으로 불안감 또는 공포심을 일으키는 '스토킹행위'에 해당한다고 단정할 수는 없으나, 피고인이 층간소음 기타 주변의 생활소음에 불만을 표시하며 수개월에 걸쳐 이웃들이 잠드는 시각인 늦은 밤부터 새벽 사이에 반복하여 도구로 벽을 치거나 음향기기를 트는 등으로 피해자를 비롯한 주변 이웃들에게 큰 소리가 전달되게 하였고, 피고인의 반복되는 행위로 다수의 이웃들은 수개월 내에 이사를 갈 수밖에 없었으며, 피고인은 이웃의 112 신고에 의하여 출동한 경찰관으로부터 주거지 문을 열어 줄 것을 요청받고도 대화 및 출입을 거부하였을 뿐만 아니라 주변 이웃들의 대화 시도를 거부하고 오히려 대화를 시도한 이웃을 스토킹혐의로 고소하는 등 이웃 간의 분쟁을 합리적으로 해결하려 하기보다 이웃을 괴롭힐 의도로 위 행위를 한 것으로 보이는 점 등 피고인과 피해자의 관계, 구체적 행위 태양 및 경위, 피고인의 언동, 행위 전후의 여러 사정들에 비추어 보면, 피고인의 위 행위는 층간소음의 원인 확인이나 해결방안 모색 등을 위한 사회통념상 합리적 범위 내의 정당한 이유 있는 행위라고 볼 수 없고, 객관적·일반적으로 상대방에게 불안감 내지 공포심을 일으키기에 충분하며, 나아가 위와 같은 일련의 행위가 지속되거나 반복되었으므로 '스토킹범죄'를 구성한다고 본 원심판단을 정당하다고 한 사례[대판 2023.12.14. 2023도10313].[7]

---

6) **제2조(정의)** 이 법에서 사용하는 용어의 뜻은 다음과 같다.
1. "스토킹행위"란 상대방의 의사에 반(反)하여 정당한 이유 없이 다음 각 목의 어느 하나에 해당하는 행위를 하여 상대방에게 불안감 또는 공포심을 일으키는 것을 말한다.
가. 상대방 또는 그의 동거인, 가족(이하 "상대방등"이라 한다)에게 접근하거나 따라다니거나 진로를 막아서는 행위
나. 상대방등의 주거, 직장, 학교, 그 밖에 일상적으로 생활하는 장소(이하 "주거등"이라 한다) 또는 그 부근에서 기다리거나 지켜보는 행위
다. 상대방등에게 우편·전화·팩스 또는 「정보통신망 이용촉진 및 정보보호 등에 관한 법률」 제2조 제1항 제1호의 정보통신망(이하 "정보통신망"이라 한다)을 이용하여 물건이나 글·말·부호·음향·그림·영상·화상(이하 "물건등"이라 한다)을 도달하게 하거나 정보통신망을 이용하는 프로그램 또는 전화의 기능에 의하여 글·말·부호·음향·그림·영상·화상이 상대방등에게 나타나게 하는 행위
라. 상대방등에게 직접 또는 제3자를 통하여 물건등을 도달하게 하거나 주거등 또는 그 부근에 물건등을 두는 행위
마. 상대방등의 주거등 또는 그 부근에 놓여져 있는 물건등을 훼손하는 행위
바. 다음의 어느 하나에 해당하는 상대방등의 정보를 정보통신망을 이용하여 제3자에게 제공하거나 배포 또는 게시하는 행위
1) 「개인정보 보호법」 제2조 제1호의 개인정보
2) 「위치정보의 보호 및 이용 등에 관한 법률」 제2조 제2호의 개인위치정보
3) 1) 또는 2)의 정보를 편집·합성 또는 가공한 정보(해당 정보주체를 식별할 수 있는 경우로 한정한다)
사. 정보통신망을 통하여 상대방등의 이름, 명칭, 사진, 영상 또는 신분에 관한 정보를 이용하여 자신이 상대방등인 것처럼 가장하는 행위
2. "스토킹범죄"란 지속적 또는 반복적으로 스토킹행위를 하는 것을 말한다.
3. "피해자"란 스토킹범죄로 직접적인 피해를 입은 사람을 말한다.
4. "피해자등"이란 피해자 및 스토킹행위의 상대방을 말한다.

7) 스토킹범죄의 처벌 등에 관한 법률 위반죄에 해당하는 판례이지만 편의상 이곳에 실어두었다.

2. [1] 피고인이 피해자에게 전화를 걸면 '피고인이 피해자와 전화통화를 원한다.'는 내용이 담긴 정보의 전파가 송신되어 기지국, 교환기 등을 거쳐 피해자의 휴대전화에 수신되고, 이때 피해자가 전화통화에 응하지 아니하면 피고인이 송신하였던 위와 같은 내용의 정보가 피해자의 휴대전화에 부재중 전화 문구, 수신차단기호 등으로 변형되어 표시될 수 있다. 이러한 부재중 전화 문구, 수신차단기호 등을 '피고인의 송신행위 없이 피해자에게 도달된 것' 내지 '피해자 휴대전화의 자체적인 기능에 의하여 생성된 것'이라고 평가할 수는 없다. 피고인이 전화통화를 시도함으로써 이를 송신하였다고 보는 것이 타당하다. 따라서 피고인이 전화를 걸어 피해자 휴대전화에 부재중 전화 문구, 수신차단기호 등이 표시되도록 하였다면 실제 전화통화가 이루어졌는지와 상관없이 '피해자의 휴대전화로 유선·무선·광선 및 기타의 전자적 방식에 의하여 부호·문언을 송신하지 말 것'을 명하는 잠정조치를 위반하였다고 보아야 한다.
[2] 피고인이 피해자에게 접근하거나 전화를 건 행위가 스토킹범죄를 구성하는 스토킹행위에 해당하고 구 스토킹범죄의 처벌 등에 관한 법률(2023.7.11. 법률 제19518호로 개정되기 전의 것, 이하 '구 스토킹처벌법'이라 한다) 제9조 제1항 제2호, 제3호의 잠정조치를 위반한 행위에도 해당하는 경우, '스토킹범죄로 인한 구 스토킹처벌법 위반죄'와 '잠정조치 불이행으로 인한 구 스토킹처벌법 위반죄'는 사회관념상 1개의 행위로 성립하는 수 개의 죄에 해당하므로 형법 제40조의 상상적 경합관계에 있다[대판 2024.9.27. 2024도7832].

3. [1] 스토킹범죄의 처벌 등에 관한 법률(이하 '스토킹처벌법'이라 한다)의 문언, 입법 목적 등을 종합하면, 피고인이 전화를 걸어 피해자의 휴대전화에 벨소리가 울리게 하거나 부재중 전화 문구 등이 표시되도록 하여 상대방에게 불안감이나 공포심을 일으키는 행위는 실제 전화통화가 이루어졌는지와 상관없이 스토킹처벌법 제2조 제1호 (다)목에서 정한 스토킹행위에 해당한다.
[2] 피고인이 피해자의 의사에 반하여 정당한 이유 없이 전화를 걸어 피해자와 전화통화를 하여 말을 도달하게 한 행위는, 전화통화 내용이 불안감 또는 공포심을 일으키는 것이었음이 밝혀지지 않더라도, 피고인과 피해자의 관계, 지위, 성향, 행위 전후의 여러 사정을 종합하여 전화통화 행위가 피해자의 불안감 또는 공포심을 일으키는 것으로 평가되면, 스토킹범죄의 처벌 등에 관한 법률 제2조 제1호 (다)목 스토킹행위에 해당하게 된다. 설령 피고인이 피해자와의 전화통화 당시 아무런 말을 하지 않아 '말을 도달하게 하는 행위'에 해당하지 않더라도 피해자의 수신 전 전화 벨소리가 울리게 하거나 발신자 전화번호가 표시되도록 한 것까지 포함하여 피해자에게 불안감이나 공포심을 일으킨 것으로 평가된다면 '음향, 글 등을 도달하게 하는 행위'에 해당하므로 마찬가지로 위 조항 스토킹행위에 해당한다[대판 2023.5.18. 2022도12037].

(2) 주관적 구성요건

고의가 있어야 한다.

3. 위법성

판례 | 소극적 저항행위(정당행위)로서 위법성이 조각되는 경우

1. 귀찮게 싸움을 걸어오는 것을 막으려고 피고인이 피해자의 멱살을 잡고 밀어 넘어뜨렸다면 … 사회통념상 용인되는 행위로서 위법성이 없다[대판 1983.5.24. 83도942].
2. 피해자가 주차 문제로 시비가 되어 공소외인과 서로 다투던 중, 피해자가 피고인(62세)의 딸인 공소외인의 뺨을 때리고 피고인까지 밀어 넘어뜨리자 피고인은 싸움을 말리기 위하여 피해자의 멱살을 잡은 경우, 피고인의 위 행위는 이러한 과정에서 이루어진 소극적인 방어행위로서 사회통념상 허용될 수 있는 정도의 상당성이 있으므로 위법성이 없어 죄가 되지 않는다[대판 1996.2.23. 95도1642].

4. 소추조건

① 반의사불벌죄이다.

② 2인 이상이 공동하여 폭행한 경우 '폭력행위 등 처벌에 관한 법률'이 적용되며 반의사불벌죄에 해당하지 아니한다(동법 제2조 제4항).8) [22 경간부]*

Ⅸ 존속폭행죄

> **제260조(존속폭행)** ② 자기 또는 배우자의 직계존속에 대하여 제1항의 죄를 범한 때에는 5년 이하의 징역 또는 700만원 이하의 벌금에 처한다.
> ③ 피해자의 명시한 의사에 반하여 공소를 제기할 수 없다.

Ⅹ 특수폭행죄

> **제261조(특수폭행)** 단체 또는 다중의 위력을 보이거나 위험한 물건을 휴대하여 제260조 제1항 또는 제2항의 죄를 범한 때에는 5년 이하의 징역 또는 1천만원 이하의 벌금에 처한다.

1. 의의

단체 또는 다중의 위력을 보이거나 위험한 물건을 휴대하여 사람의 신체에 대하여 폭행을 가함으로써 성립하는 범죄이다.

2. 구성요건

(1) 객관적 구성요건

① 단체 또는 다중의 위력을 보여

> **판례 | 다중의 '위력'의 의미**
>
> 다중의 '위력'이라 함은 다중의 형태로 집결한 다수 인원으로 사람의 의사를 제압하기에 족한 세력을 지칭하는 것으로서, 이 경우 상대방의 의사가 현실적으로 제압될 것을 요하지는 않는다고 할 것이지만 상대방의 의사를 제압할 만한 세력을 인식시킬 정도는 되어야 한다[대판 2006.2.10. 2005도174].9) [23 경간부]*

> **판례 | 다중에 해당하는지 여부(3인 = 다중 X)**
>
> 불과 3인의 경우에는 그것이 어떤 집단의 힘을 발판 또는 배경으로 한다는 것이 인정되지 않는 한 특수폭행죄의 "다중의 위력"을 보인 것이라고는 할 수 없다[대판 1971.12.21. 71도1930]. [23 경간부]*

---

8) 2006.3.24. 폭처법의 개정으로 '야간'에 범한 단독폭행에 대하여는 동법이 적용되지 않게 되었다. 따라서 야간의 단독폭행의 경우 형법이 적용되며 반의사불벌죄에 해당한다.

9) 23년 경간부 시험에 2인이 주거에 침입한 경우 단체나 다중에 의한 특수주거침입죄가 성립할 수 없다는 지문이 출제되었다.

② 위험한 물건을 휴대하여[10]: 위험한 물건은 '휴대'할 수 있는 것이어야 하므로 동산에 제한되며 부동산은 포함되지 않는다.

판례 | '위험한 물건'인가의 판단기준 및 자동차가 위험한 물건에 해당한다고 한 사례[11]

[1] 어떤 물건이 '위험한 물건'에 해당하는지 여부는 구체적인 사안에서 사회통념에 비추어 그 물건을 사용하면 상대방이나 제3자가 생명 또는 신체에 위험을 느낄 수 있는지 여부에 따라 판단하여야 한다. 이러한 판단 기준은 자동차를 사용하여 사람의 생명 또는 신체에 위해를 가하거나 다른 사람의 재물을 손괴한 경우에도 마찬가지로 적용된다.

[2] 甲이 A와 운전 중 발생한 시비로 한차례 다툼이 벌어진 직후 A가 계속하여 甲이 운전하던 자동차를 뒤따라온다고 보고 순간적으로 화가 나 A에게 겁을 주기 위하여 자동차를 정차한 후 4 내지 5m 후진하여 A가 승차하고 있던 자동차와 충돌한 경우, 본래 자동차 자체는 살상용, 파괴용 물건이 아닌 점 등을 감안하더라도, 위 충돌 당시와 같은 상황 하에서는 A는 물론 제3자라도 甲의 자동차와 충돌하면 생명 또는 신체에 살상의 위험을 느꼈을 것이므로, 甲이 자동차를 이용하여 A에게 상해를 가하고, A의 자동차를 손괴한 행위는 '위험한 물건'을 휴대하여 이루어진 범죄라고 봄이 상당하다[대판 2010.11.11. 2010도10256].

판례 | 위험한 물건의 범위

[1] '위험한 물건'이라 함은 흉기는 아니라고 하더라도 널리 사람의 생명, 신체에 해를 가하는 데 사용할 수 있는 일체의 물건을 포함한다고 풀이할 것이므로, 본래 살상용 · 파괴용으로 만들어진 것뿐만 아니라 다른 목적으로 만들어진 칼, 가위, 유리병, 각종 공구, 자동차 등은 물론 화학약품 또는 사주된 동물 등도 그것이 사람의 생명 · 신체에 해를 가하는 데 사용되었다면 '위험한 물건'이라 할 것이다.

[2] 피해자에게 농약을 먹이려 하고 당구큐대로 폭행한 경우, 농약과 당구큐대는 위험한 물건에 해당한다[대판 2002.9.6. 2002도2812].

비교판례 피고인이 당구공으로는 피해자의 머리를 툭툭 건드린 정도에 불과한 경우, 피고인이 당구공으로 피해자의 머리를 때린 행위로 인하여 사회통념상 피해자나 제3자에게 생명 또는 신체에 위험을 느끼게 하였으리라고 보여지지 아니하므로 위 당구공은 '위험한 물건'에는 해당하지 아니한다[대판 2008.1.17. 2007도9624].

판례 | 위험한 물건에 해당하는 경우

1. 깨어지지 아니한 상태의 맥주병 역시 … 위험한 물건에 해당한다[대판 1991.12.27. 91도2527].
2. 삽날 길이 21㎝가량의 야전삽은 … '위험한 물건'에 해당한다[대판 2001.11.30. 2001도5268].
3. 국회의원인 피고인이 한미 자유무역협정 비준동의안의 국회 본회의 심리를 막기 위하여 의장석 앞 발언대 뒤에서 CS최루분말 비산형 최루탄(제조모델 SY-44) 1개를 터뜨리고 최루탄 몸체에 남아있는 최루분말을 국회부의장에게 뿌려 국회부의장과 국회의원 등을 폭행하였다면, 위 최루탄과 최루분말은 사회통념에 비추어 상대방이나 제3자로 하여금 생명 또는 신체에 위험을 느낄 수 있도록 하기에 충분한 물건으로서 '위험한 물건'에 해당한다[대판 2014.6.12. 2014도1894].

   판례해설 피해자들과 최루탄 폭발 지점의 물리적 거리가 상당히 근접하였기 때문에 자칫 일부 피해자들의 신체에 파편으로 말미암아 치명적인 피해가 발생할 우려가 있었던 점 등이 고려되었다.

10) 특수폭행죄와 직접 관련이 없는 판례도 편의상 이곳에서 정리하여 두었다.
11) 판례에 의하면 위험한 물건은 무기나 폭발물과 같은 것뿐만 아니라, 면도칼, 파리약 유리병, 마요네즈병, 맥주병, 드라이버, 쪽가위, 곡괭이자루, 세멘벽돌, 당구큐대, 승용차도 용법에 따라서는 위험한 물건에 해당할 수 있다.

판례 | 위험한 물건에 해당하지 않는 경우

1. 피고인이 경륜장 사무실에서 술에 취해 소란을 피우면서 '소화기'를 집어던졌지만 특정인을 겨냥하여 던진 것이 아닌 점 등을 종합하여, 위 '소화기'는 '위험한 물건'에 해당하지 않는다고 한 사례[대판 2010.4.29. 2010도930].
2. 甲은 이혼 분쟁 과정에서 자신의 아들을 승낙 없이 중형승용차(쏘나타)에 태우고 막 출발하려고 하는 A 등을 상대로 급하게 추격 또는 제지하기 위하여 소형승용차(라노스)로 충격하였다. 그러나 중형승용차(쏘나타)의 손괴 정도가 그다지 심하지 아니하였고 A 등이 입은 상해의 정도가 비교적 경미하였다. 이 경우 소형승용차(라노스)는 '위험한 물건'에 해당하지 않는다[대판 2009.3.26. 2007도3520].
3. 피고인이 부러진 나뭇가지로 피해자들을 때린 행위로 인하여 사회통념상 피해자들이 생명 또는 신체에 위험을 느꼈을 것이라고는 보기 어려우므로 나뭇가지는 '위험한 물건'에 해당되지 아니한다[대판 2014.9.4. 2014도7088]. [20 경찰채용]*

판례연습

【위험한 물건인지 여부】

아래의 사안을 고려할 때 甲, 乙, 丙 중 특수폭행죄가 성립하는 경우는? (형법 이외의 특별법은 고려하지 않음)

〈사안 1〉

甲은 A로부터 쇠파이프로 머리를 구타당하자 이에 대항하여 그곳에 있던 각목으로 A의 허리를 구타하였다.

〈사안 2〉

乙은 고속도로상에서 승용차로 B의 승용차 뒤를 바짝 따라붙어 운전을 방해하고, 자기 차량을 B의 차량 앞에서 급제동을 하여 B로 하여금 충돌을 피하기 위하여 급제동하거나 급차로변경을 하게 하고, 자기 차량을 B의 차량의 옆으로 바짝 밀어붙여 B로 하여금 중앙분리대와 충돌할 위험에 처하게 하는 등의 행위를 하였다.

〈사안 3〉

C가 먼저 식칼을 들고 나와 丙을 찌르려고 하자 丙은 이를 저지하기 위하여 그 칼을 빼앗은 다음 C를 훈계하면서 위 칼의 칼자루 부분으로 C의 머리를 가볍게 쳤다.

판결요지

〈사안 1〉 용법에 따라서는 사람을 살상할 수 있는 물건이 위험한 물건인지의 여부는 구체적인 사안에 따라서 사회통념에 비추어 그 물건을 사용하면 그 상대방이나 제3자가 곧 위험성을 느낄 수 있는가의 여부에 따라 이를 판단하여야 할 것이므로 쇠파이프(길이 2m, 직경 5cm)로 머리를 구타당하면서 이에 대항하여 그곳에 있던 각목(길이 1m, 직경 5cm)으로 상대방의 허리를 구타한 경우에는 위 각목은 위험한 물건이라고 할 수 없다[대판 1981.7.28. 81도1046].

〈사안 2〉 이는 위험한 물건인 자동차를 이용하여 피해자를 폭행한 것이라고 하지 않을 수 없다[대판 2001.2.23. 2001도271].

동지판례 견인료납부를 요구하는 교통관리직원을 승용차 앞범퍼 부분으로 들이받아 폭행한 경우, 승용차는 '위험한 물건'에 해당한다[대판 1997.5.30. 97도597].

〈사안 3〉 피해자가 먼저 식칼을 들고 나와 피고인을 찌르려다가 피고인이 이를 저지하기 위하여 그 칼을 빼앗은 다음 피해자를 훈계하면서 위 칼의 칼자루 부분으로 피해자의 머리를 가볍게 쳤을 뿐이라면 피해자가 위험성을 느꼈으리라고는 할 수 없다[대판 1989.12.22. 89도1570].

정답 [乙]

판례 | 위험한 물건의 '휴대'의 의미[12] = 언제든지 그 물건을 곧바로 범행에 사용할 수 있는 상태

1. 위험한 물건을 '휴대하여'라는 말은 소지뿐만 아니라 널리 이용한다는 뜻도 포함하는 것인 바, 피고인이 고속도로상에서 승용차로 피해자가 타고 가는 승용차 뒤를 바짝 따라붙어 운전을 방해하고, 피고인 차량을 피해자 차량 앞으로 몰고 가 급제동을 하여 피해자로 하여금 충돌을 피하기 위하여 급제동하거나 급차로변경을 하게 하고, 피고인 차량을 피해자 차량의 옆으로 바짝 밀어붙여 피해자로 하여금 중앙분리대와 충돌할 위험에 처하게 하고, 피해자가 고속도로를 빠져나가려 하자 진로를 가로막아 빠져나가지 못하게 하였다면, 이는 위험한 물건인 자동차를 이용하여 피해자를 폭행한 것이라고 하지 않을 수 없다[대판 2001.2.23. 2001도271; 동지 대판 2002.9.6. 2002도2812].
2. 위험한 물건의 휴대라고 함은 손에 드는 등 몸에 지닌 것을 말하나 이 휴대라 함은 반드시 몸에 지니고 다니는 것을 뜻한다고는 할 수 없으니 범행 현장에서 범행에서 사용할 의도 아래 이를 소지하거나 몸에 지니는 경우도 휴대라고 볼 것이므로 본건에서 피고인이 깨어진 유리조각을 들고 피해자의 얼굴에 던졌다면 이는 위험한 물건을 휴대하였다고 볼 것이다[대판 1982.2.23. 81도3074].
3. 피고인이 이 사건 폭력행위 당시 판시 과도를 범행현장에서 호주머니 속에 지니고 있었던 이상 이는 위험한 물건을 휴대한 경우에 해당한다[대판 1984.4.10. 84도353].
4. 형법 제258조의2 제1항, 제257조 제1항, 제284조, 제283조 제1항은 위험한 물건을 휴대하여 사람의 신체를 상해한 자를 특수상해죄로, 사람을 협박한 자를 특수협박죄로 각 처벌하도록 규정하고 있다. 여기서 위험한 물건을 '휴대하여'는 범행 현장에서 사용하려는 의도 아래 위험한 물건을 소지하거나 몸에 지니는 경우를 의미한다. 범행 현장에서 위험한 물건을 사용하려는 의도가 있었는지는 피고인의 범행 동기, 위험한 물건의 휴대 경위 및 사용 방법, 피고인과 피해자와의 인적 관계, 범행 전후의 정황 등 모든 사정을 합리적으로 고려하여 판단하여야 한다. 피고인이 범행 현장에서 범행에 사용하려는 의도 아래 위험한 물건을 소지하거나 몸에 지닌 이상 피고인이 이를 실제로 범행에 사용하였을 것까지 요구되지는 않는다. 또한 위험한 물건을 휴대하였다고 하기 위하여는, **피고인이 범행 현장에 있는 위험한 물건을 사실상 지배하면서 언제든지 그 물건을 곧바로 범행에 사용할 수 있는 상태에 두면 충분**하고, 피고인이 그 물건을 현실적으로 손에 쥐고 있는 등 피고인과 그 물건이 **반드시 물리적으로 부착되어 있어야 하는 것은 아니다**[대판 2024.6.13. 2023도18812].

판례 | 위험한 물건의 '휴대'에 해당하지 않는 경우

1. 폭력행위 등 처벌에 관한 법률 제7조에서 말하는 위험한 물건의 '휴대'라 함은 범죄현장에서 사용할 의도 아래 위험한 물건을 몸 또는 몸 가까이에 소지하는 것을 말하는 것이고, 자기가 기거하는 장소에 보관하였다는 것만으로는 위 법조에서 말하는 위험한 물건의 휴대라고 할 수 없다[대판 1992.5.12. 92도381].

   비교판례 총포·도검·화약류 등 단속법에서 말하는 '소지'란 같은법 소정의 물건의 보관에 관하여 실력지배관계를 갖는 것을 말한다고 할 것이므로, 몸 또는 몸 가까이에 소지하는 것뿐만 아니라 자신의 실력지배관계가 미치는 장소에 보관하는 경우에도 같은법 소정의 '소지'에 해당한다[대판 1998.8.20. 98도1304].[13]
2. '위험한 물건을 휴대하여'란 범행현장에서 그 범행에 사용하려는 의도아래 흉기를 소지하거나 몸에 지니는 경우를 가리키는 것이지 그 범행과는 전혀 무관하게 우연히 위험한 물건을 소지하게 된 경우까지를 포함하는 것은 아니다[대판 1990.4.24. 90도401].

---

12) 아래의 대부분의 판례는 폭처법 제3조 제1항의 흉기 기타 위험한 물건 휴대와 관련한 판례이나 동규정은 2016.1.6. 개정으로 삭제되었다. 현행법상으로는 여전히 형법상의 특수범죄(특수폭행죄 등)가 성립하므로 법리의 이해를 위하여 폭처법이라는 표현을 제거한 후 판례를 그대로 실어 두었다.

13) 당국의 허가 없이 분사기를 피고인의 사무실에 보관한 경우에 총포·도검·화약류 등 단속법 상의 '소지'에 해당한다고 해석하는 경우에도 유추해석금지원칙에 반하지 않는다는 취지의 판례이다.

(2) **주관적 구성요건**

고의가 있어야 한다. 행위자가 위험한 물건을 휴대한 사실을 인식하지 못한 경우에는 특수폭행죄가 성립하지 않고 폭행죄가 성립한다. 그러나 위험한 물건을 '휴대'하고 폭행하면 족하므로 휴대를 상대방(피해자)에게 인식시켜야할 필요는 없다.

XI 폭행치사상죄

제262조(폭행치사상) 제260조와 제261조의 죄(폭행죄, 존속폭행죄, 특수폭행죄)를 지어 사람을 사망이나 상해에 이르게 한 경우에는 제257조부터 제259조까지의 예에 따른다.

판례 | 폭행치사상죄가 성립하지 않는 경우(소극적 저항행위로서 위법성이 조각되는 경우)

압류표시를 떼어 달라고 매달리는 피해자를 피하기 위하여 이를 뿌리치고 나온 것에 불과하다면 그 과정에서 피해자가 다소의 상처를 입었다고 하더라도 그 사실만으로는 피고인을 상해죄 또는 폭행치상죄로 문의할 수 없다[대판 1985.5.14. 85도466].

판례 | 특수폭행치상죄의 처벌(특수상해죄의 예가 아니라 상해죄의 예에 의하여 처벌하여야 함)

형벌규정 해석에 관한 법리와 폭력행위 등 처벌에 관한 법률의 개정 경과 및 형법 제258조의2의 신설 경위와 내용, 그 목적, 형법 제262조의 연혁, 문언과 체계 등을 고려할 때, 특수폭행치상의 경우 형법 제258조의2(특수상해)의 신설에도 불구하고 종전과 같이 형법 제257조 제1항(상해)의 예에 의하여 처벌하는 것으로 해석함이 타당하다[대판 2018.7.24. 2018도3443]. [22 경간부, 19 국가9급, 19 경찰채용]*

XII 상습상해·폭행죄

제264조(상습범) 상습으로 제257조(상해죄, 존속상해죄), 제258조(중상해죄, 존속중상해죄), 제258조의2(특수상해죄), 제260조(폭행죄, 존속폭행죄) 또는 제261조(특수폭행죄)의 죄를 범한 때에는 그 죄에 정한 형의 2분의 1까지 가중한다.

판례 | 제264조의 '상습'의 의미

상해죄 및 폭행죄의 상습범에 관한 형법 제264조(상습범)는 "상습으로 제257조(상해, 존속상해), 제258조(중상해, 존속중상해), 제258조의2(특수상해), 제260조(폭행, 존속폭행) 또는 제261조(특수폭행)의 죄를 범한 때에는 그 죄에 정한 형의 2분의 1까지 가중한다."라고 규정하고 있다. 형법 제264조에서 말하는 '상습'이란 위 규정에 열거된 상해 내지 폭행행위의 습벽을 말하는 것이므로, 위 규정에 열거되지 아니한 다른 유형의 범죄까지 고려하여 상습성의 유무를 결정하여서는 아니 된다[대판 2018.4.24. 2017도21663]. [20 경간부]*

판례 | 상습특수상해죄의 가중의 범위(단기와 장기 모두 가중)

형법은 제264조에서 상습으로 제258조의2의 죄를 범한 때에는 그 죄에 정한 형의 2분의 1까지 가중한다고 규정하고, 제258조의2 제1항(특수상해죄)에서 위험한 물건을 휴대하여 상해죄를 범한 때에는 1년 이상 10년 이하의 징역에 처한다고 규정하고 있다. 위와 같은 형법 각 규정의 문언, 형의 장기만을 가중하는 형법 규정에서 그 죄에 정한 형의 장기를 가중한다고 명시하고 있는 점, 형법 제264조에서 상습범을 가중처벌하는 입법 취지 등을 종합하면, 형법 제264조는 상습특수상해죄를 범한 때에 형법 제258조의2 제1항에서 정한 법정형의 단기와 장기를 모두 가중하여 1년 6개월 이상 15년 이하의 징역에 처한다는 의미로 새겨야 한다[대판 2017.6.29. 2016도18194]. [20 법원9급, 19 법원행시]*

판례 | 상습존속폭행죄(반의사불벌죄가 아님)

폭행죄의 상습성은 폭행 범행을 반복하여 저지르는 습벽을 말하는 것으로서, 동종 전과의 유무와 그 사건 범행의 횟수, 기간, 동기 및 수단과 방법 등을 종합적으로 고려하여 상습성 유무를 결정하여야 하고, 단순폭행, 존속폭행의 범행이 동일한 폭행 습벽의 발현에 의한 것으로 인정되는 경우, 그중 법정형이 더 중한 상습존속폭행죄에 나머지 행위를 포괄하여 하나의 죄만이 성립한다고 봄이 타당하다. [21 법원9급, 20 경찰채용]*
그리고 상습존속폭행죄로 처벌되는 경우에는 형법 제260조 제3항이 적용되지 않으므로, 피해자의 명시한 의사에 반하여도 공소를 제기할 수 있다[대판 2018.4.24. 2017도10956].

제3절 과실치사상의 죄

출제 POINT

업무상 과실치사상죄에서의 "업무"의 인정 여부에 관한 판례, 과실 또는 중과실의 인정 여부에 관한 판례가 중요하다.

Ⅰ 총설

과실치사죄는 사람의 생명을, 과실치상죄는 사람의 신체의 건강을 보호법익으로 한다. 보호의 정도는 침해범이다.

Ⅱ 과실치상죄

제266조(과실치상) ① 과실로 인하여 사람의 신체를 상해에 이르게 한 자는 500만원 이하의 벌금, 구류 또는 과료에 처한다.
② 제1항의 죄는 피해자의 명시한 의사에 반하여 공소를 제기할 수 없다.

Ⅲ 과실치사죄[14)]

제267조(과실치사) 과실로 인하여 사람을 사망에 이르게 한 자는 2년 이하의 금고 또는 700만원 이하의 벌금에 처한다.

판례 | 과실책임을 인정한 판례(골프공을 뒤로 날려 보내어 캐디가 상해를 입은 사건)

[1] 골프와 같은 개인 운동경기에 참가하는 자는 자신의 행동으로 인해 다른 사람이 다칠 수도 있으므로, 경기 규칙을 준수하고 주위를 살펴 상해의 결과가 발생하는 것을 미연에 방지해야 할 주의의무가 있다. 이러한 주의의무는 경기보조원에 대하여도 마찬가지로 부담한다.

[2] 운동경기에 참가하는 자가 경기규칙을 준수하는 중에 또는 그 경기의 성격상 당연히 예상되는 정도의 경미한 규칙위반 속에 제3자에게 상해의 결과를 발생시킨 것으로서, 사회적 상당성의 범위를 벗어나지 아니하는 행위라면 과실치상죄가 성립하지 않는다. 그러나 골프경기를 하던 중 골프공을 쳐서 아무도 예상하지 못한 자신의 등 뒤편으로 보내어 등 뒤에 있던 경기보조원(캐디)에게 상해를 입힌 경우에는 주의의무를 현저히 위반하여 사회적 상당성의 범위를 벗어난 행위로서 과실치상죄가 성립한다[대판 2008.10.23. 2008도6940]. [19 경찰채용, 16 경찰승진]*

판례 | 과실책임을 부정한 판례

(1) 연탄가스 사고와 임대인의 과실판단의 방법

임대차 목적물상의 하자의 정도가 그 목적물을 사용할 수 없을 정도의 파손상태라고 볼 수 없다든지 임대인에게 수선의무가 있는 대규모의 것이라고 볼 수 없어 임차인의 통상의 수선 및 관리의무에 속한다고 보여지는 경우에는 그 하자로 인하여 가스 중독사가 발생하였더라도 임대인에게 과실이 있다 할 수 없으나, 이러한 판단을 함에 있어 단순히 하자 자체의 상태만을 고려할 것이 아니라 그 목적물의 구조 및 전반적인 노후화 상태 등을 아울러 참작하여 대규모적인 수선이 요구되는지를 판단하여야 하며, 대규모의 수선 여부가 분명하지 아니한 경우에는 임대차 전후의 임대차 목적물의 상태 내지 하자로 인한 위험성의 징후 여부와 평소 임대인 또는 임차인의 하자 상태의 지실 내지 발견 가능성 여부, 임차인의 수선요구 여부 및 이에 대한 임대인의 조치여부 등을 종합적으로 고려하여 임대인의 과실유무를 판단하여야 한다[대판 1993.9.10. 93도196].

(2) 연탄가스 사고가 발생하였으나 임대인의 과실이 부정된 경우(경미한 파손의 경우)

(약간의 문틈 사이 사건) 부엌과 창고 홀로 통하는 방문이 상단부의 문틈과 벽 사이에 약 1.2㎝ 내지 2㎝나 벌어져 있고 그 문틈과 문자체 사이도 두 군데나 0.5㎝의 틈이 있는 정도의 하자는 임차목적물을 사용할 수 없을 정도의 것이거나 임대인에게 수선의무가 있는 대규모의 것이 아니고 임차인의 통상의 수선 및 관리의무의 범위에 속하는 것이어서 비록 임차인이 위 문틈으로 새어든 연탄가스에 중독되어 사망하였다 하더라도 임대인에게 그 책임을 물을 수 없다[대판 1986.7.8. 86도383].

(3) 기타의 경우

1. **(유독 혼자서 베란다로 넘어간 사건)** 담임교사가 학교방침에 따라 학생들에게 교실청소를 시켜왔고 유리창을 청소할 때는 교실 안쪽에서 닦을 수 있는 유리창만을 닦도록 지시하였는데도 유독 피해자만이 수업시간이 끝나자마자 베란다로 넘어갔다가 밑으로 떨어져 사망하였다면 담임교사에게 그 사고에 대한 어떤 형사상의 과실책임을 물을 수 없다[대판 1989.3.28. 89도108].
2. **(갑자기 자기 차선으로 넘어온 사건)** 피고인에게는 반대방향 차선도로변으로 오토바이를 운행해 오던 피해자가 갑자기 도로변의 돌에 부딪쳐 넘어지면서 그 충격으로 피고인 운행차선까지 튀어 들어올 것을 미리 예견하여 운전하여야 할 업무상 주의의무를 인정할 수 없다[대판 1984.7.10. 84도813].

   판례해설 총론부분의 연속된 역과사건과 구별하여야 한다.

14) 과실치상죄와 달리 반의사불벌죄가 아니다.

3. **(발차하려는 순간에 바퀴 밑으로 들어간 사건)** 버스운전사로서는 출발하기에 앞서 버스의 전후좌우를 살펴 버스 주변에 장애물이 있는지를 확인하고 출발할 의무가 있으나, 버스를 발차하려는 순간에 운전사는 버스가 진행할 전방과 진입할 차도 쪽의 좌측을 주시하여야 하고 동시에 우측 후사경을 통하여 버스 우측 뒷바퀴 밑부분까지 주시한다는 것은 사실상 불가능한 일이므로, 이 사건에서 만일 피해자가 발차하려는 순간에 바퀴 밑으로 들어간 것이라면 피고인이 미처 이를 발견하지 못한 점에 과실이 있다고 할 수는 없을 것이다[대판 1984.7.10. 84도687].

4. **(피해자의 잘못으로 사고가 발생한 사건)** 지하철 공사구간 현장안전업무 담당자인 피고인이 공사현장에 인접한 기존의 횡단보도 표시선 안쪽으로 돌출된 강철빔 주위에 라바콘 3개를 설치하고 신호수 1명을 배치하였는데, 피해자가 위 횡단보도를 건너면서 강철빔에 부딪혀 상해를 입은 사안에서, 제반 사정에 비추어 피고인이 안전조치를 취하여야 할 업무상 주의의무를 위반하였다고 보기 어려운데도, 이와 달리 보아 업무상과실치상죄를 인정한 원심판결에 법리오해 등의 잘못이 있다고 한 사례[대판 2014.4.10. 2012도11361].

   판례해설 피해자가 공사진행 중인 사실을 알면서도 만화책을 읽으면서 책을 든 자세로 급히 뛰어가다가 강철빔에 부딪힌 사건이다.

Ⅳ 업무상과실 · 중과실치사상죄

제268조(업무상과실 · 중과실 치사상) 업무상과실 또는 중대한 과실로 사람을 사망이나 상해에 이르게 한 자는 5년 이하의 금고 또는 2천만원 이하의 벌금에 처한다.

1. 업무상과실치사상죄

(1) 업무상과실치사상죄의 업무의 개념

① 일반적으로 업무란 '사람이 사회생활상의 지위에 기하여 계속적 · 반복적으로 종사하는 사무'를 말한다.

㉮ 자연생활 현상은 업무라고 할 수 없다(예 가사로서의 취사 · 육아, 산책).

㉯ 호기심으로 단 1회 운전한 것만으로는 업무라고 할 수 없다. 그러나 단 1회의 행위라도 장차 반복할 의사로 행한 것이라면 업무에 해당한다(예 의사가 개업 첫날 의료사고를 낸 경우).

판례 | 업무상과실치사상죄에 있어서의 업무의 기초

(1) 특별한 경험이나 면허를 요하지 않음

업무상과실치사상죄에 있어서의 업무란 사람의 사회생활면에 있어서의 하나의 지위로서 계속적으로 종사하는 사무를 말하고 반복계속의 의사 또는 사실이 있는 한 그 사무에 대한 각별한 경험이나 법규상의 면허를 필요로 하지 아니한다[대판 1961.3.22. 4294형상5].

(2) 무면허 또는 무허가의 업무도 업무성이 인정된다는 판례

1. 운전면허 없이 운전을 하다가 사람을 치어 사상케 한 경우에 업무상과실치사상죄에 해당한다[대판 1972.10.31. 72도2001].
2. 골재채취 허가여부는 이 사건 골재채취 업무가 업무상과실치사죄에 있어서의 업무에 해당하는 사실에 아무런 소장도 가져올 수 없다[대판 1985.6.11. 84도2527].

② 업무상과실치사상죄는 생명이나 신체를 보호하기 위한 범죄이므로 그 업무는 생명 · 신체에 대하여 위험을 초래할 수 있는 업무에 제한된다(예 자동차 · 선박 · 항공기 등의 운전).

판례 | 업무상과실치사상죄에 있어서의 업무의 의의와 업무의 범위(업무에 해당하지 않는 사례)

[1] 업무상과실치상죄에 있어서의 '업무'란 사람의 사회생활면에서 하나의 지위로서 계속적으로 종사하는 사무를 말하고, 여기에는 수행하는 직무 자체가 위험성을 갖기 때문에 안전배려를 의무의 내용으로 하는 경우는 물론 사람의 생명·신체의 위험을 방지하는 것을 의무내용으로 하는 업무도 포함되는데, 안전배려 내지 안전관리 사무에 계속적으로 종사하여 위와 같은 지위로서의 계속성을 가지지 아니한 채 단지 건물의 소유자로서 건물을 비정기적으로 수리하거나 건물의 일부분을 임대하였다는 사정만으로는 업무상과실치상죄에 있어서의 '업무'로 보기 어렵다. [20 경찰채용, 19 법원행시, 17 변호사]*

[2] 4층 건물의 2층 내부 벽면에 설치된 분전반을 통해 3층과 4층으로 가설된 전선이 합선으로 단락되어 화재가 나 상해가 발생한 사안에서, 4층 건물의 소유자로서 위 건물 2층을 임대하였다는 사정만으로 업무상과실치상죄에 있어서의 '업무'에 관한 증명이 있다고 본 원심판결을 심리미진 등을 이유로 파기한 사례[대판 2009.5.28. 2009도1040].

동지판례 3층 건물의 소유자로서 건물 각 층을 임대한 피고인이, 건물 2층으로 올라가는 계단참의 전면 벽이 아크릴 소재의 창문 형태로 되어 있고 별도의 고정장치가 없는데도 안전바를 설치하는 등 낙하사고 방지를 위한 관리의무를 소홀히 함으로써, 건물 2층에서 나오던 갑이 신발을 신으려고 아크릴 벽면에 기대는 과정에서 벽면이 떨어지고 개방된 결과 약 4m 아래 1층으로 추락하여 상해를 입었다고 하여 업무상과실치상으로 기소된 사안에서, 피고인이 건물에 대한 수선 등의 관리를 비정기적으로 하였으나 그 이상의 안전배려나 안전관리 사무에 계속적으로 종사하였다고 인정하기 어렵다고 보아 업무상과실치상의 공소사실을 이유에서 무죄로 판단하고 축소사실인 과실치상 부분을 유죄로 인정한 원심판결이 정당하다고 한 사례[대판 2017.12.5. 2016도16738].

판례 | 업무상과실치사상죄에 있어서의 업무에 해당하는 사례

1. **(자전거로 배달하는 사무)** 피고인이 완구상 점원으로서 완구배달을 하기 위하여 자전거를 타고 소매상을 돌아다니는 일을 하고 있었다고 한다면 그 자전거를 운전하는 업무에 종사하고 있다고 보아야 한다[대판 1972.5.9. 72도701].
2. **(교도관의 사무)** 행형법 및 교도관직무규칙의 규정과 구치소라는 수용시설의 특성에 비추어 보면, 공휴일 또는 야간에는 소장을 대리하는 당직간부에게는 구치소에 수용된 수용자들의 생명·신체에 대한 위험을 방지할 법령상 내지 조리상의 의무가 있다고 할 것이고, 이와 같은 의무를 직무로서 수행하는 교도관들의 업무는 업무상과실치사죄에서 말하는 업무에 해당한다[대판 2007.5.31. 2006도3493].

(2) **업무상과실**

① '업무상과실'이란 업무상 요구되는 주의의무를 위반하는 것을 말한다.

판례 | 업무상주의의무를 위반한 경우에 해당하지 않는 경우

[1] 업무상과실치상죄를 형법 제266조의 단순 과실치상죄에 비하여 가중처벌하는 것은 사람의 생명·신체에 대한 위험을 초래할 우려가 있거나 이를 방지할 의무가 있는 업무에 종사하는 자에 대해서는 일반인에 비해 그러한 결과발생에 대한 고도의 주의의무가 부과되거나 그 예견가능성이 크다는 점 등의 사정을 고려한 때문이라 할 것이므로 비록 업무에 속하는 행위라 할지라도 그에 수반되는 타인의 생명신체에 대한 위험성의 내용 및 정도가 일반인의 일상생활에 있어 그것과 비교하여 무거운 주의의무를 부과하거나 고도의 예견가능성을 기대할 정도에 미치지 못하는 경우에는 본죄에 의하여 무겁게 처벌할 수는 없다.

[2] 식당(분식점)의 운영자인 피고인이 식당 밖에서 당겨 열도록 표시되어 있는 출입문을 열고 음식 배달차 밖으로 나가던 중 이웃 가게 손님으로 마침 위 식당 출입문 앞쪽 길가에 서 있던 피해자의 오른발 뒤꿈치 부위를 위 출입문 모서리 부분으로 충격하여 상해를 입게 한 행위는, 비록 위 식당의 운영과 관련한 업무상 행위로는 볼 수 있다 하더라도, 달리 위 사고가 위 출입문 자체의 설치 혹은 관리상의 하자에 기인하거나 영업자로서 위 사고발생과 관련한 별도의 주의의무를 부과할 만한 사정이 존재하지 않는 이상, 피고인이 그 업무상 하여야 할 구체적이고도 직접적인 주의의무를 위반한 때에 해당한다고 보기 어렵고, 오히려 위와 같이 출입문을 여닫는 행위는 음식을 배달하기 위한 경우 이외에도 일상생활에서 얼마든지 자연적으로 행하여질 수 있는 일이라는 점에서 단순히 일상생활상의 주의의무를 위반한 경우에 불과하다[대판 2009.10.29. 2009도5753].

② 주의의무의 범위는 법령에 규정된 것에 한하지 않고, 업무의 성질과 구체적 사정에 비추어 관습 · 조리 · 판례가 요구하는 주의의무를 포함한다[임웅, 91면].

판례 | 자동차 운전자의 주의의무의 내용 – 위반시 업무상과실 인정

1. 횡단보도의 보행자 신호가 녹색신호에서 적색신호로 바뀌는 예비신호 점멸 중에도 그 횡단보도를 건너가는 보행자가 흔히 있고 또 횡단도중에 녹색신호가 적색신호로 바뀐 경우에도 그 교통신호에 따라 정지함이 없이 나머지 횡단보도를 그대로 횡단하는 보행자도 있으므로 보행자 신호가 녹색신호에서 정지신호로 바뀔 무렵 전후에 횡단보도를 통과하는 자동차 운전자는 보행자가 교통신호를 철저히 준수할 것이라는 신뢰만으로 자동차를 운전할 것이 아니라 좌우에서 이미 횡단보도에 진입한 보행자가 있는지 여부를 살펴보고 또한 그의 동태를 두루 살피면서 서행하는 등 하여 그와 같은 상황에 있는 보행자의 안전을 위해 어느 때라도 정지할 수 있는 태세를 갖추고 자동차를 운전하여야 할 업무상의 주의의무가 있다[대판 1986.5.27. 86도549].
2. 버스 운전사에게는 전날 밤에 주차해 둔 버스를 그 다음날 아침에 출발하기에 앞서 차체 밑에 장애물이 있는지 여부를 확인하여야 할 주의의무가 있다[대판 1988.9.27. 88도833].
3. 자동차를 운행하는 자는 매일 그 운행개시 전에 일상점검의 하나로 제동장치 중 제동파이프에 기름누설이 없고 고정이 확실한 여부를 점검하여야 할 업무상 주의의무가 있다[대판 1985.12.24. 85도1755].
4. 경운기 운전자는 비록 소음이 크게 나고 또 후사경이 없다 할지라도 특히 인가가 있는 길을 통과할 때는 어린아이들이 뒤에 매달리는 것을 쉽게 예상할 수 있으므로 항상 주의하여 경운기의 후방에 있는 적재함을 살펴보는 등 만반의 경계를 함으로써 사고를 미연에 방지해야 할 의무가 있다[대판 1970.11.3. 70도1910].

판례 | 자동차 운전자의 주의의무 위반을 인정한 경우 – 업무상과실 인정

1. **(도로사정이 비정상적임에도 제한속도만 준수한 사건)** 고속도로의 노면이 결빙된 데다가 짙은 안개로 시계가 20m 정도 이내였다면 고속도로의 제한시속에 관계없이 장애물 발견 즉시 제동 정지할 수 있을 정도로 속도를 줄이는 등의 조치를 취하였어야 할 것이므로 단순히 제한속도를 준수하였다는 사실만으로는 주의의무를 다하였다 할 수 없다[대판 1990.12.26. 89도2589].

   동지판례 위 사고의 경우 피고인이 사전에 사람이 도로에 누워있을 것까지를 예상하여 이에 대비하면서 운전하여야 할 주의의무는 없다고 하더라도, 사고 당시의 도로상황에 맞추어 속도를 줄이고(위 사고지점은 비탈길의 고개마루를 막 지난 지점이므로 피고인으로서는 미리 법정 제한속도보다도 더 감속하여 서행하였어야 할 것이다) 전방시계의 확보를 위하여 선행차량과의 적절한 안전거리를 유지한 채 전방 좌우를 잘 살펴 진로의 안전을 확인하면서 운전하는 등 자동차 운전자에게 요구되는 통상의 주의의무를 다하였더라면, 진행 전방도로에 누워있는 피해자를 상당한 거리에서 미리 발견하고 좌측의 1차로로 피양하는 등 사고를 미연에 방지할 수 있었음에도 불구하고 위와 같은 주의를 게을리 한 탓으로 피해자를 미리 발견하지 못하고 역과한 것이라고 할 것이므로, 이 사건 사고에 관하여 피고인에게 업무상 과실이 없다고 할 수는 없을 것이다[대판 2001.12.11. 2001도5055].
2. 정지신호를 보내오고 있는 경찰관을 발견한 운전자로서는 마땅히 차량을 정차시켜야 하고, 만일 계속 진행하더라도 속도를 줄이고 경찰관의 동태를 잘 살펴 안전하게 진행하여야 할 업무상 주의의무가 있다고 할 것인데, 그럼에도 불구하고 이에 위배하여 상당한 속도로 계속 진행함으로써 정차를 시키기 위하여 차체를 치는 경찰관으로 하여금 상해를 입게 한 운전자에게는 업무상 주의의무를 다하지 못한 과실이 있다[대판 1994.10.14. 94도2165].
3. 화물차를 주차하고 적재함에 적재된 토마토 상자를 운반하던 중 적재된 상자 일부가 떨어지면서 지나가던 피해자에게 상해를 입힌 경우, 교통사고처리 특례법에 정한 '교통사고'에 해당하지 않아 업무상과실치상죄가 성립한다고 한 사례[대판 2009.7.9. 2009도2390]. [23 경간부]*

판례 | 자동차 운전자의 주의의무가 인정되지 않는 경우

1. 甲이 택시를 운전하여 시속 40㎞ 속도로 편도 3차선도로의 1차선을 따라 운행하던 중 차도를 무단횡단하기 위하여 중앙선상에 서있던 피해자가 뒷걸음질을 치다가 반대방향에서 달려오는 乙 운전의 차량에 충격되면서 중앙선을 넘어 甲이 운전하던 위 차량의 전면 바로 앞에 떨어지는 바람에 이를 피하지 못하고 위 피해자를 충격하여 사고가 발생한 경우라면 甲에게 위 피해자가 자기 운행차선으로 튕겨져 나오는 것까지 예상하면서 이에 대비하여야 할 주의의무가 있다고는 할 수 없다[대판 1987.9.22. 87도516].
2. 안내원이 없는 시내버스의 운전사가 버스정류장에서 일단의 승객을 하차시킨 후 통상적으로 버스를 출발시키던 중 뒤늦게 버스 뒷편 좌석에서 일어나 앞쪽으로 걸어 나오던 피해자가 균형을 잃고 넘어진 경우, 위 운전사로서는 승객이 하차한 후 다른 움직임이 없으면 차를 출발시키는 것이 통례이고 특별한 사정이 없는 한 착석한 승객 중 더 내릴 손님이 있는지, 출발 도중 넘어질 우려가 있는 승객이 있는지 등의 여부를 일일이 확인하여야 할 주의의무가 없다[대판 1992.4.28. 92도56].
3. 버스정류장에서 버스를 타려고 뛰어가던 행인끼리 충돌하여 넘어지면서 순간적으로 막 출발하려는 버스의 앞바퀴와 뒷바퀴 사이로 머리가 들어가 사고가 발생한 경우, 위 버스운전사에게 피해자가 다른 행인과 부딪쳐 넘어지면서 동인의 머리가 위 버스 뒷바퀴에 들어올 것까지 예견하여 사전에 대비하여야 할 주의의무까지는 없다[대판 1986.8.19. 86도1123].
4. 신호등에 의하여 교통정리가 행하여지고 있는 사거리 교차로를 녹색등화에 따라 직진하는 차량의 운전자는 특별한 사정이 없는 한 다른 차량들도 교통법규를 준수하고 충돌을 피하기 위하여 적절한 조치를 취할 것으로 믿고 운전하면 족하고, 다른 차량이 신호를 위반하고 직진하는 차량의 앞을 가로질러 직진할 경우까지 예상하여 그에 따른 사고발생을 미연에 방지할 특별한 조치까지 강구할 업무상의 주의의무는 없다고 할 것이므로, 피고인이 녹색등화에 따라 사거리 교차로를 통과할 무렵 제한속도를 초과하였더라도, 신호를 무시한 채 왼쪽도로에서 사거리 교차로로 가로 질러 진행한 피해자에 대한 업무상 과실치사의 책임이 없다[대판 1990.2.9. 89도1774]. [17 경간부]*

판례 | 업무상과실치사상죄가 인정되는 경우

(1) 업무상 주의의무가 인정되는 경우

(신생아 집단관리자는 신생아가 이상증세가 있는 경우 의사나 한의사 등에게 진료를 받도록 조치할 의무가 있다는 사건)

[1] 일반인에 의해 제공되는 산후조리 업무와는 달리 신생아의 집단관리 업무를 책임지는 사람으로서는 신생아의 건강관리나 이상증상에 관하여 일반인보다 높은 수준의 지식을 갖추어 신생아를 위생적으로 관리하고 건강상태를 면밀히 살펴 이상증세가 보이면 의사나 한의사 등 전문가에게 진료를 받도록 하는 등 적절한 조치를 취하여야 할 업무상 주의의무가 있다.

[2] 산후조리원에 입소한 신생아가 출생 후 10일 이상이 경과하도록 계속하여 수유량 및 체중이 지나치게 감소하고 잦은 설사 등의 이상증세를 보임에도 불구하고, 산후조리원의 신생아 집단관리를 맡은 책임자가 의사나 한의사 등의 진찰을 받도록 하지 않아 신생아가 탈수 내지 괴사성 장염으로 사망한 사안에서, 위 집단관리 책임자가 산모에게 신생아의 이상증세를 즉시 알리고 적절한 조치를 구하여 산모의 지시를 따른 것만으로는 업무상 주의의무를 다하였다고 볼 수 없다며 신생아 사망에 대한 업무상 과실치사의 죄책을 인정한 사례[대판 2007.11.16. 2005도1796]. [16 국가7급]*

(2) 업무상 과실책임이 인정된 경우

1. 갑상선아전절제술 및 전경부임파절청소술을 받은 환자가 기도부종으로 인한 호흡장애로 뇌기능 부분손상상태(식물인간상태)에 이르게 된 경우, 환자의 호흡 곤란을 알고도 환자의 상태를 확인하지 아니한 주치의 겸 당직의사와 그의 활력체크지시를 제대로 이행하지 아니하고 의사를 불러달라는 환자 보호자의 요청을 듣지 아니한 담당 간호사들에게는 업무상과실치상죄가 성립한다[대판 1994.12.22. 93도3030].
2. 골프장의 경기보조원인 피고인이 골프 카트에 피해자 등 승객들을 태우고 진행하기 전에 안전 손잡이를 잡도록 고지하지도 않고, 또한 승객들이 안전 손잡이를 잡았는지 확인하지도 않은 상태에서 만연히 출발하였으며, 각도 70°가 넘는 우로 굽은 길을 속도를 충분히 줄이지 않고 급하게 우회전한 업무상 과실로, 피해자를 골프 카트에서 떨어지게 하여 두개골골절, 지주막하출혈 등의 상해를 입게 하였다고 본 원심판단을 수긍한 사례[대판 2010.7.22. 2010도1911]. [19 경찰승진, 16 국가9급]*

3. 피고인이 사업 당시 공사현장감독인인 이상 그 공사의 원래의 발주자의 직원이 아니고 또 발주자에 의하여 현장감독에 임명된 것도 아니며, 건설업법상 요구되는 현장건설기술자의 자격도 없다는 등의 사유는 업무상과실책임을 물음에 아무런 영향도 미칠 수 없다[대판 1983.6.14. 82도2713]. [20 경간부, 17 경찰승진, 16 국가9급]*

판례 | 건축공사 관련자의 주의의무가 인정되지 않는 경우

1. 주택수리 공사에 관하여 전문적인 지식이 없는 도급인이 주택수리공사 전문업자에게 주택수리를 의뢰하면서 공사에 관한 관리 · 감독 업무 또는 공사의 시공에 있어서 분야별 공사업자나 인부들에 대한 구체적인 작업지시 및 감독 업무를 주택수리업자에게 일임한 경우, 도급인이 공사를 관리하고 감독할 지위에 있다거나 주택수리업자 또는 분야별 공사업자나 인부들에 대하여 공사의 시공이나 개별 작업에 관하여 구체적으로 지시하고 감독할 지위에 있다고 볼 수 없으므로 도급인에게 공사상 필요한 안전조치를 취할 업무상 주의의무가 있다고 할 수 없다[대판 2002.4.12. 2000도3295].

   동지판례 건설회사가 건설공사 중 타워크레인의 설치작업을 전문업자에게 도급주어 타워크레인 설치작업을 하던 중 발생한 사고에 대하여 건설회사의 현장대리인에게 업무상과실치사상의 죄책을 물을 수 없다[대판 2005.9.9. 2005도3108]. [16 경간부]*

   관련판례 도급계약의 경우 원칙적으로 도급인에게는 수급인의 업무와 관련하여 사고방지에 필요한 안전조치를 취할 주의의무가 없으나, 법령에 의하여 도급인에게 수급인의 업무에 관하여 구체적인 관리 · 감독의무 등이 부여되어 있거나 도급인이 공사의 시공이나 개별 작업에 관하여 구체적으로 지시 · 감독하였다는 등의 특별한 사정이 있는 경우에는 도급인에게도 수급인의 업무와 관련하여 사고방지에 필요한 안전조치를 취할 주의의무가 있다[대판 2016.3.24. 2015도8621]. [19 경찰승진, 18 변호사, 17 변호사, 16 법원행시]*

2. 시공회사의 상무이사인 현장소장이 현장에서의 공사감독을 전담하였고 사장은 그와 같은 감독을 하게 되어 있지 않았다면 사장으로서는 그 공사의 진행에 관하여 직접적인 지휘 · 감독을 받지 않는 회사직원 혹은 고용한 노무자들이 공사시행상의 안전수칙을 위반하여 사고를 저지를지 모른다고 하여 이에 대비하여 각개의 개별작업에 대하여 일일이 세부적인 안전대책을 강구하여야 하는 구체적이고 직접적인 주의의무가 있다고 하기 어렵다[대판 1989.11.24. 89도1618].

   동지판례 호텔을 경영하는 주식회사에 대표이사가 따로 있고 회사의 실질적인 책임자로서 업무전반을 총괄하는 전무 밑에 상무, 지배인, 관리부장, 영업부장 등을 따로 두어 각 소관업무를 분담처리하도록 하는 한편, 소방법 소정의 방화관리자까지 선정, 당국에 신고하여 동인으로 하여금 소방훈련 및 화기사용 또는 취급에 관한 지도감독 등을 하도록 하고 있다면, 회사의 업무에 전혀 관여하지 않고 있던 회장에게는 회사의 직원들에 대한 일반적, 추상적 지휘감독의 책임은 있을지언정 호텔 종업원의 부주의와 호텔구조상의 결함으로 발생, 확대된 화재에 대한 구체적이고도 직접적인 주의의무는 없다[대판 1986.7.22. 85도108]. [18 법원행시]*

3. 작업현장에 경고표시판 및 안전망의 설치 등 충돌사고에 대비한 안전조치가 취해져 있었을 뿐만 아니라 굴삭기에의 접근을 예방하기 위하여 굴삭기의 전후에 신호수까지 배치해 두었다면 후사경이 붙어 있지 아니한 굴삭기를 운전하여 작업에 열중하고 있는 운전자에게 굴삭기의 후면에서 접근해오는 사람이 있는지의 여부까지 스스로 확인해 가면서 작업에 임해야 할 주의의무가 있다고는 볼 수 없다[대판 1987.9.22. 87도1254].

판례 | 기타 업무상 주의의무가 인정되지 않는 경우

(안전요원 배치 후 그의 사고방지조치의무위반에 재차 대비할 주의의무는 없다는 사건) 안전조치 위반 수영장의 경영자인 피고인이 수영장 내의 미끄럼틀에 안전요원을 배치하여 안전사고를 당하지 않도록 보살피도록 하였는데, 안전요원이 성인풀 쪽을 지키고 있는 사이에 피해자(9세)가 유아풀로 내려가는 미끄럼틀을 타고 내려가 끝부분에 다다랐을 때 다가오는 어린아이에게 부딪치지 않으려고 몸을 틀다가 미끄럼틀 손잡이에 입부분을 부딪쳐 상해를 입었다면, 안전요원이 사고방지조치의무를 제대로 이행하지 않을 것에 대비하여 피고인이 안전조치지시 외에 안전요원의 지시에 따르지 아니하면 미끄럼틀을 이용할 수 없도록 쇠사슬을 설치하거나, 낙하지점 부근에 다른 사람들이 접근하여 오지 않도록 안전시설을 설치하고, 수영장 내에 안전요원을 충분히 배치하여 미끄럼틀 낙하지점에 다른 사람이 접근하지 못하게 하여 충돌을 방지하게 할 구체적이고 직접적인 업무상 주의의무가 있다고 할 수 없다[대판 1992.11.13. 92도610].

판례 | 기타 업무상 주의의무가 인정되는 경우

1. 도선사는 법률에 의하여 상당히 고도의 주의의무가 부과되어, 해도에 표시된 장애물뿐 아니라 해도에 표시되어 있지 않고 외관상 쉽게 발견되지 않는 위험물을 포함하여 지방수역에 관한 지식을 가지고 있어야 하며 이를 활용할 의무가 있고 더욱이 강제도선사는 전문지식이 있다고 판단하여 선임된 자이기 때문에 선박이 임의로 승선시킨 도선사보다 고도의 주의의무를 부담하고 있는 점을 고려하여 볼 때, 강제도선사인 피고인이 선택한 항로로 운항중이던 유조선의 수중암초 충돌로 인한 업무상과실치상 및 해양오염방지법 위반사건에 관하여 피고인이 해도를 믿고 항행을 하였다 하여 면책될 수 없다[대판 1995.4.11. 94도3302].
2. 호텔의 사장 또는 영선과장인 피고인들에게는 화재가 발생하면 불이 확대되지 않도록 계단과 복도 등을 차단하는 갑종방화문은 항상 자동개폐되도록 하며, 숙박객들이 신속하게 탈출대피할 수 있도록 각층의 을종방화문(비상문)은 언제라도 내부에서 외부로의 탈출방향으로 밀기만 하면 그대로 열려지도록 설비관리하고, 화재시에는 즉시 전층 각 객실에 이를 알리는 감지기, 수신기, 주경종, 지구경종을 완벽하게 정상적으로 작동하도록 시설관리하여야 할 업무상의 주의의무가 있다 할 것이다[대판 1984.2.28. 83도3007].

판례 | 업무상과실치사상죄의 공동정범이 성립하지 않는 경우

[1] 형법 제30조에서 정한 '2인 이상이 공동하여 죄를 범한 때'의 '죄'에는 고의범뿐만 아니라 과실범도 포함되는 것이므로 과실범의 경우에도 공동정범이 성립할 수 있으나, 의사의 연락이나 주의의무 위반에 대한 공동의 인식이 없었다면 '공동하여' 죄를 범하였다고 볼 수 없으므로, 과실범의 공동정범이 성립한다고 볼 수 없다.
[2] ① 피고인들과 관련사건 피고인들은 서로 간의 협력이나 의견교환 없이 각자가 소속된 회사 등에서 맡은 지위, 역할에 따라 그 회사 등의 가습기살균제 개발 · 출시 또는 제조 · 판매에 관여하였을 뿐이고, 주원료인 PHMG 등과 CMIT/MIT는 그 성분, 체내분해성, 대사물질 등이 전혀 다르며, 어느 하나가 다른 하나를 활용하거나 응용하여 개발 · 출시되었다고 보기 어렵고, 관련사건 피고인들과 피고인들이 서로 상대방 가습기살균제의 개발 · 출시를 인식하였다거나 그에 관하여 서로 의사를 연락하였음을 인정할 만한 사정을 발견할 수 없는 점, ② 관련사건 피고인들이 제조 · 판매에 관여하였던 가습기살균제와 피고인들이 제조 · 판매에 관여하였던 가습기살균제는 그 용도나 용법이 동일할 뿐 주원료 등 주요 요소가 전혀 다르고, 어느 하나가 다른 하나를 개량한 제품이라고 볼 수 없으며, 관련사건 피고인들이나 피고인들이 각 가습기살균제에 모두 결함 내지 하자가 존재한다는 사정이나 그러한 결함 내지 하자가 누적 · 결합되어 복합사용 피해자들에게 사망 또는 상해의 결과를 발생시킬 수 있다는 사정을 공동으로 인식할 수 있었다거나 그에 관한 묵시적 의사연락을 하였다고 볼 수 없는 점, ③ 과실범의 공동정범을 인정하는 형사정책적 목적이나 취지, 소비자들이 주원료의 차이를 알고 구매하는 것이 어려웠다는 사정 등은 관련사건 피고인들 및 피고인들의 인식 내지 의사와 아무런 관련이 없어 그들 사이에 공동의 인식 내지 의사의 연락이 있었음을 뒷받침할 수 없고, 그러한 사정들만으로 과실범의 공동정범 성립을 인정한다면 대량생산과 대량소비를 특징으로 할 뿐만 아니라 인터넷망 등을 통해서 국경을 초월한 상품의 구매 · 소비가 용이하게 이루어지는 현대사회에서 상품 제조 · 판매자들 등에 대한 과실범의 공동정범 성립범위가 무한정 확장될 수밖에 없는 점 등에 비추어 보면, 피고인들과 관련사건 피고인들 사이에 공동정범 성립을 인정하기 어렵다[대판 2024.12.26. 2024도1856].

2. 중과실치사상죄

판례 | 중과실의 판단기준

중과실은 행위자가 극히 근소한 주의를 함으로써 결과발생을 예견할 수 있었음에도 불구하고 부주의로 이를 예견하지 못한 경우를 말하는 것으로서 중과실과 경과실의 구별은 구체적인 경우에 사회통념을 고려하여 결정할 문제이다[대판 1980.10.14. 79도305].

3. 관련특별규정

(1) 교통사고처리 특례법

① 차의 교통으로 인한 업무상과실치상죄 또는 중과실치상죄의 경우 일정한 사유를 제외하고는 피해자의 명시한 의사에 반하여 공소를 제기할 수 없다(동법 제3조 제2항: 반의사불벌죄).

② 교통사고를 일으킨 차가 보험업법 등 일정한 법률의 규정에 따라 보험 또는 공제에 가입한 때에는 일정한 사유를 제외하고는 당해 차의 운전자에 대하여 공소를 제기할 수 없다(동법 제4조 제1항).

판례 | 교통사고처리특례법의 '차'에 '건설기계'가 포함되는지 여부(적극)

교통사고처리 특례법(이하 '교통사고처리법'이라 한다)은 업무상과실 또는 중대한 과실로 교통사고를 일으킨 운전자에 관한 형사처벌 등의 특례를 정함으로써 교통사고로 인한 피해의 신속한 회복을 촉진하고 국민생활의 편의를 증진하기 위하여 제정된 법률로(제1조), 차의 운전자가 교통사고로 인하여 업무상과실치상 또는 중과실치상 등의 죄를 범한 경우 피해자가 명시적으로 처벌을 희망하지 않거나 차가 일정한 보험 또는 공제에 가입되어 있으면 차의 운전자에 대하여 공소를 제기할 수 없다는 특례를 규정하고 있다(제3조 제2항 본문, 제4조 제1항 본문).
한편, 교통사고처리법의 '차'에는 건설기계관리법 제2조 제1항 제1호에 따른 건설기계가 포함되고(제2조 제1호), '교통사고'는 차의 교통으로 인하여 사람을 사상하거나 물건을 손괴하는 것을 의미한다(제2조 제2호). 여기서 '차의 교통'은 차량을 운전하는 행위 및 그와 동일하게 평가할 수 있을 정도로 밀접하게 관련된 행위를 말하고, 차량을 운전하는 행위 등에 해당하는 이상 그 목적, 동기, 경위, 장소 등을 불문한다.
따라서 건설기계 운전자가 건설기계의 이동을 위해서 건설기계를 운전하는 행위 또는 그와 동일하게 평가할 수 있을 정도로 밀접하게 관련된 행위로 업무상과실치상 또는 중과실치상 등의 죄를 범하였다면, 여기에는 교통사고처리법 제3조 제2항 본문, 제4조 제1항 본문의 특례 규정이 적용된다. 건설기계의 이동을 위한 운전행위 등이 작업수행 과정에서 이루어졌거나 작업수행에 수반하여 이루어진 경우라도 마찬가지이다[대판 2025.3.13. 2024도15542].

판례해설 피고인이 저수지 준설 공사현장에서 굴착기로 덤프트럭 적재함에 흙을 퍼 담는 작업을 수행하던 중 후방주시의무 등을 게을리한 채 굴착기를 후진한 업무상 주의의무 위반으로 굴착기의 뒷부분으로 공사현장 근로자인 피해자를 들이받아 피해자로 하여금 상해를 입게 하였다는 이 사건 공소사실에 대하여, 피고인이 '차'인 굴착기를 운전하여 후진하다가 피해자에게 상해를 입게 한 것인 이상 작업수행 과정에서 굴착기를 운전하였더라도 교통사고처리법 제4조 제1항 본문의 특례 규정이 적용된다고 보아, 공소기각판결을 선고하였다.

판례 | 교통사고처리 특례법 제3조 제2항 단서 제7호 '도로교통법 제43조를 위반'한 행위의 의미

도로교통법 위반(무면허운전)죄는 도로교통법 제43조를 위반하여 운전면허를 받지 아니하고 자동차를 운전하는 경우에 성립하는 범죄로, 유효한 운전면허가 없음을 알면서도 자동차를 운전하는 경우에만 성립하는 고의범이다. 교통사고처리 특례법 제3조 제2항 단서 제7호는 도로교통법 위반(무면허운전)죄와 동일하게 도로교통법 제43조를 위반하여 운전면허를 받지 아니하고 자동차를 운전하는 행위를 대상으로 교통사고 처벌 특례를 적용하지 않도록 하고 있다. 따라서 위 단서 제7호에서 말하는 '도로교통법 제43조를 위반'한 행위는 도로교통법 위반(무면허운전)죄와 마찬가지로 유효한 운전면허가 없음을 알면서도 자동차를 운전하는 경우만을 의미한다고 보아야 한다[대판 2023.6.29. 2021도17733].

(2) 특정범죄 가중처벌 등에 관한 법률 위반죄

판례 | 특정범죄 가중처벌 등에 관한 법률상의 '도주'의 의의[15]

특정범죄 가중처벌 등에 관한 법률 제5조의3 제1항이 정하는 '피해자를 구호하는 등 도로교통법 제54조 제1항에 의한 조치를 취하지 아니하고 도주한 때'라고 함은, 사고운전자가 사고로 인하여 피해자가 사상을 당한 사실을 인식하였음에도 불구하고, 피해자를 구호하는 등 도로교통법 제54조 제1항에 규정된 의무를 이행하기 이전에 사고현장을 이탈하여 사고를 낸 자가 누구인지 확정할 수 없는 상태를 초래하는 경우를 말하는 것이다. 그러므로 위 도주운전죄가 성립하려면 피해자에게 사상의 결과가 발생하여야 하고, 생명 · 신체에 대한 단순한 위험에 그치거나 형법 제257조 제1항에 규정된 '상해'로 평가될 수 없을 정도의 극히 하찮은 상처로서 굳이 치료할 필요가 없는 것이어서 그로 인하여 건강상태를 침해하였다고 보기 어려운 경우에는 위 죄가 성립하지 않는다[대판 2008.10.9. 2008도3078].

판례 | 특정범죄 가중처벌 등에 관한 법률상의 도주죄의 주체

특가법 제5조의3 제1항 소정의 '차의 교통으로 인하여 형법 제268조의 죄를 범한 당해차량의 운전자'란 차의 교통으로 인한 업무상과실 또는 중대한 과실로 인하여 사람을 사상에 이르게 한 자를 가리키는 것이지 과실이 없는 사고 운전자까지 포함하는 것은 아니다[대판 1991.5.28. 91도711].

판례 | 특정범죄 가중처벌 등에 관한 법률상의 도주죄가 성립하는 경우

1. 사고 운전자가 부근의 택시 기사에게 피해자를 병원으로 이송하여 줄 것을 요청하였으나 경찰관이 온 후 병원으로 가겠다는 피해자의 거부로 병원으로 이송되지 아니한 사이에 피해자의 신고를 받은 경찰관이 사고현장에 도착하였고, 피해자의 병원 이송 및 경찰관의 사고현장 도착 이전에 사고 운전자가 사고현장을 이탈하였다면, 비록 그 후 피해자가 택시를 타고 병원에 이송되어 치료를 받았다고 하더라도 운전자는 피해자에 대한 적절한 구호조치를 취하지 않은 채 사고현장을 이탈하였다고 할 것이어서, 설령 운전자가 사고현장을 이탈하기 전에 피해자의 동승자에게 자신의 신원을 알 수 있는 자료를 제공하였다고 하더라도 피고인의 이러한 행위는 '피해자를 구호하는 등 조치를 취하지 아니하고 도주한 때'에 해당한다[대판 2004.3.12. 2004도250].
2. 운전자인 피고인이 11세인 피해자의 왼쪽 손부분 등을 차로 들이받아 땅바닥에 넘어뜨려 약 1주일간의 치료를 요하는 상해를 입게 한 사안에서, 스스로 자기 몸의 상처가 어느 정도인지 충분히 파악하기에는 나이어린 피해자가 집으로 혼자 돌아갈 수 있느냐는 질문에 "예"라 답했다는 이유만으로 아무런 보호조치도 없는 상태에서 피해자를 그냥 돌아가게 했다면 피고인의 소위는 특가법 제5조의3 제1항 제2호(도주죄)에 해당한다고 한 사례[대판 1996.8.20. 96도1461].

판례 | 특정범죄 가중처벌 등에 관한 법률상의 도주죄가 성립하지 않는 경우

[1] 피고인이 교통사고 야기 후 사고 현장에서 다른 사람들과 같이 피해자들을 구급차에 나눠 싣고 자신도 구급차에 동승하여 피해자를 병원 응급실로 후송한 후 간호사가 혈압을 재는 것을 보고 응급실 밖에서 담배를 피우고 있던 중 피고인 자신과 피해자가 타고 온 구급차가 다른 곳으로 가는 것을 보고 응급실에 다시 가 본 결과 위 피해자가 보이지 않자 간호사에게 피해자의 행방을 문의하였으나 그녀가 다른 곳으로 후송하였다고만 이야기하여 하는 수 없이 자신의 사무실로 돌아 간 경우, 피고인이 비록 사고 현장에서나 그 직후 경찰관서 등에 사고 신고를 하지 않았거나 또는 타인에게 자신이 사고 야기자라고 적극적으로 고지하지 아니하였다고 하더라도 피고인의 행위는 특가법 제5조의3 제1항 소정의 도주차량에는 해당되지 아니한다.
[2] 사고운전자가 사고 후 주변사람의 신고로 도착한 구급차에 올라타서 피해자와 함께 병원에 동행하면서 사고와 무관한 사람인 것처럼 행세하였지만 1시간 가량 경과 후 자신의 잘못을 인정하고 가해자임을 밝혔다면, 특정범죄가중처벌등에관한 법률위반(도주차량)죄가 인정되지 않는다고 한 사례[대판 1996.4.12. 96도358].

15) 도주의 '의의'를 잘 알아 두면 도주죄의 인정 여부는 쉽게 판단이 가능하다.

판례 | 음주로 인한 특정범죄 가중처벌 등에 관한 법률 위반(위험운전치사상)죄의 성립요건

음주로 인한 특정범죄 가중처벌 등에 관한 법률 위반(위험운전치사상)죄는 도로교통법 위반(음주운전)죄의 경우와는 달리 형식적으로 혈중알코올농도의 법정 최저기준치를 초과하였는지 여부와는 상관없이 운전자가 '음주의 영향으로 실제 정상적인 운전이 곤란한 상태'에 있어야만 한다[대판 2018.1.25. 2017도15519].

판례 | 특정범죄 가중처벌 등에 관한 법률 제5조의10에서 정한 '자동차'의 의미

특정범죄가중처벌등에관한법률 제5조의10의 '자동차'는 도로교통법상의 자동차를 의미하고 도로교통법상 원동기장치자전거는 '자동차'에 포함되지 않는다[대판 2022.4.28. 2022도1013].

제4절 낙태의 죄

낙태의 의의에 관한 판례, 자기낙태죄의 공범관계를 알아두어야 한다.

I 총설

(1) **보호법익과 보호정도**

낙태죄의 주된 보호법익은 태아의 생명이지만, 부차적으로는 임부의 생명 · 신체도 보호법익이 된다(다수설). 보호의 정도는 추상적 위험범이다(다수설).

(2) **모자법건법상의 위법성조각의 요건**

모자보건법 제14조(인공임신중절수술의 허용한계) ① 의사는 다음 각 호의 어느 하나에 해당되는 경우에만 본인과 배우자(사실상의 혼인관계에 있는 자를 포함한다)의 동의를 받아 인공임신중절수술을 할 수 있다.
1. 본인 또는 배우자가 대통령령으로 정하는 우생학적 또는 유전학적 정신장애나 신체질환이 있는 경우
2. 본인 또는 배우자가 대통령령으로 정하는 전염성 질환이 있는 경우
3. 강간 또는 준강간에 의하여 임신된 경우
4. 법률상 혼인할 수 없는 혈족 또는 인척 간에 임신된 경우
5. 임신의 지속이 보건의학적 이유로 모체의 건강을 심히 해하고 있거나 해할 우려가 있는 경우

제28조(형법의 적용배제) 이 법에 따른 인공임신중절수술을 받은 자와 수술을 행한 자는 형법 제269조 제1항 · 제2항 및 제270조 제1항에도 불구하고 처벌하지 아니한다.

모자보건법시행령 제15조(인공임신중절수술의 허용한계) ① 법 제14조에 따른 인공임신중절수술은 임신 24주일 이내인 사람만 할 수 있다.

① **일반적 요건:** 인공임신중절수술은 ⅰ) 의사(산부인과 전문의에 제한되지 않는다)가, ⅱ) 본인과 배우자(사실상의 혼인관계에 있는 자를 포함)의 동의를 얻어, ⅲ) 임신한 날로부터 24주 이내에 행한 것이어야 한다(동법 시행령 제15조 제1항).

② **개별적 적응요건:** ⅰ) 우생학적 적응(제1호, 제2호), ⅱ) 윤리적 적응(제3호, 제4호), ⅲ) 의학적 적응(제5호): 임신의 지속이 모체의 건강을 현재 해하고 있는 경우뿐만 아니라 앞으로 해할 우려가 있는 경우도 포함한다.

판례 | 의학적 적응

인공임신중절수술이 허용되는 경우의 하나인 모자보건법 제14조 제1항 제5호 소정의 '임신의 지속이 보건의학적 이유로 모체의 건강을 심히 해하고 있거나 해할 우려가 있는 경우'라 함은 임신의 지속이 모체의 생명과 건강에 심각한 위험을 초래하게 되어 모체의 생명과 건강만이라도 구하기 위하여 인공임신중절수술이 부득이하다고 인정되는 경우를 말한다[대판 2005.4.15, 2003도2780].

③ **사회적 적응요건:** 모자보건법은 사회적 적응[16]을 인정하지 않으므로 현실문제의 해결에 불충분하다는 문제점이 있다.

Ⅱ 자기낙태죄[17]

제269조(낙태) ① 부녀가 약물 기타 방법으로 낙태한 때에는 1년 이하의 징역 또는 200만원 이하의 벌금에 처한다.

(1) 구성요건

① **주체:** 부녀이다. 부녀란 임부를 말한다(진정신분범).

② **행위:** 낙태이다.

㉮ 낙태란 태아를 자연분만기에 앞서서 인위적으로 모체 밖으로 배출하거나 태아를 모체 안에서 살해하는 행위를 말한다. 모체 밖으로 배출시키는 경우 태아의 사망 여부는 불문한다(판례).

㉯ 수단 · 방법은 제한이 없다. 약물뿐만 아니라 '기타 방법'에 의한 낙태도 가능하다. 기타 방법에는 '타인으로 하여금' 낙태를 시술하게 하는 경우를 포함하므로 임부가 산부인과의사에게 낙태수술을 의뢰하여 낙태한 경우 의사는 업무상동의낙태죄가 성립하지만 임부는 업무상동의낙태죄의 교사범이 아니라 자기낙태죄가 성립할 뿐이다.

16) 임신의 지속이 사회적 · 경제적 상태를 현저히 위태롭게 할 우려가 있는 경우 낙태를 허용하는 것을 말한다.

17) 자기낙태죄의 경우 헌재에 의하여 임신한 여성의 자기결정권을 침해한다는 이유로 헌법에 합치되지 아니한다고 선언되어(헌법불합치 결정: 2017헌바127) 2020.12.31.을 시한으로 입법자가 개정할 때까지 계속 적용되게 되었으나, 개선입법 시한까지 개정이 이루어지지 아니하여 현재로서는 무효인 상태이다. 다만, 법무부에서 개정안에 대하여 입법예고를 한 바 있어 개정입법이 이루어질 것으로 생각된다.

판례연습

【낙태의 의의와 기수시기】

산부인과 의사인 甲은 합법적인 인공임신중절수술이 허용되는 경우가 아님에도, 임신 28주 상태인 乙女와 상담한 후에 약물에 의한 유도분만의 방법으로 낙태시술을 하였으나, 태아가 살아서 미숙아 상태로 출생하자 그 미숙아에게 염화칼륨을 주입하여 사망하게 하였다. 甲과 乙女의 죄책은? (乙女는 미숙아 살해와 무관한 것으로 가정함)

판결요지

[1] 낙태죄는 태아를 자연분만기에 앞서서 인위적으로 모체 밖으로 배출하거나 모체 안에서 살해함으로써 성립하고, 그 결과 태아가 사망하였는지 여부는 낙태죄의 성립에 영향이 없다.

[2] 산부인과 의사인 피고인이 약물에 의한 유도분만의 방법으로 낙태시술을 하였으나 태아가 살아서 미숙아 상태로 출생하자 그 미숙아에게 염화칼륨을 주입하여 사망하게 한 사안에서, 염화칼륨 주입행위를 낙태를 완성하기 위한 행위에 불과한 것으로 볼 수 없고, 살아서 출생한 미숙아가 정상적으로 생존할 확률이 적다고 하더라도 그 상태에 대한 확인이나 최소한의 의료행위도 없이 적극적으로 염화칼륨을 주입하여 미숙아를 사망에 이르게 하였다면 피고인에게는 미숙아를 살해하려는 범의가 인정된다고 한 원심의 판단을 수긍한 사례[대판 2005.4.15. 2003도2780]. [18 변호사, 18 경찰승진, 16 법원행시]*

정답 [甲: 살인죄, 乙: 무죄]

(2) **기수시기**

태아를 모체 안에서 살해하거나 태아를 자연분만기에 앞서서 인위적으로 모체 밖으로 배출한 경우(이 경우 태아가 사망하였는지 여부를 불문함) 낙태행위는 기수가 된다.

(3) **공범관계**[18]

구분	임부	타인
임부가 타인에게 낙태를 촉탁하거나 타인과 공동으로 낙태한 때	자기낙태죄의 직접정범	동의낙태죄 또는 업무상동의낙태죄
타인이 임부를 교사하여 낙태하게 한 때	자기낙태죄	자기낙태죄의 교사범
타인이 임부를 교사하여 낙태의 승낙을 받아 낙태를 실행한 때	자기낙태죄	동의낙태죄 또는 업무상동의낙태죄
타인이 임부에게 낙태를 강요한 때	불가벌(책임조각)	부동의낙태죄의 간접정범과 강요죄의 상상적 경합

Ⅲ 동의낙태죄

제269조(낙태) ② 부녀의 촉탁 또는 승낙을 받아 낙태하게 한 자도 제1항(자기낙태죄)의 형과 같다.

Ⅳ 업무상동의낙태죄

제270조(의사 등의 낙태) ① 의사 · 한의사 · 조산사 · 약제사 또는 약종상이 부녀의 촉탁 또는 승낙을 받아 낙태하게 한 때에는 2년 이하의 징역에 처한다.[19]

18) 개정입법을 위해 법리를 남겨두었다.
19) 제270조 중 의사낙태죄 부분도 자기낙태죄와 마찬가지로 헌법불합치결정과 개선 입법시한 도과로 무효인 상태이다.

부녀의 촉탁 또는 승낙을 받아 낙태하는 것이다. 의사 등이 임산부의 촉탁이나 승낙을 받아 낙태한 경우에도 업무상동의낙태죄로 처벌하는 이유는 임산부에게는 태아의 생명에 대한 처분권이 없어서 피해자승낙이론에 의해 정당화될 수 없기 때문이다.

판례 | 임부의 촉탁 또는 승낙이 있다고 하여 낙태에 대하여 기대불가능성이 인정 X

의사가 부녀의 촉탁 또는 승낙을 받으면 일체의 낙태행위가 정상적인 행위이고 형법 제270조 제1항 소정의 업무상촉탁낙태죄에 의한 처벌이 무가치하게 되었다고 할 수는 없으며, 임산부의 촉탁이 있으면 의사로서 낙태를 거절하는 것이 보통의 경우 도저히 기대할 수 없게 되었다고 할 수도 없다[대판 1985.6.11. 84도1958].

Ⅴ 부동의낙태죄

제270조(부동의낙태) ② 부녀의 촉탁 또는 승낙 없이 낙태하게 한 자는 3년 이하의 징역에 처한다.

Ⅵ 낙태치사상죄

제269조(낙태) ③ 제2항의 죄(동의낙태죄)를 범하여 부녀를 상해에 이르게 한 때에는 3년 이하의 징역에 처한다. 사망에 이르게 한 때에는 7년 이하의 징역에 처한다.

제270조(의사 등의 낙태, 부동의낙태) ③ 제1항(업무상 동의낙태죄) 또는 제2항의 죄(부동의낙태죄)를 범하여 부녀를 상해에 이르게 한 때에는 5년 이하의 징역에 처한다. 사망에 이르게 한 때에는 10년 이하의 징역에 처한다.

제5절 유기와 학대의 죄

출제 POINT

유기죄의 주체의 범위에 관한 판례의 입장은 출제에 대비해 두어야 한다. 유기죄는 살인죄 및 상해죄에 대하여 보충관계에 있다는 것을 알아두어야 한다.

Ⅰ 유기죄

제271조(유기) ① 나이가 많거나 어림, 질병 그 밖의 사정으로 도움이 필요한 사람을 법률상 또는 계약상 보호할 의무가 있는 자가 유기한 경우에는 3년 이하의 징역 또는 500만원 이하의 벌금에 처한다.

(1) 객관적 구성요건

① 주체

㉮ 법률상의 보호의무자: 공법상 · 사법상의 보호의무를 불문한다.

판례 | 제271조 제1항의 '법률상 보호의무'에 해당하는 경우

1. **(부부간의 부양의무 = 사법상의 보호의무)** 유기죄를 범하여 사람을 사망에 이르게 하는 유기치사죄가 성립하기 위해서는 먼저 유기죄가 성립하여야 하므로, 행위자가 유기죄에 관한 형법 제271조 제1항이 정하고 있는 것처럼 "노유, 질병 기타 사정으로 인하여 부조를 요하는 자를 보호할 법률상 또는 계약상 의무 있는 자"에 해당하여야 한다. 여기에서 말하는 법률상 보호의무에는 민법 제826조 제1항에 근거한 부부간의 부양의무도 포함된다[대판 2018.5.11. 2018도4018].
2. **(경찰관 = 공법상의 보호의무)** 국민의 생명과 신체의 안전을 보호하기 위한 응급의 조치를 강구하여야 할 직무를 가진 경찰관인 피고인으로서는 술에 만취된 피해자가 향토예비군 4명에게 떠메어 운반되어 지서 나무의자 위에 눕혀 놓았을 때 숨이 가쁘게 쿨쿨 내품고 자신의 수족과 의사도 자제할 수 없는 상태에 있음에도 불구하고 근 3시간 동안이나 아무런 구호조치를 취하지 아니한 것은 유기죄에 대한 범의를 인정할 수 있다[대판 1972.6.27. 72도863].

판례 | 법률상의 보호의무 인정 여부(사실혼관계는 인정, 단순 동거관계는 부정)

형법 제271조 제1항에서 말하는 법률상 보호의무 가운데는 민법 제826조 제1항에 근거한 부부간의 부양의무도 포함되며, 나아가 법률상 부부는 아니지만 사실혼 관계에 있는 경우에도 위 민법 규정의 취지 및 유기죄의 보호법익에 비추어 위와 같은 법률상 보호의무의 존재를 긍정하여야 하지만, 사실혼에 해당하여 법률혼에 준하는 보호를 받기 위하여는 단순한 동거 또는 간헐적인 정교관계를 맺고 있다는 사정만으로는 부족하고, 그 당사자 사이에 주관적으로 혼인의 의사가 있고 객관적으로도 사회관념상 가족질서적인 면에서 부부공동생활을 인정할 만한 혼인생활의 실체가 존재하여야 한다[대판 2008.2.14. 2007도3952]. [20 국가9급, 20 경간부, 19 변호사]*

㉯ 계약상의 보호의무자

판례 | 계약상의 보호의무 인정범위

[1] 유기죄에 관한 형법 제271조 제1항의 '계약상 의무'는 간호사나 보모와 같이 계약에 기한 주된 급부의무가 부조를 제공하는 것인 경우에 반드시 한정되지 아니하며, 계약의 해석상 계약관계의 목적이 달성될 수 있도록 상대방의 신체 또는 생명에 대하여 주의와 배려를 한다는 부수적 의무의 한 내용으로 상대방을 부조하여야 하는 경우를 배제하는 것은 아니라고 할 것이다. 그러나 위와 같은 부수의무로서의 민사적 부조의무 또는 보호의무가 인정된다고 해서 형법 제271조 소정의 '계약상 의무'가 당연히 긍정된다고는 말할 수 없고, 제반 사정을 고려하여 위 '계약상의 부조의무'의 유무를 신중하게 판단하여야 한다. [19 경찰승진]*

[2] 피고인이 자신이 운영하는 주점에 손님으로 와서 수일 동안 식사는 한 끼도 하지 않은 채 계속하여 술을 마시고 만취한 피해자를 주점 내에 그대로 방치하여 저체온증 등으로 사망에 이르게 하였다는 내용으로 기소된 사안에서, 피해자가 피고인의 지배 아래 있는 주점에서 3일 동안 과도하게 술을 마시고 추운 날씨에 난방이 제대로 되지 아니한 주점 내 소파에서 잠을 자면서 정신을 잃은 상태에 있었다면, 피고인은 주점의 운영자로서 피해자의 생명 또는 신체에 대한 위해가 발생하지 아니하도록 피해자를 주점 내실로 옮기거나 인근에 있는 여관에 데려다 주어 쉬게 하거나 피해자의 지인 또는 경찰에 연락하는 등 필요한 조치를 강구하여야 할 계약상의 부조의무를 부담한다고 판단하여 유기치사죄를 인정한 원심판결을 수긍한 사례[대판 2011.11.24. 2011도12302]. [20 국가9급]*

㉰ 사무관리 · 관습 · 조리에 근거한 보호의무의 인정 여부

판례 | 사회상규상의 보호의무 부정 사건(일정거리 동행 사건 = 법률상 · 계약상의 보호의무 X)

현행 형법은 유기죄에 있어서 구법과는 달리 보호법익의 범위를 넓힌 반면에 보호책임 없는 자의 유기죄는 없애고 법률상 또는 계약상의 의무 있는 자만을 유기죄의 주체로 규정하고 있어 명문상 사회상규상의 보호책임을 관념할 수 없다고 하겠으니 유기죄의 죄책을 인정하려면 보호책임이 있게 된 경위 · 사정 · 관계 등을 설시하여 구성요건이 요구하는 법률상 또는 계약상 보호의무를 밝혀야 하고, 설혹 동행자가 구조를 요하게 되었다 하여도 일정거리를 동행한 사실만으로서는 피고인에게 법률상 · 계약상의 보호의무가 있다고 할 수 없으니 유기죄의 주체가 될 수 없다[대판 1977.1.11. 76도3419]. [20 경간부, 18 경간부, 17 법원행시, 17 경찰승진, 16 경찰승진]*

㉱ 범죄행위로 인한 보호의무의 인정 여부

판례 | 강간치상범이 피해자를 방치한 경우(유기죄 불성립)

강간치상의 범행을 저지른 자가 그 범행으로 인하여 실신상태에 있는 피해자를 구호하지 아니하고 방치하였다고 하더라도 그 행위는 포괄적으로 단일의 강간치상죄만을 구성한다[대판 1980.6.24. 80도726]. [23 변호사, 16 경찰승진]*

② 객체: 노유 · 질병 기타 사정으로 인하여 부조를 요하는 자이다. 요부조자가 부조를 요하는 원인을 유책하게 야기하였는가는 요부조자의 판단에 영향을 미치지 아니한다.

③ 행위: 유기이다.

㉮ 유기란 요부조자를 보호 없는 상태에 둠으로써 그의 생명 · 신체에 위험을 가져오는 행위를 말한다. 따라서 요부조자를 적극적으로 보호 없는 상태로 옮기거나(협의의 유기, 장소적 이전), 요부조자를 종래의 상태로 두고 떠나거나(광의의 유기, 장소적 이전은 없으나 장소적으로 격리), 요부조자를 종래의 상태로 두고 생존에 필요한 보호를 하지 않는 것(최광의의 유기, 장소적 격리도 요하지 않음) 모두 유기에 포함된다.

판례 | 여호와증인 사건(유기치사죄 성립)

생모가 사망의 위험이 예견되는 그 딸에 대하여는 수혈이 최선의 치료방법이라는 의사의 권유를 자신의 종교적 신념이나 후유증 발생의 염려만을 이유로 완강하게 거부하고 방해하였다면 이는 결과적으로 요부조자를 위험한 장소에 두고 떠난 경우와 다름이 없다 할 것이고,[20] 그때 사리를 변식할 지능이 없다고 보아야 할 11세 남짓한 환자 본인 역시 수혈을 거부하였다고 하더라도 생모의 수혈거부행위가 위법한 점에 영향을 미치지 않는다[대판 1980.9.24. 79도1387]. [20 국가9급, 17 법원행시]*

㉯ 기수시기는 유기로 인하여 요부조자의 생명 · 신체에 대한 추상적 위험이 발생한 때이다. 따라서 유기 후 타인의 구조가 없으면 스스로 구조할 의사로 근처에 머물고 있는 경우 또는 타인의 구조를 기대할 수 있었던 경우에도 유기죄(기수)가 성립한다(통설).[21]

---

20) 대법원은 판결이유에서 이러한 생모의 행위의 성질을 치거(置去)에 해당된다고 판시하였다.

21) 다만, 유기죄의 보호정도에 관하여 구체적 위험범설(소수설)을 취하면 유기죄의 기수가 성립할 수 없으며, 유기죄는 미수규정이 없으므로 무죄가 된다.

(2) **주관적 구성요건**

① 고의가 있어야 한다.

② 유기죄는 살인죄 · 상해죄에 대하여 보충관계에 있으므로 살인 · 상해의 고의로 유기하면 살인죄 · 상해죄가 성립한다.

> **판례 | 유기죄의 고의 인정 요건**
>
> [1] 유기죄에 있어서는 행위자가 요부조자에 대한 보호책임의 발생원인이 된 사실이 존재한다는 것을 인식하고 이에 기한 부조의무를 해태한다는 의식이 있음을 요한다.
>
> [2] 피고인이 성류파크호텔 7층 1713호실에서 피해자에게 성관계를 요구하다가 같은 피해자가 그 순간을 모면하기 위하여 7층 창문으로 뛰어내렸다고 하더라도, 피해자가 뛰어내린 여부를 피고인이 전혀 알지 못하였다면 피고인의 범의를 인정할 수 없다[대판 1988.8.9. 86도225]. [20 국가9급, 20 경간부, 17 경찰승진, 16 경찰승진]*

Ⅱ 존속유기죄와 영아유기죄[22)]

> **제271조(존속유기)** ② 자기 또는 배우자의 직계존속에 대하여 제1항의 죄(단순유기죄)를 지은 경우에는 10년 이하의 징역 또는 1천500만원 이하의 벌금에 처한다.
>
> **제272조(영아유기)** 삭제 〈2023.8.8.〉 [시행일: 2024.2.9.]

Ⅱ-Ⅰ 중유기죄 · 존속중유기죄

> **제271조(유기, 존속유기)** ③ 제1항의 죄(단순유기죄)를 지어 사람의 생명에 대한 위험을 발생[23)]하게 한 때에는 7년 이하의 징역에 처한다.
>
> ④ 제2항의 죄(존속유기죄)를 지어 사람의 생명에 대한 위험을 발생하게 한 때에는 2년 이상의 유기징역에 처한다.

Ⅲ 학대죄

> **제273조(학대)** ① 자기의 보호 또는 감독을 받는 사람을 학대한 자는 2년 이하의 징역 또는 500만원 이하의 벌금에 처한다.

22) **[개정이유]** 영아살해죄 및 영아유기죄를 폐지함으로써 저항 능력이 없거나 현저히 부족한 사회적 약자인 영아를 범죄로부터 두텁게 보호

23) 중유기죄(존속중유기죄)는 구체적 위험범이다. 또한 부진정결과적 가중범이므로 위험발생에 대한 고의 · 과실을 불문한다.

판례연습

【학대의 개념】

甲은 12세인 자기의 딸인 A女와 성관계를 가진 후 매년 4회 내지 8회에 걸쳐 장장 8년간에 걸쳐 이러한 관계를 지속해 왔다. 甲에 대하여 학대죄의 성립 여부를 검토하라.

판결요지

형법 제273조 제1항에서 말하는 '학대'라 함은 육체적으로 고통을 주거나 정신적으로 차별대우를 하는 행위를 가리키고, 이러한 학대행위는 형법의 규정체제상 학대와 유기의 죄가 같은 장에 위치하고 있는 점 등에 비추어 단순히 상대방의 인격에 대한 반인륜적 침해만으로는 부족하고 적어도 유기에 준할 정도에 이르러야 한다[대판 2000.4.25. 2000도223]. [19 경찰승진, 18 경간부]*

정답 [학대죄 불성립]

판례 | 학대의 의의와 성격 / 위법성조각의 판단방법

학대죄는 자기의 보호 또는 감독을 받는 사람에게 육체적으로 고통을 주거나 정신적으로 차별대우를 하는 행위가 있음과 동시에 범죄가 완성되는 상태범 또는 즉시범이라 할 것이고 비록 수십회에 걸쳐서 계속되는 일련의 폭행행위가 있었다 하더라도 그 중 친권자로서의 징계권의 범위에 속하여 위 위법성이 조각되는 부분이 있다면 그 부분을 따로 떼어 무죄의 판결을 할 수 있다[대판 1986.7.8. 84도2922]. [20 변호사, 19 경찰승진, 18 경간부]*

Ⅳ 아동혹사죄

제274조(아동혹사) 자기의 보호 또는 감독을 받는 16세 미만의 자를 그 생명 또는 신체에 위험한 업무에 사용할 영업자 또는 그 종업자에게 인도한 자는 5년 이하의 징역에 처한다. 그 인도를 받은 자도 같다.

'인도'란 현실적인 인도를 의미한다. 따라서 인도계약을 체결한 것만으로는 아동혹사죄가 성립하지 아니한다. 그러나 인도 후에 현실적으로 위험한 업무에 종사할 것은 요하지 않는다(거동범).

Ⅴ 유기치사상죄

제275조(유기 등 치사상) ① 제271조 또는 제273조의 죄를 범하여 사람을 상해에 이르게 한 때에는 7년 이하의 징역에 처한다. 사망에 이르게 한 때에는 3년 이상의 유기징역에 처한다. 〈개정 2023.8.8.〉

② 자기 또는 배우자의 직계존속에 대하여 제271조 또는 제273조의 죄(존속유기죄, 존속중유기죄, 존속학대죄)를 범하여 상해에 이르게 한 때에는 3년 이상의 유기징역에 처한다. 사망에 이르게 한 때에는 무기 또는 5년 이상의 징역에 처한다.

판례 | 유기치사죄가 성립하지 않는 경우(인과관계의 탈락)

치사량의 청산가리를 음독했을 경우 미처 인체에 흡수되기 전에 지체없이 병원에서 위세척을 하는 등 응급 치료를 받으면 혹 소생할 가능은 있을지 모르나 이미 이것이 혈관에 흡수되어 피고인이 피해자를 변소에서 발견했을 때의 피해자의 증상처럼 환자의 안색이 변하고 의식을 잃었을 때는 우리의 의학기술과 의료시설로서는 그 치료가 불가능하여 결국 사망하게 되는 것이고 또 일반적으로 병원에서 음독환자에게 위세척 호흡촉진제 강심제주사 등으로 응급가료를 하나 이것이 청산가리 음독인 경우에는 아무런 도움도 되지 못하는 것이므로 피고인의 유기행위와 피해자의 사망 간에는 상당인과관계가 없다 할 것이다[대판 1967.10.31. 67도1151].

제2장 자유에 대한 죄

제1절 협박의 죄

출제 POINT

협박죄의 기수시기에 관한 대법원 전원합의체판결은 매우 중요하며 기타 협박의 인정 여부에 관한 판례를 정리해 두어야 한다.

I 총설

보호법익은 개인의 의사결정의 자유이며(통설), 보호의 정도는 통설은 침해범이라고 보나, 판례는 위험범으로 보고 있다.

판례 | 협박죄의 보호정도 = 위험범

협박죄는 사람의 의사결정의 자유를 보호법익으로 하는 위험범이라 봄이 상당하다[대판(전) 2007.9.28. 2007도606].

II 협박죄

제283조(협박) ① 사람을 협박한 자는 3년 이하의 징역, 500만원 이하의 벌금·구류 또는 과료에 처한다.
③ 피해자의 명시한 의사에 반하여 공소를 제기할 수 없다.
제286조(미수범) 미수범은 처벌한다.

1. 의의

사람을 협박함으로써 성립하는 범죄이다.

2. 구성요건

(1) 객관적 구성요건

① 객체: 사람이다. ⅰ) 사람은 자연인을 의미하므로 법인은 포함되지 않는다. ⅱ) 자연인일지라도 의사결정의 능력이 없는 영아·명정자·정신병자·수면 중인 자는 협박죄의 객체가 될 수 없다(통설).

판례 | 협박죄의 객체(법인은 불포함)

협박죄는 사람의 의사결정의 자유를 보호법익으로 하는 범죄로서 협박의 행위 개념 등에 비추어 볼 때, 협박죄는 자연인만을 그 대상으로 예정하고 있을 뿐 법인은 협박죄의 객체가 될 수 없다[대판 2010.7.15. 2010도1017]. [20 경찰승진, 18 경찰채용, 17 경간부]*

② 행위: 협박이다.

판례 | 협박죄에서 협박의 의미

협박죄에 있어서의 협박이라 함은 사람으로 하여금 공포심을 일으킬 수 있을 정도의 해악을 고지하는 것을 말하고 협박죄가 성립하기 위하여는 적어도 발생 가능한 것으로 생각될 수 있는 정도의 구체적인 해악의 고지가 있어야 한다[대판 2011.5.26. 2011도2412]. [20 경찰승진, 20 경찰채용, 17 경찰승진, 16 경찰승진]*

㉮ 협박과 경고의 구별: 협박이라고 하기 위하여는 해악의 발생이 직접 · 간접으로 행위자에 의해서 좌우될 수 있는 것이어야 한다(해악에 대한 지배가능성을 요함).

㉯ 해악의 내용: 제한이 없다. 다만, 해악은 상대방에게 공포심을 줄 수 있을 정도의 구체적인 것이어야 한다. 따라서 "앞으로 수박이 없어지면 네 책임이다." 또는 "피해자를 찾아서 해결하라."고 한 것만으로는 협박이라고 할 수 없다(판례).

판례 | 협박에 해당하지 않는 경우(민사적 법률관계에서 당사자 사이에 이해가 상충되는 경우)

[1] 민사적 법률관계하에서 이해관계가 상충되는 당사자 사이에 권리의 실현 · 행사 과정에서 이루어진 상대방에 대한 불이익이나 해악의 고지가 일반적으로 보아 공포심을 일으킬 수 있는 정도로서 협박죄의 '협박'에 해당하는지 여부와 그것이 사회상규에 비추어 용인할 수 있는 정도를 넘어선 것인지 여부를 판단할 때에는, 행위자와 상대방의 관계 및 사회경제적 위상의 차이, 고지된 불이익이나 해악의 내용이 당시 상황에 비추어 이해관계가 대립되는 당사자의 권리 실현 · 행사의 내용으로 통상적으로 예견 · 수용할 수 있는 범위를 현저히 벗어난 정도에 이르렀는지, 해악의 고지 방법과 그로써 추구하는 목적 사이에 합리적 관련성이 존재하는지 등 여러 사정을 세심히 살펴보아야 한다[대판 2022.12.15. 2022도9187].

[2] 대표이사인 피해자의 경영실패에 따라 임금 체불, 사무실 임대료 체납 등으로 이 사건 회사의 존립이 위태로운 상황에서 피고인들을 포함하여 이 사건 회사에 최종적으로 잔류한 직원들과 투자금 상실의 위기에 놓인 주요 투자자들이 상호 공동의 이해관계 아래 그러한 사정을 공유한 후 대표이사에게 '사임제안서'를 전달한 경우 협박죄가 성립하지 않는다.[24]

판례 | 협박에 해당하지 않는 경우(단순한 폭언과 단순한 감정적 욕설)

1. 같은 동리에 사는 동년배 간에 동장직을 못하게 하였다는 불만의 표시로서 "두고 보자"는 말을 하였다 하더라도 그 정도의 폭언을 본조 소정의 협박에 해당한다고 하기 어렵다[대판 1974.10.8. 74도1892].
2. 피해자의 처와 통화하기 위하여 야간에 피해자의 집에 여러 차례 전화를 하여 피해자가 전화를 받으면 20분 내지 30분 동안 아무 말도 하지 않고 있다가 전화를 끊어버리거나 어떤 때에는 "한번 만나자, 나한테 자신 있나" 등의 말을 한 정도로는 피해자로 하여금 의구심을 가지게 하여 심적인 고통을 가하거나 분노를 일으키는 등 감정을 자극하는 폭언을 한 정도에 그칠 뿐 피해자의 생명이나 신체 등에 대하여 일정한 해악을 고지한 협박에 이른다고 볼 수 없다[부산지법 1985.7.5. 85도638].
3. 피해자와 언쟁 중 "입을 찢어 버릴라"라고 한 말은 당시의 주위 사정 등에 비추어 단순한 감정적인 욕설에 불과하고 피해자에게 해악을 가할 것을 고지한 행위라고 볼 수 없어 협박에 해당하지 않는다[대판 1986.7.22. 86도1140]. [16 경찰승진]*
4. 피고인이 자신의 동거남과 성관계를 가진 바 있던 피해자에게 "사람을 사서 쥐도 새도 모르게 파묻어버리겠다. 너까지 것 쉽게 죽일 수 있다"라고 말한 경우, 이는 언성을 높이면서 말다툼으로 흥분한 나머지 단순히 감정적인 욕설 내지 일시적 분노의 표시를 한 것에 불과하고 해악을 고지한다는 인식을 갖고 한 것이라고 보기 어렵다[대판 2006.8.25. 2006도546]. [17 경간부]*

24) 대법원은 피고인들의 '사임제안서' 전달 행위를 협박죄에서의 '협박'으로 볼 수 없고, 설령 '협박'에 해당하더라도 사회통념상 용인할 수 있는 정도이거나 이 사건 회사의 경영 정상화라는 정당한 목적을 위한 상당한 수단에 해당하여 사회상규에 반하지 않는 정당행위에 해당한다고 판시하였다.

판례 | 구체적인 해악 고지가 없어 협박에 해당하지 않는 경우

"앞으로 수박이 없어지면 네 책임으로 한다."고 말하였다고 하더라도 구체적으로 어떠한 법익에 어떠한 해악을 가하겠다는 것인지를 알 수 없어 이를 해악의 고지라고 보기 어렵다[대판 1995.9.29. 94도2187].

판례 | 협박에 해당한다고 볼 수 있는 경우

피고인이 피해자와 횟집에서 술을 마시던 중 피해자가 모래 채취에 관하여 항의하는 데에 화가 나서, 횟집 주방에 있던 회칼 2자루를 들고 나와 죽어버리겠다며 자해하려고 한 경우, 피고인의 행위는 단순한 자해행위 시늉에 불과한 것이 아니라 피고인의 요구에 응하지 않으면 피해자에게 어떠한 해악을 가할 듯한 위세를 보인 행위로서 협박에 해당한다고도 볼 수 있다[대판 2011.1.27. 2010도14316]. [18 경찰승진]*

판례 | 제3자에 대한 해악을 고지한 경우 제3자의 범위(법인도 포함)

[1] 피해자 본인이나 그 친족뿐만 아니라 그 밖의 '제3자'에 대한 법익 침해를 내용으로 하는 해악을 고지하는 것이라고 하더라도 피해자 본인과 제3자가 밀접한 관계에 있어 그 해악의 내용이 피해자 본인에게 공포심을 일으킬 만한 정도의 것이라면 협박죄가 성립할 수 있다. 이때 '제3자'에는 자연인뿐만 아니라 법인도 포함된다 할 것이다.
[2] 채권추심 회사의 지사장이 회사로부터 자신의 횡령행위에 대한 민·형사상 책임을 추궁당할 지경에 이르자 이를 모면하기 위하여 회사 본사에 '회사의 내부비리 등을 금융감독원 등 관계 기관에 고발하겠다.'는 취지의 서면을 보내는 한편, 위 회사 경영지원본부장이자 상무이사에게 전화를 걸어 자신의 횡령행위를 문제삼지 말라고 요구하면서 위 서면의 내용과 같은 취지로 발언한 경우, 위 상무이사에 대한 협박죄가 인정된다[대판 2010.7.15. 2010도1017]. [20 법원9급, 20 경간부, 20 경찰승진, 19 경찰승진, 18 경찰채용, 17 경찰채용, 17 경간부]*

판례 | 제3자에 대한 해악을 고지하였으나 협박죄가 성립하지 않는 경우

[1] 협박죄의 성립에 요구되는 '협박'이라고 함은 일반적으로 그 상대방이 된 사람으로 하여금 공포심을 일으키기에 충분한 정도의 해악을 고지하는 것으로서 그러한 해악의 고지에 해당하는지 여부는 행위자와 상대방의 성향, 고지 당시의 주변 상황, 행위자와 상대방 사이의 관계·지위, 그 친숙의 정도 등 행위 전후의 여러 사정을 종합하여 판단되어야 한다. [20 경찰승진]*
[2] 피고인이 혼자 술을 마시던 중 甲 정당이 국회에서 예산안을 강행처리하였다는 것에 화가 나서 공중전화를 이용하여 경찰서에 여러 차례 전화를 걸어 전화를 받은 각 경찰관에게 경찰서 관할구역 내에 있는 甲 정당의 당사를 폭파하겠다는 말을 한 경우, 피고인은 甲 정당에 관한 해악을 고지한 것이므로 각 경찰관 개인에 관한 해악을 고지하였다고 할 수 없고, 다른 특별한 사정이 없는 한 일반적으로 甲 정당에 대한 해악의 고지가 각 경찰관 개인에게 공포심을 일으킬 만큼 서로 밀접한 관계에 있다고 보기 어려우므로 각 경찰관에 대한 협박죄를 구성한다고 볼 수 없다[대판 2012.8.17. 2011도10451]. [21 법원9급, 20 국가7급, 18 경찰채용, 17 경찰승진, 16 경찰승진, 16 경찰채용]*

판례 | 고지하는 내용이 위법하지 않은 경우 협박죄의 성립가능성(가능)

[1] 협박죄가 성립하려면 고지된 해악의 내용이 일반적으로 사람으로 하여금 공포심을 일으키게 하기에 충분한 것이어야 하지만, 상대방이 그에 의하여 현실적으로 공포심을 일으킬 것까지 요구하는 것은 아니며, 고지하는 내용이 위법하지 않은 것인 때에도 해악이 될 수 있다.
[2] 피고인 甲 등이 공모하여 K건설의 대표이사에게 K건설의 이중계약체결과 허위세금계산서를 통한 비자금조성의혹을 제기하면서 민사소송과 형사고발을 비롯하여 세무서 등 관계기관과 언론사에 제보하겠다는 취지의 통지문을 보낸 것은 사회통념상 용인될 수 있을 정도의 것이라거나 사회상규에 반하지 않는 정당행위에 해당한다고 볼 수 없으므로 포괄하여 협박죄가 성립한다고 한 사례[대판 2012.5.24. 2011도5910].

㉰ 해악고지의 방법: 제한이 없다.

판례 | 거동에 의한 협박(가능)

해악고지는 보통 언어에 의하는 것이나 경우에 따라서는 한마디 말도 없이 거동에 의하여서도 할 수 있는 것이므로 가위로 찌를 듯이 하였다면 신체에 대하여 위해를 가할 고지로 못볼 바 아니므로 이를 협박죄로 단정한 원판결은 정당하다[대판 1975.10.7. 74도2727].

판례 | 제3자로 하여금 해악을 가하도록 하겠다고 한 경우 협박의 성립요건

협박의 경우 행위자가 직접 해악을 가하겠다고 고지하는 것은 물론, 제3자로 하여금 해악을 가하도록 하겠다는 방식으로도 해악의 고지는 얼마든지 가능하지만, 이 경우 고지자가 제3자의 행위를 사실상 지배하거나 제3자에게 영향을 미칠 수 있는 지위에 있는 것으로 믿게 하는 명시적·묵시적 언동을 하였거나 제3자의 행위가 고지자의 의사에 의하여 좌우될 수 있는 것으로 상대방이 인식한 경우에 한하여 비로소 고지자가 직접 해악을 가하겠다고 고지한 것과 마찬가지의 행위로 평가할 수 있고, 만약 고지자가 위와 같은 명시적·묵시적 언동을 하거나 상대방이 위와 같이 인식을 한 적이 없다면 비록 상대방이 현실적으로 외포심을 느꼈다고 하더라도 이러한 고지자의 행위가 협박죄를 구성한다고 볼 수는 없다[대판 2006.12.8. 2006도6155]. [20 법원9급]*

참고판례 피고인이 피해자의 장모가 있는 자리에서 서류를 보이면서 "피고인의 요구를 들어주지 않으면 서류를 세무서로 보내 세무조사를 받게 하여 피해자를 망하게 하겠다."라고 말하여 피해자의 장모로 하여금 피해자에게 위와 같은 사실을 전하게 하고, 그 다음날 피해자의 처에게 전화를 하여 "며칠 있으면 국세청에서 조사가 나올 것이니 그렇게 아시오."라고 말한 경우, 위 각 행위는 협박죄에 있어서 해악의 고지에 해당한다고 한 사례[대판 2007.6.1. 2006도1125].

③ 기수시기

판례 | 협박죄의 기수시기 = 상대방이 고지한 해악의 의미를 인식한 때(현실적 공포심 불요)

[1] 협박죄가 성립하려면 고지된 해악의 내용이 일반적으로 사람으로 하여금 공포심을 일으키게 하기에 충분한 것이어야 하지만, 상대방이 그에 의하여 현실적으로 공포심을 일으킬 것까지 요구하는 것은 아니며, 그와 같은 정도의 해악을 고지함으로써 상대방이 그 의미를 인식한 이상, 상대방이 현실적으로 공포심을 일으켰는지 여부와 관계없이 그로써 구성요건은 충족되어 협박죄의 기수에 이르는 것으로 해석하여야 한다. [23 경간부, 20 변호사, 20 법원9급, 20 국가9급, 20 경찰승진, 19 경찰승진, 19 경찰채용, 18 경찰승진]*

[2] 협박죄는 사람의 의사결정의 자유를 보호법익으로 하는 위험범이므로, 협박죄의 미수범 처벌조항은 해악의 고지가 현실적으로 상대방에게 도달하지 아니한 경우나, 도달은 하였으나 상대방이 이를 지각하지 못하였거나 고지된 해악의 의미를 인식하지 못한 경우 등에 적용될 뿐이다. [20 변호사, 20 경찰승진, 20 경간부, 19 경찰승진, 18 경찰채용]*

[3] 정보보안과 소속 경찰관이 자신의 지위를 내세우면서 타인의 민사분쟁에 개입하여 빨리 채무를 변제하지 않으면 상부에 보고하여 문제를 삼겠다고 말한 사안에서, 객관적으로 상대방이 공포심을 일으키기에 충분한 정도의 해악의 고지에 해당하므로 현실적으로 피해자가 공포심을 일으키지 않았다 하더라도 협박죄의 기수에 이르렀다고 본 사례. [20 국가7급, 17 경찰승진, 17 경찰채용]*

[4] 정보보안과 소속 경찰관이 자신의 지위를 내세우면서 타인의 민사분쟁에 개입하여 빨리 채무를 변제하지 않으면 상부에 보고하여 문제를 삼겠다고 말한 사안에서, 상대방이 채무를 변제하고 피해 변상을 하는지 여부에 따라 직무집행 여부를 결정하겠다는 취지이더라도 정당한 직무집행이라거나 목적 달성을 위한 상당한 수단으로 인정할 수 없어 정당행위에 해당하지 않는다고 한 사례[대판(전) 2007.9.28. 2007도606].

동지판례 피해자가 그 취지를 인식하였음이 명백한 이상 설령 피해자가 현실적으로 공포심을 느끼지 못하였다 하더라도 그와는 무관하게 상관협박죄의 기수에 이르렀다고 보아야 한다[대판 2008.12.11. 2008도8922]. [20 경찰채용]*

(2) 주관적 구성요건

판례 | 고지한 해악을 실제로 실현할 의사가 없는 경우 = 협박죄의 고의 성립 가능

[1] 협박죄에 있어서의 협박이라 함은 일반적으로 보아 사람으로 하여금 공포심을 일으킬 수 있는 정도의 해악을 고지하는 것을 의미하므로 그 주관적 구성요건으로서의 고의는 행위자가 그러한 정도의 해악을 고지한다는 것을 인식 · 인용하는 것을 그 내용으로 하고 고지한 해악을 실제로 실현할 의도나 욕구는 필요로 하지 아니하고, 다만 행위자의 언동이 단순한 감정적인 욕설 내지 일시적 분노의 표시에 불과하여 주위사정에 비추어 가해의 의사가 없음이 객관적으로 명백한 때에는 협박행위 내지 협박의 의사를 인정할 수 없다. [20 경찰승진, 17 경간부]*

[2] 피고인이 피해자인 누나의 집에서 갑자기 온 몸에 연소성이 높은 고무놀을 바르고 라이타 불을 켜는 동작을 하면서 이를 말리려는 피해자 등에게 가위, 송곳을 휘두르면서 '방에 불을 지르겠다', '가족 전부를 죽여 버리겠다'고 소리쳤고 피해자가 피고인의 행위를 약 1시간 가량 말렸으나 듣지 아니하여 무섭고 두려워서 신고를 하였다면, 피고인의 행위는 피해자 등에게 공포심을 일으키기에 충분할 정도의 해악을 고지한 것이고, 나아가 피고인에게 실제로 피해자 등의 신체에 위해를 가할 의사나 불을 놓을 의사가 없었다고 할지라도 위와 같은 해악을 고지한다는 점에 대한 인식 · 인용은 있었다고 봄이 상당하다 [대판 1991.5.10. 90도2102]. [17 경간부]*

판례 | 협박죄의 고의가 부정된 경우

지서에 연행된 피고인이 경찰관으로부터 반공법위반 혐의사실을 추궁당하고 뺨까지 얻어맞게 되자 술김에 흥분하여 항의조로 "내가 너희들의 목을 자른다, 내 동생을 시켜서라도 자른다."라고 말하였다 하여 피고인에게 협박죄를 구성할 만한 해악을 고지할 의사가 인정될 수 없다[대판 1972.8.29. 72도1565].

3. 위법성

판례 | 권리행사 또는 직무집행을 위하여 해악을 고지한 경우 위법성조각 요건

1. 권리행사의 일환으로 상대방에게 일정한 해악을 고지한 경우, 그 해악의 고지가 정당한 권리행사나 직무집행으로서 사회상규에 반하지 아니하는 때에는 협박죄가 성립하지 아니하나, 외관상 권리행사나 직무집행으로 보이더라도 실질적으로 권리나 직무권한의 남용이 되어 사회상규에 반하는 때에는 협박죄가 성립한다고 보아야 할 것인바, 구체적으로는 그 해악의 고지가 정당한 목적을 위한 상당한 수단이라고 볼 수 있으면 위법성이 조각되지만, 위와 같은 관련성이 인정되지 아니하는 경우에는 그 위법성이 조각되지 아니한다[대판(전) 2007.9.28. 2007도606; 동지 대판 1998.3.10. 98도70].

   관련판례 해악의 고지가 있다 하더라도 그것이 사회의 관습이나 윤리관념 등에 비추어 용인할 수 있는 정도의 것이라면 협박죄가 성립하지 아니한다[대판 2010.7.15. 2010도1017]. [20 법원9급, 20 경간부]*

2. 사채업자인 피고인이 채무자 甲에게, 채무를 변제하지 않으면 甲이 숨기고 싶어하는 과거 행적과 사채를 쓴 사실 등을 남편과 시댁에 알리겠다는 등의 문자메시지를 발송한 경우, 피고인의 행위는 정당행위에 해당하지 않으므로 협박죄가 성립한다[대판 2011.5.26. 2011도2412]. [23 변호사, 19 경찰승진]*

판례 | 정당한 훈계의 범위를 벗어나는 것이 아니어서 위법성이 조각되는 경우

"앞으로 수박이 없어지면 네 책임으로 한다."고 말하였다고 하더라도 그것만으로는 구체적으로 어떠한 법익에 어떠한 해악을 가하겠다는 것인지를 알 수 없어 이를 해악의 고지라고 보기 어렵고, 가사 위와 같이 말한 것이 다소간의 해악의 고지에 해당한다고 가정하더라도, 이는 정당한 훈계의 범위를 벗어나는 것이 아니어서 사회상규에 위배되지 아니하므로 위법성이 없다고 봄이 상당하다[대판 1995.9.29. 94도2187]. [16 경찰채용]*

Ⅲ 존속협박죄

제283조(존속협박) ② 자기 또는 배우자의 직계존속에 대하여 제1항의 죄(협박죄)를 범한 때에는 5년 이하의 징역 또는 700만원 이하의 벌금에 처한다.
③ 피해자의 명시한 의사에 반하여 공소를 제기할 수 없다.

제286조(미수범) 미수범은 처벌한다.

Ⅳ 특수협박죄

제284조(특수협박) 단체 또는 다중의 위력을 보이거나 위험한 물건을 휴대하여 제283조 제1항(협박죄), 제2항의 죄(존속협박죄)를 범한 때에는 7년 이하의 징역 또는 1천만원 이하의 벌금에 처한다.

판례 | 위험한 물건에 해당하는 경우

1. 피고인이 미리 준비해 간 회칼을 책상 위에 수회 내리치면서 피해자를 협박한 사실에 대하여 특수협박죄가 성립한다고 한 사례[대판 2017.3.30. 2017도771].
2. 비록 피고인이 위 공기총에 실탄을 장전하지 아니하였다고 하더라도 피고인은 범행 현장에서 공기총과 함께 실탄을 소지하고 있었고 피고인으로서는 언제든지 실탄을 장전하여 발사할 수도 있었던 것이므로 위 공기총은 특수협박죄 소정의 '흉기 기타 위험한 물건'에 해당한다[대판 2002.11.26. 2002도4586].

판례 | 위험한 물건의 '휴대'에 해당하지 않는 경우(청산염을 우송한 경우)

위험한 물건의 '휴대'라 함은 범행현장에서 범행에 사용할 의도 아래 위험한 물건을 몸 또는 몸 가까이 소지하는 것을 말하므로 청산염 2g 정도를 협박편지에 동봉 우송하여 피해자에게 도달케 하였다는 것만으로는 위험한 물건의 휴대라고 할 수 없다[대판 1985.10.8. 85도1851].

판례 | 특수협박죄의 반의사불벌죄 여부(부정)

형법 제284조에서 규정하는 단체 또는 다중의 위력을 보이거나 위험한 물건을 휴대한 특수협박죄의 경우에는 반의사불벌죄에 관한 규정이 적용될 수 없다[대판 2008.7.24. 2008도4658].

Ⅴ 상습협박죄

제285조(상습범) 상습으로 제283조 제1항(협박죄), 제2항(존속협박죄) 또는 전조의 죄(특수협박죄)를 범한 때에는 그 죄에 정한 형의 2분의 1까지 가중한다.

제2절 강요의 죄

출제 POINT

강요죄에서 '권리'의 범위에 관한 판례, 인질강요죄의 경우 강요의 상대방은 인질이 아니라 제3자라는 법규정을 잘 정리해 두어야 한다.

I 총설

강요의 죄의 보호법익은 사람의 의사결정 및 의사활동의 자유이다. 보호의 정도는 침해범이다.

II 강요죄

제324조(강요) ① 폭행 또는 협박으로 사람의 권리행사를 방해하거나 의무없는 일을 하게 한 자는 5년 이하의 징역 또는 3천만원 이하의 벌금에 처한다.

제324조의5(미수범) 미수범은 처벌한다.

1. 구성요건

(1) 객관적 구성요건

① 객체: 사람이다. 사람은 (법인을 제외한) 자연인인 타인을 의미하며 의사결정 및 활동의 자유를 가진 자에 제한된다.

② 행위

㉮ 폭행: ⅰ) 사람에 대한 직접적 · 간접적 유형력의 행사를 말한다(광의의 폭행). ⅱ) 폭행은 강제적 폭력[25]과 절대적 폭력[26]을 모두 포함한다.

㉯ 협박: 강요죄의 수단인 협박은 일반적으로 사람으로 하여금 공포심을 일으키게 하는 정도의 해악을 고지하는 것을 말한다.

㉰ 폭행 · 협박의 정도와 상대방

판례 | 강요죄의 폭행에 해당하지 않는 경우

[1] 강요죄는 폭행 또는 협박으로 사람의 권리행사를 방해하거나 의무 없는 일을 하게 하는 범죄이다(형법 제324조 제1항). 여기에서 폭행은 사람에 대한 직접적인 유형력의 행사뿐만 아니라 간접적인 유형력의 행사도 포함하며, 반드시 사람의 신체에 대한 것에 한정되지 않는다. 사람에 대한 간접적인 유형력의 행사를 강요죄의 폭행으로 평가하기 위해서는 피고인이 유형력을 행사한 의도와 방법, 피고인의 행위와 피해자의 근접성, 유형력이 행사된 객체와 피해자의 관계 등을 종합적으로 고려해야 한다.

25) 폭행에 의하여 상대방의 의사에 심리적 영향을 미치는 것을 말한다.
26) 폭행에 의하여 상대방의 의사형성을 불가능하게 하는 경우를 말한다.

[2] 피고인이 甲과 공모하여 甲 소유의 차량을 乙 소유 주택 대문 바로 앞부분에 주차하는 방법으로 乙이 차량을 주택 내부의 주차장에 출입시키지 못하게 함으로써 乙의 차량 운행에 관한 권리행사를 방해하였다는 내용으로 기소된 사안에서, 피고인은 乙로 하여금 주차장을 이용하지 못하게 할 의도로 甲 차량을 乙 주택 대문 앞에 주차하였으나, 주차 당시 피고인과 乙 사이에 물리적 접촉이 있거나 피고인이 乙에게 어떠한 유형력을 행사했다고 볼만한 사정이 없는 점, 피고인의 행위로 乙에게 주택 외부에 있던 乙 차량을 주택 내부의 주차장에 출입시키지 못하는 불편이 발생하였으나, 乙은 차량을 용법에 따라 정상적으로 사용할 수 있었던 점을 종합하면, 피고인이 乙을 폭행하여 차량 운행에 관한 권리행사를 방해하였다고 평가하기 어렵다[대판 2021.11.25. 2018도1346].

판례 | 강요죄의 협박에 해당하기 위한 요건

강요죄는 폭행 또는 협박으로 사람의 권리행사를 방해하거나 의무 없는 일을 하게 하는 범죄이다. 여기에서 협박은 객관적으로 사람의 의사결정의 자유를 제한하거나 의사실행의 자유를 방해할 정도로 겁을 먹게 할 만한 해악을 고지하는 것을 말한다. 이와 같은 협박이 인정되기 위해서는 발생 가능한 것으로 생각할 수 있는 정도의 구체적인 해악의 고지가 있어야 한다. 해악의 고지는 반드시 명시적인 방법이 아니더라도 말이나 행동을 통해서 상대방에게 어떠한 해악을 끼칠 것이라는 인식을 갖도록 하면 충분하고, 제3자를 통해서 간접적으로 할 수도 있다. 행위자가 그의 직업, 지위 등에 기초한 위세를 이용하여 불법적으로 재물의 교부나 재산상 이익을 요구하고 상대방이 불응하면 부당한 불이익을 입을 위험이 있다는 위구심을 일으키게 하는 경우에도 해악의 고지가 된다. 협박받는 사람이 공포심 또는 위구심을 일으킬 정도의 해악을 고지하였는지는 행위 당사자 쌍방의 직무, 사회적 지위, 강요된 권리 · 의무에 관련된 상호관계 등 관련 사정을 고려하여 판단해야 한다.
행위자가 직무상 또는 사실상 상대방에게 영향을 줄 수 있는 직업이나 지위에 있고 직업이나 지위에 기초하여 상대방에게 어떠한 요구를 하였더라도 곧바로 그 요구 행위를 위와 같은 해악의 고지라고 단정하여서는 안 된다. 특히 공무원이 자신의 직무와 관련한 상대방에게 공무원 자신 또는 자신이 지정한 제3자를 위하여 재산적 이익 또는 일체의 유 · 무형의 이익 등을 제공할 것을 요구하고 상대방은 공무원의 지위에 따른 직무에 관하여 어떠한 이익을 기대하며 그에 대한 대가로서 요구에 응하였다면, 다른 사정이 없는 한 공무원의 위 요구 행위를 객관적으로 사람의 의사결정의 자유를 제한하거나 의사실행의 자유를 방해할 정도로 겁을 먹게 할 만한 해악의 고지라고 단정하기는 어렵다.
행위자가 직업이나 지위에 기초하여 상대방에게 어떠한 이익 등의 제공을 요구하였을 때 그 요구 행위가 강요죄의 수단으로서 해악의 고지에 해당하는지 여부는 행위자의 지위뿐만 아니라 그 언동의 내용과 경위, 요구 당시의 상황, 행위자와 상대방의 성행 · 경력 · 상호관계 등에 비추어 볼 때 상대방으로 하여금 그 요구에 불응하면 어떠한 해악에 이를 것이라는 인식을 갖게 하였다고 볼 수 있는지, 행위자와 상대방이 행위자의 지위에서 상대방에게 줄 수 있는 해악을 인식하거나 합리적으로 예상할 수 있었는지 등을 종합하여 판단해야 한다. 공무원인 행위자가 상대방에게 어떠한 이익 등의 제공을 요구한 경우 위와 같은 해악의 고지로 인정될 수 없다면 직권남용이나 뇌물 요구 등이 될 수는 있어도 협박을 요건으로 하는 강요죄가 성립하기는 어렵다[대판(전) 2019.8.29. 2018도13792]. [23 경간부]*

판례 | 강요죄의 협박에 해당하는 경우

1. [1] 강요죄의 수단인 협박은 일반적으로 사람으로 하여금 공포심을 일으키게 하는 정도의 해악을 고지하는 것으로 그 방법은 통상 언어에 의하는 것이나 경우에 따라서 한마디 말도 없이 거동에 의하여서도 할 수 있다.
   [2] 환경단체 소속 회원들이 축산 농가들의 폐수 배출 단속활동을 벌이면서 폐수 배출현장을 사진촬영하거나 지적하는 한편 폐수 배출사실을 확인하는 내용의 사실확인서를 징구하는 과정에서 서명하지 아니할 경우 법에 저촉된다고 겁을 주는 등 행한 일련의 행위가 '협박'에 의한 강요행위에 해당한다고 한 사례[대판 2010.4.29. 2007도7064]. [20 경찰승진]*
2. 골프시설의 운영자가 골프회원에게 불리하게 변경된 내용의 회칙에 대하여 동의한다는 내용의 등록신청서를 제출하지 아니하면 회원으로 대우하지 아니하겠다고 통지한 것은 강요죄의 협박에 해당한다[대판 2003.9.26. 2003도763]. [19 경찰채용, 18 경찰승진, 17 경간부]*

3. 민주노총 전국건설노조 건설기계지부 소속 노조원인 피고인들이, 현장소장인 피해자 갑이 노조원이 아닌 피해자 을의 건설장비를 투입하여 수해상습지 개선사업 공사를 진행하자 '민주노총이 어떤 곳인지 아느냐, 현장에서 장비를 빼라'는 취지로 말하거나 공사 발주처에 부실공사가 진행되고 있다는 취지의 진정을 제기하는 방법으로 공사현장에서 사용하던 장비를 철수하게 하고 '현장에서 사용하는 모든 건설장비는 노조와 합의하여 결정한다.'는 협약서를 작성하게 함으로써 피해자들에게 의무 없는 일을 하게 하였다고 하여 폭력행위 등 처벌에 관한 법률 위반(공동강요)으로 기소된 사안에서, 피고인들의 행위는 사회통념상 허용되는 정도나 범위를 넘는 것으로서 강요죄의 수단인 협박에 해당한다고 한 사례[대판 2017.10.26. 2015도16696].

판례 | 강요죄의 협박에 해당하지 않는 경우(단순히 사직할 것을 권유한 경우)

강요죄에서의 협박은 객관적으로 사람의 의사결정의 자유를 제한하거나 의사실행의 자유를 방해할 정도로 겁을 먹게 할 만한 해악을 고지하는 것을 말하는바, 직장에서 상사가 범죄행위를 저지른 부하직원에게 징계절차에 앞서 자진하여 사직할 것을 단순히 권유하였다고 하여 이를 강요죄에서의 협박에 해당한다고 볼 수는 없다[대판 2008.11.27. 2008도7018]. [17 경간부]*

㉣ 권리행사방해

판례 | 강요죄의 '권리'의 범위

본죄에서 말하는 권리라 함은 재산적 권리뿐 아니라 비재산적 권리로 볼 수 있는 개인의 계약체결에 대한 자유권도 포함되고 그 계약체결이 법률상 위법 기타 제한이 있다 하더라도 폭력에 의한 권리행사방해죄(강요죄)의 성립에는 영향이 없다[대판 1962.1.25. 4293형상233].

관련판례 형법 제324조 소정의 폭력에 의한 권리행사방해죄(강요죄)는 폭행 또는 협박에 의하여 권리행사가 현실적으로 방해되어야 할 것인바, 피해자의 해외도피를 방지하기 위하여 피해자를 협박하고 이에 피해자가 겁을 먹고 있는 상태를 이용하여 동인 소유의 여권을 교부하게 하여 피해자가 그의 여권을 강제 회수당하였다면 피해자가 해외여행을 할 권리는 사실상 침해되었다고 볼 것이므로 권리행사방해죄의 기수로 보아야 한다[대판 1993.7.27. 93도901]. [19 경간부]*

판례 | 권리행사를 하는 자가 아닌 자에 대한 폭행 = 강요죄 X

전답의 점유를 침탈당한 자라도 이를 실력으로 회수할 수는 없는 것이니 그 전답의 점유를 실력으로 회수하려는 자에게 폭행을 가하였다면 이는 단순폭행죄에 해당한다 할 것이고 권리행사를 방해하였다고는 논할 수 없다[대판 1961.11.9. 4294형상357].

판례해설 후단부의 기술은 권리행사방해죄가 성립할 수 없다는 취지가 아니라 강요죄가 성립할 수 없다는 취지이다.

㉤ 의무 없는 일 강요

판례 | 폭행 또는 협박으로 의무 없는 일을 하게 한 경우 = 강요죄 ○

타인을 협박하여 법률상 의무 없는 진술서를 작성케 함은 사람의 자유권행사를 방해하는 것으로서 폭력에 의한 권리행사방해죄[27](강요죄)를 구성한다[대판 1974.5.14. 73도2578].

27) '폭력에 의한 권리행사방해죄'는 현행법상 '강요죄'를 의미한다. 현행법과 달리 과거에는 강요죄의 죄명이 '폭력에 의한 권리행사방해죄'였으므로 주의를 요한다.

판례 | 의무 있는 일을 하게 한 경우 = 강요죄 X

1. [1] 강요죄에서 '의무 없는 일'이란 법령, 계약 등에 기하여 발생하는 법률상 의무 없는 일을 말하므로, 폭행 또는 협박으로 법률상 의무 있는 일을 하게 한 경우에는 폭행 또는 협박죄만 성립할 뿐 강요죄는 성립하지 아니한다. [23 경간부, 20 경찰승진]*

   [2] 피고인이 특정 연예인에게 팬미팅 공연을 하도록 강요하면서 만날 것을 요구하고 팬미팅 공연이 이행되지 않으면 안 좋은 일을 당할 것이라고 협박한 경우라도, 연예인에게 공연을 할 의무가 없다는 점에 대한 미필적 인식 즉, 강요죄의 고의가 피고인에게 있었다고 단정하기 어렵다면 강요죄는 성립하지 아니한다[대판 2008.5.15. 2008도1097]. [17 경간부]*

   판례해설 피고인이 의무 있는 일로 알고서 협박한 경우에는 강요의 고의가 인정되지 않아 강요죄가 성립할 수 없게 된다.

2. 군인인 상관 甲이 직무수행을 태만히 하거나 지시사항을 불이행하고 허위보고 등을 한 부하 A에게 근무태도를 교정하고 직무수행을 감독하기 위하여 직무수행 내역을 일지 형식으로 기재하여 보고하고 하루 일과 수행에 대한 자기 평가도 해보라는 명령을 하고 이를 위반하였다는 이유로 4회에 걸친 얼차려의 제재를 부과하였다고 하더라도, 이것이 불성실한 근무태도의 교정과 업무수행에 대한 감독을 위하여 이루어진 것이라면 여전히 공적 업무관련성을 갖고 있다고 보아야 하므로, 그러한 지시가 직무상의 권한을 벗어난 부당한 지시라고 단정할 수 없다. 따라서 甲에게는 강요죄가 성립하지 아니한다[대판 2012.11.29. 2010도1233]. [17 경간부]*

③ 기수시기: 폭행 · 협박에 의하여 권리행사가 현실적으로 방해되거나 의무 없는 일을 현실적으로 했을 때 기수가 된다.

(2) **주관적 구성요건**

고의가 있어야 한다.

2. 죄수 및 타죄와의 관계

판례 | 강요를 근거로 공갈한 경우 = 공갈죄의 포괄일죄

피고인이 투자금의 회수를 위해 피해자를 강요하여 물품대금을 횡령하였다는 자인서를 받아낸 뒤 이를 근거로 돈을 갈취한 경우 피고인의 주된 범의가 피해자로부터 돈을 갈취하는 데에 있었던 것이라면 피고인은 단일한 공갈의 범의하에 갈취의 방법으로 일단 자인서를 작성케 한 후 이를 근거로 계속하여 갈취행위를 한 것으로 보아야 할 것이므로 위 행위는 포괄하여 공갈죄 일죄만을 구성한다고 보아야 한다[대판 1985.6.25. 84도2083]. [20 국가7급, 20 경찰승진]*

Ⅱ-Ⅰ 특수강요죄

제324조(강요) ② 단체 또는 다중의 위력을 보이거나 위험한 물건을 휴대하여 제1항의 죄를 범한 자는 10년 이하의 징역 또는 5천만원 이하의 벌금에 처한다. 〈신설 2016.1.6〉[28]

제324조의5(미수범) 미수범은 처벌한다.

28) 폭처법 제3조 제1항이 삭제되면서 형법에 신설된 조항이다.

Ⅲ 중강요죄

> **제326조(중권리행사방해)** 제324조(강요죄) 또는 제325조의 죄(점유강취죄, 준점유강취죄)를 범하여 사람의 생명에 대한 위험을 발생하게 한 자는 10년 이하의 징역에 처한다.

Ⅳ 인질강요죄

> **제324조의2(인질강요)** 사람을 체포·감금·약취 또는 유인하여 이를 인질로 삼아 제3자에 대하여 권리행사를 방해하거나 의무 없는 일을 하게 한 자는 3년 이상의 유기징역에 처한다.
>
> **제324조의5(미수범)** 미수범은 처벌한다.
>
> **제324조의6(형의 감경)** 제324조의2의 죄(인질강요죄)를 범한 자 및 그 죄의 미수범이 인질을 안전한 장소로 풀어준 때에는 그 형을 감경할 수 있다.

① 객체: 형법은 강요의 상대방이 제3자임을 명문으로 규정하고 있다. 따라서 인질에 대한 강요는 인질강요죄가 성립할 수 없다.

② 해방감경(제324조의6): 임의적 감경사유에 해당한다. [18 법원9급]*

Ⅴ 인질상해·치상죄

> **제324조의3(인질상해·치상)** 제324조의2의 죄를 범한 자가 인질을 상해하거나 상해에 이르게 한 때에는 무기 또는 5년 이상의 징역에 처한다.
>
> **제324조의5(미수범)** 미수범은 처벌한다.[29)]
>
> **제324조의6(형의 감경)** 제324조의3의 죄(인질상해·치상죄)를 범한 자 및 그 죄의 미수범이 인질을 안전한 장소로 풀어준 때에는 그 형을 감경할 수 있다.

Ⅵ 인질살해·치사죄

> **제324조의4(인질살해·치사)** 제324조의2의 죄를 범한 자가 인질을 살해한 때에는 사형 또는 무기징역에 처한다. 사망에 이르게 한 때에는 무기 또는 10년 이상의 징역에 처한다.
>
> **제324조의5(미수범)** 미수범은 처벌한다.

29) 결과적 가중범의 미수를 부정하는 견해는 미수범의 규정은 인질상해(인질살해)에 대하여만 적용되며 인질치상(인질치사)에는 적용되지 않는다고 본다.

제1편

제3절 체포와 감금의 죄

출제 POINT

감금죄의 인정 여부에 관한 판례를 정리해 두어야 하며 다른 범죄의 수단성이 높은 범죄이므로 죄수관계에 관한 판례가 중요하다.

Ⅰ 총설

보호법익은 사람의 잠재적 이전의 자유이며(통설), 보호의 정도는 침해범이다.

Ⅱ 체포 · 감금죄

제276조(체포, 감금) ① 사람을 체포 또는 감금한 자는 5년 이하의 징역 또는 700만원 이하의 벌금에 처한다.
제280조(미수범) 미수범은 처벌한다.

1. 구성요건

① 객체: 사람이다. 신체활동의 의사를 가질 수 없는 유아 · 명정자 · 수면자는 신체활동의 잠재적 자유가 침해될 수 없으므로 본죄의 객체가 될 수 없으나, 최소한 활동의 가능성이 기대되는 정신병자 · 불구자 · 어린아이와 사실상 감금상태에 있음을 인식하지 못한 채 실내에서 업무 중이던 사무원은 본죄의 객체가 될 수 있다(통설).

판례 | 감금죄의 객체

정신병자도 감금죄의 객체가 될 수 있다[대판 2002.10.11. 2002도4315]. [17 변호사, 16 경찰승진]*

② 행위: 체포 또는 감금이다.
㉮ **체포**: 사람의 신체에 대하여 직접적 · 현실적인 구속을 가하여 행동의 자유를 박탈하는 것을 말한다(예 포박).
㉯ **감금**: 사람을 일정한 장소 밖으로 나가지 못하게 하여 신체활동의 자유를 장소적으로 제한하는 것을 말한다.

판례 | 감금행위에 해당되어 감금죄(또는 불법감금죄)가 성립하는 경우

1. **(심리적 · 무형적 방법)** 감금죄에 있어서의 감금행위는 사람으로 하여금 일정한 장소 밖으로 나가지 못하도록 하여 신체의 자유를 제한하는 행위를 가리키는 것이고, 그 방법은 반드시 물리적 · 유형적 장애를 사용하는 경우뿐만 아니라 심리적 · 무형적 장애에 의하는 경우도 포함되는 것인바, 설사 피해자가 경찰서 안에서 직장동료인 피의자들과 같이 식사도 하고 사무실 안팎을 내왕하였다 하여도 피해자를 경찰서 밖으로 나가지 못하도록 그 신체의 자유를 제한하는 유형 · 무형의 억압이 있었다면 이는 감금행위에 해당한다[대결 1991.12.30. 91모5]. [17 법원행시, 16 경찰승진, 16 경찰채용]*

동지판례 i) 피해자가 만약 도피하는 경우에는 생명, 신체에 심한 해를 당할지도 모른다는 공포감에서 도피하기를 단념하고 있는 상태하에서 그를 호텔로 데리고 가서 함께 유숙한 후 그와 함께 항공기로 국외에 나간 행위는 감금죄를 구성한다[대판 1991.8.27. 91도1604]. [16 경찰채용]*

ii) 피고인이 도박자금을 빌려간 피해자가 돈을 갚지 못하자 "재가 내 조직 2년 후배다. 좋은 말로 할 때 돈 주고 가라."는 등의 말을 하여, 이에 겁을 먹은 피해자로 하여금 사무실에서 나가지 못하도록 하였다면 감금죄가 성립한다[대판 2011.9.29. 2010도5962].

2. **(부분적 자유박탈)** 감금에 있어서의 사람의 행동의 자유의 박탈은 반드시 전면적이어야 할 필요가 없으므로 감금된 특정구역 내부에서 일정한 생활의 자유가 허용되어 있었다고 하더라도 감금죄의 성립에는 아무 소장이 없다[대판 1984.5.15. 84도655]. [17 법원행시, 16 경찰승진, 16 경찰채용]*

3. 구 정신보건법(2015.1.28. 법률 제13110호로 개정되기 전의 것, 이하 같다) 제23조 제2항은 '정신의료기관의 장은 자의(자의)로 입원 등을 한 환자로부터 퇴원 신청이 있는 경우에는 지체 없이 퇴원을 시켜야 한다'고 정하고 있다(2016.5.29. 법률 제14224호로 전부 개정된 정신건강증진 및 정신질환자 복지서비스 지원에 관한 법률 제41조 제2항은 '정신의료기관 등의 장은 자의입원 등을 한 사람이 퇴원 등을 신청한 경우에는 지체 없이 퇴원 등을 시켜야 한다'고 정하고 있다). 환자로부터 퇴원 요구가 있는데도 구 정신보건법에 정해진 절차를 밟지 않은 채 방치한 경우에는 위법한 감금행위가 있다[대판 2017.8.18. 2017도7134]. [23 경간부]*

판례 | 감금행위에 해당한다고 단정할 수 없는 경우

정신건강의학과 전문의인 피고인들이 보호의무자의 진술뿐만 아니라 피해자를 직접 대면하여 진찰한 결과를 토대로 피해자에게 피해사고나 망상장애의 의심이 있다고 판단하여 입원이 필요하다는 진단을 한 후 피해자를 응급이송차량에 강제로 태워 병원으로 데려가 입원시켰다면 진단 과정에 정신건강의학과 전문의로서 최선의 주의를 다하지 아니하거나 신중하지 못했던 점이 일부 있었더라도 피고인 갑, 을에게 감금죄의 고의가 있었다거나 이들의 행위가 형법상 감금행위에 해당한다고 단정하기 어렵다[대판 2015.10.29. 2015도8429].

③ 기수시기

판례 | 체포죄의 법적 성질과 기수시기

[1] 체포죄는 사람의 신체에 대하여 직접적이고 현실적인 구속을 가하여 신체활동의 자유를 박탈하는 죄로서, 그 실행의 착수시기는 체포의 고의로 타인의 신체적 활동의 자유를 현실적으로 침해하는 행위를 개시한 때이다. [23 경간부, 19 국가7급, 19 국가9급, 19 경찰채용]*

[2] 체포죄는 계속범으로서 체포의 행위에 확실히 사람의 신체의 자유를 구속한다고 인정할 수 있을 정도의 시간적 계속이 있어야 기수에 이르고, 신체의 자유에 대한 구속이 그와 같은 정도에 이르지 못하고 일시적인 것으로 그친 경우에는 체포죄의 미수범이 성립할 뿐이다. [23 경간부]*

[3] A가 甲으로부터 강간미수 피해를 입은 후 甲의 집에서 나가려고 하였는데 甲이 A가 나가지 못하도록 현관에서 거실 쪽으로 A를 세 번 밀쳤고, A가 甲을 뿌리치고 현관문을 열고 나와 엘리베이터를 누르고 기다리는데 甲이 팬티 바람으로 쫓아나왔으며, A가 엘리베이터를 탔는데도 A의 팔을 잡고 끌어내리려고 해서 이를 뿌리쳤고, 甲이 닫히는 엘리베이터 문을 손으로 막으며 엘리베이터로 들어오려고 하자 A가 버튼을 누르고 손으로 甲의 가슴을 밀어냈다면 甲의 행위는 체포기수죄가 아니라 체포미수죄에 해당한다[대판 2018.2.28. 2017도21249], [대판 2020.3.27. 2016도18713]. [18 법원행시]*

2. 위법성

판례 | 감금이 정당행위로 인정된 경우

1. 수용시설에 수용 중인 부랑인들의 야간도주를 방지하기 위하여 그 취침시간 중 출입문을 안에서 시정조치한 행위는 형법 제20조의 정당행위에 해당되어 위법성이 조각된다[대판 1988.11.8. 88도1580]. [16 경찰승진]*
2. 정신병자의 어머니의 의뢰 및 승낙하에 그 감호를 위하여 그 보호실문을 야간에 한해서 3일간 시정하여 출입을 못하게 한 감금행위는 그 병자의 신체의 안전과 보호를 위하여 사회통념상 부득이한 조처로서 수긍될 수 있는 것이면 위법성이 없다[대판 1980.2.12. 79도1349].

3. 죄수 및 타죄와의 관계

판례 | 감금죄와 타죄와의 관계

1. 감금의 수단으로서 행사된 단순한 협박행위는 감금죄에 흡수되어 따로 협박죄를 구성하지 아니한다[대판 1982.6.22. 82도705]. [20 법원9급, 20 경찰승진, 18 경찰채용, 17 변호사, 17 경찰승진, 16 경찰승진]*
2. 미성년자를 유인한 자가 계속하여 미성년자를 불법하게 감금하였을 때에는 미성년자유인죄 이외에 감금죄가 별도로 성립한다[대판 1998.5.26. 98도1036]. [20 경찰승진, 18 경찰승진, 16 경간부]*

Ⅲ 존속체포 · 감금죄

제276조(존속체포, 존속감금) ② 자기 또는 배우자의 직계존속에 대하여 제1항의 죄(체포, 감금)를 범한 때에는 10년 이하의 징역 또는 1천500만원 이하의 벌금에 처한다.

제280조(미수범) 미수범은 처벌한다.

Ⅳ 중체포 · 감금죄, 존속중체포 · 감금죄

제277조(중체포, 중감금, 존속중체포, 존속중감금) ① 사람을 체포 또는 감금하여 가혹한 행위를 한 자는 7년 이하의 징역에 처한다.

② 자기 또는 배우자의 직계존속에 대하여 전항의 죄를 범한 때에는 2년 이상의 유기징역에 처한다.

제280조(미수범) 미수범은 처벌한다.

① 중체포 · 감금죄는 사람을 체포 또는 감금하여 가혹한 행위를 한 경우에 성립하며 중상해죄, 중유기죄, 중손괴죄 등과 같이 위험을 발생시킬 것을 요건으로 규정하고 있지 않다.[30]

② 가혹한 행위란 사람에게 육체적 · 정신적으로 고통을 주는 일체의 행위를 말한다(예 폭행 · 협박, 일상생활에 필요한 의식주를 제공하지 않는 것, 수면의 불허, 여자를 발가벗겨 수치심을 일으키게 하는 것).

30) 중상해죄와 중유기죄는 생명에 대한 위험의 발생이, 중손괴죄는 생명 또는 신체에 대한 위험의 발생이 구성요건요소로 규정되어 있다.

Ⅴ 특수체포 · 감금죄

제278조(특수체포, 특수감금) 단체 또는 다중의 위력을 보이거나 위험한 물건을 휴대하여 전 2조의 죄(체포 · 감금죄, 존속체포 · 감금죄, 중체포 · 감금죄, 존속중체포 · 감금죄)를 범한 때에는 그 죄에 정한 형의 2분의 1까지 가중한다.

제280조(미수범) 미수범은 처벌한다.

Ⅵ 상습체포 · 감금죄

제279조(상습범) 상습으로 제276조(체포 · 감금죄, 존속체포 · 감금죄) 또는 제277조의 죄(중체포 · 감금죄, 존속중체포 · 감금죄)를 범한 때에는 전조의 예에 의한다.

제280조(미수범) 미수범은 처벌한다.

Ⅶ 체포 · 감금치사상죄

제281조(체포 · 감금 등의 치사상) ① 제276조 내지 제280조의 죄를 범하여 사람을 상해에 이르게 한 때에는 1년 이상의 유기징역에 처한다. 사망에 이르게 한 때에는 3년 이상의 유기징역에 처한다.

② 자기 또는 배우자의 직계존속에 대하여 제276조 내지 제280조의 죄를 범하여 상해에 이르게 한 때에는 2년 이상의 유기징역에 처한다. 사망에 이르게 한 때에는 무기 또는 5년 이상의 징역에 처한다.

판례 | 감금치사상죄가 성립하는 경우

1. 피해자를 강제로 승용차에 태운 뒤 운전하여 가자 겁에 질린 피해자가 차에서 뛰어 내리다가 상해를 입은 경우, 감금치상죄가 성립한다[대판 2000.5.26. 2000도440].
2. 승용차로 피해자를 가로막아 승차하게 한 후 피해자의 하차 요구를 무시한 채 당초 목적지가 아닌 다른 장소를 향하여 시속 약 60㎞ 내지 70㎞의 속도로 진행하여 피해자를 차량에서 내리지 못하게 한 행위는 감금죄에 해당하고, 피해자가 그와 같은 감금상태를 벗어날 목적으로 차량을 빠져 나오려다가 길바닥에 떨어져 상해를 입고 그 결과 사망에 이르렀다면 감금행위와 피해자의 사망 사이에는 상당인과관계가 있다고 할 것이므로 감금치사죄에 해당한다[대판 2000.2.11. 99도9286]. [23 경간부]*

판례 | 체포치상죄가 성립하지 않는 경우

체포치상죄의 상해는 피해자 신체의 건강상태가 불량하게 변경되고 생활기능에 장애가 초래되는 것을 말한다. 피해자가 입은 상처가 극히 경미하여 굳이 치료할 필요가 없고 치료를 받지 않더라도 일상생활을 하는 데 아무런 지장이 없으며 시일이 경과함에 따라 자연적으로 치유될 수 있는 정도라면, 그로 인하여 피해자의 신체의 건강상태가 불량하게 변경되었다거나 생활기능에 장애가 초래된 것으로 보기 어려워 체포치상죄의 상해에 해당한다고 할 수 없다[대판 2020.3.27. 2016도18713].

제4절 약취, 유인 및 인신매매의 죄

출제 POINT

약취 · 유인죄는 최근에 새로운 판례가 많이 나와서 이전과는 달리 출제가능성이 많이 높아졌다. 판례를 중심으로 정리해 두면 족하다. 다만, 부녀매매죄의 기수시기에 관한 이론도 정리해 둘 필요가 있다.

Ⅰ 총설

1. 보호법익

판례 | 미성년자약취죄의 보호법익(미성년자의 자유 외에 보호감독자의 감호권도 포함)

형법 제287조에 규정된 미성년자약취죄의 경우, 미성년자의 자유 외에 보호감독자의 감호권도 그 보호법익으로 하고 있다는 점을 고려하면, 피고인과 공범들이 미성년자를 보호 · 감독하고 있던 그 아버지의 감호권을 침해하여 그 미성년자를 자신들의 사실상 지배하로 옮긴 이상 미성년자약취죄가 성립한다 할 것이고, 약취행위에 미성년자의 동의가 있었다 하더라도 본죄의 성립에는 변함이 없다[대판 2003.2.11. 2002도7115]. [18 경찰채용, 17 법원행시, 16 경간부, 16 경찰채용]*

2. 세계주의 적용

제296조의2(세계주의) 제287조부터 제292조까지 및 제294조는 대한민국 영역 밖에서 죄를 범한 외국인에게도 적용한다. [23 변호사, 21 법원9급, 20 법원행시, 19 법원행시, 19 변호사, 19 경찰채용, 18 국가9급, 18 경찰승진, 18 경간부, 17 법원행시, 17 경찰승진, 16 법원행시, 16 국가9급, 16 경간부]*

약취, 유인 및 인신매매의 죄의 장에 규정된 범죄는 인류에 대한 공통적인 범죄로서 대한민국 영역 밖에서 죄를 범한 외국인에게도 적용될 수 있도록 세계주의를 규정한 것이다.

Ⅱ 미성년자 약취 · 유인죄

제287조(미성년자의 약취, 유인) 미성년자를 약취 또는 유인한 사람은 10년 이하의 징역에 처한다.

제294조(미수범) 미수범은 처벌한다.

제296조(예비, 음모) 제287조의 죄를 범할 목적으로 예비 또는 음모한 사람은 3년 이하의 징역에 처한다.

제295조의2(형의 감경) 제287조의 죄를 범한 사람이 약취 · 유인된 사람을 안전한 장소로 풀어준 때에는 그 형을 감경할 수 있다.

(1) 객관적 구성요건

① 주체

판례 | 미성년자를 보호감독하는 자도 본죄의 주체 ○

[1] 미성년자를 보호감독하는 자라 하더라도 다른 보호감독자의 감호권을 침해하거나 자신의 감호권을 남용하여 미성년자 본인의 이익을 침해하는 경우에는 미성년자 약취 · 유인죄의 주체가 될 수 있다.
[2] 외조부가 맡아서 양육해 오던 미성년인 子를 子의 의사에 반하여 사실상 자신의 지배하에 옮긴 경우, 미성년자 약취 · 유인죄가 성립한다[대판 2008.1.31. 2007도8011]. [19 경간부, 17 법원행시]*

동지판례 부모가 이혼하였거나 별거하는 상황에서 미성년의 자녀를 부모의 일방이 평온하게 보호 · 양육하고 있는데, 상대방 부모가 폭행, 협박 또는 불법적인 사실상의 힘을 행사하여 그 보호 · 양육 상태를 깨뜨리고 자녀를 탈취하여 자기 또는 제3자의 사실상 지배하에 옮긴 경우, 그와 같은 행위는 특별한 사정이 없는 한 미성년자에 대한 약취죄를 구성한다[대판 2017.12.13. 2015도10032].

② **객체**: 미성년자이다.
③ **행위**
㉮ **약취**: 폭행 · 협박을 수단으로 한다.
㉯ **유인**: 기망 · 유혹을 수단으로 한다.
㉰ **실력적 지배**: 피인취자를 자기 또는 제3자의 실력적 지배하에 두어야 한다. 따라서 기존의 보호상태에서 미성년자를 이탈시킨 경우라도 실력적 지배를 획득하지 못하면 본죄는 성립하지 않는다(예 미성년자를 단순히 달아나게 하는 것).

판례 | 미성년자약취죄가 성립하지 않는 경우(금품강취의 목적으로 미성년자의 보호관계를 일시 침해한 경우)

[1] 형법 제287조에 규정된 약취행위는 폭행 또는 협박을 수단으로 하여 미성년자를 그 의사에 반하여 자유로운 생활관계 또는 보호관계로부터 이탈시켜 범인이나 제3자의 사실상 지배하에 옮기는 행위를 말하는 것이다. 물론, 여기에는 미성년자를 장소적으로 이전시키는 경우뿐만 아니라 장소적 이전 없이 기존의 자유로운 생활관계 또는 부모와의 보호관계로부터 이탈시켜 범인이나 제3자의 사실상 지배하에 두는 경우도 포함된다고 보아야 한다. 다만, 미성년자와 보호자의 일상생활의 장소적 중심인 주거에서 장소적 이전을 전제로 하지 아니한 채 폭행 또는 협박이 이루어진 경우에는, 그로 인하여 미성년자와 부모의 보호관계가 제한 혹은 박탈되는 모든 경우에 형법 제287조의 미성년자약취죄가 성립하는 것으로 볼 수는 없고, 무엇보다 미성년자를 기존의 생활관계 및 보호관계로부터 이탈시킬 의도가 없는 경우에는 실행의 착수조차 인정하기 어려우며, 범행의 목적과 수단, 시간적 간격 등을 고려할 때 사회통념상 실제로 기존의 생활관계 및 보호관계로부터 이탈시킨 것으로 인정되어야만 기수가 성립한다. [19 법원행시, 19 경찰채용, 18 변호사, 17 법원행시, 16 경찰채용]*
[2] 미성년자가 혼자 머무는 주거에 침입하여 그를 감금한 뒤 폭행 또는 협박에 의하여 부모의 출입을 봉쇄하거나, 미성년자와 부모가 거주하는 주거에 침입하여 부모만을 강제로 퇴거시키고 독자적인 생활관계를 형성하기에 이르렀다면 비록 장소적 이전이 없었다 할지라도 형법 제287조의 미성년자약취죄에 해당함이 명백하지만, 강도 범행을 하는 과정에서 혼자 주거에 머무르고 있는 미성년자를 체포 · 감금하거나 혹은 미성년자와 그의 부모를 함께 체포 · 감금 또는 폭행 · 협박을 가하는 경우, 나아가 주거지에 침입하여 미성년자의 신체에 위해를 가할 것처럼 협박하여 부모로부터 금품을 강취하는 경우와 같이, 일시적으로 부모와의 보호관계가 사실상 침해 · 배제되었다 할지라도, 그 의도가 미성년자를 기존의 생활관계 및 보호관계로부터 이탈시키는 데 있었던 것이 아니라 단지 금품 강취를 위하여 반항을 제압하는 데 있었다거나 금품 강취를 위하여 고지한 해악의 대상이 그곳에 거주하는 미성년자였던 것에 불과하다면, 특별한 사정이 없는 한 미성년자를 약취한다는 범의를 인정하기 곤란할 뿐 아니라, 보통의 경우 시간적 간격이 짧아 그 주거지를 중심으로 영위되었던 기존의 생활관계로부터 완전히 이탈되었다고 평가하기도 곤란하다.
[3] 미성년자 혼자 머무는 주거에 침입하여 강도 범행을 하는 과정에서 미성년자와 그 부모에게 폭행 · 협박을 가하여 일시적으로 부모와의 보호관계가 사실상 침해 · 배제되었더라도, 미성년자가 기존의 생활관계로부터 완전히 이탈되었다거나 새로운 생활관계가 형성되었다고 볼 수 없고 범인의 의도도 위와 같은 생활관계의 이탈이 아니라 단지 금품강취를 위한 반항 억압에 있었으므로, 형법 제287조의 미성년자약취죄가 성립하지 않는다[대판 2008.1.17. 2007도8485]. [19 경간부]*

판례 | 공동양육권자 중 일방에게 미성년자약취죄가 성립하기 위한 요건(베트남 어머니 사건)

[1] 미성년자를 보호 · 감독하는 사람이라고 하더라도 다른 보호감독자의 보호 · 양육권을 침해하거나 자신의 보호 · 양육권을 남용하여 미성년자 본인의 이익을 침해하는 때에는 미성년자에 대한 약취죄의 주체가 될 수 있는데, 그 경우에도 해당 보호감독자에 대하여 약취죄의 성립을 인정할 수 있으려면 그 행위가 위와 같은 의미의 약취에 해당하여야 한다.
[2] 부모가 이혼하였거나 별거하는 상황에서 미성년의 자녀를 부모의 일방이 평온하게 보호 · 양육하고 있는데, 상대방 부모가 폭행, 협박 또는 불법적인 사실상의 힘을 행사하여 그 보호 · 양육 상태를 깨뜨리고 자녀를 탈취하여 자기 또는 제3자의 사실상 지배하에 옮긴 경우, 그와 같은 행위는 특별한 사정이 없는 한 미성년자에 대한 약취죄를 구성한다고 볼 수 있다. 그러나 이와 달리 미성년의 자녀를 부모가 함께 동거하면서 보호 · 양육하여 오던 중 부모의 일방이 상대방 부모나 그 자녀에게 어떠한 폭행, 협박이나 불법적인 사실상의 힘을 행사함이 없이 그 자녀를 데리고 종전의 거소를 벗어나 다른 곳으로 옮겨 자녀에 대한 보호 · 양육을 계속하였다면, 그 행위가 보호 · 양육권의 남용에 해당한다는 등 특별한 사정이 없는 한 설령 이에 관하여 법원의 결정이나 상대방 부모의 동의를 얻지 아니하였다고 하더라도 그러한 행위에 대하여 곧바로 형법상 미성년자에 대한 약취죄의 성립을 인정할 수는 없다고 할 것이다.
[3] 베트남 국적 여성인 피고인이 남편의 의사에 반하여 생후 약 13개월 된 아들을 주거지에서 데리고 나와 베트남에 함께 입국한 경우, 피고인이 아들을 데리고 베트남으로 떠난 행위는 어떠한 실력을 행사하여 아들을 평온하던 종전의 보호 · 양육 상태로부터 이탈시킨 것이라기보다 친권자인 모(母)로서 출생 이후 줄곧 맡아왔던 아들에 대한 보호 · 양육을 계속 유지한 행위에 해당하여, 이를 폭행, 협박 또는 불법적인 사실상의 힘을 사용하여 아들을 자기 또는 제3자의 지배하에 옮긴 약취행위로 볼 수는 없으므로 국외이송약취죄나 피약취자국외이송죄는 성립하지 아니한다[대판(전) 2013.6.21. 2010도14328]. [19 법원행시, 18 경간부, 17 경찰승진, 17 법원행시]*

비교판례 [1] 미성년자를 보호 · 감독하는 사람이라고 하더라도 다른 보호감독자의 보호 · 양육권을 침해하거나 자신의 보호 · 양육권을 남용하여 미성년자 본인의 이익을 침해하는 때에는 미성년자에 대한 약취죄의 주체가 될 수 있으므로, 부모가 이혼하였거나 별거하는 상황에서 미성년의 자녀를 부모의 일방이 평온하게 보호 · 양육하고 있는데, 상대방 부모가 폭행, 협박 또는 불법적인 사실상의 힘을 행사하여 그 보호 · 양육 상태를 깨뜨리고 자녀를 자기 또는 제3자의 사실상 지배하에 옮긴 경우 그와 같은 행위는 특별한 사정이 없는 한 미성년자에 대한 약취죄를 구성한다.
[2] 피고인과 갑은 각각 한국과 프랑스에서 따로 살며 이혼소송 중인 부부로서 자녀인 피해아동 을(만 5세)은 프랑스에서 갑과 함께 생활하였는데, 피고인이 을을 면접교섭하기 위하여 그를 보호 · 양육하던 갑으로부터 을을 인계받아 국내로 데려온 후 면접교섭 기간이 종료하였음에도 을을 데려다주지 아니한 채 갑과 연락을 두절한 후 법원의 유아인도명령 등에도 불응한 사안에서, 피고인의 행위가 미성년자약취죄의 약취행위에 해당한다고 한 사례[대판 2021.9.9. 2019도16421].

판례해설 을은 당시 만 5세에 불과한 유아였고 을이 돌아가야 하는 곳은 외국인 프랑스였으므로, 피고인이 작위의무를 이행하여 을을 데려다주지 않으면 을 스스로는 자유로운 생활 및 보호관계로부터의 이탈이라는 위협에 대처할 수 있는 능력이 없는 상태였던 점 등이 고려되었다.

판례 | 미성년자유인죄가 성립하기 위한 요건

미성년자유인죄란 기망 또는 유혹을 수단으로 하여 미성년자를 꾀어 그 하자 있는 의사에 따라 미성년자를 자유로운 생활관계 또는 보호관계로부터 이탈하게 하여 자기 또는 제3자의 사실적 지배하에 옮기는 행위를 말하고, 여기서 사실적 지배라고 함은 미성년자에 대한 물리적 · 실력적인 지배관계를 의미한다[대판 1998.5.15. 98도690]. [21 법원9급]*

판례 | 미성년자유인죄가 성립하는 경우

1. 피해자가 스스로 가출하여 피고인 등의 한국복음전도회 부산 및 마산 지관에 입관할 것을 호소하였다고 하더라도 피고인들의 독자적인 교리설교에 의하여 하자 있는 의사로 가출하게 된 것이고, 동 피해자의 보호감독권자의 보호관계로부터 이탈시키고 피고인들의 지배하에서 그들 교리에서 말하는 소위 '주의 일(껌팔이 등 행상)'을 하도록 도모한 이상 미성년자 유인죄의 성립에 소장이 없다[대판 1982.4.27. 82도186]. [19 법원행시, 19 경간부]*
2. 피해자 A는 사고능력이 현저하게 떨어지는 미성년의 저능아로서 자신의 4촌 매형인 B가 경영하는 청소대행업체에서 일하면서 숙식을 해결하는 등 B의 보호하에 있었는데, 피고인들이 A의 위와 같은 사정을 알면서도 그로부터 약 8개월 후 A가 다시 서울로 돌아올 때까지도 B에게 피고인들이 A를 제주도로 데려간 사실을 한번도 이야기하지 아니한 채 숨긴 사실이 있다면 미성년자를 유인한 행위에 해당됨이 명백하다[대판 1996.2.27. 95도2980]. [19 경간부]*

판례 | 미성년자약취 · 유인죄가 성립하지 않는 경우

미성년자의 아버지의 부탁으로 그 아이들을 보호하고 있는 자는 위 아이를 인도하라는 어머니의 요구를 거부하였다 하여 미성년자약취죄의 죄책을 진다고 볼 수 없다[대판 1974.5.28. 74도840].

(2) 주관적 구성요건

① 고의가 있어야 한다.

② 본죄는 목적범이 아니다. 다만 미성년자일지라도 영리목적 등 일정한 목적을 가지고 약취 · 유인한 경우에는 성년자와 마찬가지로 영리목적 약취 · 유인죄 등이 성립한다.

Ⅲ 추행 · 간음 · 결혼 · 영리목적 약취 · 유인죄

제288조(추행 등 목적 약취, 유인) ① 추행, 간음, 결혼 또는 영리의 목적으로 사람을 약취 또는 유인한 사람은 1년 이상 10년 이하의 징역에 처한다.

제294조(미수범) 미수범은 처벌한다.

제296조(예비, 음모) 제288조의 죄를 범할 목적으로 예비 또는 음모한 사람은 3년 이하의 징역에 처한다.

제295조의2(형의 감경) 제288조의 죄(미수죄)를 범한 사람이 약취 · 유인된 사람을 안전한 장소로 풀어 준 때에는 그 형을 감경할 수 있다.

본죄의 객체는 성년자 · 미성년자를 불문한다. [21 법원9급]* 따라서 추행 · 간음 또는 영리의 목적으로 미성년자를 약취 또는 유인한 때에는 미성년자 약취 · 유인죄가 성립하는 것이 아니라 추행 · 간음 또는 영리목적 약취 · 유인죄가 성립한다.

판례 | 폭행 · 협박의 정도(실력적 지배가 가능한 정도면 족함, 반항을 억압할 정도 불요)

[1] 형법 제288조에 규정된 약취행위는 피해자를 그 의사에 반하여 자유로운 생활관계 또는 보호관계로부터 범인이나 제3자의 사실상 지배하에 옮기는 행위를 말하는 것으로서, 폭행 또는 협박을 수단으로 사용하는 경우에 그 폭행 또는 협박의 정도는 상대방을 실력적 지배하에 둘 수 있을 정도이면 족하고 반드시 상대방의 반항을 억압할 정도의 것임을 요하지는 아니하고, 뿐만 아니라 약취에는 폭행 또는 협박 이외의 사실상의 힘에 의한 경우도 포함된다. [17 법원행시, 17 경찰승진, 16 경찰채용]*
[2] 술에 만취한 피고인이 간음할 목적으로 초등학교 5학년 여학생의 소매를 잡아끌면서 "우리 집에 같이 자러 가자"고 한 행위가 형법 제288조의 약취행위의 수단인 '폭행'에 해당한다고 한 사례[대판 2009.7.9. 2009도3816]. [16 경간부]*

판례해설 피해자가 팔을 뿌리치고 휴대폰을 빌려 경찰에 신고하여 간음목적약취죄의 미수에 그친 사건이다. 대법원은 피고인이 술에 많이 취한 상태였다고 하더라도 버스에서 내려 집으로 가는 중이었다는 점 등의 사정에 비추어 심신상실의 상태에까지 이르렀다고는 보기 어려운 이상 이를 이유로 약취행위의 실행행위를 부정할 수도 없다고 판단하였다.

판례 | 간음목적유인죄의 기수시기

피고인이 11세에 불과한 어린 나이의 피해자를 유혹하여 위 모텔 앞길에서부터 위 모텔 301호실까지 데리고 간 이상, 그로써 피고인은 피해자를 자유로운 생활관계로부터 이탈시켜 피고인의 사실적 지배 아래로 옮겼다고 할 것이고, 이로써 간음목적유인죄의 기수에 이르른 것으로 보아야 할 것이다[대판 2007.5.11. 2007도2318].

판례해설 피해자가 11세인 경우에도 간음목적으로 유인하였다면 미성년자유인죄가 아니라 간음목적유인죄에 해당하며 간음목적 달성 전이라도 동죄는 기수에 해당한다는 취지의 판례이다.

Ⅳ 노동력 착취 · 성매매와 성적 착취 · 결혼 · 장기적출 목적 약취 · 유인죄

> **제288조(노동력 착취 등 목적 약취, 유인)** ② 노동력 착취, 성매매와 성적 착취, 장기적출을 목적으로 사람을 약취 또는 유인한 사람은 2년 이상 15년 이하의 징역에 처한다.
>
> **제294조(미수범)** 미수범은 처벌한다.
>
> **제296조(예비, 음모)** 제288조의 죄를 범할 목적으로 예비 또는 음모한 사람은 3년 이하의 징역에 처한다.
>
> **제295조의2(형의 감경)** 제288조의 죄(미수죄)를 범한 사람이 약취 · 유인된 사람을 안전한 장소로 풀어 준 때에는 그 형을 감경할 수 있다.

2013년 형법 개정시에 신설된 범죄이다.

Ⅴ 국외이송목적 약취 · 유인죄 및 피약취 · 유인자 국외이송죄

> **제288조(국외 이송 목적 약취, 유인 및 국외이송)** ③ 국외에 이송할 목적으로 사람을 약취 또는 유인하거나 약취 또는 유인된 사람을 국외에 이송한 사람도 제2항과 동일한 형으로 처벌한다.
>
> **제296조(예비, 음모)** 제288조의 죄를 범할 목적으로 예비 또는 음모한 사람은 3년 이하의 징역에 처한다.
>
> **제294조(미수범)** 미수범은 처벌한다.
>
> **제295조의2(형의 감경)** 제288조의 죄(미수죄)를 범한 사람이 약취 · 유인된 사람을 안전한 장소로 풀어 준 때에는 그 형을 감경할 수 있다.

1. 국외이송목적 약취 · 유인죄

국외이송목적 약취 · 유인죄는 목적범이다. '국외'란 거주국 외가 아니라 대한민국의 영역 외를 의미한다(통설). 따라서 외국에서 대한민국으로 또는 외국에서 외국으로 이송할 목적인 경우에는 본죄가 성립하지 않는다.

2. 피약취 · 유인자국외이송죄

본죄는 목적범에 해당하지 아니한다.

Ⅵ 인신매매죄

> **제289조(인신매매)** ① 사람을 매매한 사람은 7년 이하의 징역에 처한다.
>
> **제294조(미수범)** 미수범은 처벌한다.
>
> **제296조(예비, 음모)** 제289조의 죄를 범할 목적으로 예비 또는 음모한 사람은 3년 이하의 징역에 처한다.
>
> **제295조의2(형의 감경)** 제289조의 죄(미수죄)를 범한 사람이 매매된 사람을 안전한 장소로 풀어 준 때에는 그 형을 감경할 수 있다.

① 객체: 사람이다.[31)]

판례 | 사람인 이상 성년, 미성년, 기혼, 미혼 여부를 불문

인신매매죄는 사람의 신체의 자유를 그 일차적인 보호법익으로 하는 죄로서 행위의 객체는 사람이고, 사람인 이상 그 나이나 성년·미성년, 기혼 여부 등을 불문한다[대판(전) 1992.1.22. 91도1402].

판례 | 아동복지법상 아동매매죄가 성립요건(아동의 동의가 있었는지 여부를 불문)

아동(아동복지법상 18세 미만자를 말한다)을 마치 물건처럼 대가를 받고 신체를 인계·인수함으로써 아동매매죄가 성립하고, 설령 위와 같은 행위에 대하여 아동이 명시적인 반대 의사를 표시하지 아니하거나 더 나아가 동의·승낙의 의사를 표시하였다 하더라도 이러한 사정은 아동매매죄의 성립에 아무런 영향을 미치지 아니한다[대판 2015.8.27. 2015도6480].

② 행위: 매매이다.

㉮ 착수시기는 매매계약을 체결할 때이다.

㉯ 기수시기는 사람의 신체에 대한 사실상의 지배의 이전이 있을 때이다(상태범). 매매대금의 지급은 인신매매죄의 기수요건이 아니다.

Ⅶ 추행·간음·결혼·영리목적 인신매매죄

제289조(추행 등 목적 인신매매) ② 추행, 간음, 결혼 또는 영리의 목적으로 사람을 매매한 사람은 1년 이상 10년 이하의 징역에 처한다.

제294조(미수범) 미수범은 처벌한다.

제296조(예비, 음모) 제289조의 죄를 범할 목적으로 예비 또는 음모한 사람은 3년 이하의 징역에 처한다.

제295조의2(형의 감경) 제289조의 죄(미수죄)를 범한 사람이 매매된 사람을 안전한 장소로 풀어 준 때에는 그 형을 감경할 수 있다.

2013년 형법 개정시에 신설된 범죄이다.

Ⅷ 노동력 착취·성매매와 성적 착취·결혼·장기적출 목적 인신매매죄

제289조(노동력 착취 등 목적 인신매매) ③ 노동력 착취, 성매매와 성적 착취, 장기적출을 목적으로 사람을 매매한 사람은 2년 이상 15년 이하의 징역에 처한다.

제294조(미수범) 미수범은 처벌한다.

제296조(예비, 음모) 제289조의 죄를 범할 목적으로 예비 또는 음모한 사람은 3년 이하의 징역에 처한다.

제295조의2(형의 감경) 제289조의 죄(미수죄)를 범한 사람이 매매된 사람을 안전한 장소로 풀어 준 때에는 그 형을 감경할 수 있다.

2013년 형법 개정시에 신설된 범죄이다.

31) 개정 전에는 이와 유사한 규정으로 '부녀매매죄'가 있었으며 '추업에 사용할 목적'을 요하는 목적범으로 규정되어 있었다. 그러나 현행법상의 인신매매죄는 객체가 부녀에 제한되지 않으며, 목적범에 해당하지 아니한다. 다만 추행 등의 목적으로 인신매매를 한 경우에는 가중처벌된다.

Ⅸ 국외이송목적 인신매매죄 및 피매매자 국외이송죄

제289조(국외 이송 목적 인신매매 및 국외이송) ④ 국외에 이송할 목적으로 사람을 매매하거나 매매된 사람을 국외로 이송한 사람도 제3항과 동일한 형으로 처벌한다.

제296조(예비, 음모) 제289조의 죄를 범할 목적으로 예비 또는 음모한 사람은 3년 이하의 징역에 처한다.

제294조(미수범) 미수범은 처벌한다.

제295조의2(형의 감경) 제289조의 죄(미수죄)를 범한 사람이 매매된 사람을 안전한 장소로 풀어 준 때에는 그 형을 감경할 수 있다.

2013년 형법 개정시에 신설된 범죄이다.

Ⅹ 약취, 유인, 매매, 이송 등 상해·치상죄

제290조(약취, 유인, 매매, 이송 등 상해·치상) ① 제287조부터 제289조까지의 죄를 범하여 약취, 유인, 매매 또는 이송된 사람을 상해한 때에는 3년 이상 25년 이하의 징역에 처한다.
② 제287조부터 제289조까지의 죄를 범하여 약취, 유인, 매매 또는 이송된 사람을 상해에 이르게 한 때에는 2년 이상 20년 이하의 징역에 처한다.

제294조(미수범) 제290조 제1항의 미수범은 처벌한다.

제296조(예비, 음모) 제290조 제1항의 죄를 범할 목적으로 예비 또는 음모한 사람은 3년 이하의 징역에 처한다.

제295조의2(형의 감경) 제290조의 죄(미수죄)를 범한 사람이 약취, 유인, 매매 또는 이송된 사람을 안전한 장소로 풀어준 때에는 그 형을 감경할 수 있다.

2013년 형법 개정시에 신설된 범죄이다.

Ⅺ 약취, 유인, 매매, 이송 등 살해·치사죄

제291조(약취, 유인, 매매, 이송 등 살해·치사) ① 제287조부터 제289조까지의 죄를 범하여 약취, 유인, 매매 또는 이송된 사람을 살해한 때에는 사형, 무기 또는 7년 이상의 징역에 처한다.
② 제287조부터 제289조까지의 죄를 범하여 약취, 유인, 매매 또는 이송된 사람을 사망에 이르게 한 때에는 무기 또는 5년 이상의 징역에 처한다.

제294조(미수범) 제291조 제1항의 미수범은 처벌한다.

제296조(예비, 음모) 제291조 제1항의 죄를 범할 목적으로 예비 또는 음모한 사람은 3년 이하의 징역에 처한다.

2013년 형법 개정시에 신설된 범죄이다.

Ⅻ 피약취·유인·매매·국외이송자 수수·은닉 등 죄

제292조(약취, 유인, 매매, 이송된 사람의 수수 또는 은닉 등) ① 제287조(미성년자 약취·유인죄), 제288조(추행 등 목적 약취·유인죄) 또는 제289조(인신매매등죄)의 죄로 약취, 유인, 매매 또는 이송된 사람을 수수 또는 은닉한 사람은 7년 이하의 징역에 처한다.
② 제287조(미성년자 약취·유인죄), 제288조(추행 등 목적 약취·유인죄) 또는 제289조(인신매매등죄)까지의 죄를 범할 목적으로 사람을 모집, 운송, 전달한 사람도 제1항과 동일한 형으로 처벌한다.

제294조(미수범) 제292조 제1항의 미수범은 처벌한다.

제296조(예비, 음모) 제292조 제1항의 죄를 범할 목적으로 예비 또는 음모한 사람은 3년 이하의 징역에 처한다.

제295조의2(형의 감경) 제292조의 죄(미수죄)를 범한 사람이 약취, 유인, 매매 또는 이송된 사람을 안전한 장소로 풀어준 때에는 그 형을 감경할 수 있다.

2013년 형법 개정시에 신설된 범죄이다. 특히 제292조 제2항의 죄는 과거에 방조범 형태로 인정되던 약취, 유인, 인신매매 등을 위하여 사람을 모집, 운송, 전달하는 행위를 독자적인 구성요건으로 처벌하도록 한 것이다.

제5절 강간과 추행의 죄

출제 POINT

강간죄의 경우 폭행과 협박의 의미(인정 여부에 관한 판례), 실행의 착수 인정 여부에 관한 판례를 알아두어야 한다. 강제추행죄에서 폭행과 협박의 의미에 관한 판례, 미성년자 의제강간 · 강제추행죄의 미수의 가벌성을 인정한 판례, 미성년자(심신미약자)에 대한 위계간음죄의 위계의 의미에 관한 변경된 판례는 출제가능성이 매우 높다.

Ⅰ 총설

강간과 추행의 죄의 보호법익은 개인의 성적 자기결정의 자유이다(다수설). 보호의 정도는 침해범이다(다수설).

판례 | 강간과 추행의 죄의 보호법익

형법 제2편 제32장의 '강간과 추행의 죄'는 모두 개인의 성적 자유 또는 성적 자기결정권을 침해하는 것을 내용으로 하는데, 여기에서 '성적 자유'는 적극적으로 성행위를 할 수 있는 자유가 아니라 소극적으로 원치 않는 성행위를 하지 않을 자유를 말하고, '성적 자기결정권'은 성행위를 할 것인가 여부, 성행위를 할 때 그 상대방을 누구로 할 것인가 여부, 성행위의 방법 등을 스스로 결정할 수 있는 권리를 의미한다[대판 2019.6.13. 2019도3341]. [22 경간부, 21 법원9급, 21 경찰채용]*

Ⅱ 강간죄

제297조(강간) 폭행 또는 협박으로 사람을 강간한 자는 3년 이상의 유기징역에 처한다.

제300조(미수범) 미수범은 처벌한다.

(1) **객관적 구성요건**

① 객체: 사람이다.[32] 사람인 이상 기혼 · 미혼, 성년 · 미성년을 불문하며, 13세 미만의 사람도 포함된다. 따라서 사람에 대하여 폭행 · 협박을 하여 간음한 경우에는 그가 미성년자인가 13세 미만자인가 또는 심신미약자인가를 불문하고 강간죄가 성립한다.

32) 개정 전에는 객체를 '부녀'로 한정하고 있었다. 개정형법은 강간죄의 객체를 '사람'이라고 규정하고 있으므로 남성에서 여성으로 성전환한 자도 그를 여성으로 볼 수 있는지와 무관하게 강간죄의 객체가 된다.

판례 | 법률상의 처가 강간죄의 객체인 '부녀'에 해당하는지 여부

[1] 민법 제826조 제1항은 부부의 동거의무를 규정하고 있고, 여기에는 배우자와 성생활을 함께 할 의무가 포함된다. 그러나 부부 사이에 민법상의 동거의무가 인정된다고 하더라도 거기에 폭행, 협박에 의하여 강요된 성관계를 감내할 의무가 내포되어 있다고 할 수 없다.

[2] 헌법이 보장하는 혼인과 가족생활의 내용, 가정에서의 성폭력에 대한 인식의 변화, 형법의 체계와 그 개정 경과, 강간죄의 보호법익과 부부의 동거의무의 내용 등에 비추어 보면, 형법 제297조가 정한 강간죄의 객체인 '부녀'에는 법률상 처가 포함되고, 혼인관계가 파탄된 경우뿐만 아니라 실질적인 혼인관계가 유지되고 있는 경우에도 남편이 반항을 불가능하게 하거나 현저히 곤란하게 할 정도의 폭행이나 협박을 가하여 아내를 간음한 경우에는 강간죄가 성립한다고 보아야 한다[대판(전) 2013.5.16. 2012도14788].

[22 경간부, 20 법원9급, 18 법원행시, 17 법원행시, 16 경찰승진, 16 경간부]*

판례해설 개정 전의 형법은 강간죄의 객체를 '부녀'로 한정하고 있었으며, 이에 관한 판례에 해당한다. 현행 형법은 강간죄의 객체를 '사람'으로 규정하고 있다.

② 행위

㉮ 폭행 · 협박

판례 | 강간죄의 폭행 · 협박의 정도와 그 판단기준 = 항거불능 또는 현저히 곤란할 정도

강간죄가 성립하려면 가해자의 폭행 · 협박은 피해자의 항거를 불가능하게 하거나 현저히 곤란하게 할 정도의 것이어야 한다[대판 2007.1.25. 2006도5979; 동지 대판 2000.8.18. 2000도1914]. [17 경찰승진, 16 경찰승진]*

판례 | 강간죄의 폭행 · 협박의 존부의 판단기준

강간죄가 성립하기 위한 가해자의 폭행 · 협박이 있었는지 여부는 피해자가 성교 당시 처하였던 구체적인 상황을 기준으로 판단하여야 하며, 사후적으로 보아 피해자가 성교 전에 범행 현장을 벗어날 수 있었다거나 피해자가 사력을 다하여 반항하지 않았다는 사정만으로 가해자의 폭행 · 협박이 피해자의 항거를 현저히 곤란하게 할 정도에 이르지 않았다고 섣불리 단정하여서는 안 된다[대판 2012.7.12. 2012도4031]. [19 경찰채용, 16 법원행시]*

㉯ 강간

판례 | 강간죄의 실행의 착수시기

강간죄는 부녀를[33] 간음하기 위하여 피해자의 항거를 불능하게 하거나 현저히 곤란하게 할 정도의 폭행 또는 협박을 개시한 때에 그 실행의 착수가 있다고 보아야 할 것이고, 실제로 그와 같은 폭행 또는 협박에 의하여 피해자의 항거가 불능하게 되거나 현저히 곤란하게 되어야만 실행의 착수가 있다고 볼 것은 아니다[대판 2000.6.9. 2000도1253]. [20 법원9급, 20 경찰승진, 20 경찰채용, 18 법원행시, 16 국가9급]*

---

33) 형법개정에 의하여 강간죄의 객체가 '부녀'에서 '사람'으로 변경되었으나, 본서에서는 형법 개정의 취지에 반하지 않는 이상 기존의 판례는 변경함이 없이 그대로 두기로 하였다. 이하 다른 판례에서도 동일하다.

판례 | 강간죄의 실행의 착수 인정 여부

1. **(실행의 착수 인정)** 피고인이 간음할 목적으로 새벽 4시에 여자 혼자 있는 방문 앞에 가서 피해자가 방문을 열어주지 않으면 부수고 들어갈 듯한 기세로 방문을 두드리고 피해자가 위험을 느끼고 창문에 걸터 앉아 가까이 오면 뛰어 내리겠다고 하는데도 베란다를 통하여 창문으로 침입하려고 하였다면 강간의 수단으로서의 폭행에 착수하였다고 할 수 있으므로 강간의 착수가 있었다고 할 것이다[대판 1991.4.9. 91도288]. [17 경간부, 17 경찰채용, 16 경간부]*
2. **(실행의 착수 부정)** 강간죄의 실행에 착수가 있었다고 하려면 강간의 수단으로서 폭행이나 협박을 한 사실이 있어야 할 터인데 피고인이 강간할 목적으로 피해자의 집에 침입하였다 하더라도 안방에 들어가 누워 자고있는 피해자의 가슴과 엉덩이를 만지면서 간음을 기도하였다는 사실만으로는 강간의 수단으로 피해자에게 폭행이나 협박을 개시하였다고 하기는 어렵다[대판 1990.5.25. 90도607]. [19 경찰승진, 18 법원9급, 18 경간부, 16 경간부]*

판례 | 폭행 · 협박과 간음 사이의 인과관계 인정요건

강간죄에서의 폭행 · 협박과 간음 사이에는 인과관계가 있어야 하나, 폭행 · 협박이 반드시 간음행위보다 선행되어야 하는 것은 아니다[대판 2017.10.12. 2016도16948]. [23 경간부, 22 경간부, 20 법원9급, 20 경찰채용, 18 법원행시]*

[사실관계] '피고인은 2016.2.7. 17:00경 동거하던 피해자의 집에서 피해자에게 성관계를 요구하였는데, 피해자가 생리 중이라는 등의 이유로 이를 거부하자, 피해자에게 성기삽입을 하지 않기로 약속하고 엎드리게 한 후 피해자의 뒤에서 자위행위를 하다가 도저히 안 되겠다며 갑자기 자신의 성기를 피해자의 성기에 삽입하였고, 이에 놀란 피해자가 일어나면서 이를 벗어나려고 하자, 피고인은 양팔로 피해자의 팔과 몸통을 세게 끌어안은 채 가슴으로 피해자의 등을 세게 눌러 움직이지 못하도록 피해자의 반항을 억압한 상태에서 5분간 간음행위를 계속하다가 피해자의 등에 사정하였다. … 이에 대하여 대법원은 "피고인은 피해자의 의사에 반하여 기습적으로 자신의 성기를 피해자의 성기에 삽입하고, 피해자가 움직이지 못하도록 반항을 억압한 다음 간음행위를 계속한 이상, 비록 간음행위를 시작할 때 폭행 · 협박이 없었다고 하더라도 간음행위와 거의 동시 또는 그 직후에 피해자를 폭행하여 간음한 것으로 볼 수 있고, 이는 강간죄를 구성한다."고 판시하였다.

(2) **주관적 구성요건**

고의가 있어야 한다. 강간죄의 객체는 모든 '사람'이므로 피해자가 13세 이상이라는 사실은 고의의 인식대상이 아니다.

(3) **죄수**

판례 | 죄수

1. **(일죄)** 피해자를 (폭행하여) 1회 간음하고 200m쯤 오다가 다시 1회 간음한 경우에 있어 피해자의 의사 및 그 범행시각과 장소로 보아 두 번째의 간음행위는 처음 한 행위의 계속으로 볼 수 있어 이를 단순일죄로 처벌한 것은 정당하다[대판 1970.9.29. 70도1516].

   비교판례 **(실체적 경합)** 피해자를 1회 강간하여 상처를 입게 한 후 약 1시간 후에 장소를 옮겨 같은 피해자를 다시 1회 강간한 행위는 그 범행시간과 장소를 달리하고 있을 뿐만 아니라 각 별개의 범의에서 이루어진 행위로서 형법 제37조 전단의 실체적 경합범에 해당한다[대판 1987.5.12. 87도694].
2. **(실체적 경합)** 폭행과 강간행위가 불과 1시간 전후에 이루어진 것이기는 하나 강간의 범의를 일으킨 것이 폭행 후의 다른 상해범행의 실행 중이었음이 인정되는 이상 폭행사실은 별개의 독립한 죄를 구성한다[대판 1983.4.12. 83도304].

Ⅲ 유사강간죄

> **제297조의2(유사강간)** 폭행 또는 협박으로 사람에 대하여 구강, 항문 등 신체(성기는 제외한다)의 내부에 성기를 넣거나 성기, 항문에 손가락 등 신체(성기는 제외한다)의 일부 또는 도구를 넣는 행위를 한 사람은 2년 이상의 유기징역에 처한다. [20 경찰채용, 18 경찰채용, 16 변호사]*
>
> **제300조(미수범)** 미수범은 처벌한다.

폭행 · 협박으로 사람에 대하여 구강의 내부에 손가락 등 신체(성기를 제외한다)의 일부 또는 도구를 넣는 행위를 한 경우에는 유사강간죄의 구성요건에 해당하지 않으므로 유사강간죄로 처벌되지 않는다는 점을 주의하여야 한다.

Ⅳ 강제추행죄

> **제298조(강제추행)** 폭행 또는 협박으로 사람에 대하여 추행한 자는 10년 이하의 징역 또는 1천500만원 이하의 벌금에 처한다.
>
> **제300조(미수범)** 미수범은 처벌한다.

1. 의의

폭행 · 협박으로 사람에 대하여 추행함으로써 성립하는 범죄이다.

> **판례 | 강제추행죄의 법적 성질(자수범이 아니므로 피해자를 도구로 이용하는 간접정범 성립 가능)**
>
> 강제추행죄는 사람의 성적 자유 내지 성적 자기결정의 자유를 보호하기 위한 죄로서 정범 자신이 직접 범죄를 실행하여야 성립하는 자수범이라고 볼 수 없으므로, 처벌되지 아니하는 타인을 도구로 삼아 피해자를 강제로 추행하는 간접정범의 형태로도 범할 수 있다. 여기서 강제추행에 관한 간접정범의 의사를 실현하는 도구로서의 타인에는 피해자도 포함될 수 있으므로, 피해자를 도구로 삼아 피해자의 신체를 이용하여 추행행위를 한 경우에도 강제추행죄의 간접정범에 해당할 수 있다[대판 2018.2.8. 2016도17733]. [20 법원행시, 20 경간부, 20 국가9급, 19 변호사, 19 경간부, 19 국가9급, 19 경찰승진, 19 경간부, 19 경찰채용, 18 법원행시, 18 경찰채용, 18 국가7급]*
>
> **동지판례** 피고인이 아동 · 청소년인 피해자를 협박하여 스스로 아동 · 청소년의 성보호에 관한 법률(이하 '청소년성보호법'이라고 한다) 제2조 제4호의 어느 하나에 해당하는 행위 또는 그 밖의 성적 행위에 해당하는 아동 · 청소년 자신의 행위를 내용으로 하는 화상 · 영상 등을 생성하게 하고 이를 인터넷 사이트 운영자의 서버에 저장시켜 피고인의 휴대전화기에서 재생할 수 있도록 하였다면, 간접정범의 형태로 청소년성보호법 제11조 제1항에서 정한 아동 · 청소년이용음란물을 제작하는 행위라고 보아야 한다[대판 2018.1.25. 2017도18443].

2. 구성요건

(1) 객관적 구성요건

① 주체: 제한이 없다. 여자도 본죄의 단독정범이 될 수 있다.

② 객체: 사람이다.

③ 행위: 폭행 · 협박으로 추행하는 것이다.

판례 | 강제추행죄의 '폭행 또는 협박'의 의미(매우 중요)

[1] **[다수의견]** (가) 형법 및 성폭력범죄의 처벌 등에 관한 특례법(이하 '성폭력처벌법'이라 한다)은 강제추행죄의 구성요건으로 '폭행 또는 협박'을 규정하고 있는데, 대법원은 강제추행죄의 '폭행 또는 협박'의 의미에 관하여 이를 두 가지 유형으로 나누어, 폭행행위 자체가 곧바로 추행에 해당하는 경우(이른바 기습추행형)에는 상대방의 의사를 억압할 정도의 것임을 요하지 않고 상대방의 의사에 반하는 유형력의 행사가 있는 이상 그 힘의 대소강약을 불문한다고 판시하는 한편, 폭행 또는 협박이 추행보다 시간적으로 앞서 그 수단으로 행해진 경우(이른바 폭행·협박 선행형)에는 상대방의 항거를 곤란하게 하는 정도의 폭행 또는 협박이 요구된다고 판시하여 왔다(이하 폭행·협박 선행형 관련 판례 법리를 '종래의 판례 법리'라 한다).
(나) 강제추행죄의 범죄구성요건과 보호법익, 종래의 판례 법리의 문제점, 성폭력범죄에 대한 사회적 인식, 판례 법리와 재판 실무의 변화에 따라 해석 기준을 명확히 할 필요성 등에 비추어 강제추행죄의 '폭행 또는 협박'의 의미는 다시 정의될 필요가 있다. 강제추행죄의 '폭행 또는 협박'은 상대방의 항거를 곤란하게 할 정도로 강력할 것이 요구되지 아니하고, 상대방의 신체에 대하여 불법한 유형력을 행사(폭행)하거나 일반적으로 보아 상대방으로 하여금 공포심을 일으킬 수 있는 정도의 해악을 고지(협박)하는 것이라고 보아야 한다. 구체적인 이유는 다음과 같다.
① 강제 추행죄에서 추행의 수단이 되는 '폭행 또는 협박'에 대해 피해자의 항거가 곤란할 정도일 것을 요구하는 종래의 판례 법리는 강제추행죄의 범죄구성요건이나 자유롭고 평등한 개인의 성적 자기결정권이라는 보호법익과 부합하지 아니한다. 형법 제298조 및 성폭력처벌법 제5조 제2항 등 강제추행죄에 관한 현행 규정은 **'폭행 또는 협박으로 사람에 대하여 추행을 한 자' 또는 '폭행 또는 협박으로 사람을 강제추행한 경우' 이를 처벌한다고 정하고 있을 뿐, 폭행·협박의 정도를 명시적으로 한정하고 있지 아니하다**. '강제추행'에서 '강제(強制)'의 사전적 의미는 '권력이나 위력으로 남의 자유의사를 억눌러 원하지 않는 일을 억지로 시키는 것'으로서, 반드시 상대방의 항거가 곤란할 것을 전제로 한다고 볼 수 없고, 폭행·협박을 수단으로 또는 폭행·협박의 방법으로 동의하지 않는 상대방에 대하여 추행을 하는 경우 그러한 강제성은 구현된다고 보아야 한다. 강제추행죄는 개인의 성적 자기결정권을 보호법익으로 한다. 종래의 판례 법리는 피해자의 '항거곤란'이라는 상태적 개념을 범죄구성요건에 포함시켜 폭행 또는 협박의 정도가 일반적인 그것보다 더 높은 수준일 것을 요구하였다. 그에 따라 강제추행죄가 성립하기 위해서는 높은 수준의 의사 억압 상태가 필요하다고 보게 되고, 이는 피해자가 실제로 어떠한 항거를 하였는지 살펴보게 하였으며, 반대로 항거가 없었던 경우에는 그러한 사정을 이유로 성적 자기결정권의 침해를 부정하는 결과를 초래하기도 하였다. 하지만 이와 같이 피해자의 '항거곤란'을 요구하는 것은 여전히 피해자에게 '정조'를 수호하는 태도를 요구하는 입장을 전제하고 있다고 볼 수 있고, 개인의 성적 자유 내지 성적 자기결정권을 보호법익으로 하는 현행법의 해석으로 더 이상 타당하다고 보기 어렵다.
② 강제추행죄에서 '폭행 또는 협박'은 형법상 폭행죄 또는 협박죄에서 정한 '폭행 또는 협박'을 의미하는 것으로 분명히 정의되어야 하고, 이는 판례 법리와 재판 실무의 변화에 비추어 볼 때 **법적 안정성 및 판결에 대한 예측가능성**을 높이기 위하여도 필요하다.
그동안 대법원은 개별적·구체적인 사건에서 강제추행죄의 성립 요건이나 피해자 진술의 신빙성 등을 심리하면서 고려해야 할 판단 기준과 방법에 관하여 판시하여 왔다. 또한 근래의 재판 실무는 종래의 판례 법리에도 불구하고 가해자의 행위가 폭행죄에서 정한 폭행이나 협박죄에서 정한 협박의 정도에 이르렀다면 사실상 상대방의 항거를 곤란하게 할 정도라고 해석하는 방향으로 변화하여 왔다.
이러한 법원의 판례와 재판 실무는 강제추행죄의 보호법익의 변화를 반영함과 아울러, 종래의 판례 법리에 따른 현실의 수사와 재판 과정에서 자칫 성폭력범죄의 피해자에게 이른바 '피해자다움'을 요구하거나 2차 피해를 야기할 수 있다는 문제 인식을 토대로 형평과 정의에 합당한 형사재판을 실현하기 위한 것인바, 한편 그로 인하여 강제추행죄의 구성요건으로 피해자의 항거가 곤란할 정도의 폭행 또는 협박을 요구하는 종래의 판례 법리는 그 의미가 상당 부분 퇴색하였다. 그렇다면 이제 범죄구성요건의 해석 기준을 명확히 함으로써 사실상 변화된 기준을 적용하고 있는 현재의 재판 실무와 종래의 판례 법리 사이의 불일치를 해소하고, 오해의 소지와 혼란을 방지할 필요가 있다.
③ 강제추행죄의 '폭행 또는 협박'의 의미를 위와 같이 정의한다고 하여 위력에 의한 추행죄와 구별이 불분명해지는 것은 아니다.
위력에 의한 추행죄에서 '위력'이란 사람의 자유의사를 제압하거나 혼란하게 할 만한 일체의 세력을 말하는 것으로, 유형적이든 무형적이든 묻지 아니하는바, 이는 강제추행죄에서의 '폭행 또는 협박'과 개념적으로 구별된다. 그리고 형법 및 성폭력처벌법 등은 미성년자, 심신미약자, 신체적인 또는 정신적인 장애가 있는 사람, 피보호자·피감독자, 아동·청소년을 위력으로 추행한 사람을 처벌하는 규정(형법 제302조, 성폭력처벌법 제6조 제6항, 제7조 제5항, 제10조 제1항, 아동·청소년의 성보호에 관한 법률 제7조 제5항)을 두고 있는바, 위력에 의한 추행죄는 성폭력 범행에 특히 취약한 사람을 보호대상으로 하여 강제추행죄의 '폭행 또는 협박'과 다른 '위력'을 범행수단으로 한 성적 침해 또는 착취행위를 범죄로 규정하여 처벌하려는 것이다.

이러한 위력과 폭행 · 협박의 개념상 차이, 위력에 의한 추행죄와 강제추행죄의 구성요건, 각 보호법익과 체계 등을 고려하면, 위력에 의한 추행죄에서 '위력'은 유형력의 대상이나 내용 등에 비추어 강제추행죄의 '폭행 또는 협박'에 해당하지 아니하는 폭행 · 협박은 물론, 상대방의 자유의사를 제압하거나 혼란하게 할 만한 사회적 · 경제적 · 정치적인 지위나 권세를 이용하는 것을 포함한다. 따라서 강제추행죄의 폭행 또는 협박의 의미를 종래의 판례 법리와 같이 제한 해석하여야만 위력과 구별이 용이해진다고 볼 수는 없다.
(다) 요컨대, 강제추행죄는 상대방의 신체에 대해 불법한 유형력을 행사하거나 상대방으로 하여금 공포심을 일으킬 수 있는 정도의 해악을 고지하여 상대방을 추행한 경우에 성립한다. 어떠한 행위가 강제추행죄의 '폭행 또는 협박'에 해당하는지 여부는 행위의 목적과 의도, 구체적인 행위태양과 내용, 행위의 경위와 행위 당시의 정황, 행위자와 상대방과의 관계, 그 행위가 상대방에게 주는 고통의 유무와 정도 등을 종합하여 판단하여야 한다.
이와 달리 강제추행죄의 폭행 또는 협박이 상대방의 항거를 곤란하게 할 정도일 것을 요한다고 본 대법원 2012.7.26. 선고 2011도8805 판결을 비롯하여 같은 취지의 종전 대법원판결은 이 판결의 견해에 배치되는 범위 내에서 모두 변경하기로 한다.
[대법관 이동원의 별개의견] 폭행 · 협박 선행형의 강제추행죄에서 '폭행 또는 협박'의 정도에 관하여 상대방의 항거를 곤란하게 하는 정도의 폭행 또는 협박이 요구된다고 판시한 '종래의 판례 법리'는 여전히 타당하므로 그대로 유지되어야 한다. 다수의견과 같이 강제추행죄의 처벌범위를 확대하는 해석론은 사회적 공감대가 형성된 후 국회의 입법절차를 통하여 해결하는 것이 바람직하다. 그 이유는 다음과 같다.
첫째, 종래의 판례 법리는 형사법 문언과 체계에 부합한다. 강제추행죄의 '폭행 또는 협박'의 정도에 관하여 상대방의 항거를 곤란하게 하는 정도로 제한 해석해야 단순추행죄, 위력에 의한 추행죄와 분명한 구별이 가능하고, 준강제추행죄의 항거불능과도 균형이 맞는다.
둘째, 종래의 판례 법리는 피해자의 현실적 저항을 요구하거나 2차 피해를 야기하는 법리가 아니다. 설령 강제추행 피해자에 대한 조사 · 심리 과정에서 2차 피해를 야기할 위험성이 있다고 하더라도 현행법상의 제도 등을 적극 활용함으로써 그 문제를 해결하여야 하는 것이지 이를 이유로 범죄구성요건의 내용을 달리 정할 것은 아니다.
셋째, 종래의 판례 법리는 대법원이 수십 년 동안 반복적으로 선언한 법리로서 학계의 지지를 받고 있고, '종합판단기준설'의 발전적인 해석을 통하여 구체적 타당성을 도모할 수 있는 법리이다. 판례를 변경하려면 이를 정당화할 명확한 근거가 있어야 한다. 다수의견의 논거는 이에 미치지 못하고 있다.
넷째, 종래의 판례 법리를 전제로 성폭력처벌법 등 특별법에서 일정한 유형의 강제추행에 대해 중범죄로 가중처벌하고 있다. 성범죄 피해자 보호를 입법을 통하여 해결하지 않은 채 다수의견과 같이 해석으로 폭행 · 협박의 정도를 완화할 경우 위 특별법과의 체계상 정합성에 지장을 초래하고, 죄형법정주의나 형벌불소급의 원칙에 실질적으로 어긋날 우려가 있다.
[2] 피고인이 자신의 주거지 방안에서 4촌 친족관계인 피해자 甲(여, 15세)의 학교 과제를 도와주던 중 甲을 양팔로 끌어안은 다음 침대에 쓰러뜨린 후 甲의 가슴을 만지는 등 강제로 추행하였다는 성폭력범죄의 처벌 등에 관한 특례법 위반(친족관계에 의한 강제추행)의 주위적 공소사실로 기소된 사안에서, 당시 피고인은 방안에서 甲의 숙제를 도와주던 중 甲의 왼손을 잡아 자신의 성기 쪽으로 끌어당겼고, 이를 거부하고 자리를 이탈하려는 甲의 의사에 반하여 甲을 끌어안은 다음 침대로 넘어져 甲의 위에 올라탄 후 甲의 가슴을 만졌으며, 방문을 나가려는 甲을 뒤따라가 끌어안았는바, 이러한 피고인의 행위는 甲의 신체에 대하여 불법한 유형력을 행사하여 甲을 강제추행한 것에 해당한다고 볼 여지가 충분하다는 이유로, 이와 달리 피고인의 행위가 甲의 항거를 곤란하게 할 정도의 폭행 또는 협박에 해당하지 않는다고 보아 위 공소사실을 무죄로 판단한 원심의 조치에 강제추행죄의 폭행에 관한 법리오해 등의 잘못이 있다고 한 사례[대판(전) 2023.9.21. 2018도13877].

동지판례 **(폭행행위 자체가 추행행위라고 인정되는 경우)** 강제추행죄는 상대방에 대하여 폭행 또는 협박을 가하여 항거를 곤란하게 한 뒤에 추행행위를 하는 경우뿐만 아니라 폭행행위 자체가 추행행위라고 인정되는 경우도 포함되는 것이며, 이 경우에 있어서의 폭행은 반드시 상대방의 의사를 억압할 정도의 것임을 요하지 않고 상대방의 의사에 반하는 유형력의 행사가 있는 이상 그 힘의 대소강약을 불문한다[대판 2002.4.26. 2001도2417]. [23 변호사, 22 경간부, 21 법원9급, 20 법원행시, 20 국가9급, 19 법원9급, 18 변호사, 18 경찰채용]* 따라서 미용업체인 甲 주식회사를 운영하는 피고인이 甲 회사의 가맹점에서 근무하는 乙(여, 27세)을 비롯한 직원들과 노래방에서 회식을 하던 중 乙을 자신의 옆자리에 앉힌 후 갑자기 乙의 볼에 입을 맞추고, 이에 乙이 '하지 마세요'라고 하였음에도 계속하여 오른손으로 乙의 오른쪽 허벅지를 쓰다듬었다면 이는 기습추행으로서 강제추행죄가 성립한다[대판 2020.3.26. 2019도15994].[34)]

34) 본 판례의 경우 추행의 의미와 관련하여 대법원 2018도13877와 배치되는 면이 있으나 사실관계 자체는 여전히 유효하여 기습추행이 성립될 것이므로 남겨두었다.

㉮ 폭행 · 협박의 시기: 반드시 추행 이전에 행하여질 것을 요하지 않는다.

판례 | 폭행행위 자체가 추행행위에 해당하는 경우

피해자와 춤을 추면서 피해자의 유방을 만진 행위가 순간적인 행위에 불과하더라도 피해자의 의사에 반하여 행하여진 유형력의 행사에 해당하고 피해자의 성적 자유를 침해할 뿐만 아니라 일반인의 입장에서도 추행행위라고 평가될 수 있는 것으로서, 폭행행위 자체가 추행행위라고 인정되어 강제추행에 해당된다고 한 사례[대판 2002.4.26. 2001도2417].

㉯ 추행

판례 | 강제추행죄 등에 있어 추행의 의미 및 판단방법

추행은 객관적으로 일반인에게 성적 수치심이나 혐오감을 일으키게 하고 선량한 성적 도덕관념에 반하는 행위로서 피해자의 성적 자유를 침해하는 것이라고 할 것인데, 이에 해당하는지 여부는 피해자의 의사, 성별, 연령, 행위자와 피해자의 이전부터의 관계, 그 행위에 이르게 된 경위, 구체적 행위태양, 주위의 객관적 상황과 그 시대의 성적 도덕관념 등을 종합적으로 고려하여 신중히 결정되어야 한다[대판 2015.9.10. 2015도6980]. [19 법원9급]*

관련판례 환자의 내밀한 신체 부위를 대상으로 하는 진단 및 치료 과정에서 이루어지는 의료인의 신체접촉 행위 등이 추행인지 문제되는 경우가 있다. 일반적으로 의료인의 진료행위는 환자의 질병 또는 고통을 진단 · 완화 · 치료하기 위하여 실시되고 그 과정에서 환부 등 환자의 신체에 대한 접촉이 불가피하게 이루어질 수 있다. 그러한 의료인의 행위를 환자의 성적 자기결정권을 침해한 추행으로 볼 수 있는지 여부는, 우리 사회의 평균적인 일반인의 관점에서 환자의 성별, 연령, 의사를 비롯하여, 해당 행위에 이른 경위와 과정, 접촉 대상이 된 신체 부위의 위치와 특성, 환자가 호소하는 증상에 대한 진단 · 치료의 필요성 또는 위급성, 질병 등의 진단이나 증상 완화, 호전 등과 해당 행위의 연관성 또는 밀접성, 행위가 이루어지는 장소의 객관적 상황, 그 행위가 해당 의학 분야에서 객관적 · 일반적으로 실천되고 있는 진료행위로서 시술 수단과 방법이 상당하였는지, 사전에 환자 또는 그 법정대리인에게 진료의 내용과 내밀한 신체 부위에 대한 접촉의 필요성을 설명하고 동의를 구하였는지 등을 종합적으로 고려하여, 그 행위가 객관적으로 일반인에게 성적 수치심이나 혐오감을 일으키는 선량한 성적 도덕관념에 반하는 것으로서 환자의 성적 자유를 침해하는지를 기준으로 신중하고 엄격하게 판단하여야 한다[대판 2025.6.5. 2022도9676].

판례 | 강제추행죄에서의 '추행'의 의미

[1] 추행은 객관적으로 일반인에게 성적 수치심이나 혐오감을 일으키게 하고 선량한 성적 도덕관념에 반하는 행위로서 피해자의 성적 자유를 침해하는 것을 말한다. [20 법원행시, 19 법원9급]*
[2] 피고인이 엘리베이터 안에서 피해자를 칼로 위협하는 등의 방법으로 꼼짝하지 못하도록 하여 자신의 실력적인 지배하에 둔 다음 자위행위 모습을 보여준 행위는 강제추행죄의 추행에 해당한다[대판 2010.2.25. 2009도13716].35) [20 국가9급, 20 경찰승진, 18 경간부, 16 법원행시]*

동지판례 한때 내연관계에 있던 A녀가 甲의 머리채를 잡아 폭행을 가하자 이에 대한 보복의 의미에서 甲이 A녀의 입술, 귀, 유두, 가슴을 입으로 깨무는 등의 행위를 하였다면 이는 강제추행죄의 '추행'에 해당한다[대판 2013.9.26. 2013도5856]. [19 법원9급, 19 경찰승진, 17 법원행시, 16 법원행시, 16 경찰승진, 16 경간부]*

비교판례 [1] 강제추행죄는 폭행 또는 협박을 가하여 사람을 추행함으로써 성립하는 것으로서 폭행 또는 협박이 항거를 곤란하게 할 정도일 것을 요하고, 그 폭행 등이 피해자의 항거를 곤란하게 할 정도의 것이었는지 여부는 그 폭행 등의 내용과 정도는 물론, 유형력을 행사하게 된 경위, 피해자와의 관계, 추행 당시와 그 후의 정황 등 모든 사정을 종합하여 판단하여야 한다. [16 경찰승진]*
[2] 피고인이 甲(여, 48세)에게 단순히 자신의 바지를 벗어 성기를 보여준 것만으로는 폭행 또는 협박으로 '추행'을 하였다고 볼 수 없으므로 강제추행죄가 성립하지 아니한다[대판 2012.7.26. 2011도8805]. [20 경찰승진, 19 법원9급, 17 경찰승진, 16 법원행시, 16 국가9급]*

35) 피고인이 甲(여, 48세)에게 단순히 자신의 바지를 벗어 성기를 보여준 것만으로는 폭행 또는 협박으로 '추행'을 하였다고 볼 수 없으므로 강제추행죄가 성립하지 아니한다는 대판 2012.7.26. 2011도8805는 대법원 2023.9.21. 선고 2018도13877 전원합의체 판결에 의하여 폐기되었음에 유의하여야 한다.

판례 | 강제추행죄가 성립하는 경우

1. 골프장 여종업원들이 거부의사를 밝혔음에도, 골프장 사장과의 친분관계를 내세워 함께 술을 마시지 않을 경우 신분상의 불이익을 가할 것처럼 협박하여 이른바 러브샷의 방법으로 술을 마시게 한 경우 강제추행죄가 성립한다[대판 2008.3.13. 2007도1005]. [18 경찰승진, 16 국가9급]*
2. 직장 상사가 등 뒤에서 피해자의 의사에 명백히 반하여 어깨를 주무른 경우, 여성에 대한 추행에 있어 신체 부위에 따라 본질적인 차이가 있다고 볼 수 없으므로 추행에 해당한다[대판 2004.4.16. 2004도52]. [19 경찰채용]*
3. 피고인이 공터에서 피해자들(만 8세와 만 7세인 여아들)이 놀고 있는 것을 발견하고 다가가 피해자들을 끌어안고 손으로 피해자들의 음부 부위를 갑자기 1회 만졌다면, 피고인이 사탕과 호루라기를 매개로 피해자들에게 접근하면서 피해자들을 끌어안는 것에 대하여 피해자들이 별다른 저항을 하지 않았다고 하더라도 음부를 만지는 행위에 대해서까지 용인하였다고 보기는 어려우므로 피해자들의 의사에 반하여 행하여진 강제추행행위에 해당한다[대판 2012.6.14. 2012도3893].
4. 피고인이 아파트 놀이터의 의자에 앉아 전화통화를 하고 있던 피해자의 뒤로 몰래 다가가 甲의 머리카락 및 옷 위에 소변을 보아 강제추행하였다는 내용으로 기소된 사안에서, 피고인이 처음 보는 여성인 甲의 뒤로 몰래 접근하여 성기를 드러내고 甲을 향한 자세에서 甲의 등 쪽에 소변을 본 행위는 객관적으로 일반인에게 성적 수치심이나 혐오감을 일으키게 하고 선량한 성적 도덕관념에 반하는 행위로서 甲의 성적 자기결정권을 침해하는 추행행위에 해당한다고 볼 여지가 있고, 행위 당시 甲이 이를 인식하지 못하였더라도 마찬가지이다[대판 2021.10.28. 2021도7538]. [23 경간부]*

판례 | 군형법상의 강제추행죄에서 '추행'의 의미(판례변경)

[1] 군형법 제92조의6의 문언, 개정 연혁, 보호법익과 헌법 규정을 비롯한 전체 법질서의 변화를 종합적으로 고려하면, 위 규정은 동성인 군인 사이의 항문성교나 그 밖에 이와 유사한 행위가 사적 공간에서 자발적 의사 합치에 따라 이루어지는 등 군이라는 공동사회의 건전한 생활과 군기를 직접적, 구체적으로 침해한 것으로 보기 어려운 경우에는 적용되지 않는다고 봄이 타당하다. 이 사건에 적용되는 현행 군형법 제92조의6은 "제1조 제1항부터 제3항까지에 규정된 사람(이하 '군인 등'이라 한다)에 대하여 항문성교나 그 밖의 추행을 한 사람은 2년 이하의 징역에 처한다."라고 정하고 있다. 위 규정은 구 군형법 제92조의5 규정과는 달리 '계간' 대신 '항문성교'라는 표현을 사용하고 행위의 객체를 군형법이 적용되는 군인 등으로 한정하였다. 제정 군형법 제92조와 구 군형법 제92조의5의 대표적 구성요건인 '계간'은 사전적으로 '사내끼리 성교하듯이 하는 짓'으로서 남성 간의 성행위라는 개념요소를 내포하고 있다. 반면, 현행 규정의 대표적 구성요건인 '항문성교'는 '발기한 성기를 항문으로 삽입하는 성행위'라는 성교행위의 한 형태를 가리키는 것으로서, 이성 간에도 가능한 행위이고 남성 간의 행위에 한정하여 사용되는 것이 아니다. 따라서 현행 규정의 문언만으로는 동성 군인 간의 성행위 그 자체를 처벌하는 규정이라는 해석이 당연히 도출될 수 없고, 별도의 규범적인 고려 또는 법적 평가를 더해야만 그러한 해석이 가능하다. 이와 달리 남성 군인 간 항문성교를 비롯한 성행위가 그 자체만으로 객관적으로 일반인에게 혐오감을 일으키게 하고 선량한 성적 도덕관념에 반하는 행위라는 이유로 사적 공간에서 합의하여 이루어진 성행위인지 여부 등을 따지지 않고 제정 군형법 제92조와 구 군형법 제92조의5 규정이 적용된다는 취지로 판단한 대판 2008.5.29. 2008도2222, 대판 2012.6.14. 2012도3980을 비롯하여 같은 취지의 대법원 판결들은 이 판결의 견해에 배치되는 범위 내에서 변경하기로 한다.

[2] 군인인 피고인 甲은 자신의 독신자 숙소에서 군인 乙과 서로 키스, 구강성교나 항문성교를 하는 방법으로 추행하고, 군인인 피고인 丙은 자신의 독신자 숙소에서 동일한 방법으로 피고인 甲과 추행하였다고 하여 군형법 위반으로 기소된 사안에서, 피고인들과 乙은 모두 남성 군인으로 당시 피고인들의 독신자 숙소에서 휴일 또는 근무시간 이후에 자유로운 의사를 기초로 한 합의에 따라 항문성교나 그 밖의 성행위를 한 점 등에 비추어 피고인들의 행위는 군형법 제92조의6에서 처벌대상으로 규정한 '항문성교나 그 밖의 추행'에 해당하지 않는다[대판(전) 2022.4.21. 2019도3047].

(2) 주관적 구성요건

① 고의가 있어야 한다.

판례 | 강제추행죄의 고의

[1] 강제추행죄의 성립에 필요한 주관적 구성요건요소는 고의만으로 충분하고, 그 외에 성욕을 자극·흥분·만족시키려는 주관적 동기나 목적까지 있어야 하는 것은 아니다.
[2] 피고인은 자신이 대표이사로 있는 회사의 직원인 피해자(여, 27세) 등과 함께 회식을 하며 피해자의 결혼 여부 등에 관하여 이야기하던 중 갑자기 왼팔로 피해자의 머리를 감싸고 피고인의 가슴 쪽으로 끌어당겨 피해자의 머리가 피고인의 가슴에 닿게 하고 주먹으로 피해자의 머리를 2회 쳤다. 이후 피고인은 다른 대화를 하던 중 "이년을 어떻게 해야 계속 붙잡을 수 있지. 머리끄댕이를 잡고 붙잡아야 되나."라고 하면서 갑자기 손가락이 피해자의 두피에 닿도록 양손으로 피해자의 머리카락을 잡고 흔들고, 이후 갑자기 피해자의 어깨를 수회 쳤다. 피고인의 행위는 강제추행죄의 추행에 해당한다[대판 2020.12.24. 2020도7981].

판결이유 피고인에게 성욕의 자극 등 주관적 동기나 목적이 없었다거나 피해자의 이직을 막고 싶은 마음에서 비롯된 동기가 있었다고 하더라도 추행의 고의를 인정하는 데 방해가 되지 않는다.

관련판례 [1] 강제추행죄는 특별한 사정이 없는 한 행위마다 1개의 범죄가 성립하고, 강제추행죄가 성립되기 위해서는 문제가 되는 행위마다 폭행 또는 협박 외에 추행행위 및 그에 대한 범의가 인정되어야 한다. 형사재판에서 유죄의 인정은 법관으로 하여금 합리적인 의심을 할 여지가 없을 정도로 공소사실이 진정하다는 확신을 가지게 할 수 있는 증명력을 가진 증거에 의하여야 하므로, 추행의 범의에 대한 증명이 부족하다면 설령 피고인에게 유죄의 의심이 간다고 하더라도 강제추행죄의 유죄로 판단할 수는 없다.
[2] 피고인이 차량 안에서 운전 연수를 받던 갑의 운전이 미숙하다는 이유로 갑의 오른쪽 허벅지를 1회 밀쳐 강제로 추행하였다는 내용으로 기소된 사안에서, 운전 연수를 받으며 처음 알게 된 피고인과 갑의 관계, 갑이 피고인에게서 운전 연수를 받던 과정에서 있었던 일들도 추행행위 해당 여부와 피고인의 추행의 고의 유무를 판단할 때 고려의 대상이 되는데, 갑은 수사기관 및 법정에서 피고인이 주먹으로 갑의 오른쪽 허벅지를 1회 소리가 날 정도로 세게 때렸다고 하면서, 그 이유에 관하여 운전 연수 중 갑이 피고인의 지시대로 운전을 하지 못했을 때 피고인이 화가 나서 때린 것이라고 진술한 점, 피고인이 그 무렵 운전 연수를 받던 갑이나 제3자에 대해 보인 동일한 행위태양을 고려하면, 피고인이 주먹으로 갑의 허벅지 부위를 밀친 행위에 대해 피고인의 폭행 가능성 내지 폭행의 고의를 배제한 채 곧바로 추행의 고의를 추단하기는 어려운 점, 갑이 제1심법정에서 '피고인이 갑의 허벅지를 때린 것이 때린 느낌이었는지 갑의 신체에 손을 대고 싶었던 느낌이었는지'를 묻는 판사의 질문에 '그것까지는 제가 알지 못한다.'고 한 답변에 비추어, 위 범행이 추행행위에 해당한다는 것 및 당시 피고인에게 추행의 고의가 있었음이 합리적인 의심을 할 여지가 없을 정도로 확신을 갖게 할 만큼 증명되었다고 단정하기 어려운 점을 종합하면, 공소사실을 유죄로 인정한 원심판단에 강제추행죄에서의 추행행위 해당 여부와 추행의 범의 및 유죄의 인정에 필요한 증명의 정도에 관한 법리오해 등의 잘못이 있다고 한 사례[대판 2024.8.1. 2024도3061].

V 준강간죄 · 준유사강간죄 · 준강제추행죄

제299조(준강간, 준강제추행) 사람의 심신상실 또는 항거불능의 상태를 이용하여 간음 또는 추행을 한 자는 제297조, 제297조의2 및 제298조의 예에 의한다.

제300조(미수범) 미수범은 처벌한다.

심신상실 · 항거불능의 원인은 불문하나 행위자가 간음 · 추행하기 위하여 심신상실 · 항거불능상태를 야기한 경우(예 수면제나 마취제를 먹인 경우)에는 본죄가 성립하는 것이 아니라 강간죄 · 강제추행죄가 성립한다.

판례 | 준강간 · 강제추행죄에서 '항거불능의 상태'의 의미

형법 제299조는 사람의 심신상실 또는 항거불능의 상태를 이용하여 간음 또는 추행을 한 자를 형법 제297조, 제298조의 강간 또는 강제추행의 죄와 같이 처벌하도록 규정하고 있는데, 여기서 항거불능의 상태라 함은 형법 제297조, 제298조와의 균형상 심신상실 이외의 원인 때문에 심리적 또는 물리적으로 반항이 절대적으로 불가능하거나 현저히 곤란한 경우를 의미한다[대판 2012.6.28. 2012도2631]. [19 법원행시]*

판례 | '알코올 블랙아웃(black out)'의 의미 및 의식상실(passing out)과의 구별

[1] 형법 제299조는 '사람의 심신상실 또는 항거불능의 상태를 이용하여 추행을 한 자'를 처벌하도록 규정한다. 이러한 준강제추행죄는 정신적·신체적 사정으로 인하여 성적인 자기방어를 할 수 없는 사람의 성적 자기결정권을 보호해 주는 것을 보호법익으로 하며, 그 성적 자기결정권은 원치 않는 성적 관계를 거부할 권리라는 소극적 측면을 말한다.

[2] 준강간죄에서 '심신상실'이란 정신기능의 장애로 인하여 성적 행위에 대한 정상적인 판단능력이 없는 상태를 의미하고, '항거불능'의 상태란 심신상실 이외의 원인으로 심리적 또는 물리적으로 반항이 절대적으로 불가능하거나 현저히 곤란한 경우를 의미한다. 이는 준강제추행죄의 경우에도 마찬가지이다. 피해자가 깊은 잠에 빠져 있거나 술·약물 등에 의해 일시적으로 의식을 잃은 상태 또는 완전히 의식을 잃지는 않았더라도 그와 같은 사유로 정상적인 판단능력과 대응·조절능력을 행사할 수 없는 상태에 있었다면 준강간죄 또는 준강제추행죄에서의 심신상실 또는 항거불능 상태에 해당한다.

[3] ⅰ) 의학적 개념으로서의 '알코올 블랙아웃(black out)'은 중증도 이상의 알코올 혈중농도, 특히 단기간 폭음으로 알코올 혈중농도가 급격히 올라간 경우 그 알코올 성분이 외부 자극에 대하여 기록하고 해석하는 인코딩 과정(기억형성에 관여하는 뇌의 특정 기능)에 영향을 미침으로써 행위자가 일정한 시점에 진행되었던 사실에 대한 기억을 상실하는 것을 말한다.

알코올 블랙아웃은 인코딩 손상의 정도에 따라 단편적인 블랙아웃과 전면적인 블랙아웃이 모두 포함한다. 그러나 알코올의 심각한 독성화와 전형적으로 결부된 형태로서의 의식상실의 상태, 즉 알코올의 최면진정작용으로 인하여 수면에 빠지는 의식상실(passing out)과 구별되는 개념이다.

ⅱ) 따라서 음주 후 준강간 또는 준강제추행을 당하였음을 호소한 피해자의 경우, 범행 당시 알코올이 위의 기억형성의 실패만을 야기한 알코올 블랙아웃 상태였다면 피해자는 기억장애 외에 인지기능이나 의식 상태의 장애에 이르렀다고 인정하기 어렵지만, 이에 비하여 피해자가 술에 취해 수면상태에 빠지는 등 의식을 상실한 패싱아웃 상태였다면 심신상실의 상태에 있었음을 인정할 수 있다. [23 경간부]*

또한 '준강간죄 또는 준강제추행죄에서의 심신상실·항거불능'의 개념에 비추어, 피해자가 의식상실 상태에 빠져 있지는 않지만 알코올의 영향으로 의사를 형성할 능력이나 성적 자기결정권 침해행위에 맞서려는 저항력이 현저하게 저하된 상태였다면 '항거불능'에 해당하여, 이러한 피해자에 대한 성적 행위 역시 준강간죄 또는 준강제추행죄를 구성할 수 있다.

ⅲ) 그런데 법의학 분야에서는 알코올 블랙아웃이 '술을 마시는 동안에 일어난 중요한 사건에 대한 기억상실'로 정의되기도 하며, 일반인 입장에서는 '음주 후 발생한 광범위한 인지기능 장애 또는 의식상실'까지 통칭하기도 한다.

ⅳ) 따라서 음주로 심신상실 상태에 있는 피해자에 대하여 준강간 또는 준강제추행을 하였음을 이유로 기소된 피고인이 '피해자가 범행 당시 의식상실 상태가 아니었고 그 후 기억하지 못할 뿐이다.'라는 취지에서 알코올 블랙아웃을 주장하는 경우, 법원은 피해자의 범행 당시 음주량과 음주 속도, 경과한 시간, 피해자의 평소 주량, 피해자가 평소 음주 후 기억장애를 경험하였는지 여부 등 피해자의 신체 및 의식 상태가 범행 당시 알코올 블랙아웃인지 아니면 패싱아웃 또는 행위통제능력이 현저히 저하된 상태였는지를 구분할 수 있는 사정들과 더불어 CCTV나 목격자를 통하여 확인되는 당시 피해자의 상태, 언동, 피고인과의 평소 관계, 만나게 된 경위, 성적 접촉이 이루어진 장소와 방식, 그 계기와 정황, 피해자의 연령·경험 등 특성, 성에 대한 인식 정도, 심리적·정서적 상태, 피해자와 성적 관계를 맺게 된 경위에 대한 피고인의 진술 내용의 합리성, 사건 이후 피고인과 피해자의 반응을 비롯한 제반 사정을 면밀하게 살펴 범행 당시 피해자가 심신상실 또는 항거불능 상태에 있었는지 여부를 판단해야 한다.

또한 피해사실 전후의 객관적 정황상 피해자가 심신상실 등이 의심될 정도로 비정상적인 상태에 있었음이 밝혀진 경우 혹은 피해자와 피고인의 관계 등에 비추어 피해자가 정상적인 상태하에서라면 피고인과 성적 관계를 맺거나 이에 수동적으로나마 동의하리라고 도저히 기대하기 어려운 사정이 인정되는데도, 피해자의 단편적인 모습만으로 피해자가 단순히 '알코올 블랙아웃'에 해당하여 심신상실 상태에 있지 않았다고 단정하여서는 안 된다[대판 2021.2.4. 2018도9781].

판례 | 심신상실 상태라고 인정되지 않은 경우

피고인이 술에 취하여 안방에서 잠을 자고 있던 피해자를 발견하고 갑자기 욕정을 일으켜 피해자의 옆에 누워 피해자의 몸을 더듬다가 피해자의 바지를 벗기려는 순간 피해자가 어렴풋이 잠에서 깨어났으나 피해자는 잠결에 자신의 바지를 벗기려는 피고인을 자신의 애인으로 착각하여 반항하지 않고 응함에 따라 피해자를 1회 간음한 경우, 피해자가 잠결에 피고인을 자신의 애인으로 잘못 알았다고 하더라도 피해자의 위와 같은 의식상태를 심신상실의 상태에 이르렀다고 보기 어렵다[대판 2000.2.25. 98도4355].

[18 법원행시, 17 경찰승진]*

판례 | 준강간죄에서 심리적 항거불능 또는 현저한 항거곤란이 인정될 수 있는 경우

[1] 성폭력범죄의 처벌 등에 관한 특례법 제5조 제3항, 제1항[36] 및 형법 제299조는 사람의 심신상실이나 항거불능 상태를 이용하여 친족관계에 있는 사람을 간음한 자를 형법 제297조의 강간한 자와 마찬가지로 취급하여 가중처벌하고 있다. 친족관계에서의 강간 또는 준강간행위는 친족관계에서 우러나오는 특별한 신뢰관계를 바탕으로 이를 성폭력범죄의 실행에 이용하는 특성이 있어서, 피해자와 친족 구성원에게 매우 큰 정신적 충격과 후유증을 남기는 반인륜적 범죄이다. 이는 피해자 개인에 대한 피해의 차원을 넘어 우리 사회의 바탕을 이루는 가족 제도와 사회 · 윤리적 기본질서를 근간부터 흔들어 놓을 수 있다는 점에서 그 폐해가 심각하기 때문에 그에 대한 가중처벌의 필요성이 있다.

친족관계에 의한 성폭력범죄의 경우 친족관계 자체에 의하여 가해자와 피해자 사이에 내재하는 신분상 · 정서상의 우열관계, 친족 간의 부양이나 보호 또는 피보호의 관계에서 나오는 상호 신뢰성 · 의존성과 경제적 예속의 특성, 가부장적 사회 분위기 속에서 가족구성원 간 원만한 관계나 가족공동체 유지라는 가치를 우선시하고 그 결과 구성원 개인의 자유의지에 대한 억압적 기제가 작동하는 현실, 근친상간에 대한 금기 등 사회의 부정적 인식이 주는 낙인효과와 위축감 등으로 인하여, 성범죄 피해자로서는 그 피해사실을 쉽게 드러내지 못하는 경우가 많다. 이러한 배경에서 친족관계에 의한 성폭력범죄의 피해자는 가해자의 성폭력범죄를 가능하게 하였던 가족공동체 내의 구조적 폭력 상태에 묶인 · 순응한 채 다른 사람에게 도움을 요청하는 등으로 피해에서 벗어나지 못하게 되고, 그러한 성적 침해행위가 가해자의 우월한 영향 아래에서 장기간 고착화되어 은밀하게 반복 · 계속되기도 하므로, 이와 같은 사정을 충분히 고려하여야 한다.

[2] 형법 제299조 준강간죄는 정신적 · 신체적 사정으로 인하여 성적인 자기방어를 할 수 없는 사람의 성적 자기결정권을 보호하는 것을 보호법익으로 하고, 그 성적 자기결정권은 원치 않는 성적 관계를 거부할 권리라는 소극적 측면을 말한다. 준강간죄에서 '항거불능'의 상태란 심신상실 이외의 원인으로 심리적 또는 물리적으로 반항이 절대적으로 불가능하거나 현저히 곤란한 경우를 의미한다. 이러한 심리적 항거불능 또는 현저한 항거곤란은, 특별한 친족관계나 정신적 · 경제적 지배 · 예속관계 등으로 우월적 지위에 있는 피고인이 상당한 기간 동안 계속적으로 행한 폭력, 성적 학대나 감시와 통제 등의 점진적 · 누적적 영향으로 말미암아 열악한 지위에 놓이게 된 피해자가 성적 자기결정권에 관하여 자유로운 의사의 형성과 결정에 심각한 곤란을 겪으면서 그와 같이 지속된 심리적 · 정서적 억압 상태가 주요 원인으로 작용하여 피고인의 성적 침해행위 당시 그에 맞서려는 대항능력이 현저하게 저하된 자포자기의 상태에 있었던 경우에도 인정될 수 있다. 따라서 이러한 피해자의 상태를 이용한 간음행위 역시 준강간죄를 구성할 수 있다.

피고인의 성적 침해행위 당시 피해자가 심리적 항거불능 또는 현저한 항거곤란 상태에 있었는지는 피고인과의 관계나 구체적인 범행 상황의 전체적인 맥락 속에서 피해자의 처지와 관점을 충분히 고려하면서, 성적 접촉이 이루어진 경위, 계기나 정황, 행위의 내용과 방법, 행위가 반복 · 계속된 기간, 피고인과 피해자가 보인 반응의 변화, 피해자의 나이 · 경험 등 특성, 심리적 · 정신적 상태, 피해자의 주변 상황과 환경 등을 종합하여 신중하게 판단하여야 한다[대판 2025.5.1. 2021도11938].

판례해설 1999년경 조카인 피해자(당시 19세)를 강간한 후 2018년경까지 피해자와 함께 생활한 피고인은 경제적 예속과 심리적 외포로 피고인의 지시나 요구를 거절하거나 저항할 수 없었던 피해자의 항거불능 상태를 이용하여 2015년부터 2018년 사이에 피해자를 간음하였다는 성폭력처벌법위반(친족관계에의한준강간)(이하 '예비적 공소사실') 등으로 기소되었다.

원심은, 피해자가 예비적 공소사실 범행 일시경인 2015~2018년 무렵 피고인에게 경제적으로 예속된 관계에 있었다고 보이지 않고, 취미 · 사회활동을 하며 독립적이고 진취적인 모습을 보이는 등 자율적인 판단과 의사결정이 곤란할 정도로 피고인에게 억압당하였다거나 통제된 생활을 하고 있었던 것으로 보이지 않는다는 등의 사정을 들어 피해자가 심리적으로 반항이 불가능하거나 현저히 곤란한 상태에 있었음이 합리적 의심의 여지가 없을 정도로 증명되었다고 보기에 부족하다는 이유로 예비적 공소사실을 무죄로 판단하였다.

36) 제5조(친족관계에 의한 강간 등) ① 친족관계인 사람이 폭행 또는 협박으로 사람을 강간한 경우에는 7년 이상의 유기징역에 처한다.
② 친족관계인 사람이 폭행 또는 협박으로 사람을 강제추행한 경우에는 5년 이상의 유기징역에 처한다.
③ 친족관계인 사람이 사람에 대하여 「형법」 제299조(준강간, 준강제추행)의 죄를 범한 경우에는 제1항 또는 제2항의 예에 따라 처벌한다.

대법원은 위와 같은 법리를 설시하면서, 피해자는 어린 나이에 겪은 부모의 이혼과 보호자인 아버지의 사망, 경제력 부재 등으로 마땅한 거처가 없는 상황에서 사실상 보호자로 여기고 의존하던 14세 연상의 외삼촌인 피고인으로부터 19세 무렵 최초 성폭행을 당하였고, 그 충격의 영향 아래 피고인의 지속적인 폭행, 폭언과 통제, 애정과 친밀감의 표현이라는 양면성을 반복적으로 경험하며 예비적 공소사실의 각 간음행위가 있기까지 장기간에 걸쳐 친족관계 내에서 심리적 · 경제적으로 강한 지배 · 예속관계를 형성하여 온 것으로 보이는바, 이러한 전체적인 맥락 속에서 볼 때, 피해자는 위와 같은 심리적 · 경제적 지배 · 예속관계로 인하여 성적 자기결정권에 관하여 자유로운 의사 형성과 결정에 심각한 곤란을 겪고 주변과 단절된 채 피고인의 강압적인 성행위 요구에 자포자기 상태로 순응하여 오면서, 그와 같이 지속된 심리적 억압 상태가 주요 원인으로 작용하여 예비적 공소사실의 각 범행 당시 피고인의 성적 자기결정권 침해행위에 맞서려는 대항능력이 현저하게 저하된 심리적 항거곤란 상태에 있었다고 볼 소지가 크고, 피고인이 피해자의 이러한 상태를 이용하여 간음하는 것은 준강간죄를 구성할 수 있다고 보아, 이와 달리 판단한 원심을 파기 · 환송하였다.

판례 | 준강간죄의 실행의 착수가 인정된 경우

피고인의 행위를 전체적으로 관찰할 때, 피고인은 잠을 자고 있는 피해자의 옷을 벗기고 자신의 바지를 내린 상태에서 피해자의 음부 등을 만지는 행위를 한 시점에서 피해자의 항거불능의 상태를 이용하여 간음을 할 의도를 가지고 간음의 수단이라고 할 수 있는 행동을 시작한 것으로서 준강간죄의 실행에 착수하였다고 보아야 할 것이고, 그 후 피고인이 위와 같은 행위를 하는 바람에 피해자가 잠에서 깨어나 피고인이 성기를 삽입하려고 할 때에는 객관적으로 항거불능의 상태에 있지 아니하였다고 하더라도 준강간미수죄의 성립에 지장이 없다[대판 2000.1.14. 99도5187]. [19 법원행시, 18 법원행시, 17 경간부]*

판례 | 준강간죄의 고의

형법은 폭행 또는 협박의 방법이 아닌 심신상실 또는 항거불능의 상태를 이용하여 간음한 행위를 강간죄에 준하여 처벌하고 있으므로, 준강간의 고의는 피해자가 심신상실 또는 항거불능의 상태에 있다는 것과 그러한 상태를 이용하여 간음한다는 구성요건적 결과 발생의 가능성을 인식하고 그러한 위험을 용인하는 내심의 의사를 말한다[대판(전) 2019.3.28. 2018도16002]. [23 변호사]*

Ⅵ 미성년자의제강간 · 강제추행죄

제305조(미성년자에 대한 간음, 추행) ① 13세 미만의 사람에 대하여 간음 또는 추행을 한 자는 제297조(강간), 제297조의2(유사강간), 제298조(강제추행), 제301조(강간등 상해 · 치상) 또는 제301조의2(강간등 살인 · 치사)의 예에 의한다.
② 13세 이상 16세 미만의 사람에 대하여 간음 또는 추행을 한 19세 이상의 자는 제297조, 제297조의2, 제298조, 제301조 또는 제301조의2의 예에 의한다. 〈신설 2020.5.19.〉

본죄의 객체는 원칙적으로 13세 미만의 사람이지만, 19세 이상의 자가 범인인 경우에는 13세 이상 16세 미만의 사람도 객체가 될 수 있다. 본죄가 성립하기 위하여는 각 객체의 연령에 대한 고의가 있어야 한다.

판례 | 미성년자의제강간 · 강제추행죄의 성립요건

1. 형법 305조 소정의 미성년자에 대한 간음죄는 13세미만의 사람이라는 사실을 알고 간음을 하면 성립되는 것이고, 간음을 함에 있어서 피해자에게 폭행 협박을 가하거나 피해자의 의사에 반하여야 하는 것은 아니다[대판 1975.5.13. 75도855]. [17 경간부]*
2. 형법 제305조에 규정된 13세미만 사람에 대한 의제강간 · 추행죄는 그 성립에 있어 위계 또는 위력이나 폭행 또는 협박의 방법에 의함을 요하지 아니하며 피해자의 동의가 있었다고 하여도 성립하는 것이다[대판 1982.10.12. 82도2183]. [16 변호사, 16 국가7급]*

판례 | 미성년자의제강제추행죄의 주관적 구성요건요소

[1] 형법 제305조의 미성년자의제강제추행죄의 경우, 그 성립에 필요한 주관적 구성요건요소는 고의만으로 충분하고, 그 외에 성욕을 자극·흥분·만족시키려는 주관적 동기나 목적까지 있어야 하는 것은 아니다. [20 국가9급, 19 법원9급, 19 경찰승진, 19 경찰채용, 17 법원행시]*

[2] 초등학교 4학년 담임교사(남자)가 교실에서 자신이 담당하는 반의 남학생의 성기를 만진 행위가 미성년자의제강제추행죄에서 말하는 '추행'에 해당한다고 한 원심의 판단을 수긍한 사례[대판 2006.1.13. 2005도6791].

동지판례 초등학교 기간제 교사가 다른 학생들이 지켜보는 가운데 건강검진을 받으러 온 학생의 옷 속으로 손을 넣어 배와 가슴 등의 신체 부위를 만진 행위는, 설사 성욕을 자극·흥분·만족시키려는 주관적 동기나 목적이 없었더라도 객관적으로 일반인에게 성적 수치심이나 혐오감을 불러일으키고 선량한 성적 도덕관념에 반하는 행위라고 평가할 수 있으므로, 성폭력범죄의 처벌 및 피해자보호 등에 관한 법률 제8조의2 제5항에서 말하는 '추행'에 해당한다고 한 사례[대판 2009.9.24. 2009도2576].

판례 | 미성년자의제강간·강제추행죄의 미수의 가벌성(인정)

미성년자의제강간·강제추행죄를 규정한 형법 제305조가 강간죄와 강제추행죄의 미수범의 처벌에 관한 형법 제300조를 명시적으로 인용하고 있지 아니하나, 동조에서 규정한 형법 제297조와 제298조의 '예에 의한다'는 의미는 미성년자의제강간·강제추행죄의 처벌에 있어 그 법정형뿐만 아니라 미수범에 관하여도 강간죄와 강제추행죄의 예에 따른다는 취지로 해석되고, 이러한 해석이 형벌법규의 명확성의 원칙에 반하는 것이거나 죄형법정주의에 의하여 금지되는 확장해석이나 유추해석에 해당하는 것으로 볼 수 없다[대판 2007.3.15. 2006도9453].

Ⅶ 강간 등 상해·치상죄

제301조(강간 등 상해·치상) 제297조, 제297조의2 및 제298조부터 제300조까지의 죄(강간죄, 유사강간죄, 강제추행죄, 준강간·준유사강간·준강제추행죄, 미성년자의제강간·강제추행죄, 이상의 죄의 미수범)를 범한 자가 사람을 상해하거나 상해에 이르게 한 때에는 무기 또는 5년 이상의 징역에 처한다.

① 주체: 강간죄·유사강간죄·강제추행 등의 죄를 범한 자 및 그 미수범이다.

② 행위: 사람을 상해하거나, 사람을 상해에 이르게 하는 것이다.

㉮ 상해의 개념

판례 | 강간치상죄 또는 강간상해죄의 '상해'에 해당하지 않는 경우

강간행위에 수반하여 생긴 상해가 극히 경미한 것으로서 굳이 치료할 필요가 없어서 자연적으로 치유되며 일상생활을 하는 데 아무런 지장이 없는 경우에는 강간치상죄의 상해에 해당되지 아니한다고 할 수 있을 터이나, 그러한 논거는 피해자의 반항을 억압할 만한 폭행 또는 협박이 없어도 일상생활 중 발생할 수 있는 것이거나 합의에 따른 성교행위에서도 통상 발생할 수 있는 상해와 같은 정도임을 전제로 하는 것이므로 그러한 정도를 넘는 상해가 그 폭행 또는 협박에 의하여 생긴 경우라면 상해에 해당된다[대판 2005.5.26. 2005도1039]. [21 법원9급, 18 경찰채용]*

판례 | 강간치상죄 또는 강제추행치상해죄의 '상해'에 해당하는 경우

[1] 피해자에게 상해가 발생하였는지는 객관적, 일률적으로 판단할 것이 아니라 피해자의 연령, 성별, 체격 등 신체 · 정신상의 구체적인 상태, 약물의 종류와 용량, 투약방법, 음주 여부 등 약물의 작용에 미칠 수 있는 여러 요소를 기초로 하여 약물 투약으로 인하여 피해자에게 발생한 의식장애나 기억장애 등 신체, 정신상의 변화와 내용 및 정도를 종합적으로 고려하여 판단하여야 한다. [19 경찰승진]*

[2] 강간치상죄나 강제추행치상죄에 있어서의 상해는 피해자의 신체의 완전성을 훼손하거나 생리적 기능에 장애를 초래하는 것, 즉 피해자의 건강상태가 불량하게 변경되고 생활기능에 장애가 초래되는 것을 말하는 것으로, 여기서의 생리적 기능에는 육체적 기능뿐만 아니라 정신적 기능도 포함된다. [21 법원9급]*

따라서 수면제와 같은 약물을 투약하여 피해자를 일시적으로 수면 또는 의식불명 상태에 이르게 한 경우에도 약물로 인하여 피해자의 건강상태가 불량하게 변경되고 생활기능에 장애가 초래되었다면 자연적으로 의식을 회복하거나 외부적으로 드러난 상처가 없더라도 이는 강간치상죄나 강제추행치상죄에서 말하는 상해에 해당한다[대판 2017.6.29. 2017도3196]. [23 경간부, 19 경찰채용, 18 변호사, 18 국가7급, 17 경찰채용]*

[사실관계] 甲은 13회에 걸쳐 A(여, 40세)에게 성인 권장용량의 1.5배 내지 2배 정도에 해당하는 양의 졸피뎀 성분의 수면제가 섞인 커피를 주어 마시게 한 다음 A가 곧바로 정신을 잃고 깊이 잠들자 A를 강간하거나 강제로 추행하였다. A는 잠든 후 약 4시간 뒤에 깨어났는데, 잠이 든 이후의 상황에 대해서 제대로 기억하지 못하였고, 가끔 정신이 희미하게 든 경우도 있었으나 자신의 의지대로 생각하거나 행동하지 못한 채 곧바로 기절하다시피 다시 깊은 잠에 빠졌다. 이 경우 甲에게는 강간치상죄와 강제추행치상죄가 성립한다는 취지의 판례이다.

판례 | 강간(강제추행)치상죄에서 상해를 인정한 경우

1. 피해자를 협박하여 억지로 성교하려 하고 그로 인하여 피해자에게 요치 1주일간의 좌둔부찰과상을 입게 한 피고인의 행위는 강간치상죄에 해당한다[대판 1984.7.24. 84도1209].
2. 처녀막은 부녀자의 신체에 있어서 생리조직의 일부를 구성하는 것으로서, 그것이 파열되면 정도의 차이는 있어도 생활기능에 장애가 오는 것이라고 보아야 하고, 처녀막 파열이 그와 같은 성질의 것인 한 비록 피해자가 성경험을 가진 여자로서 특이체질로 인해 새로 형성된 처녀막이 파열되었다 하더라도 강간치상죄를 구성하는 상처에 해당된다[대판 1995.7.25. 94도1351].
3. 피해자의 상해부위가 우측 슬관절 부위 찰과상 및 타박상, 우측 주관절 부위 찰과상이고, 예상치료기간은 수상일로부터 2주이며, 입원 및 향후 치료(정신과적 치료를 포함)가 필요할 수도 있는 경우, 이는 강간치상죄에 있어 상해에 해당한다[대판 2005.5.26. 2005도1039]. ※ 강간치상죄 성립 [16 법원행시]*

판례 | 강간(강제추행)치상죄에서 상해를 부정한 경우

1. 성행위시 입으로 빨아서 생긴 반상출혈상은 … 강간치상죄의 상해에 해당한다 할 수 없다[대판 1986.7.8. 85도2042].
2. 피고인이 피해자를 강간하려다가 미수에 그치고 그 과정에서 위 피해자의 왼쪽 손바닥에 약 2㎝ 정도의 긁힌 가벼운 상처가 발생한 경우라면 … 강간치상죄의 상해에 해당된다고는 할 수 없다[대판 1987.10.26. 87도1880].
3. 피해자가 입은 상처가 3, 4일간의 가료를 요하는 외음부 충혈과 양 상박부 근육통 정도였다면 … 위 상처는 강간치상죄의 상해에 해당된다고는 할 수 없다[대판 1989.1.31. 88도831].

㉯ 인과관계 및 객관적 귀속

판례 | 고의로 상해를 가한 다음 강제추행한 경우 강제추행치상죄 X

[1] 강제추행치상죄에서 상해의 결과는 강제추행의 수단으로 사용한 폭행이나 추행행위 그 자체 또는 강제추행에 수반하는 행위로부터 발생한 것이어야 한다. 따라서 상해를 가한 부분을 고의범인 상해죄로 처벌하면서 이를 다시 결과적 가중범인 강제추행치상죄의 상해로 인정하여 이중으로 처벌할 수는 없다. [18 경간부]*

[2] 피고인이 피해자를 폭행하여 비골 골절 등의 상해를 가한 다음 강제추행한 경우, 피고인의 위 폭행을 강제추행의 수단으로서의 폭행으로 볼 수 없어, 위 상해와 강제추행 사이에 인과관계가 인정되지 않으므로 별도로 처벌한 상해를 다시 결과적 가중범인 강제추행치상죄의 상해로 인정할 수 없다[대판 2009.7.23. 2009도1934].

㉰ 기수시기: 강간 · 유사강간 · 강제추행의 기수 · 미수를 불문하고 상해의 결과가 발생하면 본죄는 기수가 된다.

Ⅷ 강간 등 살인[37] · 치사죄

제301조의2(강간 등 살인 · 치사) 제297조, 제297조의2 및 제298조부터 제300조까지의 죄(강간죄, 유사강간죄, 강제추행죄, 준강간 · 준유사강간죄 · 준강제추행죄, 미성년자의제강간 · 강제추행죄, 이상의 죄의 미수범)를 범한 자가 사람을 살해한 때에는 사형 또는 무기징역에 처한다. 사망에 이르게 한 때에는 무기 또는 10년 이상의 징역에 처한다.

판례 | 강간치사죄가 성립하는 경우

피고인들이 의도적으로 피해자를 술에 취하도록 유도하고 수차례 강간한 후 의식불명 상태에 빠진 피해자를 비닐창고로 옮겨 놓아 피해자가 저체온증으로 사망한 사안에서, 위 피해자의 사망과 피고인들의 강간 및 그 수반행위와의 인과관계 그리고 피해자의 사망에 대한 피고인들의 예견가능성이 인정되므로, 위 비닐창고에서 피해자를 재차 강제추행 · 강간하고 하의를 벗겨 놓은 채 귀가한 피고인이 있다 하더라도 피고인들은 피해자의 사망에 대한 책임을 면한다고 볼 수 없어 강간치사죄가 인정된다고 한 사례[대판 2008.2.29. 2007도1012]. [18 국가9급]*

Ⅸ 미성년자 · 심신미약자 간음 · 추행죄

제302조(미성년자 등에 대한 간음) 미성년자 또는 심신미약자에 대하여 위계 또는 위력으로써 간음 또는 추행을 한 자는 5년 이하의 징역에 처한다.

① **미성년자:** 제305조(미성년자의제강간 · 강제추행죄)와의 관계상 19세 미만 13세 이상인 자를 말한다.
② **심신미약자:** 연령은 불문하므로 성년자인 심신미약자도 객체가 된다.

37) 강간살인죄의 경우 미수범 처벌규정이 형법에는 없으나 성폭력범죄의 처벌 등에 관한 특례법 제14조에는 규정되어 있다.

③ 위계

판례 | 미성년자 등에 대한 '위계'에 의한 간음죄에서 '위계'의 의미에 대한 판례변경

[사실관계] 甲이 자신을 고등학교 2학년으로 가장하여 14세의 A와 온라인으로 교제하던 중, 교제를 지속하고 스토킹하는 여자를 떼어내려면 자신의 선배와 성관계하여야 한다는 취지로 A에게 거짓말을 하고, 이에 응한 A를 그 선배로 가장하여 간음하였다.

[사건의 경과] 원심은, 위계에 의한 간음죄에서 행위자가 간음의 목적으로 상대방에게 일으킨 오인, 착각, 부지는 간음행위 자체에 대한 오인, 착각, 부지를 말하는 것이지 간음행위와 불가분적 관련성이 인정되지 않는 다른 조건에 관한 오인, 착각, 부지를 가리키는 것은 아니라고 보아야 한다는 종전 판례에 따라 이 사건 공소사실을 무죄로 판단하였다.
그러나 대법원은 행위자가 간음의 목적으로 피해자에게 오인, 착각, 부지를 일으키고 피해자의 그러한 심적 상태를 이용하여 간음의 목적을 달성하였다면 위계와 간음행위 사이의 인과관계를 인정할 수 있다고 보아 이와 다른 취지의 종전 판례를 변경하고, 이 사건 공소사실을 무죄로 판단한 원심판결을 파기하였다.

[판례] [1] 행위자가 간음의 목적으로 피해자에게 오인, 착각, 부지를 일으키고 피해자의 그러한 심적 상태를 이용하여 간음의 목적을 달성하였다면 위계와 간음행위 사이의 인과관계를 인정할 수 있고, 따라서 위계에 의한 간음죄가 성립한다.
[2] 다만 행위자의 위계적 언동이 존재하였다는 사정만으로 위계에 의한 간음죄가 성립하는 것은 아니므로 위계적 언동의 내용 중에 피해자가 성행위를 결심하게 된 중요한 동기를 이룰 만한 사정이 포함되어 있어 피해자의 자발적인 성적 자기결정권의 행사가 없었다고 평가할 수 있어야 한다. 이와 같은 인과관계를 판단함에 있어서는 피해자의 연령 및 행위자와의 관계, 범행에 이르게 된 경위, 범행 당시와 전후의 상황 등 여러 사정을 종합적으로 고려하여야 한다.
[3] 한편 위계에 의한 간음죄가 보호대상으로 삼는 아동 · 청소년, 미성년자, 심신미약자, 피보호자 · 피감독자, 장애인 등의 성적 자기결정 능력은 그 나이, 성장과정, 환경, 지능 내지 정신기능 장애의 정도 등에 따라 개인별로 차이가 있으므로 간음행위와 인과관계가 있는 위계에 해당하는지 여부를 판단함에 있어서는 구체적인 범행 상황에 놓인 피해자의 입장과 관점이 충분히 고려되어야 하고, 일반적 · 평균적 판단능력을 갖춘 성인 또는 충분한 보호와 교육을 받은 또래의 시각에서 인과관계를 쉽사리 부정하여서는 안 된다[대판(전) 2020.8.27. 2015도9436]. [23 변호사, 21 법원9급]*

판례해설 위와 같은 판례변경으로 「피고인이 피해자를 여관으로 유인하기 위하여 남자를 소개시켜 주겠다고 거짓말을 하고 피해자가 이에 속아 여관으로 오게 되었고 거기에서 성관계를 하게 되었다 할지라도, 그녀가 여관으로 온 행위와 성교행위 사이에는 불가분의 관련성이 인정되지 아니하는 만큼 이로 인하여 피해자가 간음행위 자체에 대한 착오에 빠졌다거나 이를 알지 못하였다고 할 수는 없다 할 것이어서, 피고인의 위 행위는 형법 제302조 소정의 위계에 의한 심신미약자간음죄에 있어서 위계에 해당하지 아니한다[대판 2002.7.12. 2002도2029].」는 기존의 판례 등의 법리와 결론은 유지될 수 없게 되었다.

동지판례 피고인이 랜덤채팅 애플리케이션을 통해 알게 된 피해자(여, 15세)에게 연예기획사에서 일하는 매니저와 사진작가의 1인 2역을 하면서 거짓말을 하여 피해자로 하여금 모델이 되기 위한 연기 연습 및 사진 촬영 연습의 일환으로 성관계를 한다는 착각에 빠지게 한 후, 마치 자신이 위 매니저가 소개한 사진작가인 것처럼 행세하면서 피해자를 간음한 것을 비롯해, 같은 방법으로 10회에 걸쳐 위계로써 아동 · 청소년인 피해자를 간음하였으며, 이를 기화로 나체 상태의 피해자를 카메라로 촬영하고 간음 영상을 비디오 카메라로 녹화한 것을 비롯해, 같은 방법으로 9회에 걸쳐 나체 상태의 피해자를 촬영함으로써 카메라를 이용하여 성적 욕망 또는 수치심을 유발할 수 있는 피해자의 신체를 피해자의 의사에 반하여 촬영하였다. 피고인에게는 아동 · 청소년의 성보호에 관한 법률 위반(위계등간음)죄 및 성폭력범죄의 처벌 등에 관한 특례법 위반(카메라등이용촬영)죄가 성립한다[대판 2022.4.28. 2021도9041].

④ **위력:** 사람의 의사를 제압할 수 있는 힘을 말한다. 폭행 · 협박은 물론 지위 · 권세를 이용하는 경우도 포함된다.

판례 | 미성년자에 대한 간음 수단인 폭행이 강간의 정도에 이른 경우 = 강간죄 성립

피해자가 16세의 미성년자라 하더라도 폭행의 방법으로 강간을 한 이상 본건 소정의 강간죄에 해당되며 이를 본법 제302조 소정의 미성년자 등에 대한 간음죄로 규정할 수 없다[대판 1965.3.30. 65도45].

판례 | 제302조의 미성년자 등 추행죄에서 말하는 '추행' 및 '위력'의 의미

형법 제302조는 "미성년자 또는 심신미약자에 대하여 위계 또는 위력으로써 간음 또는 추행을 한 자는 5년 이하의 징역에 처한다."라고 규정하고 있다. 여기의 '추행'이란 객관적으로 피해자와 같은 처지에 있는 일반적 · 평균적인 사람으로 하여금 성적 수치심이나 혐오감을 일으키게 하고 선량한 성적 도덕관념에 반하는 행위로서 구체적인 피해자를 대상으로 하여 피해자의 성적 자유를 침해하는 것을 의미한다. 다음으로 '위력'이란 피해자의 성적 자유의사를 제압하기에 충분한 세력으로서 유형적이든 무형적이든 묻지 않으며, 폭행 · 협박뿐 아니라 행위자의 사회적 · 경제적 · 정치적인 지위나 권세를 이용하는 것도 가능하다[대판 2019.6.13. 2019도3341].

Ⅹ 업무상위력 등에 의한 간음죄[38)]

제303조(업무상 위력 등에 의한 간음) ① 업무, 고용 기타 관계로 인하여 자기의 보호 또는 감독을 받는 사람[39)]에 대하여 위계 또는 위력으로써 간음한 자는 5년 이하의 징역 또는 1천500만원 이하의 벌금에 처한다.

판례 | 피감호부녀의 범위 = 사실상 보호 또는 감독을 받는 부녀도 포함

비록 피고인이 직접 피해자를 미장원의 종업원으로 고용한 것은 아니라 하더라도 자기의 처가 경영하는 미장원에 매일같이 출입하면서 미장원 일을 돕고 있었다면 … 피고인은 피해자에 대하여 사실상 자기의 보호 또는 감독을 받는 상황에 있는 부녀의 경우에 해당된다고 못 볼 바 아니다[대판 1976.2.10. 74도1519].

Ⅺ 피구금자간음죄[40)]

제303조(업무상 위력 등에 의한 간음) ② 법률에 의하여 구금된 사람[41)]을 감호하는 자가 그 사람을 간음한 때에는 7년 이하의 징역에 처한다.

본죄가 성립과 관련하여 ⅰ) 폭행 · 협박 등 별도의 수단을 요하지 아니한다. 다만 피구금자에 대하여 폭행 · 협박을 사용하여 간음한 경우에는 강간죄가 성립한다. ⅱ) 피구금자의 동의를 얻어 간음한 경우에도 본죄가 성립한다.

Ⅻ 상습강간등죄

제305조의2(상습범) 상습으로 제297조, 제297조의2, 제298조부터 제300조까지, 제302조, 제303조 또는 제305조의 죄를 범한 자는 그 죄에 정한 형의 2분의 1까지 가중한다.

※ 강간 등 성폭력범죄를 범하는 경향이 있는 자는 다시 성폭력범죄를 저지를 가능성이 대단히 높으므로 성폭력범죄를 억제하고 잠재적 피해자를 보호하기 위하여 성폭력범죄의 상습범을 가중처벌하기 위하여 신설한 규정이다.

38) 피감호자에 대한 '추행'은 형법상 처벌규정이 없으나 '성폭력범죄의 처벌 등에 관한 특례법'에는 처벌규정을 두고 있다(제10조 제1항).
39) 형법 개정에 의하여 객체가 '부녀'에서 '사람'으로 바뀌었다.
40) 피구금자에 대한 '추행'은 '성폭력범죄의 처벌 등에 관한 특례법'이 적용된다(제10조 제2항).
41) 형법 개정에 의하여 객체가 '부녀'에서 '사람'으로 바뀌었다.

XII-I 강간등예비음모죄

제305조의3(예비, 음모) 제297조(강간), 제297조의2(유사강간), 제299조(준강간죄에 한정한다), 제301조(강간 등 상해죄에 한정한다) 및 제305조의 죄(미성년자에 대한 간음, 추행)를 범할 목적으로 예비 또는 음모한 사람은 3년 이하의 징역에 처한다. [본조신설 2020.5.19.] [23 변호사]*

XIII 성범죄에 대한 특별형법

1. 성폭력범죄의 처벌 등에 관한 특례법[42)]

(1) 제3조(특수강도강간 등)

판례 | 특수강도강간죄의 성립 여부에 관한 비교판례

1-0. **(특수강도강간죄 인정)** 구 성폭력범죄의 처벌 및 피해자보호 등에 관한 법률 제5조 제2항은 형법 제334조(특수강도) 등의 죄를 범한 자가 형법 제297조(강간) 등의 죄를 범한 경우에 이를 특수강도강간 등의 죄로 가중하여 처벌하는 것이므로, 다른 특별한 사정이 없는 한 특수강간범이 강간행위 종료 전에 특수강도의 행위를 한 이후에 그 자리에서 강간행위를 계속하는 때에도 특수강도가 부녀를 강간한 때에 해당하여 구 성폭법 제5조 제2항에 정한 특수강도강간죄로 의율할 수 있다[대판 2010.12.9, 2010도9630; 동지 대판 2010.7.15, 2010도3594], [동지 대판 1988.9.9, 88도1240]. [19 변호사, 18 변호사, 17 법원행시, 16 법원행시]*

1-1. **(특수강도강간죄 부정)** 강간범이 강간행위 후에 강도의 범의를 일으켜 그 부녀의 재물을 강취하는 경우에는 형법상 강도강간죄가 아니라 강간죄와 강도죄의 경합범이 성립될 수 있을 뿐인바, … 다른 특별한 사정이 없는 한 강간범이 강간의 범행 후에 특수강도의 범의를 일으켜 그 부녀의 재물을 강취한 경우에는 이를 성폭력범죄의처벌및피해자보호등에관한법률 제5조 제2항 소정의 특수강도강간죄로 의율할 수 없다[대판 2002.2.8, 2001도6425].

판례 | 성폭법위반(주거침입유사강간)죄의 실행의 착수시기

[1] 주거침입강제추행죄 및 주거침입강간죄 등은 사람의 주거 등을 침입한 자가 피해자를 간음, 강제추행 등 성폭력을 행사한 경우에 성립하는 것으로서, 주거침입죄를 범한 후에 사람을 강간하는 등의 행위를 하여야 하는 일종의 신분범이고, 선후가 바뀌어 강간죄 등을 범한 자가 그 피해자의 주거에 침입한 경우에는 이에 해당하지 않고 강간죄 등과 주거침입죄 등의 실체적 경합범이 된다. 그 실행의 착수시기는 주거침입 행위 후 강간죄 등의 실행행위에 나아간 때이다.

[2] 강간죄는 사람을 강간하기 위하여 피해자의 항거를 불능하게 하거나 현저히 곤란하게 할 정도의 폭행 또는 협박을 개시한 때에 그 실행의 착수가 있다고 보아야 할 것이지, 실제 간음행위가 시작되어야만 그 실행의 착수가 있다고 볼 것은 아니다. 유사강간죄의 경우도 이와 같다[대판 2021.8.12, 2020도17796].

판결이유 피고인은 피해자를 화장실로 끌고 들어갈 때 이미 피해자에게 유사강간 등의 성범죄를 의욕하였다고 보인다. 또한 피고인이 피해자의 반항을 억압한 채 피해자를 억지로 끌고 여자화장실로 들어가게 한 이상, 그와 같은 피고인의 강제적인 물리력의 행사는 유사강간을 위하여 피해자의 항거를 불능하게 하거나 현저히 곤란하게 할 정도의 폭행 또는 협박을 개시한 경우에 해당한다고 봄이 타당하다. 구 「성폭력범죄의 처벌 등에 관한 특례법」 위반(주거침입유사강간)죄는 먼저 주거침입죄를 범한 후 유사강간 행위에 나아갈 때 비로소 성립되는데, 피고인은 여자화장실에 들어가기 전에 이미 유사강간죄의 실행행위를 착수하였다. 결국 피고인이 그 실행행위에 착수할 때에는 구 「성폭력범죄의 처벌 등에 관한 특례법」 위반(주거침입유사강간)죄를 범할 수 있는 지위, 즉 '주거침입죄를 범한 자'에 해당되지 아니한다.

42) '성폭력범죄의 처벌 및 피해자보호 등에 관한 법률' 중에서 성폭력범죄의 피해자 보호 등에 관련된 규정을 삭제함으로써 성폭력범죄에 효율적으로 대처하기 위하여 만들어진 법이다. 모든 법조문이 시험과 관련이 있는 것은 아니어서 필요한 법조문만을 정리하였다.

관련판례 피고인이 모텔 객실의 문이 살짝 열려 있는 것을 발견하고 객실에 침입한 후 불을 끈 상태로 침대에 누워 있던 甲(여)의 가슴, 허리 및 엉덩이를 만져 甲을 강제추행하였다는 성폭력범죄의 처벌 등에 관한 특례법(이하 '성폭력처벌법'이라 한다) 위반(주거침입강제추행)의 공소사실에 대하여, 원심이 성폭력처벌법 제3조 제1항, 형법 제319조 제1항, 제298조를 적용하여 유죄로 인정하였는데, 원심판결 선고 후 헌법재판소가 성폭력처벌법(2020.5.19. 법률 제17264호로 개정된 것) 제3조 제1항 중 '형법 제319조 제1항(주거침입)의 죄를 범한 사람이 같은 법 제298조(강제추행), 제299조(준강제추행) 가운데 제298조의 예에 의하는 부분의 죄를 범한 경우에는 무기징역 또는 7년 이상의 징역에 처한다.'는 부분에 대하여 위헌결정을 선고한 사안에서, 위 법률조항 부분은 헌법재판소법 제47조 제3항 본문에 따라 소급하여 효력을 상실하였고, 위헌결정으로 인하여 형벌에 관한 법률 또는 법률조항이 소급하여 효력을 상실한 경우 해당 법조를 적용하여 기소한 피고사건은 범죄로 되지 아니하는 때에 해당하므로, 공소사실을 유죄로 인정한 원심판결은 그대로 유지될 수 없게 되었다고 한 사례[대판 2023.4.13. 2023도162].

(2) 제4조(특수강간 등)

판례 | 성폭법상의 합동강간죄의 '합동'의 의미와 합동에 의한 범죄로 인정된 사례

1. 성폭력범죄의 처벌 등에 관한 특례법 제4조 제3항, 제1항의 '2인 이상이 합동하여 형법 제299조의 죄를 범한 경우'에 해당하려면, 피고인들이 공모하여 실행행위를 분담하였음이 인정되어야 하는데, 범죄의 공동가공의사가 암묵리에 서로 상통하고 범의 내용에 대하여 포괄적 또는 개별적인 의사연락이나 인식이 있었다면 공모관계가 성립하고, 시간적으로나 장소적으로 협동관계에 있었다면 실행행위를 분담한 것으로 인정된다[대판 2016.6.9. 2016도4618].
2. 피고인 등이 비록 특정한 1명씩의 피해자만 강간하거나 강간하려고 하였다 하더라도, 사전의 모의에 따라 강간할 목적으로 심야에 인가에서 멀리 떨어져 있어 쉽게 도망할 수 없는 야산으로 피해자들을 유인한 다음 곧바로 암묵적인 합의에 따라 각자 마음에 드는 피해자들을 데리고 불과 100m 이내의 거리에 있는 곳으로 흩어져 동시 또는 순차적으로 피해자들을 각각 강간하였다면, 그 각 강간의 실행행위도 시간적으로나 장소적으로 협동관계에 있었다고 보아야 할 것이므로, 피해자 3명 모두에 대한 특수강간죄 등이 성립된다고 한 사례[대판 2004.8.20. 2004도2870]. [20 경찰채용]*

판례 | 성폭법상 '흉기휴대'의 의미

성폭력범죄의 처벌 및 피해자 보호 등에 관한 법률 제6조 제1항 소정의 '흉기 기타 위험한 물건을 휴대하여 강간죄를 범한 자'란 범행 현장에서 그 범행에 사용하려는 의도 아래 흉기를 소지하거나 몸에 지니는 경우를 가리키는 것이고, 그 범행과는 전혀 무관하게 우연히 이를 소지하게 된 경우까지를 포함하는 것은 아니라 할 것이나, 범행 현장에서 범행에 사용하려는 의도 아래 흉기 등 위험한 물건을 소지하거나 몸에 지닌 이상 그 사실을 피해자가 인식하거나 실제로 범행에 사용하였을 것까지 요구되는 것은 아니다[대판 2004.6.11. 2004도2018]. [20 경찰채용, 19 경찰채용]*

판례 | 성폭법상 특수강도강제추행죄가 성립하는 경우

같은 시간에 같은 장소에서 피해자 2명을 강제로 추행하여 상해를 입게 함에 있어 그 중 한 피해자의 반항을 억압하는 과정에서 위험한 물건인 깨어진 병조각을 휴대하고 있었다면 비록 다른 피해자의 반항을 억압하는 과정에서는 이를 휴대하지 아니하고 있었다 하더라도 그 범행 역시 특정범죄가중처벌등에관한법률위반죄(특수강도강제추행죄)를 구성한다[대판 1992.3.31. 92도265].

판례 | 성폭법상 위력에 의한 추행에 해당하는 경우

피고인이 아파트 엘리베이터 내에 13세 미만인 A(여, 11세)와 단둘이 탄 다음 A를 향하여 성기를 꺼내어 잡고 여러 방향으로 움직이다가 이를 보고 놀란 A 쪽으로 가까이 다가감으로써 위력으로 A를 추행하였다고 하여 성폭력범죄의 처벌 등에 관한 특례법 위반으로 기소된 사안에서, 피고인은 나이 어린 A를 범행 대상으로 삼아, 의도적으로 협소하고 폐쇄적인 엘리베이터 내 공간을 이용하여 A가 도움을 청할 수 없고 즉시 도피할 수도 없는 상황을 만들어 범행을 한 점 등 제반 사정에 비추어 볼 때, 비록 피고인이 A의 신체에 직접적인 접촉을 하지 아니하였고 엘리베이터가 멈춘 후 A가 위 상황에서 바로 벗어날 수 있었다고 하더라도, 피고인의 행위는 A의 성적 자유의사를 제압하기에 충분한 세력에 의하여 추행행위에 나아간 것으로서 위력에 의한 추행에 해당한다고 보아야 한다고 한 사례[대판 2013.1.16. 2011도7164].

(3) 제5조(친족관계에 의한 강간 등)

판례 | 친족관계에 의한 강간죄의 친족관계가 인정되는 경우

1. 피고인과 피해자의 생모인 공소외인 사이에 혼인신고가 없었다 하더라도 법률이 정한 혼인의 실질관계는 모두 갖추어 이른바 사실혼관계가 성립되었다면, 피고인은 공소외인과 전 남편 사이에서 난 딸인 피해자에 대하여 위 법률 제7조 제5항이 규정한 사실상의 관계에 의한 친족(2촌 이내의 인척)에 해당하므로 피고인이 피해자를 강간한 행위에 대하여는 위 법률 제7조 제1항(친족관계에 의한 강간죄)이 적용된다[대판 2000.2.8. 99도5395].
2. 의붓아버지와 의붓딸의 관계는 성폭력범죄의 처벌 등에 관한 특례법 제5조 제4항에서 규정한 '4촌 이내의 인척'으로서 친족관계에 해당한다[대판 2020.11.5. 2020도10806].

(4) 제6조(장애인에 대한 강간 · 강제추행 등)

판례 | 성폭법 제6조 관련 판례 정리

1. [1] 성폭력범죄의 처벌 및 피해자보호 등에 관한 법률 제8조[43]의 "신체장애 또는 정신상의 장애로 항거불능인 상태에 있음"이라 함은, 신체장애 또는 정신상의 장애 그 자체로 항거불능의 상태에 있는 경우뿐 아니라 신체장애 또는 정신상의 장애가 주된 원인이 되어 심리적 또는 물리적으로 반항이 불가능하거나 현저히 곤란한 상태에 이른 경우를 포함하는 것으로 보아야 한다.
   [2] 피고인이 별다른 강제력을 행사하지 않고서 지적 능력이 4~8세에 불과한 정신지체 장애여성을 간음하였고 장애여성도 이에 대하여 별다른 저항행위를 하지 아니한 사안에서, 피해자가 정신장애를 주된 원인으로 항거불능상태에 있었음을 이용하여 간음행위를 한 것으로서 성폭력범죄의 처벌 및 피해자보호 등에 관한 법률 제8조의 '항거불능인 상태'에 해당한다고 본 사례[대판 2014.2.13. 2011도6907].
2. [1] 성폭력처벌법 제6조에서 규정하는 '신체적인 장애가 있는 사람'이란 '신체적 기능이나 구조 등의 문제로 일상생활이나 사회생활에서 상당한 제약을 받는 사람'을 의미한다고 해석할 수 있다. 아울러 본 죄가 성립하려면 행위자도 범행 당시 피해자에게 이러한 신체적인 장애가 있음을 인식하여야 한다.
   [2] 신체적 기능의 일부인 언어적 기능이 저하되어 일상생활이나 사회생활에서 상당한 제약을 받는 사람도 성폭력처벌법 제6조에서 정한 장애인에 해당한다고 한 사례[대판 2021.2.25. 2017도16186].
3. 성폭력범죄의 처벌 등에 관한 특례법 제6조에서 정하는 '정신적인 장애가 있는 사람'이란 '정신적인 기능이나 손상 등의 문제로 일상생활이나 사회생활에서 상당한 제약을 받는 사람'을 가리킨다. 장애인복지법에 따른 장애인 등록을 하지 않았다거나 그 등록 기준을 충족하지 못하더라도 여기에 해당할 수 있다[대판 2021.10.28. 2021도9051].

43) 개정 전의 법조문에 해당한다.

(5) 제8조(강간 등 상해 · 치상), 제9조(강간 등 살인 · 치사)

판례 | 성폭법상의 특수강간치상죄의 성립 요건

위험한 물건인 전자충격기를 사용하여 강간을 시도하다가 미수에 그치고, 피해자에게 약 2주간의 치료를 요하는 안면부 좌상 등의 상해를 입힌 경우, 성폭력범죄의 처벌 및 피해자보호등에 관한 법률에 의한 특수강간치상죄가 성립한다[대판 2008.4.24. 2007도10058]. [20 국가7급, 20 경찰채용, 18 변호사, 18 국가7급, 17 변호사]*

(6) 제10조(업무상 위력 등에 의한 추행)

판례 | 업무상 위력 등에 의한 추행죄가 성립하는 경우

[1] '업무상 위력 등에 의한 추행'에 관한 처벌 규정인 성폭력범죄의 처벌 등에 관한 특례법 제10조 제1항에서 정한 '업무, 고용이나 그 밖의 관계로 인하여 자기의 보호, 감독을 받는 사람'에는 직장 안에서 보호 또는 감독을 받거나 사실상 보호 또는 감독을 받는 상황에 있는 사람뿐만 아니라 채용 절차에서 영향력의 범위 안에 있는 사람도 포함된다. 그리고 '위력'이란 피해자의 자유의사를 제압하기에 충분한 힘을 말하고, 유형적이든 무형적이든 묻지 않고 폭행 · 협박뿐만 아니라 사회적 · 경제적 · 정치적인 지위나 권세를 이용하는 것도 가능하며, 현실적으로 피해자의 자유의사가 제압될 필요는 없다.
[2] 편의점 업주인 피고인이 아르바이트 구인 광고를 보고 연락한 갑을 채용을 빌미로 불러내 면접을 한 후 자신의 집으로 유인하여 갑의 성기를 만지고 갑에게 피고인의 성기를 만지게 하였다고 하여 성폭력범죄의 처벌 등에 관한 특례법 위반(업무상위력등에의한추행)으로 기소된 사안에서, 피고인이 채용 권한을 가지고 있는 지위를 이용하여 갑의 자유의사를 제압하여 갑을 추행하였다고 본 원심판단이 정당하다고 한 사례[대판 2020.7.9. 2020도5646].

(7) 제11조(공중밀집장소에서의 추행)

판례 | 공중밀집장소에서의 추행행위에 해당하는 경우

[1] 공중밀집장소에서의 추행죄를 규정한 성폭력범죄의 처벌 및 피해자보호 등에 관한 법률 제13조의 … '공중이 밀집하는 장소'에는 현실적으로 사람들이 빽빽이 들어서 있어 서로간의 신체적 접촉이 이루어지고 있는 곳만을 의미하는 것이 아니라 이 사건 찜질방 등과 같이 공중의 이용에 상시적으로 제공 · 개방된 상태에 놓여 있는 곳 일반을 의미한다. … 그 행위 당시의 현실적인 밀집도 내지 혼잡도에 따라 그 규정의 적용여부를 달리한다고 할 수는 없다. [18 경찰채용]*
[2] 찜질방 수면실에서 옆에 누워 있던 피해자의 가슴 등을 손으로 만진 행위가 성폭력범죄의 처벌 및 피해자보호 등에 관한 법률 제13조에서 정한 공중밀집장소에서의 추행행위에 해당한다고 한 사례[대판 2009.10.29. 2009도5704].

판례 | 공중밀집장소에서의 추행죄의 기수요건

공중밀집장소에서의 추행죄가 기수에 이르기 위해서는 객관적으로 일반인에게 성적 수치심이나 혐오감을 일으키게 할 만한 행위로서 선량한 성적 도덕관념에 반하는 행위를 행위자가 대상자를 상대로 실행하는 것으로 충분하고, 행위자의 행위로 말미암아 대상자가 성적 수치심이나 혐오감을 반드시 실제로 느껴야 하는 것은 아니다[대판 2020.6.25. 2015도7102].

(8) 제14조(카메라 등을 이용한 촬영)

판례 | 구 성폭력처벌법 제14조 제2항에서 규정하고 있는 '공공연하게'의 의미

구 성폭력처벌법 제14조 제2항에서 유포 행위의 한 유형으로 열거하고 있는 '공공연한 전시'란 불특정 또는 다수인이 촬영물 등을 인식할 수 있는 상태에 두는 것을 의미하고, 촬영물 등의 '공공연한 전시'로 인한 범죄는 불특정 또는 다수인이 전시된 촬영물 등을 실제 인식하지 못했다고 하더라도 촬영물 등을 위와 같은 상태에 둠으로써 성립한다[대판 2022.6.9. 2022도1683]. 성폭력범죄의 처벌 등에 관한 특례법 제14조 제2항은 유포 행위의 유형으로 반포·판매·임대·제공 또는 공공연하게 전시·상영하는 것을 열거하고 있는데, 그중 전시·상영은 '공공연하게' 이루어질 것을 요구한다. 이와 같이 전시·상영에서 공연성을 행위 태양으로 요구하는 것은 촬영물 또는 복제물(이하 '촬영물 등'이라 한다)의 교부를 전제로 하는 반포·판매·임대·제공에서 그 행위를 통하여 불특정 또는 다수인이 촬영물 등을 인식하거나 시청할 가능성을 가지게 되는 것과 균형을 맞추기 위함이다. 따라서 '공공연하게' 촬영물 등을 상영하였다고 하려면 '불특정 또는 다수인'이 촬영물 등을 시청할 수 있는 상태에 이르러야 한다. 이때 '다수인'인지는 단순히 인원수만을 기준으로 판단할 것이 아니라 위 조항의 입법 취지와 보호법익, 반포·판매·임대·제공 등 같은 조항의 다른 행위 태양에 대한 처벌 가능성과 범위와의 균형 등을 충분히 고려하면서, 행위자와 시청 주체의 관계, 행위자의 상영 의도와 경위, 상영 방법과 수단, 상영 공간과 시간 등을 아울러 참작하여, 행위자의 상영이 단순히 제한된 범위 내에서의 사적(사적) 또는 은밀한 상영을 넘어서는 정도에 이르렀는지를 기준으로 사회통념에 따라 합리적으로 판단하여야 한다[대판 2022.6.9. 2022도1683; 대판 2025.4.15. 2024도8718].[44)45)]

판례해설 위와 같은 법리에 비추어 이 사건의 경우를 본다. 원심판결 이유와 이 사건 기록에 의하면, 피고인은 지인인 공소외 1, 공소외 2에게 각각 다른 일시에 피고인이나 지인들이 운영하는 마사지숍 또는 커피숍 등의 내부에서 피고인의 휴대전화로 재생하여 보여주는 방식으로 피해자와의 성관계 동영상(이하 '이 사건 촬영물'이라 한다)을 상영하여 시청할 수 있도록 한 사실을 알 수 있다. 이와 같이 피고인이 지인들에게 이 사건 촬영물을 상영한 것은 불특정인에 대한 상영으로 볼 수 없고, 피고인이 총 2명에게 각각 다른 일시·장소에서 피고인의 휴대전화 화면을 통하여 이 사건 촬영물을 각각 시청할 수 있도록 한 것만으로는 이러한 피고인의 상영이 단순히 제한된 범위 내에서의 사적 또는 은밀한 상영을 넘어서는 정도에 이르렀다고 보기 어려우므로 다수인에 대한 상영으로 보기도 어렵다. 나아가 피고인의 상영행위로 인하여 공소외 2, 공소외 1 외의 불특정 또는 다수인이 이 사건 촬영물을 시청하였거나 시청할 가능성이 발생하였다고 인정할 만한 증거도 보이지 않는다.[46)]

---

44) **[2022도1683의 사실관계]** 피고인은 자신이 운영하는 네이버 밴드를 누구든지 볼 수 있는 전체공개로 전환한 다음 이 사건 촬영물을 피해자의 의사에 반하여 게시한 사실이 인정된다. 이 사건 촬영물은 피고인이 이 사건 밴드를 전체공개로 전환한 이후에는 해당 애플리케이션 등에 대한 별도의 가입절차 없이 인터넷을 사용하는 누구라도 접근할 수 있는 상태에 놓이게 되었으므로 피고인이 이 사건 밴드에 이 사건 촬영물을 게시한 것은 이 사건 촬영물을 공공연하게 전시한 행위에 해당하고, 피고인에게 그러한 고의도 인정된다.

45) **[2024도18718의 사실관계]** 피고인은 2022.6.경부터 2022.10. 초순경까지 사이에 피고인이 운영하는 마사지숍인 'ㅇㅇㅇ', 피고인의 지인인 공소외 1, 공소외 2가 운영하는 마사지숍인 '△△△', 서울 은평구 (이하 생략)에 있는 상호불상의 커피숍 등에서 피해자 몰래 소지하고 있던 피해자와의 성관계 동영상을 피고인의 휴대전화로 재생하여 공소외 1, 공소외 2로 하여금 시청하게 하였다. 이로써 피고인은 성적 욕망 또는 수치심을 유발할 수 있는 피해자의 신체를 촬영한 촬영물을 피해자의 의사에 반하여 공공연하게 상영하였다.

46) **제14조(카메라 등을 이용한 촬영)** ① 카메라나 그 밖에 이와 유사한 기능을 갖춘 기계장치를 이용하여 성적 욕망 또는 수치심을 유발할 수 있는 사람의 신체를 촬영대상자의 의사에 반하여 촬영한 자는 7년 이하의 징역 또는 5천만원 이하의 벌금에 처한다. 〈개정 2018.12.18., 2020.5.19〉
② 제1항에 따른 촬영물 또는 복제물(복제물의 복제물을 포함한다. 이하 이 조에서 같다)을 반포·판매·임대·제공 또는 공공연하게 전시·상영(이하 "반포등"이라 한다)한 자 또는 제1항의 촬영이 촬영 당시에는 촬영대상자의 의사에 반하지 아니한 경우(자신의 신체를 직접 촬영한 경우를 포함한다)에도 사후에 그 촬영물 또는 복제물을 촬영대상자의 의사에 반하여 반포등을 한 자는 7년 이하의 징역 또는 5천만원 이하의 벌금에 처한다. 〈개정 2018.12.18., 2020.5.19〉
③ 영리를 목적으로 촬영대상자의 의사에 반하여 「정보통신망 이용촉진 및 정보보호 등에 관한 법률」 제2조제1항제1호의 정보통신망(이하 "정보통신망"이라 한다)을 이용하여 제2항의 죄를 범한 자는 3년 이상의 유기징역에 처한다. 〈개정 2018.12.18., 2020.5.19〉
④ 제1항 또는 제2항의 촬영물 또는 복제물을 소지·구입·저장 또는 시청한 자는 3년 이하의 징역 또는 3천만원 이하의 벌금에 처한다. 〈신설 2020.5.19.〉
⑤ 상습으로 제1항부터 제3항까지의 죄를 범한 때에는 그 죄에 정한 형의 2분의 1까지 가중한다. 〈신설 2020.5.19〉

판례 | 승낙을 받아 촬영한 영상물은 카메라이용촬영죄의 촬영물에 해당하지 않는다고 한 사례

[1] 카메라 등 이용 촬영죄를 정한 성폭력범죄의 처벌 및 피해자보호 등에 관한 법률 제14조의2 제1항 규정에서 말하는 '그 촬영물'이란 성적 욕망 또는 수치심을 유발할 수 있는 타인의 신체를 그 의사에 반하여 촬영한 영상물을 의미하고, 타인의 승낙을 받아 촬영한 영상물은 포함되지 않는다고 해석된다.

[2] 피고인이 피해자의 승낙을 받아 캠코더로 촬영해 두었던 피해자와의 성행위 장면이 담긴 영상물을 반포하였다면 카메라이용촬영죄가 성립하지 아니한다[대판 2009.10.29. 2009도7973].[47]

판례 | 카메라이용촬영죄의 객체에 해당하지 않아 동죄가 성립하지 않는 경우

피고인이 피해자 갑(여, 14세)과 인터넷 화상채팅 등을 하면서 카메라 기능이 내재되어 있는 피고인의 휴대전화를 이용하여 갑의 유방, 음부 등 신체 부위를 갑의 의사에 반하여 촬영하였다고 하더라도 피고인이 촬영한 대상은 갑의 신체 이미지가 담긴 영상일 뿐 갑의 신체 그 자체는 아니라고 할 것이어서 카메라이용촬영죄가 성립하지 아니한다[대판 2013.6.27. 2013도4279].

판례 | 카메라이용촬영죄에 해당하는 경우

1. 야간에 버스 안에서 휴대폰 카메라로 옆 좌석에 앉은 여성(18세)의 치마 밑으로 드러난 허벅다리 부분을 촬영한 경우, 그 촬영 부위는 성폭력범죄의 처벌 및 피해자보호 등에 관한 법률 제14조의2 제1항의 '성적 욕망 또는 수치심을 유발할 수 있는 타인의 신체'에 해당하므로 위 조항 위반죄의 성립을 인정할 수 있다[대판 2008.9.25. 2008도7007].
2. 피고인이 화장실에서 재래식 변기를 이용하는 여성의 모습을 촬영하였다면, 피해자들의 용변 보는 모습이 촬영되지는 않았다고 하더라도, 용변을 보기 직전의 무릎 아래 맨 다리 부분과 용변을 본 직후의 무릎 아래 맨 다리 부분이 각 촬영되었다는 점, 피해자들은 수사기관에서 피고인의 행동으로 상당한 성적 수치심을 느꼈다고 각 진술한 점 등을 종합적으로 고려하면, 피고인이 촬영한 피해자들의 다리 부분은 성폭력범죄의 처벌 등에 관한 특례법 제14조 제1항의 '수치심을 유발할 수 있는 다른 사람의 신체'에 해당한다고 한 사례[대판 2014.7.24. 2014도6309].
3. 이 사건 엑셀 파일에 정리된 사진 중 피고인이 청바지를 입은 여성을 따라다니면서 계단을 오르는 모습을 바로 뒤에서 엉덩이를 부각하여 촬영한 경우는 성적 수치심을 유발할 수 있다고 볼 여지가 있다. 그러나 특별히 엉덩이를 부각하지 않고 일상복인 청바지를 입은 여성의 뒷모습 전신을 어느 정도 떨어진 거리에서 촬영하였을 뿐이라면 일반적이고 평균적인 사람들의 관점에서 성적 욕망이 유발될 수 있다거나 그와 같은 촬영을 당하였을 때 성적 수치심을 유발할 수 있는 경우에 해당한다고 단정하기 어렵다[대판 2022.3.17. 2021도13203].

판례 | 카메라이용촬영물의 반포 등 죄의 촬영물의 의미

성폭력처벌법 제14조 제2항[48] 및 제3항[49]의 촬영물은 '다른 사람'을 촬영대상자로 하여 그 신체를 촬영한 촬영물을 뜻하는 것임이 문언상 명백하므로, 자의에 의해 스스로 자신의 신체를 촬영한 촬영물까지 위 조항에서 정한 촬영물에 포함시키는 것은 문언의 통상적인 의미를 벗어난 해석이다[대판 2018.3.15. 2017도21656].

47) 현행 성폭력범죄의 처벌 등에 관한 특례법에 의할 경우 제14조 제1항 위반죄는 성립할 수 없으나, 제14조 제2항 위반죄가 성립할 수는 있다.
48) 제1항의 촬영이 촬영 당시에는 촬영대상자의 의사에 반하지 아니하는 경우에도 사후에 그 의사에 반하여 촬영물을 반포 · 판매 · 임대 · 제공 또는 공공연하게 전시 · 상영한 자 … 를 처벌하는 조항이다.
49) 영리를 목적으로 제1항의 촬영물을 정보통신망을 이용하여 유포한 자 … 를 처벌하는 조항이다.

판례 | 카메라이용촬영물의 반포 등 죄의 주체(촬영자와 동일인임을 요하지 않음)

성폭력범죄의 처벌 등에 관한 특례법 제14조 제1항 후단의 '타인의 신체를 그 의사에 반하여 촬영한 촬영물'을 반포 · 판매 · 임대 또는 공연히 전시 · 상영한 자는 반드시 촬영물을 촬영한 자와 동일인이어야 하는 것은 아니고, 행위의 대상이 되는 촬영물은 누가 촬영한 것인지를 묻지 아니한다[대판 2016.10.13. 2016도6172].

판례 | 카메라이용촬영물의 반포에 해당하지 않는 경우

피고인이 피해자와 교제하면서 촬영한 성관계 동영상, 나체사진 등 촬영물을 피해자와 교제하던 다른 남성에게 피해자와 헤어지게 할 의도로 전송한 행위는 불특정 또는 다수인에게 교부하거나 전달할 의사로 전송하였다고 보기 어려우므로 성폭력처벌법 제14조 제2항의 '제공'에 해당할 수는 있어도 '반포'에는 해당하지 아니한다[대판 2016.12.27. 2016도16676]. [20 경간부, 18 경찰승진]*

관련판례 [1] 성폭력처벌법 제14조 제1항은 "카메라나 그 밖에 이와 유사한 기능을 갖춘 기계장치를 이용하여 성적 욕망 또는 수치심을 유발할 수 있는 사람의 신체를 촬영대상자의 의사에 반하여 촬영한 자는 7년 이하의 징역 또는 5천만 원 이하의 벌금에 처한다."라고 규정하고 있다. 위 조항이 촬영의 대상을 '사람의 신체'로 규정하고 있으므로, 사람의 신체 그 자체를 직접 촬영하는 행위만이 위 조항에서 규정하고 있는 '사람의 신체를 촬영한 행위'에 해당한다[대판 2024.10.31. 2024도10477 등 참조].

[2] 성폭력처벌법 제14조 제4항(이하 '이 사건 조항'이라 한다)은 "제1항 또는 제2항의 촬영물 또는 복제물(이하 '촬영물 등'이라 한다)을 소지 · 구입 · 저장 또는 시청(이하 '소지 등'이라 한다)한 자는 3년 이하의 징역 또는 3천만 원 이하의 벌금에 처한다."라고 규정하여 소지 등의 대상을 '제1항 또는 제2항의 촬영물 등'으로 한정하고 있다. 성폭력처벌법 제14조 제1항은 "카메라나 그 밖에 이와 유사한 기능을 갖춘 기계장치를 이용하여 성적 욕망 또는 수치심을 유발할 수 있는 사람의 신체를 촬영대상자의 의사에 반하여 촬영"하는 행위를 처벌하고, 같은 조 제2항 전단은 "제1항에 따른 촬영물 등을 반포 · 판매 · 임대 · 제공 또는 공공연하게 전시 · 상영(이하 '반포 등'이라 한다)"하는 행위를, 같은 항 후단은 "촬영 당시에는 촬영대상자의 의사에 반하지 아니한 경우에도 사후에 그 촬영물 등을 촬영대상자의 의사에 반하여 반포 등"을 하는 행위를 각 처벌하고 있다.

성폭력처벌법 제14조 제2항 전단과 후단의 문언, 입법 취지와 목적, 규율 체계 등에 비추어 보면, 휴대전화의 영상통화기능을 이용하여 통화하는 일방 당사자가 자신의 신체를 직접 휴대전화 카메라에 비춰 생성한 영상정보를 상대방에게 전송한 경우 그 영상정보는 촬영 당시 촬영대상자가 자발적 의사로 자신의 신체를 직접 촬영한 것으로서 성폭력처벌법 제14조 제2항 전단에서 정한 '제1항에 따른 촬영물(촬영대상자의 의사에 반하는 것)'에는 해당하지 않지만, 같은 항 후단에서 정한 '촬영대상자의 의사에 반하지 아니한 경우(**자신의 신체를 직접 촬영한 경우를 포함**)의 촬영물'에는 해당할 수 있다. 영상통화의 상대방이 이와 같이 전송된 영상정보를 휴대전화의 녹화기능을 이용하여 녹화 · 저장한 동영상은 성폭력처벌법 제14조 제2항 후단에서 정한 촬영물의 '복제물'에 해당한다.

한편 이 사건 조항이 포함된 성폭력처벌법 제14조의 문언과 형식, 입법 취지와 보호법익, 입법 연혁, 관련 규정의 체계적 해석 등을 종합하면, 이 사건 조항은 불법인 성적 촬영물 등에 대한 접근이나 수요를 규제하기 위하여 그 촬영물 등의 **촬영 또는 반포 등 행위 이후의 소지 등 행위를 처벌하는 규정**이다. 따라서 이 사건 조항이 정하고 있는 '제1항 또는 제2항의 촬영물 등'은 '제1항 또는 제2항에 따라 처벌대상이 되는 **촬영 또는 반포 등 행위가 전제된 촬영물 등'을 의미**하고, 위 행위가 전제되지 않은 촬영물 등까지를 의미한다고 보기 어렵다[대판 2025.6.5. 2024도16133].

판례해설 피고인이 피해자와 영상통화를 하는 과정에서 휴대전화의 녹화기능을 이용하여 피해자가 샤워를 하고 옷 입는 모습을 녹화 · 저장 · 소지하였다는 성폭력처벌법 위반(카메라등이용촬영 · 반포등) 등으로 기소된 사안이다. 원심은, ① 사람의 신체 그 자체를 직접 촬영한 것이 아닌 통화영상을 녹화한 행위는 성폭력처벌법 제14조 제1항에서 규정한 '촬영'에 해당하지 않고, ② 피고인이 피해자와 영상통화를 하는 과정에서 휴대전화의 녹화기능을 이용하여 피해자가 샤워를 하고 옷 입는 모습을 녹화 · 저장한 다음 '반포 등 행위 없이' 그대로 소지한 경우 그 동영상은 성폭력처벌법 제14조 제1항 또는 제2항에 따라 촬영 또는 반포 등이 이루어진 촬영물 등에 해당하지 않는다고 판단하였다. 대법원은 위와 같은 법리를 설시하면서, 원심을 수긍하여 상고를 기각하였다.

판례 | 피해자 본인이 카메라이용촬영물의 제공의 상대방이 될 수 있는지 여부(소극)

피해자 본인에게 촬영물을 교부하는 행위는 다른 특별한 사정이 없는 한 성폭력처벌법 제14조 제1항의 '제공'에 해당한다고 할 수 없다[대판 2018.8.1. 2018도1481].

판례 | 카메라이용촬영죄의 실행에 착수한 것으로 볼 수 없는 경우

「성폭력범죄의 처벌 등에 관한 특례법」(이하 '성폭력처벌법'이라고 한다) 위반(카메라등이용촬영)죄는 카메라 등을 이용하여 성적 욕망 또는 수치심을 유발할 수 있는 타인의 신체를 그 의사에 반하여 촬영함으로써 성립하는 범죄이고, 여기서 '촬영'이란 카메라나 그 밖에 이와 유사한 기능을 갖춘 기계장치 속에 들어 있는 필름이나 저장장치에 피사체에 대한 영상정보를 입력하는 행위를 의미한다. 따라서 범인이 피해자를 촬영하기 위하여 육안 또는 캠코더의 줌 기능을 이용하여 피해자가 있는지 여부를 탐색하다가 피해자를 발견하지 못하고 촬영을 포기한 경우에는 촬영을 위한 준비행위에 불과하여 성폭력처벌법 위반(카메라등이용촬영)죄의 실행에 착수한 것으로 볼 수 없다. 이에 반하여 범인이 카메라 기능이 설치된 휴대전화를 피해자의 치마 밑으로 들이밀거나, 피해자가 용변을 보고 있는 화장실 칸 밑 공간 사이로 집어넣는 등 카메라 등 이용 촬영 범행에 밀접한 행위를 개시한 경우에는 성폭력처벌법 위반(카메라등이용촬영)죄의 실행에 착수하였다고 볼 수 있다[대판 2021.3.25. 2021도749].

판례 | 카메라이용촬영죄의 기수에 해당하는 경우

구 성폭력범죄의 처벌 및 피해자보호 등에 관한 법률(2010.4.15. 법률 제10258호 성폭력범죄의 피해자보호 등에 관한 법률로 개정되기 전의 것) 제14조의2 제1항에서 정한 '카메라 등 이용 촬영죄'는 카메라 기타 이와 유사한 기능을 갖춘 기계장치 속에 들어 있는 필름이나 저장장치에 피사체에 대한 영상정보가 입력됨으로써 기수에 이른다고 보아야 한다. 그런데 최근 기술문명의 발달로 등장한 디지털카메라나 동영상 기능이 탑재된 휴대전화 등의 기계장치는, 촬영된 영상정보가 사용자 등에 의해 전자파일 등의 형태로 저장되기 전이라도 일단 촬영이 시작되면 곧바로 촬영된 피사체의 영상정보가 기계장치 내 RAM(Random Access Memory) 등 주기억장치에 입력되어 임시저장되었다가 이후 저장명령이 내려지면 기계장치 내 보조기억장치 등에 저장되는 방식을 취하는 경우가 많고, 이러한 저장방식을 취하고 있는 카메라 등 기계장치를 이용하여 동영상 촬영이 이루어졌다면 범행은 촬영 후 일정한 시간이 경과하여 영상정보가 기계장치 내 주기억장치 등에 입력됨으로써 기수에 이르는 것이고, 촬영된 영상정보가 전자파일 등의 형태로 영구저장되지 않은 채 사용자에 의해 강제종료되었다고 하여 미수에 그쳤다고 볼 수는 없다[대판 2011.6.9. 2010도10677]. [18 경찰채용]*

판례 | 촬영대상자의 신원이 파악되지 않는 등 촬영대상자의 의사를 명확히 확인할 수 없는 경우, 반포 등을 하였는지 판단하는 기준 및 고려사항

성폭력범죄의 처벌 등에 관한 특례법(이하 '성폭력처벌법'이라 한다)은 제14조 제1항에서 '카메라나 그 밖에 이와 유사한 기능을 갖춘 기계장치를 이용하여 성적 욕망 또는 수치심을 유발할 수 있는 사람의 신체를 촬영대상자의 의사에 반하여 촬영'하는 행위를 처벌하면서, 같은 조 제2항에서 '그 촬영물 또는 복제물(이하 '촬영물 등'이라 한다)을 반포·판매·임대·제공 또는 공공연하게 전시·상영(이하 '반포 등'이라 한다)하거나 촬영 당시에는 촬영대상자의 의사에 반하지 아니한 경우에도 사후에 그 촬영물 등을 촬영대상자의 의사에 반하여 반포 등'을 하는 행위도 처벌대상으로 정하고 있다.

이와 같이 성폭력처벌법 제14조 제2항 위반죄는 반포 등 행위 시를 기준으로 촬영대상자의 의사에 반하여 그 행위를 함으로써 성립하고, 촬영이 촬영대상자의 의사에 반하지 아니하였더라도 그 성립에 지장이 없다. 촬영대상자의 신원이 파악되지 않는 등 촬영대상자의 의사를 명확히 확인할 수 없는 경우 촬영대상자의 의사에 반하여 반포 등을 하였는지 여부는, 촬영물 등을 토대로 확인할 수 있는 촬영대상자와 촬영자의 관계 및 촬영 경위, 그 내용이 성적 욕망 또는 수치심을 유발하는 정도, 촬영대상자의 특정가능성, 촬영물 등의 취득·반포 등이 이루어진 경위 등을 종합하여 판단하여야 한다. 이때 해당 촬영물 등이 인터넷 등 정보통신망을 통하여 급속도로 광범위하게 유포될 경우 피해자에게 심각한 피해와 고통을 초래할 수 있다는 점도 아울러 고려하여야 한다[대판 2023.6.15. 2022도15414].50)

50) **[판결이유]** 이 사건 사진에 나타난 남녀의 얼굴과 신체적 특징으로 촬영대상자들에 대한 특정이 가능하다. 여기에 앞서 본 이 사건 사진의 내용까지 더해 보면, 위 사진이 촬영대상자들의 의사에 반하여 반포될 경우 촬영대상자들에게 피해와 고통을 야기할 가능성이 상당하다. 피고인은 이 사건 사진에 등장하는 남녀를 전혀 알지 못하고 이들로부터 위 사진의 반포에 관하여 어떠한 동의나 양해를 받은 사실도 없이 인터넷 검색을 통해 위 사진을 취득한 다음 불특정 다수인이 쉽게 접근할 수 있는 인터넷 사이트에 이를 게시하였다. 이러한 사정을 앞서 본 법리에 비추어 살펴보면, 이 사건 사진의 촬영대상자들, 적어도 여성이 위 사진의 반포에 동의하리라고는 도저히 기대하기 어렵다. 피고인의 이 사건 사진 반포는 촬영대상자들의 의사에 반하여 이루어졌고 피고인도 그러한 사정을 인식하고 있었다고 볼 여지가 충분하다.

판례 | 촬영물 등 이용 협박죄에 있어 '협박'의 의미

성폭력범죄의 처벌 등에 관한 특례법(이하 '성폭력처벌법'이라 한다) 제14조의3 제1항은 성적 욕망 또는 수치심을 유발할 수 있는 촬영물 또는 복제물(복제물의 복제물을 포함한다, 이하 '촬영물 등'이라 한다)을 이용하여 사람을 협박한 자를 형법상의 협박죄보다 가중 처벌하는 규정을 두고 있다. 여기서 '촬영물 등을 이용하여'는 '촬영물 등'을 인식하고 이를 방편 또는 수단으로 삼아 협박행위에 나아가는 것을 의미한다. 한편 협박죄에 있어서의 협박이라 함은 '사람으로 하여금 공포심을 일으킬 수 있을 정도의 해악의 고지'라 할 것이고, 해악을 고지하는 방법에는 제한이 없어 언어 또는 문서에 의하는 경우는 물론 태도나 거동에 의하는 경우도 협박에 해당한다. 따라서 실제로 촬영, 제작, 복제 등의 방법으로 만들어진 바 있는 촬영물 등을 방편 또는 수단으로 삼아 유포가능성 등 공포심을 일으킬 수 있을 정도의 해악을 고지한 이상 성폭력처벌법 제14조의3 제1항의 죄는 성립할 수 있고, 반드시 행위자가 촬영물 등을 피해자에게 직접 제시하는 방법으로 협박해야 한다거나 협박 당시 해당 촬영물 등을 소지하고 있거나 유포할 수 있는 상태일 필요는 없다[대판 2024.5.30. 2023도17896].

관련판례 성폭력범죄의 처벌 등에 관한 특례법(이하 '성폭력처벌법'이라 한다) 제14조의3 제1항은 성적 욕망 또는 수치심을 유발할 수 있는 촬영물 또는 복제물(복제물의 복제물을 포함한다. 이하 '촬영물 등'이라 한다)을 이용하여 사람을 협박한 자를 형법상의 협박죄보다 가중 처벌하는 규정을 두고 있다. 여기서 '촬영물 등을 이용하여'는 '촬영물 등'을 인식하고 이를 방편 또는 수단으로 삼아 협박행위에 나아가는 것을 의미한다. 한편 협박죄에 있어서의 협박이라 함은 '사람으로 하여금 공포심을 일으킬 수 있을 정도의 해악의 고지'라 할 것이고, 해악을 고지하는 방법에는 제한이 없어 언어 또는 문서에 의하는 경우는 물론 태도나 거동에 의하는 경우도 협박에 해당한다. 따라서 실제로 촬영, 제작, 복제 등의 방법으로 만들어진 바 있는 촬영물 등을 방편 또는 수단으로 삼아 유포가능성 등 공포심을 일으킬 수 있을 정도의 해악을 고지한 이상 성폭력처벌법 제14조의3 제1항의 죄는 성립할 수 있고, 반드시 행위자가 촬영물 등을 피해자에게 직접 제시하는 방법으로 협박해야 한다거나 협박 당시 해당 촬영물 등을 소지하고 있거나 유포할 수 있는 상태일 필요는 없다[대판 2024.5.30. 2023도17896]. 그러나 '촬영물 등'이 피해자를 대상으로 한 것이 아니라면 '촬영물 등'을 이용한 것이라고 보기 어려우므로, 그 죄는 성립하지 않는다[대판 2025.6.12. 2024도14039].

판례해설 피고인이 성명불상 여성의 음부를 촬영한 사진을 피해자에게 보여주면서 마치 피해자의 신체를 촬영한 사진인 것처럼 말하고 이를 다른 사람들에게 유포할 것처럼 행세하여 피해자를 협박하였다는 성폭력처벌법 위반(촬영물등이용협박)으로 기소되었다. 원심은, 성폭력처벌법 제14조의3 제1항에서 규정하고 있는 '성적 욕망 또는 수치심을 유발할 수 있는 촬영물 또는 복제물'이란 촬영 대상자인 피해자의 성적 자기결정권을 침해할 우려가 있는 경우, 즉 실제 생성된 촬영물 등이 피해자의 신체를 촬영 대상으로 삼았거나 피해자로 오인할 수 있는 형태로 편집 · 가공한 편집물 등으로 제한되고, 협박의 상대방과 전혀 관련성이 없는 다른 사람의 사진을 마치 피해자의 사진처럼 오인케 하는 방법으로 협박하는 경우까지 이에 해당하지는 않는다고 판단하였다. 대법원은 위와 같은 법리를 설시하면서, 원심을 수긍하여 상고를 기각하였다.

(9) 기타

판례 | 통신매체이용 음란죄에서의 '성적 욕망'의 의미

성폭력범죄의 처벌 등에 관한 특례법 제13조에서 정한 '통신매체이용 음란죄'의 구성요건 중 '자기 또는 다른 사람의 성적 욕망을 유발하거나 만족시킬 목적'의 '성적 욕망'에는 성행위나 성관계를 직접적인 목적이나 전제로 하는 욕망뿐만 아니라, 상대방을 성적으로 비하하거나 조롱하는 등 상대방에게 성적 수치심을 줌으로써 자신의 심리적 만족을 얻고자 하는 욕망도 포함된다. 또한 이러한 '성적 욕망'이 상대방에 대한 분노감과 결합되어 있더라도 달리 볼 것은 아니다[대판 2018.9.13. 2018도9775]. [18 경찰채용]*

관련판례 ⅰ) [1] '성적 수치심이나 혐오감을 일으키는 것'은 피해자에게 단순한 부끄러움이나 불쾌감을 넘어 인격적 존재로서의 수치심이나 모욕감을 느끼게 하거나 싫어하고 미워하는 감정을 느끼게 하는 것으로서 사회 평균인의 성적 도의관념에 반하는 것을 의미한다. 통신매체를 이용한 대화 또는 메시지 등 전달 과정에서 이루어진 어떠한 행위가 성적 수치심을 일으키는 글 등에 해당하는지는 행위자의 주관적 동기나 의도가 아니라 피해자와 같은 성별과 연령대의 일반적이고 평균적인 사람들을 기준으로 그 행위 자체의 전체적인 내용을 관찰하여 그 시대의 건전한 사회통념에 따라 객관적이고 규범적으로 판단하여야 한다. '자기 또는 다른 사람의 성적 욕망을 유발하거나 만족시킬 목적'은 이른바 초과주관적 위법요소로서 미필적 인식이 있으면 충분하고 그 결과의 발생을 의욕하거나 희망할 필요는 없다.

[2] 성적 자기결정권에 반하여 성적 수치심을 일으키는 글 등을 개인의 의사에 반하여 일방적으로 접하지 않을 권리와 일반적 인격권은 남녀를 불문하고 존중 · 보호되어야 한다. 상대방의 성별이나 구체적인 인적사항을 알지 못하였다는 것은 인터넷과 같은 온라인 매체를 이용한 비대면 범죄의 고유한 속성에서 기인하는 것일 뿐이므로, '성적 욕망을 유발하거나 만족시킬 목적'의 인정 여부를 좌우하는 결정적인 요소가 아니다. 그러므로 피고인이 온라인 게임 중 피해자를 우연히 처음 만났다거나 피해자를 남성으로 인식하였는지 여부 등은 성폭력처벌법 위반(통신매체이용음란)죄의 인정에 장애가 되지 아니한다[대판 2024.11.28. 2022도10688].

[사실관계] 피고인이 온라인 게임상에서 피해자 甲(남, 26세)과 같은 팀을 이루어 게임을 하던 중 시비를 걸다가 甲과 팀원들에 의해 강제퇴장을 당하게 되자 甲에게 채팅창의 귓속말 기능으로 "니 @ㅐ미 너무 쪼여 ㅜ, 너무 잘빠렁!, 니 @ㅐ미 툐막내서 개먹이로 던져줬성ㅋㅋ"라는 메시지를 전송하고, 메일로 "니 @ㅐ미 걍간하고 토막냄 ㅋㅋ 개먹이로 던져주니 우걱우걱 ㅋㅋ"라는 메시지를 전송한 경우, 피고인이 온라인 게임 중 甲을 우연히 처음 만났다거나 甲을 동성으로 인식하였는지 등은 성폭력처벌법 위반(통신매체이용음란)죄의 인정에 장애가 되지 아니하며 위 메시지는 성적 수치심이나 혐오감을 일으키는 글에 해당하고, 당시 피고인에게는 자기의 성적 욕망을 유발하거나 만족시킬 목적이 있었다고 봄이 타당하다.

ⅱ) 피고인이 인터넷 게임을 하던 중 같은 게임을 하던 피해자 甲(여, 29세)에게 게임 내 채팅창을 이용하여 "니 ㅇ미가 입으로 봉사하는거 보고.", "니 ㅇ비는 지금 니 ㅇ미가 내 주니어 빠는거 관전중이셔.", "니 ㅇ미 몸매 관리 좀 하라해. 그게 더 흥분돼." 등의 메시지를 전송하여 성폭력범죄의 처벌 등에 관한 특례법(이하 '성폭력처벌법'이라 한다) 위반(통신매체이용음란)으로 기소된 사안에서, 피고인과 甲은 서로의 성별조차도 모르는 사이로서, 당일 처음 인터넷 게임상에서 함께 팀을 이뤄 게임을 하게 되었고, 함께 게임에 참여한 다른 사람들도 모두 피고인, 甲과 처음 인터넷 게임상에서 만났을 뿐인 점, 피고인이 甲과 같은 팀에 소속되어 게임을 하는 과정에서 피고인을 포함한 같은 팀원들이 甲에게 '甲이 게임을 망치고 있다.'는 취지의 메시지를 보냈고, 甲도 피고인에게 적극적으로 대응하는 메시지를 보냄으로써 피고인과 다툼이 생겼으며, 피고인은 甲과 다투는 과정에서 다소 공격적인 甲의 메시지 내용에 화가 나서 위 메시지를 한 문장씩 전송한 것인 점 및 피고인과 甲의 관계, 위 메시지 전송 경위 등을 고려하면, 위 메시지에 甲의 부모를 대상으로 하는 모멸감을 주는 표현이 섞여 있기는 하나, 피고인은 甲과의 다툼 과정에서 자신의 분노를 표출하는 것이 주된 목적이었을 뿐 상대방에게 성적 수치심을 줌으로써 자신의 심리적 만족을 얻고자 하는 욕망이 있었다고 인정하기 어렵다는 이유로, 이와 달리 보아 공소사실을 유죄로 인정한 원심판결에 성폭력처벌법 위반(통신매체이용음란)죄의 '자기 또는 다른 사람의 성적 욕망을 유발하거나 만족시킬 목적'에 관한 법리오해의 위법이 있다[대판 2024.11.28. 2023도7199].

판례 | 성폭력특례법상의 통신매체이용 음란물죄에 해당하지 않는 경우

성폭력범죄의 처벌 등에 관한 특례법 제13조 규정은 자기 또는 다른 사람의 성적 욕망을 유발하는 등의 목적으로 '전화, 우편, 컴퓨터나 그 밖에 일반적으로 통신매체라고 인식되는 수단을 이용하여' 성적 수치심 등을 일으키는 말, 글, 물건 등을 상대방에게 전달하는 행위를 처벌하고자 하는 것임이 문언상 명백하므로, 위와 같은 통신매체를 이용하지 아니한 채 '직접' 상대방에게 말, 글, 물건 등을 도달하게 하는 행위까지 포함하여 위 규정으로 처벌할 수 있다고 보는 것은 법문의 가능한 의미의 범위를 벗어난 해석으로서 실정법 이상으로 처벌 범위를 확대하는 것이다. 따라서 피고인 甲이 성적 수치심 등을 일으키는 내용의 편지를 자신이 직접 A의 주거지 출입문에 끼워 넣었다고 하더라도 이를 성폭법 제13조에 의하여 처벌할 수 없다[대판 2016.3.10. 2015도17847]. [20 경찰채용, 18 법원행시, 18 국가9급]*

판례 | 성폭력특례법상의 통신매체이용 음란물죄에 해당하는 경우

상대방에게 성적 수치심을 일으키는 그림 등이 담겨 있는 웹페이지 등에 대한 인터넷 링크(internet link)를 보내는 행위를 통해 그와 같은 그림 등이 상대방에 의하여 인식될 수 있는 상태에 놓이고 실질에 있어서 이를 직접 전달하는 것과 다를 바 없다고 평가되고, 이에 따라 상대방이 이러한 링크를 이용하여 별다른 제한 없이 성적 수치심을 일으키는 그림 등에 바로 접할 수 있는 상태가 실제로 조성되었다면, 그러한 행위는 전체로 보아 성적 수치심을 일으키는 그림 등을 상대방에게 도달하게 한다는 구성요건을 충족한다[대판 2017.6.8. 2016도21389].

판례 | 성폭력특례법상의 성폭력범죄에 해당하는 경우

군형법의 강제추행죄와 준강간미수죄는 형법의 강제추행죄와 준강간미수죄에 대하여 가중처벌하는 죄로서 성폭력특례법 제2조 제2항 소정의 "성폭력범죄"에 포함된다고 해석함이 타당하다[대판 2014.12.24. 2014도2585].

동지판례 군인등유사강간 및 군인등강제추행의 죄는 형법상 유사강간 및 강제추행의 죄에 대하여 가중처벌하는 죄로서 성폭력특례법 제2조 제2항에 의해 성폭력범죄에 포함된다고 보아야 한다[대판 2014.12.24. 2014도10916].

2. 아동 · 청소년의 성보호에 관한 법률

판례 | 아청법상의 강제추행미수죄에 해당하는 경우

[1] 추행의 고의로 상대방의 의사에 반하는 유형력의 행사, 즉 폭행행위를 하여 실행행위에 착수하였으나 추행의 결과에 이르지 못한 때에는 강제추행미수죄가 성립하며, 이러한 법리는 폭행행위 자체가 추행행위라고 인정되는 이른바 '기습추행'의 경우에도 마찬가지로 적용된다. [18 법원행시]*
[2] 피고인의 팔이 갑(여, 17세)의 몸에 닿지 않았더라도 양팔을 높이 들어 갑자기 뒤에서 껴안으려는 행위는 갑의 의사에 반하는 유형력의 행사로서 폭행행위에 해당하며, 그때 '기습추행'에 관한 실행의 착수가 있는데, 마침 갑이 뒤돌아보면서 소리치는 바람에 몸을 껴안는 추행의 결과에 이르지 못하고 미수에 그쳤으므로, 피고인의 행위는 아동 · 청소년에 대한 강제추행미수죄에 해당한다고 한 사례[대판 2015.9.10. 2015도6980]. [20 국가9급, 20 경간부, 19 변호사, 19 법원행시, 19 국가9급, 19 경간부, 18 법원행시, 18 경간부, 18 경찰채용, 17 국가9급, 17 경찰채용, 16 법원행시, 16 국가9급]*

판례 | 아동 · 청소년에게 성을 팔도록 권유한 행위에 해당하는 경우

아동 · 청소년의 성보호에 관한 법률 제10조 제2항은 '아동 · 청소년의 성을 사기 위하여 아동 · 청소년을 유인하거나 성을 팔도록 권유한 자'를 처벌하도록 규정하고 있는데, 위 법률조항의 문언 및 체계, 입법 취지 등에 비추어, 아동 · 청소년이 이미 성매매 의사를 가지고 있었던 경우에도 그러한 아동 · 청소년에게 금품이나 그 밖의 재산상 이익, 직무 · 편의제공 등 대가를 제공하거나 약속하는 등의 방법으로 성을 팔도록 권유하는 행위도 위 규정에서 말하는 '성을 팔도록 권유하는 행위'에 포함된다고 보아야 한다[대판 2011.11.10. 2011도3934].

판례 | 아청법 제15조 제1항 제2호의 위반죄의 고의 인정요건

아동 · 청소년의 성을 사는 행위를 알선하는 행위를 업으로 하여 청소년성보호법 제15조 제1항 제2호의 위반죄가 성립하기 위해서는 알선행위를 업으로 하는 사람이 아동 · 청소년을 알선의 대상으로 삼아 그 성을 사는 행위를 알선한다는 것을 인식하여야 하지만, 이에 더하여 알선행위로 아동 · 청소년의 성을 사는 행위를 한 사람이 행위의 상대방이 아동 · 청소년임을 인식하여야 한다고 볼 수는 없다[대판 2016.2.18. 2015도15664]. [18 변호사]*

판례 | 아청법상의 영리목적의 범위

[1] 구 아동 · 청소년의 성보호에 관한 법률 제11조 제2항은 영리를 목적으로 아동 · 청소년이용음란물을 공연히 전시한 자는 10년 이하의 징역에 처한다고 규정하고 있다. 위 조항에서 규정하는 '영리의 목적'이란 위 법률이 정한 구체적 위반행위를 함에 있어서 재산적 이득을 얻으려는 의사 또는 이윤을 추구하는 의사를 말하며, 이는 널리 경제적인 이익을 취득할 목적을 말하는 것으로서 반드시 아동 · 청소년이용음란물 배포 등 위반행위의 직접적인 대가가 아니라 위반행위를 통하여 간접적으로 얻게 될 이익을 위한 경우에도 영리의 목적이 인정된다.
[2] 사설 인터넷 도박사이트를 운영하는 사람이, 먼저 카카오톡 오픈채팅방을 개설하여 아동 · 청소년이용음란 동영상을 게시하고 1:1대화를 통해 불특정다수를 위 오픈채팅방 회원으로 가입시킨 다음, 그 오픈채팅방에서 자신이 운영하는 도박사이트를 홍보하면서 회원들이 가입 시 입력한 이름, 전화번호 등을 이용하여 전화를 걸어 위 도박사이트 가입을 승인해주는 등의 방법으로 가입을 유도하고 그 도박사이트를 이용하여 도박을 하게 하였다면, 영리를 목적으로 도박공간을 개설한 행위가 인정됨은 물론, 나아가 영리를 목적으로 아동 · 청소년이용음란물을 공연히 전시한 행위도 인정된다고 할 것이다[대판 2020.9.24. 2020도8978].

판례 | 아동 · 청소년 이용 음란물 제작에 해당하는 경우 및 위법성이 조각되기 위한 요건

1. 제작한 영상물이 객관적으로 아동 · 청소년이 등장하여 성적 행위를 하는 내용을 표현한 영상물에 해당하는 한 대상이 된 아동 · 청소년의 동의하에 촬영한 것이라거나 사적인 소지 · 보관을 1차적 목적으로 제작한 것이라고 하여 구 아청법 제8조 제1항의 '아동 · 청소년이용음란물'에 해당하지 아니한다거나 이를 '제작'한 것이 아니라고 할 수 없다.
   다만 아동 · 청소년인 행위자 본인이 사적인 소지를 위하여 자신을 대상으로 '아동 · 청소년이용음란물'에 해당하는 영상 등을 제작하거나 그 밖에 이에 준하는 경우로서, 영상의 제작행위가 헌법상 보장되는 인격권, 행복추구권 또는 사생활의 자유 등을 이루는 사적인 생활 영역에서 사리분별력 있는 사람의 자기결정권의 정당한 행사에 해당한다고 볼 수 있는 예외적인 경우에는 위법성이 없다고 볼 수 있을 것이다[대판 2015.2.12. 2014도11501].
   동지판례 아동 · 청소년 등이 일상적인 생활을 하면서 신체를 노출한 것일 뿐 적극적인 성적 행위를 한 것이 아니더라도 이를 몰래 촬영하는 방식 등으로 성적 대상화하였다면 이와 같은 행위를 표현한 영상 등은 아동 · 청소년이용음란물에 해당한다[대판 2023.11.16. 2021도4265].
2. 피고인이 아동 · 청소년으로 하여금 스스로 자신을 대상으로 하는 음란물을 촬영하게 한 경우 피고인이 직접 촬영행위를 하지 않았더라도 그 영상을 만드는 것을 기획하고 촬영행위를 하게 하거나 만드는 과정에서 구체적인 지시를 하였다면, 특별한 사정이 없는 한 아동 · 청소년이용음란물 '제작'에 해당하고, 이러한 촬영을 마쳐 재생이 가능한 형태로 저장이 된 때에 제작은 기수에 이른다[대판 2021.3.25. 2020도18285].

판례 | 아동 · 청소년성착취물 등을 구입한 후 직접 다운로드 받을 수 있는 인터넷 주소를 제공받은 것이 '아동 · 청소년성착취물 등을 소지한 경우에 해당하는지 여부(소극)

형벌법규의 해석은 엄격하여야 하고 문언의 의미를 피고인에게 불리한 방향으로 지나치게 확장해석하는 것은 죄형법정주의 원칙에 어긋나는 것이다. 구 아동 · 청소년의 성보호에 관한 법률(2020.6.2. 법률 제17338호로 개정되기 전의 것) 제11조 제5항은 "아동 · 청소년이용음란물임을 알면서 이를 소지한 자는 1년 이하의 징역 또는 2천만 원 이하의 벌금에 처한다."라고 규정하고 있다. 여기서 '소지'란 아동 · 청소년이용음란물을 자기가 지배할 수 있는 상태에 두고 지배관계를 지속시키는 행위를 말하고, 인터넷 주소(URL)는 인터넷에서 링크하고자 하는 웹페이지나 웹사이트 등의 서버에 저장된 개개의 영상물 등의 웹 위치 정보 또는 경로를 나타낸 것에 불과하다. 따라서 아동 · 청소년이용음란물 파일을 구입하여 시청할 수 있는 상태 또는 접근할 수 있는 상태만으로 곧바로 이를 소지로 보는 것은 소지에 대한 문언 해석의 한계를 넘어서는 것이어서 허용될 수 없으므로, 피고인이 자신이 지배하지 않는 서버 등에 저장된 아동 · 청소년이용음란물에 접근하여 다운로드 받을 수 있는 인터넷 주소 등을 제공받은 것에 그친다면 특별한 사정이 없는 한 아동 · 청소년이용음란물을 '소지'한 것으로 평가하기는 어렵다. 한편 2020.6.2. 법률 제17338호로 개정된 아동 · 청소년의 성보호에 관한 법률 제11조 제5항은 아동 · 청소년성착취물을 구입하거나 시청한 사람을 처벌하는 규정을 신설하였고, 2020.5.19. 법률 제17264호로 개정된 성폭력범죄의 처벌 등에 관한 특례법 제14조 제4항은 카메라 등을 이용하여 성적 욕망 또는 수치심을 유발할 수 있는 사람의 신체를 촬영대상자의 의사에 반하여 촬영한 촬영물 또는 복제물을 소지 · 구입 · 저장 또는 시청한 사람을 처벌하는 규정을 신설하였다. 따라서 아동 · 청소년성착취물 등을 구입한 다음 직접 다운로드받을 수 있는 인터넷 주소를 제공받았다면 위 규정에 따라 처벌되므로 처벌공백의 문제도 더 이상 발생하지 않는다[대판 2023.6.29. 2022도6278].

관련판례 구 아동 · 청소년의 성보호에 관한 법률(2020.6.2. 법률 제17338호로 개정되기 전의 것, 이하 '구 청소년성보호법'이라 한다) 제11조 제2항은 '영리를 목적으로 아동 · 청소년이용음란물을 판매 · 대여 · 배포 · 제공(이하 '배포 등'이라 한다)하거나 이를 목적으로 소지 · 운반하거나 공연히 전시 또는 상영한 자는 10년 이하의 징역에 처한다.'고 규정하여, 영리를 목적으로 아동 · 청소년이용음란물을 배포하는 등의 행위를 하거나 '이를 목적으로' 소지하는 행위를 금지하고 있다. 위 조항이 포함된 구 청소년성보호법 제11조가 정한 각 조항의 문언과 형식, 입법 취지 및 보호법익, 입법 연혁, 관련 규정의 체계적 해석 등을 종합하면, 구 청소년성보호법 제11조 제2항은 아동 · 청소년이용음란물의 공급을 규제하는 측면에서 배포 등 유통행위를 처벌하는 규정으로서 위 조항이 처벌대상으로 정하고 있는 '소지'도 배포 등 유통행위를 목적으로 하는 소지로 보아야 한다. 따라서 위 조항이 정한 '이를 목적으로'란 '영리를 목적으로 배포 등 행위를 하기 위하여'를 의미한다고 할 것이므로, 위 조항의 소지죄가 성립하기 위해서는 영리 목적뿐만 아니라 '배포 등 행위의 목적'이 있어야 한다[대판 2024.5.30. 2021도6801].

판례 | 아동 · 청소년성착취물의 '배포' 및 '공연히 전시'하는 행위의 의미

[1] 아동 · 청소년의 성보호에 관한 법률 제11조 제3항은 "아동 · 청소년성착취물을 배포 · 제공하거나 이를 목적으로 광고 · 소개하거나 공연히 전시 또는 상영한 자는 3년 이상의 징역에 처한다."라고 규정하고 있다. 여기서 아동 · 청소년성착취물의 '배포'란 아동 · 청소년성착취물을 불특정 또는 다수인에게 교부하는 것을 의미하고, '공연히 전시'하는 행위란 불특정 또는 다수인이 실제로 아동 · 청소년성착취물을 인식할 수 있는 상태에 두는 것을 의미한다.
자신의 웹사이트에 아동 · 청소년성착취물이 저장된 다른 웹사이트로 연결되는 링크를 해 놓는 행위자의 의사, 그 행위자가 운영하는 웹사이트의 성격 및 사용된 링크기술의 구체적인 방식, 아동 · 청소년성착취물이 담겨져 있는 다른 웹사이트의 성격 및 다른 웹사이트 등이 아동 · 청소년성착취물을 실제로 전시한 방법 등 제반 사정을 종합하여 볼 때, 링크의 게시를 포함한 일련의 행위가 불특정 또는 다수인에게 다른 웹사이트 등을 단순히 소개 · 연결하는 정도를 넘어 링크를 이용하여 별다른 제한 없이 아동 · 청소년성착취물에 바로 접할 수 있는 상태를 실제로 조성한다면, 이는 아동 · 청소년성착취물을 직접 '배포'하거나 '공연히 전시'한 것과 실질적으로 다를 바 없다고 평가할 수 있으므로, 위와 같은 행위는 전체적으로 보아 아동 · 청소년성착취물을 배포하거나 공연히 전시한다는 구성요건을 충족한다.
[2] 아동 · 청소년의 성보호에 관한 법률 제11조 제5항은 "아동 · 청소년성착취물을 구입하거나 아동 · 청소년성착취물임을 알면서 이를 소지 · 시청한 자는 1년 이상의 징역에 처한다."라고 규정하고 있다. 여기서 '소지'란 아동 · 청소년성착취물을 자기가 지배할 수 있는 상태에 두고 지배관계를 지속시키는 행위를 말한다.
아동 · 청소년성착취물 파일을 구입하여 시청할 수 있는 상태 또는 접근할 수 있는 상태만으로 곧바로 이를 소지로 보는 것은 소지에 대한 문언 해석의 한계를 넘어서는 것이어서 허용될 수 없으므로, 피고인이 자신이 지배하지 않는 서버 등에 저장된 아동 · 청소년성착취물에 접근하였지만 위 성착취물을 다운로드하는 등 실제로 지배할 수 있는 상태로 나아가지는 않았다면 특별한 사정이 없는 한 아동 · 청소년성착취물을 '소지'한 것으로 평가하기는 어렵다[대판 2023.10.12. 2023도5757]

제3장 명예와 신용에 대한 죄

제1절 명예에 관한 죄

출제 POINT

공연성의 인정 여부, 사실의 적시에서 사실의 의미, 위법성조각사유인 형법 제310조의 해석론과 관련한 이론 및 판례를 잘 정리해 두어야 한다.

I 총설

1. 명예에 관한 죄의 보호법익

(1) 명예의 개념

명예는 ⅰ) 사람의 내면적 인격가치(내적 명예), ⅱ) 사람의 인격가치에 대한 사회적 평가(외적 명예), ⅲ) 인격적 가치에 대한 자기 자신의 주관적인 평가(주관적 명예, 명예감정)로 나누어진다.

(2) 보호법익

명예훼손죄는 물론 모욕죄의 보호법익도 외적 명예이다(판례, 통설).[51] 판례와 통설에 의하면 명예훼손죄와 모욕죄는 보호법익은 동일하나 구체적 사실적시의 유무에 의하여 구별된다. 보호의 정도는 추상적 위험범이다. [23 경간부, 23 변호사]*

판례 | 명예훼손죄와 모욕죄의 보호법익(외적 명예), 양죄의 차이점(구체적 사실의 적시 여부)

명예훼손죄와 모욕죄의 보호법익은 다같이 사람의 가치에 대한 사회적 평가인 이른바 외부적 명예인 점에서는 차이가 없으나 다만 명예훼손은 사람의 사회적 평가를 저하시킬 만한 구체적 사실의 적시를 하여 명예를 침해함을 요하는 것으로서 구체적 사실이 아닌 단순한 추상적 판단이나 경멸적 감정의 표현으로서 사회적 평가를 저하시키는 모욕죄와 다르다[대판 1987.5.12. 87도739].

2. 명예의 주체

(1) 자연인, 사자, 법인 기타의 단체

① 자연인은 모두 명예의 주체가 된다. 따라서 유아 · 정신병자 · 범죄자를 불문한다.

② 사자(死者)의 명예의 주체성 인정 여부

판례 | 사자명예훼손죄의 보호법익

사자명예훼손죄는 사자에 대한 사회적 · 역사적 평가를 보호법익으로 하는 것이다[대판 1983.10.25. 83도1520].

---

51) 모욕죄의 보호법익은 명예감정이라는 견해(소수설)도 있다.

③ 법인 기타의 단체: 법인(예 주식회사)은 물론 법인격 없는 단체일지라도 법에 의하여 인정된 사회적 기능을 담당하고, 통일된 의사를 형성할 수 있으면 명예의 주체가 된다. 공법상의 단체 · 사법상의 단체를 불문한다(예 정당, 노동조합, 종교단체, 종친회, 향우회).

판례 | 국가 또는 지방자치단체(명예의 주체가 될 수 없음)

국가나 지방자치단체(예컨대 전남 고흥군)는 국민에 대한 관계에서 형벌의 수단을 통해 보호되는 외부적 명예의 주체가 될 수는 없고, 따라서 명예훼손죄나 모욕죄의 피해자가 될 수 없다[대판 2016.12.27. 2014도15290]. [20 법원행시, 20 법원9급, 19 법원9급, 19 경찰채용, 18 법원9급, 18 경찰채용]*

(2) 집합명칭에 의한 명예훼손

① 개념: 집합명칭에 의하여 다수인을 지칭하여 명예훼손죄를 범할 수 있는가의 문제이다.

② 명예훼손죄의 성립요건[오영근 240면 이하]

㉮ 집단이 특정되어야 한다. 따라서 '상인들은 매국노이다', '서울사람은 부동산 투기꾼이다' 등의 표현은 명예훼손죄가 성립할 수 없다. '상인', '서울사람'이라는 개념에 포함될 수 있는 범위가 불명확하기 때문이다.

㉯ 집단이 특정된 경우에도 그 구성원의 수가 어느 정도 제한되어야 한다.

판례 | 집합명칭에 의한 명예훼손의 요건(집단의 규모가 소규모, 구성원의 특정이 가능할 것)

[1] 명예훼손죄는 어떤 특정한 사람 또는 인격을 보유하는 단체에 대하여 그 명예를 훼손함으로써 성립하는 것이므로 그 피해자는 특정한 것임을 요하고, 다만 서울시민 또는 경기도민이라 함과 같은 막연한 표시에 의해서는 명예훼손죄를 구성하지 아니한다 할 것이지만, 집합적 명사를 쓴 경우에도 그것에 의하여 그 범위에 속하는 특정인을 가리키는 것이 명백하면, 이를 각자의 명예를 훼손하는 행위라고 볼 수 있다. [19 경찰채용, 17 국가9급]*

[2] 3.19 동지회는 그 집단의 규모가 비교적 작고 그 구성원이 특정되어 있으므로 피고인이 3.19 동지회 소속 교사들에 대한 허위의 사실을 적시함으로써 3.19 동지회 소속 교사들 모두에 대한 명예가 훼손되었다고 할 것이고, 따라서 3.19 동지회 소속 교사인 피해자의 명예 역시 훼손되었다고 보아야 할 것이다[대판 2000.10.10. 99도5407].

판례 | 집합명칭에 의한 모욕의 요건

[1] 모욕죄는 특정한 사람 또는 인격을 보유하는 단체에 대하여 사회적 평가를 저하시킬 만한 경멸적 감정을 표현함으로써 성립하므로 그 피해자는 특정되어야 한다.

[2] 이른바 집단표시에 의한 모욕은, 모욕의 내용이 집단에 속한 특정인에 대한 것이라고는 해석되기 힘들고, 집단표시에 의한 비난이 개별구성원에 이르러서는 비난의 정도가 희석되어 구성원 개개인의 사회적 평가에 영향을 미칠 정도에 이르지 아니한 경우에는 구성원 개개인에 대한 모욕이 성립되지 않는다고 봄이 원칙이고, 비난의 정도가 희석되지 않아 구성원 개개인의 사회적 평가를 저하시킬 만한 것으로 평가될 경우에는 예외적으로 구성원 개개인에 대한 모욕이 성립할 수 있다. 한편 구성원 개개인에 대한 것으로 여겨질 정도로 구성원 수가 적거나 당시의 주위 정황 등으로 보아 집단 내 개별구성원을 지칭하는 것으로 여겨질 수 있는 때에는 집단 내 개별구성원이 피해자로서 특정된다고 보아야 할 것인데, 구체적인 기준으로는 집단의 크기, 집단의 성격과 집단 내에서의 피해자의 지위 등을 들 수 있다. [22 경간부, 20 법원행시, 19 법원9급, 18 경찰채용]*

[3] 국회의원이었던 甲이 20여 명의 남녀 대학생들과 저녁회식을 하는 자리에서, 장래의 희망이 아나운서라고 한 여학생들에게 아나운서 지위를 유지하거나 승진하기 위하여 "다 줄 생각을 해야 하는데, 그래도 아나운서 할 수 있겠느냐"라는 등의 말을 하였다고 하더라도 이는 8개 공중파 방송 아나운서들로 구성된 한국아나운서연합회 회원인 여성 아나운서 154명에 대한 모욕죄에 해당한다고 보기는 어렵다[대판 2014.3.27. 2011도15631].

판례해설 甲의 언사가 한국아나운서연합회 회원인 여성 아나운서 154명에 대한 것이라고 특정된 것이 아니기 때문에 모욕죄가 성립할 수 없다는 취지의 판례이다.

동지판례 명예훼손죄는 어떤 특정한 사람 또는 인격을 보유하는 단체에 대하여 명예를 훼손함으로써 성립하는 것이므로 피해자가 특정되어야 한다. 집합적 명사를 쓴 경우에도 어떤 범위에 속하는 특정인을 가리키는 것이 명백하면, 이를 각자의 명예를 훼손하는 행위라고 볼 수 있다. 그러나 명예훼손의 내용이 집단에 속한 특정인에 대한 것이라고 해석되기 힘들고 집단표시에 의한 비난이 개별구성원에 이르러서는 비난의 정도가 희석되어 구성원 개개인의 사회적 평가에 영향을 미칠 정도에 이르지 않는 것으로 평가되는 경우에는 구성원 개개인에 대한 명예훼손죄가 성립하지 않는다[대판 2018.11.29. 2016도14678]. [19 경찰채용]*

Ⅱ 명예훼손죄

제307조(명예훼손) ① 공연히 사실을 적시하여 사람의 명예를 훼손한 자는 2년 이하의 징역이나 금고 또는 500만원 이하의 벌금에 처한다.
② 공연히 허위의 사실을 적시하여 사람의 명예를 훼손한 자는 5년 이하의 징역, 10년 이하의 자격정지 또는 1천만원 이하의 벌금에 처한다.
제312조(피해자의 의사) ② 본죄는 피해자의 명시한 의사에 반하여 공소를 제기할 수 없다.

1. 의의

공연히 사실 또는 허위의 사실을 적시하여 사람의 명예를 훼손함으로써 성립하는 범죄이다.

2. 객관적 구성요건

(1) 공연성

① 공연성의 개념: 불특정 또는 다수인이 인식할 수 있는 상태를 의미한다(판례, 통설).
② 전파성이론의 인정 여부

판례 | 공연성의 인정범위(전파성이론 긍정)

1. 명예훼손죄의 구성요건으로서 공연성은 '불특정 또는 다수인이 인식할 수 있는 상태'를 의미하고, 개별적으로 소수의 사람에게 사실을 적시하였더라도 그 상대방이 불특정 또는 다수인에게 적시된 사실을 전파할 가능성이 있는 때에도 공연성이 인정된다. 이와 달리 전파될 가능성이 없다면 특정한 한 사람에 대한 사실의 유포는 공연성을 결한다. 개별적인 소수에 대한 발언을 불특정 또는 다수인에게 전파될 가능성을 이유로 공연성을 인정하기 위해서는 막연히 전파될 가능성이 있다는 것만으로 부족하고, 고도의 가능성 내지 개연성이 필요하며, 이에 대한 검사의 엄격한 증명을 요한다. 특히 발언 상대방이 직무상 비밀유지의무 또는 이를 처리해야 할 공무원이나 이와 유사한 지위에 있는 경우에는 그러한 관계나 신분으로 인하여 비밀의 보장이 상당히 높은 정도로 기대되는 경우로서 공연성이 부정되고, 공연성을 인정하기 위해서는 그러한 관계나 신분에도 불구하고 불특정 또는 다수인에게 전파될 수 있다고 볼 만한 특별한 사정이 존재하여야 한다[대판 2020.12.30. 2015도15619], [대판 2020.12.30. 2015도12933]

판례해설 ⅰ) 피고인들과 피해자는 골프장의 경기도우미(캐디)인데 피고인들이 피해자에 대한 허위사실을 적시하여 골프장 운영 회사의 접수 직원 통하여 위 회사에 전달한 사실이 인정된다 하더라도, 이는 피해자에 대한 출입금지처분을 요청하기 위하여 그 담당자에게 요청서를 제출한 것이므로, 피고인들이 적시한 허위사실이 담당자인 공소외인를 통하여 불특정 또는 다수인에게 전파될 가능성이 있다고 보이지 않는다는 이유를 들어 공연성을 부정한 사례이다[대판 2020.12.30. 2015도15619].
ⅱ) 관광버스회사를 운영하는 피고인은 자신의 사무실에서 피고인의 초등학교 동창으로서 친한 친구 A와 둘이 있는 자리에서 B에 관하여 "신랑하고 이혼했는데, 아들이 하나가 장애인이래. 그런데 C(회사의 운전기사)가 그래도 살아보겠다고 돈 갖다 바치는 거지. 그런데 이년이."라고 허위의 사실을 말한 사건이다. 대법원은 특별히 공연성이나 전파가능성을 인정할 만한 사정에 대하여 검사의 증명이 없다는 이유로 무죄취지로 판시하였다[대판 2020.12.30. 2015도12933].

2. 명예훼손죄는 추상적 위험범으로 불특정 또는 다수인이 적시된 사실을 실제 인식하지 못하였다고 하더라도 인식할 수 있는 상태에 놓인 것으로도 명예가 훼손된 것으로 보아야 한다. 발언 상대방이 이미 알고 있는 사실을 적시하였더라도 공연성 즉 전파될 가능성이 없다고 볼 수 없다. 따라서 피고인들이 피해자에 대한 허위사실을 적시한 서명자료를 만들어 여러 명의 동료들에게 읽게 하고 서명을 받았다면 불특정 또는 다수인이 인식할 수 있는 상태에 해당하고, 설령 그 내용이 동료들 사이에 만연한 소문이었다고 하더라도 명예훼손죄를 구성한다[대판 2020.12.30. 2015도15619].

판례 | 전파가능성 법리에 관한 대법원 판례의 유지 여부(긍정)

대법원은 명예훼손죄의 공연성에 관하여 개별적으로 소수의 사람에게 사실을 적시하였더라도 그 상대방이 불특정 또는 다수인에게 적시된 사실을 전파할 가능성이 있는 때에는 공연성이 인정된다고 일관되게 판시하여, 이른바 전파가능성 이론은 공연성에 관한 확립된 법리로 정착되었다.

i) 전파가능성 법리에 따르더라도 객관적 기준에 따라 전파가능성을 판단할 수 있고, 행위자도 발언 당시 공연성 여부를 충분히 예견할 수 있으며, 상대방의 전파의사만으로 전파가능성을 판단하거나 실제 전파되었다는 결과를 가지고 책임을 묻는 것이 아니라는 점, ii) 명예훼손죄는 추상적 위험범으로서 특정인의 사회적 평가를 침해할 위험이 발생한 것으로 족하고 침해의 결과를 요구하지 않으므로, 다수의 사람에게 사실을 적시한 경우뿐만 아니라 소수의 사람에게 발언하였다고 하더라도 그로 인해 불특정 또는 다수인이 인식할 수 있는 상태를 초래한 경우에도 공연히 발언한 것으로 해석할 수 있다는 점, iii) 정보통신망을 이용한 명예훼손은 '행위 상대방' 범위와 경계가 불분명해지고, 명예훼손 내용을 소수에게만 보냈음에도 행위 자체로 불특정 또는 다수인이 인식할 수 있는 상태를 형성하는 경우가 다수 발생하게 된다는 점에서 전파가능성 법리는 정보통신망 등 다양한 유형의 명예훼손 처벌규정에서의 공연성 개념에 부합한다고 볼 수 있다는 점에서 현재에도 여전히 법리적으로나 현실적인 측면에 비추어 타당하므로 유지되어야 한다[대판(전) 2020.11.19. 2020도5813].

판례 | 공연성을 인정한 판례

1. 직장의 전산망에 설치된 전자게시판에 타인의 명예를 훼손하는 내용의 글을 게시한 행위는 명예훼손죄를 구성한다[대판 2000.5.12. 99도5734]. [17 경찰승진, 16 경간부]*
2. 피고인이 경찰관으로부터 고문을 받았다는 허위사실을 4인에게 순차로 유포한 것이긴 하나 각 그들로부터 불특정 또는 다수인에게 충분히 전파될 가능성이 있던 경우라고 보기에 넉넉하다[대판 1985.12.10. 84도2380].
3. 피고인의 말을 들은 사람은 한 사람씩에 불과하였으나 그들은 피고인과 특별한 친분관계가 있는 자가 아니며, 그 범행의 내용도 지방의회 의원선거를 앞둔 시점에 현역 시의회 의원이면서 다시 그 후보자가 되고자 하는 자를 비방한 것이어서 피고인이 적시한 사실이 전파될 가능성이 많으므로 피고인의 판시 범행은 행위 당시에 이미 공연성을 갖추었다[대판 1996.7.12. 96도1007]. [16 경찰승진]*
4. 동네 골목에서 동네사람 1인 및 피해자의 시어머니가 있는 자리에서 피해자에 대하여 "시커멓게 생긴 놈하고 매일같이 붙어 다닌다. 점방 마치면 여관에 가서 누워 자고 아침에 들어온다"고 말한 경우에는 말의 전파가능성이 없어서 공연성이 결여되었다는 주장은 허용될 수 없다[대판 1983.10.11. 83도2222]. [17 법원9급]*
5. 피고인이 행정서사 사무실에서 피해자와 같은 교회를 다니는 세 사람에게 "피해자가 처자식이 있는 남자와 살고 있다는데 아느냐"고 한 경우에 피고인이 그들에게 적시한 사실은 그들을 통하여 불특정 또는 다수인에게 전파될 가능성이 충분히 있었다고 보기에 넉넉하다[대판 1985.4.23. 85도431].
6. 진정서와 고소장을 특정 사람들에게 개별적으로 우송하여도 다수인(19명, 193명)에게 배포하였고, 또 그 내용이 다른 사람에게 전파될 가능성도 있어 공연성의 요건이 충족된다[대판 1991.6.25. 91도347]. [18 경찰승진]*
7. 명예훼손의 발언(피해자들이 전과가 많다는 내용)을 들은 사람들이 피해자들과는 일면식이 없다거나 이미 피해자들의 전과사실을 알고 있었다고 하더라도 공연성 즉 발언이 전파될 가능성이 없다고 볼 수 없다[대판 1993.3.23. 92도455]. [19 법원9급, 17 경간부]*
8. 피고인들이 출판물 15부를 피고인들이 소속된 교회의 교인 15인에게 배부한 이상 공연성의 요건은 충족된 것이라고 볼 수 있으며, 배부 받은 사람 중 일부가 위 출판물작성에 가담한 사람들이라고 하여도 결론이 달라지지 않는다[대판 1984.2.28. 83도3124].

9. 개인 블로그의 비공개 대화방에서 상대방으로부터 비밀을 지키겠다는 말을 듣고 일대일로 대화하였다고 하더라도, 그 사정만으로 대화 상대방이 대화내용을 불특정 또는 다수에게 전파할 가능성이 없다고 할 수 없으므로, 명예훼손죄의 요건인 공연성을 인정할 여지가 있다[대판 2008.2.14. 2007도8155]. [23 변호사, 22 경간부, 19 국가7급, 18 법원행시, 18 경찰승진, 18 경찰채용, 17 법원9급, 17 경간부, 16 변호사]*

10. 피고인 甲이 업무집행정지 가처분이의사건 재판부에 '피해자가 뇌물공여죄, 횡령죄 등 전과 13범으로 관리단규약에 의하여 선량한 관리인으로서의 자격이 없다'는 내용을 담은 준비서면을 제출하고, 그 준비서면을 상가 관리단 감사 乙에게 팩스로 전송하였으며, 그 후 가처분이의사건 심문기일에서 피해자의 전과 사실을 진술함으로써 당시 법정에서 심문을 방청하던 상가의 상인들이 이러한 사실을 듣게 된 경우, 비록 피고인 甲이 乙 한 사람에게만 피해자의 전과사실을 유포하였다고 하더라도 명예훼손죄의 구성요건인 공연성을 충족한다[대판 2008.10.23. 2008도6515]. [16 경간부]*

판례 | 공연성을 부정한 판례

(1) 들은 사람이 피해자에 대하여 보호관계에 있어 공연성이 부정된 경우

1. 이혼소송 계속 중인 처가 남편의 친구에게 서신을 보내면서 남편의 명예를 훼손하는 문구가 기재된 서신을 동봉한 경우에는 공연성이 결여되었다[대판 2000.2.11. 99도4579]. [17 법원9급]*

2. 피고인이 다방에서 피해자와 동업관계로 친한 사이인 공소외인에 대하여 피해자의 험담을 한 경우에 있어서 다방 내의 좌석이 다른 손님의 자리와 멀리 떨어져 있고 그 당시 공소외인은 피고인에게 왜 피해자에 관해서 그런 말을 하느냐고 힐책까지 한 사실이 있다면 전파될 가능성이 있다고 볼 수 없다[대판 1984.2.28. 83도891]. [17 경간부]*

3. 중학교 교사에 대해 "전과범으로서 교사직을 팔아가며 이웃을 해치고 고발을 일삼는 악덕 교사"라는 취지의 진정서를 그가 근무하는 학교법인 이사장 앞으로 제출한 행위 자체는 위 진정서의 내용과 진정서의 수취인인 학교법인 이사장과 위 교사의 관계 등에 비추어 볼 때 위 이사장이 위 진정서 내용을 타에 전파할 가능성이 있다고 보기 어렵다[대판 1983.10.25. 83도2190].

4. 조합장으로 취임한 피고인이 조합의 원만한 운영을 위하여 피해자의 측근이며 피해자의 불신임을 적극 반대하였던 甲에게 조합운영에 대한 협조를 구하기 위하여 동인과 단둘이 있는 자리에서 이사회가 피해자를 불신임하게 된 사유를 설명하는 과정에서 피해자에 대한 여자관계의 소문이 돌고 있다는 취지의 말을 한 것이라면 그것은 전파될 가능성이 있다고 할 수 없다[대판 1990.4.27. 89도1467].

5. 피해자의 친척 한 사람에게 피해자가 불륜을 저질렀다고 말한 경우, 피고인이 식당 방안에서 한 사람에게 대하여 한 행위는 그 상대방과 피해자와의 신분관계로 보아 전파될 가능성이 없다[대판 1981.10.27. 81도1023].

6. 피고인을 명예훼손죄로 고소할 수 있도록 그 증거자료를 미리 은밀하게 수집, 확보하기 위하여 피고인의 발언을 유도하였다고 의심되는 사람들에게 한 피해자의 여자 문제 등 사생활에 관한 피고인의 발언은 이들이 수사기관 이외의 다른 사람들에게 전파할 가능성이 있다고 단정하기는 어렵다[대판 1996.4.12. 94도3309]. [18 법원행시]*

7. A가 경영하는 회사 직원으로 근무하던 甲이 회사의 사장실에서 A의 남편인 X와 단둘이 있는 자리에서 A가 회사공금을 빼돌리고 있다는 말을 하였고, 같은 장소에서 X의 전처의 아들 Y에게도 동일한 말을 한 경우 … 공연성을 인정할 수 없다[대판 1989.7.11. 89도886].

8. 피고인이 자신의 아들 등에게 폭행을 당하여 입원한 피해자의 병실로 찾아가 그의 모(母) 甲과 대화하던 중 甲의 이웃 乙 및 피고인의 일행 丙 등이 있는 자리에서 "학교에 알아보니 피해자에게 원래 정신병이 있었다고 하더라."라고 허위사실을 말하여 피해자의 명예를 훼손하였다는 내용으로 기소된 사안에서, 피고인이 丙과 함께 피해자의 병문안을 가서 피고인 · 甲 · 乙 · 丙 4명이 있는 자리에서 피해자에 대한 폭행사건에 관하여 대화를 나누던 중 위 발언을 한 것이라면 불특정 또는 다수인이 인식할 수 있는 상태라고 할 수 없고, 또 그 자리에 있던 사람들의 관계 등 여러 사정에 비추어 피고인의 발언이 불특정 또는 다수인에게 전파될 가능성이 있다고 보기도 어려워 공연성이 없다는 이유로, 이와 달리 보아 피고인에게 유죄를 인정한 원심판단에 법리오해 및 심리미진의 위법이 있다고 한 사례[대판 2011.9.8. 2010도7497]. [21 법원9급, 18 법원행시, 18 경찰승진, 17 경간부, 16 경간부, 16 경찰승진]*

9. (주의) 어느 사람에게 귀엣말 등 그 사람만 들을 수 있는 방법으로 그 사람 본인의 사회적 가치 내지 평가를 떨어뜨릴 만한 사실을 이야기하였다면, 위와 같은 이야기가 불특정 또는 다수인에게 전파될 가능성이 있다고 볼 수 없어 명예훼손의 구성요건인 공연성을 충족하지 못하는 것이며, 그 사람이 들은 말을 스스로 다른 사람들에게 전파하였더라도 위와 같은 결론에는 영향이 없다[대판 2005.12.9. 2004도2880]. [19 경찰채용, 18 법원행시, 17 경찰승진, 16 경간부]*

10. 통상 기자가 아닌 보통 사람에게 사실을 적시할 경우에는 그 자체로서 적시된 사실이 외부에 공표되는 것이므로 그 때부터 곧 전파가능성을 따져 공연성 여부를 판단하여야 할 것이지만, 그와는 달리 기자를 통해 사실을 적시하는 경우에는 기사화되어 보도되어야만 적시된 사실이 외부에 공표된다고 보아야 할 것이므로 기자가 취재를 한 상태에서 아직 기사화하여 보도하지 아니한 경우에는 전파가능성이 없으므로 공연성이 없다고 보아야 한다[대판 2000.5.16. 99도5622]. [23 변호사, 22 경간부, 20 법원9급, 20 경찰승진, 19 법원행시, 18 법원행시, 18 경찰채용, 17 경찰승진, 17 경간부, 16 경찰채용]*

(2) 들은 사람과 피해자와는 무관한 자이나 상황상 전파가능성이 없어 공연성이 부정된 경우

1. 피고인이 집에서 피고인의 처로부터 전날 피고인이 외박한 사실에 대하여 추궁당하자 이를 모면하기 위하여 처에게 피해자와 여관방에서 동침한 사실이 있다고 말한 사실만으로써는 명예훼손죄의 구성요건인 공연성이 있다 할 수 없다[대판 1984.3.27. 84도86].

2. 피고인이 평소 유혹하려던 과부와 단둘이 마주치게 되자 남편 있는 여자도 서방질을 하는데 과부가 서방을 두는 것이 무슨 잘못이냐고 말한 경우, 피고인에게 공연히 피해자의 명예를 훼손할 범의가 있었던 것으로 단정키 어렵고, 또 객관적으로 위와 같은 발설내용의 전파가능성, 즉 공연성도 인정하기 어렵다[대판 1982.2.9. 81도2152].

3. 명예훼손죄에 있어서의 공연성이라 함은 불특정 또는 다수인이 인식할 수 있는 상태를 가리키는 것인바, 피고인이 자기 집에서 피해자와 서로 다투다가 피해자에게 한 욕설을 피고인의 남편 외에 들은 사람이 없다고 한다면 그 욕설을 불특정 또는 다수인이 인식할 수 있는 상태였다고 할 수는 없으므로 공연성을 인정하기 어렵다[대판 1985.11.26. 85도2037].

(3) 기타 전파가능성이 없어 공연성이 부정된 경우

피고인 甲이 평소 A가 자신의 일에 간섭하는 것에 기분이 나쁘다는 이유로 乙로부터 취득한 A의 범죄경력기록을 같은 아파트에 거주하는 丙에게 보여주면서 "전과자이고 나쁜 년"이라고 했더라도, 위 유포 사실은 불특정 또는 다수인에게 전파될 가능성이 없다[대판 2010.11.11. 2010도8265]. [17 경간부]*

③ 사실의 적시

㉮ 사실

판례 | '사실의 적시'의 의미

[1] 명예훼손죄에 있어서의 '사실의 적시'란 가치판단이나 평가를 내용으로 하는 의견표현에 대치되는 개념으로서 시간과 공간적으로 구체적인 과거 또는 현재의 사실관계에 관한 보고 내지 진술을 의미하는 것이며, 그 표현내용이 증거에 의한 입증이 가능한 것을 말한다. 한편 판단할 진술이 사실인가 또는 의견인가를 구별할 때는 언어의 통상적 의미와 용법, 입증가능성, 문제된 말이 사용된 문맥, 그 표현이 행하여진 사회적 상황 등 전체적 정황을 고려하여 판단하여야 한다. [20 경간부, 19 법원행시, 17 경찰채용]*

[2] 목사가 예배 중 특정인을 가리켜 "이단 중에 이단이다."라고 설교한 부분이 명예훼손죄에서 말하는 '사실의 적시'에 해당하지 않는다고 한 사례[대판 2008.10.9. 2007도1220; 동지 대판 1998.3.24. 97도2956]. [16 법원9급]*

판결이유 어느 교리가 정통 교리이고 어느 교리가 여기에 배치되는 교리인지 여부는 교단을 구성하는 대다수의 목회자나 신도들이 평가하는 관념에 따라 달라지는 것이므로, 특정인에 대하여 "이단 중에 이단이다."라고 설교한 것은, 사실을 적시한 것으로 보기 어렵다.

판례 | 第307조 第1항의 '사실'의 의미

형법 第307조 第1항, 第2항, 第310조의 체계와 문언 및 내용에 의하면, 第307조 第1항의 '사실'은 第2항의 '허위의 사실'과 반대되는 '진실한 사실'을 말하는 것이 아니라 가치판단이나 평가를 내용으로 하는 '의견'에 대치되는 개념이다. 따라서 第307조 第1항의 명예훼손죄는 적시된 사실이 진실한 사실인 경우이든 허위의 사실인 경우이든 모두 성립될 수 있고, 특히 적시된 사실이 허위의 사실이라고 하더라도 행위자에게 허위성에 대한 인식이 없는 경우에는 第307조 第2항의 명예훼손죄가 아니라 第307조 第1항의 명예훼손죄가 성립될 수 있다. 第307조 第1항의 법정형이 2년 이하의 징역 등으로 되어 있는 반면 第307조 第2항의 법정형은 5년 이하의 징역 등으로 되어 있는 것은 적시된 사실이 객관적으로 허위일 뿐 아니라 행위자가 그 사실의 허위성에 대한 주관적 인식을 하면서 명예훼손행위를 하였다는 점에서 가벌성이 높다고 본 것이다[대판 2017.4.26. 2016도18024]. [20 경찰승진, 19 경찰채용, 18 경찰채용]*

판례 | MBC PD 수첩 '광우병 보도 사건' – 명예훼손죄 및 업무방해죄의 성립 여부

[1] 방송국 프로듀서 등 피고인들이 특정 프로그램 방송보도를 통하여 '미국산 쇠고기 수입을 위한 제2차 한미 전문가 기술협의'(이른바 '한미 쇠고기 수입 협상')의 협상단 대표와 주무부처 장관이 미국산 쇠고기 실태를 제대로 파악하지 못하였다는 취지의 발언을 한 경우, 명예훼손죄의 사실적시에 관한 법리 및 대법원 2011.9.2. 선고 2009다52649 전원합의체 판결에서 정부 협상단의 미국산 쇠고기 실태 파악 관련 방송보도에 관하여, 정부가 미국 도축시스템의 실태 중 아무 것도 본 적이 없다는 구체적 사실을 적시한 것이 아니라, 미국산 쇠고기 수입위생조건 협상에 필요한 만큼 미국 도축시스템의 실태를 제대로 알지 못하였다는 주관적 평가를 내린 것이라고 판시한 점 등에 비추어, 이 부분 보도내용은 비판 내지 의견 제시로 보아야 하므로 명예훼손죄에서 말하는 '사실의 적시'에 해당하지 않는다.

[2] 언론보도로 인한 명예훼손이 문제되는 경우에는 그 보도로 인한 피해자가 공적인 존재인지 사적인 존재인지, 그 보도가 공적인 관심사안에 관한 것인지 순수한 사적인 영역에 속하는 사안에 관한 것인지, 그 보도가 객관적으로 국민이 알아야 할 공공성, 사회성을 갖춘 사안에 관한 것으로 여론형성이나 공개토론에 기여하는 것인지 아닌지 등을 따져보아 공적 존재에 대한 공적 관심사안과 사적인 영역에 속하는 사안 간 심사기준에 차이를 두어야 하는데, 당해 표현이 사적인 영역에 속하는 사안에 관한 것인 경우에는 언론의 자유보다 명예의 보호라는 인격권이 우선할 수 있으나, 공공적·사회적인 의미를 가진 사안에 관한 것인 경우에는 그 평가를 달리하여야 하고 언론의 자유에 대한 제한이 완화되어야 한다. 특히 정부 또는 국가기관의 정책결정이나 업무수행과 관련된 사항은 항상 국민의 감시와 비판의 대상이 되어야 하고, 이러한 감시와 비판은 이를 주요 임무로 하는 언론보도의 자유가 충분히 보장될 때 비로소 정상적으로 수행될 수 있으며, 정부 또는 국가기관은 형법상 명예훼손죄의 피해자가 될 수 없으므로, 정부 또는 국가기관의 정책결정 또는 업무수행과 관련된 사항을 주된 내용으로 하는 언론보도로 인하여 그 정책결정이나 업무수행에 관여한 공직자에 대한 사회적 평가가 다소 저하될 수 있더라도, 그 보도의 내용이 공직자 개인에 대한 악의적이거나 심히 경솔한 공격으로서 현저히 상당성을 잃은 것으로 평가되지 않는 한, 그 보도로 인하여 곧바로 공직자 개인에 대한 명예훼손이 된다고 할 수 없다. [18 경찰승진]*

[3] 방송국 프로듀서 등 피고인들이 특정 프로그램 방송보도를 통하여 '미국산 쇠고기 수입을 위한 제2차 한미 전문가 기술협의'(이른바 '한미 쇠고기 수입 협상')의 협상단 대표와 주무부처 장관이 협상을 졸속으로 체결하여 국민을 인간광우병(vCJD) 위험에 빠뜨리게 하였다는 취지로 표현하는 등 그 자질 및 공직수행 자세를 비하하여 이들의 명예를 훼손하였다는 내용으로 기소된 사안에서, 보도내용 중 일부가 객관적 사실과 다른 허위사실 적시에 해당한다고 하면서도, 위 방송보도가 국민의 먹을거리와 이에 대한 정부 정책에 관한 여론형성이나 공개토론에 이바지할 수 있는 공공성 및 사회성을 지닌 사안을 대상으로 하고 있는 점, 허위사실의 적시로 인정되는 방송보도 내용은 미국산 쇠고기의 광우병 위험성에 관한 것으로 공직자인 피해자들의 명예와 직접적인 연관을 갖는 것이 아닐 뿐만 아니라 피해자들에 대한 악의적이거나 현저히 상당성을 잃은 공격으로 볼 수 없는 점 등의 사정에 비추어, 피고인들에게 명예훼손의 고의를 인정하기 어렵고 달리 이를 인정할 증거가 없다고 본 원심판단을 수긍한 사례.

[4] 방송국 프로듀서 등 피고인들이 특정 프로그램 방송보도를 통하여 미국산 쇠고기는 광우병 위험성이 매우 높은 위험한 식품이고 우리나라 사람들이 유전적으로 광우병에 몹시 취약하다는 취지의 허위사실을 유포하여 미국산 쇠고기 수입·판매업자들의 업무를 방해하였다는 내용으로 기소된 사안에서, 방송보도의 전체적인 취지와 내용이 미국산 쇠고기의 식품 안전성 문제 및 쇠고기 수입 협상의 문제점을 지적하고 협상체결과 관련한 정부 태도를 비판한 것이라는 전제에서, 피고인들에게 업무방해의 고의가 있었다고 볼 수 없고 달리 이를 인정할 증거가 없다고 본 원심판단을 수긍한 사례[대판 2011.9.2. 2010도17237].

판례 | 장래의 일을 적시한 경우에도 명예훼손죄가 성립할 수 있는 요건

명예훼손죄가 성립하기 위하여는 사실의 적시가 있어야 하는데, 여기에서 적시의 대상이 되는 사실이란 현실적으로 발생하고 증명할 수 있는 과거 또는 현재의 사실을 말하며, 장래의 일을 적시하더라도 그것이 과거 또는 현재의 사실을 기초로 하거나 이에 대한 주장을 포함하는 경우에는 명예훼손죄가 성립한다[대판 2003.5.13. 2002도7420]. [20 법원9급, 18 법원9급, 16 법원9급, 16 경찰채용]*

[사실관계] 甲은 경찰관을 상대로 진정한 사건이 혐의가 인정되지 않아 내사종결 처리되자 공연히 "사건을 조사한 경찰관이 내일부로 검찰청에서 구속영장이 떨어진다."고 말하였다.

판례 | 공지의 사실도 명예훼손죄를 구성한다는 판례

명예훼손죄가 성립하기 위하여는 반드시 숨겨진 사실을 적발하는 행위만에 한하지 아니하고 이미 사회의 일부에 잘 알려진 사실이라고 하더라도 이를 적시하여 사람의 사회적 평가를 저하시킬 만한 행위를 한 때에는 명예훼손죄를 구성한다[대판 1994.4.12. 93도3535]. [19 경찰채용]*

판례 | 가치중립적인 표현을 사용한 경우라도 명예훼손죄가 성립할 수 있다는 판례

[1] 가치중립적인 표현을 사용하였다 하더라도 사회 통념상 그로 인하여 특정인의 사회적 평가가 저하되었다고 판단된다면 명예훼손죄가 성립할 수 있다. [20 경간부, 16 법원9급]*

[2] 우리나라 유명 소주회사가 일본의 주류회사에 지분이 50% 넘어가 일본 기업이 되었다고 하는 사실적시는 가치중립적 표현으로서 명예훼손적 표현이 아니라고 한 사례[대판 2008.11.27. 2008도6728]. [17 경간부]*

판결이유 피고인의 판시 발언 중 사실을 적시한 부분인 '(주)진로가 일본 아사히 맥주에 지분이 50% 넘어가 일본 기업이 됐다'는 부분은 가치중립적인 표현으로서, 우리나라와 일본의 특수한 역사적 배경과 소주라는 상품의 특수성 때문에 '참이슬' 소주를 생산하는 공소사실 기재 피해자 회사의 대주주 내지 지배주주가 일본 회사라고 적시하는 경우 일부 소비자들이 '참이슬' 소주의 구매에 소극적이 될 여지가 있다 하더라도 이를 사회통념상 공소사실 기재 피해자 회사의 사회적 가치 내지 평가가 침해될 가능성이 있는 명예훼손적 표현이라고 볼 수 없다[대판 2007.10.25. 2007도5077].

판례 | 명예훼손죄의 '사실의 적시'에 해당하는 경우

1. 甲이 인터넷 홈페이지에 "민생법안이 널려 있어도 국회에 앉아 있으면 하품만 하는 년이지 아니지 국회 출석율 꼴지이지"라는 국회의원 A에 관한 시(詩)를 게시하였다면 그 내용이 일반 독자에게 그 표현 자체로서 사실의 적시라고 이해될 여지가 충분하고 피해자의 의정활동에 관한 것으로서 명예에 관련된 사실이라고 볼 수 있다[대판 2007.5.10. 2007도1307].
2. 피해자가 동성애자가 아님에도 불구하고 피고인이 인터넷사이트 싸이월드에 7회에 걸쳐 피해자가 동성애자라는 내용의 글을 게재한 것은 피해자의 명예를 훼손한 행위에 해당한다[대판 2007.10.25. 2007도5077]. [17 경간부]*
3. [1] 구 정보통신망 이용촉진 및 정보보호 등에 관한 법률 제61조 제2항에 규정된 정보통신망을 이용한 명예훼손죄에 있어서의 사실의 적시란 반드시 사실을 직접적으로 표현한 경우에 한정할 것은 아니고, 간접적이고 우회적인 표현에 의하더라도 그 표현의 전 취지에 비추어 그와 같은 사실의 존재를 암시하고, 또 이로써 특정인의 사회적 가치 내지 평가가 침해될 가능성이 있을 정도의 구체성이 있으면 족한 것이다.

   [2] 피고인은 인터넷 포탈사이트의 피해자에 대한 기사란에 그녀가 재벌과 사이에 아이를 낳거나 아이를 낳아준 대가로 수십억 원을 받은 사실이 없음에도 불구하고, 그러한 사실이 있는 것처럼 댓글이 붙어 있던 상황에서, 추가로 "지고지순이 뜻이 뭔지나 아니? 모 재벌님하고의 관계는 끝났나?"라는 내용의 댓글을 게시하였다는 것인바, 피고인의 위와 같은 행위는 간접적이고 우회적인 표현을 통하여 위와 같은 허위 사실의 존재를 구체적으로 암시하는 방법으로 사실을 적시한 경우에 해당한다고 하지 않을 수 없으므로 구 정보통신망 이용촉진 및 정보보호 등에 관한 법률 제61조 제2항의 명예훼손죄가 성립한다[대판 2008.7.10. 2008도2422].

판례 | 명예훼손죄의 '사실의 적시'에 해당하지 않는 경우

다른 사람의 말이나 글을 비평하면서 사용한 표현이 겉으로 보기에 증거에 의해 입증 가능한 구체적인 사실관계를 서술하는 형태를 취하고 있더라도, 글의 집필의도, 논리적 흐름, 서술체계 및 전개방식, 해당 글과 비평의 대상이 된 말 또는 글의 전체적인 내용 등을 종합하여 볼 때, 평균적인 독자의 관점에서 문제 된 부분이 실제로는 비평자의 주관적 의견에 해당하고, 다만 비평자가 자신의 의견을 강조하기 위한 수단으로 그와 같은 표현을 사용한 것이라고 이해된다면 명예훼손죄에서 말하는 사실의 적시에 해당한다고 볼 수 없다[대판 2017.5.11. 2016도19255].

판례 | 고발사실만으로는 고발인의 사회적 가치나 평가가 침해될 가능성이 없다고 본 판례

[1] 명예훼손죄가 성립하기 위해서는 사실의 적시가 있어야 하고, 적시된 사실은 이로써 특정인의 사회적 가치 내지 평가가 침해될 가능성이 있을 정도로 구체성을 띠어야 한다. 비록 허위의 사실을 적시하였더라도 그 허위의 사실이 특정인의 사회적 가치 내지 평가를 침해할 수 있는 내용이 아니라면 형법 제307조 소정의 명예훼손죄는 성립하지 않는다.

[2] 누구든지 범죄가 있다고 생각하는 때에는 고발할 수 있는 것이므로 어떤 사람이 범죄를 고발하였다는 사실이 주위에 알려졌다고 하여 그 고발사실 자체만으로 고발인의 사회적 가치나 평가가 침해될 가능성이 있다고 볼 수는 없다. 다만, 그 고발의 동기나 경위가 불순하다거나 온당하지 못하다는 등의 사정이 함께 알려진 경우에는 고발인의 명예가 침해될 가능성이 있다. [19 경찰채용, 16 법원9급]*

[3] 甲이 제3자에게 乙이 丙을 선거법 위반으로 고발하였다는 말만 하고 그 고발의 동기나 경위에 관하여 언급하지 않았다면, 그 자체만으로는 乙의 사회적 가치나 평가를 침해하기에 충분한 구체적 사실이 적시되었다고 보기 어렵다고 한 사례[대판 2009.9.24. 2009도6687; 동지 대판 1994.6.28. 93도696]. [23 경간부]*

판례 | 허위사실을 적시하였더라도 허위사실 적시에 의한 명예훼손죄로 처벌할 수 없는 경우

1. [1] 타 종교의 신앙의 대상에 대한 모욕이 곧바로 그 신앙의 대상을 신봉하는 종교단체나 신도들에 대한 명예훼손이 되는 것은 아니고, 종교적 목적을 위한 언론 · 출판의 자유를 행사하는 과정에서 타 종교의 신앙의 대상을 우스꽝스럽게 묘사하거나 다소 모욕적이고 불쾌하게 느껴지는 표현을 사용하였더라도 그것이 그 종교를 신봉하는 신도들에 대한 증오의 감정을 드러내는 것이거나 그 자체로 폭행 · 협박 등을 유발할 우려가 있는 정도가 아닌 이상 허용된다고 보아야 한다. [19 법원9급, 16 법원행시]*
   [2] 사회 평균인의 입장에서 허위의 사실을 적시한 발언을 들었을 경우와 비교하여 오히려 진실한 사실을 듣는 경우에 피해자의 사회적 가치 내지 평가가 더 크게 침해될 것으로 예상되거나, 양자 사이에 별다른 차이가 없을 것이라고 보는 것이 합리적인 경우라면, 형법 제307조 제2항의 허위사실 적시에 의한 명예훼손죄로 처벌할 수는 없다[대판 2014.9.4. 2012도13718].
2. 이 사건 글은 허위의 사실을 근거로 삼아 마치 이 사건 기동대 소속 어느 누군가가 작성한 것처럼 되어 있지만, 그 전체적인 내용은 경찰 상부에서 내린 진압명령이 불법적이어서 이에 불복하기로 결정하였다는 취지로서, 이러한 진압명령에 집단적으로 거부행위를 하겠다는 것이 이 사건 기동대 소속 전경들의 사회적 가치나 평가를 객관적으로 저하시키는 표현에 해당한다고 보기 어려워 형법 제307조 제2항의 허위사실적시 명예훼손죄가 성립하지 아니한다[대판 2014.03.27. 2011도11226]. [20 경찰채용]*

판례 | 진실한 사실인지 허위의 사실인지의 판단방법

1. 형법 제307조 제2항을 적용하기 위하여 적시된 사실이 허위의 사실인지 여부를 판단함에 있어서는 적시된 사실의 내용 전체의 취지를 살펴볼 때 중요한 부분이 객관적 사실과 합치되는 경우에는 세부에 있어서 진실과 약간 차이가 나거나 다소 과장된 표현이 있다 하더라도 이를 허위의 사실이라고 볼 수는 없다[대판 2000.2.25. 99도4757]. [18 경간부, 17 국가9급]*

2. 허위사실 적시로 인한 출판물에 의한 명예훼손과 관련하여, 타인의 발언을 비판할 의도로 출판물에 그 타인의 발언을 그대로 소개한 후 그 중 일부분을 부각, 적시하면서 이에 대한 다소 과장되거나 편파적인 내용의 비판을 덧붙인 경우라 해도 위 소개된 타인의 발언과의 전체적, 객관적 해석에도 불구하고 위 비판적 내용의 사실적시가 허위라고 읽혀지지 않는 한 위 일부 사실적시 부분만을 따로 떼어 허위사실이라고 단정하여서는 안 된다[대판 2007.1.26. 2004도1632].

3. 객관적으로 피해자의 사회적 평가를 저하시키는 사실에 관한 보도내용이 소문이나 제3자의 말, 보도를 인용하는 방법으로 단정적인 표현이 아닌 전문 또는 추측한 것을 기사화한 형태로 표현되었지만, 그 표현 전체의 취지로 보아 그 사실이 존재할 수 있다는 것을 암시하는 이상, 형법 제307조에서 규정하는 '사실의 적시'가 있는 것이고, 이러한 경우 특별한 사정이 없는 한 보도내용에 적시된 사실의 주된 부분은 암시된 사실 자체라고 보아야 하므로, 암시된 사실 자체가 허위라면 그에 관한 소문 등이 있다는 사실 자체는 진실이라 하더라도 허위의 사실을 적시한 것으로 보아야 할 것이다. 따라서 위와 같은 보도내용으로 인한 위 각 법 규정에 의한 명예훼손죄의 성립 여부나 형법 제310조의 위법성조각사유의 존부 등을 판단함에 있어서, 객관적으로 피해자의 명예를 훼손하는 보도내용에 해당하는지, 그 내용이 진실한지, 거기에 피해자를 비방할 목적이 있는지, 보도내용이 공공의 이익에 관한 것인지 여부 등은 원칙적으로 그 보도내용의 주된 부분인 암시된 사실 자체를 기준으로 살펴보아야 하고, 그 보도내용에 인용된 소문 등의 내용이나 표현방식, 그 신빙성 등에 비추어 암시된 사실이 무엇이고, 그것이 진실인지 여부 등에 대해 구체적으로 심리 · 판단하지 아니한 채 그러한 소문, 제3자의 말 등의 존부에 대한 심리 · 판단만으로 바로 위 보도로 인한 위 각 법 규정의 명예훼손죄의 성립 여부나 위법성조각사유의 존부 등을 판단할 수는 없다[대판 2008.11.27. 2007도5312]. [19 법원9급, 16 경찰채용]*

판례 | 허위사실의 적시라고 단정할 수 없는 경우

다른 특별한 사정이 없는 한, 그 진실이 무엇인지 확인할 수 없는 과거의 역사적 사실관계 등에 대하여 민사판결을 통하여 어떠한 사실인정이 있었다는 이유만으로, 이후 그와 반대되는 사실의 주장이나 견해의 개진 등을 형법상 명예훼손죄 등에 있어서 '허위의 사실 적시'라는 구성요건에 해당한다고 쉽게 단정하여서는 아니 된다. 판결에 대한 자유로운 견해 개진과 비판, 토론 등 헌법이 보장한 표현의 자유를 침해하는 위헌적인 법률해석이 되어 허용될 수 없기 때문이다[대판 2017.12.5. 2017도15628].

판례 | 학문적 연구에 따른 의견 표현과 명예훼손죄에서의 사실의 적시

[1] 정신적 자유의 핵심인 학문의 자유는 기존의 인식과 방법을 답습하지 아니하고 끊임없이 문제를 제기하거나 비판을 가함으로써 새로운 인식을 얻기 위한 활동을 보장하는 데에 그 본질이 있다. 학문적 표현의 자유는 학문의 자유의 근간을 이룬다. 학문적 표현행위는 연구 결과를 대외적으로 공개하고 학술적 대화와 토론을 통해 새롭고 다양한 비판과 자극을 받아들여 연구 성과를 발전시키는 행위로서 그 자체가 진리를 탐구하는 학문적 과정이며 이러한 과정을 자유롭게 거칠 수 있어야만 궁극적으로 학문이 발전할 수 있다. 헌법 제22조 제1항이 학문의 자유를 특별히 보호하는 취지에 비추어 보면, 학문적 표현의 자유에 대한 제한은 필요 최소한에 그쳐야 한다. 따라서 학문적 표현행위는 기본적 연구윤리를 위반하거나 해당 학문 분야에서 통상적으로 용인되는 범위를 심각하게 벗어나 학문적 과정이라고 보기 어려운 행위의 결과라거나, 논지나 맥락과 무관한 표현으로 타인의 권리를 침해하는 등의 특별한 사정이 없는 한 원칙적으로 학문적 연구를 위한 정당한 행위로 보는 것이 타당하다.
한편 헌법 제10조는 인간의 존엄과 가치를 규정하고 있고, 인격권에 대한 보호 근거도 같은 조항에서 찾을 수 있다. 학문 연구도 헌법질서 내에서 이루어질 때에 보호받을 수 있으므로, 인간의 존엄성 및 그로부터 도출되는 인격권에 대한 존중에 바탕을 두어야 한다. 따라서 연구자들은 연구 주제의 선택, 연구의 실행뿐만 아니라 연구 결과 발표에 이르기까지 타인의 명예를 보호하고, 개인의 자유와 자기결정권을 존중하며, 사생활의 비밀을 보호하는 것을 소홀히 하여서는 안 된다. 특히 사회적 약자나 소수자와 같이, 연구에 대한 의견을 표출하거나 연구 결과를 반박하는 데에 한계가 있는 개인이나 집단을 대상으로 연구를 하는 경우에는, 연구의 전 과정에 걸쳐 이들의 권리를 존중하여야 할 특별한 책임을 부담한다.
[2] 대법원은 명예훼손죄에서 '사실의 적시'에 관하여, 객관적으로 피해자의 사회적 평가를 저하시키는 사실에 관한 발언이 보도, 소문이나 제3자의 말을 인용하는 방법으로 단정적인 표현이 아닌 전문 또는 추측의 형태로 표현되었더라도, 표현 전체의 취지로 보아 사실이 존재할 수 있다는 것을 암시하는 방식으로 이루어진 경우에는 사실의 적시로 인정하여 왔다.

하지만 학문적 표현의 자유를 실질적으로 보장하기 위해서는, 학문적 연구 결과 발표에 사용된 표현의 적절성은 형사 법정에서 가려지기보다 자유로운 공개토론이나 학계 내부의 동료평가 과정을 통하여 검증되는 것이 바람직하다. 그러므로 학문적 연구에 따른 의견 표현을 명예훼손죄에서 사실의 적시로 평가하는 데에는 신중할 필요가 있다. 역사학 또는 역사적 사실을 연구 대상으로 삼는 학문 영역에서의 '역사적 사실'과 같이, 그것이 분명한 윤곽과 형태를 지닌 고정적인 사실이 아니라 사후적 연구, 검토, 비판의 끊임없는 과정 속에서 재구성되는 사실인 경우에는 더욱 그러하다. 이러한 점에서 볼 때, 학문적 표현을 그 자체로 이해하지 않고, 표현에 숨겨진 배경이나 배후를 섣불리 단정하는 방법으로 암시에 의한 사실 적시를 인정하는 것은 허용된다고 보기 어렵다[대판 2023.10.26. 2017도18697].

판례 | (참고) 공직선거법상의 허위사실의 공표에 해당하지 않는다고 한 사례

[1] 후보자 등이 후보자 토론회에 참여하여 질문 · 답변을 하거나 주장 · 반론을 하는 것은, 그것이 토론회의 주제나 맥락과 관련 없이 일방적으로 허위의 사실을 드러내어 알리려는 의도에서 적극적으로 허위사실을 표명한 것이라는 등의 특별한 사정이 없는 한 공직선거법 제250조 제1항에 의하여 허위사실공표죄로 처벌할 수 없다고 보아야 한다.
[2] 공직선거법은 '허위의 사실'과 '사실의 왜곡'을 구분하여 규정하고 있으므로(제8조의4 제1항, 제8조의6 제4항, 제96조 제1항, 제2항 제1호, 제108조 제5항 제2호 등 참조), 적극적으로 표현된 내용에 허위가 없다면 법적으로 공개의무를 부담하지 않는 사항에 관하여 일부 사실을 묵비하였다는 이유만으로 전체 진술을 곧바로 허위로 평가하는 데에는 신중하여야 하고, 토론 중 질문 · 답변이나 주장 · 반론하는 과정에서 한 표현이 선거인의 정확한 판단을 그르칠 정도로 의도적으로 사실을 왜곡한 것이 아닌 한, 일부 부정확 또는 다소 과장되었거나 다의적으로 해석될 여지가 있는 경우에도 허위사실 공표행위로 평가하여서는 안 된다.
[3] 지방자치단체장 선거의 후보자인 피고인이, 사실은 시장으로 재직할 당시 수회에 걸쳐 관할 보건소장 등에게 자신의 친형 갑에 대하여 정신보건법에 따른 강제입원 절차를 진행하도록 지시하였음에도 방송사 초청 공직선거 후보자 토론회에서 상대 후보자 을이 위 강제입원 절차 관여 여부에 대하여 한 질문에 이를 부인하면서 갑을 정신병원에 입원시키려고 한 적이 없다는 취지로 발언(답변)을 함으로써 허위사실을 공표하였다고 하여 공직선거법 위반으로 기소된 사안에서, 피고인의 발언은 공직선거법 제250조 제1항에서 정한 허위사실의 공표에 해당하지 않는다고 한 사례[대판(전) 2020.7.16. 2019도13328].

동지판례 **[다수의견]** 공직선거법 제250조 제1항은 선거인의 공정한 판단에 영향을 미치는 허위사실을 공표하는 행위 등을 처벌함으로써 선거운동의 자유를 해치지 않으면서 선거의 공정을 보장하기 위한 규정이다. 즉, 후보자(후보자가 되고자 하는 자를 포함한다)에게 유리한 허위사실을 공표하지 못하도록 함으로써 선거인들이 후보자에 대한 정확한 판단자료를 가지고 올바른 선택을 할 수 있도록 하기 위한 것이다.
어떤 표현이 허위사실을 공표한 것인지는, 일반 선거인이 그 표현을 접하는 통상의 방법을 전제로 하여 그 표현의 전체적인 취지, 객관적 내용, 사용된 어휘의 통상적인 의미, 문구의 연결방법 등을 종합적으로 고려하여, 그 표현이 선거인에게 주는 전체적인 인상을 기준으로 판단해야 한다.
민주주의의 요체는 공적 관심사에 대한 자유로운 의사의 표현과 활발한 토론에 있으므로, 민주주의의 실현 과정인 선거절차에서도 선거의 공정성을 해하지 않는 범위 내에서 정치적 표현의 자유가 충실하게 보장되어야 한다. 다만 정치적 표현의 자유가 보호되는 정도는 표현의 주체와 대상 등에 따라 달라질 수 있다. 정치적 표현의 자유는 공적 관심사에 대한 국민의 자유로운 의견과 사상을 허용함으로써 민주적 담론의 장에서 국민의 역할을 넓히는 데 초점을 맞추어 발전하여 왔다. 그런데 공직을 맡으려는 후보자가 자신에 관한 사항에 대하여 국민에게 허위사실을 공표하는 국면에서 정치적 표현의 자유가 지니는 의미와 허용 범위는, 일반 국민이 공인이나 공적 관심사에 대하여 의견과 사상을 표명하는 경우와 같을 수 없다. 공직선거법 제250조 제1항의 허위사실공표죄도 이러한 배경에서 이해되어야 한다.
공직선거법 제250조 제1항의 허위사실공표죄는 후보자의 정치적 표현을 규제하는 측면 외에도 주권자인 국민이 올바른 정보의 토대 위에서 정치적 의사를 형성하고 선거를 통해 흠 없이 의사를 표현할 수 있도록 보장하는 측면을 아울러 지닌다. 후보자의 어떤 표현이 허위사실 공표에 해당하는지를 판단할 때에는 후보자의 정치적 표현, 특히 의견과 사상의 영역에 속하는 정치적 표현이 과도하게 제한되지 않도록 유의하면서도, 공정한 선거를 통하여 보호하고자 하는 선거인의 알권리와 그에 바탕을 둔 선거권 등 선거인이 국민으로서 가지는 헌법상 기본권의 충실한 보장 요청을 고려해야 한다. 표현의 의미는 후보자 개인이나 법원이 아닌 선거인의 관점에서 해석해야 하고, 어느 정도의 허위사실이 후보자의 표현의 자유라는 이름 아래 용인될 수 있는지는 허위사실이 선거인의 공정한 판단에 영향을 미치는 정도에 따라 판단하는 것도 이러한 고려의 결과이다[대판(전) 2025.5.1. 2025도4697].

제1편

2026 해커스경찰 허정 형사법 2권 형법각론

④ 적시: 명예훼손적 사실을 표시 · 주장 · 전달하는 일체의 행위를 말한다.

판례 | 사실의 적시의 정도

명예훼손죄가 성립하기 위하여, 적시된 사실은 특정인의 사회적 가치 내지 평가가 침해될 가능성이 있을 정도로 구체성을 띠어야 한다. 그리고 특정인의 사회적 가치나 평가를 저하시키기에 충분한 구체적인 사실의 적시가 있다고 하기 위해서는, 반드시 그러한 구체적인 사실이 직접적으로 명시되어 있을 것을 요구하는 것은 아니지만, 적어도 적시된 내용 중의 특정 문구에 의하여 그러한 사실이 곧바로 유추될 수 있을 정도는 되어야 한다[대판 2011.8.18. 2011도6904]. [23 경간부]*

관련판례 피고인이 초등학생인 딸 甲에 대한 학교폭력을 신고하여 교장이 가해학생인 乙에 대하여 학교폭력대책자치위원회의 의결에 따라 '피해학생에 대한 접촉, 보복행위의 금지' 등의 조치를 하였는데, 그 후 피고인이 자신의 카카오톡 계정 프로필 상태메시지에 "학교폭력범은 접촉금지!!!"라는 글과 주먹 모양의 그림말 세 개를 게시한 경우 … 피고인은 '학교폭력범' 자체를 표현의 대상으로 삼았을 뿐 특정인을 '학교폭력범'으로 지칭하지 않았으며, 피고인이 '학교폭력범'이라는 단어를 사용하였다고 하여 실제 일어난 학교폭력 사건에 관해 언급한 것이라고 단정할 수 없으므로, 피고인이 상태메시지를 통해 乙의 학교폭력 사건이나 그 사건으로 乙이 받은 조치에 대해 기재함으로써 乙의 사회적 가치나 평가를 저하시키기에 충분한 구체적인 사실을 드러냈다고 볼 수 없다[대판 2020.5.28. 2019도12750]. [22 경간부]*

판례 | 피해자의 특정(성명을 명시함을 요하지 않음)

사람의 성명을 명시한 바 없는 허위사실의 적시행위도 그 표현의 내용을 주위사정과 종합 판단하여 그것이 특정인을 지목하는 것인가를 알아차릴 수 있는 경우에는 그 특정인에 대한 제307조 제2항의 명예훼손죄를 구성한다[대판 1982.11.9. 82도1256].

판례 | 명예훼손죄에 있어서 '사실의 적시'의 정도

명예훼손죄에 있어서 '사실의 적시'라 함은 사람의 사회적 평가를 저하시키는데 충분한 구체적 사실을 적시하는 것을 말하므로, 이를 적시하지 아니하고 단지 모멸적인 언사를 사용하여 타인의 사회적 평가를 경멸하는 자기의 추상적 판단을 표시하는 것(빨갱이 계집년, '만신(무당)', 첩년이라고 말한 것)은 사람을 모욕한 경우에 해당하고 명예훼손죄에 해당하지 아니한다[대판 1981.11.24. 81도2280]. [20 법원행시, 20 경찰채용]*

판례 | 사실의 적시의 방법

1. 명예훼손죄에 있어서의 사실의 적시는 사실을 직접적으로 표현한 경우에 한정될 것은 아니고, 간접적이고 우회적인 표현에 의하더라도 그 표현의 전취지에 비추어 그와 같은 사실의 존재를 암시하고 또 이로써 특정인의 사회적 가치 내지 평가가 침해될 가능성이 있을 정도의 구체성이 있으면 족한 것이다[대판 1991.5.14. 91도420].
2. 명예훼손죄에 있어서의 사실의 적시는 그 사실의 적시자가 스스로 실험한 것으로 적시하든 타인으로부터 전문한 것으로 적시하든 불문한다[대판 1985.4.23. 85도431].

판례 | 구체적 사실의 적시에 해당하지 않아 명예훼손죄가 성립할 수 없는 경우

1. "애꾸눈, 병신"이라는 발언 내용[대판 1994.10.25. 94도1770].
2. "아무것도 아닌 똥꼬다리 같은 놈"이라는 구절, "잘 운영되어 가는 어촌계를 파괴하려 한다."는 구절[대판 1989.3.14. 88도1397]. [16 경찰승진]*
3. "늙은 화냥년의 간나, 너가 화냥질을 했잖아"라고 한 피고인의 발언 내용[대판 1987.5.12. 87도739].

4. 피고인이 피해자를 직접 대면하는 등으로 피해자의 외모에 대하여 알고 있는 바가 없었으면서, 온라인게임 채팅창에 피해자를 지칭하며 '뻐꺼, 대머리'라고 표현한 경우 … 피고인이 피해자에 대한 경멸적 감정을 표현하여 모욕을 주기 위하여 사용한 것일 수는 있을지언정 객관적으로 그 표현 자체가 상대방의 사회적 가치나 평가를 저하시키는 것이라거나 그에 충분한 구체적 사실을 드러낸 것으로 보기는 어렵다 할 것이다[대판 2011.10.27. 2011도9033].

5. 피고인이 세월호 참사 국민대책회의 공동위원장이자 '4월 16일의 약속 국민연대' 상임운영위원으로서 언론사 기자와 시민 등을 상대로 기자회견을 하던 중 '세월호 참사 당일 7시간 동안 대통령 갑이 마약이나 보톡스를 했다는 의혹이 사실인지 청와대를 압수·수색해서 확인했으면 좋겠다.'는 취지로 발언함으로써 허위사실을 적시하여 갑의 명예를 훼손하였다는 내용으로 기소된 사안에서, 위 발언은 '갑이 마약을 하거나 보톡스 주사를 맞고 있어 직무수행을 하지 않았다.'는 구체적인 사실을 적시하였다고 단정하기 어렵고, 피고인이 공적 인물과 관련된 공적 관심사항에 대한 의혹 제기 방식으로 표현행위를 한 것으로서 대통령인 갑 개인에 대한 악의적이거나 심히 경솔한 공격으로서 현저히 상당성을 잃은 것으로 평가할 수 없어 명예훼손죄로 처벌할 수 없다고 한 사례[대판 2021.3.25. 2016도14995].

6. 피고인이 동 주민자치위원에게 전화를 걸어 '어제 열린 당산제(마을제사) 행사에 남편과 이혼한 甲도 참석을 하여, 이에 대해 행사에 참여한 사람들 사이에 안 좋게 평가하는 말이 많았다.'는 취지로 말하고, 동 주민들과 함께한 저녁식사 모임에서 '甲은 이혼했다는 사람이 왜 당산제에 왔는지 모르겠다.'는 취지로 말한 경우, 피고인의 위 발언은 甲의 사회적 가치나 평가를 침해하는 구체적인 사실의 적시에 해당하지 않고 甲의 당산제 참여에 관한 의견표현에 지나지 않는다[대판 2022.5.13. 2020도15642].

④ **명예훼손**: 본죄는 추상적 위험범이므로 현실적으로 명예가 훼손될 것을 요하지 아니하며, 단순히 명예를 해할 일반적 위험만 있으면 기수가 된다. 따라서 명예훼손적 사실을 적시하여 불특정 또는 다수인이 직접 인식할 수 있는 상태에 이르면 기수가 되며, 현실적으로 상대방이 이를 인식할 것은 요하지 않는다.

3. 주관적 구성요건

(1) 고의

판례 | 제307조 명예훼손죄의 고의의 성립요건

1. 전파가능성을 이유로 명예훼손죄의 공연성을 인정하는 경우에는 적어도 범죄구성요건의 주관적 요소로서 미필적 고의가 필요하므로, 전파가능성에 대한 인식이 있음은 물론, 나아가 그 위험을 용인하는 내심의 의사가 있어야 한다[대판 2020.1.30. 2016도21547]. [19 법원행시]*

2. 형법 제307조 제2항의 명예훼손죄에 있어서의 범의는 그 구성요건사실 즉 적시한 사실이 허위인 점과 그 사실이 사람의 사회적 평가를 저하시킬 만한 것이라는 점을 인식하는 것을 말하고 특히 비방의 목적이 있음을 요하지 않는다[대판 1991.3.27. 91도156].

판례 | 제307조 명예훼손죄의 고의가 부정되는 경우

1. 불미스러운 소문의 진위를 확인하고자 질문을 하는 과정에서 타인의 명예를 훼손하는 발언을 한 경우, 명예훼손의 고의를 인정할 수 없다[대판 2018.6.15. 2018도4200]. [21 법원9급, 20 경간부, 19 법원행시]*

2. 명예훼손 사실을 발설한 것이 정말이냐는 질문에 대답하는 과정에서 타인의 명예를 훼손하는 사실을 발설하게 된 것이라면, 그 발설내용과 동기에 비추어 명예훼손의 범의를 인정할 수 없다[대판 2010.10.28. 2010도2877]. [20 경찰승진, 16 법원행시]*

판례 | 명예훼손 및 공연성에 대한 고의가 인정되지 않는다고 한 사례

[사실관계] 피고인은 마트 영업을 시작하면서 을을 점장으로 고용하여 관리를 맡겼는데, 재고조사 후 일부 품목과 금액의 손실이 발견되자 그때부터 을을 의심하여 마트 관계자들을 상대로 을의 비리 여부를 확인하고 다니던 중 을이 납품업자들로부터 현금으로 입점비를 받았다는 이야기를 듣고 마트에 아이스크림을 납품하는 업체 직원인 갑을 아무도 없는 사무실로 불러 진위를 확인하면서 '다른 업체에서는 마트에 입점하기 위하여 입점비를 준다고 하던데, 입점비를 얼마나 줬냐? 점장 을이 여러 군데 업체에서 입점비를 돈으로 받아 해먹었고, 지금 뒷조사 중이다.'라고 말하였다. 그 후 피고인은 이와 같은 사실을 을에게 말하지 말고 혼자만 알고 있으라고 당부하였으며, 갑이 그 후 을에게는 이야기하였으나 을 외의 다른 사람들에게 이야기한 적은 없었다.

[판례] 피고인에게 명예훼손의 고의를 인정하기 어렵고, 피고인에게 전파가능성에 대한 인식과 그 위험을 용인하는 내심의 의사가 있었다고 보기도 어렵다[대판 2018.6.15. 2018도4200].

동지판례 작업장의 책임자인 피고인이 甲으로부터 작업장에서 발생한 성추행 사건에 대해 보고받은 사실이 있음에도, 직원 5명이 있는 회의 자리에서 상급자로부터 경과보고를 요구받으면서 과태료 처분에 관한 책임을 추궁받자 이에 대답하는 과정에서 '甲은 성추행 사건에 대해 애초에 보고한 사실이 없다. 그런데도 이를 수사기관 등에 신고하지 않았다고 과태료 처분을 받는 것은 억울하다.'는 취지로 발언한 경우, 위와 같이 회의 자리에서 상급자로부터 책임을 추궁당하며 질문을 받게 되자 이에 대답하는 과정에서 타인의 명예를 훼손하는 듯한 사실을 발설하게 된 것이라면 그 발설 내용과 경위·동기 및 상황 등에 비추어 명예훼손의 고의를 인정하기 어렵고, 또한 질문에 대하여 단순한 확인 취지의 답변을 소극적으로 한 것에 불과하다면 이를 명예훼손에서 말하는 사실의 적시라고 단정할 수도 없다는 이유로, 이와 달리 보아 피고인에게 유죄를 인정한 원심판결에 명예훼손죄의 고의와 사실의 적시에 관한 법리오해의 잘못이 있다[대판 2022.4.14. 2021도17744].

(2) 착오

① 허위사실을 진실한 사실로 오인하고 적시하여 명예를 훼손한 경우: 제15조 제1항이 적용되어 제307조 제1항의 명예훼손죄가 성립한다.

② 진실한 사실을 허위사실로 오인하고 적시하여 명예를 훼손한 경우: 중한 고의는 경한 고의를 포함하므로 제307조 제1항의 명예훼손죄가 성립한다.

판례 | 제307조 명예훼손죄의 고의가 부정되는 경우

피고인이 자신의 발언내용을 진실한 것으로 알고 있었다면 그것이 객관적으로 허위의 사실로 밝혀지더라도 형법 제307조 제2항의 허위사실적시 명예훼손죄에 해당하지 않는다[대판 2011.5.13. 2009도14442].

4. 형법 제310조에 의한 위법성조각사유

제310조(위법성의 조각) 제307조 제1항의 행위가 진실한 사실로서 오로지 공공의 이익에 관한 때에는 처벌하지 아니한다.

① 요건

판례 | 제310조가 적용되지 않는 경우

허위사실 적시에 의한 명예훼손죄에 해당하는 행위에 대하여는 위법성조각에 관한 형법 제310조는 적용될 여지가 없다[대판 2012.5.9. 2010도2690].

[20 법원9급, 20 경찰채용, 18 경간부]*

비교판례 군형법 제64조 제3항의 행위에 대해 형법 제307조 제1항의 행위에 대한 위법성조각사유를 규정한 형법 제310조가 유추적용된다[대판 2024.4.16. 2023도13333].

판례 | '진실한 사실'의 의미

형법 제310조에서 '진실한 사실'이란 그 내용 전체의 취지를 살펴볼 때 중요한 부분이 객관적 사실과 합치되는 사실이라는 의미로서 일부 자세한 부분이 진실과 약간 차이가 나거나 다소 과장된 표현이 있다고 하더라도 무방하다[대판 2001.10.9. 2001도3594].

판례 | 제310조의 공공의 이익의 범위

1. 형법 제310조에서 '오로지 공공의 이익에 관한 때'에서 공공의 이익에 관한 것에는 널리 국가·사회 기타 일반 다수인의 이익에 관한 것뿐만 아니라 특정한 사회집단이나 그 구성원 전체의 관심과 이익에 관한 것도 포함하는 것이다[대판 2004.10.15. 2004도3912].
2. 개인의 사적인 신상에 관한 사실이라고 하더라도 그가 관계하는 사회적 활동의 성질이나 이를 통하여 사회에 미치는 영향력의 정도 등의 여하에 따라서는 그 사회적 활동에 대한 비판 내지 평가의 한 자료가 될 수 있는 것이므로 개인의 사적인 신상에 관하여 적시된 사실도 그 적시의 주요한 동기가 공공의 이익을 위한 것이라면 위와 같은 의미에서 형법 제310조 소정의 공공의 이익에 관한 것으로 볼 수 있는 경우가 있다[대판 1996.4.12. 94도3309].

판례 | 공공의 이익이 인정되지 않은 경우

1. 피고인들이 학원 이사장 A의 주거지인 아파트 앞에서 A의 집 주소와 '교육을 빙자한 장사꾼'이라는 내용이 적힌 플래카드와 '유령동창회비 어디 갔나, 장학기금 바람과 함께 사라졌다.' 등이 적힌 피켓 등을 들고 시위를 하고, 학원 산하 고등학교 교장 B의 집 앞에서 B의 집 주소와 '재단의 꼭두각시'라는 내용이 적힌 플래카드와 '학생복지 외면하는 교장, 합의정신 묵살하는 교장' 등이 적힌 피켓 등을 들고 시위를 한 경우, 피고인들이 아파트 앞에서 A, B의 주소까지 명시하여 A, B의 명예를 훼손한 것을 두고 오로지 공공의 이익에 관한 것이라고 보기는 어렵다[대판 2008.3.14. 2006도6049]. [20 경찰채용]*
2. 회사의 대표이사에게 압력을 가하여 단체협상에서 양보를 얻어내기 위한 방법의 하나로 현수막과 피켓을 들고 확성기를 사용하여 반복해서 불특정 다수의 행인을 상대로 소리치면서 거리행진을 함으로써 위 대표이사의 명예를 훼손한 행위는 공공의 이익을 위하여 사실을 적시한 것으로 볼 수 없어 위법성이 조각되지 아니한다[대판 2004.10.15. 2004도3912].
3. 회사에서 징계 업무를 담당하는 직원인 피고인이 피해자에 대한 징계절차 회부 사실이 기재된 문서를 근무현장 방재실, 기계실, 관리사무실의 각 게시판에 게시함으로써 공연히 피해자의 명예를 훼손하였다는 내용으로 기소된 사안에서, 징계혐의 사실은 징계절차를 거친 다음 확정되는 것이므로 징계절차에 회부되었을 뿐인 단계에서 그 사실을 공개함으로써 피해자의 명예를 훼손하는 경우, 이를 사회적으로 상당한 행위라고 보기는 어려운 점, 피해자에 대한 징계 의결이 있기 전에 징계절차에 회부되었다는 사실이 공개되는 경우 피해자가 입게 되는 피해의 정도는 가볍지 않은 점 등을 종합하면, 피해자에 대한 징계절차 회부 사실을 공지하는 것이 회사 내부의 원활하고 능률적인 운영의 도모라는 공공의 이익에 관한 것으로 볼 수 없다는 이유로, 이와 달리 본 원심판단에 명예훼손죄에서의 '공공의 이익'에 관한 법리오해의 잘못이 있다고 한 사례[대판 2021.8.26. 2021도6416].

판례 | 공공의 이익이 인정된 경우

1. 교장 甲이 여성 기간제교사 乙에게 차 접대 요구와 부당한 대우를 하였다는 인상을 주는 내용의 글을 게재한 교사 丙의 명예훼손행위가 공공의 이익에 관한 것으로서 위법성이 조각된다[대판 2008.7.10. 2007도9885]. [17 경간부]*
2. 아파트 동대표인 피고인이 자신에 대한 부정비리 의혹을 해명하기 위하여 그 의혹제기자가 명예훼손죄로 입건된 사실 등을 기재한 문서를 아파트 입주민들에게 배포한 경우, 위 문서 배포행위는 오로지 공공의 이익을 위하여 진실한 사실을 적시한 경우로서 형법 제310조의 위법성조각사유에 해당한다[대판 2005.7.15. 2004도1388].

판례 | 형법 제310조에서 '오로지 공공의 이익에 관한 때'의 의미

1. 형법 제310조의 '오로지 공공의 이익에 관한 때'라 함은 적시된 사실이 객관적으로 볼 때 공공의 이익에 관한 것으로서 행위자도 공공의 이익을 위하여 그 사실을 적시한 것이어야 하고, 행위자의 주요한 목적이나 동기가 공공의 이익을 위한 것이라면 부수적으로 다른 사익적 목적이나 동기가 내포되어 있더라도 형법 제310조의 적용을 배제할 수 없다[대판 1996.10.25. 95도1473]. [21 법원9급, 20 경간부, 17 국가9급, 16 경간부]*

   관련판례 게시글의 전체적인 취지·내용에 비추어 중요한 부분은 '乙이 술을 마신 상태에서 음주운전을 하였고 피고인도 이를 끝까지 제지하지 않았으며, 피고인 역시 음주운전 차량에 동승하였다.'는 점으로서 객관적 사실과 합치되므로, 비록 乙이 마신 술의 종류·양과 같은 세부적 부분이 객관적 사실과 정확히 일치하지 않더라도 게시글의 중요한 부분은 '진실한 사실'에 해당하는 점, 피고인은 사회적으로 음주운전에 엄격해진 분위기와 달리 농활 과정의 관성적인 음주운전 문화가 해당 개인은 물론 농활에 참여한 학내 구성원 등의 안전을 위협하고 이로 인해 총학생회의 자치활동에마저 부정적인 사회적 인식을 초래할 수 있다는 문제의식 아래 게시글을 올린 것으로 보이므로, 게시글은 주된 의도·목적의 측면에서 공익성이 충분히 인정되는 점, 게시글을 올린 시점이 乙의 음주운전 행위일로부터 약 4개월이 경과되었고, 乙의 甲 대학교 단과대학 학생회장 출마 시점으로부터 약 2주일 전이라는 점에서 그 의도·목적상 乙의 출마와 관련성이 있다고 볼 여지도 있으나, 게시글의 중요 부분은 객관적인 사실로서 乙의 준법의식·도덕성·윤리성과 직결되는 부분이어서 단과대학 학생회장으로서의 적격 여부와 상당한 관련성이 있을 뿐만 아니라 단과대학 구성원 전체의 관심과 이익에 관한 사항에 해당하는 점 등을 종합하면, 피고인의 행위는 형법 제310조에 따라 위법성이 조각된다고 봄이 타당하다[대판 2023.2.2. 2022도13425].

   [사실관계] A대학교 총학생회장인 甲이 총학생회 주관의 농활 사전답사 과정에서 乙을 비롯한 학생회 임원진의 음주 및 음주운전 사실이 있었음을 계기로 음주운전 및 이를 묵인하는 관행을 공론화하여 '총학생회장으로서 음주운전을 끝까지 막지 못하여 사과드립니다.'라는 제목의 글을 써 페이스북 등에 게시함으로써 음주운전자로 특정된 乙의 명예를 훼손하였다는 내용으로 기소된 사안에서, 게시글의 전체적인 취지·내용에 비추어 중요한 부분이 '진실한 사실'에 해당하고, 게시글은 주된 의도·목적의 측면에서 공익성이 충분히 인정되는 점 등을 종합하면, 甲의 행위는 형법 제310조에 따라 위법성이 조각된다 한 사례.

2. 피고인의 주요한 동기나 목적이 공공의 이익을 위한 것이라면 '甲의 막장 대응' 등과 같이 다소 과장된 표현이 사용되었고, 부수적으로 산후조리원 이용대금 환불과 같은 다른 사익적 목적이나 동기가 내포되어 있다는 사정만으로 피고인에게 甲을 비방할 목적이 있었다고 보기 어렵다[대판 2012.11.29. 2012도10392].

판례 | 형법 제310조가 적용되어 명예훼손죄가 성립하지 않는 경우

1. 전국교직원노동조합 소속 교사가 작성·배포한 보도 자료의 일부에 사실과 다른 기재가 있으나 전체적으로 그 기재 내용이 진실하고 공공의 이익을 위한 것이라고 볼 수 있는 경우 명예훼손죄의 위법성이 조각된다[대판 2001.10.9. 2001도3594]. [18 경찰채용, 16 경찰채용]*
2. 특정 상가건물관리회의 회장이 위 관리회의 결산보고를 하면서 전 관리회장이 체납관리비 등을 둘러싼 분쟁으로 자신을 폭행하여 유죄판결을 받은 사실을 알린 경우, 이는 건물관리회원 전체의 관심과 이익에 관한 것으로서 공공의 이익에 관한 것이라 할 것이고, 그 주된 동기가 업무집행에 대한 회원들 신뢰를 확보하고 단체의 내부 질서를 바로 잡아 회원들의 단합을 도모하고자 하는 공공의 이익을 위한 것으로 볼 수 있어 명예훼손죄는 성립하지 아니한다[대판 2008.11.13. 2008도6342]. [16 경간부]*

② 효과

판례 | 제310조의 실체법적 효과 = 위법성조각사유

교회담임목사를 출교처분한다는 취지의 교단산하 재판위원회의 판결문은 성질상 교회나 교단 소속신자들 사이에서는 당연히 전파·고지될 수 있는 것이므로 위 판결문을 복사하여 예배를 보러온 신도들에게 배포한 행위에 의하여 그 목사의 개인적인 명예가 훼손된다 하여도 그것은 진실한 사실로서 오로지 교단 또는 그 산하교회 소속신자들의 이익에 관한 때에 해당하거나 적어도 사회상규에 위배되지 아니하는 행위에 해당하여 위법성이 없다[대판 1989.2.14. 88도899].

판례 | 제310조의 소송법적 효과 = 위법성조각의 요건을 행위자(피고인)가 증명할 책임 있음

공연히 사실을 적시하여 사람의 명예를 훼손한 행위가 형법 제310조의 규정에 따라서 위법성이 조각되어 처벌대상이 되지 않기 위하여는 그것이 진실한 사실로서 오로지 공공의 이익에 관한 때에 해당된다는 점을 행위자가 증명하여야 하는 것이나, 그 증명은 유죄의 인정에 있어 요구되는 것과 같이 법관으로 하여금 의심할 여지가 없을 정도의 확신을 가지게 하는 증명력을 가진 엄격한 증거에 의하여야 하는 것은 아니다[대판 1996.10.25. 95도1473].

판례 | 공적 관심사안에 대하여 진실한 사실을 공표한 경우 = 원칙적으로 공익성의 증명 인정

형법 제310조에서 말하는 공공의 이익에 관한 것인지 여부를 판단함에는 명예를 훼손당한 자가 공무원 내지 공인인지, 그 표현이 객관적으로 국민이 알아야 할 공공성, 사회성을 갖춘 공적 관심사안에 관한 것으로 사회의 여론형성 내지 공개토론에 기여하는 것인지, 피해자가 그와 같은 명예훼손적 표현의 위험을 자초한 것인지 여부 등의 사정도 적극 고려되어야 한다. 따라서 이러한 공적 관심사안에 관하여 진실하거나 진실이라고 봄에 상당한 사실을 공표한 경우에는 그것이 악의적이거나 현저히 상당성을 잃은 공격에 해당하지 않는 한 원칙적으로 공공의 이익에 관한 것이라는 증명이 있는 것으로 보아야 한다[대판 2007.1.26. 2004도1632].

③ 적시사실의 진실성 또는 공익성에 대한 착오

판례 | 허위사실을 진실로 오인하고 공공의 이익을 위하여 적시한 경우

일부 허위사실이 포함된 신문기사를 보도한 경우일지라도 기사작성의 목적이 공공의 이익에 관한 것이고 그 기사내용을 작성자가 진실하다고 믿었으며 그와 같이 믿은 데에 객관적인 상당한 이유가 있는 경우에는 진실한 것이라는 증명이 없다고 할지라도 위법성이 없다고 보아야 한다[대판 1996.8.23. 94도3191]. [19 경간부, 18 경간부, 17 국가9급, 17 경찰승진]*

동지판례 공연히 사실을 적시하여 사람의 명예를 훼손한 행위가 처벌되지 않기 위하여는 적시된 사실이 객관적으로 볼 때 공공의 이익에 관한 것으로서 행위자도 공공의 이익을 위하여 그 사실을 적시한 것이어야 될 뿐만 아니라, 그 적시된 사실이 진실한 것이거나 적어도 행위자가 그 사실을 진실한 것으로 믿었고, 또 그렇게 믿을 만한 상당한 이유가 있어야 한다[대판 2000.2.25. 98도2188]. [19 경찰채용]*

④ 적용범위

판례 | 제310조가 적용되지 않는 경우

1. **(제309조 제2항 위반죄)** 사람을 비방할 목적으로 출판물에 의하여 허위의 사실을 적시하여 사람의 명예를 훼손한 형법 제309조 제2항 위반죄에는 위법성조각에 관한 형법 제310조는 적용될 여지가 없다[대판 2005.6.10. 2005도2316]. [18 경간부]*
2. **(제309조 제1항의 출판물 등에 의한 명예훼손행위)** 형법 제307조 제1항의 명예훼손행위가 진실한 사실로서 오로지 공공의 이익에 관한 때에는 위법성이 조각되나 형법 제309조 제1항의 출판물 등에 의한 명예훼손행위는 그것이 오로지 공공의 이익을 위한 행위였다고 하더라도 위법성이 조각되지 않음은 형법 제310조의 규정에 비추어 명백하다[대판 1995.6.30. 95도1010]. [18 경간부]*
3. **(모욕죄)** 형법 제310조에 의하여 위법성이 조각되는 것은 그 법문이 명백히 규정하고 있는 바와 같이 명예훼손죄에 한하고, 모욕죄에 있어서는 사실이 진실이라 하더라도 위법성을 조각하지 아니한다고 해석하여야 함은 형법 제310조의 규정의 위치로 보아 자명하다[대판 1959.12.23. 4291형상539]. [18 경간부]*
4. **(기타)** 정보통신망을 통한 명예훼손이나 허위사실적시 명예훼손행위에는 위법성 조각에 관한 형법 제310조가 적용될 수 없다[대판 2006.8.25. 2006도648]. [20 법원행시, 19 법원행시]*

5. 소추조건

반의사불벌죄이다.

6. 죄수 및 타죄와의 관계

① 본죄의 보호법익은 일신전속적 법익이므로 피해자의 수를 기준으로 죄수를 결정한다.

② 1개의 문서로써 수인의 명예를 훼손한 경우에는 수개의 명예훼손죄의 상상적 경합이 된다.

Ⅲ 사자의 명예훼손죄

제308조(사자의 명예훼손) 공연히 허위의 사실을 적시하여 사자의 명예를 훼손한 자는 2년 이하의 징역이나 금고 또는 500만원 이하의 벌금에 처한다.

제312조(고소) ① 본죄는 고소가 있어야 공소를 제기할 수 있다.

판례 | 사자명예훼손죄의 보호법익과 사자명예훼손죄가 성립하는 경우

1. 사자명예훼손죄는 사자에 대한 사회적 · 역사적 평가를 보호법익으로 하는 것이므로 그 구성요건으로서의 사실의 적시는 허위의 사실일 것을 요하는바 피고인이 사망자의 사망사실을 알면서 위 망인은 사망한 것이 아니고 빚 때문에 도망다니며 죽은 척 하는 나쁜 놈이라고 함은 공연히 허위의 사실을 적시한 행위로서 사자의 명예를 훼손하였다고 볼 것이다[대판 1983.10.25. 83도1520].
2. **(조현오 경찰청장 사건)** 서울지방경찰청장인 甲은 서울지방경찰청 소속 팀장급 398명을 상대로 기동부대 지휘요원 특별교양을 실시하던 중, '10만 원권 수표로 거액이 입금된 차명계좌가 뛰어내리기 전날 발견되었고 그로 인하여 N 전 대통령이 자살하였다'는 취지의 발언을 하였으나, 甲이 말한 '차명계좌'는 발견되지 않았다면, 甲이 만난 지 몇 번 되지 않은 사람으로부터 그러한 이야기를 듣고 그대로 믿었다고 주장하고 있다고 하더라도 甲에게는 사자명예훼손죄가 성립한다[대판 2014.3.13. 2013도12430].

   판결이유 이 사건 차명계좌는 피고인 스스로 진술하는 바와 같이 뇌물과 같이 떳떳하지 못한 돈을 관리하는 계좌로서 노 전 대통령과 그 배우자, 아들, 딸 등이 그 계좌에 있는 돈을 실제로 소유하고 있다는 뜻인바, 피고인이 발언한 '자살의 동기가 될 만한 차명계좌'는 단순한 차명계좌의 의미를 넘어 N 전 대통령에게 큰 책임과 부담을 줄 수 있는 차명계좌를 의미하는 것이라고 봄이 상당하다.

판례 | 사자명예훼손죄가 성립하지 않는 경우

[1] 합리적인 시청자라면 역사적 사실의 서술을 주로 하는 기록물이 아닌 허구적 성격의 역사드라마의 경우 이를 당연한 전제로 시청할 것으로 예상되는 이상, 위 허구적 묘사가 역사적 개연성을 잃지 않고 있는 한 그 부분만 따로 떼어 역사적 진실성에 대한 증명이 없다는 이유로 허위라거나 연출자에게 그 허위의 점에 대한 인식이 있었다고 단정하여서는 아니될 것이다.
[2] 역사드라마 '서울 1945'의 특정 장면이 공연히 허위사실을 적시하여 망인인 이승만 등의 명예를 훼손하였다는 공소사실에 대하여, 구체적인 허위사실의 적시가 있었다고 보기 어렵다는 이유로 무죄를 선고한 원심판단을 정당하다고 한 사례[대판 2010.4.29. 2007도8411].

Ⅳ 출판물에 의한 명예훼손죄

제309조(출판물 등에 의한 명예훼손) ① 사람을 비방할 목적으로 신문, 잡지 또는 라디오 기타 출판물에 의하여 제307조 제1항의 죄(사실적시 명예훼손죄)를 범한 자는 3년 이하의 징역이나 금고 또는 700만원 이하의 벌금에 처한다.
② 제1항의 방법으로 제307조 제2항의 죄(허위사실적시 명예훼손죄)를 범한 자는 7년 이하의 징역, 10년 이하의 자격정지 또는 1천500만원 이하의 벌금에 처한다.

제312조(피해자의 의사) ② 본죄는 피해자의 명시한 의사에 반하여 공소를 제기할 수 없다.

(1) 객관적 구성요건

① 신문 · 잡지 · 라디오 기타 출판물

판례 | 출판물에 의한 명예훼손죄의 '기타 출판물'의 요건

형법 제309조 제1항 소정의 '기타 출판물'에 해당한다고 하기 위하여는, 사실적시의 방법으로서 출판물 등을 이용하는 경우 그 성질상 다수인이 견문할 수 있는 높은 전파성과 신뢰성 및 장기간의 보존가능성 등 피해자에 대한 법익침해의 정도가 더욱 크다는 데 그 가중처벌의 이유가 있는 점에 비추어 보면, 그것이 등록 · 출판된 제본 인쇄물이나 제작물은 아니라고 할지라도 적어도 그와 같은 정도의 효용과 기능을 가지고 사실상 출판물로 유통 · 통용될 수 있는 외관을 가진 인쇄물로 볼 수 있어야 한다[대판 1998.10.9. 97도158].

판례 | 출판물에 해당하지 않는 경우

1. 가로 약 25㎝, 세로 약 30㎝ 되는 모조지 위에 싸인펜으로 기재한 광고문은 형법 제309조에서 말하는 출판물에 해당한다고 보기 어렵다[대판 1986.3.25. 85도1143].

   유사판례 피고인이 배포한 이 사건 인쇄물은 가로 25㎝ 세로 35㎝ 정도되는 일정한 제호가 표시되었다고 볼 수 없는 낱장의 종이에 단지 단편적으로 피고인의 주장을 광고하는 문안이 인쇄되어 있는 것에 불과하여 출판물이라고는 보기 어렵다 할 것이다[대판 1998.10.9. 97도158].

2. 컴퓨터 워드프로세서로 작성되어 프린트된 A4 용지 7쪽 분량의 인쇄물은 형법 제309조 제1항 소정의 '기타 출판물'에 해당하지 않는다[대판 2000.2.11. 99도3048].

② 사실 또는 허위사실의 적시

㉮ 출판물은 그 자체가 높은 전파성을 가지고 있기 때문에 본죄의 경우 '공연히' 사실(허위사실)을 적시할 것을 요하지 않는다.

㉯ 본죄는 간접정범의 형식으로도 범할 수 있다(판례).

③ 기수시기: 본죄는 추상적 위험범이므로 출판물에 의하여 사실을 적시함으로써 불특정 또는 다수인이 인식할 수 있는 상태에 이르면 기수가 된다. 현실적으로 인식하였는지 여부 및 비방의 목적달성 여부는 불문한다.[52)]

52) 서적 · 신문 등 기존의 매체에 명예훼손적 내용의 글을 게시하는 경우에 그 게시행위로써 명예훼손의 범행은 종료하는 것이며 그 서적이나 신문을 회수하지 않는 동안 범행이 계속된다고 보지는 않는다는 점을 고려해 보면, 정보통신망을 이용한 명예훼손의 경우에, 게시행위 후에도 독자의 접근가능성이 기존의 매체에 비하여 좀 더 높다고 볼 여지가 있다 하더라도 그러한 정도의 차이만으로 정보통신망을 이용한 명예훼손의 경우에 범죄의 종료시기가 달라진다고 볼 수는 없다[대판 2007.10.25. 2006도346]. [23 경간부]*

판례 | 출판물에 의한 명예훼손죄의 간접정범 성립 여부에 관한 비교판례

1-0. **(성립) (허위의 기사를 기자에게 제보한 경우)** [1] 타인을 비방할 목적으로 허위사실인 기사의 재료를 신문기자에게 제공한 경우에 그 기사를 신문지상에 게재하느냐의 여부는 오로지 당해 신문의 편집인의 권한에 속한다고 할 것이나, 그 기사를 편집인이 신문지상에 게재한 이상 기사의 게재는 기사재료를 제공한 자의 행위에 기인한 것이므로, 그 기사재료를 제공한 자는 형법 제309조 제2항 소정의 출판물에 의한 명예훼손죄의 죄책을 면할 수 없는 것이다.

[2] 甲이 신문사 기자인 乙에게 연예인 A의 실명을 거론하면서 허위사실을 적시함으로써 A를 비방할 목적으로 기사의 자료를 제공하자, 이를 진실한 것으로 오신한 乙이 기사를 작성하여 공표한 경우, 甲에게 출판물에 의한 명예훼손죄가 성립한다[대판 2009.11.12, 2009도8949; 동지 대판 1994.4.12, 93도3535].

1-1. **(불성립) (허위의 기사를 기사의 취재 · 작성과 직접적인 연관이 없는 자에게 제보한 경우)** [1] 출판물에 의한 명예훼손죄는 간접정범에 의하여 범하여질 수도 있으므로 타인을 비방할 목적으로 허위의 기사 재료를 그 정을 모르는 기자에게 제공하여 신문 등에 보도되게 한 경우에도 성립할 수 있으나 제보자가 기사의 취재 · 작성과 직접적인 연관이 없는 자에게 허위의 사실을 알렸을 뿐인 경우에는, 제보자가 피제보자에게 그 알리는 사실이 기사화 되도록 특별히 부탁하였다거나 피제보자가 이를 기사화 할 것이 고도로 예상되는 등의 특별한 사정이 없는 한, 피제보자가 언론에 공개하거나 기자들에게 취재됨으로써 그 사실이 신문에 게재되어 일반 공중에게 배포되더라도 제보자에게 출판 · 배포된 기사에 관하여 출판물에 의한 명예훼손죄의 책임을 물을 수는 없다. [16 국가9급]*

[2] 의사가 의료기기 회사와의 분쟁을 정치적으로 해결하기 위하여 국회의원에게 허위의 사실을 제보하였을 뿐인데, 위 국회의원의 발표로 그 사실이 일간신문에 게재된 경우 출판물에 의한 명예훼손이 성립하지 아니한다[대판 2002.6.28, 2000도3045].

(2) **주관적 구성요건**

① 고의 이외에 비방의 목적이 있어야 한다.

판례 | 비방의 목적이 인정되는 경우

1. 감사원에 근무하는 감사주사가, 감사사항에 대한 감사가 종료된 후 감사반원들의 토론을 거쳐 감사지적사항으로 선정하지 않기로 하여 감사가 종결된 것임에도, 일일감사상황보고서의 일부를 변조하여 제시하면서 자신의 상사인 감사원 국장이 고위층의 압력을 받고 감사기간 중 자신이 감사를 진행 중인 사항에 대한 감사활동을 중단시켰다고 기자회견을 한 경우, 그 적시사실의 허위성에 대한 인식은 물론 상사에 대한 비방의 목적도 있었다[대판 2002.8.23, 2000도329].
2. 언론매체가 피해자의 명예를 현저하게 훼손할 수 있는 보도내용의 주된 부분이 허위임을 충분히 인식하면서도 이를 보도하였다면 특별한 사정이 없는 한 거기에는 사람을 비방할 목적이 있다고 볼 것이다[대판 2008.11.27, 2007도5312].

판례 | 출판물에 의한 적시사실이 허위라는 인식이 없는 경우

만일 범인이 그와 같은 사실이 허위라는 인식을 하지 못하였다면 형법 제309조 제1항의 죄로서 벌하는 것은 별론으로 하고 형법 제309조 제2항의 죄로서는 벌할 수 없다[대판 1994.10.28, 94도2186].

② 비방의 목적

판례 | 비방의 목적과 드러낸 사실이 거짓인지 여부와 관계(별개의 구성요건, 별도 판단 필요)

비방할 목적이 있는지 여부는 피고인이 드러낸 사실이 거짓인지 여부와 별개의 구성요건으로서, 드러낸 사실이 거짓이라고 해서 비방할 목적이 당연히 인정되는 것은 아니다. 그리고 이 규정에서 정한 모든 구성요건에 대한 증명책임은 검사에게 있다[대판 2020.12.10. 2020도11471; 동지 대판 2022.7.28. 2022도4171].[53)]

판결이유 피고인이 고등학교 동창인 甲으로부터 사기 범행을 당했던 사실과 관련하여 같은 학교 동창 10여 명이 참여하던 단체 채팅방에서 '甲이 내 돈을 갚지 못해 사기죄로 감방에서 몇 개월 살다가 나왔다. 집에서도 포기한 애다. 너희들도 조심해라.'라는 내용의 글을 게시함으로써 甲의 명예를 훼손하였다고 하여 정보통신망 이용촉진 및 정보보호 등에 관한 법률 위반(명예훼손)으로 기소된 사안에서, 피고인이 드러낸 사실의 내용, 게시 글의 작성 경위와 동기 등 제반 사정을 종합하면, 게시 글은 채팅방에 참여한 고등학교 동창들로 구성된 사회집단의 이익에 관한 사항으로 볼 수 있고, 피고인의 주요한 동기와 목적은 공공의 이익을 위한 것으로 볼 여지가 있고 피고인에게 甲을 비방할 목적이 있다는 사실이 합리적 의심의 여지가 없을 정도로 증명되었다고 볼 수 없다.

관련판례 피고인 甲은 양육비채권자의 제보를 받아 양육비 미지급자의 신상정보를 공개하는 인터넷 사이트 'Bad Fathers'의 운영에 관계된 사람이고, 피고인 乙은 위 사이트에 자신의 전 배우자 丙을 제보한 사람인데, 피고인들은 각자 또는 공모하여 위 사이트에 丙을 비롯한 피해자 5명의 이름, 얼굴 사진, 거주지, 직장명 등 신상정보를 공개하는 글이 게시되게 하고, 피고인 乙은 자신의 인스타그램에 위 사이트 게시 글의 링크 주소를 첨부하고 丙에 대하여 '미친년'이라는 표현 등을 덧붙인 글을 게시함으로써 피해자들을 비방할 목적으로 사실을 적시하였다는 정보통신망 이용촉진 및 정보보호 등에 관한 법률 위반(명예훼손)의 공소사실로 기소된 사안에서, 피고인들이 위 사이트의 신상정보 공개를 통해 양육비 미지급 사실을 알린 것은 결과적으로 양육비 미지급 문제라는 공적 관심 사안에 관한 사회의 여론형성이나 공개토론에 기여하였다고 볼 수 있으나, 글 게시 취지 · 경위 · 과정 등에 비추어 그 신상정보 공개는 특정된 개별 양육비채무자를 압박하여 양육비를 신속하게 지급하도록 하는 것을 주된 목적으로 하는 사적 제재 수단의 일환에 가까운 점, 위 사이트에서 신상정보를 공개하면서 공개 여부 결정의 객관성을 확보할 수 있는 기준이나 양육비채무자에 대한 사전 확인절차를 두지 않고 양육비 지급 기회를 부여하지도 않은 채 일률적으로 공개한 것은 우리 법질서에서 허용되는 채무불이행자 공개 제도와 비교하여 볼 때 양육비채무자의 권리를 침해하는 정도가 커 정당화되기 어려운 점, 위 사이트에서 공개된 신상정보인 얼굴 사진, 구체적인 직장명, 전화번호는 그 특성상 공개 시 양육비채무자가 입게 되는 피해의 정도가 매우 큰 반면, 피고인들에게 양육비 미지급으로 인한 사회적 문제를 공론화하기 위한 목적이 있었더라도 얼굴 사진 등의 공개는 위와 같은 공익적인 목적과 직접적인 관련성이 있다고 보기 어렵고, 얼굴 사진 등을 공개하여 양육비를 즉시 지급하도록 강제할 필요성이나 급박한 사정도 엿보이지 않는 점 등 제반 사정을 종합하면, 피고인들에게 신상정보가 공개된 피해자들을 비방할 목적이 인정된다는 이유로, 같은 취지에서 피고인들에 대한 위 공소사실을 모두 유죄로 판단한 원심판결이 정당하다고 한 사례[대판 2024.1.4. 2022도699].

판례 | 비방의 목적과 공공의 이익의 관계(상호 상반관계, 공익성이 인정되면 비방목적은 부정됨)

1. 형법 제309조 제1항 소정의 출판물에 의한 명예훼손죄에서 '비방할 목적'이란 가해의 의사 내지 목적을 요하는 것으로서 공공의 이익을 위한 것과는 행위자의 주관적 의도의 방향에 있어 서로 상반되는 관계에 있다고 할 것이므로, 적시한 사실이 공공의 이익에 관한 것인 경우에는 특별한 사정이 없는 한 비방할 목적은 부인된다고 봄이 상당하다[대판 2005.4.29. 2003도2137].[54)]
   [23 변호사, 18 법원9급, 17 경찰승진]*
2. 대한항공 858기 폭파사건에 관한 소설을 집필, 출간한 행위에 비방의 목적을 인정할 수 없어 출판물에 의한 명예훼손죄가 성립하지 않는다고 한 사례[대판 2009.6.11. 2009도156].

   판결이유 피고인들이 이 사건 소설을 집필, 출간한 행위는 대한항공 858기 폭파사건에 관한 새로운 진상 규명의 필요성을 사회적으로 호소하기 위한 목적으로 공공의 이익을 위한 것으로 봄이 상당하며 비방의 목적을 인정할 수 없다.
3. **[사실관계]** A가 운영하는 성형외과에서 턱부위 고주파시술을 받았다가 그 결과에 불만을 품은 甲은 인터넷 포털사이트 네이버의 지식검색 질문 · 답변 게시판에 "아.. A씨가 가슴전문이라.. 눈이랑 턱은 그렇게 망쳐놨구나... 몰랐네..."라는 글을, "내 눈은 지방제거를 잘못 했다고... 모양도 이상하다고 다른 병원에서 그러던데... 인생 망쳤음... ㅠ.ㅠ"이라는 글을 각 게시하였다.

53) 정보통신망 이용촉진 및 정보보호 등에 관한 법률과 관련된 판례이지만 법리를 인용하여 두었다.
54) 출판물에 의한 명예훼손죄의 이와 같은 법리는 정통망법위반(명예훼손)죄에도 그대로 적용될 수 있다.

[판례] 판례는 위 각 표현물이 '피고인이 피해자로부터 눈, 턱을 수술받았으나 수술 후 결과가 좋지 못하다.', '피고인이 피해자 운영의 ○○성형외과에서 눈 수술을 받았으나 지방제거를 잘못하여 모양이 이상해졌고, 다른 병원에서도 모두 이를 인정한다.'라는 취지의 피해자의 명예를 훼손할 만한 구체적인 사실을 적시한 것이라고 판단하였다. 그러나 그 표현물은 전체적으로 보아 성형시술을 받을 것을 고려하고 있는 다수의 인터넷 사용자들의 의사결정에 도움이 되는 정보 및 의견의 제공이라는 공공의 이익에 관한 것이어서 구 정보통신망 이용촉진 및 정보보호 등에 관한 법률 제61조 제1항에 정한 비방할 목적이 있었다고 보기 어렵다고 판단하였다[대판 2009.5.28. 2008도8812].

판례 | 출판물의 적시사실이 공공의 이익에 관한 것인 경우(제307조 제1항 및 제310조 적용가능)

출판물에 의하여 적시한 사실이 공공의 이익에 관한 것인 경우에는 특별한 사정이 없는 한 비방 목적은 부인된다고 봄이 상당하므로 이와 같은 경우에는 형법 제307조 제1항 소정의 명예훼손죄의 성립 여부가 문제될 수 있고 이에 대하여는 다시 형법 제310조에 의한 위법성조각 여부가 문제로 될 수 있다[대판 2003.12.26. 2003도6036].

V 모욕죄

제311조(모욕) 공연히 사람을 모욕한 자는 1년 이하의 징역이나 금고 또는 200만원 이하의 벌금에 처한다.

제312조(고소) ① 본죄는 고소가 있어야 공소를 제기할 수 있다.

판례 | 전파가능성 법리가 모욕죄에도 동일하게 적용되는지 여부(적극)

1. [1] 형법 제311조(모욕)는 '공연히 사람을 모욕한 자'를 처벌한다고 규정하는바, 형법 제307조(명예훼손)가 '공연히 사실 또는 허위의 사실을 적시하여 사람의 명예를 훼손한 자'를 처벌한다고 규정하는 것과 마찬가지로 '공연성'을 요건으로 한다. 대법원 2020.11.19. 선고 2020도5813 전원합의체 판결은 명예훼손죄의 구성요건인 공연성이란 '불특정 또는 다수인이 인식할 수 있는 상태'를 의미하는데, 개별적으로 소수의 사람에게 사실을 적시하였더라도 그 상대방이 불특정 또는 다수인에게 적시된 사실을 전파할 가능성이 있는 때에는 공연성이 인정된다는 종전 대법원의 일관된 판시를 재확인하였고, 이러한 법리는 모욕죄에도 동일하게 적용된다.
   [2] 공연성의 존부는 발언자와 상대방 또는 피해자 사이의 관계나 지위, 발언의 경위와 상황, 발언 내용, 상대방에게 발언을 전달한 방법과 장소 등 행위 당시의 객관적 제반 사정에 관하여 심리한 다음, 그로부터 발언을 들은 상대방이 불특정 또는 다수인에게 전파할 가능성이 있는지 여부를 검토하여 종합적으로 판단하여야 한다. 발언 상대방이 발언자나 피해자의 배우자, 친척, 친구 등 사적으로 친밀한 관계에 있어 그러한 관계로 인하여 비밀의 보장이 상당히 높은 정도로 기대되는 경우에는 공연성이 부정된다.
   [3] 피고인들이 자신들의 주거지인 아파트에서 위층에 사는 피해자가 손님들을 데리고 와 시끄럽게 한다는 이유로 그 음향이 거실에 울려 퍼지는 인터폰으로 피해자에게 전화하여 손님과 그 자녀들이 듣고 있는 가운데 욕설을 하여 피해자를 모욕한 사안에서, 위와 같은 법리에 따라 전파가능성 이론에 따른 공연성 인정 여부 등을 판단해야 하는데, 원심이 위와 같은 법리에 따른 심리를 하지 않은 채 모욕죄의 공연성 및 미필적 고의가 없다는 이유로 무죄 판단을 한 것은 잘못이라고 보아 원심을 파기환송한 사례[대판 2022.6.16. 2021도15122].

2. 공연성은 명예훼손죄와 모욕죄의 구성요건으로서, 명예훼손이나 모욕에 해당하는 표현을 특정 소수에게 한 경우 공연성이 부정되는 유력한 사정이 될 수 있으므로, 전파될 가능성에 관해서는 검사의 엄격한 증명이 필요하다. 명예훼손죄와 모욕죄에서 전파가능성을 이유로 공연성을 인정하는 경우에는 적어도 범죄구성요건의 주관적 요소로서 미필적 고의가 필요하므로, 전파가능성에 대한 인식이 있음은 물론 나아가 위험을 용인하는 내심의 의사가 있어야 한다. 친밀하고 사적인 관계뿐만 아니라 공적인 관계에서도 조직 등의 업무와 관련하여 사실의 확인 또는 규명 과정에서 발언하게 된 것이거나, 상대방의 가해에 대하여 대응하는 과정에서 발언하게 된 경우와 수사·소송 등 공적인 절차에서 당사자 사이에 공방을 하던 중 발언하게 된 경우 등이라면 발언자의 전파가능성에 대한 인식과 위험을 용인하는 내심의 의사를 인정하는 것은 신중하여야 한다. 공연성의 존부는 발언자와 상대방 또는 피해자 사이의 관계나 지위, 대화를 하게 된 경위와 상황, 사실적시의 내용, 적시의 방법과 장소 등 행위 당시의 객관적 사정에 관하여 심리한 다음, 그로부터 상대방이 불특정인 또는 다수인에게 전파할 가능성이 있는지를 검토하여 종합적으로 판단해야 한다[대판 2022.7.28. 2020도8336].

판결이유 빌라를 관리하고 있는 피고인들이 빌라 아랫집에 거주하는 甲으로부터 누수 문제로 공사 요청을 받게 되자, 甲과 전화통화를 하면서 빌라를 임차하여 거주하고 있는 피해자들에 대하여 누수 공사 협조의 대가로 과도하고 부당한 요구를 하거나 막말과 욕설을 하였다는 취지로 발언하고, '무식한 것들', '이중인격자' 등으로 말하여 명예훼손죄와 모욕죄로 기소된 사안에서, 위 발언들은 신속한 누수 공사 진행을 요청하는 甲에게 임차인인 피해자들의 협조 문제로 공사가 지연되는 상황을 설명하는 과정에서 나온 것으로서, 이에 관한 피고인들의 진술내용을 종합해 보더라도 피고인들이 전파가능성에 대한 인식과 위험을 용인하는 내심의 의사에 기하여 위 발언들을 하였다고 단정하기 어렵다.

3. 특히 발언의 내용 역시 피해자의 외부적 명예나 인격적 가치에 대한 사회적 평가를 저하시키거나 인격을 허물어뜨릴 정도로 모멸감을 주는 혐오스러운 표현이라기보다는 전체적으로 피해자의 입장에서 불쾌함을 느낄 정도의 부정적·비판적 의견이나 불편한 감정을 거칠게 나타낸 정도의 표현에 그치는 것으로서, 발언에 담긴 취지가 아니라 그와 같은 조악한 표현 자체를 피해자에게 그대로 옮겨 전파하리라는 사정을 쉽게 예상하기 어려운 경우에는 전파가능성을 인정함에 더욱 신중을 기할 필요가 있다[대판 2024.1.4. 2022도14571].

[사실관계] 피고인·상대방·피해자는 모두 같은 정당에 소속된 당원으로, 피고인은 대구 ㅇ구의회 의원으로, 상대방은 대구 ㅇ구을 지역위원회 여성위원장 및 대구 △△ 자율방범대 대장으로, 피해자는 대구 △△ 자율방범대 대원으로 활동하였다. 상대방은 2019.1.경 피고인과 인사하면서 서로 알게 되었고, 그 후 공식적으로 몇 번 인사를 나눈 일이 있으나, 사적으로 특별히 친밀하다거나 신뢰관계가 있지는 않았다. 한편 상대방은 2020.7.경 피해자가 대구 △△ 자율방범대 대원으로 새로 가입하면서 서로 친분을 갖게 되었다. 피고인은 2020.7.경부터 피해자에 대해 부정적인 평가·감정을 가진 상태에서, 2020.10.11. 상대방에게 카카오톡 메신저로 피해자가 같은 정당 소속 의원과 간담회에 참석한 사진을 보내면서 '거기에 술꾼인 피해자가 송충이랑 가 있네요 ㅋ 거기는 술 안 사주는데. 입 열면 막말과 비속어, 욕설이 난무하는 피해자와 가까이 해서 대장님이 득 될 것은 없다 봅니다.'는 취지의 메시지를 전송하였다.

판례해설 메시지에 담긴 내용 역시 피해자의 외부적 명예나 인격적 가치에 대한 사회적 평가를 저하시키거나 인격을 허물어뜨릴 정도로 모멸감을 주는 혐오스러운 표현이라기보다는 단지 피해자의 입장에서 불쾌함을 느낄 정도의 부정적·비판적 의견이나 불편한 감정을 거칠게 나타낸 정도의 표현에 그치는 것이자, 그러한 개인적 의견과 감정을 공통의 이해관계인으로서 단체의 대표자에게 제보하는 취지의 것으로, 모욕죄의 '모욕'에 해당한다고 단정하기도 어렵다. 이는 전제되는 객관적 사실관계를 토대로, 자신의 판단과 피해자가 취한 태도 등이 합당한가 하는데 대한 자신의 판단·의견을 밝히고 그 타당성을 강조하는 과정에서 부분적으로 모욕적인 표현이 사용된 것에 불과하다면, 이는 사회상규에 위배되지 않는 행위로서 형법 제20조에 의하여 위법성이 조각된다는 점에서 보더라도 그러하다.

판례 | 공연성이 인정되지 않는 경우

피고인이 각 피해자에게 "사이비 기자" 운운 또는 "너 이 썅년 왔구나"라고 말한 장소가 여관방 안이고 그 곳에는 피고인과 그의 처, 피해자들과 그들의 딸, 사위, 매형밖에 없었고 피고인이 피고인의 딸과 피해자들의 아들간의 파탄된 혼인관계를 수습하기 위하여 만나 얘기하던 중 감정이 격화되어 위와 같은 발설을 한 사실이 인정된다면, 위 발언은 불특정 또는 다수인이 인식할 수 있는 상태, 또는 불특정 다수인에게 전파될 가능성이 있는 상태에서 이루어진 것이라 보기 어려우므로 이는 공연성이 없다 할 것이다[대판 1984.4.10. 83도49].

판례 | 군형법상 상관모욕죄의 성립요건(공연성을 요하지 않음)

[1] 군형법 제48조, 제52조의2에서 규정한 상관에 대한 폭행 · 협박 · 상해의 죄와 제64조 제1항에서 규정한 상관모욕죄는 모두 상관의 신체, 명예 등의 개인적 법익뿐만 아니라 군 조직의 위계질서 및 통수체계 유지도 보호법익으로 하는 점 등에 비추어 보면, 이들 죄에서의 상관에는 명령복종 관계가 없는 경우의 상위 계급자와 상위 서열자도 포함되고, 상관이 반드시 직무수행 중일 것을 요하지 아니한다. [19 국가9급]*

[2] 군형법 제64조 제1항은 '상관을 그 면전에서 모욕한 사람'을 처벌한다고 규정하고 있을 뿐 제64조 제2항과 달리 공연한 방법으로 모욕할 것을 요구하지 아니하므로, 상관을 면전에서 모욕한 경우에는 공연성을 갖추지 아니하더라도 군형법 제64조 제1항의 상관모욕죄가 성립한다[대판 2015.9.24. 2015도11286]. [19 국가9급]*

판례 | 모욕의 의의

명예훼손죄에 있어서 '사실의 적시'라 함은 사람의 사회적 평가를 저하시키는데 충분한 구체적 사실을 적시하는 것을 말하므로, 이를 적시하지 아니하고 단지 모멸적인 언사를 사용하여 타인의 사회적 평가를 경멸하는, 자기의 추상적 판단을 표시하는 것("빨갱이 계집년", "만신(무당)", "첩년"이라고 말한 것)은 사람을 모욕한 경우에 해당하고, 명예훼손죄에는 해당하지 아니한다[대판 1981.11.24. 81도2280].

판례 | 모욕에 해당하는 경우

1. 피고인이 게시한 글들 중 '듣보잡', '함량미달', '함량이 모자라도 창피한 줄 모를 정도로 멍청하게 충성할 사람', '싼 맛에 갖다 쓰는 거죠', '비욘 드보르잡', '개집' 등이라고 한 부분은 피해자를 비하하여 사회적 평가를 저하시킬 만한 추상적 판단이나 경멸적 감정을 표현한 것으로서 모욕적인 언사에 해당한다[대판 2011.12.22. 2010도10130].
2. 동네사람 4명과 구청직원 2명 등이 있는 자리에서 피해자가 듣는 가운데 구청직원에게 피해자를 가리키면서 "저 망할 년 저기 오네"라고 피해자를 경멸하는 욕설 섞인 표현을 하였다면 피해자를 모욕하였다고 볼 수 있다[대판 1990.9.25. 90도873].
3. [1] 모욕의 수단과 방법에는 제한이 없으므로 언어적 수단이 아닌 비언어적 · 시각적 수단만을 사용하여 표현을 하더라도 그것이 사람의 사회적 평가를 저하시킬 만한 추상적 판단이나 경멸적 감정을 전달하는 것이라면 모욕죄가 성립한다. 최근 영상 편집 · 합성 기술이 발전함에 따라 합성 사진 등을 이용한 모욕 범행의 가능성이 높아지고 있고, 시각적 수단만을 사용한 모욕이라 하더라도 그 행위로 인하여 피해자가 입는 피해나 범행의 가벌성 정도는 언어적 수단을 사용한 경우와 비교하여 차이가 없다.

   [2] 피고인이 자신의 유튜브 채널에 甲의 방송 영상을 게시하면서 甲의 얼굴에 '개' 얼굴을 합성하는 방법으로 甲을 모욕하였다는 내용으로 기소된 사안에서, 원심판단 중 피고인이 甲을 '개'로 지칭하지는 않은 점 및 효과음, 자막을 사용하지 않았다는 사정을 무죄의 근거로 든 것은 적절하지 않으나, 영상의 전체적인 내용을 살펴볼 때, 피고인이 甲의 얼굴을 가리는 용도로 동물 그림을 사용하면서 甲에 대한 부정적인 감정을 다소 해학적으로 표현하려 한 것에 불과하다고 볼 여지도 상당하므로, 해당 영상이 甲을 불쾌하게 할 수 있는 표현이기는 하지만 객관적으로 甲의 인격적 가치에 대한 사회적 평가를 저하시킬 만한 모욕적 표현을 한 경우에 해당한다고 단정하기 어렵다는 취지에서 공소사실을 무죄로 판단한 것은 수긍할 수 있다고 한 사례[대판 2023.2.2. 2022도4719].

판례 | 모욕에 해당하지 않는 경우

1. "부모가 그런 식이니 자식도 그런 것이다"와 같은 표현으로 인하여 상대방의 기분이 다소 상할 수 있다고 하더라도 그 내용이 너무나 막연하여 그것만으로 곧 상대방의 명예감정을 해하여 형법상 모욕죄를 구성한다고 보기는 어렵다[대판 2007.2.21. 2006도8915].
2. 임대아파트의 분양전환과 관련하여 임차인인 피고인이 아파트 관리사무소의 방송시설을 이용하여 임차인대표회의의 전 임회장 A를 비판하며 "전 회장(A)의 개인적인 의사에 의하여 주택공사의 일방적인 견해에 놀아나고 있기 때문에"라고 한 표현은 직접적으로 A를 겨냥하여 그의 사회적 평가를 저하시킬 만한 추상적 판단이나 그에 대한 경멸적 감정을 표현한 것으로 보기 어려워 모욕죄의 '모욕'에 해당하지 않는다[대판 2008.12.11. 2008도8917]. [20 경찰채용, 16 법원행시]*
3. [1] 어떠한 표현이 상대방의 인격적 가치에 대한 사회적 평가를 저하시킬 만한 것이 아니라면 표현이 다소 무례한 방법으로 표시되었다 하더라도 모욕죄의 구성요건에 해당한다고 볼 수 없다. [20 법원행시, 20 경찰채용, 19 법원9급]*
   [2] 아파트 입주자대표회의 감사인 피고인이 관리소장 갑의 외부특별감사에 관한 업무처리에 항의하기 위해 관리소장실을 방문한 자리에서 갑과 언쟁을 하다가 "야, 이따위로 일할래.", "나이 처먹은 게 무슨 자랑이냐."라고 말한 사안에서, 피고인과 갑의 관계, 피고인이 발언을 하게 된 경위와 발언의 횟수, 발언의 의미와 전체적인 맥락, 발언을 한 장소와 발언 전후의 정황 등에 비추어 볼 때, 피고인의 발언은 상대방을 불쾌하게 할 수 있는 무례하고 저속한 표현이기는 하지만 객관적으로 갑의 인격적 가치에 대한 사회적 평가를 저하시킬 만한 모욕적 언사에 해당하지 않는다고 한 사례[대판 2015.9.10. 2015도2229]. [19 경찰승진, 16 법원행시]*
   동지판례 ⅰ) 갑 주식회사 해고자 신분으로 노동조합 사무장직을 맡아 노조활동을 하는 피고인이 노사 관계자 140여 명이 있는 가운데 큰 소리로 피고인보다 15세 연장자로서 갑 회사 부사장인 을을 향해 "야 ○○아, ○○이 여기 있네, 니 이름이 ○○이잖아, ○○아 나오니까 좋지?" 등으로 여러 차례 을의 이름을 불렀더라도 모욕적 언사에 해당하지 않는다[대판 2018.11.29. 2017도2661].
   ⅱ) 피고인은 A가 인터넷 포털 사이트 '○○'의 다른 카페에서 다른 회원을 강제탈퇴시킨 후 보여준 태도에 대하여 불만을 가지고 '○○'의 카페인 '△△본부'에 접속하여 '자칭 타칭 A하면 떠오르는 키워드!!!'라는 제목하에 '선무당이 사람 잡는다, 자승자박, 아전인수, 사필귀정, 자업자득, 자중지란, 공황장애 ㅋ'라는 게시글을 게시하였다. 그러나 이는 상대방을 불쾌하게 할 수 있는 무례한 표현이기는 하나, 상대방의 인격적 가치에 대한 사회적 평가를 저하시킬 만한 표현에 해당한다고 보기는 어렵다[대판 2018.5.30. 2016도20890].
4. 피고인이 택시 기사와 요금 문제로 시비가 벌어져 112 신고를 한 후, 신고를 받고 출동한 경찰관 갑에게 늦게 도착한 데 대하여 항의하는 과정에서 "아이 씨발!"이라고 말한 사안에서, 제반 사정에 비추어 피고인의 발언은 직접적으로 피해자를 특정하여 그의 인격적 가치에 대한 사회적 평가를 저하시킬 만한 경멸적 감정을 표현한 모욕적 언사에 해당한다고 단정하기 어렵다고 한 사례[대판 2015.12.24. 2015도6622]. [19 경간부, 16 법원행시]*
   판결이유 피고인의 위 "아이 씨발!"이라는 발언은 구체적으로 상대방을 지칭하지 않은 채 단순히 발언자 자신의 불만이나 분노한 감정을 표출하기 위하여 흔히 쓰는 말로서 상대방을 불쾌하게 할 수 있는 무례하고 저속한 표현이기는 하지만 위와 같은 사정에 비추어 직접적으로 피해자를 특정하여 그의 인격적 가치에 대한 사회적 평가를 저하시킬 만한 경멸적 감정을 표현한 모욕적 언사에 해당한다고 단정하기는 어렵다.
5. 사업소 소장인 피고인이 직원들에게 甲이 관리하는 다른 사업소의 문제를 지적하는 내용의 카카오톡 문자메시지를 발송하면서 "甲은 정말 야비한 사람인 것 같습니다."라고 표현하여 甲을 모욕하였다는 내용으로 기소된 사안에서, 제반 사정에 비추어 볼 때 위 표현은 피고인의 甲에 대한 부정적·비판적 의견이나 감정이 담긴 경미한 수준의 추상적 표현에 불과할 뿐 甲의 외부적 명예를 침해할 만한 표현이라고 단정하기 어렵다[대판 2022.8.31. 2019도7370].

판례 | 모욕죄의 성립요건(추상적 위험범)

[1] 모욕죄는 피해자의 외부적 명예를 저하시킬 만한 추상적 판단이나 경멸적 감정을 공연히 표시함으로써 성립하므로, 피해자의 외부적 명예가 현실적으로 침해되거나 구체적·현실적으로 침해될 위험이 발생하여야 하는 것도 아니다.
[2] 甲이 A가 운영하는 '순대국집'에서, 식당 영업 업무를 방해하고 A에게 폭행을 하던 중 112 신고를 받고 출동한 경찰관 P로부터 제지를 당하자 A와 손님들이 있는 가운데 A에게 큰 소리로 "순경새끼, 씨발 개새끼야, 좆도 아닌 새끼는 꺼져 새끼야."라고 욕설하였다면, 설사 그 장소에 있던 사람들이 전후 경과를 지켜보았기 때문에 甲이 근거 없이 터무니없는 욕설을 한다는 사정을 인식할 수 있었다고 하더라도, 피해자인 경찰관 P 개인의 외부적 명예를 저하시킬 만한 추상적 위험을 부정할 수는 없다고 할 것이다[대판 2016.10.13. 2016도9674].

판례 | 정당행위로서 위법성이 조각되는 경우

[1] 피고인이 방송국 시사프로그램을 시청한 후 방송국 홈페이지의 시청자 의견란에 작성 · 게시한 글 중 특히, "그렇게 소중한 자식을 범법행위의 변명의 방패로 쓰시다니 정말 대단하십니다."는 등의 표현은 그 게시글 전체를 두고 보더라도, 그 출연자인 피해자에 대한 사회적 평가를 훼손할 만한 모욕적 언사이다.
[2] 피고인이 방송국 홈페이지의 시청자 의견란에 작성 · 게시한 글 중 일부의 표현은 이미 방송된 프로그램에 나타난 기본적인 사실을 전제로 한 뒤, 그 사실관계나 이를 둘러싼 문제에 관한 자신의 판단과 나아가 이러한 경우에 피해자가 취한 태도와 주장한 내용이 합당한가 하는 점에 대하여 자신의 의견을 개진하고, 피해자에게 자신의 의견에 대한 반박이나 반론을 구하면서, 자신의 판단과 의견의 타당함을 강조하는 과정에서 부분적으로 그와 같은 표현을 사용한 것으로서 사회상규에 위배되지 않는다고 봄이 상당하다[대판 2003.11.28. 2003도3972].

판례 | 사회상규에 위배되지 않는 행위로서 위법성이 조각되는 경우

1. [1] 피고인이 방송국 시사프로그램을 시청한 후 방송국 홈페이지의 시청자 의견란에 작성 · 게시한 글 중 특히, "그렇게 소중한 자식을 범법행위의 변명의 방패로 쓰시다니 정말 대단하십니다."는 등의 표현은 그 게시글 전체를 두고 보더라도, 그 출연자인 피해자에 대한 사회적 평가를 훼손할 만한 모욕적 언사이다.
[2] 피고인이 방송국 홈페이지의 시청자 의견란에 작성 · 게시한 글 중 일부의 표현은 이미 방송된 프로그램에 나타난 기본적인 사실을 전제로 한 뒤, 그 사실관계나 이를 둘러싼 문제에 관한 자신의 판단과 나아가 이러한 경우에 피해자가 취한 태도와 주장한 내용이 합당한가 하는 점에 대하여 자신의 의견을 개진하고, 피해자에게 자신의 의견에 대한 반박이나 반론을 구하면서, 자신의 판단과 의견의 타당함을 강조하는 과정에서 부분적으로 그와 같은 표현을 사용한 것으로서 사회상규에 위배되지 않는다고 봄이 상당하다[대판 2003.11.28. 2003도3972].

2. [1] 모욕죄에서 말하는 모욕이란 사실을 적시하지 아니하고 사람의 사회적 평가를 저하시킬 만한 추상적 판단이나 경멸적 감정을 표현하는 것을 의미한다.
다만 어떤 글이 모욕적 표현을 담고 있는 경우에도 그 글이 객관적으로 타당성이 있는 사실을 전제로 하여 그 사실관계나 이를 둘러싼 문제에 관한 자신의 판단과 피해자의 태도 등이 합당한가 하는 데 대한 자신의 의견을 밝히고, 자신의 판단과 의견이 타당함을 강조하는 과정에서 부분적으로 모욕적인 표현이 사용된 것에 불과하다면 사회상규에 위배되지 않는 행위로서 형법 제20조에 의하여 위법성이 조각될 수 있다. 그리고 특정 사안에 대한 의견을 공유하는 인터넷 게시판 등의 공간에서 작성된 단문의 글에 모욕적 표현이 포함되어 있더라도, 그 글이 동조하는 다른 의견들과 연속적 · 전체적인 측면에서 볼 때, 그 내용이 객관적으로 타당성이 있는 사정에 기초하여 관련 사안에 대한 자신의 판단 내지 피해자의 태도 등이 합당한가 하는 데 대한 자신의 의견을 강조하거나 압축하여 표현한 것이라고 평가할 수 있고, 그 표현도 주로 피해자의 행위에 대한 것으로서 지나치게 악의적이지 않다면, 다른 특별한 사정이 없는 한 그 글을 작성한 행위는 사회상규에 위배되지 않는 행위로서 위법성이 조각된다고 보아야 한다.
[2] 인터넷 신문사 소속 기자 갑이 작성한 기사가 인터넷 포털 사이트의 '핫이슈' 난에 게재되자, 피고인이 "이런걸 기레기라고 하죠?"라는 댓글을 게시함으로써 공연히 갑을 모욕하였다는 내용으로 기소된 사안에서, '기레기'는 모욕적 표현에 해당하나, 위 댓글의 내용, 작성 시기와 위치, 위 댓글 전후로 게시된 다른 댓글의 내용과 흐름 등을 종합하면, 위 댓글을 작성한 행위는 사회상규에 위배되지 않는 행위로서 형법 제20조에 의하여 위법성이 조각된다고 한 사례[대판 2021.3.25. 2017도17643]. [23 경간부]*

판례해설 '기레기'는 모욕적 표현에 해당한다는 점을 주의하여야 한다.

동지판례 ⅰ) 피고인이 자신의 페이스북에 甲에 대한 비판적인 글을 게시하면서 "철면피, 파렴치, 양두구육, 극우부패세력"이라는 표현을 사용하여 甲을 모욕하였다는 내용으로 기소된 사안에서, 피고인이 사용한 위 표현이 모욕적 표현으로서 모욕죄의 구성요건에는 해당하나, 제반 사정을 종합할 때 피고인이 甲의 공적 활동과 관련한 자신의 의견을 담은 게시글을 작성하면서 위 표현을 한 것은 사회상규에 위배되지 않는 행위로서 위법성이 조각된다고 볼 여지가 크다고 한 사례[대판 2022.8.25. 2020도16897].
ⅱ) 지역버스노동조합 조합원인 피고인이 자신의 페이스북에 집회 일정을 알리면서 노동조합 집행부인 피해자 甲과 乙을 지칭하며 "버스노조 악의 축, 甲과 乙 구속수사하라!!"라는 표현을 적시하여 피해자들을 모욕하였다는 내용으로 기소된 사안에서, 위 표현이 피해자들의 사회적인 평가를 저해시킬 만한 경멸적인 표현에 해당하는 것으로 보이지만, 제반 사정을 종합할 때 피고인이 노동조합 집행부의 공적 활동과 관련한 자신의 의견을 담은 게시글을 작성하면서 그러한 표현을 한 것은 사회상규에 위배되지 않는 정당행위로서 위법성이 조각된다고 볼 여지가 크다고 한 사례[대판 2022.10.27. 2019도14421].

비교판례 ⅰ) 피고인들이 소속 노동조합 위원장 甲을 '어용', '앞잡이' 등으로 지칭하여 표현한 현수막, 피켓 등을 장기간 반복하여 일반인의 왕래가 잦은 도로변 등에 게시한 사안에서, '어용'이란 자신의 이익을 위하여 권력자나 권력 기관에 영합하여 줏대 없이 행동하는 것을 낮잡아 이르는 말, '앞잡이'란 남의 사주를 받고 끄나풀 노릇을 하는 사람을 뜻하는 말로서 언제나 위 표현들이 지칭된 상대방에 대한 모욕에 해당한다거나 사회상규에 비추어 허용되지 않는 것은 아니지만, 제반 사정에 비추어 피고인들의 위 행위는 甲에 대한 모욕적 표현으로서 사회상규에 위배되지 않는 행위로 보기 어렵다[대판 2021.9.9. 2016도88].
ⅱ) 피고인이 인터넷 포털사이트 뉴스 댓글난에 연예인인 피해자를 '국민호텔녀'로 지칭하는 댓글을 게시하여 모욕죄로 기소된 사안에서, '국민호텔녀'라는 표현은 피해자의 사생활을 들추어 피해자가 종전에 대중에게 호소하던 청순한 이미지와 반대의 이미지를 암시하면서 피해자를 성적 대상화하는 방법으로 비하하는 것으로서 여성 연예인인 피해자의 사회적 평가를 저하시킬 만한 모멸적인 표현으로 평가할 수 있고, 정당한 비판의 범위를 벗어난 것으로서 정당행위로 보기도 어렵다고 한 사례[대판 2022.12.15. 2017도19229].

3. 부사관 교육생이던 피고인이 동기들과 함께 사용하는 단체채팅방에서 지도관이던 피해자가 목욕탕 청소 담당에게 과실 지적을 많이 한다는 이유로 "도라이 ㅋㅋㅋ 습기가 그렇게 많은데"라는 글을 게시하여 공연히 상관인 피해자를 모욕하였다는 내용으로 기소된 사안에서, '도라이'는 상관인 피해자를 경멸적으로 비난한 것으로 모욕적인 언사라고 볼 수 있으나, 피고인의 위 표현은 동기 교육생들끼리 고충을 토로하고 의견을 교환하는 사이버공간에서 상관인 피해자에 대하여 일부 부적절한 표현을 사용하게 된 것에 불과하고 이로 인하여 군의 조직질서와 정당한 지휘체계가 문란하게 되었다고 보이지 않으므로, 이러한 행위는 사회상규에 위배되지 않는다고 한 사례[대판 2021.8.19. 2020도14576].

판례해설 '도라이'라는 표현이 모욕적인 언사에 해당한다는 점은 유의하여야 한다.

참고 명예훼손죄와 모욕죄의 구별

구분	명예훼손죄	모욕죄
보호법익	외적 명예	외적 명예(통설), 명예감정(소수설)
행위방법	구체적 사실의 적시	구체적인 사실을 적시하지 않고 경멸의 의사를 표시(추상적 사실의 적시)
행위상황	공연성	
명예의 주체(행위객체)	자연인(유아, 정신병자 포함), 법인	
	※ 사자: 사자명예훼손죄(○)	※ 사자: 사자모욕죄(×)
형법 제310조 적용여부	적용된다. (다만, 제307조 제1항에 한함)	적용되지 아니한다. (판례, 다수설)
소추조건	반의사불벌죄(다만, 사자명예훼손죄는 친고죄)	친고죄

제2절 신용·업무와 경매에 관한 죄

출제 POINT

업무방해죄의 업무의 인정 여부에 관한 판례 및 업무방해죄의 업무에는 공무가 포함되지 않는다는 대법원 전원합의체판결을 잘 정리해 두어야 한다.

I 신용훼손죄

제313조(신용훼손) 허위의 사실을 유포하거나 기타 위계로써 사람의 신용을 훼손한 자는 5년 이하의 징역 또는 1천500만원 이하의 벌금에 처한다.

판례 | 보호의 정도(추상적 위험범)

형법 제313조의 신용훼손죄는 허위의 사실을 유포하거나 기타 위계로써 사람의 신용을 저하시킬 염려가 있는 상태를 발생시키는 경우에 성립하는 것이다[대판 2006.12.6. 2006도3400].

판례 | 허위사실의 유포의 의미(의견 또는 가치판단은 포함 X)

[1] 형법상 신용훼손죄는 허위사실의 유포 기타 위계로써 사람의 신용을 훼손할 것을 요하고, 여기서 허위사실의 유포라 함은 객관적으로 보아 진실과 부합하지 않는 과거 또는 현재의 사실을 유포하는 것으로서(미래의 사실도 증거에 의한 입증이 가능할 때에는 여기의 사실에 포함된다) 피고인의 단순한 의견이나 가치판단을 표시하는 것은 이에 해당하지 않는다.
[2] 피해자가 "계주로서 계불입금을 모아서 도망가더라도 책임지고 도와줄 사람이 없다."는 취지의 피고인의 말은 피고인의 피해자에 대한 개인적 의견이나 평가를 진술한 것에 불과하여 이를 허위사실의 유포라고 할 수 없다[대판 1983.2.8. 82도2486].

판례 | 위계의 의미

형법 제313조의 신용훼손죄에서 '위계'라 함은 행위자의 행위목적을 달성하기 위하여 상대방에게 오인·착각 또는 부지를 일으키게 하여 이를 이용하는 것을 말한다[대판 2006.12.6. 2006도3400].

판례 | 신용의 의미, 신용훼손의 의미와 신용훼손죄가 성립하지 않는 경우

1. 신용훼손죄에서의 '신용'은 경제적 신용, 즉 사람의 지불능력 또는 지불의사에 대한 사회적 신뢰를 말한다[대판 2011.9.8. 2011도7262]. [18 법원행시]*
2. [1] 신용훼손죄는 허위의 사실을 유포하거나 기타 위계로써 사람의 지불능력 또는 지불의사에 대한 타인의 신뢰에 위해를 가하는 것을 말하는 것이다.
   [2] 어느 사람의 "점포의 물건값이 유달리 비싸다"고 말하였을 때 그 물건의 값은 그 사람의 지불의사에 대한 사회적 신뢰를 훼손하는 것이라고는 볼 수 없다[대판 1969.1.21. 68도1660].
3. 퀵서비스 운영자인 피고인이 배달업무를 하면서, 손님의 불만이 예상되는 경우에는 평소 경쟁관계에 있는 피해자 운영의 퀵서비스 명의로 된 영수증을 작성·교부함으로써 손님들로 하여금 불친절하고 배달을 지연시킨 사업체가 피해자 운영의 퀵서비스인 것처럼 인식하게 한 경우, 퀵서비스의 주된 계약내용이 신속하고 친절한 배달이라 하더라도, 그 사정만으로 위 행위가 피해자의 경제적 신용, 즉 지급능력이나 지급의사에 대한 사회적 신뢰를 저해하는 행위에 해당한다고 보기는 어려우므로 신용훼손죄가 성립하지 아니한다[대판 2011.5.13. 2009도5549]. [18 경간부, 17 법원행시]*

판례 | 신용훼손죄가 성립하는 경우

甲이 은행 본점 앞으로 'A가 대출금을 연체하여 위 은행의 지점장이 연체이자를 대납하였다.'는 등의 허위의 내용을 기재한 편지를 송부하였다면 … 이는 은행의 오인 또는 착각 등을 일으켜 위계로써 피해자의 신용을 훼손한 것이다[대판 2006.12.7. 2006도3400].

판례 | 고의의 정도 = 미필적 인식으로 족함

신용훼손죄에 있어서의 범의는 반드시 확정적인 고의를 요하는 것은 아니고, 허위사실을 유포하거나 기타 위계를 사용한다는 점과 그 결과 다른 사람의 신용을 저하시킬 염려가 있는 상태가 발생한다는 점에 대한 미필적 인식으로도 족하다 할 것이다[대판 2006.12.6. 2006도3400].

판례 | 유포한 사실이 허위라는 점에 대한 인식 정도 = 적극적 인식을 요함

제313조의 신용훼손죄가 성립하려면 행위자에게 행위 당시 자신이 유포한 사실이 허위라는 점을 적극적으로 인식하였을 것을 요한다[대판 2006.5.24. 2004도1313].

Ⅱ 업무방해죄

제314조(업무방해) ① 제313조의 방법 또는 위력으로써 사람의 업무를 방해한 자는 5년 이하의 징역 또는 1천500만원 이하의 벌금에 처한다.

1. 보호법익

(1) 업무의 의의

판례 | 업무방해죄의 업무의 주체

업무방해죄에 있어서의 행위의 객체는 타인의 업무이고, 여기서 타인이라 함은 범인 이외의 자연인과 법인 및 법인격 없는 단체를 가리킨다. V대 학칙 등에 따라 V대의 입학에 관한 업무가 총장인 피고인 C의 권한에 속한다고 하더라도, 그중 면접업무는 면접위원들에게, 신입생 모집과 사정업무는 교무위원들에게 각 위임되었고, 그 수임자들은 각자의 명의와 책임으로 수임받은 권한을 행사하여야 한다. 따라서 위와 같이 위임된 업무는 면접위원들 및 교무위원들의 독립된 업무에 속하고, 총장인 피고인 C와의 관계에서도 타인의 업무에 해당한다[대판 2018.5.15. 2017도19499]. [23 경간부, 20 경간부]*

판례 | 업무방해죄의 업무의 의의와 범위

업무방해죄에 있어서의 업무란 직업 또는 사회생활상의 지위에 기하여 계속적으로 종사하는 사무나 사업의 일체를 의미하고, 그 업무가 주된 것이든 부수적인 것이든 가리지 아니하며, 일회적인 사무라 하더라도 그 자체가 어느 정도 계속하여 행해지는 것이거나 혹은 그것이 직업 또는 사회생활상의 지위에서 계속적으로 행하여 온 본래의 업무수행과 밀접불가분의 관계에서 이루어진 경우에도 이에 해당한다 할 것이다[대판 2005.4.15. 2004도8701].

판례 | 1회성(일시적) 사무일지라도 업무라고 볼 수 있는 경우

1. **(상사의 명에 의하여 수행하는 사무)** 경비원은 상사의 명령에 의하여 주로 경비업무 등 노무를 제공하는 직분을 가지고 있다고 할 것이니만치 상사의 명에 의하여 그 직장의 업무를 수행한다면 그것이 설사 일시적인 것이라 할지라도 업무방해죄의 업무에 해당한다고 할 것이다[대판 1971.5.24. 71도399].
2. **(본래의 업무수행의 일환으로 행하여진 사무)** 종중 정기총회를 주재하는 종중 회장의 의사진행업무 자체는 1회성을 갖는 것이라고 하더라도 그것이 종중 회장으로서의 사회적인 지위에서 계속적으로 행하여 온 종중 업무수행의 일환으로 행하여진 것이라면 그와 같은 의사진행업무도 형법 제314조 소정의 업무방해죄에 의하여 보호되는 업무에 해당된다[대판 1995.10.12. 95도1589]. [23 변호사, 17 경찰승진, 16 경찰채용]*
3. **(행위 그 자체가 계속성을 지니고 있고 본래의 업무수행과 밀접한 관계에 있는 경우)** 회사가 일련의 경영상 계획의 일환으로서 시간적 · 절차적으로 일정기간의 소요가 예상되는 사업장 이전을 추진 · 실시하는 행위는 그 자체로서 일정기간 계속성을 지닌 업무의 성격을 지니고 있을 뿐만 아니라 회사의 본래 업무인 목적사업의 경영과 밀접불가분의 관계에서 그에 수반하여 이루어지는 것으로 볼 수 있으므로 이 점에서도 업무방해죄에 의한 보호의 대상이 되는 업무에 해당한다[대판 2005.4.15. 2004도8701].

판례 | 1회성 사무로서 업무라고 볼 수 없는 경우

1. 계속하여 행하는 사무가 아닌 공장의 이전과 같은 일회적인 사무는 업무방해죄의 객체가 되는 업무에 해당되지 않는다[대판 1989.9.12. 88도1752].
2. 건물임대인이 구청장의 조경공사 촉구지시에 따라 임대건물 앞에서 시행하는 1회적인 조경공사는 건물임대 업무와 밀접불가분의 관계에 있는 계속적인 부수적 업무라고 볼 수 없고, 단순한 1회적인 사무에 지나지 않으므로 업무방해죄의 업무에 해당되지 않는다[대판 1993.2.9. 92도2929].

판례 | 부수적 업무도 업무방해죄의 '업무'에 해당할 수 있다는 판례

공장정문의 정상적인 개폐 업무는 위 회사의 주된 업무와 밀접불가분의 관계에 있으면서 계속적으로 수행되어지는 회사의 부수적 업무라 할 것이므로 이는 업무방해죄에서 보호의 대상으로 삼고 있는 업무에 해당된다[대판 1992.2.11. 91도1834].

판례 | 업무라고 볼 수 없는 경우(권리의 행사에 불과한 경우)

1. **(주주로서 주주총회에서 의결권 등을 행사하는 것)** 형법상 업무방해죄의 보호대상이 되는 '업무'라 함은 직업 기타 사회생활상의 지위에 기하여 계속적으로 종사하는 사무 또는 사업을 말하는 것인데, 주주로서 주주총회에서 의결권 등을 행사하는 것은 주식의 보유자로서 그 자격에서 권리를 행사하는 것에 불과할 뿐 그것이 '직업 기타 사회생활상의 지위에 기하여 계속적으로 종사하는 사무 또는 사업'에 해당한다고 할 수 없다[대판 2004.10.28. 2004도1256]. [17 국가7급, 17 경찰승진, 17 경간부, 16 경찰승진, 16 경찰채용]*

   관련판례 업무방해죄의 보호대상이 되는 "업무"라 함은 직업 또는 사회생활상의 지위에 기하여 계속적으로 종사하는 사무나 사업을 말하는 것으로, 이러한 주된 업무와 밀접불가분의 관계에 있는 부수적인 업무도 이에 포함된다[대판 1993.2.9. 92도2929 등 참조]. 피고인들이 공모하여 이사회에서 '급여규정 일부 개정안'에 대하여 허위로 설명 또는 보고하거나 개정안과 관련하여 허위의 자료를 작성하여 제시하였는데, 위와 같은 행위로 위계로써 甲 농협 감사의 甲 농협의 재산과 업무집행상황에 대한 감사, 이사회에 대한 의견 진술 등에 관한 업무를 방해하였다는 내용으로 기소된 사안에서 이사회가 의안 심의 및 결의에 관한 업무와 관련하여 특정 안건의 심의 및 의결 절차의 편의상 이사회 구성원이 아닌 감사 등의 의견을 청취하는 것은 그 실질에 있어 이사회 구성원인 이사들의 의안 심의 및 결의에 관한 계속적 업무 혹은 그와 밀접불가분의 관계에 있는 업무에 해당할 뿐, 그와 같은 경위로 이사회에 출석하여 의견을 진술한 이사회 구성원 아닌 감사의 업무를 방해한 경우에 해당한다고 볼 수 없다[대판 2023.9.27. 2023도9332].

2. **(초등학교 학생들이 권리의 행사로서 수업을 듣는 것)** [1] 형법상 업무방해죄의 보호대상이 되는 '업무'라 함은 직업 기타 사회생활상의 지위에 기하여 계속적으로 종사하는 사무 또는 사업을 말하는 것인데, 초등학생들이 학교에 등교하여 교실에서 수업을 듣는 것은 헌법 제31조가 정하고 있는 무상으로 초등교육을 받을 권리 및 초·중등교육법 제12, 13조가 정하고 있는 국가의 의무교육 실시의무와 부모들의 취학의무 등에 기하여 학생들 본인의 권리를 행사하는 것이거나 국가 내지 부모들의 의무를 이행하는 것에 불과할 뿐 그것이 '직업 기타 사회생활상의 지위에 기하여 계속적으로 종사하는 사무 또는 사업'에 해당한다고 할 수 없다.
   [2] 피고인이 대흥초등학교 1학년 1반 교실 안에서 교사에게 욕설을 하거나 학생들에게 욕설을 하여 수업을 할 수 없게 하였다고 하더라도 학생들의 권리행사나 국가 내지 부모들의 의무이행을 방해한 것에 해당하는지 여부는 별론으로 하고 학생들의 업무를 방해하였다고 볼 수는 없다고 한 사례[대판 2013.6.14. 2013도3829]. [23 변호사, 20 변호사, 16 경찰승진]*

(2) 업무의 주체

판례 | 업무의 주체성의 인정 여부

1. **(부정)** [1] 업무방해죄에 있어서의 행위의 객체는 타인의 업무이고, 여기서 타인이라 함은 범인 이외의 자연인과 법인 및 법인격 없는 단체를 가리키므로, 법적 성질이 영조물에 불과한 대학교 자체는 업무방해죄에 있어서의 업무의 주체가 될 수 없다.
   [2] 대학편입학 업무의 주체는 대학교가 아닌 총장이고, 성적평가업무의 주체는 대학교가 아닌 담당교수이다[대판 1999.1.15. 98도663].
   판례해설 사립대 체육학과 교수인 甲이 총장 등이 날인하지 아니하여 乙에 대한편입학 사정이 이루어지지 아니한 상태에서 乙을 합격자로 발표하게 하였고, 그 후 甲 자신이 강의하는 강좌에서 과락으로 평가되어야 할 乙의 성적을 B 또는 C학점으로 평가받게 한 경우 … 甲에게는 부정편입학과 관련하여 대학교가 아닌 총장에 대한 업무방해죄가 성립하며, 성적평가업무의 주체는 담당교수 甲 자신이므로 성적의 부정평가에 대하여는 업무방해죄가 성립할 수 없다.
2. **(인정)** 정당의 지구당은 창당업무에서 업무의 주체가 될 수 있다[대판 1994.4.12. 94도128].
3. **(부정)** 주택재개발정비사업조합(이하 '조합'이라 한다) 구역 내 건물의 소유자인 피고인들이 위 건물에 대한 건물명도소송 확정판결에 따른 강제집행을 보상액이 적다는 이유로 위력으로 방해함으로써 집행관에게 집행위임을 한 조합의 이주·철거 업무를 방해하였다는 내용으로 기소된 사안에서, 위 강제집행은 특별한 사정이 없는 한 집행위임을 한 조합의 업무가 아닌 집행관의 고유한 직무에 해당하고, 설령 피고인들이 집행관의 강제집행 업무를 방해하였더라도 이를 채권자인 조합의 업무를 직접 방해한 것으로 볼 만한 증거도 부족하므로, 피고인들이 조합의 업무를 방해하였다고 볼 수 없다[대판 2023.4.27. 2020도34].

(3) 보호법익으로서의 업무

판례 | 보호가치 있는 업무(업무의 기초인 계약·행정행위 등이 반드시 적법할 것을 요하지 않음)

1. [1] 형법상 업무방해죄의 보호대상이 되는 '업무'라 함은 직업 또는 계속적으로 종사하는 사무나 사업을 말하는 것으로서 타인의 위법한 행위에 의한 침해로부터 보호할 가치가 있는 것이면 되고, 그 업무의 기초가 된 계약 또는 행정행위 등이 반드시 적법하여야 하는 것은 아니므로, 법률상 보호할 가치가 있는 업무인지 여부는 그 사무가 사실상 평온하게 이루어져 사회적 활동의 기반이 되고 있느냐에 따라 결정되는 것이고, 그 업무의 개시나 수행과정에 실체상 또는 절차상의 하자가 있다고 하더라도 그 정도가 반사회성을 띠는 데까지 이르지 아니한 이상 업무방해죄의 보호대상이 된다고 보아야 할 것이다. [20 경간부, 18 법원행시, 16 경찰승진]*
   [2] 한국도로공사가 고속도로 통행료 자동징수시스템을 도입하기로 결정하고 제조구매 입찰을 실시하면서 업체 선정을 위한 현장성능시험을 시행한 경우, 당시 입찰에 참가한 회사의 하이패스 시스템이 시험에 관한 기본가정 내지 도로공사의 제안요청서상 요구되는 기술적 조건을 충족하지 못하였고 입찰참여조건을 위반하여 성능시험 자체가 부적합한 것으로 드러났다고 하더라도, 위 시험의 개시나 수행과정에서의 하자 정도가 반사회성을 띠는 데까지 이르렀다고 볼 수 없어, 도로공사의 위 성능시험 업무는 업무방해죄의 보호대상이 된다[대판 2010.5.27. 2008도2344; 동지 대판 2007.8.22. 2006도3687].

2. 어떠한 업무의 양도 · 양수 여부를 둘러싸고 분쟁이 발생한 경우에 양수인의 업무에 대한 양도인의 업무방해죄가 인정되려면, 당해 업무에 관한 양도 · 양수 합의의 존재가 인정되어야 함은 물론이고, 더 나아가 그 합의에 따라 당해 업무가 실제로 양수인에게 양도된 후 사실상 평온하게 이루어져 양수인의 사회적 활동의 기반이 됨으로써 타인, 특히 양도인의 위법한 행위에 의한 침해로부터 보호할 가치가 있는 업무라고 볼 수 있을 정도에 이르러야 한다[대판 2013.8.23. 2011도4763].

판례 | 보호가치가 인정될 수 있는 업무인 경우(무자격자에 의해 개설된 의료기관에 고용된 의료인의 업무)

[1] 의료인이나 의료법인이 아닌 자가 의료기관을 개설하여 운영하는 행위는 업무방해죄의 보호대상이 되는 업무에 해당하지 않는다. 그러나 무자격자에 의해 개설된 의료기관에 고용된 의료인이 환자를 진료한다고 하여 그 진료행위 또한 당연히 반사회성을 띠는 행위라고 볼 수는 없다. 이때 의료인의 진료 업무가 업무방해죄의 보호대상이 되는 업무인지는 의료기관의 개설 · 운영 형태, 해당 의료기관에서 이루어지는 진료의 내용과 방식, 피고인의 행위로 인하여 방해되는 업무의 내용 등 사정을 종합적으로 고려하여 판단해야 한다. [23 경간부]*

[2] 의료인인 甲의 명의로 의료인이 아닌 乙이 개설하여 운영하는 丙 병원에서, 피고인이 단독으로 또는 공모하여 11회에 걸쳐 큰 소리를 지르거나 환자 진료 예약이 있는 甲을 붙잡고 있는 등의 방법으로 위력으로써 甲의 진료 업무를 방해하였다는 내용으로 기소된 사안에서, 피고인의 행위와 당시의 주변 상황 등을 종합하면, 공소사실 전부 또는 그중 일부는 피고인이 甲의 환자에 대한 진료행위를 방해한 것으로 볼 여지가 있으므로, 피고인이 丙 병원의 일반적인 운영 외에 甲의 진료행위를 방해한 것인지에 대해 더 세밀하게 심리하여 업무방해죄 성립 여부를 판단하였어야 함에도, 원심이 丙 병원의 운영에 관한 업무는 업무방해죄의 보호대상이 되는 업무에 해당하지 않는다고 전제한 다음, 甲의 진료행위도 丙 병원의 운영에 관한 업무에 포함되어 별개의 보호가치 있는 업무로 볼 수 없다고 단정하여 공소사실을 무죄로 판단한 것에 업무방해죄의 업무에 관한 법리오해의 잘못이 있다고 한 사례[대판 2023.3.16. 2021도16482].

판례 | 보호가치가 인정되는 업무인 경우(방해시 업무방해죄 성립)

1. 건물의 전차인이 임대인의 승낙 없이 전차하였다고 하더라도 전차인이 불법침탈 등의 방법에 의하여 위 건물의 점유를 개시한 것이 아니고 그동안 평온하게 음식점 등 영업을 하면서 점유를 계속하여 온 이상 전차인의 업무를 업무방해죄에 의하여 보호받지 못하는 권리라고 단정할 수 없다[대판 1986.12.23. 86도1372]. [23 변호사]*
2. 피고인이 선착장 앞에 위치한 자신의 어업구역 내에 양식장을 설치한다는 구실로 밧줄을 매어 공유수면 점용허가 없이 폐석을 운반하는 선박의 출입을 방해한 경우, 위 회사의 폐석운반 업무를 업무방해죄에 의하여 보호하여야 할 대상이 되지 못하는 업무라고 단정하기는 어렵다[대판 1996.11.12. 96도2214]. [20 경찰승진, 17 법원9급]*
3. 아파트관리사무실의 경리가 관리단 총회에서 새로이 선임된 관리인에 의하여 재임명되어 경리업무를 수행하여 온 경우, 위 관리인 선임에 무효사유가 있다고 하더라도 위 경리의 아파트관리업무가 업무방해죄의 보호대상에서 제외된다고 보기는 어렵다[대판 2006.3.9. 2006도382].
4. 본당을 사실상 점유 · 관리하고 있던 목사로부터 사전 승인을 얻어 본당에서 임시노회를 진행한 이상 비록 위 목사가 법적으로 본당에 대한 관리권한이 없다 할지라도 그러한 사유만으로써 노회장으로서의 임시노회 진행업무를 업무방해죄의 보호대상인 업무가 되지 못하는 것으로 볼 수 없다[대판 2009.2.12. 2008도11486].

판례 | 보호가치가 인정되지 않는 업무(위법의 정도가 중한 경우)

형법상 업무방해죄의 보호대상이 되는 '업무'라고 함은 … 타인의 위법한 침해로부터 형법상 보호할 가치가 있는 것이어야 하므로, 어떤 사무나 활동자체가 위법의 정도가 중하여 사회생활상 도저히 용인될 수 없는 정도로 반사회성을 띠는 경우에는 업무방해죄의 보호대상이 되는 '업무'에 해당한다고 볼 수 없다[대판 2001.11.30. 2001도2015]. [19 법원9급]*

판례 | 보호가치가 인정되지 않는 업무에 해당하는 경우(방해시 업무방해죄 불성립)

1. 의료인이나 의료법인이 아닌 자가 의료기관을 개설하여 운영하는 행위는 그 위법의 정도가 중하여 사회생활상 도저히 용인될 수 없는 정도로 반사회성을 띠고 있으므로 업무방해죄의 보호대상이 되는 '업무'에 해당하지 않는다[대판 2001.11.30. 2001도2015]. [17 변호사, 17 법원9급, 16 경찰채용]*

   동지판례 공인중개사인 피고인이 동업관계의 종료로 부동산중개업을 그만두기로 한 이상 공인중개사가 아닌 피해자의 중개업은 법에 의하여 금지된 행위로서 형사처벌의 대상이 되는 범죄행위에 해당하는 것으로서 업무방해죄의 보호대상이 되는 업무라고 볼 수 없다[대판 2007.1.12. 2006도6599].

1-1. [1] 성매매알선 등 행위는 법에 의하여 원천적으로 금지된 행위로서 형사처벌의 대상이 되는 중대한 범죄행위일 뿐 아니라 정의관념상 용인될 수 없는 정도로 반사회성을 띠는 경우에 해당하므로, 업무방해죄의 보호대상이 되는 업무라고 볼 수 없다.

   [2] 폭력조직 간부인 피고인이 조직원들과 공모하여 甲이 운영하는 성매매업소 앞에 속칭 '병풍'을 치거나 차량을 주차해 놓아 성매매업소 운영업무를 방해하였다고 하더라도 업무방해죄가 성립하지 아니한다[대판 2011.10.13. 2011도7081]. [20 경찰승진, 17 법원9급]*

2. 법원의 직무집행정지 가처분결정에 의하여 그 직무집행이 정지된 자가 법원의 결정에 반하여 직무를 수행함으로써 업무를 계속 행하는 경우 그 업무는 국법질서와 재판의 존엄성을 무시하는 것으로서 사실상 평온하게 이루어지는 사회적 활동의 기반이 되는 것이라 할 수 없고, 비록 그 업무가 반사회성을 띠는 경우라고까지는 할 수 없다고 하더라도 법적 보호라는 측면에서는 그와 동등한 평가를 받을 수밖에 없으므로, 그 업무자체는 법의 보호를 받을 가치를 상실하였다고 하지 않을 수 없어 업무방해죄에서 말하는 업무에 해당하지 않는다[대판 2002.8.23. 2001도5592]. [23 변호사, 19 법원행시, 18 법원행시, 18 법원9급, 17 변호사, 17 법원9급, 17 국가7급, 17 경찰승진]*

3. 회사운영권의 양도·양수합의의 존부 및 효력에 관한 다툼이 있는 상황에서 양수인이 비정상적으로 위 회사의 임원변경등기를 마친 것만으로는 회사대표 이사로서 정상적인 업무에 종사하기 시작하였다거나 그 업무가 양도인에 대한 관계에서 보호할 가치가 있는 정도에 이르렀다고 보기 어려워, 양도인의 침해행위가 양수인의 '업무'에 대한 업무방해죄를 구성하는 것으로 볼 수 없다고 한 사례[대판 2007.8.22. 2006도3687].

4. 백화점 입주상인들이 영업을 하지 않고 매장 내에서 점거 농성만을 하면서 매장 내의 기존의 전기시설에 임의로 전선을 연결하여 각종 전열기구를 사용함으로써 화재위험이 높아 백화점 경영회사의 대표이사인 피고인이 부득이 단전조치를 취하였다면, 그 단전조치 당시 보호받을 업무가 존재하지 않았을 뿐만 아니라 화재예방 등 건물의 안전한 유지·관리를 위한 정당한 권한 행사의 범위 내의 행위에 해당하므로 피고인의 단전조치가 업무방해죄를 구성한다고 볼 수 없다[대판 1995.6.30. 94도3136].

5. 도로관리청 또는 그로부터 권한을 위임받아 과적차량 단속을 위한 적재량 측정의 업무를 수행하는 자라고 하더라도, 적재량 측정을 강제할 수 있는 법령상의 근거가 없는 한, 측정에 불응하는 자를 고발하는 것은 별론으로 하고, 측정을 강제하기 위한 조치를 취할 권한은 없으므로, 이를 위한 조치가 정당한 업무집행이라고 볼 수는 없다[대판 2010.6.10. 2010도935].

(4) 공무의 포함 여부

판례 | 업무방해죄의 업무에 공무가 포함되는지 여부(불포함)

[1] 형법이 업무방해죄와는 별도로 공무집행방해죄를 규정하고 있는 것은 사적업무와 공무를 구별하여 공무에 관해서는 공무원에 대한 폭행·협박 또는 위계의 방법으로 그 집행을 방해하는 경우에 한하여 처벌하겠다는 취지라고 보아야 한다. 따라서 공무원이 직무상 수행하는 공무를 방해하는 행위에 대해서는 업무방해죄로 의율할 수는 없다고 해석함이 상당하다. [22 경간부, 20 변호사, 17 국가7급]*

[2] 지방경찰청 민원실에서 민원인들이 진정사건의 처리와 관련하여 지방경찰청장과의 면담 등을 요구하면서 이를 제지하는 경찰관들에게 큰소리로 욕설을 하고 행패를 부린 행위에 대하여, 경찰관들의 수사 관련 업무를 방해한 것이라는 이유로 업무방해죄의 성립을 인정한 원심판결에, 업무방해죄의 성립범위에 관한 법리를 오해한 위법이 있다고 한 사례[대판(전) 2009.11.19. 2009도4166].

동지판례 ⅰ) 경찰청 민원실에서 말똥을 책상 및 민원실 바닥에 뿌리고 소리를 지르는 등 난동을 부린 행위가 '위력'으로 경찰관의 민원접수 업무를 방해한 것이라는 이유로 업무방해에 해당한다고 본 원심판결에 법리오해의 위법이 있다고 한 사례[대판 2010.2.25. 2008도9049]. ⅱ) 피고인이 甲 등과 공모하여 위력으로 시장 乙 및 丙 회사 관계자 등의 기자회견 업무를 방해하였다는 내용으로 기소된 사안에서, 공소사실 중 공무원 乙의 기자회견 업무에 대한 업무방해의 점을 유죄로 인정한 원심판결에 업무방해죄 성립범위에 관한 법리오해의 위법이 있다고 한 사례[대판 2011.07.28. 2009도11104]. [19 법원행시, 19 법원9급, 19 경간부, 18 법원9급, 17 경찰채용]*

2. 행위

① 허위사실의 유포 · 위계

판례 | 허위사실 유포와 관련한 판례정리

(1) 허위사실 유포의 의미와 허위에 대한 인식의 정도

허위사실을 유포한다고 함은 실제의 객관적 사실과 서로 다른 사항을 내용으로 하는 사실을 불특정 다수인에게 전파시키는 것을 말하고, 특히 이러한 경우 그 행위자에게 행위 당시 자신이 유포한 사실이 허위라는 점을 적극적으로 인식하였을 것을 요한다[대판 1994.1.28. 93도1278; 동지 대판 2008.11.27. 2008도6728].

(2) '허위사실을 유포'의 범위

업무방해죄에서 '허위사실의 유포'란 객관적으로 진실과 부합하지 않는 사실을 유포하는 것으로서 단순한 의견이나 가치판단을 표시하는 것은 이에 해당하지 않는다. 유포한 대상이 사실과 의견 가운데 어느 것에 속하는지 판단할 때는 언어의 통상적 의미와 용법, 증명가능성, 문제 된 말이 사용된 문맥, 당시의 사회적 상황 등 전체적 정황을 고려해서 판단해야 한다. 의견표현과 사실 적시가 혼재되어 있는 경우에는 이를 전체적으로 보아 허위사실을 유포하여 업무를 방해한 것인지 등을 판단해야지, 의견표현과 사실 적시 부분을 분리하여 별개로 범죄의 성립 여부를 판단해서는 안 된다. 반드시 기본적 사실이 거짓이어야 하는 것은 아니고 비록 기본적 사실은 진실이더라도 이에 거짓이 덧붙여져 타인의 업무를 방해할 위험이 있는 경우도 업무방해에 해당한다. 그러나 그 내용 전체의 취지를 살펴볼 때 중요한 부분이 객관적 사실과 합치되고 단지 세부적으로 약간의 차이가 있거나 다소 과장된 표현이 있는 정도에 지나지 않아 타인의 업무를 방해할 위험이 없는 경우는 이에 해당하지 않는다[대판 2021.9.30. 2021도6634].

(3) 허위사실유포에 의한 업무방해죄가 성립하는 경우

1. 피고인의 구속 형사사건의 변호인으로 선임된 변호사가 피고인에게 무죄판결을 받아주겠다고 약속한 일이 없고 피고인이 범죄사실을 자백하여 유죄의 선고를 받고 확정되었는데도 피고인이 사람의 통행이 빈번한 변호사 사무실 앞에서 등에 붉은색 페인트로 "무죄라고 약속하고 이백만원에 선임했다. 사건담당변호사"라는 등을 기재한 흰까운을 입고 주변을 배회하는 등 하였다면 이는 공연히 허위의 사실을 적시하여 유포함으로써 변호사로서의 업무의 경영을 저해하는 경우에 해당하므로 업무방해죄를 구성한다[대판 1991.8.27. 91도1344].
2. 피해자가 대표이사인 회사의 소방사업부장이 소속 직원들에게 허위의 사실을 유포하는 등의 방법을 사용하여 직원들로부터 사표를 제출받은 경우, 직원들이 집단적으로 사표를 제출함으로써 일시적으로나마 소방사업부의 업무에서 이탈하거나 업무를 중단할 위험이 생겼고 그로 인하여 피해자의 소방사업부 업무의 경영을 저해할 위험성이 발생하였다고 볼 것이므로, 업무방해죄가 성립된다[대판 2002.3.29. 2000도3231].

(4) 허위사실유포에 의한 업무방해죄가 성립하지 않는 경우

어장의 대표자였던 피고인 甲이 어장측에 대한 허위의 채권을 주장하면서 후임대표자 A에게 그 인장을 인도하기를 거절함으로써 A가 만기도래한 어장 소유의 수산업협동조합 예탁금을 인출하지 못하였고 어장 소유 선박의 검사를 받지 못한 결과를 초래하였다 하여, 피고인의 위 허위주장을 가리켜 허위사실을 유포하거나 기타 위계로써 타인의 업무를 방해한 경우에 해당한다고는 할 수 없다[대판 1984.7.10. 84도638]. [19 경간부]*

판례 | 위계와 관련한 판례정리

(1) 위계의 의미

1. 위계에 의한 업무방해죄에 있어서 위계라 함은 행위자의 행위목적을 달성하기 위하여 상대방에게 오인·착각 또는 부지를 일으키게 하여 이를 이용하는 것을 말하며, 상대방이 이에 따라 그릇된 행위나 처분을 하였다면 위계에 의한 업무방해죄가 성립된다[대판 1992.6.9. 91도2221].

   관련판례 인터넷 자유게시판 등에 실제의 객관적인 사실을 게시하는 행위는, 설령 그로 인하여 피해자의 업무가 방해된다고 하더라도, 위 법조항 소정의 '위계'에 해당하지 않는다[대판 2007.6.29. 2006도3839]. [19 경찰승진]*

2. [1] 지방공사 사장이 신규직원 채용권한을 행사하는 것은 공사의 기관으로서 공사의 업무를 집행하는 것이므로, 위 권한의 귀속주체인 사장 본인에 대한 관계에서도 업무방해죄의 객체인 타인의 업무에 해당한다.
   [2] 신규직원 채용권한을 가지고 있는 지방공사 사장이 시험업무 담당자들에게 지시하여 상호 공모 내지 양해하에 시험성적조작 등의 부정한 행위를 한 경우, 시험업무 담당자 및 법인인 공사에게 신규직원 채용업무와 관련하여 오인·착각 또는 부지를 일으키게 한 것이 아니므로, '위계'에 의한 업무방해죄에 해당하지 않는다[대판 2007.12.27. 2005도6404]. [23 변호사, 20 변호사, 20 경찰승진, 18 법원행시]*

   판결이유 공사의 신규직원 채용시험업무 담당자들이 필기시험성적을 조작한 것과 응시자격 요건을 변경한 것은 피고인의 부정한 지시에 따른 결과일 뿐이지 피고인의 행위에 의해 위 시험업무 담당자들이 오인·착각 또는 부지를 일으킨 결과가 아니고, 이와 같이 신규직원 채용권한을 갖고 있는 피고인 및 위 시험업무 담당자들이 모두 공모 내지 양해하에 위와 같은 부정한 행위를 하였다면 법인인 이 사건 공사에게 위 신규직원 채용업무와 관련하여 오인·착각 또는 부지를 일으키게 하였다고 볼 수는 없다. 그렇다면 이 사건에서는 피고인의 위 시험업무 담당자들에 대한 부정한 지시나 이에 따른 업무 담당자들의 부정행위로 말미암아 공사의 신규직원 채용업무와 관련하여 오인·착각 또는 부지를 일으킨 상대방이 있다고 할 수 없으므로, 피고인 등의 위 부정행위가 곧 위계에 의한 업무방해죄에 있어서의 '위계'에 해당한다고 할 수 없다.

   동지판례 위계에 의한 업무방해죄에서 '위계'란 행위자가 행위 목적을 달성하기 위하여 상대방에게 오인, 착각 또는 부지를 일으키게 하여 이를 이용하는 것을 말한다. 컴퓨터 등 정보처리장치에 정보를 입력하는 등의 행위도 그 입력된 정보 등을 바탕으로 업무를 담당하는 사람의 오인, 착각 또는 부지를 일으킬 목적으로 행해진 경우에는 여기서 말하는 위계에 해당할 수 있으나[대판 2013.11.28. 2013도5117 참조]. 위와 같은 행위로 말미암아 업무과 관련하여 오인, 착각 또는 부지를 일으킨 상대방이 없었던 경우에는 위계가 있었다고 볼 수 없다[대판 2007.12.27. 2005도6404 참조]. 따라서 검사가 제출한 증거들만으로는 피고인이 위계로 써 피해자 은행들의 자동화기기를 통한 무통장·무카드 입금거래에 관한 업무를 방해하였음이 인정되지 않는다[대판 2022.2.11. 2021도12394].

   판례해설 자동화기기에 허위의 정보를 입력하였으나 오인, 착각, 부지를 일으킨 것은 기계이지 사람이 아니므로 오인, 착각 또는 부지를 일으킨 상대방이 없어 위계가 성립하지 않는다.
   [사실관계] 전화금융사기 조직의 현금 수거책인 피고인이 무매체 입금거래의 '1인 1일 100만 원' 한도 제한을 회피하기 위하여 은행 자동화기기에 제3자의 주민등록번호를 입력하는 방법으로 이른바 '쪼개기 송금'을 한 사안.

   비교판례 수산업협동조합의 신규직원 채용에 응시한 A와 B가 필기시험에서 합격선에 못 미치는 점수를 받게 되자, 채점업무 담당자들이 조합장인 피고인의 지시에 따라 점수조작행위를 통하여 이들을 필기시험에 합격시킴으로써 필기시험 합격자를 대상으로 하는 면접시험에 응시할 수 있도록 한 경우, 위 점수조작행위에 공모 또는 양해하였다고 볼 수 없는 일부 면접위원들이 조합의 신규직원 채용업무로서 수행한 면접업무는 위 점수조작행위에 의하여 방해되었다고 보아야 한다[대판 2010.3.25. 2009도8506].

3. [1] 위계에 의한 업무방해죄에서 '위계'란 행위자가 행위목적을 달성하기 위하여 상대방에게 오인, 착각 또는 부지를 일으키게 하여 이를 이용하는 것을 말하고, 컴퓨터 등 정보처리장치에 정보를 입력하는 등의 행위가 그 입력된 정보 등을 바탕으로 업무를 담당하는 사람의 오인, 착각 또는 부지를 일으킬 목적으로 행해진 경우에는 그 행위가 업무를 담당하는 사람을 직접적인 대상으로 이루어진 것이 아니라고 하여 위계가 아니라고 할 수는 없다. [19 경찰승진, 18 법원행시]*
   [2] 甲 정당의 제19대 국회의원 비례대표 후보자 추천을 위한 당내 경선과정에서 피고인들이 선거권자들로부터 인증번호만을 전달받은 뒤 그들 명의로 특정 후보자에게 전자투표를 함으로써 위계로써 甲 정당의 경선관리 업무를 방해하였다는 내용으로 기소된 사안에서, 국회의원 비례대표 후보자 명단을 확정하기 위한 당내 경선은 정당의 대표자나 대의원을 선출하는 절차와 달리 국회의원 당선으로 연결될 수 있는 중요한 절차로서 직접투표의 원칙이 그러한 경선절차의 민주성을 확보하기 위한 최소한의 기준이 된다고 할 수 있는 점 등 제반 사정을 종합할 때, 당내 경선에도 직접·평등·비밀투표 등 일반적인 선거원칙이 그대로 적용되고 대리투표는 허용되지 않는다는 이유로 피고인들에게 유죄를 인정한 사례[대판 2013.11.28. 2013도5117]. [16 경간부]*

제1편

2026 해커스경찰 허정 형사법 2권 형법각론

(2) 심사제도와 위계에 의한 업무방해죄의 한계

[1] 상대방으로부터 신청을 받아 상대방이 일정한 자격요건 등을 갖춘 경우에 한하여 그에 대한 수용 여부를 결정하는 업무에 있어서는 신청서에 기재된 사유가 사실과 부합하지 않을 수 있음을 전제로 그 자격요건 등을 심사·판단하는 것이므로, 그 업무담당자가 사실을 충분히 확인하지 아니한 채 신청인이 제출한 허위의 신청사유나 허위의 소명자료를 가볍게 믿고 이를 수용하였다면 이는 업무담당자의 불충분한 심사에 기인한 것으로서 신청인의 위계가 업무방해의 위험성을 발생시켰다고 할 수 없어 위계에 의한 업무방해죄를 구성하지 않지만, 신청인이 업무담당자에게 허위의 주장을 하면서 이에 부합하는 허위의 소명자료를 첨부하여 제출한 경우 그 수리여부를 결정하는 업무담당자가 관계 규정이 정한 바에 따라 그 요건의 존부에 관하여 나름대로 충분히 심사를 하였음에도 신청사유 및 소명자료가 허위임을 발견하지 못하여 그 신청을 수리하게 될 정도에 이르렀다면, 이는 업무담당자의 불충분한 심사가 아니라 신청인의 위계행위에 의하여 업무방해의 위험성이 발생한 것이어서 위계에 의한 업무방해죄가 성립한다.

[2] 대한주택공사가 시행하는 택지개발사업의 공동택지용지 수의공급업무와 관련하여 택지개발예정지구 지정공고일 이후에 대상토지를 매수하여 관련 규정상 신청자격이 없는 자가 계약일자를 위 공고일 이전으로 허위기재한 매매계약서를 기초로 소유권이전등기를 마친 후 그 등기부등본과 계약일자를 허위로 기재한 소유토지조서를 첨부하여 수의공급 신청을 한 경우, 위 공사의 택지공급업무의 적정성과 공정성을 해할 위험을 초래한 것에 해당하여 위계에 의한 업무방해죄를 구성한다고 한 사례[대판 2007.12.27. 2007도5030].

동지판례 甲이 허위의 사실을 기재하여 乙의 미국방문비자 신청서를 제출한 후, 그 소명을 위하여 허위로 작성한 서류를 제출하고, 乙로 하여금 비자면접 때 허위의 답변을 하도록 연습을 시켜 면접을 하게 하고, 乙의 회사재직 여부를 묻는 미국대사관 직원의 문의전화에 대하여 허위답변을 하여 신청사유 및 소명자료가 허위임을 발견하지 못하여 그 신청을 수리하게 될 정도에 이르렀다면 이는 업무담당자의 불충분한 심사가 아니라 신청인의 위계행위에 의하여 업무방해의 위험성이 발생된 것이어서 이에 대하여 위계에 의한 업무방해죄가 성립된다[대판 2004.3.26. 2003도7927].

비교판례 대학교 시간강사 임용과 관련하여 허위학력이 기재된 이력서만을 제출한 사안에서 임용심사업무 담당자가 불충분한 심사로 인하여 허위학력이 기재된 이력서를 믿은 것이므로 위계에 의한 업무방해죄를 구성하지 않는다고 한 사례[대판 2009.1.30. 2008도6950]. [18 법원행시, 16 경간부]*

판례 | 위계에 의한 업무방해죄가 성립하지 않는 경우

1. 피고인이 피해자 게임회사들이 제작한 모바일게임의 이용자들의 게임머니나 능력치를 높게 할 수 있는 변조된 게임프로그램을 해외 인터넷 사이트에서 다운로드받은 다음, 위와 같은 게임프로그램을 제공한다는 것을 나타내는 문구가 게임프로그램 실행 시 화면에 나올 수 있도록 게임프로그램을 변조한 후 자신이 직접 개설한 모바일 어플리케이션 공유사이트 게시판에 위와 같이 변조한 게임프로그램들을 게시·유포하여 위계로써 피해자 게임회사들의 정상적인 영업업무를 방해하였다는 내용으로 기소된 사안에서, 피고인이 어떠한 방법으로 변조된 게임프로그램을 실행하여 게임서버에 접속하였는지에 관하여 전혀 특정하지 아니한 채 변조된 게임프로그램을 게시·유포하였다는 사실만으로는 위계에 의한 업무방해죄가 성립하지 않는다고 한 사례[대판 2017.2.21. 2016도15144].

   판결이유 게임이용자가 이 사건 공소사실과 같이 변조된 게임프로그램을 자신의 모바일 기기에 설치하고 이를 실행하여 게임서버에 접속하는 경우, 게임회사로서는 위와 같이 변조된 게임프로그램을 설치·실행하여 서버에 접속한 게임이용자와 정상적인 게임프로그램을 설치·실행하여 서버에 접속한 게임이용자를 구별할 수 없게 되므로, 게임이용자가 변조된 게임프로그램을 설치·실행하여 게임서버에 접속하여야 비로소 게임회사에 대한 위계에 의한 업무방해죄가 성립한다고 할 것이다.

2. 피고인이 그가 경영하던 공장을 공소외 (갑)에게 양도하면서 미수 외상대금 채권의 수금권을 포기하기로 약정하고도 이를 외상채무자들에게 고지하지 아니하고 외상대금을 수령하였다 하여 이로써 위계로 위 공소외인의 공장경영의무를 방해한 것이라 할 수 없다[대판 1984.5.9. 83도2270].

판례 | 위계에 의한 업무방해죄가 성립하는 경우

1. **(부정시험 사건)** 교수인 피고인 甲이 출제교수들로부터 대학원 신입생 전형시험 문제를 제출받아 피고인 乙·丙에게 그 시험문제를 알려주자 그들이 답안쪽지를 작성한 다음 이를 답안지에 그대로 베껴써서 그 정을 모르는 시험감독관에게 제출한 경우, 위계로써 입시감독업무를 방해한 것이므로 업무방해죄에 해당한다[대판 1991.11.12. 91도2211].

2. **(부정시험 사건)** 더 이상 채점결과를 변경할 수 없는 단계에서 일부 응시생들을 합격시킬 목적만으로 채점결과를 변경한 행위는 채점행위의 범위를 벗어난 것으로 채점을 담당한 교수의 권한에 속하는 것이 아님이 분명하고, 따라서 위와 같은 행위는 결국 아무 권한도 없이 이미 확정된 채점결과를 임의로 변경하여 대학원위원회의 합격자 사정업무를 위계로써 방해한 것에 해당한다[대판 1993.12.28. 93도2669].

3. **(주의, 부정시험 사건)** 수산업협동조합의 신규직원 채용에 응시한 A와 B가 필기시험에서 합격선에 못 미치는 점수를 받게 되자, 채점업무 담당자들이 조합장인 피고인의 지시에 따라 점수조작행위를 통하여 이들을 필기시험에 합격시킴으로써 필기시험 합격자를 대상으로 하는 면접시험에 응시할 수 있도록 한 경우, 위 점수조작행위에 공모 또는 양해하였다고 볼 수 없는 일부 면접위원들이 조합의 신규직원 채용업무로서 수행한 면접업무는 위 점수조작행위에 의하여 방해되었다고 보아야 한다[대판 2010.3.25. 2009도8506].

4. **(부정시험 사건)** 학부모들이 대학교 교무처장 등에게 자녀들의 부정입학을 청탁하면서 그 대가로 대학교측에 기부금명목의 금품을 제공하고 이에 따라 교무처장 등이 그들의 실제 입학시험성적을 임의로 고쳐 그 석차가 모집정원의 범위 내에 들도록 사정부를 허위로 작성한 다음 이를 그 정을 모르는 입학사정위원들에게 제출하여 그들로 하여금 그 사정부에 따라 입학사정을 하게 함으로써 자녀들을 합격자로 사정처리 하게 한 것은 위계로써 입학사정위원들의 사정업무를 방해한 것이다[대판 1994.3.11. 93도2305].

   동지판례 대학교 총장이 신입생을 추가로 모집함에 있어 기부금을 낸 학부모나 교직원 자녀들의 성적 또는 지망학과를 고쳐 석차가 추가로 모집하는 인원의 범위 내에 들도록 사정부를 허위로 작성한 다음 그 정을 모르는 입학사정위원들에게 제출하여 허위로 작성된 사정부에 따라 입학사정을 하게 함으로써 위 자녀들을 합격자로 사정하게 하였다면 이는 위계로써 입학사정업무를 방해하였다고 할 것이다[대판 1993.5.11. 92도255].

5. 고속도로 통행요금징수 기계화시스템의 성능에 대한 한국도로공사의 현장평가시에 각종 소형화물차 16대의 타이어 공기압을 낮추어 접지면을 증가시킨 후 톨게이트를 통과시킨 행위는 위계를 사용하여 한국도로공사의 현장시험업무에 지장을 줄 위험을 발생케 한 것으로서 실지로 업무방해의 결과가 발생하였는지 여부에 상관없이 업무방해죄가 성립한다[대판 1994.6.14. 93도288]. [16 경간부]*

5-1. **(논문을 대부분 대작시킨 사건)** 단순히 통계처리와 분석, 또는 외국자료의 번역과 타자만을 타인에게 의뢰한 것이 아니라 전체 논문의 초안작성을 의뢰하고, 그에 따라 작성된 논문의 내용에 약간의 수정만을 가하여 제출한 경우에는 위계로써 위 대학원의 학사업무를 방해한 것이다[대판 1996.7.30. 94도2708]. [17 국가7급]*

   동지판례 乙이 작성한 논문을, 피고인 甲이 전혀 수정하지 아니한 채 자신을 저작자 명의로 하여 학회 편집담당자에게 송부하여 학회지 편집 또는 출판 업무담당자들이 甲을 논문의 단독저자 또는 공동저자로 오인하여 논문들을 학회지 등에 게재한 경우, 甲의 위계행위로 인하여 학회지 업무담당자들의 편집 및 출판 업무가 방해되었다고 할 것이고, 乙이 甲에게 논문의 저작자 표시를 甲 단독 또는 乙과 공동 명의로 하는 점에 관하여 동의하거나 적극적인 권유를 하였는지 여부는 업무방해죄 성립에 아무런 영향이 없다[대판 2009.9.10. 2009도4772]. [23 경간부, 18 법원행시]*

6. **(전산조작을 통한 실명전환 사건)** 금융실명거래 및 비밀보장에 관한 긴급재정명령을 위반한 행위는 위계로 회사의 실명전환업무 및 전산처리업무를 방해한 것으로서 업무방해죄를 구성한다[대판 1995.11.14. 95도1729].

   비교판례 **(차명실명전환 사건)** 실명전환사무를 처리하는 금융기관의 업무는 실명전환을 청구하는 자가 권리자의 외관을 가지고 있는지 여부를 확인하고 그의 명의가 위 긴급명령에서 정하고 있는 주민등록표상의 명의 등 실명인지 여부를 확인하는 것일 뿐이지, 나아가 그가 과연 금융자산의 실질적인 권리자인지 여부를 조사·확인하는 것까지 그 업무라고 할 수는 없다. 따라서 기존의 비실명예금을 합의차명에 의하여 명의대여자의 실명으로 전환한 행위는 위 긴급명령에 따른 금융기관의 실명전환에 관한 업무를 방해한 것이라 할 수 없다[대판(전) 1997.4.17. 96도3377].

7. **(위장취업 사건)** 피고인이 노동운동을 하기 위하여 노동현장에 취업하고자 하나 자신이 대학교에 입학한 학력과 국가보안법위반죄의 처벌전력 때문에 쉽사리 입사할 수 없음을 알고, 타인 명의로 허위의 학력과 경력을 기재한 이력서를 작성하고, 동인의 고등학교 생활기록부 등 서류를 작성·제출하여 시험에 합격하였다면 피고인은 위계에 의하여 위 회사의 근로자로서의 적격자를 채용하는 업무를 방해한 것이다[대판 1992.6.9. 91도2221]. [17 변호사]*

8. **(서류배달업무방해 사건)** 피고인이 서류배달업 회사가 고객으로부터 배달을 의뢰받은 서류의 포장 안에 특정종교를 비방하는 내용의 전단을 집어넣어 함께 배달되게 한 경우, 위 회사의 서류배달업무를 방해한 것으로 업무방해죄가 성립한다[대판 1999.5.14. 98도3767].

9. 특정 회사가 제공하는 게임사이트에서 정상적인 포커게임을 하고 있는 것처럼 가장하면서 통상적인 업무처리 과정에서 적발해 내기 어려운 사설 프로그램을 이용하여 약관상 양도가 금지되는 포커머니를 약속된 상대방에게 이전해 준 사안에서, 이는 형법 제314조 제2항에 정한 '부정한 명령의 입력'에 해당하지는 않지만 회사의 정상적인 게임사이트 운영업무를 방해한 것이므로 위계에 의한 업무방해죄를 구성한다고 한 사례[대판 2009.10.15. 2007도9334]. [17 경찰채용]*

10. X 상호저축은행 경영진인 甲이 저축은행의 영업정지가 임박한 상황에서 X 저축은행에 파견되어 있던 금융감독원 감독관에게 알리지 아니한 채 영업마감 후에 특정 고액 예금채권자들에게 영업정지 예정사실을 알려주어 예금을 인출하도록 함으로써 파견감독관의 상시감독업무를 방해하였다는 내용으로 기소된 사안에서, 甲이 영업정지 예정사실 통지에 관한 파견감독관의 부지를 이용하여 예금채권자들로 하여금 예금을 인출하도록 한 것이 업무방해죄의 위계에 해당한다고 본 원심판단을 수긍한 사례[대판 2013.1.24. 2012도10629].

11. [1] 업무방해죄의 성립에는 업무방해의 결과가 실제로 발생함을 요하지 않고 업무방해의 결과를 초래할 위험이 발생하면 족하며, 업무수행 자체가 아니라 업무의 적정성 내지 공정성이 방해된 경우에도 업무방해죄가 성립한다. 나아가 컴퓨터 등 정보처리장치에 정보를 입력하는 등의 행위가 그 입력된 정보 등을 바탕으로 업무를 담당하는 사람의 오인, 착각 또는 부지를 일으킬 목적으로 행해진 경우에는 그 행위가 업무를 담당하는 사람을 직접적인 대상으로 이루어진 것이 아니라고 하여 위계가 아니라고 할 수는 없다.
[2] 甲 정당의 제19대 국회의원 비례대표 후보자 추천을 위한 당내 경선과정에서 피고인들이 선거권자들로부터 인증번호만을 전달받은 뒤 그들 명의로 특정 후보자에게 전자투표를 함으로써 위계로써 甲 정당의 경선관리 업무를 방해하였다는 내용으로 기소된 사안에서, 국회의원 비례대표 후보자 명단을 확정하기 위한 당내 경선은 정당의 대표자나 대의원을 선출하는 절차와 달리 국회의원 당선으로 연결될 수 있는 중요한 절차로서 직접투표의 원칙이 그러한 경선절차의 민주성을 확보하기 위한 최소한의 기준이 된다고 할 수 있는 점 등 제반 사정을 종합할 때, 당내 경선에도 직접·평등·비밀투표 등 일반적인 선거원칙이 그대로 적용되고 대리투표는 허용되지 않는다는 이유로 피고인들에게 유죄를 인정한 사례[대판 2013.11.28. 2013도5117].

12. 피고인이 자신이 저작자가 아님에도 공저자로 표시되어 발행된 서적을 마치 자신의 저서인 것처럼 업적보고서에 연구업적으로 기재하여 ○○대학교 교원업적평가 담당자에게 제출함으로써 교원업적평가 결과를 왜곡한 이상 위계에 의한 업무방해죄가 성립하고, 피고인이 교원재계약을 위한 기준 점수를 월등히 초과하고 있었다 하더라도 달리 볼 것은 아니다. 또한 교원업적평가와 관련하여 방대한 자료가 제출되는 현실을 감안할 때 담당자들로서는 정상적으로 업무를 처리하는 과정에서 저작권법위반 여부를 밝혀내는 것이 현실적으로 불가능해 보이는 점 등에 비추어 보면 ○○대학교의 교원업적평가가 방해된 것이 ○○대학교 측의 불충분한 심사에 기인한 것이라고 볼 수 없다[대판 2017.10.26. 2016도16031].

13. 사립고등학교 학생이 실제로 봉사활동을 한 사실이 없음에도 부모가 (다른 학교 교사인 상피고인과 공모하여) 외부기관으로부터 허위의 봉사활동내용이 기재된 확인서를 발급받은 후 이를 학교에 제출하여 학생으로 하여금 봉사상을 받도록 한 사안에서, 허위의 봉사활동확인서 제출로써 학교장의 봉사상 심사 및 선정업무 방해의 결과를 초래할 위험이 발생하였다고 한 사례[대판 2020.9.24. 2017도19283].

② 위력

판례 | 위력의 의미와 위력이 가해지는 상대방 적격(업무에 종사 중인 사람에게 직접 가해질 필요 없음)

[1] 업무방해죄의 '위력'이란 사람의 자유의사를 제압·혼란케 할 만한 일체의 세력으로, 유형적이든 무형적이든 묻지 아니하므로, 폭력·협박은 물론 사회적·경제적·정치적 지위와 권세에 의한 압박 등도 이에 포함되고, 현실적으로 피해자의 자유의사가 제압될 것을 요하는 것은 아니지만, 범인의 위세, 사람의 수, 주위의 상황 등에 비추어 피해자의 자유의사를 제압하기 족한 세력을 의미하는 것으로서, 위력에 해당하는지는 범행의 일시·장소, 범행의 동기, 목적, 인원수, 세력의 태양, 업무의 종류, 피해자의 지위 등 제반 사정을 고려하여 객관적으로 판단하여야 한다. 또한, 업무방해죄의 위력은 반드시 업무에 종사 중인 사람에게 직접 가해지는 세력만을 의미하는 것은 아니고, 사람의 자유의사를 제압하기에 족한 일정한 물적 상태를 만들어 사람으로 하여금 자유로운 행동을 불가능하게 하거나 현저히 곤란하게 하는 행위도 이에 포함될 수 있다. [17 경찰채용]*

[2] 피고인이 피해자들이 경작 중이던 농작물을 트랙터를 이용하여 갈아엎은 다음 그곳에 이랑을 만들고 새로운 농작물을 심어 피해자의 자유로운 논밭 경작 행위를 불가능하게 하거나 현저히 곤란하게 한 경우, 위력에 의한 업무방해죄에 해당한다고 한 사례[대판 2009.9.10. 2009도5732].

판례 | 정당한 권한의 행사가 업무방해죄를 구성하는 위력에 해당하는지 여부(부정)

어떤 행위의 결과 상대방의 업무에 지장이 초래되었다 하더라도 행위자가 가지는 정당한 권한을 행사한 것으로 볼 수 있는 경우에는, 행위의 내용이나 수단 등이 사회통념상 허용될 수 없는 등 특별한 사정이 없는 한 업무방해죄를 구성하는 위력을 행사한 것이라고 할 수 없다. 따라서 제3자로 하여금 상대방에게 어떤 조치를 취하게 하는 등으로 상대방의 업무에 곤란을 야기하거나 그러한 위험이 초래되게 하였다 하더라도, 행위자가 제3자의 의사결정에 관여할 수 있는 권한을 가지고 있거나 그에 대하여 업무상 지시를 할 수 있는 지위에 있는 경우에는 특별한 사정이 없는 한 업무방해죄를 구성하지 아니한다[대판 2013.2.28. 2011도16718].

판례 | 쟁의행위로서 업무거부(파업)가 위력에 해당하기 위한 요건

[1] 업무방해죄는 위계 또는 위력으로써 사람의 업무를 방해한 경우에 성립하며(형법 제314조 제1항), '위력'이란 사람의 자유의사를 제압·혼란케 할 만한 일체의 세력을 말한다. 쟁의행위로서 파업도, 단순히 근로계약에 따른 노무의 제공을 거부하는 부작위에 그치지 아니하고 이를 넘어서 사용자에게 압력을 가하여 근로자의 주장을 관철하고자 집단적으로 노무제공을 중단하는 실력행사이므로, 업무방해죄에서 말하는 위력에 해당하는 요소를 포함하고 있다.
[2] 근로자는 원칙적으로 헌법상 보장된 기본권으로서 근로조건 향상을 위한 자주적인 단결권·단체교섭권 및 단체행동권을 가지므로(헌법 제33조 제1항), 쟁의행위로서 파업이 언제나 업무방해죄에 해당하는 것으로 볼 것은 아니고, 전후 사정과 경위 등에 비추어 사용자가 예측할 수 없는 시기에 전격적으로 이루어져 사용자의 사업운영에 심대한 혼란 내지 막대한 손해를 초래하는 등으로 사용자의 사업계속에 관한 자유의사가 제압·혼란될 수 있다고 평가할 수 있는 경우에 비로소 집단적 노무제공의 거부가 위력에 해당하여 업무방해죄가 성립한다고 보는 것이 타당하다[대판(전) 2011.3.17. 2007도482]. [19 법원9급, 19 경찰채용, 18 법원9급, 18 경간부, 17 경찰채용]*

동지판례 근로자 100명 중 2명이 지역집회 참가를 이유로 2시간 파업에 참여하는 등 그 파업 규모에 비추어 사용자의 사업운영에 심대한 혼란이나 막대한 손해가 초래되었다고 볼 수 없는 사업장의 경우 사용자의 사업계속에 관한 자유의사가 제압·혼란될 수 있다고 평가할 수 있는 경우에 해당하지 아니한다고 볼 여지가 있다[대판 2011.10.27. 2009도3390].

판례 | 위력의 행사의 상대방이 피해자가 아닌 제3자인 경우 업무방해죄의 성립요건

[1] 단순히 소비자불매운동이 헌법 제124조에 따라 보장되는 소비자보호운동의 요건을 갖추지 못하였다는 이유만으로 곧바로 형법 제314조 제1항의 업무방해죄에서 말하는 위력의 행사에 해당한다고 단정하여서는 아니 된다. 다만 그 소비자불매운동이 헌법상 보장되는 정치적 표현의 자유나 일반적 행동의 자유 등의 점에서도 전체 법질서상 용인될 수 없을 정도로 사회적 상당성을 갖추지 못한 때에는 그 행위 자체가 위법한 세력의 행사로서 형법 제314조 제1항의 업무방해죄에서 말하는 위력의 개념에 포섭될 수 있다.
[2] 업무방해죄의 위력은 원칙적으로 피해자에게 행사되어야 하므로, 그 위력 행사의 상대방이 피해자가 아닌 제3자인 경우 그로 인하여 피해자의 자유의사가 제압될 가능성이 직접적으로 발생함으로써 이를 실질적으로 피해자에 대한 위력의 행사와 동일시할 수 있는 특별한 사정이 있는 경우가 아니라면 피해자에 대한 업무방해죄가 성립한다고 볼 수 없다.
[3] 인터넷카페의 운영진인 피고인들이 카페 회원들과 공모하여, 특정 신문들에 광고를 게재하는 광고주들에게 불매운동의 일환으로 지속적·집단적으로 항의전화를 하거나 광고주들의 홈페이지에 항의글을 게시하는 등의 방법으로 광고중단을 압박함으로써 위력으로 광고주들 및 신문사들의 업무를 방해하였다는 내용으로 기소된 사안에서, 원심이 피고인들의 위 행위가 광고주들의 자유의사를 제압할 만한 세력으로서 위력에 해당한다고 본 것은 정당하나, 나아가 피고인들의 행위로 신문사들이 실제 입은 불이익이나 피해의 정도, 그로 인하여 신문사들의 영업활동이나 보도에 관한 자유의사가 제압될 만한 상황에 이르렀는지 등을 구체적으로 심리하여 살펴보지 아니한 채, 신문사들에 대한 직접적인 위력의 행사가 있었다고 보아 유죄를 인정한 것은 잘못이 있다고 한 사례[대판 2013.3.14. 2010도410]. [19 경간부]*

판례 | 위력에 의한 업무방해죄가 성립하는 경우

1. 피고인이 자신의 명의로 등록되어 있는 피해자 운영의 학원에 대하여 피해자의 승낙을 받지 아니하고 폐원신고를 하였다고 하더라도 피해자에게 사전에 통고를 한 뒤 폐원신고를 하였다면 위계를 사용하여 피해자의 업무를 방해한 것으로 보기는 어렵고, 오히려 피해자가 운영하고 있는 학원이 자신의 명의로 등록되어 있는 지위를 이용하여 임의로 폐원신고를 함으로써 피해자의 업무를 위력으로써 방해한 것이다[대판 2005.3.25. 2003도5004]. [17 경찰승진]*

   동지판례 자신의 명의로 사업자등록이 되어 있고 자신이 상주하여 지게차 판매 등을 하고 있는 지위를 이용하여, 피해자의 사업장 출입을 금지하기 위하여 출입문에 설치된 자물쇠의 비밀번호를 변경한 행위는 위력에 의한 업무방해죄가 성립한다고 한 사례[대판 2009.4.23. 2007도9924].

   비교판례 (위의 판례와 혼동하여서는 안 됨) 임대인 A로부터 건물을 임차하여 학원을 운영하던 피고인 甲이 건물을 인도한 이후에도 자신 명의로 된 학원설립등록을 말소하지 않고 휴원신고를 연장함으로써 새로운 임차인 B가 그 건물에서 학원설립등록을 하지 못하도록 하였다고 하더라도 甲의 휴원연장신고와 B가 학원설립등록을 하지 못한 점 사이에 인과관계가 있다고 단정하기 어렵고, 甲의 행위가 B의 자유의사를 제압 · 혼란케 할 정도의 위력에 해당한다고 보기 어렵다[대판 2010.11.25. 2010도9186]. [19 경찰승진, 17 경간부]*

2. 피고인이 피해자의 물건을 임의로 철거 · 폐기할 수 있다는 임대차계약 조항에 따라 간판업자를 동원하여 피해자가 영업중인 식당 점포의 간판을 철거한 등의 행위는 위력을 사용하여 피해자의 업무를 방해한 행위에 해당한다[대판 2005.3.10. 2004도341].55) [18 법원9급, 17 경간부]*

3. 회사에서 휴업공고를 하였다 하더라도 비상대책위원회 의장인 피고인 등이 근로자들로 하여금 작업을 거부하게 함과 아울러 회사로 통하는 모든 출입문에 바리케이트 등을 설치하고 다수의 근로자들로 하여금 위 회사의 관리직사원을 포함한 모든 출입자의 출입을 통제하였다면 위력으로 회사의 업무를 방해한 것이며 그 위법성이 조각되지 아니한다[대판 1991.6.11. 91도753].

4. 시장번영회 회장인 피고인 甲이 피해자 A가 번영회를 상대로 잦은 진정을 하고 협조를 하지 않는다는 이유로, 정당한 권한없이 A의 점포에 대하여 단전조치를 한 것이라면 이는 위력에 의한 업무방해행위에 해당한다[대판 1983.11.8. 83도1798]. [19 경간부]*

5. 피고인들이 마이크를 빼앗으며 회의를 진행하지 못하게 하고 A를 비방하면서 걸려 있는 현수막을 제거하고 회의장에 들어가려는 대의원들을 회의에 참석하지 못하게 하였다면 위력으로 A의 유림총회 개최업무를 방해한 것이라고 보아야 할 것이고, A가 유림대표 선출에 관한 규정에 위배하여 그와 같은 회의를 개최하였고 결국 총회의 무기연기가 선언되었다고 하여도 업무방해죄의 성립에 영향이 없다[대판 1991.2.12. 90도2501]. [17 국가7급]*

6. 신고한 옥외집회에서 고성능 확성기 등을 사용하여 발생된 소음이 82.9dB 내지 100.1dB에 이르고, 사무실 내에서의 전화통화 · 대화 등이 어려웠으며, 밖에서는 부근을 통행하기조차 곤란하였고, 인근 상인들도 소음으로 인한 고통을 호소하는 정도에 이르렀다면 이는 위력으로 인근 상인 및 사무실 종사자들의 업무를 방해한 업무방해죄를 구성한다[대판 2004.10.15. 2004도4467].

7. 피고인을 포함한 집회 참가자 약 1,500명이 당초 신고한 집회장소를 벗어나 피해자 회사가 운영하는 매장을 둘러싸고 함성을 지르며 매장점거를 계속 시도하였고, 그 과정에서 이를 저지하는 경찰과 충돌하여 폭력을 행사하였고, 위와 같은 매장점거 시도행위로 인하여 피해자 회사의 매장을 방문한 손님들의 출입이 현저히 곤란해졌다면 피고인의 행위는 위력으로써 피해자 회사의 업무를 방해한 업무방해죄를 구성하고, 이는 형법 제20조의 정당행위에 해당하지 아니한다[대판 2011.10.13. 2009도5698].

판례 | 위력에 의한 업무방해죄가 성립하지 않는 경우

1. 종손인 74세의 甲은 자신의 동의도 없이 종중이 자기소유의 토지를 매도하기로 결의하고 측량하려 하자, 종중원들과 측량기사에게 "내 허락 없이 측량을 하면 가만두지 않겠다."고 측량을 반대하면서 소리치며 시비를 한 경우, 甲은 피해자의 자유의사를 제압하기에 족한 위력을 행사한 것으로 볼 수 없으므로 업무방해죄가 성립하지 않는다[대판 1999.5.28. 99도495].

2. 계약갱신 및 체납임 · 관리비 상당액 독려차 나온 사원에게 "너희들이 무엇인데 상인협의회에서 하는 일을 방해하며 협의회에서 돌리는 유인물을 압수하느냐 당장 해임시켜야 하겠다."고 한 정도의 욕설을 한 행위만으로는 업무방해죄의 위력을 행사한 것으로 보기 어렵다[대판 1983.10.11. 82도2584].

55) 강제철거권은 국가 또는 공공단체의 고유한 권한이므로 사인(私人)이 계약에 의하여 처분할 수 없으며, 그러한 계약은 민법 제103조 위반으로서 무효이다.

3. 피고인이 출장배치를 받은 골프장의 경기보조원들을 상대로 출장을 거부할 것을 순차 지시한 사건이다. 대법원은 피고인의 지시로 출장을 거부한 골프장의 경기보조원들이 약 18명에 불과하고, 그 기간도 2008.9.16. 07:00경부터 07:40경까지 40분에 불과하다면, 전체 경기보조원들 숫자 및 골프장 운영시간과 비교하여 경기보조원들의 출장거부 규모가 그리 크지 않다고 볼 수 있다는 이유로, 피고인의 행위가 골프장 운영자의 자유의사를 제압·혼란케 할 정도의 위력에 해당한다고 보기에 부족하다고 판시하였다[대판 2013.05.23. 2011도12440].

4. 甲이 행복하우스 빌라 3층의 거주자인 A의 의뢰로 시공 중인 창문교체공사 현장에서, 창문이 설치될 경우 건너편에 살고 있는 자신의 집 내부가 들여다보인다는 이유로 화가 나서, '합의가 되었는데 공사를 왜 진행하느냐, 집주인과 통화를 하게 해 달라, 공사를 중단하라면 중단하지 왜 다시 공사를 하냐'라고 고함을 질러 인부들이 약 30여 분간 창문교체 공사를 하지 못하게 하였다고 하더라도, 甲이 인부들의 자유의사를 제압하기에 족한 위력을 행사하였다고 쉽게 단정하기는 어렵고, 이웃 간의 사소한 시비에 대하여 업무방해죄를 적용하는 것은 신중할 필요가 있다[대판 2016.10.27. 2016도10956].

5. [1] 업무방해죄의 '위력'이란 사람의 자유의사를 제압·혼란하게 할 만한 일체의 세력으로, 유형적이든 무형적이든 묻지 아니하고, 현실적으로 피해자의 자유의사가 제압되어야만 하는 것도 아니지만, 범인의 위세, 사람 수, 주위의 상황 등에 비추어 피해자의 자유의사를 제압하기 족한 정도가 되어야 하는 것으로서, 그러한 위력에 해당하는지는 범행의 일시·장소, 범행의 동기, 목적, 인원수, 세력의 태양, 업무의 종류, 피해자의 지위 등 제반 사정을 고려하여 객관적으로 판단하여야 하고, 피해자 등의 의사에 의해 결정되는 것은 아니다.
[2] 마트산업노동조합 간부와 조합원인 피고인들이 공모하여, 대형마트 지점 2층 매장 안에서 '부당해고'라고 쓰인 피켓을 들고 지점장 甲과 대표이사 등 임직원들을 따라다니며 "강제전배 멈추어라, 통합운영 하지마라, 직원들이 아파한다, 부당해고 그만하라."라고 고성을 지르는 방법으로 약 30분간 甲의 현장점검 업무를 방해하였다는 내용으로 기소된 사안에서, 제반 사정을 종합하면 피고인들이 甲 등의 자유의사를 제압하기에 족한 위력을 행사하였다고 단정하기 어렵다는 이유로, 이와 달리 본 원심판단에 법리오해의 잘못이 있다고 한 사례[대판 2022.9.7. 2021도9055].

6. [1] 업무방해죄의 '위력'이란 사람의 자유의사를 제압·혼란하게 할 만한 일체의 세력으로 유형적이든 무형적이든 묻지 아니한다. 또한 위력이 행사되었다고 하기 위해 현실적으로 피해자의 자유의사가 제압되어야만 하는 것은 아니지만, 범인의 위세, 사람 수, 주위의 상황 등에 비추어 피해자의 자유의사를 제압하기 족한 정도가 되어야 한다. 그러한 위력에 해당하는지는 범행의 일시·장소, 범행의 동기, 목적, 인원수, 세력의 태양, 업무의 종류, 피해자의 지위 등 여러 사정을 고려하여 객관적으로 판단하여야 하고, 피해자 등의 의사에 의해 결정되는 것은 아니다.
[2] 민주주의 국가에서는 여론의 자유로운 형성과 전달을 통하여 의견을 집약하면서 민주적 정치질서를 생성·유지시켜 나가야 한다. 그러므로 표현의 자유는 중요한 헌법상 권리로서 충실하게 보장되어야 한다. 다만 표현의 자유도 다른 법익과의 관계에서 헌법상 한계가 있을 수밖에 없다. 따라서 표현의 자유 보장의 폭과 방법은 다른 법익과의 면밀한 비교와 형량을 통하여 정해야 한다. 한편 정부 또는 국가기관의 정책결정이나 업무수행과 관련된 사항 등 공적 관심사는 국민의 감시와 비판의 대상이 되어야 한다. 이러한 감시와 비판은 표현의 자유가 충분히 보장될 때 제대로 이루어질 수 있다. 그러므로 공적 관심사에 대한 표현의 자유 제한은 사적 영역에 속하는 사항의 경우보다 더욱 신중하게 이루어져야 한다. 특히 이러한 표현행위를 형사적으로 처벌하는 것은 공적 관심사에 대한 민주적 담론의 위축으로 이어질 수도 있다. 따라서 이러한 표현행위가 형법 제314조 제1항의 업무방해죄에서 말하는 위력의 행사에 해당하는지는 표현의 자유의 중요성과 보호범위 및 한계, 형벌의 보충성과 최후수단성의 원칙도 함께 음미하여 판단하여야 한다[대판 2025.4.15. 2024도16921].

③ 업무방해

판례 | 업무방해의 의미(범위)

1. 업무방해죄의 업무방해는 널리 그 경영을 저해하는 경우에도 성립하는데, 업무로서 행해져 온 회사의 경영행위에는 그 목적 사업의 직접적인 수행뿐만 아니라, 그 확장·축소·전환·폐지 등의 행위도 정당한 경영권 행사의 일환으로서 이에 포함된다[대판 2005.4.15. 2004도8701]. [17 경찰채용]*

2. 업무수행 자체가 아니라 업무의 적정성 내지 공정성이 방해된 경우에도 업무방해죄가 성립한다[대판 2008.1.17. 2006도1721; 동지 대판 2010.3.25. 2009도8506].
[20 경찰승진, 20 경간부, 19 법원9급, 19 경찰승진, 18 법원행시]*
관련판례 단순한 노무제공의 거부라고 하더라도 그것이 정당한 쟁의행위가 아니면서 위력으로 업무의 정상적인 운영을 방해할 정도에 이르면 형법상 업무방해죄가 성립될 수 있다[대판 2003.12.26. 2001도1863].

판례 | 업무방해죄의 기수시기

업무방해죄의 성립에 있어서 업무방해의 결과가 실제로 발생함을 요하는 것은 아니고 업무방해의 결과를 초래할 위험이 발생하면 족하다[대판 2004.3.26, 2003도7927; 동지 대판 2010.3.25, 2008도4228].

판례 | 업무방해의 추상적 위험이 인정되어 업무방해죄가 성립하는 경우

대부업체 직원이 대출금을 회수하기 위하여 소액의 지연이자를 문제삼아 법적 조치를 거론하면서 소규모 간판업자인 채무자의 휴대전화로 수백 회에 이르는 전화공세를 한 것이 사회통념상 허용한도를 벗어난 채권추심행위로서 채무자의 간판업 업무가 방해되는 결과를 초래할 위험이 있었다고 보아 업무방해죄를 구성한다고 한 사례[대판 2005.5.27, 2004도8447]. [18 변호사, 17 변호사, 17 국가7급]*

판례 | 업무방해의 추상적 위험이 인정되지 않아 업무방해죄가 성립하지 않는 경우

1. [1] 객관적으로 보아 당해 출제교사가 출제할 것이라고 예측되는 순수한 예상문제를 선정하여 수험생이나 그 교습자에게 주는 행위를 가지고 시험실시 업무를 방해하는 행위라고 할 수는 없다.
   [2] 시험의 출제위원이 문제를 선정하여 시험실시자에게 제출하기 전에 이를 유출하였다고 하더라도 이러한 행위자체는 위계를 사용하여 시험실시자의 업무를 방해하는 행위가 아니라 그 준비단계에 불과한 것이고, 그 후 그와 같이 유출된 문제가 시험실시자에게 제출되지도 아니하였다면 그러한 문제유출로 인하여 시험실시 업무가 방해될 추상적인 위험조차도 있다고 할 수 없으므로 업무방해죄가 성립한다고 할 수 없다[대판 1999.12.10, 99도3487].
2. 학부모들로부터 부정합격의 청탁을 받은 甲교수가 수험생으로 하여금 답안지에 비밀표시를 하도록 해 놓고 채점위원이 될 것으로 예상되는 乙 교수에게 비밀표시된 답안지를 부정채점하여 달라고 부탁하여 乙이 이를 승낙하였으나, 그 후 乙이 아닌 丙이 채점위원이 되자 乙은 丙 교수에게 부정채점을 청탁하였으나 丙이 그 제의를 거절하고 즉시 교무처장에게 신고하였다면 더 이상 입시부정행위를 할 수 없게 되었으므로, 乙의 범행 가담 이후 그 대학교 총장의 입시관리업무가 방해될 만한 행위가 없다 할 것이니 업무방해죄의 기수로 논할 수 없음이 명백하므로 丙에게 부정청탁을 하였으나 뜻을 못 이룬 乙의 행위를 형법 제314조를 적용하여 업무방해죄의 죄책을 지울 수 없다[대판 1994.12.2, 94도2510].
3. [1] 형법상 업무방해죄에서 말하는 '위력'은 반드시 유형력의 행사에 국한되지 아니하므로 폭력 · 협박은 물론 사회적 · 경제적 · 정치적 지위와 권세에 의한 압박 등도 이에 포함되지만, 적어도 그러한 위력으로 인하여 피해자의 자유의사를 제압하기에 충분하다고 평가될 정도의 세력에는 이르러야 한다. 한편 어떤 행위의 결과 상대방의 업무에 지장이 초래되었더라도 행위자가 상대방의 의사결정에 관여할 수 있는 권한을 가지고 있거나 업무상의 지시를 할 수 있는 지위에 있는 경우에는 그 행위의 내용이나 수단이 사회통념상 허용될 수 없는 등 특별한 사정이 없는 한 위력을 행사한 것이라고 할 수 없다. 또한 업무방해죄의 성립에는 업무방해의 결과가 실제로 발생할 것을 요하지 아니하지만 업무방해의 결과를 초래할 위험은 발생하여야 하고, 그 위험의 발생이 위계 또는 위력으로 인한 것인지 신중하게 판단되어야 한다.
   [2] 특성화고등학교인 甲 고등학교의 교장인 피고인이 신입생 입학 사정회의(이하 '사정회의'라고 한다) 과정에서 면접위원인 피해자들에게 "참 선생님들이 말을 안 듣네. 중학교는 이 정도면 교장 선생님한테 권한을 줘서 끝내는데. 왜 그러는 거죠?" 등 특정 학생을 합격시키라는 취지의 발언을 하여 특정 학생의 면접 점수를 상향시켜 신입생으로 선발되도록 함으로써 위력으로 피해자들의 신입생 면접 업무를 방해하였다는 내용으로 기소된 사안에서, 피고인은 학교 교장이자 전형위원회 위원장으로서 사정회의에 참석하여 자신의 의견을 밝힌 후 계속하여 논의가 길어지자 발언을 한 것인바, 그 발언에 다소 과도한 표현이 사용되었더라도 그것만으로 그 행위의 내용이나 수단이 사회통념상 허용할 수 없는 것이었다거나 피해자들의 자유의사를 제압하기에 충분한 위력을 행사하였다고 단정하기 어렵고, 그로 인하여 피해자들의 신입생 면접 업무가 방해될 위험이 발생하였다고 보기도 어렵다고 한 사례[대판 2023.3.30, 2019도7446].

판례 | 기타 업무방해죄가 인정되지 않은 경우

1. 도급인의 공사계약 해제가 적법하고 수급인이 스스로 공사를 중단한 상태에서 도급인이 공사현장에 남아 있는 수급인 소유의 공사자재 등을 다른 곳에 옮겨 놓았다고 하여 도급인이 수급인의 공사업무를 방해한 것으로 볼 수는 없다[대판 1999.1.29. 98도3240].
2. 대하양식장에 관한 권리 일체를 양도하고 그 대금일부를 지급받은 자가 양도잔대금의 지급관계 등을 둘러싸고 분규가 끊임없이 계속되자 양수인의 대하 포획행위를 중지시키기 위하여 수문을 잠그고 또 수문여닫이용 손잡이를 회사창고에 보관한 경우, 양식대하에 대한 소유권이 피고인에게 귀속되는지의 여부에 관계없이 양식대하에 대한 현재의 관리상태를 유지하려 한 피고인의 위와 같은 행위를 형법상의 업무방해죄에 해당한다고 할 수 없다[대판 1994.4.12. 93도2690].

④ 업무방해의 고의

판례 | 업무방해의 고의

업무방해의 고의는 반드시 업무방해의 목적이나 계획적인 업무방해의 의도가 있어야만 하는 것이 아니고, 자신의 행위로 인하여 타인의 업무가 방해될 가능성 또는 위험에 대한 인식이나 예견으로 충분하며, 그 인식이나 예견은 확정적인 것은 물론 불확정적인 것이라도 이른바 미필적 고의로도 인정된다[대판 2018.7.24. 2015도12094]. [23 변호사, 20 경간부, 17 경찰채용]*

Ⅲ 컴퓨터 업무방해죄

제314조(업무방해) ② 컴퓨터 등 정보처리장치 또는 전자기록 등 특수매체기록을 손괴하거나 정보처리장치에 허위의 정보 또는 부정한 명령을 입력하거나 기타 방법으로 정보처리에 장애를 발생하게 하여 사람의 업무를 방해한 자도 제1항의 형과 같다.

'기록'은 어느 정도 영속성이 있어야 하므로 전송중인 데이터나 중앙처리장치(C.P.U) 또는 RAM에서 처리중인 데이터는 본죄의 객체가 아니다.

판례 | 부정한 명령의 입력에 해당하는 경우

[1] 정보처리 장치를 관리 운영할 권한이 없는 자가 그 정보처리장치에 입력되어 있던 관리자의 아이디와 비밀번호를 무단으로 변경하는 행위는 정보처리장치에 부정한 명령을 입력하여 정당한 아이디와 비밀번호로 정보처리 장치에 접속할 수 없게 만드는 행위로서 정보처리에 장애를 현실적으로 발생시킬 뿐 아니라 이로 인하여 업무방해의 위험을 초래할 수 있으므로 컴퓨터 등 장애 업무방해죄를 구성한다.
[2] 대학의 컴퓨터시스템 서버를 관리하던 피고인이 전보발령을 받아 더 이상 웹서버를 관리 운영할 권한이 없는 상태에서 웹서버에 접속하여 홈페이지 관리자의 아이디와 비밀번호를 무단으로 변경한 행위는 피고인이 웹서버를 관리 운영할 정당한 권한이 있는 동안 입력하여 두었던 홈페이지 관리자의 아이디와 비밀번호를 단지 후임자 등에게 알려 주지 아니한 행위와는 달리, 정보처리장치에 부정한 명령을 입력하여 정보처리에 현실적 장애를 발생시킴으로써 피해 대학에 업무방해의 위험을 초래하는 행위에 해당하여 컴퓨터 등 장애 업무방해죄를 구성한다고 한 사례[대판 2006.3.10. 2005도382]. [16 경찰승진]*

판례 | 컴퓨터 등 장애 업무방해죄의 성립요건

1. **(정보처리에 장애가 현실적으로 발생할 것을 요함)** [1] 형법 제314조 제2항에서 '컴퓨터 등 정보처리장치'란 자동적으로 계산이나 데이터처리를 할 수 있는 전자장치로서 하드웨어와 소프트웨어를 모두 포함하고, '기타 방법'이란 컴퓨터의 정보처리에 장애를 초래하는 가해수단으로서 컴퓨터의 작동에 직접 · 간접으로 영향을 미치는 일체의 행위를 말하며, 위 죄가 성립하기 위해서는 위와 같은 가해행위의 결과 정보처리장치가 그 사용목적에 부합하는 기능을 하지 못하거나 사용목적과 다른 기능을 하는 등 정보처리의 장애가 현실적으로 발생하였을 것을 요한다고 할 것이다. [23 경간부]*

   [2] 메인컴퓨터의 비밀번호는 시스템관리자가 시스템에 접근하기 위하여 사용하는 보안수단에 불과하므로, 단순히 메인컴퓨터의 비밀번호를 알려주지 아니한 것만으로는 정보처리장치의 작동에 직접 영향을 주어 그 사용목적에 부합하는 기능을 하지 못하게 하거나 사용목적과 다른 기능을 하게 하였다고 볼 수 없어 컴퓨터 등 장애 업무방해죄로 의율할 수 없다[대판 2004.7.8. 2002도631]. [17 변호사]*

   동지판례 피고인들이 불특정 다수의 인터넷 이용자들에게 배포한 '업링크솔루션'이라는 프로그램은, 甲 회사의 네이버 포털사이트 서버가 이용자의 컴퓨터에 정보를 전송하는 데에는 아무런 영향을 주지 않고, 다만 이용자의 동의에 따라 위 프로그램이 설치된 컴퓨터 화면에서만 네이버 화면이 전송받은 원래 모습과는 달리 피고인들의 광고가 대체 혹은 삽입된 형태로 나타나도록 하는 것에 불과하므로, 이것만으로는 정보처리장치의 작동에 직접 · 간접으로 영향을 주어 그 사용목적에 부합하는 기능을 하지 못하게 하거나 사용목적과 다른 기능을 하게 하였다고 볼 수 없어 컴퓨터 등 장애 업무방해죄로 의율할 수 없다고 본 원심판단을 수긍한 사례[대판 2010.9.30. 2009도12238].

2. **(업무방해의 결과가 실제로 발생할 것을 요하지는 않음)** 형법 제314조 제2항의 '컴퓨터 등 장애 업무방해죄'가 성립하기 위해서는 가해행위 결과 정보처리장치가 그 사용목적에 부합하는 기능을 하지 못하거나 사용목적과 다른 기능을 하는 등 정보처리에 장애가 현실적으로 발생하였을 것을 요하나, 정보처리에 장애를 발생하게 하여 업무방해의 결과를 초래할 위험이 발생한 이상, 나아가 업무방해의 결과가 실제로 발생하지 않더라도 위 죄가 성립한다. 따라서 포털사이트 운영회사의 통계집계시스템 서버에 허위의 클릭정보를 전송하여 검색순위 결정 과정에서 위와 같이 전송된 허위의 클릭정보가 실제로 통계에 반영됨으로써 정보처리에 장애가 현실적으로 발생하였다면 그로 인하여 실제로 검색순위의 변동을 초래하지는 않았다 하더라도 '컴퓨터 등 장애 업무방해죄'가 성립한다[대판 2009.4.9. 2008도11978]. [19 경간부, 16 변호사]*

판례 | 컴퓨터 등 장애 업무방해죄가 성립하는 경우

1. [1] 컴퓨터와 하드디스크는 형법 제314조 제2항에 규정된 '컴퓨터 등 정보처리장치'에 해당하고, 업무수행을 위해서가 아니라 담당직원의 정상적인 업무수행을 방해할 의도에서 그 담당 직원의 의사와는 상관없이 함부로 컴퓨터에 비밀번호를 설정한 행위는 같은 항의 '허위의 정보 또는 부정한 명령의 입력'에 해당하며 컴퓨터의 하드디스크를 분리 · 보관한 행위는 같은 항의 '손괴'에 해당하므로, 피고인이 컴퓨터에 비밀번호를 설정하고 하드디스크를 분리 · 보관함으로써 조합의 정보처리에 관한 업무를 방해한 행위는 형법 제314조 제2항의 컴퓨터 등 장애 업무방해죄에 해당한다고 할 것이다[대판 2012.5.24. 2011도7943]. [23 변호사]*

   [2] 주택재건축조합 조합장인 피고인이 자신에 대한 감사활동을 방해하기 위하여 조합 사무실에 있던 컴퓨터에 비밀번호를 설정하고 하드디스크를 분리 · 보관함으로써 조합 업무를 방해하였다는 내용으로 기소된 사안에서, 위와 같은 방법으로 조합의 정보처리에 관한 업무를 방해한 행위는 형법 제314조 제2항의 컴퓨터 등 장애 업무방해죄에 해당한다고 한 사례.

   [3] 피고인의 행위는 사회상규에 위배되지 아니하는 정당행위에 해당한다고 볼 수는 없다.

2. 甲 주식회사 대표이사인 피고인이, 악성프로그램이 설치된 피해 컴퓨터 사용자들이 실제로 인터넷 포털사이트 '네이버' 검색창에 해당 검색어로 검색하거나 검색 결과에서 해당 스폰서링크를 클릭하지 않았음에도 악성프로그램을 이용하여 그와 같이 검색하고 클릭한 것처럼 네이버의 관련 시스템 서버에 허위의 신호를 발송하는 방법으로 정보처리에 장애를 발생하게 하였다면, 피고인의 행위는 객관적으로 진실에 반하는 내용의 정보인 '허위의 정보'를 입력한 것에 해당하고, 그 결과 네이버의 관련 시스템 서버에서 실제적으로 검색어가 입력되거나 특정 스폰서링크가 클릭된 것으로 인식하여 그에 따른 정보처리가 이루어졌으므로 이는 네이버의 관련 시스템 등 정보처리장치가 그 사용목적에 부합하는 기능을 하지 못하거나 사용목적과 다른 기능을 함으로써 정보처리의 장애가 현실적으로 발생하였고, 이로 인하여 네이버의 검색어 제공서비스 등의 업무나 네이버의 스폰서링크 광고주들의 광고 업무가 방해되었으므로 컴퓨터등장애업무방해죄가 성립한다[대판 2013.3.28. 2010도14607].

Ⅳ 경매 · 입찰방해죄

> **제315조(경매, 입찰의 방해)** 위계 또는 위력 기타 방법으로 경매 또는 입찰의 공정을 해한 자는 2년 이하의 징역 또는 700만 원 이하의 벌금에 처한다.

(1) 경매 · 입찰

① 경매란 매도인이 다수의 매수인으로부터 구두로 청약을 받고 최고가격을 제시하는 청약자에게 승낙(경락)을 함으로써 성립하는 형식의 매매이다.

② 입찰이란 경쟁계약에 참가한 다수인으로 하여금 문서로 계약내용을 제시하게 하여 가장 유리한 청약을 한 자와 계약을 체결(낙찰)하는 형식의 매매를 말한다.

판례 | 입찰방해죄의 객체인 입찰의 의미

입찰시행자가 입찰을 실시할 법적 의무에 기하여 시행한 입찰이라야만 입찰방해죄의 객체가 되는 것은 아니다[대판 2007.5.31. 2006도8070].

판례 | 입찰방해죄의 성립의 전제(적법하고 유효한 입찰의 존재)

1. 입찰방해죄가 성립하려면 최소한 적법하고 유효한 입찰 절차의 존재가 전제되어야 하는 것인데 … 입찰방해죄의 대상인 재입찰 절차가 처음부터 존재하였다고 할 수 없으므로, 입찰방해죄가 성립할 수 없다[대판 2005.9.9. 2005도3857].56)

   동지판례 실제로는 수의계약을 체결하면서 입찰절차를 거쳤다는 증빙을 남기기 위하여 입찰을 전혀 시행하지 아니한 채 형식적인 입찰서류만을 작성하여 입찰이 있었던 것처럼 조작한 행위는 위 규정에서 말하는 입찰방해행위에 해당한다고 할 수 없다[대판 2001.2.9. 2000도4700]. [20 경찰채용, 17 경간부]*

2. [1] 입찰방해 행위가 있다고 하기 위해서는 그 방해의 대상이 되는 입찰절차가 존재하여야 하므로, 위와 같이 공정한 자유경쟁을 통한 적정한 가격형성을 목적으로 하는 입찰절차가 아니라 공적 · 사적 경제주체의 임의의 선택에 따른 계약체결의 과정에 공정한 경쟁을 해하는 행위가 개재되었다 하여 입찰방해죄로 처벌할 수는 없다. [20 경찰채용, 17 법원행시]*

   [2] 한국토지공사 지역본부가 중고자동차매매단지를 분양하기 위하여 유자격 신청자들을 대상으로 무작위 공개추첨하여 1인의 수분양자를 선정하는 절차를 진행하는데, 신청자격이 없는 피고인이 총 12인의 신청자 중 9인의 신청자의 자격과 명의를 빌려 그 당첨확률을 약 75%까지 인위적으로 높여 분양을 신청한 사안에서, 위 분양절차는 공정한 자유경쟁을 통한 적정한 가격형성을 목적으로 하는 입찰절차에 해당하지 않고, 피고인이 분양절차에 참가한 것은 9인의 신청자와 맺은 합작투자의 약정에 따른 것으로서 위 분양업무의 주체인 한국토지공사가 예정하고 있던 범위 내의 행위이므로, 위 추첨방식이 분양업무의 적정성과 공정성 등을 방해하는 행위라고 볼 수 없어 입찰방해죄나 업무방해죄가 성립하지 않는다고 한 사례[대판 2008.5.29. 2007도5037].

(2) 위계 · 위력 기타 방법

판례 | 위계 · 위력에 의한 입찰방해죄와 관련한 판례정리

(1) 위력의 의미

형법 제315조 소정의 입찰방해죄에 있어 '위력'이란 사람의 자유의사를 제압 · 혼란케 할 만한 일체의 유형적 또는 무형적 세력을 말하는 것으로서, 폭행 · 협박은 물론 사회적 · 경제적 · 정치적 지위와 권세에 의한 압력 등을 포함하는 것이다[대판 2000.7.6. 99도4079]. [17 법원행시]*

---

56) [사실관계] 조직폭력범죄단체의 두목인 甲이 조직원인 乙 등에게 지시하여 乙 등이 재입찰 장소에서 다른 입찰참가자들에게 甲이 보내서 왔다며 양보를 종용함으로써 응찰을 포기하도록 하였으나, 1차 입찰가대로 물품(고철)을 가져가기로 합의가 되어 재입찰이 실시되지 않았다.

(2) 위력의 정도

[1] 입찰방해죄는 위계 또는 위력 기타의 방법으로 입찰의 공정을 해하는 경우에 성립하는 것으로서, 입찰의 공정을 해할 행위를 하면 족하고 현실적으로 입찰의 공정을 해한 결과가 발생할 필요가 없으며, 위력의 사용은 폭행·협박의 정도에 이르러야만 되는 것도 아니다.

[2] 입찰장소의 주변을 에워싸고 사람들의 출입을 막는 등 위력을 사용하여 입찰에 참가하려는 사람을 참석하지 못하도록 한 행위는 입찰방해죄를 구성한다[대판 1993.2.23. 92도3395].

(3) 위계에 의한 입찰방해가 성립하는 경우

1. 각 회원사들의 동의를 얻어 회원사들이 추첨에 기하여 순번제로 단독응찰하고 나머지 일부 회원사는 이에 들러리를 서는 방식으로 사실상 단독으로 입찰하였다면, 피고인들의 행위는 위계로써 입찰의 공정을 해한 경우에 해당한다[대판 1991.10.22. 91도1961].

2. 지명경쟁입찰의 시행자인 법인의 대표자가 특정인과 공모하여 그 특정인이 낙찰자로 선정될 수 있도록 예정가격을 알려 주고, 그 특정인은 나머지 입찰참가인들과 담합하여 입찰에 응하였다면 입찰의 실시 없이 서류상으로만 입찰의 근거를 조작한 경우와는 달리 현실로 실시된 입찰의 공정을 해하는 것으로 평가되어 입찰방해죄가 성립한다[대판 2007.5.31. 2006도8070].

(3) 경매·입찰의 공정을 해할 것

판례 | 입찰의 공정을 해하는 행위의 범위

입찰방해죄는 위태범으로서 결과의 불공정이 현실적으로 나타나는 것을 요하는 것이 아니고, 그 행위에는 가격을 결정하는 데 있어서 뿐 아니라, 적법하고 공정한 경쟁방법을 해하는 행위도 포함되므로, 그 행위가 설사 동종업자 사이의 무모한 출혈경쟁을 방지하기 위한 수단에 불과하여 입찰가격에 있어 입찰실시자의 이익을 해하거나 입찰자에게 부당한 이익을 얻게 하는 것이 아니었다 하더라도 실질적으로는 단독입찰을 하면서 경쟁입찰인 것 같이 가장하였다면 그 입찰가격으로써 낙찰하게 한 점에서 경쟁입찰의 방법을 해한 것이 되어 입찰의 공정을 해한 것으로 되었다 할 것이다[대판 2003.9.26. 2002도3924]. [17 법원행시]*

동지판례 일부 입찰참가자들이 가격을 합의하고, 낙찰이 되면 특정 업체가 모든 공사를 하기로 합의하는 등 담합하여 투찰행위를 한 사안에서, 이는 '적법하고 공정한 경쟁방법'을 해하는 행위로서 입찰의 공정을 해하는 경우에 해당하며, 결과적으로 위 투찰에 참여한 업체의 수가 많아서 실제로 가격형성에 부당한 영향을 주지 않았다고 하더라도 입찰방해죄가 성립한다고 한 사례[대판 2009.5.14. 2008도11361]. [17 법원행시]*

관련판례 [1] 경매방해죄는 위계 또는 위력 기타의 방법으로 경매의 공정을 해하는 경우에 성립하는 추상적 위험범으로서 결과의 불공정이 현실적으로 나타나는 것을 요하지 아니한다. 여기서 '경매의 공정을 해하는 행위'란 공정한 자유경쟁을 방해할 염려가 있는 상태를 발생시키는 것으로서 가격을 결정하는 데 있어서뿐 아니라 적법하고 **공정한 경쟁방법 자체**를 해하는 행위를 포함한다. 법률적으로 경매결과에 영향을 미칠 수 있는 행위뿐 아니라 **경매에 참가하려는 자의 의사결정에 사실상 영향을 미칠 수 있는 행위**도 '경매의 공정을 해하는 행위'에 해당할 수 있다. 따라서 사실심으로서는 이에 해당하는지 여부를 판단하기 위해서 경매 목적물에 대한 객관적 법률관계와 현실적 점유 상태, 경매절차에서 한 권리신고내역, 현황조사보고서나 매각물건명세서의 기재 내용, 경매 전후로 변동되는 법률관계의 내용, 소멸되거나 인수되는 권리의 유무 및 그러한 권리 외관의 존부 등을 종합적으로 살펴 피고인의 행위가 법률적으로 경매결과에 영향을 미치거나 경매에 참가하려는 자의 의사결정에 사실상 영향을 미칠 수 있는 것인지 여부를 충실히 심리하여야 한다. 그럼에도 이에 이르지 않고 경매 목적물에 관한 권리의 객관적 성격과 민사집행법 등 관련 법령이 정한 바에 따른 경매 전후의 권리변동에 관한 법률적인 평가에만 터 잡아 곧바로 경매방해죄의 성립을 긍정하거나 부정하는 것은 경매방해죄 인정에 필요한 심리를 다하지 않은 것으로 보아야 한다.
[2] 피고인이 관련 부동산강제경매사건에서, 갑에게 임대차보증금 2,000만 원을 지급하고 갑 소유의 빌라를 임차하였다는 내용으로 허위작성된 부동산 임대차계약서(위 경매절차에 대한 개시결정 후 만든 것)를 첨부한 '권리신고 및 배당요구신청서'를 법원에 제출함으로써 허위의 임대차계약서를 작성하여 대항력 있는 주택임차인인 것처럼 경매법원에 신고하여 위계로써 경매의 공정을 해하였다는 공소사실로 기소된 사안에서, 빌라에 관한 경매절차에서 피고인이 신고한 임차권이 현황조사보고서와 매각물건명세서에 포함되었고, 이는 경매에 참가하려는 자들의 의사결정에 사실상 영향을 줄 수 있는 사정 중의 하나에 해당하므로, 원심으로서는 그와 같은 사정을 포함하여 빌라의 경매절차에 나타난 제반 사정을 종합적으로 살펴 피고인이 허위의 임차권을 신고하는 행위가 경매에 참가하려는 자들의 의사결정에 사실상 영향을 미쳤는지를 충실히 심리하여 '공정한 자유경쟁을 방해할 염려가 있는 상태가 발생하였는지'를 따졌어야 한다는 이유로, 이러한 제반 사정들에 대한 충분한 심리 없이 빌라의 권리의무관계와 임차권의 대항력 또는 우선변제권 유무와 같은 객관적 법률평가에만 터 잡아 피고인이 신고한 임차권은 대항력 또는 우선변제권을 행사할 수 없는 것이라는 이유만으로 경매방해죄가 성립하지 않는다고 본 원심의 판단에 경매방해죄 성부와 그 심리방법에 관한 법리오해 및 심리미진의 잘못이 있다고 한 사례[대판 2025.1.9. 2022도3103].

(4) 담합행위

① 의의: 경매 · 입찰의 참가자가 상호 통모하여 특정인을 경락자 또는 낙찰자로 하기 위하여 나머지 참가자는 일정한 가격 이상 또는 그 이하로 호가 · 입찰하지 않을 것을 협약하는 것을 말한다.

② 담합과 경매 · 입찰방해죄의 성립 여부

판례 | 담합행위가 입찰방해죄가 되기 위한 요건(입찰참가자 전원과의 사이에 담합을 불요)

소위 담합행위가 입찰방해죄로 되기 위하여는 반드시 입찰참가자 전원과의 사이에 담합이 이루어져야 하는 것은 아니고, 입찰참가자들 중 일부와의 사이에만 담합이 이루어진 경우라고 하더라도 그것이 입찰의 공정을 해하는 것으로 평가되는 이상 입찰방해죄는 성립한다[대판 2006.6.9. 2005도8498; 동지 대판 2009.5.14. 2008도11361].

판례 | 경매 · 입찰방해죄가 성립하는 경우

1. 단독입찰하면서 경쟁입찰인 것 같이 가장하였다면 그 입찰가격으로서 낙찰하게 한 점에서 경쟁입찰의 방법을 해한 것이 되어 입찰의 공정을 해한 것이 된다[대판 1988.3.8. 87도2646]. [20 경찰채용]*
2. 피고인이 서울특별시도시철도공사가 발주한 시각장애인용 음성유도기 제작설치 입찰에 관한 담합에 가담하기로 하였다가 자신이 낙찰받기 위하여 당초의 합의에 따르지 아니한 채 낙찰받기로 한 특정업체보다 저가로 입찰한 사안에서, 이러한 피고인의 행위는 입찰방해죄에 해당한다고 본 사례[대판 2010.10.14. 2010도4940]. [18 경간부]*
3. 고속도로 휴게소 운영권 입찰에서 여러 회사가 각자 입찰에 참가하되 누구라도 낙찰될 경우 동업하여 새로운 회사를 설립하고 그 회사로 하여금 휴게소를 운영하기로 합의한 후 입찰에 참가한 경우 입찰방해죄가 성립한다[대판 2006.12.22. 2004도2581].

판례 | 경매 · 입찰방해죄가 성립하지 않는 경우

1. 부동산경매에 있어 각 일부를 점유하는 자들이 합의하여 1인을 대표로 가격을 예정함이 없이 단독으로 입찰케 하는 신탁입찰은 고가경매를 방해하는 불법행위라 할 수 없다[대판 1957.10.21. 4290민상368].
2. 주문자의 예정가격 내에서 무모한 경쟁을 방지하고자 담합한 경우에는 담합자끼리 금품의 수수가 있었다 하더라도 입찰자체의 공정을 해하였다고 볼 수 없다[대판 1971.4.20. 70도2241].
3. 입찰자 일부와 담합이 있고 담합금이 수수되었다 하더라도 타입찰자와는 담합이 이루어지지 않아 입찰시행자의 이익을 해함이 없이 자유로운 경쟁을 한 것과 동일한 결과로 되는 경우에는 입찰의 공정을 해할 위험성이 없다[대판 1983.1.18. 81도824]. [20 경찰채용]*
   [사실관계] 입찰에 참가한 5개 회사 가운데 2개 회사 사이에 담합이 이루어졌으나 나머지 회사들이 이에 응하지 아니하여 전체적으로 담합이 이루어지지 않았다.
4. 일부 입찰자가 단순히 정보를 교환하여 응찰가격을 조정하는 행위는 … 담합행위에 포함되지 않는다[대판 1997.3.28. 95도1199].

③ 기수시기

판례 | 담합행위로 인한 입찰방해죄의 기수여부(기수시기)

1. **(기수에 해당하는 경우)** 입찰방해죄는 위계 또는 위력 기타의 방법으로 입찰의 공정을 해하는 경우에 성립하는 위태범으로서, 입찰의 공정을 해할 행위를 하면 그것으로 족한 것이지 현실적으로 입찰의 공정을 해한 결과가 발생할 필요는 없는 것인바, … 담합행위를 한 경우에는 담합자 상호간에 금품의 수수와 상관 없이 입찰의 공정을 해할 위험성이 있다 할 것이고, 담합자 상호간에 담합의 대가에 관한 다툼이 있었고, 실제의 낙찰단가가 낙찰예정단가보다 낮아 입찰시행자에게 유리하게 결정되었다고 하여 그러한 위험성이 없었다거나 입찰방해죄가 미수에 그친 것이라고 할 수는 없다[대판 1994.5.24. 94도600]. [20 경찰채용]*

2. **(기수에 해당하지 않는 경우)** 입찰자들의 전부 또는 일부 사이에서 담합을 시도하는 행위가 있었을 뿐 실제로 담합이 이루어지지 못하였다면, … 이로써 공정한 자유경쟁을 방해할 염려가 있는 상태 즉, 공정한 자유경쟁을 통한 적정한 가격형성에 부당한 영향을 주는 상태를 발생시켜 그 입찰의 공정을 해하였다고 볼 수 없어, 이는 입찰방해미수행위에 불과하고 입찰방해죄의 기수에 이르렀다고 할 수는 없다[대판 2003.9.26. 2002도3924].[57]

57) 입찰방해미수행위는 처벌규정이 없으므로 무죄이다.

제4장 사생활의 평온에 대한 죄

제1절 비밀침해의 죄

출제 POINT

구성요건을 이해하여 두고 서랍사건 및 최근 선고된 키로그 프로그램에 대한 판례를 알아두면 족하다.

I 비밀침해죄

제316조(비밀침해) ① 봉함 기타 비밀장치한 사람의 편지, 문서 또는 도화를 개봉한 자는 3년 이하의 징역이나 금고 또는 500만원 이하의 벌금에 처한다.
② 봉함 기타 비밀장치한 사람의 편지, 문서, 도화 또는 전자기록 등 특수매체기록을 기술적 수단을 이용하여 그 내용을 알아낸 자도 제1항의 형과 같다.

제318조(고소) 본죄는 고소가 있어야 공소를 제기할 수 있다.

1. 의의

봉함 기타 비밀장치한 사람의 편지, 문서 또는 도화를 개봉하거나, 봉함 기타 비밀장치한 사람의 편지, 문서, 도화 또는 전자기록 등 특수매체기록을 기술적 수단을 이용하여 그 내용을 알아냄으로써 성립하는 범죄이다.

2. 객관적 구성요건

(1) 행위의 객체

봉함 기타 비밀장치한 타인의 편지 등이다. 비밀장치하지 않은 편지(예 우편엽서, 무봉서장) 등은 본죄의 객체가 될 수 없다.

판례 | 전자기록 등 특수매체기록에 봉함 기타 비밀장치가 되어 있지 아니한 경우(전자기록등내용탐지죄 불성립)

[1] 그 자체로서 객관적 · 고정적 의미를 가지면서 독립적으로 쓰이는 것이 아니라 개인 또는 법인이 전자적 방식에 의한 정보의 생성 · 처리 · 저장 · 출력을 목적으로 구축하여 설치 · 운영하는 시스템에서 쓰임으로써 예정된 증명적 기능을 수행하는 것은 전자기록에 포함된다. 이처럼 개정 형법이 전자기록 등 특수매체기록을 위 각 범죄의 행위 객체로 신설 · 추가한 입법 취지, 전자기록등내용탐지죄의 보호법익과 그 침해행위의 태양 및 가벌성 등에 비추어 볼 때, 이 사건 아이디 등은 전자방식에 의하여 피해자의 노트북 컴퓨터에 저장된 기록으로서 형법 제316조 제2항의 '전자기록 등 특수매체기록'에 해당한다.
[2] 형법 제316조 제2항 소정의 전자기록등내용탐지죄는 봉함 기타 비밀장치한 전자기록 등 특수매체기록을 기술적 수단을 이용하여 그 내용을 알아낸 자를 처벌하는 규정인바, 전자기록 등 특수매체기록에 해당하더라도 봉함 기타 비밀장치가 되어 있지 아니한 것은 이를 기술적 수단을 동원해서 알아냈더라도 전자기록등내용탐지죄가 성립하지 않는다[대판 2022.3.31. 2021도8900].

제1편

2026 해커스경찰 허정 형사법 2권 형법각론

[사실관계] 피고인이 사무실에서 직장 동료인 피해자의 노트북 컴퓨터에 '(프로그램명 생략)'이라는 프로그램을 몰래 설치한 사실, 위 프로그램은 그것이 설치된 컴퓨터의 사용자가 키보드로 입력하는 내용이나 방문한 웹사이트 등을 탐지해 이를 텍스트 파일 형식으로 저장한 후 이메일 등의 방법으로 프로그램 설치자에게 전송해 주는 속칭 '키로그' 프로그램인 사실, 피고인은 위 프로그램을 사용함으로써 피해자가 네이트온, 카카오톡, 구글 계정에 접속하는 과정에서 컴퓨터 키보드에 입력한 이 사건 아이디 등을 알아낸 사안.

판례해설 이 사건 아이디 등이 형법 제316조 제2항에 규정된 전자기록 등 특수매체기록에는 해당하더라도 이에 대하여 별도의 보안장치가 설정되어 있지 않은 등 비밀장치가 된 것으로 볼 수 없는 이상, 이 사건 아이디 등을 위 프로그램을 이용하여 알아냈더라도 전자기록등내용탐지죄가 성립하지 않는다.

판례 | 서랍의 아랫칸에 잠금장치가 되어 있는 경우 '비밀장치'에 해당한다고 한 사례

[1] 형법 제316조 제1항의 비밀침해죄는 봉함 기타 비밀장치한 사람의 편지, 문서 또는 도화를 개봉하는 행위를 처벌하는 죄이고, 이때 '봉함 기타 비밀장치가 되어 있는 문서'란 '기타 비밀장치'라는 일반 조항을 사용하여 널리 비밀을 보호하고자 하는 위 규정의 취지에 비추어 볼 때, 반드시 문서 자체에 비밀장치가 되어 있는 것만을 의미하는 것은 아니고, 봉함 이외의 방법으로 외부 포장을 만들어서 그 안의 내용을 알 수 없게 만드는 일체의 장치를 가리키는 것으로, 잠금장치 있는 용기나 서랍 등도 포함한다. [18 법원행시]*

[2] 서랍이 2단으로 되어 있어 그 중 아랫칸의 윗부분이 막혀 있지 않아 윗칸을 밖으로 빼내면 아랫칸의 내용물을 쉽게 볼 수 있는 구조로 되어 있는 서랍이라고 하더라도, 피해자가 아랫칸에 잠금장치를 하였고 통상적으로 서랍의 윗칸을 빼어 잠금장치 된 아랫칸 내용물을 볼 수 있는 구조라거나 그와 같은 방법으로 볼 수 있다는 것을 예상할 수 없어 객관적으로 그 내용물을 쉽게 볼 수 없도록 외부에 의사를 표시하였다면, 형법 제316조 제1항의 규정 취지에 비추어 아랫칸은 윗칸에 잠금장치가 되어 있는지 여부에 관계없이 그 자체로서 형법 제316조 제1항에 규정하고 있는 비밀장치에 해당한다[대판 2008.11.27. 2008도907].

(2) 행위

① 개봉: 편지 등을 개봉한 이상 그 내용을 읽지 못하였다고 하더라도 본죄의 기수에 해당한다(추상적 위험범).

② 기술적 수단을 이용하여 내용을 알아내는 것: 기술적 수단을 이용하여 내용을 지득했을 때 기수가 된다(침해범).

Ⅱ 업무상 비밀누설죄

제317조(업무상 비밀누설) ① 의사, 한의사, 치과의사, 약제사, 약종상, 조산사, 변호사, 변리사, 공인회계사, 공증인, 대서업자나 그 직무상 보조자 또는 차등의 직에 있던 자가 그 업무처리 중 지득한 타인의 비밀을 누설한 때에는 3년 이하의 징역이나 금고, 10년 이하의 자격정지 또는 700만원 이하의 벌금에 처한다. [16 법원행시]*

② 종교의 직에 있는 자 또는 있던 자가 그 직무상 지득한 사람의 비밀을 누설한 때에도 전항의 형과 같다.

제318조(고소) 본죄는 고소가 있어야 공소를 제기할 수 있다.

※ 본죄의 객체는 업무처리 중 · 직무상 지득한 비밀: 업무처리나 직무와 관계없이 알게 된 비밀은 본죄의 비밀에 해당하지 않는다.

판례 | 누설에 해당하지 않는 경우(소송에서 증거로 제출하는 경우)

병원에서 분실된 진료기록의 일부를 당사자가 증거로 제출하는 것은 형법 제317조 제1항 소정의 업무상 비밀누설죄에 해당된다고 볼 수 없다[대판 1992.5.22. 91다39320]. [18 경간부]*

제2절 주거침입의 죄

출제 POINT

주거침입죄의 보호법익에 관한 논의와 그 실익, 침입의 의의, 기수시기에 관한 이론과 판례를 잘 알아두어야 한다. 다른 범죄의 수단으로 범하는 경우가 많기 때문에 매년 출제된다고 보아도 무방하다. 관련범죄와의 죄수판단을 판례를 중심으로 정리해 두어야 한다.

I 총설

1. 의의

주거침입의 죄란 사람의 주거 또는 관리하는 장소의 평온과 안전을 침해하는 것을 내용으로 하는 범죄이다.

2. 보호법익

보호법익은 주거를 지배하고 있는 공동생활자 모두의 사실상의 평온이다(판례, 다수설).58) 보호의 정도는 침해범이다(판례).

판례 | 보호법익(사실상의 주거의 평온)

주거침입죄는 사실상의 주거의 평온을 보호법익으로 하는 것이므로 그 거주자 또는 간수자가 건조물 등에 거주 또는 간수할 권리를 가지고 있는 여부는 범죄의 성립을 좌우하는 것이 아니며 점유할 권리 없는 자의 점유라고 하더라도 그 주거의 평온은 보호되어야 할 것이므로 권리자가 그 권리를 실현함에 있어 법에 정하여진 절차에 의하지 아니하고 그 주거 또는 건조물에 침입한 경우에는 주거침입죄가 성립한다[대판 1984.4.24. 83도1429]. [20 경찰채용, 19 국가9급, 19 경찰채용, 16 법원행시]*

판례 | 사실상의 평온을 침해하여 주거침입죄가 성립하는 경우

1. 근저당권설정등기가 되어 있지 아니한 별개 독립의 이 사건 건물이 근저당권의 목적으로 된 대지 및 건물과 일괄하여 경매된 경우 이 사건 건물에 대한 경락허가결정이 당연무효라고 하더라도 이에 기한 인도명령에 의한 집행으로서 일단 이 사건 건물의 점유가 경락인에게 이전된 이상 이 사건 건물의 소유자인 피고인이 위 무효인 인도집행에 반하여 위 건물에 들어간 경우에도 주거침입죄는 성립한다[대판 1984.4.24. 83도1429]. [18 법원행시]*

   동지판례 소유자가 무효인 경락허가결정에 의하여 점유를 이전받은 자의 주거에 들어간 경우, 주거침입죄는 사실상의 주거의 평온을 보호법익으로 하는 것이므로 그 거주자 또는 간수자가 건조물 등에 거주 또는 간수할 권리를 가지고 있는가의 여부는 범죄의 성립을 좌우하는 것이 아니며, 점유할 권리없는 자의 점유라고 하더라도 그 주거의 평온은 보호되어야 할 것이므로, 권리자가 그 권리실행으로서 자력구제의 수단으로 건조물에 침입한 경우에도 주거침입죄가 성립한다 할 것이다[대판 1985.3.26. 85도122].

2. (주의) 피고인 소유의 집을 동거 중인 자가 공소외인에게 멋대로 매각하고 명도를 하였다 하여도 피고인이 위 공소외인이 점유하고 있는 위 주거에 무단히 들어갔다면 주거침입죄가 된다[대판 1969.12.23. 69도2098].

58) 소수설로서는 주거권설(사람이 주거의 평온을 확보하고 권한 없는 타인의 침입에 의하여 이를 방해받지 않을 권리)등이 있다.

Ⅱ 주거침입죄

> **제319조(주거침입)** ① 사람의 주거, 관리하는 건조물, 선박이나 항공기 또는 점유하는 방실에 침입한 자는 3년 이하의 징역 또는 500만원 이하의 벌금에 처한다.
>
> **제322조(미수범)** 미수범은 처벌한다.

1. 의의

사람의 주거 등에 침입함으로써 성립하는 범죄이다.

2. 구성요건

(1) 객관적 구성요건

① 객체: 사람의 주거, 관리하는 건조물 · 선박 · 항공기 또는 점유하는 방실이다.

㉮ 사람의 주거: 주거란 사람이 기거하고 침식에 사용되는 장소를 의미한다(다수설). 별장과 같이 일시적으로 사용되는 것도 포함되며, 설비 · 구조여하를 불문하므로 동산인 주거용차량, 천막집 · 판자집, 토굴이라도 주거가 될 수 있다. 주택건조물뿐만 아니라 부속물도 포함된다(예 계단, 복도, 지하실, 정원). 주거인 한 거주자가 항상 현존할 것을 요하지 아니한다.

판례 | 주거의 범위

1. **(공동주택의 내부에 있는 엘리베이터, 공용계단과 복도도 주거에 포함)** 다가구용 단독주택이나 다세대주택 · 연립주택 · 아파트 등 공동주택의 내부에 있는 엘리베이터, 공용계단과 복도는 특별한 사정이 없는 한 주거침입죄의 객체인 '사람의 주거'에 해당하고, 위 장소에 거주자의 명시적 · 묵시적 의사에 반하여 침입하는 행위는 주거침입죄를 구성한다[대판 2009.9.10. 2009도4335]. [20 법원행시, 19 변호사, 19 법원9급, 19 경찰채용, 18 경찰승진, 17 법원9급, 16 경찰승진]*

   동지판례 다가구용 단독주택인 빌라의 잠기지 않은 대문을 열고 들어가 공용 계단으로 빌라 3층까지 올라갔다가 1층으로 내려온 경우, 주거인 공용 계단에 들어간 행위가 거주자의 의사에 반한 것이라면 주거에 침입한 것이라고 보아야 한다[대판 2009.8.20. 2009도3452]. [20 법원행시, 19 경간부, 18 국가9급, 16 법원행시]*
2. **(위요지도 주거에 포함)** [1] 주거침입죄에 있어서 주거라 함은 단순히 가옥 자체만을 말하는 것이 아니라 그 위요지를 포함한다. [20 법원행시, 19 경간부, 19 경찰채용, 17 법원9급]*

   [2] 이미 수일 전에 2차례에 걸쳐 피해자를 강간하였던 피고인이 대문을 몰래 열고 들어와 담장과 피해자가 거주하던 방 사이의 좁은 통로에서 창문을 통하여 방안을 엿본 경우 주거침입죄에 해당한다[대판 2001.4.24. 2001도1092]. [20 법원행시, 20 경찰채용, 19 경간부]*
3. **(위요지의 요건)** [1] 위요지라고 함은 건조물에 인접한 그 주변의 토지로서 외부와의 경계에 담 등이 설치되어 그 토지가 건조물의 이용에 제공되고 또 외부인이 함부로 출입할 수 없다는 점이 객관적으로 명확하게 드러나야 한다. 따라서 건조물의 이용에 기여하는 인접의 부속 토지라고 하더라도 인적 또는 물적 설비 등에 의한 구획 내지 통제가 없어 통상의 보행으로 그 경계를 쉽사리 넘을 수 있는 정도라고 한다면 일반적으로 외부인의 출입이 제한된다는 사정이 객관적으로 명확하게 드러났다고 보기 어려우므로, 이는 다른 특별한 사정이 없는 한 주거침입죄의 객체에 속하지 아니한다고 봄이 상당하다. [20 법원행시, 20 경찰채용, 19 경찰승진, 19 경간부, 16 법원행시]*

   [2] 차량 통행이 빈번한 도로에 바로 접하여 있고, 도로에서 주거용 건물, 축사 4동 및 비닐하우스 2동으로 이루어진 시설로 들어가는 입구 등에 그 출입을 통제하는 문이나 담 기타 인적 · 물적 설비가 전혀 없고 노폭 5m 정도의 통로를 통하여 누구나 축사 앞 공터에 이르기까지 자유롭게 드나들 수 있었다면, 차를 몰고 위 통로로 진입하여 축사 앞 공터까지 들어간 행위는 주거침입에 해당하지 아니한다[대판 2010.4.29. 2009도14643].

4. **(위요지에 해당하는 경우)** 골프장 부지에 설치된 사드(THAAD: 고고도 미사일 방어 체계)기지는 더이상 골프장으로 사용되고 있지 않을 뿐만 아니라 이미 사드발사대 2대가 반입되어 이를 운용하기 위한 병력이 골프장으로 이용될 당시의 클럽하우스, 골프텔 등의 건축물에 주둔하고 있었고, 군 당국은 외부인 출입을 엄격히 금지하기 위하여 사드기지의 경계에 외곽 철조망과 내곽 철조망을 2중으로 설치하여 외부인의 접근을 철저하게 통제하고 있었으므로, 위 사드기지의 부지는 기지 내 건물의 위요지에 해당한다고 한 사례[대판 2020.3.12. 2019도16484].
5. **(주의 – 위요지에 해당하지 않는 경우)** 관리자가 일정한 토지와 외부의 경계에 인적 또는 물적 설비를 갖추고 외부인의 출입을 제한하고 있더라도 그 토지에 인접하여 건조물로서의 요건을 갖춘 구조물이 존재하지 않는다면 이러한 토지는 건조물침입죄의 객체인 위요지에 해당하지 않는다고 봄이 타당하다[대판 2017.12.22. 2017도690].

   판결이유 이 사건 타워는 건조물침입죄의 객체인 건조물로서의 요건을 갖추었다고 볼 수 없고, (타워는 아직 신축 중인 상태의 철골구조물로 기둥과 계단 외에 벽이나 천정이라고 볼 수 있는 시설은 갖추어지지 않았다) 이에 따라 이 사건 공사현장도 이러한 건조물의 이용을 위하여 제공되는 토지, 즉, 위요지라고 볼 수 없으므로 피고인들이 이 사건 공사현장에 출입한 행위는 건조물침입죄가 성립할 수 없다. 이 사건 공사현장에는 현장사무실이나 경비실 외에 별도의 건조물은 없었던 것으로 보이는데, 이 사건 공사현장이 현장사무실이나 경비실의 이용을 위하여 제공된 토지라고 보기 어려울 뿐만 아니라 당시 피고인들은 그 현장사무실이나 경비실에 출입하지도 않았다.

㉯ 관리하는 건조물

판례 | 건조물의 요건

1. 건조물은 주위벽 또는 기둥과 지붕 또는 천정으로 구성된 구조물로서 사람이 기거하거나 출입할 수 있는 장소를 말하며 반드시 영구적인 구조물일 것을 요하지 않는다[대판 1989.2.28. 88도2430].
2. 피고인들이 건물신축 공사현장에 무단으로 들어간 뒤 타워크레인에 올라가 이를 점거한 사안에서, 타워크레인은 건설기계의 일종으로서 작업을 위하여 토지에 고정되었을 뿐이고 운전실은 기계를 운전하기 위한 작업공간 그 자체이지 건조물침입죄의 객체인 건조물에 해당하지 아니하고, 피고인들이 위 공사현장에 컨테이너 박스 등으로 가설된 현장사무실 또는 경비실 자체에 들어가지 아니하였다면, 피고인들이 위 공사현장의 구내에 들어간 행위를 위 공사현장 구내에 있는 건조물인 위 각 현장사무실 또는 경비실에 침입한 행위로 보거나, 위 공사현장 구내에 있는 건축 중인 건물에 침입한 행위로 볼 수 없다고 한 원심의 판단을 수긍한 사례[대판 2005.10.7. 2005도5351]. [19 법원행시, 18 경간부, 17 법원9급, 16 경간부]*

   동지판례 **(건조물에 해당하지 않는 경우)** 건조물침입죄의 객체인 관리하는 건조물은 주위벽, 기둥과 지붕 또는 천정으로 구성된 구조물로서 사람이 기거하거나 출입할 수 있는 장소를 말하므로, 물탱크시설은 이에 해당하지 않는다고 본 사례[대판 2007.12.13. 2007도7247].

   비교판례 **(건조물에 해당하는 경우)** 선박건조자재운반용으로 도크에 고정되어 82m 높이에 설치되어 있으며 약 10평 정도되는 방실 등이 있고 평소 그 운전을 위해 1~2명의 직원이 근무하며 인가자 이외의 출입이 금지되는 "골리앗크레인"에 출입통제를 위해 출입문이 잠긴 채 간수인이 없었다 하여도 피고인 등 70명 정도의 근로자가 함께 위 "골리앗크레인"에 들어가서 농성을 하였다면, 피고인 등이 다중의 위력을 보여 간수하는 건조물에 침입한 것이다[대판 1991.6.11. 91도753]. [18 법원행시]*

판례 | 출입이 가능한 건조물의 종물이 아닌 건조물에 들어간 경우(주거침입죄 성립)

피해자 소유의 축사 건물 및 그 부지를 임의경매절차에서 매수한 사람이 위 부지 밖에 설치된 피해자 소유 소독시설을 통로로 삼아 위 축사건물에 출입한 경우, 위 소독시설은 축사출입차량의 소독을 위하여 설치한 것이기는 하나 별개의 토지 위에 존재하는 독립한 건조물로서 축사 자체의 효용에 제공된 종물이 아니므로, 위 출입행위는 건조물침입죄를 구성한다[대판 2007.12.13. 2007도7247].

㉰ 점유하는 방실: 점포, 사무실, 화장실 등이 포함된다.

② 행위: 침입하는 것이다.

㉮ 침입: 침입이란 주거의 사실상 평온상태를 해치는 행위 태양으로 주거에 들어가는 것을 의미하고, 침입에 해당하는지는 출입 당시 객관적·외형적으로 드러난 행위 태양을 기준으로 판단함이 원칙이며, 침입행위에 해당하는지는 거주자의 의사에 반하는지가 아니라 사실상의 평온상태를 해치는 행위 태양인지에 따라 판단되어야 한다(판례).

판례 | 주거침입죄 최신판례 정리[59]

장소		사건	침입 여부
공동거주		• 상간녀 판례(전합)	×
		• 별거 중 남편 사건(전합)	×
		• 스마트키 절도 사건	×
		• CCTV 카메라 설치 사건	×
공동주택		• 헤어진 남친 아파트 공동현관문 비밀번호 사건	○
		• 헤어진 남친 빌라 마스크 사건	○
		• 아파트 입주자대표회의 지하주차장 용역계약 사건	○
		• 빌라 계단 공업용 접착제 흡입 사건	○
공중개방	상시허용	• 음식점 녹화물 설치사건(초원복집 판례변경)(전합)	×
		• 시청 1층 로비사건	×
		• 대형마트 2층 매장사건	×
		• 은행 및 건설회사 사건	×
	승낙허용	• 교도소 · 구치소 녹화장비 사건	×
		• 법원의 접근금지가처분 결정 사건	○
공동주택 + 공중개방		• 추행목적 아파트 1층 및 상가 1층 출입사건	아파트 1층 ○
			상가 1층 ×

- **[상간녀 사건]** 배우자 있는 사람과의 혼외 성관계 목적으로 다른 배우자가 부재중인 주거에 출입한 경우 주거침입죄의 불성립[대판(전) 2020도12630].
- **[별거 중 남편 사건]** 가정불화로 처(乙)와 일시 별거 중인 남편 甲이 그의 부모(丙, 丁)와 함께 주거지에 들어가려고 하는데 처로부터 집을 돌보아 달라는 부탁을 받은 처제(戊)가 출입을 못하게 하자, 출입문에 설치된 잠금장치를 손괴하고 주거지에 들어간 경우, 甲, 丙, 丁은 폭력행위 등 처벌에 관한 법률위반(공동주거침입)죄 불성립[대판(전) 2020도6085]. ➜ 폭처법 공동재물손괴는 인정에 유의!
- **[스마트키 절도 사건]** 피고인이 피해자로부터 교부받은 스마트키를 이용하여 야간에 피해 회사 사무실에 절도 목적으로 출입한 경우 건조물침입죄 불성립[대판 2023도3351]. ➜ 야간주거침입절도에서 주거침입이 인정되지 않음.
- **[CCTV 설치 사건]** 피고인이 피해자의 안방에 CCTV 카메라와 동영상 저장장치를 부착한 TV인 사실을 숨기고 피해자에게 TV를 설치해주겠다면서 안방까지 들어간 경우 주거침입죄 불성립[대판 2022도1717]. ➜ 피고인의 출입이 비록 범죄 등의 목적을 숨기고 한 것이라도 주거침입죄가 성립하지 않음.
- **[헤어진 남친 아파트 공동현관문 비밀번호 사건]** 피고인이 교제하다 헤어진 피해자의 주거가 속해 있는 아파트 동의 출입구에 설치된 공동출입문에 피해자나 다른 입주자의 승낙 없이 비밀번호를 입력하는 방법으로 아파트의 공용 부분에 출입한 경우 주거침입죄 성립[대판 2021도15507].
- **[헤어진 남친 빌라 마스크 사건]** 피고인이 예전 여자친구인 甲의 사적 대화 등을 몰래 녹음하거나 현관문에 甲에게 불안감을 불러일으킬 수 있는 문구가 기재된 마스크를 걸어놓거나 甲이 다른 남자와 찍은 사진을 올려놓으려는 의도로 3차례에 걸쳐 야간에 甲이 거주하는 빌라 건물의 공동현관, 계단을 통해 甲의 2층 주거 현관문 앞까지 들어간 경우 주거침입죄 성립[대판 2023도15164].
- **[아파트 입주자대표회의 지하주차장 용역계약 사건]** 입주자대표회의가 입주자 등이 아닌 자(이하 '외부인')의 단지 안 주차장에 대한 출입을 금지하는 결정을 하고 그 사실을 외부인에게 통보하였음에도 외부인이 입주자대표회의의 결정에 반하여 그 주차장에 들어갔다면, 출입 당시 관리자로부터 구체적인 제지를 받지 않았다고 하더라도 그 주차장의 관리권자인 입주자대표회의의 의사에 반하여 들어간 것이므로 건조물침입죄가 성립[대판 2017도21323].

- **[빌라 계단 공업용 접착제 흡입 사건]** 甲이 피해자가 거주하는 빌라 건물의 공동현관문을 열고 들어가 5층 계단까지 침입한 후 공업용 접착제를 흡입한 경우 甲의 행위는 피해자 등 위 건물에 거주하는 사람들의 '주거의 사실상 평온상태'를 해치는 행위로서 주거침입에 해당[대판 2023도16019]
- **[음식점 녹화물 설치사건]** 피고인들이 공모하여 피해자가 운영하는 음식점에서 인터넷 언론사 기자를 만나 식사를 대접하면서 기자가 부적절한 요구를 하는 장면 등을 확보할 목적으로 녹음·녹화장치를 설치하거나 장치의 작동 여부 확인 및 이를 제거하기 위하여 각 음식점의 방실에 들어간 경우 주거침입죄 불성립[대판(전) 2017도18272].
- **[시청 1층 로비 사건]** 피고인들이 공동하여 ○○시청에 이르러 150여 명의 조합원들과 함께 시청 1층 로비로 들어가 바닥에 앉아 구호를 외치며 소란을 피운 경우 건조물 침입죄 불성립[대판 2021도7087].
- **[대형마트 2층 매장사건]** 마트산업노동조합 간부와 조합원인 피고인들이 공동하여, 대형마트 지점에 방문한 대표이사 등에게 해고와 전보 인사발령에 항의하기 위하여 지점장 甲의 의사에 반하여 정문을 통해 지점 2층 매장으로 들어간 경우 폭력행위 등 처벌에 관한 법률 위반(공동주거침입)죄 불성립[대판 2021도9055]. ➜ 위력에 의한 업무방해죄 불성립
- **[은행 및 건설회사 사건]** 업무시간 중 일반적으로 출입이 허용되어 개방된 'OSB저축은행·대신저축은행'과 업무상 이해관계인의 출입에 별다른 제한이 없는 영업장소인 '신영건설'에 업무상 이해관계인 자격으로 관리자의 출입제한이나 제지가 없는 상태에서 사전에 면담약속·방문 통지를 한 후 방문한 것이거나 면담요청을 하기 위해 통상적인 방법으로 들어간 경우 폭력행위처벌법위반(공동주거침입)죄 불성립[대판 2022도15955].
- **[교도소·구치소 녹화장비 사건]** 교도관 H에게 F의 지인인 것처럼 신분을 속이고 접견신청서를 작성·제출하여 접견을 허가받은 후, 반입이 금지되어 있는 명함지갑 모양의 녹음·녹화 장비를 소지하고 접견실로 들어가 약 10분간 F를 접견하면서 그 장면을 촬영하고 대화내용을 녹음한 경우 건조물침입죄 불성립[교도소 녹화사건도 동일][대판 2018도15213; 대판 2019도333].60) ➜ 위계에 의한 공무집행방해죄는 성립하지 않음에 유의!
- **[접근금지가처분결정 사건]** 甲이 'A에게 100m 이내로 접근하지 말 것' 등을 명하는 법원의 접근금지가처분 결정이 있는 등 甲이 A를 방문하는 것을 A가 싫어하는 것을 알고 있음에도 임의로 A가 근무하는 사무실 안으로 들어간 경우 건조물침입죄 성립[대판 2023도16595].61)
- **[추행목적 아파트 1층 및 상가 1층 출입사건]** 피고인이 추행하기로 마음먹고 피해자를 뒤따라가 피해자의 주거지인 아파트에 들어가 아파트 1층 계단을 오르는 피해자의 뒤에서 갑자기 피해자의 교복 치마 안으로 손을 넣어 피해자의 음부와 허벅지를 만진 경우 주거침입죄 성립. 피고인이 추행하기로 마음먹고, 피해자를 뒤따라 상가 1층에 들어가, 그곳에서 엘리베이터를 기다리는 피해자의 뒤에서 갑자기 피해자의 교복 치마 안으로 손을 넣어 피해자의 음부를 만진 경우 주거침입죄 불성립[대판 2022도3801]. ➜ 아파트 1층과 상가를 정확하게 구별할 것

판례 | 침입이 인정된 경우

평소 그 건조물에 출입이 허용된 사람이라 하더라도 주거에 들어간 행위가 거주자나 관리자의 명시적 또는 추정적 의사에 반함에도 불구하고 감행된 것이라면 주거침입죄는 성립하며, 출입문을 통한 정상적인 출입이 아닌 경우 특별한 사정이 없는 한 그 침입 방법 자체에 의하여 위와 같은 의사에 반하는 것으로 보아야 한다[대판 2007.8.23, 2007도2595]. [19 경찰채용]*

59) 수험을 위하여 편의상 공동거주와 공동주택 및 공중개방으로 분류하였다. 제12회 변호사시험에서 공동거주와 관련된 전합 판례가 출제되었으므로 제13회 이후의 시험에서는 그 이하의 판례들의 출제가 유력하다. 따라서 사실관계까지 숙지하여 철저하게 대비하여야 한다.

60) 관리자에 의해 출입이 통제되는 건조물에 관리자의 승낙을 받아 건조물에 통상적인 출입방법으로 들어갔다면, 이러한 승낙의 의사표시에 기망이나 착오 등의 하자가 있더라도 특별한 사정이 없는 한 형법 제319조 제1항에서 정한 건조물침입죄가 성립하지 않는다. 이러한 경우 관리자의 현실적인 승낙이 있었으므로 가정적·추정적 의사는 고려할 필요가 없다. 단순히 승낙의 동기에 착오가 있다고 해서 승낙의 유효성에 영향을 미치지 않으므로, 관리자가 행위자의 실제 출입 목적을 알았더라면 출입을 승낙하지 않았을 사정이 있더라도 건조물침입죄가 성립한다고 볼 수 없다. 나아가 관리자의 현실적인 승낙을 받아 통상적인 출입방법에 따라 건조물에 들어간 경우에는 출입 당시 객관적·외형적으로 드러난 행위태양에 비추어 사실상의 평온상태를 해치는 모습으로 건조물에 들어간 것이라고 평가할 수도 없다[대판 2022.3.31, 2018도15213].

61) 피고인이 위 결정에 반하여 甲이 근무하는 사무실에 출입한 것은 甲의 명시적인 의사에 반하는 행위일 뿐만 아니라, 출입의 금지나 제한을 무시하고 출입한 경우로서 출입 당시 객관적·외형적으로 드러난 행위태양을 기준으로 보더라도 사실상 평온상태가 침해된 것으로 볼 수 있으므로 건조물침입죄가 성립한다.

판례 | 제지를 받지는 않았으나 주거자 등의 의사에 반하여 들어간 경우(주거침입죄 성립)

1. 입주자대표회의가 입주자 등이 아닌 자(이하 '외부인'이라 한다)의 단지 안 주차장에 대한 출입을 금지하는 결정을 하고 그 사실을 외부인에게 통보하였음에도 외부인이 입주자대표회의의 결정에 반하여 그 주차장에 들어갔다면, 출입 당시 관리자로부터 구체적인 제지를 받지 않았다고 하더라도 그 주차장의 관리권자인 입주자대표회의의 의사에 반하여 들어간 것이므로 건조물침입죄가 성립한다.
설령 외부인이 일부 입주자 등의 승낙을 받고 단지 안의 주차장에 들어갔다고 하더라도 개별 입주자 등은 그 주차장에 대한 본질적인 권리가 침해되지 않는 한 입주자대표회의의 단지 안의 주차장 관리에 관한 결정에 따를 의무가 있으므로 건조물침입죄의 성립에 영향이 없다. 외부인의 단지 안 주차장 출입을 금지하는 입주자대표회의의 결정이 개별 입주자 등의 본질적인 권리를 침해하는지 여부는 주차장의 유지 및 운영에 관한 입주자대표회의에서 제정 · 개정한 제 규정의 내용, 주차장의 본래 사용용도와 목적, 입주자 등 사이의 관계, 입주자 등과 외부인 사이의 관계, 외부인의 출입 목적과 출입 방법 등을 종합적으로 고려하여 판단하여야 한다[대판 2021.1.14, 2017도21323].

판결이유 이 사건 아파트의 입주자대표회의는 입주자 등의 재산상의 피해나 각종 사고 등을 예방하기 위하여 이 사건 아파트 단지 내를 통행하는 차량의 통행을 제한할 수 있고, 입주자 등은 입주자대표회의의 이러한 결정에 따를 의무가 있다. 따라서 입주자대표회의가 일부 입주자 등과 세차용역계약을 체결한 피고인에 대하여 세차영업을 위하여 이 사건 아파트의 지하주차장으로 출입하는 것을 금지하였다고 하더라도 그것이 일부 입주자 등의 지하주차장에 대한 본질적인 권리를 침해한 것이라고 볼 수 없으므로, 피고인이 피고인과 세차용역계약을 체결한 일부 입주자 등의 승낙을 받고 이 사건 아파트의 지하주차장에 출입하였다고 하여도 건조물침입죄의 성립에 영향이 없다.

동지판례 ⅰ) [1] 주거침입죄는 사실상 주거의 평온을 보호법익으로 한다. 주거침입죄의 구성요건적 행위인 침입은 주거침입죄의 보호법익과의 관계에서 해석하여야 하므로, 침입이란 거주자가 주거에서 누리는 사실상의 평온상태를 해치는 행위태양으로 주거에 들어가는 것을 의미하고, 침입에 해당하는지 여부는 출입 당시 객관적 · 외형적으로 드러난 행위태양을 기준으로 판단함이 원칙이다. 사실상의 평온을 해치는 행위태양으로 주거에 들어가는 것이라면 특별한 사정이 없는 한 거주자의 의사에 반하는 것이겠지만, 단순히 주거에 들어가는 행위 자체가 거주자의 의사에 반한다는 거주자의 주관적 사정만으로 바로 침입에 해당한다고 볼 수 없다. 따라서 침입에 해당한다고 인정하기 위해서는 거주자의 의사에 반한다는 사정만으로는 부족하고, 주거의 형태와 용도 · 성질, 외부인의 출입에 대한 통제 · 관리 상태, 출입의 경위와 태양 등을 종합적으로 고려하여 객관적 · 외형적으로 판단할 때 주거의 사실상의 평온상태를 해치는 경우에 이르러야 한다.
[2] 다가구용 단독주택이나 다세대주택 · 연립주택 · 아파트와 같은 공동주택 내부의 엘리베이터, 공용 계단, 복도 등 공용 부분도 그 거주자들의 사실상 주거의 평온을 보호할 필요성이 있어 주거침입죄의 객체인 '사람의 주거'에 해당한다. 거주자가 아닌 외부인이 공동주택의 공용 부분에 출입한 것이 공동주택 거주자들에 대한 주거침입에 해당하는지 여부를 판단함에 있어서도 그 공용 부분이 일반 공중에 출입이 허용된 공간이 아니고 주거로 사용되는 각 가구 또는 세대의 전용 부분에 필수적으로 부속하는 부분으로서 거주자들 또는 관리자에 의하여 외부인의 출입에 대한 통제 · 관리가 예정되어 있어 거주자들의 사실상 주거의 평온을 보호할 필요성이 있는 부분인지, 공동주택의 거주자들이나 관리자가 평소 외부인이 그곳에 출입하는 것을 통제 · 관리하였는지 등의 사정과 외부인의 출입 목적 및 경위, 출입의 태양과 출입한 시간 등을 종합적으로 고려하여 '주거의 사실상의 평온상태를 침해하였는지'의 관점에서 객관적 · 외형적으로 판단하여야 한다. 따라서 아파트 등 공동주택의 공동현관에 출입하는 경우에도, 그것이 주거로 사용하는 각 세대의 전용 부분에 필수적으로 부속하는 부분으로 거주자와 관리자에게만 부여된 비밀번호를 출입문에 입력하여야만 출입할 수 있거나, 외부인의 출입을 통제 · 관리하기 위한 취지의 표시나 경비원이 존재하는 등 외형적으로 외부인의 무단출입을 통제 · 관리하고 있는 사정이 존재하고, 외부인이 이를 인식하고서도 그 출입에 관한 거주자나 관리자의 승낙이 없음은 물론, 거주자와의 관계 기타 출입의 필요 등에 비추어 보더라도 정당한 이유 없이 비밀번호를 임의로 입력하거나 조작하는 등의 방법으로 거주자나 관리자 모르게 공동현관에 출입한 경우와 같이, 그 출입 목적 및 경위, 출입의 태양과 출입한 시간 등을 종합적으로 고려할 때 공동주택 거주자의 사실상 주거의 평온상태를 해치는 행위태양으로 볼 수 있는 경우라면 공동주택 거주자들에 대한 주거침입에 해당할 것이다[대판 2022.1.27, 2021도15507].

[사실관계] 피고인이 교제하다 헤어진 피해자의 주거가 속해 있는 아파트 동의 출입구에 설치된 공동출입문에 피해자나 다른 입주자의 승낙 없이 비밀번호를 입력하는 방법으로 아파트의 공용 부분에 출입한 사안

ⅱ) 甲이 예전 여자친구인 A의 사적 대화 등을 몰래 녹음하거나 현관문에 A에게 불안감을 불러일으킬 수 있는 문구가 기재된 마스크를 걸어놓거나 A가 다른 남자와 찍은 사진을 올려놓으려는 의도로 3차례에 걸쳐 야간에 A가 거주하는 빌라 건물의 공동현관, 계단을 통해 A의 2층 주거 현관문 앞까지 들어간 사안에서, 빌라 건물 공용 부분의 성격, 외부인의 무단출입에 대한 통제 · 관리 방식과 상태, 甲과 A의 관계, 甲의 출입 목적 및 경위와 출입 시간, 출입행위를 전후한 甲의 행동, A의 의사와 행동, 주거공간 무단출입에 관한 사회 통념 등 제반 사정을 종합하면, 甲은 A 주거의 사실상 평온상태를 해치는 행위태양으로 빌라 건물에 출입하였다고 볼 여지가 충분하다는 이유로, 이와 달리 본 원심판결에 주거침입죄의 '침입'에 관한 법리오해 등의 잘못이 있다[대판 2024.2.15, 2023도15164].

ⅲ) 피고인이 갑이 거주하는 빌라 건물의 공동현관문을 열고 들어가 5층 계단까지 침입한 후 공업용 접착제를 흡입함으로써 갑의 주거지에 침입하였다는 공소사실로 기소된 사안에서, 위 건물은 갑을 포함하여 8세대의 입주민들만이 거주하는 다세대주택으로, 건물의 공동현관과 공용계단, 세대별 현관문 앞 공간은 건물 입구에서 공동주택 거주자들이 독립적인 주거 생활을 영위하는 각각의 주거공간으로 들어가는 곳이어서, 각 세대의 전유부분에 필수적으로 부속하는 공간인 점, 위 건물은 밖에서 보았을 때 4층으로 된 소규모의 낮은 건물로서 세대별 전유부분과 공용부분이 상당히 밀착되어 있고 공용부분도 넓지 않은 데다가 엘리베이터 등 별도의 출입방법이 없어, 공용부분에서 벌어지는 상황이 각 세대의 독립된 주거 공간에 영향을 줄 가능성 자체가 아파트 등 다른 공동주택에 비해 더 크다고 볼 수 있는 구조인 점, 위 건물 주변에는 비슷한 다세대주택들이 모여 있고 특별한 상업시설이 없으며, 위 건물 전면에 공동현관문이 설치되어 있고 내부에 상가 등이 없는 것 또한 쉽게 알 수 있는 등 위 건물이 오로지 주거 용도로만 사용되고 있음이 외관상 분명해 보이는 점 등을 종합하면, 피고인의 행위는 갑 등 위 건물에 거주하는 사람들의 '주거의 사실상 평온상태'를 해치는 행위로서 주거침입으로 평가할 수 있다[대판 2024.6.27. 2023도16019].

[사실관계] 피고인이 교제하다 헤어진 피해자의 주거가 속해 있는 아파트 동의 출입구에 설치된 공동출입문에 피해자나 다른 입주자의 승낙 없이 비밀번호를 입력하는 방법으로 아파트의 공용 부분에 출입한 사안 [22 경간부]*

2. 대학교가 한국대학총학생회연합의 행사개최를 불허하고 외부인의 출입을 금지하는 한편 경찰에 시설물 보호를 위한 경비지원을 요청하였음에도 피고인이 다른 많은 학생들과 함께 위 행사에 참여하거나 주최하기 위하여 대학교에 들어간 것이라면, 들어갈 당시 경찰공무원 또는 대학교의 교직원들로부터 구체적으로 출입을 제지당하지 아니하였다고 하더라도 대학교 관리자의 의사에 반하여 다중의 위력으로써 건조물인 대학교에 침입한 것이다[대판 2003.5.13. 2003도604].[62]

㉯ 출입에 대한 의사결정의 주체

판례 | 건조물에 대한 거주 또는 간수할 권리의 귀속자(사실상의 점유자 · 간수자)

주거침입죄는 사실상의 주거의 평온을 보호법익으로 하는 것이므로 그 거주자 또는 간수자가 건조물 등에 거주 또는 간수할 권리를 가지고 있는가의 여부는 범죄의 성립을 좌우하는 것이 아니며, 점유할 권리 없는 자의 점유라고 하더라도 그 주거의 평온은 보호되어야 할 것이므로, 권리자가 그 권리실행으로서 자력구제의 수단으로 건조물에 침입한 경우에도 주거침입죄가 성립한다 할 것이다[대판 1985.3.26. 85도122].

관련판례 적법한 임대차기간이 종료한 후 계속 점유(사실상 불법점유) 하고 있는 건물에 대하여 소유자가 마음대로 건물출입문에 판자를 대어 폐쇄한 것을 임차인이 자력으로 판자를 뜯어 위 건물에 들어갔다고 해서 건조물침입죄가 된다고 볼 수 없다[대판 1973.6.26. 73도460].

판례 | 배우자 있는 사람과의 혼외 성관계 목적으로 다른 배우자가 부재중인 주거에 출입한 경우 주거침입죄의 성립 여부(매우 중요)

[다수의견] [1] 외부인이 공동거주자의 일부가 부재중에 주거 내에 현재하는 거주자의 현실적인 승낙을 받아 통상적인 출입방법에 따라 공동주거에 들어간 경우라면 그것이 부재중인 다른 거주자의 추정적 의사에 반하는 경우에도 주거침입죄가 성립하지 않는다고 보아야 한다. 구체적인 이유는 다음과 같다.

ⅰ) 주거침입죄의 보호법익은 사적 생활관계에 있어서 사실상 누리고 있는 주거의 평온, 즉 '사실상 주거의 평온'으로서, 주거를 점유할 법적 권한이 없더라도 사실상의 권한이 있는 거주자가 주거에서 누리는 사실적 지배 · 관리관계가 평온하게 유지되는 상태를 말한다. 외부인이 무단으로 주거에 출입하게 되면 이러한 사실상 주거의 평온이 깨어지는 것이다. 이러한 보호법익은 주거를 점유하는 사실상태를 바탕으로 발생하는 것으로서 사실적 성질을 가진다. 한편 공동주거의 경우에는 여러 사람이 하나의 생활공간에서 거주하는 성질에 비추어 공동거주자 각자는 다른 거주자와의 관계로 인하여 주거에서 누리는 사실상 주거의 평온이라는 법익이 일정 부분 제약될 수밖에 없고, 공동거주자는 공동주거관계를 형성하면서 이러한 사정을 서로 용인하였다고 보아야 한다.

62) 특수주거침입죄가 성립한 사례이다.

부재중인 일부 공동거주자에 대하여 주거침입죄가 성립하는지를 판단할 때에도 이러한 주거침입죄의 보호법익의 내용과 성질, 공동주거관계의 특성을 고려하여야 한다. 공동거주자 개개인은 각자 사실상 주거의 평온을 누릴 수 있으므로 어느 거주자가 부재중이라고 하더라도 사실상의 평온상태를 해치는 행위태양으로 들어가거나 그 거주자가 독자적으로 사용하는 공간에 들어간 경우에는 그 거주자의 사실상 주거의 평온을 침해하는 결과를 가져올 수 있다. 그러나 공동거주자 중 주거 내에 현재하는 거주자의 현실적인 승낙을 받아 통상적인 출입방법에 따라 들어갔다면, 설령 그것이 부재중인 다른 거주자의 의사에 반하는 것으로 추정된다고 하더라도 주거침입죄의 보호법익인 사실상 주거의 평온을 깨트렸다고 볼 수는 없다. 만일 외부인의 출입에 대하여 공동거주자 중 주거 내에 현재하는 거주자의 승낙을 받아 통상적인 출입방법에 따라 들어갔음에도 불구하고 그것이 부재중인 다른 거주자의 의사에 반하는 것으로 추정된다는 사정만으로 주거침입죄의 성립을 인정하게 되면, 주거침입죄를 의사의 자유를 침해하는 범죄의 일종으로 보는 것이 되어 주거침입죄가 보호하고자 하는 법익의 범위를 넘어서게 되고, '평온의 침해' 내용이 주관화·관념화되며, 출입 당시 현실적으로 존재하지 않는, 부재중인 거주자의 추정적 의사에 따라 주거침입죄의 성립 여부가 좌우되어 범죄 성립 여부가 명확하지 않고 가벌성의 범위가 지나치게 넓어지게 되어 부당한 결과를 가져오게 된다.

ii) 주거침입죄의 구성요건적 행위인 침입은 주거침입죄의 보호법익과의 관계에서 해석하여야 한다. 따라서 침입이란 '거주자가 주거에서 누리는 사실상의 평온상태를 해치는 행위태양으로 주거에 들어가는 것'을 의미하고, 침입에 해당하는지 여부는 출입 당시 객관적·외형적으로 드러난 행위태양을 기준으로 판단함이 원칙이다. 사실상의 평온상태를 해치는 행위태양으로 주거에 들어가는 것이라면 대체로 거주자의 의사에 반하는 것이겠지만, 단순히 주거에 들어가는 행위 자체가 거주자의 의사에 반한다는 거주자의 주관적 사정만으로 바로 침입에 해당한다고 볼 수는 없다. 외부인이 공동거주자 중 주거 내에 현재하는 거주자로부터 현실적인 승낙을 받아 통상적인 출입방법에 따라 주거에 들어간 경우라면, 특별한 사정이 없는 한 사실상의 평온상태를 해치는 행위태양으로 주거에 들어간 것이라고 볼 수 없으므로 주거침입죄에서 규정하고 있는 침입행위에 해당하지 않는다.

[2] 피고인이 甲의 부재중에 甲의 처(妻) 乙과 혼외 성관계를 가질 목적으로 乙이 열어 준 현관 출입문을 통하여 甲과 乙이 공동으로 거주하는 아파트에 3회에 걸쳐 들어간 사안에서, 피고인이 乙로부터 현실적인 승낙을 받아 통상적인 출입방법에 따라 주거에 들어갔으므로 주거의 사실상 평온상태를 해치는 행위태양으로 주거에 들어간 것이 아니어서 주거에 침입한 것으로 볼 수 없고, 설령 피고인의 주거 출입이 부재중인 甲의 의사에 반하는 것으로 추정되더라도 그것이 사실상 주거의 평온을 보호법익으로 하는 주거침입죄의 성립 여부에 영향을 미치지 않는다[대판(전) 2021.9.9. 2020도12630]. [22 경간부]*

관련판례 피고인이 피해자의 안방에 CCTV 카메라와 동영상 저장장치를 부착한 TV인 사실을 숨기고 피해자에게 TV를 설치해주겠다면서 안방까지 들어가 피해자의 주거에 침입하였다는 내용으로 기소된 사안에서, 피해자의 사실상 평온상태가 침해되었다고 볼 만한 사정이 없다는 이유로, 피고인의 출입이 비록 범죄 등의 목적을 숨기고 한 것이라도 주거침입죄가 성립하지 않는다고 한 사례[대판 2022.4.28. 2022도1717]. [23 변호사]*

판례 | 가정불화로 처(乙)와 일시 별거 중인 남편 甲이 그의 부모(丙, 丁)와 함께 주거지에 들어가려고 하는데 처로부터 집을 돌보아 달라는 부탁을 받은 처제(戊)가 출입을 못하게 하자, 출입문에 설치된 잠금장치를 손괴하고 주거지에 들어간 경우, 甲, 丙, 丁은 폭력행위 등 처벌에 관한 법률위반(공동주거침입)죄가 성립하지 아니한다고 한 사례

[다수의견] [1] 형법은 제319조 제1항의 주거침입죄의 객체는 행위자 이외의 사람, 즉 '타인'이 거주하는 주거 등이라고 할 것이므로 행위자 자신이 단독으로 또는 다른 사람과 공동으로 거주하거나 관리 또는 점유하는 주거 등에 임의로 출입하더라도 주거침입죄를 구성하지 않는다. 다만 다른 사람과 공동으로 주거에 거주하거나 건조물을 관리하던 사람이 공동생활관계에서 이탈하거나 주거 등에 대한 사실상의 지배·관리를 상실한 경우 등 특별한 사정이 있는 경우에 주거침입죄가 성립할 수 있을 뿐이다.

[2] 주거침입죄가 사실상 주거의 평온을 보호법익으로 하는 이상, 공동주거에서 생활하는 공동거주자 개개인은 각자 사실상 주거의 평온을 누릴 수 있다고 할 것이다. 그런데 공동거주자 각자는 특별한 사정이 없는 한 공동주거관계의 취지 및 특성에 맞추어 공동주거 중 공동생활의 장소로 설정한 부분에 출입하여 공동의 공간을 이용할 수 있는 것과 같은 이유로, 다른 공동거주자가 이에 출입하여 이용하는 것을 용인할 수인의무도 있다. 그것이 공동거주자가 공동주거를 이용하는 보편적인 모습이기도 하다. 이처럼 공동거주자 각자가 공동생활의 장소에서 누리는 사실상 주거의 평온이라는 법익은 공동거주자 상호 간의 관계로 인하여 일정 부분 제약될 수밖에 없고, 공동거주자는 이러한 사정에 대한 상호 용인하에 공동주거관계를 형성하기로 하였다고 보아야 한다. 따라서 공동거주자 상호 간에는 특별한 사정이 없는 한 다른 공동거주자가 공동생활의 장소에 자유로이

출입하고 이를 이용하는 것을 금지할 수 없다. 공동거주자 중 한 사람이 법률적인 근거 기타 정당한 이유 없이 다른 공동거주자가 공동생활의 장소에 출입하는 것을 금지한 경우, 다른 공동거주자가 이에 대항하여 공동생활의 장소에 들어갔더라도 이는 사전 양해된 공동주거의 취지 및 특성에 맞추어 공동생활의 장소를 이용하기 위한 방편에 불과할 뿐, 그의 출입을 금지한 공동거주자의 사실상 주거의 평온이라는 법익을 침해하는 행위라고는 볼 수 없으므로 주거침입죄는 성립하지 않는다. 설령 그 공동거주자가 공동생활의 장소에 출입하기 위하여 출입문의 잠금장치를 손괴하는 등 다소간의 물리력을 행사하여 그 출입을 금지한 공동거주자의 사실상 평온상태를 해쳤더라도 그러한 행위 자체를 처벌하는 별도의 규정에 따라 처벌될 수 있음은 별론으로 하고, 주거침입죄가 성립하지 아니함은 마찬가지이다.

[3] 공동거주자 각자가 상호 용인한 통상적인 공동생활 장소의 출입 및 이용행위의 내용과 범위는 공동주거의 형태와 성질, 공동주거를 형성하게 된 경위 등에 따라 개별적 · 구체적으로 살펴보아야 한다. 공동거주자 중 한 사람의 승낙에 따른 외부인의 공동생활 장소의 출입 및 이용행위가 외부인의 출입을 승낙한 공동거주자의 통상적인 공동생활 장소의 출입 및 이용행위의 일환이자 이에 수반되는 행위로 평가할 수 있는 경우에는 이러한 외부인의 행위는 전체적으로 그 공동거주자의 행위와 동일하게 평가할 수 있다. 따라서 공동거주자 중 한 사람이 법률적인 근거 기타 정당한 이유 없이 다른 공동거주자가 공동생활의 장소에 출입하는 것을 금지하고, 이에 대항하여 다른 공동거주자가 공동생활의 장소에 들어가는 과정에서 그의 출입을 금지한 공동거주자의 사실상 평온상태를 해쳤더라도 주거침입죄가 성립하지 않는 경우로서, 그 공동거주자의 승낙을 받아 공동생활의 장소에 함께 들어간 외부인의 출입 및 이용행위가 전체적으로 그의 출입을 승낙한 공동거주자의 통상적인 공동생활 장소의 출입 및 이용행위의 일환이자 이에 수반되는 행위로 평가할 수 있는 경우라면, 이를 금지하는 공동거주자의 사실상 평온상태를 해쳤음에도 불구하고 그 외부인에 대하여도 역시 주거침입죄가 성립하지 않는다고 봄이 타당하다.

[반대의견] 주거 내에 현재하는 공동거주자가 출입을 금지하였는데도 불구하고 폭력적인 방법 또는 비정상적인 경로로 공동주거에 출입한 경우는 출입 당시 객관적 · 외형적으로 드러난 행위태양에 비추어 주거 내에 현재하는 공동거주자의 평온상태를 명백히 해치는 것이어서 침입행위에 해당하므로 주거침입죄가 성립한다. 그러한 주거침입행위자가 스스로 집을 나간 공동거주자이거나, 그 공동거주자로부터 승낙을 받은 외부인이라 하여도 마찬가지이다[대판(전) 2021.9.9. 2020도6085]. [22 경간부]*

동지판례 피고인이 야간에 스마트키를 이용하여 피해 회사의 문을 열고 들어가 피해 회사 및 피해자의 재물을 절취한 사실로 야간건조물침입절도로 기소된 사안에서, 피고인은 피해 회사의 설립 당시부터 피고인의 직원 5명이 파견 근무 중인 상황에서 업무상 편의를 위해 피해자로부터 피해 회사의 출입을 위한 스마트키를 교부 받았고, 피해 회사에는 피고인의 지문까지 등록되어 있었으며, 피고인은 그 이후 피해 회사에 여러 차례 출입을 하는 과정에서 스마트키를 사용하여온 점 등에 비추어 적어도 피해자가 피고인에게 피해 회사에 대한 출입권한을 부여한 이상, 피해 회사는 피해자가 단독으로 관리 · 점유하는 건조물에 해당된다고 보기 어렵다. 즉, 피고인은 피해자와 공동으로 관리 · 점유하는 피해 회사 사무실에 임의로 출입한 것이므로 원칙적으로 건조물침입죄가 성립한다고 볼 수 없다. 또한 피고인이 피해자와의 관계에서 피해 회사에 대한 출입과 관련하여 공동생활관계에서 이탈하였거나 이에 관한 사실상의 지배 · 관리를 상실한 경우 등의 특별한 사정이 있다고 보기도 어렵다. 비록 피고인이 공소사실 기재와 같이 일요일 야간에 피해 회사 사무실에 절도 목적으로 출입하였으나, 피고인은 피해자로부터 교부받은 스마트키를 이용하여 피해회사에서 예정한 통상적인 출입방법에 따라 위 사무실에 들어간 것일 뿐 그 당시 객관적 · 외형적으로 드러난 행위태양을 기준으로 볼 때 사실상의 평온상태를 해치는 방법으로 피해 회사에 들어갔다고 볼 만한 사정도 보이지 않는다[대판 2023.6.29. 2023도3351].

㉰ 주거자 등의 동의: ⅰ) 침입은 주거자의 의사에 반하여 들어가는 것을 의미한다. ⅱ) 동의의 방법은 명시적이거나 묵시적임을 불문한다.

판례 | 일반인의 출입이 허용된 장소에 불법목적으로 들어간 경우(주거침입죄 불성립)

(초원복집 사건 판례변경) [1] 주거침입죄는 사실상 주거의 평온을 보호법익으로 한다. 주거침입죄의 구성요건적 행위인 침입은 주거침입죄의 보호법익과의 관계에서 해석하여야 하므로, 침입이란 주거의 사실상 평온상태를 해치는 행위 태양으로 주거에 들어가는 것을 의미하고, 침입에 해당하는지는 출입 당시 객관적 · 외형적으로 드러난 행위 태양을 기준으로 판단함이 원칙이다. 사실상의 평온상태를 해치는 행위 태양으로 주거에 들어가는 것이라면 대체로 거주자의 의사에 반하겠지만, 단순히 주거에 들어가는 행위 자체가 거주자의 의사에 반한다는 주관적 사정만으로는 바로 침입에 해당한다고 볼 수 없다. 거주자의 의사에 반하는지는 사실상의 평온상태를 해치는 행위 태양인지를 평가할 때 고려할 요소 중 하나이지만 주된 평가 요소가 될 수는 없다. 따라서 침입행위에 해당하는지는 거주자의 의사에 반하는지가 아니라 사실상의 평온상태를 해치는 행위 태양인지에 따라 판단되어야 한다.

[2] 행위자가 거주자의 승낙을 받아 주거에 들어갔으나 범죄나 불법행위 등(이하 '범죄 등'이라 한다)을 목적으로 한 출입이거나 거주자가 행위자의 실제 출입 목적을 알았더라면 출입을 승낙하지 않았을 것이라는 사정이 인정되는 경우 행위자의 출입행위가 주거침입죄에서 규정하는 침입행위에 해당하려면, 출입하려는 주거 등의 형태와 용도·성질, 외부인에 대한 출입의 통제·관리 방식과 상태, 행위자의 출입 경위와 방법 등을 종합적으로 고려하여 행위자의 출입 당시 객관적·외형적으로 드러난 행위 태양에 비추어 주거의 사실상 평온상태가 침해되었다고 평가되어야 한다. 이때 거주자의 의사도 고려되지만 주거 등의 형태와 용도·성질, 외부인에 대한 출입의 통제·관리 방식과 상태 등 출입 당시 상황에 따라 그 정도는 달리 평가될 수 있다. 일반인의 출입이 허용된 음식점에 영업주의 승낙을 받아 통상적인 출입방법으로 들어갔다면 특별한 사정이 없는 한 주거침입죄에서 규정하는 침입행위에 해당하지 않는다. 설령 행위자가 범죄 등을 목적으로 음식점에 출입하였거나 영업주가 행위자의 실제 출입 목적을 알았더라면 출입을 승낙하지 않았을 것이라는 사정이 인정되더라도 그러한 사정만으로는 출입 당시 객관적·외형적으로 드러난 행위 태양에 비추어 사실상의 평온상태를 해치는 방법으로 음식점에 들어갔다고 평가할 수 없으므로 침입행위에 해당하지 않는다[대판(전) 2022.3.24. 2017도18272]. [22 경간부, 20 경찰승진, 19 법원행시, 19 법원9급, 19 경찰채용]*

[사실관계] 피고인들이 공모하여, 甲, 乙이 운영하는 각 음식점에서 인터넷 언론사 기자 丙을 만나 식사를 대접하면서 丙이 부적절한 요구를 하는 장면 등을 확보할 목적으로 녹음·녹화장치를 설치하거나 장치의 작동 여부 확인 및 이를 제거하기 위하여 각 음식점의 방실에 들어감으로써 甲, 乙의 주거에 침입하였다는 내용으로 기소된 사안

판례 | 관리자에 의해 출입이 통제되는 건조물에 관리자의 승낙을 받아 건조물에 통상적인 출입방법으로 들어간 경우(주거침입죄 불성립)

관리자에 의해 출입이 통제되는 건조물에 관리자의 승낙을 받아 건조물에 통상적인 출입방법으로 들어갔다면, 이러한 승낙의 의사표시에 기망이나 착오 등의 하자가 있더라도 특별한 사정이 없는 한 형법 제319조 제1항에서 정한 건조물침입죄가 성립하지 않는다. 이러한 경우 관리자의 현실적인 승낙이 있었으므로 가정적·추정적 의사는 고려할 필요가 없다. 단순히 승낙의 동기에 착오가 있다고 해서 승낙의 유효성에 영향을 미치지 않으므로, 관리자가 행위자의 실제 출입 목적을 알았더라면 출입을 승낙하지 않았을 사정이 있더라도 건조물침입죄가 성립한다고 볼 수 없다. 나아가 관리자의 현실적인 승낙을 받아 통상적인 출입방법에 따라 건조물에 들어간 경우에는 출입 당시 객관적·외형적으로 드러난 행위태양에 비추어 사실상의 평온상태를 해치는 모습으로 건조물에 들어간 것이라고 평가할 수도 없다[대판 2022.3.31. 2018도15213].

[사실관계] 피고인들은 C언론 시사프로그램 'D'의 제작을 맡고 있는 사람들로서, 보이스피싱 사건을 취재·방송하기 위하여 E구치소에 수용중인 피의자 F를 접견하면서 이를 촬영하기로 마음먹었다. 피고인들은 2015.8.14. 14:03경 G에 있는 E구치소에 이르러 위와 같은 목적을 숨기고 구치소 정문을 통과하여 침입한 다음, 구치소 민원실에서 교도관 H에게 F의 지인인 것처럼 신분을 속이고 접견신청서를 작성·제출하여 접견을 허가받은 후, 반입이 금지되어 있는 명함지갑 모양의 녹음·녹화 장비를 소지하고 접견실로 들어가 약 10분간 F를 접견하면서 그 장면을 촬영하고 대화내용을 녹음하였다. 이로써 피고인들은 공동하여 E구치소장이 관리하는 건조물에 침입하고, 공모하여 위계로써 접견업무를 담당하는 교도관의 정당한 직무집행을 방해하였다.

동지판례 [1] 원심은, 피고인들이 위계로써 접견업무를 담당하는 교도관의 정당한 직무집행을 방해하였다고 볼 수 없다는 이유로 이 부분 공소사실을 유죄로 판단한 제1심판결을 파기하고 무죄를 선고하였다. 이러한 원심 판단에 상고이유 주장과 같이 논리와 경험의 법칙을 위반하여 자유심증주의의 한계를 벗어나거나 위계에 의한 공무집행방해죄에 관한 법리를 오해한 잘못이 없다.
[2] 그럼에도 교도소 관리자의 추정적 의사를 주된 근거로 건조물침입죄의 성립을 인정한 원심 판단에는 본죄의 성립에 관한 법리를 오해하여 판결에 영향을 미친 잘못이 있다. 이를 지적하는 취지의 상고이유 주장은 이유 있다[대판 2022.4.14. 2019도333].

[사실관계] 피고인 A는 2016.4.1. 15:23경, 피고인 B는 2016.4.2. 11:55경 및 2016.4.4. 10:26경 진주교도소에 이르러 취재와 방송을 위해 수용자를 접견하며 그 대화 내용과 장면을 녹음·녹화할 목적과 그 장비를 숨기고 교도소 정문을 통과하여 건조물에 침입하였다는 것이다.

판례해설 위 대판 2018도15213의 법리가 그대로 적용된다.

동지판례 ⅰ) [1] 일반적으로 출입이 허용되어 개방된 시청사 로비에 관리자의 출입 제한이나 제지가 없는 상태에서 통상적인 방법으로 들어간 이상 사실상의 평온상태를 해치는 행위 태양으로 시청 1층 로비에 들어갔다고 볼 수 없으므로 건조물침입죄에서 규정하는 침입행위에 해당하지 않는다.

[2] 피고인들이 공동하여 ○○ 시청에 이르러 150여 명의 조합원들과 함께 시청 1층 로비로 들어가 바닥에 앉아 구호를 외치며 소란을 피움으로써 시청 건물 관리자의 의사에 반하여 건조물에 침입하였다고 기소된 사안에서, 당시 피고인들 등 조합원들은 시청 1층 중앙현관을 통해 1층 로비에 들어가면서 공무원 등으로부터 아무런 제지를 받지 않았고, 다수의 힘 또는 위세를 이용하여 들어간 정황이 없었다는 이유 등을 들어, 관리자의 의사를 주된 근거로 유죄를 인정한 원심판결을 파기환송한 사례[대판 2021.6.16. 2021도7087].

ⅱ) [1] 일반적으로 출입이 허용되어 개방된 건조물에 관리자의 출입 제한이나 제지가 없는 상태에서 통상적인 방법으로 들어갔다면, 사실상의 평온상태를 해치는 행위 태양으로 그 건조물에 들어갔다고 볼 수 없으므로 건조물침입죄에서 규정하는 침입행위에 해당하지 않는다.

[2] 마트산업노동조합 간부와 조합원인 피고인들이 공동하여, 대형마트 지점에 방문한 대표이사 등에게 해고와 전보 인사발령에 항의하기 위하여 지점장 甲의 의사에 반하여 정문을 통해 지점 2층 매장으로 들어감으로써 건조물에 침입하였다고 하여 폭력행위 등 처벌에 관한 법률 위반(공동주거침입)으로 기소된 사안에서, 제반 사정에 비추어 피고인들에 대하여 건조물침입죄가 성립하지 않는다는 이유로, 이와 달리 본 원심판단에 법리오해의 잘못이 있다고 한 사례[대판 2022.9.7. 2021도9055].

ⅲ) 피고인이 추행하기로 마음먹고 피해자를 뒤따라가 피해자의 주거지인 아파트에 들어가 아파트 1층 계단을 오르는 피해자의 뒤에서 갑자기 피해자의 교복 치마 안으로 손을 넣어 피해자의 음부와 허벅지를 만진 경우 주거침입죄 성립. 피고인이 추행하기로 마음먹고, 피해자를 뒤따라 상가 1층에 들어가, 그곳에서 엘리베이터를 기다리는 피해자의 뒤에서 갑자기 피해자의 교복 치마 안으로 손을 넣어 피해자의 음부를 만진 경우 주거침입죄 불성립[대판 2022.8.25. 2022도3801].[63)]

ⅳ) 업무시간 중 일반적으로 출입이 허용되어 개방된 'OSB저축은행 · 대신저축은행'은 물론 업무상 이해관계인의 출입에 별다른 제한이 없는 영업장소인 '신영건설'에 위 피고인들이 업무상 이해관계인 자격으로 관리자의 출입제한이나 제지가 없는 상태에서 사전에 면담약속 · 방문 통지를 한 후 방문한 것이거나 면담요청을 하기 위해 통상적인 방법으로 들어간 이상, 사실상의 평온상태를 해치는 행위 태양으로 들어갔다고 볼 수 없어 건조물침입죄에서 규정하는 침입행위에 해당한다고 보기 어렵다. 설령 사후적으로 볼 때 위 피고인들의 위 각장소에의 순차적 출입이 앞서 본 소란 등 행위로 인하여 결과적으로 각 관리자의 추정적 의사에 반하는 결과를 초래하게 되었더라도, 그러한 사후적 사정만으로는 사실상의 평온상태를 해치는 행위 태양으로 출입하였다고 평가할 수 없다[대판 2024.1.4. 2022도15955].

비교판례 [1] 사생활 보호의 필요성이 큰 사적 주거, 외부인의 출입이 엄격히 통제되는 건조물에 거주자나 관리자의 승낙 없이 몰래 들어간 경우 또는 출입 당시 거주자나 관리자가 출입의 금지나 제한을 하였음에도 이를 무시하고 출입한 경우에는 사실상의 평온상태가 침해된 경우로서 침입행위가 될 수 있다.

[2] 피고인이 '甲에게 100m 이내로 접근하지 말 것' 등을 명하는 법원의 접근금지가처분 결정이 있는 등 피고인이 甲을 방문하는 것을 甲이 싫어하는 것을 알고 있음에도 임의로 甲이 근무하는 사무실 안으로 들어감으로써 건조물에 침입하였다는 공소사실로 기소된 사안에서, 피고인이 위 결정에 반하여 甲이 근무하는 사무실에 출입한 것은 甲의 명시적인 의사에 반하는 행위일 뿐만 아니라, 출입의 금지나 제한을 무시하고 출입한 경우로서 출입 당시 객관적 · 외형적으로 드러난 행위태양을 기준으로 보더라도 사실상 평온상태가 침해된 것으로 볼 수 있으므로 건조물침입죄가 성립한다[대판 2024.2.8. 2023도16595].

판례 | 출입에 관하여 관리자나 소유자의 묵시적 승낙이 인정되는 경우(공용으로 사용되는 계단과 복도)

다방, 당구장, 독서실 등의 영업소가 들어서 있는 건물 중 공용으로 사용되는 계단과 복도는 주야간을 막론하고 관리자의 명시적 승낙이 없어도 누구나 자유롭게 통행할 수 있는 곳이라 할 것이므로 관리자가 1층 출입문을 특별히 시정하지 않는 한 범죄의 목적으로 위 건물에 들어가는 경우 이외에는 그 출입에 관하여 관리자나 소유자의 묵시적 승낙이 있다고 봄이 상당하여 그 출입행위는 주거침입죄를 구성하지 않는다[대판 1985.2.8. 84도2917].

63) 최근 헌법재판소는 2023.2.23. 2021헌가9 등 병합결정에서 성폭력범죄의 처벌 등에 관한 특례법(2020.5.19. 법률 제17264호로 개정된 것) 제3조 제1항 중 '형법 제319조 제1항(주거침입)의 죄를 범한 사람이 같은 법 제298조(강제추행), 제299조(준강제추행) 가운데 제298조의 예에 의하는 부분의 죄를 범한 경우에는 무기징역 또는 7년 이상의 징역에 처한다.'는 부분은 헌법에 위반된다는 위헌결정을 하였다.

판례 | 피해자가 출입을 승낙하였다고 볼 수 없는 경우(주거침입죄 성립)

1. 피고인이 피해자가 사용 중인 공중화장실의 용변칸에 노크하여 남편으로 오인한 피해자가 용변칸 문을 열자 강간할 의도로 용변칸에 들어간 것이라면 피해자가 명시적 또는 묵시적으로 이를 승낙하였다고 볼 수 없어 주거침입죄에 해당한다[대판 2003.5.30. 2003도1256]. [19 경찰승진, 18 법원행시, 18 경찰채용, 17 경간부, 16 법원행시, 16 국가7급, 16 경찰승진]*
2. 대리 응시자들의 시험장의 입장은 시험관리자의 승낙 또는 추정된 의사에 반한 불법침입이라 아니할 수 없고 이와 같은 침입을 교사한 이상 주거침입 교사죄가 성립된다[대판 1967.12.19. 67도1281].[64]
3. 노조원들에 의한 회사 점거중 해고근로자가 노조 임시사무실에 들어간 경우, 위 회사에서 해고근로자들의 출입을 허락해 왔다고 하더라도 이는 어디까지나 회사의 업무가 정상적으로 수행되고 있는 경우에 복직협의 등에 관련하여 필요한 범위 내의 출입에 한정된 것이라고 봄이 상당할 것인바, … 그렇다면 오히려 특별한 사정이 없는 한 피고인의 위와 같은 출입행위는 관리자인 회사측의 의사 내지 추정적 의사에 반하는 것이라 아니할 수 없다[대판 1994.2.8. 93도120].

판례 | 출입에 대한 적법한 동의라고 볼 수 없는 경우(학생회관의 출입에 학생회가 동의한 경우)

직장노조원들이 농성을 목적으로 학생회의 동의를 얻어 학생회관에 들어간 경우, 학생회관의 관리권은 그 대학 당국에 귀속된다고 보아야 하므로 학생회의 동의가 있어 그 침입이 위법하지 않다고 믿었다 하더라도 이에 정당사유가 있다고 볼 수 없어 주거침입죄를 구성한다[대판 1995.4.14. 95도12].

판례 | 기망 · 협박에 의한 동의(무효: 주거침입죄 성립)

피고인이 피해자의 옛 애인 및 '사진 찍은 자'로 1인 2역을 수행하면서 설령 그 정을 알지 못하는 피해자로부터 승낙을 얻고 피해자의 주거에 들어갔다고 하더라도, 그 승낙의 의사표시는 기망 및 협박에 의한 것으로서 무효이므로 주거침입죄가 성립한다[대판 2007.1.25. 2006도5979]. [16 법원행시, 16 국가9급, 16 경찰승진, 16 경간부]*

판례 | 평소 출입이 가능한 자가 범죄목적으로 들어간 경우(주거침입죄 성립)

1. 피고인이 피해자와 이웃 사이어서 평소 그 주거에 무상출입하던 관계에 있었다 하더라도 범죄의 목적으로 피해자의 승낙 없이 그 주거에 들어간 경우에는 주거침입죄가 성립된다[대판 1983.7.12. 83도1394].
2. 피고인이 피해자인 금남여객자동차주식회사에서 버스차장으로 근무하는 관계로 그 회사의 차고나 사무실에 출입할 수 있다 하더라도 절취의 목적으로 들어간 것이라면 이는 주거권자의 의사에 반한 것으로서 주거침입죄가 성립된다[대판 1979.10.30. 79도1882].

판례 | 범죄목적 없이 들어간 후 범죄를 한 경우(주거침입죄 불성립)

피고인이 인근 동리에 사는 고모의 아들인 피해자의 집에 잠시 들어가 있는 동안에 동 피해자에게 돈을 갚기 위하여 찾아온 동 피해자의 이질의 돈을 절취하였다면 피고인이 당초부터 불법목적을 가지고 위 피해자의 집에 들어갔거나 그의 의사에 반하여 그의 집에 들어간 것이 아니어서 주거침입죄가 성립하지 아니한다[대판 1984.2.14. 83도2897]. [16 경간부]*

64) 초원복집 사건을 변경한 2017도18272 전원합의체 판결에서 폐기되지 않았음에 유의하여야 한다.

판례 | 일반적으로 개방되어 있는 장소의 출입이 주거침입죄를 구성하는 경우(비정상적 출입)

1. 주거침입죄에 있어서 침입이라 함은 거주자 또는 간수자의 의사에 반하여 들어가면 족한 것이고 어떤 저항을 받는 것을 요하지 않으며, 일반적으로 개방되어 있는 장소라도 필요한 때는 관리자가 그 출입을 금지 내지 제한할 수 있는 것이므로 그 출입금지 내지 제한하는 의사에 반하여 주거 또는 건조물 구내에 들어간다면 주거침입죄를 구성한다[대판 1983.3.8. 82도1363].
2. 일반적으로 개방되어 있는 장소라 하더라도 관리자가 필요에 따라 그 출입을 제한할 수 있는 것이므로 관리자의 출입제지에도 불구하고 다중이 고함이나 소란을 피우면서 건조물에 출입하는 것은 사실상의 주거의 평온을 해하는 것으로서 건조물침입죄를 구성한다[대판 1996.5.10. 96도419].
3. 일반적으로 출입이 허가된 건물이라 하여도 피고인이 출입이 금지된 시간에 그 건물 담벽에 있던 드럼통을 딛고 담벽을 넘어 들어간 후 그 곳 마당에 있던 아이스박스통과 삽을 같은 건물 화장실 유리창문 아래에 놓고 올라가 위 창문을 연 후 이를 통해 들어간 것이라면 그 침입방법 자체가 일반적인 허가에 해당되지 않는 것이 분명하게 나타난 것이므로 건조물침입죄가 성립되는 것이다[대판 1990.3.13. 90도173].

㉣ 부작위에 의한 침입: 허가를 받고 들어온 자가 그 시간을 넘어서 머무르거나, 주거자의 의사에 반하여 침입한 것을 사후에 알고도 그대로 머문 경우에 부작위에 의한 주거침입죄가 성립한다.

㉤ 착수시기

판례 | 주거침입죄의 실행의 착수시기

주거침입죄의 실행의 착수는 주거자, 관리자, 점유자 등의 의사에 반하여 주거나 관리하는 건조물 등에 들어가는 행위, 즉 구성요건의 일부를 실현하는 행위까지 요구하는 것은 아니고 범죄구성요건의 실현에 이르는 현실적 위험성을 포함하는 행위를 개시하는 것으로 족하다[대판 2008.4.10. 2008도146]. [20 국가9급, 18 경찰채용, 17 경찰승진, 16 경찰채용]*

판례 | 주거침입죄의 실행의 착수로 인정되지 않는 경우

1. 침입대상인 아파트에 사람이 있는지를 확인하기 위해 그 집의 초인종을 누른 행위만으로는 침입의 현실적 위험성을 포함하는 행위를 시작하였다거나, 주거의 사실상의 평온을 침해할 객관적인 위험성을 포함하는 행위를 한 것으로 볼 수 없다 할 것이다[대판 2008.4.10. 2008도146]. [20 경찰승진, 20 경간부, 19 경찰채용, 16 국가7급]*
2. 야간에 다세대주택에 침입하여 물건을 절취하기 위하여 가스배관을 타고 오르다가 순찰 중이던 경찰관에게 발각되어 그냥 뛰어내렸다면, 야간주거침입절도죄의 실행의 착수에 이르지 못했다고 한 사례[대판 2008.3.27. 2008도917].65) [20 경찰승진, 20 경찰채용, 19 변호사, 19 법원행시, 18 경간부]*

㉥ 기수시기: 신체의 일부만 타인의 주거 안으로 들어갔다고 하더라도 거주자가 누리는 사실상의 주거의 평온을 해할 수 있는 정도에 이르렀다면 기수가 된다.

65) 위 판례는 야간주거침입절도죄의 실행의 착수가 인정되지 않는다는 판례이나 편의상 함께 정리해 두었다. 야간주거침입절도죄는 주거침입시에 실행의 착수가 인정되는데 위 판례 사안의 경우 결국 주거침입의 실행의 착수가 인정되지 않아 야간주거침입절도죄의 실행의 착수가 인정되지 않는다는 취지의 판례이다.

(2) 주관적 구성요건

고의가 있어야 한다.

판례연습

【주거침입죄(침입의 의의, 기수시기, 고의)】 ※ 얼굴만 들이민 사건

甲은 자정무렵에 A(女)의 집에서 강간할 생각을 가지고 일단 A(女)가 집에 있는지를 확인하기 위하여 그 집 담벽에 발을 딛고 창문을 열고 안으로 얼굴을 들이밀자 A(女)가 소리치는 바람에 도주하다가 체포되었다. 甲의 죄책은?

판결요지

[1] 주거침입죄는 사실상의 주거의 평온을 보호법익으로 하는 것이므로, 반드시 행위자의 신체의 전부가 범행의 목적인 타인의 주거 안으로 들어가야만 성립하는 것이 아니라 신체의 일부만 타인의 주거 안으로 들어갔다고 하더라도 거주자가 누리는 사실상의 주거의 평온을 해할 수 있는 정도에 이르렀다면 범죄구성요건을 충족하는 것이라고 보아야 하고, 따라서 주거침입죄의 범의는 반드시 신체의 전부가 타인의 주거 안으로 들어간다는 인식이 있어야만 하는 것이 아니라 신체의 일부라도 타인의 주거 안으로 들어간다는 인식이 있으면 족하다. [19 경찰승진, 16 경찰채용]*

[2] 위 [1]항의 범의로써 예컨대 주거로 들어가는 문의 시정장치를 부수거나 문을 여는 등 침입을 위한 구체적 행위를 시작하였다면 주거침입죄의 실행의 착수는 있었다고 보아야 하고, 신체의 극히 일부분이 주거 안으로 들어갔지만 사실상 주거의 평온을 해하는 정도에 이르지 아니하였다면 주거침입죄의 미수에 그친다. [20 국가9급, 19 경찰채용, 19 법원9급, 18 법원9급, 16 경찰채용]*

[3] 야간에 타인의 집의 창문을 열고 집 안으로 얼굴을 들이미는 등의 행위를 하였다면 피고인이 자신의 신체의 일부가 집 안으로 들어간다는 인식하에 하였더라도 주거침입죄의 범의는 인정되고, 또한 비록 신체의 일부만이 집 안으로 들어갔다고 하더라도 사실상 주거의 평온을 해하였다면 주거침입죄는 기수에 이르렀다[대판 1995.9.15. 94도2561]. [19 법원행시, 16 경찰채용]*

동지판례 주거침입죄는 사실상의 주거의 평온을 보호법익으로 하는 것으로 거주자가 누리는 사실상의 주거의 평온을 해할 수 있는 정도에 이르렀다면 범죄구성요건을 충족하는 것이라고 보아야 한다[대판 2001.4.24. 2001도1092].

문제해설 판례에 의하면 甲의 행위는 주거침입죄의 기수에 해당한다. 한편 다수설은 '침입'을 신체의 전부의 침입으로 보고 있다. 따라서 다수설에 의하면 甲에게는 신체 전부의 침입의 고의가 인정되지 않으므로 주거침입죄의 기수범은 물론 미수범도 성립할 수 없다.

3. 위법성

판례 | 공동주거의 경우 위법성이 조각되기 위한 요건

2인 이상이 하나의 공간에서 공동생활을 하고 있는 경우에는 각자 주거의 평온을 누릴 권리가 있으므로, 사용자가 제3자와 공동으로 관리·사용하는 공간을 사용자에 대한 쟁의행위를 이유로 관리자의 의사에 반하여 침입·점거한 경우, 비록 그 공간의 점거가 사용자에 대한 관계에서 정당한 쟁의행위로 평가될 여지가 있다 하여도 이를 공동으로 관리·사용하는 제3자의 명시적 또는 추정적인 승낙이 없는 이상 위 제3자에 대하여서까지 이를 정당행위라고 하여 주거침입의 위법성이 조각된다고 볼 수는 없다[대판 2010.3.11. 2009도5008]. [19 법원행시, 19 경찰승진, 18 경간부, 16 법원행시]*

판례 | 주거침입죄가 성립하는 경우(정당행위에 해당되지 않는 경우)

타인점유하의 건물에 소유자가 침입한 경우, 주거침입죄의 성립에는 아무런 장애가 되지 아니하고 또 이 사건 범행당시 피고인과 피해자 사이에는 이 사건 가옥의 소유권에 대한 분쟁이 있어 현재까지도 그 분쟁이 계속되고 있는 사실에 비추어 볼 때, 피고인이 이 사건 가옥에 침입하는 것에 대한 피해자의 추정적 승낙이 있었다거나, 피고인의 이 사건 범행이 사회상규에 위배되지 아니한다고 볼 수 없다[대판 1989.9.12. 89도889].

판례 | 주거침입죄가 성립하지 않는 경우(정당행위에 해당되는 경우)

연립주택 아래층에 사는 피해자가 위층 피고인의 집으로 통하는 상수도관의 밸브를 임의로 잠근 후 이를 피고인에게 알리지 않아 하루 동안 수돗물이 나오지 않은 고통을 겪었던 피고인이 상수도관의 밸브를 확인하고 이를 열기 위하여 부득이 피해자의 집에 들어간 행위는 사회상규에 위배되지 아니하는 행위로서 정당행위에 해당한다[대판 2004.2.13. 2003도7393]. [20 국가9급, 20 경간부]*

판례 | 노동쟁의행위와 주거침입죄의 성립 여부

(1) 건조물침입죄가 성립하는 경우

1. 해고를 당한 후 해고처분무효확인소송을 제기하여 그 효력을 다툼으로써 노동조합의 조합원인 근로자의 지위를 그대로 갖고 있다 하더라도 회사가 조합의 대의원이 아닌 피고인에게 회사 내의 조합대의원회의에 참석하는 것을 허락하지 아니하였는데도 그 의사에 반하여 함부로 거기에 들어가고 회사경비원들의 출입통제업무를 방해한 것은 건조물침입죄와 업무방해죄에 해당한다[대판 1991.9.10. 91도1666].
2. 해고되어 회사의 근로자도 아닌 피고인이 시위근로자 570명과 함께 회사건물 본관 앞까지 이동한 다음 무단점거를 저지하려는 관리직사원 등 400여 명을 힘으로 밀어붙이고 동 건물을 점거하였는데 이러한 집단행위가 적법한 쟁의행위도 아니었으며, 또한 쟁의행위에 당연히 수반되는 범위에 든다고 할 수 없는 관리직 사원 600여 명의 업무영역에 관하여 방해를 한 경우에 있어서 원심이 위 피고인의 행위를 건조물침입죄 및 업무방해죄로 각 의율처단한 것은 옳다[대판 1990.6.12. 90도672].

(2) 건조물침입죄가 성립하지 않는 경우

1. 해고된 근로자라도 상당한 기간 내에 그 해고의 효력을 다투는 자에 대하여는 근로자 또는 조합원으로서의 지위를 인정하여야 할 것이므로, 이러한 해고근로자가 조합원의 자격으로서 회사 내 노조사무실에 들어가는 것은 정당한 행위로서 회사측에서도 이를 제지할 수 없는 것이므로 노조사무실 출입목적으로 경비원의 제지를 뿌리치고 회사 내로 들어가는 것은 건조물침입죄로 벌할 수 없다[대판 1991.11.8. 91도326].
2. 사용자의 직장폐쇄가 정당한 쟁의행위로 인정되지 아니하는 때에는 다른 특별한 사정이 없는 한 근로자가 평소 출입이 허용되는 사업장 안에 들어가는 행위는 주거침입죄를 구성하지 아니한다[대판 2002.9.24. 2002도2243]. [20 경찰승진, 20 경찰채용]*

4. 죄수 및 타죄와의 관계

① 주거침입의 수단으로 범한 폭행죄 · 손괴죄는 주거침입죄와 상상적 경합이 된다(다수설).

② 주거침입시에 범한 다른 범죄와 주거침입죄는 실체적 경합이 된다.

Ⅲ 퇴거불응죄

제319조(퇴거불응) ② 전항의 장소에서 퇴거요구를 받고 응하지 아니한 자도 전항의 형과 같다. [19 경찰승진, 18 경찰채용]*

제322조(미수범) 미수범은 처벌한다.

1. 의의

사람의 주거 등의 장소에서 주거자 등의 퇴거요구를 받고 응하지 아니함으로써 성립하는 범죄이다.

2. 구성요건

(1) 행위주체

① 타인의 주거 등에 적법하게 또는 과실로 들어갔다가 퇴거요구를 받은 자이다.

② 처음부터 주거자의 의사에 반하여 들어간 자는 주거침입죄가 성립하며 본죄의 주체가 될 수 없다.

(2) 객체

> **판례 |**
>
> **(건조물은 위요지를 포함한다)** 퇴거불응죄에 있어서 '건조물'이라 함은 단순히 건조물 그 자체만을 말하는 것이 아니고 위요지를 포함하고, '위요지'가 되기 위하여는 건조물에 인접한 그 주변 토지로서 관리자가 외부와의 경계에 문과 담 등을 설치하여 그 토지가 건조물의 이용을 위하여 제공되었다는 것이 명확히 드러나야 할 것인데, 화단의 설치, 수목의 식재 등으로 담장의 설치를 대체하는 경우에도 건조물에 인접한 그 주변 토지가 건물, 화단, 수목 등으로 둘러싸여 건조물의 이용에 제공되었다는 것이 명확히 드러난다면 위요지가 될 수 있다[대판 2010.3.11. 2009도12609].

(3) 행위

퇴거요구를 받고 불응하는 것이다.

① 퇴거불응은 신체가 주거에서 나아가지 아니함을 의미한다(판례).

> **판례 | 퇴거불응죄에서 퇴거불응의 의미**
>
> 주거침입죄와 퇴거불응죄는 모두 사실상의 주거의 평온을 그 보호법익으로 하고, 주거침입죄에서의 침입이 신체적 침해로서 행위자의 신체가 주거에 들어가야 함을 의미하는 것과 마찬가지로 퇴거불응죄의 퇴거 역시 행위자의 신체가 주거에서 나감을 의미하므로, 정당한 퇴거요구를 받고 건물에서 나가면서 가재도구 등을 남겨둔 경우 퇴거불응죄를 구성하지 않는다고 한 사례[대판 2007.11.15. 2007도6990]. [20 경찰채용]*

② 퇴거요구는 1회로도 족하며, 반드시 명시적일 것을 요하지 않는다.

③ 퇴거요구를 받고 응하지 않음으로써 즉시 기수가 된다(다수설). 따라서 퇴거불응죄의 미수는 처벌규정에도 불구하고 사실상 성립할 여지가 없다(다수설).

④ 주거침입죄를 계속범으로 보면 불법하게 주거에 침입한 자가 퇴거요구를 받고 불응한 것은 주거침입의 계속에 해당할 뿐 퇴거불응죄가 별도로 성립하지 아니한다.

> **판례 | 퇴거불응죄가 성립하는 경우**
>
> 1. 피고인이 예배의 목적이 아니라 교회의 예배를 방해하여 교회의 평온을 해할 목적으로 교회에 출입하는 것이 판명되어 위 교회 건물의 관리주체라고 할 수 있는 교회 당회에서 피고인에 대한 교회출입금지의결을 하고, 이에 따라 위 교회의 관리인이 피고인에게 퇴거를 요구한 경우 피고인의 교회출입을 막으려는 위 교회의 의사는 명백히 나타난 것이기 때문에 이에 기하여 퇴거요구를 한 것은 정당하고 이에 불응하여 퇴거를 하지 아니한 행위는 퇴거불응죄에 해당한다[대판 1992.4.28. 91도2309].
> 2. **(직장폐쇄가 적법한 경우임에도 퇴거를 불응한 경우: 퇴거불응죄 성립)** 근로자들의 직장점거가 개시 당시 적법한 것이었다 하더라도 … 적법히 직장폐쇄를 단행한 사용자로부터 퇴거요구를 받고도 불응한 채 직장점거를 계속한 행위는 퇴거불응죄를 구성한다[대판 1991.8.13. 91도1324].
>
> 비교판례 **(직장폐쇄가 적법하지 아니한 경우에 퇴거를 불응한 경우: 퇴거불응죄 불성립)** i) 사용자의 직장폐쇄는 노사간의 교섭태도, 경과, 근로자측 쟁의행위의 태양, 그로 인하여 사용자측이 받는 타격의 정도 등에 관한 구체적 사정에 비추어 형평상 근로자측의 쟁의행위에 대한 대항·방위 수단으로서 상당성이 인정되는 경우에 한하여 정당한 쟁의행위로 평가받을 수 있는 것이고, 사용자의 직장폐쇄가 정당한 쟁의행위로 인정되지 아니하는 때에는 적법한 쟁의행위로서 사업장을 점거 중인 근로자들이 직장폐쇄를 단행한 사용자로부터 퇴거 요구를 받고 이에 불응한 채 직장점거를 계속하더라도 퇴거불응죄가 성립하지 아니한다[대판 2007.3.29. 2006도9307].
> ii) 사용자측의 노사간 교섭에 소극적인 태도, 노동조합의 파업이 노사간 교섭력의 균형과 사용자측 업무수행에 미치는 영향 등에 비추어 노동조합이 파업을 시작한 지 불과 4시간 만에 사용자가 바로 직장폐쇄 조치를 취한 것은 정당한 쟁의행위로 인정되지 아니하므로, 사용자측 시설을 정당하게 점거한 조합원들이 사용자로부터 퇴거요구를 받고 이에 불응하였더라도 퇴거불응죄가 성립하지 아니한다[대판 2007.12.28. 2007도5204]. [18 경간부]*

3. **(숙박계약이 종료됨에 따라 고객이 숙박업소의 관리자 등으로부터 퇴거요구를 받은 경우: 퇴거불응죄 성립 가능)** 형법 제319조 제2항의 퇴거불응죄는 주거나 건조물·방실 등의 사실상 주거의 평온을 보호법익으로 하는 것으로, 거주자나 관리자·점유자로부터 주거나 건조물·방실 등에서 퇴거요구를 받고도 응하지 아니하면 성립하는데, 이때 주거 등에 관하여 거주·관리·점유할 법률상 정당한 권한을 가지고 있어야만 거주자나 관리자·점유자가 될 수 있는 것은 아니다. 이는 숙박업자가 고객에게 객실을 제공하여 일시적으로 이를 사용할 수 있도록 하고 고객으로부터 사용에 따른 대가를 지급받는 숙박계약이 종료됨에 따라 고객이 숙박업소의 관리자 등으로부터 퇴거요구를 받은 경우에도 원칙적으로 같다. 다만 숙박계약에서 숙박업자는 통상적인 임대차계약과는 달리 다수의 고객에게 반복적으로 객실을 제공하여 영업을 영위하고, 객실이라는 공간 외에도 객실 안의 시설이나 서비스를 함께 제공하여 객실 제공 이후에도 필요한 경우 객실에 출입하기도 하며, 사전에 고객과 사이에 대실기간을 단기간으로 정하여 대실기간 경과 후에는 고객의 퇴실 및 새로운 고객을 위한 객실 정비를 예정한다. 이와 같은 숙박계약의 특수성을 고려하면, 고객이 개별 객실을 점유하고 있더라도 숙박업소 및 객실의 구조 및 성격, 고객이 개별 객실을 점유하게 된 경위 및 점유 기간, 퇴실시간의 경과 여부, 숙박업자의 관리 정도, 고객에 대한 퇴거요구의 사유 등에 비추어 오히려 고객의 개별 객실에 대한 점유가 숙박업자의 전체 숙박업소에 대한 사실상 주거의 평온을 침해하는 것으로 평가할 수 있는 특별한 사정이 있는 경우에는 숙박업자가 고객에게 적법하게 퇴거요구를 하였음에도 고객이 응하지 않을 때 퇴거불응죄가 성립할 수 있다[대판 2023.12.14. 2023도9350].

[사실관계] 피고인은 2022.9.20. 16:00경 피해자 공소외인이 운영하는 모텔(이하 '이 사건 모텔'이라 한다) 301호실(이하 '이 사건 객실'이라 한다)에 투숙하면서 선불로 1일 숙박요금 4만 원을 지급하였다. 입실 시 약속한 퇴실시간은 이튿날 오후 12시였다. 이 사건 모텔은 3층 건물로 1층 입구를 통해 들어가 안내실에서 계산을 한 후 복도 등을 통하여 배정된 객실로 들어가는 구조로, 이 사건 객실 외에도 다른 객실이 다수 존재하였다. 피고인은 투숙일 다음 날인 2022.9.21. 이 사건 객실에서 소란을 피웠고, 피해자는 다른 객실 투숙객으로부터 항의를 받게 되자 같은 날 11:11경 투숙객이 시비를 한다는 내용으로 112에 신고를 하고, 피고인에게도 퇴실시간이 12:00임을 알렸다. 경찰관들이 11:14경 이 사건 모텔에 출동하였고, 피해자는 12:00경 출동한 경찰관들과 함께 다시 피고인에게 퇴실시간이 되었음을 이유로 이 사건 객실에서 퇴실할 것을 요구하였으나, 피고인은 '여기는 범죄현장이다. 국과수를 불러달라. 내가 피해자인데 내가 왜 나가냐? 니들이 경찰이냐?'라고 말하는 등 횡설수설하면서 이 사건 객실에서 나가지 않았다. 경찰관들은 같은 날 14:50경 피고인을 퇴거불응죄의 현행범으로 체포하였다.

판례해설 피고인은 다수의 객실이 존재하는 숙박업소에서 퇴실시간이 정해진 단기간 숙박을 예정하여 그에 따른 대금만을 지불하였고, 퇴거요구를 받기 전까지 이 사건 객실을 점유한 시간은 채 하루에 이르지 않는다. 게다가 피고인은 소란을 피워 피해자로 하여금 다른 손님들로부터 항의를 받도록 하였다. 이 사건 모텔 전부를 관리하는 피해자로서는 객실 관리의 필요성이 매우 컸다. 이에 경찰이 출동하였고 피해자로부터 퇴거요구를 받고 퇴거 준비를 위한 충분한 시간이 경과하였다. 이러한 사실관계에 의하여 인정할 수 있는 사정들을 앞서 본 법리에 비추어 살펴보면, 피고인이 피해자의 퇴거요청에도 불구하고 퇴실시간으로부터 상당한 시간이 지나도록 퇴거하지 않아 퇴거불응죄가 성립한다고 봄이 타당하다.

Ⅳ 특수주거침입죄

제320조(특수주거침입) 단체 또는 다중의 위력을 보이거나 위험한 물건을 휴대하여 전조의 죄(주거침입죄, 퇴거불응죄)를 범한 때에는 5년 이하의 징역에 처한다. [23 경간부]*

제322조(미수범) 미수범은 처벌한다.

판례 | 특수주거침입죄에서의 흉기휴대 여부의 판단기준(침입자가 휴대할 것을 요함)

특수주거침입죄는 위험한 물건을 휴대하여 타인의 주거나 건조물 등에 침입함으로써 성립하는 범죄이므로, 수인이 흉기를 휴대하여 타인의 건조물에 침입하기로 공모한 후 그 중 일부는 밖에서 망을 보고 나머지 일부만이 건조물 안으로 들어갔을 경우에 있어서 특수주거침입죄의 구성요건이 충족되었다고 볼 수 있는지의 여부는 직접 건조물에 들어간 범인을 기준으로 하여 그 범인이 위험한 물건을 휴대하였다고 볼 수 있느냐의 여부에 따라 결정되어야 한다[대판 1994.10.11. 94도1991].

V 주거 · 신체수색죄

제321조(주거 · 신체수색) 사람의 신체, 주거, 관리하는 건조물, 자동차, 선박이나 항공기 또는 점유하는 방실을 수색한 자는 3년 이하의 징역에 처한다.

제322조(미수범) 미수범은 처벌한다.

① 적법한 근거 없이 주거에 침입하여 수색한 때에는 본죄와 주거침입죄의 실체적 경합이 된다.

② 절도 · 강도 등의 목적으로 재물을 수색한 경우에 수색은 절도죄 · 강도죄에 흡수된다(불가벌적 수반행위).

판례 | 방실수색죄가 성립하는 경우

회사측이 회사 운영을 부실하게 하여 소수주주들에게 손해를 입게 하였다고 하더라도 위와 같은 사정만으로 주주총회에 참석한 주주가 강제로 사무실을 뒤져 회계장부를 찾아내는 것이 사회통념상 용인되는 정당행위로 되는 것은 아니다[대판 2001.9.7. 2001도2917]. [16 법원9급, 16 국가9급]*

제5장 재산에 대한 죄

제1절 재산죄의 기본개념

출제 POINT

재물의 개념, 점유의 의의와 요건, 불법영득의사 부분은 아무리 중요성을 강조해도 지나치지 않은 부분이다. 친족상도례는 그 적용요건 및 장물죄에서의 변형적용에 대하여 알아두어야 한다. 친족상도례의 적용 여부에 관한 판례 및 친족상도례가 적용되지 않는 범죄에 대하여도 자주 출제가 되고 있다.

I 재산죄의 분류

구분	내용	해당 범죄
객체	재물죄	절도죄, 횡령죄, 장물죄, 손괴죄
	이득죄	배임죄, 컴퓨터등사용사기죄
	재물죄 + 이득죄	강도죄, 사기죄, 공갈죄
영득의사 요부	영득죄 (불법영득의사 필요)	절도죄, 강도죄, 사기죄, 공갈죄, 횡령죄 (장물죄: 학설 대립)
	비영득죄(불법영득의사 불요)	손괴죄
침해방법	탈취죄(소유자의 의사에 반하여 재물을 영득하는 죄)	절도죄, 강도죄, 횡령죄, 장물죄
	편취죄 (소유자의 하자 있는 의사표시에 기하여 재물을 영득하는 죄)	사기죄, 공갈죄
보호법익	소유권	절도죄, 횡령죄, 장물죄, 손괴죄
	전체로서의 재산권	강도죄, 사기죄, 공갈죄, 배임죄
	소유권 이외의 물권과 채권	권리행사방해죄

Ⅱ 재산죄의 객체

1. 재물

> **제346조(동력)** 본장의 죄(절도와 강도의 죄)에 있어서 관리할 수 있는 동력은 재물로 간주한다. [20 법원행시]*

(1) 재물의 개념

판례 | 관리의 의미(사무적 관리가 아니라 물리적 관리를 의미)

횡령죄에 있어서의 재물은 동산, 부동산의 유체물에 한정되지 아니하고 관리할 수 있는 동력도 재물로 간주되지만, 여기에서 말하는 관리란 물리적 또는 물질적 관리를 가리킨다고 볼 것이고, 재물과 재산상 이익을 구별하고 횡령과 배임을 별개의 죄로 규정한 현행 형법의 규정에 비추어 볼 때 사무적으로 관리가 가능한 채권이나 그 밖의 권리 등은 재물에 포함된다고 해석할 수 없다[대판 1994.3.8. 93도2272].

판례 | 정보 = 재물 X, 정보의 복사나 출력행위 = 절도죄 X

[1] 절도죄의 객체는 관리가능한 동력을 포함한 '재물'에 한한다 할 것이고, 또 절도죄가 성립하기 위해서는 그 재물의 소유자 기타 점유자의 점유 내지 이용가능성을 배제하고 이를 자신의 점유하에 배타적으로 이전하는 행위가 있어야만 할 것인바, 컴퓨터에 저장되어 있는 '정보' 그 자체는 유체물이라고 볼 수도 없고, 물질성을 가진 동력도 아니므로 재물이 될 수 없다 할 것이며, 또 이를 복사하거나 출력하였다 할지라도 그 정보 자체가 감소하거나 피해자의 점유 및 이용가능성을 감소시키는 것이 아니므로 그 복사나 출력 행위를 가지고 절도죄를 구성한다고 볼 수도 없다. [20 변호사, 18 국가9급, 17 변호사, 16 법원9급]*
[2] 피고인이 컴퓨터에 저장된 정보를 출력하여 생성한 문서는 피해 회사의 업무를 위하여 생성되어 피해 회사에 의하여 보관되고 있던 문서가 아니라, 피고인이 가지고 갈 목적으로 피해 회사의 업무와 관계없이 새로이 생성시킨 문서라 할 것이므로, 이는 피해 회사 소유의 문서라고 볼 수는 없다 할 것이어서, 이를 가지고 간 행위를 들어 피해 회사 소유의 문서를 절취한 것으로 볼 수는 없다[대판 2002.7.12. 2002도745].

판례 | 복사하여 정보를 빼내간 경우 = 절도죄 X

회사 직원이 업무와 관련하여 다른 사람이 작성한 회사의 문서를 복사기를 이용하여 복사를 한 후 원본은 제자리에 갖다 놓고 그 사본만 가져간 경우, 그 회사 소유의 문서의 사본을 절취한 것으로 볼 수는 없다[대판 1996.8.23. 95도192].

비교판례 **(복사본 자체는 재물에 해당함)** 원주주명부를 복사하여 놓은 복사본은 피해자 회사에 있어서는 소유권의 대상이라 할 수 있는 주관적 가치뿐만 아니라 그 경제적 가치도 있다 할 것이어서, 절도죄의 객체가 되는 재물에 해당한다[대판 2004.10.28. 2004도5183].

판례 | 전화기의 무단사용에 의한 무형적인 이익의 취득 = 절도죄 X

타인의 전화기를 무단으로 사용하여 전화통화를 하는 행위는 … 전기통신사업자에 의하여 가능하게 된 전화기의 음향송수신 기능을 부당하게 이용하는 것으로, 이러한 내용의 역무는 무형적인 이익에 불과하고 물리적 관리의 대상이 될 수 없어 재물이 아니라고 할 것이므로 절도죄의 객체가 되지 아니한다[대판 1998.6.23. 98도700].

판례 | 도전(盜電)행위 = 절도죄 ○

피고인이 정식 인가도 없이 남전회사 공작물인 저압간선(100볼트) 중간 2개소의 복피를 박탈하고 이에 전선을 접선시켜 피고인 점포 2층에 전등장치를 하고 3개월간 전등 2개를 무단사용한 경우에는 절도죄가 성립한다[대판 1958.10.31. 4291형상361].

판례 | 주관적 가치가 있는 물건 = 재물 ○

1. **(백지의 자동차출고의뢰서 용지 = 재물 ○)** 재산죄의 객체인 재물은 반드시 객관적인 금전적 교환가치를 가질 필요는 없고 소유자 · 점유자가 주관적인 가치를 가지고 있음으로써 족하다고 할 것이고, 이 경우 주관적 · 경제적 가치의 유무를 판별함에 있어서는 그것이 타인에 의하여 이용되지 않는다고 하는 소극적 관계에 있어서 그 가치가 성립하더라도 관계없다 할 것이므로, 피고인이 절취한 백지의 자동차출고의뢰서 용지도 그것이 어떠한 권리도 표창하고 있지 않다 하더라도 경제적 가치가 없다고는 할 수 없어 이는 절도죄의 객체가 되는 재물에 해당한다[대판 1996.5.10. 95도307].

   동지판례 피고인이 근무하던 회사를 퇴사하면서 가져간 서류가 이미 공개된 기술내용에 관한 것이고 외국회사에서 선전용으로 무료로 배부해 주는 것이며 동 회사연구실 직원들이 사본하여 사물처럼 사용하던 것이라도 연구실 직원들의 업무수행을 위하여 필요한 경우에만 사용이 허용된 것이라면 위 서류들은 위 회사에 있어서는 소유권의 대상으로 할 수 있는 주관적 가치뿐만 아니라 그 경제적 가치도 있는 것으로 재물에 해당한다[대판 1986.9.23. 86도1205].

2. **(발행자가 회수하여 세 조각으로 찢어버린 약속어음)** 발행자가 회수하여 세 조각으로 찢어버림으로서 폐지로 되어 쓸모없는 것처럼 보이는 약속어음의 소지를 침해하여 가져갔다면 절도죄가 성립한다[대판 1976.1.27. 74도3442]. [16 경찰승진]*

판례 | 재물성이 인정되는 경우

1. 주권포기각서[대판 1996.9.10. 95도2747], 주민등록증[대판 1971.10.19. 70도1399]
2. 폐지로서 소각할 예정인 도시계획구조변경계획서[대판 1981.3.24. 80도2902]
3. 법원으로부터 송달된 심문기일소환장[대판 2000.2.25. 99도5775]
4. 사실상 퇴사하면서 회사의 승낙 없이 가지고 간 부동산매매계약서 사본들[대판 2007.8.23. 2007도2595] [18 경찰승진]*

(2) 부동산의 재물성

① 사기죄 · 공갈죄 및 횡령죄의 객체인 재물에 부동산이 포함된다는 점에는 이론이 없으나, 부동산이 절도죄의 객체가 될 수 있느냐가 문제된다.

② '절취'는 점유의 이전을 개념요소로 하는데, 부동산은 가동성이 없으므로 점유이전이 불가능하여 그 대상이 될 수 없기 때문에 절도죄의 객체인 재물이 될 수 없다(다수설). 다만 정착물이 토지에서 분리되거나, 건물의 일부가 건물에서 떨어진 때에는 가동물건으로서 절도죄의 객체가 될 수 있다.

(3) 금제품의 재물성

금제품이란 소유 또는 소지가 금지되어 있는 물건을 말한다.

판례 | 금제품(위조된 유가증권) = 재물 ○

유가증권도 그것이 정상적으로 발행된 것은 물론 비록 작성권한 없는 자에 의하여 위조된 것이라고 하더라도 절차에 따라 몰수되기까지는 그 소지자의 점유를 보호하여야 한다는 점에서 형법상 재물로서 절도죄의 객체가 된다[대판 1998.11.24. 98도2967]. [23 경간부]*

2. 재산상 이익

(1) 의의

재산상 이익이란 재물 이외의 일체의 재산적 가치 있는 이익을 말한다.

(2) 재산상 이익의 범위

판례 | 매음료 면탈 = 재산상 이익의 취득 ○

일반적으로 부녀와의 성행위 자체는 경제적으로 평가할 수 없고, 부녀가 상대방으로부터 금품이나 재산상 이익을 받을 것을 약속하고 성행위를 하는 약속 자체는 선량한 풍속 기타 사회질서에 위반한 사항을 내용으로 하는 법률행위로서 무효이나, 사기죄의 객체가 되는 재산상 이익이 반드시 사법상 보호되는 경제적 이익만을 의미하지 아니하고, 부녀가 금품 등을 받을 것을 전제로 성행위를 하는 경우 그 행위의 대가는 사기죄의 객체인 경제적 이익에 해당하므로, 부녀를 기망하여 성행위 대가의 지급을 면하는 경우 사기죄가 성립한다[대판 2001.10.23. 2001도2991]. [20 변호사, 17 경간부]*

판례 | 재산상 이익의 취득의 요건(사법상 유효함을 요하지 않음)

[1] 형법 제333조 후단의 강도죄(이른바 강제이득죄)의 요건이 되는 재산상 이익이란 재물 이외의 재산상의 이익을 말하는 것으로서 그 재산상의 이익은 반드시 사법상 유효한 재산상의 이득만을 의미하는 것이 아니고 외견상 재산상의 이득을 얻을 것이라고 인정할 수 있는 사실관계만 있으면 여기에 해당한다. [17 법원행시]*

[2] **(허위로 서명한 매출전표를 강취한 경우 재산상 이익을 취득한 것임)** 피고인들이 폭행·협박으로 피해자로 하여금 매출전표에 서명을 하게 한 다음 이를 교부받아 소지함으로써 이미 외관상 각 매출전표를 제출하여 신용카드회사들로부터 그 금액을 지급받을 수 있는 상태가 되었는바, 피해자가 각 매출전표에 허위 서명한 탓으로 피고인들이 신용카드회사들에게 각 매출전표를 제출하여도 신용카드회사들이 신용카드 가맹점 규약 또는 약관의 규정을 들어 그 금액의 지급을 거절할 가능성이 있다 하더라도 그로 인하여 피고인들이 각 매출전표상의 금액을 지급받을 가능성이 있는 상태이므로 결국 피고인들이 "재산상 이익"을 취득하였다고 볼 수 있다[대판 1997.2.25. 96도3411].

동지판례 형법 제347조의 재산상 이익처분은 그 재산상의 이익을 법률상 유효하게 취득함을 필요로 하지 아니하고 그 이익 취득이 법률상 무효라고 하여도 외형상 취득한 것이면 충분하므로 피전부채권이 법률상으로 유효하지 않고 전부명령이 효력을 발생할 수 없다고 하여도 피전부채권이나 전부명령이 외형상 존재하는 한 재산상 이익취득으로 보아 사기죄로 인정할 수 있다[대판 2015.2.12. 2014도10086].

Ⅲ 형법상의 점유

1. 점유의 의의

형법상의 점유란 사실상의 재물지배를 의미한다.

판례 | 점유보조자의 점유(사실상 지배력이 인정되는 경우 보관자 ○)

민법상의 점유보조자라고 할지라도 그 물건에 대하여 사실상 지배력을 행사하는 경우에는 형법상 보관의 주체로 볼 수 있는 것이다[대판 1982.3.9. 81도3396].

판례 | 상속에 의한 점유(부정)

[1] 절도죄란 재물에 대한 타인의 점유를 침해함으로써 성립하는 것이다. 여기서의 '점유'라고 함은 현실적으로 어떠한 재물을 지배하는 순수한 사실상의 관계를 말하는 것으로서, 민법상의 점유와 반드시 일치하는 것이 아니다. 물론 이러한 현실적 지배라고 하여도 점유자가 반드시 직접 소지하거나 항상 감수(監守)하여야 하는 것은 아니고, 재물을 사실상으로 지배하는지 여부는 재물의 크기 · 형상, 그 개성의 유무, 점유자와 재물과의 시간적 · 장소적 관계 등을 종합하여 사회통념에 비추어 결정되어야 한다. 그렇게 보면 종전 점유자의 점유가 그의 사망으로 인한 상속에 의하여 당연히 그 상속인에게 이전된다는 민법 제193조는 절도죄의 요건으로서의 '타인의 점유'와 관련하여서는 적용의 여지가 없고, 재물을 점유하는 소유자로부터 이를 상속받아 그 소유권을 취득하였다고 하더라도 상속인이 그 재물에 관하여 위에서 본 의미에서의 사실상의 지배를 가지게 되어야만 이를 점유하는 것으로서 그때부터 비로소 상속인에 대한 절도죄가 성립할 수 있다. [20 경찰채용, 19 경간부, 19 경찰채용, 16 법원행시]*

[2] 피고인이 내연관계에 있는 甲과 아파트에서 동거하다가, 甲의 사망으로 甲의 상속인인 乙 및 丙 소유에 속하게 된 부동산 등기권리증 등 서류들이 들어 있는 가방을 위 아파트에서 가지고 간 경우라고 하더라도, 피고인이 甲의 사망 전부터 아파트에서 甲과 함께 거주하였고, 甲의 자식인 乙 및 丙은 위 아파트에서 전혀 거주한 일이 없이 다른 곳에서 거주 · 생활하다가 甲의 사망으로 아파트 등의 소유권을 상속하였으나, 乙 및 丙이 甲 사망 후 피고인이 가방을 가지고 가기까지 그들의 소유권 등에 기하여 아파트 또는 그곳에 있던 가방의 인도 등을 요구한 일이 전혀 없다면, 피고인이 가방을 들고 나온 시점에 乙 및 丙이 아파트에 있던 가방을 사실상 지배하여 점유하고 있었다고 볼 수 없어 피고인의 행위는 乙 등의 가방에 대한 점유를 침해하여 절도죄를 구성한다고 할 수 없다[대판 2012.4.26. 2010도6334]. [19 경찰승진]*

2. 점유의 기능

(1) 보호의 객체로서의 점유

점유가 보호법익이 되기 때문에 적법한 점유일 것을 요한다(예 권리행사방해죄의 점유).

(2) 행위의 주체로서의 점유

점유가 신분요소로서의 기능을 갖는 경우를 말한다(예 횡령죄의 점유).

(3) 행위의 대상으로서의 점유

탈취죄의 점유와 같이 행위의 객체가 되는 점유를 말한다(예 절도죄의 점유).

3. 점유의 요건(행위의 객체로서의 점유의 요건)

요소	의미	사례
객관적 · 물리적 요소 (사실상의 재물지배)	재물에 대한 장소적 · 시간적 작용가능성	① 손에 쥐고 있는 물건 ② 주머니 속에 있는 물건 ③ 자기의 집 또는 공장이나 가게에 있는 물건
	사실상 처분가능성	점유는 재물에 대한 지배가 적법할 것을 요하지 아니하므로 불법한 점유이더라도 사회통념상 사실상 평온한 점유가 설정되었다고 판단되면 점유로 인정된다. 따라서 절도범도 절취한 장물에 대한 점유가 인정된다.
주관적 · 정신적 요소 (지배의사)	사실상의 지배의사 내지 처분의사	① 정신병자도 점유가 인정된다. ② 법인은 점유의사가 없으므로 법인의 점유는 인정되지 않는다.
	일반적 지배의사	① 점유의사가 일정한 범위에 미치는 이상 그 범위에 있는 재물에 대해서는 일반적 지배의사가 인정된다. ② 자신의 가게 안에서 잃어버린 반지(주인의 점유) ③ 여관에서 분실한 물건(여관주인의 점유) ④ 문 앞에 배달된 신문(주인의 점유)
	잠재적 지배의사	① 점유의사는 현실적 의사임을 요하지 않으며 잠재적 의사로 족하다. ② 수면자 · 의식상실자도 점유가 인정된다.
사회적 · 규범적 요소	확대되는 경우	농토에 두고 온 농기구, 방목하는 가축, 아파트 주차장에 주차해둔 승용차, 회귀성이 있는 가축(닭이나 개)
	축소되는 경우	음식점에서 손님이 가지고 있는 식기의 점유는 음식점 주인에게 있다.

판례 | 타인의 점유성이 부정된 경우 = 절도죄 X

1. 임차인이 임대계약 종료 후 식당건물에서 퇴거하면서 종전부터 사용하던 냉장고의 전원을 켜 둔 채 그대로 두었다가 약 1개월 후 철거해 가는 바람에 그 기간 동안 전기가 소비된 사안에서, 임차인이 퇴거 후에도 냉장고에 관한 점유 · 관리를 그대로 보유하고 있었다고 보아야 하므로, 냉장고를 통하여 전기를 계속 사용하였다고 하더라도 이는 당초부터 자기의 점유 · 관리하에 있던 전기를 사용한 것일 뿐 타인의 점유 · 관리하에 있던 전기가 아니어서 절도죄가 성립하지 않는다고 한 사례[대판 2008.7.10. 2008도3252]. [20 경간부, 20 경찰채용, 19 경찰채용, 18 국가9급]*

   동지판례 A는 강제경매 절차에서 甲 소유이던 토지 및 그 지상 건물을 매수한 후 법원으로부터 인도명령을 받아 인도집행을 하였다. 그런데 甲은 인도명령의 집행이 이루어지기 전까지 건물 외벽에 설치된 전기코드에 선을 연결하여 甲이 점유하며 창고로 사용 중인 컨테이너로 전기를 공급받아 사용하였다. 이 경우 甲은 인도명령의 집행이 이루어지기 전까지는 당초부터 甲이 점유 · 관리하던 전기를 사용한 것에 불과할 뿐 타인이 점유 · 관리하던 전기를 사용한 것이라고 할 수 없고, 피고인에게 절도의 범의도 인정할 수 없다[대판 2016.12.15. 2016도15492].

2. 상사와의 의견 충돌 끝에 항의의 표시로 사표를 제출한 다음 평소 피고인이 전적으로 보관, 관리해 오던 이른바 비자금 관계 서류 및 금품이 든 가방을 들고 나온 경우, 불법영득의 의사가 있다고 할 수 없을 뿐만 아니라, 그 서류 및 금품이 타인의 점유하에 있던 물건이라고도 볼 수 없다[대판 1995.9.5. 94도3033].66) [20 경간부]*

3. 육군 사병인 피고인이 소속 대대 위병소 앞 탄약고 출입문 서북방 20m 떨어진 언덕 위 소로에서 더덕을 찾기 위하여 나무막대로 땅을 파다가 땅속 20cm 깊이에서 탄통 8개를 발견하고 뚜껑을 열어 그 안에 군용물인 탄약이 들어 있음을 확인하고도 이를 지휘관에게 보고하는 등의 절차를 거치지 아니하고 전역일에 이를 가지고 나갈 목적으로 그 자리에 다시 파묻어 은닉한 경우, 그것이 위 부대를 관리하는 대대장의 점유하에 있다거나 피고인이 위 탄통에 대한 타인의 점유를 침탈하여 새로운 점유를 취득한 것이라고 보기 어렵다[대판 1999.11.12. 99도3801].

66) 사표 제출 후에도 피고인은 정상적으로 근무한 경우였다.

4. 자기 논에 물을 품어 넣기 위하여 토지개량조합의 배수로에 토지개량조합규칙에 위배되는 행위로서 특수한 공작물을 설치하여 자기 논에 물을 저수하였다 하여도 그 물이 물을 막은 사람의 사실상이나 법률상 지배하는 것이 되지 못한다고 인정되므로 그 물은 절도죄의 객체가 되지 못한다[대판 1964.6.23. 64도209].

판례 | 타인의 점유가 인정되는 경우

1. **(강간의 피해현장에 피해자가 두고간 물건)** 강간을 당한 피해자가 도피하면서 현장에 두고 간 손가방은 사회통념상 피해자의 지배하에 있는 물건이라고 보아야 하므로 피고인이 그 손가방 안에 들어 있는 피해자 소유의 돈을 꺼낸 행위는 절도죄에 해당한다[대판 1984.2.28. 84도38]. [22 경간부, 21 법원9급]*
2. **(당구장 내의 유실물)** 어떤 물건을 잃어버린 장소가 당구장과 같이 타인의 관리 아래 있을 때에는 그 물건은 일응 그 관리자의 점유에 속한다 할 것이고, 이를 그 관리자가 아닌 제3자가 취거하는 것은 유실물횡령이 아니라 절도죄에 해당한다[대판 1988.4.25. 88도409].
3. **(PC방 내의 유실물)** 피해자가 피씨방에 두고 간 핸드폰은 피씨방 관리자의 점유하에 있어서 제3자가 이를 취한 행위는 절도죄를 구성한다[대판 2007.3.15. 2006도9338]. [20 국가9급]*
4. **(기절한 자의 물건)** 설사 피해자가 졸도하여 의식을 상실한 경우에도 현장에 일실된 피해자의 물건은 자연히 그 지배하에 있는 것으로 보아야 할 것이다[대판 1956.8.17. 4289형상170].

판례 | 점유이탈물에 해당하는 경우

1. **(고속버스 승객이 두고 내린 물건)** 고속버스 운전사는 고속버스의 관수자로서 차내에 있는 승객의 물건을 점유하는 것이 아니라 승객이 잊고 내린 유실물을 교부받을 권능을 가질 뿐이므로 유실물을 현실적으로 발견하지 않는 한 이에 대한 점유를 개시하였다고 할 수 없고, 그 사이에 다른 승객이 유실물을 발견하고 이를 가져갔다면 절도에 해당하지 아니하고 점유이탈물횡령죄에 해당한다[대판 1993.3.16. 92도3170]. [22 경간부, 19 경찰채용, 18 법원행시]*
2. **(승객이 놓고 내린 지하철 전동차 바닥이나 선반 위에 있던 물건)** 승객이 놓고 내린 지하철의 전동차 바닥이나 선반 위에 있던 물건을 가지고 간 경우, 지하철의 승무원은 유실물법상 전동차의 관수자로서 승객이 잊고 내린 유실물을 교부받을 권능을 가질 뿐 전동차 안에 있는 승객의 물건을 점유한다고 할 수 없고, 그 유실물을 현실적으로 발견하지 않는 한 이에 대한 점유를 개시하였다고 할 수도 없으므로, 그 사이에 위와 같은 유실물을 발견하고 가져간 행위는 점유이탈물횡령죄에 해당함은 별론으로 하고 절도죄에 해당하지는 않는다[대판 1999.11.26. 99도3963].

4. 점유의 주체

(1) 자연인과 법인

① 자연인은 의사능력 · 책임능력의 유무를 불문하고 점유의 주체가 된다.

② 법인은 점유의사를 인정할 수 없으므로 점유의 주체가 될 수 없다.

(2) 사자의 점유

① 탈취의사로 사람을 살해한 후 피해자의 재물을 영득한 경우: 강도살인죄가 성립한다.

② 살해 후 영득의사가 생겨 피해자의 재물을 영득한 경우

판례 | 사자의 생전점유 인정

피해자를 살해한 방에서 사망한 피해자 곁에 4시간 30분쯤 있다가 그곳 피해자의 자취방 벽에 걸려 있던 피해자가 소지하는 물건들을 영득의 의사로 가지고 나온 경우 피해자가 생전에 가진 점유는 사망 후에도 여전히 계속되는 것으로 보아야 한다[대판 1993.9.28. 93도2143]. ※ 피고인에게 절도죄가 성립한다. [23 경간부, 20 국가9급, 17 변호사]*

③ 피해자의 사망과 무관한 자가 사자의 휴대품을 영득한 경우: 점유이탈물횡령죄가 성립한다(통설).

5. 타인의 점유

(1) 점유의 타인성

① 절도죄 · 강도죄 · 사기죄 · 공갈죄의 객체는 타인이 점유하는 재물이다. 자기점유의 재물에 대해서는 횡령죄, 타인의 점유를 이탈한 재물에 대해서는 점유이탈물횡령죄가 성립한다.

② 타인의 점유란 그 재물이 행위자의 단독점유에 속하지 않는 것을 말한다. 여기에는 타인의 단독점유와 타인과 행위자의 공동점유가 포함된다.

(2) 공동점유

판례 | 타인의 점유가 인정되는 경우

1. **(부부가 공동보관 중인 물건의 점유)** 인장이 들은 돈궤짝을 사실상 별개 가옥에 별거 중인 남편이 그 거주가옥에 보관중이었다면 처가 그 돈궤짝의 열쇠를 소지하고 있었다고 하더라도 그 안에 들은 인장은 처의 단독보관하에 있는 것이 아니라 남편과 공동보관 중에 있다고 보아야 할 것이므로, 공동보관자 중의 1인인 처가 다른 보관자인 남편의 동의 없이 불법영득의 의사로 위 인장을 취거한 이상 절도죄를 구성한다[대판 1984.1.31. 83도3027].
2. **(공동점유에 속하는 합유물의 점유)** 조합원의 1인이 조합원의 공동점유에 속하는 합유의 물건을 다른 조합원의 승낙 없이 조합원의 점유를 배제하고 단독으로 자신의 지배하에 옮긴다는 인식이 있었다면 절도죄에 있어서 불법영득의 의사가 있었다고 볼 것이다[대판 1982.12.28. 82도2058]. [22 경간부, 21 법원9급]*
3. **(교회가 분열된 후 분열되기 전의 교회의 재산에 대한 점유: 총유)** 하나의 교회가 두 개 이상으로 분열된 경우 그 재산의 처분에 관하여 교회 장정 등에 규정이 없는 한 분열 당시 교인들의 총의에 따라 그 귀속을 정하여야 하고 그와 같은 절차 없이 위 재산에 대하여 다른 교파의 점유를 배제하고 자기 교파만의 지배에 옮긴다는 인식 아래 이를 가지고 갔다면 절도죄를 구성한다[대판 1998.7.10. 98도126].

판례 | 절도죄가 아니라 횡령죄가 성립하는 경우(자기의 점유가 인정되는 경우)

1. **(위임을 받은 점유보조자의 점유)** 피해자는 당일 피고인에게 금고 열쇠와 오토바이 열쇠를 맡기고 금고 안의 돈은 배달될 가스대금으로 지급할 것을 지시하고 외출하였던바, 피고인은 혼자서 점포를 지키다가 금고 안에서 현금을 꺼내어 오토바이를 타고 도주하였다면 피고인은 점원으로서는 평소는 점포주인인 위 피해자의 점유를 보조하는 자에 지나지 않으나 위 범행 당시는 위 피해자의 위탁을 받아 금고 안의 현금과 오토바이를 사실상 지배하에 두고 보관한 것이라고 보겠으니 피고인의 위 범행은 자기의 보관하에 있는 타인의 재물을 영득한 것으로서 횡령죄에 해당한다[대판 1982.3.9. 81도3396]. [20 국가9급, 20 경찰채용]*
   유사판례 피해자가 그 소유의 오토바이를 타고 심부름을 다녀오라고 하여서 그 오토바이를 타고 가다가 마음이 변하여 이를 반환하지 아니한 채 그대로 타고 가버렸다면 횡령죄를 구성함은 별론으로 하고 적어도 절도죄를 구성하지는 아니한다[대판 1986.8.19. 86도1093].
2. 운수회사 소속의 화물자동차 운전수가 지시에 의하여 커피 3상자를 화물자동차로 운송하던 도중에 자의로 매각 처분한 경우, 피고인은 위 운송 중 본건 커피를 사실상 점유하고 있었다고 할 것이므로 이를 타에 처분 영득한 행위는 횡령죄에 해당한다[대판 1957.10.20. 4290형상281].

3. 피해자가 의류 48장을 매수하여 지게 짐꾼이었던 피고인에게 단독으로 운반해 줄 것을 의뢰한 것이라면 피고인의 그 운반을 위한 위 물건의 소지관계는 피해자의 위탁에 의한 보관관계에 있다고 할 것이므로 이를 영득한 행위를 횡령죄로 의율한 것은 정당하다[대판 1982.12.23. 82도2394]. [16 경찰승진]*

4. 동회의 사환이 동직원으로부터 시청금고에 입금하도록 교부 받은 현금과 예금에서 찾은 돈을 사생활비에 소비한 경우에는 절도죄가 아니라 횡령죄가 성립된다[대판 1968.10.29. 68도1222].

판례 | 횡령죄가 아니라 절도죄가 성립하는 경우(타인의 점유가 인정되는 경우)

1. 피고인이 경리담당직원 甲의 요청으로 甲과 동행하여 은행에 가서 같이 찾은 현금 200여만원 중 50만원을 그의 부탁으로 피고인이 소지하고 피해자와 동행하여 사무실에 당도하여 위 50만원을 피해자에게 교부할 때 그 중 10만원을 현금처럼 가장한 돈뭉치와 바꿔치기 한 경우, 피고인의 운반을 위한 소지는 피고인의 독립적인 소지에 속하는 것이 아니고 피해자 甲의 점유에 속하는 점유의 기관으로서 소지함에 지나지 않으므로 그 소지 중에 있는 돈 10만원을 꺼내어 이를 영득한 행위는 피해자의 점유를 침탈함에 돌아가기 때문에 절도죄가 성립한다[대판 1966.1.31. 65도1178].

2. 피고인들은 열차사무소 취급수로서 합동하여 그들이 승무한 화차 내에서 철도청의 수탁화물 중 이사짐 포장을 풀고 그 속 시계 등을 빼내어 절취하였다는 것인바, 이 운송 중의 화물은 교통부의 기관에 의하여 점유 · 보관되는 것이고 피고인들의 점유 · 보관하에 있는 것이라 볼 수 없으므로 피고인들의 범행은 업무상 횡령이 아니라 특수절도죄에 해당한다[대판 1969.7.8. 69도798].

3. 산지기로서 종중 소유의 분묘를 간수하고 있는 자는 그 분묘에 설치된 석등이나 문관석 등을 점유하고 있다고는 할 수 없으므로 이러한 물건 등을 반출하여 가는 행위는 횡령죄가 아니고 절도죄를 구성한다[대판 1985.3.26. 84도3024]. [18 법원행시]*

(3) 임치된 포장물의 점유

판례 | 보관 중인 정부소유의 가마니 속의 미곡 = 정부의 점유(타인의 점유)

피고인이 보관계약에 의하여 보관 중인 정부소유의 미곡 가마니에서 삭대를 사용하여 약간량씩을 발취한 경우에, 피고인이 발취한 포장함 입내의 보관 중의 정부소유미의 점유는 정부에 있다 할 것이므로 이를 발취한 행위는 절도죄에 해당한다[대판 1956.1.27. 4288형상375].

Ⅳ 불법영득의사

1. 의의

판례 | 판례 = 3요소설(배제, 취득, 경제적 이용)

절도죄의 성립에 필요한 불법영득의 의사라 함은 권리자를 배제하고 타인의 물건을 자기의 소유물과 같이 그 경제적 용법에 따라 이용 · 처분하려는 의사를 말한다[대판 2000.10.13. 2000도3655].

2. 불법영득의사의 요부와 내용

(1) 불법영득의사의 요부

절도죄가 성립하기 위해서는 불법영득의사가 필요하다(판례).

(2) 불법영득의사의 내용

① 소극적 요소: ⅰ) 권리자를 배제한다는 의사는 계속적 · 지속적이어야 한다. ⅱ) 재물을 취거하였으나 바로 반환한 경우 계속적 · 지속적 배제의사가 없어 불법영득의사가 인정되지 않아 절도죄가 성립할 수 없다.

판례 | 재물을 취거하여 사용한 후 바로 반환한 경우(불법영득의사 X, 절도죄 X)

1. 피고인이 피해자의 인감도장을 그의 책상서랍에서 몰래 꺼내어 가서 그것을 차용금증서의 연대보증인란에 찍고 난 후 곧 제자리에 넣어둔 사실만으로는 위 도장에 대한 불법영득의 의사가 있었다고 인정할 수 없다[대판 1987.12.8. 87도1959]. [20 경간부, 16 국가9급]*
2. 피해자의 승낙 없이 혼인신고서를 작성하기 위하여 피해자의 도장을 몰래 꺼내어 사용한 후 곧바로 제자리에 갖다 놓은 경우, 도장에 대한 불법영득의 의사가 있었다고 볼 수 없다[대판 2000.3.28. 2000도493]. [20 법원행시, 18 경찰승진, 17 법원9급]*
3. 피고인이 타인 소유의 버스요금함 서랍 견본 1개를 그에 대한 최초 고안자로서의 권리를 확보하겠다는 생각으로 가지고 나가 변리사에게 의장출원을 의뢰하고 그 도면을 작성한 뒤 당일 이를 원래 있던 곳에 가져다 두었다면 불법영득의사를 인정할 수 없다[대판 1991.6.11. 91도878].

② 적극적 요소: ⅰ) 타인의 재물에 대하여 소유자와 유사한 지위를 취득한다는 의사는 일시적이어도 무방하다. ⅱ) 손괴의 의사로 재물을 취거하거나, 소유자에게 돌려주고 현상금을 받기 위하여 소유자가 분실한 물건을 소지하고 있는 제3자로부터 절취한 경우에는 이러한 적극적 요소가 인정되지 아니하므로 절도죄는 성립할 수 없다.

판례 | 불법영득의사의 적극적 요소인 취득의사가 결여된 경우(절도죄 X)

1. 피고인 등이 소속 중대 M16소총 1정이 부족하자 이를 분실한 줄 알고 그 보충을 위하여 타부대의 소총 1정을 취거하였다면 그 행위는 자기 또는 타인을 위한 영득의사에 의한 행위라고는 할 수 없으므로, 그 행위는 형법 제329조의 절도죄로 처단할 수 없다[대판 1977.6.7. 77도1069].
2. 피고인이 살해된 피해자의 주머니에서 꺼낸 지갑을 살해도구로 이용한 골프채와 옷 등 다른 증거품들과 함께 자신의 차량에 싣고 가다가 쓰레기 소각장에서 태워버린 경우, 이는 살인 범행의 증거를 인멸하기 위한 행위로서 불법영득의 의사가 있었다고 보기 어렵다[대판 2000.10.13. 2000도3655]. [18 국가7급, 17 법원9급]*

판례 | 불법영득의사가 인정되지 않은 경우

1. 내연관계에 있던 여자가 계속 회피하며 만나주지 않자 내연관계를 회복시켜 볼 목적으로 그녀의 물건을 가져와 보관한 후 이를 찾으러 오면 그 때 그 물건을 반환하면서 타일러 다시 내연관계를 지속시킬 생각으로 물건을 가져 왔고 그녀의 가족에게 그 사실을 그녀에게 연락하라고 말하였으며 그 후 이를 보관하고 있으면서 이용 내지 소비하지 아니한 경우 불법영득의 의사가 있다고 할 수 없다[대판 1992.5.12. 92도280]. [17 법원9급]*

   동지판례 부정행위를 한 타인을 꾸짖어 줄 목적으로 그 타인의 소유물건을 가져와 보관하고 있으면 그가 이를 찾으러 올 것이고 그때에 그 물건을 반환하면서 그를 꾸짖어 줄 생각으로 그 물건을 가져온 것이라면 절도죄가 성립되지 아니한다[대판 1973.2.28. 72도2812]. [18 경찰승진]*
2. 피고인이 피해자의 전화번호를 알아두기 위하여 피해자가 떨어뜨린 전화요금영수증을 습득한 후 돌려주지 않은 경우에 그에게 불법영득의 의사가 있다고 인정하기 어렵다[대판 1989.11.28. 89도1679].
3. 사촌형제인 피해자와의 분규로 재단법인 이사장직을 사임한 뒤 피해자의 집무실에 찾아가 잘못을 나무라는 과정에서 화가 나서 피해자를 혼내주려고 피해자의 가방을 들고 나온 경우 불법영득의 의사가 있다고 할 수 없다[대판 1993.4.13. 93도328].

4. 피고인이 피해자 등과 말다툼을 하면서 시비하는 중에 그들 중 일행이 피고인을 식칼로 찔러 죽이겠다고 위협을 하여 주위를 살펴보니 식칼이 있어 이를 가지고 파출소에 가져가 협박의 증거물로 제시하였다면 가사 피고인의 위 협박의 신고 내용이 허위라고 하더라도 불법영득의 의사가 있었다고 할 수는 없다[대판 1986.7.8. 86도354].

동지판례 가구회사의 디자이너인 피고인이 자신이 제작한 가구 디자인 도면을 가지고 나온 경우 평소 위 회사에서 채택한 도면은 그 유출과 반출을 엄격히 통제하고 있으나 채택하지 아니 한 도면들은 대부분 작성한 디자이너에게 반환하여 각자가 자기의 서랍 또는 집에 보관하거나 폐기하는 등 디자이너 개인에게 임의처분이 허용되어 왔고, 피고인은 회사로부터 부당하게 징계를 받았다고 생각하고 노동위원회에 구제신청을 하면서 자신이 그 동안 회사업무에 충실하였다는 사실을 입증하기 위한 자료로 삼기 위하여 이를 가지고 나온 것이라면 피고인에게 위 도면들에 대한 불법영득의 의사가 있었다고 볼 수 없다[대판 1992.3.27. 91도2831].

3. 불법영득의사의 대상

(1) 판례

판례 | 불법영득의사의 대상 = 물질 또는 가치(절충설)

절도죄의 성립에 필요한 불법영득의 의사라 함은 권리자를 배제하고 타인의 물건을 자기의 소유물과 같이 그 경제적 용법에 따라 이용·처분할 의사를 말하는 것으로, 영구적으로 그 물건의 경제적 이익을 보유할 의사가 필요한 것은 아니지만 단순한 점유의 침해만으로는 절도죄를 구성할 수 없고 소유권 또는 이에 준하는 본권을 침해하는 의사 즉, 목적물의 물질을 영득할 의사이거나 또는 그 물질의 가치만을 영득할 의사이든 적어도 그 재물에 대한 영득의 의사가 있어야 한다[대판 1992.9.8. 91도3149].

(2) 가치의 범위

판례 | 일시적 사용 후 반환(단순한 가치만을 침해한 경우) = 불법영득의사 부정

타인의 재물의 사용으로 인한 가치의 소모가 무시할 수 있을 정도로 경미하고 또 사용 후 곧 반환한 것과 같은 때에는 그 소유권 또는 본권을 침해할 의사가 있다고 할 수 없어 불법영득의 의사를 인정할 수 없다[대판 2000.3.28. 2000도493].

관련판례 동네 선배로부터 차량을 빌렸다가 반환하지 아니한 보조열쇠를 이용하여 그 후 3차례에 걸쳐 위 차량을 2~3시간 정도 운행한 후 원래 주차된 곳에 갖다 놓아 반환한 경우, 피해자와의 친분관계, 차량의 운행경위, 운행시간, 운행 후의 정황 등에 비추어 불법영득의 의사가 있었다고 볼 수 없다[대판 1992.4.24. 92도118].

판례 | 불법영득의사 인정되는 경우

[1] 타인의 재물을 점유자의 승낙 없이 무단 사용하는 경우에 있어서 그 사용으로 인하여 물건 자체가 가지는 경제적 가치가 상당한 정도로 소모되거나 또는 사용 후 그 재물을 본래 있었던 장소가 아닌 다른 장소에 버리거나 곧 반환하지 아니하고 장시간 점유하고 있는 것과 같은 때에는 그 소유권 또는 본권을 침해할 의사가 있다고 보아 불법영득의 의사를 인정할 수 있을 것이다. [20 경간부, 20 경찰채용, 18 경간부]*
[2] 甲 주식회사 감사인 피고인이 회사 경영진과의 불화로 한 달 가까이 결근하다가 회사 감사실에 침입하여 자신이 사용하던 컴퓨터에서 하드디스크를 떼어간 후 4개월 가까이 지난 시점에 반환한 경우, 피고인이 하드디스크를 일시 보관 후 반환하였다고 평가하기 어려워 불법영득의사를 인정할 수 있다[대판 2011.8.18. 2010도9570].

판례 | 불법영득의사가 인정되는 경우(경제적 가치를 소모시킨 경우)

(예금통장을 무단사용하여 예금을 인출한 후 예금통장을 반환한 경우) 예금통장은 예금채권을 표창하는 유가증권이 아니고 그 자체에 예금액 상당의 경제적 가치가 화체되어 있는 것도 아니지만, 이를 소지함으로써 예금채권의 행사자격을 증명할 수 있는 자격증권으로서 예금계약사실 뿐 아니라 예금액에 대한 증명기능이 있고 이러한 증명기능은 예금통장 자체가 가지는 경제적 가치라고 보아야 하므로, 예금통장을 사용하여 예금을 인출하게 되면 그 인출된 예금액에 대하여는 예금통장 자체의 예금액 증명기능이 상실되고 이에 따라 그 상실된 기능에 상응한 경제적 가치도 소모된다. 그렇다면 타인의 예금통장을 무단사용하여 예금을 인출한 후 바로 예금통장을 반환하였다 하더라도 그 사용으로 인한 위와 같은 경제적 가치의 소모가 무시할 수 있을 정도로 경미한 경우가 아닌 이상, 예금통장 자체가 가지는 예금액 증명기능의 경제적 가치에 대한 불법영득의 의사를 인정할 수 있으므로 절도죄가 성립한다[대판 2010.5.27. 2009도9008]. [20 경찰채용, 19 변호사, 16 국가9급, 16 경찰채용]*

판결이유 이 사건 통장 자체가 가지는 예금액 증명기능의 경제적 가치는 피고인이 이 사건 통장을 무단사용하여 예금 1,000만 원을 인출함으로써 상당한 정도로 소모되었다고 할 수 있으므로, 피고인이 그 사용 후 바로 이 사건 통장을 제자리에 갖다 놓았다 하더라도 그 소모된 가치에 대한 불법영득의 의사가 인정된다. 그리고 피고인이 피해자로부터 자신의 월급 등을 제대로 받지 못할 것을 염려하여 이 사건 통장을 무단사용하게 되었다고 하여 달리 볼 수 없다.

판례 | 불법영득의사가 인정되지 않는 경우(단순한 가치만을 침해한 경우)

1. **(신용카드 사용 후 반환한 경우)** 신용카드업자가 발행한 신용카드는 이를 소지함으로써 신용구매가 가능하고 금융의 편의를 받을 수 있다는 점에서 경제적 가치가 있다 하더라도, 그 자체에 경제적 가치가 화체되어 있거나 특정의 재산권을 표창하는 유가증권이라고 볼 수 없고, 단지 신용카드회원이 그 제시를 통하여 신용카드회원이라는 사실을 증명하거나 현금자동지급기 등에 주입하는 등의 방법으로 신용카드업자로부터 서비스를 받을 수 있는 증표로서의 가치를 갖는 것이어서, 이를 사용하여 현금자동지급기에서 현금을 인출하였다 하더라도 신용카드 자체가 가지는 경제적 가치가 인출된 예금액만큼 소모되었다고 할 수 없으므로 이를 일시 사용하고 곧 반환한 경우에는 불법영득의 의사가 없다[대판 1999.7.9. 99도857].
2. **(현금카드 사용 후 반환한 경우)** 피해자로부터 지갑을 잠시 건네받아 임의로 지갑에서 현금카드를 꺼내어 현금자동인출기에서 현금을 인출하고 곧바로 피해자에게 현금카드를 반환한 경우, 현금카드에 대해서는 불법영득의사가 없다[대판 1998.11.10. 98도2642]. [20 변호사]*
3. **(직불카드 사용 후 반환한 경우)** 은행이 발급한 직불카드를 사용하여 타인의 예금계좌에서 자기의 예금계좌로 돈을 이체시켰다 하더라도 직불카드 자체가 가지는 경제적 가치가 계좌이체된 금액만큼 소모되었다고 할 수는 없으므로, 이를 일시 사용하고 곧 반환한 경우에는 그 직불카드에 대한 불법영득의 의사는 없다고 보아야 한다[대판 2006.3.9. 2005도7819]. [19 법원행시, 18 법원9급, 16 법원9급, 16 국가9급]*

판례 | 불법영득의사가 인정되는 경우

1. 피고인이 소총 소지자를 총기로 협박하여 그 소총을 교부받아 실탄을 장전한 후 소속 부대 하급자에게 건네주어 그로 하여금 소속 부대원들이 내무반에서 나오는지 여부를 감시하도록 지시한 경우, 피고인은 그 소총을 소지자로부터 자기의 지배하에 이전하여 그 소유자가 아니라면 할 수 없는 사용처분행위를 하였다고 할 것이므로, 비록 피고인의 지시에 따라 그 소총을 소지하고 있던 하급자가 나중에 피고인이 위병소를 빠져나갈 때 뒤따라 나가면서 그 소총에서 탄창을 제거한 후 그 소총을 원래의 소지자에게 던져 준 사실이 있다고 하더라도, 그러한 사정만으로는 피고인에게 그 소총에 대한 군용물특수강도죄의 불법영득의사가 없었다고 할 수 없다[대판 1995.7.11. 95도910].
2. 피고인이 현금 등이 들어 있는 피해자의 지갑을 가져갈 당시에 피해자의 승낙을 받지 않았다면 가사 피고인이 후일 변제할 의사가 있었다고 하더라도 불법영득의사가 있었다고 할 것이다[대판 1999.4.9. 99도519].

3. 회사의 총무과장이 회사의 물품대금채권을 확보할 목적으로 채무자의 승낙을 받지 아니한 채 그의 의사에 반하여 부산에 있는 그의 점포 앞에 세워놓은 그의 소유인 자동차를 운전하여 광주에 있는 위 회사로 옮겨놓은 다음, 광주지방법원의 가압류결정과 감수보존명령에 따라 집달관이 보존하게 될 때까지 위 회사의 지배하에 두었다면, 위 자동차의 권리자를 배제하고 타인의 물건을 자기의 소유인 것과 마찬가지로 그 경제적 용법에 따라 이용하거나 처분할 의사로 자동차를 광주로 운전하여 간 것으로 보지 않을 수 없으므로 불법영득의 의사가 있었다고 볼 수밖에 없다[대판 1990.5.25. 90도573].

4. 피고인이 길가에 시동을 걸어 놓은 채 세워둔 모르는 사람의 자동차를 함부로 운전하고 약 200m 가량 갔다면 불법영득의 의사가 있었다 할 것이다[대판 1992.9.22. 92도1949].

5. 피해자가 경영하는 주점의 잠겨 있는 샷타문을 열고 그곳 주방 안에 있던 맥주 등을 꺼내어 마셨다면 타인의 재물에 대한 불법영득의 의사가 있었다고 할 것이고 주점까지 가게 된 동기가 주점점원의 초청에 의한 것이었다 하더라도 피해자의 승낙 없이 재물을 취거하는 행위는 절도죄를 구성한다[대판 1986.9.9. 86도1439].

판례 | 불법영득의사의 입증방법

업무상횡령죄에서 불법영득의사를 검사가 입증하여야 하는 것으로서, 불법영득의 의사는 피고인이 이를 부인하는 경우 사물의 성질상 그와 상당한 관련성이 있는 간접사실 또는 정황사실을 증명하는 방법에 의하여 이를 입증할 수밖에 없다[대판 2010.6.24. 2008도6756].

4. 절도와 사용절도의 한계

(1) 사용절도의 의의

사용절도란 타인의 재물을 일시적으로 사용한 후에 소유자에게 반환하는 것을 말한다(예 옆자리에 있는 법전을 잠시 읽어본 후 되돌려 놓은 경우).

(2) 사용절도의 효과

사용절도는 절도죄로 처벌할 수 없다. 다만 특별한 규정이 있는 경우에는 예외적으로 처벌될 수 있다(예 자동차 등 불법사용죄).

판례 | 일시적 사용 후 방치 = 불법영득의사 ○, 절도죄 ○

소유자의 승낙 없이 오토바이를 타고 가서 다른 장소에 버린 경우, 자동차 등 불법사용죄가 아닌 절도죄가 성립한다고 한 사례[대판 2002.9.6. 2002도3465].

동지판례 i) 피고인이 길가에 세워져 있는 오토바이를 소유자의 승낙 없이 타고 가서 용무를 마친 약 1시간 50분 후 본래 있던 곳에서 약 7, 8m 되는 장소에 방치하였다면 불법영득의 의사가 있었다고 할 것이다[대판 1981.10.13. 81도2394].
ii) 피고인이 甲의 영업점 내에 있는 甲 소유의 휴대전화를 허락 없이 가지고 나와 이를 이용하여 통화를 하고 문자메시지를 주고받은 다음 약 1~2시간 후 甲에게 아무런 말을 하지 않고 위 영업점 정문 옆 화분에 놓아두고 간 경우, 피고인은 甲의 휴대전화를 자신의 소유물과 같이 경제적 용법에 따라 이용하다가 본래의 장소와 다른 곳에 유기한 것이므로 피고인에게 불법영득의사가 인정되어 절도죄가 성립한다[대판 2012.7.12. 2012도1132]. [20 법원행시, 20 경간부, 18 국가7급, 18 경찰승진, 17 법원9급, 16 변호사, 16 법원행시, 16 법원9급]*

판례 | 자동차의 일시사용 중 유류의 소비(절도죄 X)

불법영득의 의사 없이 타인의 자동차를 일시 사용하는 경우 휘발유가 소비되는 것은 필연적인 것이므로 자동차의 사용방법, 사용시간, 주행거리 그 밖의 구체적인 상황으로 보아 자동차 그 자체의 일시 사용이 주목적이고 소비된 휘발유의 소비는 그 양이 매우 적은 것임이 명백한 경우에는 그 휘발유의 소비는 자동차의 일시사용 가운데 포함되는 것으로서 이에 대하여는 별도의 절도죄가 성립되지 아니한다[대판 1984.4.24. 84도311].

5. 불법영득의사의 '불법'의 의미

판례 | 불법영득의사가 인정되는 경우(판례는 행위불법설의 입장)

1. **(인도청구권이 있는 굴삭기를 점유자의 동의 없이 취거한 경우)** [1] 형법상 절취란 타인이 점유하고 있는 자기 이외의 자의 소유물을 점유자의 의사에 반하여 그 점유를 배제하고 자기 또는 제3자의 점유로 옮기는 것을 말하는 것으로, 비록 약정에 기한 인도 등의 청구권이 인정된다고 하더라도, 취거 당시에 점유 이전에 관한 점유자의 명시적·묵시적인 동의가 있었던 것으로 인정되지 않는 한, 점유자의 의사에 반하여 점유를 배제하는 행위를 함으로써 절도죄는 성립하는 것이고, 그러한 경우에 특별한 사정이 없는 한 불법영득의 의사가 없었다고 할 수는 없다.
   [2] 굴삭기 매수인이 약정된 기일에 대금채무를 이행하지 아니하면 굴삭기를 회수하여 가도 좋다는 약정을 하고 각서와 매매계약서 및 양도증명서 등을 작성하여 판매회사 담당자에게 교부한 후 그 채무를 불이행하자 그 담당자가 굴삭기를 취거하여 매도한 경우, 굴삭기에 대한 소유권 등록 없이 매수인의 위와 같은 약정 및 각서 등의 작성, 교부만으로 굴삭기에 대한 소유권이 판매회사로 이전될 수는 없으므로 굴삭기 취거 당시 그 소유권은 여전히 매수인에게 남아 있고, 매수인의 의사표시 중에 자신의 동의나 승낙 없이 현실적으로 자신의 점유를 배제하고 굴삭기를 가져가도 좋다는 의사까지 포함되어 있었던 것으로 보기는 어렵다는 이유로, 그 굴삭기 취거행위는 절도죄에 해당하고 불법영득의 의사도 인정된다고 한 사례[대판 2001.10.26. 2001도4546].

   동지판례 피해자와 사이에 피해자 소유인 쇄석장비들에 관하여 점유개정의 방법에 의한 양도담보부 금전소비대차계약을 체결하였는데 피해자가 변제기일이 지나도 채무를 변제하지 아니하자 채권자 회사의 직원들인 피고인들이 합동하여 피해자의 의사에 반하여 쇄석장비들을 임의로 분해하여 가지고 간 행위에 대하여 절도죄를 인정한 사례[대판 2005.6.23. 2005도2861].

2. 타인이 점유하는 물건에 대하여 피고인에게 반환청구권이 있다고 하여도 절취라 함은 재물을 절취하는 행위, 즉 점유자의 의사에 의하지 아니하고 그 점유를 취득하는 행위이므로 피고인이 위 점유자의 승낙을 받지 않고 그 물건을 가져갔다면 그 물건의 반환청구권이 피고인에게 있다고 하여도 절도행위가 되는 것이다[대판 1973.2.28. 72도2538].

   동지판례 A회사가 공소외 甲에게 철재를 외상 판매하고 그 대금지급을 위하여 받은 약속어음이 부도되어 동 물품의 반환청구권을 가지고 있다 하여도, A회사의 사원인 피고인이 위 甲으로부터 피해자 乙이 위 철재를 매수하여 점유하고 있는 사실을 알고서도 운반하여 갔다면 절도죄의 성립에 영향이 없다[대판 1983.11.22. 83도2539].

3. 피고인이 피해회사 차고 내 책상서랍을 관리자의 승낙 없이 공구로 뜯어서 열고 그 안에서 꺼낸 위 회사 소유의 여객운송수입금을 위 회사에 대하여 가지고 있던 유류대금채권의 변제에 충당하였다면 이는 피고인이 자기 채권의 추심을 위하여 타인의 점유하에 있는 타인소유의 금원을 불법하게 탈취한 것이라고 보지 않을 수 없으니 불법영득의 의사를 인정하기에 충분하다[대판 1983.4.12. 83도297].

V 친족상도례

> **제328조(친족간의 범행과 고소)** ① 직계혈족, 배우자, 동거친족, 동거가족 또는 그 배우자간의 제323조의 죄는 그 형을 면제한다.67) **[헌법불합치결정]**
> ② 제1항 이외의 친족간에 제323조의 죄를 범한 때에는 고소가 있어야 공소를 제기할 수 있다.
> ③ 전2항의 신분관계가 없는 공범에 대하여는 전2항을 적용하지 아니한다.
>
> **제344조(친족간의 범행)** 제328조의 규정은 제329조 내지 제332조의 죄 또는 미수범에 준용한다.

1. 의의

① 친족상도례란 친족간의 재산범죄에 대하여 친족관계라는 특수사정을 고려하여 특별취급하도록 한 규정을 말한다(제328조).

② '법은 가능한 한 가정에 들어가지 않는다'라고 하는 법언의 정신에 기초하여 친족간의 정의(情誼)를 존중하고자 형사정책적 견지에서 인정된 것이다.

> **판례 | 제328조 제1항에 대한 헌법불합치 결정의 소급효 인정 여부(부정)**
>
> [1] 헌법재판소의 위헌법률심판에 따라 위헌으로 결정된 법률 또는 법률의 조항은 그 결정이 있는 날부터 효력을 상실하는 것이 원칙이다(헌법재판소법 제47조 제2항). 다만 예외적으로 형벌에 관한 법률 또는 법률의 조항에 대한 위헌결정은 소급효가 인정되고(헌법재판소법 제47조 제3항), 위헌결정의 예외적 소급효가 인정되는 '형벌에 관한 법률 또는 법률의 조항'은 형사처벌의 직접적인 근거가 되는 실체법을 의미한다. 그러나 형벌에 관한 법률 또는 법률의 조항이더라도 처벌되지 않는 사유를 규정한 것이라면 위헌결정의 소급효를 인정할 경우 오히려 그 조항에 따라 형사처벌을 받지 않았던 사람들에게 형사상의 불이익이 미치게 되므로 이와 같은 경우까지 헌법재판소법 제47조 제3항의 적용범위에 포함시키는 것은 법적 안정성과 이미 처벌되지 않는 대상이었던 피고인의 신뢰보호의 이익을 크게 해치게 되어 그 규정 취지에 반한다. 따라서 이러한 법률조항에 대한 위헌결정에는 헌법재판소법 제47조 제3항에 따른 소급효가 인정되지 아니하고, 위 법률조항은 같은 법 제47조 제2항에 따라 위헌결정이 있는 날부터 효력을 상실한다.

---

67) [결정주문] 형법(2005.3.31. 법률 제7427호로 개정된 것) 제328조 제1항은 헌법에 합치되지 아니한다. 법원 기타 국가기관 및 지방자치단체는 2025.12.31.을 시한으로 입법자가 개정할 때까지 위 법률조항의 적용을 중지하여야 한다.
[결정이유] 심판대상조항은 법관으로 하여금 형면제 판결을 선고하도록 획일적으로 규정하여, 거의 대부분의 사안에서는 기소가 이루어지지 않고 있고, 이에 따라 형사피해자는 재판절차에 참여할 기회를 상실하고 있다. 예외적으로 기소가 되더라도, '형의 면제'라는 결론이 정해져 있는 재판에서는 형사피해자의 법원에 대한 적절한 형벌권 행사 요구는 실질적 의미를 갖기 어렵다. 위와 같은 점을 종합하면, 심판대상조항은 형사피해자가 법관에게 적절한 형벌권을 행사하여 줄 것을 청구할 수 없도록 하는바, 이는 입법재량을 명백히 일탈하여 현저히 불합리하거나 불공정한 것으로서 형사피해자의 재판절차진술권을 침해한다.
[헌법불합치결정] 심판대상조항의 위헌성은, 일정한 친족 사이의 재산범죄와 관련하여 형사처벌의 특례를 인정하는 데 있지 않고, '일률적으로 형면제'를 함에 따라 구체적 사안에서 형사피해자의 재판절차진술권을 형해화할 수 있다는 데 있다. 심판대상조항의 위헌성을 제거하는 데에는, 여러 가지 선택가능성이 있을 수 있으며, 입법자는 충분한 사회적 합의를 거쳐 그 방안을 강구할 필요가 있다. 따라서 심판대상조항에 대하여 단순위헌결정을 하는 대신 헌법불합치결정을 선고하되 그 적용을 중지한다. 입법자는 가능한 한 빠른 시일 내에, 늦어도 2025.12.31.까지 개선입법을 하여야 할 의무가 있고, 2025.12.31.까지 개선입법이 이루어지지 않으면 심판대상조항은 2026.1.1.부터 효력을 상실한다.
[판결해설] 헌법재판소는 이 사건 결정을 통하여, 경제적 이해를 같이하거나 정서적으로 친밀한 가족 구성원 사이에서 발생하는 수인 가능한 수준의 재산범죄에 대한 형사소추 내지 처벌에 관한 특례의 필요성을 긍정하였다. 다만, 심판대상조항이 규정하는 일률적 형면제로 인하여 구체적 사안에서 형사피해자의 재판절차진술권을 형해화하는 경우가 발생할 수 있는 점을 인정하여 입법자에게 입법개선을 명하는 적용중지 헌법불합치결정을 한 것이다.
헌법재판소는 심판대상조항의 위헌성을 제거하는 데에는, 현실적 가족·친족 관계와 피해의 정도 및 가족·친족 사이 신뢰와 유대의 회복가능성 등을 고려한 피해자의 가해자에 대한 처벌의 의사표시를 소추조건으로 하는 등 여러 가지 선택가능성이 있을 수 있으며, 입법자는 충분한 사회적 합의를 거쳐 그 방안을 강구할 필요가 있다고 보았다.
헌법재판소는 이 사건 결정과 같은 날(2024.6.27.), '직계혈족, 배우자, 동거친족, 동거가족 또는 그 배우자 이외의 친족 간에 권리행사방해죄를 범한 때에는 고소가 있어야 공소를 제기할 수 있다'고 규정한 형법 제328조 제2항에 대해 합헌결정을 하였는데[2023헌바 449], 해당 결정은 고소를 소추조건으로 규정하여 피해자의 의사에 따라 국가형벌권 행사가 가능하도록 한 조항에 대한 것으로서 형사피해자의 재판절차진술권 침해 여부가 문제되지 않으므로, 형벌조각사유를 정한 심판대상조항에 관한 이 사건 결정과는 구분된다[헌재 2024.6.27. 2020헌마468].

[2] 형법(2005.3.31. 법률 제7427호로 개정된 것) 제328조 제1항은 "직계혈족, 배우자, 동거친족, 동거가족 또는 그 배우자간의 제323조의 죄는 그 형을 면제한다."라고 규정하고, 형법 제354조는 위 조항을 사기죄 등에 준용하고 있다. 그런데 헌법재판소는 2024.6.27. '형법(2005.3.31. 법률 제7427호로 개정된 것) 제328조 제1항은 헌법에 합치되지 아니한다.'는 헌법불합치결정을 선고하면서, '법원 기타 국가기관 및 지방자치단체는 2025.12.31.을 시한으로 입법자가 개정할 때까지 위 법률조항의 적용을 중지하여야 한다.'는 적용중지명령을 하였다(헌법재판소 2024.6.27. 선고 2020헌마468 등 전원재판부 결정, 이하 '2020헌마468 등 헌법불합치결정'이라 한다).
헌법재판소의 헌법불합치결정은 헌법과 헌법재판소법이 규정하고 있지 않은 변형된 형태로서 법률조항에 대한 위헌결정에 해당한다. 그러나 형법 제328조 제1항은 형벌조각사유로서 형의 면제를 규정한 것이기 때문에 2020헌마468 등 헌법불합치결정의 소급효를 인정할 경우 오히려 그 조항에 따라 형의 면제가 되었던 사람들에게 형사상의 불이익이 미치게 된다. 따라서 위 조항은 2020헌마468 등 헌법불합치결정이 있는 날부터 효력을 상실한다고 보아야 한다.
[3] 형법 제347조의2(컴퓨터등사용사기)는 컴퓨터 등 정보처리장치에 허위의 정보 또는 부정한 명령을 입력하거나 권한 없이 정보를 입력·변경하여 정보처리를 하게 함으로써 재산상의 이익을 취득하거나 제3자로 하여금 취득하게 하는 행위를 처벌한다. 여기서 '정보처리'는 사기죄에서 피해자의 처분행위에 상응하므로 입력된 허위의 정보 등에 의하여 계산이나 데이터의 처리가 이루어짐으로써 직접적으로 재산처분의 결과를 초래하여야 하고, 행위자나 제3자의 '재산상 이익 취득'은 사람의 처분행위가 개재됨이 없이 컴퓨터 등에 의한 정보처리 과정에서 이루어져야 한다.
가맹점이나 금융기관 등의 인터넷 사이트 또는 휴대전화 애플리케이션 등에 접속하여 타인의 승낙 없이 타인의 인적사항과 타인 명의의 신용카드 번호 및 그 비밀번호 등을 입력하는 방법으로 물품이나 서비스 이용대금 등을 결제하거나 금융기관 등으로부터 신용대출을 받음으로써 재산상 이익을 취득하는 행위는, 컴퓨터 등 정보처리장치에 권한 없이 정보를 입력하여 정보처리를 하게 함으로써 재산상 이익을 취득하는 행위로서 가맹점이나 대출금융기관 등에 대한 컴퓨터등사용사기죄에 해당한다[대판 2025.3.13. 2024도19846].

2. 적용범죄의 범위

(1) 형법상의 재산죄

참고 친족상도례

구분		친족의 범위	법적 효과	법적 성격
친족상도례	권리행사방해죄(제323조)	직계혈족, 배우자, 동거친족, 동거가족 또는 그 배우자간(근친) 이외의 친족간(원친)	고소가 있어야 공소를 제기할 수 있다(제328조 제2항). [19 법원9급]*	상대적 친고죄
	장물죄(변형적용)	장물범과 피해자간에 직계혈족, 배우자, 동거친족, 동거가족 또는 그 배우자 이외의 친족관계가 있는 경우	고소가 있어야 공소를 제기할 수 있다(제365조 제1항, 제328조 제2항). [19 경찰채용, 16 경찰채용]*	상대적 친고죄
		장물범과 본범간에 직계혈족, 배우자, 동거친족, 동거가족 또는 그 배우자의 관계가 있는 경우	형을 감경 또는 면제한다(제365조 제2항). [20 국가7급, 19 경찰채용, 17 경간부, 17 경찰채용]*	면제(인적 처벌조각사유) 감경(책임감경사유)
친족상도례 규정의 준용 여부		① 절도죄(제344조), 사기죄(제354조), 공갈죄(제354조), 횡령죄(제361조), 배임죄(제361조), 장물죄(제365조)에 준용된다. ② 강도죄와 손괴죄 및 강제집행면탈죄, 점유강취죄, 준점유강취죄 등에 대하여는 준용규정이 없다. [21 법원9급, 20 변호사, 19 변호사, 17 경찰승진, 17 경찰채용, 16 경찰채용]*		

(2) 특별형법상의 재산죄

판례 | 특별형법상의 재산범죄에 대한 친족상도례규정의 적용여부(배제규정이 없는 한 적용)

형법상 사기죄(또는 횡령죄)의 성질은 특정경제범죄 가중처벌 등에 관한 법률 제3조 제1항에 의해 가중처벌되는 경우에도 그대로 유지되고 동법률에 친족상도례의 적용을 배제한다는 명시적인 규정이 없으므로, 형법 제354조(친족상도례 준용규정)는 동법률 제3조 제1항 위반죄에도 그대로 적용된다[대판 2010.2.11. 2009도12627; 동지 대판 2000.10.13. 99오1], [대판 2013.9.13. 2013도7754]. [20 법원행시, 20 경간부, 18 변호사, 17 법원행시]*

3. 친족의 의의와 친족관계의 존재범위

(1) 친족의 의의와 범위

친족의 개념과 범위는 민법에 따른다.

① 입양의 경우 생가를 중심으로 한 종전의 친족관계는 소멸되지 않는다[대판 1967.1.31. 66도1483].

② 배우자는 법률상의 배우자를 의미하며, 사실상의 배우자는 포함되지 아니한다(다수설).

판례 | 제328조 제1항의 '그 배우자'의 범위

[1] 형법 제354조에 의하여 준용되는 제328조 제1항에서 "직계혈족, 배우자, 동거친족, 동거가족 또는 그 배우자 간의 제323조의 죄는 그 형을 면제한다."고 규정하고 있는바, 여기서 '그 배우자'는 동거가족의 배우자만을 의미하는 것이 아니라, 직계혈족, 동거친족, 동거가족 모두의 배우자를 의미하는 것으로 볼 것이다.
[2] 피고인이 상습으로 재물을 편취하였다고 하여 특정경제범죄 가중처벌 등에 관한 법률 위반(사기)으로 기소된 사안에서, 피고인이 피해자 갑의 직계혈족의 배우자임을 이유로 형법 제354조, 제328조 제1항에 따라 갑에 대한 상습사기의 공소사실에 대하여 형을 면제한 원심판단을 정당하다고 한 사례[대판 2011.5.13. 2011도1765]. [20 법원9급, 19 변호사, 19 경찰채용, 17 경찰채용]*

판례 | 사기의 수단으로 혼인신고한 경우 – 혼인신고는 무효, 친족상도례가 적용될 수 없음

[1] 민법 제815조 제1호는 당사자 사이에 혼인의 합의가 없는 때에는 그 혼인을 무효로 한다고 규정하고 있고, 이 혼인무효 사유는 당사자 사이에 사회관념상 부부라고 인정되는 정신적·육체적 결합을 할 의사를 가지고 있지 않은 경우를 가리킨다. 그러므로 비록 당사자 사이에 혼인의 신고가 있었더라도, 그것이 단지 다른 목적을 달성하기 위한 방편에 불과한 것으로서 그들 사이에 참다운 부부관계의 설정을 바라는 효과의사가 없을 때에는 그 혼인은 무효라고 할 것이다.
[2] 배우자 사이의 사기죄는 이른바 친족상도례에 의하여 형을 면제하도록 되어 있으나, 사기죄를 범하는 자가 금원을 편취하기 위한 수단으로 피해자와 혼인신고를 한 것이어서 그 혼인이 무효인 경우라면, 그러한 피해자에 대한 사기죄에서는 친족상도례를 적용할 수 없다[대판 2015.11.27. 2014도17894]. [22 경간부, 20 변호사, 20 경간부, 19 경찰채용, 18 법원9급, 16 법원행시]*

③ 일시적으로 숙박하고 있는 경우는 동거친족 또는 동거가족에 포함되지 아니한다.

판례 | 사돈지간은 친족으로 인정되지 않는다는 판례

(사돈지간의 사기죄는 친족상도례가 적용되지 않으므로 친고죄가 아님) 피고인이 백화점 내 점포에 입점시켜 주겠다고 속여 피해자로부터 입점비 명목으로 돈을 편취한 경우, 피고인의 딸과 피해자의 아들이 혼인하여 피고인과 피해자가 사돈지간이라고 하더라도 민법상 친족으로 볼 수 없으므로, 위 범죄를 친족상도례가 적용되는 친고죄라고 할 수 없다[대판 2011.4.28. 2011도2170]. [22 경간부, 21 법원9급, 20 변호사, 20 법원행시, 20 국가9급, 20 경찰승진, 20 경간부, 18 변호사, 18 경찰채용, 17 법원행시, 16 법원행시, 16 경찰채용]*

(2) 친족관계의 존재범위

① 인적 범위

판례 | 친족상도례규정의 적용요건(삼각범죄의 경우)

1. **(절도죄의 경우 소유자 및 점유자 모두와 친족일 것을 요함)** 친족상도례에 관한 규정은 범인과 피해물건의 소유자 및 점유자 모두 사이에 친족관계가 있는 경우에만 적용되는 것이고 절도범인이 피해물건의 소유자나 점유자의 어느 일방과 사이에서만 친족관계가 있는 경우에는 그 적용이 없다[대판 1980.11.11. 80도131]. [22 경간부, 19 법원행시, 18 변호사, 18 법원9급, 18 경간부, 17 법원행시]*

   동지판례 甲과 甲의 처 乙은 乙 명의로 등록된 자동차를 甲이 소유하기로 약정하였다. 그 후 乙은 자동차매매업자를 통하여 A에게 자동차를 매도하였고 A는 자동차매매업자에게 매매대금을 모두 지급하고 자동차를 인도받아 노상에 주차해 두었는데 자동차 매매 사실을 알고 있었던 甲은 A가 주차해 둔 자동차를 발견하고 임의로 운전하여 가버렸다면, 제3자인 A에 대한 관계에서는 자동차의 등록명의자인 乙이 그 소유자이고, A가 매수하여 점유하던 자동차를 甲이 임의로 가져간 이상 절도죄가 성립하며, 甲은 자동차의 소유자인 乙과 친족관계가 있을 뿐 그 점유자인 A와는 친족관계가 없으므로 甲의 절도죄에는 친족간의 범행에 관한 형법 제328조(친족상도례) 제1항이 적용되지 아니한다[대판 2014.9.25. 2014도8984].

2. **(횡령죄의 경우 소유자와 위탁자 모두 친족일 것을 요함)** 횡령범인이 위탁자가 소유자를 위해 보관하고 있는 물건을 위탁자로부터 보관받아 이를 횡령한 경우에 형법 제361조에 의하여 준용되는 제328조 제2항의 친족간의 범행에 관한 조문은 범인과 피해물건의 소유자 및 위탁자 쌍방 사이에 같은 조문에 정한 친족관계가 있는 경우에만 적용되고, 단지 횡령범인과 피해물건의 소유자간에만 친족관계가 있거나 횡령범인과 피해물건의 위탁자간에만 친족관계가 있는 경우에는 적용되지 않는다[대판 2008.7.24. 2008도3438]. [20 변호사, 20 법원행시, 20 법원9급, 19 경찰채용, 18 경찰채용, 16 법원행시, 16 경찰채용]*

3. **(소송사기의 경우 피해자와만 친족이면 족함)** 사기죄의 보호법익은 재산권이라고 할 것이므로 사기죄에 있어서는 재산상의 권리를 가지는 자가 아니면 피해자가 될 수 없다. 그러므로 법원을 기망하여 제3자로부터 재물을 편취한 경우에 피기망자인 법원은 피해자가 될 수 없고 재물을 편취당한 제3자가 피해자라고 할 것이므로 피해자인 제3자와 사기죄를 범한 자가 직계혈족의 관계에 있을 때에는 그 범인에 대하여는 형법 제354조에 의하여 준용되는 형법 제328조 제1항에 의하여 그 형을 면제하여야 할 것이다[대판 2014.9.26. 2014도8076]. [23 변호사, 20 법원행시, 20 법원9급, 20 경간부, 19 법원행시, 19 국가9급, 18 변호사, 18 경찰채용, 17 경찰채용, 16 법원행시]*

4. **(절취한 예금통장으로 자금이체를 한 경우의 피해자 = 예금주 ×, 금융기관 ○)** [1] 권한 없이 컴퓨터 등 정보처리장치를 이용하여 예금계좌 명의인이 거래하는 금융기관의 계좌 예금 잔고 중 일부를 자신이 거래하는 다른 금융기관에 개설된 그 명의 계좌로 이체한 경우, 예금계좌 명의인의 거래 금융기관에 대한 예금반환 채권은 이러한 행위로 인하여 영향을 받을 이유가 없는 것이므로, 거래 금융기관으로서는 예금계좌 명의인에 대한 예금반환 채무를 여전히 부담하면서도 환거래관계상 다른 금융기관에 대하여 자금이체로 인한 이체자금 상당액 결제채무를 추가 부담하게 됨으로써 이체된 예금 상당액의 채무를 이중으로 지급해야 할 위험에 처하게 된다. 따라서 친척 소유 예금통장을 절취한 자가 그 친척 거래 금융기관에 설치된 현금자동지급기에 예금통장을 넣고 조작하는 방법으로 친척 명의 계좌의 예금 잔고를 자신이 거래하는 다른 금융기관에 개설된 자기 계좌로 이체한 경우, 그 범행으로 인한 피해자는 이체된 예금 상당액의 채무를 이중으로 지급해야 할 위험에 처하게 되는 그 친척 거래 금융기관이라 할 것이고, 거래 약관의 면책 조항이나 채권의 준점유자에 대한 법리 적용 등에 의하여 위와 같은 범행으로 인한 피해가 최종적으로는 예금 명의인인 친척에게 전가될 수 있다고 하여, 자금이체 거래의 직접적인 당사자이자 이중지급 위험의 원칙적인 부담자인 거래 금융기관을 위와 같은 컴퓨터 등 사용사기 범행의 피해자에 해당하지 않는다고 볼 수는 없으므로, 위와 같은 경우에는 친족 사이의 범행을 전제로 하는 친족상도례를 적용할 수 없다.

   [2] 손자가 할아버지 소유 농업협동조합 예금통장을 절취하여 이를 현금자동지급기에 넣고 조작하는 방법으로 예금 잔고를 자신의 거래 은행 계좌로 이체한 경우, 위 농업협동조합이 컴퓨터 등 사용사기 범행 부분의 피해자이므로 친족상도례를 적용할 수 없다[대판 2007.3.15. 2006도2704]. [20 변호사, 20 국가9급, 20 경간부, 19 국가9급, 18 변호사, 18 경찰채용]*

5. 피고인 등이 공모하여, 피해자 갑, 을 등을 기망하여 갑, 을 및 병과 부동산 매매계약을 체결하고 소유권을 이전받은 다음 잔금을 지급하지 않아 같은 금액 상당의 재산상 이익을 편취하였다는 내용으로 기소된 사안에서, 갑은 피고인의 8촌 혈족, 병은 피고인의 부친이나, 위 부동산이 갑, 을, 병의 합유로 등기되어 있어 피고인에게 형법상 친족상도례 규정이 적용되지 않는다고 한 사례[대판 2015.6.11. 2015도3160]. [20 법원행시, 18 변호사, 16 법원행시]*

② 친족관계 존부의 판단시점

판례 | 친족관계의 존부 판단 = 원칙적으로 범행당시, 민법상 인지의 소급효는 인정

형법 제344조, 제328조 제1항 소정의 친족간의 범행에 관한 규정이 적용되기 위한 친족관계는 원칙적으로 범행당시에 존재하여야 하는 것이지만, 父가 혼인 외의 출생자를 인지하는 경우에 있어서는 민법 제860조에 의하여 그 자의 출생시에 소급하여 인지의 효력이 생기는 것이며, 이와 같은 인지의 소급효는 친족상도례에 관한 규정의 적용에도 미친다고 보아야 할 것이므로, 인지가 범행 후에 이루어진 경우라고 하더라도 그 소급효에 따라 형성되는 친족관계를 기초로 하여 친족상도례의 규정이 적용된다[대판 1997.1.24. 96도1731]. [20 법원9급, 19 국가9급, 19 경찰채용, 18 법원9급, 16 변호사, 16 법원행시]*

③ 친족관계의 착오: 친족관계는 객관적 구성요건요소가 아니므로 이에 대한 착오는 고의가 조각되지 않는다. 친족상도례는 객관적으로 친족관계가 인정되면 행위자가 범행당시에 객관적인 친족관계의 존부를 알고 있었는가 여부를 불문하고 적용된다. [19 변호사, 19 국가9급, 17 변호사, 17 법원행시]*

판례 | 친족관계의 착오 = 범죄의 성립 · 처벌에 영향 X

피고인이 그 본가의 소유물로 오신하여 이를 절취하였다 할지라도 그 오신은 형의 면제사유에 관한 것으로서 범죄의 구성요건 사실에 관한 제15조 제1항은 적용되지 않는 것이므로 그 오신은 본건 범죄의 성립이나 처벌에 아무런 영향도 미치지 아니한다[대판 1966.6.28. 66도104].

4. 공범의 경우 친족상도례의 적용여부

신분관계가 없는 공범에 대하여는 친족상도례 규정이 적용되지 아니한다(제328조 제3항). 따라서 특수절도죄를 범한 범인 중 1인이 친족상도례에 해당되어 형의 면제를 받게 된다고 하여 친족관계가 없는 다른 공범도 형의 면제를 받는 것은 아니다. [21 법원9급, 20 변호사, 19 국가9급]*

5. 법적 효과 및 법적 성질

(1) 제328조 제1항의 친족간의 범죄(형의 면제)

직계혈족, 배우자, 동거친족, 동거가족 또는 그 배우자간의 범죄는 그 형을 면제하며 인적처벌조각사유에 해당한다(통설).

(2) 제328조 제1항 이외의 친족간의 범죄(상대적 친고죄)

고소가 있어야 공소를 제기할 수 있으며(상대적 친고죄) 소추조건에 해당한다.[68]

판례 | 절도죄의 피고인이 피해자의 외사촌 동생인 경우 = 친고죄 ○

절도죄의 피고인이 피해자의 외사촌 동생이라면 형법 제344조, 제328조 제2항에 의하여 피해자의 고소가 있어야 처벌할 수 있다[대판 1991.7.12. 91도1077].

68) 고소가 없음에도 불구하고 공소제기된 경우에는 공소기각판결을 하여야 한다(형사소송법 제327조).

제2절 절도의 죄

출제 POINT

기본적 구성요건과 변형구성요건의 실행의 착수시기를 판례를 중심으로 알아두어야 하며 특히 합동범에서 '합동'의 의미에 관한 학설 및 판례를 잘 정리해 두어야 한다. 절도죄(특히 횡령죄 및 사기죄와의 구별)의 성부에 관한 판례는 출제빈도가 높은 편이다.

I 총설

판례 | 절도죄의 피해자 = 재물의 점유자 및 재물의 소유자

절도죄는 재물의 점유를 침탈하므로 인하여 성립하는 범죄이므로 재물의 점유자가 절도죄의 피해자가 되는 것이나 절도죄는 점유자의 점유를 침탈하므로 인하여 그 재물의 소유자를 해하게 되는 것이므로 재물의 소유자도 절도죄의 피해자로 보아야 할 것이다[대판 1980.11.11. 80도131].

II 절도죄

제329조(절도) 타인의 재물을 절취한 자는 6년 이하의 징역 또는 1천만원 이하의 벌금에 처한다.

제342조(미수범) 미수범은 처벌한다.

1. 의의

타인이 점유하는 타인의 재물을 절취함으로써 성립하는 범죄이다.

2. 구성요건

(1) 객관적 구성요건

① 객체

판례 | 10년간 방치된 물건 = 타인이 점유하는 물건 X

육지로부터 멀리 떨어진 섬에서 광산을 개발하기 위하여 발전기, 경운기 엔진을 섬으로 반입하였다가 광업권 설정이 취소됨으로써 광산개발이 불가능하게 되자 육지로 그 물건들을 반출하는 것을 포기하고 그대로 유기하여 둔 채 섬을 떠난 후 10년 동안 그 물건들을 관리하지 않고 있었다면, 그 섬에 거주하는 피고인이 그 소유자가 섬을 떠난지 7년이 경과한 뒤 노후된 물건들을 피고인 집 가까이에 옮겨 놓았다 하더라도, 그 물건들의 반입 경위, 그 소유자가 섬을 떠나게 된 경위, 그 물건들을 옮긴 시점과 그간의 관리상황 등에 비추어 볼 때 피고인이 그 물건들을 옮겨 갈 당시 원소유자나 그 상속인이 그 물건들을 점유할 의사로 사실상 지배하고 있었다고는 볼 수 없으므로, 그 물건들을 절도죄의 객체인 타인이 점유하는 물건으로 볼 수 없다[대판 1994.10.11. 94도1481]. [18 법원행시]*

판례 | 양식어업 면허구역 내에서 자연서식하는 바지락 = 면허자의 소유권 · 점유권 인정 X

[1] 어업권의 취득만으로 당연히 그 지역 내에서 자연 번식하는 수산동식물의 소유권이나 점유권까지 취득한다고는 볼 수 없다.
[2] 어업권자와 어업권행사계약을 체결하고 어업권을 행사하는 피해자의 양식장에서 '자연산' 모시조개(또는 바지락)를 무단 채취한 행위는 절도죄에 해당하지 아니한다[대판 2010.4.8. 2009도11827], [대판 1983.2.8. 82도686].

판례 | 등기 또는 등록으로 공시되는 객체에 대한 소유권유보부매매의 효력(효력 없음)

소유권유보부매매는 동산을 매매함에 있어 매매목적물을 인도하면서 대금완납시까지 소유권을 매도인에게 유보하기로 특약한 것을 말하며, 이러한 내용의 계약은 동산의 매도인이 매매대금을 다 수령할 때까지 그 대금채권에 대한 담보의 효과를 취득 · 유지하려는 의도에서 비롯된 것이다. 따라서 부동산과 같이 등기에 의하여 소유권이 이전되는 경우에는 등기를 대금완납시까지 미룸으로써 담보의 기능을 할 수 있기 때문에 굳이 위와 같은 소유권유보부매매의 개념을 원용할 필요성이 없으며, 일단 매도인이 매수인에게 소유권이전등기를 경료하여 준 이상은 특별한 사정이 없는 한 매수인에게 소유권이 귀속되는 것이다. 한편 자동차, 중기, 건설기계 등은 비록 동산이기는 하나 부동산과 마찬가지로 등록에 의하여 소유권이 이전되고, 등록이 부동산 등기와 마찬가지로 소유권이전의 요건이므로, 역시 소유권유보부매매의 개념을 원용할 필요성이 없는 것이다[대판 2010.2.25. 2009도5064].

동지판례 乙이 甲회사로부터 중기를 甲회사에 소유권을 유보하고 할부로 매수한 다음 丙회사에 이를 지입하고 중기등록원부에 丙회사를 소유자로 등록한 후 乙의 甲에 대한 할부매매대금 채무를 담보하기 위하여 甲명의로 근저당권 설정등록을 하였으며 위 중기는 乙이 이를 점유하고 있었는데 甲의 회사원인 피고인들이 합동하여 승낙 없이 위 중기를 가져간 경우, 지입자가 사실상의 처분관리권을 가지고 있다고 하여도 이는 지입자와 지입받은 회사와의 내부관계에 지나지 않는 것이고 대외적으로는 자동차등록원부상의 소유자 등록이 원인무효가 아닌 한 지입받은 회사가 소유권자로서의 권리(처분권 등)를 가지고 의무(공과금 등 납세의무, 중기보유자의 손해배상 책임 등)를 지는 것이므로 피고인들의 중기취거행위는 지입받은 회사인 丙의 중기등록원부상의 소유권을 침해한 것으로서 특수절도죄에 해당한다[대판 1989.11.14. 89도773].

판례 | 절도죄가 성립하는 경우(타인의 소유인 경우)

1. 타인의 토지상에 권원 없이 식재한 수목의 소유권은 토지소유자에게 귀속하고 권원에 의하여 식재한 경우에는 그 소유권이 식재한 자에게 있으므로, 권원 없이 식재한 감나무에서 감을 수확한 것은 절도죄에 해당한다[대판 1998.4.24. 97도3425]. [20 경찰승진, 18 국가9급, 16 경찰승진]*

   비교판례 ⅰ) [1] 민법 제256조에서 부동산에의 부합의 예외사유로 규정한 '권원'은 지상권, 전세권, 임차권 등과 같이 타인의 부동산에 자기의 동산을 부속시켜서 그 부동산을 이용할 수 있는 권리를 뜻한다. 따라서 타인 소유의 토지에 수목을 식재할 당시 토지의 소유권자로부터 그에 관한 명시적 또는 묵시적 승낙 · 동의 · 허락 등을 받았다면, 이는 민법 제256조에서 부동산에의 부합의 예외사유로 정한 '권원'에 해당한다고 볼 수 있으므로, 해당 수목은 토지에 부합하지 않고 식재한 자에게 그 소유권이 귀속된다.
   [2] 피고인은 피해자 甲이 乙로부터 매수한 토지의 경계 부분에 매수 전 자신이 식재하였던 옹아나무 등 수목 5그루 시가 합계 약 2,050만 원 상당을 전기톱을 이용하여 절단하였다고 하여 특수재물손괴의 공소사실로 기소된 사안에서, 제반 사정에 비추어 피고인이 수목을 식재할 당시 토지의 전 소유자 乙로부터 명시적 또는 묵시적으로 승낙 · 동의를 받았거나 적어도 토지 중 수목이 식재된 부분에 관하여는 무상으로 사용할 것을 허락받았을 가능성을 배제하기 어렵고, 이는 민법 제256조에서 부동산에의 부합의 예외사유로 정한 '권원'에 해당한다고 볼 수 있어 수목은 토지에 부합하는 것이 아니라 이를 식재한 피고인에게 소유권이 귀속되며, 비록 甲이 토지를 매수할 당시 乙로부터 지장물까지 함께 매수하였다는 취지로도 증언하였으나 이를 뒷받침할 만한 증거가 없고, 설령 토지 및 지장물을 함께 매수하였더라도 수목이 식재될 당시부터 토지에 부합하지 않았다면 그 매매목적물에 수목이 당연히 포함된다고 단정할 수도 없다[대판 2023.11.16. 2023도11885].
   ⅱ) 타인소유의 토지에 이를 사용 · 수익할 만한 권한 없이 농작물을 경작한 경우 그 농작물의 소유권은 경작한 사람에게 귀속된다. 그러므로 토지소유자가 경작자가 경작한 콩을 뽑아버린 경우 재물손괴죄가 성립한다[대판 1999.6.25. 99도3891]. ※ 수목과 농작물의 소유권 귀속을 구별하여야 한다.

2. 명의대여 약정에 따른 신청에 의하여 발급된 영업허가증과 사업자등록증은 피해자가 인도받음으로써 피해자의 소유가 되었다고 할 것이므로, 이를 명의대여자가 가지고 간 행위는 절도죄에 해당한다[대판 2004.3.12. 2002도5090]. [17 경찰승진]*

3. 타인과 공동소유관계에 있는 물건도 절도죄의 객체가 되는 타인의 재물에 속한다[대판 1994.11.25. 94도2432]. [17 경찰채용]*

3-1. 피고인이 피고인과 피해자의 동업자금으로 구입하여 피해자가 관리하고 있던 다이야포크레인 1대를 그의 허락 없이 공소외인으로 하여금 운전하여 가도록 한 행위는 절도죄를 구성한다[대판 1990.9.11. 90도1021].

4. [1] 자동차나 중기(또는 건설기계)의 소유권의 득실변경은 등록을 함으로써 그 효력이 생기고 그와 같은 등록이 없는 한 대외적 관계에서는 물론 당사자의 대내적 관계에 있어서도 그 소유권을 취득할 수 없는 것이 원칙이지만, 당사자 사이에 그 소유권을 그 등록 명의자 아닌 자가 보유하기로 약정하였다는 등의 특별한 사정이 있는 경우에는 그 내부관계에 있어서는 그 등록 명의자 아닌 자가 소유권을 보유하게 된다.

[2] 자동차 명의신탁관계에서 제3자가 명의수탁자로부터 승용차를 가져가 매도할 것을 허락받고 인감증명 등을 교부받아 위 승용차를 명의신탁자 몰래 가져간 경우, 위 제3자와 명의수탁자의 공모·가공에 의한 절도죄의 공모공동정범이 성립한다[대판 2007.1.11. 2006도4498]. [22 경간부, 19 국가9급, 18 국가7급, 17 경찰승진]*

동지판례 피고인이 자신의 명의로 등록된 자동차를 사실혼 관계에 있던 갑에게 증여하여 갑만이 이를 운행·관리하여 오다가 서로 별거하면서 재산분할 내지 위자료 명목으로 갑이 소유하기로 하였는데, 피고인이 이를 임의로 운전해 간 사안에서, 자동차 등록명의와 관계없이 피고인과 갑 사이에서는 갑을 소유자로 보아야 한다는 이유로 절도죄를 인정한 원심판단을 정당하다고 한 사례[대판 2013.2.28. 2012도15303]. [20 변호사, 20 경찰채용, 19 경찰승진, 19 경찰채용]*

5. [1] 당사자 사이에 자동차의 소유권을 등록명의자 아닌 자가 보유하기로 약정한 경우, 약정 당사자 사이의 내부관계에서는 등록명의자 아닌 자가 소유권을 보유하게 된다고 하더라도 제3자에 대한 관계에서는 어디까지나 등록명의자가 자동차의 소유자라고 할 것이다.

[2] 피고인이 자신의 모(母) 甲 명의로 구입·등록하여 甲에게 명의신탁한 자동차를 乙에게 담보로 제공한 후 乙 몰래 가져간 경우, 乙에 대한 관계에서 자동차의 소유자는 甲이고 피고인은 소유자가 아니므로 乙이 점유하고 있는 자동차를 임의로 가져간 이상 절도죄가 성립한다[대판 2012.4.26. 2010도11771]. [21 법원9급, 20 경찰승진, 19 경간부, 16 법원행시, 16 경찰채용]*

판례 | 점유개정방식에 의한 동산의 이중양도담보의 법적 효과(뒤의 채권자는 양도담보권을 취득 X)

[1] 금전채무를 담보하기 위하여 채무자가 그 소유의 동산을 채권자에게 양도하되 점유개정의 방법으로 인도하고 채무자가 이를 계속 점유하기로 약정한 경우 특별한 사정이 없는 한 그 동산의 소유권은 신탁적으로 이전되는 것에 불과하여, 채권자와 채무자 사이의 대내적 관계에서는 채무자가 소유권을 보유하나 대외적인 관계에서의 채무자는 동산의 소유권을 이미 채권자에게 양도한 무권리자가 되는 것이어서 다시 다른 채권자와 사이에 양도담보설정계약을 체결하고 점유개정의 방법으로 인도하더라도 선의취득이 인정되지 않는 한 나중에 설정계약을 체결한 채권자로서는 양도담보권을 취득할 수 없는데, 현실의 인도가 아닌 점유개정의 방법으로는 선의취득이 인정되지 아니하므로 결국 뒤의 채권자는 적법하게 양도담보권을 취득할 수 없다.

[2] 돈사에서 대량으로 사육되는 돼지에 대한 (점유개정방식에 의한) 이중의 양도담보설정계약이 체결된 경우 뒤에 양도담보설정계약을 체결한 이중양수 채권자가 임의로 돼지를 반출한 행위는 절도죄를 구성한다[대판 2007.2.22. 2006도8649].

비교판례 [1] 금전채무를 담보하기 위하여 채무자가 그 소유의 동산을 채권자에게 양도하되 점유개정에 의하여 채무자가 이를 계속 점유하기로 한 경우, 특별한 사정이 없는 한 동산의 소유권은 신탁적으로 이전되고, 채권자와 채무자 사이의 대내적 관계에서 채무자는 의연히 소유권을 보유하나 대외적인 관계에 있어서 채무자는 동산의 소유권을 이미 채권자에게 양도한 무권리자가 된다. 따라서 동산에 관하여 양도담보계약이 이루어지고 채권자가 점유개정의 방법으로 인도를 받았다면, 그 정산절차를 마치기 전이라도 양도담보권자인 채권자는 제3자에 대한 관계에 있어서는 담보목적물의 소유자로서 그 권리를 행사할 수 있다.
[2] 양도담보권자인 채권자가 제3자에게 담보목적물인 동산을 매각한 경우, 제3자는 채권자와 채무자 사이의 정산절차 종결 여부와 관계없이 양도담보 목적물을 인도받음으로써 소유권을 취득하게 되고, 양도담보의 설정자가 담보목적물을 점유하고 있는 경우에는 그 목적물의 인도는 채권자로부터 목적물반환청구권을 양도받는 방법으로도 가능하다. 채권자가 양도담보 목적물을 위와 같은 방법으로 제3자에게 처분하여 그 목적물의 소유권을 취득하게 한 다음 그 제3자로 하여금 그 목적물을 취거하게 한 경우, 그 제3자로서는 자기의 소유물을 취거한 것에 불과하므로, 채권자의 이 같은 행위는 절도죄를 구성하지 않는다[대판 2008.11.27. 2006도423]. [20 경찰승진, 20 경간부, 18 경간부]*

판례 | 절도죄가 성립하지 않는 경우(타인소유라고 볼 수 없는 경우)

[1] 두 사람으로 된 동업관계 즉, 조합관계에 있어 그 중 1인이 탈퇴하면 조합관계는 해산됨이 없이 종료되어 청산이 뒤따르지 아니하며 조합원의 합유에 속한 조합재산은 남은 조합원의 단독소유에 속하고, 탈퇴자와 남은 자 사이에 탈퇴로 인한 계산을 하여야 한다.
[2] 두 사람으로 된 생강농사 동업관계에 불화가 생겨 그 중 1인이 나오지 않자, 남은 동업인이 혼자 생강 밭을 경작하여 생강을 반출한 행위가 절도죄를 구성하지 않는다고 한 사례[대판 2009.2.12. 2008도11804].

판결이유 공소외인이 묵시적으로 동업탈퇴의 의사표시를 한 것이라고 보아야 할 것이다.

② 행위: 절취이다.

㉮ 절취란 타인점유의 재물에 대하여 점유자의 의사에 반하여 그 점유자의 점유를 배제하고 자기 또는 제3자의 점유로 옮기는 것을 말한다. [20 경찰채용, 17 경찰승진]*

㉯ 점유배제의 수단 · 방법은 제한이 없다. i) 직접 · 간접을 불문하며, 은밀히 행하여질 필요도 없다. 따라서 날치기와 같이 공연히 점유를 침해하는 경우도 절취에 해당한다. ii) 기망을 수단으로 한 절도도 가능하다(책략절도).

판례 | 절도죄가 성립하는 경우

1. **(책략절도)** 피해자가 가지고 있는 책을 잠깐 보겠다고 하며 동인이 있는 자리에서 보는 척 하다가 가져갔다면 위 책은 아직 피해자의 점유하에 있었다고 할 것이므로 절도죄가 성립한다[대판 1983.2.22. 82도3115].
2. **(책략절도)** 피고인이 피해자 경영의 금방에서 마치 귀금속을 구입할 것처럼 가장하여 피해자로부터 순금목걸이 등을 건네받은 다음 화장실에 갔다 오겠다는 핑계를 대고 도주한 것이라면 위 순금목걸이 등은 도주하기 전까지는 아직 피해자의 점유하에 있었다고 할 것이므로 이를 절도죄로 의율 처단한 것은 정당하다[대판 1994.8.12. 94도1487]. [22 경간부, 18 법원행시, 17 경찰채용, 16 경찰승진]*
3. **(신부의 축의금 절도사건)** 피해자가 결혼예식장에서 신부측 축의금 접수인인 것처럼 행세하는 피고인에게 축의금을 내어놓자 이를 교부받아 가로챈 사안에서, 피해자의 교부행위의 취지는 신부측에 전달하는 것일 뿐 피고인에게 그 처분권을 주는 것이 아니므로, 이를 피고인에게 교부한 것이라고 볼 수 없고 단지 신부측 접수대에 교부하는 취지에 불과하므로 피고인이 그 돈을 가져간 것은 신부측 접수처의 점유를 침탈하여 범한 절취행위라고 보는 것이 정당하다고 한 사례[대판 1996.10.15. 96도2227]. [22 경간부, 19 경간부, 16 법원9급]*

비교판례 [1] 형법상 절취란 타인이 점유하고 있는 자기 이외의 자의 소유물을 점유자의 의사에 반하여 점유를 배제하고 자기 또는 제3자의 점유로 옮기는 것을 말한다. 이에 반해 기망의 방법으로 타인으로 하여금 처분행위를 하도록 하여 재물 또는 재산상 이익을 취득한 경우에는 절도죄가 아니라 사기죄가 성립한다.
사기죄에서 처분행위는 행위자의 기망행위에 의한 피기망자의 착오와 행위자 등의 착오에 빠진 피해자의 행위를 재물 또는 재산상 이익의 취득이라는 최종적 결과를 중간에서 매개 · 연결하는 한편, 이용하여 재산을 취득하는 것을 본질적 특성으로 하는 사기죄와 피해자의 행위에 의하지 아니하고 행위자가 탈취의 방법으로 재물을 취득하는 절도죄를 구분하는 역할을 한다. 처분행위가 갖는 이러한 역할과 기능을 고려하면 피기망자의 의사에 기초한 어떤 행위를 통해 행위자 등이 재물 또는 재산상의 이익을 취득하였다고 평가할 수 있는 경우라면, 사기죄에서 말하는 처분행위가 인정된다. 한편 사기죄가 성립되려면 피기망자가 착오에 빠져 어떠한 재산상의 처분행위를 하도록 유발하여 재산적 이득을 얻을 것을 요하고, 피기망자와 재산상의 피해자가 같은 사람이 아닌 경우에는 피기망자가 피해자를 위하여 그 재산을 처분할 수 있는 권능을 갖거나 그 지위에 있어야 한다.
[2] 피해자 甲은 드라이버를 구매하기 위해 특정 매장에 방문하였다가 지갑을 떨어뜨렸는데, 10분쯤 후 피고인이 같은 매장에서 우산을 구매하고 계산을 마친 뒤, 지갑을 발견하여 습득한 매장 주인 乙로부터 "이 지갑이 선생님 지갑이 맞느냐?"라는 질문을 받자 "내 것이 맞다."라고 대답한 후 이를 교부받아 가지고 간 사안에서, 乙은 지갑을 습득하여 진정한 소유자에게 돌려주어야 하는 지위에 있으므로 甲을 위하여 이를 처분할 수 있는 권능을 갖거나 그 지위에 있었으며, 이러한 처분 권능과 지위에 기초하여 지갑의 소유자라고 주장하는 피고인에게 지갑을 교부하였고 이를 통해 피고인이 지갑을 취득하여 자유로운 처분이 가능한 상태가 되었으므로, 乙의 행위는 사기죄에서 말하는 처분행위에 해당하고 피고인의 행위를 절취행위로 평가할 수 없다는 이유로, 피고인에 대한 주위적 공소사실인 절도 부분을 이유에서 무죄로 판단하면서 예비적 공소사실인 사기 부분을 유죄로 인정한 원심의 판단이 정당하다고 한 사례[대판 2022.12.29. 2022도12494].

판례 | 절도죄가 아니라 사기죄가 성립하는 경우(책략절도와 구별할 것)

(시운전 빙자 사기사건) 자전거를 살 의사도 없이 시운전을 빙자하여 교부받은 자전거를 타고 도주한 때에는 사기죄를 구성한다[대판 1968.5.21. 68도480].

㉰ 실행의 착수시기

판례 | 실행의 착수가 인정된 경우

1. 금품을 훔칠 목적으로 피해자의 집에 담을 넘어 침입하여 그 집 부엌에서 금품을 물색하던 중에 발각되어 도주한 것이라면 이는 절취행위에 착수한 것이라고 보아야 한다[대판 1987.1.20. 86도2199].
2. 금품을 절취하기 위하여 고속버스 선반 위에 놓여진 손가방의 한쪽 걸쇠만 열었다 하여도 절도범행의 실행에 착수하였다 할 것이다[대판 1983.10.25. 83도2432].
3. 주간에 절도의 목적으로 방 안까지 들어갔다가 절취할 재물을 찾지 못하여 거실로 돌아나온 경우, 절도죄의 실행 착수가 인정된다고 한 사례[대판 2003.6.24. 2003도1985]. [19 국가7급, 18 법원행시]*

판례 | 실행의 착수가 부정된 경우

절도죄의 실행의 착수시기는 재물에 대한 타인의 사실상의 지배를 침해하는 데에 밀접한 행위를 개시한 때라고 보아야 하므로, 야간이 아닌 주간에 절도의 목적으로 타인의 주거에 침입하였다고 하여도 아직 절취할 물건의 물색행위를 시작하기 전이라면 주거침입죄만 성립할 뿐 절도죄의 실행에 착수한 것으로 볼 수 없는 것이어서 절도미수죄는 성립하지 않는다[대판 1992.9.8. 92도1650], [대판 2012.9.27. 2012도9386].

㉱ 점유의 취득: 기수시기에 대하여는 접촉설, 취득설(판례, 통설), 이전설, 은닉설의 견해가 대립되고 있다. 취득설에 의하면 쉽게 운반할 수 있는 재물은 손에 잡거나 호주머니 또는 가방에 넣었을 때 기수가 되나, 쉽게 운반할 수 없는 재물은 피해자의 지배범위를 벗어났을 때 기수가 된다.

판례 | 절도죄의 기수가 인정된 경우

1. 창고에서 동판과 전선을 밖으로 들고 나와 손수레에 싣고 운반해 가다가 방범대원들에게 발각되어 체포되었다면 절도의 기수에 해당한다[대판 1984.2.14. 83도3242].
2. 본건에 있어서 피고인은 소유자의 도둑이야 하는 고함소리에 당황하여 라디오와 탁상시계를 가지고 나오다가 탁상시계는 그 집 방문 밖에 떨어뜨리고 라디오는 방에 던진 채 달아났다는 것이므로 피고인은 소유자의 물건에 대한 소지를 침해하고 피고인 자신의 지배 내로 옮겼다고 볼 수 있으니 이는 절도의 기수이고 미수가 아니라고 할 것이다[대판 1964.4.22. 64도112].

판례연습

【절도죄의 기수시기】 ※ 영산홍 나무 사건

甲은 A가 운영하는 연구소 마당에 승용차를 세워 두고, 마당 뒤편에서 A 소유의 영산홍 1그루를 캔 다음, 남편인 乙에게 전화를 걸어 영산홍을 차에 싣는 것을 도와 달라고 말하여, 乙을 그곳으로 오게 하여 캐낸 영산홍을 함께 승용차까지 운반하여 주차된 승용차 바로 뒤에서 영산홍을 함께 잡고 있다가 A에게 발각되었다. 위 영산홍은 상당히 클 뿐만 아니라 뿌리 부분의 흙까지 함께 캐내어져 甲이 혼자서 이를 운반하기는 어려웠다. 甲과 乙의 행위에 대하여 특수절도죄의 성립 여부를 검토하시오.

판결요지

[1] 입목을 절취하기 위하여 캐낸 때에 소유자의 입목에 대한 점유가 침해되어 범인의 사실적 지배하에 놓이게 되므로 범인이 그 점유를 취득하고 절도죄는 기수에 이른다. 이를 운반하거나 반출하는 등의 행위는 필요하지 않다.

[2] 절도범인이 혼자 입목을 땅에서 완전히 캐낸 후에 비로소 제3자가 가담하여 함께 입목을 운반한 사안에서, 특수절도죄의 성립을 부정한 사례[대판 2008.10.23. 2008도6080]. [18 법원행시, 18 경찰채용, 17 국가7급, 17 경찰승진, 16 경찰채용]*

판례해설 원심은 "甲이 영산홍을 땅에서 캐낸 것만으로는 그 절취행위가 완성되지 않았음을 전제로 하여, 甲이 캐낸 영산홍을 乙과 함께 승용차까지 운반함으로써 비로소 절취행위를 완성하였다는 이유로 피고인들이 합동하여 절취행위를 하였다고 보아 특수절도죄로 의율하였으나, 원심판결은 절도죄의 기수시기에 관한 법리를 오해한 위법이 있고, 이는 판결 결과에 영향을 미쳤음이 분명하다."하여 대법원에서 파기되었다. 사안에서 乙은 특수절도죄(정범)가 성립하지 아니하여 본범의 정범이 아니므로 장물운반죄가 성립할 수 있다.

비교판례 자동차를 절취할 생각으로 자동차의 조수석 문을 열고 들어가 시동을 걸려고 시도하는 등 차 안의 기기를 이것저것 만지다가 핸드브레이크를 풀게 되었는데 그 장소가 내리막길인 관계로 자동차가 시동이 걸리지 않은 상태에서 약 10m 전진하다가 가로수를 들이받는 바람에 멈추게 되었다면 절도의 기수에 해당한다고 볼 수 없다[대판 1994.9.9. 94도1522]. [18 국가9급]*

(2) 주관적 구성요건

고의와 불법영득의사가 있어야 한다. 따라서 평소 주의가 산만한 甲이 음식점에서 다른 사람의 우산을 자기 것인 줄 알고 가지고 나온 경우 甲에게는 재물의 타인성에 대한 인식이 없으므로 절도죄의 고의가 인정되지 않아 절도죄로 처벌할 수 없다.

판례 | 불법영득의사가 인정되는 경우

어떠한 물건을 점유자의 의사에 반하여 취거하는 행위가 결과적으로 소유자의 이익으로 된다는 사정 또는 소유자의 추정적 승낙이 있다고 볼 만한 사정이 있다고 하더라도, 다른 특별한 사정이 없는 한 그러한 사유만으로 불법영득의 의사가 없다고 할 수는 없다[대판 2014.2.21. 2013도14139]. [21 법원9급, 20 국가7급, 20 경간부, 18 경찰승진, 16 법원행시, 16 경찰채용]*

[사실관계] ① 甲은 2011년 9월경 승용차의 소유자인 H캐피탈로부터 A명의로 위 승용차를 리스하여 운행하던 중, 사채업자로부터 1,300만 원을 빌리면서 위 승용차를 인도하였다. ② 위 사채업자는 甲이 차용금을 변제하지 못하자 위 승용차를 매도하였고 B가 위 승용차를 매수하여 점유하였다. ③ 甲은 위 승용차를 회수하기 위해서 B와 만나기로 약속을 한 다음 2012.10.22.경 약속장소에 주차되어 있던 위 승용차를 미리 가지고 있던 보조열쇠를 이용하여 임의로 가져갔다. ④ 그 후 甲은 약 한 달 뒤인 2012.11.23.경 위 승용차를 H캐피탈에 반납하였다.

판례해설 [1] 甲이 사실관계 ③에서 승용차를 임의로 가져간 행위는 '절취'에 해당한다.
[2] 甲이 승용차를 임의로 가져간 것이 소유자인 H캐피탈의 의사에 반하는 것이라고는 보기 어렵고 실제로 위 승용차가 H캐피탈에 반납된 사정이 있다고 하더라도 甲에게 불법영득의 의사가 인정된다. [20 법원행시, 18 국가7급, 16 변호사]*

3. 죄수 및 타죄와의 관계

① 절도죄의 죄수는 절취의 수, 즉 점유침해의 수에 따라 결정한다.

② 주간에 주거에 침입하여 절도한 경우에는 주거침입죄와 절도죄의 실체적 경합이 된다.

판례 | 특가법 제5조의4 제6항 위반죄가 성립하는 경우 주거침입죄의 성립 여부

특정범죄 가중처벌 등에 관한 법률 제5조의4 제6항[69]에 규정된 상습절도 등 죄를 범한 범인이 그 범행의 수단으로 주간에 주거침입을 한 경우에 주거침입행위는 상습절도 등 죄에 흡수되어 위 조문에 규정된 상습절도 등 죄의 1죄만이 성립하고 별개로 주거침입죄를 구성하지 않는다.

또한 위 상습절도 등 죄를 범한 범인이 그 범행 외에 상습적인 절도의 목적으로 주간에 주거침입을 하였다가 절도에 이르지 아니하고 주거침입에 그친 경우에도 그것이 절도상습성의 발현이라고 보이는 이상 주거침입행위는 다른 상습절도 등 죄에 흡수되어 위 조문에 규정된 상습절도 등 죄의 1죄만을 구성하고 상습절도 등 죄와 별개로 주거침입죄를 구성하지 않는다 [대판 2017.7.11. 2017도4044].

Ⅲ 야간주거침입절도죄

제330조(야간주거침입절도) 야간에 사람의 주거, 관리하는 건조물, 선박, 항공기 또는 점유하는 방실(방실)에 침입하여 타인의 재물을 절취한 자는 10년 이하의 징역에 처한다.

제342조(미수범) 미수범은 처벌한다.

판례 | 야간의 의미

야간주거침입절도죄에 대하여 정하는 형법 제330조에서 '야간에'라고 함은 일몰 후부터 다음날 일출 전까지를 말한다[대판 2015.8.27. 2015도5381]. [19 변호사]*

판례 | 주간에 주거에 침입하여 야간에 절도한 경우(야간주거침입절도죄 불성립)

형법은 제329조에서 절도죄를 규정하고 곧바로 제330조에서 야간주거침입절도죄를 규정하고 있을 뿐, 야간절도죄에 관하여는 처벌규정을 별도로 두고 있지 아니하다. 이러한 형법 제330조의 규정형식과 그 구성요건의 문언에 비추어 보면, 형법은 야간에 이루어지는 주거침입행위의 위험성에 주목하여 그러한 행위를 수반한 절도를 야간주거침입절도죄로 중하게 처벌하고 있는 것으로 보아야 하고, 따라서 주간에 사람의 주거 등에 침입하여 야간에 타인의 재물을 절취한 행위는 형법 제330조의 야간주거침입절도죄를 구성하지 않는 것으로 봄이 상당하다[대판 2011.4.14. 2011도300, 2011감도5]. [19 변호사, 19 법원9급, 19 국가9급, 17 경간부, 17 경찰채용, 16 변호사, 16 경찰채용]*

---

69) 특정범죄 가중처벌 등에 관한 법률 제5조의4 ⑥ 상습적으로 형법 제329조부터 제331조까지의 죄나 그 미수죄 또는 제2항의 죄로 두 번 이상 실형을 선고받고 그 집행이 끝나거나 면제된 후 3년 이내에 다시 상습적으로 형법 제329조부터 제331조까지의 죄나 그 미수죄 또는 제2항의 죄를 범한 경우에는 3년 이상 25년 이하의 징역에 처한다.

판례 | 실행의 착수시기 및 실행의 착수가 인정된 경우

1. **(들어갈 의사로 문을 당기는 때)** [1] 야간에 타인의 재물을 절취할 목적으로 사람의 주거에 침입한 경우에는 주거에 침입한 단계에서 이미 형법 제330조에서 규정한 야간주거침입절도죄라는 범죄행위의 실행에 착수한 것이라고 보아야 한다. [20 국가7급, 20 국가9급, 18 국가9급, 17 경간부, 16 경찰채용]*
   [2] 출입문이 열려 있으면 안으로 들어가겠다는 의사 아래 출입문을 당겨보는 행위는 바로 주거의 사실상의 평온을 침해할 객관적인 위험성을 포함하는 행위를 한 것으로 볼 수 있어 그것으로 주거침입의 실행에 착수한 것으로 보아야 한다[대판 2006.9.14. 2006도2824]. [16 법원행시]*
2. **(들어갈 의사로 창문을 열려고 시도한 때)** 야간에 아파트에 침입하여 물건을 훔칠 의도하에 아파트의 베란다 철제난간까지 올라가 유리창문을 열려고 시도하였다면 야간주거침입절도죄의 실행에 착수한 것으로 보아야 한다[대판 2003.10.24. 2003도4417]. [20 경찰승진, 17 법원행시, 17 법원9급, 17 국가9급, 16 경찰승진, 16 경간부, 16 경찰채용]*

판례 | 야간주거침입절도의 기수에 해당하는 경우

피고인이 피해자 경영의 까페에서 야간에 아무도 없는 그곳 내실에 침입하여 장식장 안에 들어있던 정기적금통장 등을 꺼내 들고 까페로 나오던 중 발각되어 돌려준 경우 야간주거침입절도의 기수라고 할 것이다[대판 1991.4.23. 91도476]. [20 국가7급]*

Ⅳ 특수절도죄

제331조(특수절도) ① 야간에 문이나 담 그 밖의 건조물의 일부를 손괴하고 제330조의 장소에 침입하여 타인의 재물을 절취한 자는 1년 이상 10년 이하의 징역에 처한다.
② 흉기를 휴대하거나 2명 이상이 합동하여 타인의 재물을 절취한 자도 제1항의 형에 처한다.

제342조(미수범) 미수범은 처벌한다.

1. 성격

제331조 제1항은 범행의 강폭성, 제2항은 수단의 위험성 내지 집단성(제2항 후단) 때문에 형이 가중된다.

2. 구성요건

(1) 야간손괴후주거침입절도

판례 | 손괴의 의미 및 손괴행위로 인정되어 특수절도죄가 성립하는 경우

[1] 형법 제331조 제1항에 정한 '문호 또는 장벽 기타 건조물의 일부'라 함은 주거 등에 대한 침입을 방지하기 위하여 설치된 일체의 위장시설(僞裝施設)을 말하고, '손괴'라 함은 물리적으로 위와 같은 위장시설을 훼손하여 그 효용을 상실시키는 것을 말한다.
[2] 야간에 불이 꺼져 있는 상점의 출입문을 손으로 열어보려고 하였으나 출입문의 하단에 부착되어 있던 잠금 고리가 잠겨져 있어 열리지 않았는데, 출입문을 발로 걷어차자 잠금 고리의 아래쪽 부착 부분이 출입문에서 떨어져 출입문과의 사이가 뜨게 되면서 출입문이 열려 상점 안으로 침입하여 재물을 절취하였다면, 이는 물리적으로 위장시설을 훼손하여 그 효용을 상실시키는 행위에 해당한다[대판 2004.10.15. 2004도4505].

판례 | 손괴에 해당하지 않아 특수절도죄가 성립하지 않는 경우

피고인이 야간에 피해자들이 운영하는 식당의 창문과 방충망을 창틀에서 분리하고 침입하여 현금을 절취하였다고 하더라도 창문과 방충망을 손괴 즉 물리적으로 훼손하여 효용을 상실하게 한 것은 아니므로 형법 제331조 제1항의 특수절도가 성립할 수 없다[대판 2015.10.29. 2015도7559]. [18 경찰채용, 17 변호사]*

판례 | 특수절도죄의 실행의 착수가 인정되는 경우

1. 야간에 절도의 목적으로 출입문에 장치된 자물통 고리를 절단하고 출입문을 손괴한 뒤 집안으로 침입하려다가 발각된 것이라면 이는 특수절도죄의 실행에 착수한 것이다[대판 1986.9.9. 86도1273]. [20 변호사, 20 국가7급]*

   동지판례 현실적으로 절취목적물에 접근하지 못하였다 하더라도 야간에 타인의 주거에 침입하여 건조물의 일부인 방문고리를 손괴하였다면 형법 제331조의 특수절도죄의 실행에 착수한 것이다[대판 1977.7.25. 77도1802].
2. 야간에 두 사람이 공모 합동하여 타인의 재물을 절취하려고 한 사람은 망을 보고 또 한 사람은 기구를 가지고 출입문의 자물쇠를 떼어내거나 출입문의 환기창문을 열었다면 특수절도죄의 실행에 착수한 것이다[대판 1986.7.8. 86도843]. [16 경간부]*

(2) 흉기휴대절도

판례 | 특수절도죄에서 '흉기'의 의미

[1] 형법은 흉기와 위험한 물건을 분명하게 구분하여 규정하고 있다. 그리고 형법 제331조 제2항에서 '흉기를 휴대하여 타인의 재물을 절취한' 행위를 특수절도죄로 가중하여 처벌하는 것은 흉기의 휴대로 인하여 피해자 등에 대한 위해의 위험이 커진다는 점 등을 고려한 것으로 볼 수 있다. 이에 비추어 위 형법 조항에서 규정한 흉기는 본래 살상용·파괴용으로 만들어진 것이거나 이에 준할 정도의 위험성을 가진 것으로 봄이 상당하다.

[2] 피고인이 절도 범행을 함에 있어서 택시 운전석 창문을 파손하는 데 사용한 드라이버가 일반적인 드라이버와 동일한 것으로 특별히 개조된 바는 없는 것으로 보이므로, 피고인의 범행은 형법 제331조 제2항이 규정한 특수절도죄에 해당한다고 볼 수 없다고 한 사례[대판 2012.6.14. 2012도4175].

(3) 합동절도

① 합동의 의의

판례 | 합동의 의미(현장설)와 합동으로 인정된 경우(특수절도죄 성립)

1. [1] 형법 제331조 제2항 후단의 2인 이상이 합동하여 타인의 재물을 절취한 경우의 특수절도죄가 성립하기 위하여는 주관적 요건으로서의 공모와 객관적 요건으로서의 실행행위의 분담이 있어야 하고, 그 실행행위에 있어서는 시간적으로나 장소적으로 협동관계에 있음을 요한다. [18 국가9급, 18 경찰승진, 18 경찰채용]*

   [2] 피고인이 피해자의 형과 범행을 모의하고 피해자의 형이 피해자의 집에서 절취행위를 하는 동안 피고인은 그 집 안의 가까운 곳에 대기하고 있다가 절취품을 가지고 같이 나온 경우 시간적·장소적으로 협동관계가 있었다고 보아야 한다[대판 1996.3.22. 96도313].

   동지판례 i) 합동범이 성립하기 위하여는 주관적 요건으로서의 공모와 객관적 요건으로서의 실행행위의 분담이 있어야 하나, 그 공모는 법률상 어떠한 정형을 요구하는 것이 아니어서 공범자 상호간에 직접 또는 간접으로 범죄의 공동가공의사가 암묵리에 서로 상통하면 되고, 사전에 반드시 어떠한 모의과정이 있어야 하는 것도 아니어서 범의 내용에 대하여 포괄적 또는 개별적인 의사연락이나 인식이 있었다면 공모관계가 성립하며, 그 실행행위는 시간적으로나 장소적으로 협동관계에 있다고 볼 수 있는 사정이 있으면 되는 것이다[대판 2012.6.28. 2012도2631].
   ii) 피고인 1은 그 창고앞에서 망을 보고 피고인 2는 창고에 침입하여 가죽 약 1만평을 절취한 것이라면 시간적으로나 장소적으로 협동관계에 있으므로 특수절도가 성립한다[대판 1989.3.14. 88도837].

2. 피고인은 공소외인 등과 실행행위의 분담을 공모하고 위 공소외인들의 절취행위 장소 부근에서 피고인이 운전하는 차량 내에 대기하여 실행행위를 분담한 사실이 인정되고 다만 위 공소외인들이 범행대상을 물색하는 과정에서 절취행위장소가 피고인이 대기중인 차량으로부터 다소 떨어지게 된 때가 있었으나 그렇다고 하여 시간적·장소적 협동관계에서 일탈하였다고는 보여지지 아니하므로 피고인에 대하여 형법 제331조를 적용하여 유죄로 인정한 원심판결은 정당하다[대판 1988.9.13. 88도1197].

비교판례 甲이 공모한 내용대로 국도상에서 乙과 丙 등이 당일 마을에서 절취하여 온 황소를 대기하던 트럭에 싣고 운반한 행위는 시간적으로나 장소적으로 절취행위와 협동관계가 있다고 할 수 없다[대판 1976.7.27. 75도2720].

② 합동범의 공동정범 인정 여부

판례 | 합동범의 공동정범(인정)

(삐끼주점 사건) [1] 3인 이상의 범인이 합동절도의 범행을 공모한 후 적어도 2인 이상의 범인이 범행 현장에서 시간적, 장소적으로 협동관계를 이루어 절도의 실행행위를 분담하여 절도 범행을 한 경우에는 공동정범의 일반 이론에 비추어 그 공모에는 참여하였으나 현장에서 절도의 실행행위를 직접 분담하지 아니한 다른 범인에 대하여도 그가 현장에서 절도 범행을 실행한 위 2인 이상의 범인의 행위를 자기 의사의 수단으로 하여 합동절도의 범행을 하였다고 평가할 수 있는 정범성의 표지를 갖추고 있다고 보여지는 한 그 다른 범인에 대하여 합동절도의 공동정범의 성립을 부정할 이유가 없다고 할 것이다. 형법 제331조 제2항 후단의 규정이 위와 같이 3인 이상이 공모하고 적어도 2인 이상이 합동절도의 범행을 실행한 경우에 대하여 공동정범의 성립을 부정하는 취지라고 해석할 이유가 없을 뿐만 아니라, 만일 공동정범의 성립가능성을 제한한다면 직접 실행행위에 참여하지 아니하면서 배후에서 합동절도의 범행을 조종하는 수괴는 그 행위의 기여도가 강력함에도 불구하고 공동정범으로 처벌받지 아니하는 불합리한 현상이 나타날 수 있다. 그러므로 합동절도에서도 공동정범과 교사범·종범의 구별기준은 일반원칙에 따라야 하고, 그 결과 범행현장에 존재하지 아니한 범인도 공동정범이 될 수 있으며, 반대로 상황에 따라서는 장소적으로 협동한 범인도 방조만 한 경우에는 종범으로 처벌될 수도 있다[대판 2011.5.13. 2011도2021]. [23 변호사, 20 국가9급, 18 국가9급, 18 경찰채용]*

[2] 삐끼주점의 지배인인 甲이 A로부터 신용카드를 강취하고 신용카드의 비밀번호를 알아낸 후 현금자동지급기에서 인출한 돈을 삐끼주점의 분배관례에 따라 분배할 것을 전제로 하여 甲은 주점 내에서 A를 감시하는 동안 삐끼 乙·丙 및 업주인 丁은 A의 신용카드를 이용하여 현금자동지급기에서 현금을 인출하기로 공모한 후 그대로 실행에 옮겼다면 甲에게는 합동절도의 범행에 대하여 공동정범으로서의 죄책이 인정된다[대판(전) 1998.5.21. 98도321].

동지판례 甲이 피고인에게 절도범행을 함께 저지르자고 제의하자, 피고인은 乙을 甲에게 소개하여 주었으며, 乙에게 범행 도구인 면장갑과 쇼핑백을 구입하여 건네주었고, 甲과 乙이 X회사의 사무실 금고에서 현금을 절취하여 나올 때까지 X회사로부터 200m 정도 떨어진 주유소 앞에서 기다리다가 함께 절취한 현금을 운반한 후 그 중 일부(3분지 1)를 분배받았다. 이 경우 피고인이 甲과 乙의 범행에 대하여 망을 보아준 일은 없었다고 하더라도 피고인에게는 합동절도의 범행에 대하여 공동정범으로서의 죄책이 인정된다[대판 2011.5.13. 2011도2368]. [18 경찰승진]*

③ 폭처법상 공동범과 공동범의 공동정범

판례 | (주의) 폭처법 제2조 제2항의 '2인 이상이 공동하여'의 의미 및 공동범의 공동정범

폭처법 제2조 제2항의 '2인 이상이 공동하여 전항 기재의 죄를 범한 때'라고 함은 그 수인간에 소위 공범관계가 존재하는 것을 요건으로 하는 것이고 수인이 **동일 장소에서 동일 기회**에 **상호 다른 자의 범행을 인식**하고 **이를 이용하여 범행**을 한 경우임을 요한다고 할 것이므로 폭행의 실행범과의 공모사실은 인정되나 그와 공동하여 범행에 가담하였거나 범행장소에 있었다고 인정되지 아니하는 경우에는 '공동하여' 죄를 범한 때에 해당하지 않고, 여러 사람이 공동하여 범행을 공모하였다면 그중 2인 이상이 범행장소에서 실제 범죄의 실행에 이르렀어야 나머지 공모자에게도 공모공동정범이 성립할 수 있을 뿐이다[대판 1990.10.30. 90도2022; 대판 1994.4.12. 94도128].

[사실관계] 원심은 이 사건 범행 전날 피고인 3은 '싸워서라도 돈을 받아내라', 피고인 2는 '무조건 고개를 낮추고 싸워', '영상으로 찍을 거니까 너가 이겨야 돼'라는 등의 말을 피고인 1에게 하였고, 범행 당일 피고인들 모두 피해자와의 싸움 현장에 나가 피고인 1이 직접 피해자를 폭행하자, 피고인 2는 그 모습을 휴대전화기로 촬영하고, 피고인 3은 이를 옆에서 지켜보았다는 제1심 인정 사실을 인용하면서, 피고인들이 폭력행위처벌법 제2조 제2항 제1호에 따라 공동하여 피해자를 폭행한 것이라고 판단하였다. 그러나 원심이 인정한 사실관계에 의하더라도, 피고인들 상호 간에 공동으로 피해자를 폭행하자는 공동가공의 의사로 공범관계의 성립에 이르렀다고 볼 수 없을 뿐만 아니라, 피고인 3, 피고인 2는 이 사건 현장에서 피고인 1의 폭행을 인식하고 이를 이용하여 피해자의 신체에 대한 유형력을 행사하는 폭행의 실행행위에 가담한 것이 아니라 단지 피고인 1이 피해자를 폭행하는 모습을 지켜보거나 이를 동영상으로 촬영하였다는 것에 불과하다. 따라서 피고인 1의 단독범행에 의한 폭행과 피고인 3, 피고인 2의 폭행 교사 또는 방조로 인한 죄책 유무는 별론으로 하고, 피고인들에게 2명 이상이 공동하여 피해자를 폭행한 경우 성립하는 폭력행위처벌법 위반(공동폭행)죄의 죄책을 물을 수는 없다[대판 2023.8.31, 2023도6355].

판례해설 판례는 형법 제30조의 공동정범의 '2인 이상이 공동하여'와 폭처법 제2조 제2항의 '2인 이상이 공동하여'의 의미를 달리 사용하고 있음을 주의하여야 한다.

④ 합동범의 공범(교사범 · 종범): 현장성을 결여한 자일지라도 합동범에 대한 공범(교사범 · 종범)의 성립은 가능하다. [18 경찰승진]*

⑤ 실행의 착수와 기수시기: 흉기휴대의 특수절도죄와 동일하다.

판례 | 합동에 의한 특수절도의 실행의 착수시기(절취할 물건을 물색하기 시작한 때)

1. [1] 2인 이상이 합동하여 야간이 아닌 주간에 절도의 목적으로 타인의 주거에 침입하였다 하여도 아직 절취할 물건의 물색행위를 시작하기 전이라면 특수절도죄의 실행에는 착수한 것으로 볼 수 없는 것이어서 그 미수죄가 성립하지 않는다. [20 경찰승진, 20 경찰채용, 18 법원9급, 18 경간부]*
   [2] 피고인들이 주간에 아파트 출입문 시정장치를 손괴하다가 발각되어 도주하였다면, 실행의 착수가 없었으므로 형법 제331조 제2항의 특수절도죄의 미수가 성립되지 않는다[대판 2009.12.24, 2009도9667]. [20 경간부, 19 경찰승진, 18 국가9급, 18 경찰채용, 17 법원행시, 17 경간부, 16 변호사]*
2. 피고인이 아파트 신축공사 현장 안에 있는 건축자재 등을 훔칠 생각으로 공범과 함께 위 공사현장 안으로 들어간 후 창문을 통하여 신축 중인 아파트의 지하실 안쪽을 살핀 행위는, 지하실에 실제로 값비싼 동파이프가 보관되어 있었다고 하더라도, 특수절도죄의 실행의 착수에 해당하지 않는다[대판 2010.4.29, 2009도14554]. [19 국가7급]*

판례 | 특수절도의 기수에 해당하는 경우

甲이 乙과 같이 피해자 집에 침입하여 乙이 피해자 집 광에서 자루에 담아 내주는 백미 1두 5승을 받아 그 집을 나오려고 하다가 피해자에게 발각되어 체포되었다면 특수절도의 기수에 해당한다[대판 1964.12.8, 64도577].

V 자동차 등 불법사용죄

제331조의2(자동차 등 불법사용) 권리자의 동의 없이 타인의 자동차, 선박, 항공기 또는 원동기장치자전거를 일시 사용한 자는 3년 이하의 징역, 500만원 이하의 벌금, 구류 또는 과료에 처한다.

제342조(미수범) 미수범은 처벌한다.

'사용'이란 자동차 등을 그 본래의 용도인 교통수단으로 사용하는 것을 말한다. 따라서 자동차 안에서 잠을 잔 경우, 장물을 은닉한 경우는 본죄가 성립하지 아니한다.

판례 | 불법영득의사가 인정되지 않아 특수절도죄가 성립하지 않는 경우

1. 피고인들이 검거장소까지 운행한 거리는 약 2㎞ 정도로서 그에 소요된 시간을 약 10분 정도라면 피고인들은 위 승용차를 불법영득하려 한 것이 아니고 잠깐 동안 사용할 의사로 위와 같이 무단운행한 것이라 인정되므로 피고인들에게 불법영득의 의사가 있다고 보기 어렵다[대판 1984.4.24. 84도311].
2. 甲이 자기의 삼촌이 운영하는 카센터에서 종업원으로 일하는 乙과 함께 카센터에 있던 삼촌의 친구의 자동차를 하루만 운전하다가 돌려주기로 하고 몰래 운전하여 나갔다가 며칠동안 자신들이 사는 도시 인근을 돌아다니다가 불심검문에 걸려 체포되었다면 피고인 등은 위 차량을 반환할 의사를 가지고 피해자의 동의 없이 일시 사용한 것이라고 볼 여지가 충분히 있고, 만일 사실이 그러하다면 피고인 등의 위와 같은 행위에 대하여 형법 제331조의2에서 규정하고 있는 자동차등 불법사용죄의 죄책을 물을 수 있음은 별론으로 하고, 특수절도죄로 의율·처벌할 수는 없다[대판 1998.9.4. 98도2181].

Ⅵ 상습절도죄

제332조(상습범) 상습으로 제329조 내지 제331조의2의 죄(절도죄, 야간주거침입절도죄, 특수절도죄, 자동차 등 불법사용죄)를 범한 자는 그 죄에 정한 형의 2분의 1까지 가중한다.

제342조(미수범) 미수범은 처벌한다.

판례 | 절도죄에 있어서 상습성의 인정기준과 상습성이 부정된 경우

1. 절도죄에 있어서 상습성의 인정은 절도행위를 여러 번 하였다는 것만으로 반드시 인정된다고는 볼 수 없고 그 범행이 절도습성이 발현한 것으로 인정되는 경우에만 상습성의 인정이 가능한 것이고 수회의 범행이 우발적 동기나 급박한 경제적 사정에서 생한 것으로써 범인이 평소에 가지고 있던 절도습성의 발현이라고 볼 수 없는 경우에는 이를 상습절도로 인정할 수 없다[대판 1976.4.13. 76도259].
2. 3차례에 걸친 전과사실이 있으나 최종 범행일로부터는 6년이 훨씬 지나고 출소일로부터는 3년이 지난 후에 이 사건 범행을 단 1회 범한 것이라면 상기 전과가 있고 그 범죄의 태양이 동종이었다 하여 이것만으로 이 사건 범행을 상습성의 발현이라고 인정하기에는 부족하다[대판 1987.9.8. 87도1371].

판례 | 상습절도범의 처벌(법정형이 중한 죄로 처벌)

2·3회의 절도, 4회의 야간주거침입절도, 1회의 야간주거침입절도미수의 범죄사실이 상습적으로 반복된 것이라면 이러한 경우에는 그 중 법정형이 가장 무거운 상습야간주거침입절도에 나머지 행위를 포괄시켜 하나의 상습야간주거침입절도죄만이 성립한다[대판 1976.5.25. 76도1124].

동지판례 형법 제331조의2에 규정된 자동차등불법사용죄는 불법영득의 의사가 없는 이른바 사용절도행위 중 타인의 자동차 등과 같은 일정한 교통수단을 일시 사용한 행위를 처벌하기 위하여 마련된 규정으로서, 통상의 절도죄와 비교하여 볼 때 불법영득의 의사가 없다는 점에서 구성요건이 완화되어 있는 대신 형량도 낮고 구류 또는 과료가 선택형으로 규정되어 있으나, 주관적인 요건을 제외한 나머지 범죄의 구성요건이나 태양이 절도죄와 동일하고, 이러한 이유로 이 조항은 형법 제38장 '절도와 강도의 죄'에서 각 유형별 절도죄 규정의 마지막에 규정되어 있으며, 상습절도죄에 관한 제332조에서 다른 절도죄와 함께 구성요건의 하나로 열거되어 있다. 따라서 절도의 습벽이 있는 자가 절도, 야간주거침입절도, 특수절도죄의 전부 또는 일부와 함께 자동차등불법사용죄를 범한 경우에는 이들 행위를 포괄하여 형법상 상습절도죄의 1죄만 성립한다[대판 2002.4.26. 2002도429]. [23 경간부]*

판례 | 상습절도죄가 성립하는 경우 그 수단인 주간 주거침입은 별죄가 성립함

(형법상의 상습(단순) 절도의 경우 - 주거침입죄 성립) 상습으로 단순절도를 범한 범인이 상습적인 절도범행의 수단으로 주간(낮)에 주거침입을 한 경우에 주간 주거침입행위의 위법성에 대한 평가가 형법 제332조, 제329조의 구성요건적 평가에 포함되어 있다고 볼 수 없다. 그러므로 형법 제332조에 규정된 상습절도죄를 범한 범인이 범행의 수단으로 주간에 주거침입을 한 경우 주간 주거침입행위는 상습절도죄와 별개로 주거침입죄를 구성한다. 또 형법 제332조에 규정된 상습절도죄를 범한 범인이 그 범행 외에 상습적인 절도의 목적으로 주간에 주거침입을 하였다가 절도에 이르지 아니하고 주거침입에 그친 경우에도 주간 주거침입행위는 상습절도죄와 별개로 주거침입죄를 구성한다[대판 2015.10.15. 2015도8169]. [19 변호사, 19 법원9급, 18 변호사, 17 변호사]*

비교판례 **(특가법 제5조의4 제6항 위반죄의 경우 - 주거침입죄 불성립)** 특정범죄 가중처벌 등에 관한 법률 제5조의4 제6항[70]에 규정된 상습절도 등 죄를 범한 범인이 그 범행의 수단으로 주거침입을 한 경우에 주거침입행위는 상습절도 등 죄에 흡수되어 위 조문에 규정된 상습절도 등 죄의 1죄만이 성립하고 별개로 주거침입죄를 구성하지 않는다. 또한 위 상습절도 등 죄를 범한 범인이 그 범행 외에 상습적인 절도의 목적으로 주거침입을 하였다가 절도에 이르지 아니하고 주거침입에 그친 경우에도 그것이 절도상습성의 발현이라고 보이는 이상 주거침입행위는 다른 상습절도 등 죄에 흡수되어 위 조문에 규정된 상습절도 등 죄의 1죄만을 구성하고 상습절도 등 죄와 별개로 주거침입죄를 구성하지 않는다[대판 2017.7.11. 2017도4044].

판례 | 특가법 제5조의4 제5항 위반죄에 관한 판례

특정범죄 가중처벌 등에 관한 법률 제5조의4 제5항('형법 제329조부터 제331조까지의 죄 또는 그 미수죄로 세 번 이상 징역형을 받은 사람이 다시 이들 죄를 범하여 누범으로 처벌하는 경우에는 2년 이상 20년 이하의 징역에 처한다.')에서 정한 '징역형'에는 형법 제332조 상습절도죄로 처벌받은 전력도 포함된다[대판 2021.6.3. 2021도1349].

제3절 강도의 죄

출제 POINT

재산상 이익에 관한 판례의 입장을 정리해 두어야 한다. 강도의 수단인 폭행·협박의 의미, 인정 여부와 그에 따른 강도죄의 성부에 관한 판례, 준강도죄의 경우 절도의 기회성의 인정 여부와 기수시기 및 그 처벌에 관한 전원합의체 판례, 채무면탈살인이 강도살인죄가 되기 위한 요건에 관한 판례, 강도예비죄의 강도할 목적의 의미에 관한 판례가 중요하다.

I 총설

주된 보호법익은 재산권이나, 의사결정 및 의사활동의 자유도 보호법익이 된다. 보호의 정도는 침해범이다.

70) 상습적으로 「형법」 제329조부터 제331조까지의 죄나 그 미수죄로 두 번 이상 실형을 선고받고 그 집행이 끝나거나 면제된 후 3년 이내에 다시 상습적으로 「형법」 제329조부터 제331조까지의 죄나 그 미수죄를 범한 경우에는 3년 이상 25년 이하의 징역에 처한다.

Ⅱ 강도죄

> **제333조(강도)** 폭행 또는 협박으로 타인의 재물을 강취하거나 기타 재산상의 이익을 취득하거나 제3자로 하여금 이를 취득하게 한 자는 3년 이상의 유기징역에 처한다.
>
> **제342조(미수범)** 본죄의 미수범은 처벌한다.

1. 의의

① 폭행 또는 협박으로 타인의 재물을 강취하거나 기타 재산상의 이익을 취득하거나 제3자로 하여금 이를 취득하게 함으로써 성립하는 범죄이다.

② 재산죄와 폭행죄 또는 협박죄와의 결합범이며, 상태범이다.

2. 구성요건

(1) 객관적 구성요건

① 객체: 타인의 재물 또는 재산상의 이익이다.

판례 | 찢어진 어음 = 강도죄의 객체 ○

찢어진 어음이라 하더라도 그것이 아직 객관적인 경제적 가치 내지 금전적 교환가치를 가지고 있는 경우에는 피해자가 재사용 가능하거나 적어도 피해자에게는 그 어음의 원인채권을 변제받기 위한 증거 내지 수단으로 쓸 수 있는 사정이 있다 할 것이므로 그 어음조각은 여전히 강도죄의 객체인 재물에 해당한다 할 것이고, 가사 위 어음이 피해자가 이를 부당한 방법으로 소지하게 된 것이라 하여도 범행의 성립에 아무런 소장이 없다[대판 1987.10.13. 87도1240].

판례 | 재산상 이익의 취득 요건(사법상 유효함을 요하지 않음)

재산상의 이익은 반드시 사법상 유효한 재산상의 이득만을 의미하는 것이 아니고 외견상 재산상의 이득을 얻을 것이라고 인정할 수 있는 사실관계만 있으면 된다[대판 1994.2.22. 93도428]. [20 변호사, 19 경찰승진]*

② 폭행 · 협박

판례 | 강도죄의 폭행 · 협박의 정도 = 상대방의 반항을 억압하거나 항거불능케 할 정도의 것

강도죄에 있어서 폭행과 협박의 정도는 사회통념상 객관적으로 상대방의 반항을 억압하거나 항거불능케 할 정도의 것이라야 한다[대판 2001.3.23. 2001도359]. [16 경찰승진]*

판례 | 강도죄의 폭행 · 협박에 해당되는 경우

1. 택시 운전사에게 안면에 주머니 칼을 들이대고 금품을 강요한 사실은 피해자의 반항을 억압할 정도의 폭행, 협박이라고 인정된다[대판 1967.11.28. 67도1283].
2. 피해자의 뒤를 따라가다가 그 등을 발로 세게 차서 상해를 입힌 연후 물건을 빼앗은 것이라면 비록 느닷없이 한 것이라 하더라도 피해자의 반항을 억압할 수 있을 정도의 폭력행위에 해당한다고 볼 수 있을 것이다[대판 1972.1.31. 71도2114].

3. 피해자가 맞은 편에서 걸어오고 있는 것을 발견하고 접근하여 미리 준비한 돌멩이로 안면을 1회 강타하여 전치 3주간의 안면부좌상 및 피하출혈상 등을 입히고 가방을 빼앗은 것이라면 피해자의 반항을 억압할 수 있을 정도의 폭행행위에 해당한다[대판 1986.12.23. 86도2203].

4. "아티반"(신경안정제) 4알을 탄 우유나 사와가 들어 있는 갑을 휴대하고 다니다가 사람에게 마시게 하여 졸음에 빠지게 하고 그 틈에 그 사람의 돈이나 물건을 빼앗은 경우에 그 수단은 강도죄에서 요구하는 남의 항거를 억압할 정도의 폭행에 해당된다[대판 1979.9.25. 79도1735].

판례 | 강도죄의 폭행 · 협박의 상대방

폭행, 협박당한 자가 탈취당한 재물의 소유자 또는 점유자일 것을 요하지 않는다[대판 2010.12.9. 2010도9630].

③ 재물의 강취

판례 | 폭행 또는 협박이 있었으나 재물을 취거하기 위한 수단이 아니었던 경우 = 강도죄 X

1. 주점 도우미인 피해자와의 윤락행위 도중 시비 끝에 피해자를 이불로 덮어씌우고 폭행한 후 이불 속에 들어 있는 피해자를 두고 나가다가 탁자 위의 피해자 손가방 안에서 현금을 가져간 경우, 폭행에 의한 강도죄가 성립하지 않는다[대판 2009.1.30. 2008도10308]. [19 법원행시, 19 경간부]*

2. 타인에게 상해를 가하여 혼미상태에 빠지게 한 경우에 우발적으로 그의 재물을 도취하는 행위는 폭행을 도취의 수단으로 사용한 것이 아니므로 강도죄가 성립하지 아니한다[대판 1956.8.17. 4289형상170].

판례 | 강간의 수단인 폭행 · 협박에 의하여 억압된 상태를 이용한 재물의 탈취(강도죄 성립)

강도죄는 재물탈취의 방법으로 폭행, 협박을 사용하는 행위를 처벌하는 것이므로 폭행, 협박으로 타인의 재물을 탈취한 이상 피해자가 우연히 재물탈취 사실을 알지 못하였다고 하더라도 강도죄는 성립하고, 폭행, 협박당한 자가 탈취당한 재물의 소유자 또는 점유자일 것을 요하지도 아니하며, 강간범인이 부녀를 강간할 목적으로 폭행, 협박에 의하여 반항을 억압한 후 반항억압 상태가 계속 중임을 이용하여 재물을 탈취하는 경우에는 재물탈취를 위한 새로운 폭행, 협박이 없더라도 강도죄가 성립한다[대판 2010.12.9. 2010도9630]. [17 법원행시, 16 법원행시]*

판례 | 폭행 · 협박과 재물강취 사이에 인과관계 인정되지 않는 경우(특수강도 기수 성립 X)

반항 불가능한 정도에 이른 폭행, 협박이 있은 후 그로부터 상당한 시간이 경과한 후 폭행, 협박이 있은 곳과는 다른 장소에서 금원을 교부받은 범죄사실은 특수강도죄의 미수로 처벌할 수는 있을지언정 이를 특수강도죄의 기수로 처벌할 수는 없다[대판 1995.3.28. 95도91].

[사실관계] 甲은 강도의 의사로 01:00경 A의 집에서 A에게 칼을 들이대면서 돈을 요구하였으나 A가 돈이 없다고 하자 A를 풀어주었다. 같은 날 甲은 다시 A에게 돈을 요구하였고 A는 甲의 행패가 두려워 같은 날 19:00경 A의 집이 아닌 다른 장소에서 甲에게 돈을 건네주었다.

④ 재산상 이익의 취득

판례 | 이익강취죄가 성립하기 위한 요건(상대방의 처분행위를 요하지 않음)

형법 제333조의 재산상의 이득행위는 재물강취와 마찬가지로 상대방의 반항을 억압할 폭행 또는 협박의 수단으로 재산상의 이익을 취득하면 족한 것으로서 반드시 상대방의 의사에 의한 처분행위를 필요로 하지 않는다고 해석함이 상당하다[대판 1964.9.8. 64도310].

판례 | 강도살인죄가 성립하는 경우

1. 행위자가 채무를 면할 목적으로 피해자를 살해하였고, 또 상속인도 없음을 알고 피해자를 살해함으로써 사실상 그 채권의 추궁을 면한 것과 같은 입장에 놓이리라는 것을 알고 살해하였다면 이는 강도살인죄가 되는 것이다[대판 1971.4.6. 71도287].
2. 술집에 피고인과 술집 주인 두 사람밖에 없는 상황에서 술값의 지급을 요구하는 술집 주인을 살해하고 곧바로 피해자가 소지하던 현금을 탈취한 경우 강도살인죄가 성립한다[대판 1999.3.9. 99도242].

판례해설 별도로 절도죄가 성립하는 것이 아니라는 것을 주의하여야 한다.

동지판례 ⅰ) 채무면탈의 목적으로 채권자를 살해하고 동인의 반항능력이 완전히 상실된 것을 이용하여 즉석에서 동인이 소지하고 있던 재물까지 탈취하였다면 살인행위와 재물탈취행위는 서로 밀접하게 관련되어 있어 살인행위를 이용한 재물탈취행위라고 볼 것이므로 이는 강도살인죄에 해당한다[대판 1985.10.22. 85도1527].
ⅱ) 택시를 타고 목적지에 도착한 후 갑자기 요금면탈의 목적으로 운전수를 살해하려고 하다가 도주한 경우, 채무면탈의 목적으로 살해행위에 착수한 피고인의 본건 범행을 강도살인미수로 인정한 것은 적법하다[대판 1964.9.8. 64도310]. [18 경간부]*

판례 | 강도살인죄가 성립하지 않는 경우

강도살인죄가 성립하려면 먼저 강도죄의 성립이 인정되어야 하고, 강도죄가 성립하려면 불법영득(또는 불법이득)의 의사가 있어야 하며, 형법 제333조 후단 소정의 이른바 강제이득죄의 성립요건인 '재산상 이익의 취득'을 인정하기 위하여는 재산상 이익이 사실상 피해자에 대하여 불이익하게 범인 또는 제3자 앞으로 이전되었다고 볼 만한 상태가 이루어져야 하는데, 채무의 존재가 명백할 뿐만 아니라 채권자의 상속인이 존재하고 그 상속인에게 채권의 존재를 확인할 방법이 확보되어 있는 경우에는 비록 그 채무를 면탈할 의사로 채권자를 살해하더라도 일시적으로 채권자측의 추급을 면한 것에 불과하여 재산상 이익의 지배가 채권자측으로부터 범인 앞으로 이전되었다고 보기는 어려우므로, 이러한 경우에는 강도살인죄가 성립할 수 없다[대판 2004.6.24. 2004도1098; 동지 대판 2010.9.30. 2010도7405]. [20 법원행시, 19 법원행시, 19 경간부, 18 국가7급, 17 법원행시, 17 경찰승진]*

(2) 주관적 구성요건

판례 | 불법영득의사가 인정되지 않는 경우

1. 불법영득의 의사라 함은 권리자를 배제하여 타인의 물건을 자기의 물건과 같이 그 경제적 용법에 따라 이용처분하는 의사를 말하는 것이므로, 강간하는 과정에서 피해자들이 도망가지 못하게 하기 위해 손가방을 빼앗은 것에 불과하다면 불법영득의 의사가 있었다고 할 수 없다[대판 1985.8.13. 85도1170].
2. 강도살인죄가 성립하려면 먼저 강도죄의 성립이 인정되어야 하고 강도죄가 성립하려면 불법영득의 의사가 있어야 하는 것인바, 피해자를 강간한 후 항거불능 상태에 있는 피해자에게 돈을 내놓으라고 하여 피해자가 서랍 안에서 꺼내주는 돈을 받는 즉시 '팁'이라고 하면서 피해자의 브래지어 속으로 그 돈을 집어넣어 준 것이라면 이는 불법영득을 하려 한 것이 아니라 피해자를 희롱하기 위하여 돈을 뺏은 다음 그대로 돌려주려고 한 의도였다고 할 것이므로 불법영득의 의사가 있었다고 보기 어렵다[대판 1986.6.24. 86도776].

3. 위법성

피해자의 재물의 소지가 위법하다고 하여 강취행위의 위법성이 조각되는 것은 아니다. 따라서 도박에서 돈을 잃은 자가 도전(賭錢)을 강취한 경우에도 강도죄가 성립한다.

> **판례 | 강취에 의한 권리행사 = 강도죄 성립**
>
> 채권자로부터 채무자에 대한 외상물품 대금채권의 회수를 의뢰받았다 하더라도 채무자의 반항을 억압할 정도의 폭행과 협박을 가하여 재물 및 재산상 이득을 취득한 이상 이는 정당한 권리행사라고 볼 수 없음이 명백하여 강도죄가 성립함에는 아무런 지장이 없다[대판 1995.12.12. 95도2385].

4. 죄수 및 타죄와의 관계

> **판례 | 죄수 판단**
>
> 1. **(일죄)** 강도가 시간적으로 접착된 상황에서 가족을 이루는 수인에게 폭행·협박을 가하여 집안에 있는 재물을 탈취한 경우 그 재물은 가족의 공동점유 아래 있는 것으로서 이를 탈취하는 행위는 그 소유자가 누구인지에 불구하고 단일한 강도죄의 죄책을 진다[대판 1996.7.30. 96도1285]. [19 법원행시]*
> 2. [1] **(상상적 경합)** 피고인이 여관에서 종업원을 칼로 찔러 상해를 가하고 객실로 끌고 들어가는 등 폭행·협박을 하고 있던 중, 마침 다른 방에서 나오던 여관의 주인도 같은 방에 밀어넣은 후, 주인으로부터 금품을 강취하고, 1층 안내실에서 종업원 소유의 현금을 꺼내 갔다면, 여관 종업원과 주인에 대한 각 강도행위가 각별도 강도죄를 구성하되 피고인이 피해자인 종업원과 주인을 폭행·협박한 행위는 법률상 1개의 행위로 평가되는 것이 상당하므로 위 2죄는 상상적 경합범관계에 있다고 할 것이다.
>   [2] **(실체적 경합)** 피고인이 여관에 들어가 1층 안내실에 있던 여관의 관리인을 칼로 찔러 상해를 가하고, 그로부터 금품을 강취한 다음, 각 객실에 들어가 각 투숙객들로부터 강취한 각 행위는 비록 시간적으로 접착된 상황에서 동일한 방법으로 이루어지기는 하였으나 포괄하여 1개의 강도상해죄만을 구성하는 것이 아니라 실체적 경합범의 관계에 있는 것이라고 할 것이다[대판 1991.6.25. 91도643]. [19 법원행시, 19 경찰승진]*

Ⅲ 특수강도죄

> **제334조(특수강도)** ① 야간에 사람의 주거, 관리하는 건조물, 선박이나 항공기 또는 점유하는 방실에 침입하여 제333조의 죄(강도죄)를 범한 자는 무기 또는 5년 이상의 징역에 처한다.
> ② 흉기를 휴대하거나 2인 이상이 합동하여 전조의 죄(강도죄)를 범한 자도 전항의 형과 같다.
>
> **제342조(미수범)** 본죄의 미수범은 처벌한다.

1. 형의 가중이유

제334조 제1항은 야간이라는 행위상황, 제2항은 수단의 위험성 내지 집단성 때문에 형이 가중된다.

2. 구성요건

(1) 특수강도의 유형

특수강도죄의 유형으로는 야간주거침입강도, 흉기휴대강도, 합동강도가 있으며, 특수절도죄의 이론이 대부분 그대로 적용된다.

판례 | 합동에 의한 특수강도죄의 성립요건

1. 형법 제334조 제2항 소정의 "합동하여"라 함은 주관적 요건으로서의 공모와 객관적 요건으로서의 범행현장에서의 범행의 실행의 분담이 있어야 하나, 그 공모나 모의는 반드시 사전에 이루어진 것만을 필요로 하는 것이 아니고 범행현장에서 암묵리에 의사상통하는 것도 포함된다[대판 1988.11.22. 88도1557].
2. 형법 제334조 제2항의 특수강도죄에 있어 실행행위의 분담은 반드시 동시에 동일장소에서 실행행위를 특정하여 분담하는 것만을 뜻하는 것이 아니라 시간적으로나 장소적으로 서로 협동관계에 있다고 볼 수 있으면 충분하다[대판 1992.7.28. 92도917].

(2) 실행의 착수시기

① 야간주거침입강도의 경우

판례 | 특수강도의 실행의 착수시기(판례의 입장이 나뉨)

1. **(주거침입시설의 입장: 헛기침에 놀란 사건)** 형법 제334조 제1항 소정의 야간주거침입강도죄는 주거침입과 강도의 결합범으로서 시간적으로 주거침입행위가 선행되므로 주거침입을 한 때에 본죄의 실행에 착수한 것으로 볼 것인바, 같은조 제2항 소정의 흉기휴대 · 합동강도죄에 있어서도 그 강도행위가 야간에 주거에 침입하여 이루어지는 경우에는 주거침입을 한 때에 실행에 착수한 것으로 보는 것이 타당하다[대판 1992.7.28. 92도917]. [16 경찰채용]*
2. **(폭행 · 협박시설의 입장: 욕정 사건)** [1] 특수강도의 실행의 착수는 강도의 실행행위 즉 사람의 반항을 억압할 수 있는 정도의 폭행 또는 협박에 나아갈 때에 있다 할 것이다.
   [2] 강도의 범의로 야간에 칼을 휴대한 채 타인의 주거에 침입하여 집안의 동정을 살피다가 피해자를 발견하고 갑자기 욕정을 일으켜 칼로 협박하여 강간한 경우, 야간에 흉기를 휴대한 채 타인의 주거에 침입하여 집안의 동정을 살피는 것만으로는 특수강도의 실행에 착수한 것이라고 할 수 없으므로 위의 특수강도에 착수하기도 전에 저질러진 위와 같은 강간행위가 구 특정범죄 가중처벌 등에 관한 법률 제5조의6 제1항 소정의 특수강도강간죄에 해당한다고 할 수 없다[대판 1991.11.22. 91도2296].
   [20 경간부, 16 경찰채용]*

② 흉기휴대강도 및 합동강도: 폭행 · 협박시에 실행의 착수가 인정된다.

Ⅳ 준강도죄 · 준특수강도죄

제335조(준강도) 절도가 재물의 탈환에 항거하거나 체포를 면탈하거나 범죄의 흔적을 인멸할 목적으로 폭행 또는 협박한 때에는 제333조(강도죄) 및 제334조(특수강도죄)의 예에 따른다.

제342조(미수범) 본죄의 미수범은 처벌한다.

1. 의의

① 절도가 재물의 탈환을 항거하거나 체포를 면탈하거나 범죄의 흔적(죄적)을 인멸할 목적으로 폭행 또는 협박을 가함으로써 성립하는 범죄이다(사후강도죄).

② 절도죄와 강도죄의 가중적 구성요건이 아니라 그 위험성 때문에 강도죄와 같이 처벌하는 독립된 범죄이다.

참고 강도죄와 준강도죄의 비교

구분	강도죄	준강도죄
주체	제한 없음	절도(기수 · 미수 불문)
폭행 · 협박의 정도	상대방의 반항을 불가능케 할 정도	
주관적 요건	고의, 불법영득의사	고의, 불법영득의사, 목적
기수요건	재물 또는 재산상 이익의 취득(강취)	절도가 기수일 것

2. 구성요건

(1) 객관적 구성요건

① 주체: 절도이다.

㉮ 절도에는 단순절도 이외에 야간주거침입절도 · 특수절도 · 상습절도가 모두 포함된다.

㉯ 절도는 절도죄의 정범만을 의미하므로 절도죄의 공범은 본죄의 주체가 될 수 없다.

㉰ 절도의 기수 · 미수는 불문한다(판례, 다수설). 따라서 절도의 예비단계에서 폭행 · 협박을 한 경우에는 준강도죄가 성립하지 않는다.[71)]

판례 | 준강도죄의 주체인 절도의 범위

준강도의 주체는 절도 즉 절도범인으로, 절도의 실행에 착수한 이상 미수이거나 기수이거나 불문한다[대판 2003.10.24. 2003도4417]. [16 경찰채용]*

판례 | 준강도죄의 주체인 절도가 될 수 없어 준강도죄가 성립할 수 없는 경우

[1] 형법 제335조는 '절도'가 재물의 탈환을 항거하거나 체포를 면탈하거나 죄적을 인멸한 목적으로 폭행 또는 협박을 가한 때에 준강도가 성립한다고 규정하고 있으므로, 준강도죄의 주체는 절도범인이고, 절도죄의 객체는 재물이다. [20 법원행시, 16 법원행시]*

[2] 피고인이 술집 운영자로부터 술값의 지급을 요구받자 술값의 지급을 면하기로 마음먹고, 술집 운영자를 유인 · 폭행하고 도주하였다는 범죄사실에는 그 자체로 절도의 실행에 착수하였다는 내용이 포함되어 있지 않으므로 준강도죄가 성립할 수 없다고 한 사례[대판 2014.5.16. 2014도2521]. [18 경간부, 16 법원행시, 16 경찰승진]*

② 객체: 타인소유 · 타인점유의 재물이다.

71) 절도의사로 주간에 타인의 주거에 침입하였다가 발각되어 폭행을 가한 경우에는 주거침입죄와 폭행죄가 성립하나, 절도의사로 야간에 타인의 주거에 침입하였다가 발각되어 폭행을 가한 경우에는 준강도죄가 성립한다.

③ 폭행 · 협박

㉮ 폭행 · 협박의 정도

판례 | 준강도죄의 폭행의 정도(반항을 억압할 정도, 현실적으로 반항을 억압하였음을 불요)

1. **(반항을 억압할 정도)** 형법 제335조의 준강도죄의 구성요건인 폭행은 같은법 제333조(강도죄)의 폭행의 정도와의 균형상 상대방의 반항을 억압할 정도 즉 반항을 억압하는 수단으로서 일반적, 객관적으로 가능하다고 인정하는 정도면 족하다[대판 1985.5.14. 85도619].
2. **(현실적으로 반항을 억압하였음을 불요)** 준강도죄에 있어서의 폭행이나 협박은 상대방의 반항을 억압하는 수단으로서 일반적 객관적으로 가능하다고 인정하는 정도의 것이면 되고 반드시 현실적으로 반항을 억압하였음을 필요로 하는 것은 아니다[대판 1981.3.24. 81도409]. [20 법원행시, 17 법원행시]*

판례 | 준강도죄의 폭행에 해당하지 않는 경우

1. **(잡은 손을 뿌리친 정도)** 피고인이 옷을 잡히자 체포를 면하려고 충동적으로 저항을 시도하여 잡은 손을 뿌리친 정도의 폭행을 준강도죄로 의율할 수는 없다[대판 1985.5.14. 85도619]. [20 법원행시]*
2. **(솥뚜껑으로 막으려는 정도)** 피고인을 체포하려는 (절도의) 피해자가 체포에 필요한 정도를 넘어서서 발로 차며 전치 3개월을 요하는 중상을 입힐 정도로 심한 폭력을 가해오자 피고인이 이를 피하기 위하여 엉겁결에 솥뚜껑을 들어 위 폭력을 막아내려다가 그 솥뚜껑에 스치어 피해자가 상처를 입게 되었다면 피고인의 위 행위는 일반적, 객관적으로 피해자의 체포의사를 제압할 정도의 폭행에 해당하지 않는다고 할 것이므로 준강도상해죄는 성립되지 않는다[대판 1990.4.24. 90도193]. [16 경간부]*

판례 | 준강도죄의 폭행에 해당하는 경우

피고인이 오토바이를 절취하여 끌고 가다가 추격하여온 피해자에게 멱살을 잡히게 되자 체포를 면탈할 목적으로 피해자의 얼굴을 주먹으로 때리고 놓아주지 않으면 죽여버리겠다고 협박한 행위는 준강도죄를 구성한다 할 것이다[대판 1983.3.8. 82도2838].

㉯ 폭행 · 협박의 상대방

판례 | 준강도죄의 폭행 · 협박의 상대방 = 절도의 피해자에 제한 X, 제3자(경찰관) O

절도범인이 체포를 면탈할 목적으로 경찰관에게 폭행 · 협박을 가한 때에는 준강도죄와 공무집행방해죄를 구성하고 양죄는 상상적 경합관계에 있다[대판 1992.7.28. 92도917]. [19 변호사, 19 경간부, 18 경찰채용, 17 변호사, 17 경찰채용, 16 국가7급, 16 국가9급, 16 경찰승진, 16 경간부]*

㉰ 폭행 · 협박의 시기: 절도의 기회에 행해져야 한다. 따라서 폭행 · 협박은 절도와 시간적 · 장소적 근접성[72)]이 인정되어야 한다.

판례 | 절도의 기회성이 인정되지 않는 경우(준강도죄 불성립)

(절도범행의 종료 후 시간적 · 장소적으로 근접성이 탈락한 후 폭행을 한 경우) 피해자의 집에서 절도범행을 마친지 10분 가량 지나 피해자의 집에서 200m 가량 떨어진 버스정류장이 있는 곳에서 피고인을 절도범인이라고 의심하고 뒤쫓아 온 피해자에게 붙잡혀 피해자의 집으로 돌아왔을 때 비로소 피해자를 폭행한 경우, 그 폭행은 사회통념상 절도범행이 이미 완료된 이후에 행하여졌으므로 준강도죄가 성립하지 않는다[대판 1999.2.26. 98도3321]. [20 변호사]*

판례 | 절도의 기회성의 의미

1. 준강도죄에 있어서의 폭행 또는 협박은 절도의 실행에 착수하여 그 실행중이거나 그 실행 직후 또는 실행의 범의를 포기한 직후로서 사회통념상 범죄행위가 완료되지 아니하였다고 인정될 만한 단계에서 행하여짐을 요한다[대판 1984.9.11. 84도1398].

   관련판례 절도가 절도행위의 기회계속중이라고 볼 수 있는 그 실행 중 또는 실행 직후에 체포를 면탈할 목적으로 폭행을 가한 때에는 준강도죄가 성립되고 이로써 상해를 입혔을 때는 강도상해죄가 성립된다[대판 1987.10.26. 87도1662].

2. 준강도가 성립하기 위한 절도의 기회라고 함은 절도범인과 피해자측이 절도의 현장에 있는 경우와 절도에 잇달아 또는 절도의 시간 · 장소에 접착하여 피해자측이 범인을 체포할 수 있는 상황, 범인이 죄적인멸에 나올 가능성이 높은 상황에 있는 경우를 말하고, 그러한 의미에서 피해자측이 추적태세에 있는 경우나 범인이 일단 체포되어 아직 신병확보가 확실하다고 할 수 없는 경우에는 절도의 기회에 해당한다[대판 2001.10.23. 2001도4142]. [20 경찰채용, 16 법원행시]*

판례 | 절도의 기회성이 인정되는 경우(준강도죄 성립)

(1) 절도가 추격(추적)을 받던 중 폭행을 한 경우

(추격을 받던 중 절도의 장소에서 200m 떨어진 곳에서 폭행을 한 경우) 야간에 절도의 목적으로 피해자의 집에 담을 넘어 들어갔다가 발각되어 추격당하던 중 폭행을 가하였다면 그 장소가 피해장소로부터 200m 떨어진 곳이더라도 준강도죄가 성립한다[대판 1984.9.11. 84도1398]. [19 경간부]*

동지판례 **(추적을 받던 중 폭행)** 절도범행의 종료 후 얼마되지 아니한 단계이고 안전지대에로 이탈하지 못하고 피해자측에 의하여 체포될 가능성이 남아 있는 단계에서 추적당하여 체포되려하자 구타한 경우에는 절도행위와 그 체포를 면탈하기 위한 구타행위와의 사이에 시간상 및 거리상 극히 근접한 관계에 있다 할 것이므로 준강도죄가 성립한다[대판 1982.7.13. 82도1352].

(2) 절도가 체포되었으나 신병확보가 확실하지 않은 상태에서 폭행을 한 경우

1. 절도범인이 일단 체포되었으나 아직 신병확보가 확실하지 않은 단계에서 체포상태를 면하기 위해 폭행하여 상해를 가한 경우, 그 행위는 절도의 기회에 체포를 면탈할 목적으로 폭행하여 상해를 가한 것으로서 강도상해죄에 해당한다[대판 2001.10.23. 2001도4142]. [20 경찰채용, 16 법원행시]*

   판례해설 준강도에 의한 강도상해죄가 성립한다.

2. 절도범행이 종료되고 피해자가 절도범인의 체포사실을 파출소에 신고전화를 하려는데 피고인이 잘해보자고 하면서 폭행을 하였다 하더라도 그곳이 체포현장이고 주위사람에게 도주를 방지케 부탁한 상태 아래 일어난 것이라면 준강도죄가 성립한다[대판 1984.7.24. 84도1167]. [18 경찰승진]*

3. 피고인의 폭행사실은 피고인의 절도행위 직후 동 범행장소로부터 야경원에 의하여 피고인이 파출소로 연행하는 도중에 있었다는 것이므로 이를 사후강도(* 저자 주 – 준강도)로 인정하였음에 위법이 있다고 할 수 없다[대판 1967.1.31. 66도1501].

72) 시간적 근접성의 인정기준에 대하여는 학설 다툼이 심하므로 판례를 정리해두면 족하다.

㉣ 기수 · 미수의 판단기준

판례연습

【준강도죄의 기수 · 미수의 판단】 ※ 절도의 기수 · 미수 여부에 따라 준강도 기수 · 미수 결정

甲과 乙은 합동하여 양주를 절취하기로 공모한 후 A가 운영하는 주점에서 乙은 망을 보고 甲은 주점의 잠금장치를 뜯고 침입하여 진열장에 있던 양주 40여 병을 미리 준비한 바구니에 담고 있던 중, 계단에서 서성거리고 있던 乙을 수상히 여긴 주점 종업원 B가 주점으로 돌아오려는 소리를 듣고서 양주를 그대로 둔 채 출입문을 열고 나오다가 B가 甲을 붙잡자 체포를 면탈할 목적으로 甲의 목을 잡고 있던 B의 오른손을 깨물었다. 甲과 乙의 죄책은?

판결요지

[1] 형법 제335조에서 절도가 재물의 탈환을 항거하거나 체포를 면탈하거나 죄적을 인멸할 목적으로 폭행 또는 협박을 가한 때에 준강도로서 강도죄의 예에 따라 처벌하는 취지는, 강도죄와 준강도죄의 구성요건인 재물탈취와 폭행 · 협박 사이에 시간적 순서상 전후의 차이가 있을 뿐 실질적으로 위법성이 같다고 보기 때문인바, 이와 같은 준강도죄의 입법 취지, 강도죄와의 균형 등을 종합적으로 고려해 보면, 준강도죄의 기수여부는 절도행위의 기수 여부를 기준으로 하여 판단하여야 한다.

[2] 절도미수범이 체포를 면탈할 목적으로 폭행한 행위에 대하여 준강도미수죄로 의율한 원심판결을 수긍한 사례[대판(전) 2004.11.18. 2004도5074].

[23 변호사, 20 법원행시, 20 국가7급, 19 변호사, 19 법원행시, 19 국가9급, 19 경찰채용, 18 법원9급, 18 경간부, 18 경찰채용, 17 변호사, 17 법원행시, 17 경찰승진, 16 법원행시]*

정답 [준강도죄의 미수]

(2) 주관적 구성요건

판례 | 준강도죄에 있어서의 '재물의 탈환을 항거할 목적'의 의미

[1] 준강도죄에 있어서의 '재물의 탈환을 항거할 목적'이라 함은 일단 절도가 재물을 자기의 배타적 지배하에 옮긴 뒤 탈취한 재물을 피해자측으로부터 탈환당하지 않기 위하여 대항하는 것을 말한다.

[2] 피해자의 상해가 차량을 이용한 날치기 수법의 절도시 점유탈취의 과정에서 우연히 가해진 것에 불과하고, 그에 수반된 강제력 행사도 피해자의 반항을 억압하기 위한 목적 또는 정도의 것은 아니었던 것으로 보아 강도치상죄로 의율한 원심판결을 파기한 사례[대판 2003.7.25. 2003도2316].

3. 처벌

① 준강도죄에 해당하는 때에는 강도죄 · 특수강도죄 예에 의하여 처벌한다(제335조).

② 준강도죄를 강도죄로 처벌할 것인가 또는 특수강도죄로 처벌할 것인가의 판단기준

판례 | 준강도를 강도죄 또는 특수강도죄 중 어느 예로 처벌할 것인가의 기준(폭행 · 협박시의 행위태양)

준강도에 관한 형법 제335조를 보면 절도가 재물의 탈환을 항거하거나, 체포를 면탈하거나, 죄적을 인멸할 목적으로 폭행 또는 협박을 가한 때에는 형법 제333조와 형법 제334조의 예에 의한다고 규정하고 있는바, 이 조문은 절도범인이 절도기수 후 또는 절도의 착수 후 그 수행의 범의를 포기한 후에 소정의 목적으로서 폭행 또는 협박을 하는 행위가 그 태양에 있어서 재물탈취의 수단으로서 폭행, 협박을 가하는 강도죄와 같이 보여질 수 있는 실질적 위법성을 지니게 됨에 비추어 이를 엄벌하기 위한 취지로 규정되어 있는 것이며, 강도죄에 있어서의 재물탈취의 수단인 폭행 또는 협박의 유형을 흉기를 휴대하고 하는 경우와 그렇지 않은 경우로 나누어 흉기를 휴대하고 하는 경우를 특수강도로 하고, 그렇지 않은 경우를 단순강도로 하여 처벌을 달리하고 있음에 비추어 보면 절도범인이 처음에는 흉기를 휴대하지 아니하였으나 체포를 면탈할 목적으로 폭행 또는 협박을 가할 때에 비로소 흉기를 휴대사용하게 된 경우에는 형법 제334조의 예에 의한 준강도(특수강도의 준강도)가 되는 것으로 해석하여야 할 것이므로 처음에 흉기를 휴대하지 않았던 절도범인인 피고인이 체포를 면탈할 목적으로 추적하는 사람에 대하여 비로소 흉기를 휴대하여 흉기로서 협박을 가한 소위를 특수강도의 예에 의한 준강도로 의율한 원심의 조처는 정당하다[대판(전) 1973.11.13. 73도1553]. [17 법원행시]*

판례해설 절도범인이 처음에는 흉기를 휴대하지 아니하였으나 체포를 면탈할 목적으로 폭행 또는 협박을 가할 때에 비로소 흉기를 휴대 사용하게 된 경우에는 형법 제334조의 예에 의한 준강도(특수강도의 준강도)가 된다.

4. 죄수

판례 | 절도가 체포하려는 수인에 대한 폭행 중 1인에게 상해를 입힌 경우(강도상해죄의 포괄일죄)

절도범이 체포를 면탈할 목적으로 체포하려는 여러 명의 피해자에게 같은 기회에 폭행을 가하여 그 중 1인에게만 상해를 가하였다면 이러한 행위는 포괄하여 하나의 강도상해죄만 성립한다[대판 2001.8.21. 2001도3447]. [20 경찰승진, 19 국가9급, 18 변호사, 17 변호사, 17 국가9급, 17 경찰승진, 16 법원행시, 16 경간부]*

5. 준강도죄와 공동정범

판례 | 준강도(준강도에 의한 강도상해죄)의 공동정범의 인정 여부(인정)

준강도가 성립하려면 절도가 절도행위의 실행중 또는 실행직후에 체포를 면탈할 목적으로 폭행, 협박을 한 때에 성립하고 이로써 상해를 가하였을 때에는 강도상해죄가 성립되는 것이고, 공모합동하여 절도를 한 경우 범인 중의 하나가 체포를 면탈할 목적으로 폭행을 하여 상해를 가한 때에는 나머지 범인도 이를 예기하지 못한 것으로 볼 수 없다면 강도상해죄의 죄책을 면할 수 없다[대판 1984.2.28. 83도3321; 동지 대판 1984.12.26. 84도2552].

판례 | 공범의 폭행(상해)에 대한 예견가능성을 긍정한 경우(준강도에 의한 강도상해죄의 공동정범 성립)

(절도범행이 발각된 후 도주하다가 공범 중 1인이 상해한 경우) 특수절도의 범인들이 범행이 발각되어 각기 다른 길로 도주하다가 그 중 1인이 체포를 면탈할 목적으로 폭행하여 상해를 가한 때에는, 나머지 범인도 위 공범이 추격하는 피해자에게 체포되지 아니하려고 위와 같이 폭행할 것을 전연 예기하지 못한 것으로는 볼 수 없다 할 것이므로 그 폭행의 결과로 발생한 상해에 관하여 형법 제337조, 제335조의 강도상해죄의 책임을 면할 수 없다[대판 1984.10.10. 84도1887].

동지판례 ⅰ) 피고인과 원심피고인들이 타인의 재물을 절취하기로 공모한 다음 피고인은 망을 보고 원심피고인들이 재물을 절취한 다음 달아나려다가 피해자에게 발각되자 체포를 면탈할 목적으로 피해자를 때려 상해를 입혔다면 피고인도 이를 전연 예견하지 못했다고 볼 수 없어 강도상해죄의 죄책을 면할 수 없다[대판 1989.12.12. 89도1991].
ⅱ) 피고인들이 합동하여 절도범행을 하는 도중에, 사전에 구체적인 의사연락이 없었다고 하여도, 피고인이 체포를 면탈할 목적으로 피해자를 힘껏 떠밀어 콘크리트바닥에 넘어뜨려 상처를 입게 함으로써 추적을 할 수 없게 한 경우, 폭행의 정도가 피해자의 추적을 억압할 정도의 것이었던 이상 피고인들은 강도상해의 죄책을 면할 수 없다[대판 1991.11.26. 91도2267].

판례 | 공범의 폭행(상해)에 대한 예견가능성을 부정한 경우(준강도에 의한 강도상해죄의 공동정범 불성립)

1. **(공범이 도주해버린 이후에 공범 중 1인이 상해한 경우)** 절도를 공모한 피고인이 다른 공모자(甲)의 폭행행위에 대하여 사전양해나 의사의 연락이 전혀 없었고, 범행장소가 빈 가게로 알고 있었고, 위 甲이 담배창구를 통하여 가게에 들어가 물건을 절취하고 피고인은 밖에서 망을 보던 중 예기치 않았던 인기척 소리가 나므로 도주해버린 이후에 위 甲이 창구에 몸이 걸려 빠져나오지 못하게 되어 피해자에게 붙들리자 체포를 면탈할 목적으로 피해자에게 폭행을 가하여 상해를 입힌 것이고, 피고인은 그 동안 상당한 거리를 도주하였을 것으로 추정되는 상황하에서는 피고인이 위 甲의 폭행행위를 전혀 예기할 수 없었다고 보여지므로 피고인에게 준강도상해죄의 공동책임을 지울 수 없다[대판 1984.2.28. 83도3321].

2. A가 피고인 甲과 乙이 A의 집에서 물건을 훔쳐 나왔다는 연락을 받고 도주로를 따라 추격하자 甲과 乙이 이를 보고 도주하므로 1km 가량 추격하여 피고인 甲을 체포하여 같이 추격하여 온 동리 사람들에게 인계하고 1km를 더 추격하여 乙을 체포하여 가지고 간 나무 몽둥이로 乙을 1회 구타하자 乙이 몽둥이를 빼앗아 A를 구타 상해를 가하고 도주하였다면, 피고인 甲으로서는 사전에 乙과의 사이에 상의한 바 없었음은 물론 체포 현장에 있어서도 甲과의 사이에 전혀 의사연락 없이 乙이 A로부터 그가 가지고 간 몽둥이로 구타당하자 돌연 이를 빼앗아 A를 구타하여 상해를 가한 것으로서 피고인 甲이 이를 예기하지 못하였다고 할 것이므로 동 구타상해행위를 공모 또는 예기하지 못한 피고인에게까지 준강도상해의 죄책을 물을 수 없다[대판 1982.7.13. 82도1352].

Ⅴ 인질강도죄

제336조(인질강도) 사람을 체포·감금·약취 또는 유인하여 이를 인질로 삼아 재물 또는 재산상의 이익을 취득하거나 제3자로 하여금 이를 취득하게 한 자는 3년 이상의 유기징역에 처한다.

제342조(미수범) 본죄의 미수범은 처벌한다.

Ⅵ 강도상해·치상죄

제337조(강도상해·치상) 강도가 사람을 상해하거나 상해에 이르게 한 때에는 무기 또는 7년 이상의 징역에 처한다.

제342조(미수범) 미수범은 처벌한다.

1. 의의

강도가 사람을 상해하거나 상해에 이르게 함으로써 성립하는 범죄이다.

2. 구성요건

① **주체**: 강도에는 단순강도, 특수강도, 준강도 및 인질강도를 포함하며 그 기수와 미수를 불문한다.
② **상해(치상) 상대방**: 강도의 피해자 이외에 제3자도 포함된다.
③ **상해(치상) 발생원인**: 강도의 기회에 발생된 것이면 족하다(판례, 통설).

판례 | 강도의 기회에 상해한 경우 = 강도상해죄 성립

강도범인이 강도를 하는 기회에 범행의 현장에서 사람을 상해한 이상, 재물강취의 수단인 폭행으로 인하여 상해의 결과가 발생한 것이 아니고, 재물의 탈환을 항거하거나 체포를 면탈하거나 죄적을 인멸할 목적으로 폭행을 가한 것이 아니라고 하더라도 강도상해죄가 성립한다[대판 1992.4.14. 92도408].

판례 | 강도의 기회성이 인정되어 강도상해(또는 강도치상)죄가 성립하는 경우

1. 강도치상죄에 있어서의 상해는 강도의 기회에 범인의 행위로 인하여 발생한 것이면 족한 것이므로, 피고인이 택시를 타고 가다가 요금지급을 면할 목적으로 소지한 과도로 운전수를 협박하자 이에 놀란 운전수가 택시를 급우회전하면서 그 충격으로 피고인이 겨누고 있던 과도에 어깨부분이 찔려 상처를 입었다면, 피고인의 위 행위를 강도치상죄에 의율함은 정당하다[대판 1985.1.15. 84도2397]. [16 경찰승진]*

2. 강도가 재물강취의 수단으로서 한 폭행에 의하여 상해를 입힌 경우가 아니라도 강도의 기회에 상해를 입힌 것이라면 강도상해죄가 성립한다 할 것인바, 강취현장에서 피고인의 발을 붙잡고 늘어지는 피해자를 30m쯤 끌고가서 폭행함으로써 상해한 피고인의 행위는 강도상해죄에 해당한다 할 것이다[대판 1984.6.26. 84도970].

3. 피고인이 피해자로부터 재물을 강취하고 피해자가 운전하는 자동차에 함께 타고 도주하다가 단속 경찰관이 뒤따라오자 피해자를 칼로 찔러 상해를 가하였다면 강도상해죄를 구성한다 할 것이고, 강취와 상해 사이에 1시간 20분이라는 시간적 간격이 있었다는 것만으로는 강도상해죄의 성립에 영향이 없다[대판 1992.1.21. 91도2727].

4. 형법 제337조의 강도상해죄는 강도범인이 강도의 기회에 상해행위를 함으로써 성립하므로 강도범행의 실행 중이거나 실행 직후 또는 실행의 범의를 포기한 직후로서 사회통념상 범죄행위가 완료되지 아니하였다고 볼 수 있는 단계에서 상해가 행하여짐을 요건으로 한다. 그러나 반드시 강도범행의 수단으로 한 폭행에 의하여 상해를 입힐 것을 요하는 것은 아니고 상해행위가 강도가 기수에 이르기 전에 행하여져야만 하는 것은 아니므로, 강도범행 이후에도 피해자를 계속 끌고 다니거나 차량에 태우고 함께 이동하는 등으로 강도범행으로 인한 피해자의 심리적 저항불능 상태가 해소되지 않은 상태에서 강도범인의 상해행위가 있었다면 강취행위와 상해행위 사이에 다소의 시간적 · 공간적 간격이 있었다는 것만으로는 강도상해죄의 성립에 영향이 없다[대판 2014.9.26. 2014도9567]. [23 경간부, 20 법원행시, 19 법원행시, 18 변호사, 18 경찰채용, 16 변호사]*

판례 | 강도상해죄가 성립하지 않는 경우(피해자가 적극적 체포과정에서 스스로 상해를 입은 경우)

1. 절도 피해자가 잠을 자다가 이마를 맞고 잠이 깨어 비로소 맞은 것을 알았다고 진술할 뿐, 피해자가 소리를 지르므로 피고인이 체포를 면탈하기 위하여 피해자를 때린 것이라고 인정할 수 없다면 피고인에게 준강도상해의 죄책을 지울 수 없다[대판 1984.6.5. 84도460]. [17 법원행시]*

2. 강도상해죄는 강도가 사람을 상해한 경우에 성립하는 것이므로 도주하는 강도를 체포하기 위해 뒤에서 덮쳐 오른손으로 목을 잡고, 왼손으로 앞부분을 잡는 순간 강도가 들고 있던 벽돌에 끼어있는 철사에 찔려 부상을 입었다거나 또는 도망하려는 공범을 뒤에서 양팔로 목을 감싸잡고 내려오다 같이 넘어져 부상을 입은 경우라면 위 부상들은 피해자들의 적극적인 체포행위 과정에서 스스로의 행위의 결과로 입은 상처이어서 위 상해의 결과에 대하여 강도상해죄로 의율할 수 없다[대판 1985.7.9. 85도1109].

판례 | 강도상해죄에 있어서 상해의 의미 및 상해에 해당하지 않는 경우

1. **(상해의 의미)** 강도상해죄에 있어서의 상해는 피해자의 신체의 건강상태가 불량하게 변경되고 생활기능에 장애가 초래되는 것을 말하는 것으로서, 피해자가 입은 상처가 극히 경미하여 굳이 치료할 필요가 없고 치료를 받지 않더라도 일상생활을 하는 데 아무런 지장이 없으며 시일이 경과함에 따라 자연적으로 치유될 수 있는 정도라면, 그로 인하여 피해자의 신체의 건강상태가 불량하게 변경되었다거나 생활기능에 장애가 초래된 것으로 보기 어려워 강도상해죄에 있어서의 상해에 해당한다고 할 수 없다[대판 2003.7.11. 2003도2313]. [19 경찰승진, 16 경찰승진]*

2. **(상해에 해당하지 않는 경우)** 약물을 탄 오렌지를 먹자마자 정신이 혼미해지고, 그 후 기억을 잃었다는 것은 강도죄에 있어서 항거불능 상태를 말하는 것은 될지언정 이것만으로는 약물중독 상해를 인정할 자료가 되지 못한다[대판 1984.12.11. 84도2324].

판례연습

【준강도죄 또는 강도죄의 폭행 · 협박의 정도에 해당하는지 여부】

아래의 사안에서 甲과 丙에 대하여 강도치상죄의 성립 여부를 검토하라.

〈사안 1〉

甲, 乙 등은 자동차를 이용하여 날치기를 하기로 공모하였다. 甲이 승용차를 운전하여 A(女)에게 접근하고 함께 차를 타고 있던 공모자들 중 乙이 A(女)의 손가방을 낚아채자 甲이 승용차를 운전하여 가버림으로써 A(女)에게 손가락 골절상을 입게 하였다.

〈사안 2〉

날치기범 丙은 B(女)가 현금인출기에서 돈을 인출하여 가방에 넣고 나오는 것을 발견하고 B(女)의 뒤쪽으로 접근하여 B(女)의 왼팔에 끼고 있던 손가방의 끈을 오른손으로 잡아당겼으나 B(女)는 가방을 놓지 않으려고 버티다가 몸이 돌려지면서 등을 바닥 쪽으로 하여 넘어졌으나 계속하여 B(女)를 5m 가량 끌고 감으로써 무릎 등에 상해를 입혔다.

판결요지

〈사안 1〉

[1] 날치기와 같이 강력적으로 재물을 절취하는 행위는 때로는 피해자를 전도시키거나 부상케 하는 경우가 있고, 구체적인 상황에 따라서는 이를 강도로 인정하여야 할 때가 있다 할 것이나, 그와 같은 결과가 피해자의 반항억압을 목적으로 함이 없이 점유탈취의 과정에서 우연히 가해진 경우라면 이는 절도에 불과한 것으로 보아야 한다.

[2] 준강도죄에 있어서의 '재물의 탈환을 항거할 목적'이라 함은 일단 절도가 재물을 자기의 배타적 지배하에 옮긴 뒤 탈취한 재물을 피해자측으로부터 탈환당하지 않기 위하여 대항하는 것을 말한다.

[3] 피해자의 상해가 차량을 이용한 날치기 수법의 절도시 점유탈취의 과정에서 우연히 가해진 것에 불과하고, 그에 수반된 강제력 행사도 피해자의 반항을 억압하기 위한 목적 또는 정도의 것은 아니었던 것으로 보아 강도치상죄로 의율한 원심판결을 파기한 사례[대판 2003.7.25. 2003도2316].

〈사안 2〉

[1] 소위 '날치기'와 같이 강제력을 사용하여 재물을 절취하는 행위가 때로는 피해자를 넘어뜨리거나 상해를 입게 하는 경우가 있고, 그 강제력의 행사가 사회통념상 객관적으로 상대방의 반항을 억압하거나 항거 불능케 할 정도의 것이라면 이는 강도죄의 폭행에 해당한다. 그러므로 날치기 수법의 점유탈취 과정에서 이를 알아채고 재물을 빼기지 않으려는 상대방의 반항에 부딪혔음에도 계속하여 피해자를 끌고 가면서 억지로 재물을 빼앗은 행위는 피해자의 반항을 억압한 후 재물을 강취한 것으로서 강도에 해당한다. [17 법원행시]*

[2] 날치기 수법으로 피해자가 들고 있던 가방을 탈취하면서 가방을 놓지 않고 버티는 피해자를 5m 가량 끌고 감으로써 피해자의 무릎 등에 상해를 입힌 경우, 반항을 억압하기 위한 목적으로 가해진 강제력으로서 그 반항을 억압할 정도에 해당한다고 보아 강도치상죄의 성립을 인정한 사례[대판 2007.12.13. 2007도7601]. [23 변호사, 19 경간부, 18 변호사, 16 경찰승진]*

정답 [甲: 강도치상죄 불성립, 丙: 강도치상죄 성립]

④ 기수시기

㉮ 강도상해죄의 기수 · 미수는 상해의 기수 · 미수에 따라 결정되며, 강도의 기수 · 미수와는 무관하다.

㉯ 강도치상죄는 상해의 결과가 발생한 때 기수가 된다. 강도의 기수 · 미수는 불문한다.

판례 | 준강도에 의한 강도상해죄의 기수의 요건(절도의 목적달성은 기수요건이 아님)

피고인이 절취품을 물색중 피해자가 잠에서 깨어나 "도둑이야"라고 고함치자 체포를 면탈할 목적으로 그녀에게 이불을 덮어 씌우고 입과 목을 졸라 상해를 입혔다면 절도의 목적달성 여부에 관계없이 강도상해죄가 성립한다[대판 1985.5.28. 85도682].

⑤ 불법이득의사

판례 | 강도상해죄의 불법이득의사의 판단당법

강도상해죄가 성립하려면 먼저 강도죄의 성립이 인정되어야 하고, 강도죄가 성립하려면 불법영득 또는 불법이득의 의사가 있어야 한다. 채권자를 폭행 · 협박하여 채무를 면탈함으로써 성립하는 강도죄에서 불법이득의사는 단순 폭력범죄와 구별되는 중요한 구성요건 표지이다. 폭행 · 협박 당시 피고인에게 채무를 면탈하려는 불법이득의사가 있었는지는 신중하고 면밀하게 심리 · 판단되어야 한다. 불법이득의사는 마음속에 있는 의사이므로, 피고인과 피해자의 관계, 채무의 종류와 액수, 폭행에 이르게 된 경위, 폭행의 정도와 방법, 폭행 이후의 정황 등 범행 전후의 객관적인 사정을 종합하여 불법이득의사가 있었는지를 판단할 수밖에 없다[대판 2021.6.30. 2020도4539].

[사실관계] 술을 마신 피고인이 술값 지급을 요구받자 술값 일부를 지급하고 나가려고 하는 과정에서 시비가 붙어 피해자를 때려 실신케 하였으나 현장에서 도주 하지 않고 있다가 체포된 사건이다. 대법원은 피고인이 술값 채무를 면탈할 의사가 있었다면 그때 현장을 벗어나는 것이 자연스럽다는 등의 이유로 피고인에게 불법이득의 의사가 있었다고 보기 어렵다고 판시하였다.

3. 공범관계

판례 | 강도상해죄(준강도상해죄)의 공동정범이 인정된 경우

1. 강도합동범 중 1인이 피고인과 공모한대로 과도를 들고 강도를 하기 위하여 피해자의 거소로 들어가 피해자를 향하여 칼을 휘두른 이상 이미 강도의 실행행위에 착수한 것임이 명백하고, 그가 피해자들을 과도로 찔러 상해를 가하였다면 대문밖에서 망을 본 공범인 피고인이 구체적으로 상해를 가할 것까지 공모하지 않았다 하더라도 피고인은 상해의 결과에 대하여도 공범으로서의 책임을 면할 수 없다[대판 1998.4.14. 98도356].
2. 합동하여 절도를 한 경우 범인 중 1인이 체포를 면탈할 목적으로 폭행을 하여 상해를 가한 때에는 나머지 범인도 이를 예기하지 못한 것으로 볼 수 없으면 준강도상해죄의 죄책을 면할 수 없다[대판 1982.7.13. 82도1352]. [17 변호사, 17 법원행시, 16 경간부]*

Ⅶ 강도살인 · 치사죄

제338조(강도살인 · 치사) 강도가 사람을 살해한 때에는 사형 또는 무기징역에 처한다. 사망에 이르게 한 때에는 무기 또는 10년 이상의 징역에 처한다.

제342조(미수범) 미수범은 처벌한다.

판례 | 강도살인죄의 주체 = 준강도 포함

강도살인죄의 주체인 강도는 준강도죄의 강도범인을 포함한다고 할 것이므로 절도가 체포를 면탈할 목적으로 사람을 살해한 때에는 강도살인죄가 성립한다[대판 1987.9.22. 87도1592]. [20 경간부]*

판례 | 강도의 기회의 의미 및 강도의 기회에 살인한 경우로 볼 수 없는 경우(강도살인죄 X)

[1] 강도살인죄는 강도범인이 강도의 기회에 살인행위를 함으로써 성립하는 것이므로, 강도범행의 실행중이거나 그 실행 직후 또는 실행의 범의를 포기한 직후로서 사회통념상 범죄행위가 완료되지 아니하였다고 볼 수 있는 단계에서 살인이 행하여짐을 요건으로 한다. [20 경간부, 17 경찰승진]*

[2] 피고인이 피해자 소유의 돈과 신용카드에 대하여 불법영득의 의사를 갖게 된 것이 살해 후 상당한 시간이 지난 후로서 살인의 범죄행위가 이미 완료된 후의 일이라면, 살해 후 상당한 시간이 지난 후에 별도의 범의에 터잡아 이루어진 재물 취거행위를 그보다 앞선 살인행위와 합쳐서 강도살인죄로 처단할 수 없다[대판 2004.6.24. 2004도1098]. [18 국가7급]*

판례해설 불법영득의사 없는 단순살인은 강도를 목적으로 한 살인, 즉 강도의 기회에 살인한 것이라고 볼 수 없으므로 강도살인죄가 성립할 수 없다는 취지의 판례이다.

판례 | 강도의 기회에 살인한 경우로 볼 수 있는 경우(강도살인죄 ○)

강도범행 직후 신고를 받고 출동한 경찰관이 위 범행 현장으로부터 약 150m 지점에서 화물차를 타고 도주하는 피고인을 발견하고 순찰차로 추적하여 격투 끝에 피고인을 붙잡았으나, 피고인이 너무 힘이 세고 반항이 심하여 수갑도 채우지 못한 채 피고인을 순찰차에 억지로 밀어 넣고서 파출소로 연행하고자 하였는데, 그 순간 피고인이 체포를 면하기 위하여 소지하고 있던 과도로써 옆에 앉아 있던 경찰관을 찔러 사망케 하였다면 피고인의 위 살인행위는 강도행위와 시간상 및 거리상 극히 근접하여 사회통념상 범죄행위가 완료되지 아니한 상태에서 이루어진 것이라고 보여지므로(위 살인행위 당시에 피고인이 체포되어 신체가 완전히 구속된 상태이었다고 볼 수 없다), 원심이 피고인을 강도살인죄로 적용하여 처벌한 것은 옳다[대판 1996.7.12. 96도1108]. [14 경간부]*

판례 | 강도살인죄의 미수 · 기수의 판단기준(살인행위의 미 · 기수에 의함)

1. **(강도의 살인행위가 미수이면 강도살인미수죄 성립)** 채무면탈의 목적을 가지고 살해행위에 착수하였다가 미수에 그친 경우에는 강도살인미수죄가 성립된다[대판 1964.9.8. 64도310].
2. **(강도의 미 · 기수를 불문하고 피해자가 살해된 경우 강도살인(기수)죄 성립)** 재물강취의 목적과 수단으로 사람을 살해한 이상 그 살해행위가 강취행위의 전후를 불문하고 또 강취행위의 기수이거나 미수임을 구별치 않고 강도살인죄가 성립한다[대판 1957.10.11. 4290형상313].

판례 | 합동하여 강도를 하던 1인이 사람을 살해한 경우 다른 공범자의 죄책

강도살인죄는 고의범이고 강도치사죄는 이른바 결과적 가중범으로서 살인의 고의까지 요하는 것이 아니므로, 수인이 합동하여 강도를 한 경우 그 중 1인이 사람을 살해하는 행위를 하였다면 그 범인은 강도살인죄의 기수 또는 미수의 죄책을 지는 것이고 다른 공범자도 살해행위에 관한 고의의 공동이 있었으면 그 또한 강도살인죄의 기수 또는 미수의 죄책을 지는 것이 당연하다 하겠으나, 고의의 공동이 없었으면 피해자가 사망한 경우에는 강도치사의, 강도살인이 미수에 그치고 피해자가 상해만 입은 경우에는 강도상해 또는 치상의, 피해자가 아무런 상해를 입지 아니한 경우에는 강도의 죄책만 진다고 보아야 할 것이다[대판 1991.11.12. 91도2156]. [16 경간부]*

판례 | 합동하여 강도를 하던 1인이 사람을 살해한 경우 다른 공범자의 죄책에 대한 비교판례

1-0. **(살인행위의 예견이 가능하여 강도치사죄가 인정된 경우: 등산용 칼 사건)** 피고인들이 등산용 칼을 이용하여 노상강도를 하기로 공모한 사건에서 범행 당시 차안에서 망을 보고 있던 피고인 甲이나 등산용 칼을 휴대하고 있던 피고인 乙과 함께 차에서 내려 피해자로부터 금품을 강취하려 했던 피고인 丙으로서는 그때 우연히 현장을 목격하게 된 다른 피해자를 피고인 乙이 소지중인 등산용 칼로 살해하여 강도살인행위에 이를 것을 전혀 예상하지 못하였다고 할 수 없으므로 피고인들 모두는 강도치사죄로 의율처단함이 옳다[대판 1990.11.27. 90도2262].

1-1. **(주의: 살인행위의 예견이 가능한 경우임에도 강도살인죄가 인정된 경우)** 수인이 합동하여 강도를 한 경우 1인이 강취하는 과정에서 간수자를 강타 · 사망케 한 때에는 나머지 범인도 이를 예기하지 못한 것으로 볼 수 없는 경우에는 강도살인죄의 죄책을 면할 수 없다 할 것인바, 피고인들이 사전에 금품강취범행을 모의하고 전원이 범행현장에 임하여 각자 범죄의 실행을 분담하였으며 그 과정에 피고인(甲)을 제외한 나머지 3명이 모두 과도 또는 쇠파이프 등을 휴대하였고 쇠파이프를 휴대한 피고인(乙)이 위 피해자를 감시하였던 상황에 비추어 피고인(乙)이 피해자를 강타 · 살해하리라는 점에 관하여 나머지 피고인들도 예기할 수 없었다고는 보여지지 아니하므로 피고인들을 모두 강도살인죄의 정범으로 처단함은 정당하다[대판 1984.2.28. 83도3162].

Ⅷ 강도강간죄

제339조(강도강간) 강도가 사람을 강간한 때에는 무기 또는 10년 이상의 징역에 처한다.

제342조(미수범) 본죄의 미수범은 처벌한다.

판례 | 강간 후 강도의 범의로 부녀의 재물을 강취한 경우(강도강간죄 X, 강간죄와 강도죄의 경합범 ○)

강간범이 강간행위 후에 강도의 범의를 일으켜 그 부녀의 재물을 강취하는 경우에는 형법상 강도강간죄가 아니라 강간죄와 강도죄의 경합범이 성립될 수 있을 뿐인바, 성폭력범죄의 처벌 및 피해자보호 등에 관한 법률 제5조 제2항은 형법 제334조(특수강도) 등의 죄를 범한 자가 형법 제297조(강간) 등의 죄를 범한 경우에 이를 특수강도강간 등의 죄로 가중하여 처벌하고 있으므로, 다른 특별한 사정이 없는 한 강간범이 강간의 범행 후에 특수강도의 범의를 일으켜 그 부녀의 재물을 강취한 경우에는 이를 성폭력범죄의 처벌 및 피해자보호 등에 관한 법률 제5조 제2항 소정의 특수강도강간죄로 의율할 수 없다[대판 2002.2.8. 2001도6425].

판례 | 강간행위 중 강도행위를 하고 강간행위를 계속한 경우(강도강간죄 ○)

강간범이 강간행위의 종료 전 즉 그 실행행위의 계속 중에 강도의 행위를 할 경우에는 이때에 바로 강도의 신분을 취득하는 것이므로 이후에 그 자리에서 강간행위를 계속하는 때에는 강도가 부녀를 강간한 때에 해당하여 형법 제339조에 정한 강도강간죄를 구성한다 할 것이고 구 성폭력범죄의 처벌 및 피해자보호 등에 관한 법률 제5조 제2항은 형법 제334조(특수강도) 등의 죄를 범한 자가 형법 제297조(강간) 등의 죄를 범한 경우에 이를 특수강도강간 등의 죄로 가중하여 처벌하는 것이므로, 다른 특별한 사정이 없는 한 특수강간범이 강간행위 종료 전에 특수강도의 행위를 한 이후에 그 자리에서 강간행위를 계속하는 때에도 특수강도가 부녀를 강간한 때에 해당하여 구 성폭력범죄의 처벌 및 피해자보호 등에 관한 법률 제5조 제2항에 정한 특수강도강간죄로 의율할 수 있다[대판 2010.12.9. 2010도9630; 동지 대판 2010.7.15. 2010도3594], [동지 대판 1988.9.9. 88도1240].

관련판례 강도강간죄는 강도가 실행에 착수한 뒤 강도행위를 완료하기 전에 강간을 한 경우에도 성립된다[대판 1986.5.27. 86도507]. [19 국가9급]*

판례 | 강도의 피해자와 강간의 피해자가 다른 경우(강도강간죄 성립)

피고인이 강도하기로 모의를 한 후 피해자 甲男으로부터 금품을 빼앗고 이어서 피해자 乙女를 강간하였다면 강도강간죄를 구성한다[대판 1991.11.12. 91도2241]. [18 경찰채용]*

판례 | 강도미수에 의한 강도상해죄와 강도강간죄가 성립하는 경우 강도미수죄의 성립 여부(불성립)

강도가 피해자에게 상해를 입혔으나 재물의 강취에는 이르지 못하고 그 자리에서 항거불능 상태에 빠진 피해자를 간음한 경우에는 강도상해죄와 강도강간죄만 성립하고, 그 실행행위의 일부인 강도미수 행위는 위 각 죄에 흡수되어 별개의 범죄를 구성하지 않는다[대판 2010.4.29. 2010도1099].

Ⅸ 해상강도죄, 해상강도상해 · 치상 · 살인 · 치사 · 강간죄

제340조(해상강도) ① 다중의 위력으로 해상에서 선박을 강취하거나 선박 내에 침입하여 타인의 재물을 강취한 자는 무기 또는 7년 이상의 징역에 처한다.
② 제1항의 죄를 범한 자가 사람을 상해하거나 상해에 이르게 한 때에는 무기 또는 10년 이상의 징역에 처한다.
③ 제1항의 죄를 범한 자가 사람을 살해 또는 사망에 이르게 하거나 강간한 때에는 사형 또는 무기징역에 처한다.

제342조(미수범) 본죄의 미수범은 처벌한다.

판례 | 해상강도살인죄가 인정되는 경우(선박에 대한 불법영득의사가 인정된 사례임)

[1] 선장을 비롯한 일부 선원들을 살해하는 등의 방법으로 선박의 지배권을 장악하여 목적지까지 항해한 후 선박을 매도하거나 침몰시키려고 한 경우에는 선박에 대한 불법영득의 의사가 있으므로 해상강도살인죄가 성립한다.
[2] 사람을 살해한 자가 그 사체를 다른 장소로 옮겨 유기하였을 때에는 별도로 사체유기죄가 성립하고, 이와 같은 사체유기를 불가벌적 사후행위로 볼 수는 없다[대판 1997.7.25. 97도1142]. [19 변호사, 19 법원9급, 19 경찰승진, 18 국가7급, 17 법원행시, 17 경찰채용]*

판례해설 피고인들의 죄책은 해상강도살인죄와 사체유기죄의 실체적 경합에 해당한다.

Ⅹ 상습강도죄

제341조(상습범) 상습으로 제333조(강도죄), 제334조(특수강도죄), 제336조(인질강도죄) 또는 전조 제1항의 죄(해상강도죄)를 범한 자는 무기 또는 10년 이상의 징역에 처한다.

제342조(미수범) 본죄의 미수범은 처벌한다.

Ⅺ 강도예비 · 음모죄

제343조(예비, 음모) 강도할 목적으로 예비 또는 음모한 자는 7년 이하의 징역에 처한다.

판례 | '준강도'할 목적의 예비 · 음모(강도예비 · 음모죄 X), '강도'를 할 목적이 있어야 강도예비 · 음모죄 ○

[1] 강도예비 · 음모죄가 성립하기 위하여는 예비 · 음모 행위자에게 미필적으로라도 '강도'를 할 목적이 있음이 인정되어야 하고 그에 이르지 않고 단순히 '준강도'할 목적이 있음에 그치는 경우에는 강도예비 · 음모죄로 처벌할 수 없다. [21 법원9급, 20 법원9급, 20 경간부, 19 법원행시, 19 경찰채용, 18 법원행시, 17 경찰채용, 16 법원행시, 16 경찰채용]*
[2] 甲은 상습으로 심야의 인적이 드문 주택가 주차장이나 길가에 주차된 자동차를 골라 그 문을 열고 동전 등 물건을 훔치는 범행을 계속해 온 자로서, 어느 날 주택가를 배회하며 범행 대상을 물색하다가 체포되었다. 그런데 그 당시 甲은 뜻하지 않게 절도 범행이 발각되었을 경우 체포를 면탈하는데 도움이 될 수 있을 것이라는 생각에서 흉기를 휴대하고 있었다. 이 경우 甲에게는 강도예비죄가 성립하지 아니한다[대판 2006.9.14. 2004도6432]. [20 국가7급, 20 경간부, 19 경찰승진, 18 경찰승진, 17 변호사]*

판례 | 강도음모로 인정되지 않는 경우

[1] 형법상 음모죄가 성립하는 경우의 음모란 2인 이상의 자 사이에 성립한 범죄실행의 합의를 말하는 것으로, 범죄실행의 합의가 있다고 하기 위하여는 단순히 범죄결심을 외부에 표시 · 전달하는 것만으로는 부족하고, 객관적으로 보아 특정한 범죄의 실행을 위한 준비행위라는 것이 명백히 인식되고, 그 합의에 실질적인 위험성이 인정될 때에 비로소 음모죄가 성립한다고 할 것이다.
[2] 피고인들이 수회에 걸쳐 "총을 훔쳐 전역 후 은행이나 현금수송차량을 털어 한탕 하자."는 말을 나눈 정도만으로는 강도음모를 인정하기에 부족하다고 할 것이다[대판 1999.11.12. 99도3801]. [22 경간부, 18 경간부]*

판례 | 죄수

상습강도죄를 범한 범인이 그 범행 외에 상습적인 강도의 목적으로 강도예비를 하였다가 강도에 이르지 아니하고 강도예비에 그친 경우에도 그것이 강도상습성의 발현이라고 보여지는 경우에는 강도예비행위는 상습강도죄에 흡수되어 위 법조에 규정된 상습강도죄의 1죄만을 구성하고 이 상습강도죄와 별개로 강도예비죄를 구성하지 아니한다[대판 2003.3.28. 2003도665].

제4절 사기의 죄

출제 POINT

사기죄는 모든 쟁점이 출제가능하며 매년 출제된다고 해도 과언이 아니다. 소송사기죄, 신용카드범죄, 불법원인급여와 사기죄의 성부, 컴퓨터등사용사기죄의 성부와 죄수에 관한 판례는 모두 중요하다. 완전히 숙지하여야 할 부분이라고 할 수 있다.

Ⅰ 총설

1. 의의

사기의 죄란 사람을 기망하여 재물을 교부받거나 재산상의 이익을 취득하거나 제3자로 하여금 취득하게 함으로써 성립하는 범죄이다.

2. 보호법익

① 보호법익에 대하여는 전체로서의 재산권이라는 견해(다수설), 재산권 이외에 거래의 진실성도 보호법익에 해당한다는 견해가 대립되고 있다. 보호의 정도는 침해범이다.

② 사기죄의 보호법익은 '개인의 재산권'이다. 따라서 공무원의 자격을 사칭하거나 기망에 의하여 부녀의 정조를 유린하거나 또는 공무원을 기망하여 세금을 포탈하였다고 하더라도 이는 '개인의 재산권'을 침해한 경우가 아니므로 사기죄가 성립하지 않는다.

판례 | 기망에 의하여 조세를 포탈한 경우 = 사기죄 X

[1] 기망행위에 의하여 국가적 또는 공공적 법익을 침해한 경우라도 그와 동시에 형법상 사기죄의 보호법익인 재산권을 침해하는 것과 동일하게 평가할 수 있는 때에는 당해 행정법규에서 사기죄의 특별관계에 해당하는 처벌규정을 별도로 두고 있지 않는 한 사기죄가 성립할 수 있다. 그런데 기망행위에 의하여 조세를 포탈하거나 조세의 환급·공제를 받은 경우에는 조세범처벌법 제9조에서 이러한 행위를 처벌하는 규정을 별도로 두고 있을 뿐만 아니라, 조세를 강제적으로 징수하는 국가 또는 지방자치단체의 직접적인 권력작용을 사기죄의 보호법익인 재산권과 동일하게 평가할 수 없는 것이므로 조세범처벌법 위반죄가 성립함은 별론으로 하고, 형법상 사기죄는 성립하지 않는다. [18 경찰승진, 17 변호사, 17 경간부, 16 법원9급]*

[2] 주유소 운영자가 농·어민 등에게 조세제한특례법에 정한 면세유를 공급한 것처럼 위조한 면세유류공급확인서로 정유회사를 기망하여 면세유를 공급받음으로써 면세유와 정상유의 가격 차이 상당의 이득을 취득한 사안에서, 정유회사에 대하여 사기죄를 구성하는 것은 별론으로 하고, 국가 또는 지방자치단체를 기망하여 국세 및 지방세의 환급세액 상당을 편취한 것으로 볼 수 없다고 한 사례[대판 2008.11.27. 2008도7303], [대판 2021.11.11. 2021도7831].

Ⅱ 사기죄

제347조(사기) ① 사람을 기망하여 재물의 교부를 받거나 재산상의 이익을 취득한 자는 10년 이하의 징역 또는 2천만원 이하의 벌금에 처한다.
② 전항의 방법으로 제3자로 하여금 재물의 교부를 받게 하거나 재산상의 이익을 취득하게 한 때에도 전항의 형과 같다.

제352조(미수범) 본죄의 미수범은 처벌한다.

1. 의의

사람을 기망하여 재물의 교부를 받거나 재산상의 이익을 취득하거나 제3자로 하여금 취득하게 함으로써 성립하는 범죄이다.

2. 구성요건

(1) 객관적 구성요건

① 객체: 재물 또는 재산상의 이익이다.

판례 | 사기죄의 객체에 해당하는 경우

1. **(무효인 약속어음공정증서)** 약속어음공정증서에 증서를 무효로 하는 사유가 존재한다고 하더라도 그 증서 자체에 이를 무효로 하는 사유의 기재가 없고 외형상 권리의무를 증명함에 족한 체제를 구비하고 있는 한 그 증서는 형법상의 재물로서 사기죄의 객체가 됨에 아무런 지장이 없다[대판 1995.12.22. 94도3013].
2. **(자금부족으로 지급장소에서 지급되지 아니하는 약속어음)** 약속어음은 그 자체가 재산적 가치를 지닌 유가증권으로서 만기에 지급장소에서 어음금이 지급되지 아니하는 때라도 소지인은 배서인, 발행인 기타 어음채무자에 대하여 소구권을 행사할 수 있어서 그 효용이 소멸된 것이 아니므로 발행인의 자금부족으로 지급장소에서 지급되지 아니하는 약속어음이라도 사기죄의 객체가 된다[대판 1985.3.9. 85도951]. [19 경간부]*
3. **(인감증명서)** [1] 인감증명서는 인감과 함께 소지함으로써 인감 자체의 동일성을 증명함과 동시에 거래행위자의 동일성과 거래행위가 행위자의 의사에 의한 것임을 확인하는 자료로서 개인의 권리의무에 관계되는 일에 사용되는 등 일반인의 거래상 극히 중요한 기능을 가진다. 따라서 그 문서는 다른 특별한 사정이 없는 한 재산적 가치를 가지는 것이어서 형법상의 '재물'에 해당한다고 할 것이다. 이는 그 내용 중에 재물이나 재산상 이익의 처분에 관한 사항이 포함되어 있지 아니하다고 하여 달리 볼 것이 아니다. 따라서 위 용도로 발급되어 그 소지인에게 재산적 가치가 있는 것으로 인정되는 인감증명서를 그 소지인을 기망하여 편취하는 것은 그 소지인에 대한 관계에서 사기죄가 성립한다고 할 것이다. [19 법원9급]*
   [2] 피고인이 피해자에게서 매수한 재개발아파트 수분양권을 이미 매도하였는데도 마치 자신이 피해자의 입주권을 정당하게 보유하고 있는 것처럼 피해자의 딸과 사위에게 거짓말하여 피해자 명의의 인감증명서 3장을 교부받은 경우, 위 인감증명서는 피해자측이 발급받아 소지하게 된 피해자 명의의 것으로서 재물성이 인정된다 할 것이므로, 피고인이 피해자측을 기망하여 이를 교부받은 이상 재물에 대한 편취행위가 성립한다고 보아야 한다[대판 2011.11.10. 2011도9919].

판례 | 비트코인 = 사기죄의 객체인 이익 O

가상화폐의 일종인 '비트코인'은 경제적인 가치를 디지털로 표상하여 전자적으로 이전, 저장과 거래가 가능하도록 한 가상자산의 일종으로 사기죄의 객체인 재산상 이익에 해당한다[대판 2021.11.11. 2021도9855].

판례 | 교통사고처리특례법상의 보험가입사실증명원 = 사기죄의 객체 X

보험가입사실증명원은 교통사고를 일으킨 차가 교통사고처리특례법 제4조에서 정한 취지의 보험에 가입하였음을 보험회사가 증명하는 내용의 문서일 뿐이고 거기에 재물이나 재산상의 이익의 처분에 관한 사항을 포함하고 있는 것은 아니므로, 이러한 문서의 불법취득에 의해 침해된 또는 침해될 우려가 있는 법익은 보험가입사실증명원인 서면 그 자체가 아니고 그 문서가 교통사고처리특례법 제4조에 정한 보험에 가입한 사실의 진위에 관한 내용이라고 할 것이고, 따라서 이러한 증명에 의하여 사기죄에서 말하는 재물이나 재산상의 이익이 침해된 것으로 볼 것은 아니어서 보험가입사실증명원은 사기죄의 객체가 되지 아니한다[대판 1997.3.28. 96도2625]. [16 경찰채용]*

판례 | 재산상 이익의 취득이 인정되는 범위

사기죄의 재산상 이익처분은 그 재산상의 이익을 법률상 유효하게 취득함을 필요로 하지 아니하고 그 이익 취득이 법률상 무효라고 하여도 외형상 취득한 것이면 충분하므로 피전부채권이 법률상으로 유효하지 않고 전부명령이 효력을 발생할 수 없다고 하여도 피전부채권이나 전부명령이 외형상 존재하는 한 재산상 이익취득으로 보아 사기죄로 인정할 수 있다[대판 2015.2.12. 2014도10086].

판례 | 재산상 이익을 취득한 경우(사기죄 성립)

1. 공소외 甲이 피고인의 허언에 기망되어 연대채무를 부담하였기 때문에 피고인이 의도한 대로 금 200만원을 차용할 수 있었다면 재산상 불법의 이익을 취득한 것이 되므로 공소외 甲을 피기망자 및 피해자로 하는 사기죄가 성립한다[대판 1982.10.26. 82도2217].
2. 사기죄에 있어서 채무이행을 연기받는 것도 재산상의 이익이 되므로, 채무자가 채권자에 대하여 소정기일까지 지급할 의사와 능력이 없음에도 종전 채무의 변제기를 늦출 목적에서 어음을 발행 교부한 경우에는 사기죄가 성립한다[대판 1997.7.25. 97도1095]. [20 법원9급, 18 경간부]*
3. 풀카고트럭 2세트와 카고트럭 4대를 할부로 매입하여 출고받은 뒤 그 할부매매계약의 연대보증인을 구할 수 없자 피해자에게 거짓말을 하여 풀카고트럭 1대에 대한 연대보증용 인감증명서를 교부받은 후, 피해자로부터 그 서류에 대한 반환을 요구받고도 반환하지 않고 있다가 자동차 회사 판매 영업소 직원에게 교부하면서 풀카고트럭 1세트와 카고트럭 4대의 매매계약 연대보증인으로 처리하라고 하여, 피해자를 연대보증하는 약속어음 공정증서를 작성하게 하고, 피해자를 연대보증인으로 하여 자신이 경영하는 회사와 보증보험회사 간에 그 차량들의 할부판매보증보험계약을 체결하게 함으로써 그 차량매매대금 중 선지급금을 제외한 나머지 금액 상당의 재산상의 이익을 편취한 피고인의 행위를 사기죄로 처단한 원심판결을 수긍한 사례[대판 1995.8.25. 94도2132].
4. 아파트 소유권이전등기청구권을 가압류 당한 아파트 수분양권자가 위 청구권을 행사하거나 아파트를 매도할 수 없게 되자 가압류채권자에게 가압류를 해제하여 주면 아파트 매도대금으로 채무를 변제하겠다고 거짓말하여 이에 속은 채권자로부터 가압류해제신청서를 받아 가압류를 해제한 후 아파트를 매도하였으면서도 위 채무를 변제하지 아니한 사안에서, 위 수분양권자로서는 가압류가 해제됨으로써 아파트 매도가 용이해져 매도대금을 수령할 수 있게 된 이익이 있으므로 가압류청구금액 상당의 재산상의 이익을 취득한 사기죄가 성립한다고 한 사례[대판 2007.7.26. 2007도3160].
5. 부동산가압류결정을 받아 부동산에 관한 가압류집행까지 마친 자가 그 가압류를 해제하면 소유자는 가압류의 부담이 없는 부동산을 소유하는 이익을 얻게 되므로, 가압류를 해제하는 것 역시 사기죄에서 말하는 재산적 처분행위에 해당하고, 그 이후 가압류의 피보전채권이 존재하지 않는 것으로 밝혀졌다고 하더라도 가압류의 해제로 인한 재산상의 이익이 없었다고 할 수 없다[대판 2007.9.20. 2007도5507]. [19 경찰승진, 16 경간부]*
6. 피고인과 피해자들 사이의 매매계약이 토지거래허가를 받지 아니하여 유동적 무효의 상태에 있었다 하더라도, 피고인이 대출금 및 매매대금을 정산해 줄 것처럼 피해자를 기망하여 그로 하여금 근저당권을 설정하게 함으로써 재산상의 이익을 취득한 이상 피고인으로서는 사기죄의 죄책을 면할 수 없다[대판 2008.2.14. 2007도10658].
7. 甲이 일제시대 사정(査定)받은 토지에 대하여 소유자 미복구를 원인으로 국가 명의의 소유권보존등기가 되어 있는 상태에서, 피고인이 제1심 공동피고인과 공모하여 乙이 사정명의인 甲의 소유권을 대습상속한 것처럼 상속인의 사망 시기 등을 조작한 다음 乙을 원고로 하여 국가를 상대로 소유권보존등기 말소등기 청구소송을 제기하여 이를 일부 인용하는 취지의 화해권고결정이 확정된 사안에서, 위 부동산에 대하여 민법 제1053조 이하의 절차에 따른 국가귀속 절차가 이루어지거나 국가가 소유권을 가지게 된 다른 특별한 사정이 있지 않는 한 당연히 국가 소유가 되는 것은 아니라고 할 것이나, 이미 국가 명의로 소유권보존등기가 되어 있는 상태에서 소유권보존등기의 말소 청구를 하고 청구의 일부인용 판결에 준하는 화해권고결정이 확정된 이상, 청구인용 부분에 대하여는 법원을 기망하여 유리한 결정을 받음으로써 '대상 토지의 소유명의를 얻을 수 있는 지위'라는 재산상 이익을 취득하였다고 할 것이고, 이는 사기죄의 대상인 재산상 이익의 편취에 해당한다는 이유로, 위 청구인용 부분에 대하여 사기죄, 그리고 화해권고결정에 의하여 등기말소청구를 포기한 부분에 대하여 사기미수죄를 각 인정한 원심판단을 수긍한 사례[대판 2011.12.13. 2011도8873].
8. [1] 경제적 이익을 기대할 수 있는 자금운용의 권한 내지 지위의 획득도 그 자체로 경제적 가치가 있는 것으로 평가할 수 있다면 사기죄의 객체인 재산상의 이익에 포함된다.
[2] 피고인이 자신이 개발한 주식운용프로그램을 이용하면 상당한 수익을 낼 수 있고 만일 손해가 발생하더라도 원금과 은행 정기예금 이자 상당의 반환은 보장하겠다는 취지로 피해자 甲을 기망하여 甲의 자금이 예치된 甲 명의 주식계좌에 대한 사용권한을 부여받아 재산상 이익을 취득하였다는 내용으로 기소된 사안에서, 주식운용에 따른 수익금이 발생할 경우 피고인이 그 중 1/2에 해당하는 돈을 매달 지급받기로 약정한 점 등 제반 사정을 종합하면, 피고인은 장래의 수익 발생을 조건으로 한 수익분배청구권을 취득하였을 뿐 아니라 그러한 경제적 이익을 기대할 수 있는 자금운용의 권한과 지위를 획득하였고, 이는 주식거래의 특성 등에 비추어 충분히 경제적 가치가 있다고 평가할 수 있으므로 甲을 기망하여 그러한 권한과 지위를 획득한 것 자체를 사기죄의 객체인 재산상 이익을 취득한 것으로 볼 수 있다는 이유로, 피고인에게 사기죄를 인정한 원심판단의 결론을 정당하다고 한 사례[대판 2012.9.27. 2011도282].

9. 피고인이 운영하는 인터넷 경매에 참가한 회원들이 경매상품을 낙찰받지 못하면 입찰을 위하여 사용한 ○○볼(개당 500원에 판매되는 아이템)을 환불받을 수 없는 상황에서, 피고인이 허위의 회원계정을 만들어 스스로 경매에 참가하여 낙찰받는 방법으로 회원들을 기망하여 정상적인 경매가 진행되는 것으로 믿은 회원들로 하여금 그 경매절차에 참가하기 위하여 ○○볼을 사용하게 함으로써 이를 모두 잃게 하였다면, 피고인은 그로 인한 재산상의 이익으로서 회원들이 사용한 ○○볼에 해당하는 금액 상당의 이익을 취득한다고 볼 수 있다[대판 2014.10.15. 2014도9099].

판례 | 재산상 이익을 취득하지 못한 경우(사기죄 불성립)

1. 피고인이 병원에서 그 처를 입원시켜 가료 중 치료를 다 받고 나서 처와 함께 극장구경을 하고 돌아와서 치료비를 지급하고 퇴원하겠다고 거짓말을 하고 나간 후 그대로 도주하였다 하여도 도주하기 전까지는 그 치료비를 지급할 의사와 능력이 있어서 입원치료를 받았으나 임시 그 채무의 이행을 피하기 위하여 도주한 것이라면 사기죄가 될 수 없다고 볼 것이다[대판 1970.9.22. 70도1615].
2. 부재자 재산관리인으로 선임되었다는 것만으로서는 어떤 재산권이나 재산상의 이득을 얻은 것이라고 볼 수 없으므로 법원을 기망하여 부재자 재산관리인으로 선임되었다 한들 그 소행은 사기죄에 해당한다고 볼 수 없다[대판 1973.9.25. 73도1080].

② 기망행위

판례 | 기망행위의 대상

사기죄의 요건으로서의 기망은 널리 재산상의 거래관계에서 서로 지켜야 할 신의와 성실의 의무를 저버리는 모든 적극적 또는 소극적 행위를 말하는 것으로서, 반드시 법률행위의 중요부분에 관한 것임을 요하지 않는다[대판 2007.10.25. 2005도1991].

판례 | 기망행위에 해당되는 경우(사기죄 또는 사기미수죄 성립 ○)

1. 수입 소갈비를 국내산 소갈비인 것처럼 속여서 판 행위를 사기죄로 인정한 사례[대판 1991.12.24. 91도671].
2. 피고인이 접속 후 매 30초당 정보이용료 1,000원이 부과되는 060 회선을 임차하여 휴대폰 사용자들인 피해자들에게 음악편지도착 등의 문자메세지를 무작위로 보내어 마치 아는 사람으로부터 음악 및 음성메세지가 도착한 것으로 오인하게 하여 통화버튼을 눌러 접속하게 한 후 정보이용료가 부과되게 한 행위는 사기죄의 구성요건에 해당한다[대판 2004.10.15. 2004도4705].
3. 신생 수입브랜드의 시계를 마치 오랜 전통을 지닌 브랜드의 제품인 것처럼 허위광고 함으로써 그 품질과 명성을 오인한 구매자들에게 고가로 판매한 행위는 사기죄의 '기망행위'에 해당한다[대판 2008.7.10. 2008도1664].
4. 융통어음을 할인함에 있어 그 상대방에 대하여 그 어음이 이른바 진성어음인 것처럼 하기 위하여 적극적인 위장수단을 강구하는 것은 명백한 기망행위에 해당되어 상대방으로 하여금 그 뜻을 오신케 하고 할인명목으로 돈을 교부케 한 행위도 사기죄를 구성하고, 그 할인을 받음에 있어 일부의 담보를 제공하였다 하여 결론이 달라지는 것은 아니므로, 담보가액을 공제하지 아니한 편취 금액 전부에 대하여 사기죄가 성립한다[대판 1997.7.25. 97도1095].
5. 피고인은 동일한 부동산을 피해자와 함께 매수하면서 매도인과 공모하여, 사실은 그 부동산의 평당 매수단가를 피해자보다 싸게 매수하면서도 피해자에게는 자신이 마치 피해자와 같은 값으로 매수하는 것처럼 말하여 피해자를 착오에 빠뜨려 그 부동산을 비싼 값에 매수케 하고, 그 매매차액을 분배, 교부받은 경우 이는 사기죄의 구성요건인 기망행위에 해당한다고 할 것이고, 위 피해자가 만일 동일한 부동산을 피고인과 함께 매수하면서 피고인의 평당 매수단가 보다 비싸게 매수한다는 사실을 사전에 알았더라면 그 매매계약에 임하지 않았으리라는 점은 경험법칙상 쉽게 추측할 수 있다 하겠으므로, 피고인의 위 기망행위와 피해자의 매수행위 사이에 인과관계가 있다고 보아야 한다[대판 1992.3.10. 91도2746].
6. 특별한 자금공급 없이는 도산이 불가피한 상황에서 신용과대조작, 변태적 지급보증 및 재력과시 등의 방법으로 변제자력을 가장하여 대출, 지급보증 및 어음할인을 받은 행위는 사기죄에 해당한다[대판 1997.2.14. 96도2904].

7. 자신이 하나님인 사실이 알려져 세계 각국에서 금은보화가 모이면 마지막 날에 1인당 1,000억원 씩을 나누어 주겠으며, 헌금하지 않는 신도는 하나님이 깍쟁이 하나님이므로 영생할 수 없다는 취지의 설교를 사실인 것처럼 계속하여 기망당한 신도들로부터 헌금명목으로 고액의 금원을 교부받은 것은 형법상 사기죄에 해당한다[대판 1995.4.28. 95도250].

8. 피고인 乙이 내과에서 실질적으로 통원치료를 받았을 뿐임에도 의사 甲이 원무과 직원으로 하여금 입원치료를 받은 것처럼 허위사실을 기재한 요양급여비용 청구서를 작성하게 한 후 이를 국민건강보험공단에 발송하여 입원치료에 대한 요양급여비용을 지급받은 경우 사기죄가 성립한다[대판 2006.1.12. 2004도6557].

9. 기업회계기준이 개정되었지만 그 부칙에 따라 개정 전의 기업회계기준을 적용하여야 할 경우, 개정된 기업회계기준을 적용하여 작성한 재무제표를 금융기관에 제출하는 행위는 사기죄의 기망행위에 해당한다[대판 2007.6.1. 2006도1813].

10. 치료의 실질이 통원치료이거나 필요 이상의 장기입원을 한 후 이러한 사정을 알리지 않은 채 보험회사에 대하여 보험약관에 정한 입원기간을 충족시켰다고 주장하면서 보험금을 청구하는 행위는 사기죄에 있어서의 기망행위에 해당한다[대판 2007.6.15. 2007도2941].

11. 차용금 사기죄로 기소된 피고인이 파산신청을 하여 면책허가결정이 확정된 경우, 피고인이 파산신청 2년 전부터 불과 40여 일 전까지 여러 사람들로부터 돈을 빌려서 채무변제와 생활비 등으로 사용한 것은 사기죄를 구성한다[대판 2007.11.29. 2007도8549].

12. 명의신탁자가 매도인 명의를 수탁자로 하여 제3자에게 신탁재산을 매도하는 계약을 체결하면서 수탁자가 위 신탁재산의 매도를 반대하며 매도에 따른 절차이행에 협조하기를 거절하고 있는 사정을 숨긴 경우, 매수인인 제3자에 대한 기망행위가 된다[대판 2007.11.30. 2007도4812].

13. 부동산 소유권이전등기절차 이행을 구하는 소를 제기하여 동시이행 조건 없이 이행을 명하는 승소확정판결을 받은 피고인이, 부동산 소유권을 이전받더라도 매매잔금을 공탁할 의사나 능력이 없음에도 피해자에게 매매잔금을 공탁해 줄 것처럼 거짓말을 하여 그러한 내용으로 합의한 후 그에 따라 부동산 소유권을 임의로 이전받은 사안에서, 피고인의 행위는 사회통념상 권리행사의 수단으로서 용인할 수 있는 범위를 벗어난 것으로 사기죄의 기망행위에 해당한다고 한 사례[대판 2011.3.10. 2010도14856].

14. 요양급여대상이 아닌 전화 진찰을 요양급여대상으로 되어 있던 내원 진찰인 것으로 하여 요양급여비용을 청구한 것은 사기죄의 기망행위에 해당한다[대판 2013.4.26. 2011도10797]. [19 경간부]*

15. 투자금의 편취에 의한 사기죄의 성립 여부에 있어 투자약정 당시 투자받은 사람이 투자자로부터 투자금을 지급받아 투자자에게 설명한 투자사업에 사용하더라도 일정 기간 내에 원금을 반환할 의사나 능력이 없음에도 마치 일정 기간 내에 투자자에게 원금을 반환할 것처럼 거짓말을 한 경우에는 투자를 받는 사람과 투자자의 관계, 거래의 상황, 투자자의 경험, 지식, 성격, 직업 등 행위 당시의 구체적인 사정에 비추어 투자자가 원금반환 약정을 전적으로 믿고 투자를 한 경우라면 사기죄의 요건으로서 기망행위에 해당할 수 있고, 이때 투자금 약정 당시를 기준으로 피해자로부터 투자금을 편취할 고의가 있었는지 여부를 판단하여야 할 것이다[대판 2013.9.26. 2013도3631].

16. 비의료인이 개설한 의료기관은 국민건강보험법상 요양급여비용을 청구할 수 있는 요양기관에 해당되지 아니하므로 비의료인이 개설한 의료기관이 의료법에 의하여 적법하게 개설된 요양기관인 것처럼 국민건강보험공단에 요양급여비용의 지급을 청구하는 것은 기망에 해당하고 더 나아가 요양급여비용을 지급받은 경우, 의료기관 개설인인 비의료인이 개설명의를 빌려준 의료인으로 하여금 환자들에게 요양급여를 제공하게 하였더라도 사기죄가 성립한다[대판 2015.7.9. 2014도11843]. [20 법원9급, 18 경찰승진, 17 법원9급, 16 변호사, 16 법원9급]*

비교판례 ⅰ) [1] 피해자가 보험회사 등에게 갖는 직접청구권과 의료기관의 자동차보험진료수가 청구의 인정 근거, 범위 및 성격에다가 자동차손해배상 보장법의 입법 목적 등을 종합적으로 고려하면, 설령 개설자격이 없는 비의료인이 의료법 제33조 제2항을 위반하여 개설한 의료기관이라고 하더라도, 면허를 갖춘 의료인을 통해 피해자에 대한 진료가 이루어지고 보험회사 등에 자동차손해배상 보장법에 따라 자동차보험진료수가를 청구한 것이라면 보험회사 등으로서는 특별한 사정이 없는 한 그 지급을 거부할 수 없다고 보아야 한다. 따라서 피해자를 진료한 의료기관이 위 의료법 규정에 위반되어 개설된 것이라는 사정은 피해자나 해당 의료기관에 대한 보험회사 등의 자동차보험진료수가 지급의무에 영향을 미칠 수 있는 사유가 아니어서, 해당 의료기관이 보험회사 등에 이를 고지하지 아니한 채 그 지급을 청구하였다고 하여 사기죄에서 말하는 기망이 있다고 볼 수는 없다. [2] 특별한 사정이 없는 한 피보험자를 진료한 의료기관이 의료법 제33조 제2항에 위반되어 개설된 것이라는 사정은 해당 피보험자에 대한 보험회사의 실손의료비 지급의무에 영향을 미칠 수 있는 사유가 아니라고 보아야 하고, 설령 해당 의료기관이 보험회사 등에 이를 고지하지 아니한 채 보험수익자에게 진료사실증명 등을 발급해 주었다 하더라도, 그러한 사실만으로는 사기죄에서 말하는 기망이 있다고 볼 수는 없다[대판 2018.4.10. 2017도17699].

제1편

2026 해커스경찰 허정 형사법 2권 형법각론

ⅱ) 의료인으로서 자격과 면허를 보유한 사람이 의료법에 따라 의료기관을 개설하여 건강보험의 가입자 또는 피부양자에게 국민건강보험법에서 정한 요양급여를 실시하고 국민건강보험공단으로부터 요양급여비용을 지급받았다면, 설령 그 의료기관이 다른 의료인의 명의로 개설·운영되어 의료법 제4조 제2항을 위반하였더라도 그 자체만으로는 국민건강보험법상 요양급여비용을 청구할 수 있는 요양기관에서 제외되지 아니하므로, 달리 요양급여비용을 적법하게 지급받을 수 있는 자격 내지 요건이 흠결되지 않는 한 국민건강보험공단을 피해자로 하는 사기죄를 구성한다고 할 수 없다[대판 2019.5.30. 2019도1839]. [21 법원9급]*

17. 연구책임자가 처음부터 소속 학생연구원들에 대한 개별 지급의사 없이 공동관리계좌를 관리하면서 사실상 그 처분권을 가질 의도하에 이를 숨기고 산학협력단에 연구비를 신청하여 이를 지급받았다면 이는 산학협력단에 대한 관계에 있어 기망에 의한 편취행위에 해당한다. 다만 연구책임자가 원래 용도에 부합하게 학생연구원들의 사실상 처분권 귀속하에 학생연구원들의 공동비용 충당 등을 위하여 학생연구원들의 자발적인 의사에 근거하여 공동관리계좌를 조성하고 실제로 그와 같이 운용한 경우라면, 비록 공동관리계좌의 조성 및 운영이 관련 법령이나 규정 등에 위반되더라도 그러한 사정만으로 불법영득의사가 추단되어 사기죄가 성립한다고 단정할 수 없다. 이 경우 사기죄 성립 여부는 공동관리계좌 개설의 경위, 실질적 관리 및 처분권의 귀속, 연구비가 온전히 법률상 귀속자인 학생연구원들의 공동비용을 위하여 사용되었는지 여부 등을 종합적으로 고려하여 판단하여야 한다[대판 2021.9.9. 2021도8468]. [23 경찰채용]*

판례 | 기도비 명목의 대가를 교부받은 경우라도 사기죄가 성립하는 경우

[1] 피고인이 피해자에게 불행을 고지하거나 길흉화복에 관한 어떠한 결과를 약속하고 기도비 등의 명목으로 대가를 교부받은 경우에 전통적인 관습 또는 종교행위로서 허용될 수 있는 한계를 벗어났다면 사기죄에 해당한다. [20 법원행시]*

[2] 피고인이 피해자에게 '피해자의 처가 정신분열병에 걸린 것은 귀신이 들린 것이니 피고인이 기도를 하여 낫게 해줄 수 있다', '피해자의 아들에 액운이 있으니 피고인이 골프공에 피해자의 아들 이름을 적어 골프채로 쳐서 액운을 몰아내야 한다', '피해자의 딸과 가족들에게 귀신이 씌었다'는 등의 말을 하며 돈을 요구하여 피해자로부터 기도비와 차용금 명목으로 합계 1억 889만 원을 교부받은 것에 대하여, 피고인이 골프채로 골프공을 치는 행위 등 그 주장하는 행위들이 경험칙상 전통적인 관습에 의한 무속행위나 통상적인 종교행위의 형태라고 볼 수 없다고 한 사례[대판 2017.11.9. 2016도12460].

판례 | 기망행위에 해당되지 않는 경우(사기죄 성립 X)

1. 사기죄가 성립하기 위하여는 기망행위와 이에 기한 피해자의 처분행위가 있어야 할 것인바, 타인의 일반전화를 무단으로 이용하여 전화통화를 하는 행위는 전기통신사업자인 한국전기통신공사가 일반전화 가입자인 타인에게 통신을 매개하여 주는 역무를 부당하게 이용하는 것에 불과하여 한국전기통신공사에 대한 기망행위에 해당한다고 볼 수 없을 뿐만 아니라, 이에 따라 제공되는 역무도 일반전화 가입자와 한국전기통신공사 사이에 체결된 서비스이용계약에 따라 제공되는 것으로서 한국전기통신공사가 착오에 빠져 처분행위를 한 것이라고 볼 수 없으므로, 결국 위와 같은 행위는 형법 제347조의 사기죄를 구성하지 아니한다[대판 1999.6.25. 98도3891].
2. 채무자는 채권자로부터 채권의 양도통지를 받지 않은 이상 채무금은 원래의 채권자에게 반환할 의무가 있는 것이므로, 채권양도 통지 전에는 그 채무자가 채권자에게 그 채무금을 반환하면 유효한 변제가 되는 것이고 채권자에 대하여 위 채무금의 지급을 거부할 권리를 유보하고 양수인에게만 지급해야 할 특별한 사정이 없는 한 채무자로서는 양수인이 채무의 지급을 구한다 하더라도 이를 거부할 권리가 있으므로 채권자가 위 채권의 양도사실을 밝히지 아니하고 직접 위 외상대금을 수령하였다 하여 기망수단을 써서 채무자를 착오에 빠뜨려 그 대금을 편취한 것이라 할 수 없다[대판 1984.5.9. 83도2270].
3. 공사대금채권과 대여금채권을 합산하여 임대차보증금반환채권으로 전환하기로 합의하여 임대차계약을 체결하고, 실제로 임차인이 임대차목적물에 거주하면서 주민등록전입신고를 하고 확정일자를 받은 경우, 임차인이 이에 기하여 경매법원으로부터 배당을 받은 행위는 사기죄로 의율할 수 없다[대판 2004.7.22. 2003도6412].
4. 매도인이 매수인에게 토지의 매수를 권유하면서 언급한 내용이 객관적 사실에 부합하거나 비록 확정된 것은 아닐지라도 연구용역 보고서와 신문스크랩 등에 기초한 것인 경우, 사기죄에 있어서 기망행위에 해당한다고 보기는 어렵다[대판 2007.1.25. 2004도45]. [16 법원9급]*

5. 피고인 등이 피해자 A 등에게 자동차를 매도하겠다고 거짓말하고 자동차를 양도하면서 매매대금을 편취한 다음, 자동차에 미리 부착해 놓은 지피에스(GPS)로 위치를 추적하여 자동차를 절취하였다고 하여 사기 및 특수절도로 기소된 사안에서, 피고인이 A 등에게 자동차를 인도하고 소유권이전등록에 필요한 일체의 서류를 교부함으로써 A 등이 언제든지 자동차의 소유권이전등록을 마칠 수 있게 된 이상, 피고인이 자동차를 양도한 후 다시 절취할 의사를 가지고 있었더라도 자동차의 소유권을 이전하여 줄 의사가 없었다고 볼 수 없고, 피고인이 자동차를 매도할 당시 곧바로 다시 절취할 의사를 가지고 있으면서도 이를 숨긴 것을 기망이라고 할 수 없어, 결국 피고인이 자동차를 매도할 당시 기망행위가 없었으므로, 피고인에게 사기죄를 인정할 수 없다고 한 사례[대판 2016.3.24. 2015도17452]. [22 경간부, 20 법원행시, 20 법원9급, 19 국가7급, 19 경찰승진, 18 변호사, 17 법원행시, 17 법원9급, 16 경찰채용]*

6. 피고인이 설립한 甲 주식회사는 설립 자본금을 기장납입하고, 자격증 대여자를 보유 건설기술자로 등록하는 등 자본금 요건과 기술자 보유 요건을 가장하여 전문건설업을 부정 등록한 무자격 건설업자로 전문공사를 하도급받을 수 없었음에도, 이를 바탕으로 공사 발주기관을 기망하여 특허 사용협약을 체결하고, 해당 공사를 낙찰받은 건설회사 담당자를 기망하여 하도급 계약을 체결한 후, 각 계약들에 따른 공사대금을 지급받아 편취하였다는 이유로 특정경제범죄 가중처벌 등에 관한 법률 위반(사기) 및 사기죄로 기소된 사안에서, 피고인이 발주기관 또는 건설회사들로부터 공사대금을 지급받은 행위가 사기죄에서의 기망행위로 인한 재물의 편취에 해당한다고 보기 어렵다[대판 2023.1.12. 2017도14104].

동지판례 산림사업법인 설립 또는 법인 인수 과정에서 자격증 대여가 있었다는 사정만으로는 피고인에게 병해충 방제 또는 숲 가꾸기 공사를 완성할 의사나 능력이 없었다고 단정하기 어렵다. 또한 피고인이 운영하는 한국임업은 이러한 공사 완성의 대가로 발주처로부터 공사대금을 지급받은 것이므로, 설령 피고인이 발주처에 대하여 기술자격증 대여 사실을 숨기는 등의 행위를 하였다고 하더라도 그 행위와 공사대금 지급 사이에 상당인과관계를 인정하기도 어렵다[대판 2022.7.14. 2017도20911]. [23 경간부]*

판례 | 초과보험계약의 체결이 기망에 해당하기 위한 요건

보험계약자가 보험계약 체결 시 보험금액이 목적물의 가액을 현저하게 초과하는 초과보험 상태를 의도적으로 유발한 후 보험사고가 발생하자 초과보험 사실을 알지 못하는 보험자에게 목적물의 가액을 묵비한 채 보험금을 청구하여 보험금을 교부받은 경우, 보험자가 보험금액이 목적물의 가액을 현저하게 초과한다는 것을 알았더라면 같은 조건으로 보험계약을 체결하지 않았을 뿐만 아니라 협정보험가액에 따른 보험금을 그대로 지급하지 아니하였을 관계가 인정된다면, 보험계약자가 초과보험 사실을 알지 못하는 보험자에게 목적물의 가액을 묵비한 채 보험금을 청구한 행위는 사기죄의 실행행위로서의 기망행위에 해당한다[대판 2015.7.23. 2015도6905]. [17 법원9급, 16 법원9급]*

판례 | 공사도급계약의 체결이 기망에 해당하는지의 판단기준

[1] 공사도급계약에서 편취에 의한 사기죄의 성립 여부는 계약 당시를 기준으로 피고인에게 공사를 완성할 의사나 능력이 없음에도 피해자에게 공사를 완성할 것처럼 거짓말을 하여 피해자로부터 공사대금 등을 편취할 고의가 있었는지에 의하여 판단하여야 한다. 이때 법원으로서는 공사도급계약의 내용, 체결 경위 및 계약의 이행과정이나 그 결과 등을 종합하여 판단하여야 한다.

[2] 사기죄의 보호법익은 재산권이므로, 기망행위에 의하여 국가적 또는 공공적 법익이 침해되었다는 사정만으로 사기죄가 성립한다고 할 수 없다. 따라서 공사도급계약 당시 관련 영업 또는 업무를 규제하는 행정법규나 입찰 참가자격, 계약절차 등에 관한 규정을 위반한 사정이 있는 때에는 그러한 사정만으로 공사도급계약을 체결한 행위가 기망행위에 해당한다고 단정해서는 안 되고, 그 위반으로 말미암아 계약 내용대로 이행되더라도 공사의 완성이 불가능하였다고 평가할 수 있을 만큼 그 위법이 공사의 내용에 본질적인 것인지 여부를 심리 · 판단하여야 한다[대판 2019.12.27. 2015도10570], [대판 2021.10.14. 2016도16343]. [21 법원9급]*

판례해설 피고인 1이 문화재수리기술자와 문화재수리기능자의 자격증을 빌려서 즉 자격요건을 갖추지 아니한 상태에서 문화재수리업자로 등록하여 공사도급계약을 체결하였으나, 문화재수리기술자인 피고인 2가 공사를 시행할 예정이었고, 실제로도 그가 시행한 문화재수리공사가 모두 완료되었으며 별다른 하자나 문제점은 발견되지 않았으므로, 피고인들에게 계약 당시 문화재수리공사를 수행할 의사나 능력이 없었다고 볼 수 없어, 피고인들이 공사를 수행할 의사나 능력이 없음에도 발주자(공주시)를 기망하여 공사계약을 체결하고 공사대금을 편취하였다고 볼 수 없다고 한 사례이다. 다만 자격증을 대여받아 사용한 행위 등은 문화재수리법 위반죄에, 계약담당 공무원들의 직무집행을 방해한 행위는 위계에 의한 공무집행방해죄에 해당한다.

판례 | 사기죄가 성립하는 경우(무권한자의 재물처분 · 취득행위)

(타인의 소유물을 임대한 후 보증금을 수령한 경우) 채권의 담보로 가옥소유권을 채권자에게 이전등기하여 놓고도 이런 사실을 숨긴 채 공소외 甲과 공모하여 甲의 소유인 양 타인에게 임대하고 그 임대보증금 등 명목으로 금원을 수령한 행위는 사기죄를 구성한다[대판 1984.1.31. 83도1501].

판례 | 사기죄가 성립하지 않는 경우(주의)

[1] 국민건강보험법 제48조 제1항 제1호에서는 고의 또는 중대한 과실로 인한 범죄행위에 기인하거나 고의로 보험사고를 발생시킨 경우 이에 대한 보험급여를 제한하도록 규정하고 있는데, 위 법 제48조 제1항 제1호에 규정된 '고의 또는 중대한 과실로 인한 범죄행위에 기인한 경우'는 '고의 또는 중대한 과실로 인한 자기의 범죄행위에 전적으로 기인하여 보험사고가 발생하였거나 고의 또는 중대한 과실로 인한 자신의 범죄행위가 주된 원인이 되어 보험사고가 발생한 경우'를 말하는 것으로 해석함이 상당하다.

[2] 타인의 폭행으로 상해를 입고 병원에서 치료를 받으면서, 상해를 입은 경위에 관하여 거짓말을 하여 국민건강보험공단으로부터 보험급여 처리를 받은 경우, 위 상해는 '전적으로 또는 주로 피고인의 범죄행위에 기인하여 입은 상해'라고 할 수 없으므로 사기죄가 성립하지 아니한다[대판 2010.6.10. 2010도1777].

관련판례 피고인이 남편의 폭행으로 목을 다쳤을 뿐인데도 교통사고로 상해를 입었다는 취지로 보험금을 청구하여 다수의 보험회사들로부터 보험금을 교부받아 편취하였다는 내용으로 기소된 사안에서, 피고인이 위와 같이 상해를 입고 수술을 받았으나 후유장해가 남은 것은 사실이고 이는 일반재해에 해당되므로, 피고인의 교통재해를 이유로 한 보험금청구가 보험회사에 대한 기망에 해당할 수 있으려면 각 보험약관상 교통재해만이 보험사고로 규정되어 있을 뿐 일반재해는 보험사고로 규정되어 있지 않거나 교통재해의 보험금이 일반재해의 보험금보다 다액으로 규정되어 있는 경우에 해당한다는 점이 전제되어야 한다고 한 사례[대판 2011.2.24. 2010도17512].

판례 | 부작위에 의한 기망의 의미 및 신의칙상 고지의무의 인정요건

사기죄의 요건으로서의 기망은 널리 재산상의 거래관계에 있어 서로 지켜야 할 신의와 성실의 의무를 저버리는 모든 적극적 또는 소극적 행위를 말하는 것이고, 이러한 소극적 행위로서의 부작위에 의한 기망은 법률상 고지의무 있는 자가 일정한 사실에 관하여 상대방이 착오에 빠져 있음을 알면서도 이를 고지하지 아니함을 말하는 것으로서, 일반거래의 경험칙상 상대방이 그 사실을 알았더라면 당해 법률행위를 하지 않았을 것이 명백한 경우에는 신의칙에 비추어 그 사실을 고지할 법률상 의무가 인정되는 것이다[대판 1998.12.8. 98도3263]. [23 변호사, 19 국가9급]*

동지판례 ⅰ) 부동산을 매매함에 있어서 매도인이 매수인에게 매매와 관련된 구체적 사정을 고지하지 아니함으로써, 매수인이 매매목적물에 대한 권리를 확보하지 못할 위험이 생길 수 있음을 알면서도, 매수인에게 그와 같은 사정을 고지하지 아니한 채 매매계약을 체결하고 매매대금을 교부받는 한편, 매수인은 그와 같은 사정을 고지받았더라면 매매계약을 체결하지 아니하거나 매매대금을 지급하지 아니하였을 것임이 경험칙상 명백한 경우에는, 신의성실의 원칙상 매도인에게 그와 같은 사정에 관한 고지의무가 있다고 할 것이므로, 매도인이 매수인에게 그와 같은 사정을 고지하지 아니함은 사기죄의 구성요건인 기망에 해당한다[대판 1991.12.24. 91도2698].
ⅱ) **(가수 조영남씨 사건)** 피고인이 미술작품의 창작과정, 특히 조수 등 다른 사람이 관여한 사정을 알리지 않은 것이 신의칙상 고지의무 위반으로서 사기죄에서의 기망행위에 해당하고 그 그림을 판매한 것이 판매대금의 편취행위라고 보려면 두 가지의 전제, 즉 미술작품의 거래에서 창작과정을 알려주는 것, 특히 작가가 조수의 도움을 받았는지 등 다른 관여자가 있음을 알려주는 것이 관행이라는 것 및 미술작품을 구매한 사람이 이러한 사정에 관한 고지를 받았더라면 거래에 임하지 아니하였을 것이라는 관계가 인정되어야 한다[대판 2020.6.25. 2018도13696].

판례 | 고지의무를 인정한 경우(고지의무 위반의 경우 기망에 해당하여 사기죄 성립 ○)

1. 부동산매매에 있어서 매매목적물에 관하여 소유권귀속에 관한 분쟁이 있어 재심소송이 계속중에 있다면 이러한 사정들은 특별한 사정이 없는 한 매수인으로서는 매매계약의 체결 여부를 결정짓는 매우 중요한 요소이므로 매도인은 거래의 신의성실의 원칙상 매수인에게 고지할 의무가 있다 할 것이고 매도인이 매수인에게 소송계속사실을 숨기고 매도하여 대금을 교부받았다면 이는 사기죄를 구성한다[대판 1986.9.9. 86도956].

2. 토지가 정주시에 의하여 협의매수되거나 수용될 것이라는 점을 알고 있었던 피고인에게는 이러한 사정을 모르고 위 토지를 매수하려는 피해자에게 위와 같은 사정을 고지할 신의칙상 의무가 있으므로, 이러한 사정을 고지하지 아니한 피고인의 행위는 부작위에 의한 사기죄를 구성한다[대판 1993.7.13. 93도14]. [19 경간부, 18 변호사, 17 법원행시, 16 법원행시, 16 국가9급, 16 경찰채용]*

3. 물품의 국내 독점판매계약을 체결하면서 그 물건이 이미 다른 사람에 의하여 판매되고 있음을 고지하지 않은 경우, 이는 고지할 사실을 묵비함으로써 상대방을 기망한 것이 되어 사기죄를 구성한다[대판 1996.7.30. 96도1081].

4. 제3자가 매도인을 상대로 대지 및 지상건물에 대한 명도소송을 제기하여 계속중이고 점유이전금지가처분까지 되어 있는 사실을 매수인이 알았다면 거래의 경험칙상 대지를 매수하지 아니하였을 것이 분명하므로 신의성실의 원칙에 따라 매도인은 위와 같은 소송관계를 매수인에게 고지할 법률상 의무가 있고 따라서 매도인의 이러한 불고지는 기망행위에 해당한다[대판 1985.3.26. 84도301]. [17 법원행시]*

4-1. 가맹점주가 용역의 제공을 가장한 허위의 매출전표임을 고지하지 아니한 채 신용카드회사에게 제출하여 대금을 청구한 행위는 사기죄의 실행행위로서의 기망행위에 해당한다[대판 1999.2.12. 98도3549].

동지판례 납품내역이 허위임을 알았더라면 판매기업에 그 대금의 지급을 하지 아니하였을 관계가 인정된다면, 판매기업이 용역제공을 가장한 허위의 납품내역임을 고지하지 아니한 채 카드회사에 대금을 청구한 행위는 사기죄의 실행행위로서의 기망행위에 해당하고, 판매기업에 이러한 기망행위에 관한 범의가 있었다면, 비록 당시 그 운영자에게 카드 이용대금을 변제할 의사와 능력이 있었다고 하더라도 사기죄의 범의가 있었음이 인정되어 사기죄가 성립한다[대판 2013.7.26. 2012도4438].

5. 토지를 매도함에 있어서 채무담보를 위한 가등기와 근저당권설정등기가 경료되어 있는 사실을 숨기고 이를 고지하지 아니하여 매수인이 이를 알지 못한 탓으로 그 토지를 매수하였다면 이는 사기죄를 구성한다[대판 1981.8.20. 81도1638]. [20 경간부, 16 법원행시]*

6. 비록 토지의 소유자로 등기되어 있다고 하더라도 자신이 진정한 소유자가 아닌 사실을 알게 된 이상, 당해 토지의 수용보상금을 수령함에 있어서 당해 토지를 수용한 기업자나 공탁공무원에게 그러한 사실을 고지하여야 할 의무가 있다고 보아야 할 것이고, 이러한 사실을 고지하지 아니한 채 수용보상금으로 공탁된 공탁금의 출급을 신청하여 이를 수령한 이상 기망행위가 없다고 할 수 없다[대판 1994.10.14. 94도1911].

7. 수표나 어음이 지급기일에 결제되지 않으리라는 점을 예견하였거나 지급기일에 지급될 수 있다는 확신이 없으면서도 그러한 내용을 수취인에게 고지하지 아니하고 이를 속여서 할인을 받으면 사기죄가 성립한다[대판 1998.12.9. 98도3282].

8. '주식거래의 목적물이 증자 전의 주식이 아니라 증자 후의 주식'이라는 점은 주식거래 여부나 그 내용을 결정하는 데 중요한 사항이므로 주식매도인인 피고인이 피해자들에게 이를 제대로 알리지 않은 것은 피해자들을 기망한 것이다[대판 2006.10.27. 2004도6503]. [17 경간부]*

9. 부동산매매에 있어서 매매목적물에 관하여 유언으로 재단법인에 출연되었는지의 여부가 문제되고 다른 부동산에 관하여는 이미 위 유언이 유효하다는 판결까지 있었다면 이러한 사정들은 매매계약의 체결여부를 결정짓는 매우 중요한 요소이므로, 매도인은 거래의 신의성실의 원칙상 매수인에게 이를 고지할 법률상의 의무가 있다고 할 것이고 매도인이 매수인에게 위와 같은 사실을 숨기고 매도하여 대금을 교부받았다면 이는 사기죄를 구성한다[대판 1992.8.14. 91도2202]. [16 법원행시]*

10. 사채업자가 대출희망자로부터 대출을 의뢰받은 다음 대출희망자가 자동차의 실제 구입자가 아니어서 자동차할부금융의 대상이 되지 아니함에도 그가 실제로 자동차를 할부로 구입하는 것처럼 그 명의의 대출신청서 등 관련 서류를 작성한 후 이를 할부금융회사에 제출하여 자동차할부금융으로 대출금을 받은 경우, 사채업자로서는 신의성실의 원칙상 사전에 할부금융회사에게 자동차를 구입하여 보유할 의사 없이 자동차할부금융대출의 방법으로 자금을 융통하려는 사정을 고지할 의무가 있다 할 것이고, 그럼에도 불구하고 이를 고지하지 아니한 채 대출의뢰인들 명의로 자동차할부금융을 신청하여 그 대출금을 지급하도록 한 행위는 고지할 사실을 묵비함으로써 거래상대방인 할부금융회사를 기망한 것이 되어 사기죄를 구성한다[대판 2004.4.9. 2003도7828].

판례 | 고지의무를 부정한 경우(불고지의 경우 기망에 해당하지 아니하여 사기죄 성립 X)

1. [1] 부동산을 매매함에 있어서 매매로 인한 법률관계에 아무런 영향도 미칠 수 없는 것이어서 매수인의 권리의 실현에 장애가 되지 아니하는 사유까지 매도인이 매수인에게 고지할 의무가 있다고는 볼 수 없다.
   [2] 부동산중개업자인 피고인이 아파트 입주권을 매도하면서 그 입주권을 2억 5,000만 원에 확보하여 2억 9,500만 원에 전매한다는 사실을 매수인에게 고지하지 않았으나, 매수인이 아파트 입주권을 2억 9,500만 원에 매입하면 시세차익을 볼 수 있다고 판단하여 입주권 가격에 대하여 아무런 문의도 하지 않고 매매계약을 체결한 경우, 피고인이 매수인을 기망하여 차액 4,500만 원을 편취하였다고 보기 어려워 사기죄가 성립하지 않는다[대판 2011.1.27. 2010도5124].
2. 채무자는 채권자로부터 채권의 양도통지를 받지 않은 이상 채무금은 원래의 채권자에게 반환할 의무가 있는 것이므로, 채권양도 통지 전에는 그 채무자가 채권자에게 그 채무금을 반환하면 유효한 변제가 되는 것이고 채권자에 대하여 위 채무금의 지급을 거부할 권리를 유보하고 양수인에게만 지급해야 할 특별한 사정이 없는 한 채무자로서는 양수인이 채무의 지급을 구한다 하더라도 이를 거부할 권리가 있으므로 채권자가 위 채권의 양도사실을 밝히지 아니하고 직접 위 외상대금을 수령하였다 하여 기망수단을 써서 채무자를 착오에 빠뜨려 그 대금을 편취한 것이라 할 수 없다[대판 1984.5.9. 83도2270].
3. 토지의 공유자 겸 명의수탁자인 피고인이 나머지 공유자들로부터 그들 소유 지분에 관하여 매도가격 및 처분기한을 특정하여 처분권한을 위임받고 그 처분에 따른 양도소득세 등 일체의 경비를 피고인이 부담하기로 약정한 경우, 피고인이 위 매도위임가격보다 훨씬 고가로 매도하였다 하더라도 그와 같은 사실을 위임인에게 고지할 법률상 의무가 없다[대판 1999.5.25. 98도2792].

판례 | 과다지급금의 영득과 사기죄의 성립 여부

매수인이 매도인에게 매매잔금을 지급함에 있어 착오에 빠져 지급해야 할 금액을 초과하는 돈을 교부하는 경우, 매도인이 사실대로 고지하였다면 매수인이 그와 같이 초과하여 교부하지 아니하였을 것임은 경험칙상 명백하므로, 매도인이 매매잔금을 교부받기 전 또는 교부받던 중에 그 사실을 알게 되었을 경우에는 특별한 사정이 없는 한 매도인으로서는 매수인에게 사실대로 고지하여 매수인의 그 착오를 제거하여야 할 신의칙상 의무를 지므로 그 의무를 이행하지 아니하고 매수인이 건네주는 돈을 그대로 수령한 경우에는 사기죄에 해당될 것이지만, 그 사실을 미리 알지 못하고 매매잔금을 건네주고 받는 행위를 끝마친 후에야 비로소 알게 되었을 경우에는 주고 받는 행위는 이미 종료되어 버린 후이므로 매수인의 착오 상태를 제거하기 위하여 그 사실을 고지하여야 할 법률상 의무의 불이행은 더 이상 그 초과된 금액 편취의 수단으로서의 의미는 없으므로, 교부하는 돈을 그대로 받은 그 행위는 점유이탈물횡령죄가 될 수 있음은 별론으로 하고 사기죄를 구성할 수는 없다[대판 2004.5.27. 2003도4531]. [22 경간부, 19 법원행시, 16 국가7급, 16 경찰채용]*

판례 | 사기죄가 성립하지 않는 경우(거래목적을 달성하는데 지장이 없는 사항을 고지하지 않은 경우)

1. **(부동산의 이중매매 또는 이중양도담보에 있어서 제1계약사실의 불고지)** 부동산을 매매함에 있어서, 매매로 인한 법률관계에 아무런 영향도 미칠 수 없는 것이어서 매수인의 권리실현에 장애가 되지 아니하는 사유까지 매도인이 매수인에게 고지할 의무가 있다고는 볼 수 없는 것인바, 부동산의 이중매매에 있어서 매도인이 제1의 매매계약을 일방적으로 해제할 수 없는 처지에 있었다는 사정만으로는, 바로 제2의 매매계약의 효력이나 그 매매계약에 따르는 채무의 이행에 장애를 가져오는 것이라고 할 수 없음은 물론, 제2의 매수인의 매매목적물에 대한 권리의 실현에 장애가 된다고 볼 수도 없는 것이므로 매도인이 제2의 매수인에게 그와 같은 사정을 고지하지 아니하였다고 하여 제2의 매수인을 기망한 것이라고 평가할 수는 없을 것이다. 그리고 이러한 법리는 부동산의 이중양도담보에 있어서도 마찬가지라고 할 것이다[대판 1991.12.24. 91도2698; 동지 대판 2008.5.8. 2008도1652], [대판 2012.1.26. 2011도15179]. [17 법원행시]*
2. **(명의수탁 부동산임을 불고지)** 피고인 단독명의로 소유권이전등기가 되어 있는 부동산 중 1/2 지분은 타인으로부터 명의신탁 받은 것임에도 불구하고 피고인이 그의 승낙 없이 위 부동산 전부를 피해자에게 매도하여 그 소유권이전등기를 마쳐준 경우, 매수인은 유효하게 위 부동산의 소유권을 취득하므로 매수인인 피해자에 대하여 사기죄를 구성하지 않는다[대판 1990.11.13. 90도1961].

동지판례 부동산의 명의수탁자가 부동산을 제3자에게 매도하고 매매를 원인으로 한 소유권이전등기까지 마쳐 준 경우, 명의신탁의 법리상 대외적으로 수탁자에게 그 부동산의 처분권한이 있는 것임이 분명하고, 제3자로서도 자기 명의의 소유권이전등기가 마쳐진 이상 무슨 실질적인 재산상의 손해가 있을 리 없으므로 그 명의신탁 사실과 관련하여 신의칙상 고지의무가 있다거나 기망행위가 있었다고 볼 수도 없어서 그 제3자에 대한 사기죄가 성립될 여지가 없고, 나아가 그 처분시 매도인(명의수탁자)의 소유라는 말을 하였다고 하더라도 역시 사기죄가 성립하지 않으며, 이는 자동차의 명의수탁자가 처분한 경우에도 마찬가지이다[대판 2007.1.11. 2006도4498]. [20 변호사, 20 경간부, 18 경찰채용, 17 경찰승진, 16 법원행시]*

3. **(신탁금지약정 사실을 고지하지 아니하고 담보신탁한 경우)** [1] 어떤 법률행위를 하려는 사람이 그 법률행위에 따른 상대방의 법률상 지위에 아무런 영향도 미칠 수 없는 사유까지 상대방에게 고지할 의무가 있다고 볼 수는 없다.
   [2] 피고인이 부동산에 대해 甲과 신탁금지약정을 체결한 사실을 乙 은행에 알리지 아니한 채 위 부동산을 담보신탁하고 乙 은행에서 대출을 받은 경우, 신탁금지약정 사실을 고지하지 아니하였다고 하여 乙 은행을 기망하였다고 평가할 수 없으므로 사기죄가 성립하지 아니한다[대판 2012.4.13. 2011도2989].

   판결이유 甲의 동의 없이 이를 신탁할 수 없다는 취지의 약정을 체결하였다는 사정만으로는 신탁계약의 효력과 그 신탁계약에 따르는 채무의 이행에 장애를 가져오거나 수탁자와 우선수익자의 권리실현에 장애가 된다고 볼 수 없고, 따라서 피고인이 피해자에게 이 사건 신탁금지약정을 체결한 사실을 고지하지 아니하였다고 하여 피해자를 기망한 것이라고 평가할 수는 없을 것이다.

4. **(대물변제예약물임을 불고지)** 채무자가 채무담보의 뜻으로 대물변제를 예약한 물건을 그 변제기 후에 채권자측으로부터의 예약완결권 행사 전에 제3자에게 대물변제 하였다면 위 채권자에 대한 관계에 있어 배임이 됨은 모르거니와 위 제3자에 대한 관계에 있어 사기죄는 성립하지 아니한다[대판 1980.7.8. 79도2734].

판례 | 과장광고와 사기죄의 성립 여부

(1) 과장광고의 허용한계

일반적으로 상품의 선전, 광고에 있어 다소의 과장, 허위가 수반되는 것은 그것이 일반 상거래의 관행과 신의칙에 비추어 시인될 수 있는 한 기망성이 결여된다고 하겠으나 거래에 있어서 중요한 사항에 관하여 구체적 사실을 거래상의 신의성실의 의무에 비추어 비난받을 정도의 방법으로 허위로 고지한 경우에는 과장·허위광고의 한계를 넘어 사기죄의 기망행위에 해당한다[대판 1992.9.14. 91도2994].

(2) 과장광고가 기망행위에 해당하여 사기죄가 성립하는 경우

1. 식육식당을 경영하는 자가 음식점에서 한우만을 취급한다는 취지의 상호를 사용하면서 광고선전판, 식단표 등에도 한우만을 사용한다고 기재하고서 수입 쇠갈비를 판매한 경우, 이러한 광고는 그 사술의 정도가 사회적으로 용인될 수 있는 상술의 정도를 넘는 것이고, 따라서 피고인의 기망행위 및 편취의 범의를 인정하기에 넉넉하다[대판 1997.9.9. 97도1561]. [22 경간부]*
2. 종전에 출하한 일이 없던 신상품에 대하여 첫 출하시부터 종전가격 및 할인가격을 비교표시하여 막바로 세일에 들어가는 이른바 변칙세일은 진실규명이 가능한 구체적 사실인 가격조건에 관하여 기망이 이루어진 경우로서 그 사술의 정도를 넘은 것이어서 사기죄의 기망행위를 구성한다[대판 1992.9.14. 91도2994].
3. 백화점의 식품매장에서 당일 판매되지 못하고 남은 생식품들에 대하여 그 다음날 아침 포장지를 교체하면서 가공일자가 재포장일자로 기재된 바코드라벨을 부착하여 재판매하는 행위 내지 판매기법은 제품의 신선도에 대한 소비자들의 신뢰를 배신하고 그들의 생식품 구매동기에 있어서 중요한 요소인 가공일자에 대한 착오를 이용하여 재고상품을 종전 가격에 판매하고자 하는 것으로서 그 사술의 정도가 사회적으로 용인될 수 있는 상술의 정도를 넘은 기망행위에 해당한다[대판 1995.7.28. 95도1157].
4. 오리, 하명, 누에, 동충하초, 녹용 등 여러 가지 재료를 혼합하여 제조·가공한 '녹동달오리골드'라는 제품이 당뇨병, 관절염, 신경통 등의 성인병 치료에 특별한 효능이 있는 좋은 약이라는 허위의 강의식 선전·광고행위를 하여 이에 속은 노인들로 하여금 위 제품을 고가에 구입하도록 한 것은 그 사술의 정도가 사회적으로 용인될 수 있는 상술의 정도를 넘은 것이어서 사기죄의 기망행위를 구성한다[대판 2004.1.15. 2001도1429].
5. 통신판매에 있어 … 감정인의 감정을 받은 것처럼 허위 내용의 광고를 한 것은 진실규명이 가능하고 구매의 결정에 있어 가장 중요한 요소로서 구체적 사실인 판매물품의 품질에 관하여 기망한 것으로서 그 사술의 정도가 사회적으로 용인될 수 있는 상술의 정도를 넘은 것이어서 사기죄의 기망행위를 구성한다[대판 2002.2.5. 2001도5789].

(3) 과장광고가 기망행위에 해당하지 아니하여 사기죄가 성립하지 않는 경우

1. 연립주택을 분양함에 있어 평형의 수치를 다소 과장하여 광고를 하였으나, 그 분양가의 결정방법, 분양계약 체결의 경위, 피분양자가 그 분양계약서나 건축물관리대장 등에 의하여 그 공급면적을 평으로 환산하여 쉽게 확인할 수 있었던 경우에는 사회적으로 용인될 수 있는 상술의 정도를 넘은 기망행위에 해당하지 않는다[대판 1995.7.28. 95다19515].
2. 피고인들이 매수인들에게 토지의 매수를 권유하면서 언급한 내용이 객관적 사실에 부합하거나 비록 확정된 것은 아닐지라도 연구용역 보고서와 신문스크랩 등에 기초한 것인 경우 사기죄에 있어서 기망행위에 해당한다고 보기는 어렵다[대판 2007.1.25. 2004도45].

판례 | 사람을 기망한 경우가 아니어서 사기죄가 성립할 수 없는 경우

피고인이, 휴대전화 문자메시지를 발송하더라도 이용대금을 납부할 의사와 능력이 없는데도, 이동통신 판매대리점의 컴퓨터를 이용하여 이동통신회사들의 전산망에 접속한 다음 전산상으로 사용정지된 휴대전화를 사용할 수 있도록 하거나 유심칩 읽기를 통해 문자메시지 발송한도를 해제하고 광고성 문자를 대량 발송한 경우, 이는 전산상 자동으로 처리된 것일 뿐 사기죄 구성요건인 '사람을 기망하여 재산상 이득을 취득한 경우'에 해당한다고 볼 수 없으므로 피고인에게 사기죄가 인정되지 아니한다[대판 2011.7.28. 2011도5299]. [16 경간부]*

관련판례 [1] 형법 제347조 사기죄의 성립요건인 기망행위는 사람으로 하여금 착오를 일으키게 하는 것을 말한다. 따라서 사람에 대한 기망행위를 수반하지 않는 경우 사기죄로 처벌할 수 없다.
[2] 피고인이 정상적으로 대출금을 반환할 의사나 능력이 없음에도 휴대전화에 설치된 카드회사의 애플리케이션을 통해 카드론 대출을 신청하여 대출금을 자신의 계좌로 송금받는 방법으로 총 2회에 걸쳐 카드회사들을 기망하여 카드회사들로부터 합계 34,500,000원을 편취하였다는 공소사실로 기소된 사안에서, 피고인이 카드회사들로부터 카드론 대출을 받기 위하여 휴대전화에 설치된 카드회사들의 애플리케이션을 이용하여 자금용도, 보유자산, 연소득정보, 부채정보, 연소득 대비 고정 지출, 신용점수 등을 입력한 데 따라 대출이 전산상 자동적으로 처리되어 송금받을 계좌로 대출금이 송금되었고, 대출신청을 처리하는 일련의 과정에 카드회사들의 직원이 대출신청을 확인하거나 대출금을 송금하는 등으로 개입하였다고 인정할 만한 사정이 없으므로, 피고인이 대출을 받는 과정에서 카드회사들의 직원 등 사람을 기망하였다고 볼 수 없는 점에 비추어, 피고인의 행위는 사람에 대한 기망행위를 수반하지 않아 사기죄에 해당하지 않는다[대판 2025.3.27. 2024도18441].

판례 | 법인에 대한 사기죄에 있어서의 피기망자(자연인인 법인의 임원 또는 직원)

법인도 사기죄의 피해자가 될 수 있음은 당연하고 다만, 이 경우 현실적인 피기망자와 처분행위자는 사기 범행의 성질상 자연인이어야 하는 것이나, 그 자연인은 법인의 임원 또는 직원으로서 당해 업무를 담당한 자 또는 그 업무에 관여한 다수의 자로 파악할 수 있으면 족하고 반드시 그 자연인의 이름 등이 특정되어야 하는 것은 아니다[대판 2006.3.24. 2006도282].

판례 | 사기죄의 실행의 착수시기(기망행위의 개시시)

1. 사기미수죄는 재물을 교부받거나 재산상의 이익을 취득하기 위하여 상대방을 착오에 빠뜨리려는 기망수단을 사용한 사실이 있으면 족하고 상대방이 착오에 빠지지 아니하여 그 목적을 이루지 못하면 사기미수죄를 구성하는 것이므로 피고인이 이미 전에 금원을 편취당한 바 있던 피해자에게 다시 금원차용을 요구한 행위는 사기미수죄에 해당한다[대판 1988.3.22. 87도2539].
2. 사기죄는 편취의 의사로 기망행위를 개시한 때에 실행에 착수한 것으로 보아야 하므로, 사기도박에 있어서도 사기적인 방법으로 도금을 편취하려고 하는 자가 상대방에게 도박에 참가할 것을 권유하는 등 기망행위를 개시한 때에 실행의 착수가 있는 것으로 보아야 한다[대판 2011.1.13. 2010도9330]. [20 변호사, 17 법원행시, 17 법원9급, 17 국가9급]*

판례 | 사기죄의 실행의 착수를 부정한 경우

1. 장해보상지급청구권자에게 보상금을 찾아주겠다고 거짓말을 하여 동인을 보상금 지급기관까지 유인한 것만으로는 사기죄에 있어서의 기망행위의 착수에 이르렀다고 보기 어렵다[대판 1980.5.12. 78도2259].

2. 보험계약자가 상법상 고지의무를 위반하여 보험자와 생명보험계약을 체결한다고 하더라도 그 보험금은 보험계약의 체결만으로 지급되는 것이 아니라 우연한 사고가 발생하여야만 지급되는 것이므로, 상법상 고지의무를 위반하여 보험계약을 체결하였다는 사정만으로 보험계약자에게 미필적으로나마 보험금 편취를 위한 고의의 기망행위가 있었다고 단정하여서는 아니 되고, 더 나아가 보험사고가 이미 발생하였음에도 이를 묵비한 채 보험계약을 체결하거나 보험사고 발생의 개연성이 농후함을 인식하면서도 보험계약을 체결하는 경우 또는 보험사고를 임의로 조작하려는 의도를 갖고 보험계약을 체결하는 경우와 같이 그 행위가 '보험사고의 우연성'과 같은 보험의 본질을 해할 정도에 이르러야 비로소 보험금 편취를 위한 고의의 기망행위를 인정할 수 있다고 할 것이다[대판 2012.11.15. 2010도6910].

   동지판례 피보험자 본인임을 가장하는 등으로 보험계약을 체결한 행위는 단지 장차의 보험금 편취를 위한 예비행위에 지나지 않는다[대판 2013.11.14. 2013도7494].

   비교판례 i) 특정 질병을 앓고 있는 사람이 보험회사가 정한 약관에 그 질병에 대한 고지의무를 규정하고 있음을 알면서도 이를 고지하지 아니한 채 그 사실을 모르는 보험회사와 그 질병을 담보하는 보험계약을 체결한 다음 바로 그 질병의 발병을 사유로 하여 보험금을 청구하였다면 특별한 사정이 없는 한 사기죄에 있어서의 기망행위 내지 편취의 범의를 인정할 수 있고, 보험회사가 그 사실을 알지 못한 데에 과실이 있다거나 고지의무위반을 이유로 보험계약을 해제할 수 있다고 하여 사기죄의 성립에 영향이 생기는 것은 아니다[대판 2007.4.11. 2007도967]. [18 변호사]*

   ii) 피고인이 보험계약 체결 당시 이미 발생한 교통사고 등으로 생긴 '요추, 경추, 사지' 부분의 질환과 관련하여 입 · 통원치료를 받고 있었을 뿐 아니라 그러한 기왕증으로 인해 향후 추가 입원치료를 받거나 유사한 상해나 질병으로 보통의 경우보다 입원치료를 더 받게 될 개연성이 농후하다는 사정을 인식하고 있었음에도 자신의 과거 병력과 치료이력을 모두 묵비한 채 보험계약을 체결한 후 보험회사로부터 보험금을 청구하여 수령하였다면 사기죄가 성립한다[대판 2017.4.26. 2017도1405]. [20 법원행시, 18 법원행시]*

   iii) 피고인이, 갑에게 이미 당뇨병과 고혈압이 발병한 상태임을 숨기고 을 생명보험 주식회사와 피고인을 보험계약자로, 갑을 피보험자로 하는 2건의 보험계약을 체결한 다음, 고지의무 위반을 이유로 을 회사로부터 일방적 해약이나 보험금 지급거절을 당할 수 없는 이른바 면책기간 2년을 도과한 이후 갑의 보험사고 발생을 이유로 을 회사에 보험금을 청구하여 당뇨병과 고혈압 치료비 등의 명목으로 14회에 걸쳐 보험금을 수령한 경우 사기죄는 기수에 이른다고 한 사례[대판 2019.4.3. 2014도2754].

판례 | 기타 사기죄가 성립하지 않는 경우

피고인이 갑에게 '각 5,000만 원씩 출자하여 회사를 설립하되, 우선 자본금 1억 원에 대한 잔고증명은 갑의 돈으로 발급받고 회사가 설립되면 바로 출자금 5,000만 원을 납부하겠다'고 속여 갑으로 하여금 5,000만 원을 투자하게 하고 갑 명의 은행계좌의 예금잔고증명서(1억 원)를 제출하여 을 주식회사를 설립하게 한 후 그 주식 10,000주(1주의 금액 5,000원, 합계 5,000만 원)를 편취하였다는 내용으로 기소된 사안에서, 피고인과 갑은 을 회사를 설립하면서 각 발기인으로서 10,000주씩을 인수한 것으로 볼 여지가 있어 피고인이 갑으로부터 을 회사 주식 10,000주를 취득한 것이 아니므로 갑을 피해자로 볼 수 없고, 갑의 예금잔고증명서를 이용하여 주금을 가장납입하였다면 피고인은 을 회사에 주금 상당의 체당금 반환책임을 부담할 뿐이어서 갑에 대한 사기죄가 성립한다고 보기 어렵다고 한 사례[대판 2018.2.8. 2017도19799].

판례 | 사기죄와 인과관계

사기죄는 타인을 기망하여 착오에 빠뜨리고 처분행위를 유발하여 재물을 교부받거나 재산상 이익을 얻음으로써 성립하는 것으로, 기망행위와 상대방의 착오 및 재물의 교부 또는 재산상 이익의 공여 사이에 순차적인 인과관계가 있어야 한다[대판 2017.12.5. 2017도14423].
[18 변호사, 18 국가7급, 17 경찰채용]*

③ 착오의 야기

판례 | 용도를 속인 차금행위가 기망에 해당하는 경우(사기죄 성립)

1. 국민주택건설자금을 융자받고자 하는 민간사업자가 사실은 국민주택건설자금으로 사용할 의사가 없으면서도 국민주택건설자금으로 사용할 것처럼 용도를 속여 자금융자승인을 받아 국민주택건설자금을 대출받은 경우에는, 대출받을 당시 자금의 일부를 지급받는 대신 이로써 같은 은행에 대한 기존채무의 변제에 갈음하기로 하였다 하더라도 대출금 전액에 대하여 사기죄가 성립한다[대판 2002.7.26. 2002도2620].
2. 명의상의 학원 원장에 불과한 자가 외환위기 후 신규창업 자금을 지원하기 위한 생계형 창업특별보증제도의 목적 및 대출금의 용도에 반하여 창업자금 대출금 중 일부를 개인적인 용도로 사용할 생각이었음에도 불구하고 이를 속이고 위 대출금을 위 학원 운전자금 용도로 사용하겠다면서 보증을 신청한 행위는 사기죄의 기망행위에 해당한다[대판 2003.12.12. 2003도4450].

판례 | 차용금의 용도가 거짓인 경우이지만 예외적으로 사기죄가 성립하지 않는 경우

피고인이 말한 차용금 용도의 목적이 실현 안되더라도 어차피 금원을 대여하기로 합의하여 이를 교부한 경우에는 피고인이 말한 차용금 용도가 거짓이었다 하여도 이 기망행위와 피해자의 재산적 처분행위와의 사이에는 상당인과관계가 있다고 보기 어렵고, 위 금원이 차용금에 불과하다면 피고인이 당초부터 변제할 의사와 능력이 없이 차용한 것이라고 인정되지 않는 한 사기죄를 구성한다고 볼 수 없다[대판 1984.1.17. 83도2818].

판례연습

【사기죄의 기망에 해당하는 경우】 ※ 개발제한구역 해제 사기사건

甲은 A에게 "돈을 빌려주면 이를 접대비용으로 사용하여 토지에 대한 개발제한구역 지정을 해제받고 토지소유자로부터 상당한 금액의 커미션을 받아 그 중 일부를 위 차용금과 함께 돌려주겠다"고 거짓말하여, A로부터 금원을 차용한 다음, 이를 생활비로 소비하였다. 甲의 죄책은?

판결요지

사기죄의 실행행위로서의 기망은 반드시 법률행위의 중요 부분에 관한 허위표시임을 요하지 아니하고 상대방을 착오에 빠지게 하여 행위자가 희망하는 재산적 처분행위를 하도록 하기 위한 판단의 기초가 되는 사실에 관한 것이면 족한 것이므로, 용도를 속이고 돈을 빌린 경우에 있어서 만일 진정한 용도를 고지하였더라면 상대방이 돈을 빌려주지 않았을 것이라는 관계에 있는 때에는 사기죄의 실행행위인 기망은 있는 것으로 보아야 한다[대판 1996.2.27. 95도2828].

보충해설 본 판례는 불법원인급여물에 대하여 사기죄의 성립을 긍정한 것이기도 하다.

정답 [사기죄]

판례 | 기망행위와 착오 내지 처분행위와 인과관계가 인정되는 경우(사기죄 성립)

구회사채를 지급보증한 금융기관이 회사의 요청에 따라 자신의 자금으로 구회사채를 우선 상환한 다음 그 직후 회사가 발행하는 신회사채를 지급보증하는 방법으로 자금을 조달하여 위 구회사채 우선상환 자금을 변제받기로 하는 포괄적 약정을 체결한 경우, 금융기관의 신회사채에 대한 지급보증과 회사의 재무상황에 대한 기망행위 사이에 인과관계가 인정된다[대판 2007.6.1. 2006도1813].

판례 | 기망행위와 착오 내지 처분행위와 인과관계가 인정되는지 여부

사기죄가 성립하려면 행위자의 기망행위, 피기망자의 착오와 그에 따른 처분행위, 그리고 행위자 등의 재물이나 재산상 이익의 취득이 있고, 그 사이에 순차적인 인과관계가 존재하여야 한다.

피해자 법인이나 단체의 대표자 또는 실질적으로 의사결정을 하는 최종결재권자 등이 기망행위자와 동일인이거나 기망행위자와 공모하는 등 기망행위임을 알고 있었던 경우에는 기망행위로 인한 착오가 있다고 볼 수 없고, 재물 교부 등의 처분행위가 있었더라도 기망행위와 인과관계가 있다고 보기 어렵다. 이러한 경우에는 사안에 따라 업무상횡령죄 또는 업무상배임죄 등이 성립하는 것은 별론으로 하고 사기죄가 성립한다고 볼 수 없다.

반면에 피해자 법인이나 단체의 업무를 처리하는 실무자인 일반 직원이나 구성원 등이 기망행위임을 알고 있었더라도, 피해자 법인이나 단체의 대표자 또는 실질적으로 의사결정을 하는 최종결재권자 등이 기망행위임을 알지 못한 채 착오에 빠져 처분행위에 이른 경우라면, 피해자 법인에 대한 사기죄의 성립에 영향이 없다[대판 2017.9.26. 2017도8449]. [23 경간부, 23 변호사 20 법원행시, 20 경간부, 20 경찰채용, 19 법원9급, 19 국가9급, 18 법원행시]*

판례 | 착오의 원인 중에 피기망자 측의 과실이 있는 경우 사기죄의 성부(성립)

[1] 사기죄가 성립하기 위해서는 기망행위와 상대방의 착오 및 재물의 교부 또는 재산상의 이익의 공여와의 사이에 순차적인 인과관계가 있어야 하지만, 착오에 빠진 원인 중에 피기망자 측에 과실이 있는 경우에도 사기죄가 성립한다. [16 법원행시]*

[2] 대출이 새마을금고의 재무상태 등에 대한 실사를 거쳐 실행됨으로써 새마을금고가 위 대출이 가능하다는 착오에 빠지는 원인 중에 새마을금고 측의 과실이 있더라도 사기죄의 성립이 인정된다고 한 사례[대판 2009.6.23. 2008도1697]. [23 변호사]*

④ 처분행위

판례 | 처분행위의 의미 및 부작위에 의한 처분행위에 해당하는 경우

1. [1] 사기죄는 타인을 기망하여 착오를 일으키게 하고 그로 인한 처분행위를 유발하여 재물 · 재산상의 이득을 얻음으로써 성립하고, 여기서 처분행위라 함은 재산적 처분행위로서 피해자가 자유의사로 직접 재산상 손해를 초래하는 작위에 나아가거나 또는 부작위에 이른 것을 말하므로, 피해자가 착오에 빠진 결과 채권의 존재를 알지 못하여 채권을 행사하지 아니하였다면 그와 같은 부작위도 재산의 처분행위에 해당한다. [17 경간부]*

   [2] 출판사 경영자가 출고현황표를 조작하는 방법으로 실제출판부수를 속여 작가에게 인세의 일부만을 지급한 경우, 작가가 나머지 인세에 대한 청구권의 존재 자체를 알지 못하는 착오에 빠져 이를 행사하지 아니한 것이라면 사기죄에 있어 부작위에 의한 처분행위에 해당한다[대판 2007.7.11. 2005도9221]. [16 경찰채용]*

2. 피고인이 점포에 대한 권리금을 지급한 것처럼 허위의 사용내역서를 작성 · 교부하여 동업자들을 기망하고 출자금 지급을 면제받으려 하였으나 미수에 그친 사안에서, 동업자들이 피고인에 대한 출자의무를 명시적으로 면제하지 않았더라도, 착오에 빠져 이를 면제해 주는 결과에 이를 수 있어, 이는 부작위에 의한 처분행위에 해당한다고 한 사례[대판 2009.3.26. 2008도6641].

   판결이유 비록 동업자들이 피고인에 대하여 출자의무를 명시적으로 면제하지 아니하더라도, 피고인의 기망행위에 의하여 피고인이 출자금 전액에 대한 출자의무를 이행하였다는 착오에 빠진 결과 이를 면제해 주는 결과에 이를 수 있는 만큼 이는 부작위에 의한 처분행위에 해당한다.

판례 | 서명사취와 피해자의 처분행위 인정 여부(인정)

[1] 피기망자가 행위자의 기망행위로 인하여 착오에 빠진 결과 내심의 의사와 다른 효과를 발생시키는 내용의 처분문서에 서명 또는 날인함으로써 처분문서의 내용에 따른 재산상 손해가 초래되었다면 그와 같은 처분문서에 서명 또는 날인을 한 피기망자의 행위는 사기죄에서 말하는 처분행위에 해당한다. 아울러 비록 피기망자가 처분결과, 즉 문서의 구체적 내용과 법적 효과를 미처 인식하지 못하였더라도, 어떤 문서에 스스로 서명 또는 날인함으로써 처분문서에 서명 또는 날인하는 행위에 관한 인식이 있었던 이상 피기망자의 처분의사 역시 인정된다. [18 법원행시, 18 법원9급, 18 경찰승진, 18 경간부]*

[2] 피고인 등이 토지의 소유자이자 매도인인 피해자 갑 등에게 토지거래허가 등에 필요한 서류라고 속여 근저당권설정계약서 등에 서명·날인하게 하고 인감증명서를 교부받은 다음, 이를 이용하여 갑 등의 소유 토지에 피고인을 채무자로 한 근저당권을 을 등에게 설정하여 주고 돈을 차용하였다고 하더라면, 갑 등에게 그 소유 토지들에 근저당권 등을 설정하여 줄 처분의사가 인정되므로 갑 등의 처분행위가 있다고 보아야 하므로 사기죄가 성립한다[대판(전) 2017.2.16. 2016도13362]. [20 경간부, 19 국가7급, 18 법원행시, 18 법원9급, 18 경찰승진, 17 법원행시]*

판례 | 처분행위를 할 권한이 없는 자의 행위여서 재산적 처분행위가 인정되지 않은 경우(사기죄 X)

[1] 사기죄는 타인을 기망하여 착오에 빠뜨리게 하고 그 처분행위를 유발하여 재물, 재산상의 이익을 얻음으로써 성립한다. 여기서 처분행위라 함은 범인 등에게 재물을 교부하거나 재산상의 이익을 부여하는 재산적 처분행위를 의미하며, 그것은 피기망자가 처분의사를 가지고 그 의사에 지배된 행위를 하여야 하고, 피기망자는 재물 또는 재산상의 이익에 대한 처분행위를 할 권한이 있는 자여야 한다.

[2] 피고인이 갑에게 사업자등록 명의를 빌려주면 세금이나 채무는 모두 자신이 변제하겠다고 속여 그로부터 명의를 대여받아 호텔을 운영하면서 갑으로 하여금 호텔에 관한 각종 세금 및 채무 등을 부담하게 함으로써 재산상 이익을 편취하였다는 내용으로 기소된 사안에서, 갑이 명의를 대여하였다는 것만으로 피고인이 위와 같은 채무를 면하는 재산상 이익을 취득하는 갑의 재산적 처분행위가 있었다고 보기 어렵다는 이유로, 이와 달리 보아 사기죄를 인정한 원심판결에 법리오해의 위법이 있다고 한 사례[대판 2012.6.28. 2012도4773]. [19 법원행시, 19 국가7급, 18 법원행시]*

판결이유 타인 명의로 사업자등록을 하고 사업을 영위한 경우에 그 명의자는 실제의 사업자가 아닌 명의의 귀속자에 불과하므로, 그에 대하여 한 조세부과처분은 위법하고, 이와 같이 과세의 대상이 되는 소득·수익·재산·행위 또는 거래의 귀속이 그 명의와 달리 사실상 귀속되는 자가 따로 있는 때에는 사실상 귀속되는 자를 납세의무자로 한다는 실질과세의 원칙상 과세관청은 타인의 명의로 사업자등록을 하고 실제로 사업을 영위한 자에 대해 세법을 적용하여 과세할 수 있음은 당연하다.

한편 타인에게 사업자등록 명의를 대여한 경우 그 명의대여자는 상법 제24조에 의해 자기를 영업주로 오인하여 거래한 제3자에 대하여 그 타인과 연대하여 변제할 책임을 지기는 하나, 이러한 명의대여자의 책임은 명의자를 사업주로 오인하여 거래한 제3자를 보호하기 위한 것으로 거래 상대방이 명의대여 사실을 알지 못하였고 알지 못한 데 대하여 중대한 과실이 없는 경우에 명의를 차용한 자와 연대하여 변제할 책임을 지는 법정책임인 것이지, 명의대여자가 거래 상대방에게 채무부담을 하기로 하는 내용의 법률행위 등 처분행위에 기한 책임은 아니다. 그리고 명의대여자가 상법 제24조에 의한 명의대여자 책임을 부담한다고 하더라도 명의차용자와 연대하여 변제할 책임이 있는 것일 뿐, 명의차용자가 거래 상대방에 대하여 그 거래로 인한 채무를 면하게 되는 것은 아니다.

판례 | 채권자(피기망자)가 채무를 확정적으로 소멸 또는 면제시키는 처분행위가 없는 경우(사기죄 X)

1. 사기죄에 있어서 '재산상의 이익'이란 채권을 취득하거나 담보를 제공받는 등의 적극적 이익뿐만 아니라 채무를 면제받는 등의 소극적 이익까지 포함하는 것이기는 하지만, 단순한 채무변제 유예의 정도를 넘어서 채무의 면제라고 하는 재산상 이익에 관한 사기죄가 성립하기 위해서는 채무자의 기망행위로 인하여 그 채무를 확정적으로 소멸 내지 면제시키는 채권자의 처분행위가 있어야만 하는 것이므로, 단지 채무의 이행을 위하여 채권 기타 재산적 권리의 양도가 있었다는 사정만으로 그러한 처분행위가 있었다고 단정하여서는 안될 것이고, 그것이 기존 채무의 확정적인 소멸 내지 면제를 전제로 이루어진 것인지 여부를 적극적으로 살핀 다음, 채무면제를 목적으로 하는 사기죄의 성립 여부를 판단하여야 할 것이다[대판 2009.2.12. 2008도10971].
2. 기존채무에 관하여 약속어음을 발행한 경우에는 당사자 사이에 특별한 약정이 없으면 채무의 확보 또는 그 지급방법으로 이를 발행한 것으로 추정할 것인바, 피고인이 피해자에게 위조한 약속어음을 마치 진정한 어음인 것처럼 기망하여 밀린 물품대금 채무의 변제조로 이를 교부하였다 하여도 이로 인하여 피해자가 피고인의 물품대금 채무를 소멸시키는 등 어떠한 처분행위를 한 사실을 인정할 증거가 없다면 사기죄가 성립될 수 없다[대판 1982.9.28. 82도1759].

3. 자기의 채권자에 대한 채무이행으로 채권을 양도하였다 하더라도 위 채권이 존재하지 않는다면 이를 양도하였다 하여 권리이전의 효력을 발생할 수 없는 것이고 따라서 채권자에 대한 기존의 채무도 소멸하는 것이 아니므로 채무면탈의 효과도 발생할 수 없어 위 채권의 양도로써 재산상의 이득을 취하였다고는 볼 수 없으므로 사기죄는 성립하지 않는다[대판 1985.3.12. 85도74].

4. 피고인이 피해자에게 교부한 보관증이 도합 10가마의 백미 보관증이었다면 피고인이 이를 100가마의 보관증이라고 거짓말을 하였고, 한문판독능력이 없는 피해자가 이를 그대로 믿고 교부받았다고 하여 이것만 가지고 나머지 90가마의 채무가 소멸할리 없고, 이것만 가지고 피고인이 위 채무를 면탈하였다고 할 수 없어 이로 인하여 재산상의 이익을 취득하였다고 할 수 없을 것이며, 피해자가 나머지 백미의 채무를 면제하였다거나 이로 인하여 피고인의 나머지 채무가 소멸하거나, 피해자가 나머지 채권의 권리행사를 할 수 없는 등의 사정이 인정되지 아니하는 한 적어도 이익사기죄에 해당한다고 할 수 없다[대판 1990.12.26. 90도2073].

판례 | 채권자(피기망자)가 채무를 확정적으로 소멸 또는 면제시키는 처분행위가 인정된 경우(사기죄)

[1] 사기죄에서 '재산상의 이익'이란 채권을 취득하거나 담보를 제공받는 등의 적극적 이익뿐만 아니라 채무를 면제받는 등의 소극적 이익까지 포함하며, 채무자의 기망행위로 인하여 채권자가 채무를 확정적으로 소멸 내지 면제시키는 특약 등 처분행위를 한 경우에는 채무의 면제라고 하는 재산상 이익에 관한 사기죄가 성립하고, 후에 재산적 처분행위가 사기를 이유로 민법에 따라 취소될 수 있다고 하여 달리 볼 것은 아니다.
[2] 피고인이 피해자들을 기망하여 부동산을 매도하면서 매매대금 중 일부를 피해자들의 피고인에 대한 기존 채권과 상계하는 방법으로 지급받아 채무 소멸의 재산상 이익을 취득하였다는 내용으로 기소된 사안에서, 피고인이 상계에 의하여 기존 채무가 소멸되는 재산상 이익을 취득하였다고 보아 사기죄를 인정한 원심판단을 정당하다고 한 사례[대판 2012.4.13. 2012도1101]. [20 경간부, 18 법원행시]*

판례 | 기망에 의하여 물품을 공급받은 경우 물품대금에 대한 별도의 사기죄가 성립하기 위한 요건

일반적으로 물품거래 관계에 있어서 물품대금을 변제할 의사나 능력이 없음에도 피해자를 기망하여 물품을 공급받는 경우 피해자의 착오에 의한 재산적 처분행위는 물품의 교부로서 이로써 재물에 대한 사기죄가 성립하고, 그 이후에 물품대금채무를 변제하지 아니한 것은 채무불이행에 불과하여 별도로 재산상 이익을 편취한 것이라고는 볼 수 없으며, 다만 또 다른 기망 행위에 의하여 그 채무변제의 유예를 받거나 채무를 면제받은 경우 등 피해자의 별개의 처분행위가 있는 경우에 한하여 재산상 이익 편취에 의한 사기죄가 성립할 수 있을 것이다[대판 2005.11.24. 2005도7481].

동지판례 피고인이 피해자들을 기망하여 투자금 명목의 돈을 편취하는 과정에서 이자 지급 약정하에 대여금을 교부받았으나 이자를 지급하지 않은 경우, 위 이자 부분에 대해서도 사기죄가 성립하기 위하여는 피고인의 기망행위로 인해 이자 부분에 관한 별도의 처분행위가 있어야 하므로, 이에 대하여 피해자들의 처분행위가 없었다면 이자 부분에 대하여는 사기죄가 성립하지 아니한다[대판 2011.4.14. 2011도769].

판례 | 착오에 의한 처분행위를 한 것이라고 볼 수 없어 사기죄가 성립하지 않는 경우

[1] 송금의뢰인이 수취인의 예금계좌에 계좌이체 등을 한 이후, 수취인이 은행에 대하여 예금반환을 청구함에 따라 은행이 수취인에게 그 예금을 지급하는 행위는 계좌이체금액 상당의 예금계약의 성립 및 그 예금채권 취득에 따른 것으로서 은행이 착오에 빠져 처분행위를 한 것이라고 볼 수 없으므로, 결국 이러한 행위는 은행을 피해자로 한 형법 제347조의 사기죄에 해당하지 않는다고 봄이 상당하다.
[2] 예금주인 피고인이 제3자에게 편취당한 송금의뢰인으로부터 자신의 은행계좌에 계좌송금된 돈을 출금한 사안에서, 피고인은 예금주로서 은행에 대하여 예금반환을 청구할 수 있는 권한을 가진 자이므로, 위 은행을 피해자로 한 사기죄가 성립하지 않는다는 원심의 판단을 정당하다고 한 사례[대판 2010.5.27. 2010도3498]. [19 경찰채용, 18 법원9급, 17 경찰채용, 16 경찰승진, 16 경찰채용]*

판례 | 재산적 처분행위에 해당하는 경우

1. **(배당이의 소송에서 항소의 취하)** 사기죄는 타인을 기망하여 착오에 빠뜨리게 하고 그 처분행위를 유발하여 재물이나 재산상의 이득을 얻음으로써 성립하는 것이므로 여기에 처분행위라고 하는 것은 재산적 처분행위를 의미하는 것이라고 할 것인바, 배당이의 소송의 제1심에서 패소판결을 받고 항소한 자가 그 항소를 취하하면 그 즉시 제1심판결이 확정되고 상대방이 배당금을 수령할 수 있는 이익을 얻게 되는 것이므로 위 항소를 취하하는 것 역시 사기죄에서 말하는 재산적 처분행위에 해당한다[대판 2002.11.22. 2000도4419]. [17 경찰승진, 17 경간부]*
2. **(가등기의 말소)** [1] 사기죄에서 처분행위라 함은 재산적 처분행위를 의미한다고 할 것인바, 부동산 위에 소유권이전청구권 보전의 가등기를 마친 자가 그 가등기를 말소하면 부동산 소유자는 가등기의 부담이 없는 부동산을 소유하게 되는 이익을 얻게 되는 것이므로, 가등기를 말소하는 것 역시 사기죄에서 말하는 재산적 처분행위에 해당하고, 설령 그 후 위 가등기에 의하여 보전하고자 하였던 소유권이전청구권이 존재하지 않아 위 가등기가 무효임이 밝혀졌다고 하더라도 가등기의 말소로 인한 재산상의 이익이 없었던 것으로 볼 수 없다.
   [2] 피고인에게 피해자 명의의 가등기 말소를 구할 권리가 인정된다 하더라도 피고인이 기망행위를 사용하여 피해자로 하여금 위 가등기를 말소하게 한 경우 그 기망행위가 사회통념상 권리행사의 수단으로서 용인될 수 없는 것이라면 피고인의 위와 같은 행위는 사기죄를 구성한다[대판 2008.1.24. 2007도9417].
3. 피고인이 채권자에게 채권을 추심하여 줄 것 같이 속여 채권의 추심승낙을 받아 그 채권을 추심하여 이를 취득하였다면 이는 채권자의 착오에 기한 재산처분행위라고 할 것이므로 사기죄를 구성한다[대판 1983.10.25. 83도1520]. [18 법원행시]*

판례 | 처분행위가 인정되지 않아 사기죄가 성립하지 않는 경우

1. 피고인이 甲의 병원에서 그 처를 입원시켜 가료 중 치료를 다 받고 나서 甲에게 妻와 함께 극장구경을 하고 돌아와서 치료비를 지급하고 퇴원하겠다고 거짓말을 하고 나간 후 그대로 도주하였다 하여도 도주하기 전까지는 그 치료비를 지급할 의사와 능력을 가지고 입원치료를 받았으나 임시 그 채무의 이행을 피하기 위하여 도주한 것이라면 사기죄가 될 수 없다고 볼 것이다[대판 1970.9.22. 70도1615].
   판례해설 병원관계자가 치료비 지급을 면제하거나 유예하는 처분행위가 없으므로 사기죄가 성립할 수 없다.
2. 외관상 재물의 교부에 해당하는 행위가 있었다고 하더라도, 재물이 범인의 사실상의 지배 아래에 들어가 그의 자유로운 처분이 가능한 상태에 놓이지 않고 여전히 피해자의 지배 아래에 있는 것으로 평가된다면, 그 재물에 대한 처분행위가 있었다고 볼 수 없다[대판 2018.8.1. 2018도7030].
   [사실관계] 금괴를 빼돌릴 것을 공모한 1차 운반책들은 인천공항 면세구역에서 금괴무역상인 A로부터 금괴를 전달받은 후 또는 후쿠오카행 비행기에 탑승하러 가던 중 A에게는 화장실이 급하다고 거짓말을 하고 근처 화장실로 들어가, A의 눈을 피해 공모한 2차 운반책들에게 금괴를 전달하였고, 화장실에서 나와서는 여전히 금괴를 허리에 차고 있는 것처럼 행동하였다. 한편 금괴 교부장소인 인천공항 면세구역에서부터 금괴 전달장소인 후쿠오카 공항의 입국장에 도착할 때까지 운반책들의 이동이 피해자에 의하여 관리 또는 감독되고 있었고, 정해진 경로에서 이탈할 가능성은 없었다. 이 경우 A가 금괴를 교부함으로써 금괴에 대한 점유를 제1차 운반책들에게 이전하는 재산상 처분행위를 한 것으로 볼 수 없으므로 1차 운반책들의 행위는 사기죄에 해당하지 아니한다.

㉮ 처분의사의 요부

필요설 (판례, 다수설)	처분의사를 요구하지 않게 되면 사기죄와 절도죄의 구별이 어려우므로 처분의사가 있어야 처분행위가 인정될 수 있다는 견해이다.
불요설	처분행위는 객관적으로 손해를 초래할 수 있는 행위이면 족하며 처분의사를 필요로 하지 않는다는 견해이다. 이 견해에 의하면 기망행위에 의하여 청구권이 있음을 알지 못하여 이를 행사하지 못한 때에도 처분행위가 인정될 수 있다.
절충설	이득사기죄(사기이득)의 경우에는 처분행위의 인식이 필요 없지만 재물사기죄(사기취재)의 경우에는 절도죄와의 구별을 위해 처분행위의 인식이 필요하다는 견해이다.

㉯ 처분효과의 직접성

판례 | 처분행위가 인정되지 않아 사기죄가 성립하지 않는 경우

1. 사기죄는 타인을 기망하여 착오에 빠뜨리고 그로 인한 처분행위로 재물의 교부를 받거나 재산상의 이익을 취득한 때에 성립하는 것이므로, 피고인이 피해자에게 부동산매도용인감증명 및 등기의무자본인확인서면의 진실한 용도를 속이고 그 서류들을 교부받아 피고인 등 명의로 위 부동산에 관한 소유권이전등기를 경료하였다 하여도 피해자의 위 부동산에 관한 처분행위가 있었다고 할 수 없을 것이고 따라서 사기죄를 구성하지 않는다[대판 2001.7.13. 2001도1289]. [20 경찰승진, 16 법원9급]*

   동지판례 피고인이 진실한 용도를 속이고 피해자로부터 그 인감도장을 교부받아 이 사건 부동산에 관한 소유권이전등기절차에 필요한 관계서류를 작성하여 그 명의로 소유권이전등기를 마쳤다 하여도 피해자의 처분행위가 있었다고 할 수 없고, 또 인감도장이라는 재물을 영득할 의사가 없었던 것이라면 피고인에 대한 이 건 사기공소사실에 관하여 무죄를 선고한 것은 옳고 사기죄의 법리를 오해한 위법이 없다[대판 1990.2.27. 89도335].

2. 토지의 일부만을 매수한 자가 그 부분만을 분할 이전하겠다고 거짓말하여 소유자로부터 인장을 교부받아 토지전부에 관하여 소유권이전등기를 필한 경우에는 매수하지 아니한 부분에 관한 등기에 대하여는 위 소유자의 처분 행위가 없었을 뿐만 아니라 등기 공무원에게는 그 처분권한이 있다고 볼 수 없어 사기죄가 성립하지 않는다[대판 1982.3.9. 81도1732].

3. 자기가 점유하는 타인의 재물을 횡령하기 위하여 기망수단을 쓴 경우에는 피기망자에 의한 재산처분행위가 없으므로 일반적으로 횡령죄만 성립되고 사기죄는 성립되지 아니한다[대판 1980.12.9. 80도1177]. [20 경간부, 16 변호사]*

㉰ 처분행위자: 처분행위자는 피기망자와 일치하여야 하지만, 처분행위자와 재산상의 피해자는 일치할 필요는 없다(삼각사기).

판례 | 삼각사기가 성립하기 위한 피기망자(처분행위자)의 요건

1. (지위설의 입장) 사기죄가 성립되려면 피기망자와 재산상의 피해자가 같은 사람이 아닌 경우에는 피기망자가 피해자를 위하여 그 재산을 처분할 수 있는 권능을 갖거나 그 지위에 있어야 하지만, 여기에서 피해자를 위하여 재산을 처분할 수 있는 권능이나 지위라 함은 반드시 사법상의 위임이나 대리권의 범위와 일치하여야 하는 것은 아니고, 피해자의 의사에 기하여 재산을 처분할 수 있는 서류 등이 교부된 경우에는 피기망자의 처분행위가 설사 피해자의 진정한 의도와 어긋나는 경우라고 할지라도 위와 같은 권능을 갖거나 그 지위에 있는 것으로 보아야 한다[대판 1994.10.11. 94도1575].

2. 사기죄는 타인을 기망하여 착오에 빠뜨리고 그 처분행위를 유발하여 재물을 교부받거나 재산상의 이익을 얻음으로써 성립하는 것이므로 피기망자는 재물 또는 재산상 이익에 대한 처분행위를 할 권한이 있어야 한다. 이 경우 재산상 피해자가 법인인 경우에는 피기망자가 법인의 최종 의사결정권자가 아니라도 내부적인 권한 위임 등에 의하여 실질적으로 법인의 의사를 결정할 권한을 부여받아 처분행위를 할 권한을 가지고 있는 경우 또는 상대방의 기망행위 사실을 인식하지 못하고 의사결정권자에게 보고하여 처분행위의 결정을 하도록 한 경우 등에는 사기죄가 성립하기 위한 기망행위의 상대방이 된다 할 것이다. 따라서 권한의 위임이 있는 경우에는 그 권한을 위임받은 사람을 기준으로 기망행위가 있었는지 여부를 판단하여야 한다[대판 2012.5.24. 2010도1080].

   판례해설 법인으로부터 처분행위의 권한을 위임받은 최고결재권자가 피고인의 기망사실이 허위라는 점을 알고 있었다면 피고인의 기망행위는 인정될 수 없다는 취지의 판례이다.

   관련판례 i) 용도를 속여 국민주택 건설자금을 대출받음에 있어, 기금 대출사무를 위탁받은 은행의 일선 담당 직원이 대출금이 지정된 용도에 사용되지 않을 것이라는 점을 알고 있었다 하더라도, 대출 신청액이 일정한 금액을 초과하는 경우에는 은행장이 대출 승인 여부를 결정할 권한이 있으므로, 은행장을 피기망자라고 보아 사기죄의 성립을 인정한 사례[대판 2002.7.26. 2002도2620].
   ii) 리스회사의 지점장이 실제로 리스물건을 설치하지 않은 채 이루어지는 이른바 '공(空)리스'라는 사실을 알면서도 경영위원회 위원들에게 허위서류를 제출하여 여신승인을 받아 타인으로 하여금 6억원의 리스자금을 대출받게 한 경우, 피해자 국민리스 주식회사의 경우 5억원을 초과하는 리스자금의 여신은 경영위원회에서 전적인 결정권한을 가지고 있으므로 경영위원회의 위원들을 피기망자로 하는 사기죄가 성립한다[대판 2001.4.27. 99도484].

판례 | 직접사기 및 삼각사기 불성립 사례(피해자의 처분행위가 인정 X, 피기망자가 처분권능 · 지위 X)

1. 타인명의의 등기서류를 위조하여 등기공무원에게 제출함으로써 피고인 명의로 피해자 소유의 부동산에 대한 소유권이전등기를 마쳤다고 하여도 피해자의 처분행위가 없을 뿐 아니라 등기공무원에게는 위 부동산의 처분권한이 있다고 볼 수 없어 사기죄가 성립하지 않는다[대판 1981.7.28. 81도529]. [17 법원행시, 16 법원9급]*

2. 토지의 일부만을 매수한 자가 그 부분만을 분할 이전하겠다고 거짓말하여 소유자로부터 인장을 교부받아 토지전부에 관하여 소유권이전등기를 필한 경우에는 매수하지 아니한 부분에 관한 등기에 대하여는 위 소유자의 처분 행위가 없었을 뿐만 아니라 등기공무원에게는 그 처분권한이 있다고 볼 수 없어 사기죄가 성립하지 않는다[대판 1982.3.9. 81도1732].

   동지판례 양도증서 등 특허 관련 명의변경 서류를 위조하여 일본국 특허청 공무원에게 제출함으로써 특허의 출원자를 자신의 명의로 변경한 사안에서, 특허권에 관한 처분행위가 있었다고 볼 수 없으므로 사기죄를 구성하지 않는다고 한 사례[대판 2007.11.16. 2007도3475].

   판례해설 피해자의 이 사건 특허를 받을 수 있는 권리에 관한 처분행위가 있었다고 할 수 없을 뿐만 아니라 일본국 특허청 공무원에게 이 사건 특허를 받을 수 있는 권리의 처분권한이 있다고도 볼 수 없으므로, 사기죄를 구성한다고 보기 어렵다.

⑤ 재산상의 손해

판례 | 사기죄의 성립과 '재산상의 손해'와의 관계

1. **(현실적 손해발생을 요하지 않음)** 형법 제347조의 사기죄는 타인을 기망하여 그로 인한 하자있는 의사에 기하여 재물의 교부를 받거나 재산상의 이익을 취득함으로써 성립하고, 사기죄의 본질은 기망에 의한 재물이나 재산상 이익의 취득에 있고 이로써 상대방의 재산이 침해되는 것이므로, 상대방에게 현실적으로 재산상 손해가 발생함을 요하지 아니하고, 그 교부받은 재물이나 재산상 이익의 가액이 얼마인지는 문제되지 아니한다[대판 2010.12.9. 2010도12928]. [19 경찰채용]*

   동지판례 주유소 운영자가 농민들에게 면세유를 공급한 것처럼 부당하게 발급받은 면세유류공급확인서로 석유정제업자를 기망하여 부가가치세 등에 상당한 석유류를 취득한 사안에서, 석유정제업자에게 현실적인 재산상 손해가 없더라도 사기죄가 성립한다고 한 사례[대판 2009.1.15. 2006도6687].

2. **(전체재산상의 손해가 있을 것을 요하지 않음)** [1] 재물편취를 내용으로 하는 사기죄에 있어서는 기망으로 인한 재물의 교부가 있으면 그 자체로 피해자의 재산침해가 되어 이로써 곧 사기죄는 성립하고, 상당한 대가가 지급되었다거나 피해자의 전체 재산상에 손해가 없다고 하여도 사기죄의 성립에는 영향이 없다. [21 법원9급, 20 변호사]*

   [2] 피고인들은 그 정을 모르는 甲을 통하여 피해자 은행들을 기망하고, 또한 피해자 은행들은 甲으로부터 교부받은 수출관계 서류들을 보고 이에 속은 나머지 진정한 수출이 이루어진 것으로 판단하여 이를 매입한 후 저리의 수출금융을 제공하게 되었던 것이므로, 비록 피해자 은행들이 수출입대행업체인 甲과의 약정에 의하여 위와 같이 편취당한 금원을 변상받을 수 있게 되어 있다고 하더라도 기망행위가 없었더라면 지출하지 않았을 금원을 기망당하여 지출한 이상 그 금원의 지출 자체가 재산상 손해가 되는 것이어서, 피해자 은행들은 위 피고인들의 기망행위로 인한 사기의 피해자가 아니라고 할 수 없다[대판 1999.7.9. 99도1040; 동지 대판 1982.6.22. 82도777].

   동지판례 ⅰ) 분식회계에 의한 재무제표 등으로 금융기관을 기망하여 대출을 받았다면 사기죄는 성립하고, 변제의사와 변제능력의 유무 그리고 충분한 담보가 제공되었다거나 피해자의 전체 재산상에 손해가 없고, 사후에 대출금이 상환되었다고 하더라도 사기죄의 성립에는 영향이 없다[대판 2005.4.29. 2002도7262].
   ⅱ) 피해자가 피고인의 기망에 의하여 당해 부동산의 소유권을 취득할 수 없게 될지도 모른다는 사정을 알지 못한 채 이를 매수하였다면 이미 재산의 침해가 있었다 할 것이고, 그 이후 피해자가 매수인 명의변경절차나 국가에 대한 민사소송 등을 통하여 소유권이전등기를 경료받아 재산상의 손해가 없게 되었다 하더라도 이는 사기죄의 성립에 아무런 영향을 미칠 수 없다[대판 1994.10.21. 94도2048].
   ⅲ) 피고인이 다방의 임대차보증금 등을 타에 담보로 제공하고도 이를 은폐하는 등 피해자를 기망하여 피해자와 다방 전대차계약을 맺고 계약금을 수령하였다면 사기죄는 성립하는 것이고, 피고인이 추후 잔대금까지 수령하였다거나 또는 위 담보채무를 전대차계약 기간만료 전에 변제함으로써 피해자에게 위 담보와 관련하여 손해를 끼치지 않았다는 등의 사유는 계약금에 대한 사기죄의 성립에 영향을 끼치는 것은 아니다[대판 1991.11.12. 91도2270].
   ⅳ) 변제의 의사나 능력이 없음에도 이를 숨긴 채 피해자에게 금원 대여를 요청하여 이에 속은 피해자로부터 동인의 배서가 된 약속어음을 교부받아 이를 금융기관에서 할인한 후 그 할인금을 사용하였다면, 그 후 위 약속어음이 지급기일에 지급거절되고 피고인이 금융기관에 대하여 그 상환채무를 지게 되었다고 하더라도 피해자에 대한 사기죄가 성립한다고 할 것이다[대판 2007.4.12. 2007도1033].

v) 콘도회원권 판매 등의 대리점 영업을 하는 甲이 위조한 회원증 등을 마치 사용가능한 것으로 A 등에게 말하거나 위조된 사실을 숨긴 채 판매하고 그 대금을 지급받았다면, 그 후 A 등이 진정한 회원증 등을 교부받았다고 하더라도 사기죄가 성립한다[대판 2009.10.15. 2009도7459].

판례 | 사기죄의 기수시기

1. 타인의 명의를 빌려 예금계좌를 개설한 후, 통장과 도장은 명의인에게 보관시키고 자신은 위 계좌의 현금인출카드를 소지한 채, 명의인을 기망하여 위 예금계좌로 돈을 송금하게 한 경우, 자신은 통장의 현금인출카드를 소지하고 있으면서 언제든지 카드를 이용하여 차명계좌 통장으로부터 금원을 인출할 수 있었고, 명의인을 기망하여 위 통장으로 돈을 송금받은 이상, 이로써 송금받은 돈을 자신의 지배하에 두게 되어 편취행위는 기수에 이르렀다고 할 것이고, 이후 편취금을 인출하지 않고 있던 중 명의인이 이를 인출하여 갔다 하더라도 이는 범죄성립 후의 사정일 뿐 사기죄의 성립에 영향이 없다[대판 2003.7.25. 2003도2252].
2. [1] 사기죄에 있어서 '재물의 교부'란 범인의 기망에 따라 피해자가 착오로 재물에 대한 사실상의 지배를 범인에게 이전하는 것을 의미하는데, 재물의 교부가 있었다고 하기 위하여 반드시 재물의 현실의 인도가 필요한 것은 아니고 재물이 범인의 사실상의 지배 아래에 들어가 그의 자유로운 처분이 가능한 상태에 놓인 경우에도 재물의 교부가 있었다고 보아야 한다.
   [2] 피고인의 주문에 따라 제작된 도자기 중 실제로 배달된 것뿐만 아니라 피고인이 지정하는 장소로의 배달을 위하여 피해자가 보관 중인 도자기도 피고인에게 모두 교부된 것이므로 사기죄의 기수가 된다[대판 2003.5.16. 2001도1825].
3. 어음·수표의 발행인이 그 지급기일에 결제되지 않으리라는 정을 예견하면서도 이를 발행하고, 거래상대방을 속여 그 할인을 받거나 물품을 매수하였다면 위 발행인의 사기행위는 이로써 완성되는 것이고, 위 거래상대방이 그 어음·수표를 타에 양도함으로써 전전유통되고 최후소지인이 지급기일에 지급제시하였으나 부도되었다고 하더라도 특별한 사정이 없는 한 그 최후소지인에 대한 관계에서 발행인의 행위를 사기죄로 의율할 수 없다[대판 1998.2.10. 97도3040].
4. 사기범행으로 당좌수표 등 유가증권을 편취할 경우에는 유가증권을 교부받은 단계에서 재물편취의 기수가 된다[대판 1985.12.24. 85도2317].
5. 사기죄는 사람을 적극적으로 기망하거나 소극적으로 고지할 의무가 있는 사항을 묵비하여 이에 속은 타인으로부터 재물의 교부를 받거나 재산상의 이득을 취득한 경우에 성립하고, 이미 취득한 재물 또는 재산상 이득을 사후에 반환하거나 변상했다고 하더라도 이는 범죄의 성립에 영향을 미치지 않는다[대판 2015.11.26. 2015도3012].

판례 | 피고인이 예금주에 해당하여 사기미수죄가 성립할 수 없는 경우

[1] 금융실명거래 및 비밀보장에 관한 법률에 따라 실명확인 절차를 거쳐 예금계약을 체결하고 실명확인 사실이 예금계약서 등에 명확히 기재되어 있는 경우에는, 일반적으로 예금계약서에 예금주로 기재된 예금명의자나 그를 대리한 행위자 및 금융기관의 의사는 예금명의자를 예금계약의 당사자로 보려는 것이라고 해석하는 것이 경험법칙에 합당하고, 예금계약의 당사자에 관한 법률관계를 명확히 할 수 있어 합리적이다. 그리고 이와 같은 예금계약 당사자의 해석에 관한 법리는, 예금명의자 본인이 금융기관에 출석하여 예금계약을 체결한 경우나 그의 위임에 의하여 자금 출연자 등의 제3자(이하 '출연자 등'이라 한다)가 대리인으로서 예금계약을 체결한 경우 모두 마찬가지로 적용된다고 보아야 한다. 따라서 본인인 예금명의자의 의사에 따라 그의 실명확인 절차가 이루어지고 그를 예금주로 하여 예금계약서를 작성하였음에도, 위에서 본 바와 달리 예금명의자가 아닌 출연자 등을 예금계약의 당사자라고 볼 수 있는 경우는, 금융기관과 출연자 등 사이에 실명확인 절차를 거쳐 서면으로 이루어진 예금명의자와의 예금계약을 부정하여 그의 예금반환청구권을 배제하고, 출연자 등과 예금계약을 체결하여 그에게 예금반환청구권을 귀속시키겠다는 명확한 의사의 합치가 있는 극히 예외적인 경우로 제한되어야 하고, 이러한 의사의 합치는 위 법률에 따라 실명확인 절차를 거쳐 작성된 예금계약서 등의 증명력을 번복하기에 충분할 정도의 명확한 증명력을 가진 구체적이고 객관적인 증거에 의하여 매우 엄격하게 인정하여야 한다.

[2] 甲이 금융기관에 피고인 명의로 예금을 하면서 자신만이 이를 인출할 수 있게 해달라고 요청하여 금융기관 직원이 예금 관련 전산시스템에 '甲이 예금, 인출 예정'이라고 입력하였고 피고인도 이의를 제기하지 않았는데, 그 후 피고인이 금융기관을 상대로 예금 지급을 구하는 소를 제기하였다가 금융기관의 변제공탁으로 패소한 경우, 제반 사정에 비추어 금융기관과 甲 사이에 실명확인 절차를 거쳐 서면으로 이루어진 피고인 명의의 예금계약을 부정하여 예금명의자인 피고인의 예금반환청구권을 배제하고, 甲에게 이를 귀속시키겠다는 명확한 의사의 합치가 있었다고 인정할 수 없어 예금주는 여전히 피고인이므로, 피고인에게 사기미수죄가 인정되지 아니한다[대판 2011.5.13. 2009도5386].

⑥ 재물을 교부받거나 재산상 이익의 취득

판례 | 편취액(재산상 이익, 손해)의 계산방법

1. 재물편취를 내용으로 하는 사기죄에서는 기망으로 인한 재물교부가 있으면 그 자체로써 피해자의 재산침해가 되어 이로써 곧 사기죄가 성립하는 것이고, 상당한 대가가 지급되었다거나 피해자의 전체 재산상에 손해가 없다 하여도 사기죄의 성립에는 그 영향이 없으므로 사기죄에 있어서 그 대가가 일부 지급된 경우에도 그 편취액은 피해자로부터 교부된 재물의 가치로부터 그 대가를 공제한 차액이 아니라 교부받은 재물 전부이다[대판 2007.1.25, 2006도7470; 동지 대판 1995.3.24, 95도203]. [23 경간부]*

1-1. 담보로 제공할 목적물의 가액을 허위로 부풀려 금융기관으로부터 대출을 받은 경우 그 대출이 기망행위에 의하여 이루어진 이상 그로써 사기죄는 성립하고, 이 경우 사기죄의 이득액에서 담보물의 실제 가액을 전제로 한 대출가능금액을 공제하여야 하는 것은 아니다[대판 2019.4.3. 2018도19772].

2. 재물을 편취한 후 예금계좌 등으로 그 일부를 수당 등의 명목으로 입금해 주어 피해자가 이를 현실적으로 수령한 다음, 일정기간 후 이를 가지고 다시 물품을 구매하는 형식으로 재투자 하였다면, 이는 새로운 법익의 침해가 발생한 경우라고 할 것이어서 그 재구매 금액은 편취액에서 제외할 성질의 것이 아니다[대판 2005.10.28. 2005도5774].

비교판례 재물편취를 내용으로 하는 사기죄에 있어서는 기망으로 인한 재물교부가 있으면 그 자체로써 피해자의 재산침해가 되어 이로써 곧 사기죄가 성립하고, 그 후 피해자를 기망하여 편취한 재물의 반환을 회피할 목적으로 현실적인 자금의 수수 없이 기존 차입원리금을 새로이 투자하는 형식을 취하였다 하더라도 이는 새로운 법익을 침해하는 것이 아니므로 별도로 사기죄를 구성하지 않는다[대판 2000.11.10. 2000도3483].

3. 사람을 기망하여 부동산의 소유권을 이전받거나 제3자로 하여금 이전받게 함으로써 이를 편취한 경우에 특정경제범죄 가중처벌 등에 관한 법률 제3조의 적용을 전제로 하여 그 부동산의 가액을 산정함에 있어서는, 그 부동산에 아무런 부담이 없는 때에는 그 부동산의 시가 상당액이 곧 그 가액이라고 볼 것이지만, 그 부동산에 근저당권설정등기가 경료되어 있거나 압류 또는 가압류 등이 이루어져 있는 때에는 특별한 사정이 없는 한 아무런 부담이 없는 상태에서의 그 부동산의 시가 상당액에서 근저당권의 채권최고액 범위 내에서의 피담보채권액, 압류에 걸린 집행채권액, 가압류에 걸린 청구금액 범위 내에서의 피보전채권액 등을 뺀 실제의 교환가치를 그 부동산의 가액으로 보아야 한다[대판(전) 2007.4.18. 2005도7288].

4. 신용보증기금에 따른 신용보증을 받고자 하는 자가 사실은 주택사업자로부터 주택을 분양받은 사실이 없으면서도 분양받은 사실이 있는 것처럼 위 기금의 관리기관을 속여 신용보증서를 발급받은 경우에는, 그 편취액은 신용보증액 상당이다[대판 2005.11.9. 2005도6026; 동지 대판 2008.2.28. 2007도10416], [동지 대판 2007.4.26. 2007도1274].

동지판례 대한주택보증의 임대보증금 보증서 발급이 피고인 등의 기망행위에 의하여 이루어졌다면 그로써 사기죄는 성립하고, 피고인 등이 취득한 재산상 이익은 대한주택보증이 보증한 임대보증금 상당액이다[대판 2013.11.28. 2011도7229].

5. 어음 · 수표의 할인에 의한 사기죄에서 피고인이 피해자로부터 수령한 현금액이 피고인이 피해자에게 교부한 어음 등의 액면금보다 적을 경우, 피고인이 취득한 재산상의 이익액은, 특별한 사정이 없는 한, 위 어음 등의 액면금이 아니라 피고인이 수령한 현금액이다[대판 2009.7.23. 2009도2384].

6. 자금중개업자인 피고인이 대출의뢰인으로부터 5억 원을 대출해 달라는 부탁과 함께 금액란이 공란으로 되어 있는 백지어음, 영수증 등의 서류를 교부받았음에도, 개인적인 채무를 변제하기 위해 사채업자인 피해자에게 위임 범위를 초과한 10억 원의 대출의뢰를 받은 것처럼 거짓말을 하여 피해자로부터 선이자를 공제한 8억 8,000만 원을 교부받았다면, 피고인이 피해자로부터 교부받은 돈 전액을 사기죄의 편취액 또는 구 특정경제범죄 가중처벌 등에 관한 법률 제3조 제1항에서 정한 "이득액"으로 보아야 하는 것이지, 위임받은 범위를 초과하는 금액만을 편취액 또는 이득액으로 보아야 하는 것은 아니다[대판 2012.4.13. 2012도216].

7. 피해자가 피고인의 허위 변제약속에 속아 그 요청에 따라 3,300만 원을 쌈지의 은행계좌에 입금하였다면, 피해자가 교부한 위 돈이 쌈지가 발행한 약속어음의 결제자금으로 사용됨으로써 결과적으로 위 약속어음과 관련한 피해자의 제3자에 대한 채무 또한 같은 금액만큼 감소되었다고 하더라도 사기죄의 요건인 재물의 편취가 없었다고 볼 수 없다[대판 2012.6.14. 2012도3647].

8. 특정경제범죄 가중처벌 등에 관한 법률 제3조 제1항의 '이득액'이란 거기에 열거된 범죄행위로 취득하거나 제3자로 하여금 취득하게 한 불법영득의 대상이 된 재물이나 재산상 이익의 가액의 합계액이지 궁극적으로 그와 같은 이득이 실현되었는지 여부는 영향이 없다[대판 2015.12.23. 2014도11042].

9. 특정경제범죄 가중처벌 등에 관한 법률 제3조에서 말하는 이득액은 단순일죄의 이득액이나 혹은 포괄일죄가 성립하는 경우의 이득액의 합산액을 의미하는 것이고, 경합범으로 처벌될 수죄의 각 이득액을 합한 금액을 의미하는 것은 아니다[대판 2015.4.23. 2014도16980].

10. 피해자의 도박이 피고인들의 기망행위에 의하여 이루어졌다면 그로써 사기죄는 성립하며, 이로 인하여 피고인들이 취득한 재물이나 재산상 이익은 도박 당일 피해자가 잃은 도금 상당액이라 할 것이다[대판 2015.10.29. 2015도10948].

(2) 주관적 구성요건

판례 | 사기죄의 고의의 내용

사기죄의 성립에 있어서 피해자에게 손해를 가하려는 목적을 필요로 하지는 않지만 적어도 타인의 재물 또는 이익을 침해한다는 의사와 피기망자로 하여금 어떠한 처분을 하게 한다는 의사는 있어야 한다[대판 1998.4.24. 97도3054].

판례 | 사기죄의 고의의 판단방법

1. 사기죄가 성립하는지는 행위 당시를 기준으로 판단하여야 하므로, 소비대차 거래에서 차주가 돈을 빌릴 당시에는 변제할 의사와 능력을 가지고 있었다면 비록 그 후에 경제사정의 변화 등으로 변제하지 않고 있더라도 이는 민사상 채무불이행에 불과하며 형사상 사기죄가 성립하지는 아니한다. 따라서 차주가 그 후 제대로 변제하지 못하였다는 사실만을 가지고 변제능력에 관하여 대주를 기망하였다거나 차주에게 편취의 범의가 있었다고 단정할 수 없다[대판 2016.4.28. 2012도14516]. [20 법원행시, 17 법원9급, 16 경찰채용]*

   동지판례 차용금의 편취나 공사대금 상당의 재산상 이익의 편취에 의한 사기죄의 성립 여부는 금원차용 당시나 도급계약 당시를 기준으로 판단하여야 하고, 금원차용이나 도급계약 이후 경제사정의 변화로 차용금이나 공사대금을 변제할 수 없게 되었다 하여 이를 사기죄로 처벌할 수 없다[대판 1997.4.11. 97도249].

2. 피해자가 피고인의 신용상태를 인식하고 있어 장래의 변제지체 또는 변제불능에 대한 위험을 예상하고 있거나 예상할 수 있었다면, 피고인이 구체적인 변제의사, 변제능력, 거래조건 등 거래 여부를 결정지을 수 있는 중요한 사항을 허위로 말하였다는 등의 사정이 없는 한, 피고인이 그 후 제대로 변제하지 못하였다는 사실만 가지고 변제능력에 관하여 피해자를 기망하였다거나 사기죄의 고의가 있었다고 단정할 수 없다. 또한 기업경영자가 파산에 의한 채무불이행의 가능성을 인식할 수 있었다고 하더라도 그러한 사태를 피할 수 있는 가능성이 있다고 믿었고, 계약이행을 위해 노력할 의사가 있었을 때에는 사기죄의 고의가 있었다고 단정하여서는 안 된다[대판 2016.6.9. 2015도18555]. [17 국가7급]*

판례 | 사기의 고의가 인정된 경우

1. 변제의 의사가 없거나 약속한 변제기일 내에 변제할 능력이 없음에도 불구하고 변제할 것처럼 가장하여 금원을 차용하거나 물품을 구입한 경우에는 편취의 범의를 인정할 수 있다[대판 1986.9.9. 86도1227].
2. 타인으로부터 돈을 차용하면서 충분한 담보를 제공하였다면 특별한 사정이 없는 한 그 차용금을 변제할 의사와 능력이 없었다고 볼 수는 없다. 그러나 시세조종된 주식임을 잘 알면서도 이를 숨긴 채 담보로 제공하였다면 대출받을 당시 담보가치가 충분히 있었다고 하더라도 편취의 범의가 인정된다[대판 2004.5.28. 2004도1465].
3. 쇼핑몰 상가 분양사업을 계획하면서 사채와 분양대금만으로 사업부지 매입 및 공사대금을 충당할 수 있다는 막연한 구상 외에 체계적인 사업계획 없이 무리하게 쇼핑몰 상가 분양을 강행한 경우 편취의 범의를 인정할 수 있다[대판 2005.4.29. 2005도741].
4. 농어촌구조개선 특별회계기금을 재원으로 하여 임업후계자육성을 위해 이루어지는 정책자금대출로서 그 대출의 조건 및 용도가 임야매수자금으로 한정되어 있는 정책자금을 대출받음에 있어 임야매수자금을 실제보다 부풀린 허위의 계약서를 제출함으로써 대출취급기관을 기망하였다면, 피고인에게 대출받은 자금을 상환할 의사와 능력이 있었는지 여부를 불문하고 편취의 고의가 인정된다. 또한 관행을 이유로 대출 조건과 용도가 임야매수자금으로 한정된 정책자금을 실제보다 부풀려 대출받아 편취한 행위가 사회상규에 위배되지 않는 정당한 행위라거나 비난가능성이 없다고 할 수는 없다[대판 2007.4.27. 2006도7634]. [17 경찰승진]*

4-1. 타인으로부터 금전을 차용함에 있어서 그 차용한 금전의 용도나 변제할 자금의 마련방법에 관하여 사실대로 고지하였더라면 상대방이 응하지 않았을 경우에 그 용도나 변제자금의 마련방법에 관하여 진실에 반하는 사실을 고지하여 금전을 교부받은 경우에는 사기죄가 성립하고, 이 경우 차용금채무에 대한 담보를 제공하였다는 사정만으로는 결론을 달리 할 것은 아니다[대판 2005.9.15. 2003도5382]. [20 법원9급, 18 경찰채용]*

5. 의료기관이 보험회사가 진료수가를 삭감할 것을 미리 예상하고, 허위로 과다하게 진료수가를 청구하여 보험회사로부터 실제 발생하지 않은 진료비를 지급받았다면, 허위 · 과다청구 부분에 대한 편취의사 및 불법영득의사가 인정된다[대판 2008.2.29. 2006도5945].
6. 물품거래관계에서 물품을 공급받는 자가 물품대금을 마련할 방법에 관하여 상대방에게 사실대로 고지하였더라면 상대방이 물품을 공급하지 않았을 경우에 물품대금의 마련방법에 관하여 상대방에게 진실에 반하는 사실을 고지하여 물품을 공급받았다면 피해자로부터 물품 등을 편취할 고의가 인정되어 사기죄가 성립한다[대판 2014.11.27. 2014도3775].

판례 | 사기죄의 고의가 부정된 경우

1. 어음의 발행인이 그 지급기일에 결제되지 않으리라는 점을 예견하였거나 지급기일에 지급될 수 있다는 확신이 없으면서도 그러한 내용을 상대방에게 고지하지 아니한 채 이를 속여 어음을 발행 · 교부하고 상대방으로부터 그 대가를 교부받았다면 사기죄가 성립하는 것이지만, 이와 달리 어음의 발행인들이 각자 자력이 부족한 상태에서 자금을 편법으로 확보하기 위하여 서로 동액의 융통어음을 발행하여 교환한 경우에는, 특별한 사정이 없는 한 쌍방은 그 상대방의 부실한 자력상태를 용인함과 동시에, 상대방이 발행한 어음이 지급기일에 결제되지 아니할 때에는 자기가 발행한 어음도 결제하지 않겠다는 약정 하에 서로 어음을 교환하는 것이므로, 자기가 발행한 어음이 그 지급기일에 결제되지 않으리라는 점을 예견하였거나 지급기일에 지급될 수 있다는 확신 없이 상대방으로부터 어음을 교부받았다고 하더라도 사기죄가 성립하는 것은 아니다[대판 2002.4.23. 2001도6570]. [20 경찰승진]*
2. 부도 이후 물품을 계속 공급하여 주면 영업을 재개하여 부도 당시의 기발생 물품대금채무를 줄여가겠다고 약속하여 피해자들이 계속하여 물품을 공급하였고, 그 후 다시 거래가 중단되었으나 중단 당시의 잔존 물품대금액이 부도 당시의 기발생 물품대금액보다 줄어든 경우, 위 부도 이후에 공급받은 물품에 대하여는 피고인에게 기망의 의사나 불법영득의 의사가 있었다고 보기 어렵다[대판 2002.9.24. 2002도3488].
3. 공사대금채권과 대여금채권을 합산하여 임대차보증금반환채권으로 전환하기로 합의하여 임대차계약을 체결하고, 실제로 임차인이 임대차목적물에 거주하면서 주민등록전입신고를 하고 확정일자를 받은 경우, 임차인이 이에 기하여 경매법원으로부터 배당을 받은 행위를 사기죄로 의율할 수 없다[대판 2004.7.22. 2003도6412].

판례 | 제3자로 하여금 재물의 교부를 받게 한 경우에 사기죄의 성립요건

[1] 범인이 기망행위에 의해 스스로 재물을 취득하지 않고 제3자로 하여금 재물의 교부를 받게 한 경우에 사기죄가 성립하려면, 그 제3자가 범인과 사이에 정을 모르는 도구 또는 범인의 이익을 위해 행동하는 대리인의 관계에 있거나, 그렇지 않다면 적어도 불법영득의사와의 관련상 범인에게 그 제3자로 하여금 재물을 취득하게 할 의사가 있어야 한다. 한편, 재물편취를 내용으로 하는 사기죄에 있어서는 기망으로 인한 재물교부가 있으면 그 자체로써 피해자의 재산침해가 되어 곧 사기죄는 성립하는 것이고, 그로 인한 이익이 결과적으로 누구에게 귀속하는지는 사기죄의 성부에 아무런 영향이 없다.

[2] 甲이 Y에게 이중매도한 택지분양권을 순차 매수한 A · B에게 이중매도 사실을 숨긴 채 자신의 명의로 형식적인 매매계약서를 작성해 준 사안에서, 甲이 직접 매매대금을 수령하지 않았더라도 A · B에 대한 사기죄가 성립한다고 판단한 사례[대판 2009.1.30. 2008도9985].

3. 위법성

판례 | 과다한 보험금을 지급받은 경우 = 보험금 전체에 대한 사기죄 성립

1. 보험금을 지급받을 수 있는 사유가 있다 하더라도 이를 기화로 실제 지급받을 수 있는 보험금보다 다액의 보험금을 편취할 의사로 장기간의 입원 등을 통하여 과다한 보험금을 지급받는 경우에는 지급받은 보험금 전체에 대하여 사기죄가 성립한다[대판 2009.5.28. 2008도4665].
2. 피고인이 보험금을 편취할 의사로 허위로 보험사고를 신고하거나 고의로 보험사고를 유발한 경우 보험금에 관한 사기죄가 성립하고, 나아가 설령 피고인이 보험사고에 해당할 수 있는 사고로 경미한 상해를 입었다고 하더라도 이를 기화로 보험금을 편취할 의사로 상해를 과장하여 병원에 장기간 입원하고 이를 이유로 실제 피해에 비하여 과다한 보험금을 지급받는 경우에는 보험금 전체에 대해 사기죄가 성립한다[대판 2011.2.24. 2010도17512].

판례 | 위법성이 조각되지 않는 경우(사기죄 성립)

1. [1] 기망행위를 수단으로 한 권리행사의 경우 그 권리행사에 속하는 행위와 그 수단에 속하는 기망행위를 전체적으로 관찰하여 그와 같은 기망행위가 사회통념상 권리행사의 수단으로서 용인할 수 없는 정도라면 그 권리행사에 속하는 행위는 사기죄를 구성한다.
   [2] 비록 점유자가 자주점유로 추정받는다고 하더라도 자주점유의 권원에 관한 처분문서를 위조하고, 그 성립에 관한 위증을 교사하는 행위에 의하여 적극적으로 법원을 기망하여 착오에 빠지게 함으로써 승소판결을 받고 등기까지 했던 것이라면 그 행위는 정당한 권리행사라 할 수 없어 사기죄를 구성한다[대판 1997.10.14. 96도1405].
2. 피고인의 행위가 피해자에 대하여 채권을 변제받기 위한 방편이었다 하더라도 판시와 같은 기망수단에 의하여 약속어음을 교부받은 행위는 위법성을 조각할 만한 정당한 권리행사 방법이라고 볼 수는 없고, 교부받은 재물이 불가분인 경우에는 그 전부에 대하여 사기죄가 성립된다[대판 1982.9.14. 82도1679].
3. 근저당권자의 대리인인 피고인이 채무자 겸 소유자인 피해자를 대리하여 경매개시결정 정본을 받을 권한이 없음에도, 경매개시결정 정본 등 서류의 수령을 피고인에게 위임한다는 내용의 피해자 명의의 위임장을 위조하여 법원에 제출하는 방법으로 경매개시결정 정본을 교부받은 사안에서, 위 행위는 사회통념상 도저히 용인될 수 없으므로 비록 근저당권이 유효하다고 하더라도 사기죄의 기망행위에 해당한다고 한 사례[대판 2009.7.9. 2009도295].

4. 죄수 및 타죄와의 관계

판례 | 죄수 및 타죄와의 관계

공무원이 취급하는 사건에 관하여 청탁 또는 알선을 할 의사와 능력이 없음에도 청탁 또는 알선을 한다고 기망하고 금품을 교부받은 경우, 구 변호사법 위반죄 내지 특정범죄 가중처벌 등에 관한 법률 위반(알선수재)죄가 성립하는 것과 상관없이 사기죄가 성립한다[대판 2008.2.28. 2007도10004].

동지판례 금융회사 등의 임직원의 직무에 속하는 사항에 관하여 알선을 할 의사나 능력이 없음에도 이를 알선을 한다고 기망하고, 이에 속은 피해자로부터 알선 명목으로 금품을 받은 경우, 특정경제범죄 가중처벌 등에 관한 법률 위반(알선수재)죄가 성립하는지 여부와 상관없이, 그 행위는 다른 사람을 속여 재물을 받은 행위로서 사기죄를 구성한다[대판 2016.9.28. 2016도6470].

5. 관련문제

(1) 소송사기

① 의의: 법원을 기망하여 자기에게 유리한 판결을 얻음으로써 상대방의 재물 또는 재산상 이익을 취득하는 것을 내용으로 하는 범죄이다.

② 성립요건

㉮ 주체: 원고뿐만 아니라 피고도 주체가 될 수 있다.

판례 | 주체(원고뿐만 아니라 피고도 가능)

원고뿐만 아니라 피고라 하더라도 허위내용의 서류를 작성하여 이를 증거로 제출하거나 위증을 시키는 등의 적극적인 방법으로 법원을 기망하여 착오에 빠지게 한 결과 승소확정판결을 받음으로써 자기의 재산상의 의무이행을 면하게 된 경우에는 그 재산가액 상당에 대하여 사기죄가 성립한다[대판 1998.2.27. 97도2786].

관련판례 갑은 을에 대한 손해배상채권에 기하여 피고인을 상대로 '피고인이 을로부터 부동산을 매수한 것은 사해행위에 해당한다.'는 이유로 사해행위취소소송을 제기하여 제1심에서 승소판결을 받고, 피고인은 이에 대해 추완항소를 제기하였는데, 피고인은 선행 사해행위취소소송을 제기한 채권자 병과의 사이에 성립한 조정 결과에 따른 가액배상금의 변제를 완료하였으므로 이를 사해행위 대상 부동산의 담보가치에서 공제하여야 한다고 주장하며 해당 금융거래내역을 증거로 제출하였으나, 사실은 미리 병으로부터 송금받은 금원을 거의 그대로 재송금한 거래내역에 불과하여 실제 채무변제가 완료되지는 않았고, 피고인의 항소는 기각된 사안에서, 피고인이 허위 주장 및 증거 제출의 고의로 사기죄의 실행에 착수하였다고 보아 사기미수죄를 인정한 원심판단에 소송사기에 관한 법리오해의 잘못이 있다고 한 사례[대판 2022.5.26. 2022도1227].

㉯ 기망행위

판례 | 기망에 해당하는 경우

1. 허위의 내용으로 소송을 제기하여 법원을 기망한다는 고의가 있는 경우에 법원을 기망하는 것은 반드시 허위의 증거를 이용하지 않더라도 당사자의 주장이 법원을 기망하기에 충분한 것이라면 기망수단이 된다[대판 2011.9.8. 2011도7262].
2. 원고인 피고인과 피고 甲이 공모하여 민사소송에서 법원에 대하여 위조된 문서를 증거로 제출하면서 피고인이 동일한 전소송에서 모두 패소확정된 사실을 감춘 가운데, 피고인은 다른 피고들에게 피고인이 승소하더라도 피고 甲에 대하여서만 권리행사를 하고 다른 피고들에게는 집행을 하지 아니하겠다는 등으로 이들을 회유하여 이들의 적극적인 방어행위를 방해하고, 피고 甲은 원고인 피고인의 주장 사실을 단순히 부인하였을 뿐 동일한 전소에서의 피고인의 패소판결내용을 구체적으로 알고 있으면서도 이를 적극적으로 주장 입증하지 아니하는 등 불성실하게 소송을 진행하여 이러한 사정 등을 모르는 법원을 기망하였다면 소송사기가 된다[대판 1991.8.27. 91도1524].

판례 | 기망에 해당하지 않는 경우

1. 당사자주의 소송구조하에서는 자기에게 유리한 주장이나 증거는 각자가 자신의 책임하에 변론에 현출하여야 하는 것이고, 비록 자기가 상대방에게 유리한 증거를 가지고 있다거나 상대방에게 유리한 사실을 알고 있다고 하더라도 상대방을 위하여 이를 현출하여야 할 의무가 있다고 보기는 어려울 것이므로 상대방에게 유리한 증거를 제출하지 않거나 상대방에게 유리한 사실을 진술하지 않는 행위만으로는 소송사기에 있어 기망이 된다고 할 수 없다[대판 2002.6.28. 2001도1610].
2. 기한 미도래의 채권을 소송에 의하여 청구함에 있어서 기한의 이익이 상실되었다는 허위의 증거를 조작하는 등의 적극적인 사술을 사용하지 아니한 채 단지 즉시 지급을 구하는 취지의 지급명령신청은 법원을 기망하여 부당한 이득을 편취하려는 기망행위에 해당하지 아니한다[대판 1982.7.27. 82도1160].
3. 소송사기에서 말하는 증거의 조작이란 처분문서 등을 거짓으로 만들어내거나 증인의 허위 증언을 유도하는 등으로 객관적 · 제3자적 증거를 조작하는 행위를 말하는 것이므로, 피고인이 소송 제기에 앞서 그 명의로 피해자에 대한 일방적인 권리주장을 기재한 통고서 등을 작성하여 내용증명우편으로 발송한 다음, 이를 법원에 증거로 제출하였다 하더라도, 증거를 조작하였다고 볼 수는 없다[대판 2004.3.25. 2003도7700].
4. **(주의)** [1] 채권에 대한 압류 및 전부(추심)명령을 신청한 경우, 집행력 있는 정본의 존부, 집행개시의 요건 구비 여부 등은 법원의 심사 대상이지만 피압류채권의 존부는 그 심사 대상이 아니다.
   [2] 피고인(甲회사 운영자)이 '甲회사의 乙에 대한 채권'이 존재하지 않는다는 사실을 알면서 그 사실을 모르는 丙(甲회사에 대한 채권자)에게 '甲회사의 乙에 대한 채권'의 압류 및 전부(추심)명령을 신청하게 하여 그 명령을 받게 한 사안에서, 丙이 甲회사에 대하여 진정한 채권을 가지고 있는 이상, 위와 같은 사정만으로는 법원을 기망하였다고 볼 수 없고, 丙이 乙을 상대로 전부(추심)금 소송을 제기하지 않은 이상 소송사기의 실행에 착수하였다고 볼 수도 없다고 한 사례[대판 2009.12.10. 2009도9982].
5. 甲은 乙에 대한 손해배상채권에 기하여 피고인을 상대로 '피고인이 을로부터 부동산을 매수한 것은 사해행위에 해당한다.'는 이유로 사해행위취소소송을 제기하여 제1심에서 승소판결을 받고, 피고인은 이에 대해 추완항소를 제기하였는데, 피고인은 선행 사해행위취소소송을 제기한 채권자 丙과의 사이에 성립한 조정 결과에 따른 가액배상금의 변제를 완료하였으므로 이를 사해행위 대상 부동산의 담보가치에서 공제하여야 한다고 주장하며 해당 금융거래내역을 증거로 제출하였으나, 사실은 미리 丙으로부터 송금받은 금원을 거의 그대로 재송금한 거래내역에 불과하여 실제 채무변제가 완료되지는 않았고, 피고인의 항소는 기각된 사안에서, 피고인이 허위 주장 및 증거 제출의 고의로 사기죄의 실행에 착수하였다고 볼 수 없어 사기미수죄는 성립할 수 없다고 한 사례[대판 2022.5.26. 2022도1227].

판례 | 간접형태의 소송사기(성립 가능)

자기에게 유리한 판결을 얻기 위하여 소송상의 주장이 사실과 다름이 객관적으로 명백하거나 증거가 조작되어 있다는 정을 인식하지 못하는 제3자를 이용하여 그로 하여금 소송의 당사자가 되게 하고 법원을 기망하여 소송 상대방의 재물 또는 재산상 이익을 취득하려 하였다면 간접정범의 형태에 의한 소송사기죄가 성립하게 된다[대판 2007.9.6. 2006도3591]. [23 변호사, 20 경찰채용, 19 국가9급, 19 국가7급, 18 법원행시, 18 경찰승진, 17 경찰승진, 16 국가7급]*

㉯ 판결의 처분행위성: 법원의 재판은 피해자의 처분행위에 갈음하는 내용과 효력이 있어야 한다. 따라서 판결이 그 내용에 따른 효력이 생기지 아니하여 상대방에게 그 효력이 미치지 아니하는 경우 사기죄가 성립하지 아니한다(판례).

판례 | 소송사기죄가 성립하지 않는 경우(판결의 효력이 상대방에게 미치지 못하는 경우)

1. **(사자 상대 소송)** 소송사기에 있어서 피기망자인 법원의 재판은 피해자의 처분행위에 갈음하는 내용과 효력이 있는 것이어야 하고, 그렇지 아니하는 경우에는 착오에 의한 재물의 교부행위가 있다고 할 수 없어서 사기죄는 성립되지 아니한다고 할 것이므로, 피고인의 제소가 사망한 자를 상대로 한 것이라면 이와 같은 사망한 자에 대한 판결은 그 내용에 따른 효력이 생기지 아니하여 상속인에게 그 효력이 미치지 아니하고 따라서 사기죄를 구성한다고 할 수 없고, 나아가 피고인의 행위가 소송사기죄의 불능미수에 해당한다고 볼 수도 없다[대판 2002.1.11. 2000도1881].
2. **(허무인 상대 소송)** 실재하고 있지 아니한 자에 대하여 판결이 선고되더라도 그 판결은 피해자의 처분행위에 갈음하는 내용과 효력을 인정할 수 없고, 따라서 착오에 의한 재물의 교부행위를 상정할 수 없는 것이므로 사기죄의 성립을 시인할 수 없다[대판 1992.12.11. 92도743].
3. **(무권한자 상대 소송)** 피고인이 타인 소유의 부동산에 관하여 아무런 권한이 없는 자를 상대로 소유권확인 등의 소송을 제기하여 승소판결을 받고 그 확정판결을 이용하여 그 부동산에 관한 소유권보존등기를 경료하게 되었다 하더라도 그 판결의 효력은 소송당사자에게만 미치고 제3자인 부동산 소유자에게는 미치지 아니하여 위 판결로 인하여 위 부동산에 대한 제3자의 소유권이 피고인에게 이전되는 것도 아니므로 사기죄를 구성한다고 볼 수 없다[대판 1985.10.8. 84도2642].
4. **(공모에 의한 의제자백 소송)** 소송사기에 있어 피기망자인 법원의 재판은 피해자의 처분행위에 갈음하는 내용과 효력이 있는 것이어야 하므로, 피고인이 타인과 공모하여 그 공모자를 상대로 제소하여 의제자백의 판결을 받아 이에 기하여 부동산의 소유권이전등기를 하였다고 하더라도 이는 소송 상대방의 의사에 부합하는 것으로서 착오에 의한 재산적 처분행위가 있다고 할 수 없어 동인으로부터 부동산을 편취한 것이라고 볼 수 없고, 또 그 부동산의 진정한 소유자가 따로 있다고 하더라도 피고인이 의제자백판결에 기하여 그 진정한 소유자로부터 소유권을 이전받은 것이 아니므로 그 소유자로부터 부동산을 편취한 것이라고 볼 여지도 없다[대판 1997.12.23. 97도2430]. [11 경찰승진]*
5. 자기의 비용과 노력으로 건물을 신축하여 그 소유권을 원시취득한 미등기건물의 소유자가 있고 그에 대한 채권담보 등을 위하여 건축허가명의만을 가진 자가 따로 있는 상황에서, 건축허가명의자에 대한 채권자가 위 명의자와 공모하여 명의자를 상대로 위 건물에 관한 강제경매를 신청하여 법원의 경매개시결정이 내려지고, 그에 따라 위 명의자 앞으로 촉탁에 의한 소유권보존등기가 되고 나아가 그 경매절차에서 건물이 매각되었다고 하더라도, 위와 같은 경매신청행위 등이 진정한 소유자에 대한 관계에서 사기죄가 된다고 볼 수는 없다. 왜냐하면 위 경매절차에서 한 법원의 재판이나 법원의 촉탁에 의한 소유권보존등기의 효력은 그 재판의 당사자도 아닌 위 진정한 소유자에게는 미치지 아니하는 것이어서, 피기망자인 법원의 재판이 피해자의 처분행위에 갈음하는 내용과 효력이 있는 것이라고 보기는 어렵기 때문이다[대판 2013.11.28. 2013도459]. [23 변호사]*

판례 | 집행법원을 기망하여 임의경매신청을 한 후 배당금을 지급받은 경우 사기죄의 피해자

근저당권자가 집행법원을 기망하여 원인무효이거나 피담보채권이 존재하지 않는 근저당권에 기해 채무자 또는 물상보증인 소유의 부동산에 대하여 임의경매신청을 함으로써 경매절차가 진행되고 이후 배당금을 지급받기에 이르렀다면, 집행법원의 배당표 작성과 이에 따른 배당금 교부행위는 매수인에 대한 관계에서 그의 재산을 처분하여 직접 재산상 손해를 야기하는 행위로서 매수인의 처분행위에 갈음하는 내용과 효력을 가지므로 매수인에 대한 관계에서 사기죄가 성립한다[대판 2017.6.19. 2013도564].

판례해설 채무자 또는 물상보증인이 아니라 매수인에 대한 관계에서 사기죄가 성립한다는 점을 주의하여야 한다.

㉱ 고의: 허위 주장과 입증으로써 법원을 기망한다는 인식이 있어야 한다(판례).

판례 | 소송사기의 고의의 내용

소송사기는 법원을 기망하여 자기에게 유리한 판결을 얻음으로써 상대방의 재물 또는 재산상 이익을 취득하는 것을 내용으로 하는 범죄로서, 원고측에 의한 소송사기가 성립하기 위하여는 제소 당시에 그 주장과 같은 채권이 존재하지 아니하다는 것만으로는 부족하고 그 주장의 채권이 존재하지 아니한 사실을 잘 알고 있으면서도 허위의 주장과 입증으로써 법원을 기망한다는 인식을 하고 있어야만 하는 것이고, 이와 마찬가지로, 피고측에 의한 소송사기가 성립하기 위하여는 원고 주장과 같은 채무가 존재한다는 것만으로는 부족하고 그 주장의 채무가 존재한다는 사실을 잘 알고 있으면서도 허위의 주장과 입증으로써 법원을 기망한다는 인식을 하고 있어야만 한다[대판 2004.3.12. 2003도333].

판례 | 소송사기의 고의가 부정되는 경우

1. 단순히 사실을 잘못 인식하거나 법률적인 평가를 잘못하여 존재하지도 않는 권리를 존재한다고 믿고 제소한 경우에는 사기죄가 성립되지 않는다[대판 2018.12.28. 2018도13305].
2. 채권자의 가압류의 피보전채권액에 터잡아 배당표가 작성되어 가압류채권자에 대한 배당액이 공탁된 다음 위 가압류의 본안소송 확정판결에서 채권자에게 인용된 금액 중 일부가 변제되어 위 잔존채권액이 가압류의 피보전채권액보다 작아졌다고 하더라도 원리금 산정 및 일부 변제에 따른 충당과정이 간단치 아니하여 잔존채권액을 쉽게 확정할 수 없는 등 그 배당금이 위 잔존채권액을 초과하는 것이 명백하지 아니한 이상 위 확정판결에서 인용된 금액 전부가 잔존하는 것처럼 위 확정판결정본을 그대로 집행법원에 제출하여 실제 배당받아야 할 금액을 초과한 금액을 수령하였다고 하더라도 채권자에게 사기의 고의를 인정할 수는 없다[대판 2002.6.28. 2001도1610].

㉲ 실행의 착수시기 및 기수시기

판례 | 소송사기의 실행의 착수시기

1. **(원고의 경우)** 소송사기는 법원을 속여 자기에게 유리한 판결을 얻음으로써 상대방의 재물 또는 재산상 이익을 취득하는 범죄로서, 자신의 소송상 주장이 허위임을 잘 알면서도 이를 기초로 하여 상대방에게 금전 지급을 구하는 소송상 청구에 나아간 이상 이미 소송사기 실행의 착수에 이른 것이고, 승소하더라도 판결을 실제 집행할 의사가 없었다고 하여 달리 볼 것은 아니다[대판(전) 2008.4.17. 2004도4899].

   동지판례 ⅰ) 甲과 乙이 공동소유하고 있던 부동산의 매각처분에 관하여 甲이 乙에게 그 권한을 위임하고 다시 변호사에게 그 취지를 확인하는 내용의 서면을 작성·교부함으로써 매매에 관하여 이의를 제기하지 아니하겠다고 다짐하였음에도 불구하고 甲이 법원에 乙이 아무런 권원 없이 위 부동산을 불법매도하였다고 허위의 사실을 주장하여 소를 제기하였다면 이는 법관으로 하여금 착오에 빠지게 함으로써 본인에게 유리한 재판을 하게 하고 그 효과로서 위 부동산을 영득하려 한 것이니 위 행위에 대하여 사기미수의 죄가 성립된다[대판 1987.5.12. 87도417].
   ⅱ) 소송사기는 법원을 기망하여 자기에게 유리한 판결을 얻고 이에 터잡아 상대방으로부터 재물의 교부를 받거나 재산상 이익을 취득하는 것을 말하는 것으로서 소송에서 주장하는 권리가 존재하지 않는 사실을 알고 있으면서도 법원을 기망한다는 인식을 가지고 소를 제기하면 이로써 실행의 착수가 있었다고 할 것이고, 피해자에 대한 직접적인 기망이 있어야 하는 것은 아니다[대판 1993.9.14. 93도915].
   ⅲ) 소유권이전등기말소청구사건에 대한 재심의 소가 계속 중 재심원고를 승소시키기 위하여 재심피고명의로 허위의 내용을 기재한 준비서면과 자술서를 작성하여 법원에 제출한 행위는 허위의 증거를 조작하고 적극적으로 사술을 사용하여 법원을 기망하는 행위로서 소송사기의 실행의 착수에 해당한다[대판 1988.9.20. 87도964].
2. **(피고의 경우)** 방어적인 위치에 있는 피고라 하더라도 적극적인 방법으로 법원을 기망할 의사를 가지고 허위내용의 서류를 증거로 제출하거나 그에 따른 주장을 담은 답변서나 준비서면을 제출한 경우에 사기죄의 실행의 착수가 있다고 볼 것이다[대판 1998.2.27. 97도2786].

판례 | 실행의 착수에 해당하지 않는 경우

1. 가압류는 강제집행의 보전방법에 불과하고 그 기초가 되는 허위의 채권에 의하여 실지로 청구의 의사표시를 한 것이라고 할 수 없으므로 소의 제기 없이 가압류신청을 한 것만으로는 사기죄의 실행에 착수한 것이라고 할 수 없다[대판 1982.10.26. 82도1529].

   비교판례 [1] 강제집행절차를 통한 소송사기는 집행절차의 개시신청을 한 때 또는 진행 중인 집행절차에 배당신청을 한 때에 실행에 착수하였다고 볼 것이다.
   [2] 소유권이전등기청구권에 대한 압류는 당해 부동산에 대한 경매의 실시를 위한 사전 단계로서의 의미를 가지나, 전체로서의 강제집행절차를 위한 일련의 시작행위라고 할 수 있으므로, 허위 채권에 기한 공정증서를 집행권원으로 하여 채무자의 소유권이전등기청구권에 대하여 압류신청을 한 시점에 소송사기의 실행에 착수하였다고 볼 것이다[대판 2015.2.12. 2014도10086]. [23 변호사]*

2. [1] 소송사기에 있어서 피기망자인 법원의 재판은 피해자의 처분행위에 갈음하는 내용과 효력이 있는 것이어야 하고 그렇지 않은 경우는 착오에 의한 재물의 교부나 재산상의 이익을 취득하는 행위가 있다고 할 수 없어 사기죄를 구성하지 않는다.
   [2] 유치권자가 경매절차에서 유치권을 신고하는 경우 법원은 이를 매각물건명세서에 기재하고 그 내용을 매각기일공고에 적시하나, 이는 경매목적물에 대하여 유치권 신고가 있음을 입찰예정자들에게 고지하는 것에 불과할 뿐 처분행위로 볼 수는 없고, 또한 유치권자는 권리신고 후 이해관계인으로서 경매절차에서 이의신청권 등 몇 가지 권리를 얻게 되지만 이는 법률의 규정에 따른 것으로서 재물 또는 재산상 이득을 취득하는 것으로 볼 수도 없으므로, 허위 공사대금채권을 근거로 유치권 신고를 하였더라도 이를 소송사기 실행의 착수가 있다고 볼 수는 없다[대판 2009.9.24. 2009도5900].

3. 예고등기로 인한 경매대상 부동산의 경매가격 하락 등을 목적으로 허위의 채권을 주장하며 채권자대위의 방식에 의한 원인무효로 인한 소유권보존등기 말소청구소송을 제기한 경우, (부동산에 대한) 소송사기의 불법영득의사 및 실행의 착수가 인정되지 아니한다[대판 2009.4.9. 2009도128].

   판결이유 피고인 등이 위 소유권보존등기말소청구 소송을 제기한 것은 예고등기가 경료되도록 하여 경매대상 부동산에 대한 경매가격의 하락 등을 위한 것이라 할 것이고, 소송을 통하여 법원을 기망하여 승소판결을 얻음으로써 재물 또는 재산상 이익을 취득하고자 하는 의사가 여기에 포함되어 있다고 할 수 없다.

판례 | 실행의 착수에 해당하는 경우

1. 피고인이 특정 권원에 기하여 민사소송을 진행하던 중 법원에 조작된 증거를 제출하면서 종전에 주장하던 특정 권원과 별개의 허위의 권원을 추가로 주장하는 경우에 그 당시로서는 종전의 특정 권원의 인정 여부가 확정되지 아니하였고, 만약 종전의 특정 권원이 배척될 때에는 조작된 증거에 의하여 법원을 기망하여 추가된 허위의 권원을 인정받아 승소판결을 받을 가능성이 있으므로, 가사 나중에 법원이 종전의 특정 권원을 인정하여 피고인에게 승소판결을 선고하였다고 하더라도, 피고인의 이러한 행위는 특별한 사정이 없는 한 소송사기의 실행의 착수에 해당된다[대판 2004.6.25. 2003도7124].

2. 지급명령신청에 대해 상대방이 이의신청을 하면 지급명령은 이의의 범위 안에서 그 효력을 잃게 되고 지급명령을 신청한 때에 소를 제기한 것으로 보게 되는 것이지만 이로써 이미 실행에 착수한 사기의 범행 자체가 없었던 것으로 되는 것은 아니다[대판 2004.6.24. 2002도4151].

3. 피고인이 피해자와 사이에 온천의 시공에 필요한 비용을 포함한 일체의 비용을 자신이 부담하기로 약정하였음에도 피해자를 상대로 공사대금청구의 소를 제기하면서 시공 외의 비용은 모두 피해자가 부담한다는 내용으로 변조한 인증합의서를 소장에 첨부하여 제출한 경우, 소송사기의 실행에 착수하였다[대판 2005.3.24. 2003도2144].

4. 소송사기는 법원을 기망하여 자기에게 유리한 판결을 얻고 이에 터잡아 상대방으로부터 재물의 교부를 받거나 재산상 이익을 취득하는 것을 말하는 것으로서 소송에서 주장하는 권리가 존재하지 않는 사실을 알고 있으면서도 법원을 기망한다는 인식을 가지고 소를 제기하면 이로써 실행의 착수가 있고 소장의 유효한 송달을 요하지 아니한다고 할 것인바, 이러한 법리는 제소자가 상대방의 주소를 허위로 기재함으로써 그 허위주소로 소송서류가 송달되어 그로 인하여 상대방 아닌 다른 사람이 그 서류를 받아 소송이 진행된 경우에도 마찬가지로 적용된다[대판 2006.11.10. 2006도5811]. [22 경간부]*

5. **(소유자로 등기된 적이 있는 자가 소유권이전등기말소의 소를 제기한 경우: 실행의 착수 인정)** 부동산등기부상 소유자로 등기된 적이 있는 자가 자기 이후에 소유권이전등기를 경료한 등기명의인들을 상대로 허위의 사실을 주장하면서 그들 명의의 소유권이전등기의 말소를 구하는 소송을 제기한 경우 그 소송에서 승소한다면 등기명의인들의 등기가 말소됨으로써 그 소송을 제기한 자의 등기명의가 회복되는 것이므로 이는 법원을 기망하여 재물이나 재산상 이익을 편취한 것이라고 할 것이고 따라서 등기명의인들 전부 또는 일부를 상대로 하는 그와 같은 말소등기청구 소송의 제기는 사기의 실행에 착수한 것이라고 보아야 한다[대판 2003.7.22. 2003도1951].

비교판례 **(매수한 일이 없었던 자가 타인 명의로 소유권이전등기말소의 소를 제기한 경우: 실행의 착수부정)** 피고인이 타인인 甲 명의로, 甲이 이 건 임야를 매수한 일이 없음에도 매수한 것처럼 허위의 사실을 주장하여 위 임야에 대한 소유권이전등기를 거친 자들을 상대로 각 그 소유권이전등기말소를 구하는 소송을 제기하였다가 취하하였다고 하여도, 위 소송의 결과 원고로 된 甲이 승소한다고 가정하더라도 위 피고들의 등기가 말소될 뿐이고 이것만으로 피고인이 위 임야에 관한 어떠한 권리를 취득하거나 의무를 면하는 것은 아니므로 법원을 기망하여 재물이나 재산상 이익을 편취한 것이라고 보기 어려우니 위 소(訴) 제기행위를 가리켜 사기의 실행에 착수한 것이라고 할 수 없다[대판 1981.12.8. 81도1451; 동지 대판 2009.4.9. 2009도128].

관련판례 부동산소유권 이전등기 등에 관한 특별조치법에 의거하여 임야의 사실상의 양수자가 확인서발급 신청을 하자 피고인이 위조된 계약서 사본을 첨부하여 위 임야의 소유자라고 허위 주장하여 이의신청을 한 결과 위 확인서발급신청이 기각되었다 하더라도 위 임야를 편취하려는 기망행위에 나아간 것이라고 보기 어렵다[대판 1982.3.8. 81도2767].

6. 유치권에 의한 경매를 신청한 유치권자는 일반채권자와 마찬가지로 피담보채권액에 기초하여 배당을 받게 되는 결과 피담보채권인 공사대금 채권을 실제와 달리 허위로 크게 부풀려 유치권에 의한 경매를 신청할 경우 정당한 채권액에 의하여 경매를 신청한 경우보다 더 많은 배당금을 받을 수도 있으므로, 이는 법원을 기망하여 배당이라는 법원의 처분행위에 의하여 재산상 이익을 취득하려는 행위로서, 불능범에 해당한다고 볼 수 없고, 소송사기죄의 실행의 착수에 해당한다고 할 것이다[대판 2012.11.15. 2012도9603]. [16 경간부]*

7. [1] 형법 제347조에서 말하는 재산상 이익 취득은 그 재산상의 이익을 법률상 유효하게 취득함을 필요로 하지 아니하고 그 이익 취득이 법률상 무효라 하여도 외형상 취득한 것이면 족한 것이다. 임차권등기의 기초가 되는 임대차계약이 통정허위표시로서 무효라 하더라도, 장차 피신청인의 이의신청 또는 취소신청에 의한 법원의 재판을 거쳐 그 임차권등기가 말소될 때까지는 신청인은 외형상으로 우선변제권 있는 임차인으로서 부동산 담보권에 유사한 권리를 취득하게 된다 할 것이니, 이러한 이익은 재산적 가치가 있는 구체적 이익으로서 사기죄의 객체인 재산상 이익에 해당한다고 봄이 상당하다. [20 경간부, 17 변호사]*

[2] 소송사기에 있어서 피기망자인 법원의 재판은 피해자의 처분행위에 갈음하는 내용과 효력이 있는 것이어야 하고, 그렇지 아니하는 경우에는 착오에 의한 재물의 교부행위가 있다고 할 수 없어서 사기죄는 성립되지 아니하는바, 임차권등기명령의 절차 및 그 집행에 의한 임차권등기의 법적 효력을 고려하면, 다른 특별한 사정이 없는 한, 법원의 임차권등기명령은 피신청인의 재산상의 지위 또는 상태에 영향을 미칠 수 있는 행위로서 피신청인의 처분행위에 갈음하는 내용과 효력이 있다고 보아야 하고, 따라서 이러한 법원의 임차권등기명령을 이용한 소송사기의 경우 피해자인 피신청인이 직접 처분행위를 하였는지 여부는 사기죄의 성부에 아무런 영향을 주지 못한다.

[3] 진정한 임차권자가 아니면서 허위의 임대차계약서를 법원에 제출하여 임차권등기명령을 신청하면 그로써 소송사기의 실행행위에 착수한 것으로 보아야 하고, 나아가 그 임차보증금 반환채권에 관하여 현실적으로 청구의 의사표시를 하여야만 사기죄의 실행의 착수가 있다고 볼 것은 아니다[대판 2012.5.24. 2010도12732].

판례 | 제권판결 사건에서 사기죄의 인정 여부에 관한 비교판례

1-0. **(인정)** 가계수표발행인이 자기가 발행한 가계수표를 타인이 교부받아 소지하고 있는 사실을 알면서도, 또한 그 수표가 적법히 지급 제시되어 수표상의 소구의무를 부담하고 있음에도 불구하고 허위의 분실사유를 들어 공시최고 신청을 하고 이에 따라 법원으로부터 제권판결을 받음으로써 수표상의 채무를 면하여 그 수표금 상당의 재산상 이득을 취득하였다면 이러한 행위는 사기죄에 해당한다[대판 1999.4.9. 99도364].

동지판례 발행인이 어음소지인에 대하여 처음부터 그 어음상 채무를 부담하지 않았다는 등의 특별한 사정이 없는 한 원인관계상의 채무가 존속하고 있더라도 사위의 방법으로 얻어낸 제권판결로 그 어음채무를 면하게 된 데 대하여 사기죄가 성립한다고 한 사례[대판 1995.9.15. 94도3213].

동지판례 ⅰ) 자기앞수표를 갈취당한 자가 이를 분실하였다고 허위로 공시최고신청을 하여 제권판결을 선고받은 경우, 그 수표를 갈취하여 소지하고 있는 자에 대한 사기죄가 성립된다[대판 2003.12.26. 2003도4914].
ⅱ) 주권을 교부한 자가 이를 분실하였다고 허위로 공시최고 신청을 하여 제권판결을 선고받아 확정되었다면, 사기죄가 성립한다[대판 2007.5.30. 2006도8488].

1-1. **(부정)** 甲 주식회사의 실질적 경영자인 피고인이, 전(前) 대표이사 乙이 지방자치단체에 기부금을 납부하기로 약정하고 골프장사업을 승인받으면서 그 이행을 위해 약속어음을 발행·교부한 사실을 잘 알고 있음에도, 위 어음을 분실하였다는 허위 사유를 들어 법원을 기망하고 제권판결을 선고받음으로써 어음금 상당의 재산상 이익을 편취하였다는 공소사실에 대하여, 위 기부금 증여계약은 지방자치단체장의 공무수행과 결부된 금전적 대가로서 그 조건이나 동기가 사회질서에 반하여 무효이므로 지방자치단체로서는 위 어음금의 지급을 청구할 수 없음에도, 위 증여가 유효하다고 판단하여 피고인을 유죄로 인정한 원심판결에 민법 제103조에 관한 법리오해 또는 증여의 효력에 관한 심리미진의 위법이 있다고 한 사례[대판 2010.1.28. 2007도9331].

판례 | 소송사기미수죄에 있어서 범죄행위의 종료시기(패소의 종국판결을 선고받고 소송이 종료된 때)

공소시효는 범죄행위가 종료한 때로부터 진행하는 것으로서, 법원을 기망하여 유리한 판결을 얻어내고 이에 터잡아 상대방으로부터 재물이나 재산상 이익을 취득하려고 소송을 제기하였다가 법원으로부터 패소의 종국판결을 선고받고 그 판결이 확정되는 등 법원으로부터 유리한 판결을 받지 못하고 소송이 종료됨으로써 미수에 그친 경우에, 그러한 소송사기미수죄에 있어서 범죄행위의 종료시기는 위와 같이 소송이 종료된 때라고 할 것이다[대판 2000.2.11. 99도4459].

판례 | 소송사기의 기수시기

1. **(승소판결이 확정된 때)** 피고인 또는 그와 공모한 자가 자신이 토지의 소유자라고 허위의 주장을 하면서 소유권보존등기 명의자를 상대로 보존등기의 말소를 구하는 소송을 제기하여 그 소송에서 위 토지가 피고인 또는 그와 공모한 자의 소유임을 인정하여 보존등기 말소를 명하는 내용의 승소확정판결을 받았다면 기수시기는 위 판결이 확정된 때이다[대판(전) 2006.4.7. 2005도9858].
[23 변호사]*
동지판례 신축 중인 다세대주택 4동의 건축주 명의변경을 목적으로 하는 사기소송을 제기하여 4동 전부에 대하여 승소판결을 선고받아 그 판결이 확정된 이상 승소판결을 받은 후 3동에 관하여만 건축주 명의변경이 이루어졌다 하더라도 4동 전부에 대하여 건축허가에 따른 재산상 이익을 취득한 사기죄의 기수에 이른 것으로 보아야 한다[대판 1997.7.11. 95도1874].
2. **(지급명령이 확정된 경우)** [1] 지급명령신청에 대해 상대방이 이의신청을 하면 지급명령은 이의의 범위 안에서 그 효력을 잃게 되고 지급명령을 신청한 때에 소를 제기한 것으로 보게 되는 것이지만 이로써 이미 실행에 착수한 사기의 범행 자체가 없었던 것으로 되는 것은 아니다.
[2] 지급명령을 송달받은 채무자가 2주일 이내에 이의신청을 하지 않는 경우에는 지급명령은 확정되고, 이와 같이 확정된 지급명령에 대해서는 항고를 제기하는 등 동일한 절차 내에서는 불복절차가 따로 없어서 이를 취소하기 위하여는 재심의 소를 제기하거나 위 법 제505조에 따라 청구이의의 소로써 강제집행의 불허를 소구할 길이 열려 있을 뿐인데, 이는 피해자가 별도의 소로써 피해구제를 받을 수 있는 것에 불과하므로 허위의 내용으로 신청한 지급명령이 그대로 확정된 경우에는 소송사기의 방법으로 승소 판결을 받아 확정된 경우와 마찬가지로 사기죄는 이미 기수에 이르렀다고 볼 것이다[대판 2004.6.24. 2002도4151].

판례 | 사기죄가 성립하는 경우(채권소멸 후의 재차 강제집행)

1. 민사판결의 주문에 표시된 채권을 변제받거나 상계하여 그 채권이 소멸되었음에도 불구하고, 판결정본을 소지하고 있음을 기화로 이를 근거로 하여 강제집행을 하였다면 사기죄를 구성한다[대판 1992.12.22. 92도2218].
비교판례 채무자에 대하여 승소확정판결을 받은 후 대여금 전액을 변제받고서도 위 판결정본으로 채무자 소유의 동산에 압류집행한 경우에는 사기미수죄가 성립한다[대판 1988.4.12. 87도2394].73)

2. 채무자가 강제집행을 승낙한 취지의 기재가 있는 약속어음 공정증서에 있어서 그 약속어음의 원인관계가 소멸하였음에도 불구하고, 약속어음 공정증서 정본을 소지하고 있음을 기화로 이를 근거로 하여 강제집행을 하였다면 사기죄를 구성한다[대판 1999.12.10. 99도2213].

판례 | 재판상 화해(사기죄 불성립)

재판상 화해는 그것으로 인하여 새로운 법률관계가 창설되는 것이므로 화해의 내용이 실제 법률관계와 일치하지 않는다고 하여 사기죄가 성립할 여지는 없다[대판 1968.2.27. 67도1579].

판례 | 민사조정제도와 소송사기

소송사기는 법원을 속여 자기에게 유리한 판결을 얻음으로써 상대방의 재물 또는 재산상 이익을 취득하는 범죄로서, 이를 쉽사리 유죄로 인정하게 되면 누구든지 자기에게 유리한 주장을 하고 소송을 통하여 권리구제를 받을 수 있는 민사재판제도의 위축을 가져올 수밖에 없다. 이러한 위험성은 당사자 간 합의에 의하여 소송절차를 원만하게 마무리하는 민사조정에서도 마찬가지로 존재한다. 따라서 피고인이 범행을 인정한 경우 외에는 소송절차나 조정절차에서 행한 주장이 사실과 다름이 객관적으로 명백하고 피고인이 그 주장이 명백히 거짓인 것을 인식하였거나 증거를 조작하려고 하였음이 인정되는 때와 같이 범죄가 성립하는 것이 명백한 경우가 아니면 이를 유죄로 인정하여서는 안 된다.
소송당사자들은 조정절차를 통해 원만한 타협점을 찾는 과정에서 자신에게 유리한 결과를 얻기 위하여 노력하고, 그 과정에서 다소간의 허위나 과장이 섞인 언행을 하는 경우도 있다. 이러한 언행이 일반 거래관행과 신의칙에 비추어 허용될 수 있는 범위 내라면 사기죄에서 말하는 기망행위에 해당한다고 볼 수는 없다. 통상의 조정절차에서는 조정채무 불이행에 대한 제재수단뿐만 아니라 소송비용의 처리 문제나 청구취지에 포함되지 않은 다른 잠재적 분쟁에 관한 합의내용도 포함될 수 있고, 소송절차를 단축시켜 집행권원을 신속히 확보하기 위한 목적에서 조정이 성립되는 경우도 있다. 소송당사자가 조정에 합의한 것은 이러한 부수적 사정에 따른 이해득실을 모두 고려한 이성적 판단의 결과로 보아야 하고, 변호사 등 소송대리인이 조정절차에 참여하여 조정이 성립한 경우에는 더욱 그러하다. 따라서 조정에 따른 이행의무를 부담하는 피고가 조정성립 이후 청구원인에 관한 주된 조정채무를 제때 이행하지 않았다는 사정만으로 원고에게 신의칙상 주의의무를 다하지 아니하였다거나 조정성립과 상당인과관계 있는 손해가 발생하였다고 쉽사리 단정하여서는 아니 된다[대판 2024.1.25. 2020도10330].[74)]

관련판례 ⅰ) 회생절차의 채무자인 피고인이 자신의 재산 및 수입 상황 등에 관하여 허위의 내용으로 법원을 기망함으로써 채무자에게 유리한 회생계획인가결정을 받는 행위는 사기죄를 구성할 수 있다. 회생계획인가결정이 있으면 회생채권자 등의 권리가 회생계획에 따라 변경되어 채무가 면제되거나 채무의 기한이 연장되는 등 피해자의 처분행위에 갈음하는 내용과 효력이 발생하기 때문이다. 다만 회생절차의 특수성을 감안할 때, 회생계획인가결정을 받는 행위로 인한 사기죄가 성립하기 위해서는 재산 및 수입 상황 등에 관한 피고인의 주장이 단순히 사실과 다르다는 것만으로는 부족하고, 그러한 주장이 피고인의 회생계획인가의 요건과 밀접한 관련이 있고 이로 인하여 회생계획인가결정 여부 및 그 내용이 달라질 정도에 이르러야 한다[대판 2025.6.12. 2024도13139].
ⅱ) 소송비용부담의 재판은 소송비용상환의무의 존재를 확정하고 그 지급을 명하는 데 그치고, 구체적인 소송비용의 액수는 민사소송법 제110조 제1항에 의한 소송비용액확정결정을 통하여 확정되며, 소송비용의 상환을 구하는 자는 소송비용액확정결정에 집행문을 부여받아 그 확정된 소송비용액에 관하여 강제집행을 할 수 있는바, 허위 내용으로 법원을 기망하여 자기에게 유리한 소송비용액확정결정을 받는 행위는 사기죄를 구성할 수 있다. 한편 소송비용액확정결정을 신청할 때에는 비용계산서, 그 등본과 비용액을 소명하는 데 필요한 서면을 제출하여야 하므로(민사소송법 제110조 제2항), 당사자가 단순히 실제 사실과 다른 비용액에 관한 주장만 한 경우를 사기죄로 인정하는 것에는 신중하여야 한다. 소송비용 중 당사자 등이 소송 기타 절차를 수행하기 위하여 법원에 납부하는 인지액 및 민사예납금 등 이른바 '재판비용'은 관할법원이 스스로 보존하고 있는 재판서 및 소송기록 등에 의하여 계산할 것이 예정되어 있고, 당사자가 소송 등 수행을 위하여 제3자에게 직접 지출하는 이른바 '당사자비용'은 신청인이 반드시 소명하여야 하므로, 소명자료 등을 조작하거나 허위의 소명자료 등을 제출함이 없이 단지 실제 사실과 다른 비용액에 관한 주장만 하는 경우에는 특별한 사정이 없는 한 법원을 기망하였다고 단정하기 어렵기 때문이다[대판 2024.6.27. 2021도2340].

73) 압류집행을 한 것에 불과하고 강제집행을 완료한 것이 아니므로 사기미수죄에 해당한다.
74) 원심은 피고인들은 공소외 3 회사가 2016년 12월 말까지 3억 원을 마련할 방법이 없어 피해자에게 합의금을 제때 지급할 의사나 능력이 없음에도 공소외 1을 기망하여 합의 및 조정에 응하게 하여 피고인 1이 1억 4,000만 원의 채무를 면제받은 사실이 인정된다고 판단하여 이 부분 공소사실을 무죄를 인정한 제1심판결을 파기하고 유죄로 인정하였다.

판례 | 기타 사기죄가 성립하는 경우

사실상 분열된 종중의 일파가 소유관계가 불분명한 종중재산에 대하여 처분금지가처분신청을 하면서 그 보증금으로 공탁한 공탁금을 그 의사에 반하여 다른 분열된 종중의 일파가 가처분취하서를 제출하여 처분금지가처분등기를 말소하게 하고 공탁금을 회수한 경우, 사기죄가 성립한다[대판 1998.2.27. 97도1993].

(2) 불법원인급여와 사기죄의 성부

판례 | 기망을 통하여 불법원인급여를 하도록 한 경우 = 사기죄 성립

1. 민법 제746조의 불법원인급여에 해당하여 급여자가 수익자에 대한 반환청구권을 행사할 수 없다고 하더라도, 수익자가 기망을 통하여 급여자로 하여금 불법원인급여에 해당하는 재물을 제공하도록 하였다면 사기죄가 성립한다[대판 2006.11.23. 2006도6795; 동지 대판 2005.5.14. 2004도677].
2. 사실은 대법관에게 로비자금으로 쓸 의사도 없고 대법원에서 피고인의 상고가 기각되더라도 피해자에게 변호사비용을 제외한 나머지 돈을 돌려줄 의사가 없음에도 피해자에게 "대법원에는 판사가 많기 때문에 로비자금이 많이 필요하고 상고기각되더라도 착수금만 제외하고 나머지 돈은 다 돌려 받을 수 있으니 1억 5천만원만 빌려달라"고 거짓말하여 이에 속은 피해자로부터 액면금 1억 5천만원인 약속어음 1매를 교부받아 이를 편취한 경우, … 용도를 속이고 돈을 빌린 경우에 만일 진정한 용도를 고지하였더라면 상대방이 빌려 주지 않았을 것이라는 관계에 있는 때에는 사기죄의 실행행위인 기망은 있는 것으로 보아야 한다[대판 1995.9.15. 95도707].

Ⅲ 컴퓨터 등 사용사기죄

제347조의2(컴퓨터 등 사용사기) 컴퓨터 등 정보처리장치에 허위의 정보 또는 부정한 명령을 입력하거나 권한 없이 정보를 입력·변경하여 정보처리를 하게 함으로써 재산상의 이익을 취득하거나 제3자로 하여금 취득하게 한 자는 10년 이하의 징역 또는 2천만원 이하의 벌금에 처한다

제352조(미수범) 본죄의 미수범은 처벌한다.

1. 구성요건

판례 | 부정한 명령에 해당하는 경우

[1] 형법 제347조의2에서 '부정한 명령의 입력'은 당해 사무처리시스템에 예정되어 있는 사무처리의 목적에 비추어 지시해서는 안 될 명령을 입력하는 것을 의미한다. 따라서 설령 '허위의 정보'를 입력한 경우가 아니라고 하더라도, 당해 사무처리시스템의 프로그램을 구성하는 개개의 명령을 부정하게 변개·삭제하는 행위는 물론 프로그램 자체에서 발생하는 오류를 적극적으로 이용하여 그 사무처리의 목적에 비추어 정당하지 아니한 사무처리를 하게 하는 행위도 특별한 사정이 없는 한 위 '부정한 명령의 입력'에 해당한다고 보아야 한다.
[2] 피고인이 甲 주식회사에서 운영하는 전자복권구매시스템에서 은행환불명령을 입력하여 가상계좌 잔액이 1,000원 이하로 되었을 때 복권 구매명령을 입력하면 가상계좌로 복권 구매요청금과 동일한 액수의 가상현금이 입금되는 프로그램 오류를 이용하여 잔액을 1,000원 이하로 만들고 다시 복권 구매명령을 입력하는 행위를 반복함으로써 피고인의 가상계좌로 구매요청금 상당의 금액이 입금되게 한 사안에서, 피고인의 행위는 형법 제347조의2에서 정한 '허위의 정보 입력'에 해당하지는 않더라도, 프로그램 자체에서 발생하는 오류를 적극적으로 이용하여 사무처리의 목적에 비추어 정당하지 아니한 사무처리를 하게 한 행위로서 '부정한 명령의 입력'에 해당한다고 한 사례[대판 2013.11.14. 2011도4440].

판례 | 컴사기죄가 성립하는 경우(권한 없이 정보를 입력하여 재산상의 이익을 취득한 경우)

1. **(금융기관 직원의 무자원 송금행위)** 금융기관 직원이 범죄의 목적으로 전산단말기를 이용하여 다른 공범들이 지정한 특정계좌에 무자원 송금의 방식으로 거액을 입금한 것은 형법 제347조의2에서 정하는 컴퓨터 등 사용사기죄에서의 '권한 없이 정보를 입력하여 정보처리를 하게 한 경우'에 해당한다고 할 것이고, 이는 그 직원이 평상시 금융기관의 여·수신업무를 처리할 권한이 있었다고 하여도 마찬가지이다[대판 2006.1.26. 2005도8507].
2. **(권한 없이 인터넷뱅킹을 통하여 돈을 이체한 경우)** 甲이 권한 없이 회사의 아이디와 패스워드를 입력하여 인터넷뱅킹에 접속한 다음 위 회사의 예금계좌로부터 자신의 예금계좌로 돈을 이체하는 내용의 정보를 입력하여 자신의 예금액을 증액시킨 경우에는 컴퓨터등사용사기죄가 성립한다[대판 2004.4.16. 2004도353].
3. **(타인명의의 카드로 ARS 전화서비스를 받거나 인터넷을 통한 신용대출을 받은 경우)** 타인의 명의를 모용하여 발급받은 신용카드의 번호와 그 비밀번호를 이용하여 ARS 전화서비스나 인터넷을 통하여 신용대출을 받는 행위는 미리 포괄적으로 허용된 행위가 아닌 이상, 컴퓨터 등 정보처리장치에 권한 없이 정보를 입력하여 정보처리를 하게 함으로써 재산상 이익을 취득하는 행위로서 컴퓨터 등 사용사기죄에 해당한다[대판 2006.7.27. 2006도3126].

판례 | 정보처리를 하게 한다는 것의 의미

[1] 형법 제347조의2는 컴퓨터 등 정보처리장치에 허위의 정보 또는 부정한 명령을 입력하거나 권한 없이 정보를 입력·변경하여 정보처리를 하게 함으로써 재산상의 이익을 취득하거나 제3자로 하여금 취득하게 하는 행위를 처벌하고 있다. 이는 재산변동에 관한 사무가 사람의 개입 없이 컴퓨터 등에 의하여 기계적·자동적으로 처리되는 경우가 증가함에 따라 이를 악용하여 불법적인 이익을 취하는 행위도 증가하였으나 어들 새로운 유형의 행위는 사람에 대한 기망행위나 상대방의 처분행위 등을 수반하지 않아 기존 사기죄로는 처벌할 수 없다는 점 등을 고려하여 신설한 규정이다. 여기서 '정보처리'는 사기죄에서 피해자의 처분행위에 상응하므로 입력된 허위의 정보 등에 의하여 계산이나 데이터의 처리가 이루어짐으로써 직접적으로 재산처분의 결과를 초래하여야 하고, 행위자나 제3자의 '재산상 이익 취득'은 사람의 처분행위가 개재됨이 없이 컴퓨터 등에 의한 정보처리 과정에서 이루어져야 한다.
[2] 시설공사 발주처인 지방자치단체의 재무관이 낙찰하한가 이상 공사예정가격 이하로서 낙찰하한가에 가장 근접한 입찰금액으로 투찰한 입찰자 순서대로 계약이행경험, 기술능력, 재무상태, 신인도 등을 종합적으로 심사하는 적격심사를 거쳐 일정 점수 이상인 자를 낙찰자로 결정하는 전자입찰에서, 甲 등이 악성프로그램을 이용하여 사전에 낙찰하한가를 알아내어 이를 토대로 특정 건설사에 낙찰가능성이 높은 입찰금액을 알려주었다고 하더라도 컴퓨터등사용사기죄 또는 그 미수죄의 구성요건에 해당된다고 할 수 없다고 한 사례[대판 2014.3.13. 2013도16099].

판례해설 위 사안의 경우 최종적인 낙찰(재산처분 행위에 해당함은 재무관의 처분행위가 개재되어야 하므로 '정보처리'를 하게 한 경우에 해당하지 않는다는 취지이다.

판례 | 컴사기죄의 기수에 해당하는 경우(허위정보를 입력하여 계좌에 입금절차를 완료한 때)

금융기관 직원이 전산단말기를 이용하여 다른 공범들이 지정한 특정계좌에 돈이 입금된 것처럼 허위의 정보를 입력하는 방법으로 위 계좌로 입금되도록 한 경우, 이러한 입금절차를 완료함으로써 장차 그 계좌에서 이를 인출하여 갈 수 있는 재산상 이익을 취득하였으므로 형법 제347조의2에서 정하는 컴퓨터 등 사용사기죄는 기수에 이르렀고, 그 후 그러한 입금이 취소되어 현실적으로 인출되지 못하였다고 하더라도 이미 성립한 컴퓨터 등 사용사기죄에 어떤 영향이 있다고 할 수는 없다[대판 2006.9.14. 2006도4127].

판례 | 타인의 신용카드로 인터넷상에서 신용정보조회 요금을 지급한 경우(재산상 이익 취득, 컴사기죄 ○)

타인의 인적 사항을 도용하여 타인 명의로 발급받은 신용카드의 번호와 그 비밀번호를 인터넷사이트에 입력함으로써 재산상 이익을 취득(신용정보조회 요금을 지급)한 행위는 구 형법 제347조의2 소정의 컴퓨터 등 사용사기죄에 해당한다[대판 2003.1.10. 2002도2363].

판례 | 컴사기죄의 객체(재물 X, 재산상의 이익 ○), 절취한 카드로 현금인출(컴사기죄 X, 절도죄 ○)

형법 제347조의2는 컴퓨터등사용사기죄의 객체를 재물이 아닌 재산상의 이익으로만 한정하여 규정하고 있으므로, 절취한 타인의 신용카드로 현금자동지급기에서 현금을 인출하는 행위가 재물에 관한 범죄임이 분명한 이상 이를 위 컴퓨터등사용사기죄로 처벌할 수는 없다고 할 것이다[대판 2003.5.13. 2003도1178].

동지판례 형법 제347조의2에서 규정하는 컴퓨터등사용사기죄의 객체는 재물이 아닌 재산상의 이익에 한정되어 있으므로, 타인의 명의를 모용하여 발급받은 신용카드로 현금자동지급기에서 현금을 인출하는 행위를 이 법조항(컴사기죄)을 적용하여 처벌할 수는 없다[대판 2002.7.12. 2002도2134].

판례 | 위임의 금액을 초과하여 현금카드로 현금을 인출한 경우(초과액에 대한 컴사기죄 성립)

예금주인 현금카드 소유자로부터 일정한 금액의 현금을 인출해 오라는 부탁을 받으면서 이와 함께 현금카드를 건네받은 것을 기화로 그 위임을 받은 금액을 초과하여 현금을 인출하는 방법으로 그 차액 상당을 위법하게 이득할 의사로 현금자동지급기에 그 초과된 금액이 인출되도록 입력하여 그 초과된 금액의 현금을 인출한 경우에는 그 인출된 현금에 대한 점유를 취득함으로써 이 때에 그 인출한 현금 총액 중 인출을 위임받은 금액을 넘는 부분의 비율에 상당하는 재산상 이익을 취득한 것으로 볼 수 있으므로 이러한 행위는 그 차액 상당액에 관하여 형법 제347조의2(컴퓨터등사용사기)에 규정된 '컴퓨터 등 정보처리장치에 권한 없이 정보를 입력하여 정보처리를 하게 함으로써 재산상의 이익을 취득'하는 행위로서 컴퓨터 등 사용사기죄에 해당된다[대판 2006.3.24. 2005도3516].

2. 죄수

판례 | 실체적 경합에 해당하는 경우

타인의 명의를 모용하여 발급받은 신용카드를 이용하여 현금자동지급기에서 현금을 인출한 행위와 ARS 전화서비스 등으로 신용대출을 받은 행위를 포괄적으로 카드회사에 대한 사기죄가 된다고 판단한 원심판결을 파기한 사례[대판 2006.7.27. 2006도3126].

판례해설 현금인출행위는 절도죄에 해당하고 ARS 전화서비스 등으로 신용대출을 받은 행위는 컴사기죄가 성립하며 양 죄는 실체적 경합에 해당한다(기타의 범죄는 논외로 함).

판례 | 컴퓨터사용사기죄는 성립할 수 있어도 절도죄는 성립하지 않는 경우

절취한 타인의 신용카드를 이용하여 현금지급기에서 계좌이체를 한 행위는 컴퓨터등사용사기죄에 해당함은 별론으로 하고 이를 절취행위라고 볼 수는 없고, 한편 위 계좌이체 후 현금지급기에서 현금을 인출한 행위는 자신의 신용카드나 현금카드를 이용한 것이어서 이러한 현금인출이 현금지급기 관리자의 의사에 반한다고 볼 수 없어 절취행위에 해당하지 않으므로 절도죄를 구성하지 않는다[대판 2008.6.12. 2008도2440].

Ⅳ 준사기죄

제348조(준사기) ① 미성년자의 사리분별력 부족 또는 사람의 심신장애를 이용하여 재물을 교부받거나 재산상 이익을 취득한 자는 10년 이하의 징역 또는 2천만원 이하의 벌금에 처한다.
② 제1항의 방법으로 제3자로 하여금 재물을 교부받게 하거나 재산상 이익을 취득하게 한 경우에도 제1항의 형에 처한다.

제352조(미수범) 본죄의 미수범은 처벌한다.

심신장애 등의 상태를 이용하여야 본죄가 성립한다. 따라서 심신장애자 등에 대하여 기망을 수단으로 사용한 경우에는 사기죄가 성립한다.

Ⅴ 편의시설부정이용죄

제348조의2(편의시설부정이용) 부정한 방법으로 대가를 지급하지 아니하고 자동판매기, 공중전화 기타 유료자동설비를 이용하여 재물 또는 재산상의 이익을 취득한 자는 3년 이하의 징역, 500만원 이하의 벌금, 구류 또는 과료에 처한다.

제352조(미수범) 본죄의 미수범은 처벌한다.

유료자동설비란 대가를 지불하면 물건 또는 편익을 제공하는 자동기계설비를 말한다(예 공중전화, 자동판매기).

판례 | 절취한 후불식 공중전화카드를 사용한 경우(편의시설부정이용죄 X, 사문서부정행사죄 ○)

1. 타인의 전화카드(한국통신의 후불식 통신카드)를 절취하여 전화통화에 이용한 경우에는 통신카드서비스 이용계약을 한 피해자가 그 통신요금을 납부할 책임을 부담하게 되므로, 이러한 경우에는 피고인이 '대가를 지급하지 아니하고' 공중전화를 이용한 경우에 해당한다고 볼 수 없어 편의시설부정이용의 죄를 구성하지 않는다[대판 2001.9.25. 2001도3625].
2. 사용자에 관한 각종 정보가 전자기록되어 있는 자기띠가 카드번호와 카드발행자 등이 문자로 인쇄된 플라스틱 카드에 부착되어 있는 전화카드의 경우 그 자기띠 부분은 카드의 나머지 부분과 불가분적으로 결합되어 전체가 하나의 문서를 구성하므로, 전화카드를 공중전화기에 넣어 사용하는 경우 비록 전화기가 전화카드로부터 판독할 수 있는 부분은 자기띠 부분에 수록된 전자기록에 한정된다고 할지라도, 전화카드 전체가 하나의 문서로서 사용된 것으로 보아야 하고 그 자기띠 부분만 사용된 것으로 볼 수는 없으므로 절취한 전화카드를 공중전화기에 넣어 사용한 것은 권리의무에 관한 타인의 사문서를 부정행사한 경우에 해당한다[대판 2002.6.25. 2002도461].

Ⅵ 부당이득죄

제349조(부당이득) ① 사람의 곤궁하고 절박한 상태를 이용하여 현저하게 부당한 이익을 취득한 자는 3년 이하의 징역 또는 1천만원 이하의 벌금에 처한다.
② 제1항의 방법으로 제3자로 하여금 부당한 이익을 취득하게 한 경우에도 제1항의 형에 처한다.

판례 | 궁박상태의 의미 및 궁박상태를 인정할 수 없는 경우

1. [1] 개발사업 등이 추진되는 사업부지 중 일부의 매매와 관련된 이른바 '알박기' 사건에서 부당이득죄의 성립 여부가 문제되는 경우, 그 범죄의 성립을 인정하기 위해서는 피고인이 피해자의 개발사업 등이 추진되는 상황을 미리 알고 그 사업부지 내의 부동산을 매수한 경우이거나 피해자에게 협조할 듯한 태도를 보여 사업을 추진하도록 한 후에 협조를 거부하는 경우 등과 같이, 피해자가 궁박한 상태에 빠지게 된 데에 피고인이 적극적으로 원인을 제공하였거나 상당한 책임을 부담하는 정도에 이르러야 한다. 이러한 정도에 이르지 않은 상태에서 단지 개발사업 등이 추진되기 오래 전부터 사업부지 내의 부동산을 소유하여 온 피고인이 이를 매도하라는 피해자의 제안을 거부하다가 수용하는 과정에서 큰 이득을 취하였다는 사정만으로 함부로 부당이득죄의 성립을 인정해서는 안 된다.
   [2] 아파트 건축사업이 추진되기 수년 전부터 사업부지 내 일부 부동산을 소유하여 온 피고인이 사업자의 매도 제안을 거부하다가 인근 토지 시가의 40배가 넘는 대금을 받고 매도한 사안에서, 부당이득죄의 성립을 부정한 사례[대판 2009.1.15. 2008도8577].
   동지판례 ⅰ) 아파트 신축사업이 추진되기 수년 전 사업부지 중 일부 토지를 취득하여 거주 또는 영업장소로 사용하던 피고인이 이를 사업자에게 매도하면서 시가 상승 등을 이유로 대금의 증액을 요구하여 종전보다 1.5 내지 3배가량 높은 대금을 받은 사안에서, 부당이득죄의 성립을 부정한 사례[대판 2009.1.15. 2008도1246].
   ⅱ) 피고인이 주상복합건물 신축사업 부지 중 일부 부동산을 매수하였다가, 위 사업의 시행사에 주변 부지의 평당 매매가보다 약 2.4배 이상 비싼 금액에 다시 매도한 사안에서, 부당이득죄의 성립을 부정한 원심판단을 수긍한 사례[대판 2010.5.27. 2010도778].

2. 공동주택 및 판매시설 건축사업의 대상이 된 대지지분 등 부동산의 소유자가 사업자의 매도 제안을 거부하다가 통상 가격의 약 45배의 대금에 이를 매도한 사안에서, 부당이득죄의 성립을 부정한 사례[대판 2008.12.11. 2008도7823].
3. 피고인이 피해자인 재건축조합에게 토지를 시세보다 비싼 가격으로 매도하였더라도 그 매매대금이 현저하게 부당하다고 단정할 수 없거나, 위 조합이 재건축사업을 추진함에 있어서 위 토지가 반드시 필요한 것은 아니었고, 이를 매입하지 아니하고도 재건축을 추진할 대안이 있었음에도 재건축조합의 이익에 가장 부합한다는 판단하에 피고인을 설득하여 위 토지를 매입하게 된 사정 등에 비추어 재건축조합의 궁박 상태를 인정하기에는 부족하다는 이유로 피고인에 대하여 무죄를 선고한 원심판결을 수긍한 사례[대판 2005.4.15. 2004도1246].

판례 | 현저하게 부당한 이득에 해당하지 않는 경우

1. 300만원의 변제에 갈음하여 합계 600여 만원의 이득을 취득함으로써 지급받을 300만원을 공제한 300만원의 이득을 취득한 것만으로는 본조의 현저하게 부당한 이득을 취득한 것이라고 보기 어렵다[대판 1972.10.31. 72도1803].

   비교판례 甲건설회사의 공동주택신축사업 계획을 미리 알고 있던 乙이 사업부지 내의 토지소유자 丙을 회유하여 甲과 맺은 토지매매 약정을 깨고 자신에게 이를 매도 및 이전등기하게 한 다음 이를 甲에게 재매도하면서 2배 이상의 매매대금과 양도소득세를 부담시킨 사안에서, 위 토지가 전체 사업부지 내에서 갖는 중요성, 乙의 자력, 甲의 사업진행정도 등을 고려할 때 부당이득죄가 성립한다고 한 사례[대판 2008.5.29. 2008도2612].

2. 피고인이 토지지분을 시가의 약 10배에 해당하는 가격으로 매도함으로써 사회통념상 과도한 이득을 취하였다는 사정만으로는 현저하게 부당한 이득을 취득하였다고 단정할 수 없다고 한 사례[대판 2006.9.8. 2006도3366].

Ⅶ 상습사기죄

제351조(상습범) 상습으로 제347조 내지 전조의 죄를 범한 자는 그 죄에 정한 형의 2분의 1까지 가중한다.

제352조(미수범) 본죄의 미수범은 처벌한다.

Ⅷ 신용카드와 관련한 범죄

판례 | 여신전문금융업법상의 '신용카드 등'의 범위

1. 여신전문금융업법의 규정들을 종합하여 보면, 위 법 제70조 제1항 제1호에서 그 위조행위를 처벌하고 있는 '신용카드 등'은 신용카드업자가 발행한 신용카드 · 직불카드 또는 선불카드만을 의미할 뿐, 회원권카드나 현금카드 등은 신용카드 기능을 겸하고 있다는 등의 특별한 사정이 없는 한 이에 해당할 여지가 없는 것이다[대판 2010.6.10. 2010도3409].
2. 여신전문금융업법 제70조 제2항 제2호의 신용카드 이용 자금융통행위에 있어서 '신용카드'는 신용카드업자가 진정하게 발행한 신용카드만을 의미하며, 신용카드업자가 발행하지 아니한 위조 · 변조된 신용카드의 사용에 의한 가장거래에 따라 이루어진 자금융통행위는 이에 해당한다고 볼 수 없다[대판 2015.6.11. 2014도14550].

판례 | 신용카드의 법적 성질 = 유가증권 X

신용카드업자가 발행한 신용카드는 이를 소지함으로써 신용구매가 가능하고 금융의 편의를 받을 수 있다는 점에서 경제적 가치가 있다 하더라도, 그 자체에 경제적 가치가 화체되어 있거나 특정의 재산권을 표창하는 유가증권이라고 볼 수 없고, 단지 신용카드회원이 그 제시를 통하여 신용카드회원이라는 사실을 증명하거나 현금자동지급기 등에 주입하는 등의 방법으로 신용카드업자로부터 서비스를 받을 수 있는 증표로서의 가치를 가질 뿐이다[대판 1999.7.9. 99도857]. [16 국가9급]*

관련판례 일반공중전화카드는 유가증권에 해당한다[대판 1998.2.27. 97도2483]. 그리고 후불식 공중전화카드는 사문서에 해당한다[대판 2002.6.25. 2002도461].

판례 | 현금서비스를 받고 물품을 구입한 경우(사기죄의 포괄일죄)

대금결제의 의사와 능력이 없으면서도 자기명의로 카드를 발급받은 후 현금서비스도 받고, 여러 가맹점에서 물품도 구입한 경우 … 카드사용으로 인한 카드회사의 손해는 그것이 자동지급기에 의한 인출행위이든 가맹점을 통한 물품구입행위이든 불문하고 모두가 피해자인 카드회사의 기망당한 의사표시에 따른 카드발급에 터잡아 이루어지는 사기의 포괄일죄이다[대판 1996.4.9. 95도2466]. [22 경간부]*

판례 | 타인명의를 모용한 신용카드로 현금자동지급기에서 현금대출을 받은 경우 = 절도죄

피고인이 타인의 명의를 모용하여 발급받은 신용카드를 사용하여 현금자동지급기에서 현금대출을 받는 행위는 카드회사에 의하여 미리 포괄적으로 허용된 행위가 아니라, 현금자동지급기의 관리자의 의사에 반하여 현금을 자기의 지배하에 옮겨 놓는 행위로서 절도죄에 해당한다[대판 2006.7.27. 2006도3126].

판례 | 강취한 신용카드로 물품을 구입한 경우 = 신용카드부정사용죄와 사기죄 성립

강취한 신용카드를 가지고 자신이 그 신용카드의 정당한 소지인인 양 가맹점의 점주를 속이고 그에 속은 점주로부터 주류 등을 제공받아 이를 취득한 것이라면 신용카드부정사용죄와 별도로 사기죄가 성립한다[대판 1997.1.21. 96도2715]. [20 변호사]*

판례 | 편취한 신용카드로 물품을 구입한 경우 = 신용카드부정사용죄 성립

[1] 법률을 해석할 때 입법취지와 목적, 제·개정 연혁, 법질서 전체와의 조화, 다른 법령과의 관계 등을 고려하는 체계적·논리적 해석 방법을 사용할 수 있으나, 문언 자체가 비교적 명확한 개념으로 구성되어 있다면 원칙적으로 이러한 해석 방법은 활용할 필요가 없거나 제한되어야 한다.
[2] 여신전문금융업법 제70조 제1항 제4호에서는 '강취·횡령하거나, 사람을 기망하거나 공갈하여 취득한 신용카드나 직불카드를 판매하거나 사용한 자'를 처벌하도록 규정하고 있는데, 여기에서 '사용'은 강취·횡령, 기망 또는 공갈로 취득한 신용카드나 직불카드를 진정한 카드로서 본래의 용법에 따라 사용하는 경우를 말한다. 그리고 '기망하거나 공갈하여 취득한 신용카드나 직불카드'는 문언상 '기망이나 공갈을 수단으로 하여 다른 사람으로부터 취득한 신용카드나 직불카드'라는 의미이므로, '신용카드나 직불카드의 소유자 또는 점유자를 기망하거나 공갈하여 그들의 자유로운 의사에 의하지 않고 점유가 배제되어 그들로부터 사실상 처분권을 취득한 신용카드나 직불카드'라고 해석되어야 한다[대판 2022.12.16. 2022도10629].

판례해설 피고인은 교도소에 수용 중인 피해자를 기망하여 2019.2.22. 이 사건 신용카드를 교부받은 뒤, 2019.2.26.부터 같은 해 3.25.까지 약 1개월간 총 23회에 걸쳐 피고인의 의사에 따라 이 사건 신용카드를 사용하였으므로, 피해자는 피고인으로부터 기망당함으로써 피해자의 자유로운 의사에 의하지 않고 이 사건 신용카드에 대한 점유를 상실하였고, 피고인은 이 사건 신용카드에 대한 사실상 처분권을 취득하였다고 보아야 한다. 따라서 이 사건 신용카드는 피고인이 이 사건 신용카드의 소유자인 피해자를 기망하여 취득한 신용카드에 해당하고, 이를 사용한 피고인의 행위는 기망하여 취득한 신용카드 사용으로 인한 여신전문금융업법 위반죄에 해당한다.[75]

비교판례 **(폭행 · 협박으로 지불금액을 합의한 후 피해자가 결제하라고 건네준 신용카드를 사용한 경우: 신용카드부정사용죄 불성립)** 유흥주점 업주가 과다한 술값 청구에 항의하는 피해자들을 폭행 또는 협박하여 피해자들로부터 일정 금액을 지급받기로 합의한 다음, 피해자들이 결제하라고 건네준 신용카드로 합의에 따라 현금서비스를 받거나 물품을 구입한 경우,[76] 신용카드에 대한 피해자들의 점유가 피해자들의 의사에 기하지 않고 이탈하였거나 배제되었다고 보기 어려워 여신전문금융업법상의 신용카드 부정사용에 해당하지 않는다[대판 2006.7.6. 2006도654].

판례 | 절취한 신용카드로 자동지급기에서 현금서비스를 받은 경우(신용카드부정사용죄와 절도죄)

절취한 타인의 신용카드를 부정사용하여 현금자동인출기에서 현금을 인출하고 그 현금을 취득까지 한 행위는 신용카드업법 제25조 제1항의 부정사용죄에 해당할 뿐 아니라 그 현금을 취득함으로써 현금자동인출기 관리자의 의사에 반하여 그의 지배를 배제하고 그 현금을 자기의 지배하에 옮겨 놓는 것이 되므로 별도로 절도죄를 구성하고, 위 양 죄의 관계는 그 보호법익이나 행위태양이 전혀 달라 실체적 경합관계에 있는 것으로 보아야 한다[대판 1995.7.28. 95도997].

판례해설 양 죄가 실체적 경합에 해당한다는 점을 주의하여야 한다.

판례 | 신용카드부정사용죄와 관련한 판례정리

1. **(절취한 신용카드로 현금서비스를 제공받는 경우: 신용카드 부정사용에 해당함)** 절취한 신용카드를 현금인출기에 주입하고 비밀번호를 조작하여 현금서비스를 제공받으려는 일련의 행위는 그 부정사용의 개념에 포함된다[대판 1995.7.28. 95도997].

   비교판례 **(절취한 직불카드로 지급기에서 예금을 인출한 경우: 직불카드부정사용에 해당하지 않음)** 여신전문금융업법 제70조 제1항 소정의 부정사용이라 함은 위조 · 변조 또는 도난 · 분실된 신용카드나 직불카드를 진정한 카드로서 신용카드나 직불카드의 본래의 용법에 따라 사용하는 경우를 말하는 것이므로, 절취한 직불카드를 온라인 현금자동지급기에 넣고 비밀번호 등을 입력하여 피해자의 예금을 인출한 행위는 여신전문금융업법 제70조 제1항 소정의 부정사용의 개념에 포함될 수 없다[대판 2003.11.14. 2003도3977].

2. **(신용카드부정사용죄의 기수시기 및 기수에 해당하지 않는 경우)** 신용카드의 사용이라 함은 신용카드의 소지인이 신용카드의 본래 용도인 대금결제를 위하여 가맹점에 신용카드를 제시하고 매출표에 서명하여 이를 교부하는 일련의 행위를 가리키므로, 단순히 신용카드를 제시하는 행위만으로는 신용카드부정사용죄의 실행에 착수한 것에 불과하고 그 사용행위를 완성한 것으로 볼 수 없다[대판 1993.11.23. 93도604; 동지 대판 1992.6.9. 92도77].

   동지판례 신용카드를 절취한 사람이 대금을 결제하기 위하여 신용카드를 제시하고 카드회사의 승인까지 받았다고 하더라도 매출전표에 서명한 사실이 없고 도난카드임이 밝혀져 최종적으로 매출취소로 거래가 종결되었다면, 신용카드 부정사용의 미수행위에 불과하다 할 것인데 여신전문금융업법에서 위와 같은 미수행위를 처벌하는 규정을 두고 있지 아니한 이상 피고인을 위 법률 위반죄로 처벌할 수 없으므로 무죄가 된다[대판 2008.2.14. 2007도8767].

75) 원심은, 기망하여 취득한 신용카드 사용으로 인한 여신전문금융업법 위반죄는 신용카드 자체를 기망하여 취득한 후 소유자 또는 점유자의 의사에 의하지 않고 신용카드를 사용한 경우에 인정된다고 전제한 뒤, 판시와 같은 사정에 의하여 인정되는 피고인의 신용카드 사용 동기 및 경위에 비추어 보면 피해자가 피고인에게 신용카드 사용권한을 준 것으로 보이므로 비록 신용카드 사용대금에 대한 피고인의 편취행위가 인정된다고 하더라도 신용카드 부정사용이라고 할 수 없다고 보아, 이 부분 공소사실을 무죄로 판단하였다.

76) 매출전표에 피해자들 본인이 서명까지 한 경우이다.

판례 | 갈취한 현금카드로 자동지급기에서 수 회 예금을 인출한 경우 = 공갈죄의 포괄일죄

예금주인 현금카드 소유자를 협박하여 그 카드를 갈취하였고, 하자 있는 의사표시이기는 하지만 피해자의 승낙에 의하여 현금카드를 사용할 권한을 부여받아 이를 이용하여 현금을 인출한 이상, 피해자가 그 승낙의 의사표시를 취소하기까지는 현금카드를 적법, 유효하게 사용할 수 있고, 은행의 경우에도 피해자의 지급정지 신청이 없는 한 피해자의 의사에 따라 그의 계산으로 적법하게 예금을 지급할 수밖에 없는 것이므로, 피고인이 피해자로부터 현금카드를 사용한 예금인출의 승낙을 받고 현금카드를 교부받은 행위와 이를 사용하여 현금자동지급기에서 예금을 여러 번 인출한 행위들은 모두 피해자의 예금을 갈취하고자 하는 피고인의 단일하고 계속된 범의 아래에서 이루어진 일련의 행위로서 포괄하여 하나의 공갈죄를 구성한다고 볼 것이지, 현금지급기에서 피해자의 예금을 취득한 행위를 현금지급기 관리자의 의사에 반하여 그가 점유하고 있는 현금을 절취한 것이라 하여 이를 현금카드 갈취행위와 분리하여 따로 절도죄로 처단할 수는 없다[대판 1996.9.20. 95도1728]. [21 법원9급, 20 경찰승진, 19 경간부, 18 변호사, 18 경찰채용, 17 법원9급, 16 법원행시]*

동지판례 **(편취한 현금카드로 자동지급기에서 수 회 예금을 인출한 경우 = 사기죄의 포괄일죄)** 예금주인 현금카드 소유자로부터 그 카드를 편취하여, 비록 하자 있는 의사표시이기는 하지만 현금카드 소유자의 승낙에 의하여 사용권한을 부여받은 이상, 그 소유자가 승낙의 의사표시를 취소하기까지는 현금카드를 적법, 유효하게 사용할 수 있으며, 은행 등 금융기관은 현금카드 소유자의 지급정지 신청이 없는 한 카드 소유자의 의사에 따라 그의 계산으로 적법하게 예금을 지급할 수밖에 없는 것이므로, 피고인이 현금카드의 소유자로부터 현금카드를 사용한 예금인출의 승낙을 받고 현금카드를 교부받은 행위와 이를 사용하여 현금자동지급기에서 예금을 여러 번 인출한 행위들은 모두 현금카드 소유자의 예금을 편취하고자 하는 피고인의 단일하고 계속된 범의 아래에서 이루어진 일련의 행위로서 포괄하여 하나의 사기죄를 구성한다고 볼 것이지, 현금자동지급기에서 카드 소유자의 예금을 인출, 취득한 행위를 현금자동지급기 관리자의 의사에 반하여 그가 점유하고 있는 현금을 절취한 것이라 하여 이를 현금카드 편취행위와 분리하여 따로 절도죄로 처단할 수는 없다[대판 2005.9.30. 2005도5869].

비교판례 **(강취한 현금카드로 자동지급기에서 예금을 인출한 경우 = 강도죄와 절도죄의 실체적 경합)** 강도죄는 공갈죄와는 달리 피해자의 반항을 억압할 정도로 강력한 정도의 폭행·협박을 수단으로 재물을 탈취하여야 성립하므로, 피해자로부터 현금카드를 강취하였다고 인정되는 경우에는 피해자로부터 현금카드의 사용에 관한 승낙의 의사표시가 있었다고 볼 여지가 없다. 따라서 강취한 현금카드를 사용하여 현금자동지급기에서 예금을 인출한 행위는 피해자의 승낙에 기한 것이라고 할 수 없으므로, 현금자동지급기 관리자의 의사에 반하여 그의 지배를 배제하고 그 현금을 자기의 지배하에 옮겨 놓는 것이 되어서 강도죄와는 별도로 절도죄를 구성한다고 할 것이다[대판 2007.5.10. 2007도1375]. [20 경찰채용, 19 변호사, 18 경찰채용]*

판례 | 사기죄의 고의가 인정되는 경우(허위매출전표에 의하여 대금을 청구한 경우)

가맹점주가 용역의 제공을 가장한 허위의 매출전표임을 고지하지 아니한 채 신용카드회사에게 제출하여 대금을 청구한 행위는 사기죄의 실행행위로서의 기망행위에 해당하고, 가맹점주에게 이러한 기망행위에 대한 범의가 있었다면, 비록 당시 그에게 신용카드 이용대금을 변제할 의사와 능력이 있었다고 하더라도 사기죄의 범의가 있었음을 인정할 수 있다[대판 1999.2.12. 98도3549].

판례 | 신용카드 관련범죄 정리

구분	현금서비스 인출	물품구입
절취한 타인명의의 신용카드	절도죄	사기죄
	신용카드부정사용죄 성립	
자기명의의 신용카드	지급의사와 능력 없는 상태에서 카드 발급 후 사용(사기죄의 포괄일죄)	
	신용카드부정사용죄 불성립	

<table>
<tr><th rowspan="3">종류</th><th rowspan="3">명의</th><th rowspan="3" colspan="3">취득태양과 성립범죄</th><th colspan="8">카드사용범죄</th></tr>
<tr><th colspan="4">형법 (재산죄)</th><th colspan="4">여전법 (신카부정사용죄)</th></tr>
<tr><th>물품 구입</th><th>현금 서비스</th><th>예금 인출</th><th>계좌 이체</th><th>물품 구입</th><th>현금 서비스</th><th>예금 인출</th><th>계좌 이체</th></tr>
<tr><td rowspan="4">신용카드 (재물 ○, 유가증권 ×)</td><td rowspan="2">타인</td><td>승낙 무효</td><td>도난 분실 갈취 횡령</td><td>절도 점유물 이탈횡령 강도횡령</td><td>사기 (가맹점)</td><td>절도 (지급기)</td><td>절도 (지급기) [4회 사례형]</td><td>컴사 (은행)</td><td colspan="2">○</td><td colspan="2" rowspan="2">× (∵본래 용법대로 사용이 아니므로)</td></tr>
<tr><td>승낙 유효</td><td>갈취 편취</td><td>공갈 사기</td><td colspan="4">공갈·사기 포괄일죄77) (단, 물품구입의 경우 별도 사기죄 성립 可)</td><td colspan="2">○ (2022도10629) ★★★</td></tr>
<tr><td>타인 명의 모용</td><td colspan="2">부정발급</td><td>사기 (카드회사)</td><td>사기 (가맹점)</td><td>절도 (지급기)</td><td>–</td><td>컴사 (은행)</td><td colspan="2">–</td><td colspan="2">–</td></tr>
<tr><td>자기</td><td colspan="2">부정발급</td><td>사기 (∵의사나 능력×)</td><td colspan="2">포괄하여 하나의 사기죄 (카드회사)</td><td colspan="2">× (∵자기예금인출)</td><td colspan="4">×</td></tr>
<tr><td rowspan="2">현금카드</td><td rowspan="2">타인</td><td colspan="3">갈취</td><td colspan="8">예금인출</td></tr>
<tr><td colspan="3">편취</td><td colspan="8">포괄하여 하나의 공갈죄·사기죄</td></tr>
</table>

제5절 공갈의 죄

공갈죄의 객체성 인정 여부에 관한 판례, 부작위에 의한 처분에 관한 판례를 정리해 두어야 한다.

77) 갈취·편취한 신용카드의 경우 현금서비스와 물품구입의 경우의 수를 나누어 정리를 해두어야 한다. 양자 모두 명시적인 판례는 존재하지 않으나 ① 갈취·편취한 신용카드로 현금서비스를 받은 경우 갈취·편취한 현금카드로 예금인출을 한 경우 절도죄가 성립할 수 없다는 판례의 취지(95도1728; 2005도5869)에 비추어 별도의 절도죄는 성립하지 않을 것이다. 한편, ② 갈취·편취한 신용카드로 물품을 구입한 경우 갈취한 은행통장과 도장으로 은행직원을 기망하여 예금을 인출한 경우 사기죄가 성립한다는 판례(79도489)의 취지에 비추어 별도의 사기죄가 성립할 것이다.

Ⅰ 총설

① 공갈의 죄란 사람을 공갈하여 재물의 교부를 받거나 재산상의 이익을 취득하거나 제3자로 하여금 취득하게 하는 것을 내용으로 하는 범죄이다.

② 주된 보호법익은 재산권이고 자유권(의사결정의 자유)도 부차적인 보호법익이 된다. 보호의 정도는 침해범이다.

Ⅱ 공갈죄

제350조(공갈) ① 사람을 공갈하여 재물의 교부를 받거나 재산상의 이익을 취득한 자는 10년 이하의 징역 또는 2천만원 이하의 벌금에 처한다.
② 전항의 방법으로 제3자로 하여금 재물의 교부를 받게 하거나 재산상의 이익을 취득하게 한 때에도 전항의 형과 같다. [17 법원9급]*
제352조(미수범) 본죄의 미수범은 처벌한다.

1. 의의

사람을 공갈하여 재물의 교부를 받거나 재산상의 이익을 취득하거나 제3자로 하여금 취득하게 함으로써 성립하는 범죄이다.

참고 사기죄와의 구별

구분	공갈죄	사기죄
수단	폭행 · 협박	기망행위
보호법익	재산권 및 자유권	재산권
피해자	피공갈자 및 소유자	재산의 소유자

참고 강도죄와의 구별

구분	공갈죄	강도죄
폭행 · 협박의 정도	공포심을 생기게 할 정도	반항을 억압할 수 있을 정도
처분행위	처분행위를 요함(판례)	불필요(탈취죄)
친족상도례	적용	부적용

2. 구성요건

(1) 객관적 구성요건

① 객체: 타인의 재물 또는 재산상의 이익이다.

판례 | 이성간의 정교(재산상의 이익 X), 공갈에 의한 정교(공갈죄 X)

공갈죄는 재산범으로서 그 객체인 재산상 이익은 경제적 이익이 있는 것을 말하는 것인바, 일반적으로 부녀와의 정교 그 자체는 이를 경제적으로 평가할 수 없는 것이므로 부녀를 공갈하여 정교를 맺었다고 하여도 특단의 사정이 없는 한 이로써 재산상 이익을 취득한 것이라고 볼 수는 없는 것이며, 부녀가 주점접대부라 할지라도 피고인과 매음을 전제로 정교를 맺은 것이 아닌 이상 피고인이 매음대가의 지급을 면하였다고 볼 여지가 없으니 공갈죄가 성립하지 아니한다[대판 1983.2.8. 82도2714].

판례 | 재산상 이익에 해당하는 경우

공갈죄는 사람을 공갈하여 재물의 교부를 받거나 재산상의 이익을 취득함으로써 성립하고, 채무의 변제 또는 채권양도 등을 약속받는 것도 여기의 재산상의 이익에 해당한다[대판 2010.12.9. 2010도10187].

판례 | 공갈죄의 객체인 '타인'의 재물이라고 할 수 없는 경우

[1] 공갈죄의 대상이 되는 재물은 타인의 재물을 의미하므로, 사람을 공갈하여 자기의 재물을 교부받는 경우에는 공갈죄가 성립하지 아니한다. 그리고 타인의 재물인지는 민법, 상법, 기타의 실체법에 의하여 결정되는데, 금전을 도난당한 경우 절도범이 절취한 금전만 소지하고 있는 때 등과 같이 구체적으로 절취된 금전을 특정할 수 있어 객관적으로 다른 금전 등과 구분됨이 명백한 예외적인 경우에는 절도 피해자에 대한 관계에서 그 금전이 절도범인 타인의 재물이라고 할 수 없다.
[2] 甲이 乙의 돈을 절취한 다음 다른 금전과 섞거나 교환하지 않고 쇼핑백 등에 넣어 자신의 집에 숨겨두었는데, 피고인이 乙의 지시로 폭력조직원 丙과 함께 甲에게 겁을 주어 쇼핑백 등에 들어 있던 절취된 돈을 교부받아 왔다면, 피고인 등이 甲에게서 되찾은 돈은 절취 대상인 당해 금전이라고 구체적으로 특정할 수 있어 객관적으로 甲의 다른 재산과 구분됨이 명백하므로 이를 타인인 甲의 재물이라고 볼 수 없고, 따라서 비록 피고인 등이 甲을 공갈하여 돈을 교부받았더라도 타인의 재물을 갈취한 행위로서 공갈죄가 성립된다고 볼 수 없다[대판 2012.8.30. 2012도6157]. [23 경간부]*

② 행위: 공갈이란 재물을 교부받거나 재산상의 이익을 취득하기 위하여 폭행 또는 협박으로 외포심을 일으키게 하는 것을 말한다. 폭행 · 협박은 사람의 의사 내지 자유를 제한하는 정도로 충분하며, 반드시 상대방의 반항을 억압할 정도에 이를 것을 요하지 않는다.

판례 | 협박의 의미와 길흉화복의 고지가 예외적으로 공갈죄의 협박이 될 수 있기 위한 요건

[1] 공갈죄의 수단으로서의 협박은 객관적으로 사람의 의사결정의 자유를 제한하거나 의사실행의 자유를 방해할 정도로 겁을 먹게 할 만한 해악을 고지하는 것을 말하고, 그 해악에는 인위적인 것뿐만 아니라 천재지변 또는 신력이나 길흉화복에 관한 것도 포함될 수 있으나, 다만 천재지변 또는 신력이나 길흉화복을 해악으로 고지하는 경우에는 상대방으로 하여금 행위자 자신이 그 천재지변 또는 신력이나 길흉화복을 사실상 지배하거나 그에 영향을 미칠 수 있는 것으로 믿게 하는 명시적 또는 묵시적 행위가 있어야 공갈죄가 성립한다.
[2] 조상천도제를 지내지 아니하면 좋지 않은 일이 생긴다는 취지의 해악의 고지는 길흉화복이나 천재지변의 예고로서 행위자에 의하여 직 · 간접적으로 좌우될 수 없는 것이고 가해자가 현실적으로 특정되어 있지도 않으며 해악의 발생가능성이 합리적으로 예견될 수 있는 것이 아니므로 협박으로 평가될 수 없다고 한 사례[대판 2002.2.8. 2000도3245].

[사실관계] 甲이 A에게 조상천도를 하지 않으면 큰일난다."고 겁을 주자 이에 외포된 A가 甲의 예금계좌로 83만원을 송금하였으나 甲의 해악고지를 협박으로 볼 수 없다하여 공갈죄의 성립을 부정한 사례이다.

판례 | 공갈죄의 협박의 방법 및 협박의 정도

강요죄나 공갈죄의 수단인 협박이 되기 위하여 해악의 고지는 반드시 명시적인 방법이 아니더라도 말이나 행동을 통해서 상대방으로 하여금 어떠한 해악에 이르게 할 것이라는 인식을 갖게 하는 것이면 족하고, 피공갈자 이외의 제3자를 통해서 간접적으로 할 수도 있으며, 행위자가 그의 직업, 지위 등에 기하여 불법한 위세를 이용하여 재물의 교부나 재산상 이익을 요구하고 상대방으로 하여금 그 요구에 응하지 않을 때에는 부당한 불이익을 당할 위험이 있다는 위구심을 일으키게 하는 경우에도 해악의 고지가 된다[대판 2013.4.11. 2010도13774].

판례 | 공갈행위에 해당하는 경우

1. 신문의 부실공사 관련 기사에 대한 해당 건설업체의 반박광고가 있었음에도 재차 부실공사 관련 기사가 나가는 등 그 신문사 기자들과 그 건설업체 대표이사의 감정이 악화되어 있는 상태에서, 그 신문사 사주 및 광고국장이 보도자제를 요청하는 그 건설업체 대표이사에게 자사 신문에 사과광고를 싣지 않으면 그 건설업체의 신용을 해치는 기사가 계속 게재될 것 같다는 기자들의 분위기를 전달하는 방식으로 사과광고를 게재토록 하면서 과다한 광고료를 받은 행위는 공갈죄의 구성요건에 해당한다[대판 1997.2.14. 96도1959].
2. 방송기자인 피고인이 피해자에게 피해자 경영의 건설회사가 건축한 아파트의 진입도로미비 등 공사하자에 관하여 방송으로 계속 보도할 것 같은 태도를 보임으로써 피해자가 위 방송으로 말미암아 그의 아파트건축사업의 큰 타격을 받고 자신이 경영하는 회사의 신용에 커다란 손실을 입게 될 것을 우려하여 방송을 하지 말아달라는 취지로 돈 200만원을 피고인에게 교부한 경우 공갈죄의 구성요건이 충족되고 또 인과관계도 인정된다고 할 것이다[대판 1991.5.28. 91도80].
3. 피해자의 정신병원에서의 퇴원 요구를 거절해 온 피해자의 배우자가 피해자에 대하여 재산이전 요구를 한 경우, 그 배우자가 재산이전 요구에 응하지 않으면 퇴원시켜 주지 않겠다고 말한 바 없더라도 이는 암묵적 의사표시로서 공갈죄의 수단인 해악의 고지에 해당하고 이러한 해악의 고지가 권리의 실현수단으로 사용되었더라도 그 수단방법이 사회통념상 허용되는 정도나 범위를 넘는 것으로서 공갈죄를 구성한다[대판 2001.2.23. 2000도4415].
4. 피해자의 유혹으로 간통관계를 갖게 되었다 하더라도 이를 미끼로 판시와 같이 협박하여 금원의 교부를 받은 사실이 인정되는 이상 범죄의 성립에는 영향이 없다 할 것이므로 이를 공갈죄로 의율한 조치는 정당하다[대판 1984.5.9. 84도573].
5. 종업원이 주인을 협박하여 그 업소에 취직을 하여 그 주인으로부터 월급 상당액을 교부받은 경우 그 종업원이 주인에게 종업원으로서 상당한 근로를 제공한 바가 없다면 이는 갈취행위로 보아야 한다[대판 1991.10.11. 91도1755].
6. 폭력배와 잘 알고 있다는 지위를 이용하여 불법한 위세를 보임으로써 해악의 고지를 하였다고 본 사례[대판 2003.5.13. 2003도709].
7. 피고인이, 갑 주식회사가 특정 신문들에 광고를 편중했다는 이유로 기자회견을 열어 갑 회사에 대하여 불매운동을 하겠다고 하면서 특정 신문들에 대한 광고를 중단할 것과 다른 신문들에 대해서도 특정 신문들과 동등하게 광고를 집행할 것을 요구하고 갑 회사 인터넷 홈페이지에 '갑 회사는 앞으로 특정 언론사에 편중하지 않고 동등한 광고 집행을 하겠다'는 내용의 팝업창을 띄우게 한 사안에서, 위 요구사항에 응하지 않을 경우 갑 회사에 예상되는 피해의 심각성 등 제반 사정을 고려할 때, 피고인의 행위는 갑 회사의 의사결정권자로 하여금 그 요구를 수용하지 아니할 경우 불매운동이 지속되어 영업에 타격을 입게 될 것이라는 겁을 먹게 하여 의사결정 및 의사실행의 자유를 침해한 것으로 강요죄나 공갈죄의 수단으로서의 협박에 해당한다고 본 원심판단을 수긍한 사례[대판 2013.4.11. 2010도13774].

판례 | 공갈행위에 해당하지 않는 경우

1. 지역신문의 발행인이 시정에 관한 비판기사 및 사설을 보도하고 관련 공무원에게 광고의뢰 및 직보배정을 타신문사와 같은 수준으로 높게 해달라고 요청한 사실만으로 공갈죄의 수단으로서 그 상대방을 협박하였다고 볼 수 없다고 한 사례[대판 2002.12.10. 2001도7095].
2. 가출자의 가족에 대하여 가출자의 소재를 알려주는 조건으로 보험가입을 요구한 피고인의 행위는 가출자를 찾으려고 하는 그 가족들의 안타까운 심정을 이용하여 보험가입을 권유 내지 요구하는 언동으로 도의상 비난할 수 있을지언정 그로 인하여 가족들에 새로운 외포심을 일으키게 되거나 외포심이 더하여 진다고는 볼 수 없어 이를 공갈죄에 있어서의 협박이라 단정할 수 없다[대판 1976.4.27. 75도2818].
3. 피고인이 소방도로를 무단점용하고 있어 자릿세 등을 지급받을 정당한 권원이 없었다 하더라도 피해자가 이를 알면서 피고인과 자릿세를 지급하기로 약정하여 이를 지급하여 온 이상 피고인이 소방도로 무단점용으로 인한 도로법상의 처벌을 받는 것은 별론으로 하되 공갈죄로 문의할 수는 없다[대판 1985.5.14. 84도2289].
4. 공동광업권자의 1인이 광업권지분을 매수한 자에게 매도대금을 더 내지 않으면 징역가는 한이 있더라도 다른 데 매도하겠다고 말하여 금원을 교부케 하였다 하여도 그 사실만으로서 해악의 고지라고 볼 수 없다[대판 1969.12.9. 69도1552].
5. 처분권주의, 변론주의의 원리를 채택하고 있는 민사소송에 있어 부당한 제소나 그 소송의 유지가 있다 하더라도 상대방은 이에 응소하여 방어권을 충분히 행사할 수 있는 것이고 소의 취하는 상대방이 이를 강제할 수 없는 것이므로, 토지매도인이 그 매매대금을 지급받기 위하여 매수인을 상대로 하여 당해토지에 관한 소유권이전등기말소청구소송을 제기하고 위 대금을 변제받지 못하면 위 소송을 취하하지 아니하고 예고등기도 말소하지 않겠다는 취지를 알렸다고 하여 이를 지목하여 공갈행위라고 단정할 수는 없다[대판 1989.2.28. 87도690].

판례 | 삼각공갈의 성립요건(피공갈자가 피해자의 재산의 처분에 대한 법률상의 권한·지위에 있음을 요함)

[1] 공갈죄에 있어서 공갈의 상대방은 재산상의 피해자와 동일함을 요하지는 아니하나, 공갈의 목적이 된 재물 기타 재산상의 이익을 처분할 수 있는 사실상 또는 법률상의 권한을 갖거나 그러한 지위에 있음을 요한다.
[2] 주점의 종업원에게 신체에 위해를 가할 듯한 태도를 보여 이에 겁을 먹은 위 종업원으로부터 주류를 제공받은 경우에 있어 위 종업원은 주류에 대한 사실상의 처분권자이므로 공갈죄의 피해자에 해당된다고 보아 공갈죄가 성립한다고 한 원심의 판단을 수긍한 사례[대판 2005.9.29. 2005도4738].

판례 | 14세 또는 15세 되는 아이들을 공갈한 경우(준사기죄 X, 공갈죄 ○)

14세 또는 15세 되는 아이들은 의사능력이 있다고 할 것이므로 이들을 공갈하여 금원을 갈취하였다면 이는 준사기죄가 되는 것이 아니고 공갈죄에 해당한다[대판 1968.1.31. 67도1319].

③ 처분행위

사례연습

【부작위에 의한 처분의 요건】

甲은 A가 운전하는 택시를 타고 간 후 목적지가 다르다는 이유로 택시요금의 지급을 면하고자 이를 요구하는 A를 폭행하고 달아났다. 甲에게 공갈죄가 성립할 수 있는지를 검토하라.

판결요지

[1] 재산상 이익의 취득으로 인한 공갈죄가 성립하려면 폭행 또는 협박과 같은 공갈행위로 인하여 피공갈자가 재산상 이익을 공여하는 처분행위가 있어야 한다. 물론 그러한 처분행위는 반드시 작위에 한하지 아니하고 부작위로도 족하여서, 피공갈자가 외포심을 일으켜 묵인하고 있는 동안에 공갈자가 직접 재산상의 이익을 탈취한 경우에도 공갈죄가 성립할 수 있다. 그러나 폭행의 상대방이 위와 같은 의미에서의 처분행위를 한 바 없고, 단지 행위자가 법적으로 의무 있는 재산상 이익의 공여를 면하기 위하여 상대방을 폭행하고 현장에서 도주함으로써 상대방이 행위자로부터 원래라면 얻을 수 있었던 재산상 이익의 실현에 장애가 발생한 것에 불과하다면, 그 행위자에게 공갈죄의 죄책을 물을 수 없다.
[2] 피고인이 피해자가 운전하는 택시를 타고 간 후 피해자가 피고인에게 계속해서 택시요금의 지급을 요구하였으나 피고인이 이를 면하고자 피해자를 폭행하고 달아났을 뿐, 피해자가 폭행을 당하여 외포심을 일으켜 수동적 · 소극적으로라도 피고인이 택시요금 지급을 면하는 것을 용인하여 이익을 공여하는 처분행위를 하였다고 할 수 없으므로, 공갈죄가 성립할 수 없다고 한 사례[대판 2012.1.27. 2011도16044].

④ 재산상의 손해 · 재산상 이익의 취득: 사기죄와 동일하다.

판례 | 공갈죄가 성립하기 위하여 피해자의 전체 재산의 감소가 필요한지 여부(불요)

피공갈자의 하자 있는 의사에 기하여 이루어지는 재물의 교부 자체가 공갈죄에서의 재산상 손해에 해당하므로, 반드시 피해자의 전체 재산의 감소가 요구되는 것도 아니다[대판 2013.4.11. 2010도13774].

⑤ 실행의 착수시기와 기수시기: 실행의 착수시기는 폭행 또는 협박을 개시한 때이며, 기수시기는 피해자에게 재산상의 손해가 발생한 때이다.

판례 | 실행에 착수한 것으로 인정된 사례

피해자의 고용인을 통하여 피해자에게 피해자가 경영하는 기업체의 탈세사실을 국세청이나 정보부에 고발한다는 말을 전하였다면 이는 공갈죄의 행위에 착수한 것이라 할 것이다[대판 1969.7.29. 69도984].

판례 | 공갈죄의 기수에 해당하는 경우

피해자들을 공갈하여 피해자들로 하여금 지정한 예금구좌에 돈을 입금케 한 이상, 위 돈은 범인이 자유로이 처분할 수 있는 상태에 놓인 것으로서 공갈죄는 이미 기수에 이르렀다 할 것이다[대판 1985.9.24. 85도1687]. [23 변호사]*

(2) **주관적 구성요건**

고의와 불법영득(이득)의사가 필요하다.

3. 위법성

판례 | 권리행사와 위법성 판단의 기준

[1] 공갈죄가 성립하기 위하여 고지된 해악의 실현은 반드시 그 자체가 위법한 것임을 필요로 하지 않으며, 해악의 고지가 권리실현의 수단으로 사용된 경우라고 하여도 그것이 권리행사를 빙자하여 협박을 수단으로 상대방을 겁을 먹게 하였고 그 권리 실행의 수단 방법이 사회 통념상 허용되는 정도나 범위를 넘는다면 공갈죄가 성립한다.
[2] 피고인 甲 등이 공모하여 주식회사 K건설의 명예회장에게 K건설의 이중계약과 비자금 조성을 언급하면서 甲이 지배인으로 근무하던 세진설비와 수의계약 등을 요구하는 내용의 호소문을 보낸 행위는 단순한 협상이나 권리실현의 수단으로 한 행위가 아니라 사회 통념상 허용되는 범위를 넘는 것이므로 공갈미수죄가 성립한다고 한 사례[대판 2012.5.24. 2011도5910].

판례 | 공갈죄가 성립하는 경우

1. 피해자의 기망에 의하여 부동산을 비싸게 매수한 피고인이라도 그 계약을 취소함이 없이 등기를 피고인 앞으로 둔 채 피해자의 전매차익을 받아낼 셈으로 피해자를 협박하여 재산상의 이득을 얻거나 돈을 받았다면 이는 정당한 권리행사의 범위를 넘은 것으로서 사회통념상 용인될 수 없으므로 공갈죄를 구성한다[대판 1991.9.24. 91도1824].
2. 피고인이 교통사고로 2주일간의 치료를 요하는 상해를 당하여 그로 인한 손해배상청구권이 있음을 기화로 사고차량의 운전사가 바뀐 것을 알고서 그 운전사의 사용자에게 과다한 금원을 요구하면서 이에 응하지 않으면 수사기관에 신고할 듯한 태도를 보여 이에 겁을 먹은 동인으로부터 금 3,500,000원을 교부받은 것이라면 이는 손해배상을 받기 위한 수단으로서 사회통념상 허용되는 범위를 넘어서 그 권리행사를 빙자하여 상대방을 외포하게 함으로써 재물을 교부받은 경우에 해당하므로 공갈죄가 성립한다고 할 것이다[대판 1990.3.27. 89도2036].
3. 수급인이 권리행사에 빙자하여 도급인측에 대하여 비리를 관계기관에 고발하겠다는 내용의 협박 내지 사무실의 장시간 무단점거 및 직원들에 대한 폭행 등의 위법수단을 써서 기성고 공사대금 명목으로 금 80,000,000원을 교부받은 행위는 사회통념상 허용되는 범위를 넘는 것으로서 이는 공갈죄에 해당한다[대판 1991.12.13. 91도2127].
4. 피고인이 乙로부터 피해자 甲에 대한 외상대금채권회수의 의뢰를 받고 이를 승낙한 다음 위 외상대금을 받아 주기 위하여 甲에게 乙의 채무를 당장 갚고 나서 영업을 하라고 요구하고, 이를 갚기 전에는 영업을 할 수 없다 하면서 개새끼라고 욕을 하고 눈을 치켜뜨고 죽어볼래 하면서 甲의 멱살을 2 · 3번 잡아 흔드는 등 겁을 먹게 하여 甲으로 하여금 금원을 乙에게 교부하게 하였다면, 피고인의 위 행위는 공갈죄를 구성하는 것으로 이 행위가 단순히 채권회수를 위한 권리행사로서 사회통념상 용인된 행위라고는 할 수 없다[대판 1987.10.26. 87도1656].
5. 피고인이 장시간에 걸쳐 피해자의 건물건축공사 현장사무실 내에서 다른 일행 3인과 합세하여 과격한 언사와 함께 집기를 손괴하고 건물 창문에 위 피해자의 신용을 해치는 불온한 내용을 기재하거나 같은 취지를 담은 현수막을 건물 외벽에 게시할 듯한 태도를 보이는 등의 행위를 취하였다면, 이것이 점포임대차계약의 해제에 따른 원상회복 및 손해배상청구권의 범위 내에서 그 권리실현의 목적으로 이루어진 것이라고 하더라도, 사회통념상 허용될 수 있는 범위를 훨씬 넘는 것이어서 피고인의 위 행위는 공갈죄를 구성한다[대판 1995.3.10. 94도2422].
6. 피고인이 피해자와의 동거를 정산하는 과정에서 피해자에 대하여 금전채권이 있다고 하더라도, 그 권리행사를 빙자하여 사회통념상 용인되기 어려운 정도를 넘는 협박을 수단으로 사용하였다면, 공갈죄가 성립한다[대판 1996.9.24. 96도2151].

판례 | 공갈죄가 성립하지 않는 경우

1. 피해자가 공소외 甲을 대리하여 동인 소유의 여관을 피고인에게 매도하고 피고인으로부터 계약금과 잔대금 일부를 수령하였는데 그 후 위 甲이 많은 부채로 도피해 버리고 동인의 채권자들이 채무변제를 요구하면서 위 여관을 점거하여 피고인에게 여관을 명도하기가 어렵게 되자 피고인은 피해자에게 여관을 명도해 주든가 명도소송비용을 내놓지 않으면 고소하여 구속시키겠다고 말한 경우 피고인이 매도인의 대리인인 위 피해자에게 위 여관의 명도 또는 명도소송비용을 요구한 것은 매수인으로서 정당한 권리행사라 할 것이며 위와 같이 다소 위협적인 말을 하였다고 하여도 이는 사회통념상 용인될 정도의 것으로서 협박으로 볼 수 없다[대판 1984.6.26. 84도648].
2. 피해자로부터 범인으로 오인되어 경찰에 끌려가 구타당하여 입원한 경우에 피해자에게 그 치료비를 요구하고 응하지 않으면 무고죄로 고소하겠다고 언명하였다 하여 이것이 곧 범법행위가 된다고 볼 수 없다[대판 1971.11.9. 71도1629].
3. 피고인이 공사한 건물의 대장상 평수보다 실제상의 평수가 많아 실제상의 평수에 따른 공사금의 지급을 요구하면서 그렇지 않으면 구청장에게 진정하여서라도 대장상의 건물평수가 부족함을 밝히겠다고 하는 의사표시는 사회상규에 어긋나지 아니하며 협박을 하여 부당한 이득을 얻으려는 의사가 있었다고 볼 수 없다[대판 1979.10.30. 79도1660].
4. 국가안전기획부 직원이 아들 담임선생의 부탁을 받고 그 담임선생의 채무자에게 채무변제를 독촉하는 과정에서 다소 위협적인 말을 하였다 하더라도 사회통념상 허용되는 범위를 넘어선 것이라고 할 수 없어 공갈죄가 성립되지 아니한다[대판 1993.12.24. 93도2339].

4. 죄수 및 타죄와의 관계

판례 | 동일인에 대하여 여러 차례에 걸친 협박으로 갈취한 경우 = 수죄 성립(행위표준설)

동일인에 대하여 여러 차례에 걸쳐 금전갈취를 위한 협박의 서신이나 전화를 한 경우에 포괄일죄가 아니라 1개의 협박행위마다 1개의 공갈미수죄가 성립한다[대판 1958.4.11. 4290형상360].

판례 | 공갈죄의 수단인 협박(공갈죄에 흡수)

공갈죄의 수단으로서 한 협박은 공갈죄에 흡수될 뿐 별도로 협박죄를 구성하지 않으므로, 그 범죄사실에 대한 피해자의 고소는 결국 공갈죄에 대한 것이라 할 것이어서 그 후 고소가 취소되었다 하여 공갈죄로 처벌하는 데에 아무런 장애가 되지 아니한다[대판 1996.9.24. 96도2151]. [18 변호사, 18 국가7급]*

Ⅱ-Ⅰ 특수공갈죄

제350조의2(특수공갈) 단체 또는 다중의 위력을 보이거나 위험한 물건을 휴대하여 제350조의 죄를 범한 자는 1년 이상 15년 이하의 징역에 처한다.

제352조(미수범) 본죄의 미수범은 처벌한다.

Ⅲ 상습공갈죄

제351조(상습범) 상습으로 전조의 죄(공갈죄)를 범한 자는 그 죄에 정한 형의 2분의 1까지 가중한다.

제352조(미수범) 본죄의 미수범은 처벌한다.

제6절 횡령의 죄

출제 POINT

사기죄와 더불어 거의 매년 출제되고 있는 부분이다. 횡령죄의 성립요건과 관련하여 타인의 재물을 보관하는 자인지 여부에 관한 판례, 불법원급여와 횡령죄의 성부에 관한 판례, 명의신탁에 관한 판례는 매우 중요하다.

I 횡령죄

제355조(횡령) ① 타인의 재물을 보관하는 자가 그 재물을 횡령하거나 그 반환을 거부한 때에는 5년 이하의 징역 또는 1천 500만원 이하의 벌금에 처한다.

제359조(미수범) 미수범은 처벌한다.

1. 구성요건

(1) 객관적 구성요건

① 주체

㉮ 보관

판례 | 횡령죄에 있어서 보관의 의미

횡령죄에 있어서 보관이라 함은 재물이 사실상 지배하에 있는 경우뿐만 아니라 법률상의 지배 · 처분이 가능한 상태를 모두 가리키는 것이다[대판 2000.8.18. 2000도1856].

판례 | 타인의 금전을 위탁받아 은행에 예금한 자(보관자 ○)

타인의 금전을 위탁받아 보관하는 자가 보관방법으로 금융기관에 자신의 명의로 예치한 경우, 금융실명거래 및 비밀보장에 관한 긴급재정경제명령이 시행된 이후 금융기관으로서는 특별한 사정이 없는 한 실명확인을 한 예금명의자만을 예금주로 인정할 수밖에 없으므로 수탁자 명의의 예금에 입금된 금전은 수탁자만이 법률상 지배 · 처분할 수 있을 뿐이고 위탁자로서는 위 예금의 예금주가 자신이라고 주장할 수는 없으나, 그렇다고 하여 보관을 위탁받은 위 금전이 수탁자 소유로 된다거나 위탁자가 위 금전의 반환을 구할 수 없는 것은 아니므로 수탁자가 이를 함부로 인출하여 소비하거나 또는 위탁자로부터 반환 요구를 받았음에도 이를 영득할 의사로 반환을 거부하는 경우에는 횡령죄가 성립한다[대판 2000.8.18. 2000도1856], [대판 2015.2.12. 2014도11244].

동지판례 [1] 타인의 금전을 위탁받아 보관하는 자는 보관방법으로서 이를 은행 등의 금융기관에 예치한 경우에도 보관자의 지위에 영향이 없고, 수표발행 권한을 위임받은 자는 그 수표자금으로서 예치된 금원에 대하여 이를 보관하는 지위에 있다 할 것이다. [2] 회사로부터 수표발행 권한을 위임받은 자가 업무상의 임무에 위배하여 자기 또는 제3자의 용도에 충당하기 위하여 수표를 발행하고 그 수표를 이용하여 거래은행으로부터 회사의 예금을 인출하는 행위는 불법영득의 의사를 실현하는 행위로서 업무상횡령죄가 성립한다[대판 1983.9.13. 82도75].

판례 | 부동산의 보관자(등기부상의 명의인, 부동산의 실제 관리 · 지배자)

부동산의 보관은 원칙적으로 등기부상의 소유명의인에 대하여 인정되지만, 등기부상의 명의인이 아니라도 소유자의 위임에 의거해서 실제로 타인의 부동산을 관리 · 지배하면서 제3자에게 유효하게 처분할 수 있는 지위에 있는 자는 그 부동산에 대한 지배력을 가지고 있는 자로서 횡령죄의 성립에 있어 그 부동산을 보관하는 자에 해당한다고 보아야 할 것이므로, 등기부상 소유명의인의 배우자로서 소유명의인의 위임에 의하여 그 부동산의 실질적인 지배 · 관리권 및 대외적인 처분권을 갖고 있는 경우에는 그 부동산의 보관자에 해당한다고 할 것이다[대판 1993.3.9. 92도2999].

판례 | 지입회사에 지입된 차량의 보관자에 해당하는 경우

[1] 횡령죄는 타인의 재물을 보관하는 사람이 그 재물을 횡령하거나 반환을 거부한 때에 성립한다. 횡령죄에서 재물의 보관은 재물에 대한 사실상 또는 법률상 지배력이 있는 상태를 의미하며, 횡령행위는 불법영득의사를 실현하는 일체의 행위를 말한다. 따라서 소유권의 취득에 등록이 필요한 타인 소유의 차량을 인도 받아 보관하고 있는 사람이 이를 사실상 처분하면 횡령죄가 성립하며, 그 보관 위임자나 보관자가 차량의 등록명의자일 필요는 없다. 그리고 이와 같은 법리는 지입회사에 소유권이 있는 차량에 대하여 지입회사로부터 운행관리권을 위임받은 지입차주가 지입회사의 승낙 없이 그 보관 중인 차량을 사실상 처분하거나 지입차주로부터 차량 보관을 위임받은 사람이 지입차주의 승낙 없이 그 보관 중인 차량을 사실상 처분한 경우에도 마찬가지로 적용된다.

[2] 지입차주인 주식회사 甲(차량의 등록명의자에 해당함)의 대표이사인 乙이 지입 차량 4대를 보관하다가 사실상 처분하였다면 이는 횡령죄에 해당하고 이러한 사실을 알면서 위 차량들을 피고인이 구입하였다면 피고인에게는 장물취득죄가 성립한다[대판(전) 2015.6.25. 2015도1944].

판례 | 부동산의 공동상속인 중 1인은 다른 공동상속인의 지분에 대하여 보관자 X

부동산에 관한 횡령죄에 있어서 타인의 재물을 보관하는 자의 지위는 동산의 경우와는 달리 부동산에 대한 점유의 여부가 아니라 부동산을 제3자에게 유효하게 처분할 수 있는 권능의 유무에 따라 결정하여야 하므로, 부동산을 공동으로 상속한 자들 중 1인이 부동산을 혼자 점유하던 중 다른 공동상속인의 상속지분을 임의로 처분하여도 그에게는 그 처분권능이 없어 횡령죄가 성립하지 아니한다[대판 2000.4.11. 2000도565]. [23 변호사]*

판례 | 원인무효인 소유권이전등기의 명의자(보관자 X)

부동산의 경우 보관자의 지위는 점유를 기준으로 할 것이 아니라 그 부동산을 제3자에게 유효하게 처분할 수 있는 권능의 유무를 기준으로 결정하여야 하므로, 원인무효인 소유권이전등기의 명의자는 횡령죄의 주체인 타인의 재물을 보관하는 자에 해당하지 아니한다[대판 2007.5.31. 2007도1082].

㈏ 위탁관계

판례 | 위탁관계의 설정 근거 또는 설정의 방법

1. 횡령죄에 있어서의 재물의 보관이라 함은 재물에 대한 사실상 또는 법률상 지배력이 있는 상태를 의미하므로 그 보관이 위탁관계에 기인하여야 할 것임은 물론이나 그것이 반드시 사용대차 · 임대차 · 위임 등의 계약에 의하여 설정되는 것임을 요하지 아니하고, 사무관리 · 관습 · 조리 · 신의칙에 의해서도 성립된다[대판 1987.10.13. 87도1778].

   동지판례 임차인이 이사하면서 그가 소유하거나 타인으로부터 위탁받아 보관 중이던 물건들을 임대인의 방해로 옮기지 못하고 그 임차공장 내에 그대로 두었다면 임대인은 사무관리 또는 조리상 당연히 임차인을 위하여 위 물건들을 보관하는 지위에 있다 할 것이므로 임대인이 그 후 이를 임의로 매각하거나 반환을 거부하였다면 횡령죄를 구성한다[대판 1985.4.9. 84도300].

2. [1] 횡령죄에서 위탁관계는 사실상의 관계이면 족하고 위탁자에게 유효한 처분을 할 권한이 있는지 또는 수탁자가 법률상 그 재물을 수탁할 권리가 있는지 여부를 불문하는 것이다.
   [2] 피고인이 종중의 회장으로부터 담보 대출을 받아달라는 부탁과 함께 종중 소유의 임야를 이전받은 다음 임야를 담보로 금원을 대출받아 임의로 사용하고 자신의 개인적인 대출금 채무를 담보하기 위하여 임야에 근저당권을 설정하였다면 비록 피고인이 임야를 이전받는 과정에서 적법한 종중총회의 결의가 없었다고 하더라도 피고인은 임야나 위 대출금에 관하여 사실상 종중의 위탁에 따라 이를 보관하는 지위에 있다고 보아야 할 것이어서 피고인의 위 행위가 종중에 대한 관계에서 횡령죄를 구성한다고 한 사례[대판 2005.6.24. 2005도2413].

3. 채무자가 채무총액에 관한 지불각서를 써 줄 것으로 믿고 채권자가 채무자에게 그 액면금 등을 확인할 수 있도록 가계수표들을 교부하였다면 채권자와 채무자 사이에는 만약 합의가 결렬되어 채무자가 채권자에게 지불각서를 써 주지 아니하는 경우에는 곧바로 그 가계수표들을 채권자에게 반환하기로 하는 조리에 의한 위탁관계가 발생하였다[대판 1996.5.14. 96도410].

4. 위탁관계가 있는지는 재물의 보관자와 소유자 사이의 관계, 재물을 보관하게 된 경위 등에 비추어 볼 때 보관자에게 재물의 보관 상태를 그대로 유지해야 할 의무를 부과하여 그 보관 상태를 형사법적으로 보호할 필요가 있는지 등을 고려하여 규범적으로 판단해야 한다. 재물의 위탁행위가 범죄의 실행행위나 준비행위 등과 같이 범죄 실현의 수단으로서 이루어진 경우 그 행위 자체가 처벌 대상인지와 상관없이 그러한 행위를 통해 형성된 위탁관계는 횡령죄로 보호할 만한 가치 있는 신임에 의한 것이 아니라고 봄이 타당하다[대판 2022.6.30. 2017도21286].

   판례해설 이 사건 동업약정은 무자격자인 피고인, 공소외 2, 피해자가 필요한 자금을 투자하여 시설을 갖추고 의료기관을 개설할 자격이 있는 의료소비자생활협동조합 명의로 의료기관 개설신고를 하고, 의료기관의 운영과 손익 등을 자신들에게 귀속시키기로 하는 약정으로서, 의료법 제87조에 따라 처벌되는 무자격자의 의료기관 개설 · 운영행위를 목적으로 한다. 피해자는 이 사건 동업약정에 따라 의료기관 개설 · 운영을 위한 투자금 명목으로 이 사건 금원을 피고인에게 지급하였다. 이 사건 금원은 의료기관을 개설할 자격이 없는 자(이하 '무자격자'라 한다)의 의료기관 개설 · 운영이라는 범죄의 실현을 위해 교부되었으므로, 해당 금원에 관하여 피고인과 피해자 사이에 횡령죄로 보호할 만한 신임에 의한 위탁관계는 인정되지 않는다.

㈐ 착오로 송금된 금전과 횡령죄의 성립 여부

판례 | 착오로 송금된 돈을 임의로 사용한 경우(횡령죄 ○, 점유이탈물횡령죄 X)

1. 횡령죄에 있어서 타인을 위하여 재물을 보관하게 된 원인은 반드시 소유자의 위탁행위에 기인한 것임을 필요로 하지 않는다[대판 1985.9.10. 84도2644].

2. 어떤 예금계좌에 돈이 착오로 잘못 송금되어 입금된 경우에는 그 예금주와 송금인 사이에 (별다른 거래관계가 없는 경우에도) 신의칙상 보관관계가 성립한다고 할 것이므로, 피고인이 송금 절차의 착오로 인하여 피고인 명의의 은행 계좌에 입금된 돈을 임의로 인출하여 소비한 행위는 횡령죄에 해당하고, 이는 송금인과 피고인 사이에 별다른 거래관계가 없다고 하더라도 마찬가지이다[대판 2010.12.9. 2010도891]. [22 경간부]*

판례 | 위탁관계가 없이 재물을 처분한 경우(횡령죄 X)

1. **(갈취한 재물의 처분)** 형법 제355조 제1항의 횡령죄는 불법영득의 의사 없이 목적물의 점유를 시작한 경우라야 하고 타인을 공갈하여 재물을 교부케 한 경우에는 공갈죄를 구성하는 외에 그것을 소비하고 타에 처분하였다 하더라도 횡령죄를 구성하지는 않는다[대판 1986.2.11. 85도2513].78) [17 법원9급]*
2. **(위탁관계 없는 공동채권의 변제 수령)** 채무자 법인의 대표이사인 피고인을 비롯한 공동상속인들이 피상속인의 채무자 법인에 대한 대여금채권을 공동상속한 경우, 피고인이 다른 공동상속인들로부터 위 대여금채권의 변제수령에 관한 권한을 위임받은 바가 없음에도 단독으로 피상속인의 채무자 법인에 대한 채권을 변제받는 것으로 회계처리하면서 채무자 법인의 자금을 인출하였다면, 그 인출금액 중 피고인의 상속분을 초과하는 부분에 대하여는 권한 없이 채무자 법인 소유의 금원을 인출한 것이어서 채무자 법인에 대한 업무상횡령죄가 성립한다 할 것이고, 피고인이 위와 같이 인출한 금원에 대하여 다른 공동상속인들과 사이에 어떠한 위탁관계를 맺고 있다고 할 수 없으므로 다른 공동상속인들을 위하여 위 인출금원을 보관하는 자의 지위에 있다고 할 수 없다[대판 2006.6.30. 2005도5338].
3. **(보충권의 한도를 넘어 보충한 약속어음)** 발행인으로부터 일정한 금액의 범위 내에서 액면을 보충·할인하여 달라는 의뢰를 받고 액면 백지인 약속어음을 교부받아 보관중이던 자가 발행인과의 합의에 의하여 정해진 보충권의 한도를 넘어 보충을 한 경우에는 발행인의 서명날인 있는 기존의 약속어음 용지를 이용하여 새로운 별개의 약속어음을 발행한 것에 해당하여 이러한 보충권의 남용행위로 인하여 생겨난 새로운 약속어음에 대하여는 발행인과의 관계에서 보관자의 지위에 있다 할 수 없으므로, 설사 그 약속어음을 자신의 채무변제조로 제3자에게 교부하여 임의로 사용하였다고 하더라도, 발행인으로 하여금 제3자에 대하여 어음상의 채무를 부담하는 손해를 입게 한 데에 대한 배임죄가 성립될 수 있음은 별론으로 하고, 보관자의 지위에 있음을 전제로 횡령죄가 성립될 수는 없다[대판 1995.1.19. 94도2760].

판례 | 단순한 민사상의 채무자(보관자 X)

부동산 매수인이 매매대금의 완납 전에 그 매매목적물을 담보로 하여 금전을 차용함에 있어 매도인의 승낙을 받는 한편 매도인과 사이에 그 차용금액의 일부는 매도인에게 매매대금으로 우선 교부하여 주기로 약정한 다음 금전을 차용하여 이를 전부 임의로 소비한 경우에 매도인과 매수인 사이의 위의 약정은 매매잔대금의 지급방법의 하나를 정한 것에 불과한 것이므로, 이로써 매수인이 대금완납 시까지 매도인을 위하여 위 매매목적물을 관리하거나 담보 제공하여 차용한 금전을 보관하여야 하는 지위에 있다고 볼 수 없고, 매수인이 차용금액의 일부를 매도인에게 지급하지 아니하였다고 하더라도 이는 단순한 민사상의 채무불이행에 지나지 아니할 뿐 횡령죄는 성립하지 아니한다[대판 2005.9.28. 2005도4809].

판례연습

【위탁관계의 발생원인】 ※ 다이아몬드 판매 사건

보석가게를 운영하는 甲은 손님이 요구하는 다이아몬드가 자신의 가게에 구비되어 있지 않자, A의 보석가게에서 다이아몬드 1개를 잠시 빌려왔으나 거래가 성사되지 않았다. 그 후 甲은 A로부터 다이아몬드를 돌려달라는 요청을 받고도 다이아몬드를 가져온 사실을 부인하였다. 이 경우 甲은 민사채무를 불이행한 것에 불과하므로 횡령죄가 성립하지 아니한다. [○, ×]

판결요지

피고인은 위 다이아몬드 대금이나 다이아몬드 자체를 피해자에게 반환하여야 할 횡령죄 소정의 '타인의 재물을 보관하는 자'의 지위에 있다 할 것인바, 그와 같은 지위에 있는 피고인이 피해자로부터 다이아몬드를 교부받은 사실조차 부인하는 이상, 피고인의 위 다이아몬드에 대한 불법영득의사가 객관적으로 외부에 드러났다 할 것이다[대판 2002.3.29. 2001도6550].

정답 [×]

78) 절도범이 피해자로부터 도품에 대한 반환요구를 받고 이를 거절하더라도 절도죄 이외에 횡령죄는 성립하지 않는다.

판례 | 보관자 지위의 승계여부에 대한 비교판례

1-0. **(승계 인정)** 횡령죄에 있어 부동산에 대한 보관자의 지위는 그 부동산에 대한 점유를 기준으로 할 것이 아니라 그 부동산을 유효하게 처분할 수 있는 권능이 있는지의 여부를 기준으로 하여 결정하여야 할 것이고, 위 임야의 사정명의자로서 명의수탁자인 조부가 사망함에 따라 그의 자인 부가, 또 위 부가 사망함에 따라 피고인이 각 그 상속인이 됨으로써 피고인은 위 임야의 수탁관리자로서의 지위를 포괄 승계한 것이어서, 피고인은 위 임야를 유효하게 처분할 수 있는 보관자로서의 지위를 취득하였다고 할 것이다[대판 1996.1.23. 95도784].

1-1. **(승계 부정)** 부동산의 소유명의 및 관리를 위탁받은 자가 자기명의로의 소유권이전등기를 생략한 채 그 子에게 소유권이전등기를 하여 주고 사망하였다면 비록 子가 그러한 사정을 알고 있었다고 하더라도 그로써 곧 그 子가 위탁자와의 관계에 있어 등기명의 및 관리의 수탁자로서의 지위를 취득하거나 승계하게 된다고는 할 수 없어 위탁자에게 그 부동산의 반환을 거부한다 하더라도 횡령죄를 구성하지는 않는다[대판 1987.2.10. 86도2349].

㉣ 불법원인급여물과 횡령죄의 성립 여부

판례 | 불법원인급여물에 대한 횡령죄의 성립 여부에 관한 비교판례

1-0. **(횡령죄 불성립: 일반적인 경우)** 甲이 乙로부터 제3자에 대한 뇌물공여 또는 배임증재의 목적으로 전달하여 달라고 교부받은 금전은 불법원인급여물에 해당하여 그 소유권은 甲에게 귀속되는 것으로서 甲이 위 금전을 제3자에게 전달하지 않고 임의로 소비하였다고 하더라도 횡령죄가 성립하지 않는다[대판 1999.6.11. 99도275]. [23 변호사]*

동지판례 ⅰ) 피고인이 갑으로부터 수표를 현금으로 교환해 주면 대가를 주겠다는 제안을 받고 위 수표가 을 등이 사기범행을 통해 취득한 범죄수익 등이라는 사실을 잘 알면서도 교부받아 그 일부를 현금으로 교환한 후 병, 정과 공모하여 아직 교환되지 못한 수표 및 교환된 현금을 임의사용하였다고 하더라도 수표는 불법의 원인으로 급여한 물건에 해당하여 소유권이 피고인에게 귀속되므로 횡령죄가 성립하지 아니한다[대판 2017.4.26. 2016도18035].
ⅱ) 조합장이 조합으로부터 공무원에게 뇌물로 전달하여 달라고 금원을 교부받은 것은 불법원인으로 인하여 지급받은 것으로서 이를 뇌물로 전달하지 않고 타에 소비하였다고 해서 타인의 재물을 보관 중 횡령하였다고 볼 수는 없다[대판 1988.9.20. 86도628].
ⅲ) 피고인이 을로부터 범죄수익 등의 은닉을 위해 교부받은 무기명 양도성예금증서는 불법의 원인으로 급여한 물건에 해당하여 소유권이 피고인에게 귀속되므로, 피고인에 대하여 횡령죄가 성립하지 않는다[대판 2017.10.26. 2017도9254]. [23 경간부]*

1-1. **(횡령죄 성립: 수익자의 불법성이 급여자의 그것보다 현저히 큰 경우 - 포주사건)** [1] 민법 제746조에 의하면 불법의 원인으로 인한 급여가 있고, 그 불법원인이 급여자에게 있는 경우에는 수익자에게 불법원인이 있는지 여부, 수익자의 불법원인의 정도, 그 불법성이 급여자의 그것보다 큰지 여부를 막론하고 급여자는 불법원인급여의 반환을 구할 수 없는 것이 원칙이나, 수익자의 불법성이 급여자의 그것보다 현저히 큰 데 반하여 급여자의 불법성은 미약한 경우에도 급여자의 반환청구가 허용되지 않는다면 공평에 반하고 신의성실의 원칙에도 어긋나므로, 이러한 경우에는 민법 제746조 본문의 적용이 배제되어 급여자의 반환청구는 허용된다.
[2] 포주인 피고인이 피해자가 손님을 상대로 윤락행위를 할 수 있도록 업소를 제공하고, 윤락녀인 피해자가 윤락행위의 상대방으로부터 받은 화대를 피고인에게 보관하도록 하였다가 이를 분배하기로 한 약정은 선량한 풍속 기타 사회질서에 위반되는 것이고, 따라서 피해자가 그 약정에 기하여 피고인에게 화대를 교부한 것은 불법원인급여에 해당한다고 할 것이나, 피고인과 피해자의 사회적 지위, 그 약정에 이르게 된 경위, 약정의 구체적 내용, 급여의 성격 등을 종합해 볼 때 피고인측의 불법성이 피해자측의 그것보다 현저하게 크다고 봄이 상당하므로 민법 제746조 본문의 적용은 배제되어 피해자가 피고인에게 보관한 화대 전부의 반환을 청구할 수 있고, 따라서 피고인이 이를 임의로 소비한 행위는 횡령죄를 구성한다[대판 1999.9.17. 98도2036].

② 객체: 자기가 보관하는 타인의 재물이다.

㉮ 타인의 재물

판례 | 횡령죄의 객체인 재물에 해당하지 않는 경우

1. **(광업권)** 광업권은 재물인 광물을 취득할 수 있는 권리에 불과하지 재물 그 자체는 아니므로 횡령죄의 객체가 된다고 할 수 없다[대판 1994.3.8. 93도2272].

2. **(주식)** 상법상 주식은 자본구성의 단위 또는 주주의 지위(주주권)를 의미하고, 주주권을 표창하는 유가증권인 주권(株券)과는 구분이 되는바, 주권은 유가증권으로서 재물에 해당되므로 횡령죄의 객체가 될 수 있으나, 자본의 구성단위 또는 주주권을 의미하는 주식은 재물이 아니므로 횡령죄의 객체가 될 수 없다[대판 2005.2.18. 2002도2822].[79]

   관련판례 ⅰ) 횡령죄의 객체인 타인의 재물이라 함은 부동산, 동산은 물론 유가증권 등을 포함하는 개념인바, 증권예탁결제원에 예탁되어 계좌간 대체 기재의 방식에 의하여 양도되는 주권은 유가증권으로서 재물에 해당되므로 횡령죄의 객체가 될 수 있다[대판 2007.10.11. 2007도6406].
   ⅱ) 피고인이 피해자로부터 보관을 요청받은 주식이 계좌 간 대체 방식으로 양도가능하게 되었더라도 주권이 발행되지 않았다면 횡령죄의 대상인 재물에 해당한다고 보기 어렵다[대판 2023.6.1. 2020도2884].

판례 | 재물의 타인성이 인정되는 경우(횡령죄 성립)

1. **(공동소유인 현금)** 피고인과 甲이 이 사건 임대목적물을 공동으로 임대한 것이라면 그 보증금반환채무는 성질상 불가분채무에 해당하므로, 위 임대보증금 잔금은 이를 정산하기까지는 피고인과 甲의 공동소유에 귀속한다고 할 것이고, 공동소유자 1인에 불과한 피고인이 甲의 승낙 없이 위 임대보증금 잔금을 임의로 처분하였다면 횡령죄가 성립한다[대판 2001.10.30. 2001도2095].

2. **(합유물: 동업재산)** 동업자 사이에 손익분배의 정산이 되지 아니하였다면 동업자의 한 사람이 임의로 동업자들의 합유에 속하는 동업재산을 처분할 권한이 없는 것이므로, 동업자의 한 사람이 동업재산을 보관 중 임의로 횡령하였다면 지분비율에 관계없이 임의로 횡령한 금액 전부에 대하여 횡령죄의 죄책을 부담한다[대판 2000.11.10. 2000도3013; 동지 대판 2009.10.15. 2009도7423]. [23 변호사]*

   동지판례 ⅰ) 동업재산은 동업자의 합유에 속한다 할 것이므로 동업관계가 존속하는 한 동업자는 동업재산에 대한 그 지분을 임의로 처분할 권한이 없고 동업자의 한 사람이 그 지분을 임의로 처분하거나 또는 동업재산의 처분으로 얻은 대금을 보관 중 임의로 소비하였다면 횡령죄의 죄책을 면할 수 없다[대판 1982.9.28. 81도2777].
   ⅱ) 동업체에 속하는 재산을 다른 동업자들의 동의 없이 임의로 처분하거나 반출하는 행위는 이를 다른 동업자들에게 통지를 하였다 하더라도 횡령죄를 구성한다[대판 1993.2.23. 92도387].

3. **(1인주주와 1인회사 소유의 금원)** 주식회사의 주식이 사실상 1인의 주주에 귀속하는 1인회사에 있어서는 행위의 주체와 그 본인 및 다른 회사와는 별개의 인격체이므로, 그 법인인 주식회사 소유의 금원은 임의로 소비하면 횡령죄가 성립되고 그 본인 및 주식회사에게 손해가 발생하였을 때에는 배임죄가 성립한다[대판 1996.8.23. 96도1525; 동지 대판 2010.4.29. 2007도6553].

   동지판례 주식회사는 주주와 독립된 별개의 권리주체로서 그 이해가 반드시 일치하는 것은 아니므로, 회사 소유 재산을 주주나 대표이사가 제3자의 자금 조달을 위하여 담보로 제공하는 등 사적인 용도로 임의 처분하였다면 그 처분에 관하여 주주총회나 이사회의 결의가 있었는지 여부와는 관계없이 횡령죄의 죄책을 면할 수는 없는 것이다[대판 2005.8.19. 2005도3045].

4. **(공동사용의 묵시적 합의가 인정된 경우)** 피고인이 2천원을 내어 피해자를 통하여 구입한 복권 4장을 피고인과 피해자를 포함한 4명이 한 장씩 나누어 그 당첨 여부를 확인하였다면, 피고인과 피해자를 포함한 4명 사이에는 어느 누구의 복권이 당첨되더라도 당첨금을 공평하게 나누거나 공동으로 사용하기로 하는 묵시적인 합의가 있었다고 보아야 하므로 그 당첨금 전액은 같은 4명의 공유라고 봄이 상당하여 피고인으로서는 피해자의 당첨금 반환요구에 따라 그의 몫을 반환할 의무가 있고 피고인이 이를 거부하고 있는 이상 불법영득의사가 있다는 이유로 횡령죄가 성립될 수 있다고 한 사례[대판 2000.11.10. 2000도4335].

79) 대법원 판례에서 간혹 '주식'에 대하여 재물죄를 인정한다는 표현이 있다. 그러나 이는 '주권'이라는 용어를 '주식'으로 잘못 표기한 것으로 이해하여야 한다.

5. **(사용자가 국민연금 보험료 중 근로자가 부담하는 기여금을 원천공제한 경우 기여금은 근로자 소유)** 회사의 대표이사인 피고인이 5명의 근로자들의 급여에서 국민연금 보험료 중 근로자 기여금을 공제한 후 이를 업무상 보관하던 중 회사 운영자금으로 임의로 사용하였다면, 원천공제의 취지상 사용자가 근로자에게 위 기여금을 공제한 임금을 지급하면 그 즉시 사용자는 공제된 기여금을 근로자를 위하여 보관하는 것으로 보아야 하므로 업무상횡령죄가 성립한다[대판 2011.2.10. 2010도13284].

6. **(사단법인의 지부나 지회가 보관하고 있는 재산은 사단법인의 소유)** 사단법인의 지부나 지회가 독립된 별개의 법인격이나 권리주체가 아니라 사단법인에 소속된 하부조직에 불과하다면, 사단법인의 지부나 지회가 사단법인과는 별도의 독립채산제 방식으로 운영되고 있다고 하더라도 그 지부나 지회가 보관하고 있는 재산은 사단법인의 소유일 뿐 법인격도 없고 권리주체도 아닌 지부나 지회의 소유가 되는 것은 아니다. 따라서 지부가 보관하고 있는 자금을 임의로 사용하는 경우 협회 소유의 자금을 횡령한 것으로 보아야 한다[대판 2012.1.27. 2010도10739].

7. 운송회사와 소속 근로자 사이에 근로자가 운송회사로부터 일정액의 급여를 받으면서 당일 운송수입금을 전부 운송회사에 납입하되, 운송회사는 근로자가 납입한 운송수입금을 월 단위로 정산하여 그 운송수입금이 월간 운송수입금 기준액인 사납금을 초과하는 경우에는 그 초과금액에 대하여 운송회사와 근로자에게 일정 비율로 배분하여 정산하고, 사납금에 미달되는 경우에는 그 부족금액에 대하여 근로자의 급여에서 공제하여 정산하기로 하는 약정이 체결되었다면, 근로자가 사납금 초과 수입금을 개인 자신에게 직접 귀속시키는 경우와는 달리, 근로자가 애초 거둔 운송수입금 전액은 운송회사의 관리와 지배 아래 있다고 봄이 상당하므로 근로자가 운송수입금을 임의로 소비하였다면 횡령죄를 구성한다. 이는 근로자가 운송회사에 대하여 사납금을 초과하는 운송수입금의 일부를 배분받을 권리를 가지고 있다고 하더라도 다른 특별한 사정이 없는 한 다를 바 없다고 할 것이다[대판 2014.4.30. 2013도8799].

8. **(타인의 소유인 이상 누구의 소유인지는 불문)** 횡령죄의 객체가 타인의 재물에 속하는 이상 구체적으로 누구의 소유인지는 횡령죄의 성립 여부에 영향이 없다. 주식회사는 주주와 독립된 별개의 권리주체로서 그 이해가 반드시 일치하는 것은 아니므로, 주주나 대표이사 또는 그에 준하여 회사 자금의 보관이나 운용에 관한 사실상의 사무를 처리하는 자가 회사 소유의 재산을 사적인 용도로 함부로 처분하였다면 횡령죄가 성립한다[대판 2019.12.24. 2019도9773].

판례 | 어음 · 수표의 소유권귀속(보관자의 지위 인정 여부)에 관한 비교판례

1-0. **(보관자의 지위가 인정된 경우: '할인을 위하여' 배서양도의 형식으로 위탁된 약속어음 – 위탁자의 소유, 수탁자는 보관자)** 약속어음을 할인을 위하여 교부받은 수탁자는 위탁의 취지에 따라 보관하는 것에 불과하고 위 약속어음을 교부할 당시에 그 할인의 편의를 위하여 배서양도의 형식을 취하였다 하더라도 다를 바 없다 할 것이므로 배서양도의 형식으로 위탁된 약속어음을 수탁자가 자신의 채무변제에 충당하였다면 이와 같은 수탁자의 행위는 위탁의 취지에 반하는 것으로서 횡령죄를 구성한다[대판 1983.4.26. 82도3079].

1-1. **(보관자의 지위가 부정된 경우: 채권자가 채권의 '지급의 담보로' 받은 수표 – 채권자의 소유, 채권자는 보관자가 아님)** 채권자가 그 채권의 지급을 담보하기 위하여 채무자로부터 수표를 발행 · 교부받아 이를 소지한 경우에는, 단순히 보관의 위탁관계에 따라 수표를 소지하고 있는 경우와는 달리 그 수표상의 권리가 채권자에게 유효하게 귀속되고, 채권자와 채무자 사이의 수표 반환에 관한 약정은 원인관계상의 인적 항변사유에 불과하므로, 채권자는 횡령죄의 주체인 타인의 재물을 보관하는 자의 지위에 있다고 볼 수 없다[대판 2000.2.11. 99도4979].

판례 | 재물의 타인성이 인정되지 않는 경우(횡령죄 불성립)

1. **(익명조합의 출자금은 영업자 소유)** 조합 또는 내적 조합과 달리 익명조합의 경우에는 익명조합원이 영업을 위하여 출자한 금전 기타의 재산은 상대편인 영업자의 재산이 되므로 영업자는 타인의 재물을 보관하는 자의 지위에 있지 않고, 따라서 영업자가 영업이익금 등을 임의로 소비하였더라도 횡령죄가 성립할 수는 없다[대판 2011.11.24. 2010도5014].

2. **(입사보증금은 사용자 소유)** 소위 입사보증금은 고용계약과 관련하여 피용자가 장래 부담하게 될지도 모르는 손해배상 채무의 담보로서 제공되는 신원보증금으로서 일단 그 소유권은 사용자에게 이전되는 것이니 사용자가 이를 소비하여도 횡령죄를 구성하지 아니한다[대판 1979.6.12. 79도656].

3. **(가맹점의 물품판매대금은 가맹점주 소유)** 가맹점주인 피고인이 판매하여 보관 중인 물품판매 대금은 피고인의 소유라 할 것이어서 피고인이 이를 임의 소비한 행위는 프랜차이즈 계약상의 채무불이행에 지나지 아니하므로, 결국 횡령죄는 성립하지 아니한다[대판 1998.4.14. 98도292].

4. **(수인이 대금을 분담하여 1인명의로 낙찰을 받은 경우, 낙찰명의자 소유)** 부동산 입찰절차에서 수인이 대금을 분담하되 그 중 1인 명의로 낙찰받기로 약정하여 그에 따라 낙찰이 이루어진 경우, 그 입찰절차에서 낙찰인의 지위에 서게 되는 사람은 어디까지나 그 명의인이므로 입찰목적부동산의 소유권은 경락대금을 실질적으로 부담한 자가 누구인가와 상관없이 그 명의인이 취득한다 할 것이므로 그 부동산은 횡령죄의 객체인 타인의 재물이라고 볼 수 없어 명의인이 이를 임의로 처분하더라도 횡령죄를 구성하지 않는다[대판 2000.9.8. 2000도258]. [23 변호사]*

5. **(대표이사가 적법하게 수령한 권한이 있는 보수를 타인명의로 수령한 경우에도 대표이사의 소유)** 횡령죄가 성립하기 위하여는 피고인이 타인의 재물을 보관하는 자의 지위에 있어야 하고, 타인의 재물인가의 여부는 민법 · 상법 · 기타의 실체법에 의하여 결정되어야 하는바, 주식회사의 대표이사가 적법하게 수령할 권한이 있는 보수가 압류당할 우려가 있자 이를 피하기 위하여 비록 실제 근무하지 않는 근로자의 임금 명목으로 보수를 조성하여 타인의 명의로 이를 수령하였다 하더라도 그 수령과 동시에 그 금원에 대한 소유권을 취득하였다고 보아야 할 것이므로, 위 보수를 소비하는 것은 자신의 재물을 소비한 것에 불과하고, 이를 가지고 타인의 재물을 보관하는 자가 그 재물을 횡령한 경우에 해당한다고 볼 수 없다[대판 2003.10.10. 2003도3516].

6. **(집행채무자가 제3채무자로부터 임의변제를 받아 수령한 금전은 집행채무자의 소유)** 집행채무자가 제3채무자에 대하여 가지는 금전채권에 관하여 압류 및 추심명령이 행하여져서 제3채무자는 집행채무자에게 그 채권금을 지급하는 것이, 집행채무자는 이를 수령하는 것이 각 금지된다고 하더라도(민사집행법 제227조 제1항 참조), 제3채무자가 위와 같은 금지에도 불구하고 압류채무를 스스로 변제하였거나 또는 그에 관하여 민법 제487조에 기한 변제공탁을 하였다면, 집행채무자가 그로써 수령한 금전은 자기 채권에 관한 원래의 이행으로 또는 변제공탁 등과 같이 변제에 갈음하는 방법을 통하여 취득한 것으로서 역시 그의 소유에 속한다고 할 것이고, 그가 단지 집행채권자 또는 제3채무자의 금전을 '보관'하는 관계에 있다고 할 수 없다. 따라서 집행채무자가 그 금전을 집행채권자에게 반환하는 것을 거부하였다고 하여 그에게 횡령의 죄책을 물을 수는 없다[대판 2012.1.12. 2011도12604].

7. **(사인이 설립하여 운영하는 사립학교의 수업료 등으로 조성된 교비는 설치 · 운영자의 소유)** 피고인이 甲 사립학교 경영자 乙과 공모하여 학생이나 학부모가 납부한 수업료 기타 납부금을 교비회계 아닌 다른 회계에 임의로 사용하였다고 하더라도, 甲 학교는 사인(私人)인 乙 등이 설립하여 운영하는 학교로서 수업료 등으로 조성된 교비는 특별한 사정이 없는 한 甲 학교의 설치 · 경영자인 乙 등의 소유에 속하므로, 피고인이 乙과 공모하여 이를 임의로 사용하였더라도 사립학교법 위반죄가 성립하는 것 외에 따로 횡령죄가 성립하지 않는다[대판 2012.5.10. 2011도12408].

㈏ 할부판매와 위탁매매

판례 | 소유권유보부 매매에 있어서 소유자 = 매도인

동산의 매매계약을 체결하면서, 매도인이 대금을 모두 지급받기 전에 목적물을 매수인에게 인도하기는 하지만 대금이 모두 지급될 때까지는 목적물의 소유권은 매도인에게 유보되며 대금이 모두 지급된 때에 그 소유권이 매수인에게 이전된다는 내용의 이른바 소유권유보의 특약을 한 경우, 목적물의 소유권을 이전한다는 당사자 사이의 물권적 합의는 매매계약을 체결하고 목적물을 인도한 때 이미 성립하지만 대금이 모두 지급되는 것을 정지조건으로 하므로, 목적물이 매수인에게 인도되었다고 하더라도 특별한 사정이 없는 한 매도인은 대금이 모두 지급될 때까지 매수인뿐만 아니라 제3자에 대하여도 유보된 목적물의 소유권을 주장할 수 있다[대판 2007.6.1. 2006도8400].

판례 | 위탁매매의 경우 위탁물의 판매대금의 소유자 = 원칙적으로 위탁자

통상 위탁판매의 경우에 위탁판매인이 위탁물을 매매하고 수령한 금원은 위탁자의 소유에 속하여 위탁판매인이 함부로 이를 소비하거나 인도를 거부하는 때에는 횡령죄가 성립한다고 할 것이나, 위탁판매인과 위탁자간에 판매대금에서 각종 비용이나 수수료 등을 공제한 이익을 분배하기로 하는 등 그 대금처분에 관하여 특별한 약정이 있는 경우에는 이에 관한 정산관계가 밝혀지지 않는 한 위탁물을 판매하여 이를 소비하거나 인도를 거부하였다 하여 곧바로 횡령죄가 성립한다고는 할 수 없다[대판 1990.3.27. 89도813].

판례 | 위탁매매인이 위탁품이나 그 판매대금을 임의로 소비한 경우(횡령죄 성립)

금은방을 운영하는 피고인이, 甲이 맡긴 금을 시세에 따라 사고파는 방법으로 운용하여 매달 일정한 이익금을 지급하는 한편 甲의 요청이 있으면 언제든지 보관 중인 금과 현금을 반환하기로 甲과 약정하였는데, 그 후 경제사정이 악화되자 이를 자신의 개인채무 변제 등에 사용한 사안에서, 甲이 매매를 위탁하거나 피고인이 그 결과로 취득한 금이나 현금은 모두 甲의 소유라는 이유로 횡령죄를 인정한 사례[대판 2013.3.28. 2012도16191].

㉰ 목적 · 용도를 정하여 위탁한 금전을 임의소비한 경우 횡령죄의 성립 여부

판례 | 목적 · 용도를 정하여 위탁된 금전의 소유관계 및 횡령죄의 성립 여부

(1) 정해진 목적 · 용도에 사용할 때까지는 위탁자 소유임(수탁자는 보관자)

목적과 용도를 정하여 위탁한 금전은 정해진 목적과 용도에 사용할 때까지는 이에 대한 소유권이 위탁자에게 유보되어 있다고 보아야 할 것이다[대판 1995.10.12. 94도2076].

(2) 목적 · 용도가 특정되어 위탁된 금전을 수탁자가 목적 · 용도 이외에 사용한 경우(횡령죄 성립)

1. 환전하여 달라는 부탁과 함께 교부받은 돈을 그 목적과 용도에 사용하지 않고 마음대로 피고인의 위탁자에 대한 채권에 상계충당함은 상계정산하기로 하였다는 특별한 약정이 없는 한 당초 위탁한 취지에 반하는 것으로서 횡령죄를 구성한다고 볼 것이다[대판 1997.9.26. 97도1520].
2. 피고인이 교회신축공사를 감독하면서 위 교회로부터 레미콘대금을 지급하라는 명목으로 금원을 받았으면서도 거기에 사용하지 아니하고 이를 마음대로 피고인이 받을 채권과 상계처리하였다면 상계정산하기로 하였다는 특별한 약정이 없는 한 이는 금원을 위탁한 취지에 반하는 것이어서 횡령죄를 구성한다[대판 1989.1.31. 88도1992].
3. 마을 이장인 피고인이 경로당 화장실 개 · 보수 공사를 위하여 업무상 보관 중이던 공사비를 그 용도 외에 다른 용도로 사용한 이상 횡령죄는 성립하고, 피고인이 과거 마을을 위하여 개인 돈을 지출하였다고 하여 이에 충당할 수는 없다[대판 2010.9.30. 2010도7012].
4. 상가 관리회사의 임직원들인 피고인들이 상가를 사실상 관리하면서, 상가의 입주자들로부터 관리비 명목의 금원을 징수하여 이를 업무상 보관하던 중, 금원을 본인들과 관련된 경조사비로 지출한 행위는 횡령행위에 해당한다[대판 2012.5.24. 2011도11450].

(3) 용도가 특정되어 위탁된 금전에 해당되지 않는 경우

피고인들이 보험을 유치하면서 보험회사로부터 지급받은 시책비 중 일부를 개인적인 용도로 사용한 경우, 실적급여로서의 성질을 가진 시책비는 그 목적이나 용도가 특정되어 위탁된 금전이라고 보기 어려우므로 횡령죄를 구성하지 않는다[대판 2006.3.9. 2003도6733].

(4) 목적 · 용도가 특정되어 있으나 금전의 특정성이 인정되지 않는 경우(횡령죄 불성립)

[1] 목적과 용도를 정하여 위탁한 금전은 정해진 목적과 용도에 사용할 때까지는 이에 대한 소유권이 위탁자에게 유보되어 있다고 보아야 할 것이나, 특별히 그 금전의 특정성이 요구되지 않는 경우 수탁자가 위탁의 취지에 반하지 않고 필요한 시기에 다른 금전으로 대체시킬 수 있는 상태에 있는 한 이를 일시 사용하더라도 횡령죄를 구성한다고 할 수 없고, 수탁자가 그 위탁의 취지에 반하여 다른 용도에 소비할 때 비로소 횡령죄를 구성한다.

[2] 골프회원권 매매중개업체를 운영하는 자가 매수의뢰와 함께 입금받아 보관하던 금원을 일시적으로 다른 회원권의 매입대금 등으로 임의로 소비한 경우, 위 매입대금은 그 목적과 용도를 정하여 위탁된 금전으로서 골프회원권 매입시까지 그 소유권이 위탁자에게 유보되어 있으나, 다른 회사자금과 함께 보관된 이상 그 특정성을 인정하기 어렵고, 피고인의 불법영득의사를 추단할 수 없으므로 횡령죄를 구성하지 아니한다[대판 2008.3.14. 2007도7568].

판례 | 금전의 수수를 수반하는 사무처리자가 수령한 금전(원칙적으로 위임자의 소유, 수임자는 보관자)

금전의 수수를 수반하는 사무처리를 위임받은 자가 그 행위에 기하여 위임자를 위하여 제3자로부터 수령한 금전은 목적이나 용도를 한정하여 위탁된 금전과 마찬가지로 달리 특별한 사정이 없는 한 그 수령과 동시에 위임자의 소유에 속하고, 위임을 받은 자는 이를 위임자를 위하여 보관하는 관계에 있다고 보아야 한다[대판 1997.3.28. 96도3155; 동지 대판 1996.6.14. 96도106].

판례 | 수임자가 위임자를 위해 수령한 금전을 임의로 소비한 경우(횡령죄 성립)

1. 문화예술진흥법에 의하여 입장료와 함께 문화예술진흥기금을 받은 극장 경영자는 한국문화예술진흥원을 위하여 그 기금을 보관하고 있는 자의 지위에 있으므로, 이를 별도로 관리하지 아니하고 자신의 예금통장에 혼합보관하면서 임의로 자신의 극장운영자금 등으로 소비하였다면, 횡령죄의 고의나 불법영득의 의사가 있다고 보아 업무상횡령죄가 성립한다고 본 사례[대판 1997.3.28. 96도3155].
2. 의류유통 판매업체인 甲 주식회사 대표이사 및 실질적 운영자인 피고인들이 공모하여, 甲 회사가 乙 유한회사 등과 체결한 투자약정과 乙 회사와 체결한 위탁판매 및 구매계약의 사무처리 위임에 따라 투자금으로 구입한 의류의 판매대금을 甲 회사 명의 미지정계좌로 입금받아 임의로 소비한 경우, 甲 회사는 위임자인 乙 회사를 위하여 위 대금을 보관하는 지위에 있으므로 피고인들의 행위가 횡령죄를 구성한다[대판 2011.6.10. 2010도17202].

㉣ 채권양도의 경우

판례 | 채권양도인이 양도통지 전에 채무자로부터 수령한 금전을 임의로 소비한 경우(횡령죄 불성립 – 판례변경)

(중요) [1] [다수의견] 채권양도인이 채무자에게 채권양도 통지를 하는 등으로 채권양도의 대항요건을 갖추어 주지 않은 채 채무자로부터 채권을 추심하여 금전을 수령한 경우, 특별한 사정이 없는 한 금전의 소유권은 채권양수인이 아니라 채권양도인에게 귀속하고 채권양도인이 채권양수인을 위하여 양도 채권의 보전에 관한 사무를 처리하는 신임관계가 존재한다고 볼 수 없다. 따라서 채권양도인이 위와 같이 양도한 채권을 추심하여 수령한 금전에 관하여 채권양수인을 위해 보관하는 자의 지위에 있다고 볼 수 없으므로, 채권양도인이 위 금전을 임의로 처분하더라도 횡령죄는 성립하지 않는다. 구체적인 이유는 다음과 같다.

(가) 채권양도에 의하여 양도된 채권이 동일성을 잃지 않고 채권양도인으로부터 채권양수인에게 이전되더라도, 채권양도인이 양도한 채권을 추심하여 금전을 수령한 경우 금전의 소유권 귀속은 채권의 이전과는 별개의 문제이다. 채권 자체와 채권의 목적물인 금전은 엄연히 구별되므로, 채권양도에 따라 채권이 이전되었다는 사정만으로 채권의 목적물인 금전의 소유권까지 당연히 채권양수인에게 귀속한다고 볼 수 없다.

채권양도인이 채권양도 후에 스스로 양도한 채권을 추심하여 수령한 금전에 대해서는 채권양도인과 채권양수인 사이에 어떠한 위탁관계가 설정된 적이 없다. 채권양수인은 채권양도계약에 따라 채권양도인으로부터 채권을 이전받을 뿐이고, 별도의 약정이나 그 밖의 특별한 사정이 인정되지 않는 한 채권양도인에게 채권의 추심이나 수령을 위임하거나 채권의 목적물인 금전을 위탁한 것이 아니다.

채권양도의 대항요건을 갖추기 전 채권양도인과 채무자, 채권양수인 세 당사자의 법률관계와 의사를 구체적으로 살펴보더라도 채권양도인이 채무자로부터 채권양수인을 위하여 대신 금전을 수령하였다거나, 그 밖에 다른 원인으로 채권양도인이 수령한 금전의 소유권이 수령과 동시에 채권양수인의 소유로 되었다고 볼 수 없다. 금전의 교부행위가 변제의 성질을 가지는 경우에는 특별한 사정이 없는 한 금전이 상대방에게 교부됨으로써 그 소유권이 상대방에게 이전된다. 따라서 채무자가 채권양도인에게 금전을 지급한 것은 자신의 채권자인 채권양도인에게 금전의 소유권을 이전함으로써 유효한 변제를 하여 채권을 소멸시킬 의사에 따른 것이고, 채권양도인 역시 자신이 금전의 소유권을 취득할 의사로 수령한 것이 분명하다. 채권양수인의 의사는 자신이 채권을 온전히 이전받아 행사할 수 있도록 대항요건을 갖추어 달라는 것이지, 채권양도인으로 하여금 대신 채권을 추심하거나 금전을 수령해 달라는 것이 아니다.
횡령죄에서 재물의 타인성과 관련하여 대법원 판례가 유지해 온 형법상 금전 소유권 개념에 관한 법리에 비추어 보더라도, 채권양도인이 채권양도 통지를 하기 전에 채무자로부터 채권을 추심하여 금전을 수령한 경우 금전의 소유권은 채권양도인에게 귀속할 뿐이고 채권양수인에게 귀속한다고 볼 수 없다.
(나) 채권양도인은 채권양수인과 사이에 채권양도계약 또는 채권양도의 원인이 된 계약에 따른 채권 · 채무관계에 있을 뿐이고, 채권양수인을 위하여 타인의 사무를 처리하는 자의 지위에 있다고 볼 수 없다.
채권양도인과 채권양수인의 양도에 관한 의사 합치에 따라 채권이 양수인에게 이전되고, 채권양도인은 채권양도계약 또는 채권양도의 원인이 된 계약에 기초하여 채권양수인이 목적물인 채권에 관하여 완전한 권리나 이익을 누릴 수 있도록 할 의무를 부담한다. 즉, 채권양도인은 채무자에게 채권양도 통지를 하거나 채무자로부터 승낙을 받음으로써 채권양수인이 채무자에 대한 대항요건을 갖추도록 할 계약상 채무를 진다. 이와 같이 채권양도인이 채권양수인으로 하여금 채권에 관한 완전한 권리를 취득하게 해 주지 않은 채 이를 다시 제3자에게 처분하거나 직접 추심하여 채무자로부터 유효한 변제를 수령함으로써 채권 자체를 소멸시키는 행위는 권리이전계약에 따른 자신의 채무를 불이행한 것에 지나지 않는다.
따라서 채권양도인이 채권양수인에게 채권양도와 관련하여 부담하는 의무는 일반적인 권리이전계약에 따른 급부의무에 지나지 않으므로, 채권양도인이 채권양수인을 위하여 어떠한 재산상 사무를 대행하거나 맡아 처리한다고 볼 수 없다. 채권양도인과 채권양수인은 통상의 계약에 따른 이익대립관계에 있을 뿐 횡령죄의 보관자 지위를 인정할 수 있는 신임관계에 있다고 할 수 없다.
(다) 최근 10여 년 동안 판례의 흐름을 보면, 대법원은 타인의 재산을 보호 또는 관리하는 것이 전형적 · 본질적 내용이 아닌 통상의 계약관계에서 배임죄나 횡령죄의 성립을 부정해 왔다. 종전 판례는 채권양도인이 채권양도 통지를 하는 등으로 채권양수인에게 완전한 권리를 이전해 주지 않은 채 자신이 채무자로부터 채권을 추심하고 금전을 수령하여 사용한 행위에 대하여 횡령죄의 성립을 인정하였다. 이러한 결론은 최근 판례의 흐름에 배치되는 것이어서 그대로 유지되기 어렵다.
종전 판례를 유지하게 되면 대법원 선례와의 관계에서 해결하기 어려운 형사처벌의 불균형이 발생한다. 즉, 부동산 임차권, 일반 동산, 권리이전에 등기 · 등록을 필요로 하는 동산, 주권 발행 전 주식, 수분양권 등의 양도와는 달리 금전채권 양도의 경우만 그 불이행을 배임죄나 횡령죄로 처벌하는 것은 지나치게 자의적인 구별이다. 금전채권 양도의 경우에는 부동산 매매와 같은 거래 현실의 특수성을 인정할 만한 예외적 사정도 없다. 그런데도 당사자 관계가 동일한 권리이전계약 가운데 금전채권 양도의 경우만 차별적 취급을 하는 것은 부당하다.
금전채권 양도에 관하여 배임죄가 문제 되는 경우와 횡령죄가 문제 되는 경우를 달리 취급하여 횡령죄의 경우에만 성립을 인정하는 것도 마찬가지로 부당하다. 채권양도인이 채권양도 통지를 하기 전에 양도 채권 자체를 제3자에게 처분 · 환가하여 배임죄로 기소된 경우에는 무죄라고 하면서도, 양도 채권을 직접 추심하여 수령한 금전을 사용함으로써 횡령죄로 기소된 경우에는 유죄라고 할 정당한 근거를 찾을 수 없다. 위 두 경우 모두 권리이전계약을 불이행한 행위의 본질이 서로 같고, 이로 말미암아 채권양도인이 얻는 경제적 이익과 채권양수인에게 발생하는 채권 상실의 결과가 같다. 그런데도 형사처벌에 관해서 두 경우를 달리 취급하는 것은 받아들이기 어려운 결론이다.
[2] 건물의 임차인인 피고인이 임대인 甲에 대한 임대차보증금반환채권을 乙에게 양도하였는데도 甲에게 채권양도 통지를 하지 않고 甲으로부터 남아 있던 임대차보증금을 반환받아 보관하던 중 개인적인 용도로 사용하여 이를 횡령하였다는 내용으로 기소된 사안에서, 피고인이 乙과 임대차보증금반환채권에 관한 채권양도계약을 체결하고 甲에게 채권양도 통지를 하기 전에 甲으로부터 채권을 추심하여 남아 있던 임대차보증금을 수령하였더라도 임대차보증금으로 받은 금전의 소유권은 피고인에게 귀속할 뿐 乙에게 귀속한다고 볼 수 없고, 나아가 채권양도계약을 체결한 피고인과 乙은 통상의 권리이전계약에 따른 이익대립관계에 있을 뿐 피고인이 乙을 위한 보관자 지위가 인정될 수 있는 신임관계에 있다고 볼 수 없어 횡령죄가 성립하지 않는다는 이유로, 이와 달리 보아 공소사실을 유죄로 인정한 원심판결에 채권양도에서 횡령죄의 성립 등에 관한 법리오해의 잘못이 있다고 한 사례[대판(전) 2022.6.23. 2017도3829]. [23 경간부]*

판례해설 대법원은 전원합의체 판결을 통하여, 채권양도계약이 이루어진 후 채권양도인이 채권양도의 대항요건을 갖추어 주기 전에 채무자로부터 채권을 추심하여 금전을 수령한 경우, 그 금전은 채권양도인과 채권양수인 사이에서 채권양수인의 소유에 속하고 채권양도인은 채권양수인을 위하여 이를 보관하는 자의 지위에 있다고 보아 횡령죄의 성립을 인정해 오던 대법원 1999.4.15. 97도666 전원합의체 판결 등 종전 판례를 변경하여, 위와 같은 경우 채권양도인과 채권양수인 사이에 채권양도인이 추심한 금전은 채권양도인의 소유에 속하고, 채권양도인에게 그 금전에 관한 보관자의 지위도 인정할 수 없다고 판시하였다. 피고인이 피해자와 이 사건 임대차보증금반환채권에 관한 채권양도계약을 체결하고 임대인에게 채권양도 통지를 하기 전에 임대인으로부터 채권을 추심하여 남아 있던 임대차보증금을 수령하고 이를 임의로 사용한 사안에서, 대법원은 위와 같은 법리에 따라 횡령죄의 구성요건으로서 재물의 타인성과 보관자 지위가 인정되지 않아 횡령죄가 성립하지 않는다고 판단하고, 이와 달리 횡령죄의 성립을 인정한 원심판단에 채권양도에서 횡령죄의 성립 등에 관한 법리를 오해하여 판결에 영향을 미친 잘못이 있다고 보아 원심을 파기·환송하였다.

판례 | 채무자가 기존 금전채무를 담보하기 위하여 다른 금전채권을 채권자에게 양도한 후 제3채무자에게 채권양도 통지를 하지 않은 채 자신이 사용할 의도로 제3채무자로부터 변제를 받아 변제금을 수령한 경우, 채권자와의 위탁신임관계에 의하여 채권자를 위해 위 변제금을 보관하는 지위에 있는지 여부(부정) 및 채무자가 이를 임의로 소비하면 횡령죄가 성립하는지 여부(불성립)

채무자가 기존 금전채무를 담보하기 위하여 다른 금전채권을 채권자에게 양도하는 경우, 채무자가 채권자에 대하여 부담하는 '담보 목적 채권의 담보가치를 유지·보전할 의무'는 채권 양도담보계약에 따라 부담하게 된 채무의 한 내용에 불과하다. 또한 통상의 채권양도계약은 그 자체가 채권자 지위의 이전을 내용으로 하는 주된 계약이고, 그 당사자 사이의 본질적 관계는 양수인이 채권자 지위를 온전히 확보하여 채무자로부터 유효하게 채권의 변제를 받는 것이다. 그런데 채권 양도담보계약은 피담보채권의 발생을 위한 계약(예컨대 금전소비대차계약 등)의 종된 계약으로, 채권 양도담보계약에 따라 채무자가 부담하는 위와 같은 의무는 담보 목적을 달성하기 위한 것에 불과하고, 그 당사자 사이의 본질적이고 주된 관계는 피담보채권의 실현이다. 이처럼 채권 양도담보계약의 목적이나 본질적 내용을 통상의 채권양도계약과 같이 볼 수는 없다. 따라서 채무자가 채권 양도담보계약에 따라 담보 목적 채권의 담보가치를 유지·보전할 의무는 계약에 따른 자신의 채무에 불과하고, 채권자와 채무자 사이에 채무자가 채권자를 위하여 담보가치의 유지·보전사무를 처리함으로써 채무자의 사무처리를 통해 채권자가 담보 목적을 달성한다는 신임관계가 존재한다고 볼 수 없다. 그러므로 채무자가 제3채무자에게 채권양도 통지를 하지 않은 채 자신이 사용할 의도로 제3채무자로부터 변제를 받아 변제금을 수령한 경우, 이는 단순한 민사상 채무불이행에 해당할 뿐, 채무자가 채권자와의 위탁신임관계에 의하여 채권자를 위해 위 변제금을 보관하는 지위에 있다고 볼 수 없고, 채무자가 이를 임의로 소비하더라도 횡령죄는 성립하지 않는다[대판 2021.2.25. 2020도12927].

판례해설 2022.6.23. 선고된 2017도3829 전원합의체 판결로 변경되기 전까지는 채권양도담보계약과 채권양도계약을 반드시 구별해야 했으나, 채권양도계약 사안인 97도666 전원합의체 판결이 2017도3829 전원합의체 판결로 변경됨에 따라 일반적인 채권 양도계약 역시 채무자가 이를 임의로 소비하더라도 횡령죄가 성립하지 않는 것으로 변경되었다.

㉱ 양도담보의 경우

판례 | 양도담보에 있어서 담보물의 처분과 그 죄책

(1) 동산의 (점유개정방식의) 양도담보에 있어서 채무자의 임의처분(배임죄 불성립)

[1] 배임죄에서 '타인의 사무를 처리하는 자'라고 하려면, 타인의 재산관리에 관한 사무의 전부 또는 일부를 타인을 위하여 대행하는 경우와 같이 당사자 관계의 전형적·본질적 내용이 통상의 계약에서의 이익대립관계를 넘어서 그들 사이의 신임관계에 기초하여 타인의 재산을 보호 또는 관리하는 데에 있어야 한다. 이익대립관계에 있는 통상의 계약관계에서 채무자의 성실한 급부이행에 의해 상대방이 계약상 권리의 만족 내지 채권의 실현이라는 이익을 얻게 되는 관계에 있다거나, 계약을 이행함에 있어 상대방을 보호하거나 배려할 부수적인 의무가 있다는 것만으로는 채무자를 타인의 사무를 처리하는 자라고 할 수 없고, 위임 등과 같이 계약의 전형적·본질적인 급부의 내용이 상대방의 재산상 사무를 일정한 권한을 가지고 맡아 처리하는 경우에 해당하여야 한다.

[2] 채무자가 금전채무를 담보하기 위하여 그 소유의 동산을 채권자에게 양도담보로 제공함으로써 채권자인 양도담보권자에 대하여 담보물의 담보가치를 유지 · 보전할 의무 내지 담보물을 타에 처분하거나 멸실, 훼손하는 등으로 담보권 실행에 지장을 초래하는 행위를 하지 않을 의무를 부담하게 되었더라도, 이를 들어 채무자가 통상의 계약에서의 이익대립관계를 넘어서 채권자와의 신임관계에 기초하여 채권자의 사무를 맡아 처리하는 것으로 볼 수 없다. 따라서 채무자를 배임죄의 주체인 '타인의 사무를 처리하는 자'에 해당한다고 할 수 없고, 그가 담보물을 제3자에게 처분하는 등으로 담보가치를 감소 또는 상실시켜 채권자의 담보권 실행이나 이를 통한 채권실현에 위험을 초래하더라도 배임죄가 성립한다고 할 수 없다. [22 경간부]*

[3] 위와 같은 법리는, 채무자가 동산에 관하여 양도담보설정계약을 체결하여 이를 채권자에게 양도할 의무가 있음에도 제3자에게 처분한 경우에도 적용되고, 주식에 관하여 양도담보설정계약을 체결한 채무자가 제3자에게 해당 주식을 처분한 사안에도 마찬가지로 적용된다[대판(전) 2020.2.20. 2019도9756]. [20 법원행시]*

[사실관계] X주식회사를 운영하는 甲이 A은행으로부터 1억 5,000만 원을 대출받으면서 위 대출금을 완납할 때까지 골재생산기기인 '크러셔'를 (점유개정방식의) 양도담보로 제공하기로 하는 계약을 체결한 후 크러셔를 다른 사람에게 매각하였다.

판례해설 동산을 (점유개정 방식으로) 양도담보에 제공한 채무자가 담보물을 제3자에게 처분한 사안에 대하여, 대법원은 채무자는 타인의 사무처리자이므로 배임죄가 성립한다는 기존의 판례를 변경하여 배임죄가 성립하지 않는다고 판시하였다.

(2) 부동산의 양도담보에 있어서 채무자의 임의처분(배임죄 불성립)

채무자가 금전채무에 대한 담보로 부동산에 관하여 양도담보설정계약을 체결하고 이에 따라 채권자에게 소유권이전등기를 해 줄 의무는 계약에 따라 부담하게 된 채무자 자신의 의무이다. 채무자가 위와 같은 의무를 이행하는 것은 채무자 자신의 사무에 해당할 뿐이므로, 채무자를 채권자에 대한 관계에서 '타인의 사무를 처리하는 자'라고 할 수 없다[대판(전) 2020.6.18. 2019도14340].

(3) 부동산의 양도담보에 있어서 '채권자'의 변제기일 이전의 임의처분(배임죄 성립)

채권의 (양도)담보를 목적으로 부동산의 소유권이전등기를 마친 채권자는 채무자가 변제기일까지 그 채무를 변제하면 채무자에게 그 소유명의를 환원하여 주기 위하여 그 소유권이전등기를 이행할 의무가 있으므로, 그 변제기일 이전에 그 임무에 위배하여 제3자에게 근저당권을 경료하여 주었다면 변제기일까지 채무자의 채무변제가 없었다고 하더라도 배임죄는 성립되고, 그와 같은 법리는 채무자에게 환매권을 주는 형식을 취하였다고 하여 다를 바가 없다[대판 1995.5.12. 95도283], [대판 1992.7.14. 92도753].

판례 | 동산채권담보법에 따른 동산담보로 제공한 담보물을 채무자가 임의처분한 경우(배임죄 불성립)

채무자가 금전채무를 담보하기 위하여 그 소유의 동산을 채권자에게 동산 · 채권 등의 담보에 관한 법률(이하 '동산채권담보법'이라 한다)에 따른 동산담보로 제공함으로써 채권자인 동산담보권자에 대하여 담보물의 담보가치를 유지 · 보전할 의무 또는 담보물을 타에 처분하거나 멸실, 훼손하는 등으로 담보권 실행에 지장을 초래하는 행위를 하지 않을 의무를 부담하게 되었더라도, 이를 들어 채무자가 통상의 계약에서의 이익대립관계를 넘어서 채권자와의 신임관계에 기초하여 채권자의 사무를 맡아 처리하는 것으로 볼 수 없다. 따라서 이러한 경우 채무자를 배임죄의 주체인 '타인의 사무를 처리하는 자'에 해당한다고 할 수 없고, 그가 담보물을 제3자에게 처분하는 등으로 담보가치를 감소 또는 상실시켜 채권자의 담보권 실행이나 이를 통한 채권실현에 위험을 초래하더라도 배임죄가 성립하지 아니한다[대판(전) 2020.8.27. 2019도14770].

㉯ 매도담보의 경우

판례 | 매도담보에 있어서 담보물의 처분과 그 죄책

(동산의 매도담보에 있어서 '채무자'의 변제기 전의 임의처분: 횡령죄 성립) 형법 제323조의 권리행사방해죄는 타인의 권리의 목적이 된 자기의 물건에 대해서만 성립되는 것이고 타인의 권리의 목적이 된 타인의 물건에 대해서는 성립되지 아니하는 것인바, 그러므로 타인에게 매도담보로 제공한 동산을 그대로 계속하여 점유하고 있는 경우에 그 동산을 임의로 처분하였다면 횡령죄가 되는 것이고 권리행사방해죄는 성립되지 않는 것이다[대판 1962.2.8. 4294형상470].

비교판례 **(채무자가 채권자의 승낙을 받고 매도담보목적물을 처분한 후 매각대금을 소비한 경우: 횡령죄 불성립)** 채무의 담보로 하기 위하여 매매의 형식을 취하여 동산을 담보로 제공하고 이를 계속 사용하고 있다가 채권자의 승낙을 받고 이를 매각하였다면 그 매각대금은 채무자의 소유이므로 이를 채무자가 소비하였다 하더라도 횡령죄가 성립하지 아니한다[대판 1977.11.7. 77도1715].

판례 | 채무자가 변제공탁후 채권자가 담보물인 부동산의 명의회복의무를 이행하지 않은 경우(배임죄)

양도담보의 채무자는 채권자가 담보권의 실행을 위하여 양도담보의 목적물처분을 종료할 때까지 피담보채무를 변제하여 목적물을 도로 찾아올 수 있고 양도담보의 피담보채권이 채무자의 변제 등에 의하여 소멸하면 양도담보권자는 담보목적물의 소유자이었던 담보설정자에게 그 권리를 회복시켜 줄 의무를 부담하게 함으로 그 이행은 타인의 재산을 보전하는 형법 제355조 제2항 소정의 타인의 사무라고 할 것이다[대판 1988.12.13. 88도184].

동지판례 담보목적으로 피고인 명의로 가등기가 경료된 피해자 소유의 부동산에 대하여 피해자의 아들로부터 채무가 변제공탁된 사실을 통고받고서도 피고인 앞으로 본등기를 경료함과 동시에 제3자 앞으로 가등기를 경료하여 준 경우에는 배임죄가 성립된다[대판 1990.8.10. 90도414].

판례 | 변제기 이후 채권자가 담보권 실행을 위하여 담보물을 처분한 경우

1. **(담보권실행을 위하여 타에 매도한 경우: 횡령죄 불성립)** 담보로 제공된 부동산을 담보권의 실행으로 타에 매도한 것은 횡령죄로 문의할 수 없다[대판 1979.7.10. 79도1125].
2. **(염가처분의 경우: 배임죄 불성립)** 담보권자가 변제기 경과 후에 담보권을 실행하기 위하여 담보목적물을 처분하는 행위는 담보계약에 따라 담보권자에게 주어진 권능이어서 자기의 사무처리에 속하는 것이지 타인인 채무자의 사무처리에 속하는 것이라고 할 수 없으므로, 담보권자가 담보권을 실행하기 위하여 담보목적물을 처분함에 있어 시가에 따른 적절한 처분을 하여야 할 의무는 담보계약상의 민사채무일 뿐 그와 같은 형법상의 의무가 있는 것은 아니므로 그에 위반한 경우 배임죄가 성립된다고 할 수 없다[대판 1997.12.23. 97도2430; 동지 대판 1989.10.24. 87도126]. [20 경찰승진, 18 법원9급, 18 국가9급, 16 경찰승진]*
3. **(변제충당 후 잔금을 정산하지 않는 경우: 배임죄 불성립)** 담보권자가 변제기 경과 후에 담보권을 실행하여 그 환가대금 또는 평가액을 채권원리금과 담보권 실행비용 등의 변제에 충당하고 환가대금 또는 평가액의 나머지가 있어 이를 담보제공자에게 반환할 의무는 담보계약에 따라 부담하는 자신의 정산의무이므로 그 의무를 이행하는 사무는 곧 자기의 사무처리에 속하는 것이라 할 것이고 이를 부동산매매에 있어서의 매도인의 등기의무와 같이 타인인 채무자의 사무처리에 속하는 것이라고 볼 수는 없어 그 정산의무를 이행하지 아니한 행위는 배임죄를 구성하지 않는다[대판(전) 1985.11.26. 85도1493]. [20 법원9급]*

㈔ 점유개정 방식의 동산의 양도담보의 경우

판례 | 점유개정방식의 동산의 양도담보에 있어서 목적물의 임의처분과 그 죄책

1. **(채권자의 임의처분: 횡령죄 성립)** 채무자가 채무이행의 담보를 위하여 동산에 관한 양도담보계약을 체결하고 점유개정의 방법으로 여전히 그 동산을 점유하는 경우 그 동산의 소유권은 여전히 채무자에게 남아있고, 채권자는 단지 양도담보물권을 취득하는 데 지나지 않으므로 그 동산을 다른 사유에 의하여 보관하게 된 채권자는 타인 소유의 물건을 보관하는 자로서 횡령죄의 주체가 될 수 있다[대판 1989.4.11. 88도906]. [20 법원9급, 18 국가9급]*
2. **(채무자의 임의처분: 횡령죄 불성립)** 채무자가 채권자에게 동산을 양도담보로 제공하고 점유개정의 방법으로 점유하고 있는 경우에는 그 동산의 소유권은 여전히 채무자에게 유보되어 있는 것이어서 채무자는 자기의 물건을 보관하고 있는 셈이 되므로, 양도담보의 목적물을 제3자에게 처분하거나 담보로 제공하였다 하더라도 횡령죄를 구성하지 아니한다[대판 2009.2.12. 2008도10971]. [21 법원9급, 17 경찰채용, 16 국가7급]*

㈕ 부동산의 명의신탁

판례 | 종중소유 부동산의 명의수탁자의 임의처분 = 횡령죄

종중소유의 부동산을 명의신탁 받아 소유권등기를 거친 사람이 이를 임의로 처분하면 횡령죄가 성립한다[대판(전) 1971.6.22. 71도740].

판례 | 2자간의 명의신탁에서 수탁자의 임의처분의 법적 효과(횡령죄 불성립)

[1] 형법 제355조 제1항이 정한 횡령죄에서 보관이란 위탁관계에 의하여 재물을 점유하는 것을 뜻하므로 횡령죄가 성립하기 위하여는 재물의 보관자와 재물의 소유자(또는 기타의 본권자) 사이에 법률상 또는 사실상의 위탁관계가 존재하여야 한다. 이러한 위탁관계는 사용대차 · 임대차 · 위임 등의 계약에 의하여서뿐만 아니라 사무관리 · 관습 · 조리 · 신의칙 등에 의해서도 성립될 수 있으나, 횡령죄의 본질이 신임관계에 기초하여 위탁된 타인의 물건을 위법하게 영득하는 데 있음에 비추어 볼 때 위탁관계는 횡령죄로 보호할 만한 가치 있는 신임에 의한 것으로 한정함이 타당하다. 위탁관계가 있는지 여부는 재물의 보관자와 소유자 사이의 관계, 재물을 보관하게 된 경위 등에 비추어 볼 때 보관자에게 재물의 보관 상태를 그대로 유지하여야 할 의무를 부과하여 그 보관 상태를 형사법적으로 보호할 필요가 있는지 등을 고려하여 규범적으로 판단하여야 한다.

[2] 부동산 실권리자명의 등기에 관한 법률의 명의신탁관계에 대한 규율 내용 및 태도 등에 비추어 보면, 부동산실명법에 위반하여 명의신탁자가 그 소유인 부동산의 등기명의를 명의수탁자에게 이전하는 이른바 양자간 명의신탁의 경우, 계약인 명의신탁약정과 그에 부수한 위임약정, 명의신탁약정을 전제로 한 명의신탁 부동산 및 그 처분대금 반환약정은 모두 무효이다.

나아가 명의신탁자와 명의수탁자 사이에 무효인 명의신탁약정 등에 기초하여 존재한다고 주장될 수 있는 사실상의 위탁관계라는 것은 부동산실명법에 반하여 범죄를 구성하는 불법적인 관계에 지나지 아니할 뿐 이를 형법상 보호할 만한 가치 있는 신임에 의한 것이라고 할 수 없다.

명의수탁자가 명의신탁자에 대하여 소유권이전등기말소의무를 부담하게 되나, 위 소유권이전등기는 처음부터 원인무효여서 명의수탁자는 명의신탁자가 소유권에 기한 방해배제청구로 말소를 구하는 것에 대하여 상대방으로서 응할 처지에 있음에 불과하다. 명의수탁자가 제3자와 한 처분행위가 부동산실명법 제4조 제3항에 따라 유효하게 될 가능성이 있다고 하더라도 이는 거래 상대방인 제3자를 보호하기 위하여 명의신탁약정의 무효에 대한 예외를 설정한 취지일 뿐 명의신탁자와 명의수탁자 사이에 위 처분행위를 유효하게 만드는 어떠한 위탁관계가 존재함을 전제한 것이라고는 볼 수 없다. 따라서 말소등기의무의 존재나 명의수탁자에 의한 유효한 처분가능성을 들어 명의수탁자가 명의신탁자에 대한 관계에서 '타인의 재물을 보관하는 자'의 지위에 있다고 볼 수도 없다.

[3] 부동산실명법에 위반한 양자간 명의신탁의 경우 명의수탁자가 신탁받은 부동산을 임의로 처분하여도 명의신탁자에 대한 관계에서 횡령죄가 성립하지 아니한다.

이러한 법리는 부동산 명의신탁이 부동산실명법 시행 전에 이루어졌고 같은 법이 정한 유예기간 이내에 실명등기를 하지 아니함으로써 그 명의신탁약정 및 이에 따라 행하여진 등기에 의한 물권변동이 무효로 된 후에 처분행위가 이루어진 경우에도 마찬가지로 적용된다[대판(전) 2021.2.18. 2016도18761].

판례 | 3자간의 명의신탁과 수탁자의 임의처분의 법적 효과(신탁자에 대한 횡령죄 불성립)

명의신탁자가 매수한 부동산에 관하여 부동산실명법을 위반하여 명의수탁자와 맺은 명의신탁약정에 따라 매도인으로부터(또는 증여자로부터) 바로 명의수탁자 명의로 소유권이전등기를 마친 이른바 중간생략등기형 명의신탁을 한 경우, 명의수탁자 명의의 소유권이전등기는 무효이고, 신탁부동산의 소유권은 매도인이 그대로 보유하게 되므로 명의신탁자는 신탁부동산의 소유권을 가지지 아니하고, 명의신탁자와 명의수탁자 쌍방을 형사처벌까지 하고 있는 부동산실명법의 명의신탁관계에 대한 규율 내용 및 태도 등에 비추어 볼 때, 명의신탁자와 명의수탁자 사이에 그 위탁신임관계를 근거지우는 계약인 명의신탁약정 또는 이에 부수한 위임약정이 무효임에도 불구하고 횡령죄 성립을 위한 사무관리 · 관습 · 조리 · 신의칙에 기초한 위탁신임관계가 있다고 할 수는 없다. 따라서 명의수탁자가 매도인에 대하여 소유권이전등기청구권을 가질 뿐인 명의신탁자의 재물을 보관하는 자라고 할 수 없으므로, 명의수탁자가 신탁받은 부동산을 임의로 처분하여도 명의신탁자에 대한 관계에서 횡령죄가 성립하지 아니한다[대판(전) 2016.5.19. 2014도6992], [대판 2016.5.26. 2015도89].

판례 | 계약명의신탁과 관련한 판례정리

(1) 매도인이 악의인 계약명의신탁에서 수탁자의 임의처분(횡령죄 및 배임죄 불성립, 무죄)

명의신탁자와 명의수탁자가 이른바 계약명의신탁 약정을 맺고 명의수탁자가 당사자가 되어 명의신탁 약정이 있다는 사실을 알고 있는 소유자와 부동산에 관한 매매계약을 체결한 후 매매계약에 따라 부동산의 소유권이전등기를 명의수탁자 명의로 마친 경우에는 명의수탁자가 매도인에 대한 관계에서 횡령죄에서 '타인의 재물을 보관하는 자' 또는 배임죄에서 '타인의 사무를 처리하는 자'의 지위에 있다고 볼 수도 없다[대판 2012.11.29. 2011도7361].

(2) 매도인이 선의인 계약명의신탁에서 수탁자의 임의처분(횡령죄 및 배임죄 불성립, 무죄)

1. **(횡령죄 불성립)** 소유권이전등기에 의한 당해 부동산에 관한 물권변동은 유효하고, 한편 신탁자와 수탁자 사이의 명의신탁약정은 무효이므로, 결국 수탁자는 전소유자인 매도인 뿐만 아니라 신탁자에 대한 관계에서도 유효하게 당해 부동산의 소유권을 취득하는 것으로 보아야 할 것이고, 따라서 그 수탁자는 타인의 재물을 보관하는 자라고 볼 수 없다[대판 2000.3.24. 98도4347].
2. **(배임죄 불성립)** 매도인이 선의인 계약명의신탁에 있어서, 수탁자는 전소유자인 매도인뿐만 아니라 신탁자에 대한 관계에서도 유효하게 당해 부동산의 소유권을 취득하고, 그 부동산의 처분대금도 당연히 수탁자에게 귀속된다고 하는 이상 신탁자는 수탁자에 대하여 부당이득반환청구권을 행사하는 것은 별론이나 수탁부동산의 반환이나 처분대금의 반환은 물론 불법행위를 원인으로 한 손해배상청구 등도 할 수 없게 된다. 따라서 단지 부당이득반환의무만을 부담하는 수탁자인 피고인이 이 사건 부동산을 위 피해자의 허락 없이 매도하여서는 아니되고, 매도하더라도 그 대금을 위 피해자에게 전달해 주거나 위 피해자를 위하여 사용할 임무가 있는 등 위 수탁부동산 및 그 처분대금에 대하여 '타인의 재산을 보전·관리하는 자'의 지위에 있다고는 볼 수 없으므로, 피고인이 이 사건 부동산을 임의로 매도하여 그 처분대금을 반환하지 아니하고 소비하였다 하여 이를 배임죄로 처벌할 수는 없다[대판 2001.9.25. 2001도2722; 동지 대판 2009.9.10. 2009도4501].

③ 행위: 횡령하거나 반환을 거부하는 것이다.

판례 | 횡령죄의 '반환의 거부'의 의미와 판단기준

횡령죄에서 '반환의 거부'라고 함은 보관물에 대하여 소유자의 권리를 배제하는 의사표시를 하는 행위를 뜻하므로, 타인의 재물을 보관하는 자가 단순히 반환을 거부한 사실만으로는 횡령죄를 구성하는 것은 아니며, 반환거부의 이유 및 주관적인 의사 등을 종합하여 반환거부행위가 횡령행위와 같다고 볼 수 있을 정도이어야만 횡령죄가 성립한다[대판 1992.11.27. 92도2079], [대판 2013.8.23. 2011도7637].

판례 | 보관자의 임의처분 행위가 무효인 경우 횡령죄의 성립 여부에 관한 비교판례

1-0. (임의처분 행위가 사법상 무효인 경우: 횡령죄 성립) 다른 사람의 재물을 보관하는 사람이 그 사람의 동의 없이 함부로 이를 담보로 제공하는 행위는 불법영득의 의사를 표현하는 횡령행위로서 사법(私法)상 그 담보제공행위가 무효이거나 그 재물에 대한 소유권이 침해되는 결과가 발생하는지 여부에 관계없이 횡령죄를 구성한다[대판 2002.11.13. 2002도2219].

1-1. (임의처분 행위가 강행규정위반으로 무효인 경우: 횡령죄 불성립) 공장저당법에 따라 공장재단을 구성하는 기계를 타인에게 양도담보로 제공하였다 하여도 공장저당법의 강행성에 비추어 위 양도는 무효이므로 양도인이 위 기계에 대하여 다시 근저당권을 설정한 행위는 횡령죄를 구성하지 아니한다[대판 1978.11.28. 75도2713].

판례 | 단체의 대표자 개인의 변호사 비용을 단체의 비용으로 지출할 수 있는지 여부

원칙적으로 단체의 비용으로 지출할 수 있는 변호사 선임료는 단체 자체가 소송당사자가 된 경우에 한하므로 단체의 대표자 개인이 당사자가 된 민·형사사건의 변호사 비용은 단체의 비용으로 지출할 수 없고, 예외적으로 분쟁에 대한 실질적인 이해관계는 단체에게 있으나 법적인 이유로 그 대표자의 지위에 있는 개인이 소송 기타 법적 절차의 당사자가 되었다거나 대표자로서 단체를 위해 적법하게 행한 직무행위 또는 대표자의 지위에 있음으로 말미암아 의무적으로 행한 행위 등과 관련하여 분쟁이 발생한 경우와 같이, 당해 법적 분쟁이 단체와 업무적인 관련이 깊고 당시의 제반 사정에 비추어 단체의 이익을 위하여 소송을 수행하거나 고소에 대응하여야 할 특별한 필요성이 있는 경우에 한하여 단체의 비용으로 변호사 선임료를 지출할 수 있다[대판 2011.9.29. 2011도4677].

판례 | 횡령죄(업무상횡령죄)의 성립을 인정한 경우

(1) 법인(단체)의 자금으로 그 구성원의 형사사건에서의 변호사비용을 지급한 경우(횡령죄 성립)

1. 주식회사는 그 구성분자인 주주와 독립된 별개의 권리주체로서 그 이해가 반드시 일치하는 것은 아니므로 주주총회의 의결권에는 스스로 한계가 있고 그 한계를 벗어나는 사항에 대하여서는 비록 그 의결이 있었다 해도 범죄를 구성할 수 있는 것인바, 형사재판을 받는 대표이사의 개인적인 변호사비용과 그의 정신적, 육체적 손해에 대한 보상금을 요양비 또는 퇴직위로금 명목으로 가장하여 회사자금으로 지급하였다면 이는 주식회사 제도의 목적에 비추어 볼 때 주주총회의 결의에 관계없이 횡령에 해당한다[대판 1990.2.23. 89도2466].

   비교판례 [1] 법인의 이사를 상대로 한 이사직무집행정지가처분결정이 된 경우, 당해 법인의 업무를 수행하는 이사의 직무집행이 정지당함으로써 사실상 법인의 업무수행에 지장을 받게 될 것은 명백하므로 법인으로서는 그 이사 자격의 부존재가 객관적으로 명백하여 항쟁의 여지가 없는 경우가 아닌 한 위 가처분에 대항하여 항쟁할 필요가 있다고 할 것이고, 이와 같이 필요한 한도 내에서 법인의 대표자가 법인 경비에서 당해 가처분 사건의 피신청인인 이사의 소송비용을 지급하더라도 이는 법인의 업무수행을 위하여 필요한 비용을 지급한 것에 해당하고, 법인의 경비를 횡령한 것이라고는 볼 수 없다. 마찬가지로 상가관리운영위원회의 운영위원장이 그에 대하여 제기된 직무집행정지가처분 신청에 대응하기 위하여 선임한 변호사의 선임료를 상가 관리비에서 지급한 경우 업무상횡령죄가 성립하지 아니한다.
   [2] 법인 자체가 소송당사자가 된 경우에는 원칙적으로 그 소송의 수행이 법인의 업무수행이라고 볼 수 있으므로 그 소송에서 법인이 형식적으로 소송당사자가 되어 있을 뿐 실질적인 당사자가 따로 있고 법인으로서는 그 소송의 결과에 있어서 별다른 이해관계가 없다고 볼 만한 특별한 사정이 없는 한 그 변호사 선임료를 법인의 비용으로 지출할 수 있다[대판 2019.5.30. 2016도5816].

2. 재건축조합 조합장이 조합장 개인을 위하여 자신의 위법행위에 관한 형사사건의 변호인을 선임하는 것을 재건축조합의 업무라고 볼 수 없으므로, 그가 재건축조합의 자금으로 자신의 변호사 비용을 지출하였다면 이는 횡령에 해당하고, 위 형사사건의 변호사선임료를 지출함에 있어 이사 및 대의원회의 승인을 받았다 하여도 횡령죄의 성립에 영향을 미치지 아니한다[대판 2006.10.26. 2004도6280].

(2) 기타 횡령죄(업무상횡령죄)의 성립을 인정한 경우

양식어업면허권자가 그 어업면허권을 양도한 후 아직도 어업면허권이 자기앞으로 되어 있음을 틈타서 어업권손실보상금을 수령하여 일부는 자기 이름으로 예금하고 일부는 생활비 등에 소비하였다면 이는 횡령죄를 구성한다[대판 1993.8.24. 93도1578].

판례 | 횡령죄(업무상횡령죄)의 성립을 부정한 경우

회사가 신주를 발행하여 실제로는 타인으로부터 제3자 명의로 자금을 빌려 자기의 계산으로 신주를 인수하면서도 제3자 명의를 차용한 경우, 이는 상법 등에서 허용하지 않는 자기주식의 취득에 해당하므로 회사의 신주인수행위는 무효라고 보아야 할 것이지만, 신주인수대금의 납입을 위하여 회사가 제3자 명의로 금원을 차용한 행위의 효력은 부정할 수가 없고 그 차용원리금의 상환의무는 회사가 부담한다고 보아야 하므로, 회사의 대표이사가 가지급금의 형식으로 회사의 자금을 인출하여 위 차용원리금 채무의 변제에 사용하였다고 하더라도 이는 업무상횡령죄에 해당한다고 볼 수 없다[대판 2005.2.18. 2002도2822].

판례 | 횡령죄의 기수시기

횡령죄에 있어서의 행위자는 이미 타인의 재물을 점유하고 있으므로 점유를 자기를 위한 점유로 변개하는 의사를 일으키면 곧 영득의 의사가 있었다고 할 수 있지만, 단순한 내심의 의사만으로는 횡령행위가 있었다고 할 수 없고 영득의 의사가 외부에 인식될 수 있는 객관적 행위가 있을 때 횡령죄가 성립한다[대판 1993.3.9. 92도2999].

동지판례 [1] 피고인이 피해자와 수출용포리에스텔 죠오셋트 임직계약을 체결하고 그 원료인 원사를 공급받아 보관 중 임의로 죠오셋트가 아닌 시판용 이태리 깔깔이를 제직하여 타에 판매할 의사로 위 원사를 연사한 경우에는 횡령죄의 기수가 된다.
[2] 피고인이 자기의 점유하에 있는 피해자 소유의 원사에 대해서 불법영득의 의사로 연사의 가공행위를 한 이상 그 불법영득의 의사가 객관적으로 외부에 표현된 것이라고 보겠으므로 이로써 횡령죄는 기수가 된다고 할 것이다[대판 1981.5.26. 81도673].

판례 | 횡령죄의 기수에 해당하지 않는 경우(미수 인정)

[1] 횡령죄는 소유권 등 본권이 침해될 위험이 있으면 그 침해의 결과가 발생하지 않더라도 성립하는 위험범인데, 여기서 위험범이라는 것은 횡령죄가 개인적 법익침해를 전제로 하는 재산범죄임을 감안할 때 단순히 사회 일반에 대한 막연한 추상적 위험이 발생하는 것만으로는 부족하고 소유자의 본권 침해에 대한 구체적 위험이 발생하는 수준에 이를 것을 요하기 때문에 이러한 단계에 있지 않은 경우에는 횡령죄의 미수범의 책임을 진다.
[2] 피고인이 피해자로부터 위탁받아 식재 · 관리하여 오던 나무들을 피해자 모르게 제3자에게 매도하는 계약을 체결하고 제3자로부터 계약금을 수령한 상태에서 피해자에게 적발되어 위 계약이 더 이행되지 아니하고 무위로 그친 경우, 피고인의 행위는 횡령기수가 아니라 횡령미수에 해당한다[대판 2012.8.17. 2011도9113]. [23 변호사]*

(2) 주관적 구성요건

고의와 불법영득의사가 있어야 한다.

판례 | 횡령죄에서 불법영득의사의 의의와 재물영득 후 반환한 경우 불법영득의사의 인정 여부(인정)

횡령죄에 있어서 불법영득의 의사라 함은 자기 또는 제3자의 이익을 꾀할 목적으로 임무에 위배하여 보관하는 타인의 재물을 자기의 소유인 경우와 같이 처분을 하는 의사를 말하고, 사후에 이를 반환하거나 변상 · 보전하는 의사가 있다 하더라도 불법영득의 의사를 인정함에는 지장이 없는 것이고, 그와 같이 사후에 변상하거나 보전한 금액을 횡령금액에서 공제해야 하는 것도 아니다. 따라서 주식회사의 대표이사가 자신의 다른 횡령사실을 감추기 위한 목적으로 가공의 공사대금을 지급한 것처럼 허위로 회계처리하면서 가공의 공사대금에 대한 부가가치세 명목으로 회사 자금을 임의로 지출한 경우에는 그로써 횡령죄는 기수에 이른다. 그 후에 그 지출액 상당을 매입세액으로 환급받아 회사에 다시 입금하였다고 하더라도 이미 성립한 횡령죄에 영향을 미치지 아니한다[대판 2008.11.13. 2006도4885; 동지 대판 2005.8.19. 2005도3045], [대판 2012.1.27. 2011도14247].

동지판례 ⅰ) 대표이사가 회사에 귀속된 대출금을 인출하여 임의로 사용한 행위는 업무상횡령에 해당하고, 그 후 개인자금으로 대출금 상당액을 상환하였다는 등의 사정은 범죄 성립에 영향을 미치지 아니한다[대판 2010.5.27. 2010도369].
ⅱ) 횡령의 범행을 한 자가 물건의 소유자에 대하여 별도의 금전채권을 가지고 있었다고 하더라도 횡령 범행 전에 상계 정산하였다는 등 특별한 사정이 없는 한 그러한 사유만으로 이미 성립한 업무상횡령죄에 영향을 미칠 수는 없다[대판 2014.5.16. 2013도15895].

판례 | 불법영득의사의 인정 기준

보관자가 자기 또는 제3자의 이익을 위하여 소유자의 이익에 반하여 재물을 처분한 경우에는 재물에 대한 불법영득의사를 인정할 수 있으나, 그와 달리 소유자의 이익을 위하여 재물을 처분한 경우에는 특별한 사정이 없는 한 그 재물에 대하여는 불법영득의사를 인정할 수 없다[대판 2016.8.30. 2013도658].

판례 | 불법영득의사가 인정되기 위한 영득의 주체

업무상횡령죄에 있어서 불법영득의 의사라 함은 타인의 재물을 보관하는 자가 자기 또는 제3자의 이익을 꾀할 목적으로 업무상의 임무에 위배하여 보관하는 타인의 재물을 자기의 소유인 경우와 같이 사실상 또는 법률상 처분하는 의사를 의미하므로, 반드시 자기 스스로 영득하여야만 하는 것은 아니다[대판 2015.9.10. 2014도12619].

판례 | 비자금 조성과 불법영득의사의 인정 여부

법인의 운영자 또는 관리자가 법인의 자금을 이용하여 비자금을 조성하였다고 하더라도 그것이 당해 비자금의 소유자인 법인 이외의 제3자가 이를 발견하기 곤란하게 하기 위한 장부상의 분식에 불과하거나 법인의 운영에 필요한 자금을 조달하는 수단으로 인정되는 경우에는 불법영득의 의사를 인정하기 어렵다. 다만 법인의 운영자 또는 관리자가 법인을 위한 목적이 아니라 법인과는 아무런 관련이 없거나 개인적인 용도로 착복할 목적으로 법인의 자금을 빼내어 별도로 비자금을 조성하였다면 그 조성행위 자체로써 불법영득의 의사가 실현된 것으로 볼 수 있다[대판 2010.12.9. 2010도11015].

판례 | 불법영득의사가 인정된 경우

1. 타인으로부터 용도가 엄격히 제한된 자금을 위탁받아 집행하면서 그 제한된 용도 이외의 목적으로 자금을 사용하는 것은 그 사용이 개인적인 목적에서 비롯된 경우는 물론 결과적으로 자금을 위탁한 본인을 위하는 면이 있더라도 그 사용행위 자체로서 불법영득의 의사를 실현한 것이 되어 횡령죄가 성립한다[대판 2008.2.29. 2007도9755; 동지 대판 2000.3.14. 99도4923], [동지 대판 1999.7.9. 98도4088].
2. 회사의 대표이사가 보관 중인 회사 재산을 처분하여 그 대금을 정치자금으로 기부한 경우 그것이 회사의 이익을 도모할 목적으로 합리적인 범위 내에서 이루어졌다면 그 이사에게 횡령죄에 있어서 요구되는 불법영득의 의사가 있다고 할 수 없을 것이나, 그것이 회사의 이익을 도모할 목적보다는 후보자 개인의 이익을 도모할 목적이나 기타 다른 목적으로 행하여졌다면 그 이사는 회사에 대하여 횡령죄의 죄책을 면하지 못한다[대판 2005.5.26. 2003도5519].
3. 피고인이 금전의 수수를 수반하는 부동산의 매도에 관한 사무의 위탁의 취지에 반하여 부동산의 매매계약금으로 수령한 돈을 자신의 피해자에 대한 채권의 변제에 충당한다는 명목으로 그 반환을 거부하면서 자기의 소유인 것 같이 이를 처분하였다면 피고인이 위 매매계약금의 반환을 거부한 데에는 정당한 사유가 있다고 할 수 없어 불법영득의 의사가 인정된다[대판 2004.3.12. 2004도134].
4. 회사가 기업활동을 하면서 형사상의 범죄를 수단으로 하여서는 안 되므로 뇌물공여를 금지하는 법률 규정은 회사가 기업활동을 할 때 준수하여야 하고, 따라서 회사의 이사 등이 업무상의 임무에 위배하여 보관 중인 회사의 자금으로 뇌물을 공여하였다면 이는 오로지 회사의 이익을 도모할 목적이라기보다는 뇌물공여 상대방의 이익을 도모할 목적이나 기타 다른 목적으로 행하여진 것이라고 보아야 하므로, 그 이사 등은 회사에 대하여 업무상횡령죄의 죄책을 면하지 못한다. 그리고 특별한 사정이 없는 한 이러한 법리는 회사의 이사 등이 회사의 자금으로 부정한 청탁을 하고 배임증재를 한 경우에도 마찬가지로 적용된다[대판 2013.4.25. 2011도9238].

판례 | 불법영득의사가 인정되지 않은 경우

1. 회사에 대하여 개인적인 채권을 가지고 있는 대표이사가 회사를 위하여 보관하고 있는 회사 소유의 금전으로 자신의 채권의 변제에 충당하는 행위는 회사와 이사의 이해가 충돌하는 자기거래행위에 해당하지 않는다고 할 것이므로, 대표이사가 이사회의 승인 등의 절차 없이 그와 같이 자신의 회사에 대한 채권을 변제하였더라도 이는 대표이사의 권한 내에서 한 회사채무의 이행행위로서 유효하며, 따라서 그에게는 불법영득의 의사가 인정되지 아니하여 횡령죄의 죄책을 물을 수 없다[대판 1999.9.2. 98도2296; 동지 대판 2002.7.26. 2001도5459].

2. **(가장납입된 주금을 인출한 경우)** 회사의 경영자가 주금을 납입하고 인출할 당시에 그의 주관적 의사는 단지 회사설립요건을 갖출 의도하에 편의상 주금이 납입된 것과 같은 외관을 일시적으로 만들어 내고자 하는 것에 불과하고 회사 소유의 금원을 회사의 목적 외의 용도에 임의로 사용하고자 하는 것은 아니므로, 이에 대하여 상법상 주금가장납입죄가 성립함은 별론으로 하고 그 자금의 인출행위에 회사 재산에 대한 불법영득 의사를 인정할 수 없어 업무상횡령죄가 성립한다고 볼 수 없다[대판 2003.8.22. 2003도2807; 동지 대판 2009.6.25. 2008도10096].

3. **(실질상 가장납입금을 인출한 경우)** 甲 주식회사의 사실상 경영자인 피고인이, 乙에게서 돈을 차용하여 가장납입의 방법으로 甲 회사의 유상증자에 참여한 후 乙이 납입한 주금 해당액을 바로 인출하여 자기앞수표로 반환하였는데, 이후 회계감사에 대비하여 위 수표를 乙에게서 잠시 돌려받아 甲 회사 계좌에 입금한 뒤 다시 해당 금액을 인출하여 변제한 경우, 피고인이 주금 가장납입의 방법에 의한 납입금에 해당하는 금액을 자기앞수표로 인출한 것이 甲 회사에 실질적으로 귀속되는 회사 자금의 횡령행위라고 볼 수 없으며, 나아가 회계감사에 대비하여 수표를 甲 회사에 일시 반환하도록 하였다가 다시 인출하여 돌려준 사정만으로는 위 돈이 甲 회사에 실질적으로 귀속된 것으로 볼 수 없고, 오히려 위 인출 및 반환과 재인출 경위에 비추어 이는 즉시 반환이 예정된 일시 차용에 불과하여 그 실질은 위 가장납입금의 당초 약정에 따른 종국적 인출행위라고 보는 것이 타당하므로, 피고인에게 甲 회사의 돈을 임의로 유용한다는 불법영득의사가 존재한다고 볼 수 없다[대판 2011.9.8. 2011도7262].

4. **(중요) (반환거부에 정당한 이유가 있는 경우)** [1] 형법 제355조 제1항에서 정하는 '반환의 거부'란 보관물에 대하여 소유자의 권리를 배제하는 의사표시를 하는 행위를 뜻하므로, '반환의 거부'가 횡령죄를 구성하려면 타인의 재물을 보관하는 자가 단순히 반환을 거부한 사실만으로는 부족하고 반환거부의 이유와 주관적인 의사들을 종합하여 반환거부행위가 횡령행위와 같다고 볼 수 있을 정도이어야 한다. 횡령죄에서 불법영득의 의사는 타인의 재물을 보관하는 자가 그 취지에 반하여 정당한 권원 없이 스스로 소유권자와 같이 이를 처분하는 의사를 말하므로 비록 반환을 거부하였더라도 반환거부에 정당한 이유가 다면 불법영득의 의사가 있다고 할 수 없다.
[2] 주류업체 甲 주식회사의 사내이사인 피고인이 피해자를 상대로 주류대금 청구소송을 제기한 민사 분쟁 중 피해자가 착오로 피고인이 관리하는 甲 회사 명의 계좌로 금원을 송금하여 피고인이 이를 보관하게 되었는데, 피고인은 피해자로부터 위 금원이 착오송금된 것이라는 사정을 문자메시지를 통해 고지받아 위 금원을 반환해야 할 의무가 있었음에도, 피해자와 상계 정산에 관한 합의 없이 피고인이 주장하는 주류대금 채권액을 임의로 상계 정산한 후 반환을 거부하여 횡령죄로 기소된 사안에서, 어떤 예금계좌에 금원이 착오로 잘못 송금되어 입금된 경우 수취인과 송금인 사이에 신의칙상 보관관계가 성립하기는 하나, 특별한 사정이 없는 한 이러한 이유만으로 송금인이 착오로 송금한 금전이 위탁자가 목적과 용도를 정하여 명시적으로 위탁한 금전과 동일하다거나, 송금인이 수취인에게 금원의 수수를 수반하는 사무처리를 위임하였다고 보아 수취인의 송금인에 대한 상계권 행사가 당초 위임한 취지에 반한다고 평가할 수는 없는 점, 관련 민사사건의 진행경과에 비추어 甲 회사가 반환거부 일시경 피해자에 대하여 반환거부 금액에 상응하는 물품대금채권을 보유하고 있었던 것으로 보이는 점, 피고인은 착오송금된 금원 중 甲 회사의 물품대금채권액에 상응한 금액을 제외한 나머지는 송금 다음 날 반환하였고, 나머지에 대해서도 반환을 요청하는 피해자에게 甲 회사의 물품대금채권을 자동채권으로 하여 상계권을 행사한다는 의사를 충분히 밝힌 것으로 보여, 피고인이 불법영득의사를 가지고 반환을 거부한 것이라고 단정하기 어려운 점을 종합하면, 피고인이 피해자의 착오로 甲 회사 명의 계좌로 송금된 금원 중 甲 회사의 피해자에 대한 채권액에 상응하는 부분에 관하여 반환을 거부한 행위는 정당한 상계권의 행사로 볼 여지가 있으므로, 피고인의 반환거부행위가 횡령행위와 같다고 보아 불법영득의사를 인정한 원심판결에 법리오해의 잘못이 있다고 한 사례[대판 2022.12.29. 2021도2088].

5. 횡령죄에서의 불법영득의사는 타인의 재물을 보관하는 자가 그 위탁 취지에 반하여 권한 없이 스스로 소유권자의 처분행위(반환 거부를 포함한다)를 하려는 의사를 의미하므로, 보관자가 자기 또는 제3자의 이익을 위한 것이 아니라 그 소유자의 이익을 위하여 이를 처분한 경우에는 특별한 사정이 없는 한 위와 같은 불법영득의 의사를 인정할 수 없다. 다만 타인으로부터 용도가 엄격히 제한된 자금을 위탁받아 집행하면서 그 제한된 용도 이외의 목적으로 자금을 사용하는 것은 그것이 결과적으로 자금을 위탁한 본인을 위하는 면이 있더라도 그 사용행위 자체로서 불법영득의 의사를 실현하는 것이 되어 횡령죄가 성립하겠지만, 이러한 경우에 해당하지 아니할 때에는 피고인이 불법영득의사의 존재를 인정하기 어려운 사유를 들어 그 돈의 행방이나 사용처에 대한 설명을 하고 있고 이에 부합하는 자료도 있다면 달리 특별한 사정이 인정되지 아니하는 한 함부로 그 위탁받은 돈을 불법영득의사로 횡령하였다고 인정할 수는 없다[대판 2024.9.12. 2024도6728].80)

판례 | 금원의 전용과 관련하여 불법영득의사가 인정되는 경우

1. **(학교법인의 교비회계 전용)** [1] 보조금의 예산 및 관리에 관한 법률의 규정 취지에 비추어 보면, 위 법률에 의한 국가보조금은 그 용도가 엄격히 제한된 자금으로 봄이 상당하므로, 사립학교에서 이를 전용하여 학교법인의 수익용 자산 취득비용으로 사용한 경우, 횡령죄가 성립한다.

   [2] 사립학교의 경우, 사립학교법 제29조 및 같은법 시행령에 의해 학교법인의 회계가 학교회계와 법인회계로 구분되고 학교회계 중 특히, 교비회계에 속하는 수입은 다른 회계에 전출하거나 대여할 수 없는 등 용도가 엄격히 제한되어 있기 때문에 교비회계자금을 다른 용도에 사용하였다면 그 자체로서 횡령죄가 성립한다[대판 2004.12.24. 2003도4570; 동지 대판 2005.9.28. 2005도3929].

   동지판례 ⅰ) 甲 학교의 교비회계자금을 같은 학교법인에 속하는 乙 학교의 교비회계에 사용한 경우[대판 2002.5.10. 2001도1779].

   ⅱ) 수개의 학교법인을 운영하는 자가 각 학교법인의 금원을 다른 학교법인을 위하여 사용한 경우[대판 2000.12.8. 99도214].

   ⅲ) [1] 사립학교법은 사립학교의 특수성에 비추어 그 자주성을 확보하고 공공성을 높임으로써 사립학교의 건전한 발달을 도모함을 목적으로 하면서(제1조), 학교법인의 회계를 그가 설치·경영하는 '학교에 속하는 회계'(이하 '학교회계'라 한다)와 '법인의 업무에 속하는 회계'(이하 '법인회계'라 한다)로 구분하고(제29조 제1항), 학교회계는 교비회계와 부속병원회계(부속병원이 있는 경우에 한한다)로 구분할 수 있고, 교비회계는 등록금회계와 비등록금회계로 구분하며, 회계의 세입·세출에 관한 사항은 대통령령으로 정하되 학교가 받은 기부금 및 수업료 기타 납부금은 교비회계의 수입으로 하여 이를 별도 계좌로 관리하여야 하고(제29조 제2항), 교비회계에 속하는 수입이나 재산은 다른 회계로 전출, 대여하거나 목적 외로 부정하게 사용할 수 없다고 규정하고 있다(제29조 제6항 본문). 사립학교법 제29조 제2항의 위임을 받은 같은 법 시행령 제13조 제2항은 교비회계의 세출에 해당하는 경비를 학교운영에 필요한 인건비 및 물건비(제1호), 학교교육에 직접 필요한 시설·설비를 위한 경비(제2호), 교원의 연구비, 학생의 장학금, 교육지도비 및 보건체육비(제3호), 교비회계의 세출에 충당하기 위한 차입금의 상환원리금(제4호), 기타 학교교육에 직접 필요한 경비(제5호)로 한정함으로써 사립학교가 학생으로부터 징수하는 입학금·수업료 등으로 이루어지는 교비회계에 속하는 수입은 그 지출 용도를 엄격히 제한하고 있고, '사학기관 재무·회계규칙' 제15조의2 제1항 본문은 법인회계와 학교회계 예산과목의 구분은 [별표 1]부터 [별표 4]까지에 따른다고 규정하면서 [별표 2]는 법인회계 세출예산 과목을, [별표 4]는 학교회계 세출예산 과목을 세분화하여 규정하고 있다.

   사립학교법이 이와 같이 회계를 분리하고 있는 이유는 재정적 기초가 서로 다른 회계들을 엄격하게 구분하여 사립학교 회계의 공공성과 투명성을 담보하고자 함에 있고, 특히 '교비회계'의 다른 회계로의 전용을 금지하는 이유는 사립학교의 '교비회계에 속하는 수입 및 재산'이 본래의 용도인 학교의 학문 연구와 교육 및 학교운영을 위해 사용되도록 하여, 사립학교가 교육기관으로서 양질의 교육을 제공하는 동시에 교육의 공공성을 지킬 수 있는 재정적 기초를 다질 수 있도록 하려는 것이다.

   따라서 교비회계에 속하는 수입에 의한 지출이 허용되는 교비회계의 세출에 해당하는지 여부는 자금 지출의 목적, 동기 내지 의도와 경위, 해당 지출과 학교교육과의 밀접성 정도, 지출 절차와 규모, 지출에 따른 효과 등 지출과 관련된 제반 사정을 종합적으로 살펴보아 해당 학교의 교육에 직접 필요한 것인지에 따라 판단하여야 한다.

---

80) **[판례해설]** 대법원은 ① 위 신축사업은 피고인 측 회사와 피해회사의 공동사업이고 피해회사 명의 계좌에 있던 돈은 공동사업자금에 해당하는데, 피고인은 지주공동사업계약에서 정한 피고인 측 회사의 업무에 종사하면서 피해회사 명의 계좌를 관리하였고 피해회사는 피고인에게 신축사업 자금 집행과 관련하여 포괄적인 위임을 하였으며, 피고인이 피해회사에 자금집행 내역을 보고할 의무는 없었던 점, ② 피해회사는 위 공동사업자금이 공동 주체인 피고인 측 회사의 사무실 운영비, 직원 급여 등 경비 지출의 목적으로 사용될 것임을 예정하였다고 볼 여지가 있는 점, ③ 피해회사 명의 계좌로 입금한 돈은 합리적인 범위 내에서는 신축사업과 직·간접적으로 관련된 것으로서 신축사업의 공동 주체인 피고인 측 회사의 사무실 운영비, 직원 급여 등으로 사용할 수 있었다고 봄이 타당한 점, ④ 피고인 측 계좌로 이체된 돈 중 일부를 피고인 측 회사의 인건비 등으로 사용하였다는 피고인의 주장을 가볍게 배척하기는 어려운 점 등에 비추어 보면, 피고인이 피해회사 명의 계좌에서 피고인 측 계좌로 이체하여 그중 일부를 신축사업의 공동주체인 피고인 측 회사 직원 급여 등 용도로 사용하였다고 하더라도 그것이 신축사업과 직·간접적으로 관련이 있는 것으로서 공동사업자금에서 지출하도록 정하고 있는 용도의 범위 안에 있다면 피고인에게 불법영득의 의사가 인정된다고 단정하기 어렵고, 원심은 위와 같은 사정을 염두에 두고 피고인의 범의 유무를 따져보고 피고인이 이체한 돈을 용도에 반하여 사용하였는지 충분히 심리하였어야 한다고 보아, 이와 달리 판단한 원심을 파기·환송하였다.

[2] 학교법인은 사립학교만을 설치 · 경영할 목적으로 사립학교법에 따라 설립되는 법인이므로(사립학교법 제2조 제2호) 학교법인의 주 업무는 '사립학교 설치 · 경영'이다. 그런데 만약 학교운영 또는 학교교육과 관련이 있다는 이유만으로 소송비용 등 법적 분쟁 비용을 만연히 교비회계 자금에서 사용할 수 있도록 한다면 사립학교 운영에 필요한 재정건전성이 침해될 우려가 있다. 따라서 소송비용 등 법적 분쟁 비용을 교비회계에서 지출할 수 있는지 여부는 해당 소송사건이 사립학교법 시행령 제13조 제2항 각호의 세출항목과 직접 관련된 것으로서, 학교법인과 영조물인 학교 사이의 역할 분담과 권한 분장에 따른 실질적 업무수행과 비용부담 주체, 소송의 동기와 경위, 소송의 내용과 성격, 비용 지출 절차와 지출 규모의 적정성, 지출을 통하여 달성하려는 목적과 기대되는 효과 등 제반 사정을 종합적으로 고려하여 그 비용이 궁극적으로 당해 학교교육의 본래적 기능 훼손을 방지하기 위하여 직접 필요한 것인지에 따라 판단하여야 한다.

[3] 타인으로부터 용도가 엄격히 제한된 자금을 위탁받아 집행하면서 제한된 용도 이외의 목적으로 자금을 사용하는 것은 그 사용이 개인적인 목적에서 비롯된 경우는 물론 결과적으로 자금을 위탁한 본인을 위하는 면이 있더라도 사용행위 자체로서 불법영득의 의사를 실현한 것이 되어 횡령죄가 성립하므로, 결국 사립학교의 교비회계에 속하는 수입을 적법한 교비회계의 세출에 포함되는 용도, 즉 해당 학교의 교육에 직접 필요한 용도가 아닌 다른 용도에 사용하였다면 사용행위 자체로서 불법영득의사를 실현하는 것이 되어 그로 인한 죄책을 면할 수 없다[대판 2025.3.13, 2023도12436; 대판 2025.4.10, 2021도8805; 대판 2025.4.24, 2021도1336].

2. **(회사자금의 용도외 사용)** 회사의 경영자가 자금을 지출함에 있어 그 자금의 용도가 엄격히 제한되어 있는 경우 그 용도 외의 사용은 그것이 회사를 위한 것이라도 그 사용행위 자체로서 불법영득의 의사를 실현한 것이라 할 것이다[대판 1997.4.22, 96도8].

동지판례 ⅰ) 집합건물의 관리회사가 구분소유자들로부터 특별수선충당금의 명목으로 금원을 납부받아 보관하던 중 이를 일반경비로 사용한 경우 횡령죄를 구성한다[대판 2004.5.27, 2003도6988].
ⅱ) 임대인 회사 대표이사가 임차인으로부터 수도요금 등 납부라는 특정한 목적으로 위탁받은 돈을 은행대출이자 용도 등으로 임의소비한 경우, 횡령죄가 성립한다[대판 2008.10.9, 2008도3787].

3. **(보관금의 용도외 사용)** 주상복합상가의 매수인들로부터 우수상인유치비 명목으로 금원을 납부받아 보관하던 중 그 용도와 무관하게 일반경비로 사용한 경우 횡령죄를 구성한다[대판 2002.8.23, 2002도366].

동지판례 학교법인 이사장인 피고인이, 학교법인이 설치 · 운영하는 대학 산학협력단이 용도를 특정하여 교부받은 보조금 중 3억 원을 대학 교비계좌로 송금하여 교직원 급여 등으로 사용한 사안에서, 위 행위는 국고보조금으로 교부된 산학협력단 자금을 지정된 용도 외의 용도에 사용한 것으로서 업무상횡령죄에 해당한다고 본 원심판단을 수긍한 사례[대판 2011.10.13, 2009도13751].

판례 | 금원의 전용과 관련하여 불법영득의사가 부정된 경우

1. 법인의 대표자가 법인의 예비비를 전용하여 기관운영판공비, 회의비 등으로 사용한 경우, 이사회에서 사전에 예비비의 전용결의가 이루어지지 아니하였다는 사정만으로 불법영득의 의사를 단정할 수 없다[대판 2002.2.5, 2001도5439].
2. 사립학교에 있어서 학교교육에 직접 필요한 시설, 설비를 위한 경비 등과 같이 원래 교비회계에 속하는 자금으로 지출할 수 있는 항목에 관한 차입금을 상환하기 위하여 교비회계 자금을 지출한 경우, 이러한 차입금 상환행위에 관하여 교비회계 자금을 임의로 횡령하고자 하는 불법영득의 의사가 있다고 보기는 어렵고, 만일 그 행위자가 이러한 차입을 하거나 지출을 하는 과정에서 사립학교법의 관련 규정을 제대로 준수하지 아니하였다면 이에 대하여 사립학교법에 따른 형사적 제재 등이 부과될 수 있을 뿐이다[대판 2006.4.28, 2005도4085].

판례 | 불법영득의사의 입증에 관한 판례정리[81)]

1. 불법영득의 의사에 관한 입증책임은 어디까지나 검사에게 있는 것이므로, 임직원이 판공비 등을 불법영득의 의사로 횡령한 것으로 인정하려면 판공비 등이 업무와 관련 없이 개인적인 이익을 위하여 지출되었다거나 또는 업무와 관련되더라도 합리적인 범위를 넘어 지나치게 과다하게 지출되었다는 점이 증명되어야 할 것이고, 단지 판공비 등을 사용한 임직원이 그 행방이나 사용처를 제대로 설명하지 못하거나 사후적으로 그 사용에 관한 증빙자료를 제출하지 못하고 있다고 하여 함부로 불법영득의 의사로 이를 횡령하였다고 추단하여서는 아니된다[대판 2010.6.24, 2007도5899].

비교판례 주식회사의 대표이사가 회사 자금을 인출하여 사용하였는데 그 사용처에 관한 증빙자료를 제시하지 못하고 있고 그 인출사유와 자금의 사용처에 관하여 납득할 만한 합리적인 설명을 하지 못하고 있다면, 이 부분은 그가 불법영득의 의사로 회사 자금을 인출하여 개인적 용도로 사용한 것으로 추단할 수 있다[대판 2015.1.15, 2014도9691].

81) 소송법적 내용에 가까운 것이나 불안해소 차원에서 정리하여 두었다.

2. 피고인들이 보관·관리하고 있던 회사의 비자금이 인출·사용되었음에도 피고인들이 그 행방이나 사용처를 제대로 설명하지 못하거나, 피고인들이 주장하는 사용처에 사용된 자금이 그 비자금과는 다른 자금으로 충당된 것으로 드러나는 등 피고인들이 주장하는 사용처에 비자금이 사용되었다는 점을 인정할 수 있는 자료가 부족하고 오히려 피고인들이 비자금을 개인적인 용도에 사용하였다는 점에 대한 신빙성 있는 자료가 많은 경우 등에는 피고인들이 그 돈을 불법영득의 의사로써 횡령한 것이라고 추단할 수 있다[대판 2012.8.23. 2011도14045].

2. 공범관계

판례 | 횡령죄의 공동정범 인정 여부에 대한 비교판례

1-0. **(인정: 적극가담의 경우)** 주식회사의 재산을 임의로 처분하려는 대표이사의 횡령행위를 주선하고 그 처분행위를 적극적으로 종용한 경우에는 대표이사의 횡령행위에 가담한 공동정범의 죄책을 면할 수 없다[대판 2005.8.19. 2005도3045].

1-1. **(부정: 단순 악의의 경우)** 채권자가 채무자로부터 채권확보를 위하여 담보물을 제공받을 때 그 물건이 채무자가 보관중인 타인의 물건임을 알았다고 하여도 그것만으로 채권자가 채무자의 불법영득행위인 횡령행위에 공모가담한 것으로 단정할 수 없다[대판 1992.9.8. 92도1396].

동지판례 부동산의 수탁자가 신탁자의 승낙없이 매각처분함으로써 횡령죄가 성립하는 경우에 매수인이 그 정을 알고 있었다 하더라도 수탁자와 짜고 불법영득할 것을 공모한 것이 아닌 한 그 횡령죄의 공동정범이 되지 아니한다[대판 1979.11.27. 79도2410].

3. 죄수[82]

판례 | 횡령죄와 타죄와의 관계

1. **(자기점유·타인소유물을 기망에 의하여 횡령한 경우: 횡령죄 ○, 사기죄 X)** 사기죄는 타인이 점유하는 재물을 그의 처분행위에 의하여 취득함으로써 성립하는 죄이므로 자기가 점유하는 타인의 재물에 대하여는 이것을 영득함에 기망행위를 한다 하여도 사기죄는 성립하지 아니하고 횡령죄만을 구성한다[대판 1987.12.22. 87도2168]. [19 법원행시, 19 법원9급, 17 변호사]*
2. **(횡령죄가 성립할 뿐 강제집행면탈죄가 성립하지 않는 경우)** [1] 수개의 회사 소유 자금을 지분 비율을 알 수 없는 상태로 구분 없이 함께 보관하던 사람이 그 자금 중 일부를 횡령한 경우, 수개의 회사는 횡령된 자금에 대하여 지분 비율을 알 수 없는 공동 소유자의 지위에 있다고 할 것이니 수개의 회사는 모두 횡령죄의 피해자에 해당한다.
   [2] 회사 대표가 계열회사들 소유 자금 중 일부를 임의로 빼돌려 자기 소유 자금과 구분없이 거주지 안방에 보관한 행위는 계열회사들에 대한 횡령행위의 일부를 구성하는 것일 뿐이고 나아가 이를 일률적으로 회사 대표 개인의 채권자들에 대한 강제집행면탈행위로서의 은닉행위로 평가할 수는 없다[대판 2007.6.1. 2006도1813].
3. **(횡령죄가 성립할 뿐 배임수재죄가 성립하지 않는 경우)** 타인을 위하여 금전 등을 보관·관리하는 자가 개인적 용도로 사용할 자금을 마련하기 위하여, 적정한 금액보다 과다하게 부풀린 금액으로 공사계약을 체결하기로 공사업자 등과 사전에 약정하고 그에 따라 과다지급된 공사대금 중의 일부를 공사업자로부터 되돌려받는 행위는 그 타인에 대한 관계에서 횡령에 해당한다[대판 2010.5.27. 2010도3399].

82) 위탁관계의 수를 기준으로 결정한다.

Ⅱ 업무상횡령죄

제356조(업무상 횡령) 업무상의 임무에 위배하여 제355조의 죄(횡령죄)를 범한 자는 10년 이하의 징역 또는 3천만원 이하의 벌금에 처한다.

제359조(미수범) 미수범은 처벌한다.

판례 | 업무상횡령죄의 보관자로 볼 수 있는 경우

[1] 업무상횡령죄에서 '업무'는 직업 또는 직무와 유사한 의미로서 법령, 계약에 의한 것뿐만 아니라 관례를 좇거나 사실적이거나를 묻지 않고 같은 행위를 반복할 지위에 따른 사무를 가리키며, 타인의 재물을 보관하는 것을 주된 내용으로 하는 업무뿐 아니라 본래의 업무수행과 관련하여 타인의 재물을 보관하는 경우도 포함된다.
[2] 피고인이 등기부상으로 공소외 회사의 대표이사를 사임한 후에도 계속하여 사실상 대표이사 업무를 행하여 왔고 회사원들도 피고인을 대표이사의 일을 하는 사람으로 상대해 왔다면 피고인은 위 회사 소유 금전을 보관할 업무상의 지위에 있다 할 것이다[대판 1982.1.12. 80도1970].

판례 | 업무상횡령죄의 횡령액의 판단기준

타인을 위하여 금전 등을 보관·관리하는 자가 개인적 용도로 사용할 자금을 마련하기 위하여, 적정한 금액보다 과다하게 부풀린 금액으로 공사계약을 체결하기로 공사업자 등과 사전에 약정하고 그에 따라 과다 지급된 공사대금 중의 일부를 공사업자로부터 되돌려 받는 행위는 그 타인에 대한 관계에서 과다하게 부풀려 지급된 공사대금 상당액의 횡령이 된다[대판 2015.12.10. 2013도13444].

판례 | 업무상횡령죄가 성립하는 경우

주식회사의 대표이사가 타인을 기망하여 회사가 발행하는 신주를 인수하게 한 다음 그로부터 납입받은 신주인수대금을 보관하던 중 횡령한 행위는 사기죄와는 전혀 다른 새로운 보호법익을 침해하는 행위로서 별죄를 구성한다[대판 2006.10.27. 2004도6503]. [20 법원9급, 18 법원행시]*

판례 | 업무상횡령죄에 있어서의 불법영득의 의사가 부정되는 경우

예산을 집행할 직책에 있는 자가 자신의 이익을 위한 것이 아니고 경비 부족을 메우기 위하여 예산을 유용한 경우, 그 예산의 항목 유용 자체가 위법한 목적을 가지고 있다거나 예산의 용도가 엄격하게 제한되어 있는 경우는 별론으로 하고 그것이 본래 책정되거나 영달되어 있어야 할 필요경비이기 때문에 일정한 절차를 거치면 그 지출이 허용될 수 있었던 때에는 그 간격을 메우기 위한 유용이 있었다는 것만으로 바로 그 유용자에게 불법영득의 의사가 있었다고 단정할 수는 없다[대판 1995.2.10. 94도2911].

Ⅲ 점유이탈물횡령죄

제360조(점유이탈물횡령) ① 유실물, 표류물 또는 타인의 점유를 이탈한 재물을 횡령한 자는 1년 이하의 징역이나 300만원 이하의 벌금 또는 과료에 처한다.
② 매장물을 횡령한 자도 전항의 형과 같다.

점유이탈물은 점유자의 의사에 의하지 않고 그 점유를 떠난 타인소유의 재물을 말한다.

판례 | 점유이탈물횡령의 고의가 부정된 경우

다른 사람의 유실물인 줄 알면서 당국에 신고하거나 피해자의 숙소에 운반하지 아니하고 자기 친구 집에 운반한 사실만으로서는 점유이탈물횡령의 범의를 인정하기 어렵다[대판 1969.8.19. 69도1078].

판례 | 불법영득의사가 부정된 경우

자전거를 습득하여 소유자가 나타날 때까지 보관을 선언하고 수일간 보관한 경우에는 영득의 의사가 없었다고 보는 것이 타당할 것이다[대판 1957.7.12. 4290형상104].

제7절 배임의 죄

출제 POINT

사실상 재산죄에서 가장 난해한 부분이라고 할 수 있다. 배임죄의 성립요건과 관련하여 타인의 사무처리자인지 여부에 관한 판례, 부동산의 이중매매, 동산의 이중매매의 배임죄의 성립 여부 기타 배임수증죄에서 '부정한 청탁'의 의미 및 그 인정 여부에 관한 판례가 중요하다.

I 총설

판례 | 배임죄의 주체 요건(대리권의 존재를 요하지 않음, 배신설의 입장)

배임죄에 있어서 타인의 사무를 처리하는 자라 함은 양자간의 신임관계에 기초를 둔 타인의 재산보호 내지 관리의무가 있음을 그 본질적 내용으로 하는 것이므로, 배임죄의 성립에 있어 행위자가 대외관계에서 타인의 재산을 처분할 적법한 대리권이 있음을 요하지 아니한다[대판 1999.9.17. 97도3219].

II 배임죄

제355조(배임) ② 타인의 사무를 처리하는 자가 그 임무에 위배하는 행위로써 재산상의 이익을 취득하거나 제3자로 하여금 이를 취득하게 하여 본인에게 손해를 가한 때에도 전항(횡령죄)의 형과 같다.

제359조(미수범) 미수범은 처벌한다.

1. 구성요건

(1) 객관적 구성요건

① 주체: 타인의 사무를 처리하는 자이다.

㉮ 사무처리의 근거

판례 | 사무처리의 근거(법령, 법률행위, 관습, 사무관리, 사실상의 것도 포함)

1. [1] 사무처리의 근거, 즉 신임관계의 발생근거는 법령의 규정, 법률행위, 관습 또는 사무관리에 의하여도 발생할 수 있으므로, 법적인 권한이 소멸된 후에 사무를 처리하거나 그 사무처리자가 그 직에서 해임된 후 사무인계 전에 사무를 처리한 경우도 배임죄에 있어서의 사무를 처리하는 경우에 해당한다.
[2] 주택조합 정산위원회 위원장이 해임되고 후임 위원장이 선출되었는데도 업무 인계를 거부하고 있던 중 정산위원회를 상대로 제기된 소송의 소장부본 및 변론기일소환장을 송달받고도 그 제소사실을 정산위원회에 알려주지도 않고 스스로 응소하지도 않아 의제자백에 의한 패소확정판결을 받게 한 경우, 업무상배임죄의 성립을 인정한 사례[대판 1999.6.22. 99도1095].

2. [1] 업무상배임죄에서 업무의 근거는 법령, 계약, 관습의 어느 것에 의하건 묻지 않고, 사실상의 것도 포함한다.
[2] 미성년자와 친생자관계가 없으나 호적상 친모로 등재되어 있는 자가 미성년자의 상속재산 처분에 관여한 경우, 배임죄에 있어서 타인의 사무를 처리하는 자의 지위에 있다[대판 2002.6.14. 2001도3534].

판례 | 타인의 사무처리자에 해당되지 않는 경우(법률행위가 당연무효인 경우, 배임죄 불성립)

1. **(첩 계약 사건)** 내연의 처와의 불륜관계를 지속하는 대가로서 부동산에 관한 소유권이전등기를 경료해 주기로 계약한 경우, 위 부동산증여계약은 선량한 풍속과 사회질서에 반하는 것으로 무효이어서 위 증여로 인한 소유권이전등기의무가 인정되지 아니하는 이상 동인이 타인의 사무를 처리하는 자에 해당한다고 볼 수 없어 비록 위 등기의무를 이행하지 않는다 하더라도 배임죄를 구성하지 않는다[대판 1986.9.9. 86도1382].

2. **(토지거래허가구역 내의 토지에 대하여 거래허가를 받지 않은 매매계약 사건)** 국토이용관리법 제21조의2에 의하여 지정된 토지의 거래계약 허가구역 안에 있는 토지의 매매에 관하여 같은법 제21조의3 제1항에 의한 토지거래허가를 받은 바 없으므로, 그 매매계약은 채권적 효력도 없는 것이어서 매도인에게 매수인에 대한 소유권이전등기에 협력할 의무가 생겼다고 볼 수 없으므로 매도인을 배임죄의 주체인 타인의 사무를 처리하는 자에 해당한다고 할 수 없고, 허가구역 안에 있는 토지의 거래당사자 사이에 그 허가를 받도록 서로 협력할 의무가 있다고 하더라도 이는 아직 타인의 사무로 볼 수는 없다[대판 1996.2.9. 95도2891], [대판 1996.8.23. 96도1514]. [17 법원행시]*

㉯ 사무의 타인성

판례 | 타인의 사무의 의미

1. 배임죄에서 "타인의 사무처리"로 인정되려면, 타인의 재산관리에 관한 사무의 전부 또는 일부를 타인을 위하여 대행하는 경우와 타인의 재산보전행위에 협력하는 경우라야만 되는 것이고, 단순히 타인에 대하여 채무를 부담함에 불과한 경우에는 본인의 사무로 인정될지언정 타인의 사무처리에 해당한다 할 수는 없다[대판 1984.12.26. 84도2127].

2. 배임죄에 있어서 타인의 사무라 함은, 예컨대 위임, 고용 등의 계약상 타인의 재산의 관리, 보전의 임무를 부담하는 데 본인을 위하여 일정한 권한을 행사하는 경우, 등기협력의무와 같이 매매, 담보권설정 등 자기의 거래를 완성하기 위한 자기의 사무인 동시에 상대방의 재산보전에 협력할 의무가 있는 경우 따위를 말한다[대판 1983.2.8. 81도3137].

3. [1] 사무의 성질이 타인의 사무가 아니라 자기의 사무에 속하는 것이라면 그 사무를 타인을 위하여 처리하는 경우라도 배임죄의 타인의 사무를 처리하는 자라고 볼 수 없다.

[2] 아파트 건축공사 시행사가 시공사와의 아파트 건축공사 도급계약을 체결하면서 분양수입금을 공동명의로 개설한 예금계좌로만 수령하고 그 분양수입금으로 공사대금 등을 지급하기로 특약하였음에도, 시행사가 이를 어기고 아파트에 대한 분양수입금을 공동명의 예금계좌에 입금하지 아니한 채 이를 자신의 기존 채무의 변제 등에 사용한 사안에서, 위 특약은 시행사의 수급인인 시공사에 대한 공사대금 채무의 변제를 확보하는 방편으로 약정한 것에 불과할 뿐이고, 위 아파트의 수분양자로부터 분양수입금을 수령할 권한 자체는 여전히 시행사에 있으며, 그 분양수입금으로 시공사에 공사대금을 지급하는 사무는 시행사 자신의 사무에 속하는 것이므로, 시행사의 위 행위는 시공사에 대한 단순한 민사상의 채무불이행에 불과할 뿐 배임죄를 구성한다고 볼 수 없다고 한 사례[대판 2008.3.13. 2008도373].

4. [1] 채무자가 채권자에 대하여 소비대차 등으로 인한 채무를 부담하고 이를 담보하기 위하여 장래에 부동산의 소유권을 이전하기로 하는 내용의 대물변제예약에서, 약정의 내용에 좇은 이행을 하여야 할 채무는 특별한 사정이 없는 한 '자기의 사무'에 해당하는 것이 원칙이다. 그러므로 채권 담보를 위한 대물변제예약 사안에서 채무자가 대물로 변제하기로 한 부동산을 제3자에게 처분하였다고 하더라도 형법상 배임죄가 성립하는 것은 아니다.
[2] 채무자인 피고인이 채권자 갑에게 차용금을 변제하지 못할 경우 자신의 어머니 소유 부동산에 대한 유증상속분을 대물변제하기로 약정한 후 유증을 원인으로 위 부동산에 관한 소유권이전등기를 마쳤음에도 이를 제3자에게 매도하였다고 하더라도 피고인이 '타인의 사무를 처리하는 자'의 지위에 있다고 볼 수 없어 배임죄가 성립하지 아니한다[대판(전) 2014.8.21. 2014도3363]. [20 변호사, 19 변호사, 19 법원9급, 19 국가9급, 19 경간부, 19 경찰채용, 17 경찰승진, 16 법원행시, 16 국가7급, 16 국가9급, 16 경간부]*

판례 | 타인의 사무를 처리하는 자에 해당하는 경우(배임죄 또는 업무상 배임죄 성립 가능)

1. **(계금을 징수한 계주: 타인의 사무처리자 O)** 계주는 계원들과의 약정에 따라 지정된 곗날에 계원으로부터 월불입금을 징수하여 지정된 계원에게 이를 지급할 임무가 있고, 계주의 이러한 임무는 계주 자신의 사무임과 동시에 타인인 계원들의 사무를 처리하는 것도 되는 것이므로, 계주가 계원들로부터 월불입금을 모두 징수하였음에도 불구하고 그 임무에 위배하여 정당한 사유 없이 이를 지정된 계원에게 지급하지 아니하였다면 다른 특별한 사정이 없는 한 그 지정된 계원에 대한 관계에 있어서 배임죄를 구성한다[대판 1994.3.8. 93도2221; 동지 대판 1987.2.24. 86도1744].

비교판례 i) **(파계가 된 후 기망을 통하여 계금을 징수한 계주: 타인의 사무처리자 X)** 계가 파계된 후에 있어서는 계불입금의 청산의무는 있을지언정 계 존속을 전제로 한 위와 같은 계금 지급의무는 인정할 여지가 없는 것이므로 계주가 파계후에 계원들로부터 계가 존속하는 것처럼 계금을 징수하는 것이 계원들과 사이에 사기죄가 성립함은 별론으로 하고 위와 같이 징수한 금원을 계불입금의 청산금이 아니라 계 존속을 전제로 한 계금으로서 계원에게 지급할 업무상 임무가 있다고 볼 수 없다[대판 1982.11.9. 82도2093].
ii) **(계주가 약정을 위반하여 계금을 징수하지 아니한 경우: 타인의 사무처리자 X)** 낙찰계의 계주가 계원들과의 약정에 따라 부담하는 계금지급의무가 배임죄에서 말하는 '타인의 사무'에 해당하려면 그 관계의 본질적 내용이 단순한 채권관계상의 의무를 넘어서 신임관계에 기초하여 타인의 재산을 보호 내지 관리하는 데 이르러야 하는바, 계주가 계원들로부터 계불입금을 징수하게 되면 그 계불입금은 실질적으로 낙찰계원에 대한 계금지급을 위하여 계주에게 위탁된 금원의 성격을 지니고 따라서 계주는 이를 낙찰·지급받을 계원과의 사이에서 단순한 채권관계를 넘어 신의칙상 그 계금지급을 위하여 위 계불입금을 보호 내지 관리하여야 하는 신임관계에 들어서게 되므로, 이에 기초한 계주의 계금지급의무는 배임죄에서 말하는 타인의 사무에 해당한다. 그러나 계주가 계원들로부터 계불입금을 징수하지 아니하였다면 그러한 상태에서 부담하는 계금지급의무는 위와 같은 신임관계에 이르지 아니한 단순한 채권관계상의 의무에 불과하여 타인의 사무에 속하지 아니하고, 이는 계주가 계원들과의 약정을 위반하여 계불입금을 징수하지 아니한 경우라 하여 달리 볼 수 없다[대판 2009.8.20. 2009도3143].

2. 소위 1인 회사에 있어서도 행위의 주체(1인 주주)와 그 본인(1인 회사)은 분명히 별개의 인격이며, 그 본인인 주식회사에 재산상 손해가 발생하였을 때 배임죄는 기수가 되는 것이므로 궁극적으로 그 손해가 주주의 손해가 된다 하더라도 이미 성립한 죄에는 아무 소장이 없다[대판(전) 1983.12.13. 83도2330].

3. 고객과 증권회사와의 사이에 매매거래에 관한 위탁계약이 성립되기 이전에는 증권회사는 매매거래 계좌설정 계약시 고객이 입금한 예탁금을 고객의 주문이 있는 경우에 한하여 그 거래의 결제의 용도로만 사용하여야 하고, 고객의 주문이 없이 무단 매매를 행하여 고객의 계좌에 손해를 가하지 아니하여야 할 의무를 부담하는 자로서, 고객과의 신임관계에 기초를 두고 고객의 재산 관리에 관한 사무를 대행하는 타인의 사무를 처리할 지위에 있다[대판 1995.11.21. 94도1598].

4. 피고인이 甲으로부터 토지를 매수하여 먼저 소유권이전등기를 넘겨받은 다음 매매대금 지급을 담보하기 위해 이를 신탁회사에 처분신탁하고 신탁계약상의 수익권에 관하여 甲에게 권리질권을 설정해 주었으나, 매매대금 일부가 미지급된 상태에서 일부 토지에 관한 신탁계약을 해지하고 이를 제3자에게 처분한 사안에서, 피고인은 배임죄의 주체인 '타인의 사무를 처리하는 자'에 해당하고, 피고인의 배임행위로 甲에게 손해를 가하였다고 본 원심판단을 수긍한 사례[대판 2010.8.26. 2010도4613].

5. 지입차주가 자신이 실질적으로 소유하거나 처분권한을 가지는 자동차에 관하여 지입회사와 지입계약을 체결함으로써 지입회사에 자동차의 소유권등록 명의를 신탁하고 운송사업용 자동차로서 등록 및 유지 관련 사무의 대행을 위임한 경우에는, 특별한 사정이 없는 한 지입회사 측이 지입차주의 실질적 재산인 지입차량에 관한 재산상 사무를 일정한 권한을 가지고 맡아 처리하는 것으로서 당사자 관계의 전형적·본질적 내용이 통상의 계약에서의 이익대립관계를 넘어서 그들 사이의 신임관계에 기초하여 타인의 재산을 보호 또는 관리하는 데에 있으므로, 지입회사 운영자는 지입차주와의 관계에서 '타인의 사무를 처리하는 자'의 지위에 있다고 할 것이나, **지입차주가 지입회사로부터 할부로 지입회사 소유의 자동차를 매수하면서 해당 자동차에 관하여 지입계약을 체결**한 경우에는 특별한 사정이 없는 한 지입차주가 그 할부대금을 완납하기 전까지는 지입차량을 지입차주의 실질적 재산이라고 보기 어려우므로, 지입계약이 체결되었다는 사실만으로 곧바로 지입회사 운영자가 지입차주와의 관계에서 지입차량에 관한 재산상 사무를 맡아 처리하는 '타인의 사무를 처리하는 자'의 지위에 있다고 보기 어렵다[대판 2021.6.24. 2018도14365; 대판 2024.11.14. 2024도13000].

판례해설 지입회사 운영자인 피고인은 지입차주인 피해자들과의 관계에서 '타인의 사무를 처리하는 자'의 지위에 있다고 할 것이고, 지입계약의 이행을 위하여 지입차량의 법률상 소유권이 지입회사에 신탁된다는 사정은 이를 부정할 만한 근거가 될 수 없다. 나아가 일반적인 지입계약의 기본적 내용에 비추어 당사자 사이에 특별한 약정이 없는 한 지입회사 운영자는 지입차주의 실질적 재산인 지입차량을 임의로 처분하지 아니할 의무를 부담한다고 할 것이므로, 피고인이 피해자들의 동의 없이 이 사건 각 버스에 관하여 임의로 이 사건 각 저당권을 설정함으로써 피해자들에게 재산상 손해를 가한 것은 배임죄를 구성한다고 봄이 타당하다.

6. 직무발명에 대한 특허를 받을 수 있는 권리 등을 사용자 등에게 승계한다는 취지를 정한 약정 또는 근무규정의 적용을 받는 종업원 등은 사용자 등이 이를 승계하지 아니하기로 확정되기 전까지는 임의로 위와 같은 승계 약정 또는 근무규정의 구속에서 벗어날 수 없는 상태에 있는 것이어서, 종업원 등이 그 발명의 내용에 관한 비밀을 유지한 채 사용자 등의 특허권 등 권리의 취득에 협력하여야 할 의무는 자기사무의 처리라는 측면과 아울러 상대방의 재산보전에 협력하는 타인사무의 처리라는 성격을 동시에 가지게 되므로, 이러한 경우 그 종업원 등은 배임죄의 주체인 '타인의 사무를 처리하는 자'의 지위에 있다고 할 것이다. 따라서 위와 같은 지위에 있는 종업원 등이 그 임무에 위배하여 직무발명을 완성하고도 그 사실을 사용자 등에게 알리지 않은 채 그 발명에 대한 특허를 받을 수 있는 권리를 제3자에게 이중으로 양도하여 제3자가 특허권 등록까지 마치도록 하는 등으로 그 발명의 내용이 공개되도록 하였다면, 이는 사용자 등에게 손해를 가하는 행위로서 배임죄를 구성한다고 할 것이다[대판 2012.11.15. 2012도6676]. [23 경간부]*

판례 | 타인의 사무를 처리하는 자에 해당하지 않는 경우(배임죄 성립 불가능)

1-1. **(단순한 민사 채무자)** 피고인이 월부상환 중인 자동차를 공소외인에게 매도하였으나 자동차등록명의는 피고인의 명의로 남아 있어 그 소유권이 아직 피고인에게 있다면 판매회사에 대하여 할부금을 납부하는 것은 피고인 자신의 사무처리에 불과하고 피고인이 위 매매계약을 체결함에 있어 연체된 할부금을 중도금지급기일까지 완불하여 자동차를 인도받아 사용하는 위 공소외인에게 아무런 손해를 주지 않기로 약정하였다 하여도 이는 단순한 채무를 부담하는 경우에 해당할 뿐, 이로 인하여 피고인이 배임죄에서 말하는 타인의 사무를 처리하는 자에 해당한다고는 볼 수 없다[대판 1983.11.8. 83도2496].

1-2. [1] 이른바 보통예금은 은행 등 법률이 정하는 금융기관을 수치인으로 하는 금전의 소비임치 계약으로서, 그 예금계좌에 입금된 금전의 소유권은 금융기관에 이전되고, 예금주는 그 예금계좌를 통한 예금반환채권을 취득하는 것이므로, 금융기관의 임·직원은 예금주로부터 예금계좌를 통한 적법한 예금반환 청구가 있으면 이에 응할 의무가 있을 뿐 예금주와의 사이에서 그의 재산관리에 관한 사무를 처리하는 자의 지위에 있다고 할 수 없다.

[2] 임의로 예금주의 예금계좌에서 5,000만원을 인출한 금융기관의 임·직원에게 (예금주에 대하여) 업무상배임죄가 성립하지 않는다고 한 사례[대판 2008.4.24. 2008도1408].

2. **(직접 신임을 준 자가 아닌 자에 대하여는 사무처리자가 되지 않음)** 청산회사의 대표청산인이 처리하는 채무의 변제, 재산의 환가처분 등 회사의 청산의무는 청산인 자신의 사무 또는 청산회사의 업무에 속하는 것이므로, 청산인은 회사의 채권자들에 대한 관계에 있어 직접 그들의 사무를 처리하는 자가 아니다[대판 1990.5.25. 90도6].

동지판례 **(에버랜드 전환사채발행 사건)** 이사가 주식회사의 지배권을 기존 주주의 의사에 반하여 제3자에게 이전하는 것은 기존 주주의 이익을 침해하는 행위일 뿐 지배권의 객체인 주식회사의 이익을 침해하는 것으로 볼 수는 없는데, 주식회사의 이사는 주식회사의 사무를 처리하는 자의 지위에 있다고 할 수 있지만 주식회사와 별개인 주주들에 대한 관계에서 직접 그들의 사무를 처리하는 자의 지위에 있는 것은 아니고, 더욱이 경영권의 이전은 지배주식을 확보하는 데 따르는 부수적인 효과에 불과한 것이어서, 회사 지분비율의 변화가 기존 주주 자신의 선택에 기인한 것이라면 지배권 이전과 관련하여 이사에게 임무위배가 있다고 할 수 없다[대판(전) 2009.5.29. 2007도4949].

3-1. **(사무처리의 근거인 계약이 해소된 경우)** 부동산매매계약을 계약의 중요부분에 착오가 있었다거나 기망에 의한 것임을 이유로 취소한 다음 다시 타인에게 매매 또는 임대했다 하더라도 그 경우 매도인을 매수인의 사무를 처리하는 자의 지위에 있다고 할 수 없다[대판 1986.12.9. 86도1671].

3-2. 서면에 의하지 아니한 증여계약이 행하여진 경우 당사자는 그 증여가 이행되기 전까지는 언제든지 이를 해제할 수 있으므로 증여자가 구두의 증여계약에 따라 수증자에 대하여 증여 목적물의 소유권을 이전하여 줄 의무를 부담한다고 하더라도 그 증여자는 수증자의 사무를 처리하는 자의 지위에 있다고 할 수 없다[대판 2005.12.9. 2005도5962]. [18 법원행시]*

비교판례 서면으로 부동산 증여의 의사를 표시한 증여자는 계약이 취소되거나 해제되지 않는 한 수증자에게 목적부동산의 소유권을 이전할 의무에서 벗어날 수 없다. 그러한 증여자는 '타인의 사무를 처리하는 자'에 해당하고, 그가 수증자에게 증여계약에 따라 부동산의 소유권을 이전하지 않고 부동산을 제3자에게 처분하여 등기를 하는 행위는 수증자와의 신임관계를 저버리는 행위로서 배임죄가 성립한다[대판 2018.12.13. 2016도19308]. [20 변호사, 20 법원행시, 20 경간부]*

4. 주식회사의 감사 겸 서울사무소장의 회사 명의의 유가증권위조·행사 행위가 회사의 사무처리와 무관하다는 이유로 배임죄가 성립하지 않는다고 본 사례[대판 1998.10.23. 98도2577].

5. 부동산을 경락한 피고인이 그 경락허가결정이 확정 된 뒤에 그 경매부동산의 소유자들에게 그 경락을 포기하겠노라고 약속하여 놓고 그 경매법원에서 경락대금지급명령이 전달되자 위의 약속을 어기고 그 경락대금을 완납함으로써 그 경락부동산에 대한 소유권을 취득한 경우에 피고인은 제355조 제2항에서 말하는 타인의 사무를 처리하는 자에 해당하지 아니한다[대판 1969.2.25. 69도46].

6. 매도인이 대금을 모두 지급받지 못한 상태에서 매수인 앞으로 목적물에 관한 소유권이전등기를 경료하였다면, 이는 법이 동시이행의 항변권 등으로 마련한 대금 수령의 보장을 매도인이 자신의 의사에 기하여 포기한 것으로서, 다른 특별한 사정이 없는 한 대금을 받지 못하는 위험을 스스로 인수한 것으로 평가된다. 그리고 그와 같이 미리 부동산을 이전받은 매수인이 이를 담보로 제공하여 매매대금 지급을 위한 자금을 마련하고 이를 매도인에게 제공함으로써 잔금을 지급하기로 당사자 사이에 약정하였다고 하더라도, 이는 기본적으로 매수인이 매매대금의 재원을 마련하는 방편에 관한 것이고, 그 성실한 이행에 의하여 매도인이 대금을 모두 받게 되는 이익을 얻는다는 것만으로 매수인이 신임관계에 기하여 매도인의 사무를 처리하는 것이 된다고 할 수 없다[대판 2011.4.28. 2011도3247].

7. 채무자가 투자금반환채무의 변제를 위하여 담보로 제공한 임차권 등의 권리를 그대로 유지할 계약상 의무가 있다고 하더라도, 이는 기본적으로 투자금반환채무의 변제의 방법에 관한 것이고, 성실한 이행에 의하여 채권자가 계약상 권리의 만족이라는 이익을 얻는다고 하여도 이를 가지고 통상의 계약에서의 이익대립관계를 넘어서 배임죄에서 말하는 신임관계에 기초하여 채권자의 재산을 보호 또는 관리하여야 하는 '타인의 사무'에 해당한다고 볼 수 없다[대판 2015.3.26. 2015도1301].

8. 피고인이 자문료 명목으로 받은 甲 주식회사의 주권 발행 전 주식을 이미 乙 주식회사에 매도하였음에도, 위 주식을 포기하고 甲 회사에 반환하였더라도, 피고인이 乙 회사에 현실적인 손해를 가하였거나 재산상 실해 발생의 위험을 초래하였다고 보기 어려우므로 배임죄가 성립하지 아니한다[대판 2011.5.13. 2010도16391].

판결이유 [1] 乙회사가 피고인으로부터 주식을 적법하게 양수하였다면, 乙회사는 주식 양수인으로서 특별한 사정이 없는 한 양도통지 등 피고인의 협력 없이 단독으로 위 주식 양수 사실을 증명하여 甲주식회사에 대하여 명의개서 청구를 하는 등 자신이 적법한 주주임을 주장할 수 있는 것이고, 주식 양수인이 명의개서 여부를 자유로이 결정할 권리를 가지고 있어 주식 양도인인 피고인에게는 명의개서 청구권이 없으므로 피고인에게 乙회사의 명의개서 절차에 협조할 의무가 있다고 보기 어렵고, [2] 피고인이 주식 양도 이후 임의로 甲주식회사에 대하여 그 주식을 포기한다거나 이를 반환한다는 의사표시를 하였을지라도 이는 무권한자의 행위로서 아무런 효력이 없어 乙회사가 자신이 여전히 적법한 주주임을 주장하는 데에 아무런 장애가 없으므로 이로써 분쟁을 야기하는 등 사실상 불편을 초래하였다고 볼 수 있을지언정 피고인이 乙회사에 현실적인 손해를 가하였거나 재산상 실해 발생의 위험을 초래하였다고 보기 어렵다.

9. 피고인이 임차인 갑과 아파트에 관한 임대차계약을 체결하면서 자신이 소유권을 취득하는 즉시 갑에게 알려 갑이 전입신고를 하고 확정일자를 받아 1순위 근저당권자 다음으로 대항력을 취득할 수 있도록 하기로 약정하였는데, 그 후 갑에게서 전세금 전액을 수령하고 소유권을 취득하였음에도 취득 사실을 고지하지 않고 다른 2, 3순위 근저당권을 설정해 주었다고 하여 배임으로 기소된 사안에서, 피고인이 '타인의 사무를 처리하는 자'의 지위에 있지 않다고 한 사례[대판 2015.11.26. 2015도4976].

판결이유 ① 일반적으로 임차인이 전입신고를 하고 확정일자를 받는 것은 임대인의 도움 없이 임차인이 일방적으로 할 수 있는 점, ② 이 사건의 경우 임대인인 피고인 측의 필요에 의하여 '임차인의 전입신고는 피고인 측이 소유권을 취득하고 국민은행에 1순위 근저당권을 설정해 준 후에 하기로' 약정하였던 관계로 피고인이 소유권 취득 사실을 고지하지 않은 상태에서 피해자가 전입신고를 하기는 어려웠던 사정은 있으나, 그렇다고 하여 피고인과 피해자 관계의 본질적 내용이 단순한 채권관계상의 의무를 넘어서 피고인과 피해자 간의 신임관계에 기초하여 피해자의 재산을 보호 내지 관리하는 데 있다고까지 보기는 어렵다는 점에서 피고인이 타인의 사무를 처리하는 자의 지위에 있다고 보기 어렵다.

10. 피고인이 갑 새마을금고로부터 특정 토지 위에 건물을 신축하는 데 필요한 공사자금을 대출받으면서 이를 담보하기 위하여 을 신탁회사를 수탁자, 갑 금고를 우선수익자, 피고인을 위탁자 겸 수익자로 한 담보신탁계약 및 자금관리대리사무계약을 체결하였으나 건물이 준공된 후 을 회사에 신탁등기를 이행하지 아니하고 병 앞으로 건물의 소유권보존등기를 마쳐준 경우, 피고인은 배임죄에서의 '타인의 사무를 처리하는 자'에 해당하지 않는다[대판 2020.4.29. 2014도9907].

판례해설 피고인은 갑 금고와의 관계에서 향후 건물이 준공되면 을 회사와 건물에 대한 담보신탁계약, 자금관리대리사무계약 등을 체결하고, 그에 따라 신탁등기절차를 이행하여 갑 금고에 우선수익권을 보장할 민사상 의무를 부담함에 불과하다.

판례 | 타인의 사무를 처리하는 자에 해당하지 않는 경우(중요 판례 모음)

(1) 동산의 (점유개정방식의) 양도담보에 있어서 채무자의 임의처분(배임죄 불성립)

[1] 채무자가 금전채무를 담보하기 위하여 그 소유의 동산을 채권자에게 양도담보로 제공함으로써 채권자인 양도담보권자에 대하여 담보물의 담보가치를 유지·보전할 의무 내지 담보물을 타에 처분하거나 멸실, 훼손하는 등으로 담보권 실행에 지장을 초래하는 행위를 하지 않을 의무를 부담하게 되었더라도, 이를 들어 채무자가 통상의 계약에서의 이익대립관계를 넘어서 채권자와의 신임관계에 기초하여 채권자의 사무를 맡아 처리하는 것으로 볼 수 없다. 따라서 채무자를 배임죄의 주체인 '타인의 사무를 처리하는 자'에 해당한다고 할 수 없고, 그가 담보물을 제3자에게 처분하는 등으로 담보가치를 감소 또는 상실시켜 채권자의 담보권 실행이나 이를 통한 채권실현에 위험을 초래하더라도 배임죄가 성립한다고 할 수 없다.

[2] 위와 같은 법리는, 채무자가 동산에 관하여 양도담보설정계약을 체결하여 이를 채권자에게 양도할 의무가 있음에도 제3자에게 처분한 경우에도 적용되고, 주식에 관하여 양도담보설정계약을 체결한 채무자가 제3자에게 해당 주식을 처분한 사안에도 마찬가지로 적용된다[대판(전) 2020.2.20. 2019도9756].

[사실관계] X주식회사를 운영하는 甲이 A은행으로부터 1억 5,000만 원을 대출받으면서 위 대출금을 완납할 때까지 골재생산기기인 '크러셔'를 (점유개정방식의) 양도담보로 제공하기로 하는 계약을 체결한 후 크러셔를 다른 사람에게 매각하였다.

동지판례 위와 같은 법리는, 권리이전에 등기·등록을 요하는 동산에 관한 양도담보설정계약에도 마찬가지로 적용된다. 따라서 자동차 등에 관하여 양도담보설정계약을 체결한 채무자는 채권자에 대하여 그의 사무를 처리하는 지위에 있지 아니하므로, 채무자가 채권자에게 양도담보설정계약에 따른 의무를 다하지 아니하고 이를 타에 처분하였다고 하더라도 배임죄가 성립하지 아니한다[대판(전) 2022.12.22. 2020도8682].

(2) 부동산의 양도담보에 있어서 채무자의 임의처분(배임죄 불성립)

채무자가 금전채무에 대한 담보로 부동산에 관하여 양도담보설정계약을 체결하고 이에 따라 채권자에게 소유권이전등기를 해 줄 의무는 계약에 따라 부담하게 된 채무자 자신의 의무이다. 채무자가 위와 같은 의무를 이행하는 것은 채무자 자신의 사무에 해당할 뿐이므로, 채무자를 채권자에 대한 관계에서 '타인의 사무를 처리하는 자'라고 할 수 없다[대판(전) 2020.6.18. 2019도14340].

(3) 부동산의 양도담보에 있어서 '채권자'의 변제기일 이전의 임의처분(배임죄 성립)

채권의 (양도)담보를 목적으로 부동산의 소유권이전등기를 마친 채권자는 채무자가 변제기일까지 그 채무를 변제하면 채무자에게 그 소유명의를 환원하여 주기 위하여 그 소유권이전등기를 이행할 의무가 있으므로, 그 변제기일 이전에 그 임무에 위배하여 제3자에게 근저당권을 경료하여 주었다면 변제기일까지 채무자의 채무변제가 없었다고 하더라도 배임죄는 성립되고, 그와 같은 법리는 채무자에게 환매권을 주는 형식을 취하였다고 하여 다를 바가 없다[대판 1995.5.12. 95도283], [대판 1992.7.14. 92도753].

(4) **동산채권담보법에 따른 동산담보로 제공한 담보물을 채무자가 임의처분한 경우(배임죄 불성립)**

채무자가 금전채무를 담보하기 위하여 그 소유의 동산을 채권자에게 동산 · 채권 등의 담보에 관한 법률(이하 '동산채권담보법'이라 한다)에 따른 동산담보로 제공함으로써 채권자인 동산담보권자에 대하여 담보물의 담보가치를 유지 · 보전할 의무 또는 담보물을 타에 처분하거나 멸실, 훼손하는 등으로 담보권 실행에 지장을 초래하는 행위를 하지 않을 의무를 부담하게 되었더라도, 이를 들어 채무자가 통상의 계약에서의 이익대립관계를 넘어서 채권자와의 신임관계에 기초하여 채권자의 사무를 맡아 처리하는 것으로 볼 수 없다. 따라서 이러한 경우 채무자를 배임죄의 주체인 '타인의 사무를 처리하는 자'에 해당한다고 할 수 없고, 그가 담보물을 제3자에게 처분하는 등으로 담보가치를 감소 또는 상실시켜 채권자의 담보권 실행이나 이를 통한 채권실현에 위험을 초래하더라도 배임죄가 성립하지 아니한다[대판(전) 2020.8.27. 2019도14770]. [23 경간부]*

(5) **자기 또는 타인의 금전채무를 담보하기 위하여 주식을 채권자에게 양도담보로 제공한 채무자 또는 양도담보설정자**

자기 또는 타인의 금전채무를 담보하기 위하여 주식을 채권자에게 양도담보로 제공한 채무자 또는 양도담보설정자(이하 '채무자 등'이라 한다)가 양도담보설정계약에 따라 부담하는 의무, 즉 주식을 담보로 제공할 의무, 주식의 담보가치를 유지 · 보전하거나 주식을 감소 또는 멸실시키지 않을 소극적 의무 등은 모두 채무자 등이 양도담보설정계약에 따라 부담하게 된 자신의 의무일 뿐이므로, 채무자 등이 통상의 계약에서의 이익대립관계를 넘어서 채권자와의 신임관계에 기초하여 채권자의 사무를 맡아 처리하는 것으로 볼 수 없다. 따라서 채무자 등을 배임죄의 주체인 '타인의 사무를 처리하는 자'에 해당한다고 할 수 없고, 그가 담보물을 제3자에게 처분하는 등으로 담보가치를 감소 또는 상실시켜 채권자의 담보권 실행이나 이를 통한 채권실현에 위험을 초래하더라도 배임죄가 성립한다고 할 수는 없다[대판 2021.1.28. 2014도8714].

(5-1) **채무자가 채권양도담보계약에 따라 '담보 목적 채권의 담보가치를 유지 · 보전할 의무'를 부담하는 경우**

채무자가 채권양도담보계약에 따라 부담하는 '담보 목적 채권의 담보가치를 유지 · 보전할 의무'를 이행하는 것은 채무자 자신의 사무에 해당할 뿐이고, 채무자가 통상의 계약에서의 이익대립관계를 넘어서 채권자와의 신임관계에 기초하여 채권자의 사무를 맡아 처리한다고 볼 수 없으므로, 이 경우 채무자는 채권자에 대한 관계에서 '타인의 사무를 처리하는 자'에 해당한다고 할 수 없다[대판 2021.7.15. 2015도5184].

(6) **채권 담보를 위한 대물변제예약을 한 채무자가 대물로 변제하기로 한 부동산을 제3자에게 처분한 경우(배임죄 불성립)**

[1] 대물변제예약의 궁극적 목적은 차용금반환채무의 이행 확보에 있고, 채무자가 대물변제예약에 따라 부동산에 관한 소유권이전등기절차를 이행할 의무는 궁극적 목적을 달성하기 위해 채무자에게 요구되는 부수적 내용이어서 이를 가지고 배임죄에서 말하는 신임관계에 기초하여 채권자의 재산을 보호 또는 관리하여야 하는 '타인의 사무'에 해당한다고 볼 수는 없다. 그러므로 채권 담보를 위한 대물변제예약 사안에서 채무자가 대물로 변제하기로 한 부동산을 제3자에게 처분하였다고 하더라도 형법상 배임죄가 성립하는 것은 아니다.

[2] 채무자인 피고인이 채권자 갑에게 차용금을 변제하지 못할 경우 자신의 어머니 소유 부동산에 대한 유증상속분을 대물변제하기로 약정한 후 유증을 원인으로 위 부동산에 관한 소유권이전등기를 마쳤음에도 이를 제3자에게 매도함으로써 갑에게 손해를 입혔다고 하여 배임으로 기소된 사안에서, 피고인이 대물변제예약에 따라 갑에게 부동산의 소유권이전등기를 마쳐 줄 의무는 민사상 채무에 불과할 뿐 타인의 사무라고 할 수 없어 피고인이 '타인의 사무를 처리하는 자'의 지위에 있다고 볼 수 없는데도, 피고인이 이에 해당된다고 전제하여 유죄를 인정한 원심판결에 배임죄에서 '타인의 사무를 처리하는 자'의 의미에 관한 법리오해의 위법이 있다고 한 사례[대판(전) 2014.8.21. 2014도3363].

(7) **주권발행 전 주식의 양도인**

주권발행 전 주식의 양도는 양도인과 양수인의 의사표시만으로 효력이 발생한다. 그 주식 양수인은 특별한 사정이 없는 한 양도인의 협력을 받을 필요 없이 단독으로 자신이 주식을 양수한 사실을 증명함으로써 회사에 대하여 명의개서를 청구할 수 있다. 따라서 양도인이 양수인으로 하여금 회사 이외의 제3자에게 대항할 수 있도록 확정일자 있는 증서에 의한 양도통지 또는 승낙을 갖추어 주어야 할 채무를 부담한다 하더라도 이는 자기의 사무라고 보아야 하고, 이를 양수인과의 신임관계에 기초하여 양수인의 사무를 맡아 처리하는 것으로 볼 수 없다. 그러므로 주권발행 전 주식에 대한 양도계약에서의 양도인은 양수인에 대하여 그의 사무를 처리하는 지위에 있지 아니하여, 양도인이 위와 같은 제3자에 대한 대항요건을 갖추어 주지 아니하고 이를 타에 처분하였다 하더라도 형법상 배임죄가 성립하는 것은 아니다[대판 2020.6.4. 2015도6057].

(8) **변제기 이후 채권자가 담보권 실행을 위하여 담보물을 처분한 경우**

1. **(염가처분의 경우: 배임죄 불성립)** 담보권자가 변제기 경과 후에 담보권을 실행하기 위하여 담보목적물을 처분하는 행위는 담보계약에 따라 담보권자에게 주어진 권능이어서 자기의 사무처리에 속하는 것이지 타인인 채무자의 사무처리에 속하는 것이라고 할 수 없으므로, 담보권자가 담보권을 실행하기 위하여 담보목적물을 처분함에 있어 시가에 따른 적절한 처분을 하여야 할 의무는 담보계약상의 민사채무일 뿐 그와 같은 형법상의 의무가 있는 것은 아니므로 그에 위반한 경우 배임죄가 성립된다고 할 수 없다[대판 1997.12.23. 97도2430; 동지 대판 1989.10.24. 87도126].

2. **(변제충당 후 잔금을 정산하지 않는 경우: 배임죄 불성립)** 양도담보가 처분정산형의 경우이건 귀속정산형의 경우이건 간에 담보권자가 변제기 경과 후에 담보권을 실행하여 그 환가대금 또는 평가액을 채권원리금과 담보권 실행비용 등의 변제에 충당하고 환가대금 또는 평가액의 나머지가 있어 이를 담보제공자에게 반환할 의무는 담보계약에 따라 부담하는 자신의 정산의무이므로 그 의무를 이행하는 사무는 곧 자기의 사무처리에 속하는 것이라 할 것이고 이를 부동산매매에 있어서의 매도인의 등기의무와 같이 타인인 채무자의 사무처리에 속하는 것이라고 볼 수는 없어 그 정산의무를 이행하지 아니한 행위는 배임죄를 구성하지 않는다[대판(전) 1985.11.26. 85도1493].

(9) 수분양권 매도인이 매매계약에 따라 '매수인에게 수분양권을 이전할 의무'를 부담하는 경우

수분양권 매매계약의 매도인으로서는 원칙적으로 수분양자 명의변경에 관한 분양자 측의 동의 내지 승낙을 얻어 수분양자 명의변경절차를 이행하면 계약상 의무를 다한 것이 되고, 그 수분양권에 근거하여 목적물에 관한 소유권을 취득한 다음 매수인 앞으로 소유권이전등기를 마쳐 줄 의무까지는 없다. 다만[83] 수분양권 매도인이 스스로 수분양권을 행사하고 목적물의 소유권을 취득하여 매수인에게 목적물에 관한 소유권이전등기절차를 이행할 의무까지 인정되는 경우가 있으나, 이는 수분양자 명의변경절차가 이행되지 못한 채 매도인 명의로 수분양권이 행사되어 수분양권은 소멸하고 목적물만 남게 된 경우 수분양권 매매계약의 목적을 달성하기 위하여 인정되는 의무이므로, 이와 같은 사정만으로 수분양권 매매계약에 따른 당사자 관계의 전형적·본질적 내용이 신임관계에 기초하여 매수인의 재산을 보호 또는 관리하는 것으로 변경된다고 보기는 어렵다.

이러한 수분양권 매매계약의 내용과 그 이행의 정도, 그에 따른 계약의 구속력의 정도, 거래의 관행, 신임관계의 유형과 내용, 신뢰위반의 정도 등을 종합적으로 고려해 보면, 수분양권 매매계약에 따른 당사자 관계의 전형적·본질적 내용이 통상의 계약에서의 이익대립관계를 넘어서 그들 사이의 신임관계에 기초하여 타인의 재산을 보호 또는 관리하는 데에 있다고 할 수 없다.

따라서 특별한 사정이 없는 한 수분양권 매도인이 수분양권 매매계약에 따라 매수인에게 수분양권을 이전할 의무는 자신의 사무에 해당할 뿐이므로, 매수인에 대한 관계에서 '타인의 사무를 처리하는 자'라고 할 수 없다. 그러므로 수분양권 매도인이 위와 같은 의무를 이행하지 아니하고 수분양권 또는 이에 근거하여 향후 소유권을 취득하게 될 목적물을 미리 제3자에게 처분하였더라도 형법상 배임죄가 성립하는 것은 아니다[대판 2021.7.8. 2014도12104].

(10) 가상자산 권리자의 착오나 가상자산 운영 시스템의 오류 등으로 법률상 원인관계 없이 다른 사람의 가상자산 전자지갑에 가상자산이 이체된 경우

[1] 원인불명으로 재산상 이익인 가상자산을 이체받은 자가 가상자산을 사용·처분한 경우 이를 형사처벌하는 명문의 규정이 없는 현재의 상황에서 착오송금 시 횡령죄 성립을 긍정한 판례를 유추하여 신의칙을 근거로 피고인을 배임죄로 처벌하는 것은 죄형법정주의에 반한다.

[2] 피고인이 알 수 없는 경위로 갑의 특정 거래소 가상지갑에 들어 있던 비트코인을 자신의 계정으로 이체받은 후 이를 자신의 다른 계정으로 이체하여 재산상 이익을 취득하고 갑에게 손해를 가하였다고 하여 특정경제범죄 가중처벌 등에 관한 법률 위반(배임)의 예비적 공소사실로 기소된 사안에서, 비트코인이 법률상 원인관계 없이 갑으로부터 피고인 명의의 전자지갑으로 이체되었더라도 피고인이 신임관계에 기초하여 갑의 사무를 맡아 처리하는 것으로 볼 수 없는 이상 갑에 대한 관계에서 '타인의 사무를 처리하는 자'에 해당하지 않는다는 이유로, 이와 달리 보아 공소사실을 유죄로 인정한 원심판단에 배임죄에서 '타인의 사무를 처리하는 자'에 관한 법리오해의 잘못이 있다고 한 사례[대판 2021.12.16. 2020도9789]. [22 경간부]*

㉰ 사무처리의 독립성

판례 | 타인의 사무처리자에 해당하는 경우

(보조기관) 업무상배임죄에 있어서 타인의 사무를 처리하는 자란 고유의 권한으로서 그 처리를 하는 자에 한하지 않고 그 자의 보조기관으로서 직접 또는 간접으로 그 처리에 관한 사무를 담당하는 자도 포함한다[대판 1999.7.23. 99도1911; 동지 대판 2004.6.24. 2004도520].

② 객체: 재산상의 이익이다.

83) 이하의 문장은 주의하여야 한다.

③ 행위

판례 | 배임행위의 의미

업무상배임죄에서 임무에 위배하는 행위라 함은 처리하는 사무의 내용, 성질 등 구체적 상황에 비추어 법률의 규정, 계약의 내용 혹은 신의칙상 당연히 할 것으로 기대되는 행위를 하지 않거나 당연히 하지 않아야 할 것으로 기대하는 행위를 함으로써 본인과 사이의 신임관계를 저버리는 일체의 행위를 포함하는 것으로 그러한 행위가 법률상 유효한가 여부는 따져볼 필요가 없고, 행위자가 가사 본인을 위한다는 의사를 가지고 행위를 하였다고 하더라도 그 목적과 취지가 법령이나 사회상규에 위반된 위법한 행위로서 용인할 수 없는 경우에는 그 행위의 결과가 일부 본인을 위하는 측면이 있다고 하더라도 이는 본인과의 신임관계를 저버리는 행위로서 배임죄의 성립을 인정함에 영향이 없다[대판 1999.3.12. 98도4704], [대판 2002.7.22. 2002도1696].

판례 | 배임행위에 해당하는 경우

1. **(기업의 영업비밀을 사외로 유출한 경우)** 기업의 영업비밀을 사외로 유출하지 않을 것을 서약한 회사의 직원이 경제적인 대가를 얻기 위하여 경쟁업체에 영업비밀을 유출하는 행위는 피해자와의 신임관계를 저버리는 행위로서 업무상배임죄를 구성한다[대판 1999.3.12. 98도4704].
2. **(일정한 결의에 기초하여 배임행위를 한 경우에도 배임행위는 정당화될 수 없음)** 회사의 대표이사가 임무에 배임하는 행위를 함으로써 주주 또는 회사 채권자에게 손해가 될 행위를 하였다면 그 회사의 이사회 또는 주주총회의 결의가 있었다고 하여 그 배임행위가 정당화될 수는 없다[대판 2000.5.26. 99도2781], [대판 2005.10.28. 2005도4915].
3. **(합리적인 채권회수조치 없이 자금을 대여한 경우)** 회사의 이사 등이 충분한 담보를 제공받는 등 상당하고도 합리적인 채권회수조치를 취하지 아니한 채 타인에게 만연히 대여해 주었다면 배임행위가 되고, 그 타인이 자금지원 회사의 계열회사라 하여 달라지지 않는다[대판 2000.3.14. 99도4923], [대판 2002.7.22. 2002도1696].
4. **(사무처리자가 사적목적을 달성하기 위하여 본인에게 손해를 가한 경우)** 대기업 또는 대기업의 회장 등 개인이 정치적으로 난처한 상황에서 벗어나기 위하여 자회사 및 협력회사 등으로 하여금 특정 회사의 주식을 매입수량, 가격 및 매입시기를 미리 정하여 매입하게 한 행위가 업무상 배임행위에 해당하고 그에 대한 고의도 있었다고 한 사례[대판 2007.3.15. 2004도5742].
5. 공장저당권 설정자로부터 그의 금융기관에 대한 피담보채무를 이행인수하면서 공장저당법에 의하여 공장저당권이 설정된 공장기계를 함께 양수한 자는 그 채무 변제시까지 목적물을 담보 목적에 맞게 보관하여야 할 임무가 있다고 할 것이므로 그 임무에 위배하여 제3자에게 임의 매도하였다면 공장저당권자에 대하여 배임죄가 성립한다[대판 2003.7.11. 2003도67].
6. 종손이자 종중 부회장인 피고인이 종중으로부터 종중 소유 토지의 매도 여부 및 그 가격 결정에 관한 권한을 사실상 위임받은 후, 종중 소유 토지 및 인접한 피고인 소유 토지에 대하여 X건설 주식회사와 매매협의를 하면서, 피고인 소유 토지에 관하여는 평당 250만 원 정도에 매도하기로 합의하였음에도 종중 회장이나 종중원들에게는 '피고인 소유 토지도 위 토지와 같은 가격으로 매도한다'는 취지로 거짓말하여 종중 소유 토지의 적정매매가격이 평당 100만 원 정도인 것으로 오인하도록 함으로써, 종중으로 하여금 평당 101만 원을 기준으로 매매계약을 체결하도록 한 반면, 피고인 소유 토지에 관하여는 평당 258만 원을 기준으로 매매계약을 체결하였다면 배임죄가 성립한다[대판 2012.9.13. 2012도3840].

판례 | 배임행위에 해당하지 않는 경우

1. 채권자와 주채무자 사이의 계속적인 거래관계에서 발생하는 불확정한 채무를 기간을 정하여 보증하는 이른바 계속적 보증의 경우에도 보증인은 그 기간 동안 발생한 모든 채무 중 주채무자가 이행하지 아니하는 채무를 전부 이행할 의무가 있는 것이 원칙이므로, 보증인이 약정한 보증기간 및 보증한도액 내에서 대출을 하여 주었다면 비록 주채무자인 법인의 명칭 및 대표이사가 변경되었음에도 종전 대출시에 사용하였던 연대보증관계 서류로써 대출해 주었더라도 배임죄가 성립하지 않는다[대판 2002.6.28. 2000도3716].

2. 회사의 대표이사가 타인의 채무를 회사 이름으로 지급보증 또는 연대보증함에 있어 그 타인이 단순히 채무초과 상태에 있다는 이유만으로는 그러한 지급보증 또는 연대보증이 곧 회사에 대하여 배임행위가 된다고 단정할 수 없다[대판 2004.6.24. 2004도520], [대판 2014.11.27. 2013도2858].

3. **(에버랜드 전환사채발행 사건)** 전환사채 발행을 위한 이사회 결의에는 하자가 있었다 하더라도 실권된 전환사채를 제3자에게 배정하기로 의결한 이사회 결의에는 하자가 없는 경우, 전환사채의 발행절차를 진행한 것이 재산보호의무 위반으로서의 임무위배에 해당하지 않는다고 한 사례[대판(전) 2009.5.29. 2007도4949].

4. **(본인의 동의가 있는 경우)** 사무처리에 대하여 본인의 동의가 있는 때에는 임무에 위배하는 행위라고 할 수 없다[대판 2015.6.11. 2012도1352].

5. **(사기죄와 배임죄가 택일적 관계에 있는 경우)** 아파트 소유권자인 피고인이 가등기권리자 갑에게 아파트에 관한 소유권이전청구권가등기를 말소해 주면 대출은행을 변경한 후 곧바로 다시 가등기를 설정해 주겠다고 속여 가등기를 말소하게 한 후 가등기를 회복시켜주지 아니하고 아파트에 제3자 명의로 근저당권 및 전세권설정등기를 마쳤다면 사기죄가 성립하고 그 이외에 배임죄가 성립하는 것은 아니다[대판 2017.2.15. 2016도15226].

   판결이유 피고인이 약속대로 가등기를 회복해주지 않고 제3자에게 근저당권설정등기 등을 마쳐준 행위는 처음부터 가등기를 말소시켜 이익을 취하려는 사기범행에 당연히 예정된 결과에 불과하여 그 사기범행의 실행행위에 포함된 것일 뿐이므로 사기죄와 비양립적 관계에 있는 각 배임죄는 성립하지 않는다.

④ 재산상 손해의 발생

판례 | 재산상 손해의 범위

업무상배임죄에서 재산상 손해에는 재산의 처분 등 직접적인 재산의 감소, 보증이나 담보제공 등 채무 부담으로 인한 재산의 감소와 같은 적극적 손해를 야기한 경우는 물론, 객관적으로 보아 취득할 것이 충분히 기대되는데도 임무위배행위로 말미암아 이익을 얻지 못한 경우, 즉 소극적 손해를 야기한 경우도 포함된다[대판 2013.4.26. 2011도6798].

판례 | 재산상 손해를 가한 때의 의미와 재산상 손해의 유무에 대한 판단기준

1. [1] 배임죄에 있어 재산상의 손해를 가한 때라 함은 현실적인 손해를 가한 경우뿐만 아니라 재산상 실해 발생의 위험을 초래한 경우도 포함되고, 재산상 손해의 유무에 대한 판단은 본인의 전 재산 상태와의 관계에서 법률적 판단에 의하지 아니하고 경제적 관점에서 파악하여야 하며, 따라서 법률적 판단에 의하여 당해 배임행위가 무효라 하더라도 경제적 관점에서 파악하여 배임행위로 인하여 본인에게 현실적인 손해를 가하였거나 재산상 실해 발생의 위험을 초래한 경우에는 재산상의 손해를 가한 때에 해당되어 배임죄를 구성한다.
   [2] 甲 주식회사의 실질적 경영자인 피고인이 자신의 개인사업체가 甲 회사에 골프장 조경용 수목을 매도하였다는 허위의 매매계약을 체결하고 그 매매대금 채권과 甲 회사의 피고인에 대한 채권을 상계처리한 경우, 피고인의 수목 매매대금 채권이 존재하지 아니하여 상계가 법률상 무효라고 하더라도 甲 회사에 재산상 실해 발생의 위험이 초래되었다고 보아야 하므로 업무상배임죄가 성립한다[대판 2012.2.23. 2011도15857].

   동지판례 ⅰ) **(손해발생의 위험이 있는 금액 전부를 손해액으로 보아야 함)**[대판 2000.4.11. 99도334]
   ⅱ) **(손해는 손해발생의 위험도 포함하므로 손해액이 구체적으로 산정되지 않아도 배임죄의 성립이 가능)**[대판 2018.7.11. 2015도12692]

2. [1] 배임죄에서 '재산상의 손해를 가한 때'라 함은 현실적인 손해를 가한 경우뿐만 아니라 재산상 실해 발생의 위험을 초래한 경우도 포함되고 일단 손해의 위험성을 발생시킨 이상 사후에 피해가 회복되었다 하여도 배임죄의 성립에 영향을 주는 것은 아니다.
   [2] 재단법인 불교방송의 이사장 직무대리인이 후원회 기부금을 정상 회계처리하지 않고 자신과 친분관계에 있는 신도에게 확실한 담보도 제공받지 아니한 채 대여한 경우, 그 신도가 이자금을 제때에 불입하고 나중에 원금을 변제하였다 하더라도 배임죄가 성립한다[대판 2000.12.8. 99도3338; 동지 대판 2003.2.11. 2002도5679].

3. 재산상의 손실을 야기한 임무위배행위가 동시에 그 손실을 보상할 만한 재산상의 이익을 준 경우, 예컨대 배임행위로 인한 급부와 반대급부가 상응하고 다른 재산상 손해도 없는 때에는 전체적 재산가치의 감소, 즉 재산상 손해가 있다고 할 수 없다[대판 2011.4.28. 2009도14268].

4. 재산상 실해 발생의 위험은 구체적·현실적인 위험이 야기된 정도에 이르러야 하고 단지 막연한 가능성이 있다는 정도로는 부족하다[대판 2017.10.12. 2017도6151].

5. 업무상배임죄에 있어서 본인에게 손해를 가한다 함은 총체적으로 보아 본인의 재산상태에 손해를 가하는 경우를 말하고, 위와 같은 손해에는 장차 취득할 것이 기대되는 이익을 얻지 못하는 경우도 포함된다 할 것인바, 금융기관이 금원을 대출함에 있어 대출금 중 선이자를 공제한 나머지만 교부하거나 약속어음을 할인함에 있어 만기까지의 선이자를 공제한 경우 금융기관으로서는 대출금채무의 변제기나 약속어음의 만기에 선이자로 공제한 금원을 포함한 대출금 전액이나 약속어음 액면금 상당액을 취득할 것이 기대된다 할 것이므로 배임행위로 인하여 금융기관이 입는 손해는 선이자를 공제한 금액이 아니라 선이자로 공제한 금원을 포함한 대출금 전액이거나 약속어음 액면금 상당액으로 보아야 하고, 이러한 법리는 투신사가 회사채 등을 할인하여 매입하는 경우라고 달리 볼 것은 아니다[대판 2004.7.9. 2004도810].

6. 부실대출에 의한 업무상배임죄가 성립하는 경우에는 담보물의 가치를 초과하여 대출한 금액 또는 실제로 회수가 불가능하게 된 금액만을 손해액으로 볼 것은 아니고 재산상 권리의 실행이 불가능하게 될 염려가 있거나 손해발생의 위험이 있는 대출금 전액을 손해액으로 보아야 한다[대판 2014.6.26. 2014도753]. [19 법원행시]*

판례 | 재산상 손해가 인정되는 경우(배임죄 또는 업무상배임죄가 성립하는 경우)

1. 이른바 LBO(Leveraged Buyout) 방식의 기업인수 과정에서, 인수자가 제3자가 주채무자인 대출금 채무에 대하여 아무런 대가 없이 피인수회사의 재산을 담보로 제공하였다면, 설사 주채무자인 제3자가 대출원리금 상당의 정리채권 등을 담보로 제공하고 있었다고 하더라도, 피인수회사로서는 이로 인하여 그 담보가치 상당의 재산상 손해를 입었다고 할 것이므로 배임죄가 성립한다고 한 사례[대판 2008.2.28. 2007도5987].

2. **(신규자금이 이미 보증을 한 채무의 변제에 사용되도록 한 경우: 업무상배임죄 불성립)** 이미 타인의 채무에 대하여 보증을 하였는데, 피보증인이 변제자력이 없어 결국 보증인이 그 보증채무를 이행하게 될 우려가 있고, 보증인이 피보증인에게 신규로 자금을 제공하거나 피보증인이 신규로 자금을 차용하는 데 담보를 제공하면서 그 신규자금이 이미 보증을 한 채무의 변제에 사용되도록 한 경우라면, 보증인으로서는 기보증채무와 별도로 새로 손해를 발생시킬 위험을 초래한 것이라고 볼 수 없다[대판 2010.11.25. 2009도9144]. [16 법원행시]*

비교판례 **(새로운 대출금이 기존 대출금의 원리금으로 상환되도록 약정되어 있었던 경우: 업무상배임죄 성립)** 금융기관이 실제로 거래처에 대출금을 새로 교부한 경우에는 거래처가 그 대출금을 임의로 처분할 수 없다거나 그 밖에 어떠한 이유로든 그 대출금이 기존 대출금의 원리금으로 상환될 수밖에 없다는 등의 특별한 사정이 없는 한 비록 새로운 대출금이 기존 대출금의 원리금으로 상환되도록 약정되어 있다고 하더라도 그 대출과 동시에 이미 손해발생의 위험은 발생하였다고 보아야 할 것이므로 업무상배임죄가 성립한다[대판 2010.1.28. 2009도10730; 동지 대판 2003.10.10. 2003도3516].

3. 온천개발을 목적으로 설립된 주식회사의 대표이사가 그 회사가 명의신탁의 방법으로 사실상 보유하고 있던 온천발견자의 지위를 그 임무에 위배하여 아무런 대가 없이 타에 양도하였다면, 적어도 회사에 대하여 위 온천발견에 소요된 비용 상당의 손해를 가하고 타인으로 하여금 동액 상당의 이익을 취하게 하였다고 봄이 상당하여 배임죄를 구성한다[대판 2000.11.24. 99도822].

동지판례 i) 타인 소유의 특허권을 명의신탁받아 관리하는 업무를 수행해 오다가 제3자로부터 특허권을 이전해 달라는 제의를 받고 대금을 지급받고는 그 타인의 승낙도 받지 않은 채 제3자 앞으로 특허권을 이전등록한 경우에는 업무상배임죄가 성립한다[대판 2016.10.13. 2014도17211].
ii) 동업자들이 동업계약을 체결하고 영업을 해 오다가 중도에 영업활동을 중단하였거나 또는 동업약정기간이 경과되었더라도 그것만으로는 공동으로 취득한 해사채취권이 동업자의 1인인 피고인의 단독소유가 된다고 볼 수 없고 나머지 동업자들의 지분에 관한 한 명의수탁자의 지위에 있다 할 것이므로 이를 임의로 매도한 것은 배임죄에 해당한다[대판 1992.10.27. 91도2346].

판례해설 명의신탁의 대상이 '재물'이 아니라 '권리(이익)'라는 점을 주의하여야 한다.

4. [1] 융통어음의 할인을 금지하는 것은 진성어음의 경우와 달리 융통어음의 경우에는 어음금이 지급되지 아니할 위험성이 높아서 담보의 일종으로 취득한 어음이 전혀 가치가 없어질 가능성이 크다는 점에 기인한다 할 것이므로, 은행 규정에 위배하여 융통어음을 할인하여 준 경우에는 은행의 입장에서는 그 대출 당시에 채권 회수가 곤란해질 위험에 처하게 된 것이라고 하지 아니할 수 없다.

[2] 타인의 사무를 처리하는 자가 그 임무에 위배하여 채무자에게 기존 대출금에 대한 대출기한을 연장해 준 경우, 기한 연장 당시에는 채무자로부터 대출금을 모두 회수할 수 있었는데 기한을 연장해 주면 채무자의 자금사정이 대출금을 회수할 수 없을 정도로 악화되리라는 사정을 알고 그 기한을 연장해 준 경우에 그 기한연장으로 인한 새로운 손해가 발생하였다고 할 수 있을 것이다[대판 2002.6.28, 2000도3716; 동지 대판 1999.7.9, 99도1864].

5. 피고인이 영업정지가 임박한 단계에 있는 저축은행의 특정 예금채권자들에게만 그 사실을 알려주어 그들로 하여금 예금을 인출하도록 하여 위 각 저축은행의 자산이 감소되게 함으로써 유동성을 악화시키는 등의 재산상 손해를 입게 하고 위 특정 예금채권자들에게 다른 고객들과 달리 영업정지 직전에 예금 전액을 인출할 수 있는 재산상 이익을 취득하게 한 이상 업무상배임죄에 해당한다[대판 2013.1.24, 2012도10629].

동지판례 A신용협동조합의 이사장 甲이 자신의 부동산을 A조합에게 매도하여 유동성의 장애를 발생시킨 경우, A신용협동조합의 자금을 그 본래의 목적인 금융업무에 사용할 수 없게 되는 유동성의 장애라는 재산상 손해를 가한 것이므로 비록 재산상 손해의 액수를 구체적으로 산정할 수 없다고 하더라도 업무상배임죄가 성립한다[대판 2001.11.13, 2001도3531].

6. 甲이 A로부터 돈을 빌리면서 아파트 분양권을 담보로 제공한 후 토지주들과의 정산과정에서 분양권을 포기하였다면 甲에게 배임죄가 성립한다[대판 2014.5.16, 2013도12003].

7. 갑 조합의 대출업무 등 담당자인 피고인이 갑 조합에 처와 모친 소유의 토지를 담보로 제공하고 그들 명의로 대출을 받은 다음 위임장 등을 위조하여 담보로 제공된 위 토지에 설정된 근저당권설정등기를 말소하였다면, 등기 말소로 갑 조합에 손해가 발생하였다고 할 것이다[대판 2014.6.12, 2014도2578].

8. 한국농어촌공사의 직원이 자금을 농지매매사업의 지원대상에 해당하지 아니하는 농지를 매입하는 데 사용하거나 지원요건을 갖추지 아니한 농업인을 위하여 부당하게 지원하도록 한 것이라면, 매입 농지에 대한 근저당권 설정 등으로 지원금의 회수가 사실상 보장되더라도 특정 목적을 위하여 조성된 기금의 감소를 초래함으로써 기금이 목적을 위하여 사용됨을 저해하였다고 할 것이므로, 이러한 의미에서 한국농어촌공사는 그와 같은 기금의 지원으로 인하여 재산상 손해를 입었다고 보아야 한다[대판 2015.8.13, 2014도5713].

판례 | 재산상 손해가 인정되지 않는 경우(배임죄 또는 업무상배임죄가 성립하지 않는 경우)

1. **(신규대출을 받은 것처럼 서류상으로만 정리한 경우)** 거래처의 기존대출금에 대한 연체이자에 충당하기 위하여 위 거래처가 신규대출을 받은 것처럼 서류상 정리한 경우에는 대출금원장 등에는 형식적으로 대출금이 거래처에 교부된 것처럼 되어 있으나 실질적으로는 거래처의 기존대출금에 대한 연체이자 정리를 위하여 서류상으로만 위 거래처가 신규대출받는 것으로 기재되었을 뿐 금융기관 측에서 위 거래처에게 대출금이 새로 교부된 것이 아니므로 그로 인하여 금융기관 측에 어떤 새로운 손해가 발생하는 것은 아니라고 할 것이어서 따로 업무상배임죄가 성립된다고 볼 수 없다[대판 2002.6.28, 2000도3716], [대판 2000.6.27, 2000도1155].

2. **(가장납입된 주금의 인출)** 주식회사의 설립업무 또는 증자업무를 담당한 자와 주식인수인이 사전 공모하여 주금납입취급은행 이외의 제3자로부터 납입금에 해당하는 금액을 차입하여 주금을 납입하고 납입취급은행으로부터 납입금보관증명서를 교부받아 회사의 설립등기절차 또는 증자등기절차를 마친 직후 이를 인출하여 위 차용금채무의 변제에 사용하는 경우, 위와 같은 행위는 실질적으로 회사의 자본을 증가시키는 것이 아니고 등기를 위하여 납입을 가장하는 편법에 불과하여 주금의 납입 및 인출의 전 과정에서 회사의 자본금에는 실제 아무런 변동이 없다고 보아야 할 것이므로 그들에게 불법이득의 의사가 있다거나 회사에 재산상 손해가 발생한다고 볼 수는 없으므로, 업무상배임죄가 성립한다고 할 수 없다[대판 2005.4.29, 2005도856]. **(전문가에게 감정시킨 경우에도 그 결과는 참고자료에 불과)**

비교판례 **(전환사채를 발행한 후 인수대금을 가장납입하여 인출한 경우)** 전환사채의 발행업무를 담당하는 사람과 전환사채 인수인이 사전 공모하여 제3자에게서 전환사채 인수대금에 해당하는 금액을 차용하여 전환사채 인수대금을 납입하고 전환사채 발행절차를 마친 직후 인출하여 차용금채무의 변제에 사용하는 등 실질적으로 전환사채 인수대금이 납입되지 않았음에도 전환사채를 발행한 경우에, 특별한 사정이 없는 한, 전환사채의 발행업무를 담당하는 사람은 회사에 대하여 전환사채 인수대금이 모두 납입되어 실질적으로 회사에 귀속되도록 조치할 업무상의 임무를 위반하여, 전환사채 인수인이 인수대금을 납입하지 않고서도 전환사채를 취득하게 하여 인수대금 상당의 이득을 얻게 하고, 회사가 사채상환의무를 부담하면서도 그에 상응하여 취득하여야 할 인수대금 상당의 금전을 취득하지 못하게 하여 같은 금액 상당의 손해를 입게 하였으므로, 업무상배임죄의 죄책을 진다[대판 2015.12.10, 2012도235].

3. **(동일인 대출한도를 초과하여 대출한 것만으로 손해발생의 위험을 단정할 수 없음)** 새마을금고(상호저축은행)의 동일인 대출한도 제한규정은 새마을금고 자체의 적정한 운영을 위하여 마련된 것이지 대출채무자의 신용도를 평가해서 대출채권의 회수가능성을 직접적으로 고려하여 만들어진 것은 아니므로 동일인 대출한도를 초과하였다는 사실만으로 곧바로 대출채권을 회수하지 못하게 될 위험이 생겼다고 볼 수 없고, 구 새마을금고법에 비추어 보면 동일인 대출한도를 초과하였다는 사정만으로는 다른 회원들에 대한 대출을 곤란하게 하여 새마을금고의 적정한 자산운용에 장애를 초래한다는 등 어떠한 위험이 발생하였다고 단정할 수도 없다. 따라서 동일인 대출한도를 초과하여 대출함으로써 구 새마을금고법(상호저축은행법)을 위반하였다고 하더라도, 대출한도 제한규정 위반으로 처벌함은 별론으로 하고, 그 사실만으로 특별한 사정이 없는 한 업무상배임죄가 성립한다고 할 수 없고, 일반적으로 이러한 동일인 대출한도 초과대출이라는 임무위배의 점에 더하여 대출 당시의 대출채무자의 재무상태, 다른 금융기관으로부터의 차입금, 기타 채무를 포함한 전반적인 금융거래상황, 사업현황 및 전망과 대출금의 용도, 소요기간 등에 비추어 볼 때 채무상환능력이 부족하거나 제공된 담보의 경제적 가치가 부실해서 대출채권의 회수에 문제가 있는 것으로 판단되는 경우에 재산상 손해가 발생하였다고 보아 업무상배임죄가 성립한다고 해야 한다[대판(전) 2008.6.19. 2006도4876], [대판 2011.8.18. 2009도7813]. [20 경찰승진, 17 경찰승진]*

4. **(특허출원서 발명자란에 피고인의 성명을 임의로 기재한 경우)** 甲 주식회사 직원인 피고인이 대표이사 乙 등이 직무에 관하여 발명한 '재활용 통합 분리수거 시스템'의 특허출원을 하면서 임의로 특허출원서 발명자란에 乙 외에 피고인의 성명을 추가로 기재하여 공동발명자로 등재되게 한 경우, 발명자에 해당하는지는 특허출원서 발명자란 기재 여부와 관계없이 실질적으로 정해지므로 피고인의 행위만으로 곧바로 甲 회사의 특허권 자체나 그와 관련된 권리관계에 어떠한 영향을 미친다고 볼 수 없어, 결국 그로 인하여 甲 회사에 재산상 손해가 발생하였다거나 재산상 손해발생의 위험이 초래되었다고 볼 수 없으므로 업무상배임죄가 성립하지 않는다[대판 2011.12.13. 2011도10525].

5. A 주식회사 대표이사인 피고인이 주주총회 의사록을 허위로 작성하고 이를 근거로 피고인을 비롯한 임직원들과 주식매수선택권부여계약을 체결함으로써 A 회사에 재산상 손해를 가하였다고 하며 특정경제범죄 가중처벌 등에 관한 법률 위반(배임)으로 기소된 사안에서, 상법과 정관에 위배되어 법률상 무효인 계약을 체결한 것만으로는 업무상배임죄 구성요건이 완성되거나 범행이 종료되었다고 볼 수 없고, 임직원들이 이후 계약에 기초하여 A 회사에 주식매수선택권을 행사하고, 피고인이 이에 호응하여 주식의 실질가치에 미달하는 금액만을 받고 신주를 발행해 줌으로써 비로소 A 회사에 현실적 손해가 발생하거나 그러한 실해 발생의 위험이 초래되었다고 볼 수 있으므로, 피고인에 대한 업무상배임죄는 피고인이 의도한 배임행위가 모두 실행된 때로서 최종적으로 주식매수선택권이 행사되고 그에 따라 신주가 발행된 시점에 종료되었다고 보아야 한다고 한 사례[대판 2011.11.24. 2010도11394].

6. [1] 업무상배임죄의 재산상 실해 발생의 위험은 구체적 · 현실적인 위험이 야기된 정도에 이르러야 하고 단지 막연한 가능성이 있다는 정도로는 부족하다.
[2] 갑 은행 지점장인 피고인이 업무상 임무에 위배하여 물품대금지급보증서를 발급한 후 을 주식회사의 거래처인 병 주식회사에 건네줌으로써 갑 은행에 손해를 가하였다고 하여 특정경제범죄 가중처벌 등에 관한 법률 위반(배임)으로 기소된 사안에서, 병 회사는 지급보증서가 정상적으로 발급된 것이 아님을 확인하고 을 회사를 통하여 물품을 주문하였던 사람들에게 물품을 공급하지 않음으로써 을 회사가 병 회사에 대하여 아무런 물품대금 채무를 부담하지 않게 된 사정 등에 비추어, 피고인이 갑 은행을 대리하여 을 회사가 병 회사에 대해 장래 부담하게 될 물품대금 채무에 대하여 지급보증을 하였더라도, 병 회사가 을 회사와 거래를 개시하지 않아 지급보증 대상인 물품대금 지급채무 자체가 현실적으로 발생하지 않은 이상, 보증인인 갑 은행에 경제적인 관점에서 손해가 발생한 것과 같은 정도로 구체적인 위험이 발생하였다고 평가할 수 없다고 한 사례[대판 2015.9.10. 2015도6745].

7. [1] 타인에 대한 채무의 담보로 제3채무자에 대한 채권에 대하여 권리질권을 설정한 경우 질권설정자는 질권자의 동의 없이 질권의 목적된 권리를 소멸하게 하거나 질권자의 이익을 해하는 변경을 할 수 없다(민법 제352조). 또한 질권설정자가 제3채무자에게 질권설정의 사실을 통지하거나 제3채무자가 이를 승낙한 때에는 제3채무자가 질권자의 동의 없이 질권의 목적인 채무를 변제하더라도 이로써 질권자에게 대항할 수 없고, 질권자는 여전히 제3채무자에 대하여 직접 채무의 변제를 청구하거나 변제할 금액의 공탁을 청구할 수 있다(민법 제353조 제2항, 제3항). 그러므로 이러한 경우 질권설정자가 질권의 목적인 채권의 변제를 받았다고 하여 질권자에 대한 관계에서 타인의 사무를 처리하는 자로서 임무에 위배하는 행위를 하여 질권자에게 손해를 가하거나 손해 발생의 위험을 초래하였다고 할 수 없고, 배임죄가 성립하지도 않는다.
[2] 피해자 회사가 대항요건을 갖춘 이상 임대인은 질권자인 피해자 회사의 동의 없이 질권의 목적인 채무를 변제하더라도 이로써 질권자인 피해자 회사에 대항할 수 없고, 피해자 회사는 여전히 제3채무자인 임대인에게 권리를 행사할 수 있으므로 질권설정자인 피고인이 전세보증금을 반환받았다고 하여 배임죄가 성립하지 않는다고 한 사례[대판 2016.4.29. 2015도5665].

[사실관계] 甲은 부동산을 임차하면서 A회사에 전세자금 대출신청을 하여 전세보증금 대출을 받되 그 담보로 임대인 B에 대한 전세보증금반환채권에 관하여 근질권을 설정하여 주었고, 임대인 B는 이에 관한 질권설정승낙서를 작성하여 A회사에 교부하였다. 그 후 甲은 임대차기간 만료 직후 A회사의 동의 없이 임대인 B로부터 전세보증금을 직접 반환받았다. 이 경우 甲에게 배임죄가 성립하지 아니한다.

8. 甲 주식회사는 도시개발사업의 시행자인 乙 조합으로부터 기성금 명목으로 체비지를 지급받은 다음 이를 다시 丙에게 매도하였는데, 乙 조합의 조합장인 피고인이 환지처분 전 체비지대장에 소유권 취득자로 등재된 甲 회사와 丙의 명의를 임의로 말소함으로써 재산상 이익을 취득하고 丙에게 손해를 가하였다는 배임의 공소사실로 기소된 사안에서, 乙 조합이 시행한 도시개발사업은 도시개발법에 따라 이루어진 것이므로 체비지대장에의 등재가 환지처분 전 체비지 양수인이 취득하는 채권적 청구권의 공시방법이라고 볼 수 없다는 등의 이유로, 이와 다른 전제에서 피고인의 행위가 배임죄를 구성한다고 본 원심판결에 법리오해의 잘못이 있다고 한 사례[대판 2022.10.14. 2018도13604].

판례 | 대표권의 남용과 손해의 인정 여부(업무상배임죄의 성립 여부)

[1] 주식회사의 대표이사가 대표권을 남용하는 등 그 임무에 위배하여 회사 명의로 의무를 부담하는 행위를 하더라도 일단 회사의 행위로서 유효하고, 다만 상대방이 대표이사의 진의를 알았거나 알 수 있었을 때에는 회사에 대하여 무효가 된다. 따라서 ⅰ) 상대방이 대표권남용 사실을 알았거나 알 수 있었던 경우 그 의무부담행위는 원칙적으로 회사에 대하여 효력이 없고, 경제적 관점에서 보아도 이러한 사실만으로는 회사에 현실적인 손해가 발생하였다거나 실해 발생의 위험이 초래되었다고 평가하기 어려우므로, 달리 그 의무부담행위로 인하여 실제로 채무의 이행이 이루어졌다거나 회사가 민법상 불법행위책임을 부담하게 되었다는 등의 사정이 없는 이상 배임죄의 기수에 이른 것은 아니다. 그러나 이 경우에도 대표이사로서는 배임의 범의로 임무위배행위를 함으로써 실행에 착수한 것이므로 배임죄의 미수범이 된다. 그리고 ⅱ) 상대방이 대표권남용 사실을 알지 못하였다는 등의 사정이 있어 그 의무부담행위가 회사에 대하여 유효한 경우에는 회사의 채무가 발생하고 회사는 그 채무를 이행할 의무를 부담하므로, 이러한 채무의 발생은 그 자체로 현실적인 손해 또는 재산상 실해 발생의 위험이라고 할 것이어서 그 채무가 현실적으로 이행되기 전이라도 배임죄의 기수에 이르렀다고 보아야 한다.
[2] 주식회사의 대표이사가 대표권을 남용하는 등 그 임무에 위배하여 약속어음 발행을 한 행위가 배임죄에 해당하는지도 원칙적으로 위에서 살펴본 의무부담행위와 마찬가지로 보아야 한다. 다만 약속어음 발행의 경우 어음법상 발행인은 종전의 소지인에 대한 인적 관계로 인한 항변으로써 소지인에게 대항하지 못하므로(어음법 제17조, 제77조), 어음발행이 무효라 하더라도 그 어음이 실제로 제3자에게 유통되었다면 회사로서는 어음채무를 부담할 위험이 구체적 · 현실적으로 발생하였다고 보아야 하고, 따라서 그 어음채무가 실제로 이행되기 전이라도 배임죄의 기수범이 된다. 그러나 약속어음 발행이 무효일 뿐만 아니라 그 어음이 유통되지도 않았다면 회사는 어음발행의 상대방에게 어음채무를 부담하지 않기 때문에 특별한 사정이 없는 한 회사에 현실적으로 손해가 발생하였다거나 실해 발생의 위험이 발생하였다고도 볼 수 없으므로, 이때에는 배임죄의 기수범이 아니라 배임미수죄로 처벌하여야 한다.
[3] 갑 주식회사 대표이사인 피고인이, 자신이 별도로 대표이사를 맡고 있던 을 주식회사의 병 은행에 대한 대출금채무를 담보하기 위해 병 은행에 갑 회사 명의로 액면금 29억 9,000만 원의 약속어음을 발행하여 줌으로써 병 은행에 재산상 이익을 취득하게 하고 갑 회사에 손해를 가하였다고 하여 특정경제범죄 가중처벌 등에 관한 법률 위반(배임)으로 기소된 사안에서, 피고인이 대표권을 남용하여 약속어음을 발행하였고 당시 상대방인 병 은행이 그러한 사실을 알았거나 알 수 있었던 때에 해당하여 그 발행행위가 갑 회사에 대하여 효력이 없다면, 그로 인해 갑 회사가 실제로 약속어음금을 지급하였거나 민사상 손해배상책임 등을 부담하거나 약속어음이 실제로 제3자에게 유통되었다는 등의 특별한 사정이 없는 한 피고인의 약속어음 발행행위로 인해 갑 회사에 현실적인 손해나 재산상 실해 발생의 위험이 초래되었다고 볼 수 없으므로 배임죄기수라고 할 수 없다고 한 사례[대판(전) 2017.7.20. 2014도1104].

동지판례 ⅰ) 대표이사가 개인의 차용금 채무에 관하여 개인 명의로 작성하여 교부한 차용증에 추가로 회사의 법인 인감을 날인하였다고 하더라도 대표이사로서 행한 적법한 대표행위라고 할 수 없으므로 회사가 위 차용증에 기한 차용금 채무를 부담하게 되는 것이 아님은 물론이고, 나아가 금원의 대여자는 위와 같은 행위가 적법한 대표행위가 아님을 알았거나 알 수 있었다 할 것이어서 회사가 대여자에 대하여 사용자책임이나 법인의 불법행위 등에 따른 손해배상의무도 부담할 여지가 없으므로, 결국 회사에 재산상 손해가 발생하였다거나 재산상 실해 발생의 위험이 초래되었다고 볼 수 없으므로 대표이사에게는 업무상배임죄가 성립할 수 없다[대판 2004.4.9. 2004도771].

ⅱ) 갑 주식회사 대표이사인 피고인이 갑 회사 설립의 동기가 된 동업약정의 투자금 용도로 부친 을로부터 2억 원을 차용한 후 을에게 갑 회사 명의의 차용증을 작성·교부하는 한편 갑 회사 명의로 액면금 2억 원의 약속어음을 발행하여 공증해 줌으로써 갑 회사에 재산상 손해를 입게 하고 을에게 재산상 이익을 취득하게 하였다고 하여 업무상배임으로 기소된 사안에서, 피고인의 행위가 대표이사의 대표권을 남용한 때에 해당하고 그 행위의 상대방인 을로서는 피고인이 갑 회사의 영리 목적과 관계없이 자기 또는 제3자의 이익을 도모할 목적으로 권한을 남용하여 차용증 등을 작성해 준다는 것을 알았거나 알 수 있었으므로 그 행위가 갑 회사에 대하여 아무런 효력이 없으나, 을은 피고인이 작성하여 준 약속어음공정증서에 기하여 갑 회사의 병 재단법인에 대한 임대차보증금반환채권 중 2억 원에 이르기까지의 금액에 대하여 압류 및 전부명령을 받은 다음 확정된 압류 및 전부명령에 기하여 병 재단법인으로부터 갑 회사의 임대차보증금 중 1억 2,300만 원을 지급받은 사실에 비추어 피고인의 임무위배행위로 인하여 갑 회사에 현실적인 손해가 발생하였거나 실해 발생의 위험이 생겼으므로 배임죄의 기수가 성립하고, 전부명령이 확정된 후 집행권원인 집행증서의 기초가 된 법률행위 중 전부 또는 일부에 무효사유가 있는 것으로 판명되어 집행채권자인 을이 집행채무자인 갑 회사에 부당이득 상당액을 반환할 의무를 부담하더라도 배임죄의 성립을 부정할 수 없다고 한 사례[대판 2017.9.21. 2014도9960].

⑤ 재산상 이익의 취득

판례 | 재산상 이익의 가액을 구체적으로 산정할 수 없는 경우 배임죄의 성립 여부

형법 제356조의 업무상배임죄는 업무상의 임무에 위배하여 제355조 제2항의 죄를 범한 때에 성립하는데, 취득한 재산상 이익의 가액이 얼마인지는 범죄 성립에 영향을 미치지 아니한다. 그러나 업무상배임으로 취득한 재산상 이익이 있더라도 가액을 구체적으로 산정할 수 없는 경우에는, 재산상 이익의 가액을 기준으로 가중 처벌하는 특정경제범죄법 제3조를 적용할 수 없다[대판 2015.9.10. 2014도12619].

판례 | 배임죄의 성립요건(본인의 손해 및 배임행위로 인한 이익의 취득)

1. 업무상배임죄는 본인에게 재산상의 손해를 가하는 외에 배임행위로 인하여 행위자 스스로 재산상의 이익을 취득하거나 제3자로 하여금 재산상의 이익을 취득하게 할 것을 요건으로 하므로, 본인에게 손해를 가하였다고 할지라도 행위자 또는 제3자가 재산상 이익을 취득한 사실이 없다면 배임죄가 성립할 수 없다[대판 2007.7.25. 2005도6439].
2. 입주자대표회의 회장이 지출결의서에 날인을 거부함으로써 아파트 입주자들에게 그 연체료를 부담시킨 경우, 열 사용요금 납부 연체로 인하여 발생한 연체료는 금전채무 불이행으로 인한 손해배상에 해당하므로, 공급업체가 연체료를 지급받았다는 사실만으로 공급업체가 그에 해당하는 재산상의 이익을 취득하게 된 것으로 단정하기 어렵다[대판 2009.6.25. 2008도3792].

   동지판례 甲 새마을금고 임원인 피고인이 새마을금고의 여유자금 운용에 관한 규정을 위반하여 금융기관으로부터 원금 손실의 위험이 있는 금융상품을 매입함으로써 甲 금고에 액수 불상의 재산상 손해를 가하고 금융기관에 수수료 상당의 재산상 이익을 취득하게 하였다고 하여 업무상배임으로 기소된 사안에서, 피고인의 임무위배행위로 인하여 본인인 甲 금고에 발생한 액수 불상의 재산상 손해와 금융기관이 취득한 수수료 상당의 이익 사이에 대응관계가 있는 등 관련성이 있다고 볼 수 없는 점, 금융기관에 지급된 수수료는 판매수수료로서 피고인이 금융상품을 매입하면서 금융기관으로부터 제공받은 용역에 대한 대가로 지급된 것이므로, 금융기관이 제공한 용역에 비하여 지나치게 과도한 수수료를 지급받았다는 등의 특별한 사정이 없는 한, 금융기관이 용역 제공의 대가로 정당하게 지급받은 위 수수료가 피고인의 임무위배행위로 인하여 취득한 재산상 이익에 해당한다고 단정하기 어려운 점 등을 종합하면, 피고인의 임무위배행위로 甲 금고에 액수 불상의 재산상 손해가 발생하였더라도 금융기관이 취득한 수수료 상당의 이익을 그와 관련성 있는 재산상 이익이라고 인정할 수 없고, 또한 위 수수료 상당의 이익은 배임죄에서의 재산상 이익에 해당한다고 볼 수도 없다는 이유로, 이와 달리 보아 공소사실을 유죄로 판단한 원심판결에 배임죄 성립에 관한 법리오해의 잘못이 있다[대판 2021.11.25. 2016도3452].
3. 피고인이 피해 회사의 승낙 없이 임의로 지정 할인율보다 더 높은 할인율을 적용하여 회사가 지정한 가격보다 낮은 가격으로 제품을 판매하는 이른바 덤핑판매로 제3자인 거래처에 재산상의 이익이 발생하였는지 여부는 경제적 관점에서 실질적으로 판단하여야 할 것인바, 피고인이 피해 회사가 정한 할인율 제한을 위반하였다 하더라도 시장에서 거래되는 가격에 따라 제품을 판매하였다면 지정 할인율에 의한 제품가격과 실제 판매시 적용된 할인율에 의한 제품가격의 차액 상당을 거래처가 얻은 재산상의 이익이라고 볼 수는 없다[대판 2009.12.24. 2007도2484].

⑥ 실행의 착수와 기수시기

판례 | 배임죄의 착수시기 및 기수시기

1. 업무상배임죄의 주체는 타인의 사무를 처리하는 지위에 있어야 한다. 따라서 회사직원이 재직 중에 영업비밀 또는 영업상 주요한 자산을 경쟁업체에 유출하거나 스스로의 이익을 위하여 이용할 목적으로 무단으로 반출하였다면 타인의 사무를 처리하는 자로서 업무상의 임무에 위배하여 유출 또는 반출한 것이어서 유출 또는 반출 시에 업무상배임죄의 기수가 된다. 또한 회사직원이 영업비밀 등을 적법하게 반출하여 반출행위가 업무상배임죄에 해당하지 않는 경우라도, 퇴사 시에 영업비밀 등을 회사에 반환하거나 폐기할 의무가 있음에도 경쟁업체에 유출하거나 스스로의 이익을 위하여 이용할 목적으로 이를 반환하거나 폐기하지 아니하였다면, 이러한 행위 역시 퇴사 시에 업무상배임죄의 기수가 된다.
   그러나 회사직원이 퇴사한 후에는 특별한 사정이 없는 한 퇴사한 회사직원은 더 이상 업무상배임죄에서 타인의 사무를 처리하는 자의 지위에 있다고 볼 수 없고, 위와 같이 반환하거나 폐기하지 아니한 영업비밀 등을 경쟁업체에 유출하거나 스스로의 이익을 위하여 이용하더라도 이는 이미 성립한 업무상배임 행위의 실행행위에 지나지 아니하므로, 그 유출 내지 이용행위가 부정경쟁방지 및 영업비밀보호에 관한 법률 위반(영업비밀누설등)죄에 해당하는지는 별론으로 하더라도, 따로 업무상배임죄를 구성할 여지는 없다. 그리고 위와 같이 퇴사한 회사직원에 대하여 타인의 사무를 처리하는 자의 지위를 인정할 수 없는 이상 제3자가 위와 같은 유출 내지 이용행위에 공모·가담하였더라도 타인의 사무를 처리하는 자의 지위에 있다는 등의 사정이 없는 한 업무상배임죄의 공범 역시 성립할 수 없다[대판 2017.6.29. 2017도3808].

2. **(무허가건물의 이중양도: 제2양수인에게 무허가건물의 명의를 변경하여 준 것은 실행의 착수 인정, 무허가건물을 인도한 때 기수)** [1] 양수인에게 무허가건물을 인도할 의무를 부담하는 양도인이 중도금 또는 잔금까지 수령한 상태에서 양수인의 의사에 반하여 제3자에게 그 무허가건물을 이중으로 양도하고 중도금까지 수령하였다면 이는 양수인에 대한 관계에서 임무위배행위로서 배임죄의 실행의 착수가 있었다고 할 것이고, 더 나아가 제3자로부터 잔금을 수령하고 무허가건물을 인도하였다면 이는 배임죄의 기수에 해당한다.
   [2] 피고인이 자신의 처가 A1에 대하여 부담하는 채무의 대물변제명목으로 피고인 소유의 무허가건물을 A1에게 양도하고, 재차 자신의 처가 A2에 대하여 부담하는 채무의 대물변제명목으로 위 무허가건물을 양도하고 무허가건물대장상의 소유자 명의를 A2로 변경하여 준 경우, 배임죄의 실행에 착수하였다고 볼 수 있다[대판 2005.10.28. 2005도5713].

(2) 주관적 구성요건

판례 | 경영상의 판단과 배임의 고의의 인정요건

1. 경영상의 판단과 관련하여 … 단순히 본인에게 손해가 발생하였다는 결과만으로 책임을 묻거나 주의의무를 소홀히 한 과실이 있다는 이유로 책임을 물을 수는 없다[대판 2004.7.22. 2002도4229].

2. [1] 경영상의 판단과 관련하여 기업의 경영자에게 배임의 고의가 있었다고 하기 위하여는 제반 사정에 비추어 자기 또는 제3자가 재산상 이익을 취득한다는 인식과 본인에게 손해를 가한다는 인식 아래 행하여지는 의도적 행위임이 인정되어야 한다.
   [2] 방송사 사장인 피고인이 방송사의 조세소송 관련 사무를 처리하면서 … 보다 유리한 내용으로 조정안을 관철하지 못한 경우라고 할지라도 배임행위에 해당하지 않는다[대판 2012.1.12. 2010도15129].

2. 공범

판례 | 배임죄의 공동정범의 성립요건

업무상배임죄의 실행으로 인하여 이익을 얻게 되는 수익자가 소극적으로 실행행위자의 배임행위에 편승하여 이익을 취득하는 데 그치지 않고 배임행위를 교사하거나 또는 배임행위의 전 과정에 관여하는 등으로 실행행위자의 배임행위에 적극 가담한 경우에는 업무상배임죄의 공동정범이 된다[대판 2007.2.8. 2006도483]. [19 법원9급, 19 경찰승진, 17 법원행시]*

판례 | 배임죄의 종범이 성립하지 않는 경우

[1] 거래상대방의 대향적 행위의 존재를 필요로 하는 유형의 배임죄에 있어서 거래상대방으로서는 기본적으로 배임행위의 실행행위자와는 별개의 이해관계를 가지고 반대편에서 독자적으로 거래에 임한다는 점을 감안할 때, 거래상대방이 배임행위를 교사하거나 그 배임행위의 전 과정에 관여하는 등으로 배임행위에 적극가담함으로써 그 실행행위자와의 계약이 반사회적 법률행위에 해당하여 무효로 되는 경우 배임죄의 교사범 또는 공동정범이 될 수 있음은 별론으로 하고, 관여의 정도가 거기에까지 이르지 아니하여 법질서 전체적인 관점에서 살펴볼 때 사회적 상당성을 갖춘 경우에 있어서는 비록 정범의 행위가 배임행위에 해당한다는 점을 알고 거래에 임하였다는 사정이 있어 외견상 방조행위로 평가될 수 있는 행위가 있었다 할지라도 범죄를 구성할 정도의 위법성은 없다고 봄이 상당하다. [20 법원행시, 18 경간부]*
[2] 1인 회사의 주주가 개인적 거래에 수반하여 법인 소유의 부동산을 담보로 제공한다는 사정을 거래상대방이 알면서 가등기의 설정을 요구하고 그 가등기를 경료받은 경우, 거래상대방은 배임행위의 방조범에 해당하지 않는다[대판 2005.10.28. 2005도4915].

3. 이중처분의 형사책임

(1) 부동산의 이중매매

판례 | 사기죄가 성립하는 경우

타인에게 매도하여 그 소유권이전등기까지 경유해준 부동산을 자기소유라고 하여 재차 매도하였다면 그 자체에 있어 적극적인 거짓말로 매수인을 기망한 것으로 볼 수 있다[대판 1971.8.31. 71도1302].

판례 | 제2매수인에게 이중매매사실을 고지하지 않은 경우(사기죄 불성립)

이중매매에 있어서 후매수인에게 소유권이전등기까지 마친 경우에 동인에게는 아무런 손해가 없으므로 매도인이 동인에게 이중매매사실을 고지하지 아니하였다 하여도 사기죄를 구성하지 않는다[대판 1971.12.21. 71도1480].

판례 | 계약금만 수령한 경우(타인의 사무처리자 X)

매도인이 매수인에게 부동산을 매도하고 계약금만을 수수한 상태에서 매수인이 잔대금의 지급을 거절한 이상 매도인으로서는 이행을 최고할 필요 없이 매매계약을 해제할 수 있는 지위에 있었으므로 위 매도인을 타인의 사무를 처리하는 자라고 볼 수 없다[대판 1984.5.15. 84도315].

판례 | 계약금 및 중도금을 수령한 경우(타인의 사무처리자 ○)

1. 부동산 매매계약에서 계약금만 지급된 단계에서는 어느 당사자나 계약금을 포기하거나 그 배액을 상환함으로써 자유롭게 계약의 구속력에서 벗어날 수 있다. 그러나 중도금이 지급되는 등 계약이 본격적으로 이행되는 단계에 이른 때에는 계약이 취소되거나 해제되지 않는 한 매도인은 매수인에게 부동산의 소유권을 이전해 줄 의무에서 벗어날 수 없다. 따라서 이러한 단계에 이른 때에 매도인은 매수인에 대하여 매수인의 재산보전에 협력하여 재산적 이익을 보호 · 관리할 신임관계에 있게 된다. 그때부터 매도인은 배임죄에서 말하는 '타인의 사무를 처리하는 자'에 해당한다고 보아야 한다. 그러한 지위에 있는 매도인이 매수인에게 계약 내용에 따라 부동산의 소유권을 이전해 주기 전에 그 부동산을 제3자에게 처분하고 제3자 앞으로 그 처분에 따른 등기를 마쳐 준 행위는 매수인의 부동산 취득 또는 보전에 지장을 초래하는 행위이다. 이는 매수인과의 신임관계를 저버리는 행위로서 배임죄가 성립한다[대판(전) 2018.5.17. 2017도4027]. [22 경간부, 20 변호사, 20 법원행시, 20 법원9급, 19 법원9급, 19 국가9급, 18 법원행시, 18 국가7급]*
2. **(매도인이 중도금 이상을 수령한 이상 매수인에게 가등기를 경료한 경우라도 여전히 타인의 사무처리자에 해당함)** 부동산 매매계약에서 중도금이 지급되는 등 계약이 본격적으로 이행되는 단계에 이른 경우, 그때부터 매도인은 배임죄에서 말하는 '타인의 사무를 처리하는 자'에 해당하며, 매도인이 매수인에게 순위보전의 효력이 있는 가등기를 마쳐주었다고 하더라도 이는 향후 매수인에게 손해를 회복할 수 있는 방안을 마련하여 준 것일 뿐 그 자체로 물권변동의 효력이 있는 것은 아니어서 매도인으로서는 소유권을 이전하여 줄 의무에서 벗어날 수 없으므로, 그와 같은 가등기로 인하여 매수인의 재산보전에 협력하여 재산적 이익을 보호 · 관리할 신임관계의 전형적 · 본질적 내용이 변경된다고 할 수 없다[대판 2020.5.14. 2019도16228]. [19 경간부]*

   판례해설 매도인이 매수인에게 가등기를 마쳐주었다고 하더라도 매수인으로부터 계약금, 중도금 및 잔금 중 일부까지 지급받은 이상 매수인의 재산보전에 협력하여야 할 신임관계에 있고 따라서 매도인은 매수인에 대한 관계에서 '타인의 사무를 처리하는 자'에 해당한다고 보아야 한다는 취지이다.

   관련판례 피고인이 신축중에 있던 건물을 피해자들에게 분양하고 피해자들로부터 계약금과 중도금을 받았음에도 위 대지에 관하여 근저당권을 설정하고 대출을 받았다면, 피고인에게 공사완성후 근저당권설정등기를 말소하여 피해자들에게 소유권이전등기를 해 주려는 내심의 의사가 있었다거나 분양한 건물의 공사진행기간 동안 건물부지를 담보하여 융자를 받는 것이 설사 건설업계의 관례라고 하더라도 배임죄의 성립에는 영향이 없다[대판 1989.10.24. 89도641]. [19 법원9급]*

판례 | 계약이 무효인 경우여서 타인의 사무처리자라고 볼 수 없는 경우(배임죄 불성립)

농가가 아니고 농지를 자경하거나 자영할 의사도 없어 농지개혁법상 농지를 취득할 수 없는 자에 대하여 농지를 매도한 계약은 무효이어서 매도인은 소유권이전등기절차를 이행할 임무가 없으므로 매도인이 그 농지를 제3자에게 이중으로 양도하였다 하더라도 배임죄가 성립되지 아니한다[대판 1979.3.27. 79도141], [대판 2011.1.27. 2009도10701].

판례 | 배임죄의 실행의 착수시기(제2매수인에 대하여 중도금을 수령한 때)

부동산의 이중양도에 있어서 매도인이 제2차 매수인으로부터 계약금만을 지급받고 중도금을 수령한 바 없다면 배임죄의 실행의 착수가 있었다고 볼 수 없다[대판 2003.3.25. 2002도7134; 동지 대판 2010.4.29. 2009도14427]. [20 변호사, 20 국가9급, 19 법원행시, 19 법원9급, 18 경간부, 17 국가9급, 16 법원행시]*

판례 | 배임죄의 기수시기(제2매수인에 대한 이전등기 경료시)

부동산의 매도인이 매수인 앞으로의 소유권이전등기에 협력할 의무가 있음에도 불구하고 같은 부동산을 위 매수인 이외의 자에게 2중으로 매도하여 그 소유권이전등기를 마친 경우에는 1차 매수인에 대한 소유권이전등기의무는 이행불능이 되고 이로써 1차 매수인에게 그 부동산의 소유권을 취득할 수 없는 손해가 발생하는 것이므로 부동산의 이중매매에 있어서 배임죄의 기수시기는 2차 매수인 앞으로 소유권이전등기를 마친 때라고 할 것이다[대판 1984.11.27. 83도1946].

판례 | 이중처분행위가 배임죄에 해당하는 경우

1. 부동산의 매도인이 중도금 수령 후 재차 매도하는 경우뿐만 아니라 제3자에게 가등기를 경료하는 것도 배임행위에 해당한다[대판 1983.6.14, 81도2278].

   동지판례 부동산의 매도인으로서 매수인에 대하여 그 앞으로의 소유권이전등기절차에 협력할 의무 있는 자가 그 임무에 위배하여 같은 부동산을 매수인 이외의 제3자에게 이중으로 매도하고 제3자 앞으로 소유권이전청구권 보전을 위한 가등기를 마쳐 주었다면, 이는 매수인에게 손해발생의 위험을 초래하는 행위로서 배임죄를 구성한다[대판 2008.7.10, 2008도3766]. [16 국가9급]*

2. 토석채취권을 매도한 자는 그 매수인에게 그들이 토석을 채취할 수 있도록 그에 필요한 서류를 넘겨주어 위 허가를 받는데 협력하여야 할 의무가 있으므로 위 임무에 위배하여 타인에게 토석채취권을 양도하고 소요서류를 교부하여 토석채취 허가를 취득케 한 경우에는 배임죄가 성립한다[대판 1979.7.10, 79도961].

3. 물권변동에 관하여 형식주의를 취하고 있는 현행 민법하에 있어서는 농지매매에 관하여 소재지관서의 증명이 없는 경우에는 매매에 의한 물권변동의 효과, 즉 소유권이전의 효과를 발생할 수는 없으나 농지매매 당사자 사이에 채권계약으로서의 매매계약은 유효히 성립할 수 있는 것이므로, 농지를 이중으로 매도한 경우에 먼저의 농지매매에 관하여 소재지관서의 증명이 없다는 이유만으로는 배임죄의 성립을 부정할 수 없다[대판 1991.7.9, 91도846].

4. 염전의 2분지 1 지분을 매도하고 계약금과 중도금을 받은 자가 잔금과 상환으로 이전등기절차를 하여줄 임무에 위배하여 제3자 앞으로 근저당권설정등기를 하였다면 비록 피해자가 위 근저당권설정등기를 하기 전에 처분금지가처분을 해 두었다 하더라도 배임죄의 성립에 아무런 영향을 미칠 수 없다[대판 1990.10.16, 90도1702]. [19 법원9급]*

5. 배임죄에 있어서 손해란 현실적인 손해가 발생한 경우뿐만 아니라 재산상의 위험이 발생된 경우도 포함되므로 피해자와 주택에 대한 전세권설정계약을 맺고 전세금의 중도금까지 지급받고도 임의로 타에 근저당권설정등기를 경료해 줌으로써 전세금반환채무에 대한 담보능력 상실의 위험이 발생되었다고 보여진다면 위 등기 경료행위는 배임죄를 구성한다[대판 1993.9.28, 93도2206]. [16 국가9급]*

판례 | 제1매수인에 대한 소유권이전의무의 이행 = 제2매수인에 대한 배임죄 불성립

부동산이 매도되면 형법은 그 부동산을 매도한 자에게 매수인을 위한 업무로서 매수인에게 소유권을 이전해 줄 의무를 성실히 이행할 것을 명하는 동시에 그 임무에 위배하여 이를 타인에게 다시 매도하고 소유권을 이전하는 것을 금하고 있는 것이므로 부동산을 이중으로 매도한 경우에 매도인이 선매수인에게 소유권이전의무를 이행하였다 해서 그를 형법상 후매수인에 대하여 그 임무를 위법하게 위배하였다고는 할 수 없다[대판 1977.10.11, 77도1116; 동지 대판 2010.4.29, 2009도14427]. [17 경찰승진]*

판례 | 악의의 제2매수인에게 배임죄의 공범이 성립하기 위한 요건(적극가담을 요함)

이미 타인에게 매도되었으나 소유권이전등기가 경료되지 아니하고 있는 부동산을 이중으로 매수 기타 양수하는 자에 대하여 배임죄의 죄책을 묻기 위하여는 이중으로 양수하는 자가 단지 그 부동산이 이미 타인에게 매도되었음을 알고 이중으로 양수하는 것만으로는 부족하고 먼저 매수한 자를 해할 목적으로 양도를 교사하거나 기타 방법으로 양도행위에 적극 가담한 경우에 한하여 양도인의 배임행위에 대한 공범이 성립된다[대판 1975.6.10, 74도2455].

관련판례 **(적극 가담으로 인정된 경우)** 점포의 임차인이 임대인이 그 점포를 타에 매도한 사실을 알고 있으면서 점포의 임대차 계약 당시 "타인에게 점포를 매도할 경우 우선적으로 임차인에게 매도한다."는 특약을 구실로 임차인이 매매대금을 일방적으로 결정하여 공탁하고 임대인과 공모하여 임차인 명의로 소유권이전등기를 경료하였다면 임대인의 배임행위에 적극 가담한 것으로서 배임죄의 공동정범에 해당한다[대판 1983.7.12, 82도180].

판례 | 악의의 제2매수인에 대한 장물취득죄의 성립 여부(불성립)

형법상 장물죄의 객체인 장물이라 함은 재산권상의 침해를 가져 올 위법행위로 인하여 영득한 물건으로서 피해자가 반환청구권을 가지는 것을 말하고 본건 대지에 관하여 매수인 "甲" 에게 소유권 이전등기를 하여 줄 임무가 있는 소유자가 그 임무에 위반하여 이를 "乙"에게 매도하고 소유권이전등기를 경유하여 준 경우에는 위 부동산소유자가 배임행위로 인하여 영득한 것은 재산상의 이익이고 위 배임범죄에 제공된 대지는 범죄로 인하여 영득한 것 자체는 아니므로 그 취득자 또는 전득자에 대하여 배임죄의 가공여부를 논함은 별문제로 하고 장물취득죄로 처단할 수 없다[대판 1975.12.9. 74도2804].

(2) 동산의 이중매매

판례 | 동산의 이중매매와 배임죄의 성립 여부(불성립)

[1] 배임죄에서 '타인의 사무를 처리하는 자'라고 하려면 당사자 관계의 본질적 내용이 단순한 채권관계상의 의무를 넘어서 그들 간의 신임관계에 기초하여 타인의 재산을 보호 내지 관리하는 데 있어야 하고, 그 사무가 타인의 사무가 아니고 자기의 사무라면 그 사무의 처리가 타인에게 이익이 되어 타인에 대하여 이를 처리할 의무를 부담하는 경우라도 그는 타인의 사무를 처리하는 자에 해당하지 아니한다.
[2] 매매와 같이 당사자 일방이 재산권을 상대방에게 이전할 것을 약정하고 상대방이 그 대금을 지급할 것을 약정함으로써 그 효력이 생기는 계약의 경우(민법 제563조), 쌍방이 그 계약의 내용에 좇은 이행을 하여야 할 채무는 특별한 사정이 없는 한 '자기의 사무'에 해당하는 것이 원칙이다. 매매의 목적물이 동산일 경우, 매도인은 매수인에게 계약에 정한 바에 따라 그 목적물인 동산을 인도함으로써 계약의 이행을 완료하게 되고 그때 매수인은 매매목적물에 대한 권리를 취득하게 되는 것이므로, 매도인에게 자기의 사무인 동산인도채무 외에 별도로 매수인의 재산의 보호 내지 관리행위에 협력할 의무가 있다고 할 수 없다. 동산매매계약에서의 매도인은 매수인에 대하여 그의 사무를 처리하는 지위에 있지 아니하므로, 매도인이 목적물을 매수인에게 인도하지 아니하고 이를 타에 처분하였다 하더라도 형법상 배임죄가 성립하는 것은 아니다[대판(전) 2011.1.20. 2008도10479].
[20 경찰승진, 20 경찰채용, 19 국가9급, 18 변호사, 18 경찰채용, 17 법원행시, 17 경찰승진, 16 변호사, 16 경간부, 16 경찰채용]*

판례 | 저당권이 설정된 동산을 임의처분한 경우 및 권리이전에 등기·등록을 요하는 동산에 대한 이중양도의 경우 각 배임죄 성립 여부(불성립)

[1] 금전채권채무 관계에서 채권자가 채무자의 급부이행에 대한 신뢰를 바탕으로 금전을 대여하고 채무자의 성실한 급부이행에 의해 채권의 만족이라는 이익을 얻게 된다 하더라도, 채권자가 채무자에 대한 신임을 기초로 그의 재산을 보호 또는 관리하는 임무를 부여하였다고 할 수 없고, 금전채무의 이행은 어디까지나 채무자가 자신의 급부의무의 이행으로서 행하는 것이므로 이를 두고 채권자의 사무를 맡아 처리하는 것으로 볼 수 없다. 따라서 채무자를 채권자에 대한 관계에서 '타인의 사무를 처리하는 자'에 해당한다고 할 수 없다.
채무자가 금전채무를 담보하기 위하여 「자동차 등 특정동산 저당법」 등에 따라 그 소유의 동산에 관하여 채권자에게 저당권을 설정해 주기로 약정하거나 저당권을 설정한 경우에도 마찬가지이다. 채무자가 저당권설정계약에 따라 부담하는 의무, 즉 동산을 담보로 제공할 의무, 담보물의 담보가치를 유지·보전하거나 담보물을 손상, 감소 또는 멸실시키지 않을 소극적 의무, 담보권 실행 시 채권자나 그가 지정하는 자에게 담보물을 현실로 인도할 의무와 같이 채권자의 담보권 실행에 협조할 의무 등은 모두 저당권설정계약에 따라 부담하게 된 채무자 자신의 급부의무이다. 또한 저당권설정계약은 피담보채권의 발생을 위한 계약에 종된 계약으로, 피담보채무가 소멸하면 저당권설정계약상의 권리의무도 소멸하게 된다. 저당권설정계약에 따라 채무자가 부담하는 의무는 담보목적의 달성, 즉 채무불이행 시 담보권 실행을 통한 채권의 실현을 위한 것이므로 저당권설정계약의 체결이나 저당권 설정 전후를 불문하고 당사자 관계의 전형적·본질적 내용은 여전히 금전채권의 실현 내지 피담보채무의 변제에 있다.
따라서 채무자가 위와 같은 급부의무를 이행하는 것은 채무자 자신의 사무에 해당할 뿐이고, 채무자가 통상의 계약에서의 이익대립관계를 넘어서 채권자와의 신임관계에 기초하여 채권자의 사무를 맡아 처리한다고 볼 수 없으므로 채무자를 채권자에 대한 관계에서 배임죄의 주체인 '타인의 사무를 처리하는 자'에 해당한다고 할 수 없다. 그러므로 채무자가 담보물을 제3자에게 처분하는 등으로 담보가치를 감소 또는 상실시켜 채권자의 담보권 실행이나 이를 통한 채권실현에 위험을 초래하더라도 배임죄가 성립하지 아니한다.

위와 같은 법리는, 금전채무를 담보하기 위하여 「공장 및 광업재단 저당법」에 따라 저당권이 설정된 동산을 채무자가 제3자에게 임의로 처분한 사안에도 마찬가지로 적용된다.

[2] 매매와 같이 당사자 일방이 재산권을 상대방에게 이전할 것을 약정하고 상대방이 그 대금을 지급할 것을 약정함으로써 그 효력이 생기는 계약의 경우(민법 제563조), 쌍방이 그 계약의 내용에 좇은 이행을 하여야 할 채무는 특별한 사정이 없는 한 '자기의 사무'에 해당하는 것이 원칙이다. 동산 매매계약에서의 매도인은 매수인에 대하여 그의 사무를 처리하는 지위에 있지 아니하므로, 매도인이 목적물을 타에 처분하였다 하더라도 형법상 배임죄가 성립하지 아니한다.

위와 같은 법리는 권리이전에 등기 · 등록을 요하는 동산에 대한 매매계약에서도 동일하게 적용되므로, 자동차 등의 매도인은 매수인에 대하여 그의 사무를 처리하는 지위에 있지 아니하여, 매도인이 매수인에게 소유권이전등록을 하지 아니하고 타에 처분하였다고 하더라도 마찬가지로 배임죄가 성립하지 아니한다.

[3] 피고인은 피해자 메리츠캐피탈 주식회사에게 저당권을 설정해 준 버스를 임의처분하였고, 피해자 이○○에게 버스를 매도하기로 하여 중도금까지 지급받았음에도 버스에 공동근저당권을 설정하였다. 원심은 피고인이 피해자들에 대한 타인의 사무처리자임을 전제로 각 배임의 점에 대하여 유죄로 판단하였다. 반면 대법원은 위와 같은 의무는 저당권설정계약 또는 매매계약에 따른 피고인의 사무일 뿐 타인의 사무라고 볼 수 없다는 이유로 원심을 파기한 사안이다[대판(전) 2020.10.22. 2020도6258].

(3) 이중저당

① 의의: 이중저당이란 부동산 소유자인 甲이 A1으로부터 금전을 차용하고 1번 저당권을 설정하기로 약속하였으나 아직 저당권설정등기를 경료하지 않은 것을 이용하여 다시 A2로부터 금전을 차용하고 1번 저당권설정등기를 경료해 준 경우를 말한다.

② 저당권설정자의 형사책임

판례 | 이중저당의 경우 배임죄의 성립 여부(배임죄 성립에서 배임죄 불성립으로 판례변경)

[사실관계] 피고인은 甲으로부터 18억 원을 차용하면서 담보로 피고인 소유의 아파트에 甲 명의의 4순위 근저당권을 설정해 주기로 약정하였음에도 제3자에게 채권최고액을 12억 원으로 하는 4순위 근저당권을 설정하여 주었다.

[판례] [다수의견] 채무자가 금전채무를 담보하기 위한 저당권설정계약에 따라 채권자에게 그 소유의 부동산에 관하여 저당권을 설정할 의무를 부담하게 되었다고 하더라도, 이를 들어 채무자가 통상의 계약에서 이루어지는 이익대립관계를 넘어서 채권자와의 신임관계에 기초하여 채권자의 사무를 맡아 처리하는 것으로 볼 수 없다.

채무자가 저당권설정계약에 따라 채권자에 대하여 부담하는 저당권을 설정할 의무는 계약에 따라 부담하게 된 채무자 자신의 의무이다. 채무자가 위와 같은 의무를 이행하는 것은 채무자 자신의 사무에 해당할 뿐이므로, 채무자를 채권자에 대한 관계에서 '타인의 사무를 처리하는 자'라고 할 수 없다. 따라서 채무자가 제3자에게 먼저 담보물에 관한 저당권을 설정하거나 담보물을 양도하는 등으로 담보가치를 감소 또는 상실시켜 채권자의 채권실현에 위험을 초래하더라도 배임죄가 성립한다고 할 수 없다[대판(전) 2020.6.18. 2019도14340]. [22 경간부]*

(4) 기타의 이중처분

판례 | 임차권의 이중양도 = 배임죄 X

점포임차권 양도계약을 체결한 후 계약금과 중도금까지 지급받았다 하더라도 잔금을 수령함과 동시에 양수인에게 점포를 명도하여 줄 양도인의 의무는 위 양도계약에 따르는 민사상의 채무에 지나지 아니하여 이를 타인의 사무로 볼 수 없으므로 비록 양도인이 위 임차권을 2중으로 양도하였다 하더라도 배임죄를 구성하지 않는다[대판 1986.9.23. 86도811]. [16 경간부]*

동지판례 양품점의 임차권만의 양도계약을 체결한 경우 양수인에게 그 점포를 명도하여 줄 양도인의 의무는 양도계약에 따른 민사상의 채무에 불과할 뿐 타인의 사무라고 할 수 없으므로 위 점포의 이중양도행위는 배임죄를 구성하지 않는다[대판 1990.9.25. 90도1216].

판례 | 점유개정방식에 의한 동산의 이중양도담보

(제1양도담보권자에 대하여 배임죄 불성립) 피고인이 그 소유의 에어콘을 피해자에게 양도담보로 제공하고 점유개정의 방법으로 점유하고 있다가 다시 이를 제3자에게 양도담보로 제공하고 역시 점유개정의 방법으로 점유를 계속한 경우, 뒤의 양도담보권자인 제3자는 처음의 담보권자인 피해자에 대하여 배타적으로 자기의 담보권을 주장할 수 없으므로 처음의 양도담보권자에게 담보권의 상실이나 담보가치의 감소 등 손해가 발생한 것으로 볼 수 없으니 배임죄를 구성하지 않는다[대판 1990.2.13. 89도1931].

판례연습

【점유개정방식에 의한 동산의 이중양도담보】

甲은 금전채무를 담보하기 위하여 점유개정의 방식으로 A은행에 대하여 자기소유 동산에 대한 양도담보를 설정한 후 다른 채권자 B에게도 점유개정의 방식으로 위 동산에 대하여 이중으로 양도담보계약을 체결하였다. 그 후 甲은 위 동산을 C에게 매각하고 인도하였다. 이 경우 甲의 B에 대한 배임죄의 성립 여부를 검토하시오.

판결요지

금전채무를 담보하기 위하여 채무자가 그 소유의 동산을 채권자에게 양도하되 점유개정에 의하여 채무자가 이를 계속 점유하기로 한 경우 특별한 사정이 없는 한 동산의 소유권은 신탁적으로 이전됨에 불과하여 채권자와 채무자 사이의 대내적 관계에서 채무자는 의연히 소유권을 보유하나 대외적인 관계에 있어서 채무자는 동산의 소유권을 이미 채권자에게 양도한 무권리자가 되는 것이어서 다시 다른 채권자와 사이에 양도담보 설정계약을 체결하고 점유개정의 방법으로 인도를 하더라도 선의취득이 인정되지 않는 한 나중에 설정계약을 체결한 채권자는 양도담보권을 취득할 수 없는데, 현실의 인도가 아닌 점유개정으로는 선의취득이 인정되지 아니하므로, 결국 뒤의 채권자는 양도담보권을 취득할 수 없고, 따라서 이와 같이 채무자가 그 소유의 동산에 대하여 점유개정의 방식으로 채권자들에게 이중의 양도담보 설정계약을 체결한 후 양도담보 설정자가 목적물을 임의로 제3자에게 처분하였다면 양도담보권자라 할 수 없는 뒤의 채권자에 대한 관계에서는, 설정자인 채무자가 타인의 사무를 처리하는 자에 해당한다고 할 수 없어 배임죄가 성립하지 않는다[대판 2004.6.25. 2004도1751].

정답 [B에 대하여 배임죄 불성립]

Ⅲ 업무상배임죄

제356조(업무상 배임) 업무상의 임무에 위배하여 제355조의 죄(배임죄)를 범한 자는 10년 이하의 징역 또는 3천만원 이하의 벌금에 처한다.

제359조(미수범) 미수범은 처벌한다.

판례 | 부작위에 의한 업무상배임죄의 실행의 착수시기 및 고의의 성립요건

업무상배임죄는 타인과의 신뢰관계에서 일정한 임무에 따라 사무를 처리할 법적 의무가 있는 자가 그 상황에서 당연히 할 것이 법적으로 요구되는 행위를 하지 않는 부작위에 의해서도 성립할 수 있다. 그러한 부작위를 실행의 착수로 볼 수 있기 위해서는 작위의무가 이행되지 않으면 사무처리의 임무를 부여한 사람이 재산권을 행사할 수 없으리라고 객관적으로 예견되는 등으로 구성요건적 결과 발생의 위험이 구체화한 상황에서 부작위가 이루어져야 한다. 그리고 행위자는 부작위 당시 자신에게 주어진 임무를 위반한다는 점과 그 부작위로 인해 손해가 발생할 위험이 있다는 점을 인식하였어야 한다[대판 2021.5.27. 2020도15529]. [23 경간부]*

판례해설 피고인은 환지 방식에 의한 도시개발사업조합을 위해 환지계획수립 등 이 사건 사업의 진행에 필요한 전반적인 업무를 수행하던 사람이었다. 피고인은 환지예정지의 가치상승을 청산절차에 반영하여 적절한 청산금을 징수할 수 있도록 관련 법령에 따라 환지예정지에 대한 재감정 등의 조치를 할 업무상 의무가 있었으나, 조합이 환지예정지의 가치상승을 청산절차에 반영하지 못할 위험이 구체화한 상황에서 피고인이 그러한 작위의무를 위반하였다고 보기는 어렵다는 이유로, 피고인이 부작위로써 업무상배임죄의 실행에 착수하였다고 볼 수 없다고 한 사례이다.

판례 | 업무상배임죄가 성립하는 경우

1. 대학교수가 판공비 지출용 법인신용카드를 업무와 무관하게 개인적 용도에 사용한 행위는 업무상횡령죄가 아닌 업무상배임죄를 구성한다[대판 2006.5.26. 2003도8095].
2. 재벌그룹 회장과 그룹 구조조정추진본부 임원들이 해외금융자본과 특정 계열사의 분쟁을 해결하는 방편으로 다른 계열사들로 하여금 해외금융자본과 옵션계약을 체결하게 하는 방식으로 다른 계열사들을 특정 계열사의 유상증자에 동원하여 참여시킴으로써 다른 계열사들에 손해를 입힌 사안에서, 다른 계열사들이 옵션계약을 체결하게 된 사정, 재정상태 등 제반 사정에 비추어 업무상배임죄가 성립한다고 한 사례[대판 2008.5.29. 2005도4640].
3. 주택개량재개발조합의 상근이사가 보류건축 시설인 아파트를 위 조합총회 또는 대의원회의 결의를 거치지 아니하고 자신의 계산하에 제3자의 명의로 또는 자신과 특수관계에 있는 제3자에게 시가보다 훨씬 낮은 분양가에 처분한 행위는 상근이사의 업무상 임무에 위배되어 업무상배임죄에 해당한다[대판 1991.12.27. 91도196].
4. 회사의 대표이사가 회사가 속한 재벌그룹의 전(前)회장이 부담하여야 할 원천징수 소득세의 납부를 위하여 다른 회사에 회사자금을 대여한 경우, 업무상배임죄가 성립한다[대판 2010.10.28. 2009도1149]. [16 경찰승진]*
5. 피고인이 甲 회사와 乙 회사의 주식매수청구권 계약과 관련하여 이사회의 결의 없이 甲 회사와 동일 기업집단 내 계열사 명의의 손실보상각서를 작성하여 준 경우 업무상배임죄에 해당한다[대판 2009.10.29. 2009도7783].
6. **(대통령 사저부지 매입 사건)** 공무원이 그 임무에 위배되는 행위로써 제3자로 하여금 재산상의 이익을 취득하게 하여 국가에 손해를 가한 경우에 업무상배임죄가 성립한다[대판 2013.9.27. 2013도6835].

판례 | 업무상배임죄가 성립하지 않는 경우

회사 직원이 경쟁업체 또는 스스로의 이익을 위하여 이용할 의사로 무단으로 자료를 반출한 행위가 업무상배임죄에 해당하기 위하여는, 그 자료가 반드시 영업비밀에 해당할 필요까지는 없다고 하겠지만 적어도 그 자료가 불특정 다수인에게 공개되어 있지 않아 보유자를 통하지 아니하고는 이를 통상 입수할 수 없고 그 보유자가 자료의 취득이나 개발을 위해 상당한 시간, 노력 및 비용을 들인 것으로서, 그 자료의 사용을 통해 경쟁상의 이익을 얻을 수 있는 정도의 영업상 주요한 자산에는 해당하여야 한다. 또한 비밀유지조치를 취하지 아니한 채 판매 등으로 공지된 제품의 경우, 역설계(reverse engineering)를 통한 정보의 획득이 가능하다는 사정만으로 그 정보가 불특정 다수인에게 공개된 것으로 단정할 수 없으나, 상당한 시간과 노력 및 비용을 들이지 않고도 통상적인 역설계 등의 방법으로 쉽게 입수 가능한 상태에 있는 정보라면 보유자를 통하지 아니하고서는 통상 입수할 수 없는 정보에 해당한다고 보기 어려우므로 영업상 주요한 자산에 해당하지 않는다[대판 2022.6.30. 2018도4794].

Ⅳ 배임수재죄

> **제357조(배임수증재)** ① 타인의 사무를 처리하는 자가 그 임무에 관하여 부정한 청탁을 받고 재물 또는 재산상의 이익을 취득하거나 제3자로 하여금 이를 취득하게 한 때에는 5년 이하의 징역 또는 1천만원 이하의 벌금에 처한다. [23 변호사, 17 법원행시, 16 법원행시]*
> ③ 범인 또는 그 사정을 아는 제3자가 취득한 제1항의 재물은 몰수한다. 그 재물을 몰수하기 불능하거나 재산상의 이익을 취득한 때에는 그 가액을 추징한다.
> **제359조(미수범)** 미수범은 처벌한다.

1. 총설

판례 | 배임수재죄의 보호법익(사무처리자의 청렴성)

배임수재죄는 타인의 사무를 처리하는 자의 청렴성을 보호법익으로 한다[대판 1997.10.24. 97도2042].

2. 구성요건

① 타인의 사무를 처리하는 자

판례 | '타인의 사무를 처리하는 자'의 의미 및 사무처리의 근거(법령, 법률행위, 관습, 사무관리)

배임수재죄의 주체로서 타인의 사무를 처리하는 자라 함은 타인과의 대내관계에 있어서 신의성실의 원칙에 비추어 그 사무를 처리할 신임관계가 존재한다고 인정되는 자를 의미하고, 반드시 제3자에 대한 대외관계에서 그 사무에 관한 권한이 존재할 것을 요하지 않으며, 또 그 사무가 포괄적 위탁사무일 것을 요하는 것도 아니고, 사무처리의 근거, 즉 신임관계의 발생근거는 법령의 규정, 법률행위, 관습 또는 사무관리에 의하여도 발생할 수 있다[대판 2003.2.26. 2002도6834]. [19 경간부, 17 법원행시]*

판례 | 타인의 사무처리자의 지위를 취득하기 전에 부정한 청탁을 받은 경우(배임수재죄 불성립)

[1] 배임수재죄는 타인의 사무를 처리하는 자가 그 임무에 관하여 부정한 청탁을 받고 재물 또는 재산상의 이익을 취득한 경우에 성립하는 범죄로서 원칙적으로 타인의 사무를 처리하는 자라야 그 범죄의 주체가 될 수 있고, 그러한 신분을 가지지 아니한 자는 신분 있는 자의 범행에 가공한 경우에 한하여 그 주체가 될 수 있다. [16 법원행시]*
[2] 배임수재죄는 타인의 사무를 처리하는 지위를 가진 자에게 부정한 청탁을 행하여야 성립하는 것으로, 타인의 사무처리자의 지위를 취득하기 전에 부정한 청탁을 받은 경우에 배임수재죄로는 처벌할 수 없다고 보는 것이 죄형법정주의의 원칙에 부합한다고 할 것이다[대판 2010.7.22. 2009도12878]. [20 변호사, 16 변호사]*

판례 | 배임수재죄의 타인의 사무처리자로 인정되는 경우

배임수재죄에 있어서 '임무에 관하여'라 함은 타인의 사무를 처리하는 자가 위탁받은 사무를 말하는 것이나, 이는 그 위탁관계로 인한 본래의 사무뿐만 아니라 그와 밀접한 관계가 있는 범위 내의 사무도 포함되고, 나아가 고유의 권한으로써 그 처리를 하는 자에 한하지 않고 그 자의 보조기관으로서 직접 또는 간접으로 그 처리에 관한 사무를 담당하는 자도 포함된다[대판 2013.11.14. 2011도11174]. [16 법원행시]*

판례 | 배임수재죄의 타인의 사무처리자로 인정되지 않는 경우(수산업협동조합의 총대)

지역별 수산업협동조합의 총대의 총회에서의 의결권 또는 선거권의 행사는 자기의 사무이고 이를 선출지역 조합원이나 조합의 사무라고 할 수 없는 것이고, 따라서 총대가 조합장선거에 출마한 후보자들로부터 자신을 지지하여 달라는 부탁과 함께 금원을 교부받았더라도 배임수재죄로 처벌할 수 없다[대판 1990.2.27. 89도970].

비교판례 시·도 화물자동차운송사업협회 대표자인 피고인들이 A로부터 전국화물자동차운송사업연합회 회장 선거에서 자신을 지지해달라는 취지의 부정한 청탁을 받고 돈을 수수한 경우, 각 지역협회 대표자가 연합회 총회에서 총회의 구성원이 되어 회장 선출에 관한 선거권 내지 의결권을 행사하는 것은 연합회 회원인 각 지역협회 업무집행기관으로서 권한을 행사하는 것에 불과하므로, 이러한 대표자의 권한행사는 자기의 사무를 처리하는 것이 아니라 타인인 '지역협회'의 사무를 처리하는 것으로 보아야 하므로, 배임수재죄가 성립한다[대판 2011.8.25. 2009도5618].

② 임무에 관한 부정한 청탁

판례 | 부정한 청탁을 받을 때 현실적으로 임무를 담당하고 있지 않았던 경우(배임수재죄 성립 가능)

타인의 사무를 처리하는 자가 그 신임관계에 기한 사무의 범위에 속한 것으로서 장래에 담당할 것이 합리적으로 기대되는 임무에 관하여 부정한 청탁을 받고 재물 또는 재산상 이익을 취득한 후 그 청탁에 관한 임무를 현실적으로 담당하게 되었다면 이로써 타인의 사무를 처리하는 자의 청렴성은 훼손되는 것이어서 배임수재죄의 성립을 인정할 수 있는바, 설령 피고인이 위와 같이 부정한 청탁을 받을 당시에는 그 청탁과 관련한 임무로서 현실적으로 담당하고 있던 것이 없었다 하더라도 피고인에게 배임수재죄가 성립하지 않는다고 할 수 없다[대판 2010.4.15. 2009도4791]. [16 법원행시]*

판례연습

【배임수증죄의 주체】 ※ 체육학과 교수 부정편입학 사건

X대학교(사립) 체육학과 교수인 甲은 자격을 갖추지 못한 乙로부터 편입학을 부탁받았다. 甲은 乙을 편입학 시키기 위하여, 총장 등이 날인하지 아니하여 乙에 대한 편입학 사정이 이루어지지 아니한 상태에서 乙을 합격자로 발표하게 하였다. 그 후 甲은 乙로부터 편입학 사례금을 교부받았다. 甲과 乙의 죄책은?

판결요지

[1] 대학 편입학업무의 주체는 대학교가 아닌 총장이고, 성적평가업무의 주체는 대학교가 아닌 담당교수라고 본 사례.
[2] 대학 편입학업무를 담당하지 아니한 피고인 甲이 피고인 乙로부터 편입학과 관련한 부정한 청탁을 받고 금품을 수수하였다 하더라도 편입학업무를 담당한 교무처장 등이 피고인 甲이 부정한 청탁을 받았음을 알았거나 스스로 부정한 청탁을 받지 않은 경우, 피고인 甲을 배임수재로, 피고인 乙을 배임증재로 처벌할 수 없다고 한 사례[대판 1999.1.15. 98도663].

정답 [甲: 총장에 대한 업무방해죄, 乙: 무죄]

판례 | 배임수증죄에 있어서 부정한 청탁의 의미 및 부정한 청탁의 방법

1. 배임수증죄에 있어서 부정한 청탁이라 함은 반드시 업무상 배임의 내용이 되는 정도에 이를 것을 요하지 아니하고, 청탁이 사회상규와 신의성실의 원칙에 반하는 것을 말한다[대판 2005.1.14. 2004도6646]. [16 법원9급]*
2. 배임수재죄에 있어서 '부정한 청탁'은 이 반드시 명시적임을 요하는 것은 아니다[대판 2006.5.12. 2004도491].

판례 | 부정한 청탁에 해당하는 경우(배임수재죄 성립)

1. 방송국에서 프로그램의 제작연출 등의 사무를 처리하는 프로듀서가 특정 가수의 노래만을 편파적으로 선곡하여 계속 방송하여서는 아니되고 청취자들의 인기도, 호응도 등을 고려하여 여러 가수들의 노래를 공정성실하게 방송하여야 할 임무가 있음에도 담당 방송프로그램에 특정가수의 노래만을 자주 방송하여 달라는 청탁은 사회상규나 신의성실의 원칙에 반하는 부정한 청탁이라 할 것이다[대판 1991.1.15. 90도2257].
2. 대학교수가 특정출판사의 교재를 채택하여 달라는 청탁을 받고 교재 판매대금의 일정비율에 해당하는 금원을 받은 경우에는 배임수증죄가 성립한다[대판 1996.10.11. 95도2090].
3. 조영제나 의료재료를 납품받은 병원의 의사로서 실질적으로 조영제 등의 계속사용 여부를 결정할 권한이 있는 대학병원 의사인 피고인이, 의약품인 조영제나 의료재료를 지속적으로 납품할 수 있도록 해달라는 부탁을 받은 경우 사회상규와 신의성실의 원칙에 반하는 부정한 청탁에 해당한다[대판 2011.8.18. 2010도10290].
4. 기자단 간사를 맡고 있는 甲이 기업체들로부터 묵시적으로 부정적인 기사를 자제해 달라는 취지의 청탁을 받은 경우 이는 부정한 청탁에 해당한다[대판 2014.5.16. 2012도11259].
5. 회원제 골프장의 예약업무 담당자인 피고인이 부킹대행업자의 청탁에 따라 회원에게 제공해야 하는 주말부킹권을 부킹대행업자에게 판매하고 그 대금 명목의 금품을 받은 경우 배임수재죄가 성립한다[대판 2008.12.11. 2008도6987]. [18 법원행시]*
6. [1] 배임수재죄에서 '부정한 청탁'은 반드시 업무상 배임의 내용이 되는 정도에 이를 필요는 없고, 사회상규 또는 신의성실의 원칙에 반하는 것을 내용으로 하면 충분하다. '부정한 청탁'에 해당하는지를 판단할 때에는 청탁의 내용 및 이에 관련한 대가의 액수, 형식, 보호법익인 거래의 청렴성 등을 종합적으로 고찰하여야 하고, 그 청탁이 반드시 명시적으로 이루어져야 하는 것은 아니며 묵시적으로 이루어지더라도 무방하다. 보도의 대상이 되는 자가 언론사 소속 기자에게 소위 '유료 기사' 게재를 청탁하는 행위는 사실상 '광고'를 '언론 보도'인 것처럼 가장하여 달라는 것으로서 언론 보도의 공정성 및 객관성에 대한 공공의 신뢰를 저버리는 것이므로, 배임수재죄의 부정한 청탁에 해당한다. 설령 '유료 기사'의 내용이 객관적 사실과 부합하더라도, 언론 보도를 금전적 거래의 대상으로 삼은 이상 그 자체로 부정한 청탁에 해당한다.
   [2] 개정 형법 제357조의 보호법익 및 체계적 위치, 개정 경위, 법문의 문언 등을 종합하여 볼 때, 개정 형법이 적용되는 경우에도 '제3자'에는 다른 특별한 사정이 없는 한 사무처리를 위임한 타인은 포함되지 않는다고 봄이 타당하다. 그러나 배임수재죄의 행위주체가 재물 또는 재산상 이익을 취득하였는지는 증거에 의하여 인정된 사실에 대한 규범적 평가의 문제이다. 부정한 청탁에 따른 재물이나 재산상 이익이 외형상 사무처리를 위임한 타인에게 지급된 것으로 보이더라도 사회통념상 그 타인이 재물 또는 재산상 이익을 받은 것을 부정한 청탁을 받은 사람이 직접 받은 것과 동일하게 평가할 수 있는 경우에는 배임수재죄가 성립될 수 있다[대판 2021.9.30. 2019도17102].

판례 | 부정한 청탁에 해당하지 않는 경우(배임수재죄 불성립)

1. 청탁한 내용이 단순히 규정이 허용하는 범위 내에서 최대한의 선처를 바란다는 내용에 불과하다면 사회상규에 어긋난 부정한 청탁이라고 볼 수 없고 따라서 이러한 청탁의 사례로 금품을 수수한 것은 배임증재 또는 배임수재에 해당하지 않는다[대판 1982.9.28. 82도1656].
2. 계약관계를 유지시켜 기존권리를 확보하기 위한 부탁행위는 부정한 청탁이라 할 수 없으므로, 계약관계를 유지시켜 달라는 부탁을 받고 사례금명목으로 금원을 교부받은 행위는 배임수재죄에 해당하지 아니한다[대판 1985.10.22. 85도465].
3. 배임수재죄에 있어서의 부정한 청탁이라 함은 반드시 명시적임을 요하지는 않으나 그 청탁의 내용은 어느 정도 구체적이고 특정한 임무행위에 관한 것임을 요하므로, 미리 환심을 사두어 후일 범행이 발각되더라도 이를 누설하지 않게끔 하기 위하여 유류부정처분 대가를 미리 나눠주었다 해도 이는 어떠한 구체적이고도 특정한 임무행위에 관하여 부정한 청탁을 한 것이라고는 보기 어렵다[대판 1983.12.27. 83도2472].

4. 사회복지법인의 설립자 내지 운영자가 사회복지법인 운영권을 양도하고 양수인으로부터 양수인측을 사회복지법인의 임원으로 선임해 주는 대가로 양도대금을 받기로 하는 내용의 '청탁'을 받았다 하더라도, 그 청탁의 내용이 당해 사회복지법인의 설립 목적과 다른 목적으로 기본재산을 매수하여 사용하려는 것으로서 실질적으로 법인의 기본재산을 이전하는 것과 다름이 없어 사회복지법인의 존립에 중대한 위협을 초래할 것임이 명백하다는 등의 특별한 사정이 없는 한 사회상규 또는 신의성실의 원칙에 반하는 것을 내용으로 하는 청탁이라고 할 수 없으므로 이를 배임수재죄의 성립 요건인 '부정한 청탁'에 해당한다고 할 수 없다. 나아가 사회복지법인의 설립자 내지 운영자가 자신들이 출연한 재산을 회수하기 위하여 양도대금을 받았다거나 당해 사회복지법인이 국가 또는 지방자치단체로부터 일정한 보조금을 지원받아 왔다는 등의 사정은 위와 같은 결론에 영향을 미칠 수 없다[대판 2013.12.26. 2010도16681].84) [16 법원9급]*

판례해설 사회복지사업법에 의하면 사회복지법인이 기본재산을 매도하고자 할 때에는 반드시 보건복지가족부장관의 허가를 받아야 하고, 이를 위반한 자는 형사처벌을 받도록 되어 있다. 그러나 사회복지법인을 운영하던 대표이사가 법인의 임원을 변경하는 방식을 통하여 법인의 운영권을 양수인에게 이전하고 그 대가로 양수인으로부터 운영권 양도에 상응하는 금전을 지급받기로 약정하는 행위에 대하여는 형사처벌하는 규정을 두고 있지 아니하다.

판례 | 부정한 청탁의 대가로 수수하였는지의 판단방법

배임수재죄 및 배임증재죄에서 공여 또는 취득하는 재물 또는 재산상 이익은 부정한 청탁에 대한 대가 또는 사례여야 한다. 따라서 거래상대방의 대향적 행위의 존재를 필요로 하는 유형의 배임죄에서 거래상대방이 양수대금 등 거래에 따른 계약상 의무를 이행하고 배임행위의 실행행위자가 이를 이행받은 것을 두고 부정한 청탁에 대한 대가로 수수하였다고 쉽게 단정하여서는 아니 된다[대판 2016.10.13. 2014도17211].

③ 재물 또는 재산상 이익의 취득

판례 | 배임수재죄의 성립요건(부정한 청탁의 개재)

배임수재죄는 타인의 사무를 처리하는 자가 그 임무에 관하여 부정한 청탁을 받고 재물 또는 재산상 이익을 취득하는 경우에 성립하는 범죄로서, 재물 또는 이익을 공여하는 사람과 취득하는 사람 사이에 부정한 청탁이 개재되지 않는 한 성립하지 않는다[대판 2013.11.14. 2011도11174].

판례 | '타인'의 사무처리자가 그 '타인'에게 재물 등을 취득하게 한 경우(배임수재죄 불성립)

[1] 배임수재죄는 타인의 사무를 처리하는 자가 그 임무에 관하여 부정한 청탁을 받고 재물 또는 재산상의 이익을 취득한 경우에 성립하므로, 법문상 '타인'의 사무를 처리하는 자가 그 임무에 관하여 부정한 청탁을 받았다고 하더라도 자신이 아니라 그 '타인'에게 재물 또는 재산상의 이익을 취득하게 한 경우에는 배임수재죄가 성립하지 않는다.
[2] 조합 이사장이 조합이 주관하는 도자기 축제의 대행기획사를 선정하는 과정에서 기획사로 선정된 회사로부터 조합운영비 지급을 약속받고 위 축제가 끝난 후 조합운영비 명목으로 현금 3,000만원을 교부받아 조합운영비로 사용한 경우 배임수재죄가 성립하지 않는다[대판 2008.4.24. 2006도1202]. [18 법원행시, 17 변호사]*

84) (사립)학교법인의 운영권을 양도하는 경우도 마찬가지의 법리가 적용된다[대판 2014.1.23. 2013도11735].

판례 | 부정한 청탁의 대가로 보는 범위

배임수·증재죄에 있어서 타인의 업무를 처리하는 자에게 공여한 금품에 부정한 청탁의 대가로서의 성질과 그 외의 행위에 대한 사례로서의 성질이 불가분적으로 결합되어 있는 경우에는 그 전부가 불가분적으로 부정한 청탁의 대가로서의 성질을 갖는 것으로 보아야 한다[대판 2012.5.24. 2012도535]. [23 변호사]*

판례 | 수재 당시에도 임무를 현실적으로 담당하고 있을 것을 요하는지의 여부(불요)

형법 제357조 제1항의 배임수재죄는 타인의 사무를 처리하는 자의 청렴성을 보호법익으로 하는 것으로, 그 임무에 관하여 부정한 청탁을 받고 재물을 수수함으로써 성립하고 반드시 수재 당시에도 그와 관련된 임무를 현실적으로 담당하고 있음을 그 요건으로 하는 것은 아니므로, 타인의 사무를 처리하는 자가 그 임무에 관하여 부정한 청탁을 받은 이상 그 후 사직으로 인하여 그 직무를 담당하지 아니하게 된 상태에서 재물을 수수하게 되었다 하더라도, 그 재물 등의 수수가 부정한 청탁과 관련하여 이루어진 것이라면 배임수재죄가 성립한다[대판 1997.10.24. 97도2042].

동지판례 부정한 청탁을 받은 후 사무분담 변경으로 그 직무를 담당하지 아니하게 된 상태에서 재물을 수수하게 되었다 하더라도 여전히 타인의 사무를 처리하는 지위에 있고, 그 재물 등의 수수가 부정한 청탁과 관련하여 이루어진 것이라면 배임수재죄는 성립한다[대판 1987.4.28. 87도414].

판례 | 배임수재죄의 '제3자'의 범위

개정 형법 제357조 제1항은 구법과 달리 배임수재죄의 구성요건을 '타인의 사무를 처리하는 자가 그 임무에 관하여 부정한 청탁을 받고 재물 또는 재산상의 이익을 취득하거나 제3자로 하여금 이를 취득하게 한 때'라고 규정함으로써 제3자로 하여금 재물이나 재산상 이익을 취득하게 하는 행위를 구성요건에 추가하였다. 동조항의 '제3자'에는 다른 특별한 사정이 없는 한 사무처리를 위임한 타인은 포함되지 않는다고 봄이 타당하다.

그러나 배임수재죄의 행위주체가 재물 또는 재산상 이익을 취득하였는지는 증거에 의하여 인정된 사실에 대한 규범적 평가의 문제이다. 부정한 청탁에 따른 재물이나 재산상 이익이 외형상 사무처리를 위임한 타인에게 지급된 것으로 보이더라도 사회통념상 그 타인이 재물 또는 재산상 이익을 받은 것을 부정한 청탁을 받은 사람이 직접 받은 것과 동일하게 평가할 수 있는 경우에는 배임수재죄가 성립될 수 있다[대판 2021.9.30. 2019도17102].

판례해설 신문사 기자인 피고인들이 홍보성 기사를 작성해 달라는 부탁(부정한 청탁에 해당함)을 받고 각 소속 신문사로 하여금 금원을 취득하게 한 사건이다. 대법원은 사무처리를 위임한 타인은 개정 형법 제357조 제1항의 배임수재죄에 규정한 '제3자'에 포함되지 않는다고 전제한 후, 피고인들이 속한 각 소속 언론사는 사무처리를 위임한 자에 해당하므로, 위 금원이 피고인들 본인 또는 사무처리를 위임한 자가 아닌 제3자에게 사실상 귀속되었다고 평가할 만한 사정이 없다는 이유로 배임수재죄의 성립을 부정하였다.

④ 기수시기

판례 | 배임수재죄의 성립요건이 아닌 경우

1. **(본인에게 손해가 발생할 것을 요하지 않음)** 피고인이 그가 대표이사로 있는 회사가 발주하는 공사에 관하여 입찰경쟁업체로 지명함에 있어서 부적당하다는 정을 알면서도 부정한 청탁을 받고 소외 건설업체를 지명하고 그 사례조로 금원을 수수하여 배임수재죄가 성립하였다면 그 후 위 건설업체가 동 공사를 아무런 하자없이 시공하여 준공검사를 마침으로써 그 회사에 아무런 손해가 발생하지 아니하였더라도 아무런 영향이 없다[대판 1983.12.13. 82도735].
2. **(부정한 청탁에 따른 일정한 행위가 현실적으로 행하여질 것을 요하지 않음)** 형법 제357조 제1항에서 규정한 배임수재죄는 타인의 사무를 처리하는 자가 그 임무에 관하여 부정한 청탁을 받고 재물 또는 재산상의 이익을 취득한 경우에 성립하고, 재물 또는 이익의 취득만으로 바로 기수에 이르며, 그 청탁에 상응하는 부정행위 내지 배임행위에 나아갈 것이 요구되지 아니한다[대판 2010.9.9. 2009도10681]. [17 법원행시, 16 법원행시, 16 법원9급, 16 경간부]*

제1편

2026 해커스경찰 허정 형사법 2권 형법각론

판례 | 배임수재죄(기수)가 성립하지 않는 경우

甲이 피고인에게 골프장 회원권의 공여의 의사표시를 하고 피고인이 이를 승낙하였더라도 그 골프장 회원권에 관하여 피고인 명의로 명의변경이 이루어지지 아니한 경우, 피고인이 현실적으로 재산상 이익을 취득하지 않았으므로 배임수재죄가 성립하지 않는다[대판 1999.1.29. 98도4182].

판례 | 배임수재죄(기수)가 성립하는 경우

타인의 사무를 처리하는 자가 증재자(贈財者)로부터 돈이 입금된 계좌의 예금통장이나 이를 인출할 수 있는 현금카드나 신용카드를 교부받아 이를 소지하면서 언제든지 위 예금통장 등을 이용하여 예금된 돈을 인출할 수 있어 예금통장의 돈을 자신이 지배하고 입금된 돈에 대한 실질적인 사용권한과 처분권한을 가지고 있는 것으로 평가될 수 있다면, 예금된 돈을 취득한 것으로 보아야 한다[대판 2017.12.5. 2017도11564]. [23 변호사]*

판례 | 배임수증재죄가 성립하지 않는 경우

공동의 사기 범행으로 인하여 얻은 돈을 공범자끼리 수수한 행위가 공동정범들 사이의 범행에 의하여 취득한 돈이나 재산상 이익의 내부적인 분배행위에 지나지 않는다면 돈의 수수행위가 따로 배임수증재죄를 구성한다고 볼 수는 없다[대판 2016.5.24. 2015도18795]. [23 변호사, 17 법원행시, 16 법원행시]*

판례 | 배임수증재죄에서 부정한 청탁의 대가의 범위

배임수증재죄에 있어서 타인의 업무를 처리하는 자에게 공여한 금품에 부정한 청탁의 대가로서의 성질과 그 외의 행위에 대한 사례로서의 성질이 불가분적으로 결합되어 있는 경우에는 그 전부가 불가분적으로 부정한 청탁의 대가로서의 성질을 갖는 것으로 보아야 한다[대판 2019.6.13. 2018도20655].

⑤ 몰수 · 추징: 범인이 '취득한' 재물은 몰수하며, 그 재물을 몰수할 수 없거나 재산상 이익을 취득한 때에는 그 가액을 추징한다(필요적 몰수 · 추징).

판례 | 제357조 제1항에서 '범인이 취득한 제1항의 재물'의 의미

형법은 제357조 제1항에서 배임수재죄를, 제2항에서 배임증재죄를 규정하고, 이어 제3항에서 "범인이 취득한 제1항의 재물은 몰수한다. 그 재물을 몰수하기 불능하거나 재산상의 이익을 취득한 때에는 그 가액을 추징한다."라고 규정하고 있다. 배임수재죄와 배임증재죄는 이른바 대향범으로서 위 제3항에서 필요적 몰수 또는 추징을 규정한 것은 범행에 제공된 재물과 재산상 이익을 박탈하여 부정한 이익을 보유하지 못하게 하기 위한 것이므로, 제3항에서 몰수의 대상으로 규정한 '범인이 취득한 제1항의 재물'은 배임수재죄의 범인이 취득한 목적물이자 배임증재죄의 범인이 공여한 목적물을 가리키는 것이지 배임수재죄의 목적물만을 한정하여 가리키는 것이 아니다. 그러므로 수재자가 증재자로부터 받은 재물을 그대로 가지고 있다가 증재자에게 반환하였다면 증재자로부터 이를 몰수하거나 그 가액을 추징하여야 한다[대판 2017.4.7. 2016도18104]. [23 변호사, 19 변호사, 18 법원행시, 18 경찰채용, 17 법원행시]*

V 배임증재죄

제357조(배임수증죄) ② 제1항의 재물 또는 재산상 이익을 공여한 자는 2년 이하의 징역 또는 500만원 이하의 벌금에 처한다.
제359조(미수범) 미수범은 처벌한다.

판례 | 배임증재죄에서, '타인의 사무처리'의 의미

형법 제357조 제2항이 규정하는 배임증재죄에서, '타인의 사무처리'로 인정되려면 타인의 재산관리에 관한 사무의 전부 또는 일부를 타인을 위하여 대행하는 경우와 타인의 재산보전행위에 협력하는 경우라야만 되는 것이고 단순히 타인에 대하여 채무를 부담하는 경우에는 본인의 사무로 될지언정 타인의 사무처리에 해당한다고 볼 수는 없다 할 것이다[대판 2007.6.14. 2007도2178].

판례 | 부정한 청탁의 상대성(청탁이 항상 수재자와 증재자 쌍방에게 부정한 의미를 갖는 것은 아님)

배임수재죄와 배임증재죄는 통상 필요적 공범의 관계에 있기는 하나 이것은 반드시 수재자와 증재자가 같이 처벌받아야 하는 것을 의미하는 것은 아니고 증재자에게는 정당한 업무에 속하는 청탁이라도 수재자에게는 부정한 청탁이 될 수도 있는 것이다[대판 1991.1.15. 90도2257]. [19 법원9급, 17 법원행시, 16 법원9급]*

판례 | 배임증재죄의 부정한 청탁에 해당하는 경우

피고인이 더 이상 지구당의 공천비리를 조사하지 말아달라는 취지로 중앙당 당기위원회 수석부위원장에게 금원을 교부한 경우[대판 1998.6.9. 96도837].

판례 | 배임증재죄와 배임죄와의 관계(양죄 모두 성립이 가능)

업무상배임죄와 배임증재죄는 별개의 범죄로서 배임증재죄를 범한 자라 할지라도 그와 별도로 타인의 사무를 처리하는 지위에 있는 사람과 공범으로서는 업무상배임죄를 범할 수도 있는 것이다[대판 1999.4.27. 99도883]. [19 법원9급]*

제8절 장물의 죄

출제 POINT

환전통화의 장물성 인정 여부 등 장물성의 인정 여부에 관한 판례, 장물죄의 주체성 인정 여부에 관한 판례, 컴퓨터 사용사기죄로 취득한 이익이 장물이 될 수 없다는 판례, 장물알선죄의 기수시기에 관한 최근 판례가 중요하다. 기타 친족상도례의 법조문을 명확하게 알아두어야 한다.

Ⅰ 총설

판례 | 장물죄의 본질(추구권설의 입장)

장물이라 함은 영득죄에 의하여 취득한 물건 그 자체를 말하는 것으로서 피해자에게 그 회복추구권이 없어진 경우에는 장물성을 잃게 된다고 할 것이다[대판 1972.2.22. 71도2296].

판례 | 장물죄의 본질(유지설의 입장)

(갈취장물을 절취한 경우 장물취득죄는 불성립) 타인이 갈취한 재물을 그 타인의 의사에 반하여 절취하였다면 절도죄를 구성하고 장물취득죄가 되지 않는다[대판 1966.12.20. 66도1437].

판례 | 장물죄의 본질

(결합설의 입장) 장물인 정을 모르고 보관하던 중 장물인 정을 알게 되었고, 위 장물을 반환하는 것이 불가능하지 않음에도 불구하고 계속 보관함으로써 피해자의 정당한 반환청구권 행사를 어렵게 하여 위법한 재산상태를 유지시킨 경우에는 장물보관죄에 해당한다[대판 1987.10.13. 87도1633].

Ⅱ 장물죄

제362조(장물의 취득, 알선 등) ① 장물을 취득, 양도, 운반 또는 보관한 자는 7년 이하의 징역 또는 1천500만원 이하의 벌금에 처한다. [19 경찰승진]*
② 전항의 행위를 알선한 자도 전항의 형과 같다.

(1) 객관적 구성요건

① 주체

㉮ 본범의 정범: 본죄의 주체가 될 수 없다. 장물죄는 타인(본범)이 불법하게 영득한 재물의 처분에 관여하는 범죄이기 때문이다.

판례 | 본범의 정범에 해당하여 장물죄가 성립할 수 없는 경우

피고인들이 특수강도의 범행을 모의한 이상 그 중 한 피고인이 범행의 실행에 가담하지 아니하고 나머지 피고인들이 강취해 온 장물의 처분을 알선만 하였다 하더라도, 동 피고인은 특수강도의 공동정범이 된다 할 것이므로 장물알선죄로 의율할 것은 아니다[대판 1983.2.22. 82도3103]. [19 국가9급]*

판례 | 본범의 정범에 해당하지 아니하여 장물죄가 성립할 수 있는 경우

(본범과 평소 범죄집단을 이루고 있었던 자일지라도 당해 범죄의 정범이 아닌 경우) 장물죄는 타인(본범)이 불법하게 영득한 재물의 처분에 관여하는 범죄이므로 자기의 범죄에 의하여 영득한 물건에 대하여는 성립하지 아니하고 이는 불가벌적 사후행위에 해당하나 여기에서 자기의 범죄라 함은 정범자(공동정범과 합동범을 포함한다)에 한정되는 것이므로 평소 본범과 공동하여 수차 상습으로 절도 등 범행을 자행함으로써 실질적인 범죄집단을 이루고 있었다 하더라도, 당해 범죄행위의 정범자(공동정범이나 합동범)로 되지 아니한 이상 이를 자기의 범죄라고 할 수 없고 따라서 그 장물의 취득을 불가벌적 사후행위라고 할 수 없다[대판 1986.9.9. 86도1273]. [17 경찰승진]*

㈏ 본범의 공범: 본범의 교사범 · 종범은 본죄의 주체가 될 수 있다.

판례 | 횡령죄의 교사범의 경우 장물취득죄가 성립할 수 있다는 사례

횡령교사를 한 후 그 횡령한 물건을 취득한 때에는 횡령교사죄와 장물취득죄의 경합범이 성립한다[대판 1969.6.24. 69도692]. [20 법원9급]*

② 객체: 장물이다.

판례 | 장물의 개념

장물죄에 있어서의 장물이 되기 위하여는 본범이 절도, 강도, 사기, 공갈, 횡령 등 재산죄에 의하여 영득한 물건이면 족하고 그 중 어느 범죄에 의하여 영득한 것인지를 구체적으로 명시할 것을 요하지 않는다[대판 2000.3.24. 99도5275].

판례 | 국외에서 횡령된 재물을 수입한 후 매도한 자의 죄책(장물취득죄와 사기죄 성립)

[1] 본범의 행위가 우리 형법에 비추어 절도죄 등의 구성요건에 해당하는 위법한 행위라고 인정되는 이상 이에 의하여 영득된 재물은 장물에 해당한다.
[2] 대한민국 국민 또는 외국인이 미국 캘리포니아주에서 미국 리스회사와 미국 캘리포니아주의 법에 따라 차량 이용에 관한 리스계약을 체결하였는데, 이후 자동차수입업자인 피고인이 리스기간 중 위 리스이용자들이 임의로 처분한 위 차량들임을 알면서 수입한 후 이러한 사실을 모르는 사람들에게 판매하고 그 대금을 취득한 경우 ⅰ) 리스이용자들이 위 차량들을 임의로 처분한 행위는 형법상 횡령죄의 구성요건에 해당하는 위법한 행위로 평가되고 이에 의하여 영득된 위 차량들은 장물에 해당하므로 피고인이 차량을 수입한 행위는 장물취득죄가 성립하며, ⅱ) 수입한 차량을 판매하고 그 대금을 취득한 행위는, 장물을 취득한 후 마치 장물이 아닌 것처럼 매수인을 기망하여 매도하는 경우로서 새로운 법익의 침해로 보아야 하므로, 장물취득 범행의 불가벌적 사후행위가 되는 것은 아니라 별도의 사기죄가 성립한다[대판 2011.4.28. 2010도15350]. [19 경찰승진, 19 경간부, 17 법원행시, 16 법원행시]*

판례 | 상대방에 대한 금원의 교부 자체가 횡령행위인 경우 그 상대방의 장물취득죄 성립 여부(성립)

乙이 회사 자금으로 甲에게 주식매각 대금조로 금원을 지급한 경우, 그 금원은 단순히 횡령행위에 제공된 물건이 아니라 횡령행위에 의하여 영득된 장물에 해당한다고 할 것이고, 나아가 설령 乙이 甲에게 금원을 교부한 행위 자체가 횡령행위라고 하더라도 이러한 경우 乙의 업무상횡령죄가 기수에 달하는 것과 동시에 그 금원은 장물이 된다[대판 2004.12.9. 2004도5904]. [18 법원9급]*

판례 | 장물성이 인정되는 경우

1. **(장물인 현금 또는 자기앞수표를 환전한 금전)** 장물이라 함은 재산범죄로 인하여 취득한 물건 그 자체를 말하고, 그 장물의 처분 대가는 장물성을 상실하는 것이지만, 금전은 고도의 대체성을 가지고 있어 다른 종류의 통화와 쉽게 교환할 수 있고, 그 금전 자체는 별다른 의미가 없고 금액에 의하여 표시되는 금전적 가치가 거래상 의미를 가지고 유통되고 있는 점에 비추어 볼 때, 장물인 현금을 금융기관에 예금의 형태로 보관하였다가 이를 반환받기 위하여 동일한 액수의 현금을 인출한 경우에 예금계약의 성질상 인출된 현금은 당초의 현금과 물리적인 동일성은 상실되었지만 액수에 의하여 표시되는 금전적 가치에는 아무런 변동이 없으므로 장물로서의 성질은 그대로 유지된다고 봄이 상당하고, 자기앞수표도 그 액면금을 즉시 지급받을 수 있는 등 현금에 대신하는 기능을 가지고 거래상 현금과 동일하게 취급되고 있는 점에서 금전의 경우와 동일하게 보아야 한다[대판 2004.3.12, 2004도134; 동지 대판 2000.3.10, 98도2579]. [23 변호사, 20 국가7급, 19 경찰채용, 17 법원행시]*
2. **(절취한 위조탑승권)** 甲이 위조된 리프트탑승권을 절취하였다는 정을 乙이 알면서 이를 甲으로부터 매수하였다면 그러한 乙의 행위는 위조된 유가증권인 리프트탑승권에 대한 장물취득죄를 구성한다고 할 것이다[대판 1998.11.24, 98도2967]. [17 국가7급]*

판례 | 장물성이 부정되는 경우

1. **(전화가입권)** 전화가입권의 실체는 가입권자가 전화관서로부터 전화역무를 제공받을 하나의 채권적 권리이며 이는 하나의 재산상의 이익은 될지언정 장물의 범주에는 속하지 아니한다[대판 1971.2.23, 70도2589]. [16 경간부]*

2-1. **(장물을 팔아서 얻은 돈)** 장물이란 재산죄로 인하여 얻어진 재물(관리할 수 있는 동력도 포함된다)을 말하는 것으로서 영득된 재물 자체를 두고 말한다. 따라서 장물을 팔아서 얻은 돈에는 이미 장물성을 찾아 볼 수 없다 하겠다[대판 1972.6.13, 72도971]. [16 경간부]*

2-2. **(장물을 전당잡힌 전당표)** 장물을 전당잡힌 전당표는 그것이 장물 그 자체라고 볼 수 없음은 물론 동일성 있는 변형된 물건이라고 볼 수도 없는 것이다[대판 1973.3.13, 73도58].

3. **(임산물단속에 관한 법률위반죄에 의하여 생긴 임산물)** 장물이라 함은 절도 · 강도 · 사기 · 공갈 · 횡령 등 재산죄인 범죄행위에 의하여 영득된 물건을 말하는 것이므로 산림법 제93조 소정의 절취한 임산물이 아니고 임산물단속에 관한 법률위반죄에 의하여 생긴 임산물은 재산범죄적 행위에 의한 것이 아니기 때문에 장물이 될 수 없다[대판 1975.9.23, 74도1804]. [21 법원9급]*

4-1. **(명의수탁자가 임의로 처분한 부동산)** [1] 부동산의 수탁자가 신탁자의 승낙없이 매각처분함으로써 횡령죄가 성립하는 경우에 매수인이 그 정을 알고 있었다 하더라도 수탁자와 짜고 불법영득할 것을 공모한 것이 아닌한 그 횡령죄의 공동정범이 되지 아니한다.
[2] 신탁행위에 있어서는 수탁자가 외부관계에 대하여 소유자로 간주되므로 이를 취득한 제3자는 수탁자가 신탁자의 승낙 없이 매각하는 정을 알고 있는 여부에 불구하고 장물취득죄가 성립되지 아니한다[대판 1979.11.27, 79도2410]. [16 경간부]*

4-2. **(매도인이 이중매매한 부동산)** 위 부동산소유자가 배임행위로 인하여 영득한 것은 재산상의 이익이고 위 배임죄 범죄에 제공된 대지는 범죄로 인하여 영득한 것 자체는 아니므로 그 취득자 또는 전득자에게 대하여 배임죄의 가공 여부를 논함은 별문제로 하고 장물취득죄로 처단할 수 없다[대판 1975.12.9, 74도2804].

동지판례 채무자가 채권자에게 양도담보로 제공한 물건을 임의로 타인에게 양도하는 행위는 배임죄에 해당하나 동 물건은 배임행위에 제공한 물건이지 배임행위로 인하여 영득한 물건 자체는 아니므로 위 타인이 그러한 사정은 알면서 그 물건을 취득하였다고 하여도 장물취득죄로 처벌할 수 없다[대판 1983.11.8, 82도2119].

5. **(권한 없이 자기 구좌로 이체하여 컴사기죄를 범한 후 자기의 현금카드로 인출한 금전)** [1] 형법 제41장의 장물에 관한 죄에 있어서의 '장물'이라 함은 재산범죄로 인하여 취득한 물건 그 자체를 말하므로, 재산범죄를 저지른 이후에 별도의 재산범죄의 구성요건에 해당하는 사후행위가 있었다면 비록 그 행위가 불가벌적 사후행위로서 처벌의 대상이 되지 않는다 할지라도 그 사후행위로 인하여 취득한 물건은 재산범죄로 인하여 취득한 물건으로서 장물이 될 수 있다. [20 변호사, 17 법원행시]*

[2] 컴퓨터등사용사기죄의 범행으로 예금채권을 취득한 다음 자기의 현금카드를 사용하여 현금자동지급기에서 현금을 인출한 경우, 현금카드 사용권한 있는 자의 정당한 사용에 의한 것으로서 현금자동지급기 관리자의 의사에 반하거나 기망행위 및 그에 따른 처분행위도 없었으므로, 별도로 절도죄나 사기죄의 구성요건에 해당하지 않는다 할 것이고, 그 결과 그 인출된 현금은 재산범죄에 의하여 취득한 재물이 아니므로 장물이 될 수 없다.
[3] 甲이 권한 없이 인터넷뱅킹으로 타인의 예금계좌에서 자신의 예금계좌로 돈을 이체한 후 그 중 일부를 인출하여 그 정을 아는 乙에게 교부한 경우, 甲이 컴퓨터등사용사기죄에 의하여 취득한 예금채권은 재물이 아니라 재산상 이익이므로, 그가 자신의 예금계좌에서 돈을 인출하였더라도 장물을 금융기관에 예치하였다가 인출한 것으로 볼 수 없다는 이유로 乙의 장물취득죄의 성립을 부정한 사례[대판 2004.4.16. 2004도353]. [20 변호사, 20 국가7급, 19 변호사, 19 경찰채용, 18 변호사, 18 법원9급, 17 법원행시, 17 경찰승진, 17 경간부, 16 변호사, 16 경간부]*

③ 행위

㉮ 취득

판례 | 장물취득죄의 취득의 의미(점유이전 + 처분권 획득)와 취득에 해당하지 않는 경우

장물취득죄에서 '취득'이라고 함은 점유를 이전받음으로써 그 장물에 대하여 사실상의 처분권을 획득하는 것을 의미하는 것이므로, 단순히 보수를 받고 본범을 위하여 장물을 일시 사용하거나 그와 같이 사용할 목적으로 장물을 건네받은 것만으로는 장물을 취득한 것으로 볼 수 없다[대판 2003.5.13. 2003도1366]. [21 법원9급, 19 경간부, 19 경찰채용, 16 법원행시, 16 경찰승진]*

판례 | 장물취득죄가 성립하지 않는 경우

[1] 사기죄의 객체는 타인이 점유하는 '타인의' 재물 또는 재산상의 이익이므로, 피해자와의 관계에서 살펴보아 그것이 피해자 소유의 재물인지 아니면 피해자가 보유하는 재산상의 이익인지에 따라 '재물'이 객체인지 아니면 '재산상의 이익'이 객체인지 구별하여야 하는 것으로서, 이 사건과 같이 피해자가 본범의 기망행위에 속아 현금을 피고인 명의의 은행 예금계좌로 송금하였다면, 이는 재물에 해당하는 현금을 교부하는 방법이 예금계좌로 송금하는 형식으로 이루어진 것에 불과하여, 피해자의 은행에 대한 예금채권은 당초 발생하지 않는다.
[2] 장물취득죄에서 '취득'이라 함은 장물의 점유를 이전받음으로써 그 장물에 대하여 사실상 처분권을 획득하는 것을 의미하는데, 이 사건의 경우 본범의 사기행위는 피고인이 예금계좌를 개설하여 본범에게 양도한 방조행위가 가공되어 본범에게 편취금이 귀속되는 과정 없이 피고인이 피해자로부터 피고인의 예금계좌로 돈을 송금받아 취득함으로써 종료되는 것이고, 그 후 피고인이 자신의 예금계좌에서 위 돈을 인출하였다 하더라도 이는 예금명의자로서 은행에 예금반환을 청구한 결과일 뿐 본범으로부터 위 돈에 대한 점유를 이전받아 사실상 처분권을 획득한 것은 아니므로, 피고인의 위와 같은 인출행위를 장물취득죄로 벌할 수는 없다. [19 변호사, 17 국가9급]*
[3] 사기 범행에 이용되리라는 사정을 알고서도 자신의 명의로 새마을금고 예금계좌를 개설하여 甲에게 이를 양도함으로써 甲이 乙을 속여 乙로 하여금 1,000만 원을 위 계좌로 송금하게 한 사기 범행을 방조한 피고인이 위 계좌로 송금된 돈 중 140만 원을 인출하여 甲이 편취한 장물을 취득하였다는 공소사실에 대하여, 甲이 사기 범행으로 취득한 것은 재산상 이익이어서 장물에 해당하지 않는다는 원심판단은 적절하지 아니하지만, 피고인의 위와 같은 인출행위를 장물취득죄로 벌할 수는 없으므로, 위 '장물취득' 부분을 무죄로 선고한 원심의 결론을 정당하다고 한 사례[대판 2010.12.9. 2010도6256]. [19 변호사, 17 법원행시, 17 국가9급]*

판례해설 위 사안은 장물취득죄가 성립하지 않는다는 결론도 중요하지만 그 논거를 정확히 알아야 한다. '장물'의 요건은 구비될 수 있으나 '취득'의 요건이 구비될 수 없다는 취지의 판례이다. 판례의 쟁점 [3]을 정확히 이해하여 두기 바란다. 12년 변시에서는 '사기 범행의 피해자로부터 현금을 예금계좌로 송금받은 경우 사기죄의 객체는 재산상 이익이 아니라 재물이다.'라는 지문이 옳은 지문으로 출제된 바 있다.

판례 | 장물취득죄의 성립 여부

1-0. **(계약시에는 장물인 정을 몰랐으나 인도시에 정을 안 경우: 성립)** 장물취득죄는 매수인이 매매계약 체결시에는 장물의 정을 몰랐다 할지라도 그 후 그 정을 알고 인도를 받은 경우에도 성립된다[대판 1960.2.17. 4292형상496].

1-1. **(취득 당시 장물인 줄을 몰랐던 경우: 불성립)** 장물취득죄는 취득 당시 장물인 줄을 알면서 이를 취득하여야 성립하는 것이므로 피고인이 위 자전거의 인도를 받은 후에 비로소 장물이 아닌가 하는 의구심을 가졌다고 해서 그 자전거의 수수행위가 장물취득죄를 구성한다고는 할 수 없다[대판 1971.4.20. 71도468]. [19 경찰채용, 16 법원행시]*

㉯ 양도: 장물인 정을 알지 못하고 취득한 후에 그 정을 알면서 제3자에게 수여하는 것을 말한다.

판례 | 장물양도죄가 성립하는 경우

[1] 장물인 수입자동차를 신규등록하였다고 하여 그 최초 등록명의인이 해당 수입자동차를 원시취득하게 된다거나 그 장물양도행위가 범죄가 되지 않는다고 볼 수는 없다. [19 경찰승진, 17 경찰채용]*
[2] 피고인이 도난차량인 미등록 수입자동차를 취득하여 신규등록을 마친 후 위 자동차가 장물일지도 모른다고 생각하면서 이를 양도한 경우, 피고인의 선의취득 주장은 인정될 수 없으므로 장물양도죄가 성립한다[대판 2011.5.13. 2009도3552].

㉰ 운반: 장물의 소재를 장소적으로 이전하는 것을 말한다.

판례 | 장물운반죄의 성립 여부에 관한 비교판례

1-0. **(절취한 차량을 운전해 준 경우: 장물운반죄 성립)** 본범자와 공동하여 장물을 운반한 경우에 본범자는 장물죄에 해당하지 않으나 그 외의 자의 행위는 장물운반죄를 구성하므로, 피고인이 본범이 절취한 차량이라는 정을 알면서도 본범 등으로부터 그들이 위 차량을 이용하여 강도를 하려 함에 있어 차량을 운전해 달라는 부탁을 받고 위 차량을 운전해 준 경우, 피고인은 강도예비와 아울러 장물운반의 고의를 가지고 위와 같은 행위를 하였다고 봄이 상당하다[대판 1999.3.26. 98도3030]. [20 국가7급, 17 경간부, 17 경찰채용]*

1-1. **(절취한 차량에 편승한 경우: 장물운반죄 불성립)** 타인이 절취, 운전하는 승용차의 뒷좌석에 편승한 것을 가리켜 장물운반행위의 실행을 분담하였다고는 할 수 없다[대판 1983.9.13. 83도1146].

㉱ 보관: 위탁을 받고 장물을 자기의 점유하에 두는 것을 말한다.

판례 | 장물보관죄의 성립 여부에 관한 비교판례

1-0. **(성립하는 경우: 모르고 보관 중 알고도 계속 보관한 경우)** 장물인 정을 모르고 보관하던 중 장물인 정을 알게 되었고, 위 장물을 반환하는 것이 불가능하지 않음에도 불구하고 계속 보관함으로써 피해자의 정당한 반환청구권행사를 어렵게 하여 위법한 재산상태를 유지시킨 경우에는 장물보관죄에 해당한다[대판 1987.10.13. 87도1633]. [19 경찰채용, 16 법원행시, 16 경찰승진]*

1-1. **(성립하지 않는 경우: 모르고 보관 중 알고도 계속 보관하였으나 점유할 권한이 있었던 경우)** 장물인 정을 모르고 장물을 보관하였다가 그 후에 장물인 정을 알게 된 경우 그 정을 알고서도 이를 계속하여 보관하는 행위는 장물죄를 구성하는 것이나 이 경우에도 점유할 권한이 있는 때에는 이를 계속하여 보관하더라도 장물보관죄가 성립하지 않는다[대판 1986.1.21. 85도2472]. [20 법원9급, 19 경간부, 17 법원행시, 16 법원행시]*

㉮ 알선

판례 | 장물알선죄(기수)의 성립시기[85)]

[1] 형법 제362조 제2항에 정한 장물알선죄에서 '알선'이란 장물을 취득 · 양도 · 운반 · 보관하려는 당사자 사이에 서서 이를 중개하거나 편의를 도모하는 것을 의미한다. 따라서 장물인 정을 알면서, 장물을 취득 · 양도 · 운반 · 보관하려는 당사자 사이에 서서 서로를 연결하여 장물의 취득 · 양도 · 운반 · 보관행위를 중개하거나 편의를 도모하였다면, 그 알선에 의하여 당사자 사이에 실제로 장물의 취득 · 양도 · 운반 · 보관에 관한 계약이 성립하지 아니하였거나 장물의 점유가 현실적으로 이전되지 아니한 경우라도 장물알선죄가 성립한다.
[2] 장물인 귀금속의 매도를 부탁받은 피고인이 그 귀금속이 장물임을 알면서도 매매를 중개하고 매수인에게 이를 전달하려다가 매수인을 만나기도 전에 체포되었다 하더라도, 위 귀금속의 매매를 중개함으로써 장물알선죄가 성립한다고 한 사례[대판 2009.4.23. 2009도1203]. [21 법원9급, 19 경찰승진, 18 법원9급, 17 변호사, 17 법원행시, 17 경찰승진, 16 법원행시, 16 경찰승진]*

(2) 주관적 구성요건

판례 | 장물취득죄에 있어서 장물의 인식(확정적 인식 불요, 미필적 인식으로 충분)

장물취득죄에 있어서 장물의 인식은 확정적 인식임을 요하지 않으며 장물일지도 모른다는 의심을 가지는 정도의 미필적 인식으로서도 충분하다[대판 1995.1.20. 94도1968; 동지 대판 2006.10.13. 2004도6084]. [22 경간부, 21 법원9급, 16 법원행시]*

판례 | 장물취득죄의 고의의 존재시점(취득 당시)

장물취득죄는 취득 당시 장물인 정을 알면서 재물을 취득하여야 성립하는 것이므로 피고인이 재물을 인도받은 후에 비로소 장물이 아닌가 하는 의구심을 가졌다고 하여 그 재물수수행위가 장물취득죄를 구성한다고 할 수 없다[대판 2006.10.12. 2004도6084].

Ⅲ 상습장물죄

제363조(상습범) ① 상습으로 전조의 죄를 범한 자는 1년 이상 10년 이하의 유기징역에 처한다.
② 제1항의 경우에는 10년 이하의 자격정지 또는 1천500만원 이하의 벌금을 병과할 수 있다.

Ⅳ 업무상과실 · 중과실 장물죄

1. 업무상과실장물죄의 성립 여부

제364조(업무상 과실, 중과실) 업무상 과실 또는 중대한 과실로 인하여 제362조의 죄를 범한 자는 1년 이하의 금고 또는 500만원 이하의 벌금에 처한다.

85) 장물알선죄의 기수시기에 대하여는 ⅰ) 알선행위시설, ⅱ) 계약체결시설, ⅲ) 장물의 점유이전시설의 학설 다툼이 있다.

판례 | 업무상과실장물죄가 성립하는 경우

1. 전자대리점을 경영하는 자가 그 취급물품의 판매회사 사원으로부터 그가 소개한 회사 보관창고의 물품반출 업무담당자가 그 창고에서 내어 주는 회사소유 물품을 반출하여 판매 후 그 대금을 달라는 부탁을 받고 이를 반출함에 있어서 그 대금도 확실히 정하지 않고 인수증의 발행 등 정당한 출고절차를 거치지 아니하였다면 전자대리점 경영자로서는 마땅히 그 회사관계자 등에게 위 물품이 정당하게 출고되는 것인지 여부를 확인하여야 할 업무상의 주의의무가 있다 할 것이고, 피고인이 이를 게을리 함으로써 위 물품을 반출하여 운반, 보관한 경우에는 업무상 과실장물운반, 보관의 책임을 면할 수 없다[대판 1987.6.9. 87도915].
2. 금은방을 운영하는 자가 귀금속류를 매수함에 있어 매도자의 신원확인절차를 거쳤다고 하여도 장물인지의 여부를 의심할 만한 특별한 사정이 있거나, 매수물품의 성질과 종류 및 매도자의 신원 등에 좀 더 세심한 주의를 기울였다면 그 물건이 장물임을 알 수 있었음에도 불구하고 이를 게을리하여 장물인 정을 모르고 매수하여 취득한 경우에는 업무상과실장물취득죄가 성립한다[대판 2003.4.25. 2003도348].

판례 | 업무상과실장물죄가 성립하지 않는 경우(업무상과실이 부정되는 경우)

1. 영업용 택시운전사에게 승객의 소지품의 내용 및 내력 등에 관하여 이를 물어보고 조사할 권한이나 의무가 없으므로 택시운전사가 승객의 물건의 출처와 장물 여부를 따지고 신분에 적합한 소지인 인가를 알아보는 등의 주의를 하지 않고 승객의 물건을 운반하였다 하여도 업무상 과실장물운반죄가 성립하지 않는다[대판 1983.6.28. 83도1144].
2. 전당포영업자인 피고인이 전당의뢰자로부터 목적물을 전당잡으면서 전당포영업법 제15조 소정의 확인방법에 따라 의뢰자의 주민등록증을 제시받아 그의 주소, 성명, 직업, 연령 등 인적사항을 확인하고 전당물대장에 전당물과 전당물주의 특징 등을 기재하는 한편 그의 전화번호까지 적어 두었다면 전당업무처리상의 주의의무를 다한 것으로 보아야 할 것이다. 그러나 더 나아가 전당물의 구입경위나 출처, 전당의 동기까지 확인해야 할 주의의무는 없다[대판 1984.9.25. 84도1488].

   동지판례 전당포 경영자가 전당물을 입질받음에 있어 입질물품이 실제로 상대방의 소유인지의 여부 또는 전당물의 출처, 전당잡히려는 동기 등을 확인하여야 할 주의의무까지는 없다[대판 1987.2.24. 86도2077].

   비교판례 전당포주가 물품을 전당잡고자 할 때는 전당물주의 주소, 성명, 직업, 연령과 그 물품의 출처, 특징 및 전당잡히려는 동기, 그 신분에 상응한 소지인지의 여부 등을 알아 보아야 할 업무상의 주의의무가 있다 할 것이고 이를 게을리 하여 장물인 정을 모르고 전당잡은 경우에는 비록 주민등록증을 확인하였다 하여도 그 사실만으로는 업무상과실장물취득의 죄책을 면할 수 없다[대판 1985.2.26. 84도2732].[86] [17 법원행시]*
3. 우표상이 우표 매입시 매도인의 신상을 파악하기 위하여 주민등록증의 제시를 요구하여 이름, 주소, 주민등록번호를 확인한 후 이를 자신의 탁상일지에 기재하였으며, 매입가격도 우체국으로부터 매입하던 가격으로 매입하였다면, 우표상으로서 업무상 요구되는 장물인 여부의 확인에 관한 주의의무를 게을리 하였다고 볼 수 없다[대판 1986.6.24. 86도396].
4. 절도범이 장물을 전당하면서 전당포주에게 위조한 주민등록증을 제시하고 전당포주의 질문에 대하여 전당물의 취득경위나 전당이유 등을 그럴싸하게 꾸며서 진술하여 전당포주가 육안으로는 위조여부를 쉽게 식별할 수 없는 위 주민등록증과 절도범의 말이 진실한 것으로 믿고 전당물 대장에 소정 양식대로 기재한 후 통상의 경우와 같이 그 가격에 상응한 한도 내에서 위 절도범이 요구하는 금원을 대출하였다면 전당포주로서는 장물인 여부의 확인에 관하여 의무상 요구되는 주의의무를 다하였다고 볼 것이다[대판 1983.9.27. 83도1857].

86) 비교판례는 전당포주가 미성년자로부터 금반지 3개를 단기간에 순차 전당잡은 사건으로서 장물일 가능성이 상당히 높았던 경우여서 고도의 주의의무가 인정되었던 것이다.

2. 친족상도례

제365조(친족간의 범행) ① 전3조의 죄(장물죄, 상습장물죄, 업무상과실·중과실장물죄)를 범한 자와 피해자간에 제328조 제1항, 제2항의 신분관계가 있는 때에는 동조의 규정을 준용한다.
② 전3조의 죄를 범한 자와 본범간에 제328조 제1항의 신분관계가 있는 때에는 그 형을 감경 또는 면제한다. 단, 신분관계가 없는 공범에 대하여는 예외로 한다. [23 변호사]*

제9절 손괴의 죄

출제 POINT

이론이나 판례 모두 어렵지 않은 부분이다. 손괴죄의 인정 여부에 관한 판례를 알아두면 족하다.

I 재물손괴죄

제366조(재물손괴 등) 타인의 재물, 문서 또는 전자기록 등 특수매체기록을 손괴 또는 은닉 기타 방법으로 그 효용을 해한 자는 3년 이하의 징역 또는 700만원 이하의 벌금에 처한다.

제371조(미수범) 미수범은 처벌한다.

판례 | 재물손괴죄의 객체가 될 수 있는 경우

1. 물건이 그 본래의 사용목적에 공할 수 있거나 다른 용도로라도 사용이 가능한 상태에 있다면 재산적 이용가치 내지 효용이 있는 것으로서 재물손괴죄의 객체가 될 수 있다[대판 2007.9.20. 2007도5207]. [16 경간부]*

   동지판례 포도주 원액이 부패하여 포도주 원료로서의 효용가치는 상실되었으나, 그 산도가 1.8도 내지 6.2도에 이르고 있어 식초의 제조 등 다른 용도에 사용할 수 있는 경우에는 재물손괴죄의 객체가 될 수 있다[대판 1979.7.24. 78도2138].

2. 재건축사업으로 철거가 예정되어 있었고 그 입주자들이 모두 이사하여 아무도 거주하지 않은 채 비어 있는 아파트라 하더라도, 그 아파트 자체의 객관적 성상이 본래 사용목적인 주거용으로 사용될 수 없는 상태가 아니었고, 더욱이 그 소유자들이 재건축조합으로의 신탁등기 및 인도를 거부하는 방법으로 계속 그 소유권을 행사하고 있는 상황이었다면 위와 같은 사정만으로는 위 아파트가 재물로서의 이용가치나 효용이 없는 물건으로 되었다고 할 수 없으므로, 위 아파트는 재물손괴죄의 객체가 된다고 할 것이다[대판 2010.2.25. 2009도8473]. [21 법원9급, 20 국가9급, 18 법원행시, 18 경간부, 16 경간부]*

판례 | 손괴죄의 객체인 문서의 의의와 손괴죄의 객체성이 인정되지 않는 경우

손괴죄의 객체인 문서란 거기에 표시된 내용이 적어도 법률상 또는 사회생활상 중요한 사항에 관한 것이어야 하는바, 이미 작성되어 있던 장부의 기재를 새로운 장부로 이기하는 과정에서 누계 등을 잘못 기재하다가 그 부분을 찢어버리고 계속하여 종전장부의 기재내용을 모두 이기하였다면 그 당시 새로운 경리장부는 아직 작성 중에 있어서 손괴죄의 객체가 되는 문서로서의 경리장부가 아니라 할 것이고, 또 그 찢어버린 부분이 진실된 증빙내용을 기재한 것이었다는 등의 특별한 사정이 없는 한 그 이기과정에서 잘못 기재되어 찢어버린 부분 그 자체가 손괴죄의 객체가 되는 재산적 이용가치 내지 효용이 있는 재물이라고도 볼 수 없다[대판 1989.10.24. 88도1296]. [17 법원행시, 16 경간부]*

판례 | 재물 또는 문서가 타인의 소유여서 손괴죄가 성립하는 경우

1. **(피고인 소유의 토지에 타인이 경작한 농작물)** 피고인이 매수한 토지에 타인이 권한 없이 농작물을 경작한 경우라 하더라도 그 농작물의 소유권은 경작자에게 귀속되므로 경작한 콩을 뽑아버린 행위에 대하여 재물손괴의 죄책을 면할 수 없다[대판 1970.3.10. 70도82].
2. **(자기명의 · 타인소유의 영수증)** 확인서가 소유자의 의사에 반하여 손괴된 것이라면 그 확인서가 피고인 명의로 작성된 것이고 또 그것이 진실에 반하는 허위내용을 기재한 것이라 하더라도 피고인은 문서손괴의 죄책을 면할 수 없다[대판 1982.12.28. 82도1807].

   동지판례 피고인은 피해자로부터 전세금 2,000,000원을 받고 영수증(문서제목은 계약서라고 되어 있다)을 작성 교부한 뒤에 피해자에게 위 전세금을 반환하겠다고 말하여 피해자로부터 위 영수증을 교부받고 나서 전세금을 반환하기도 전에 이를 찢어버린 경우, 문서손괴죄의 객체는 타인소유의 문서이며 피고인 자신의 점유하에 있는 문서라 할지라도 타인소유인 이상 이를 손괴하는 행위는 문서손괴죄에 해당한다[대판 1984.12.26. 84도2290]. [17 법원행시]*
3. **(자기명의 · 타인소유의 유가증권)** 약속어음의 수취인이 차용금의 지급담보를 위하여 은행에 보관시킨 약속어음을 은행지점장이 발행인의 부탁을 받고 그 지급기일란의 일자를 지움으로써 그 효용을 해한 경우에는 문서손괴죄가 성립한다[대판 1982.7.27. 82도223].

   동지판례 약속어음의 발행인이 소지인에게 어음의 액면과 지급기일을 개서하여 주겠다고 하여 위 어음을 교부받은 후 위 어음의 수취인란에 타인의 이름을 추가로 기입하여 위 어음배서의 연속성을 상실하게 함으로써 그 효용을 해한 경우에는 문서손괴죄에 해당한다[대판 1985.2.26. 84도2802].

판례 | 문서손괴죄에서 효용을 해한다는 의미

1. 문서손괴죄는 타인 소유의 문서를 손괴 또는 은닉 기타 방법으로 효용을 해함으로써 성립하고, 문서의 효용을 해한다는 것은 문서를 본래의 사용목적에 제공할 수 없게 하는 상태로 만드는 것은 물론 일시적으로 그것을 이용할 수 없는 상태로 만드는 것도 포함한다. [18 경간부, 17 법원행시, 17 법원9급]* 따라서 소유자의 의사에 따라 어느 장소에 게시 중인 문서를 소유자의 의사에 반하여 떼어내는 것과 같이 소유자의 의사에 따라 형성된 종래의 이용상태를 변경시켜 종래의 상태에 따른 이용을 일시적으로 불가능하게 하는 경우에도 문서손괴죄가 성립할 수 있다. 그러나 문서손괴죄는 문서의 소유자가 문서를 소유하면서 사용하는 것을 보호하려는 것이므로, 어느 문서에 대한 종래의 사용상태가 문서 소유자의 의사에 반하여 또는 문서 소유자의 의사와 무관하게 이루어진 경우에 단순히 종래의 사용상태를 제거하거나 변경시키는 것에 불과하고 손괴, 은닉하는 등으로 새로이 문서 소유자의 문서 사용에 지장을 초래하지 않는 경우에는 문서의 효용, 즉, 문서 소유자의 문서에 대한 사용가치를 일시적으로도 해하였다고 할 수 없어서 문서손괴죄가 성립하지 아니한다[대판 2015.11.27. 2014도13083]. [18 경간부, 17 법원행시, 17 법원9급]*
2. 형법 제366조의 재물손괴죄에서 재물의 효용을 해한다고 함은 사실상으로나 감정상으로 그 재물을 본래의 사용목적에 제공할 수 없는 상태로 만드는 것을 말한다[대판 2017.12.13. 2017도10474].

판례 | 재물손괴죄가 성립하는 경우(재물의 효용을 해한 경우)

1. 우물에 연결하고 땅 속에 묻어서 수도관적 역할을 하고 있는 고무호스 중 약 1.5m를 발굴하여 우물가에 제쳐 놓음으로써 물이 통하지 못하게 한 행위는 그 고무호스의 구체적인 효용을 해한 것이라 볼 수 있다[대판 1971.1.26. 70도2378].
2. 판결에 의하여 명도받은 토지의 경계에 설치해 놓은 철조망과 경고판을 치워 버림으로써 울타리로서의 역할을 해한 때에는 재물손괴죄가 성립한다[대판 1982.7.13. 80도1057].
3. 피고인이 다른 사람 소유의 광고용 간판을 백색 페인트로 도색하여 광고문안을 지워버린 행위는 재물손괴죄를 구성한다[대판 1991.10.22. 91도2090]. [21 법원9급, 18 법원행시]*
4. 자동문을 자동으로 작동하지 않고 수동으로만 개폐가 가능하게 하여 자동잠금장치로서 역할을 할 수 없도록 한 경우에도 재물손괴죄가 성립한다[대판 2016.11.25. 2016도9219]. [21 법원9급, 20 국가9급, 19 법원행시, 19 경찰채용, 18 경간부, 17 법원행시, 17 국가7급]*

5. 갑이 홍보를 위해 광고판(홍보용 배너와 거치대)을 1층 로비에 설치해 두었는데, 피고인이 을에게 지시하여 을이 위 광고판을 그 장소에서 제거하여 컨테이너로 된 창고로 옮겨 놓아 갑이 사용할 수 없도록 한 경우, 비록 물질적인 형태의 변경이나 멸실, 감손을 초래하지 않은 채 그대로 옮겼더라도 위 광고판은 본래적 역할을 할 수 없는 상태로 되었으므로 피고인의 행위는 재물손괴죄에서의 재물의 효용을 해하는 행위에 해당한다[대판 2018.7.24. 2017도18807]. [23 경간부, 20 국가9급]*
6. 비록 자기 명의의 문서라 할지라도 이미 타인(타기관)에 접수되어 있는 문서에 대하여 함부로 이를 무효화시켜 그 용도에 사용하지 못하게 하였다면 일응 문서손괴죄를 구성한다[대판 1987.4.14. 87도177]. [18 경간부, 16 경찰승진]*
7. 피고인이 평소 자신이 굴삭기를 주차하던 장소에 甲의 차량이 주차되어 있는 것을 발견하고 甲의 차량 앞에 철근콘크리트 구조물을, 뒤에 굴삭기 크러셔를 바짝 붙여 놓아 甲이 17~18시간 동안 차량을 운행할 수 없게 한 경우, 차량 앞뒤에 쉽게 제거하기 어려운 구조물 등을 붙여 놓은 행위는 차량에 대한 유형력 행사로 보기에 충분하고, 차량 자체에 물리적 훼손이나 기능적 효용의 멸실 내지 감소가 발생하지 않았더라도 갑이 위 구조물로 인해 차량을 운행할 수 없게 됨으로써 일시적으로 본래의 사용목적에 이용할 수 없게 된 이상 차량 본래의 효용을 해한 경우라고 한 사례[87][대판 2021.5.7. 2019도13764].

판례 | 재물손괴죄가 성립하지 않는 경우와 성립하는 경우가 모두 포함된 사례(주의)

해고노동자 등이 복직을 요구하는 집회를 개최하던 중 래커 스프레이를 이용하여 회사 건물 외벽과 1층 벽면 등에 낙서한 행위는 건물의 효용을 해한 것으로 볼 수 있으나, 이와 별도로 계란 30여 개를 건물에 투척한 행위는 건물의 효용을 해하는 정도의 것에 해당하지 않는다고 본 사례[대판 2007.6.28. 2007도2590]. [20 국가9급, 18 법원행시, 16 경간부]*

판례 | 재물의 효용을 해하는 정도로 볼 수 없는 경우

갑 주식회사의 직원인 피고인들이 유색 페인트와 래커 스프레이를 이용하여 갑 회사 소유의 도로 바닥에 직접 문구를 기재하거나 도로 위에 놓인 현수막 천에 문구를 기재하여 페인트가 바닥으로 배어 나와 도로에 배게 하는 행위는 위 도로의 효용을 해하는 정도에 이른 것이라고 보기 어렵다[대판 2020.3.27. 2017도20455].

판례 | 손괴의 고의의 인정요건 및 고의가 인정되는 경우

1. 재물손괴의 범의를 인정함에 있어서는 반드시 계획적인 손괴의 의도가 있거나 물건의 손괴를 적극적으로 희망하여야 하는 것은 아니고, 소유자의 의사에 반하여 재물의 효용을 상실케 하는 데 대한 인식이 있으면 된다[대판 1993.12.7. 93도2701]. [16 경찰승진]*
2. 피고인이 경락받은 농수산물 저온저장 공장건물 중 공냉식 저온창고를 수냉식으로 개조함에 있어 그 공장에 시설된 피해자 소유의 자재에 관하여 피해자에게 철거를 최고하는 등 적법한 조치를 취함이 없이 이를 일방적으로 철거하게 하여 손괴하였다면 이는 재물손괴의 범의가 없었다고 할 수 없고 이것이 사회상규상 당연히 허용되는 것이라고 할 수도 없다[대판 1990.5.22. 90도700].
3. 피고인이 경락받은 농수산물 저온저장 공장건물 중 공냉식 저온창고를 수냉식으로 개조함에 있어 공장에 시설된 피해자 소유의 자재에 관하여 피해자에게 철거를 최고하는 등 적법한 조치를 취함이 없이 이를 일방적으로 철거하게 하여 손괴하였다면 이는 재물손괴의 범의가 없었다고 할 수 없고 이것이 사회상규상 당연히 허용되는 것이라고 할 수도 없다[대판 1990.5.22. 90도700]. [18 법원행시]*

87) 피고인 소유의 차량을 피해자 소유 주택 대문 바로 앞부분에 주차하는 방법으로 피해자가 차량을 주택 내부의 주차장에 출입시키지 못하게 한 경우 강요죄가 성립하지 않는다는 2018도1346 판례와 구별하여야 한다.

판례 | 타인 소유 토지에 권원 없이 건물을 신축한 경우(불법영득의사가 인정되므로 재물손괴죄 불성립)

재물손괴죄(형법 제366조)는 다른 사람의 재물을 손괴 또는 은닉하거나 그 밖의 방법으로 그 효용을 해한 경우에 성립하는 범죄로, 행위자에게 다른 사람의 재물을 자기 소유물처럼 그 경제적 용법에 따라 이용·처분할 의사(불법영득의사)가 없다는 점에서 절도, 강도, 사기, 공갈, 횡령 등 영득죄와 구별된다. 다른 사람의 소유물을 본래의 용법에 따라 무단으로 사용·수익하는 행위는 소유자를 배제한 채 물건의 이용가치를 영득하는 것이고, 그 때문에 소유자가 물건의 효용을 누리지 못하게 되었더라도 효용 자체가 침해된 것이 아니므로 재물손괴죄에 해당하지 않는다[대판 2022.11.30. 2022도1410].

[사실관계] 피고인이 타인 소유 토지에 권원 없이 건물을 신축함으로써 그 토지의 효용을 해하였다는 이유로 재물손괴죄로 기소된 사안

판례 | 손괴의 고의가 부정되는 경우

1. 공중전화기가 고장난 것으로 생각하고 파출소에 신고하기 위하여 전화선코드를 빼고 이를 떼어 낸 것이라면 위 전화기를 떼어내 전화기의 구체적 역할인 통화를 할 수 없게 함으로써 그 효용을 해하려는 손괴의 범의가 있었다고 볼 수 없다[대판 1986.9.23. 86도941].
2. 甲 소유였다가 약정에 따라 乙 명의로 이전되었으나 권리관계에 다툼이 생긴 토지상에서 甲이 버스공용터미널을 운영하고 있는데 乙이 甲의 영업을 방해하기 위하여 철조망을 설치하려 하자 甲이 위 철조망을 가까운 곳에 마땅한 장소가 없어 터미널로부터 약 200 내지 300m 가량 떨어진 甲 소유의 다른 토지 위에 옮겨 놓았다면 甲의 행위에는 재물의 소재를 불명하게 함으로써 그 발견을 곤란 또는 불가능하게 하여 그 효능을 해하게 하는 재물은닉의 범의가 있다고 할 수 없다[대판 1990.9.25. 90도1591]. [18 법원행시]*
3. 임차인이 가재도구를 그대로 둔 채 시골로 내려가 버린 사이에 임대인의 母인 피고인이 임차인의 승낙 없이 가재도구를 옥상에 옮겨놓으면서 그 위에다 비닐장판과 비닐천 등을 덮어씌워 비가 스며들지 않게끔 하고 또한 다른 사람이 열지 못하도록 종이를 바르는 등 조치를 취하였다면 설사 그 무렵 내린 비로 침수되어 그 효용을 해하였다 하더라도 손괴의 범의가 있다고 보기 어렵다[대판 1983.5.10. 83도595].

판례 | 피해자의 동의가 인정되어 재물손괴죄가 성립되지 않는 경우

쪽파의 매수인이 명인방법을 갖추지 않은 경우, 쪽파에 대한 소유권을 취득하였다고 볼 수 없어 그 소유권은 여전히 매도인에게 있고 매도인과 제3자 사이에 일정 기간 후 임의처분의 약정이 있었다면 그 기간 후에 제3자가 쪽파를 손괴하였더라도 재물손괴죄가 성립하지 않는다[대판 1996.2.23. 95도2754]. [16 경찰승진]*

판례 | 피해자의 사전승낙이 인정되지 않아 재물손괴죄가 성립할 수 있는 경우

재건축조합의 규약이나 정관에 '조합은 사업의 시행으로서 그 구역 내의 건축물을 철거할 수 있다', '조합원은 그 철거에 응할 의무가 있다'는 취지의 규정이 있고, 조합원이 재건축조합에 가입하면서 '조합원의 권리, 의무 등 조합 정관에 규정된 모든 내용에 동의한다'는 취지의 동의서를 제출하였다고 하더라도, 조합원은 이로써 조합의 건축물 철거를 위한 명도의 의무를 부담하겠다는 의사를 표시한 것일 뿐이므로, 조합원이 그 의무이행을 거절할 경우 재건축조합은 명도청구소송 등 법적 절차를 통하여 그 의무이행을 구하여야 함이 당연하고, 조합원이 위와 같은 동의서를 제출한 것을 '조합원이 스스로 건축물을 명도하지 아니하는 경우 재건축조합이 법적 절차에 의하지 아니한 채 자력으로 건축물을 철거하는 것'에 대해서까지 사전승낙한 것이라고 볼 수는 없다[대판 2007.9.20. 2007도5207].

판례 | 특수손괴죄의 성립요건

[1] 위험한 물건을 휴대하고 다른 사람의 재물을 손괴하면 상대방이 그 위험한 물건의 존재를 인식하지 못하였거나 그 위험한 물건의 사용으로 생명 또는 신체에 위해를 입지 아니하였다고 하더라도 특수손괴가 성립한다.
[2] 자동차를 이용하여 다른 사람의 자동차 2대를 손괴한 경우, 그 자동차의 소유자 등이 실제로 해를 입거나 해를 입을 만한 위치에 있지 아니하였다고 하더라도 특수손괴죄가 성립한다[대판 2003.1.24. 2002도5783].

판례해설 위 판례당시에는 폭력행위 등 처벌에 관한 법률 제3조 제1항 위반죄가 성립하는 경우였으나 2016.1.6. 개정으로 동조항이 삭제되었다. 현행법상으로는 형법상의 특수손괴죄가 성립하므로 편의상 판례본문의 내용을 '특수손괴죄가 성립한다'는 취지로 변경하였다.

Ⅱ 경계침범죄

제370조(경계침범) 경계표를 손괴, 이동 또는 제거하거나 기타 방법으로 토지의 경계를 인식불능하게 한 자는 3년 이하의 징역 또는 500만원 이하의 벌금에 처한다.

판례 | 경계침범죄의 계표에 해당하는가 여부

(실체상 경계선에 부합하지 않더라도 경계표로 통용되어 왔던 경우에는 계표에 해당하나, 일방적으로 설정된 경계표는 계표에 해당하지 않는다) 형법 제370조의 경계침범죄는 토지의 경계에 관한 권리관계의 안정을 확보하여 사권을 보호하고 사회질서를 유지하려는 데 그 규정목적이 있으므로 비록 실체상의 경계선에 부합되지 않는 경계표라 할지라도 그것이 종전부터 일반적으로 승인되어 왔다거나 이해관계인들의 명시적 또는 묵시적 합의에 의하여 정하여진 것이라면 그와 같은 경계표는 위 법조 소정의 계표에 해당된다 할 것이고, 반대로 기존경계가 진실한 권리상태와 맞지 않는다는 이유로 당사자의 어느 한쪽이 기존경계를 무시하고 일방적으로 경계측량을 하여 이를 실체권리관계에 맞는 경계라고 주장하면서 그 위에 계표를 설치하더라도 이와 같은 경계표는 위 법조에서 말하는 계표에 해당되지 않는다[대판 1986.12.9. 86도1492], [대판 1999.4.9. 99도480].

판례 | 경계침범죄의 경계표에 해당하는 경우

형법 제370조에서 말하는 경계표는 그것이 어느 정도 객관적으로 통용되는 사실상의 경계를 표시하는 것이라면 영속적인 것이 아니고 일시적인 것이라도 이 죄의 객체에 해당한다[대판 1999.4.9. 99도480].

판례 | 경계침범죄의 법적 성질(침해범)

형법 제370조의 경계침범죄는 단순히 계표를 손괴하는 것만으로는 부족하고 계표를 손괴, 이동 또는 제거하거나 기타 방법으로 토지의 경계를 인식불능하게 함으로써 비로소 성립되며, 경계침범죄에 대하여는 미수죄에 관한 규정이 없으므로 계표의 손괴 등의 행위가 있더라도 토지경계의 인식불능의 결과가 발생하지 않은 한 본죄가 성립될 수 없다[대판 1991.9.10. 91도856].

판례 | 경계침범죄가 성립하지 않는 경우

1. 피고인이 피해자의 대지와 인접한 대지 위에 2층 스라브주택 및 점포를 신축하고 위 건물의 1층과 2층 사이에 있는 처마가 피해자 소유의 가옥 지붕 위로 나와 경계를 침범하였다는 공소사실은 그 자체가 경계침범의 구성요건에 해당하지 아니한다 할 것이다[대판 1984.2.28. 83도1533].

2. 기왕에 건립되어 있던 담벽의 연장선상에 추가로 담벽을 설치한 행위는 자신이 주장하는 경계를 보다 확실히 하고자 한 행위에 지나지 아니할 뿐 토지경계에 대한 인식불능의 결과를 초래한다고는 볼 수 없으므로 경계침범죄가 성립하지 않는다[대판 1992.12.8. 92도1682].

제10절 권리행사를 방해하는 죄

출제 POINT

권리행사방해죄의 점유의 의미에 관한 판례, 행위의 대상이 자기의 소유물인지 여부에 관한 판례, 강제집행면탈죄의 객체의 범위에 관한 판례는 잘 알아 두어야 한다. 최근에 중요한 판례가 많이 나와 이전보다 출제가능성이 높아진 부분이라고 할 수 있다. 특히 강제집행면탈죄는 변호사시험에서 중요하게 취급되는 부분이다.

I 권리행사방해죄

제323조(권리행사방해) 타인의 점유 또는 권리의 목적이 된 자기의 물건 또는 전자기록 등 특수매체기록을 취거, 은닉 또는 손괴하여 타인의 권리행사를 방해한 자는 5년 이하의 징역 또는 700만원 이하의 벌금에 처한다.

① 객체: 타인의 점유 또는 권리의 목적이 된 '자기의' 물건 등이다.

판례 | 자기의 물건에 해당하는 경우(대표이사의 지위에서 회사의 물건을 취거한 경우)

1. 피고인이 회사 대표이사의 지위에 처하여 그 직무집행행위로서 지입차주 등이 점유하는 버스를 취거한 경우에는, 피고인의 행위는 위 회사의 대표기관으로서의 행위라고 평가되므로 위 회사의 물건도 권리행사방해죄에 있어서 자기의 물건이라고 보아야 한다[대판 1992.1.21. 91도1170]. [23 변호사, 19 경간부]*

   비교판례 ⅰ) **(회사의 대표이사였던 자와 회사소유의 물건과의 관계: 자기의 물건 ×)** 회사의 대표이사였던 자가 회사가 타인에게 담보로 제공한 회사소유의 물건을 다른 회사에게 매도한 경우 … 권리행사방해죄가 성립할 여지가 없다[대판 1985.5.28. 85도494].
   ⅱ) **(회사의 과점주주 또는 부사장과 회사소유의 선박과의 관계: 자기의 물건 ×)** 이 사건 선박이 공소외 회사 명의로 소유권등기가 경료된 것이라면 위 선박은 피고인의 소유라 할 수 없고 피고인이 위 회사의 과점주주라거나 부사장이라 하여도 피고인의 소유라 할 수 없는 것이므로, 피고인이 타인이 점유중인 위 선박을 취거하였다 하여도 이는 권리행사방해죄를 구성하지 아니한다[대판 1984.6.26. 83도2413].

2. 렌트카 회사인 X회사의 대표이사와 사내이사인 피고인들이 Y회사 등의 명의로 저당권등록이 되어 있는 다수의 차량들을 사들여 X회사 소유의 영업용 차량으로 등록한 후 차량 구입자들 또는 지입차주들로 하여금 차량을 관리 · 처분하도록 함으로써 그 차량들의 소재를 파악할 수 없게 하고, 나아가 자동차대여사업자등록이 취소되어 그 차량들에 대한 저당권등록마저 직권말소되도록 한 경우, 그 자체로 저당권자로 하여금 자동차등록원부에 기초하여 저당권의 목적이 된 자동차의 소재를 파악하는 것을 현저하게 곤란하게 하거나 불가능하게 하는 행위에 해당한다[대판 2017.5.17. 2017도2230]. [20 법원행시, 18 경간부]*

판례 | 자기의 물건에 해당하지 않는 경우

1. **(명의신탁된 부동산을 임대차한 경우 명의신탁자는 임차인에 대한 관계에서 그 부동산을 자기소유의 물건이라고 할 수 없다)** 피고인이 이른바 중간생략등기형 명의신탁 또는 계약명의신탁의 방식으로 자신의 처에게 등기명의를 신탁하여 놓은 점포에 자물쇠를 채워 점포의 임차인을 출입하지 못하게 한 경우, 그 점포가 권리행사방해죄의 객체인 자기의 물건에 해당하지 않는다고 한 사례[대판 2005.9.9. 2005도626]. [20 법원9급, 16 경간부]*
2. **(매도인이 악의인 계약명의신탁의 경우 명의수탁자는 수탁부동산이 자기 소유의 물건이라고 할 수 없다)** 진흥영농조합법인이 공소외인으로부터 과수원을 매수할 당시 피고인에게 그 매수인 명의를 신탁하였고 공소외인도 그 사실을 알고 있었다면 위 명의신탁약정 및 그에 기하여 이루어진 과수원에 대한 피고인 명의의 소유권이전등기는 모두 무효이므로, 과수원 및 그 지상에 식재된 감귤나무를 피고인의 소유로 볼 수 없다[대판 2007.1.10. 2006도4215].
3. **(중기를 회사에 지입한 자와 중기와의 관계: 자기의 물건 ×)** 피고인이 이 사건 굴삭기를 취거할 당시 그 굴삭기를 공소외 회사에 지입하여 그 회사명의로 중기등록원부에 소유권등록이 되어 있었다면 그 굴삭기는 위 회사의 소유이고 피고인의 소유가 아니라 할 것이므로 피고인이 이를 취거한 행위는 권리행사방해죄를 구성하지 아니한다[대판 1985.9.10. 85도899].

   동지판례 **(택시를 회사에 지입한 자와 택시와의 관계)** 피고인이 택시를 회사에 지입하여 운행하였다고 하더라도, 피고인이 회사와 사이에 위 택시의 소유권을 피고인이 보유하기로 약정하였다는 등의 특별한 사정이 없는 한, 위 택시는 그 등록명의자인 회사의 소유이고 피고인의 소유는 아니라고 할 것이므로 회사의 요구로 위 택시를 회사 차고지에 입고하였다가 회사의 승낙을 받지 않고 이를 가져간 피고인의 행위는 권리행사방해죄에 해당하지 않는다[대판 2003.5.30. 2000도5767].
4. [1] 렌트카 회사의 공동대표이사 중 1인인 乙이 A에 대한 개인적인 채무의 담보 명목으로 회사가 보유 중이던 승용차를 A에게 넘겨주었고, 회사 직원 丙의 승용차 반환요구에 대하여 A가 乙에 대한 채권 등을 이유로 거절하자, 회사 공동대표이사 중 1인인 피고인 甲이 A 사무실 부근에 주차되어 있는 승용차를 몰래 회수하도록 한 경우 A의 승용차에 대한 점유는 법정절차를 통하여 점유 권원의 존부가 밝혀짐으로써 분쟁이 해결될 때까지 잠정적으로 보호할 가치 있는 점유에 포함된다.

   [2] 다만, 승용차가 회사가 구입하여 보유 중이나 아직 회사나 피고인 甲 명의로 신규등록 절차를 마치지 않은 미등록 상태인 경우, 아직 회사나 혹은 甲의 소유물이라고 할 수 없어 권리행사방해죄는 성립되지 아니한다[대판 2006.3.23. 2005도4455]. [20 법원행시, 17 법원9급, 17 경찰승진, 16 경간부]*
5. **(부동산 경매절차에서 타인명의로 경락받은 부동산: 자기의 물건 ×)** 부동산경매절차에서 부동산을 매수하려는 사람이 타인과의 명의신탁약정 아래 타인 명의로 매각허가결정을 받아 자신의 부담으로 매수대금을 완납한 때에는 경매목적 부동산의 소유권은 매수대금의 부담 여부와는 관계없이 그 명의인이 취득하게 된다. 따라서 甲이 T회사가 유치권을 행사 중인 건물 501호를 강제경매를 통하여 아들인 A의 명의로 매수한 후 열쇠수리공을 불러 잠금장치를 변경하여 T회사의 유치권 행사를 방해하였다고 하더라도 권리행사방해죄가 성립하지 아니한다[대판 2019.12.27. 2019도14623]. [20 법원행시]*

판례 | 권리행사방해죄의 보호대상인 타인의 점유의 범위

[1] 권리행사방해죄에서의 보호대상인 타인의 점유는 반드시 점유할 권원에 기한 점유만을 의미하는 것은 아니고, i) 일단 적법한 권원에 기하여 점유를 개시하였으나 사후에 점유 권원을 상실한 경우의 점유, ii) 점유 권원의 존부가 외관상 명백하지 아니하여 법정절차를 통하여 권원의 존부가 밝혀질 때까지의 점유, iii) 권원에 기하여 점유를 개시한 것은 아니나 동시이행항변권 등으로 대항할 수 있는 점유 등과 같이 법정절차를 통한 분쟁 해결시까지 잠정적으로 보호할 가치 있는 점유는 모두 포함된다고 볼 것이고, 다만 절도범인의 점유와 같이 점유할 권리 없는 자의 점유임이 외관상 명백한 경우는 포함되지 아니한다. [19 경찰승진, 19 경간부, 17 법원행시]*

[2] 렌트카회사의 공동대표이사 중 1인이 회사 보유 차량을 자신의 개인적인 채무담보 명목으로 피해자에게 넘겨 주었는데 다른 공동대표이사인 피고인이 위 차량을 몰래 회수하도록 한 경우, 위 피해자의 점유는 권리행사방해죄의 보호대상인 점유에 해당한다[대판 2006.3.23. 2005도4455].

제1편

2026 해커스경찰 허정 형사법 2권 형법각론

판례 | 권리행사방해죄의 보호대상인 타인의 점유에 해당하는 경우

1. 동시이행항변권의 법리는 경매절차가 무효로 된 경우에도 적용되는 것이므로, 무효인 경매절차에서 경매목적물을 경락받아 이를 점유하고 있는 낙찰자의 점유는 적법한 점유로서 그 점유자는 권리행사방해죄에 있어서의 타인의 물건을 점유하고 있는 자라고 할 것이다[대판 2003.11.28. 2003도4257]. [20 법원9급, 20 경찰승진, 19 법원행시, 17 법원행시, 17 경찰승진, 16 경간부]*
2. 일단 적법한 권원에 기하여 점유한 이상 설사 그 후에 그 점유물을 소유자에게 명도해야 할 사정이 발생하였다 할지라도 점유자가 임의로 명도를 하지 아니하고 계속 이를 점유하고 있다면, 그 점유자는 의연히 동조 소정의 타인의 물건을 점유하고 있는 자라 할 것이다[대판 1977.9.13. 77도1672].

   동지판례 운수회사 직원인 甲이 회사 대표 등과 공모하여 지입차주들이 점유하는 각 차량 또는 번호판을 지입료 등 연체를 이유로 지입차주들의 동의를 받지 않고 취거한 경우, 지입료 등이 연체된 경우 계약의 일방해지 및 차량의 회수처분이 가능하도록 하고 있는 위수탁계약이 있었다고 하더라도 형법상 정당행위에 해당하지 않으므로 권리행사방해죄가 성립한다[대판 2010.10.14. 2008도6578].
3. [1] 형법 제323조의 권리행사방해죄에 있어서의 타인의 점유라 함은 반드시 본권에 기한 점유만을 말하는 것이 아니라 유치권 등에 기한 점유도 여기에 해당한다.
   [2] 甲 종합건설회사가 유치권 행사를 위하여 점유하고 있던 주택에 피고인이 그 소유자인 처와 함께 출입문 용접을 해제하고 들어가 거주한 경우, 유치권자인 甲 회사의 권리행사를 방해하였다고 보아야하므로 권리행사방해죄가 성립한다[대판 2011.5.13. 2011도2368].

판례 | 권리행사방해죄의 보호대상인 타인의 점유로 인정되지 않는 경우(절도범의 점유)

권리행사방해죄에 있어서의 타인의 점유에 절도범인의 점유는 포함되지 않는다[대판 1994.11.11. 94도343].

판례 | 타인의 권리의 목적물에 해당하는 경우(권리행사방해죄 성립 가능)

1. 타인의 인도청구권의 목적이 된 원목[대판 1991.4.26. 90도1958] [20 법원9급, 17 법원행시]*
2. 채권자가 가압류한 건물[대판 1960.9.14. 4292형상537]
3. 공장근저당권이 설정된 선반기계[대판 1994.9.27. 94도1439] [17 법원9급]*
4. 정지조건 있는 대물변제의 예약권의 대상인 물건[대판 1968.6.18. 68도616]

② 행위: 취거 · 은닉 또는 손괴하여 타인의 권리행사를 방해하는 것이다.

판례 | 취거에 해당하지 않는 경우(편취당한 경우): 권리행사방해죄 불성립

[1] 형법 제323조 소정의 권리행사방해죄에 있어서의 취거라 함은 타인의 점유 또는 권리의 목적이 된 자기의 물건을 그 점유자의 의사에 반하여 그 점유자의 점유로부터 자기 또는 제3자의 점유로 옮기는 것을 말하므로 점유자의 의사나 그의 하자 있는 의사에 기하여 점유가 이전된 경우에는 여기에서 말하는 취거로 볼 수는 없다. [19 경찰승진, 18 경찰승진]*
[2] 채무자인 甲이 채무의 담보로 채권자 A에게 제공한 자기소유의 물건을 보관하고 있던 B를 기망하여 물건을 교부받아 간 경우 '취거'에 해당하지 않아 권리행사방해죄가 성립할 수 없다[대판 1988.2.23. 87도1952].

판례 | 은닉에 해당하여 권리행사방해죄가 성립하는 경우

1. 공장근저당권이 설정된 선반기계 등을 이중담보로 제공하기 위하여 이를 다른 장소로 옮긴 경우, 이는 공장저당권의 행사가 방해될 우려가 있는 행위로서 권리행사방해죄에 해당한다[대판 1994.9.27. 94도1439].

   동지판례 피고인들이 이 사건 건물과 기계·기구에 근저당권을 설정하고도 담보유지의무를 위반하여, 이 사건 건물을 철거 및 멸실등기하고, 이 사건 기계·기구를 양도한 행위는 권리행사방해죄에 해당한다[대판 2021.1.14. 2020도14735].

2. [1] 형법 제323조의 권리행사방해죄에서 '은닉'이란 타인의 점유 또는 권리의 목적이 된 자기 물건 등의 소재를 발견하기 불가능하게 하거나 또는 현저히 곤란한 상태에 두는 것을 말하고, 그로 인하여 권리행사가 방해될 우려가 있는 상태에 이르면 권리행사방해죄가 성립하고 현실로 권리행사가 방해되었을 것까지 필요로 하는 것은 아니다. [20 법원행시, 19 법원행시, 19 경찰승진, 17 법원행시]*

   [2] 피고인이 차량을 구입하면서 피해자로부터 차량 매수대금을 차용하고 담보로 차량에 피해자 명의의 저당권을 설정해 주었는데, 그 후 대부업자로부터 돈을 차용하면서 차량을 대부업자에게 담보로 제공하여 이른바 '대포차'로 유통되게 한 사안에서, 피고인이 피해자의 권리의 목적이 된 피고인의 물건을 은닉하여 권리행사를 방해하였다고 본 원심판단이 정당하다고 한 사례[대판 2016.11.10. 2016도13734].

판례 | 취거·은닉 또는 손괴에 해당하지 않아 권리행사방해죄가 성립하지 않는 경우

채무의 담보에 제공키 위하여 채권자명의로 등기를 하기로 합의한 바 있는 자기의 소유토지를 타에 매도하여 그 타인 명의로 소유권이전등기를 하여준 행위는 본조 소정의 취거, 은닉 또는 손괴행위의 어느 것에도 해당하지 않으므로 권리행사방해죄가 성립하지 아니한다[대판 1972.6.27. 71도1072].

Ⅱ 점유강취죄

제325조(점유강취) ① 폭행 또는 협박으로 타인의 점유에 속하는 자기의 물건을 강취한 자는 7년 이하의 징역 또는 10년 이하의 자격정지에 처한다.
③ 미수범은 처벌한다.

Ⅲ 준점유강취죄[88)]

제325조(준점유강취) ② 타인의 점유에 속하는 자기의 물건을 취거하는 과정에서 그 물건의 탈환에 항거하거나 체포를 면탈하거나 범죄의 흔적을 인멸할 목적으로 폭행 또는 협박한 때에도 제1항의 형에 처한다.
③ 미수범은 처벌한다.

Ⅳ 중권리행사방해죄

제326조(중권리행사방해) 제325조의 죄(점유강취죄, 준점유강취죄)를 범하여 사람의 생명에 대한 위험을 발생하게 한 자는 10년 이하의 징역에 처한다.

88) 타인의 점유에 속하는 자기의 물건에 대한 준강도죄와 유사한 범죄에 해당한다.

V 강제집행면탈죄

제327조(강제집행면탈) 강제집행을 면할 목적으로 재산을 은닉, 손괴, 허위양도 또는 허위의 채무를 부담하여 채권자를 해한 자는 3년 이하의 징역 또는 1천만원 이하의 벌금에 처한다.

판례 | 강제집행면탈죄에 있어서 재산의 범위

1. (권리도 포함) 강제집행면탈죄에 있어서 재산에는 동산 · 부동산뿐만 아니라 재산적 가치가 있어 민사소송법에 의한 강제집행 또는 보전처분이 가능한 특허 내지 실용신안 등을 받을 수 있는 권리도 포함된다[대판 2001.11.27. 2001도4759]. [18 법원9급, 17 경찰승진]*
2. (장래의 권리도 포함) 강제집행면탈죄의 객체인 재산은 채무자의 재산 중에서 채권자가 민사집행법상 강제집행 또는 보전처분의 대상으로 삼을 수 있는 것을 의미하는데, 장래의 권리라도 채무자와 제3채무자 사이에 채무자의 장래청구권이 충분하게 표시되었거나 결정된 법률관계가 존재한다면 재산에 해당하는 것으로 보아야 한다[대판 2011.7.28. 2011도6115].

판례 | 강제집행면탈죄의 객체(재산)에 해당하지 않는 경우

1. [1] 강제집행면탈죄의 객체는 채무자의 재산 중에서 채권자가 민사집행법상 강제집행 또는 보전처분의 대상으로 삼을 수 있는 것이어야 한다.
   [2] (계약명의신탁의 경우) 어느 경우든지 명의신탁자는 그 매매계약에 의해서는 당해 부동산의 소유권을 취득하지 못하게 되어, 결국 그 부동산은 명의신탁자에 대한 강제집행이나 보전처분의 대상이 될 수 없다[대판 2009.5.14. 2007도2168].
2. A 주식회사가 소유권보존등기를 마친 다음 B에게 분양한 아파트를, 甲이 공인중개사 C의 중개로 A 주식회사의 승인을 얻어 아파트에 관한 수분양권을 매수하였고 이에 따라 수분양자 명의가 B에서 甲으로 변경되었다. 그 후 甲은 업무상횡령 범행과 관련하여 D회사로부터 강제집행을 당할 것을 우려하여 A 주식회사의 승인을 얻어 아파트에 관한 수분양자 명의를 甲에서 E로 변경한 후 매매를 원인으로 하여 E 명의로 소유권이전등기를 마친 경우 … 甲은 위 수분양권 매매에 따라 A 주식회사에 대하여 아파트에 관한 소유권이전등기청구권을 취득하였을 뿐 그 소유권을 취득한 바 없으므로, 아파트 자체는 甲에 대한 강제집행이나 보전처분의 대상이 될 수 없어 강제집행면탈죄의 객체가 될 수 없다고 할 것이다[대판 2013.4.26. 2013도2034].
3. 甲 회사가 시공 중인 건물은 지하 4층, 지상 12층으로 건축허가를 받았으나 甲 주식회사 대표이사 등인 피고인들이 건축주 명의를 변경한 당시에는 지상 8층까지 골조공사가 완료된 채 공사가 중단되었던 사정이 있다면 민사집행법상 강제집행이나 보전처분의 대상이 될 수 있다고 단정하기 어려워 위 건물은 강제집행면탈죄의 객체가 될 수 없다[대판 2014.10.27. 2014도9442].
4. 의료법에 의하여 적법하게 개설되지 아니한 의료기관에서 요양급여가 행하여졌다면 해당 의료기관은 국민건강보험법상 요양급여비용을 청구할 수 있는 요양기관에 해당되지 아니하여 해당 요양급여비용 전부를 청구할 수 없고, 해당 의료기관의 채권자로서도 위 요양급여비용 채권을 대상으로 하여 강제집행 또는 보전처분의 방법으로 채권의 만족을 얻을 수 없는 것이므로, 결국 위와 같은 채권은 강제집행면탈죄의 객체가 되지 아니한다[대판 2017.4.26. 2016도19982]. [20 법원행시, 19 법원행시]*
5. 압류금지채권의 목적물이 채무자의 예금계좌에 입금된 경우에는 그 예금채권에 대하여 더 이상 압류금지의 효력이 미치지 아니하므로 그 예금은 압류금지채권에 해당하지 않지만, 압류금지채권의 목적물이 채무자의 예금계좌에 입금되기 전까지는 여전히 강제집행 또는 보전처분의 대상이 될 수 없으므로, 압류금지채권의 목적물을 수령하는 데 사용하던 기존 예금계좌가 채권자에 의해 압류된 채무자가 압류되지 않은 다른 예금계좌를 통하여 그 목적물을 수령하더라도 강제집행이 임박한 채권자의 권리를 침해할 위험이 있는 행위라고 볼 수 없어 강제집행면탈죄가 성립하지 않는다[대판 2017.8.18. 2017도6229]. [20 법원행시, 19 국가7급, 18 법원9급]*

   판례해설 피고인이 장차 지급될 휴업급여(산업재해보상보험법 제88조 제2항에 의하여 압류가 금지되는 채권에 해당한다) 수령계좌를 기존의 압류된 예금계좌에서 압류가 되지 않은 다른 예금계좌로 변경하여 휴업급여를 수령한 사건이다. 휴업급여는 압류가 금지되는 채권으로서 강제집행면탈죄의 객체에 해당하지 않으므로 피고인의 행위는 강제집행면탈죄가 성립하지 않는다는 취지의 판례이다.

판례 | 강제집행면탈죄의 재산의 은닉에 해당하지 않는 경우(강제집행면탈죄 불성립)

1. 횡령죄의 구성요건으로서의 횡령행위란 불법영득의 의사를 실현하는 행위를 말하고, 강제집행면탈죄에 있어서 은닉이라 함은 강제집행을 면탈할 목적으로 강제집행을 실시하는 자로 하여금 채무자의 재산을 발견하는 것을 불능 또는 곤란하게 만드는 것을 말하는 것이므로, 이와 같은 양죄의 구성요건 및 강제집행면탈죄에 있어 은닉의 개념에 비추어 보면 타인의 재물을 보관하는 자가 보관하고 있는 재물을 영득할 의사로 은닉하였다면 이는 횡령죄를 구성하는 것이고 채권자들의 강제집행을 면탈하는 결과를 가져온다 하여 이와 별도로 강제집행면탈죄를 구성하는 것은 아니다[대판 2000.9.8. 2000도1447].
2. 채무자가 제3자 명의로 되어 있던 사업자등록을 또 다른 제3자 명의로 변경하였다는 사정만으로는 그 변경이 채권자의 입장에서 볼 때 사업장 내 유체동산에 관한 소유관계를 종전보다 더 불명하게 하여 채권자에게 손해를 입게 할 위험성을 야기한다고 단정할 수 없으므로 형법 제327조에 규정된 강제집행면탈죄에서 재산의 '은닉'에 해당한다고 할 수 없다 [대판 2014.6.12. 2012도2732]. [20 법원행시, 16 법원9급]*

판례 | 강제집행면탈죄의 재산의 은닉에 해당하는 경우(강제집행면탈죄 성립)

1. **(사업장의 유체동산에 대한 강제집행을 면할 목적으로 금전등록기의 사업자 이름을 변경한 경우)** 사업장의 유체동산에 대한 강제집행을 면탈할 목적으로 사업자 등록의 사업자 명의를 변경함이 없이 사업장에서 사용하는 금전등록기의 사업자 이름만을 변경한 경우, 강제집행면탈죄에 있어서 재산의 '은닉'에 해당한다[대판 2003.10.9. 2003도3387]. [18 국가7급, 18 경간부, 17 경찰승진]*
2. **(의제자백판결을 통하여 가압류등기를 말소한 경우)** 피고인이 자신의 채권담보의 목적으로 채무자 소유의 선박들에 관하여 가등기를 경료하여 두었다가 채무자와 공모하여 위 선박들을 가압류한 다른 채권자들의 강제집행을 불가능하게 할 목적으로 정확한 청산절차도 거치지 않은 채 의제자백판결을 통하여 선순위 가등기권자인 피고인 앞으로 본등기를 경료함과 동시에 가등기 이후에 경료된 가압류등기 등을 모두 직권말소하게 하였음은 소유관계를 불명하게 하는 방법에 의한 '재산의 은닉'에 해당한다[대판 2000.7.28. 98도4558]. [17 경찰채용]*

판례 | 허위양도에 해당하지 않아 강제집행면탈죄가 성립하지 않는 경우

(진실한 양도인 경우) 진의에 의하여 재산을 양도하였다면 설령 그것이 강제집행을 면탈할 목적으로 이루어진 것으로서 채권자의 불이익을 초래하는 결과가 되었다고 하더라도 강제집행면탈죄의 허위양도 또는 은닉에는 해당하지 아니한다고 보아야 할 것이다[대판 1998.9.8. 98도1949]. [20 변호사, 18 국가7급, 17 법원9급]*

판례 | 장래 발생할 진실한 채무를 담보하기 위하여 부동산에 근저당권을 설정한 경우(강제집행면탈 X)

피고인이 장래에 발생할 특정의 조건부채권을 담보하기 위한 방편으로 부동산에 대하여 근저당권을 설정한 것이라면, 특별한 사정이 없는 한 이는 장래 발생할 진실한 채무를 담보하기 위한 것으로서, 피고인의 위 행위를 가리켜 강제집행면탈죄 소정의 '허위의 채무를 부담'하는 경우에 해당한다고 할 수 없다[대판 1996.10.25. 96도1531].

판례 | 강제집행면탈행위의 어느 유형에도 포함되지 않는 경우(강제집행면탈죄 불성립)

1. 채무자가 가압류채권자의 지위에 있으면서 가압류집행해제를 신청함으로써 그 지위를 상실하는 행위는 형법 제327조에서 정한 '은닉 · 손괴 · 허위양도 또는 허위채무부담' 등 강제집행면탈행위의 어느 유형에도 포함되지 않는 것이므로, 이러한 행위를 처벌대상으로 삼을 수 없다[대판 2008.9.11. 2006도8721]. [20 변호사, 20 경찰승진, 18 법원9급, 17 경찰채용, 16 법원행시]*

2. 채권자가 채무자에 대한 채무명의에 기하여 제3채무자에 대한 매매잔대금채권에 관하여 압류 및 전부명령을 받고 그 명령이 제3채무자에게 송달되자 피고인이 채무자와 공모하여 위 잔대금이 전부명령 송달전에 전액 지급된 양 허위영수증을 발행한 경우 피고인이 채무자로부터 허위영수증을 수취한 것이 제3채무자에 대한 전부명령의 송달로 위 잔대금채권에 대한 집행이 완료된 후라면 이로써는 동채권에 대한 채권자의 강제집행을 방해하였다고는 볼 수 없고 또 위 영수증의 발행 및 그 수취행위는 제3채무자의 재산에 대한 형법 제327조 소정의 어느 행위에도 해당되지 않는다 할 것이므로 강제집행면탈죄는 성립되지 아니한다[대판 1984.6.12. 82도1544].

판례 | 강제집행면탈죄 = 추상적 위험범

형법 제327조의 강제집행면탈죄는 위태범으로서, 현실적으로 민사소송법에 의한 강제집행 또는 가압류 · 가처분의 집행을 받을 우려가 있는 객관적인 상태에서, 즉 채권자가 본안 또는 보전소송을 제기하거나 제기할 태세를 보이고 있는 상태에서 주관적으로 강제집행을 면탈하려는 목적으로 재산을 은닉, 손괴, 허위양도하거나 허위의 채무를 부담하여 채권자를 해할 위험이 있으면 성립하는 것이고, 반드시 채권자를 해하는 결과가 야기되거나 행위자가 어떤 이득을 취하여야 범죄가 성립하는 것은 아니다[대판 2009.5.28. 2009도875; 동지 대판 2001.11.27. 2001도4759]. [22 경간부, 19 법원9급, 19 경간부, 17 변호사, 16 법원9급]*

동지판례 이혼을 요구하는 처로부터 재산분할청구권에 근거한 가압류 등 강제집행을 받을 우려가 있는 상태에서 남편이 이를 면탈할 목적으로 허위의 채무를 부담하고 소유권이전청구권보전가등기를 경료한 경우, 강제집행면탈죄가 성립한다[대판 2008.6.26. 2008도3184].

판례 | 채권자를 해할 위험성이 있다고 본 경우(강제집행면탈죄 성립)

1. 강제집행면탈죄는 이른바 위태범으로서 강제집행을 당할 구체적인 위험이 있는 상태에서 재산을 은닉, 손괴, 허위양도 또는 허위의 채무를 부담하면 바로 성립하는 것이고, 반드시 채권자를 해하는 결과가 야기되거나 이로 인하여 행위자가 어떤 이득을 취하여야 범죄가 성립하는 것은 아니며, 허위양도한 부동산의 시가액보다 그 부동산에 의하여 담보된 채무액이 더 많다고 하여 그 허위양도로 인하여 채권자를 해할 위험이 없다고 할 수 없다[대판 1999.3.2. 98도2474; 동지 대판 2008.5.8. 2008도198]. [20 법원9급, 17 경찰채용]*
2. 형법 제327조의 강제집행면탈죄는 현실적으로 강제집행을 받을 우려가 있는 상태에서 강제집행을 면탈할 목적으로 허위채무를 부담하는 등의 행위를 하는 경우에는 달리 특별한 사정이 없는 한 채권자를 해할 위험이 있다고 보아야 할 것이고, 채무자에게 약간의 다른 재산이 있다 하여 채권자를 해할 우려가 없다고 할 수 없다[대판 2008.4.24. 2007도4585].

판례 | 채권자를 해할 위험성이 없다고 본 경우

(가압류 목적물을 처분한 경우) 가압류에는 처분금지적 효력이 있으므로 가압류 후에 목적물의 소유권을 취득한 제3취득자 또는 그 제3취득자에 대한 채권자는 그 소유권 또는 채권으로써 가압류권자에게 대항할 수 없다. 따라서 가압류 후에 목적물의 소유권을 취득한 제3취득자가 다른 사람에 대한 허위의 채무에 기하여 근저당권설정등기 등을 경료하더라도 이로써 가압류채권자의 법률상 지위에 어떤 영향을 미치지 않으므로, 강제집행면탈죄에 해당하지 아니한다[대판 2008.5.29. 2008도2476].

판례 | 채권자를 해할 위험성의 판단

채권이 존재하는 경우에도 채무자의 재산은닉 등 행위시를 기준으로 채무자에게 채권자의 집행을 확보하기에 충분한 다른 재산이 있었다면 채권자를 해하였거나 해할 우려가 있다고 쉽사리 단정할 것이 아니다[대판 2011.9.8. 2011도5165].

판례 | 강제집행면탈죄가 성립하지 않는 경우

현실적으로 강제집행이 있을 것이 예상되는 권리가 피해자들의 건물에 대한 명도청구권인 경우에 허위의 금전채무를 부담하였다 하여 명도청구권의 집행에 어떠한 장애가 된다고 할 수 없고 또 피고인 등 명의로 경료된 가등기는 본등기를 위한 순위보전의 효력밖에 없는 것이므로 가등기가 경료되었는 사실만으로는 피해자들의 건물에 대한 명도청구권에 기한 강제집행을 불능케 하는 사유에 해당한다고 할 수 없고 그 후 가등기말소청구소송에서 피고인 등이 항쟁을 하였다 하여 가등기가 강제집행에 장애사유가 되었다고는 할 수 없으므로 허위채무부담과 가등기경료 사실만으로는 강제집행면탈죄는 성립되지 않는다[대판 1984.2.14. 83도708].

판례 | 강제집행을 받을 위험이 있는 객관적 상태의 의미(소송을 제기할 기세를 보이는 경우도 포함)

형법 제327조의 강제집행면탈죄는 채무자가 현실적으로 민사소송법에 의한 강제집행 또는 가압류, 가처분의 집행을 받을 우려가 있는 객관적인 상태 즉, 적어도 채권자가 민사소송을 제기하거나 가압류, 가처분의 신청을 할 기세를 보이고 있는 상태에서, 채무자가 강제집행을 면탈할 목적으로, 재산을 은닉, 손괴, 허위양도하거나 허위의 채무를 부담하여 채권자를 해할 위험이 있는 경우에 성립한다[대판 1998.9.8. 98도1949].

판례 | 강제집행을 받을 위험이 있는 객관적 상태에 해당하는 경우

(어음이 부도가 난 상황) 약 18억원 정도의 채무초과 상태에 있는 피고인 발행의 약속어음이 부도가 난 경우, 통상 약속어음의 부도는 그 발행인의 신용상태가 파탄상태에 이른 것이 객관적으로 확인되는 의미가 있어 위와 같은 정도의 채무초과상태라면 변제기가 도래하지 아니한 피고인의 다른 일반 채권자들도 채권확보에 나설 것이 예상되는 점 등에 비추어 보면 강제집행을 당할 구체적인 위험이 있는 상태에 있다고 봄이 상당하다[대판 1999.2.9. 96도3141].

판례 | 강제집행면탈죄에 있어 '강제집행'의 의미

1. 강제집행면탈죄에서 말하는 강제집행이란 소위 광의의 강제집행인 소유권이전등기 절차이행의 청구 소의 제기도 포함된다[대판 1983.10.25. 82도808]. [19 법원9급]*
2. 강제집행면탈죄는 국가의 강제집행권이 발동될 단계에 있는 채권자의 권리를 보호하기 위한 범죄로서, 여기서의 강제집행에는 광의의 강제집행인 의사의 진술에 갈음하는 판결의 강제집행도 포함되고, 강제집행면탈죄의 성립요건으로서의 채권자의 권리와 행위의 객체인 재산은 국가의 강제집행권이 발동될 수 있으면 충분하다[대판 2015.9.15. 2015도9883]. [20 법원행시, 19 법원행시, 16 법원행시]*

판례 | 강제집행면탈죄의 강제집행의 범위(국세징수법에 의한 체납처분은 포함되지 않음)

1. 형법 제327조의 강제집행면탈죄가 적용되는 강제집행은 민사집행법의 적용대상인 강제집행 또는 가압류 · 가처분 등의 집행을 가리키는 것이므로, 국세징수법에 의한 체납처분을 면탈할 목적으로 재산을 은닉하는 등의 행위는 위 죄의 규율대상에 포함되지 않는다[대판 2012.4.26. 2010도5693]. [19 법원행시, 19 경간부, 18 국가7급, 17 변호사, 16 법원행시]*
2. 형법 제327조의 강제집행면탈죄가 적용되는 강제집행은 민사집행법 제2편의 적용 대상인 '강제집행' 또는 가압류 · 가처분 등의 집행을 가리키는 것이고, 민사집행법 제3편의 적용 대상인 '담보권 실행 등을 위한 경매'를 면탈할 목적으로 재산을 은닉하는 등의 행위는 위 죄의 규율 대상에 포함되지 않는다[대판 2015.3.26. 2014도14909]. [20 법원행시, 20 경찰승진, 19 법원행시, 19 법원9급, 18 법원9급, 18 국가7급, 18 경간부, 17 변호사, 16 법원행시]*

판례 | 강제집행면탈죄의 강제집행의 범위에 속하는 경우(의사의 진술에 갈음하는 판결의 강제집행)

강제집행면탈죄는 국가의 강제집행권이 발동될 단계에 있는 채권자의 권리를 보호하기 위한 범죄로서, 여기서의 강제집행에는 광의의 강제집행인 의사의 진술에 갈음하는 판결의 강제집행도 포함되고, 강제집행면탈죄의 성립요건으로서의 채권자의 권리와 행위의 객체인 재산은 국가의 강제집행권이 발동될 수 있으면 충분하다[대판 2015.9.15. 2015도9883].

판례 | 강제집행면탈죄의 성립요건인 채권이 존재하는 경우(조건부채권의 존재)

강제집행할 채권이 조건부채권이라고 하여도 그 채권자는 이를 피보전권리로 하여 보전처분을 함에는 법률상 아무런 장애가 없다 할 것이므로, 이와 같은 보전처분을 면할 목적으로 위 조항 소정의 행위를 한 이상 강제집행면탈죄는 성립되고 그 후 조건의 불성취로 채권이 소멸되었다 하여도 일단 성립한 범죄에는 영향을 미치지 아니한다[대판 1984.6.12. 82도1544].

판례 | 강제집행면탈죄의 성립요건(채권의 존재)

1. 형법 제327조의 강제집행면탈죄는 채권자의 권리보호를 그 주된 보호법익으로 하고 있는 것이므로 강제집행의 기본이 되는 채권자의 권리, 즉, 채권의 존재는 강제집행면탈죄의 성립요건이라 할 것이고, 따라서 그 채권의 존재가 인정되지 않을 때에는 강제집행면탈죄가 성립하지 않는다[대판 2008.5.8. 2008도198; 동지 대판 2010.12.9. 2010도11015]. [19 법원9급, 16 법원9급]*
2. 상계의 의사표시가 있는 경우에는 각 채무는 상계할 수 있는 때에 소급하여 대등액에 관하여 소멸한 것으로 보게 된다. 따라서 상계로 인하여 소멸한 것으로 보게 되는 채권에 관하여는 상계의 효력이 발생하는 시점 이후에는 채권의 존재가 인정되지 않으므로 강제집행면탈죄가 성립하지 않는다[대판 2012.8.30. 2011도2252]. [18 국가7급]*

판례 | 기타 강제집행면탈죄가 성립하는 경우

1. 채무자인 피고인이 채권자 甲의 가압류집행을 면탈할 목적으로 제3채무자 乙에 대한 채권을 丙에게 허위양도하였다고 하여 강제집행면탈로 기소된 사안에서, 가압류결정 정본이 제3채무자에게 송달된 날짜와 피고인이 채권을 양도한 날짜가 동일하므로 가압류결정 정본이 乙에게 송달되기 전에 채권을 허위로 양도하였다면 강제집행면탈죄가 성립할 수 있다고 한 사례[대판 2012.6.28. 2012도3999]. [19 법원행시, 17 변호사, 17 경찰승진, 16 변호사]*
2. 허위의 채무를 부담하는 내용의 채무변제계약 공정증서를 작성하고 이에 터 잡아 채권압류 및 추심명령을 받은 경우에는 강제집행면탈죄가 성립한다[대판 2018.6.15. 2016도847].
3. 피고인 甲이 처 A로부터 이혼해달라는 요구를 받고 있는 와중에 A에 의하여 甲의 부동산에 대하여 재산분할청구권 등에 근거하여 가압류 등 강제집행조치가 취해질 것으로 예상되자 누나 乙로부터 5,000만원을 빌린 것으로 가장하고 그 담보로 甲의 부동산에 관하여 소유권이전청구권가등기를 경료하여 준 경우 강제집행면탈죄가 성립한다[대판 2008.6.26. 2008도3184]. [17 경찰채용]*

판례 | 강제집행면탈행위가 정당행위에 해당하지 않는 경우

피고인이 회사의 어음 채권자들의 가압류 등을 피하기 위하여 회사의 예금계좌에 입금된 회사 자금을 인출하여 제3자 명의의 다른 계좌로 송금하였다면 강제집행면탈죄를 구성하는 것이고, 이른바 어음 되막기 용도의 자금 조성을 위하여 위와 같은 행위를 하였다는 사정만으로는 피고인의 강제집행면탈 행위가 정당행위에 해당한다고 볼 수 없다[대판 2005.10.13. 2005도4522].

police.Hackers.com

제2편

사회적 법익에 관한 죄

제1장 공공의 안전과 평온에 대한 죄

제1절 공안을 해하는 죄

출제 POINT

출제가능성이 낮은 부분이므로 판례만 보아 두면 무방하다.

I 총설

공안을 해하는 죄란 공공의 안전과 평온을 해하는 것을 내용으로 하는 범죄를 말한다.

II 범죄단체 등의 조직죄

제114조(범죄단체 등의 조직) 사형, 무기 또는 장기 4년 이상의 징역에 해당하는 범죄를 목적으로 하는 단체 또는 집단을 조직하거나, 이에 가입하거나 그 구성원으로 활동한 사람은 그 목적한 죄에 정한 형으로 처벌한다. 다만, 형을 감경할 수 있다. [20 법원행시, 20 경찰채용, 17 법원행시, 16 법원행시]*

판례 | 범죄단체조직죄의 성격 = 즉시범

폭력행위 등 처벌에 관한 법률 제4조 소정의 단체 등의 조직죄는 같은법에 규정된 범죄를 목적으로 한 단체 또는 집단을 구성하거나 가입함으로써 즉시 성립하고 그와 동시에 완성되는 즉시범이라 할 것이다[대판 1997.10.10. 97도1829].

판례 | 범죄를 목적으로 하는 단체 또는 집단의 의미

[1] 형법 제114조에서 정한 '범죄를 목적으로 하는 단체'란 특정 다수인이 일정한 범죄를 수행한다는 공동목적 아래 구성한 계속적인 결합체로서 그 단체를 주도하거나 내부의 질서를 유지하는 최소한의 통솔체계를 갖춘 것을 의미한다. [20 경찰채용]*
[2] 형법 제114조에서 정한 '범죄를 목적으로 하는 집단'이란 특정 다수인이 사형, 무기 또는 장기 4년 이상의 범죄를 수행한다는 공동목적 아래 구성원들이 정해진 역할분담에 따라 행동함으로써 범죄를 반복적으로 실행할 수 있는 조직체계를 갖춘 계속적인 결합체를 의미한다. '범죄단체'에서 요구되는 '최소한의 통솔체계'를 갖출 필요는 없지만, 범죄의 계획과 실행을 용이하게 할 정도의 조직적 구조를 갖추어야 한다[대판 2020.8.20. 2019도16263]. [22 경간부, 21 법원9급, 20 경찰채용]*

판례 | 폭처법상의 범죄단체의 성립요건

폭력행위 등 처벌에 관한 법률 제4조에 정하는 범죄를 목적으로 하는 단체는 다양한 형태로 성립·존속할 수 있는 것으로서 정형을 요하는 것이 아닌 이상 그 구성 또는 가입에 있어 반드시 단체의 명칭이나 강령이 명확하게 존재하고 단체 결성식이나 가입식과 같은 특별한 절차가 있어야만 성립되는 것은 아니라고 할 것이다[대판 2007.11.29. 2007도7378].

판례 | 범죄단체에 해당하는 경우

1. 피고인들이 불특정 다수의 피해자들에게 전화하여 금융기관 등을 사칭하면서 신용등급을 올려 낮은 이자로 대출을 해주겠다고 속여 신용관리비용 명목의 돈을 송금받아 편취할 목적으로 보이스피싱 사기 조직을 구성하고 이에 가담하여 조직원으로 활동함으로써 범죄단체를 조직하거나 이에 가입·활동한 경우, 위 보이스피싱 조직은 보이스피싱이라는 사기범죄를 목적으로 구성된 다수인의 계속적인 결합체로서 총책을 중심으로 간부급 조직원들과 상담원들, 현금인출책 등으로 구성되어 내부의 위계질서가 유지되고 조직원의 역할 분담이 이루어지는 최소한의 통솔체계를 갖춘 형법상의 범죄단체에 해당한다[대판 2017.10.26. 2017도8600]. [20 경찰채용]*
2. 일정한 조직체계를 갖추어 역할을 분담하고, 그 활동자금으로 원심 판시와 같은 방법으로 조달한 금품 등을 사용하기로 하며, 조직의 근거지, 행동지침, 행동강령을 정하고, 돌발사태에 대비한 암호번호를 정하여 이에 따른 비상소집에 따라 즉시 대기할 수 있도록 함과 아울러 경쟁세력과의 싸움에 대비하여 흉기를 미리 준비하도록 하는 등 경쟁세력을 폭력으로 제압하려고 하였다면, 이는 폭력범죄 등을 목적으로 하는 계속적이고도 조직 내의 통솔체계를 갖춘 결합체로서 폭력행위 등 처벌에 관한 법률 제4조 소정의 범죄단체에 해당한다[대판 1996.6.25. 96도923].

판례 | 폭처법상의 범죄단체의 구성에 해당하지 않는 경우

기존 범죄단체의 두목이 바뀌고 활동 영역과 태양이 변화하였으나 그 조직이 완전히 변경됨으로써 기존의 범죄단체와 동일성이 없는 별개의 단체로 인정될 수 있을 정도에 이르렀다고 볼 수 없는 경우에는 폭력행위 등 처벌에 관한 법률 제4조 제1항 소정의 범죄단체의 구성에 해당하지 않는다[대판 2000.3.24. 2000도102].

판례 | 목적한 범죄의 실행행위를 하지 않은 경우(범죄단체조직죄 성립)

범죄단체조직죄는 범죄를 목적으로 하는 단체를 조직함으로써 성립하는 것이고 그 후 목적한 범죄의 실행행위를 하였는가 여부는 위 죄의 성립에 영향이 없다[대판 1975.9.23. 75도2321].

Ⅲ 소요죄

제115조(소요) 다중이 집합하여 폭행, 협박 또는 손괴의 행위를 한 자는 1년 이상 10년 이하의 징역이나 금고 또는 1천500만 원 이하의 벌금에 처한다.

판례 | 1개의 행위에 의한 소요죄와 포고령위반죄 = 상상적 경합

피고인의 행위가 수십명의 군중과 함께 정치적 구호를 외치며 거리를 진행하는 등 다중이 집합하여 폭행, 협박, 손괴행위를 한 것이라면 그 행위자체가 포고령 제10호가 금지한 정치목적의 시위를 한 것이라고 보아야 할 것이므로 소요죄와 위 포고령위반죄는 1개의 행위가 동시에 수개의 죄에 해당하는 형법 제40조의 상상적 경합범의 관계에 있다[대판 1983.6.14. 83도424].

Ⅳ 다중불해산죄

> **제116조(다중불해산)** 폭행, 협박 또는 손괴의 행위를 할 목적으로 다중이 집합하여 그를 단속할 권한이 있는 공무원으로부터 3회 이상의 해산명령을 받고 해산하지 아니한 자는 2년 이하의 징역이나 금고 또는 300만원 이하의 벌금에 처한다.

3회 이상의 해산명령을 받고 해산하지 아니함으로써 기수가 된다. 그러나 본죄의 완성은 최종의 해산명령을 기준으로 판단해야 하므로 4회 이상의 해산명령에 따라 해산한 경우에는 본죄가 성립하지 않는다(다수설).

Ⅴ 전시공수계약불이행죄

> **제117조(전시공수계약불이행)** ① 전쟁, 천재 기타 사변에 있어서 국가 또는 공공단체와 체결한 식량 기타 생활필수품의 공급계약을 정당한 이유없이 이행하지 아니한 자는 3년 이하의 징역 또는 500만원 이하의 벌금에 처한다.
> ② 전항의 계약이행을 방해한 자도 전항의 형과 같다.
> ③ 전 2항의 경우에는 그 소정의 벌금을 병과할 수 있다.

Ⅵ 공무원자격사칭죄

> **제118조(공무원자격의 사칭)** 공무원의 자격을 사칭하여 그 직권을 행사한 자는 3년 이하의 징역 또는 700만원 이하의 벌금에 처한다.

① 공무원의 자격을 사칭한 경우라도 사칭한 공무원의 직권을 행사하여야 본죄가 성립한다.

판례 | 임시직 공무원(공무원자격사칭죄의 공무원에 해당)

공무원임용령 제43조에 의하면 임용권자는 당해 직위가 임시적 임용이 있는 날로부터 1년 이내에 폐지될 것이 확실한 경우에는 임시직원을 채용할 수 있도록 되어 있고, 이와 같은 임시직원도 형법상의 공무원의 개념에 포함됨이 명백하므로 피고인이 사칭하였다는 경제기획원 감사관이란 법령상의 근거가 없는 것은 아니며, 이는 형법 제118조의 소위 공무원개념에 해당된다고 보아야 할 것이다[대판 1973.5.22. 73도884].

② 직권행사가 없는 단순한 공무원의 자격의 사칭은 경범죄에 해당할 뿐이다(경범죄처벌법 제1조 제8호).

판례 | 사칭한 자격에 대한 직권행사라고 볼 수 없는 경우(공무원자격사칭죄 불성립)

1. 공무원자격사칭죄가 성립하려면 어떤 직권을 행사할 수 있는 권한을 가진 공무원임을 사칭하고 그 직권을 행사한 사실이 있어야 하는바, 피고인들이 그들이 위임받은 채권을 용이하게 추심하는 방편으로 합동수사반원임을 사칭하고 협박한 사실이 있다고 하여도 위 채권의 추심행위는 개인적인 업무이지 합동수사반의 수사업무의 범위에는 속하지 아니하므로 이를 공무원자격사칭죄로 처벌할 수 없다[대판 1981.9.8. 81도1955]. [18 경찰승진, 17 경간부]*
2. 중앙정보부 직원 아닌 자가 중앙정보부 직원을 사칭하고 청와대에 파견된 감사실장인데 사무실에 대통령사진의 액자가 파손된 채 방치되었다는 사실을 보고 받고 나왔으니 자인서를 작성 제출하라고 말한 행위는 중앙정보부 직원의 직권행사에 해당되지 않는다[대판 1977.12.13. 77도2750]. [22 경간부]*

3. 공무원자격사칭죄가 성립하려면 어떤 직권을 행사할 수 있는 권한을 가진 공무원임을 사칭하고 그 직권을 행사하는 사실이 있어야 하므로 상피고인이 전신전화관서의 관계관에게 청와대민원비서관임을 사칭하여 시외전화선로고장 수리를 하라고 말한 사실이 있다고 하더라도 위와 같은 행위는 청와대민원비서관의 직권을 행사하는 요건을 갖춘 것이라고 할 수 없다[대판 1972.12.26. 72도2552].

제2절 폭발물에 관한 죄

출제가능성이 거의 없는 부분이다.

Ⅰ 총설

① 폭발물에 관한 죄는 폭발물을 사용하여 사람의 생명 · 신체 또는 재산을 해하거나 기타 공안을 문란케 하는 것을 내용으로 하는 범죄이다.

② 보호법익은 공공의 안전과 평온이다. 보호의 정도는 구체적 위험범이다.

Ⅱ 폭발물사용죄

제119조(폭발물사용) ① 폭발물을 사용하여 사람의 생명, 신체 또는 재산을 해하거나 그 밖에 공공의 안전을 문란하게 한 자는 사형, 무기 또는 7년 이상의 징역에 처한다.
③ 미수범은 처벌한다.

판례 | 폭발물사용죄의 고의의 내용

형법 제119조를 적용하려면 사람의 생명, 신체 또는 재산을 해하거나 기타 공안을 문란한다는 고의가 있어야 한다[대판 1969.7.8. 69도832].

판례 | 폭발물사용죄 관련판례 정리

1. 폭발물사용죄에서 말하는 폭발물이란 폭발작용의 위력이나 파편의 비산 등으로 사람의 생명, 신체, 재산 및 공공의 안전이나 평온에 직접적이고 구체적인 위험을 초래할 수 있는 정도의 강한 파괴력을 가지는 물건을 의미한다. 따라서 어떠한 물건이 형법 제119조에 규정된 폭발물에 해당하는지는 폭발작용 자체의 위력이 공안을 문란하게 할 수 있는 정도로 고도의 폭발성능을 가지고 있는지에 따라 엄격하게 판단하여야 한다[대판 2012.4.26. 2011도17254]. [17 경간부]*

판례해설 대법원은 고인이 제작한 제작물은 배낭 속에 들어 있는 채로 고속버스터미널 등의 물품보관함 안에 들어 있었으므로 유리꽃병이 화약의 연소로 깨지더라도 그 파편이 외부로 비산할 가능성은 없었고, 제작물에 들어 있는 부탄가스 용기는 내압이 상승할 경우 용기의 상부 및 바닥의 만곡부분이 팽창하면서 측면이 찢어지도록 설계되어 있어 부탄가스통 자체의 폭발은 발생하지 않고, 설사 외부 유리병이 파쇄되더라도 그 파편의 비산거리가 길지는 않은 구조로 되어 있으므로 폭발물사용죄의 폭발물에 해당하지 아니한다고 판시하였다.

2. 폭발물사용죄를 적용하려면 사람의 생명, 신체 또는 재산을 해하거나 기타 공안을 문란한다는 고의가 있어야 한다고 해석되므로, 원판결이 피고인이 다이나마이트 폭파시 피해자들의 신체를 해한다는 고의가 있었음을 인정하지 아니하면서 폭발물사용죄를 적용하였음은 위법하다[대판 1969.7.8. 69도832]. [19 경간부]*

3. 피고인이 제작한 물건(꽃병에 부탄가스통을 넣고 화약을 꽃병 속에 채운 후 뚜껑을 테이프로 감고 꽃병과 배터리와 타임스위치를 전선으로 연결하는 방법으로 제작한 것)은 공공의 안전을 문란하게 하기에는 현저히 부족한 파괴력과 위험성의 정도만을 가진 물건이라 할 것이어서 폭발물사용죄에서 말하는 '폭발물'에 해당하지 아니한다[대판 2012.4.26. 2011도17254].

Ⅲ 전시폭발물사용죄

제119조(폭발물사용) ② 전쟁, 천재지변 그 밖의 사변에 있어서 제1항의 죄(폭발물사용죄)를 지은 자는 사형 또는 무기징역에 처한다.
③ 미수범은 처벌한다.

Ⅳ 폭발물사용 예비 · 음모 · 선동죄

제120조(예비, 음모, 선동) ① 전조 제1항(폭발물사용죄), 제2항(전시폭발물사용죄)의 죄를 범할 목적으로 예비 또는 음모한 자는 2년 이상의 유기징역에 처한다. 단 그 목적한 죄의 실행에 이르기 전에 자수한 때에는 그 형을 감경 또는 면제한다.
② 전조 제1항, 제2항의 죄를 범할 것을 선동한 자도 전항의 형과 같다.

Ⅴ 전시폭발물 제조 · 수입 · 수출 · 수수 · 소지죄

제121조(전시폭발물제조등) 전쟁 또는 사변에 있어서 정당한 이유 없이 폭발물을 제조, 수입, 수출, 수수 또는 소지한 자는 10년 이하의 징역에 처한다.

제3절 방화와 실화의 죄

출제 POINT

방화죄의 실행의 착수시기에 관한 판례를 알아두어야 한다. 무주물이 자기소유일반물건에 해당하는지 여부에 관한 판례, 연소죄의 구성요건(법조문)을 잘 이해하여 두어야 한다. 기타 부분은 출제가능성이 낮은 부분이므로 판례를 중심으로 보아 두면 무방하다.

Ⅰ 총설

1. 보호법익과 보호정도

(1) 보호법익

방화죄는 공공의 안전이라는 기본적으로 사회의 이익을 보호법익으로 하지만 부차적으로 개인의 재산권도 보호법익이 된다(이중성격설: 판례, 다수설). [22 경간부]*

(2) 보호정도

① 추상적 위험범: 현주건조물방화죄(제164조), 공용건조물방화죄(제165조), 타인소유일반건조물방화죄(제166조 제1항).

② 구체적 위험범: 자기소유일반건조물방화죄(제166조 제2항), 일반물건방화죄(제167조).

2. 방화죄의 기수시기

판례 | 방화죄의 기수시기(독립연소설의 입장, 목적물의 중요부분 소실 및 효용상실 불요)

1. 방화죄는 화력이 매개물을 떠나 스스로 연소할 수 있는 상태에 이르렀을 때에 기수가 되고 반드시 목적물의 중요부분이 소실하여 그 본래의 효용을 상실한 때라야만 기수가 되는 것이 아니라고 할 것이다[대판 1970.3.24. 70도330]. [19 법원행시]*

   판례해설 피고인이 방화하여 지붕 60㎠ 가량이 타버린 경우라면 현주건조물방화죄의 기수에 해당된다는 판례이다.

2. 피고인이 피해자의 사체 위에 옷가지 등을 올려놓고 불을 붙인 천조각을 던져 불길이 방안을 태우면서 천정에까지 옮겨 붙었다면, 설령 그 불이 완전연소에 이르지 못하고 도중에 진화되었다고 하더라도 현주건조물방화죄는 기수에 이르렀다[대판 2007.3.16. 2006도9164]. [20 국가7급, 19 경간부, 18 경찰승진, 16 법원행시, 16 경간부]*

Ⅱ 현주건조물 등 방화죄

제164조(현주건조물 등에의 방화) ① 불을 놓아 사람이 주거로 사용하거나 사람이 현존하는 건조물, 기차, 전차, 자동차, 선박, 항공기 또는 지하채굴시설을 불태운 자는 무기 또는 3년 이상의 징역에 처한다.

제174조(미수범) 미수범은 처벌한다.

1. 의의

불을 놓아 사람이 주거로 사용하거나 사람이 현존하는 건조물 등을 불태움(소훼함)으로써 성립하는 범죄이다.

2. 구성요건

(1) 객관적 구성요건

① **사람이 주거로 사용하거나 현존하는:** 사람은 범인 이외의 사람을 말한다. 따라서 범인이 혼자 살고 있는 집 또는 혼자 있는 건조물에 방화한 때에는 현주건조물방화죄가 아니라 일반건조물방화죄가 성립한다. 범인의 가족도 공범이 아닌 이상 범인 이외의 사람에 포함되므로 처와 함께 살고 있는 집에 방화한 때에도 본죄가 성립한다.

② **행위:** 불을 놓아(방화하여) 목적물을 불태우는 것이다.

㉮ 방화

판례 | 거주하는 가옥의 일부인 우사 = 현주건조물

사람이 거주하는 가옥의 일부로 되어 있는 우사에 대한 방화는 현주건조물방화에 해당한다[대판 1967.8.29. 67도925].

판례 | 실행의 착수시기(매개물에 발화) 및 실행의 착수가 인정된 경우

[1] 매개물을 통한 점화에 의하여 건조물을 소훼함을 내용으로 하는 형태의 방화죄의 경우에, 범인이 그 매개물에 불을 켜서 붙였거나 또는 범인의 행위로 인하여 매개물에 불이 붙게 됨으로써 연소작용이 계속될 수 있는 상태에 이르렀다면 그것이 곧바로 진화되는 등의 사정으로 인하여 목적물인 건조물 자체에는 불이 옮겨 붙지 못하였다고 하더라도 방화죄의 실행의 착수가 있었다고 보아야 할 것이다.
[2] 피고인이 방화의 의사로 뿌린 휘발유가 인화성이 강한 상태로 주택 주변과 피해자의 몸에 적지 않게 살포되어 있는 사정을 알면서도 라이터를 켜 불꽃을 일으킴으로써 피해자의 몸에 불이 붙은 경우, 비록 외부적 사정에 의하여 불이 방화 목적물인 주택 자체에 옮겨 붙지는 아니하였다 하더라도 현존건조물방화죄의 실행의 착수가 있었다고 봄이 상당하다[대판 2002.3.26. 2001도6641]. [20 국가7급, 18 경찰채용, 17 경찰승진, 16 법원행시, 16 경찰승진]*

판례 | 실행의 착수가 부정된 경우

피고인이 선박에 침입하여 준비하였던 휘발유 1통을 동 선박 갑판부에 살포하고 소지 중이던 라이터를 꺼내어 점화하려 한 사실은 인정되나, 피고인이 아직 방화목적물 내지 그 도화물체에 점화하지 아니한 이상 방화죄의 착수로 논란하지 못할 것이다[대판 1960.7.22. 4293형상213].

㉯ 불태움: i) 목적물을 불태움으로써 방화죄는 기수가 된다. ii) 판례는 화력이 매개물을 떠나 목적물에 독립하여 연소할 수 있는 상태에 이르렀을 때에 방화죄의 기수가 된다고 보고 있다(독립연소설).

판례 | 현주건조물방화죄의 기수에 해당하는 경우

불길이 방안을 태우면서 천정에까지 옮겨 붙었다면 도중에 진화되었다고 하더라도 일단 천정에 옮겨 붙은 때에 이미 현주건조물방화죄의 기수에 이른 것이다[대판 2007.3.15. 2006도9164].

(2) 주관적 구성요건

고의가 있어야 하나, 본죄는 추상적 위험범이므로 공공의 위험에 대한 인식은 필요없다.

3. 죄수

① 적용법조가 다른 수 개의 건조물을 소훼한 경우 가장 중한 죄의 포괄일죄가 된다.
② 현주건조물방화의 고의를 가지고 인접한 일반건조물에 방화하였으나 현주건조물이 소훼되지 않은 경우에는 현주건조물방화죄의 미수가 되고 일반건조물에 대한 방화는 이에 흡수된다.

Ⅲ 현주건조물 등 방화치사상죄

제164조(현주건조물 등 방화치사상) ② 제1항의 죄를 지어 사람을 상해에 이르게 한 경우에는 무기 또는 5년 이상의 징역에 처한다. 사망에 이르게 한 경우에는 사형, 무기 또는 7년 이상의 징역에 처한다.

판례 | 현존건조물방화치상죄에 해당하는 경우

피고인을 비롯한 30여 명의 공범들이 화염병 등 소지 공격조와 쇠파이프 소지 방어조로 나누어 이 사건 건물을 집단방화하기로 공모하고 이에 따라 공격조가 위 건물로 침입하여 화염병 수십 개를 1층 민원실 내부로 던져 불을 붙여 위 건물 내부를 소훼케 하는 도중에 공격조의 1인이 위 건조물 내의 피해자를 향하여 불이 붙은 화염병을 던진 사실을 알 수 있는바, 이와 같이 공격조 1인이 방화대상 건물 내에 있는 피해자를 향하여 불붙은 화염병을 던진 행위는 비록 그것이 피해자의 진화행위를 저지하기 위한 것이었다고 하더라도, 공격조에게 부여된 임무 수행을 위하여 이루어진 일련의 방화행위 중의 일부라고 보아야 할 것이고, 따라서 피해자의 화상은 이 사건 방화행위로 인하여 입은 것이라 할 것이므로 피고인을 비롯하여 당초 공모에 참여한 집단원 모두는 위 상해 결과에 대하여 현존건조물방화치상의 죄책을 면할 수 없다[대판 1996.4.12. 96도215].

Ⅳ 공용건조물 등 방화죄

제165조(공용건조물 등에의 방화) 불을 놓아 공용으로 사용하거나 공익을 위해 사용하는 건조물, 기차, 전차, 자동차, 선박, 항공기 또는 지하채굴시설을 불태운 자는 무기 또는 3년 이상의 징역에 처한다.

제174조(미수범) 미수범은 처벌한다.

Ⅴ 일반건조물 등 방화죄

제166조(일반건조물 등에의 방화) ① 불을 놓아 제164조와 제165조에 기재한 외의 건조물, 기차, 전차, 자동차, 선박, 항공기 또는 지하채굴시설을 불태운 자는 2년 이상의 유기징역에 처한다.
② 자기 소유인 제1항의 물건을 불태워 공공의 위험을 발생하게 한 자는 7년 이하의 징역 또는 1천만원 이하의 벌금에 처한다.

제174조(미수범) 제1항의 죄의 미수범은 처벌한다.

제176조(타인의 권리대상이 된 자기의 물건) 자기의 소유에 속하는 물건이라도 압류 기타 강제처분을 받거나 타인의 권리 또는 보험의 목적물이 된 때에는 본장의 규정의 적용에 있어서 타인의 물건으로 간주한다.[89]

Ⅵ 일반물건방화죄

제167조(일반물건에의 방화) ① 불을 놓아 제164조부터 제166조까지에 기재한 외의 물건을 불태워 공공의 위험을 발생하게 한 자는 1년 이상 10년 이하의 징역에 처한다.
② 제1항의 물건이 자기 소유인 경우에는 3년 이하의 징역 또는 700만원 이하의 벌금에 처한다.

제176조(타인의 권리대상이 된 자기의 물건) 자기의 소유에 속하는 물건이라도 압류 기타 강제처분을 받거나 타인의 권리 또는 보험의 목적물이 된 때에는 본장의 규정의 적용에 있어서 타인의 물건으로 간주한다.

89) 甲이 자신의 창고가 국세징수법에 의한 체납처분에 의해 압류되자 홧김에 불을 놓아 소훼하였다면 타인소유일반건조물방화죄가 성립한다.

판례 | 공공의 위험 발생이 인정되지 않아 일반물건방화죄가 성립하지 않는 경우

1. [1] 형법상 방화죄의 객체인 건조물은 토지에 정착되고 벽 또는 기둥과 지붕 또는 천장으로 구성되어 사람이 내부에 기거하거나 출입할 수 있는 공작물을 말하고, 반드시 사람의 주거용이어야 하는 것은 아니라도 사람이 사실상 기거 · 취침에 사용할 수 있는 정도는 되어야 한다.
[2] 甲이 지붕과 문짝, 창문이 없고 담장과 일부 벽체가 붕괴된 철거 대상 건물로서 사실상 기거 · 취침에 사용할 수 없는 폐가의 내부와 외부에 쓰레기를 모아놓고 태워 그 불길이 폐가 주변 수목 4~5그루를 태우고 폐가의 벽을 일부 그을리게 하였다면, 甲에게는 형법 제166조의 건조물방화죄 및 제167조의 일반물건방화죄가 성립하지 아니한다고 한 사례[대판 2013.12.12. 2013도3950]. [23 경간부, 20 경찰채용, 19 경찰승진, 17 경간부, 16 법원행시]*
판결이유 이 사건 폐가는 지붕과 문짝, 창문이 없고 담장과 일부 벽체가 붕괴된 철거 대상 건물로서 사실상 기거 · 취침에 사용할 수 없는 상태의 것이므로 형법 제166조의 건조물이 아닌 형법 제167조의 물건에 해당하고, 피고인이 이 사건 폐가의 내부와 외부에 쓰레기를 모아놓고 태워 그 불길이 이 사건 폐가 주변 수목 4~5그루를 태우고 폐가의 벽을 일부 그을리게 하는 정도만으로는 방화죄의 기수에 이르렀다고 보기 어려우며, 일반물건방화죄에 관하여는 미수범의 처벌 규정이 없으므로 피고인은 무죄이다.

2. 형법 제167조 제1항의 공공의 위험이란 일반물건을 소훼하고 이로 인하여 불특정 다수인의 생명, 신체, 재산에 위해를 가할 우려 있다고 볼 수 있는 상태를 말하는바 이 사건 현장은 김해평야에 속하는 곳으로 주위에 아무런 농작물이 없는 논으로서 서쪽에 약 50m 폭의 논 1필지를 건너 다른 사람의 비닐하우스 2채가 있을 뿐 가장 가까운 인가는 약 300m나 떨어져 있음을 인정할 수 있어 피고인의 이사건 범행으로 사람의 생명이나 신체 또는 재산에 구체적으로 위험을 줄 수 있는 상태가 아니며 또 연소되어 나갈만한 자료가 전혀 없으므로 공공의 위험이 발생하였다고는 할 수 없다[대구고법 1979.1.24. 78노941].

판례 | '무주물'을 '자기 소유의 물건'에 준하는 것으로 볼 수 있다는 사례

[1] 형법 제167조 제2항은 방화의 객체인 물건이 자기의 소유에 속한 때에는 같은조 제1항보다 감경하여 처벌하는 것으로 규정하고 있는바, 방화죄는 공공의 안전을 제1차적인 보호법익으로 하지만 제2차적으로는 개인의 재산권을 보호하는 것이라고 볼 수 있는 점, 현재 소유자가 없는 물건인 무주물에 방화하는 경우에 타인의 재산권을 침해하지 않는 점은 자기의 소유에 속한 물건을 방화하는 경우와 마찬가지인 점, 무주의 동산을 소유의 의사로 점유하는 경우에 소유권을 취득하는 것에 비추어(민법 제252조) 무주물에 방화하는 행위는 그 무주물을 소유의 의사로 점유하는 것이라고 볼 여지가 있는 점 등을 종합하여 보면, 불을 놓아 무주물을 소훼하여 공공의 위험을 발생하게 한 경우에는 '무주물'을 '자기 소유의 물건'에 준하는 것으로 보아 형법 제167조 제2항을 적용하여 처벌하여야 한다.
[2] 노상에서 전봇대 주변에 놓인 재활용품과 쓰레기 등에 불을 놓아 소훼한 사안에서, 그 재활용품과 쓰레기 등은 '무주물'로서 형법 제167조 제2항에 정한 '자기 소유의 물건'에 준하는 것으로 보아야 하므로, 여기에 불을 붙인 후 불상의 가연물을 집어넣어 그 화염을 키움으로써 전선을 비롯한 주변의 가연물에 손상을 입히거나 바람에 의하여 다른 곳으로 불이 옮아붙을 수 있는 공공의 위험을 발생하게 하였다면, 일반물건방화죄가 성립한다고 한 사례[대판 2009.10.15. 2009도7421]. [22 경간부, 19 경찰승진, 18 경간부, 17 국가7급, 17 경찰승진, 16 경찰승진, 16 경간부]*

Ⅶ 연소죄

제168조(연소) ① 제166조 제2항 또는 전조 제2항의 죄를 범하여 제164조, 제165조 또는 제166조 제1항에 기재한 물건에 연소한 때에는 1년 이상 10년 이하의 징역에 처한다. [19 경간부, 16 경찰승진, 16 경찰채용]*
② 전조 제2항의 죄를 범하여 전조 제1항에 기재한 물건에 연소한 때에는 5년 이하의 징역에 처한다.

① 자기소유일반건조물방화죄(제166조 제2항) 또는 자기소유일반물건방화죄(제167조 제2항)를 기본범죄로 하는 결과적 가중범에 해당한다(예 甲이 乙의 창고(타인소유 일반건조물)에 불을 지르자 강풍에 의해 불길이 번져 인접하고 있는 丙의 창고를 연소한 경우에는 연소죄가 성립할 수 없다).

② 처음부터 현주건조물방화죄(제164조), 공용건조물방화죄(제165조), 타인소유일반건조물방화죄(제166조 제1항)에 대한 고의가 있었던 경우 이들 범죄가 성립할 뿐 연소죄가 성립하지 아니한다(예 甲이 乙의 가옥을 방화하기 위하여 甲자신의 창고에 불을 지른 경우에는 현주건조물방화죄(기수 또는 미수)가 성립할 수 있을 뿐 연소죄가 성립할 수 없다).

Ⅷ 진화방해죄

제169조(진화방해) 화재에 있어서 진화용의 시설 또는 물건을 은닉 또는 손괴하거나 기타 방법으로 진화를 방해한 자는 10년 이하의 징역에 처한다.

Ⅸ 폭발성물건파열죄와 폭발성물건파열치사상죄

제172조(폭발성물건파열) ① 보일러, 고압가스 기타 폭발성 있는 물건을 파열시켜 사람의 생명, 신체 또는 재산에 대하여 위험을 발생시킨 자는 1년 이상의 유기징역에 처한다.
② 제1항의 죄를 범하여 사람을 상해에 이르게 한 때에는 무기 또는 3년 이상의 징역에 처한다. 사망에 이르게 한 때에는 무기 또는 5년 이상의 징역에 처한다.

제174조(미수범) 미수범은 처벌한다.

Ⅹ 가스 · 전기 등 방류죄와 가스 · 전기 등 방류치사상죄

제172조의2(가스 · 전기 등 방류) ① 가스, 전기, 증기 또는 방사선이나 방사성 물질을 방출, 유출 또는 살포시켜 사람의 생명, 신체 또는 재산에 대하여 위험을 발생시킨 자는 1년 이상 10년 이하의 징역에 처한다.
② 제1항의 죄를 범하여 사람을 상해에 이르게 한 때에는 무기 또는 3년 이상의 징역에 처한다. 사망에 이르게 한 때에는 무기 또는 5년 이상의 징역에 처한다.

제174조(미수범) 미수범은 처벌한다.

Ⅺ 가스 · 전기 등 공급방해죄와 가스 · 전기 등 공급방해치사상죄

제173조(가스 · 전기 등 공급방해) ① 가스, 전기 또는 증기의 공작물을 손괴 또는 제거하거나 기타 방법으로 가스, 전기 또는 증기의 공급이나 사용을 방해하여 공공의 위험을 발생하게 한 자는 1년 이상 10년 이하의 징역에 처한다.
② 공공용의 가스, 전기 또는 증기의 공작물을 손괴 또는 제거하거나 기타 방법으로 가스, 전기 또는 증기의 공급이나 사용을 방해한 자도 전항의 형과 같다.
③ 제1항 또는 제2항의 죄를 범하여 사람을 상해에 이르게 한 때에는 2년 이상의 유기징역에 처한다. 사망에 이르게 한 때에는 무기 또는 3년 이상의 징역에 처한다.

제174조(미수범) 제1항과 제2항의 미수범은 처벌한다.

XII 방화 등 예비 · 음모죄

제175조(예비 · 음모) 제164조 제1항(현주건조물 등 방화죄), 제165조(공용건조물 등 방화죄), 제166조 제1항(타인소유일반건조물 등 방화죄), 제172조 제1항(폭발성물건파열죄), 제172조의2 제1항(가스 · 전기 등 방류죄), 제173조 제1항과 제2항의 죄(가스 · 전기 등 공급방해죄)를 범할 목적으로 예비 또는 음모한 자는 5년 이하의 징역에 처한다. 단 그 목적한 죄의 실행에 이르기 전에 자수한 때에는 형을 감경 또는 면제한다.

XIII 실화죄

제170조(실화) ① 과실로 제164조 또는 제165조에 기재한 물건 또는 타인 소유인 제166조에 기재한 물건을 불태운 자는 1천 500만원 이하의 벌금에 처한다.

② 과실로 자기 소유인 제166조의 물건 또는 제167조에 기재한 물건을 불태워 공공의 위험을 발생하게 한 자도 제1항의 형에 처한다.

XIV 업무상실화 · 중실화죄

제171조(업무상실화, 중실화) 업무상과실 또는 중대한 과실로 인하여 제170조의 죄를 범한 자는 3년 이하의 금고 또는 2천만원 이하의 벌금에 처한다.

판례 | 업무상실화죄에 있어서 업무의 범위

업무상실화죄에 있어서의 업무에는 그 직무상 화재의 원인이 된 화기를 직접 취급하는 것에 그치지 않고 화재의 발견, 방지 등의 의무가 지워진 경우를 포함한다[대판 1983.5.10. 82도2279].

판례 | 업무상 주의의무가 인정되지 않는 경우

1. 자동차 운전업무에 종사하는 자는 자동차 충돌로 인한 사고발생을 미리 방지하여야 할 의무가 있다고 하는 것은 몰라도, 일반적으로 그 자동차 운전 중 충돌로 인한 기름탱크의 파열로 발생할지 모를 화재를 미리 방지하여야 할 업무상의 주의의무는 없다고 할 것이다[대판 1972.2.22. 71도2231].
2. 소방법의 규정에 비추어 보면 유조차의 석유를 구판점의 지하 석유탱크에 공급하는 작업은 위험물취급주임의 참여하에 하여야 하고, 작업자는 그의 보완에 관한 지시와 감독하에 일을 하여야 하는 것이며, 그 보안에 관한 책임은 위험물취급주임에게 있는 것이라고 보아야 할 것인바, 유조차의 운전사에게 위험물취급주임의 지시 없이도 석유가 제대로 급유되는지, 어떠한 사유로 인하여 급유장애가 발생하는지 여부를 확인하기 위하여 급유가 끝날 때까지 그와 함께 또는 그와 교대로 급유호스가 주입구에서 빠지려고 할 때는 즉시 대응조치를 할 수 있는 자세를 갖추어야 할 업무상의 주의의무가 있다고 할 수는 없으므로, 유조차운전사가 석유구판점의 위험물취급주임의 지시를 받아 유조차의 석유를 구판점 탱크로 급유하다가 급유호스가 탱크주입구에서 빠지는 바람에 분출된 석유가 화기에 인화되어 화재가 발생한 경우 운전수가 위험물취급주임이 탱크주입구 부분을 이탈하였음을 보고서도 유조차 운전석에 앉아 다른 일을 보고 있었다고 하여 운전사에게 화재발생에 대하여 과실이 있다고 책임을 물을 수는 없다[대판 1990.11.13. 90도2011].

XV 과실폭발성물건파열 등 죄

제173조의2(과실폭발성물건파열 등) ① 과실로 제172조 제1항(폭발성물건파열죄), 제172조의2 제1항(가스 · 전기등 방류죄), 제173조 제1항과 제2항의 죄(가스 · 전기 등 공급방해죄)를 범한 자는 5년 이하의 금고 또는 1천500만원 이하의 벌금에 처한다.
② 업무상과실 또는 중대한 과실로 제1항의 죄를 범한 자는 7년 이하의 금고 또는 2천만원 이하의 벌금에 처한다.

제4절 일수와 수리에 관한 죄

I 총설

일수의 죄란 고의 또는 과실로 수해를 일으켜 공공의 안전을 해하는 것을 내용으로 하는 범죄이며, 수리방해죄란 수리권의 침해를 내용으로 하는 범죄이다.

II 현주건조물 등 일수죄

제177조(현주건조물 등에의 일수) ① 물을 넘겨 사람의 주거에 사용하거나 사람의 현존하는 건조물, 기차, 전차, 자동차, 선박, 항공기 또는 광갱을 침해한 자는 무기 또는 3년 이상의 징역에 처한다.

제182조(미수범) 미수범은 처벌한다. [19 경찰채용]*

III 현주건조물일수치사상죄

제177조(현주건조물 등에의 일수) ② 제1항의 죄를 범하여 사람을 상해에 이르게 한 때에는 무기 또는 5년 이상의 징역에 처한다. 사망에 이르게 한 때에는 무기 또는 7년 이상의 징역에 처한다.

IV 공용건조물 등 일수죄

제178조(공용건조물 등에의 일수) 물을 넘겨 공용 또는 공익에 공하는 건조물, 기차, 전차, 자동차, 선박, 항공기 또는 광갱을 침해한 자는 무기 또는 2년 이상의 징역에 처한다.

제182조(미수범) 미수범은 처벌한다.

Ⅴ 일반건조물 등 일수죄

제179조(일반건조물 등에의 일수) ① 물을 넘겨 전2조에 기재한 이외의 건조물, 기차, 전차, 자동차, 선박, 항공기 또는 광갱 기타 타인의 재산을 침해한 자는 1년 이상 10년 이하의 징역에 처한다.
② 자기의 소유에 속하는 전항의 물건을 침해하여 공공의 위험을 발생하게 한 때에는 3년 이하의 징역 또는 700만원 이하의 벌금에 처한다.
③ 제176조의 규정은 본조의 경우에 준용한다.

제176조(타인의 권리대상이 된 자기의 물건) 자기의 소유에 속하는 물건이라도 압류 기타 강제처분을 받거나 타인의 권리 또는 보험의 목적물이 된 때에는 본장의 규정의 적용에 있어서 타인의 물건으로 간주한다.

제182조(미수범) 제1항의 미수범은 처벌한다.

Ⅵ 방수방해죄[90)]

제180조(방수방해) 수재에 있어서 방수용의 시설 또는 물건을 손괴 또는 은닉하거나 기타 방법으로 방수를 방해한 자는 10년 이하의 징역에 처한다.

Ⅶ 과실일수죄

제181조(과실일수) 과실로 인하여 제177조 또는 제178조에 기재한 물건을 침해한 자 또는 제179조에 기재한 물건을 침해하여 공공의 위험을 발생하게 한 자는 1천만원 이하의 벌금에 처한다.

① 업무상과실과 중과실의 경우 가중처벌규정이 존재하지 않는다.
② 업무상과실 또는 중과실에 의한 일수의 경우 (단순)과실일수죄로 처벌받는다.

Ⅷ 일수예비 · 음모죄[91)]

제183조(예비, 음모) 제177조 내지 제179조 제1항의 죄를 범할 목적으로 예비 또는 음모한 자는 3년 이하의 징역에 처한다.

Ⅸ 수리방해죄

제184조(수리방해) 둑을 무너뜨리거나 수문을 파괴하거나 그 밖의 방법으로 수리를 방해한 자는 5년 이하의 징역 또는 700만원 이하의 벌금에 처한다.

---

90) 방화죄의 진화방해죄와 상응하는 범죄에 해당한다.
91) 방화죄와 달리 자수자에 대한 필요적 감면규정이 없다.

판례 | 수리권의 근거

수리방해죄는 타인의 수리권을 보호법익으로 하므로 수리방해죄가 성립하기 위하여는 법령, 계약 또는 관습 등에 의하여 타인의 권리에 속한다고 인정될 수 있는 물의 이용을 방해하는 것이어야 한다[대판 2001.6.26. 2001도404].

판례 | 수리방해죄가 성립하는 경우

몽리민(蒙利民)들이 계속하여 20년 이상 평온·공연하게 본건 유지의 물을 사용하여 소유농지를 경작하여 왔다면 그 유지의 물을 사용할 권리가 있다고 할 것이므로 그 권리를 침해하는 행위는 수리방해죄를 구성한다 할 것이다[대판 1968.2.20. 67도1677].

판례 | 수리방해죄가 성립하지 않는 경우

1. [1] 원천 내지 자원으로서의 물의 이용이 아니라, 하수나 폐수 등 이용이 끝난 물을 배수로를 통하여 내려보내는 것은 형법 제184조 소정의 수리에 해당한다고 할 수 없다.
[2] 농촌주택에서 배출되는 생활하수의 배수관(소형 PVC관)을 토사로 막아 하수가 내려가지 못하게 한 경우, 수리방해죄에 해당하지 아니한다[대판 2001.6.26. 2001도404].
2. 수리방해죄가 성립하기 위하여는 행위자가 본조에 규정된 행위방법으로서 수리를 방해할 것이 필요하다 할 것인바, 삽으로 흙을 떠올려 물줄기를 막은 행위만으로 수리방해를 인정할 수 없는 것이다[대판 1975.6.24. 73도2594].

제5절 교통방해의 죄

I 총설

1. 의의

교통방해죄란 교통로 또는 교통기관 등 공공의 교통설비를 손괴 또는 불통하게 하여 교통을 방해하는 것을 내용으로 하는 범죄이다.

2. 보호법익과 보호의 정도

① 보호법익: 판례는 일반교통방해죄의 보호법익을 일반공중의 교통안전이라고 보고 있다.
② 보호의 정도: 추상적 위험범이다.92) [23 경간부]*

92) 일반교통방해죄는 이른바 추상적 위험범으로서 교통이 불가능하거나 또는 현저히 곤란한 상태가 발생하면 바로 기수가 되고 교통방해의 결과가 현실적으로 발생하여야 하는 것은 아니다[대판 2005.10.28. 2004도7545]. [23 경간부]*

Ⅱ 일반교통방해죄

제185조(일반교통방해) 육로, 수로 또는 교량을 손괴 또는 불통하게 하거나 기타 방법으로 교통을 방해한 자는 10년 이하의 징역 또는 1천500만원 이하의 벌금에 처한다.

제190조(미수범) 미수범은 처벌한다.

※ 기타 방법: 폭력으로 통행을 차단하거나 허위의 교통표지를 세우는 것이 그 예이다.

판례 | 일반교통방해죄의 '육로'의 의의

1. 형법 제185조의 육로라 함은 일반공중의 왕래에 공용된 장소로서 특정인에 한하지 않고 불특정 다수인 또는 차마가 자유롭게 통행할 수 있는 공공성을 지닌 장소를 말한다[대판 1988.5.10. 88도262].
2. 형법 제185조의 일반교통방해죄는 일반공중의 교통의 안전을 보호법익으로 하는 범죄로서 여기서의 '육로'라 함은 사실상 일반공중의 왕래에 공용되는 육상의 통로를 널리 일컫는 것으로서 그 부지의 소유관계나 통행권리관계 또는 통행인의 많고 적음 등을 가리지 않는다[대판 2002.4.26. 2001도6903]. [16 법원9급]*

판례 | 일반교통방해죄의 '육로'에 해당하지 않는 경우

1. **(공공성 요건 흠결)** 토지상에 정당한 도로개설이 되기 전까지 소유자가 농작물경작지로서 이용하려고 하였고, 부근 주민들은 큰 도로로 나아가는 간편한 통로로 이용하려고 하여 분쟁이 계속되었다면 이는 주민들이 자유롭게 통행할 수 있는 공공성이 있는 곳이라고 보기 어려워 형법 제185조의 '육로'로 볼 수 없다[대판 1988.5.10. 88도262].

   동지판례 목장 소유자가 목장운영을 위해 목장용지 내에 임도를 개설하고 차량 출입을 통제하면서 인근 주민들의 일부 통행을 부수적으로 묵인한 경우, 위 임도는 공공성을 지닌 장소가 아니어서 일반교통방해죄의 '육로'에 해당하지 않는다고 한 사례[대판 2007.10.11. 2005도7573].
2. **(일반공중의 왕래에 공용된 장소가 아닌 경우)** 토지의 소유자가 자신의 토지의 한쪽 부분을 일시 공터로 두었을 때 인근주민들이 위 토지의 동서쪽에 있는 도로에 이르는 지름길로 일시 이용한 적이 있다 하여도 이를 일반공중의 내왕에 공용되는 도로라고 할 수 없으므로 형법 제185조 소정의 육로로 볼 수 없다[대판 1984.11.13. 84도2192].
3. 통행로를 이용하는 사람이 적은 경우에도 위 규정에서 말하는 육로에 해당할 수 있으나, 공로에 출입할 수 있는 다른 도로가 있는 상태에서 토지 소유자로부터 일시적인 사용승낙을 받아 통행하거나 토지 소유자가 개인적으로 사용하면서 부수적으로 타인의 통행을 묵인한 장소에 불과한 도로는 위 규정에서 말하는 육로에 해당하지 않는다[대판 2017.4.7. 2016도12563]. [19 법원행시, 17 법원행시]*
4. 목장 소유자가 목장운영을 위해 목장용지 내에 임도(林道)를 개설하고 차량 출입을 통제하면서 인근 주민들의 일부 통행을 부수적으로 묵인한 경우, 위 임도는 공공성을 지닌 장소가 아니어서 '육로'에 해당하지 않는다[대판 2007.10.11. 2005도7573]. [20 국가9급, 18 경찰승진]*

판례 | 일반교통방해죄가 성립하는 경우

1. 인근 상가의 통행로로 이용되고 있는 토지의 사실상 지배권자가 위 토지에 철주와 철망을 설치하고 포장된 아스팔트를 걷어냄으로써 통행로로 이용하지 못하게 한 경우, 이는 일반교통방해죄를 구성하고 자구행위에 해당하지 않는다고 한 사례[대판 2007.12.28. 2007도7717]. [20 경찰채용, 17 국가7급]*
2. 피고인 甲은 2004.9.4. 및 2004.9.25.에, 피고인 乙 등은 2005.3.2.부터 같은 해 7.29.까지 137회에 걸쳐 2, 3대의 차량과 간이테이블 수십 개를 이용하여 서울 중구 소공동 소재 조선호텔 방면 편도 3개 차로 중 길가 쪽 2개 차로를 차지하는 포장마차 영업을 하여 차량통행이 현저하게 곤란하게 되었다면 일반교통방해죄와 도로교통법위반죄가 성립한다[대판 2007.12.14. 2006도4662]. ※ 상상적 경합에 해당함. [19 경찰승진, 18 경간부, 16 법원행시]*

3. 농가의 영농을 위한 경운기나 리어카 등의 통행을 위한 농로로 개설된 도로가 사실상 일반 공중의 왕래에 공용되는 도로로 된 경우 이러한 농로에서 차량의 통행을 방해한 경우[대판 1995.9.15. 95도1475]. [16 법원행시]*

4. 불특정 다수인의 통행로로 이용되어 오던 도로의 토지 일부의 소유자가 그 도로의 중간에 바위를 놓아두거나 이를 파헤침으로써 차량의 통행을 못하게 한 경우[대판 2002.4.26. 2001도6903].

5. 피고인들이 적법절차를 거치지 않고 광업소 출입구를 봉쇄하고 바리케이트를 설치하여 통근버스의 운행을 방해한 경우[대판 1990.7.10. 90도755].

6. 주민들에 의하여 공로로 통하는 유일한 통행로로 오랫동안 이용되어 온 폭 2m의 골목길을 자신의 소유라는 이유로 폭 50㎝ 내지 75㎝ 가량만 남겨두고 담장을 설치하여 주민들의 통행을 현저히 곤란하게 한 경우[대판 1994.11.4. 94도2112]. [19 경찰승진, 19 경간부]*

판례 | 일반교통방해죄가 성립하지 않는 경우

1. 약 600명의 노동조합원들이 차도만 설치되어 있을 뿐 보도는 따로 마련되어 있지 아니한 도로 우측의 편도 2차선의 대부분을 차지하면서 대오를 이루어 행진하는 방법으로 시위를 하고 이로 인하여 나머지 편도 2차선으로 상·하행차량이 통행하느라 차량의 소통이 방해된 경우[대판 1992.8.18. 91도2771].

   판례해설 교통이 방해되었다고 하더라도 보도가 따로 마련되어 있지 않은 상황이었으므로 이는 시위를 위한 정상적인 도로의 사용에 불과하다는 취지의 판례이다.

   비교판례 서울 중구 소공동의 왕복 4차로의 도로 중 편도 3개 차로 쪽에 차량 2, 3대와 간이테이블 수십개를 이용하여 길가쪽 2개 차로를 차지하는 포장마차를 설치하고 영업행위를 한 것은, 비록 행위가 교통량이 상대적으로 적은 야간에 이루어졌다 하더라도 형법 제185조의 일반교통방해죄를 구성한다고 한 사례[대판 2007.12.14. 2006도4662].

2. 포터트럭을 도로변의 노상 주차장에 주차된 차량들 옆으로 바짝 붙여 주차시키기는 하였지만 그 옆으로 다소 불편하기는 하겠으나 다른 차량들이 충분히 지나갈 수 있었을 것으로 보이는 경우[대판 2003.10.10. 2003도4485].

3. 공항 여객터미널 버스정류장 앞 도로 중 공항리무진 버스 외의 다른 차의 주차가 금지된 구역에서 밴 차량을 40분간 불법주차하고 호객행위를 한 것이, 다른 차량들의 통행을 불가능하거나 현저히 곤란하게 한 것으로 볼 수 없는 경우 일반교통방해죄를 구성하지 않는다[대판 2009.7.9. 2009도4266]. [20 국가9급, 19 경찰승진, 19 경간부, 18 경간부, 16 법원행시]*

판례 | 경우에 따라 일반교통방해죄의 성립 여부가 달라지는 경우

1. 구 집회 및 시위에 관한 법률(2007.5.11. 법률 제8424호로 전문개정되기 전의 것) 제6조 제1항 및 입법 취지에 비추어, 적법한 신고를 마치고 도로에서 집회나 시위를 하는 경우 도로의 교통이 어느 정도 제한될 수밖에 없으므로, 그 집회 또는 시위가 신고된 범위 내에서 행해졌거나 신고된 내용과 다소 다르게 행해졌어도 신고된 범위를 현저히 일탈하지 않는 경우에는, 그로 인하여 도로의 교통이 방해를 받았다고 하더라도 특별한 사정이 없는 한 형법 제185조의 일반교통방해죄가 성립한다고 볼 수 없다. [18 경간부, 16 법원9급]* 그러나 그 집회 또는 시위가 당초 신고된 범위를 현저히 일탈하거나 구 집회 및 시위에 관한 법률 제12조에 의한 조건을 중대하게 위반하여 도로 교통을 방해함으로써 통행을 불가능하게 하거나 현저하게 곤란하게 하는 경우에는 일반교통방해죄가 성립한다[대판 2008.11.13. 2006도755].

   동지판례 당초 신고된 범위를 현저히 일탈하거나 집회 및 시위에 관한 법률 제12조(교통 소통을 위한 제한)에 의한 조건을 중대하게 위반하여 도로 교통을 방해함으로써 통행을 불가능하게 하거나 현저하게 곤란하게 하는 집회 및 시위에 참가하였다고 하여, 그러한 참가자 모두에게 당연히 일반교통방해죄가 성립한다고 할 수는 없고, 실제로 그 참가자가 위와 같이 신고된 범위의 현저한 일탈 또는 조건의 중대한 위반에 가담하여 교통방해를 유발하는 직접적인 행위를 하였거나, 그렇지 아니할 경우에는 그 참가자의 참가 경위나 관여 정도 등에 비추어 그 참가자에게 공모공동정범으로서의 죄책을 물을 수 있는 경우라야 일반교통방해죄가 성립한다고 할 것이다[대판 2017.12.22. 2017도14879].

2. 피고인의 가옥 앞 도로가 폐기물 운반 차량의 통행로로 이용되어 가옥 일부에 균열 등이 발생하자 피고인이 위 도로에 트랙터를 세워두거나 철책 펜스를 설치함으로써 위 차량의 통행을 불가능하게 하거나 위 차량들의 앞을 가로막고 앉아서 통행을 일시적으로 방해한 경우, 전자의 경우에만 일반교통방해죄를 구성한다고 한 사례[대판 2009.1.30. 2008도10560].

판결이유 도로를 가로막고 앉아서 위 차량의 통행을 일시적으로 방해한 행위가 교통을 방해하여 통행을 불가능하게 하거나 현저하게 곤란하게 하는 행위라고 보기는 어렵다.

Ⅲ 기차 · 선박 등 교통방해죄

제186조(기차, 선박 등의 교통방해) 궤도, 등대 또는 표지를 손괴하거나 기타 방법으로 기차, 전차, 자동차, 선박 또는 항공기의 교통을 방해한 자는 1년 이상의 유기징역에 처한다.

제190조(미수범) 미수범은 처벌한다.

제191조(예비, 음모) 본죄를 범할 목적으로 예비 또는 음모한 자는 3년 이하의 징역에 처한다.

Ⅳ 기차 등 전복죄

제187조(기차 등의 전복) 사람의 현존하는 기차, 전차, 자동차, 선박 또는 항공기를 전복, 매몰, 추락 또는 파괴한 자는 무기 또는 3년 이상의 징역에 처한다.

제190조(미수범) 미수범은 처벌한다.

제191조(예비, 음모) 본죄를 범할 목적으로 예비 또는 음모한 자는 3년 이하의 징역에 처한다.

판례 | 선박의 '파괴'에 해당하지 않는다고 한 사례

[1] 형법이 제187조를 교통방해의 죄 중 하나로서 그 법정형을 높게 정하는 한편 미수, 예비 · 음모까지도 처벌 대상으로 삼고 있는 사정에 덧붙여 '파괴' 외에 다른 구성요건 행위인 전복, 매몰, 추락 행위가 일반적으로 상당한 정도의 손괴를 수반할 것이 당연히 예상되는 사정 등을 고려해 볼 때, 형법 제187조에서 정한 '파괴'란 다른 구성요건 행위인 전복, 매몰, 추락 등과 같은 수준으로 인정할 수 있을 만큼 교통기관으로서의 기능 · 용법의 전부나 일부를 불가능하게 할 정도의 파손을 의미하고, 그 정도에 이르지 아니하는 단순한 손괴는 포함되지 않는다. [19 법원행시]*

[2] 총 길이 338m, 갑판 높이 28.9m, 총 톤수 146,848톤, 유류탱크 13개, 평형수탱크 4개인 대형 유조선의 유류탱크 일부에 구멍이 생기고 선수마스트, 위성통신 안테나, 항해등 등이 파손된 정도에 불과한 것은 형법 제187조에 정한 선박의 '파괴'에 해당하지 않는다고 한 사례[대판 2009.4.23. 2008도11921].

Ⅴ 교통방해치사상죄

제188조(교통방해치사상) 제185조 내지 제187조의 죄를 범하여 사람을 상해에 이르게 한 때에는 무기 또는 3년 이상의 징역에 처한다. 사망에 이르게 한 때에는 무기 또는 5년 이상의 징역에 처한다.

Ⅵ 과실교통방해죄, 업무상과실 · 중과실 교통방해죄

제189조(과실) ① 과실로 인하여 제185조 내지 제187조의 죄를 범한 자는 1천만원 이하의 벌금에 처한다.
② 업무상 과실 또는 중대한 과실로 인하여 제185조 내지 제187조의 죄를 범한 자는 3년 이하의 금고 또는 2천만원 이하의 벌금에 처한다.

판례 | 업무상과실교통방해죄와 관련한 판례정리

1. 형법 제187조에서 말하는 항공기의 "추락"이라 함은 공중에 떠 있는 항공기를 정상시 또는 긴급시의 정해진 항법에 따라 지표 또는 수면에 착륙 또는 착수시키지 못하고, 그 이외의 상태로 지표 또는 수면에 낙하시키는 것을 말하는 것인바, 헬리콥터에 승객 3명을 태우고 운항하던 조종사가 엔진고장이 발생한 경우에 위 항공기를 긴급시의 항법으로서 정해진 절차에 따라 운항하지 못한 과실로 말미암아 사람이 현존하는 위 항공기를 안전하게 비상착수시키지 못하고 해상에 추락시켰다면 업무상 과실항공기추락죄에 해당한다[대판 1990.9.11. 90도1486].
2. [1] 형법 제189조 제2항, 제185조에서 업무상과실일반교통방해의 한 행위태양으로 규정한 '손괴'라고 함은 물리적으로 파괴하여 그 효용을 상실하게 하는 것을 말하므로, 성수대교의 건설 당시의 부실제작 및 부실시공행위 등에 의하여 트러스가 붕괴되는 것도 위 '손괴'의 개념에 포함된다. [16 법원행시]*
[2] 성수대교 붕괴사고에서 교량 건설회사의 트러스 제작 책임자, 교량공사 현장감독, 발주 관청의 공사감독 공무원 등에게는 업무상 과실치사상, 업무상 과실일반교통방해, 업무상 과실자동차추락죄가 성립하고, 위 각 죄는 형법 제40조 소정의 상상적 경합관계에 있다[대판 1997.11.28. 97도1740].
3. 형법 제189조 제2항, 제187조 소정의 업무상 과실자동차파괴등죄는 … 도로교통법 제74조의 구성요건보다 축소 한정되는 관계인 점 등에 비추어 위 양법규는 일반법과 특별법 관계가 아닌 별개의 독립된 구성요건으로 해석함이 상당하다[대판 1983.9.27. 82도671].

제2장 공공의 신용에 대한 죄

출제 POINT

위조와 변조 등 각 행위의 성립요건을 잘 이해한 후 객체, 즉 통화, 유가증권, 문서의 의의를 이해하면 전체적인 맥락이 잡히는 부분이다. 문서에 관한 죄는 매년 최소한 1문제 이상 출제된다고 보아도 무방하다. 문서의 요건과 관련하여 문서에 해당하는지 여부, 사자명의의 문서성 인정요건, 공(사)전자기록위작죄와 관련하여 위작의 의미에 관한 전합판례, 공문서부정행사죄의 객체의 요건 및 그 해당 여부, 부정행사의 의미에 관한 판례를 정리해 두어야 한다. 초기에는 상당히 어렵게 느껴지는 부분이므로 강의 등을 통하여 잘 정리해 두기를 바란다.

제1절 통화에 관한 죄

Ⅰ 총설

통화에 관한 죄의 보호법익은 통화에 대한 공공의 신용과 안전이며(통설), 보호의 정도는 추상적 위험범이다.

Ⅱ 내국통화 위조·변조죄

제207조(통화의 위조 등) ① 행사할 목적으로 통용하는 대한민국의 화폐, 지폐 또는 은행권을 위조 또는 변조한 자는 무기 또는 2년 이상의 징역에 처한다.

제212조(미수범) 미수범은 처벌한다.

1. 의의

행사할 목적으로 통용하는 대한민국의 화폐·지폐 또는 은행권을 위조 또는 변조함으로써 성립하는 범죄이다.

2. 구성요건

(1) 객관적 구성요건

① 객체: 통용하는 대한민국의 통화이다.

㉮ 통화: ⅰ) 국가 또는 국가에 의하여 발행권한이 부여된 기관에 의해 금액이 표시된 지불수단으로서 강제통용력이 인정된 것을 말한다. ⅱ) 통화의 종류는 화폐·지폐·은행권이 있으며, 화폐의 경우 명목가치에 가까운 실가를 가질 필요는 없다.

㉯ 통용: ⅰ) 법률에 의하여 강제통용력이 인정되는 것을 말한다. 사실상 국내에서 사용되는 것을 의미하는 유통과 구별된다. ⅱ) 강제통용력이 없는 고화·폐화는 통화가 아니다. 통용기간을 경과하여 교환기간 중에 있는 구화도 통화에 해당하지 아니한다(다수설). 다만 기념주화도 강제통용력이 있으면 통화에 해당한다.

② 행위: 위조 또는 변조하는 것이다.

㉮ **위조:** ⅰ) 통화의 발행권한이 없는 자가 진정한 통화의 외관을 가지는 물건을 만드는 것을 말한다. ⅱ) 위조라고 하기 위하여 진화가 존재할 것을 요하지 아니한다(다수설).93) ⅲ) 위화가 진화 이상의 가치를 가지는 경우에도 위조가 될 수 있다. ⅳ) 위조의 정도는 일반인이 진화로 오인할 우려가 있는 외관을 갖추면 족하며, 진화와의 식별이 불가능할 정도에 이를 것은 요하지 않는다.94)

판례 | 통화위조죄가 성립하기 위한 정도에 해당하지 않는 경우

한국은행권 10원짜리 주화의 표면에 하얀 약칠을 하여 100원짜리 주화와 유사한 색채를 갖도록 색채의 변경만을 한 경우 이는 일반인으로 하여금 진정한 통화로 오신케 할 정도의 새로운 화폐를 만들어 낸 것이라고 볼 수 없다[대판 1979.8.28. 79도639].

㉯ **변조:** ⅰ) 진정한 통화에 가공하여 그 가치를 변경시키는 것을 말한다. ⅱ) 진정한 통화를 전제로 한다는 점과 진화와의 동일성이 상실되지 않을 것을 요한다는 점에서 위조와 구별된다. 따라서 변조는 같은 종류의 화폐 사이에서만 가능하고(예 금화와 금화), 다른 종류의 화폐로의 변경은 동일성이 상실되어 위조에 해당한다. ⅲ) 변조의 방법에는 명가변경(예 1,000원권을 5,000원권으로 고치는 것)과 진화의 실가를 감소케하는 경우(예 금화를 감량케 하여 실질적 가치를 줄이는 것)가 있다. ⅳ) 변조의 정도는 일반인이 진정한 통화로 오인할 수 있을 정도여야 한다.

판례 | 통화변조죄가 성립하기 위한 통화변조의 정도 및 통화변조의 정도에 이르지 못한 경우

1. [1] 진정한 통화에 대한 가공행위로 인하여 기존 통화의 명목가치나 실질가치가 변경되었다거나 객관적으로 보아 일반인으로 하여금 기존 통화와 다른 진정한 화폐로 오신하게 할 정도의 새로운 물건을 만들어 낸 것으로 볼 수 없다면 통화가 변조되었다고 볼 수 없다.
   [2] 진정한 통화인 미화 1달러 및 2달러 지폐의 발행연도, 발행번호, 미국 재무부를 상징하는 문양, 재무부장관의 사인, 일부 색상을 고친 것만으로는 통화가 변조되었다고 볼 수 없다고 한 사례[대판 2004.3.26. 2003도5640].
2. 피고인들이 한국은행발행 500원짜리 주화의 표면 일부를 깎아내어 손상을 가하였지만 그 크기와 모양 및 대부분의 문양이 그대로 남아 있어 이로써 기존의 500원짜리 주화의 명목가치나 실질가치가 변경되었다거나 객관적으로 보아 일반인으로 하여금 일본국의 500￥짜리 주화로 오신케 할 정도의 새로운 화폐를 만들어 낸 것이라고 볼 수 없고, 일본국의 자동판매기 등이 위와 같이 가공된 주화를 일본국의 500￥짜리 주화로 오인한다는 사정만을 들어 그 명목가치가 일본국의 500￥으로 변경되었다거나 일반인으로 하여금 일본국의 500￥짜리 주화로 오신케 할 정도에 이르렀다고 볼 수도 없다[대판 2002.1.11. 2000도3950]. [17 경간부, 16 경찰채용]*

(2) **주관적 구성요건**

고의와 행사할 목적이 있어야 한다.

판례 | 행사할 목적의 의미와 행사할 목적이 인정되지 않는 경우

형법 제207조에서 정한 '행사할 목적'이란 유가증권위조의 경우와 달리 위조·변조한 통화를 진정한 통화로서 유통에 놓겠다는 목적을 말하므로, 자신의 신용력을 증명하기 위하여 타인에게 보일 목적으로 통화를 위조한 경우에는 행사할 목적이 있다고 할 수 없다[대판 2012.3.29. 2011도7704]. [19 경간부, 18 경찰승진, 18 경찰채용, 17 경간부, 16 국가9급]*

93) 통화발행이 예정되어 있는 경우에는 진화가 존재하지 않는 경우에도 위화를 진화로 오인할 우려가 있기 때문이다.
94) 위조의 정도에 이르지 아니한 경우라도 통화유사물제조죄(제211조)에는 해당할 수 있다.

3. 죄수 및 타죄와의 관계

① 동일기회에 인쇄기로 수 개의 통화를 위조한 때에는 1개의 통화위조죄가 성립한다.
② 통화를 위조하고 위조통화를 행사한 때에는 통화위조죄와 위조통화행사죄의 실체적 경합이 된다(다수설).

Ⅲ 내국유통 외국통화 위조·변조죄

> **제207조(통화의 위조 등)** ② 행사할 목적으로 내국에서 유통하는 외국의 화폐, 지폐 또는 은행권을 위조 또는 변조한 자는 1년 이상의 유기징역에 처한다.
>
> **제212조(미수범)** 미수범은 처벌한다.

1. 내국

대한민국의 영역 내를 말하며, 북한도 포함된다(판례).

2. 유통

① '통용하는'과 달리 강제통용력이 없이 사실상 거래 대가의 지급수단이 되고 있는 상태를 가리킨다(판례).
② 국내에서 사용이 금지되어 있는가는 문제되지 아니하며, 일부지역에서만 유통되는 경우도 포함된다.

판례 | 내국에서 유통하는 외국의 화폐에 해당하는 경우

북한에서 통용되는 소련군표는 내국에서 유통하는 외국의 지폐에 해당한다[대판 1948.3.31. 4280형상210].

판례 | 내국에서 유통하는 외국의 화폐에 해당하지 않는 경우

[1] 형법 제207조 제2항 소정의 내국에서 '유통하는'이란, 같은조 제1항, 제3항 소정의 '통용하는'과 달리 강제통용력이 없이 사실상 거래 대가의 지급수단이 되고 있는 상태를 가리킨다.
[2] 스위스 화폐로서 1998년까지 통용되었으나 현재는 통용되지 않고, 다만 스위스 은행에서 신권과의 교환이 가능한 진폐(眞幣)는 형법 제207조 제2항 소정의 내국에서 '유통하는' 외국의 화폐에 해당하지 아니한다[대판 2003.1.10. 2002도3340].

Ⅳ 외국통용 외국통화 위조·변조죄

> **제207조(통화의 위조 등)** ③ 행사할 목적으로 외국에서 통용하는 외국의 화폐, 지폐 또는 은행권을 위조 또는 변조한 자는 10년 이하의 징역에 처한다.
>
> **제212조(미수범)** 미수범은 처벌한다.

판례 | 외국에서 통용하는 지폐의 범위(통용할 것이라고 오인할 가능성이 있는 지폐는 불포함)

[1] 형법 제207조 제3항의 외국에서 통용하는 지폐에 일반인의 관점에서 통용할 것이라고 오인할 가능성이 있는 지폐까지 포함시키면 이는 위 처벌조항을 문언상의 가능한 의미의 범위를 넘어서까지 유추해석 내지 확장해석하여 적용하는 것이 되어 죄형법정주의의 원칙에 어긋나는 것으로 허용되지 않는다. [18 경찰승진, 16 경찰채용]*

[2] 미국에서 발행된 적이 없이 단지 여러 종류의 관광용 기념상품으로 제조, 판매되고 있는 미합중국 100만 달러 지폐와 과거에 발행되어 은행 사이에서 유통되다가 현재는 발행되지 않고 있으나 화폐수집가나 재벌들이 이를 보유하여 오고 있는 미합중국 10만 달러 지폐가 막연히 일반인의 관점에서 미합중국에서 강제통용력을 가졌다고 오인할 수 있다는 이유로 형법 제207조 제3항의 외국에서 통용하는 지폐에 포함된다고 할 수 없다[대판 2004.5.14. 2003도3487].

V 위조 · 변조통화 행사 등 죄

제207조(통화의 위조 등) ④ 위조 또는 변조한 전3항 기재의 통화를 행사하거나 행사할 목적으로 수입 또는 수출한 자는 그 위조 또는 변조의 각죄에 정한 형에 처한다.

제212조(미수범) 미수범은 처벌한다.

1. 객체

위조 또는 변조한 통화이다.

판례 | 위조통화행사죄의 객체가 될 수 없는 경우

1. 통화위조죄와 위조통화행사죄의 객체인 위조통화는 그 통화과정에서 일반인이 진정한 통화로 오인할 정도의 외관을 갖추어야 할 것이므로, 한국은행발행 일만원권 지폐의 앞 · 뒷면을 전자복사기로 복사하여 비슷한 크기로 자른 정도의 것은 객관적으로 진정한 통화로 오인할 정도에 이르지 못하여 통화위조죄 및 위조통화행사죄의 객체가 될 수 없다[대판 1986.3.25. 86도255].
2. 위조통화행사죄의 객체인 위조통화는 객관적으로 보아 일반인으로 진정통화로 오신케 할 정도에 이른 것이면 족하고 그 위조의 정도가 반드시 진물에 흡사하여야 한다거나 누구든지 쉽게 그 진부를 식별하기가 불가능한 정도의 것일 필요는 없으나, [18 경찰승진, 17 경간부]* 이 사건 위조지폐인 한국은행 10,000원권과 같이 전자복사기로 복사하여 그 크기와 모양 및 앞뒤로 복사되어 있는 점은 진정한 통화와 유사하나 그 복사된 정도가 조잡하여 정밀하지 못하고 진정한 통화의 색채를 갖추지 못하고 흑백으로만 되어 있어 객관적으로 이를 진정한 것으로 오인할 염려가 전혀 없는 정도의 것인 경우에는 위조통화행사죄의 객체가 될 수 없다[대판 1985.4.23. 85도570].
3. **(주의)** 형법상 통화에 관한 죄는 문서에 관한 죄에 대하여 특별관계에 있으므로 통화에 관한 죄가 성립하는 때에는 문서에 관한 죄는 별도로 성립하지 않는다. 그러나 위조된 외국의 화폐, 지폐 또는 은행권이 강제통용력을 가지지 않는 경우에는 형법 제207조 제3항에서 정한 '외국에서 통용하는 외국의 화폐 등'에 해당하지 않고, 나아가 그 화폐 등이 국내에서 사실상 거래 대가의 지급수단이 되고 있지 않는 경우에는 형법 제207조 제2항에서 정한 '내국에서 유통하는 외국의 화폐 등'에도 해당하지 않으므로, 그 화폐 등을 행사하더라도 형법 제207조 제4항에서 정한 위조통화행사죄를 구성하지 않는다고 할 것이고, 따라서 이러한 경우에는 형법 제234조에서 정한 위조사문서행사죄 또는 위조사도화행사죄로 의율할 수 있다고 보아야 한다[대판 2013.12.12. 2012도2249]. [16 경간부]*

2. 행사

① 유통시킬 것을 요하므로 단순히 신용력을 보이기 위하여 위조통화를 제시하는 것은 행사라고 할 수 없다.

② 진화로서 유통시킬 것을 요하므로 위조통화를 명가 이하의 상품으로 매매하는 것은 행사가 아니다. 그러나 진정한 화폐로서 화폐수집상에게 판매하는 것은 행사에 해당한다.95)

③ 행사의 방법에는 제한이 없다. 따라서 유상 · 무상(예 증여)을 불문하며, 사용방법이 위법한 경우에도 행사가 된다(예 도박자금). 또한 상대방에게 진정한 통화임을 알릴 필요도 없다. 따라서 위화를 공중전화기 · 자동판매기에 넣어 사용하는 경우도 행사에 해당한다.

95) 이 경우에는 수집상이 위조통화를 유통시킬 수도 있기 때문이다.

판례 | 위조통화행사죄가 성립하는 경우

1. 위조통화의 행사라고 함은 위조통화를 유통 과정에서 진정한 통화로서 사용하는 것을 말하고 그것이 유상인가 무상인가는 묻지 않는 것이므로 진정한 통화라고 하여 위조통화를 다른 사람에게 증여하는 경우에도 위조통화행사죄가 성립된다 [대판 1979.7.10. 79도840].
2. 위조통화임을 알고 있는 자에게 그 위조통화를 교부한 경우에 피교부자가 이를 유통시키리라는 것을 예상 내지 인식하면서 교부하였다면, 그 교부행위 자체가 통화에 대한 공공의 신용 또는 거래의 안전을 해할 위험이 있으므로 위조통화행사죄가 성립한다[대판 2003.1.10. 2002도3340]. [17 경간부, 16 경간부, 16 경찰채용]*

3. 주관적 구성요건

위조통화행사죄의 경우 고의가 있어야 한다. 그러나 목적범이 아니므로 행사할 목적이 있어야 하는 것은 아니다.

4. 죄수

위조통화를 행사하여 재물을 편취한 경우 위조통화행사죄와 사기죄는 상상적 경합(다수설)이 된다는 견해와 실체적 경합(판례)이 된다는 견해의 다툼이 있다.

판례 | 위조통화를 행사하여 재물을 불법영득한 경우(위조통화행사죄와 사기죄의 실체적 경합)

위조통화를 행사하여 재물을 불법영득한 때에는 위조통화행사죄와 사기죄의 양죄가 성립된다[대판 1979.7.10. 79도840].

Ⅵ 위조 · 변조통화 취득죄

제208조(위조통화의 취득) 행사할 목적으로 위조 또는 변조한 제207조 기재의 통화를 취득한 자는 5년 이하의 징역 또는 1천500만원 이하의 벌금에 처한다.

제212조(미수범) 미수범은 처벌한다.

Ⅶ 위조통화취득후지정행사죄

제210조(위조통화 취득 후의 지정행사) 제207조에 기재한 통화를 취득한 후 그 사정을 알고 행사한 자는 2년 이하의 징역 또는 500만원 이하의 벌금에 처한다.

① 행사의 동기가 유혹적이며, 불행사에 대한 기대가능성이 적다는 점을 고려하여 위조통화취득죄보다 가볍게 처벌하는 구성요건이다.

② 위조통화인 사정을 모르고 취득한 후에 위조통화임을 알고서 행사하여야 본죄가 성립한다. 처음부터 위조통화인 사정을 알고 취득한 후에 행사한 경우에는 위조통화취득죄와 위조통화행사죄의 실체적 경합범이 된다.

Ⅷ 통화유사물제조 · 수입 · 수출죄

제211조(통화유사물의 제조 등) ① 판매할 목적으로 내국 또는 외국에서 통용하거나 유통하는 화폐, 지폐 또는 은행권에 유사한 물건을 제조, 수입 또는 수출한 자는 3년 이하의 징역 또는 700만원 이하의 벌금에 처한다.
② 전항의 물건을 판매한 자도 전항의 형과 같다.

제212조(미수범) 미수범은 처벌한다.

※ **통화유사물**: 통화와 유사한 외관은 갖추었으나 일반인이 진화로 오인할 정도에는 이르지 못한 모조품을 말한다.

Ⅸ 통화위조 · 변조 예비 · 음모죄

제213조(예비, 음모) 제207조 제1항 내지 제3항의 죄(내국통화 위조 · 변조죄, 내국유통 외국통화 위조 · 변조죄, 외국통용 외국통화 위조 · 변조죄)를 범할 목적으로 예비 또는 음모한 자는 5년 이하의 징역에 처한다. 단 그 목적한 죄의 실행에 이르기 전에 자수한 때에는 그 형을 감경 또는 면제한다.

제2절 유가증권 · 인지와 우표에 관한 죄

Ⅰ 총설

1. 의의와 본질

① 유가증권에 관한 죄란 행사할 목적으로 유가증권을 위조 · 변조 또는 허위작성하거나 위조 · 변조 · 허위작성한 유가증권을 행사 · 수입 · 수출하는 것을 내용으로 하는 범죄를 말한다.
② 보호법익은 유가증권에 관한 공공의 신용과 거래의 안전이며, 보호의 정도는 추상적 위험범이다.

2. 유가증권의 의의

(1) 개념

판례 | 유가증권의 요건

형법 제214조의 유가증권이란 증권상에 표시된 재산상 권리의 행사와 처분에 그 증권의 점유를 필요로 하는 것을 총칭하는 것으로서 그 명칭에 불구하고 재산권이 증권에 화체된다는 것과 그 권리의 행사와 처분에 증권의 점유를 필요로 한다는 두 가지 요소를 갖추면 족하다[대판 2011.11.10. 2011도9620].

(2) 요건

① 사법상의 재산권을 표창하는 증권이어야 한다. ⅰ) 사법상의 재산권은 채권 · 물권 · 사원권을 불문한다. ⅱ) 공법적인 지위나 권한을 표창하는 자격증권(예 노인우대증, 여권, 영업허가증)이나 재산권이 화체되어 있지 않은 증거증권(예 영수증, 매매계약서, 차용증서)은 유가증권이 아니다.

② 권리의 행사 · 처분에 증권의 점유를 필요로 하는 것이어야 한다. 따라서 증권의 점유가 권리행사의 요건이 되지 않는 면책증권(예 공중접객업소의 신발표, 예금통장, 정기예탁금증서, 물품구입증, 무기명예금증서)은 유가증권이 아니다.

판례 | 유가증권의 요건

형법 제214조의 유가증권이란 증권상에 표시된 재산상의 권리의 행사와 처분에 그 증권의 점유를 필요로 하는 것을 총칭하는 것으로서 재산권이 증권에 화체된다는 것과 그 권리의 행사와 처분에 증권의 점유를 필요로 한다는 두 가지 요소를 갖추면 족하지 반드시 유통성을 가질 필요는 없다[대판 2001.8.24. 2001도2832]. [19 경찰승진, 18 경찰채용]*

판례 | 유가증권에 해당하는 경우

1. **(선불식 공중전화카드)** 공중전화카드는 문자로 기재된 부분과 자기기록 부분이 일체로써 공중전화 서비스를 제공받을 수 있는 재산상의 권리를 화체하고 있고, 이를 카드식 공중전화기의 카드 투입구에 투입함으로써 그 권리를 행사하는 것으로 볼 수 있으므로, 공중전화카드는 형법 제214조의 유가증권에 해당한다[대판 1998.2.27. 97도2483].
2. **(직장소비조합이 조합원에게 교부한 신용카드 – 상품권을 의미함)** 직장소비조합이 그 소속 조합원에게 그의 직번(일종의 구좌번호), 구입상품명 등을 기재하여 신용카드를 교부하고 조합원은 이를 사용할 때 연월일, 금액 등을 기입, 제시하고 당해 소비조합과 할부판매약정을 한 상점에서 상품을 신용구입하고 그 상점을 통하여 직장소비조합에 이를 제출시켜 일정기간마다 정산하여 조합원으로부터 수금하는 방식을 취하는 경우에 있어서는 이는 위 신용카드에 의해서만 신용구매의 권리를 행사할 수 있는 점에 있어서 재산권이 증권에 화체되었다고 볼 수 있으니 유가증권이라고 볼 것이다[대판 1984.11.27. 84도1862].
3. **(문방구 약소어음용지로 작성된 어음)** 증권이 비록 문방구 약속어음용지로 작성되었다고 하더라도 일반인이 진정한 것으로 오신할 정도의 약속어음의 요건을 갖추고 있으면 형법상 유가증권에 해당한다[대판 2001.8.24. 2001도2832].

판례 | 유가증권에 해당하지 않는 경우

1. **(주의, 카드일련번호식 국제전화카드)** 카드일련번호식 국제전화카드는 그 소지자가 공중전화기 등에 카드를 넣어 그 카드 자체에 내장된 금액을 사용하여 국제전화서비스를 이용하는 것이 아니라, 카드 뒷면의 은박코팅을 벗기면 드러나는 카드 일련번호를 전화기에 입력함으로써 카드일련번호에 의해 전산상 관리되는 통화가능금액을 사용하여 국제전화서비스를 이용하는 것으로서, 그 카드 자체에는 카드일련번호가 적혀 있을 뿐 자기띠 등 전자적인 방법으로 통화가능금액에 관한 정보 등은 입력되어 있지 않은 점, 또한 카드의 소지자가 카드를 분실하는 등으로 카드를 실제 소지하고 있지 않더라도 카드일련번호만 알고 있으면 국제전화서비스를 이용하는 데 아무런 지장이 없을 뿐만 아니라 카드일련번호만을 다른 사람에게 알려주는 방법으로 그 사람으로 하여금 카드를 소지할 필요 없이 국제전화서비스를 이용할 수 있도록 하는 것도 가능한 점 등에 비추어 살펴보면, 카드일련번호식 국제전화카드는 재산권이 증권에 화체되어 있다고 할 수 없고 그 권리의 행사와 처분에 증권의 점유를 필요로 한다고 할 수도 없으므로 형법 제214조의 유가증권에 해당한다고 보기 어렵다[대판 2011.11.10. 2011도9620].
2. **(신용카드업자가 발행한 신용카드)** 신용카드업자가 발행한 신용카드는 이를 소지함으로써 신용구매가 가능하고 금융의 편의를 받을 수 있다는 점에서 경제적 가치가 있다 하더라도, 그 자체에 경제적 가치가 화체되어 있거나 특정의 재산권을 표창하는 유가증권이라고 볼 수 없고, 단지 신용카드회원이 그 제시를 통하여 신용카드회원이라는 사실을 증명하거나 현금자동지급기 등에 주입하는 등의 방법으로 신용카드업자로부터 서비스를 받을 수 있는 증표로서의 가치를 갖는 것이다[대판 1999.7.9. 99도857].

③ 유가증권은 사법상 유효할 것을 요하지 않는다. 따라서 법률상 무효인 것이더라도 일반인이 유효한 유가증권으로 오인할 정도의 외관을 가지고 있으면 본죄의 객체가 된다(예 발행일자의 기재가 없는 수표, 설립이 실질적으로 무효인 주식회사의 주권, 대표이사의 날인이 없어 상법상 무효인 주권, 위조약속어음을 구입하여 완성한 경우, 무효의 화물상환증, 배서의 연속이 없는 어음, 어음의 기재요건을 결여한 불완전 어음도 유가증권이다).

판례 | 실체법상 무효인 유가증권의 작출(일반인이 진정한 것으로 오인할 정도이면 유가증권위조죄 성립)

1. 수표의 외관이 일반인으로 하여금 진정한 수표라고 신용하게 할 정도의 것이라면 동 수표가 수표요건을 결하여 실체법상 무효의 것이라 해도 위조죄는 성립한다 할 것이다[대판 1973.6.12. 72도1796].
2. 대표이사의 날인이 없어 상법상 무효인 주권이라도 발행인인 대표이사의 기명을 비롯한 그 밖의 주권의 기재요건을 모두 구비하고 회사의 사인까지 날인하였다면 일반인으로 하여금 일견 유효한 주권으로 오신시킬 정도의 외관을 갖추었으므로 형법 제214조 소정의 유가증권에 해당한다[대판 1974.12.24. 74도294]. [16 국가9급]*

(3) **유가증권의 종류**

① **법률상의 유가증권**: 법률상 일정한 형식을 필요로 하는 유가증권을 말한다(예 어음 · 수표 · 주권 · 사채권 · 공채권 · 화물상환증 · 창고증권 · 선하증권).

② **사실상의 유가증권**: 법률상의 형식을 요구하지 않는 유가증권을 말한다(예 공중전화카드, 리프트탑승권, 할부구매전표, 승차권, 상품권, 극장입장권, 복권, 경마투표권, 직장 소비조합이 그 소속조합원에게 그의 직번 · 구입상품명 등을 기재하여 교부한 신용카드).

(4) **유가증권의 발행자**

① 발행자는 사인이건 국가 또는 공공단체이건 외국이건 불문한다.

② 명의인이 실재하지 않아도 상관없다(판례, 통설).

판례 | 사자 또는 허무인 명의의 유가증권의 작출(유가증권위조죄 성립 가능)

1. 유가증권위조죄에 있어서의 유가증권이라 함은 형식상 일반인으로 하여금 유효한 유가증권이라고 오신할 수 있을 정도의 외관을 갖추고 있으면 되므로 그것이 비록 허무인명의로 작성되었거나 유가증권으로서의 요건의 흠결 등 사유로 무효한 것이라 하여도 유가증권위조죄의 성립에는 아무런 영향이 없다[대판 1979.9.25. 78도1980].
2. [1] 약속어음과 같이 유통성을 가진 유가증권의 위조는 일반거래의 신용을 해하게 될 위험성이 매우 크다는 점에서 적어도 행사할 목적으로 외형상 일반인으로 하여금 진정하게 작성된 유가증권이라고 오신케 할 수 있을 정도로 작성된 것이라면 그 발행명의인이 가령 실재하지 않은 사자 또는 허무인이라 하더라도 그 위조죄가 성립된다고 해석함이 상당하다.
[2] 사자 명의로 된 약속어음을 작성함에 있어 사망자의 처로부터 사망자의 인장을 교부받아 생존 당시 작성한 것처럼 약속어음의 발행일자를 그 명의자의 생존 중의 일자로 소급하여 작성한 때에는 발행명의인의 승낙이 있었다고 볼 수 없다[대판 2011.7.14. 2010도1025]. [18 법원행시, 17 법원행시, 16 법원행시]*

(5) **유가증권의 유통성의 요부**

유가증권은 유통성보다 재산권이 화체되어 있는 증권이라는 점이 더 중요하므로 유통성은 유가증권의 요건이 아니다. 따라서 유통성 없는 승차권, 복권, 승마투표권도 유가증권에 해당한다.

Ⅱ 유가증권 위조 · 변조죄

제214조(유가증권의 위조등) ① 행사할 목적으로 대한민국 또는 외국의 공채증서 기타 유가증권을 위조 또는 변조한 자는 10년 이하의 징역에 처한다.

제223조(미수범) 본죄의 미수범은 처벌한다.

1. 의의

행사할 목적으로 대한민국 또는 외국의 공채증서 기타 유가증권을 위조 또는 변조함으로써 성립하는 범죄이다.

2. 구성요건

(1) 객관적 구성요건

① 객체: 대한민국 또는 외국의 공채증서 기타 유가증권이다.

② 행위: 기본적 증권행위에 대하여 위조 또는 변조하는 것이다.

㉮ 위조: 작성권한이 없는 자가 타인명의를 사칭하여 그 본인명의의 유가증권을 발행하는 것을 말한다. ⅰ) 명의의 사칭이 아닌 대리인 · 대표자의 자격을 사칭한 경우에는 자격모용에 의한 유가증권작성죄가 성립한다. ⅱ) 본명을 기재하지 않은 경우라도 거래상 발행인 본인을 가리키는 것으로 인식되는 명칭이라면 명의사칭에 해당하지 않으므로 위조라고 할 수 없다. ⅲ) 위조의 방법에는 제한 없다. 따라서 기망수단에 의하여 그 내용을 알지 못하는 타인으로 하여금 약속어음용지에 발행인으로 서명 · 날인케 한 후 임의로 어음요건을 기재하여 어음을 완성한 경우에도 위조에 해당한다(간접정범). ⅳ) 위조의 정도는 일반인으로 하여금 진정한 유가증권으로 오신케 할 정도의 외관을 갖추면 족하다.

판례 | 유가증권위조죄와 관련한 판례정리

(1) 유가증권위조죄가 성립하기 위한 위조의 정도에 관한 비교판례

1-0. (위조의 정도에 이른 경우) 대표이사의 날인이 없어 상법상 무효인 주권이라도 발행인인 대표이사의 기명을 비롯한 그 밖의 주권의 기재요건을 모두 구비하고 회사의 사인까지 날인하였다면 일반인으로 하여금 일견 유효한 주권으로 오신시킬 정도의 외관을 갖추었으므로 형법 제214조 소정의 유가증권에 해당한다[대판 1974.12.24. 74도294].

1-1. (위조의 정도에 이르지 못한 경우) 피고인이 위조한 것이라는 위 약속어음은 발행인의 날인이 없고, 발행인 아닌 피고인이 임의로 날인한 무인만이 있으며, 그 작성방식에 비추어 보아도 일반인이 진정하고 유효한 약속어음으로 오신할 정도의 형식과 외관을 갖춘 약속어음이라고 보기 어려우므로 이는 형법 제214조 소정의 유가증권으로 볼 수 없다[대판 1992.6.23. 92도976].

동지판례 피고인이 위조한 것이라는 가계수표가 발행인의 날인이 없는 것이라면 이는 일반인이 진정한 것으로 오신할 정도의 형식과 외관을 갖춘 수표라 할 수 없어 부정수표단속법 제5조 소정의 수표위조의 책임을 물을 수 없다[대판 1985.9.10. 85도1501].

(2) 유가증권위조의 방법(유가증권위조죄가 성립하는 경우)

1. 약속어음의 액면금액란에 자의로 합의된 금액의 한도를 엄청나게 넘는 금액을 기입하는 것은 백지 보충권의 범위를 초월하여 서명날인 있는 약속어음용지를 이용한 새로운 약속어음의 발행에 해당되는 것으로서 그 행위는 유가증권위조죄를 구성한다[대판 1972.6.13. 72도897]. [17 법원행시]*
2. 찢어버린 타인발행 명의의 어음파지편을 이용하여 이를 조합하여 어음의 외형을 갖춘 경우에는 새로운 어음을 작성한 것으로서 그 행사의 목적이 있는 이상 유가증권위조죄가 성립한다[대판 1976.1.27. 74도3442].
3. 피고인이 폐공중전화카드의 자기기록 부분에 전자정보를 기록하여 사용가능한 공중전화카드를 만든 행위를 유가증권위조죄로 의율한 것은 정당하다[대판 1998.2.27. 97도2483].
4. 타인이 위조한 지급기일이 백지로 된 약속어음을 그것이 위조약속어음인 정을 알고도 이를 구입하여 행사의 목적으로 기존의 위조어음의 액면란에 금액을 기입하여 그 위조어음을 완성하는 행위는 백지어음형태의 위조행위와는 별개의 유가증권위조죄를 구성한다[대판 1982.6.22. 82도677]. [20 법원9급, 18 경찰채용, 17 경찰채용]*

비교판례 ⅰ) [1] 유가증권변조죄에 있어서 변조라 함은 진정으로 성립된 유가증권의 내용에 권한 없는 자가 그 유가증권의 동일성을 해하지 않는 한도에서 변경을 가하는 것을 말하므로, 이미 타인에 의하여 위조된 약속어음의 기재사항을 권한 없이 변경한 경우 유가증권변조죄는 성립하지 아니한다.

[2] 약속어음의 액면금액을 권한 없이 변경하는 것은 유가증권변조에 해당할 뿐 유가증권위조는 아니므로, 약속어음의 액면금액을 권한 없이 변경하는 행위가 당초의 위조와는 별개의 새로운 유가증권위조로 된다고 할 수 없다[대판 2006.1.26. 2005도4764]. [20 법원9급, 19 경찰승진, 18 경찰채용, 16 국가9급]*

ii) 甲이 백지 약속어음의 액면란 등을 부당 보충하여 위조한 후 乙이 甲과 공모하여 금액란을 임의로 변경한 사안에서, 乙의 행위는 유가증권위조나 변조에 해당하지 않는다고 한 사례[대판 2008.12.24. 2008도9494].

5. 리프트탑승권은 유가증권의 일종이고, 피고인이 발매할 권한 없이 발매기를 임의 조작함으로써 리프트탑승권을 부정 발급한 행위는 유가증권인 리프트탑승권을 위조하는 행위에 해당한다[대판 1998.11.24. 98도2967]. [17 국가7급]*

(3) 유가증권위조죄가 성립하지 않는 경우(타인명의를 모용한 경우가 아님)

1. 피고인이 그 망부의 사망 후 그의 명의를 거래상 자기를 표시하는 명칭으로 사용하여 온 경우에는 피고인에 의한 망부 명의의 어음 발행은 피고인 자신의 어음 행위라고 볼 것이고 이를 가리켜 타인의 명의를 모용하여 어음을 위조한 것이라고 할 수 없다[대판 1982.9.28. 82도296].

   동지판례 수표에 기재되어야 할 수표행위자의 명칭은 반드시 수표행위자의 본명에 한하는 것은 아니고 상호, 별명 그 밖의 거래상 본인을 가리키는 것으로 인식되는 칭호라면 어느 것이나 다 가능하다고 볼 것이므로, 비록 그 칭호가 본명이 아니라 하더라도 통상 그 명칭을 자기를 표시하는 것으로 거래상 사용하여 그것이 그 행위자를 지칭하는 것으로 인식되어 온 경우에는 그것을 수표상으로도 자기를 표시하는 칭호로 사용할 수 있다[대판 1996.5.10. 96도527].

2. 타인의 대리 또는 대표자격으로 문서를 작성하는 경우 그 대표자 또는 대리인은 자기를 위하여 작성하는 것이 아니고 본인을 위하여 작성하는 것으로서 그 문서는 본인의 문서이고 본인에 대하여서만 효력이 생기는 것이므로 회사의 대표이사직에 있는 자가 은행과의 당좌거래 약정이 되어 있는 종전 당좌거래명의를 변경함이 없이 그대로 전 대표이사 명의를 사용하여 회사의 수표를 발행하였다 하여도 유가증권위조죄가 성립되지 아니한다[대판 1975.9.23. 74도1684].

㉯ **변조:** i) 진정하게 성립된 유가증권의 내용에 권한 없이 그 증권의 동일성을 해하지 않는 범위에서 변경을 가하는 것을 말한다(예 어음의 발행일자 · 액면을 변경하는 것). 따라서 이미 실효된 유가증권에 대한 가공행위나 자기명의의 유가증권의 내용을 변경한 경우 및 변경으로 인하여 증권의 동일성이 상실된 경우에는 변조가 될 수 없다. ii) 변경내용의 진실 여부는 변조의 성립에 영향이 없다.

판례 | 유가증권변조죄에 있어서 '변조'의 의미

유가증권변조죄에 있어서 '변조'는 진정하게 성립된 유가증권의 내용에 권한 없는 자가 그 유가증권의 동일성을 해하지 않는 한도에서 변경을 가하는 것을 의미한다[대판 2012.9.27. 2010도15206]. [19 법원행시]*

판례 | 유가증권변조죄가 성립하지 않는 경우

(1) 작성권한이 있는 경우

1. 타인에게 속한 자기명의의 유가증권에 무단히 변경을 가하였다 하더라도 그것이 문서손괴죄나 허위유가증권작성죄에 해당되는 경우가 있음은 별론으로 하고 유가증권변조죄를 구성하는 것은 아니다[대판 1978.11.14. 78도1904].
2. 회사의 대표이사로서 주권작성에 관한 일반적인 권한을 가지고 있는 자가 대표권을 남용하여 자기 또는 제3자의 이익을 도모할 목적으로 그들 명의의 주권의 기재사항에 변경을 가한 행위는 유가증권변조죄를 구성하지 아니한다[대판 1980.4.22. 79도3034].
3. 약속어음의 발행인으로부터 어음금액이 백지인 약속어음의 할인을 위임받은 자가 위임 범위 내에서 어음금액을 기재한 후 어음할인을 받으려고 하다가 그 목적을 이루지 못하자 유통되지 아니한 당해 약속어음을 원상태대로 발행인에게 반환하기 위하여 어음금액의 기재를 삭제하는 것은 그 권한 범위 내에 속한다고 할 것이므로, 이를 유가증권변조라고 볼 수 없다[대판 2006.1.13. 2005도6267].

(2) 변조의 객체성이 인정되지 않는 경우

1. 유가증권변조죄에 있어서 변조라 함은 진정으로 성립된 유가증권의 내용에 권한 없는 자가 그 유가증권의 동일성을 해하지 않는 한도에서 변경을 가하는 것을 말하므로, 이미 타인에 의하여 위조된 약속어음의 기재사항을 권한 없이 변경하였다고 하더라도 유가증권변조죄는 성립하지 아니한다[대판 2006.1.26. 2005도4764].
2. 유가증권의 내용 중 권한 없는 자에 의하여 이미 변조된 부분을 다시 권한 없이 변경하였다고 하더라도 유가증권변조죄는 성립하지 않는다[대판 2012.9.27. 2010도15206]. [17 경찰채용]*

판례 | 유가증권변조죄의 간접정범이 성립하는 경우

유가증권에 해당하는 이 사건 신용카드를 제시받은 상점점원이 거래된 물품의 금액대로 카드의 금액란을 정정기재하였다 하더라도 그것이 카드소지인이 그 점원에게 자신이 위 금액을 정정기재할 수 있는 권리가 있는 양 기망하여 이루어진 경우에는 간접정범에 의한 유가증권변조죄가 성립한다[대판 1984.11.27. 84도1862]. [18 경찰채용]*

(2) 주관적 구성요건

고의와 행사할 목적이 있어야 한다.

판례 | 부정수표단속법상의 수표위조 · 변조죄(행사할 목적을 요하지 않음)

부정수표단속법 제5조의 문언상 본조는 수표의 강한 유통성과 거래수단으로서의 중요성을 감안하여 유가증권 중 수표의 위 · 변조행위에 관하여는 범죄성립요건을 완화하여 초과주관적 구성요건인 '행사할 목적'을 요구하지 아니하여, 형법 제214조 제1항 위반에 해당하는 다른 유가증권위조 · 변조행위보다 그 형을 가중하여 처벌하려는 취지의 규정이라고 해석하여야 한다[대판 2008.2.14. 2007도10100].

3. 죄수

판례 | 유가증권위조죄의 죄수판단의 기준(유가증권의 매수마다 1죄)

유가증권위조죄의 죄수는 원칙적으로 위조된 유가증권의 매수를 기준으로 정할 것이므로, 약속어음 2매의 위조행위는 포괄일죄가 아니라 경합범이다[대판 1983.4.12. 82도2938].

Ⅲ 기재의 위조 · 변조죄

제214조(유가증권의 위조 등) ② 행사할 목적으로 유가증권의 권리 · 의무에 관한 기재를 위조 또는 변조한 자도 전항의 형과 같다.

제223조(미수범) 본죄의 미수범은 처벌한다.

1. 권리 · 의무에 관한 기재

배서 · 인수 · 보증과 같은 부수적 증권행위의 기재사항을 말한다.

2. 기재의 위조

기본적 증권행위가 진정하게 성립한 후 그 부수적 증권행위에 대하여 작성명의를 모용하는 것이다(예 진정하게 작성된 어음에 타인명의를 모용하여 배서한 경우).

3. 기재의 변조

진정하게 성립한 유가증권에 대해 부수적 증권행위에 속한 기재사항의 내용을 권한 없이 변경하는 것이다(예 타인의 진정한 배서명의나 배서일자에 변경을 가하는 것).

판례 | 기재의 위조에 해당하는 경우

타점포체인의 명의를 사용하여 영업하고 그 체인대표자의 명의를 사용할 수 있는 내용의 명의임대차계약이 체결된 경우에 있어서 명의대여자의 승낙 없이 제1의 명의임차인으로부터 지점의 영업권을 사실상 매수한 제2의 명의임차인이 명의대여자의 승낙 없이 본래의 명의대여자의 명의로 어음을 배서하고 이를 행사하였다면 제2의 명의임차인은 유가증권위조의 책임을 면할 수 없고 위 체인대표자가 명의대여자로 책임을 지는 여부는 유가증권위조죄의 성립에 소장이 없다[대판 1984.2.28. 83도3284].

판례 | 기재의 변조의 개념 및 기재의 변조에 해당하는 경우

형법 제214조 제2항에 규정된 '유가증권의 권리의무에 관한 기재를 변조한다'는 것은 진정하게 성립된 타인 명의의 부수적 증권행위에 관한 유가증권의 기재내용에 작성권한이 없는 자가 변경을 가하는 것을 말하고[대판 1989.12.8. 88도753], 어음발행인이라 하더라도 어음상에 권리의무를 가진 자가 있는 경우에는 이러한 자의 동의를 받지 아니하고 어음의 기재 내용에 변경을 가하였다면 이는 유가증권의 권리의무에 관한 기재를 변조한 것에 해당한다 할 것이다[대판 2003.1.10. 2001도6553].

Ⅳ 자격모용에 의한 유가증권작성죄

제215조(자격모용에 의한 유가증권의 작성) 행사할 목적으로 타인의 자격을 모용하여[96] 유가증권을 작성하거나 유가증권의 권리 또는 의무에 관한 사항을 기재한 자는 10년 이하의 징역에 처한다.

제223조(미수범) 본죄의 미수범은 처벌한다.

96) **타인의 자격을 모용하여:** 대리권 · 대표권이 없는 자가 타인의 대리인 · 대표자로서의 자격을 사칭하여 유가증권을 작성하는 것을 말한다.
ⅰ) 대리권 · 대표권이 있는 자가 권한의 범위 내에서 권한을 남용하여 본인 · 회사명의의 유가증권을 작성한 경우에는 자격모용에 의한 유가증권의 작성죄가 성립하지 아니하고, 배임죄 또는 허위유가증권작성죄가 성립한다.
ⅱ) 대리권 · 대표권이 있는 자일지라도 권한을 초월하여 대리인 · 대표자의 자격을 표시하여 유가증권을 작성한 경우에는 자격모용에 의한 유가증권작성죄가 성립한다.
ⅲ) 자격과 명의를 모두 모용한 경우에는 유가증권위조죄가 성립한다.

판례 | 자격모용유가증권작성죄가 성립하는 경우

1. **(직무집행정지 가처분결정이 난 대표이사가 대표이사명의의 유가증권을 작성한 경우)** 대표이사직무집행정지 가처분결정은 대표이사의 직무집행만을 정지시킬 뿐 대표이사의 자격까지 박탈하는 것은 아니나 가처분결정이 송달되어 일체의 직무집행이 정지됨으로써 직무집행의 권한이 없게 된 대표이사가 그 권한 밖의 일인 대표이사 명의의 유가증권을 작성 행사하는 행위가 회사업무의 중단을 막기 위한 긴급한 인수인계행위라 하더라도 합법적인 권한행사라 할 수 없으므로 이는 자격모용유가증권작성 및 동행사죄에 해당한다[대판 1987.8.18. 87도145].

2. **(전 대표이사가 후임 대표이사의 승낙을 받고 자신이 사용해 오던 회사의 대표이사의 명판을 이용하여 약속어음을 발행한 경우)** 주식회사 대표이사로 재직하던 피고인이 대표이사가 타인으로 변경되었음에도 불구하고 이전부터 사용하여 오던 피고인 명의로 된 위 회사 대표이사의 명판을 이용하여 여전히 피고인을 위 회사의 대표이사로 표시하여 약속어음을 발행, 행사하였다면, 설사 약속어음을 작성, 행사함에 있어 후임 대표이사의 승낙을 얻었다거나 위 회사의 실질적인 대표이사로서의 권한을 행사하는 피고인이 은행과의 당좌계약을 변경하는 데에 시일이 걸려 잠정적으로 전임 대표이사인 그의 명판을 사용한 것이라 하더라도 이는 합법적인 대표이사로서의 권한행사라 할 수 없어 자격모용유가증권작성 및 동행사죄에 해당한다[대판 1991.2.26. 90도577]. [19 경찰승진, 17 경간부]*

   비교판례 회사의 대표이사직에 있었던 자가 재직시에 발행한 약속어음의 발행명의인과 일치시키기 위하여 위 약속어음에 대한 회사명의의 지급각서를 작성함에 있어서 당시의 대표이사의 승낙을 받아 작성하였다면 이는 진정한 문서로서 타인의 자격을 모용하여 문서를 작성하였다고 볼 수 없다[대판 1975.11.25. 75도2067].

V 허위유가증권작성죄

제216조(허위유가증권의 작성 등) 행사할 목적으로 허위의 유가증권을 작성하거나 유가증권에 허위의 사항97)을 기재한 자는 7년 이하의 징역 또는 3천만원 이하의 벌금에 처한다.

제223조(미수범) 본죄의 미수범은 처벌한다.

판례 | 허위유가증권작성죄가 성립하는 경우

1. 주권발행의 권한을 위임받았다 하더라도 발행일자를 소급시킴으로써 허위내용이 된 때에는 허위유가증권작성죄를 구성한다[대판 1974.1.15. 73도2041].

2. 선하증권 기재의 화물을 인수하거나 확인하지도 아니하고 또한 선적할 선편조차 예약하거나 확보하지 않은 상태에서 수출면장만을 확인한 채 실제로 선적한 일이 없는 화물을 선적하였다는 내용의 선하증권을 발행·교부하였다면 허위유가증권작성죄의 죄책을 면할 수 없다[대판 1995.9.29. 95도803].

3. 피고인이 실재하지 아니한 유령회사의 대표라 기재하고 자기명의의 인장을 찍어서 회사명의의 약속어음을 발행한 경우에는 실재하지 아니한 회사명의의 어음을 작성한 이상 허위유가증권작성죄가 성립한다[대판 1970.12.29. 70도2389].

4. 약속어음발행인의 승낙 내지 위임을 받아 약속어음을 작성함에 있어서 발행인의 이름 아래 진실에 반하는 내용인 피고인의 인장을 날인하여 약속어음을 발행 교부하였다면 허위유가증권작성, 동 행사죄가 성립한다[대판 1975.6.10. 74도2594].

5. 수표발행자가 수표에 기재한 지급은행과 전연 당좌거래를 한 일이 없거나 과거의 거래가 정지되었음에도 불구하고 이러한 사유가 없는 것 같이 가장하여 수표를 발행한 경우에는 허위유가증권작성죄가 성립된다[대판 1956.6.26. 4289형상128].

97) **허위 작성(기재)**: 작성권한 있는 자가 작성명의를 모용하지 않고 기본적 증권행위 또는 부수적 증권행위에 허위내용을 기재하는 것을 말한다.

판례 | 허위유가증권작성죄가 성립하지 않는 경우

1. 은행을 통하여 지급이 이루어지는 약속어음의 발행인이 그 발행을 위하여 은행에 신고된 것이 아닌 발행인의 다른 인장을 날인하였다 하더라도 그것이 발행인의 인장인 이상 그 어음의 효력에는 아무런 영향이 없으므로 허위유가증권작성죄가 성립하지 아니한다[대판 2000.5.30. 2000도883]. [17 법원행시]*
2. 자기앞수표의 발행인이 수표의뢰인으로부터 수표자금을 입금받지 아니한 채 자기앞수표를 발행하더라도 그 수표의 효력에는 아무런 영향이 없으므로 허위유가증권작성죄가 성립하지 아니한다[대판 2005.10.27. 2005도4528]. [18 경찰채용, 17 경찰채용]*
3. 배서인의 주소기재는 배서의 요건이 아니므로 약속어음 배서인의 주소를 허위로 기재하였다고 하더라도 그것이 배서인의 인적 동일성을 해하여 배서인이 누구인지를 알 수 없는 경우가 아닌 한 어음계약상의 권리관계에 아무런 영향을 미치지 않는다 할 것이고 이러한 약속어음상의 권리에 아무런 영향을 미치지 않는 사항은 그것을 허위로 기재하더라도 형법 제216조 소정의 허위유가증권작성죄에 해당되지 아니한다[대판 1986.6.24. 84도547].
4. 발행된 약속어음은 원인채무의 존부와 관계없이 그 어음상의 문언에 따라 어음상의 권리의무관계가 생기는 것이 약속어음의 무인증권성과 설권증권성의 원리에 비추어 명백하다 할 것이므로 원인채무관계가 존재하지 아니하다는 이유만으로는 약속어음의 발행행위를 허위유가증권작성죄로 문의할 수는 없다[대판 1977.5.24. 76도4132].
5. 연수표 발행인이 당좌거래은행에 그 자금이 고갈되었거나 또는 부족함을 알면서 공수표나 과액수표를 발행하였다 하더라도 그 자금은행과의 거래가 계속되고 있는 한 허위의 수표를 발행하였다고 볼 수 없다[대판 1960.11.30. 4293형상787].
6. 피고인이 주권발행 전에 주식을 양도받은 자에 대하여 주권을 발행한 경우에 가사 그 주식양도가 주권발행 전에 이루어진 것이어서 상법 제335조에 의하여 무효라 할지라도 권리의 실체관계에 부합되어 허위의 주권발행의 범의가 있다고 할 수 없다[대판 1982.6.22. 81도1935].

Ⅵ 위조 등 유가증권행사·수입·수출죄

제217조(위조유가증권 등의 행사 등) 위조, 변조, 작성 또는 허위기재한 전3조 기재의 유가증권을 행사하거나 행사할 목적으로 수입 또는 수출한 자는 10년 이하의 징역에 처한다.

제223조(미수범) 본죄의 미수범은 처벌한다.

1. 객체

위조·변조·작성 또는 허위기재된 유가증권이다.

판례 | 위조유가증권행사죄의 객체(위조된 유가증권의 원본 ○, 사본 X)

위조유가증권행사죄에 있어서의 유가증권이라 함은 위조된 유가증권의 원본을 말하는 것이지 전자복사기 등을 사용하여 기계적으로 복사한 사본은 이에 해당하지 않는다[대판 1998.2.13. 97도2922]. [20 법원9급, 17 경간부, 17 경찰채용]*

2. 행사

위조통화행사죄와 달리 반드시 유통에 놓을 것을 요하지 않는다. 따라서 신용을 얻기 위하여 타인에게 제시하는 경우도 행사에 해당한다.

판례 | 위조 등 유가증권행사죄가 성립하는 경우

1. 위조유가증권행사죄의 처벌목적은 유가증권의 유통질서를 보호하고자 함에 있는 만큼 단순히 문서의 신용성을 보호하고자 하는 위조공·사문서행사죄의 경우와는 달리 교부자가 진정 또는 진실한 유가증권인 것처럼 유가증권을 행사하였을 때 뿐만 아니라 위조유가증권임을 알고 있는 자에게 교부하였더라도 피교부자가 이를 유통시킬 것임을 인식하고 교부하였다면 그 교부행위 자체가 유가증권의 유통질서를 해할 우려가 있어 처벌의 이유와 필요성이 충분히 있다고 할 것이므로 위조유가증권행사죄가 성립한다[대판 1983.6.14. 81도2492]. [19 경간부, 17 국가7급]*
2. **(주의할 것)** 허위작성된 유가증권을 피교부자가 그것을 유통하게 한다는 사실을 인식하고 교부한 때에는 허위작성유가증권행사죄에 해당하고, 행사할 의사가 분명한 자에게 교부하여 그가 이를 행사한 때에는 허위작성유가증권행사죄의 공동정범이 성립된다[대판 1995.9.29. 95도803].
3. 허위의 선하증권을 발행하여 타인에게 교부하여 줌으로써 그 타인으로 하여금 이를 행사하여 그 선하증권상의 물품대금을 지급받게 한 행위는 허위유가증권행사죄와 사기죄의 공동정범을 인정하기에 충분하다[대판 1985.8.20. 83도2575].
4. 당첨이 된 손님들에게 위조상품권을 직접 교부한 것이 아니라, 미리 오락기에 일련번호가 모두 같은 위조된 상품권을 여러 장 투입해 두고 그 후 오락기 이용자가 게임에서 당첨이 되면 오락기에서 자동으로 그 당첨액수에 상응하는 상품권이 배출되도록 한 경우 위조유가증권행사죄가 성립한다[대판 2007.4.12. 2007도796].

판례 | 위조 등 유가증권행사죄가 성립하지 않는 경우(공모자 사이의 교부행위)

위조유가증권의 교부자와 피교부자가 서로 유가증권위조를 공모하였거나 위조유가증권을 타에 행사하여 그 이익을 나누어 가질 것을 공모한 공범의 관계에 있다면, 그들 사이의 위조유가증권 교부행위는 그들 이외의 자에게 행사함으로써 범죄를 실현하기 위한 전 단계의 행위에 불과한 것으로서 위조유가증권은 아직 범인들의 수중에 있다고 볼 것이지 행사되었다고 볼 수는 없다고 할 것이다[대판 2003.6.27. 2003도2372; 동지 대판 2007.1.11. 2006도7120]. [19 변호사, 19 경찰승진, 19 경간부, 18 경찰채용, 17 법원행시]*

Ⅶ 인지·우표 위조·변조죄

제218조(인지·우표의 위조 등) ① 행사할 목적으로 대한민국 또는 외국의 인지, 우표 기타 우편요금을 표시하는 증표를 위조 또는 변조한 자는 10년 이하의 징역에 처한다.

제223조(미수범) 본죄의 미수범은 처벌한다.

Ⅷ 위조·변조 인지·우표 행사·수입·수출죄

제218조(인지·우표의 위조 등) ② 위조 또는 변조된 대한민국 또는 외국의 인지, 우표 기타 우편요금을 표시하는 증표를 행사하거나 행사할 목적으로 수입 또는 수출한 자도 제1항의 형과 같다.

제223조(미수범) 본죄의 미수범은 처벌한다.

판례 | 위조우표행사죄의 행사의 범위

위조우표취득죄 및 위조우표행사죄에 관한 형법 제219조 및 제218조 제2항 소정의 행사라 함은 위조된 대한민국 또는 외국의 우표를 진정한 우표로서 사용하는 것으로 반드시 우편요금의 납부용으로 사용하는 것에 한정되지 않고 우표수집의 대상으로서 매매하는 경우도 이에 해당된다[대판 1989.4.11. 88도1105].

Ⅸ 위조·변조 인지·우표 취득죄

제219조(위조인지·우표 등의 취득) 행사할 목적으로 위조 또는 변조한 대한민국 또는 외국의 인지, 우표 기타 우편요금을 표시하는 증표를 취득한 자는 3년 이하의 징역 또는 1천만원 이하의 벌금에 처한다.

제223조(미수범) 본죄의 미수범은 처벌한다.

Ⅹ 소인말소죄

제221조(소인말소) 행사할 목적으로 대한민국 또는 외국의 인지, 우표 기타 우편요금을 표시하는 증표의 소인 기타 사용의 표지를 말소한 자는 1년 이하의 징역 또는 300만원 이하의 벌금에 처한다.

Ⅺ 인지·우표유사물 제조·수입·수출죄

제222조(인지·우표유사물의 제조 등) ① 판매할 목적으로 대한민국 또는 외국의 공채증서, 인지, 우표 기타 우편요금을 표시하는 증표와 유사한 물건을 제조·수입 또는 수출한 자는 2년 이하의 징역 또는 500만원 이하의 벌금에 처한다.
② 전항의 물건을 판매한 자도 전항의 형과 같다.

제223조(미수범) 본죄의 미수범은 처벌한다.

Ⅻ 예비·음모죄

제224조(예비, 음모) 제214조, 제215조와 제218조 제1항의 죄를 범할 목적으로 예비 또는 음모한 자는 2년 이하의 징역에 처한다.

제3절 문서에 관한 죄

I 총설

1. 의의

보호법익은 문서의 진정에 대한 공공의 신용이다(판례, 통설). 보호의 정도는 추상적 위험범이다98). [23 경간부]*

2. 형식주의와 실질주의 및 유형위조와 무형위조

구분	의의	처벌	처벌의 범위	용어상의 구별
유형위조	문서를 작성할 권한이 없는 자가 타인의 명의를 사칭하여 타인명의의 문서(부진정문서)를 작성하는 것을 말한다.	형식주의 (성립의 진정만 문제 삼음)	유형위조는 공문서·사문서를 묻지 않고 모두 처벌(형법은 원칙적으로 형식주의의 입장) • 공문서위조죄(제225조) • 사문서위조죄(제231조)	위조, 변조, 자격모용작성
무형위조	문서를 작성할 권한이 있는 자가 진실에 반하는 내용의 문서(허위문서)를 작성하는 것을 말한다.	실질주의 (내용의 진정만 문제 삼음)	공문서와 달리 사문서의 경우는 문서내용의 진실성을 특히 보호해야 할 경우에만 예외적으로 처벌(형법은 예외적으로 실질주의 채택) • 허위공문서작성죄(제227조) • 공정증서원본부실기재죄(제228조) • 허위진단서등 작성죄(제233조)	허위작성 또는 변개 부실기재(기록)

판례 | 사문서의 무형위조(불가벌)

1. 피고인들이 작성한 회의록에다 참석한 바 없는 소외인이 참석하여 사회까지 한 것으로 기재한 부분은 사문서의 무형위조에 해당할 뿐이어서 사문서의 유형위조만을 처벌하는 현행 형법하에서는 죄가 되지 아니한다[대판 1984.4.24. 83도2645].
2. 매수인으로부터 매도인과의 토지매매계약체결에 관하여 포괄적 권한을 위임받은 자는 위임자 명의로 토지매매계약서를 작성할 적법한 권한이 있다 할 것이므로 매수인으로부터 그 권한을 위임받은 피고인이 실제 매수가격보다 높은 가격을 매매대금으로 기재하여 매수인 명의의 매매계약서를 작성하였다 하여도 그것은 작성권한 있는 자가 허위내용의 문서를 작성한 것일 뿐 사문서위조죄가 성립될 수는 없다[대판 1984.7.10. 84도1146].
3. 이사회를 개최함에 있어 공소외 이사들이 그 참석 및 의결권의 행사에 관한 권한을 피고인에게 위임하였다면 그 이사들이 실제로 이사회에 참석하지도 않았는데 마치 참석하여 의결권을 행사한 것처럼 피고인이 이사회 회의록에 기재하였다 하더라도 이는 이른바 사문서의 무형위조에 해당할 따름이어서 처벌대상이 되지 아니한다[대판 1985.10.22. 85도1732]. [18 경찰채용]*

3. 문서와 도화의 개념

제237조의2(복사문서 등) 이 장의 죄에 있어서 전자복사기, 모사전송기 기타 이와 유사한 기기를 사용하여 복사한 문서 또는 도화의 사본도 문서 또는 도화로 본다.

98) 형법 제230조의 공문서부정행사죄는 공문서의 사용에 대한 공공의 신용을 보호법익으로 하는 범죄로서 추상적 위험범이다[대판 2022.10.14. 2020도13344]. [23 경간부]*

(1) 문서의 개념

계속적 기능	1. 의의: 의사표시가 물체에 결합되어 계속성을 가져야 한다는 것을 의미한다. 2. 의사표시 ① 표시의 내용: 사상 또는 관념의 표시를 말한다. 그러므로 검증의 목적물, 기계적 기록은 문서가 아니다. 다만, 제237조의2 규정(복사문서의 문서성 인정)에 의한 예외가 있다. ② 표시의 방법: ⅰ) 문자, 부호(속기용 부호, 전신부호, 맹인의 점자): 가독적이면 족하고 발음적 부호일 필요 없다. ⅱ) 생략문서(문장형식은 아니지만 자체적으로 일정한 관념 · 의사를 알 수 있는 것)도 문서에 해당한다(예 우체국일부인, 신용장에 날인된 접수일부인). ⅲ) 서명 · 낙관: 인장의 일종에 해당한다(통설). ③ 표시의 정도: 작성명의자가 진정하게 작성한 문서로 믿기에 충분할 정도의 형식과 외관을 갖추었으면 족하며 법적 형식이 완전히 구비될 것을 요하지 않는다. 3. 의사표시의 계속성 ① 물체에 의사표시가 고정되어 어느 정도 계속성을 가져야 한다. 그러므로 모래나 눈 위에 쓴 글, 흑판에 백묵으로 쓴 글은 문서가 아니다. 그러나 물체는 반드시 종이임을 요하지 아니하므로 목편, 도자기, 피혁 등에 기재한 것도 문서가 될 수 있다. ② 시각적 방법에 의한 표시를 요한다. 그러므로 청각에 의하여 내용을 파악하는 음반, 녹음테이프는 문서가 아니다.
증명적 기능	1. 증명능력: 문서의 내용은 법률관계와 사회생활상 중요사항(예 이력서, 영수증, 추천서, 안내장)을 증명할 수 있을 것을 요한다. 법률관계는 공법관계(예 호적부), 사법관계(예 매매계약서)를 불문한다. 2. 증명의사 ① 문서는 법률관계와 사회생활상 중요사항을 증명하기 위한 증명의사가 있어야 한다. ⅰ) 목적문서: 처음부터 증명의사를 가지고 작성된 문서, 공문서는 항상 목적문서이다. ⅱ) 우연문서: 증명의사 없이 작성했으나 사후에 일정한 증거로서 이용하게 된 문서, 사문서는 목적문서와 우연문서 양자가 포함된다. ② 증명의사는 확정적이어야 한다. 가계약서, 가영수증(○) / 초안, 초고(×)
보장적 기능	1. 명의인의 표시 ① 의사표시의 주체를 의미하며 문서작성자를 의미하는 것이 아니다. ② 명의인은 특정되어야 하나 명시될 필요는 없고 문서의 내용이나 형식에 의하여 누가 명의인인지를 판별할 수 있으면 족하다. 2. 명의인의 실재 요부(사자명의 · 허무인 명의의 문서의 문서성 인정 여부) ① 통설: 공문서 · 사문서를 불문하고 모두 명의인의 실재를 요하지 않는다는 입장이다. ② 판례: 판례의 변경으로 통설과 동일한 입장이다(사자명의의 경우 작성일자가 생존 중의 일자일 필요 없음). 3. 복본 · 등본 · 초본 · 사본: 복본(○), 등본 · 초본 · 사본(인증 필요), 사진복사본(○: 판례)

판례 | 형법상 문서의 개념

형법상 문서에 관한 죄에 있어서 문서라 함은 문자 또는 이에 대신할 수 있는 가독적 부호로 계속적으로 물체 상에 기재된 의사 또는 관념의 표시인 원본 또는 이와 사회적 기능, 신용성 등을 동시할 수 있는 기계적 방법에 의한 복사본으로서 그 내용이 법률상, 사회생활상 주요 사항에 관한 증거로 될 수 있는 것을 말한다[대판 2006.1.26. 2004도788].

판례 | 문서로 인정되기 위하여 작성자로 표시된 자의 실존을 요하는지 여부(불요)

1. 문서위조죄는 문서의 진정에 대한 공공의 신용을 그 보호법익으로 하는 것이므로 그 작성된 문서가 일반인으로 하여금 당해 명의인의 권한 내에서 작성된 것이라고 믿을 수 있는 정도의 형식과 외관을 구비하면 성립되는 것이고 자연인 아닌 법인 또는 단체명의의 문서에 있어서는 요건이 구비된 이상 그 문서작성자로 표시된 사람의 실존 여부는 위조죄의 성립에 아무런 지장이 없으며, 기존의 진정문서를 이용하여 문서를 변개하는 경우에도 문서의 중요 부분에 변경을 가하여 새로운 증명력을 가지는 별개의 문서를 작성하는 것은 문서의 변조가 아닌 위조에 해당한다[대판 2003.9.26. 2003도3729].
2. 위조된 문서가 일반인으로 하여금 공무소 또는 공무원의 직무권한 내에서 작성된 것으로 믿을 만한 형식 외관을 갖추고 있으면 설령 그러한 공무소 또는 공무원이 실존하지 아니하여도 공문서위조죄가 성립하는 것이다[대판 1976.9.14. 76도1767].

판례 | 형법상 문서에 해당하는 경우(작성권한 없이 작성하면 위조죄 성립)

1. **(생략문서)** 구청 세무계장 명의의 소인을 세금 영수필 통지서에 날인하는 의미는 은행 등 수납기관으로부터 그 수납기관에 세금이 정상적으로 입금되었다는 취지의 영수필 통지서가 송부되어 와서 이에 기하여 수납부 정리까지 마쳤으므로 이제 그 영수필 통지서는 보관하면 된다는 점을 확인함에 있는데, 소인이 가지는 의미가 위와 같은 것이라면 이는 하나의 문서로 보아야 한다[대판 1995.9.5. 95도1269].

   동지판례 **(생략문서: 은행의 접수일부인)** 신용장에 날인된 은행의 접수일부인은 사실증명에 관한 사문서에 해당되므로 신용장에 허위의 접수인을 날인한 것은 사문서위조에 해당된다[대판 1979.10.30. 77도1879].

2. **(사자 · 허무인명의의 문서)** 문서위조죄는 문서의 진정에 대한 공공의 신용을 그 보호법익으로 하는 것이므로 행사할 목적으로 작성된 문서가 일반인으로 하여금 당해 명의인의 권한 내에서 작성된 문서라고 믿게 할 수 있는 정도의 형식과 외관을 갖추고 있으면 문서위조죄가 성립하는 것이고, 위와 같은 요건을 구비한 이상 그 명의인이 실재하지 않는 허무인이거나 또는 문서의 작성일자 전에 이미 사망하였다고 하더라도 그러한 문서 역시 공공의 신용을 해할 위험성이 있으므로 문서위조죄가 성립한다고 봄이 상당하며, 이는 공문서뿐만 아니라 사문서의 경우에도 마찬가지라고 보아야 한다[대판(전) 2005.2.24. 2002도18]. [20 국가9급, 18 변호사, 18 경찰채용, 17 경찰승진, 17 경찰채용, 16 국가9급]*

   동지판례 명의인이 실재하지 않는 허무인이거나 또는 문서의 작성일자 전에 이미 사망하였다고 하더라도 그러한 문서 역시 공공의 신용을 해할 위험성이 있으므로 공문서와 사문서를 가리지 아니하고 문서위조죄가 성립한다고 봄이 상당하며 이러한 법리는 법률적, 사회적으로 자연인과 같이 활동하는 법인 또는 단체에도 그대로 적용된다고 할 것이다[대판 2005.3.2. 2003도4943]. [16 경찰승진]*

   판례해설 해산등기를 마쳐 법인격이 소멸된 법인명의의 사문서를 위조한 경우에도 사문서위조죄가 성립한다는 취지의 판례이다.

3-1. **(복사한 문서의 사본)** [1] 사진기나 복사기 등을 사용하여 기계적인 방법에 의하여 원본을 복사한 문서, 이른바 복사문서는 사본이더라도 필기의 방법 등에 의한 단순한 사본과는 달리 복사자의 의식이 개재할 여지가 없고, 그 내용에서부터 규모, 형태에 이르기까지 원본을 실제 그대로 재현하여 보여주므로 관계자로 하여금 그와 동일한 원본이 존재하는 것으로 믿게 할 뿐만 아니라 그 내용에 있어서도 원본 그 자체를 대하는 것과 같은 감각적 인식을 가지게 하고, 나아가 오늘날 일상거래에서 복사문서가 원본에 대신하는 증명수단으로서의 기능이 증대되고 있는 실정에 비추어 볼 때 이에 대한 사회적 신용을 보호할 필요가 있으므로 복사한 문서의 사본은 문서위조 및 동행사죄의 객체인 문서에 해당한다.
[2] 피고인들이 공모하여 행사할 목적으로 공소외 乙이 제1심 판시 골프장시설공사 도급권을 피고인 甲에게 위임하는 내용의 사실증명에 관한 乙 명의의 위임장 1매를 위조한 다음 이를 전자복사하여 그 사본을 진정하게 성립된 것처럼 피해자 丙에게 제시하여 행사한 경우, 피고인들의 행위는 사문서위조죄 및 위조사문서행사죄에 해당한다[대판(전) 1989.9.12. 87도506].

3-2. **(복사한 문서의 재사본)** 형법 제237조의2에 따라 전자복사기, 모사전송기 기타 이와 유사한 기기를 사용하여 복사한 문서의 사본도 문서원본과 동일한 의미를 가지는 문서로서 이를 다시 복사한 문서의 재사본도 문서위조죄 및 동 행사죄의 객체인 문서에 해당한다 할 것이고, 진정한 문서의 사본을 전자복사기를 이용하여 복사하면서 일부 조작을 가하여 그 사본 내용과 전혀 다르게 만드는 행위는 공공의 신용을 해할 우려가 있는 별개의 문서사본을 창출하는 행위로서 문서위조 행위에 해당한다[대판 2004.10.27. 2004도5183]. [16 변호사, 16 국가7급]*
[사실관계] 피고인이 타인의 주민등록증을 이용하여 주민등록증상 이름과 사진을 하얀 종이로 가린 후 복사기로 복사를 하고, 다시 컴퓨터를 이용하여 위조하고자 하는 당사자의 인적사항과 주소, 발급일자를 기재한 후 덮어쓰기를 하여 이를 다시 복사하는 방식으로 전혀 별개의 주민등록증사본을 창출시킨 사실을 인정한 다음, 그 사본 또한 공문서위조 및 행사죄의 객체가 되는 공문서에 해당한다. [22 경간부]*

4. **(작성명의자가 진정하게 작성한 문서로 믿기에 충분할 정도의 형식과 외관을 갖춘 경우)** 사문서의 작성명의자의 인장이 압날되지 아니하고 주민등록번호가 기재되지 않았더라도, 일반인으로 하여금 그 작성명의자가 진정하게 작성한 사문서로 믿기에 충분할 정도의 형식과 외관을 갖추었으면 사문서위조죄 및 동행사죄의 객체가 되는 사문서라고 보아야 한다[대판 1989.8.8. 88도2209]. [19 법원행시, 19 경찰채용, 18 경찰승진, 17 변호사]*

   동지판례 ⅰ) 피고인이 복지사상 후보자 추천과 관련하여 X에 대한 수상후보자 추천서와 경력증명서를 작성하고, 추천서의 추천기관장란에 위 'OOO' 원장인 甲의 성명을 기재하고 경력증명서의 하단에 "OO사회복지법인 대표이사 甲"이라고 기재한 다음, 다른 서류에 찍혀 있던 직인을 칼로 오려내어 풀로 붙인 후 이를 복사하여 추천서와 경력증명서 만든 다음, 이들을 사회복지사협회에 발송하였다면 일반인이 명의자의 진정한 사문서로 오신하기에 충분한 정도의 형식과 외관을 갖추었다고 보여지므로 피고인에게는 사문서위조 및 동행사죄가 성립한다[대판 2011.2.10. 2010도8361].

   ⅱ) 사문서의 작성명의자의 인장이 찍히지 아니하였더라도 그 사람의 상호와 성명이 기재되어 그 명의자의 문서로 믿을 만한 형식과 외관을 갖춘 경우에는 사문서위조죄에 있어서의 사문서에 해당한다고 볼 수 있다[대판 2000.2.11. 99도4819].

   ⅲ) 문서위조죄는 문서의 진정에 대한 공공의 신용을 그 보호법익으로 하는 것이므로, 피고인이 위조하였다는 국제운전면허증이 그 유효기간을 경과하여 본래의 용법에 따라 사용할 수는 없게 되었다고 하더라도, 이를 행사하는 경우 그 상대방이 유효기간을 쉽게 알 수 없도록 되어 있거나 위 문서 자체가 진정하게 작성된 것으로서 피고인이 명의자로부터 국제운전면허를 받은 것으로 오신하기에 충분한 정도의 형식과 외관을 갖추고 있다면 피고인의 행위는 문서위조죄에 해당한다[대판 1998.4.10. 98도164]. [23 변호사, 18 경간부, 16 국가9급]*

   ⅳ) 예금청구서에 작성명의자의 기명만 있고 날인이 빠져있다 하여도 일반인이 그 작성명의자에 의하여 작성된 예금청구서라고 오신할 만한 형식과 외관을 갖추고 있는 이상 권한 없이 위 예금청구서를 작성한 행위는 사문서위조죄에 해당하고 날인이 없다 하여 이를 미완성문서로 볼 수는 없다[대판 1984.10.23. 84도1729].

   ⅴ) 피고인이 근무하던 증권회사에서는 위탁자의 서명이 있으면 날인이 누락된 위탁자 출금청구서라 하여도 출금이 가능하였으므로 권한 없이 위탁자 본인의 의사에 의한 것처럼 가장하여 위탁자의 서명만 있고 날인이 없는 위탁자 출금청구서를 작성·행사한 피고인의 행위를 사문서위조 동행사죄로 의률 처단하였음은 정당하다[대판 1982.10.12. 81도3176].

5. **(간접적으로 권리·의무의 변동에 사실상으로만 영향을 줄 수 있는 문서)** [1] 거래상 중요한 사실을 증명하는 문서는, 법률관계의 발생·존속·변경·소멸의 전후과정을 증명하는 것이 주된 취지인 문서 이외에 직접적인 법률관계에 단지 간접적으로만 연관된 의사표시 내지 권리·의무의 변동에 사실상으로만 영향을 줄 수 있는 의사표시를 내용으로 하는 문서도 포함될 수 있다. [19 경찰승진, 17 변호사]*

   [2] A단체 회원이 타인의 명의를 도용하여 A단체 교육원장의 구체적인 잘못을 적시하면서 위 교육원장 임명을 재검토하지 않으면 법적·행정적 책임을 묻겠다는 등의 내용이 담긴 호소문을 작성하였다면 그 호소문은 중요한 사실을 증명하는 사실증명에 관한 문서에 해당한다고 한 사례[대판 2009.4.23. 2008도8527].

판례 | 형법상 문서에 해당하지 않는 경우

1. **(컴퓨터 모니터 화면에 나타나는 이미지)** 컴퓨터 모니터 화면에 나타나는 이미지는 이미지 파일을 보기 위한 프로그램을 실행할 경우에 그때마다 전자적 반응을 일으켜 화면에 나타나는 것에 지나지 않아서 계속적으로 화면에 고정된 것으로는 볼 수 없으므로, 형법상 문서에 관한 죄에 있어서의 문서에는 해당되지 않는다[대판 2010.7.15. 2010도6068], [대판 2011.11.10. 2011도10468]. [23 변호사, 19 경찰채용, 18 변호사, 18 경찰승진, 17 경찰채용]*

2. **(컴퓨터 스캔 작업을 통하여 만들어진 이미지 파일)** 피고인이 컴퓨터 스캔 작업을 통하여 만들어낸 공인중개사 자격증의 이미지 파일은 전자기록으로서 전자기록 장치에 전자적 형태로서 고정되어 계속성이 있다고 볼 수는 있으나, 그러한 형태는 그 자체로서 시각적 방법에 의해 이해할 수 있는 것이 아니어서 이를 형법상 문서에 관한 죄에 있어서의 '문서'로 보기 어렵다[대판 2008.4.10. 2008도1013]. [22 경간부]*

   동지판례 휴대전화 신규 가입신청서를 위조한 후 이를 스캔한 이미지 파일을 제3자에게 이메일로 전송한 경우, 이미지 파일 자체는 문서에 관한 죄의 '문서'에 해당하지 않는다[대판 2008.10.23. 2008도5200].

3. **(책임각서 사건)** 작성명의자의 승낙이나 위임이 없이 그 명의를 모용하여 토지사용에 관한 책임각서 등을 작성하면서 작성명의자의 서명이나 날인은 하지 않고 다만 피고인이 자신의 이름으로 보증인란에 서명·날인한 경우, 위 책임각서는 진정한 각서로 오신하기에 충분한 정도의 외관과 형식을 갖춘 완성된 문서라고 보기에 부족하다[대판 1997.12.26. 95도2221].

(2) 도화의 개념

① 문자 이외의 상형적 부호에 의하여 사람의 관념 · 의사가 물체에 화체되어 표현된 것을 말한다(예 지적도, 상해부위를 명백히 하기 위한 인체도).

② 도화라고 할 수 있기 위하여는 문서와 마찬가지로 계속적 기능 · 증명적 기능 · 보장적 기능을 갖추어야 한다.

판례 | 도화에 해당하는 경우

담뱃갑의 표면에 그 담배의 제조회사와 담배의 종류를 구별 · 확인할 수 있는 특유의 도안이 표시되어 있는 경우에는 일반적으로 그 담뱃갑의 도안을 기초로 특정 제조회사가 제조한 특정한 종류의 담배인지 여부를 판단하게 된다는 점에 비추어서도 그 담뱃갑은 적어도 그 담뱃갑 안에 들어 있는 담배가 특정 제조회사가 제조한 특정한 종류의 담배라는 사실을 증명하는 기능을 하고 있으므로, 그러한 담뱃갑은 문서 등 위조의 대상인 도화에 해당한다[대판 2010.7.29. 2010도2705]. [18 경간부]*

4. 문서의 종류

(1) 공문서와 사문서

① 공문서: ⅰ) 공무소 또는 공무원이 그 직무에 관하여 작성한 문서를 말한다. ⅱ) 작성명의인이 공무소 · 공무원인 경우에도 직무상 작성한 것이 아니면 공문서가 아니다(예 공무원 개인명의의 매매계약서). ⅲ) 판례에 의하면 간이절차에 의한 민사분쟁사건처리특례법에 의하여 합동법률사무소 명의로 작성한 공증문서와 공증인가합동법률사무소 작성의 사서증서에 관한 인증서도 공문서이다. ⅳ) 외국의 공무소 · 공무원이 작성한 문서는 사문서에 해당한다.

판례 | 사문서에 해당하지 않는 경우(십지지문 지문대조표)

십지지문 지문대조표는 수사기관이 피의자의 신원을 특정하고 지문대조조회를 하기 위하여 직무상 작성하는 서류로서 비록 자서란에 피의자로 하여금 스스로 성명 등의 인적사항을 기재하도록 하고 있다 하더라도 이를 사문서로 볼 수는 없다[대판 2000.8.22. 2000도2393].

판례 | 공문서에 해당되는 경우

[1] 지방자치단체의 장 또는 계약담당자가 그 검사를 위임받아 수행한 전문기관으로부터 검사결과를 검사조서로 작성 · 보고받고 이를 확인하여 승인하는 의미로 검사조서에 결재하였다면 그와 같이 결재된 검사조서는 공무원이 그 직무권한 내에서 작성한 문서로서 허위공문서작성죄의 객체인 공문서에 해당한다. [17 법원행시]*
[2] 자생식물원 조성공사의 감리업체의 책임감리원인 甲이, 이 공사를 감독하는 담당공무원 乙과 공모하여 허위 내용의 준공검사조서를 작성한 다음 준공검사결과보고서에 첨부하여 乙에게 제출하여 공무원들의 결재를 받아 사무실에 비치한 사안에서, 위 '준공검사조서'는 공문서에 해당한다고 한 사례[대판 2010.4.29. 2010도875].

② **사문서**: 사인명의로 작성된 문서 중에서 권리의무 · 사실증명에 관한 문서를 말한다.

판례 | 사문서의 의의 및 사문서에 해당하지 않는 경우

(허무인 명의로 작성한 서명부 21장) 사문서위조 및 동행사죄의 객체인 사문서는 권리 · 의무 또는 사실증명에 관한 타인의 문서 또는 도화를 가리키고, '권리 · 의무에 관한 문서'는 권리 또는 의무의 발생 · 변경 · 소멸에 관한 사항이 기재된 것을 말하며, '사실증명에 관한 문서'는 권리 · 의무에 관한 문서 이외의 문서로서 거래상 중요한 사실을 증명하는 문서를 의미한다. '거래상 중요한 사실을 증명하는 문서'는 법률관계의 발생 · 존속 · 변경 · 소멸의 전후 과정을 증명하는 것이 주된 취지인 문서뿐만 아니라 법률관계에 간접적으로만 연관된 의사표시 또는 권리 · 의무의 변동에 사실상으로만 영향을 줄 수 있는 의사표시를 내용으로 하는 문서도 포함될 수 있지만, 문서의 주된 취지가 단순히 개인적 · 집단적 의견의 표현에 불과한 것이어서는 아니 되고, 적어도 실체법 또는 절차법에서 정한 구체적인 권리 · 의무와의 관련성이 인정되는 경우이어야 한다. '거래상 중요한 사실을 증명하는 문서'에 해당하는지 여부는 문서 제목만을 고려할 것이 아니라 문서 내용과 더불어 문서 작성자의 의도, 문서가 작성된 객관적인 상황, 문서에 적시된 사항과 그 행사가 예정된 상대방과의 관계 등을 종합적으로 고려하여 판단하여야 한다[대판 2024.1.4. 2023도11178].

[사실관계] 피고인은 2022.3.9. 실시된 제20대 대통령선거를 앞두고 특정 후보자에 대한 지지선언 형식의 기자회견을 위하여 서명부 양식을 작성하여 최소 목표치인 1만 명으로부터 서명을 받기 위해 노력했으나 별다른 성과가 없자 총 315명의 허무인 명의로 서명부 21장을 임의로 작성하여 사문서위조 및 동행사죄로 기소되었다.

판례해설 피고인이 허무인 명의로 작성한 이 사건 서명부 21장은 주된 취지가 특정한 대통령후보자에 대한 정치적인 지지 의사를 집단적 형태로 표현하고자 한 것일 뿐, 실체법 또는 절차법에서 정한 구체적인 권리 · 의무에 관한 문서 내지 거래상 중요한 사실을 증명하는 문서에 해당한다고 보기 어렵다.

판례 | 공 · 사병존문서(공문서와 사문서의 구별)

1. **(사서증서의 기재내용은 사문서, 사서증서의 인증기재부분은 공문서)** [1] 공증인이 공증인법 제57조 제1항의 규정에 의하여 사서증서에 대하여 하는 인증은 당해 사서증서에 나타난 서명 또는 날인이 작성명의인에 의하여 정당하게 성립하였음을 인증하는 것일 뿐 그 사서증서의 기재 내용을 인증하는 것은 아닌바, 사서증서 인증서 중 인증기재 부분은 공문서에 해당한다고 하겠으나, 위와 같은 내용의 인증이 있었다고 하여 사서증서의 기재 내용이 공문서인 인증기재 부분의 내용을 구성하는 것은 아니라고 할 것이므로, 사서증서의 기재 내용을 일부 변조한 행위는 공문서변조죄가 아니라 사문서변조죄에 해당한다. [2] 피고인이 피해자와 사이에 온천의 시공에 필요한 비용을 포함한 일체의 비용을 자신이 부담하기로 약정하였음에도 피해자를 상대로 공사대금청구의 소를 제기하면서 시공 외의 비용은 모두 피해자가 부담한다는 내용으로 변조한 인증합의서를 소장에 첨부하여 제출한 경우, 소송사기의 실행에 착수하였다고 한 사례[대판 2005.3.24. 2003도2144].
2. **(인감증명서의 사용용도란의 기재: 원칙적으로 사문서)** 인감증명법 제12조 제1항, 동법 시행령(2002.12.31. 대통령령 제17867호로 개정되기 전의 것) 제13조 등 인감증명의 신청과 인감증명서의 발급에 관한 법령의 규정에 의하면, 인감의 증명을 신청함에 있어서 그 용도가 부동산매도용일 경우에는 부동산매수자란에 매수자의 성명(법인인 경우에는 법인명), 주소 및 주민등록번호를 기재하여 신청하여야 하지만 그 이외의 경우에는 신청 당시 사용용도란을 기재하여야 하는 것은 아니고, 필요한 경우에 신청인이 직접 기재하여 사용하도록 되어 있으며, 사용용도에 따른 인감증명서의 유효기간에 관한 종전의 규정도 삭제되어 유효기간의 차이도 없으므로 인감증명서의 사용용도란의 기재는 증명청인 동장이 작성한 증명문구에 의하여 증명되는 부분과는 아무런 관계가 없다고 할 것이므로, 권한 없는 자가 임의로 인감증명서의 사용용도란의 기재를 고쳐 썼다고 하더라도 공무원 또는 공무소의 문서 내용에 대하여 변경을 가하여 새로운 증명력을 작출한 경우라고 볼 수 없으므로 공문서변조죄나 이를 전제로 하는 변조공문서행사죄가 성립되지는 않는다[대판 2004.8.20. 2004도2767]. [16 경찰채용]*
3. **(공립학교 교사가 작성하는 교원의 인적사항과 전출희망사항 등을 기재하는 부분: 사문서)** 공립학교 교사가 작성하는 교원의 인적사항과 전출희망사항 등을 기재하는 부분과 학교장이 작성하는 학교장의견란 등으로 구성되어 있는 교원실태조사카드는 학교장의 작성명의 부분은 공문서라고 할 수 있으나, 작성자가 교사 명의로 된 부분은 개인적으로 전출을 희망하는 의사표시를 한 것에 지나지 아니하여 이것을 가리켜 공무원이 직무상 작성한 공문서라고 할 수는 없을 것이므로(* 저자주 – 사문서에 해당한다는 취지이다) 위 카드의 교사 명의 부분을 명의자의 의사에 반하여 작성하였다고 하여도 공문서를 위조한 것이라고 할 수 없다[대판 1991.9.24. 91도1733]. [17 경찰승진, 16 경찰채용]*

4. **(이혼의사확인서등본 뒤에 첨부한 후 간인한 이혼신고서: 사문서)** 구 호적법(2007.5.17. 법률 제8435호로 폐지) 제79조 제1항 및 구 호적법 시행규칙(2007.11.28. 대법원규칙 제2119호로 폐지) 등을 종합하여 볼 때, 가정법원의 서기관 등이 이혼의사확인서등본을 작성한 뒤 이를 이혼의사확인신청 당사자 쌍방에게 교부하면서 이혼신고서를 확인서등본 뒤에 첨부하여 그 직인을 간인하였다고 하더라도, 그러한 사정만으로 이혼신고서가 공문서인 이혼의사확인서등본의 일부가 되었다고 볼 수 없다. 따라서 당사자가 이혼의사확인서등본과 간인으로 연결된 이혼신고서를 떼어내고 원래 이혼신고서의 내용과는 다른 이혼신고서를 작성하여 이혼의사확인서등본과 함께 호적관서에 제출하였다고 하더라도, 공문서인 이혼의사확인서등본을 변조하였다거나 변조된 이혼의사확인서등본을 행사하였다고 할 수 없다[대판 2009.1.30. 2006도7777]. [18 경찰채용, 16 국가7급]*

(2) **문서의 특수형태**

① **개별문서:** 개별적으로 의사표시를 내용으로 하는 독립된 문서를 말한다.

② **전체문서:** 개별적인 문서가 계속적인 형태에 의하여 통일된 전체로서 결합하여 독자적인 의사표시 내용을 가지는 경우를 말한다(예 예금통장, 상업장부). 전체문서는 하나의 문서로 취급된다.

③ **결합문서:** 문서가 검증의 목적물과 결합되어 통일된 증명내용을 가지는 경우를 말한다(예 사진을 첨부한 증명서). 결합문서도 하나의 문서로 취급된다.

Ⅱ 사문서위조 · 변조죄

제231조(사문서 등의 위조 · 변조) 행사할 목적으로 권리 · 의무 또는 사실증명에 관한 타인의 문서 또는 도화를 위조 또는 변조한 자는 5년 이하의 징역 또는 1천만원 이하의 벌금에 처한다.

제235조(미수범) 미수범은 처벌한다.

1. 의의

행사할 목적으로 권리 · 의무 또는 사실증명에 관한 타인의 문서 또는 도화를 위조 또는 변조함으로써 성립하는 범죄이다.

2. 구성요건

(1) **객관적 구성요건**

① **객체:** 권리 · 의무 또는 사실증명에 관한 타인의 문서 또는 도화이다.

㉮ **권리 · 의무에 관한 문서 · 도화:** 예 사법상 권리 · 의무에 관한 것 – 위임장, 매매계약서; 공법상 권리 · 의무에 관한 것 – 주민등록증발급신청서, 인감증명교부신청서

㉯ **사실증명에 관한 문서 · 도화:** 예 추천서, 인사장, 단체의 신분증, 성적증명서

② **행위:** 위조 또는 변조하는 것이다.

㉮ **위조:** 작성권한 없는 자가 타인명의를 모용하여 문서를 작성하는 것을 말한다. ⅰ) 위조의 방법에는 제한 없다. 따라서 새로운 문서의 작성, 기존의 미완성문서에 가공하여 완성시키는 경우, 기존의 진정문서의 중요부분을 변경하여 동일성을 상실시키는 경우, 무효가 된 문서를 가공하여 새로운 증명력을 가지는 문서를 작출하는 경우와 간접정범의 형태로 위조를 할 수도 있다(예 명의인이 내용을 오신하고 있음을 이용하여 그의 의사와 다른 내용의 문서에 서명 날인케 한 경우). ⅱ) 위조의 객체는 변조와 달리 진정한 문서일 것을 요하지 않는다. 따라서 위조된 문서원본을 복사하여 문서사본을 창출하는 것도 위조가 될 수 있다. ⅲ) 위조의 정도는 일반인들이 진정문서로 오인할 정도이면 족하다.

판례 | 문서의 작성명의자가 누구인지의 판단방법

사문서위조죄의 객체가 되는 문서의 진정한 작성명의자가 누구인지는 문서의 표제나 명칭만으로 이를 판단하여서는 아니 되고, 문서의 형식과 외관은 물론 문서의 종류, 내용, 일반 거래에서 그 문서가 가지는 기능 등 제반 사정을 종합적으로 참작하여 판단하여야 한다[대판 2016.10.13. 2015도17777].

판례 | 사문서위조죄가 성립하지 않는 경우(문서작성의 권한이 있는 경우)

1. **(명의자의 명시적이거나 묵시적인 승낙이 있는 경우)** 문서의 위조는 작성권한 없는 자가 타인 명의를 모용하여 문서를 작성하는 행위를 말하는 것이므로, 사문서를 작성함에 있어 그 명의자의 명시적이거나 묵시적인 승낙 또는 위임이 있었다면 사문서위조에 해당한다고 할 수 없다. 특히 문서명의인이 문서작성자에게 사전에 문서 작성과 관련한 사무처리의 권한을 포괄적으로 위임함으로써 문서작성자가 위임된 권한의 범위 내에서 그 사무처리를 위하여 문서명의인 명의의 문서를 작성·행사한 것이라면, 비록 문서작성자가 개개의 문서 작성에 관하여 문서명의인으로부터 승낙을 받지 않았다고 하더라도 특별한 사정이 없는 한 사문서위조 및 위조사문서행사죄는 성립하지 않는다고 할 것이다[대판 2015.6.11. 2012도1352]. [21 법원9급, 20 국가9급, 19 변호사, 19 경찰승진, 18 경간부, 16 국가9급]*
2. **(명의자의 포괄적 위임 내지 승낙이 있는 경우)** 고소인의 제3자에 대한 채권의 변제책임을 부담하는 대신 그 채권에 관하여 설정한 가등기에 의한 담보권을 양수한 피고인이 위 가등기를 말소함에 있어서 고소인명의의 가등기말소신청서등을 임의로 작성하였다 하더라도 이는 결국 고소인으로부터의 포괄적 위임 내지 승낙에 기한 것이어서 피고인이 위 가등기말소신청서 등을 위조하였다고 할 수 없다[대판 1984.2.14. 83도2650].

3-1. **(명의인의 승낙이 추정되는 경우)** 사문서의 위·변조죄는 작성권한 없는 자가 타인 명의를 모용하여 문서를 작성하는 것을 말하는 것이므로 사문서를 작성·수정함에 있어 그 명의자의 명시적이거나 묵시적인 승낙이 있었다면 사문서의 위·변조죄에 해당하지 않고, 한편 행위 당시 명의자의 현실적인 승낙은 없었지만 행위 당시의 모든 객관적 사정을 종합하여 명의자가 행위 당시 그 사실을 알았다면 당연히 승낙했을 것이라고 추정되는 경우 역시 사문서의 위·변조죄가 성립하지 않는다[대판 2003.5.30. 2002도235]. [19 국가9급]*

3-2. **(승낙이 추정되기 위한 요건)** 행위 당시 명의자의 현실적인 승낙은 없었지만 행위 당시의 모든 객관적 사정을 종합하여 명의자가 행위 당시 그 사실을 알았다면 당연히 승낙했을 것이라고 추정되는 경우 역시 사문서의 위·변조죄가 성립하지 않는다고 할 것이나, 명의자의 명시적인 승낙이나 동의가 없다는 것을 알고 있으면서도 명의자 이외의 자의 의뢰로 문서를 작성하는 경우 명의자가 문서작성 사실을 알았다면 승낙하였을 것이라고 기대하거나 예측한 것만으로는 그 승낙이 추정된다고 단정할 수 없다[대판 2008.4.10. 2007도9987; 동지 대판 2003.5.30. 2002도235]. [20 국가7급, 19 법원행시, 18 법원9급]*

동지판례 종친회 결의서의 피위조명의자 중 피고인의 형제 2명이 승낙한 경우에는 피고인의 아들들이나 위 형제들의 아들들에 대하여 추정적 승낙을 인정할 여지가 있다[대판 1993.3.9. 92도3101].

판결이유 위 종친회원 중 피고인 등 3형제 이외에는 나이가 젊고 종중 일에 관심이 없었고 곗날에 참석하지 않은 관계로 통상 종친회의 모든 의안을 위 3형제만의 의결로 집행하여 온 것으로 짐작되고, 만일 피고인이 종친회의 통상 관례에 따라 결정된 사항을 집행하기 위하여 이에 필요한 종친회원들 명의의 서류를 임의로 작성한 것이라면 비록 사전에 그들의 현실적인 승낙이 없었다고 하더라도 피고인은 그들이 위와 같은 사정을 알았다면 당연히 승낙하였을 것이라고 믿고 한 행위일 수 있는 것이므로, 그렇다면 원심판결에는 문서작성의 추정적 승낙에 관한 법리를 오해하여 심리를 다하지 아니한 위법이 있다.

4. **(권한을 남용하여 문서를 작성한 경우)** ⅰ) 문서위조죄를 구성하는지의 여부는 그 문서의 작성명의로 타인의 명의를 모용하였느냐 아니하였느냐라는 형식에 의하여 결정할 것으로서 그 문서의 내용의 진실여부는 특별한 처벌규정이 있는 경우 이외에는 동 죄의 성립 여부에 아무런 소장이 없다고 할 것이므로, 타인의 대표자 또는 대리자가 그 대표명의 또는 대리명의를 써서 또는 직접 본인의 명의를 사용하여 문서를 작성할 권한을 가지는 경우에 그 지위를 남용하여 단순히 자기 또는 제3자의 이익을 도모할 목적으로 마음대로 문서를 작성한 때라고 할지라도 문서위조죄는 성립하지 아니한다[대판 1983.4.12. 83도332]. [20 국가9급]*

ⅱ) [1] 원래 주식회사의 지배인은 회사의 영업에 관하여 재판상 또는 재판 외의 모든 행위를 할 권한이 있으므로, 지배인이 직접 주식회사 명의 문서를 작성하는 행위는 위조나 자격모용사문서작성에 해당하지 않는 것이 원칙이고, 이는 문서의 내용이 진실에 반하는 허위이거나 권한을 남용하여 자기 또는 제3자의 이익을 도모할 목적으로 작성된 경우에도 마찬가지이다. [18 경찰승진, 18 경찰채용, 17 변호사, 16 경찰채용]* 그러나 회사 내부규정 등에 의하여 각 지배인이 회사를 대리할 수 있는 행위의 종류, 내용, 상대방 등을 한정하여 권한을 제한한 경우에 제한된 권한 범위를 벗어나서 회사 명의의 문서를 작성하였다면, 이는 자기 권한 범위 내에서 권한 행사의 절차와 방식 등을 어긴 경우와 달리 문서위조죄에 해당한다.
[2] 주식회사의 지배인이 자신을 그 회사의 대표이사로 표시하여 연대보증채무를 부담하는 취지의 회사 명의의 차용증을 작성·교부한 경우, 그 문서에 일부 허위 내용이 포함되거나 위 연대보증행위가 회사의 이익에 반하는 것이더라도 사문서위조 및 위조사문서행사에 해당하지 않는다[대판 2010.5.13. 2010도1040], [대판 2012.9.27. 2012도7467].

5. **(세금계산서의 공급자가 공급받는 자 란에 임의로 타인의 명의를 기재한 경우)** 세금계산서는 부가가치세 과세사업자가 재화나 용역을 공급하는 때에 이를 공급받은 자에게 작성·교부하여야 하는 계산서이므로(부가가치세법 제16조 제1항), 그 작성권자는 어디까지나 재화나 용역을 공급하는 공급자라고 보아야 할 것이고, 세금계산서상의 공급받는 자는 그 문서 내용의 일부에 불과할 뿐 세금계산서의 작성명의인은 아니라 할 것이니, 공급받는 자 란에 임의로 다른 사람을 기재하였다 하여 그 사람에 대한 관계에서 사문서위조죄가 성립된다고 할 수 없다[대판 2007.3.14. 2007도169]. [20 경찰채용]*

동지판례 피고인들이 甲 등과 공모하여, 부동산등기법상의 확인서면(부동산등기법 제49조 제3항, 제2항에 의해 법무사가 주민등록증 등에 의하여 등기의무자가 본인인지 여부를 확인하고 작성하는 서류이다)의 등기의무자란에 등기의무자 乙 대신 甲이 우무인을 날인하여 법무사가 피고인들 등에게 속아 등기의무자를 乙로 하는 내용의 확인서면을 작성하였다고 하더라도, 위 확인서면은 법무사 명의의 문서이고, 작성명의인인 법무사가 피고인들 등에게 속아 등기의무자를 乙로 하는 내용의 확인서면을 작성하였다고 하더라도 이를 피고인들 등이 위조하였다고는 볼 수 없다[대판 2010.11.25. 2010도11509].

6. **(명의자가 연대보증인이 될 것을 허락하여 그를 직접 차주로 하여 문서를 작성한 경우)** 피해자들이 일정한도액에 관한 연대보증인이 될 것을 허락하고 이에 필요한 문서를 작성하는데 쓰일 인감도장과 인감증명서(대출보증용)를 채무자에게 건네준 취지는 채권자에 대해 동액상당의 채무를 부담하겠다는 내용의 문서를 작성하도록 허락한 것으로 보아야 할 것이므로 비록 차용금증서에 동 피해자들을 연대보증인으로 하지 않고 직접 차주로 하였을 지라도 그 문서는 정당한 권한에 기하여 그 권한의 범위 안에서 적법하게 작성된 것으로 보아야 한다[대판 1984.10.10. 84도1566]. [18 변호사, 18 법원9급]*

판례 | 사문서위조죄가 성립하는 경우

(1) 무권한 또는 권한초월 또는 위임의 취지에 반하여 문서를 작성한 경우

1. **(권한없이 타인명의 사용)** 주취운전자적발보고서, 주취운전자정황진술보고서의 운전자(확인)란에 타인의 성명을 기재하여 경찰관에게 제출한 경우, 사문서위조 및 동행사죄에 해당한다[대판 2004.12.22. 2004도6483]. [16 법원9급]*

동지판례 혼인신고 당시에는 피해자가 피고인과의 동거관계를 청산하고 피고인을 만나주지 아니하는 등으로 피하여 왔다면 당초에는 피해자와 사실혼관계에 있었고 또 피해자에게 혼인의 의사가 있었다 하더라도 위 혼인신고 당시에는 그 혼인의사가 철회되었다고 보아야 할 것이므로 피고인이 일방적으로 혼인신고서를 작성하여 혼인신고를 한 행위는 설사 혼인신고서용지에 피해자 도장이 미리 찍혀 있었다 하더라도 사문서위조 기타 관계법조의 범죄에 해당한다 할 것이다[대판 1987.4.14. 87도399].

2. **(권한을 초과하여 타인명의 사용)** 문서 작성권한의 위임이 있는 경우라고 하더라도 그 위임을 받은 자가 그 위임받은 권한을 초월하여 문서를 작성한 경우는 사문서위조죄가 성립하고, 단지 위임받은 권한의 범위 내에서 이를 남용하여 문서를 작성한 것에 불과하다면 사문서위조죄가 성립하지 아니한다고 할 것이다[대판 2012.6.28. 2010도690]. [20 국가9급, 18 경찰채용]*

동지판례 ⅰ) 피고인이 공소외 甲으로부터 금 75,000,000원씩의 차용위탁을 받고 백지의 대출신청서 및 영수증에 동인의 날인을 받은 연후에 차용금액을 금 150,000,000원으로 기입하여 공소외 甲 명의의 대출신청서 및 영수증을 작성하였다면 문서위조죄가 성립한다[대판 1982.10.12. 82도2023].
ⅱ) 사문서위조죄는 작성권한 없는 자가 타인의 명의를 모용하여 문서를 작성함으로써 성립하는 것인바, 타인으로부터 그 명의의 문서 작성을 위임받은 경우에도 위임된 권한을 초월하여 내용을 기재함으로써 명의자의 의사에 반하는 사문서를 작성하는 것은 작성권한을 일탈한 것으로서 사문서위조죄에 해당한다[대판 1997.3.28. 96도3191].
ⅲ) 작성명의자의 날인이 정당하게 성립된 사문서라고 하더라도 내용을 기재할 정당한 권한이 없는 자가 내용을 기재하거나 또는 권한을 위임받은 자가 권한을 초과하여 내용을 기재함으로써 날인자의 의사에 반하는 사문서를 작성한 경우에는 사문서위조죄가 성립한다[대판 1992.12.22. 92도2047].

3. **(위임자의 의사에 반하는 명의 사용)** 공동대표이사로 법인등기를 하기로 하여 이사회 의사록 작성 등 그 등기절차를 위임받았음에도 독립대표이사 선임의 이사회 의사록을 작성하여 독립대표이사로 법인등기한 행위는 사문서위조, 동행사, 공정증서원본부실기재, 동행사의 죄에 해당한다[대판 1994.7.29. 93도1091].

동지판례 i) 타인으로부터 약속어음 작성에 사용하라고 인장을 교부받았음에도 그 인장을 사용하여 그 타인 명의의 지급명령 이의신청취하서를 작성한 경우에는 사문서위조죄가 성립한다[대판 1970.9.22. 70도1623].
ii) 피고인 甲이 공소외 乙과의 동업계약에 따라 甲의 명의로 변경하기 위하여 乙의 인장이 날인된 백지의 건축주명의변경신청서를 받아 보관하고 있던 중 그 위임의 취지에 반하여 피고인이 丙 명의로 건축주명의를 변경하는 건축주명의변경신청서를 작성하여 구청에 제출하였다면 사문서위조 및 그 행사죄가 성립한다[대판 1984.6.12. 83도2408].

(2) 실제의 본명 대신 가명을 사용하였으나 작성명의인과 실제 작성자의 인격이 상이한 경우

[1] 실제의 본명 대신 가명이나 위명을 사용하여 사문서를 작성한 경우에 그 문서의 작성명의인과 실제 작성자 사이에 인격의 동일성이 그대로 유지되는 때에는 위조가 되지 않으나, 명의인과 작성자의 인격이 상이할 때에는 위조죄가 성립할 수 있다.
[2] 피고인이 다방 업주로부터 선불금을 받고 그 반환을 약속하는 내용의 현금보관증을 작성하면서 가명과 허위의 출생연도를 기재하여 이를 교부한 경우일지라도 현금보관증에 표시된 명칭과 주민등록번호 등으로부터 인식되는 인격은 '1954년에 출생한 52세 가량의 여성인 ○○○'이고, 1950년생인 피고인과는 다른 인격인 것이 분명하므로, 문서의 명의인과 작성자 사이에 인격의 동일성이 인정되지 않으므로 피고인의 행위는 사문서 위조, 동행사죄에 해당한다고 보아야 한다[대판 2010.11.11. 2010도1835].

(3) 간접정범 형태의 사문서위조죄가 성립하는 경우

1. [1] 명의인을 기망하여 문서를 작성케 하는 경우는 서명, 날인이 정당히 성립된 경우에도 기망자는 명의인을 이용하여 서명 날인자의 의사에 반하는 문서를 작성케 하는 것이므로 사문서위조죄가 성립한다. [17 법원행시]*
[2] 피고인이 '임야의 등기, 매도권한을 피고인에게 일임하고 매도금액 3분의 1을 문중에 반납하고 나머지를 피고인에게 소송대행비용으로 준다'라는 내용의 정기문중총회 회의록을 임의로 작성하고, 종중원들에게 그 회의록의 내용에 관하여 제대로 알려 주지 아니한 채 단지 "임야에 관하여 문중 명의로 소유권이전등기를 하는 데 필요하다"는 정도로만 얘기하면서 그들로부터 서명, 날인을 받은 경우 사문서위조죄가 성립한다[대판 2000.6.13. 2000도778]. [18 경찰채용]*
2. 권리의무에 관한 사문서인 타인명의의 신탁증서 1통을 작성한 후 마치 이를 다른 내용의 문서인 것처럼 그 타인에게 제시하여 날인을 받은 후 이를 법원에 증거로 제출하여 사용하였다면 사문서위조 및 동행사죄가 성립한다[대판 1983.6.28. 83도1036]. [17 경간부]*

(4) 명의인이 사망하였으나 생존 중에 문서작성에 관하여 위임한 것처럼 문서를 작성한 경우

[1] 포괄적인 명의사용의 근거가 되는 위임관계 내지 대리관계가 종료된 경우에는 특단의 사정이 없는 한 더 이상 위임받은 사무의 처리와 관련하여 위임인의 명의를 사용하는 것이 허용된다고 볼 수 없다.
[2] 문서명의인이 이미 사망하였는데도 문서명의인이 생존하고 있다는 점이 문서의 중요한 내용을 이루거나 그 점을 전제로 문서가 작성되었다면 이미 문서에 관한 공공의 신용을 해할 위험이 발생하였다 할 것이므로, 그러한 내용의 문서에 관하여 사망한 명의자의 승낙이 추정된다는 이유로 사문서위조죄의 성립을 부정할 수는 없다. [20 국가7급, 16 국가7급]*
[3] 피고인이 자신의 부(父) 甲에게서 甲 소유 부동산의 매매에 관한 권한 일체를 위임받아 이를 매도하였는데, 그 후 甲이 갑자기 사망하자 부동산 소유권 이전에 사용할 목적으로 甲이 '병안 중'이라는 사유로 자신에게 인감증명서 발급을 위임한다는 취지의 인감증명 위임장을 작성한 후 주민센터 담당직원에게 이를 제출한 경우, 인감증명 위임장은 본래 생존한 사람이 타인에게 인감증명서 발급을 위임한다는 취지의 문서라는 점을 고려하면, 이미 사망한 甲이 '병안 중'이라는 사유로 피고인에게 인감증명서 발급을 위임한다는 취지의 인감증명 위임장이 작성됨으로써 문서에 관한 공공의 신용을 해할 위험성이 발생하였다 할 것이고, 피고인이 명의자 甲이 승낙하였을 것이라고 기대하거나 예측한 것만으로는 사망한 甲의 승낙이 추정된다고 단정할 수 없으므로 사문서위조죄가 성립하지 아니한다고 할 수 없다[대판 2011.9.29. 2011도6223]. [18 국가9급]*

(5) 문서의 원본을 그대로 컬러복사기로 복사한 경우

[1] 문서위조 및 동행사죄의 보호법익은 문서에 대한 공공의 신용이므로 '문서가 원본인지 여부'가 중요한 거래에서 문서의 사본을 진정한 원본인 것처럼 행사할 목적으로 다른 조작을 가함이 없이 문서의 원본을 그대로 컬러복사기로 복사한 후 복사한 문서의 사본을 원본인 것처럼 행사한 행위는 사문서위조죄 및 동행사죄에 해당한다. 또한 사문서위조죄는 명의자가 진정으로 작성한 문서로 볼 수 있을 정도의 형식과 외관을 갖추어 일반인이 명의자의 진정한 사문서로 오신하기에 충분한 정도이면 성립한다. [17 법원9급]*

[2] 변호사인 피고인이 대량의 저작권법 위반 형사고소 사건을 수임하여 피고소인 30명을 각 형사고소하기 위하여 20건 또는 10건의 고소장을 개별적으로 수사관서에 제출하면서 각 하나의 고소위임장에만 소속 변호사회에서 발급받은 진정한 경유증표 원본을 첨부한 후 이를 일체로 하여 컬러복사기로 20장 또는 10장의 고소위임장을 각 복사한 다음 고소위임장과 일체로 복사한 경유증표를 고소장에 첨부하여 접수한 사안에서, 변호사회가 발급한 경유증표는 증표가 첨부된 변호사선임서 등이 변호사회를 경유하였고 소정의 경유회비를 납부하였음을 확인하는 문서이므로 법원, 수사기관 또는 공공기관에 이를 제출할 때에는 원본을 제출하여야 하고 사본으로 원본에 갈음할 수 없으며, 각 고소위임장에 함께 복사되어 있는 변호사회 명의의 경유증표는 원본이 첨부된 고소위임장을 그대로 컬러 복사한 것으로서 일반적으로 문서가 갖추어야 할 형식을 모두 구비하고 있고, 이를 주의 깊게 관찰하지 아니하면 그것이 원본이 아닌 복사본임을 알아차리기 어려울 정도이므로 일반인이 명의자의 진정한 사문서로 오신하기에 충분한 정도의 형식과 외관을 갖추었다는 이유로, 피고인의 행위가 사문서위조죄 및 동행사죄에 해당한다고 한 사례[대판 2016.7.14. 2016도2081]. [20 법원행시, 19 경찰승진, 18 법원9급, 18 경찰승진, 18 경찰채용, 17 법원9급, 17 경찰채용]*

판례 | 명의신탁의 경우에 수탁자 명의사용에 대한 포괄적 위임 여부

[1] 신탁자에게 아무런 부담이 없이 재산이 수탁자에게 명의신탁된 경우에는 그 재산의 처분 기타 권한행사에 있어서는 수탁자가 자신의 명의사용을 포괄적으로 신탁자에게 허용하였다고 봄이 상당하므로, 신탁자가 수탁자 명의로 신탁재산의 처분에 필요한 서류를 작성함에 있어 수탁자로부터 개별적인 승낙을 받지 아니하였다 하더라도 사문서위조 · 동행사죄가 성립하지 아니하지만, 수탁자가 명의신탁 받은 사실을 부인하면서 신탁재산이 수탁자 자신의 소유라고 주장하는 등으로 두 사람 사이에 신탁재산의 소유권에 관하여 다툼이 있는 경우에는 더 이상 신탁자가 그 재산의 처분 등과 관련하여 수탁자의 명의를 사용하는 것이 허용된다고 볼 수 없으며, 이는 수탁자가 명의신탁 받은 사실 자체를 부인하는 것은 아니더라도 신탁자의 신탁재산 처분권한을 다투는 등 신탁재산에 관한 처분이나 기타 권한행사에 있어서 신탁자에게 부여하였던 수탁자 명의사용에 대한 포괄적 허용을 철회한 것으로 볼 만한 사정이 있는 경우에도 마찬가지이다.
[2] 수탁자가 신탁자에게 자신에 대한 차용금 채무를 변제하지 않는 한 신탁재산을 타인에게 매도하는 데 필요한 서류 작성에 협조하지 않겠다는 취지의 말을 한 경우, 신탁자에게 부여하였던 수탁자 명의사용에 대한 포괄적 허용을 철회한 것으로 본 사례[대판 2007.11.30. 2007도4812].

동지판례 ⅰ) 수탁자가 신탁받은 채권을 자신이 신탁자로부터 증여받았을 뿐 명의신탁받은 것이 아니라고 주장하는 상황에서, 신탁자의 상속인이 수탁자의 동의를 받지 아니하고 그 명의의 채권이전등록청구서를 작성 · 행사한 행위는 사문서위조 및 위조사문서행사죄에 해당한다[대판 2007.3.29. 2006도9425].
ⅱ) 주식을 명의신탁한 피고인이 명의수탁자를 변경하기 위해 제3자에게 주식을 양도한 후 수탁자 명의의 증권거래세 과세표준신고서를 작성하여 관할세무서에 제출함으로써 과세표준신고서를 위조하고 이를 행사하였다는 공소사실로 기소된 사안에서, 신탁자에게 아무런 부담이 지워지지 않은 채 재산이 수탁자에게 명의신탁된 경우 특별한 사정이 없는 한 수탁자는 신탁자에게 자신의 명의사용을 포괄적으로 허용했다고 보는 것이 타당하므로, 수탁자 명의로 과세표준신고를 하는 행위는 공법행위라는 등의 이유로 사문서위조 및 위조사문서행사죄가 성립한다고 본 원심판단에 법리오해의 위법이 있다고 한 사례[대판 2022.3.31. 2021도17197].

판례 | 회사의 대표가 타인의 명의를 사용하여 문서를 작성한 경우 사문서위조죄의 성립 여부

[1] 주식회사의 대표이사가 그 대표 자격을 표시하는 방식으로 작성한 문서에 표현된 의사 또는 관념이 귀속되는 주체는 대표이사 개인이 아닌 주식회사이므로, 그 문서의 명의자는 주식회사이다. 위와 같은 문서 작성행위가 위조에 해당하는지는 그 작성자가 주식회사 명의의 문서를 적법하게 작성할 권한이 있는지에 따라 판단하여야 하고, 문서에 대표이사로 표시되어 있는 사람으로부터 그 문서 작성에 관하여 위임 또는 승낙을 받았는지에 따라 판단할 것은 아니다.
[2] 원래 주식회사의 적법한 대표이사는 회사의 영업에 관하여 재판상 또는 재판외의 모든 행위를 할 권한이 있으므로, 대표이사가 직접 주식회사 명의 문서를 작성하는 행위는 자격모용사문서작성 또는 위조에 해당하지 않는 것이 원칙이다. 이는 그 문서의 내용이 진실에 반하는 허위이거나 대표권을 남용하여 자기 또는 제3자의 이익을 도모할 목적으로 작성된 경우에도 그러하다.

[3] 주식회사의 적법한 대표이사라 하더라도 그 권한을 포괄적으로 위임하여 다른 사람으로 하여금 대표이사의 업무를 처리하게 하는 것은 허용되지 않는다. 따라서 대표이사로부터 포괄적으로 권한 행사를 위임받은 사람이 주식회사 명의로 문서를 작성하는 행위는 원칙적으로 권한 없는 사람의 문서 작성행위로서 자격모용사문서작성 또는 위조에 해당하고, 대표이사로부터 개별적 · 구체적으로 주식회사 명의의 문서 작성에 관하여 위임 또는 승낙을 받은 경우에만 예외적으로 적법하게 주식회사 명의로 문서를 작성할 수 있다.

[4] A회사의 대표이사 甲이 B회사의 대표이사 乙로부터 포괄적 위임을 받아 두 회사의 대표이사 업무를 처리하면서 두 회사 명의로 허위 내용의 영수증과 세금계산서를 작성한 사안에서, B회사 명의 부분은 乙의 개별적 · 구체적 위임 또는 승낙 없는 행위로서 사문서위조 및 위조사문서행사죄가 성립하지만, A회사 명의 부분은 이미 퇴직한 종전의 대표이사를 승낙 없이 대표이사로 표시하였더라도 이에 해당하지 않는다고 한 사례[대판 2008.11.27. 2006도2016].

동지판례 [1] 주식회사 대표이사의 대표권은 정관이나 주주총회 또는 이사회 결의 등에 의하여 적법하게 제한할 수 있지만, 회사의 운영을 실질적으로 장악 · 통제하고 있는 1인 주주가 적법한 대표이사의 권한 행사를 사실상 제한하고 있다는 것만으로는 대표이사의 대표권을 적법하게 제한하였다고 할 수 없으므로, 대표이사가 권한을 행사하는 과정에서 단순히 그 1인 주주의 위임 또는 승낙을 받지 않았다고 하여 그 대표권 행사가 권한을 넘어서는 행위가 되는 것은 아니다.

[2] 주식회사의 대표이사가 실질적 운영자인 1인 주주의 구체적인 위임이나 승낙을 받지 않고 이미 퇴임한 전 대표이사를 대표이사로 표시하여 회사 명의의 문서를 작성한 사안에서, 문서위조죄의 성립을 부정한 사례[대판 2008.11.27. 2006도9194]. [20 경찰승진, 16 국가9급]*

㉯ **변조**: 권한 없는 자가 이미 진정하게 성립된 타인명의의 문서내용에 그 동일성을 해하지 않을 정도의 변경을 가하는 것을 말한다. ⅰ) 자기명의의 문서에 변경을 가하는 행위는 변조에 해당할 수 없으며, 그것이 타인소유인 경우 문서손괴죄가 성립할 수 있을 뿐이다(판례, 통설). ⅱ) 진정하게 성립된 문서가 아닌 위조문서 · 허위문서의 내용을 변경하는 경우는 변조라고 할 수 없다. ⅲ) 문서의 중요부분에 변경을 가하여 새로운 증명력을 가지는 별개의 문서를 작성한 경우에는 위조가 된다(예 단체의 신분증의 사진을 교체하는 경우).

판례 | 사문서변조죄가 성립하지 않는 경우

1. **(작성권한 있는 자의 변경행위)** 甲의 위임을 받아 그 소유부동산을 매도함에 있어서 甲을 대리하여 매수인과 매매계약을 체결한 자가 위 매매계약의 이행문제로 분쟁이 생기자 매수인의 요구에 따라 매매계약서상 매도인 甲 명의 위에 甲이 乙의 대리인이라는 표시로 "乙代"라는 문구를 삽입 기재하였다 하더라도 이는 부동산의 처분권한을 위임받아 매매계약서 작성권한 있는 자가 한 변경행위에 불과하여 비록 그 명의인의 승낙을 받지 아니하였다고 하여 사문서변조죄가 성립되는 것은 아니다[대판 1986.8.19. 86도544].

2. **(새로운 증명력을 창출할 정도의 변경이 아닌 경우)** 피고인의 본명은 박규탁이나 일상거래상 박진우로 통용되어 온 경우에 공소외인 작성의 박진우 앞으로 된 영수증에 피고인이 "박진우"라는 기재 옆에 "규탁"이라고 기입하였다고 하여도 이는 위 영수증의 내용에 영향을 미쳤다고 보여지지 아니하고, 따라서 새로운 증명력을 가한 것이 아니므로 사문서변조죄를 구성하지 아니한다[대판 1981.10.27. 81도2055].

3. **(진정하게 성립된 타인 명의의 문서가 존재하지 않는 경우)** 사문서변조죄는 권한 없는 자가 이미 진정하게 성립된 타인 명의의 문서 내용에 대하여 동일성을 해하지 않을 정도로 변경을 가하여 새로운 증명력을 작출케 함으로써 공공적 신용을 해할 위험성이 있을 때 성립한다. 따라서 이미 진정하게 성립된 타인 명의의 문서가 존재하지 않는다면 사문서변조죄가 성립할 수 없다[대판 2017.12.5. 2014도14924]. [20 경찰채용]*

판례 | 사문서변조죄가 성립하는 경우

1. **(문서의 내용을 임의로 변경한 경우)** 일련번호 16번까지 투표지를 받은 사람들의 기명 및 서명이 기재되어 있고, 투표 후 확인업무 담당자인 甲, 乙이 그 하단 공백 부분에 서명한 '건물 임시관리단집회 투표지대장'의 일련번호 17번란에 피고인이 자신의 이름을 기명하고 서명하였다면 이는 완성된 문서의 동일성을 해한 것이어서 사문서변조죄가 성립하고 이를 법원에 증거자료로 제출하였다면 및 동행사죄가 성립한다[대판 2010.1.28. 2009도9997].

   동지판례 ⅰ) 피고인이 최초 합의서 중 잔금지급조건을 '3개월 분할납입'에서 '6개월 분할납입'으로 고친 수정 합의서를 임의로 작성한 경우, 사문서변조죄가 성립한다[대판 2006.1.26. 2004도788].
   ⅱ) 부동산매매계약을 체결함에 있어서 甲을 매수인으로 내세우고 乙은 그 계약의 단순한 입회인의 자격으로서 그 계약을 체결한 이상 그 전에 甲·乙이 서로 돈을 대어 丙으로부터 이 사건 부동산을 공동매수하기로 합의하였었다 하더라도 이는 甲·乙만의 대내적인 합의에 불과하였다 할 것이므로 甲·乙이 마음대로 乙을 매수인이라고 기재하여 그 매매계약서를 고쳤다면 그 행위는 사문서변조죄에 해당한다[대판 1976.8.24. 76도1774].

2. **(변경내용이 진실한 경우)** 변경 내용이 비록 객관적인 진실에 합치하는 것이라 하더라도 이는 그 영수증에 새로운 증명력을 가져오게 한 것임이 분명하므로 사문서변조죄의 구성요건을 충족한다고 보아야 한다[대판 1995.2.24. 94도2092].

3. **(변조된 내용이 명의인에게 유리한 경우)** 사문서변조에 있어서 그 변조 당시 명의인의 명시적, 묵시적 승낙 없이 한 것이면 변조된 문서가 명의인에게 유리하여 결과적으로 그 의사에 합치한다 하더라도 사문서변조죄의 구성요건을 충족한다[대판 1985.1.22. 84도2422]. [23 변호사]*

4. **(문서의 내용을 임의로 변경한 경우)** 이사회 회의록에 관한 이사의 서명권한에는 서명거부사유를 기재하고 그에 대해 서명할 권한이 포함된다. 이사가 이사회 회의록에 서명함에 있어 이사장이나 다른 이사들의 동의를 받을 필요가 없는 이상 서명거부사유를 기재하고 그에 대한 서명을 함에 있어서도 이사장 등의 동의가 필요 없다고 보아야 한다. 따라서 이사가 이사회 회의록에 서명 대신 서명거부사유를 기재하고 그에 대한 서명을 하면, 특별한 사정이 없는 한 그 내용은 이사회 회의록의 일부가 되고, 이사회 회의록의 작성권한자인 이사장이라 하더라도 임의로 이를 삭제한 경우에는 이사회 회의록 내용에 변경을 가하여 새로운 증명력을 가져오게 되므로 사문서변조에 해당한다[대판 2018.9.13. 2016도20954]. [20 법원행시]*

(2) **주관적 구성요건**

고의 이외에 행사할 목적이 있어야 한다.

판례 | 목적의 인식 정도(미필적 인식이 있으면 족함)

문서변조죄에 있어서 행사할 목적이란 변조된 문서를 진정한 문서인 것처럼 사용할 목적을 말하는 것으로 적극적 의욕이나 확정적 인식을 요하지 아니하고 미필적 인식이 있으면 족하다[대판 2006.1.26. 2004도788].

판례 | 사문서위조의 고의가 인정되는 경우

법무사법 제25조에 의하면 법무사가 사건의 위임을 받은 경우에는 주민등록증·인감증명서 등 법령에 의하여 작성된 증명서의 제출이나 제시 기타 이에 준하는 확실한 방법으로 위임인이 본인 또는 그 대리인임을 확인하여야 하는바, 법무사가 타인의 권리의무에 중대한 영향을 미칠 수 있는 문서를 작성함에 있어 이 규정에 위반하여 문서명의자 본인의 동의나 승낙이 있었는지에 대한 아무런 확인절차를 거치지 아니하고 오히려 명의자 본인의 동의나 승낙이 없음을 알면서도 권한 없이 문서를 작성한 경우에는 사문서위조 및 동행사죄의 고의를 인정할 수 있다[대판 2008.4.10. 2007도9987].

판례 | 사문서변조의 고의가 인정되는 경우

민사소송에서 피고인이 언제부터 乙 회사에서 급여를 받았는지가 중요한 사항이었는데 甲 은행 발행의 피고인 명의 예금통장 기장내용 중 2006.4.25.자 입금자 명의를 가리고 복사하여 이를 법원에 증거로 제출한 경우, 2006.5.25.부터 乙 회사에서 급여를 수령하였다는 새로운 증명력이 작출되었으므로 공공적 신용을 해할 위험성이 있었다고 볼 수 있고, 통장 명의자인 甲 은행장이 행위 당시 그러한 사실을 알았다면 이를 당연히 승낙했을 것으로 추정된다고 볼 수 없으므로, 사문서변조 및 동행사의 고의가 없었다고 할 수 없다[대판 2011.9.29. 2010도14587]. [20 경간부, 18 법원행시]*

3. 죄수 및 타죄와의 관계

본죄의 죄수는 명의인의 수를 기준으로 결정한다(판례).

Ⅲ 자격모용에 의한 사문서작성죄99)

제232조(자격모용에 의한 사문서의 작성) 행사할 목적으로 타인의 자격을 모용하여 권리·의무 또는 사실증명에 관한 문서 또는 도화를 작성한 자는 5년 이하의 징역 또는 1천만원 이하의 벌금에 처한다.

제235조(미수범) 미수범은 처벌한다.

판례 | 자격모용에 의한 사문서작성죄에서의 '타인'의 범위와 그 타인에 해당하는 경우

[1] 자격모용에 의한 사문서작성죄에서의 '타인'에는 자연인뿐만 아니라 법인, 법인격 없는 단체를 비롯하여 거래관계에서 독립한 사회적 지위를 갖고 활동하고 있는 존재로 취급될 수 있으면 여기에 해당된다.
[2] 부동산중개사무소를 대표하거나 대리할 권한이 없는 사람이 부동산매매계약서의 공인중개사란에 '○○부동산 대표 △△△(피고인의 이름)'라고 기재한 사안에서, '○○부동산'이라는 표기는 단순히 상호를 가리키는 것이 아니라 독립한 사회적 지위를 가지고 활동하는 존재로 취급될 수 있으므로 자격모용사문서작성죄의 '명의인'에 해당한다[대판 2008.2.14. 2007도9606].

판례 | 자격모용에 의한 사문서작성죄가 성립하는 경우

[1] 자격모용에 의한 사문서작성죄는 문서위조죄와 마찬가지로 문서의 진정에 대한 공공의 신용을 보호법익으로 하는 것으로, 행사할 목적으로 타인의 자격을 모용하여 작성된 문서가 일반인으로 하여금 명의인의 권한 내에서 작성된 문서라고 믿게 할 수 있는 정도의 형식과 외관을 갖추고 있으면 성립한다.
[2] 대표자 또는 대리인의 자격으로 임대차 등 계약을 하는 경우 그 자격을 표시하는 방법에는 특별한 규정이 없다. 피고인 자신을 위한 행위가 아니고 작성명의인을 위하여 법률행위를 한다는 것을 인식할 수 있을 정도의 표시가 있으면 대표 또는 대리관계의 표시로서 충분하다. 일반인이 명의인의 권한 내에서 작성된 문서로 믿게 하기에 충분한 정도인지는 문서의 형식과 외관은 물론 문서의 작성 경위, 종류, 내용과 거래에서 문서가 가지는 기능 등 여러 사정을 종합하여 판단해야 한다.
[3] 피고인이 임대인을 대표하거나 대리할 권한 없이 임차인과 임대차계약을 체결하면서 임대차계약서의 임대인 란에 피모용자의 상호를 기재하고 대표 또는 대리관계의 표시 없이 그 옆의 괄호 안에 피고인의 이름을 기재한 후 피고인의 도장을 날인한 사안에서, 임대차계약서의 형식과 외관, 위 계약서의 작성 경위, 종류, 내용, 거래에서 위 계약서가 가지는 기능 등 여러 가지 사정을 종합하면, 이 사건 임대차계약서는 일반인이 피모용자의 대표자 또는 대리인의 자격을 가진 피고인에 의해 작성된 문서라고 믿게 할 수 있는 정도의 형식과 외관을 갖추고 있다고 본 사례[대판 2017.12.22. 2017도14560].

99) 자격모용의 법리는 자격모용유가증권작성죄와 동일하다.

동지판례 자격모용사문서작성죄는 문서위조죄와 마찬가지로 문서의 진정에 대한 공공의 신용을 보호법익으로 하는 것으로, 행사할 목적으로 타인의 자격을 모용하여 작성된 문서가 일반인으로 하여금 명의인의 권한 내에서 작성된 문서라고 믿게 할 수 있는 정도의 형식과 외관을 갖추고 있으면 성립하므로, 주식회사의 대표 자격으로 계약을 하는 경우 피고인 자신을 위한 행위가 아니고 작성 명의인인 회사를 위하여 법률행위를 한다는 것을 인식할 수 있을 정도의 표시가 있으면 대표관계의 표시라고 할 수 있다. 자격모용사문서작성죄에서의 '행사할 목적'이라 함은 그 문서가 정당한 권한에 기하여 작성된 것처럼 다른 사람으로 하여금 오신하도록 하게 할 목적을 말한다고 할 것이므로 사문서를 작성하는 자가 주식회사의 대표로서의 자격을 모용하여 문서를 작성한다는 것을 인식, 용인하면서 그 문서를 진정한 문서로서 어떤 효용에 쓸 목적으로 사문서를 작성하였다면, 자격모용에 의한 사문서작성죄의 행사의 목적과 고의를 인정할 수 있다. 작성자가 '행사할 목적'으로 자격을 모용하여 문서를 작성한 이상 문서행사의 상대방이 자격모용 사실을 알았다거나, 작성자가 그 문서에 모용한 자격과 무관한 직인을 날인하였다는 등의 사정이 있다고 하여 달리 볼 것은 아니다 [대판 2022.6.30. 2021도17712].

판례 | 자격모용에 의한 사문서작성죄가 성립하지 않는 경우

(작성권한 있는 자가 권한을 남용하여 문서를 작성한 경우) [1] 자격모용 사문서작성죄를 구성하는지 여부는 그 문서를 작성함에 있어 타인의 자격을 모용하였는지 아닌지의 형식에 의하여 결정하여야 하고, 그 문서의 내용이 진실한지 아닌지는 이에 아무런 영향을 미칠 수 없으므로, 타인의 대표자 또는 대리자가 그 대표 또는 대리명의로 문서를 작성할 권한을 가지는 경우에 그 지위를 남용하여 단순히 자기 또는 제3자의 이익을 도모할 목적으로 문서를 작성하였다 하더라도 자격모용 사문서작성죄는 성립하지 아니한다.

[2] 토지매수권한을 위임받은 대리인이 매도인측 대표자와 공모하여 매매대금 일부를 착복하기로 하고 위임받은 특정 매매금액보다 낮은 금액을 허위로 기재한 매매계약서를 작성한 경우, 자격모용 사문서작성죄를 구성하지 않는다고 한 사례[대판 2007.10.11. 2007도5838].

판례 | 자격모용에 의한 사문서작성죄가 성립하는 경우

1. 양식계의 계장이나 그 직무를 대행하는 자가 아닌 자가 양식계의 계장 명의의 내수면사용동의신청서 하단의 계장란에 자신의 이름을 쓰게 하고 그 옆에 자신의 도장을 날인하여 사실증명에 관한 문서인 위 내수면사용동의신청서 1매를 작성하고 이를 행사하였다면 이는 자격모용에 의한 사문서작성, 동행사죄에 해당한다[대판 1991.10.8. 91도1703].
2. 자격모용에 의한 사문서작성죄를 구성하는지 여부는 그 문서를 작성하면서 타인의 자격을 모용하였는지 아닌지의 형식에 의하여 결정하여야 하고, 그 문서의 내용이 진실한지 아닌지는 이에 아무런 영향을 미칠 수 없는바, 부동산의 양도계약이 중간생략등기의 합의에 의하여 순차 이루어져 최초 양도인으로부터 최종 양수인에게 소유권이전등기청구권이 전전 양도된다고 하여 최초 양도인이 그 후의 양수인에게 최초 양도인을 대리하여 그를 매도인으로 하는 부동산 매매계약서를 작성할 권한까지 수여한 것으로는 볼 수 없으므로, 최종 양수인의 직전 양도인이 최초 양도인으로부터 대리권한을 수여받지 않고 최초 양도인의 대리인으로서 최종 양수인에게 부동산 매매계약서를 작성·교부하였다면 자격모용에 의한 사문서작성 및 동행사죄가 성립한다[대판 2008.5.29. 2008도1506].
3. 공동주택건설사업을 추진하는 단체로부터 공사대행업자 선정권한을 위임받은 변호사인 피고인이 위 단체로부터 위임계약을 해지한다는 취지의 내용증명우편을 수령하고도 제3자와 위 단체 명의로 공동주택단지 개발사업 공동추진계약을 체결하면서 자신을 위 단체의 대리인으로 기재한 계약서를 작성한 경우, 피고인에 대한 자격모용사문서작성 및 동행사의 범죄사실을 유죄로 인정한 원심판결을 수긍한 사례[대판 2005.4.15. 2004도6404].

판례 | 후임 이사가 유효히 선임되었으나 선임의 효력에 다툼이 있는 경우 문서의 작성권자

[1] 후임 이사가 유효히 선임되었는데도 그 선임의 효력을 둘러싼 다툼이 있다고 하여 그 다툼이 해결되기 전까지는 후임 이사에게는 직무수행권한이 없고 임기가 만료된 구 이사만이 직무수행권한을 가진다고 할 수는 없다.
[2] 후임 이사가 조합장 자격으로 임대차계약서, 지정복장사계약서를 각 작성하고, 전임 이사장과 이사들이 임기만료로 퇴임하였고 피고인 등이 이사장과 이사로 새로 취임하였으므로 그 퇴임 및 취임의 등기를 구한다는 등기신청서를 제출하여 조합등기부에 그 사실을 기재하게 한 경우, 자격모용사문서작성 · 자격모용작성사문서행사 · 공정증서원본부실기재 · 부실기재공정증서원본행사죄는 성립하지 않는다[대판 1991.2.26. 90도577].

판례 | 종중 대표자 선임결의가 무효인 경우의 문서의 작성권자

[1] 민법상 법인의 이사 전원 또는 그 일부의 임기가 만료하였다고 하더라도 후임 이사가 선임되지 않았거나 또는 후임 이사가 선임되었다고 하더라도 그 선임결의가 무효이고 임기가 만료하지 아니한 다른 이사만으로는 정상적인 법인의 활동을 할 수 없는 경우에는, 임기가 만료한 구 이사로 하여금 법인의 업무를 수행케 함이 부적당하다고 인정할 만한 특별한 사정이 없는 한, 구 이사는 후임 이사가 선임될 때까지 종전의 직무를 수행할 수 있다.
[2] 종중의 대표자 등 임원 선임결의가 무효인 경우, 전임 이사들이 계속 종전 그 직무를 수행하면서 임원 자격으로 작성한 이사회 의사록 등은 자격을 모용하여 작성한 문서가 아니다.
[3] 종중의 신임 대표자 등이 선임되고 전임 대표자에 대한 직무집행정지가처분결정이 있은 후 위 가처분결정이 취소된 경우, 신임 대표자 선임결의가 무효라 하더라도 전임 대표자가 위 가처분결정을 알면서 가처분결정시부터 취소시 사이에 대표자 자격으로 작성한 이사회 의사록 등은 자격을 모용하여 작성한 문서이다.
[4] 종중의 신임 대표자 등이 선임되고 전임 대표자에 대한 직무집행정지가처분결정이 있은 후 위 가처분결정이 취소된 경우, 위 선임결의가 무효라면 종전 임원의 위 가처분결정 이전에 작성한 이사회 의사록은 '자격을 모용하여 작성한 문서'가 아니고, 이를 위 가처분결정 이후에 행사하였다고 하더라도 자격모용작성사문서행사죄가 성립하지 않는다[대판 2007.7.26. 2005도4072].

판례 | 고의와 행사의 목적이 인정되는 경우

재건축조합의 조합장이 아닌 사람이 재건축조합 조합장의 직함을 사용하여 재건축사업에 관한 계약서를 작성하였다면, 계약의 상대방이 자격모용사실을 알고 있었다거나 그 계약서에 조합장의 직인이 아닌 다른 인장을 날인하였더라도 자격모용에 의한 사문서작성죄의 범의와 행사의 목적이 인정된다고 본 사례[대판 2007.7.27. 2006도2330].

판례 | 고의가 인정되지 않는 경우

자격모용사문서작성죄가 성립하기 위하여는 행사할 목적 이외에 정당한 대표권이나 대리권이 없음을 알고도 마치 대표권이나 대리권이 있는 것처럼 가장하여 타인의 자격을 모용한다는 인식 즉 범의가 있어야 할 것인데, 교단이 한국천부교전도관부흥협회와 한국예수교전도관부흥협회로 분열됨으로써 위 각 분열된 교단 모두 원래의 교단과의 동일성을 상실하게 되었다고 하더라도 피고인 등은 자신들이 소속한 한국예수교전도관부흥협회가 원래의 교단의 교리를 따르고 있었으므로 동 교단이 동일성을 그대로 유지한다고 믿었을 것이라고 보이고, 그렇다면 위 한국예수교전도관부흥협회의 회장으로 선출된 피고인이 이 사건 진정서 등을 작성 · 제출할 당시 타인의 자격을 모용한다는 범의가 있었다고 보기 어렵다[대판 1996.7.12. 93도2628].

Ⅳ 사전자기록 위작 · 변작죄

제232조의2(사전자기록위작 · 변작) 사무처리를 그르치게 할 목적[100]으로 권리 · 의무 또는 사실증명에 관한 타인의 전자기록 등 특수매체 기록을 위작 또는 변작한 자는 5년 이하의 징역 또는 1천만원 이하의 벌금에 처한다.

제235조(미수범) 미수범은 처벌한다.

판례 | 사전자기록위작 · 변작죄의 객체와 기수시기

1. [1] 컴퓨터의 기억장치 중 하나인 램(RAM, Random Access Memory)이 임시기억장치 또는 임시저장매체이기는 하지만, 위 램(RAM)에 올려진 전자기록 역시 사전자기록위작 · 변작죄에서 말하는 전자기록 등 특수매체기록에 해당한다.
[2] 램(RAM)에 올려진 전자기록은 원본파일과 불가분적인 것으로 원본파일의 개념적 연장선상에 있는 것이므로, 비록 원본파일의 변경까지 초래하지는 아니하였더라도 이러한 전자기록에 허구의 내용을 권한 없이 수정 · 입력한 것은 그 자체로 그러한 사전자기록을 변작한 행위의 구성요건에 해당된다고 보아야 할 것이며, 그러한 수정입력의 시점에서 사전자기록변작죄의 기수에 이르렀다고 한 사례[대판 2003.10.9. 2000도4993].
2. 법인이 컴퓨터 등 정보처리장치를 이용하여 전자적 방식에 의한 정보의 생성 · 처리 · 저장 · 출력을 목적으로 전산망 시스템을 구축하여 설치 · 운영하는 경우 위 시스템을 설치 · 운영하는 주체는 법인이고, 법인의 임직원은 법인으로부터 정보의 생성 · 처리 · 저장 · 출력의 권한을 위임받아 그 업무를 실행하는 사람에 불과하다. 따라서 법인이 설치 · 운영하는 전산망 시스템에 제공되어 정보의 생성 · 처리 · 저장 · 출력이 이루어지는 전자기록 등 특수매체기록은 그 법인의 임직원과의 관계에서 '타인'의 전자기록 등 특수매체기록에 해당한다[대판(전) 2020.8.27. 2019도11294]. [21 법원9급]*

판례 | '사무처리를 그르치게 할 목적'의 의미

1. 형법 제232조의2에서 말하는 '사무처리를 그르치게 할 목적'이란 위작 또는 변작된 전자기록이 사용됨으로써 전자적 방식에 의한 정보의 생성 · 처리 · 저장 · 출력을 목적으로 구축 · 설치한 시스템을 운영하는 주체인 개인 또는 법인의 사무처리를 잘못되게 하는 것을 말한다[대판(전) 2020.8.27. 2019도11294].
2. **(사무처리를 그르치게 할 목적이 인정되지 않는 경우)** 새마을금고의 예금 및 입 · 출금업무를 총괄하는 직원이 전 이사장 명의 예금계좌로 상조금이 입금되자 전 이사장에 대한 금고의 채권확보를 위해 내부 결재를 받아 금고의 예금 관련 컴퓨터 프로그램에 접속하여 전 이사장명의 예금계좌의 비밀번호를 동의 없이 입력한 후 위 금원을 위 금고의 가수금계정으로 이체한 경우, 위 금고의 내부규정이나 여신거래기본약관의 규정에 비추어 이는 위 금고의 업무에 부합하는 행위로서 피해자의 비밀번호를 임의로 사용한 잘못이 있다고 하더라도 사전자기록위작 · 변작죄의 '사무처리를 그르치게 할 목적'을 인정할 수 없다[대판 2008.6.12. 2008도938]. [16 경간부]*

판결이유 금고의 내부규정이나 여신거래 기본약관이 효율적인 채권관리를 위해 필요한 경우에는 채무자의 예금을 그 채무자에 대한 채권과 상계하거나 상계에 앞서 일시적인 지급정지 조치를 취할 수 있도록 규정하고 있음에 비추어, 채무자의 계좌에 입금된 돈을 그에 대한 채권확보를 위해 필요한 경우 채무자의 동의 없이 일시 위 금고의 가수금 계좌로 이체할 수 있다 할 것이다.

동지판례 甲은 'X 아파트 입주자대표회의'를 반대하는 일부 주민들이 개설한 인터넷 포털사이트 '네이버'상의 'X 아파트' 카페에 접속한 다음 중립적인 입장을 천명한 X 아파트 원로회의가 마치 입주자대표회의에 반대하는 입장에 있는 듯하게 보일 수 있는 내용의 글을 원로회의 명의로 작성하였다. 이 경우 甲에게는 위 카페의 설치 · 운영주체의 사무처리를 그르치게 할 목적을 인정하기 어려워 사전자기록위작죄가 성립하지 아니한다[대판 2008.4.24. 2008도294]. [16 경간부]*

---

100) 문서죄의 목적과는 다르다는 것을 주의하여야 한다.

V 공문서 위조 · 변조죄

제225조(공문서 등의 위조 · 변조) 행사할 목적으로 공무원 또는 공무소의 문서 또는 도화를 위조 또는 변조한 자는 10년 이하의 징역에 처한다.

제235조(미수범) 미수범은 처벌한다.

판례연습

【공문서위조죄의 간접정범의 성부】 ※ 공사실적 증명서 발급사건

건설회사의 대표이사 甲은 공사실적이 부족하여 낙찰에 탈락될 위기에 처하자, 관공서 등에서 발급하는 공사실적 증명서를 위조하여 위 건설본부에 제출하기로 마음먹고, 공사실적을 허위기재한 다음 그 정을 모르는 구청의 담당직원에게 제출하여 실적사실을 증명한다는 취지로 구청장의 직인을 날인 받은 후 종합건설본부 담당직원에게 허위의 공사실적 증명서를 제출하였다. 甲에게 공문서위조죄의 간접정범의 성립 여부를 검토하시오.

판결요지

어느 문서의 작성권한을 갖는 공무원이 그 문서의 기재사항을 인식하고 그 문서를 작성할 의사로써 이에 서명 · 날인하였다면, 설령 그 서명 · 날인이 타인의 기망으로 착오에 빠진 결과 그 문서의 기재사항이 진실에 반함을 알지못한 데 기인한다고 하여도, 그 문서의 성립은 진정하며, 여기에 하등 작성명의를 모용한 사실이 있다고 할 수는 없으므로, 공무원 아닌 자가 관공서에 허위내용의 증명원을 제출하여 그 내용이 허위인 정을 모르는 담당공무원으로부터 그 증명원 내용과 같은 증명서를 발급받은 경우 공문서위조죄의 간접정범으로 의율할 수는 없다[대판 2001.3.9. 2000도938]. [18 법원행시, 18 법원9급, 18 경찰승진, 18 경간부, 18 경찰채용, 17 변호사, 16 국가7급, 16 경찰승진, 16 경간부]*

정답 [불성립]

판례 | 공문서위조의 실행의 착수에 이르지 못한 경우

[1] 시장 · 군수 · 구청장이 용량별로 제작 · 배포한 '지방자치단체장 관인의 인장'이 인쇄된 지방자치단체장 명의의 종량제 쓰레기봉투는 공문서에 해당한다.

[2] 피고인이 행사할 목적으로 위조하여 진정한 것으로 판매하려고 하였던 것은 부천시장 명의의 공문서인 쓰레기봉투이지, 쓰레기봉투를 위조하는 과정에 필요한 것으로서 쓰레기봉투에 인쇄할 부천시장 명의의 문안이 새겨진 필름이라고 볼 수 없는 점, 쓰레기봉투 비닐에 부천시장 명의의 문안을 인쇄하기 위하여는 위 필름만으로는 불가능하고 위 필름에 근거한 동판을 제작하여야 비로소 가능한 점 등에 비추어 보면, 피고인이 위 동판 제작이전 단계에 불과한 위 필름을 제조하는 행위에 그쳤다면 이는 아직 위 시장명의의 공문서인 종량제 쓰레기봉투를 위조하는 범행의 실행의 착수에 이르지 아니한 것으로서 그 준비단계에 불과한 것으로 보아야 한다[대판 2007.2.22. 2005도7430]. [16 국가7급]*

판례 | 공문서위조죄가 성립하지 않는 경우

[1] 형법 제225조의 공문서변조나 위조죄의 객체인 공문서는 공무원 또는 공무소가 그 직무에 관하여 작성하는 문서이고, 그 행위주체가 공무원과 공무소가 아닌 경우에는 형법 또는 기타 특별법에 의하여 공무원 등으로 의제되는 경우를 제외하고는 계약 등에 의하여 공무와 관련되는 업무를 일부 대행하는 경우가 있다 하더라도 공무원 또는 공무소가 될 수는 없다. [20 경찰채용]*

[2] 식당의 주·부식 구입 업무를 담당하는 공무원이 계약 등에 의하여 공무소의 주·부식 구입·검수 업무 등을 담당하는 조리장·영양사 등의 명의를 위조하여 검수결과보고서를 작성한 경우, 공문서위조죄가 성립하지 아니한다[대판 2008.1.17. 2007도6987]. [16 경찰채용]*

판례 | 공문서위조죄가 성립하는 경우

1. [1] 형법 제237조의2에 따라 진정한 문서의 사본을 전자복사기를 이용하여 복사하면서 일부 조작을 가하여 그 사본내용과 전혀 다르게 만드는 행위는 공공의 신용을 해할 우려가 있는 별개의 문서사본을 창출하는 행위로서 문서위조행위에 해당한다.
   [2] 타인의 주민등록증사본의 사진란에 피고인의 사진을 붙여 복사하여 행사한 행위는 공문서위조죄 및 동행사죄에 해당한다[대판 2000.9.5. 2000도2855]. [20 경찰채용, 16 경찰승진, 16 법원9급]*

   동지판례 피고인이 행사할 목적으로 타인의 주민등록증에 붙어있는 사진을 떼어내고 그 자리에 피고인의 사진을 붙였다면 이는 기존 공문서의 본질적 또는 중요 부분에 변경을 가하여 새로운 증명력을 가지는 별개의 공문서를 작성한 경우에 해당하므로 공문서위조죄를 구성한다[대판 1991.9.10. 91도1610].
2. 공문서 작성권자로부터 일정한 요건이 구비되었는지 여부를 심사하여 그 요건이 구비되었음이 확인될 경우에 한하여 작성권자의 직인을 사용하여 작성권자 명의의 공문서를 작성하라는 포괄적인 권한을 수여받은 업무보조자인 공무원이, 그 위임의 취지에 반하여 공문서 용지에 허위내용을 기재하고 그 위에 보관하고 있던 작성권자의 직인을 날인하였다면, 그 업무보조자인 공무원에게 공문서위조죄가 성립할 것이고, 그에게 위와 같은 행위를 하도록 지시한 중간결재자인 공무원도 공문서위조죄의 공범으로서의 책임을 면할 수 없다[대판 1996.4.23. 96도424].
3. 유효기간이 경과하여 무효가 된 공문서상에 "정정의 경우에는 무효로 한다"는 기재가 있다고 하더라도 이는 작성권한 없는 자의 정정을 무효로 한다는 취지로 보아야 할 것이므로 권한 없는 자가 그 유효기간과 발행일자를 정정하고 그 부분에 작성권한자의 직인을 압날하여 공문서를 작성하였다면, 이는 형식과 외관에 의하여 효력이 있는 공문서를 위조한 것이 된다[대판 1980.11.11. 80도2126].
4. 군청소재의 도축장 조사원에게 군수명의로된 백지의 지방우육 서울반출증을 보관하면서 적법한 도축신청과 서울축산기업 납세조합에서 발행한 지방우육 서울반입 실수요자확인증의 제출이 있는 경우에 한하여 위 백지반출증에 실수요자증명서의 발행번호와 반출증의 발행일자, 유효기간 등을 보충기재하여 반입실수요자에 교부할 권한만이 위임되어 있었던 경우라면 동 검사원에게 위 반출증의 작성권한이 위임되어 있다고 볼 수 없으므로 동 검사원이 적법한 도축신청과 실수요자확인증의 제출이 없음에도 허위의 반출증을 작성교부하였다면 공문서위조죄가 성립한다[대판 1984.9.11. 84도368].
5. 금융위원회의 설치 등에 관한 법률 제29조, 제69조 제1항에서 정한 금융감독원 집행간부인 금융감독원장 명의의 문서는 공문서에 해당한다. 따라서 금융위원회법 제29조, 제69조 제1항에서 정한 금융감독원 집행간부인 금융감독원장 명의의 문서를 위조, 행사한 행위는 사문서위조죄, 위조사문서행사죄에 해당하는 것이 아니라 공문서위조죄, 위조공문서행사죄에 해당한다[대판 2021.3.11. 2020도14666].

판례 | 공문서변조죄의 객체에 해당하지 않는 경우(허위로 작성된 공문서)

공문서변조라 함은 권한 없이 이미 진정하게 성립된 공무원 또는 공무소명의의 문서내용에 대하여 그 동일성을 해하지 아니할 정도로 변경을 가하는 것을 말한다 할 것이므로 이미 허위로 작성된 공문서는 형법 제225조 소정의 공문서변조죄의 객체가 되지 아니한다[대판 1986.11.11. 86도1984]. [18 경간부]*

판례 | 공문서변조죄가 성립하는 경우

1. 피고인이 인터넷을 통하여 열람 · 출력한 등기사항전부증명서 하단의 열람 일시 부분을 수정 테이프로 지우고 복사해 두었다가 이를 타인에게 교부하여 공문서변조 및 변조공문서행사로 기소된 사안에서, 등기사항전부증명서의 열람 일시는 등기부상 권리관계의 기준 일시를 나타내는 역할을 하는 것으로서 권리관계나 사실관계의 증명에서 중요한 부분에 해당하고, 열람 일시의 기재가 있어 그 일시를 기준으로 한 부동산의 권리관계를 증명하는 등기사항전부증명서와 열람 일시의 기재가 없어 부동산의 권리관계를 증명하는 기준 시점이 표시되지 않은 등기사항전부증명서 사이에는 증명하는 사실이나 증명력에 분명한 차이가 있는 점, 법률가나 관련 분야의 전문가가 아닌 평균인 수준의 사리분별력을 갖는 일반인의 관점에서 볼 때 그 등기사항전부증명서가 조금만 주의를 기울여 살펴보기만 해도 그 열람 일시가 삭제된 것임을 쉽게 알아볼 수 있을 정도로 공문서로서의 형식과 외관을 갖추지 못했다고 보기 어려운 점을 종합하면, 피고인이 등기사항전부증명서의 열람 일시를 삭제하여 복사한 행위는 등기사항전부증명서가 나타내는 권리 · 사실관계와 다른 새로운 증명력을 가진 문서를 만든 것에 해당하고 그로 인하여 공공적 신용을 해할 위험성도 발생하였다는 이유로, 이와 달리 본 원심판결에 공문서변조에 관한 법리오해의 잘못이 있다고 한 사례[대판 2021.2.25. 2018도19043]. [23 변호사]*
2. 건축허가서에 첨부된 설계도면을 떼내고 건축사협회의 도서등기일부인을 건축허가신청시 일자로 소급변조하여 새로 작성한 설계도면을 그 자리에 가철한 행위는 공문서변조죄에 해당한다[대판 1982.12.14. 81도81].
3. 재산세 과세대장의 작성권한이 있던 자가 인사이동되어 그 권한이 없어진 후 그 기재내용을 변경한 경우 공문서변조죄에 해당한다[대판 1996.11.22. 96도1862].
4. 공문서변조죄는 권한 없는 자가 공무소 또는 공무원이 이미 작성한 문서 내용에 대하여 동일성을 해하지 않을 정도로 변경을 가하여 새로운 증명력을 작출케 함으로써 공공적 신용을 해할 위험성이 있을 때 성립하고, 사후에 권한 있는 자의 동의나 추인 등이 있었다고 하더라도 이미 성립한 범죄에는 아무런 영향이 없다[대판 2012.1.27. 2010도11884].
5. 피고인들이 자동차등록증 '비고'란을 임의로 변경하고 이를 행사한 행위는 공문서변조죄 및 변조공문서행사죄에 해당한다[대판 2016.3.24. 2014도6287].

판례 | 공문서변조죄가 성립하지 않는 경우

1. 자신의 주민등록증 비닐커버 위에 검은색 볼펜을 사용하여 주민등록번호 전부를 덧기재하고 투명 테이프를 붙이는 방법으로 주민등록번호 중 출생연도를 나타내는 '71'을 '70'으로 고친 경우, 변조행위가 공문서 자체에 변경을 가한 것이 아니며, 그 변조방법이 조잡하여 공문서에 대한 공공의 위험을 초래할 정도에 이르지 못하였으므로 공문서변조죄가 성립하지 않는다[대판 1997.3.28. 97도30].
2. [1] 공문서변조죄는 권한 없는 자가 공무소 또는 공무원이 이미 작성한 문서내용에 대하여 동일성을 해하지 않을 정도로 변경을 가하여 새로운 증명력을 작출케 함으로써 공공적 신용을 해할 위험성이 있을 때 성립한다.

   [2] 공문서의 일부만을 복사한 행위가 공문서변조죄에 해당되지 않는다고 한 사례[대판 2003.12.26. 2002도7339].

   [사실관계] 검찰총장 甲이 자기 처(妻)의 옷 값 대납사건과 관련하여 대통령의 법무비서관이 대통령에게 보고한 내사결과 보고서를 입수한 후 표지를 제외하고 '건의'부분을 가린 채 복사한 사건이다.
3. 인낙조서에 첨부되어 있는 도면 및 그 사본에 임의로 그은 점선은 인낙조서 본문이나 도면에서 그에 대한 설명이 없는 이상 특정한 의미 내용을 갖지 아니한 단순한 도형에 불과하여 그 자체로서 새로운 증명력이 작출케 된다고 할 수 없다는 이유로 그와 같은 점선을 그은 행위가 문서의 손괴에 해당할 수 있음은 별론으로 하고, 공도화로서의 공공적 신용을 해할 위험이 있는 공도화변조죄에 해당한다고 할 수 없다고 한 사례[대판 2000.11.10. 2000도3033].

판례 | 공문서변조의 고의를 인정한 경우

1. 시장명의로 작성하여 도지사에게 송부한 환지계획인가신청서에 첨부된 당초의 도면에 잘못 표시된 부분이 있다고 하여 도 시에서 도시계획 업무를 담당한 공무원이 적법한 절차를 거침이 없이 임의로 위 도면을 정정도면과 바꿔치기 한 행위에 대하여는 공문서변조, 동행사의 범의를 인정하기에 넉넉하며, 도면에 간인이 없다든가 시장의 승인이 예상된다 하여 그 범의를 부정할 수는 없다[대판 1985.6.25. 85도540].

2. 최종 결재권자를 보조하는 기안담당자가 토지가격 감정의뢰서에 첨부된 재산명세서상에 일부 기재가 누락된 토지가 있었으나 그 감정의뢰에 따른 감정을 하는 과정에서 그 누락사실이 발견되어 감정평가사가 그 토지까지 감정하여 작성한 감정평가서를 송부하여 오자, 사후에 이를 일치시킨다는 생각에서 위 재산명세서상에 그 누락된 토지들을 추가기재하였더라도 그 과정에서 적법한 절차를 거침이 없이 임의로 결재된 원문서에 없는 사항을 추가기재한 이상 그러한 행위에 대하여는 공문서변조의 범의를 인정하기에 충분하고, 감정의뢰서에 누락된 토지에 대한 감정까지 하여 작성한 감정평가서에 대하여 위 감정의뢰서 작성명의자인 최종 결재권자의 결재가 있었다고 하여 이로써 위 감정의뢰서 추가기재 행위에 대하여 작성명의자의 승낙이 있었다고 볼 수 없다[대판 1995.3.24. 94도1112].

Ⅵ 자격모용에 의한 공문서작성죄

제226조(자격모용에 의한 공문서 등의 작성) 행사할 목적으로 공무원 또는 공무소의 자격을 모용하여 문서 또는 도화를 작성한 자는 10년 이하의 징역에 처한다.

제235조(미수범) 미수범은 처벌한다.

판례 | 자격모용에 의한 공문서작성죄가 성립하는 경우

1. 甲 구청장이 乙 구청장으로 전보된 후 甲 구청장의 권한에 속하는 건축허가에 관한 기안용지의 결재란에 서명을 한 것은 자격모용에 의한 공문서작성죄를 구성한다[대판 1993.4.27. 92도2688]. [17 경간부, 16 경찰채용]*

2. 식당의 주 · 부식 구입업무를 담당하는 공무원이 주 · 부식구입요구서의 과장결재란에 권한 없이 자신의 서명을 한 경우, 자격모용공문서작성죄가 성립하고 공문서위조죄는 문제되지 않는다고 한 사례[대판 2008.1.17. 2007도6987]. [16 국가7급]*

3. 정당한 대표권이나 대리권이 없는 자가 마치 대표권이나 대리권이 있는 것처럼 가장하여 타인의 자격을 모용하여 문서를 작성하는 경우 자격모용에 의한 문서작성죄가 성립한다고 할 것이므로, 피고인(甲)이 원심인용의 제1심 판시 부동산매매계약서와 영수증을 작성함에 있어 매도인란 또는 영수인란에 '국방부 합참자료실장 이사관 甲'이라는 이름을 기재하고 그 옆에 위 피고인의 도장을 압날한 다음 그 상단에 '국방부장관'이라는 고무인을 압날함으로써 마치 위 피고인이 국방부장관으로부터 적법한 문서작성 권한을 부여받아 그 문서를 작성할 자격이 있는 것처럼 이를 모용하여 위 부동산매매계약서와 영수증을 작성하고 이를 행사하였다고 인정하고 이를 자격모용에 의한 공문서작성 및 동행사죄로 의율처단한 것은 정당하다[대판 1993.7.27. 93도1435].

Ⅶ 공전자기록 위작 · 변작죄

제227조의2(공전자기록위작 · 변작) 사무처리를 그르치게 할 목적으로 공무원 또는 공무소의 전자기록 등 특수매체 기록을 위작 또는 변작한 자는 10년 이하의 징역에 처한다.

제235조(미수범) 미수범은 처벌한다.

판례 | 공전자기록위작죄의 '위작'의 의미와 사전자기록위작죄의 '위작'의 의미도 동일한지 여부(적극)

[다수견해] 시스템을 설치 · 운영하는 주체와의 관계에서 전자기록의 생성에 관여할 권한이 없는 사람이 전자기록을 작출하거나 전자기록의 생성에 필요한 단위정보의 입력을 하는 경우는 물론 시스템의 설치 · 운영의 주체로부터 각자의 직무범위에서 개개의 단위정보의 입력권한을 부여받은 사람이 그 권한을 남용하여 허위의 정보를 입력함으로써 시스템 설치 · 운영주체의 의사에 반하는 전자기록을 생성하는 경우도 형법 제227조의2의 공전자기록위작죄에서 말하는 전자기록의 '위작'에 포함된다. 위 법리는 형법 제232조의2의 사전자기록등위작죄에서 행위의 태양으로 규정한 '위작'에 대해서도 마찬가지로 적용된다. 그 이유는 다음과 같다. … 사전자기록등위작죄를 사문서위조죄와 비교해 보면 두 죄는 범행의 목적, 객체, 행위 태양 등 구성요건이 서로 다른 점 등을 종합적으로 고려하면, 형법 제232조의2가 정한 사전자기록등위작죄에서 '위작'의 의미를 작성권한 없는 사람이 행사할 목적으로 타인의 명의를 모용하여 문서를 작성한 경우에 성립하는 사문서위조죄의 '위조'와 반드시 동일하게 해석하여 그 의미를 일치시킬 필요는 없다.

[소수견해] 형법은 문서에 관한 유형위조의 행위 태양을 위조 · 변조라고 규정하고 있고, 공 · 사전자기록의 위작 · 변작은 이러한 형법 조문의 위조 · 변조와 대응한다는 점, 사문서위조죄(제231조)와 사전자기록위작죄(제232조의2)를 비교해 볼 때 두 죄는 행위의 객체가 종이 문서이냐 아니면 전자기록이냐에 따른 차이를 제외하면 구성요건의 형식이 실질적으로 동일하고 법정형도 동일하다는 점 등을 고려하면 형법 제232조의2의 사전자기록등위작죄에서 정한 '위작'이란 전자기록의 생성에 관여할 권한이 없는 사람이 전자기록을 작성하거나 전자기록의 생성에 필요한 단위정보를 입력하는 경우만을 의미한다고 해석하여야 한다[대판(전) 2020.8.27. 2019도11294]. [23 변호사]*

판례 | 공전자기록의 위작에 해당하는 경우

1. 경찰관이 고소사건을 처리하지 아니하였음에도 경찰범죄정보시스템에 그 사건을 검찰에 송치한 것으로 허위사실을 입력한 행위는 공전자기록위작죄에서 말하는 위작에 해당한다[대판 2005.6.9. 2004도6132]. [18 경간부, 16 경간부]*
2. 사실은 피고인 1의 업무를 보조하는 공소외 1은 체비지 현장에 출장을 나간 사실이 없고, 피고인 1만이 체비지 현장에 출장을 나갔음에도 불구하고, 피고인 1과 위 공소외 1이 공모하여 마치 공소외 1이 직접 그 출장을 나간 것처럼 부천시청 행정지식관리시스템에 허위의 정보를 입력하여 출장복명서를 생성한 후 이를 그 정을 모르는 위 시청 도시과장에게 전송하였다면 피고인 1에게는 공전자기록등위작 및 위작공전자기록등행사죄가 성립한다[대판 2007.7.27. 2007도3798]. [16 법원행시]*

판례 | 공전자기록의 위작에 해당하지 않는 경우

[1] 형법 제227조의2에서 정하는 전자기록의 '위작'이란 전자기록에 관한 시스템을 설치 · 운영하는 주체와의 관계에서 전자기록의 생성에 관여할 권한이 없는 사람이 전자기록을 작출하거나 전자기록의 생성에 필요한 단위 정보의 입력을 하는 경우는 물론이고, 시스템의 설치 · 운영 주체로부터 각자의 직무 범위에서 개개의 단위 정보의 입력 권한을 부여받은 사람이 그 권한을 남용하여 허위의 정보를 입력함으로써 시스템 설치 · 운영 주체의 의사에 반하는 전자기록을 생성하는 경우도 포함한다. 이때 '허위의 정보'라 함은 진실에 반하는 내용을 의미하는 것으로서, 관계 법령에 의하여 요구되는 자격을 갖추지 못하였음에도 불구하고 고의로 이를 갖춘 것처럼 단위 정보를 입력하였다고 하더라도 그 전제 또는 관련된 사실관계에 대한 내용에 거짓이 없다면 허위의 정보를 입력하였다고 볼 수 없다.

[2] 자동차등록 담당공무원인 피고인이 여객자동차 운수사업법상 차량충당연한 규정에 위배되어 영업용으로 변경 및 이전등록을 할 수 없는 차량인 것을 알면서 자동차등록정보 처리시스템의 자동차등록원부 용도란에 '영업용'이라고 입력하였으나, 변경 및 이전등록에 관한 구체적 등록내용인 최초등록일 등은 사실대로 입력한 경우, 자동차등록원부상 '영업용으로의 용도변경 및 이전'에 관한 등록정보가 확인 · 공시하는 내용에 자동차가 영업용으로 용도변경되어 이전되었다는 사실 외에 변경 및 이전등록에 필요한 법령상 자격의 구비 사실까지 포함한다고 볼 법적인 근거가 없고, 최초등록일 등 등록과 관련된 사실관계에 대한 내용에 거짓이 있다고 볼 수 없는 이상, 위 행위가 공전자기록등위작죄의 '위작'에 해당한다고 할 수 없다[대판 2011.5.13. 2011도1415].
[16 경간부]*

판례 | '사무처리를 그르치게 할 목적'의 의미와 그 목적이 인정되는 경우

[1] 형법 제227조의2는 "사무처리를 그르치게 할 목적으로 공무원 또는 공무소의 전자기록 등 특수매체기록을 위작 또는 변작한 자는 10년 이하의 징역에 처한다."고 규정하고 있는데, 여기에서 "사무처리를 그르치게 할 목적"이란 위작 또는 변작된 전자기록이 사용됨으로써 위와 같은 시스템을 설치 · 운영하는 주체의 사무처리를 잘못되게 하는 것을 말한다.
[2] 공군 복지근무지원단 예하 지구대의 부대매점 및 창고관리 부사관이 창고 관리병으로 하여금 위 지원단의 업무관리시스템인 복지전산시스템에 자신이 그 전에 이미 횡령한 바 있는 면세주류를 마치 정상적으로 판매한 것처럼 허위로 입력하게 한 사안에서, 공전자기록위작 · 변작죄의 '사무처리를 그르치게 할 목적'이 있었다는 취지의 원심판단을 수긍한 사례[대판 2010.7.8. 2010도3545].

Ⅷ 허위진단서 등 작성죄

제233조(허위진단서 등의 작성) 의사, 한의사, 치과의사 또는 조산사가 진단서 · 검안서 또는 생사에 관한 증명서를 허위로 작성한 때에는 3년 이하의 징역이나 금고, 7년 이하의 자격정지 또는 3천만원 이하의 벌금에 처한다.

제235조(미수범) 미수범은 처벌한다.

1. 성격

사문서의 무형위조를 예외적으로 처벌하는 구성요건이다.

2. 주체

진정신분범이므로 의사가 아닌 자가 의사명의를 모용하여 허위의 진단서를 작성한 경우에는 허위진단서작성죄는 성립할 수 없고, 문서위조죄가 성립한다.

판례 | 의사 아닌 자가 의사 명의의 진단서를 작성한 경우(허위진단서작성죄 X, 문서위조죄 ○)

피고인이 국립경찰병원장 명의의 진단서에 직인과 계인을 날인하고 환자의 성명과 병명 및 향후치료소견을 기재하였다면 비록 진단서 발행번호나 의사의 서명 · 날인이 없더라도 이는 공문서로서 형식과 외관을 구비하였으므로 공문서위조죄가 성립한다[대판 1987.9.22. 87도1443].

3. 객체

진단서, 검안서 또는 생사에 관한 증명서이다.

판례 | 소견서도 허위진단서작성죄의 객체인 진단서에 해당한다는 판례

비록 그 문서의 명칭이 소견서로 되어 있더라도 그 내용이 의사가 진찰한 결과 알게 된 병명이나 상처의 부위·정도 또는 치료기간 등의 건강상태를 증명하기 위하여 작성된 것이라면 위 진단서에 해당되는 것이다[대판 1990.3.27. 89도2083].

동지판례 [1] 허위 진단서 작성에 해당하는 허위의 기재는 사실에 관한 것이건 판단에 관한 것이건 불문하므로, 현재의 진단명과 증상에 관한 기재뿐만 아니라 현재까지의 진찰 결과로서 발생 가능한 합병증과 향후 치료에 대한 소견을 기재한 경우에도 그로써 환자의 건강상태를 나타내고 있는 이상 허위 진단서 작성의 대상이 될 수 있다. [20 법원행시]*
[2] 의사가 환자의 수형(受刑)생활 또는 수감(收監)생활의 가능 여부에 관하여 기재한 의견이 환자의 건강상태에 기초한 향후 치료 소견의 일부로서 의료적 판단을 기재한 것으로 볼 수 있다면, 이는 환자의 건강상태를 나타내고 있다는 점에서 허위 진단서 작성의 대상이 될 수 있다[대판 2017.11.9. 2014도15129].

판례 | 입퇴원 확인서는 진단서에 해당하지 않는다는 판례

[1] 형법 제233조의 허위진단서작성죄에서 '진단서'란 의사가 진찰의 결과에 관한 판단을 표시하여 사람의 건강상태를 증명하기 위하여 작성하는 문서를 말하고, 위 조항에서 규율하는 진단서에 해당하는지 여부는 서류의 제목, 내용, 작성목적 등을 종합적으로 고려하여 판단하여야 한다.
[2] 의사인 피고인이 환자의 인적사항, 병명, 입원기간 및 그러한 입원사실을 확인하는 내용이 기재된 '입퇴원 확인서'를 허위로 작성하였다고 하여 허위진단서작성으로 기소된 사안에서, 위 '입퇴원 확인서'는 문언의 제목, 내용 등에 비추어 의사의 전문적 지식에 의한 진찰이 없더라도 확인 가능한 환자들의 입원 여부 및 입원기간의 증명이 주된 목적인 서류로서 환자의 건강상태를 증명하기 위한 서류라고 볼 수 없어 허위진단서작성죄에서 규율하는 진단서로 보기 어렵다고 한 사례[대판 2013.12.12. 2012도3173]. [16 법원행시, 16 경간부]*

4. 허위작성

① 객관적 진실에 반하는 내용을 기재하는 것을 말한다.
② 허위는 사실에 관한 것이건 판단에 관한 것이건 불문한다.
③ 진찰한 사실이 없음에도 불구하고 진단서를 작성한 경우에도 본죄가 성립한다.

5. 주관적 구성요건

① 고의가 있어야 하나, 목적범이 아니므로 행사할 목적은 요하지 않는다.
② 허위라고 인식했을지라도 객관적 진실과 일치하는 경우에는 본죄가 성립하지 않는다.

판례 | 허위진단서작성에 관한 고의가 인정되지 않는 경우

1. 허위진단서작성죄는 의사가 사실에 관한 인식이나 판단의 결과를 표현함에 있어서 자기의 인식판단이 진단서에 기재된 내용과 불일치하는 것임을 인식하고서도 일부러 진실 아닌 기재를 하는 것을 말하는 것이므로, 의사가 진찰을 소홀히 한다거나 착오를 일으켜 오진한 결과로 객관적으로 진실에 반한 진단서를 작성한 경우는 허위진단서작성에 관한 인식이 있다고 할 수 없으니 허위진단서작성죄는 성립되지 않는다[대판 1978.12.13. 78도2343].

2. 의사 등이 사망진단서를 작성할 당시 기재한 사망 원인이나 사망의 종류가 허위인지 여부 또는 의사 등이 그러한 점을 인식하고 있었는지 여부는 임상의학 분야에서 실천되고 있는 의료 수준 및 사망진단서 작성현황에 비추어 사망진단서 작성 당시까지 작성자가 진찰한 환자의 구체적인 증상 및 상태 변화, 시술, 수술 등 진료 경과 등을 종합하여 판단하여야 한다. 특히 부검을 통하지 않고 사망의 의학적 원인을 정확하게 파악하는 데에는 한계가 있으므로, 부검 결과로써 확인된 최종적 사인이 이보다 앞선 시점에 작성된 사망진단서에 기재된 사망 원인과 일치하지 않는다는 사정만으로 사망진단서의 기재가 객관적으로 진실에 반한다거나, 작성자가 그러한 사정을 인식하고 있었다고 함부로 단정하여서는 안 된다[대판 2024.4.4. 2021도15080].

   [사실관계] 만 6개월의 영아(이하 '망아')가 골수검사 시행 중 상태가 급격히 악화되어 사망에 이르게 되자, 망아의 주치의인 소아청소년과 교수 피고인 A와 망아의 담당의사인 소아청소년과 전공의인 피고인 B는 망아의 사망진단서상 사인을 무엇으로 기재할지 상의한 후, 피고인 B는 사망의 종류 '병사', 직접사인 '호흡정지', 중간선행사인 '범혈구감소증(골수검사확인예정)'으로 기재한 사망진단서를 작성하였는데, 망아의 사망 이후 골수검사 결과는 급성 골수구성 백혈병으로 확인되었고, 망아의 사망 약 1개월 뒤 작성된 망아에 대한 부검감정서는 망아의 사인을 골수채취 바늘이 총장골동맥을 파열하여 발생한 의인성 손상으로 인한 혈복강으로 판정하여, 피고인들이 공모하여 사망진단서를 허위로 작성하였다고 기소된 사안임.

   판례해설 대법원은, 의사는 사망진단서 작성 당시까지 드러난 환자의 임상 경과를 고려하여 가장 부합하는 사망 원인과 사망의 종류를 자신의 의학적인 판단에 따라 사망진단서에 기재할 수 있으므로, 부검 이전에 작성된 사망진단서에 기재된 사망 원인이 부검으로 밝혀진 사망 원인과 다르다고 하여 피고인들에게 허위진단서 작성의 고의가 있다고 곧바로 추단할 수는 없다고 보아, 허위진단서작성죄를 유죄로 인정한 원심을 파기·환송하였다.

판례 | 허위성에 대한 인식이 인정되는 경우

사체검안의가 빙초산의 성상이나 이를 마시고 사망하는 경우의 소견에 대하여 알지 못함에도 불구하고 변사자가 '약물음독', '빙초산을 먹고 자살하였다'는 취지로 사체검안서를 작성한 경우, 검안서작성에 있어 허위성에 대한 인식이 있다[대판 2001.6.29. 2001도1319].

판례 | 공무원인 의사의 허위진단서 작성(허위공문서작성죄 ○, 허위진단서작성죄 X)

형법이 제225조 내지 제230조에서 공문서에 관한 범죄를 규정하고, 이어 제231조 내지 제236조에서 사문서에 관한 범죄를 규정하고 있는 점 등에 비추어 볼 때 형법 제233조 소정의 허위진단서작성죄의 대상은 공무원이 아닌 의사가 사문서로서 진단서를 작성한 경우에 한정되고, 공무원인 의사가 공무소의 명의로 허위진단서를 작성한 경우에는 허위공문서작성죄만이 성립하고, 허위진단서작성죄는 별도로 성립하지 않는다[대판 2004.4.9. 2003도7762]. [20 법원9급, 20 국가7급, 19 법원9급, 18 변호사, 18 법원행시]*

Ⅸ 허위공문서작성죄

> **제227조(허위공문서작성 등)** 공무원이 행사할 목적으로 그 직무에 관하여 문서 또는 도화를 허위로 작성하거나 변개한 때에는 7년 이하의 징역 또는 2천만원 이하의 벌금에 처한다.
>
> **제235조(미수범)** 미수범은 처벌한다.

1. 의의

공무원이 행사할 목적으로 그 직무에 관하여 문서 또는 도화를 허위로 작성하거나 변개함으로써 성립하는 범죄이다.

2. 구성요건

(1) 객관적 구성요건

① 주체: ⅰ) 직무에 관하여 문서 또는 도화를 작성할 권한이 있는 공무원이다. ⅱ) 공문서에 보충기재 할 권한만 위임되어 있는 자가 허위의 공문서를 작성한 때에는 공문서위조죄가 성립한다[대판 1984.9.11. 84도368].

판례 | 허위공문서작성죄의 주체에 해당하지 아니하는 경우

처벌법규의 개정으로 형법상 뇌물관련 범죄에서만 공무원으로 의제되는 영상물등급위원회 임직원은 허위공문서작성죄 및 동행사죄의 주체에 해당하지 아니한다[대판 2009.3.26. 2008도93].

판례 | 권한 있는 공무원의 허위공문서작성(공문서위조죄 X, 허위공문서작성죄 ○)

인감증명서 발급업무를 담당하는 공무원이 발급을 신청한 본인이 직접 출두한 바 없음에도 불구하고 본인이 직접 신청하여 발급받은 것처럼 인감증명서에 기재하였다면, 이는 공문서위조죄가 아닌 허위공문서작성죄를 구성한다[대판 1997.7.11. 97도1082]. [17 경찰채용]*

판례해설 권한 없는 자가 공무원 또는 공무소 명의의 허위문서를 작성한 경우는 공문서위조죄가 성립한다.

동지판례 면사무소 호병계장이 인감증명서 발급신청인 본인이 직접 출두한 바 없는데도 그가 직접 신청 발급받은 것처럼 그 명의의 인감증명서와 인감증명발급대장에 기재하였다면 이는 허위공문서작성죄를 구성한다 할 것이고, 비록 본인으로부터 대리인을 통하여 인감증명을 발급받겠다는 의사를 확인받았다 하더라도 그 범죄의 성립에는 아무런 영향이 없다[대판 1992.10.13. 92도2060].

② 객체: 공문서 또는 공도화이다.

판례 | 허위공문서작성죄의 객체에 해당하는 경우

1. [1] 허위공문서작성죄에 있어서 직무에 관한 문서라 함은 공무원이 직무권한 내에서 작성하는 문서를 말하고, 그 문서는 대외적인 것이거나 내부적인 것을 구별하지 아니하며, 그 직무권한이 반드시 법률상 근거가 있음을 필요로 하는 것이 아니고 명령, 내규 또는 관례에 의한 직무집행의 권한으로 작성하는 경우라도 포함되는 것이다.
   [2] 허위공문서작성죄에서 허위라 함은 표시된 내용과 진실이 부합하지 아니하여 그 문서에 대한 공공의 신용을 위태롭게 하는 경우를 말하는 것이고, 허위공문서작성죄는 허위공문서를 작성함에 있어 그 내용이 허위라는 사실을 인식하면 성립한다 할 것이다[대판 2015.10.29. 2015도9010].
2. 허위공문서작성죄의 객체가 되는 문서는 문서상 작성명의인이 명시된 경우뿐 아니라 작성명의인이 명시되어 있지 않더라도 문서의 형식, 내용 등 문서 자체에 의하여 누가 작성하였는지를 추지할 수 있을 정도의 것이면 된다[대판 2019.3.14. 2018도18646].

③ 행위: 허위로 작성[101]하거나 변개하는 것이다.

㉮ 공무원이 허위신고임을 알면서 기재한 경우 공무원이 실질적 심사권을 가진 경우는 물론이고, 공무원이 형식적 심사권을 가진 경우(예 호적부를 작성하는 공무원)에도 공무원이 허위임을 안 이상 그 기재를 거부할 수 있다는 점에서 본죄가 성립한다(판례).[102]

㉯ 허위작성은 부작위에 의해서도 가능하다(예 출납부에 고의로 수입사실을 기재하지 않은 경우).

판례 | 허위공문서작성죄가 성립하는 경우

1. 공증담당 변호사가 법무사의 직원으로부터 인증촉탁서류를 제출받았을 뿐 법무사가 공증사무실에 출석하여 사서증서의 날인이 당사자 본인의 것임을 확인한 바 없음에도 마치 그러한 확인을 한 것처럼 인증서에 기재한 경우, 인증촉탁 대리인이 법무사일 경우 그 직원이 공증사무실에 촉탁서류를 제출할 뿐 법무사 본인이 사서증서의 날인 또는 서명이 당사자 본인의 것임을 확인하지 아니하는 것이 업계의 관행이라고 할지라도 그와 같은 업계의 관행이 정당하다고 볼 수 없어 허위공문서작성죄가 성립한다고 한 사례[대판 2007.1.25. 2006도3844].

2. 인감증명서는 각종의 법률행위에 있어서 본인여부 및 본인의 진정한 의사인 여부를 확인케 하는데 일반적으로 사용되는 만큼 그 인감증명서가 본인 또는 대리인 중 누구의 신청에 의하여 발행된 문서이냐 하는 점 역시 그 증명력을 담보함에 필요한 사항이라 할 것이므로 작성권한 있는 공무원이 인감증명서를 발행함에 있어 인감증명서의 인적사항과 인감 및 그 용도를 일치하게 기재하였어도 대리인에 의한 것을 본인신청에 의한 것으로 기재하였다면 그 사항에 관하여는 허위기재한 것으로 보아야 할 것이다[대판 1985.6.25. 85도758]. [18 법원9급]*

3. 소유권이전등기와 근저당권설정등기의 신청이 동시에 이루어지고 그와 함께 등본의 교부신청이 있는 경우에는, 등기공무원은 소유권이전등기와 근저당권설정등기 모두에 관하여 등기부에의 기입을 마치고 그에 따른 등기부등본을 교부하여야 함에도 불구하고, 등기공무원이 소유권이전등기만 기입하고, 근저당권설정등기는 기입하지 아니한 채 등기부등본을 발급하였다면 비록 그 등기부등본의 기재가 등기부의 기재와 일치한다 하더라도, 그 등기부등본은 이미 접수된 신청서에 따라 기입하여야 할 사항 중 일부를 고의로 누락한 채 작성되어 내용이 진실하지 아니한 것으로서 허위공문서에 해당한다[대판 1996.10.15. 96도1669].

4. 면사무소 호병계장이 인감증명서 발급신청인 본인이 직접 출두한 바 없는데도 그가 직접 신청·발급 받은 것처럼 그 명의의 인감증명서와 인감증명발급대장에 기재하였다면 이는 허위공문서작성죄를 구성한다 할 것이고, 비록 본인으로부터 대리인을 통하여 인감증명을 발급하겠다는 의사를 확인받았다 하더라도 그 범죄의 성립에는 아무런 영향이 없다[대판 1992.10.13. 92도2060].

5. 공무원인 피고인이 그 직무에 관하여 이 건의 문제로 된 사문서 사본에 '원본대조필 토목기사 甲'이라 기재하고 도장을 날인하였다면 그 기재 자체가 공문서로 되고, 이 경우 피고인이 실제로 원본과 대조함이 없이 '원본대조필'이라고 기재한 이상 그것만으로 곧 허위공문서작성죄가 성립하는 것이고, 피고인이 위 문서작성자에게 전화로 원본과 상위 없다는 사실을 확인하였다거나 객관적으로 그 사본이 원본과 다른 점이 없다고 하더라도 위 죄가 성립한다[대판 1981.9.22. 80도3180]. [18 법원9급]*

6. 준공검사조서를 작성함에 있어서 정산설계서를 확인하고 준공검사를 한 것이 아님에도 마치 한 것처럼 준공검사용지에 '정산설계서에 의하여 준공검사'를 하였다는 내용을 기입하였다면 허위공문서작성의 범의가 있었음이 명백하여 그것만으로 곧 허위공문서작성죄가 성립하고, 위 준공검사조서의 내용이 객관적으로 정산설계서 초안이나 그 후에 작성된 정산설계서 원본의 내용과 일치한다거나 공사현장의 준공상태에 부합한다 하더라도 그 성립에 아무런 영향을 미치지 못한다[대판 1983.12.27. 82도3063].

7. 지방공무원인 피고인이 甲으로부터 부탁을 받고 1989.4.15.까지는 甲이 세대주이고, 처(妻)인 乙은 동거가족에 불과하였음에도 불구하고 마치 1988.3.26.부터 乙이 세대주인 것처럼 된 세대별 주민등록표 1장을 작성하여 동사무소의 주민등록표 보관함에 비치한 행위는 허위공문서작성 및 동행사죄에 해당한다[대판 1990.10.16. 90도1199]. [18 국가9급]*

---

101) 허위작성의 의미는 허위유가증권작성죄에서의 의미와 동일하다.

102) 신고사항이 허위인 것이 명백한 경우에는 호적리는 그 기재를 거부할 수 있다고 해석할 것이므로 허위임을 알고 있으면서 이를 호적부에 기재하였다면 허위공문서작성죄가 성립한다[대판 1977.12.27. 77도2155].

8. 준공검사관이 준공검사를 함에 있어 수중, 지하 또는 구조물의 내부 등 시공 후 매몰된 부분의 검사는 공사감독관의 감독조서를 근거로 하여 검사를 행하면 되고, 이를 실제로 검사하지 아니한 채 준공조서를 작성하였다 하더라도 허위준공검사조서작성죄의 죄책을 지지 아니하나, 매몰된 부분의 공사가 완성되지 아니하였다는 것을 알면서도 준공검사조서를 작성한 경우에는 위 죄책을 면하지 못한다[대판 1995.6.13, 95도491].

9. 불법건축물 단속 업무를 담당하고 있는 청원경찰 甲이 실제로 현장확인을 하지 않고 동료 청원경찰인 乙에게 원상복구 여부에 대한 현장확인을 부탁한 다음, 乙이 작성한 출장복명서가 진실한 것인지를 제대로 알지도 못하면서 자신이 직접 현장확인을 하여 보니 원상복구가 완료되었다는 내용의 출장복명서에 자신의 서명을 함으로써 출장복명서를 완성하여 그 정을 모르는 담당공무원에게 제출하였다면 이는 허위공문서작성죄 및 허위작성공문서행사죄에 해당한다[대판 2013.10.24, 2013도5752].

판례 | 허위공문서작성죄가 성립하지 않는 경우

1. **(법률적용에 위법이 있었으나 문서에 허위내용의 기재가 없었던 경우)** 허위공문서작성죄란 공문서에 진실에 반하는 기재를 하는 때에 성립하는 범죄이므로, 고의로 법령을 잘못 적용하여 공문서를 작성하였다고 하더라도 그 법령적용의 전제가 된 사실관계에 대한 내용에 거짓이 없다면 허위공문서작성죄가 성립될 수 없는바, 당사자로부터 뇌물을 받고 고의로 적용하여서는 안 될 조항을 적용하여 과세표준을 결정하고, 그 과세표준에 기하여 세액을 산출하였다고 하더라도 그 세액계산서에 허위내용의 기재가 없다면 허위공문서작성죄에는 해당하지 않는다[대판 1996.5.14, 96도554], [대판 2021.9.16, 2019도18394]. [19 경찰승진]*

2. **(건축허가통보서 사건)** [1] 허위공문서작성죄란 공문서에 진실에 반하는 기재를 하는 때에 성립하는 범죄이므로, 고의로 법령을 잘못 적용하여 공문서를 작성하였다고 하더라도 그 법령적용의 전제가 된 사실관계에 대한 내용에 거짓이 없다면 허위공문서작성죄가 성립될 수 없다.
[2] 건축담당 공무원이 건축허가신청서를 접수·처리함에 있어 건축법상의 요건을 갖추지 못하고 설계된 사실을 알면서도 기안서인 건축허가통보서를 작성하여 건축허가서의 작성명의인인 군수의 결재를 받아 건축허가서를 작성한 경우, 건축허가서는 그 작성명의인인 군수가 건축허가신청에 대하여 이를 관계 법령에 따라 허가한다는 내용에 불과하고 위 건축허가신청서와 그 첨부서류에 기재된 내용(건축물의 건축계획)이 건축법의 규정에 적합하다는 사실을 확인하거나 증명하는 것은 아니라 할 것이므로 군수가 위 건축허가통보서에 결재하여 위 건축허가신청을 허가하였다면 위 건축허가서에 표현된 허가의 의사표시 내용 자체에 어떠한 허위가 있다고 볼 수는 없다 할 것이어서, 이러한 건축허가에 그 요건을 구비하지 못한 잘못이 있고, 이에 담당 공무원의 위법행위가 개입되었다 하더라도 그 위법행위에 대한 책임을 추궁하는 것은 별론으로 하고 위 건축허가서를 작성한 행위를 허위공문서작성죄로 처벌할 수는 없다[대판 2000.6.27, 2000도1858]. [18 법원9급, 18 국가9급]*

비교판례 ⅰ) [1] 허위공문서작성죄란 공문서에 진실에 반하는 기재를 하는 때에 성립하는 범죄이므로, 고의로 법령을 잘못 적용하여 공문서를 작성하였다고 하더라도 그 법령적용의 전제가 된 사실관계에 대한 내용에 거짓이 없다면 허위공문서작성죄가 성립될 수 없다.
[2] 폐기물관리법 제26조 제2항에 의한 폐기물처리사업계획 적합통보서는 단순히 폐기물처리사업을 관계 법령에 따라 허가한다는 내용이 아니라, 폐기물처리업을 하려는 자가 폐기물관리법 제26조 제1항에 따라 제출한 폐기물처리사업계획이 폐기물관리법 및 관계 법령의 규정에 적합하다는 사실을 확인하거나 증명하는 것이라 할 것이므로, 그 폐기물처리사업계획이 관계 법령의 규정에 적합하지 아니함을 알면서 적합하다는 내용으로 통보서를 작성한 것이라면 그 통보서는 허위의 공문서라고 보지 아니할 수 없다[대판 2003.2.11, 2002도4293]. [18 국가9급]*
ⅱ) 농지법 제8조 제1항 소정의 농지취득자격증명은 농지를 취득하는 자가 그 소유권에 관한 등기를 신청할 때에 첨부하여야 할 서류로서(농지법 제8조 제4항), 농지를 취득하는 자에게 농지취득의 자격이 있다는 것을 증명하는 것이므로, 신청인에게 농업경영능력이나 영농의사가 없음을 알거나 이를 제대로 알지 못하면서도 농지취득 자격에 아무런 문제가 없다는 내용으로 농지취득자격증명통보서를 작성하였다면 허위공문서작성죄가 성립한다[대판 2007.1.25, 2006도3996]. [17 경찰채용]*

3. [1] 문서에 관한 죄의 보호법익은 문서의 증명력과 문서에 들어 있는 의사표시의 안정·신용으로, 일정한 법률관계 또는 거래상 중요한 사실에 관한 관계를 표시함으로써 증거가 될 만한 가치가 있는 문서를 그 대상으로 한다. 그중 공무소 또는 공무원이 그 직무에 관하여 진실에 반하는 허위 내용의 문서를 작성할 경우 허위공문서작성죄가 성립하고, 이는 공문서에 특별한 증명력과 신용력이 인정되기 때문에 성립의 진정뿐만 아니라 내용의 진실까지 보호하기 위함이다. 따라서 허위공문서작성죄의 허위는 표시된 내용과 진실이 부합하지 아니하여 그 문서에 대한 공공의 신용을 위태롭게 하는 경우여야 하고, 그 내용이 허위라는 사실에 관한 피고인의 인식이 있어야 한다.

[2] 피고인 갑이 세월호 침몰사고 진상규명을 위한 국정조사특별위원회의 국정조사(이하 '국조특위'라고 한다)절차에서 대통령비서실장으로서 증언한 후 국회의원으로부터 대통령 대면보고 시점 등에 관한 추가 서면질의를 받고, 실무 담당 행정관으로 하여금 '비서실에서는 20~30분 단위로 간단없이 유·무선으로 보고를 하였기 때문에, 대통령은 직접 대면보고 받는 것 이상으로 상황을 파악하고 있었다고 생각합니다.'라는 내용의 서면답변서(이하 '답변서'라고 한다)를 작성하여 국회에 제출하도록 함으로써 공문서를 허위로 작성·행사하였다는 내용으로 기소된 사안에서, 답변서가 대통령비서실장으로서 최종 작성권한을 갖는 피고인 갑에 의하여 대통령비서실, 국가안보실의 직무권한 범위 내에서 작성된 공문서에 해당한다고 본 원심판단은 정당하나, 답변서는 피고인 갑이 국조특위 이후 추가된 국회 질의에 대하여 기존 증언과 같은 내용의 답변을 담은 문서로서 허위공문서작성죄에서 말하는 '허위'가 있다거나 그에 관한 피고인 갑의 인식이 있었다고 보기 어렵다[대판 2022.8.19. 2020도9714].

(2) 주관적 구성요건

판례 | 허위공문서작성의 고의가 인정된 경우

[1] 문서에 관한 죄의 보호법익은 문서의 증명력과 문서에 들어 있는 의사표시의 안정·신용으로, 일정한 법률관계 또는 거래상 중요한 사실에 관한 관계를 표시함으로써 증거가 될 만한 가치가 있는 문서를 대상으로 한다. 그중 공무소 또는 공무원이 직무에 관하여 진실에 반하는 허위 내용의 문서를 작성할 경우 허위공문서작성죄가 성립하고, 이는 공문서에 특별한 증명력과 신용력이 인정되기 때문에 성립의 진정뿐만 아니라 내용의 진실까지 보호하기 위함이다. 허위공문서작성죄에서 허위란 표시된 내용과 진실이 부합하지 아니하여 그 문서에 대한 공공의 신용을 위태롭게 하는 경우를 말하고, 허위공문서작성죄는 허위공문서를 작성하면서 그 내용이 허위라는 사실을 인식하면 성립한다.
[2] 사법경찰관인 피고인이 검사로부터 '교통사고 피해자들로부터 사고 경위에 대해 구체적인 진술을 청취하여 운전자 甲의 도주 여부에 대해 재수사할 것'을 요청받고, 재수사 결과서의 '재수사 결과'란에 피해자들로부터 진술을 청취하지 않았음에도 진술을 듣고 그 진술내용을 적은 것처럼 기재함으로써 허위공문서를 작성하였다는 내용으로 기소된 사안에서, 재수사 결과서의 작성 경위나 구성형태에 비추어 재수사 결과란의 기재는 피고인이 재수사 요청 취지에 따라 피해자들로부터 구체적인 진술을 듣고 진술내용을 적었음을 의미하는데 피고인은 피해자들로부터 진술을 청취하지 않았고, 특히 피고인은 피해자들이 진술한 바 없는 내용으로 자신의 독자적인 의견이나 추측에 불과한 것을 마치 피해자들로부터 직접 들은 진술인 것처럼 기재하였으므로, 피해자들 진술로 기재된 내용 중 일부가 결과적으로 사실과 부합하는지, 재수사 요청을 받은 사법경찰관이 검사에 의하여 지목된 참고인이나 피의자 등에 대한 재조사 여부와 재조사 방식 등에 대해 재량을 가지는지 등과 무관하게 피고인의 행위는 허위공문서작성죄를 구성하며, 피고인이 피해자들의 진술에 신빙성이 부족하다는 이유에서 자신의 판단에 따라 기재하는 내용이 객관적인 사실에 부합할 것이라고 생각하였다 하여 범의를 부정할 수 없다는 이유로, 이와 달리 보아 공소사실을 무죄로 판단한 원심판결에 심리미진 및 허위공문서작성죄에 관한 법리오해 등의 위법이 있다고 한 사례[대판 2023.3.30. 2022도6886].

판례 | 허위공문서작성의 고의가 인정되지 않는 경우

1. 공무원이 여러 차례의 출장반복의 번거로움을 회피하고, 민원사무를 신속히 처리한다는 방침에 따라 사전에 출장조사한 다음 출장조사 내용이 변동없다는 확신하에 출장복명서를 작성하고, 다만 그 출장일자를 작성일자로 기재한 것이라면 허위공문서 작성의 범의가 있었다고 볼 수 없다[대판 2001.1.15. 99도4101]. [19 경간부, 17 경찰채용, 16 경찰채용]*
2. 피고인들이 물품(미역) 검사를 하면서 전체량의 일부만을 추출하여 실물검사를 하였음에도 이를 초과하여 외관검사를 행한 수량 중의 일정량을 실물검사한 것처럼 보고서를 작성하였다 하여도 그것이 업무상 관행에 따른 것이라면 허위공문서 작성의 인식이 없다고 할 것이다[대판 1982.7.27. 82도1026].

판례 | 허위공도화작성의 고의가 인정되는 경우

임야도와 지적도상의 경계가 부합하지 아니하여 지적도의 경계표시에 오류가 있음을 쉽게 확인할 수 있고, 또 측량을 하지 않고서도 그 정정이 가능한 경우에 해당한다고 볼 수 없는 경우, 피고인 등이 임야도를 기준으로 하였다 하더라도 토지 및 하천 등의 경계나 면적을 측량하지도 아니한 채 지적도상의 토지 및 하천 등의 경계를 정정한 것은 결코 적법한 업무처리라고 할 수 없고, 따라서 피고인에게 허위공도화작성 등의 범의가 있다[대판 1997.12.26. 96도3057].

3. 간접정범의 성부

(1) 작성권자가 타인을 이용하는 경우

본죄의 간접정범이 성립한다.

(2) 비공무원이 작성권자를 이용하는 경우

비공무원은 본죄의 정범적격이 없으므로 간접정범이 성립할 수 없다(판례, 통설).

판례 | 비공무원이 작성권자를 이용하는 경우(허위공문서작성죄의 간접정범 X)

형법은 무형위조에 관하여는 공문서에 관하여서만 이를 처벌할 뿐 일반사문서의 무형위조를 인정하지 아니할 뿐 아니라, 공문서의 무형위조에 관하여도 동법 제227조의 허위공문서작성의 경우 이외에 특히 공무원에 대하여 허위의 신고를 하고 공정증서원본 · 면허장 · 감찰 또는 여권에 사실 아닌 기재를 하게 한 때에 한하여 동법 제228조의 경우의 처벌규정을 만들고, 더구나 위 제227조의 경우의 형벌보다 현저히 가볍게 벌하는 점으로 보면 공무원이 아닌 자가 허위의 공문서작성의 간접정범이 되는 때에는 동법 제228조의 경우 이외에는 이를 처벌하지 아니하는 취지로 해석함이 상당하다고 할 것이다[대판(전) 1961.12.14. 4292형상645].

비교판례 [1] **(비공무원도 공무원과 허위공문서작성죄의 공동정범의 성립은 가능)** 공무원이 아닌 자는 형법 제228조의 경우를 제외하고는 허위공문서작성죄의 간접정범으로 처벌할 수 없으나, 공무원이 아닌 자가 공무원과 공동하여 허위공문서작성죄를 범한 때에는 공무원이 아닌 자도 형법 제33조, 제30조에 의하여 허위공문서작성죄의 공동정범이 된다[대판 2006.5.10. 2006도1663]. [20 법원9급]*
[2] **(비공무원도 공무원에 대하여 허위공문서작성죄의 공범의 성립은 가능)** 피고인이 건축물의 조사 및 가옥대장 정리업무를 담당하는 지방행정서기를 교사하여 무허가 건물을 허가받은 건축물인 것처럼 가옥대장 등에 등재케 하여 허위공문서 등을 작성케 한 사실이 인정된다면, 허위공문서작성죄의 교사범으로 처단한 것은 정당하다[대판 1983.12.13. 83도1458].

(3) 공문서작성의 보조자가 작성권자를 이용하는 경우

판례 | 허위공문서작성죄의 간접정범과 공문서위조죄의 구별기준

허위공문서작성죄의 주체는 문서를 작성할 권한이 있는 명의인인 공무원에 한하고 그 공무원의 문서작성을 보조하는 직무에 종사하는 공무원은 허위공문서작성죄의 주체가 될 수 없다. 따라서 보조 직무에 종사하는 공무원이 허위공문서를 기안하여 허위임을 모르는 작성권자의 결재를 받아 공문서를 완성한 때에는 허위공문서작성죄의 간접정범이 될 것이지만, 이러한 결재를 거치지 않고 임의로 작성권자의 직인 등을 부정 사용함으로써 공문서를 완성한 때에는 공문서위조죄가 성립한다. 또한 공문서의 작성권한 없는 사람이 허위공문서를 기안하여 작성권자의 결재를 받지 않고 공문서를 완성한 경우에도 공문서위조죄가 성립한다.
나아가 작성권자의 직인 등을 보관하는 담당자는 일반적으로 작성권자의 결재가 있는 때에 한하여 보관 중인 직인 등을 날인할 수 있을 뿐이다. 이러한 경우 다른 공무원 등이 작성권자의 결재를 받지 않고 직인 등을 보관하는 담당자를 기망하여 작성권자의 직인을 날인하도록 하여 공문서를 완성한 때에도 공문서위조죄가 성립한다[대판 2017.5.17. 2016도13912]. [21 법원9급, 18 국가7급, 17 법원행시, 17 경찰채용]*

판례 | 허위공문서작성죄의 간접정범이 성립하는 경우

1. 작성권한 있는 공무원의 직무를 보좌하여 공문서를 기안 또는 초안하는 직권이 있는 자가 그 직위를 이용하여 행사할 목적으로 직무상 기안하는 문서에 허위의 내용을 기재하고, 허위인 정을 모르는 상사로 하여금 그 초안내용이 진실한 것으로 오신케 하여 서명·날인케 함으로써 허위내용의 공문서를 작성토록 하였다면 소위 허위공문서작성죄의 간접정범의 죄책을 면할 수 없다[대판 1990.2.27, 89도1816; 동지 대판 2010.1.14, 2009도9963].

   동지판례 면의 호적계장이 정을 모른 면장의 결재를 받아 허위내용의 호적부를 작성한 경우 허위공문서작성·동행사죄의 간접정범이 성립된다[대판 1990.10.30, 90도1912].

2. 경찰서 보안과장인 피고인이 乙의 음주운전을 눈감아주기 위하여 그에 대한 음주운전자 적발보고서를 찢어버리고, 부하로 하여금 일련번호가 동일한 가짜 음주운전 적발보고서에 丙에 대한 음주운전 사실을 기재케 하여, 그 정을 모르는 담당 경찰관으로 하여금 주취운전자 음주측정처리부에 丙에 대한 음주운전 사실을 기재하도록 한 이상 丙이 음주운전으로 인하여 처벌을 받았는지 여부와는 관계 없이 허위공문서작성 및 동행사죄의 간접정범으로서의 죄책을 면할 수 없다[대판 1996.10.11, 95도1706].
   [18 경찰승진, 16 국가7급, 16 경간부]*

3. 공문서의 작성권한이 있는 공무원의 직무를 보좌하는 자가 그 직위를 이용하여 행사할 목적으로 허위의 내용이 기재된 문서초안을 그 정을 모르는 상사에게 제출하여 결재하도록 하는 등의 방법으로 작성권한이 있는 공무원으로 하여금 허위의 공문서를 작성하게 한 경우에는 간접정범이 성립되고, 이와 공모한 자 역시 그 간접정범의 공범으로서의 죄책을 면할 수 없는 것이고, 여기서 말하는 공범은 반드시 공무원의 신분이 있는 자로 한정되는 것은 아니라고 할 것이다[대판 1992.1.17, 91도2837].
   [23 경간부]*

판례 | 허위공문서작성죄의 간접정범이 아니라 공문서위조죄가 성립하는 경우

면사무소 호적계장이 면장의 결재 없이 호적의 출생년란, 주민등록번호란에 허위내용의 호적정정 기재를 한 경우에는 공문서위조 및 동행사죄를 구성하는 것은 별론으로 하고 형법 제227조가 규정한 허위공문서작성죄에 해당할 수는 없다[대판 1990.10.12, 90도1790].

X 공정증서원본 등 부실기재죄

제228조(공정증서원본 등의 부실기재) ① 공무원에 대하여 허위신고를 하여 공정증서원본 또는 이와 동일한 전자기록 등 특수매체기록에 부실의 사실을 기재 또는 기록하게 한 자는 5년 이하의 징역 또는 1천만원 이하의 벌금에 처한다.
② 공무원에 대하여 허위신고를 하여 면허증·허가증·등록증 또는 여권에 부실의 사실을 기재하게 한 자는 3년 이하의 징역 또는 700만원 이하의 벌금에 처한다.

제235조(미수범) 미수범은 처벌한다.

1. 의의

① 공무원에 대하여 허위신고를 하여 공정증서원본 등에 또는 이와 동일한 전자기록 등 특수매체기록이나 면허증·허가증·등록증 또는 여권에 부실의 사실을 기재하게 함으로써 성립하는 범죄이다.

② 허위공문서작성죄의 간접정범 중 특수한 경우를 독립범죄로 규정한 것이다(간접적 무형위조).

2. 구성요건

(1) 객관적 구성요건

① 주체: 제한이 없다. 공무원도 본죄의 주체가 될 수 있다.

② 객체: 공정증서원본 등이다.

㉮ 공정증서원본

판례 | 공정증서원본의 성질

[1] 형법 제228조 제1항이 규정하는 공정증서원본부실기재죄의 객체인 공정증서원본은 그 성질상 허위신고에 의해 부실한 사실이 그대로 기재될 수 있는 공문서이어야 한다고 할 것인바, 민사조정법상 조정신청에 의한 조정제도는 원칙적으로 조정신청인의 신청 취지에 구애됨이 없이 조정담당판사 등이 제반 사정을 고려하여 당사자들에게 상호 양보하여 합의하도록 권유·주선함으로써 화해에 이르게 하는 제도인 점에 비추어, 그 조정절차에서 작성되는 조정조서는 그 성질상 허위신고에 의해 부실한 사실이 그대로 기재될 수 있는 공문서로 볼 수 없어 공정증서원본에 해당하는 것으로 볼 수 없다. [17 법원행시]*
[2] 법원에 허위 내용의 조정신청서를 제출하여 판사로 하여금 조정조서에 부실의 사실을 기재하게 하였다는 취지의 공정증서원본부실기재의 공소사실에 대하여, 위 조정조서가 공정증서원본에 해당한다고 판단하여 유죄로 인정한 원심판단에 법리오해의 위법이 있다고 한 사례[대판 2010.6.10. 2010도3232].

㉯ 공정증서원본과 동일한 전자기록 등 특수매체기록·면허증·허가증·등록증·여권: ⅰ) 면허증은 특정한 기능을 가진 자에게 그 기능에 따른 행위를 할 수 있는 권능을 부여하기 위하여 공무소·공무원이 작성·교부하는 증서를 말한다(예 의사면허증, 자동차운전면허증, 수렵면허증, 침사자격증). 따라서 단순히 일정한 자격을 표시하는 데 불과한 시험합격증서, 교사자격증, 자동차검사증은 면허증에 해당하지 않는다. ⅱ) 등록증은 일정한 자격이나 요건을 갖춘 자에게 그 자격이나 요건에 상응한 활동을 할 수 있는 권능 등을 인정하기 위하여 공무원이 작성한 증서를 말한다(예 변호사 등록증).

판례 | 공정증서의 의의 및 공정증서원본부실기재죄의 객체에 해당되지 않는 경우

1. **(자동차운전면허대장)** [1] 도로교통법 시행령 제94조와 같은 법 시행규칙 제38조, 제77조, 제78조, 제80조, 제98조 등의 규정 취지를 종합하여 보면, 자동차운전면허대장은 운전면허 행정사무집행의 편의를 위하여 범칙자, 교통사고유발자의 인적사항·면허번호 등을 기재하거나 운전면허증의 교부 및 재교부 등에 관한 사항을 기재하는 것에 불과하며, 그에 대한 기재를 통해 당해 운전면허 취득자에게 어떠한 권리의무를 부여하거나 변동 또는 상실시키는 효력을 발생하게 하는 것으로 볼 수는 없고, 따라서 자동차운전면허대장은 사실증명에 관한 것에 불과하므로 형법 제228조 제1항에서 말하는 공정증서원본이라고 볼 수 없다. [17 법원행시, 17 경찰채용]*
   [2] 자동차운전면허증 재교부신청서의 사진란에 본인의 사진이 아닌 다른 사람의 사진을 붙여 제출함으로써 담당공무원으로 하여금 자동차운전면허대장에 부실의 사실을 기재하여 이를 비치하게 한 경우 공정증서원본부실기재 및 동행사죄가 성립하지 아니한다[대판 2010.6.10. 2010도1125].
2. **(토지대장)** 형법 제228조에서 말하는 공정증서란 권리의무에 관한 공정증서만을 가리키는 것이고 사실증명에 관한 것은 이에 포함되지 아니하므로 권리의무에 변동을 주는 효력이 없는 토지대장은 위에서 말하는 공정증서에 해당하지 아니한다[대판 1988.5.24. 87도2696]. [17 경찰승진]*
3. **(사업자등록증)** [1] 형법 제228조가 간접적 무형위조를 처벌하면서 모든 공문서를 객체로 하지 않고 '공정증서원본 또는 이와 동일한 전자기록 등 특수매체기록'(제1항), '면허증, 허가증, 등록증 또는 여권'(제2항)으로 그 객체를 제한하고 있는 바, 그 취지는 공문서 중 일반사회생활에 있어서 특별한 신빙성을 요하는 공문서에 대한 공공의 신용을 보장하고자 하는 것이므로 위 형법 제228조 제2항의 '등록증'은 공무원이 작성한 모든 등록증을 말하는 것이 아니라, 일정한 자격이나 요건을 갖춘 자에게 그 자격이나 요건에 상응한 활동을 할 수 있는 권능 등을 인정하기 위하여 공무원이 작성한 증서를 말한다.
   [2] 사업자등록증은 단순한 사업사실의 등록을 증명하는 증서에 불과하고 그에 의하여 사업을 할 수 있는 자격이나 요건을 갖추었음을 인정하는 것은 아니라고 할 것이어서 형법 제228조 제1항에 정한 '등록증'에 해당하지 않는다[대판 2005.7.15. 2003도6934].
4. **(시민증)** 정을 모르는 공무원에게 허위신고를 하여 시민증에 부실의 사실을 기재하게 하였다 하더라도 시민증은 공정증서원본, 면허장, 또는 여권이 아니니 공정증서원본부실기재죄가 성립하지 아니한다[대판 1962.1.11. 4294형상193].

판례 | 공정증서원본부실기재죄의 객체에 해당되는 경우

1. 위조하여 작성된 집행수락부 약속어음 공정증서는 형법 제228조 제1항에서 정한 공정증서원본에 해당한다[대판 2006.6.27. 2006도2864].
2. 공증사무 취급이 인가된 합동법률사무소 명의로 작성된 공증에 관한 문서는 형법상 공정증서 기타 공문서에 해당한다[대판 1977.8.23. 74도2715].

공정증서 원본인 것	공정증서 원본이 아닌 것
• 부동산등기부 • 상업등기부 • 호적부 • 화해조서 • 합동법률사무소명의로 작성된 공정증서	• 공정증서의 정본(판례), 등본, 초본, 사본 • 주민등록부, 선거인명부, 주민등록증, 시민증(판례) • 인감대장, 임야대장, 가옥대장, 토지대장과 자동차 운전면허대장(판례) • 지적도, 임야도 • 공증인이 인증한 사서증서 • 수사기관의 진술조서, 소송상의 각종 조서, 조정조서(판례) • 법원의 판결원본, 지급명령원본 • 감정인의 감정서

③ **행위**: 공무원에 대하여 허위신고를 하여 부실의 사실을 기재하게 하는 것이다.

㉮ 공무원이 정을 알면서 부실의 사실을 기재한 경우에는 허위공문서작성죄가 성립하고, 기재하게 한 자는 가담형태에 따라 공동정범 · 교사범 · 종범이 된다.

㉯ **허위신고**: 신고내용이 허위인 경우뿐만 아니라 신고인의 자격을 사칭하는 경우도 포함한다(예 주금을 가장납입하여 증자등기를 신청하는 것, 사자명의로 소유권보존등기신청을 하는 것).

판례 | 부실의 기재가 법원의 촉탁에 의하여 이루어진 경우 공정증서원본부실기재죄 성립 여부(소극)

공정증서원본부실기재죄에 있어서 부실의 기재는 당사자의 허위신고에 의하여 이루어져야 하므로 법원의 촉탁에 의하여 이루어진 경우에는 가령 그 전제절차에 허위적 요소가 있다 하더라도 그것은 법원의 촉탁에 의하여 이루어진 것이지 당사자의 허위신고에 의하여 이루어진 것이 아니므로 공정증서원본부실기재죄를 구성하지 않는다[대판 1983.12.27. 83도2442]. [19 변호사, 19 경간부, 17 경간부]*

㉰ **부실사실의 기재**: 허위의 회사설립등기, 허위매매로 인한 소유권이전등기는 부실의 사실의 기재에 해당한다. 그러나 권리 · 의무와 관계 없는 예고등기를 말소케 한 경우, 등기원인을 명의신탁 대신에 매매라고 기재하는 것은 부실기재가 아니다. 또한 기재절차에 흠이 있더라도 기재내용이 당사자의 의사나 실체권리관계와 일치할 때에도 부실기재라고 할 수 없다(예 중간생략등기).

판례 | '부실의 사실'의 의미와 부실의 사실에 해당하지 않는 경우

[1] 형법 제228조 제1항이 규정하는 공정증서원본부실기재죄나 공전자기록등부실기재죄에서 '부실의 사실'이라 함은 권리의무관계에 중요한 의미를 갖는 사항이 객관적인 진실에 반하는 것을 말한다고 봄이 상당하다.
[2] 부동산등기법이 매매를 원인으로 하는 소유권이전등기를 신청하는 경우에는 등기신청서에 기재된 거래가액을 부동산등기부에 기재하도록 하였는바, 이는 부동산 종합대책의 일환으로 실시된 것으로서, 그 개정 취지는 부동산거래의 투명성을 확보하기 위한 데에 있을 뿐이므로, 부동산등기부에 기재되는 거래가액은 당해 부동산의 권리의무관계에 중요한 의미를 갖는 사항에 해당한다고 볼 수 없다.

[3] 부동산의 거래당사자가 거래가액을 시장 등에게 거짓으로 신고하여 신고필증을 받은 뒤 이를 기초로 사실과 다른 내용의 거래가액이 부동산등기부에 등재되도록 하였다면, '공인중개사의 업무 및 부동산 거래신고에 관한 법률'에 따른 과태료의 제재를 받게 됨은 별론으로 하고, 형법상의 공전자기록등불실기재죄 및 불실기재공전자기록등행사죄가 성립하지는 아니한다[대판 2013.1.24. 2012도12363]. [22 경간부, 20 법원행시, 20 경찰승진, 18 국가7급, 17 법원행시, 16 법원행시, 16 경간부, 16 경찰채용]*

㉣ 실행의 착수와 기수시기: 공무원에게 허위신고를 한 때에 실행의 착수가 인정되며, 공무원이 현실적으로 부실기재·기록을 한 때 기수가 된다.

판례 | 공정증서원본부실기재죄가 성립하는 경우

1. **(종중대표자의 허위기재)** 비록 종중 소유의 부동산은 종중 총회의 결의를 얻어야 유효하게 처분할 수 있다 하더라도 거래 상대방으로서는 부동산등기부상에 표시된 종중 대표자를 신뢰하고 거래하는 것이 일반적이라는 점 등에 비추어 보면, 종중 대표자의 기재는 당해 부동산의 처분권한과 관련된 중요한 부분의 기재로서 이에 대한 공공의 신용을 보호할 필요가 있으므로 이를 허위로 등재한 경우에는 공정증서원본부실기재죄의 대상이 되는 부실의 기재에 해당한다[대판 2006.1.13. 2005도4790]. [17 법원행시]*

2. **(등기원인이 확정적 무효인 경우)** 토지거래 허가구역 안의 토지에 관하여 실제로는 매매계약을 체결하고서도 처음부터 토지거래허가를 잠탈하려는 목적으로 등기원인을 '증여'로 하여 소유권이전등기를 경료한 경우, 비록 매도인과 매수인 사이에 실제의 원인과 달리 '증여'를 원인으로 한 소유권이전등기를 경료할 의사의 합치가 있더라도, 허위신고를 하여 공정증서원본에 부실의 사실을 기재하게 한 때에 해당한다고 한 사례[대판 2007.11.30. 2005도9922]. [17 법원행시, 17 경찰승진]*

   판결이유 위 토지거래계약은 확정적 무효이고, 이에 터 잡은 소유권이전등기는 실체관계에 부합하지 아니하며, 그와 같은 소유권이전등기는 토지등기부에 대한 공공의 신용을 해칠 위험성이 큰 점을 감안하면, 비록 피고인과 A 사이에 이 사건 토지에 관하여 실제의 원인과 달리 '증여'를 원인으로 한 소유권이전등기를 경료시킬 의사의 합치가 있더라도, 위 등기를 한 것은 허위신고를 하여 공정증서원본에 부실의 사실을 기재하게 한 때에 해당한다고 할 것이다.

   비교판례 부동산을 관리·보존할 목적으로 이를 타에 신탁하는 의미로써 소유권이전등기를 함에 있어서 등기 원인은 매매로 가장하였다 하여도 이는 형법 제228조 제1항 혹은 동법 제229조 소정 죄에 해당하지 아니한다[대판 1967.7.11. 65도592].

2-1. **(공증 대상이 원인 무효인 경우)** 발행인과 수취인 사이에 통정허위표시로서 무효인 어음발행행위를 공증인에게는 마치 진정한 어음발행행위가 있는 것처럼 허위로 신고함으로써 공증인으로 하여금 어음발행행위에 대하여 집행력 있는 어음 공정증서원본을 작성케 하고 이를 비치하게 하였다면, 이러한 행위는 공정증서원본불실기재 및 불실기재공정증서원본행사죄에 해당한다고 보아야 한다[대판 2012.4.26. 2009도5786].

3. **(등기원인이 확정적 무효인 경우)** [1] 일반적으로 하나의 교회가 두 개의 교회로 분열된 경우 교회의 장정 기타 일반적으로 승인된 규정에서 교회가 분열될 경우를 대비하여 미리 재산의 귀속에 관하여 정하여진 바가 없으면 교회의 법률적 성질이 권리능력 없는 사단인 까닭으로 종전 교회의 재산은 분열 당시 교인들의 총유에 속하고, 교인들은 각 교회활동의 목적 범위 내에서 총유권의 대상인 교회재산을 사용·수익할 수 있다.
   [2] 교회의 교인들 간에 갈등이 심화되어 교회가 분열된 후에 일방의 교회가 타방의 교회를 배제한 채 소집·개최한 당회에서 교회 재산인 부동산을 총회유지재단에 증여하기로 하는 내용의 결의를 하고 등기공무원에게 위 결의에 따른 취지의 등기신청을 하여 위 부동산에 관하여 증여를 원인으로 한 소유권이전등기를 마친 사안에서, 위 당회의 결의가 그 소집 및 결의절차가 부적법하다는 이유로 공정증서원본부실기재죄 및 동행사죄가 성립한다고 한 원심의 판단을 수긍한 사례[대판 2005.10.28. 2005도3772].

4. **(등기원인이 확정적 무효인 경우)** [1] 종중 소유의 재산은 종중원의 총유에 속하는 것이므로 그 관리 및 처분에 관하여 먼저 종중규약에 정하는 바가 있으면 이에 따라야 하고 그 점에 관한 종중규약이 없으면 종중총회의 결의에 의하여야 하므로, 비록 종중의 대표자에 의한 종중재산의 처분이라고 하더라도 그러한 절차를 거치지 아니한 채 한 행위는 무효라 할 것이다.
   [2] 종중총회의 결의 없이 경료된 근저당권설정등기는 그 원인된 법률행위에 무효에 해당하는 하자가 있으므로 피고인의 행위는 공정증서원본부실기재 및 동행사죄에 해당한다[대판 2005.8.25. 2005도4910].

제2편

2026 해커스경찰 허정 형사법 2권 형법각론

동지판례 [1] 교단이 정한 헌법이 지교회를 구속하기 위해서는 지교회가 교단 헌법을 교회 자신의 규약에 준하는 자치규범으로 받아들여야 하고, 그 내용이 지교회의 독립성이나 종교적 자유의 본질이 침해되지 않는 것이어야 하므로, 교단 헌법상에 지교회의 토지나 건물 등 일체의 부동산을 재단법인 기독교대한성결교회 유지재단 명의로 등기하도록 규정되어 있다는 사정만으로 피고인이 교인들의 총회 결의 없이 교회 교인들의 총유에 속하는 교회 부지 및 건물을 기독교대한성결교회 유지재단으로 앞으로 경료한 소유권이전등기가 실체적 권리관계에 부합하는 것이라고 할 수는 없다.
[2] 지교회가 소속된 교단의 헌법상 지교회의 부동산을 특정 재단법인 앞으로 등기하도록 하는 규정이 있다고 하더라도, 지교회의 대표자가 총회의 결의 없이 지교회 교인들의 총유에 속하는 교회 부지 및 건물을 위 재단법인 앞으로 소유권이전등기를 마친 행위가 공정증서부실기재죄를 구성한다고 본 사례[대판 2008.9.25. 2008도3198].

5. **(위장결혼 후 혼인신고)** 비록 혼인의 계출 자체에 관하여 당사자간에 의사의 합치가 있고 나아가 당사자간에 일응 법률상의 부부라는 신분관계를 설정할 의사는 있었다고 인정되는 경우라도 그것이 단지 다른 목적을 달성하기 위한 방편에 불과한 것으로서 그들간에 참다운 부부관계의 설정을 바라는 효과의사가 없는 경우에는 그 혼인은 무효라고 할 것이어서 해외이주의 목적으로 위장결혼을 하고 혼인신고를 하여 그 사실이 호적부에 기재되었다면 공정증서원본부실기재죄를 구성한다[대판 1985.9.10. 85도1481].

동지판례 피고인들이 중국 국적의 조선족 여자들과 참다운 부부관계를 설정할 의사 없이 단지 그들의 국내 취업을 위한 입국을 가능하게 할 목적으로 형식상 혼인하기로 한 것이라면, 피고인들과 조선족 여자들 사이에는 혼인의 계출에 관하여는 의사의 합치가 있었으나 참다운 부부관계의 설정을 바라는 효과의사는 없었다고 인정되므로 피고인들의 혼인은 우리 나라의 법에 의하여 혼인으로서의 실질적 성립요건을 갖추지 못하여 그 효력이 없고, 따라서 피고인들이 중국에서 중국의 방식에 따라 혼인식을 거행하였다고 하더라도 우리 나라의 법에 비추어 그 효력이 없는 혼인의 신고를 한 이상 피고인들의 행위는 공정증서원본부실기재 및 동행사죄의 죄책을 면할 수 없다[대판 1996.11.22. 96도2049]. [19 변호사, 17 경간부]*

6. **(부실기재 후 실체적 권리관계에 사후적 부합)** 등기 경료 당시에는 실체권리관계에 부합하지 아니한 등기인 경우에는 사후에 이해관계인들의 동의 또는 추인 등의 사정으로 실체권리관계에 부합하게 된다 하더라도 공정증서원본부실기재 및 동행사죄의 성립에는 아무런 영향이 없다[대판 2001.11.9. 2001도3959; 동지 대판 1998.4.14. 98도16]. [23 변호사]*

동지판례 사문서위조나 공정증서원본 부실기재가 성립한 후, 사후에 피해자의 동의 또는 추인 등의 사정으로 문서에 기재된 대로 효과의 승인을 받거나, 등기가 실체적 권리관계에 부합하게 되었다 하더라도, 이미 성립한 범죄에는 아무런 영향이 없다[대판 1999.5.14. 99도202]. [20 국가9급, 16 경찰승진]*

7. **(물권변동에 합의가 없는 상태에서의 등기이전)** [1] 공정증서원본 등에 기재된 사항이 존재하지 아니하거나 외관상 존재한다고 하더라도 무효에 해당하는 하자가 있다면 그 기재는 부실기재에 해당한다.
[2] 부동산 매수인이 매도인과 사이에 부동산의 소유권이전에 관한 물권적 합의가 없는 상태에서, 소유권이전등기신청에 관한 대리권이 없이 단지 소유권이전등기에 필요한 서류를 보관하고 있을 뿐인 법무사를 기망하여 매수인 명의의 소유권이전등기를 신청하게 한 경우, 이는 단지 소유권이전등기신청절차에 하자가 있는 것에 불과한 것이 아니라 허위의 사실을 신고한 것이라고 보아야 하고, 위 소유권이전등기는 원인무효의 등기로서 부실기재에 해당한다는 이유로, 공정증서원본부실기재죄가 성립한다고 한 사례[대판 2006.3.10. 2005도9402]. [17 경찰승진]*

비교판례 **(물권변동에 합의가 있는 상태에서의 등기이전)** 피고인과 매도인과의 사이에 매매계약이 이루어졌고 그 계약금과 대부분의 중도금이 지급되었으며 매도인이 법무사에게 소유권이전등기에 필요한 서류 일체를 맡기고 나중에 잔금지급이 되면 그 등기신청을 하도록 위임하였는데, 피고인이 법무사를 기망하였고 그가 피고인에게 기망당하여 잔금이 모두 지급된 것으로 잘못 알고 등기신청을 하여 그 소유권이전등기를 경료한 것이라면 위 법무사의 등기신청 행위에 하자가 있다고 할 수는 있으나(위 신청이 무효라고는 할 수 없다), 위 소유권이전등기의 원인이 되는 법률관계인 매매 내지는 물권적 합의가 객관적으로 존재하지 아니하는 것이라고는 할 수 없으니, 피고인이 위 법무사를 통하여 등기공무원에게 허위의 사실을 신고하여 등기부에 부실의 사실을 기재하게 한 것이라고는 할 수 없다[대판 1996.6.11. 96도233].

8. **(가장납입 후 상업등기부 기재)** 당초부터 진실한 주금납입으로 회사의 자금을 확보할 의사 없이 형식상 또는 일시적으로 주금을 납입하고 이 돈을 은행에 예치하여 납입의 외형을 갖추고 주금납입증명서를 교부받아 설립등기나 증자등기의 절차를 마친 다음 바로 그 납입한 돈을 인출한 경우에는, 이를 회사를 위하여 사용하였다는 특별한 사정이 없는 한 실질적으로 회사의 자본이 늘어난 것이 아니어서 납입가장죄 및 공정증서원본부실기재죄와 부실기재공정증서원본행사죄가 성립한다[대판(전) 2004.6.17. 2003도7645]. [17 경간부]*

동지판례 공정증서원본부실기재죄는 공무원에 대하여 허위신고를 하여 공정증서원본에 진실에 반하는 사실을 기재하게 함으로써 성립하는 것이므로, 유상증자 등기의 신청시 발행주식 총수 및 자본의 총액이 증가한 사실이 허위임을 알면서 증자등기를 신청하여 상업등기부원본에 그 기재를 하게 한 경우, 등기신청서류로 제출된 주금납입금보관증명서가 위조된 것임을 몰랐다고 하더라도 공정증서원본부실기재죄가 성립한다[대판 2006.10.26. 2006도5147]. [17 법원행시]*

9. **(허위신고하여 소유권이전등기를 한 후 이를 기초로 근저당설정등기를 한 경우)** 근저당권은 근저당물의 소유자가 아니면 설정할 수 없으므로 타인의 부동산을 자기 또는 제3자의 소유라고 허위의 사실을 신고하여 소유권이전등기를 경료한 후 나아가 그 부동산이 자기 또는 당해 제3자의 소유인 것처럼 가장하여 그 부동산에 관하여 자기 또는 당해 제3자 명의로 채권자와의 사이에 근저당권설정등기를 경료한 경우에는 공정증서원본부실기재 및 동행사죄가 성립한다[대판 1997.7.25. 97도605]. [16 경간부]*

판례 | 공정증서원본부실기재죄가 성립하지 않는 경우

(1) 등기원인에 취소사유가 있는 경우

1. [1] 공정증서원본부실기재죄는 공무원에 대하여 허위신고를 함으로써 공정증서원본에 부실의 사실을 기재하게 하는 경우에 성립하는바, 공정증서원본에 기재된 사항이 부존재하거나 외관상 존재한다고 하더라도 무효에 해당되는 하자가 있다면 그 기재는 부실기재에 해당하는 것이나, 기재된 사항이나 그 원인된 법률행위가 객관적으로 존재하고 다만 거기에 취소사유인 하자가 있을 뿐인 경우 취소되기 전에 공정증서원본에 기재된 이상 그 기재는 공정증서원본의 부실기재에 해당하지는 않는다. [18 국가7급, 17 법원행시]*
   [2] 상속권자들의 지분 286분의 182에 관한 피고인 명의의 소유권이전등기의 원인행위인 증여계약은 객관적으로 존재하는 것이므로, 설사 거기에 취소사유에 해당되는 기망이라는 하자가 있다고 하더라도 이를 이유로 그 증여계약이 취소되지 아니한 이상 피고인이 등기공무원에게 허위의 사실을 신고하여 등기부에 부실의 사실을 기재하게 한 것이라고 할 수 없다[대판 2004.9.24. 2004도4012].
2. 협의상 이혼의 의사표시가 기망에 의하여 이루어진 것일지라도 그것이 취소되기까지는 유효하게 존재하는 것이므로, 협의상 이혼의사의 합치에 따라 이혼신고를 하여 호적에 그 협의상 이혼사실이 기재되었다면, 이는 공정증서원본부실기재죄에 정한 부실의 사실에 해당하지 않는다[대판 1997.1.24. 95도448].
3. 사위(詐僞)의 방법에 의하여 이혼심판을 받은 경우에는 이혼심판은 형성판결로서 그에 기한 이혼신고는 보고적신고에 불과하므로 재심청구에 의하여 취소되지 않는 이상 공정증서원본부실기재죄 및 동행사죄를 구성하지 아니한다[대판 1993.8.23. 83도1430].
4. 주주총회의 소집절차 등에 관한 하자가 주주총회결의의 취소사유에 불과하여 그 취소 전에 주주총회의 결의에 따른 감사변경등기를 한 것이 공정증서원본부실기재죄를 구성하지 않는다고 본 사례[대판 2009.2.12. 2008도10248].

(2) 등기원인이 무효사유가 존재하더라도 소에 의하여만 주장이 가능하고 그 효력도 장래효만 가지는 경우

주식회사의 신주발행의 경우 신주발행에 법률상 무효사유가 존재한다고 하더라도 그 무효는 신주발행무효의 소에 의해서만 주장할 수 있고, 신주발행무효의 판결이 확정되더라도 그 판결은 장래에 대하여만 효력이 있으므로(상법 제429조, 제431조 제1항), 그 신주발행이 판결로써 무효로 확정되기 이전에 그 신주발행사실을 담당 공무원에게 신고하여 공정증서인 법인등기부에 기재하게 하였다고 하여 그 행위가 공무원에 대하여 허위신고를 한 것이라거나 그 기재가 부실기재에 해당하는 것이라고 할 수는 없다[대판 2007.5.30. 2006도8488]. [18 경찰승진, 16 경간부]*

(3) 사법상 무효인 결의이지만 결의에 기초하여 등기를 한 경우

[1] 형법 제228조 제1항에 정하여진 부실의 기재라고 함은, 객관적인 진실에 반하여 존재하지 아니하는 사실을 존재하는 것으로 하거나, 존재하는 사실을 존재하지 아니하는 것으로 기재하는 것을 말하므로 민법상의 사단법인의 총회의 결의에 따라 이사 등의 변경등기를 하는 경우에 있어서 그와 같은 행위가 공정증서원본부실기재의 원인이 되는 행위에 해당하는지 여부는 특별한 사정이 없는 한 총회결의의 사법상 효력의 여부와 관계없이 그와 별도로 현실적으로 사원총회에서 그와 같은 내용의 이사 등 변경에 관한 결의가 있었다고 평가할 수 있는지 여부에 따라서 결정하여야 함이 상당하다.
[2] 재건축조합 임시총회의 소집절차나 결의방법이 법령이나 정관에 위반되어 임원개임결의가 사법상 무효라고 하더라도, 실제로 재건축조합의 조합총회에서 그와 같은 내용의 임원개임결의가 이루어졌고 그 결의에 따라 임원변경등기를 마쳤다면 공정증서원본부실기재죄가 성립하지 아니한다[대판 2004.10.15. 2004도3584]. [18 경간부, 17 경찰채용]*

(4) 당사자간의 합의와 일치하는 경우

1. 피고인들이 해외로 이주할 목적으로 이혼신고를 하였다 하더라도 일시적이나마 이혼할 의사가 있었다고 보여지므로 혼인 및 이혼의 효력발생여부에 있어서 형식주의를 취하는 이상 피고인등의 이건 이혼신고는 유효하다 할 것이다[대판 1976.9.14. 76도107].

2. 근저당설정등기는 등기권리자인 채권자와 등기의무자인 근저당권설정자와의 합의를 기초로 이루어지는 것이므로 설사 등기의 편의상 진정한 채무자가 아닌 제3자를 채무자로 등기부상 등재케 하였다 하더라도 그것이 계약당사자간의 합의에 의하여 이루어진 것이라면 당사자 사이에 이와 같은 등기를 경료하게 할 의사가 있었던 것이므로 이 경우 공정증서원본부실기재죄는 성립되지 않는다[대판 1985.10.8. 84도2461]. [16 경간부]*

3. 부동산을 관리보존하는 방법으로 이를 타에 신탁하는 의사로서 그 소유권이전등기를 한 경우에는 그 원인을 매매로 가장하였다 하더라도 이는 공정증서원본부실기재죄에 해당하지 아니하고, 피고인이 부동산에 관하여 가장매매를 원인으로 소유권이전등기를 경료하였더라도, 그 당사자 사이에는 소유권이전등기를 경료시킬 의사는 있었다고 할 것이므로 공정증서원본부실기재죄 및 동행사죄는 성립하지 않고, 또한 등기의무자와 등기권리자(피고인) 간의 소유권이전등기신청의 합의에 따라 소유권이전등기가 된 이상, 등기의무자 명의의 소유권이전등기가 원인이 무효인 등기로서 피고인이 그 점을 알고 있었다고 하더라도, 특별한 사정이 없는 한 바로 피고인이 등기부에 부실의 사실을 기재하게 하였다고 볼 것은 아니다[대판 2009.10.15, 2009도5780; 동지 대판 1991.9.24, 91도1164]. [19 경간부, 16 법원행시]*

(5) 당사자의 의사에 합치되는 등기

1. 부동산의 소유자로 하여금 근저당권자를 자금주라고 믿도록 속여서 근저당권설정등기를 경료케 한 경우라도 정당한 권한 있는 자에 의하여 작성된 문서를 제출하여 그 등기가 이루어진 것이라면 당사자의 의사에 합치되는 등기라 할 것이므로 공정증서원본 부실기재죄가 성립하지 않는다[대판 1982.7.13. 82도39].

2. 등기의무자와 등기권리자(피고인) 간의 소유권이전등기신청의 합의에 따라 소유권이전등기가 된 이상, 등기의무자 명의의 소유권이전등기가 원인이 무효인 등기로서 피고인이 그 점을 알고 있었다고 하더라도 특별한 사정이 없는 한 바로 피고인이 등기부에 부실의 사실을 기재하게 하였다고 볼 것은 아니다[대판 2011.7.14. 2010도1025]. [16 법원행시]*

(6) 실체권리관계에 부합하는 유효한 등기인 경우

1. 피고인이 그가 점유하고 있는 토지에 대하여 매매를 원인으로 하는 소유권이전등기소송을 제기하여서 의제자백에 의한 승소판결을 받아 경료된 피고인명의의 소유권이전등기가 비록 절차상의 하자가 있다 하더라도 점유에 의한 소유권취득시효가 완성함으로써 결국 위 소유권이전등기가 사실적으로 권리관계에 부합하는 유효한 등기라고 한다면 위의 소송에 있어서 피고인에게 위 토지를 편취하려는 범의가 있었다고 볼 수 없고 또한 위와 같이 경료된 이 등기 역시 부실의 등기라고 할 수 없다[대판 1987.3.10. 86도864].

   [사실관계] 피고인이 사망한 자를 상대로 소송을 제기하였으나 이미 토지에 대하여 피고인이 소유권취득시효가 완성되어 있어 소유권이전등기가 실체권리관계와 일치하는 경우였다.

2. 재산상속인은 피상속인의 사망으로 인하여 상속개시된 때로부터 피상속인의 재산에 관한 포괄적 권리의무를 승계하게 되므로 어떤 부동산에 관하여 피상속인에게 실체상의 권리가 없었다 하더라도 재산상속인이 상속을 원인으로 한 소유권이전등기를 경료한 경우에는 그 등기는 당시의 등기부상의 권리관계를 나타내는 것에 불과하므로 그와 같은 등기절차를 밟았다 하여 공정증서원본부실기재나 동행사죄가 성립할 수 없다[대판 1987.4.14. 85도2661].

3. 비록 당사자들의 합의가 없이 경료된 소유권이전등기라 할지라도(이 사건의 경우는 명의신탁해지 원인이면서도 매매를 원인으로 한 이전등기 방법으로) 그것이 민사실체법상의 권리관계에 부합되어 유효인 등기라 할 수 있는 경우에는 형사상으로도 이러한 등기가 사실관계와 다른 이른바 부실의 등기라고는 볼 수 없다[대판 1980.12.9. 80도1323].

4. 허위의 보증서를 발급받아 부동산소유권이전등기 등에 관한 특별조치법에 의거 소유권이전등기를 거쳤더라도 그것이 권리의 실체관계에 부합하는 등기라면 공정증서에 부실의 사실을 기재하였다고는 할 수 없다[대판 1984.12.11. 84도2285].

(7) 가장납입이 아니라 적법한 납입이 있었던 경우

상법 제628조 제1항의 납입가장죄는 회사의 자본의 충실을 기하려는 법의 취지를 해치는 행위를 단속하려는 것이므로, 주식회사의 설립을 위하여 은행에 납입하였던 주식인수가액을 그 설립등기가 이루어진 후 바로 인출하였다 하더라도 그 인출금을 주식납입금 상당에 해당하는 자산을 양수하는 대금으로 사용한 경우에는 납입가장죄가 성립하지 아니한다[대판 2001.8.21. 200도5418].

(8) 허위신고 또는 부실의 사실이 기재되지 않는 경우

공증인이 채권양도 · 양수인의 촉탁에 따라 그들의 진술을 청취하여 채권의 양도 · 양수가 진정으로 이루어짐을 확인하고 채권양도의 법률행위에 관한 공정증서를 작성한 경우 그 공정증서가 증명하는 사항은 채권양도의 법률행위가 진정으로 이루어졌다는 것일 뿐 그 공정증서가 나아가 양도되는 채권이 진정하게 존재한다는 사실까지 증명하는 것으로 볼 수는 없으므로, 양도인이 허위의 채권에 관하여 그 정을 모르는 양수인과 실제로 채권양도의 법률행위를 한 이상, 공증인에게 그러한 채권양도의 법률행위에 관한 공정증서를 작성하게 하였다고 하더라도 그 공정증서가 증명하는 사항에 관하여는 부실의 사실을 기재하게 하였다고 볼 것은 아니고, 따라서 공정증서원본부실기재죄가 성립한다고 볼 수 없다[대판 2004.1.27. 2001도5414].

비교판례 ⅰ) 발행인과 수취인 사이에 통정허위표시로서 무효인 어음발행행위를 공증인에게는 마치 진정한 어음발행행위가 있는 것처럼 허위로 신고함으로써 공증인으로 하여금 어음발행행위에 대하여 집행력 있는 어음공정증서원본을 작성케 하고 이를 비치하게 하였다면, 이러한 행위는 공정증서원본불실기재 및 불실기재공정증서원본행사죄에 해당한다고 보아야 한다[대판 2012.4.26. 2009도5786]. [17 법원행시, 17 경찰승진, 16 법원행시]*

ⅱ) 실제로는 채권 · 채무관계가 존재하지 아니함에도 공증인에게 허위신고를 하여 가장된 금전채권에 대하여 집행력이 있는 공정증서원본을 작성하고 이를 비치하게 한 것이라면 공정증서원본부실기재죄 및 부실기재공정증서원본행사죄의 죄책을 면할 수 없다[대판 2007.7.12. 2007도3005; 동지 대판 2008.12.24. 2008도7836]. [19 법원행시, 19 경찰승진, 19 경간부]*

ⅲ) 실제로는 채권 · 채무관계가 존재하지 않는데도 허위의 채무를 가장하고 이를 담보한다는 명목으로 허위의 근저당권설정등기를 마친 것이라면 등기공무원에게 허위신고를 하여 등기부에 불실의 사실을 기재하게 한 때에 해당하므로 공정증서원본 등의 불실기재죄 및 불실기재공정증서원본 등의 행사죄가 성립한다[대판 2017.2.15. 2014도2415].

(9) 절차상 하자가 있더라도 허위신고라고 볼 수 없는 경우

1. **(1인 회사의 1인 주주가 절차를 흠결한 채 해임등기를 한 경우 – 부실의 사실을 기재케 한 경우라고 할 수 없음)** 1인 주주회사에 있어서는 그 1인 주주의 의사가 바로 주주총회 및 이사회의 결의로서 1인 주주는 타인을 이사 등으로 선임하였다 하더라도 언제든지 해임할 수 있으므로, 1인 주주인 피고인이 특정인과의 합의가 없이 주주총회의 소집 등 상법 소정의 형식적인 절차도 거치지 않고 특정인을 이사의 지위에서 해임하였다는 내용을 법인등기부에 기재하게 하였다고 하더라도 공정증서원본에 부실의 사항을 기재케 한 것이라고 할 수는 없다[대판 1996.6.11. 95도2817].

   비교판례 ⅰ) (주총결의절차 없이 대주주의 의결이 있었던 것으로 주총의사록을 작성한 경우 – 결의 부존재) 총 주식을 한 사람이 소유한 이른바 1인 회사와 달리, 주식의 소유가 실질적으로 분산되어 있는 주식회사의 경우, 실제의 소집절차와 결의절차를 거치지 아니한 채 주주총회의 결의가 있었던 것처럼 주주총회 의사록을 허위로 작성한 것이라면, 설사 1인이 총 주식의 대다수를 가지고 있고 그 지배주주에 의하여 의결이 있었던 것으로 주주총회 의사록이 작성되어 있다 하더라도, 도저히 그 결의가 존재한다고 볼 수 없을 정도로 중대한 하자가 있는 때에 해당하여, 그 주주총회의 결의는 부존재하다고 보아야 한다[대판 2018.6.19. 2017도21783].

   판례해설 임시주주총회 결의에 기초한 회사의 법인등기부 변경신청은 허위의 사실을 신고한 때에 해당하고, 그에 따라 이루어진 변경등기도 원인무효의 등기로서 불실의 사실이 기재된 것으로 보아야 한다.

   ⅱ) (1인 주주가 이사의 동의 없이 사임등기를 한 경우 – 부실기재죄 성립) 이른바 1인 회사에 있어서 1인 주주의 의사는 바로 주주총회나 이사회의 의사와 같은 것이어서 가사 주주총회나 이사회의 결의나 그에 의한 임원변경등기가 불법하게 되었다 하더라도 그것이 1인 주주의 의사에 합치되는 이상 이를 가리켜 의사록을 위조하거나 부실의 등기를 한 것이라고는 볼 수 없다 하겠으나 한편 임원의 사임서나 이에 따른 이사사임등기는 위와 같은 주주총회나 이사회의 결의 또는 1인 주주의 의사와는 무관하고 오로지 당해 임원의 의사에 따라야 하는 것이므로 당해 임원의 의사에 기하지 아니한 사임서의 작성이나 이에 기한 등기부의 기재를 하였다면 이는 사문서위조 및 공정증서원본부실기재의 죄책을 면할 수 없다[대판 1992.9.14. 92도1564].

2. [1] 주식회사의 임시주주총회가 법령 및 정관상 요구되는 이사회의 결의 및 소집절차 없이 이루어졌다 하더라도, 주주명부상의 주주 전원이 참석하여 총회를 개최하는 데 동의하고 아무런 이의 없이 만장일치로 결의가 이루어졌다면 그 결의는 유효하다.

   [2] 대주주가 적법한 소집절차나 임시주주총회의 개최 없이 나머지 주주들의 의결권을 위임받아 자신이 임시의장이 되어 임시주주총회 의사록을 작성하여 법인등기를 마친 사안에서, 공정증서원본부실기재죄가 성립하지 않는다고 한 사례[대판 2008.6.26. 2008도1044]. [16 경간부]*

(10) 회사설립의 요건과 절차에 따라 회사설립등기를 한 경우

주식회사의 발기인 등이 상법 등 법령에 정한 회사설립의 요건과 절차에 따라 회사설립등기를 함으로써 회사가 성립하였다고 볼 수 있는 경우 회사설립등기와 그 기재 내용은 특별한 사정이 없는 한 공정증서원본 불실기재죄나 공전자기록 등 불실기재죄에서 말하는 불실의 사실에 해당하지 않는다. 발기인 등이 회사를 설립할 당시 회사를 실제로 운영할 의사 없이 회사를 이용한 범죄 의도나 목적이 있었다거나(예 회사 명의로 통장을 개설하여 이른바 대포통장을 유통시킬 목적이 있었던 경우), 회사로서의 인적·물적 조직 등 영업의 실질을 갖추지 않았다는 이유만으로는 불실의 사실을 법인등기부에 기록하게 한 것으로 볼 수 없다[대판 2020.3.2. 2019도13217]. 위 법리는 유한회사의 설립의 경우도 마찬가지로 적용된다[대판 2020.3.26. 2019도7729].

[23 경간부, 20 법원행시]*

판례 | 공전자기록부실기재죄가 성립하지 않는 경우

중고자동차매매업자인 피고인이 여객자동차 운수사업법상 차량충당연한 규정에 위배되어 여객자동차운수사업에 충당될 수 없는 차량인 것을 알면서 영업용으로 변경 및 이전등록신청을 하였으나, 구체적 등록내용인 최초등록일 등은 사실대로 기재한 경우, 자동차등록원부상 '영업용으로의 용도변경 및 이전'에 관한 등록정보가 확인·공시하는 내용에 자동차가 영업용으로 용도변경되어 이전되었다는 사실 외에 변경 및 이전등록에 필요한 법령상 자격의 구비 사실까지 포함한다고 볼 법령상의 근거가 없고, 최초등록일 등 등록과 관련된 사실관계에 대한 내용에 거짓이 있다고 볼 수 없는 이상, 피고인이 허위의 신고를 하였다고 할 수 없다[대판 2011.5.13. 2011도1415].

(2) 주관적 구성요건

고의가 있어야 한다. 목적범이 아니므로 행사할 목적은 요하지 않는다.

판례 | 공정증서원본부실기재의 고의가 인정되지 않는 경우

1. 사망한 남편과 이름이 같은 타인의 소유 부동산에 관하여 피고인 앞으로 상속을 원인으로 한 소유권이전등기를 경료한 경우 피고인에게 공정증서원본불실기재 및 동행사죄에 대한 범의가 인정되지 아니한다[대판 1995.4.28. 94도2679].
2. 피고인이 자신의 부친이 적법하게 취득한 토지인 것으로 알고 실체관계에 부합하게 하기 위하여 소유권보존등기를 경료한 경우 등기 당시 부실기재의 점에 대한 고의 내지는 인식이 없었으므로 공정증서원본부실기재 및 동행사죄가 성립하지 않는다[대판 1996.4.26. 95도2468].
3. 정관에 정한 절차에 따라 임시주주총회를 개최하여 당시 임기가 만료되지 아니한 대표이사의 해임을 결의하고, 정관해석에 관하여 "전임자의 잔임기간 경과로 대표이사의 임기가 만료되었으니 해임등기보다 임기만료로 인한 퇴임등기를 하는 편이 낫다."는 법무사의 조언에 따라 그와 같은 내용의 임시주주총회 회의록을 작성하여 등기부상 퇴직사유를 임기만료로 인한 퇴임으로 변경등기한 경우 공정증서원본부실기재의 범의가 인정되지 아니한다[대판 1994.11.4. 93도1033].

3. 죄수

① 등기부에 부실사실을 기재하게 한 후 그 등기부를 등기소에 비치하게 하면 본죄와 동행사죄의 실체적 경합이 된다.

② 법원을 기망하여 승소판결을 받고 그 확정판결에 기하여 소유권이전등기를 경료한 경우에는 사기죄 이외에 본죄와 동행사죄의 실체적 경합이 된다(판례).

XI 위조 · 변조 · 작성 사문서행사죄

> **제234조(위조사문서 등의 행사)** 제231조 내지 제233조의 죄에 의하여 만들어진 문서, 도화 또는 전자기록 등 특수매체기록을 행사한 자는 그 각죄에 정한 형에 처한다.
>
> **제235조(미수범)** 미수범은 처벌한다.

1. 행위의 주체

제한이 없다. 반드시 위조 · 변조한 자가 행사함을 요하지 않는다.

2. 객체

행사할 목적 없이 위조되거나 변조된 것도 본죄의 객체에 포함된다[김성돈, 618면].

3. 행위

행사의 방법에는 제한이 없다. 따라서 문서의 내용을 상대방이 인식할 수 있는 상태에 두는 것으로 족하다(예 제시, 교부, 비치, 열람상태에 두는 것, 우송).

4. 기수시기

문서를 상대방이 인식할 수 있는 상태에 둠으로써 기수가 된다. 상대방이 문서내용을 현실적으로 인식할 필요는 없다.

5. 주관적 구성요건

고의가 있어야 한다. 행사할 목적은 요하지 않는다.

판례 | 위조문서행사죄가 성립하는 경우

1. [1] 위조문서행사죄에 있어서 행사란 위조된 문서를 진정한 문서인 것처럼 그 문서의 효용방법에 따라 이를 사용하는 것을 말하고, 위조된 문서를 제시 또는 교부하거나 비치하여 열람할 수 있게 두거나 우편물로 발송하여 도달하게 하는 등 위조된 문서를 진정한 문서인 것처럼 사용하는 한 그 행사의 방법에 제한이 없다. 또한, 위조된 문서 그 자체를 직접 상대방에게 제시하거나 이를 기계적인 방법으로 복사하여 그 복사본을 제시하는 경우는 물론, 이를 모사전송의 방법으로 제시하거나 컴퓨터에 연결된 스캐너(scanner)로 읽어 들여 이미지화한 다음 이를 전송하여 컴퓨터 화면상에서 보게 하는 경우도 행사에 해당하여 위조문서행사죄가 성립한다.
   [2] 휴대전화 신규 가입신청서를 위조한 후 이를 스캔한 이미지 파일을 제3자에게 이메일로 전송한 사안에서, 이미지 파일 자체는 문서에 관한 죄의 '문서'에 해당하지 않으나, 이를 전송하여 컴퓨터 화면상으로 보게 한 행위는 이미 위조한 가입신청서를 행사한 것에 해당하므로 위조사문서행사죄가 성립한다고 한 사례[대판 2008.10.23, 2008도5200]. [22 경간부, 20 법원9급, 19 변호사, 18 경찰승진, 17 경찰채용, 16 경찰채용]*

   비교판례 i) 자신의 이름과 나이를 속이는 용도로 사용할 목적으로 주민등록증의 이름 · 주민등록번호란에 글자를 오려붙인 후 이를 컴퓨터 스캔 장치를 이용하여 이미지 파일로 만들어 컴퓨터 모니터로 출력하는 한편 타인에게 이메일로 전송하여 열람하도록 한 사안에서, 컴퓨터 모니터 화면에 나타나는 이미지는 형법상 문서에 관한 죄의 문서에 해당하지 않으므로 공문서위조 및 위조공문서행사죄를 구성하지 않는다고 한 사례[대판 2007.11.29, 2007도7480]. [20 변호사, 18 경간부]*
   ii) [1] 위조문서행사죄에서 행사란 위조된 문서를 진정한 문서인 것처럼 그 문서의 효용방법에 따라 이를 사용하는 것을 말하고, 위조된 문서를 진정한 문서인 것처럼 사용하는 한 행사의 방법에 제한이 없으므로 위조된 문서를 스캐너 등을 통해 이미지화한 다음 이를 전송하여 컴퓨터 화면상에서 보게 하는 경우도 행사에 해당하지만, 이는 문서의 형태로 위조가 완성된 것을 전제로 하는 것이므로, 공문서로서의 형식과 외관을 갖춘 문서에 해당하지 않아 공문서위조죄가 성립하지 않는 경우에는 위조공문서행사죄도 성립할 수 없다.

[2] 중국인인 피고인이 콘도미니엄 입주민들의 모임인 甲 시설운영위원회의 대표로 선출된 후 甲 위원회가 대표성을 갖춘 단체라는 외양을 작출할 목적으로, 주민센터에서 가져온 행정용 봉투의 좌측 상단에 미리 제작해 둔 甲 위원회 한자 직인과 한글 직인을 날인한 다음 주민센터에서 발급받은 피고인의 인감증명서 중앙에 있는 '용도'란 부분에 이를 오려 붙이는 방법으로 인감증명서 1매를 작성하고, 이를 휴대전화로 촬영한 사진 파일을 甲 위원회에 가입한 입주민들이 참여하는 메신저 단체대화방에 게재하였다고 하여 공문서위조 및 위조공문서행사로 기소된 사안에서, 피고인이 만든 문서가 공문서로서의 외관과 형식을 갖추었다고 인정하기 어렵고, 이를 사진촬영한 파일을 단체대화방에 게재한 행위가 위조공문서행사죄에 해당할 수도 없다고 한 사례[대판 2020.12.24. 2019도8443].

판결이유 피고인이 만든 문서의 용도란은 인감증명서의 다른 부분과 재질과 색깔이 다른 종이가 붙어 있음이 눈에 띄고, 글자색과 활자체도 다른 점 등을 고려하면 공문서로서의 외관과 형식을 갖추었다고 인정하기 어렵다.

동지판례 피고인이 인터넷을 통하여 열람·출력한 등기사항전부증명서 하단의 열람 일시 부분을 수정 테이프로 지우고 복사해 두었다가 이를 타인에게 교부하여 공문서변조 및 변조공문서행사로 기소된 사안에서, 등기사항전부증명서의 열람 일시는 등기부상 권리관계의 기준 일시를 나타내는 역할을 하는 것으로서 권리관계나 사실관계의 증명에서 중요한 부분에 해당하고, 열람 일시의 기재가 있어 그 일시를 기준으로 한 부동산의 권리관계를 증명하는 등기사항전부증명서와 열람 일시의 기재가 없어 부동산의 권리관계를 증명하는 기준 시점이 표시되지 않은 등기사항전부증명서 사이에는 증명하는 사실이나 증명력에 분명한 차이가 있는 점, 법률가나 관련 분야의 전문가가 아닌 평균인 수준의 사리분별력을 갖는 일반인의 관점에서 볼 때 그 등기사항전부증명서가 조금만 주의를 기울여 살펴보기만 해도 그 열람 일시가 삭제된 것임을 쉽게 알아볼 수 있을 정도로 공문서로서의 형식과 외관을 갖추지 못했다고 보기 어려운 점을 종합하면, 피고인이 등기사항전부증명서의 열람 일시를 삭제하여 복사한 행위는 등기사항전부증명서가 나타내는 권리·사실관계와 다른 새로운 증명력을 가진 문서를 만든 것에 해당하고 그로 인하여 공공적 신용을 해할 위험성도 발생하였다는 이유로, 이와 달리 본 원심판결에 공문서변조에 관한 법리오해의 잘못이 있다고 한 사례[대판 2021.2.25. 2018도19043]. [23 변호사]*

[사실관계] (1) 이 사건 부동산에 관하여 2013.1.14. 피고인의 어머니 공소외 1 명의로 상속을 원인으로 한 소유권이전등기가 마쳐졌다. 피고인은 공소외 2로부터 돈을 빌리면서 이 사건 부동산에 관하여 2013.1.23. 접수 근저당권설정등기를, 2013.2.6. 접수 소유권이전담보가등기를 각각 마쳐 주었다. (2) 피고인은 위 근저당권설정등기와 소유권이전담보가등기가 되기 전인 2013.1. 무렵 인터넷을 통하여 열람한 이 사건 부동산에 관한 등기사항전부증명서를 출력하였다(이하 '변경 전 등기사항전부증명서'라 한다). 피고인은 2015.8.말 무렵 다시 돈을 빌리면서 담보로 제시하기 위하여 변경 전 등기사항전부증명서 하단의 열람 일시를 수정 테이프로 지우고 복사해 두었다. (3) 피고인은 2016.8.10. 공소외 3으로부터 돈을 빌리면서 위와 같이 열람 일시를 지우고 복사해 두었던 등기사항전부증명서를 교부하였다. (4) 결국 등기사항전부증명서는 권리관계의 기준 시점이 표시되지 않은 것으로서, 타인에게 제시·교부되어 부동산에 관하여 근저당권설정등기 및 소유권이전담보가등기가 존재하지 않는다는 내용의 허위사실을 증명하는 데 이용되었다.

2. 사진기나 복사기 등을 사용하여 기계적인 방법으로 원본을 복사한 복사문서는 사본이라고 하더라도 문서위조죄 및 위조문서행사죄의 객체인 문서에 해당한다는 것인바, 위조한 문서를 모사전송(facsimile)의 방법으로 타인에게 제시하는 행위도 위조문서행사죄를 구성한다[대판 1994.3.22. 94도4].

3. 위조문서행사죄에 있어서의 행사는 위조된 문서를 진정한 문서인 것처럼 타인에게 제시함으로써 성립하는 것이므로 위 매매계약서를 피고인으로부터 교부받은 변호사가 복사본을 작성하여 원본과 동일한 문서임을 인증한 다음 소장에 첨부하여 법원에 제출함으로써 위조문서행사죄는 성립된다[대판 1988.1.19. 87도1217].

4. 피고인이 위조한 선하증권을 은행에 증빙자료로 제출하여 수입대금이 지급되도록 한 경우, 비록 위 선하증권에 작성명의자의 서명·날인이 되어 있지 않다고 하더라도, 일반인이 명의자의 진정한 사문서로 오신하기에 충분한 정도라면, 위조유가증권행사죄는 성립할 수 없어도 위조사문서행사죄는 성립한다[대판 2010.5.13. 2008도10678].

5. [1] 문서가 위조된 것임을 이미 알고 있는 공범자 등에게 행사하는 경우에는 위조문서행사죄가 성립할 수 없으나, [20 법원9급, 18 경찰채용, 16 경간부]* 간접정범을 통한 위조문서행사범행에 있어 도구로 이용된 자라고 하더라고 문서가 위조된 것임을 알지 못하는 자에게 행사한 경우에는 위조문서행사죄가 성립한다. [20 변호사, 19 법원행시, 16 변호사, 16 법원행시, 16 경간부]*
[2] 피고인이 위조한 전문건설업등록증 등의 컴퓨터 이미지 파일을 공사 수주에 사용하기 위하여 발주자의 담당직원에게 이메일로 송부하였고, 그 이미지 파일을 프린터로 출력할 당시 담당직원이 위조된 것임을 알지 못하였다면, 피고인의 위와 같은 행위는 형법 제229조의 위조공문서행사죄를 구성한다고 보아야 할 것이다[대판 2012.2.23. 2011도14441]. [19 법원행시, 16 변호사]*

판례 | 위조문서행사죄가 성립하지 않는 경우

1. 가짜 군인이 군인복장을 갖추고 허위신분증을 항상 휴대하고 배회한 경우 … 위조문서행사죄에 해당하지 아니한다[대판 1956.11.2. 4289형상240].
2. 위조, 변조, 허위작성된 문서의 행사죄는 이와 같은 문서를 진정한 것 또는 그 내용이 진실한 것으로 각 사용하는 것을 말하는 것이므로, 그 문서가 위조, 변조, 허위작성되었다는 정을 아는 공범자 등에게 제시, 교부하는 경우 등에 있어서는 행사죄가 성립할 여지가 없다[대판 1986.2.25. 85도2798].

판례 | 행사의 상대방 및 기수시기

[1] 위조문서행사죄에 있어서의 행사는 위조된 문서를 진정한 것으로 사용함으로써 문서에 대한 공공의 신용을 해칠 우려가 있는 행위를 말하므로, 행사의 상대방에는 아무런 제한이 없고 위조된 문서의 작성 명의인이라고 하여 행사의 상대방이 될 수 없는 것은 아니다.
[2] 위조사문서의 행사는 상대방으로 하여금 위조된 문서를 인식할 수 있는 상태에 둠으로써 기수가 되고 상대방이 실제로 그 내용을 인식하여야 하는 것은 아니므로, 위조된 문서를 우송한 경우에는 그 문서가 상대방에게 도달한 때에 기수가 되고 상대방이 실제로 그 문서를 보아야 하는 것은 아니다[대판 2005.1.28. 2004도4663]. [17 경찰승진]*

Ⅻ 위조·변조 등 공문서행사죄

제229조(위조 등 공문서의 행사) 제225조 내지 제228조의 죄에 의하여 만들어진 문서, 도화, 전자기록 등 특수매체기록, 공정증서원본, 면허증, 허가증, 등록증 또는 여권을 행사한 자는 그 각죄에 정한 형에 처한다.

제235조(미수범) 미수범은 처벌한다.

판례 | 허위작성공문서행사죄의 객체

허위 내용이 기재된 공문서를 행사하였다고 하더라도 그 공문서가 허위공문서작성죄에 의하여 만들어진 것이 아닌 이상 이를 허위작성공문서행사죄로 처벌할 수는 없는 것이다[대판 2010.1.14. 2009도9963].

판례 | 허위공문서작성죄에서 '행사'에 해당하는 경우

허위공문서작성죄에 있어서 '행사의 목적'이라 함은 허위내용의 문서를 그 내용이 진실한 문서인 것처럼 그 문서의 효용에 따라 사용할 목적이 있는 것을 말하는 것이고, 그러한 공문서를 관청에 비치하는 경우도 허위공문서의 행사로 인정된다[대판 1989.12.12. 89도1253].
[18 경찰채용]*

ⅩⅢ 사문서부정행사죄

제236조(사문서의 부정행사) 권리·의무 또는 사실증명에 관한 타인의 문서 또는 도화를 부정행사한 자는 1년 이하의 징역이나 금고 또는 300만원 이하의 벌금에 처한다.

판례 | 사문서부정행사죄의 객체 및 부정행사의 의미

1. [1] 형법 제236조 소정의 사문서부정행사죄는 사용권한자와 용도가 특정되어 작성된 권리의무 또는 사실증명에 관한 타인의 사문서 또는 사도화를 사용권한 없는 자가 사용권한이 있는 것처럼 가장하여 부정한 목적으로 행사하거나 또는 권한 있는 자라도 정당한 용법에 반하여 부정하게 행사하는 경우에 성립한다.

   [2] 실질적인 채권채무관계 없이 당사자 간의 합의로 작성한 '차용증 및 이행각서'는 그 작성명의인들이 자유의사로 작성한 문서로 그 사용권한자가 특정되어 있다고 할 수 없고 또 그 용도도 다양하므로, 설령 피고인이 그 작성명의인들의 의사에 의하지 아니하고 위 '차용증 및 이행각서'상의 채권이 실제로 존재하는 것처럼 그 지급을 구하는 민사소송을 제기하면서 소지하고 있던 위 '차용증 및 이행각서'를 법원에 제출하였다고 하더라도 그것이 사문서부정행사죄에 해당하지 않는다고 본 사례[대판 2007.3.30. 2007도629].

2. 사문서부정행사죄에 있어서의 부정사용이란 사문서를 사용할 권한 없는 자가 그 문서명의자로 가장 행세하여 이를 사용하거나 또는 사용할 권한이 있다 하더라도 문서를 본래의 작성목적 이외의 다른 사실을 직접 증명하는 용도에 이를 사용하는 것을 말하는 것이므로 현금보관증이 자기 수중에 있다는 사실자체를 증명키 위하여 증거로서 법원에 제출하는 행위는 사문서의 부정행사에 해당되지 아니한다[대판 1985.5.28. 84도2999].

   동지판례 형법 제236조 소정의 사문서부정행사죄에 있어서 부정행사란 사용할 권한 없는 자가 문서명의자로 가장 행세하여 이를 사용하거나 또는 사용할 권한이 있더라도 그 문서를 본래의 작성목적 이외의 다른 사실을 직접 증명하는 용도에 이를 사용하는 것을 말하므로 실효된 문서를 증거로 제출하는 행위는 부정행사에 해당하지 아니한다[대판 1978.2.14. 77도2645].

판례 | 사문서부정행사죄가 성립하는 경우(절취한 후불식 전화카드를 사용한 경우)

사용자에 관한 각종 정보가 전자기록되어 있는 자기띠가 카드번호와 카드발행자 등이 문자로 인쇄된 플라스틱 카드에 부착되어 있는 전화카드의 경우 그 자기띠 부분은 카드의 나머지 부분과 불가분적으로 결합되어 전체가 하나의 문서를 구성하므로, 전화카드를 공중전화기에 넣어 사용하는 경우 비록 전화기가 전화카드로부터 판독할 수 있는 부분은 자기띠 부분에 수록된 전자기록에 한정된다고 할지라도, 전화카드 전체가 하나의 문서로서 사용된 것으로 보아야 하고 그 자기띠 부분만 사용된 것으로 볼 수는 없으므로 절취한 전화카드를 공중전화기에 넣어 사용한 것은 권리의무에 관한 타인의 사문서를 부정행사한 경우에 해당한다[대판 2002.6.25. 2002도461].

XIV 공문서부정행사죄

제230조(공문서 등의 부정행사) 공무원 또는 공무소의 문서 또는 도화를 부정행사한 자는 2년 이하의 징역이나 금고 또는 500만원 이하의 벌금에 처한다.

제235조(미수범) 미수범은 처벌한다.

1. 행위의 객체

진정하게 성립된 공문서로서 사용권자와 사용목적이 특정된 공문서여야 한다.

판례 | 공문서부정행사죄의 객체의 범위와 이에 해당하지 않는 경우

1. [1] 공문서부정행사죄는 사용권한자와 용도가 특정되어 작성된 공문서 또는 공도화를 사용권한 없는 자가 사용권한이 있는 것처럼 가장하여 부정한 목적으로 행사하거나 또는 권한 있는 자라도 정당한 용법에 반하여 부정하게 행사하는 경우에 성립되는 것이다.
   [2] 주민등록표등본은 그 사용권한자가 특정되어 있다고 할 수 없고, 또 용도도 다양하며, 반드시 본인이나 세대원만이 사용할 수 있는 것이 아니므로, 타인의 주민등록표등본을 그와 아무런 관련 없는 사람이 마치 자신의 것인 것처럼 행사하였다고 하더라도 공문서부정행사죄가 성립되지 아니한다[대판 1999.5.14. 99도206].
2. 인감증명서와 같이 사용권한자가 특정되어 있지 않고 그 용도도 다양한 공문서는 그 명의자 아닌 자가 그 명의자의 의사에 반하여 함부로 행사하더라도 문서 본래의 취지에 따른 용도에 합치된다면 공문서부정행사죄는 성립되지 않는다[대판 1983.6.28. 82도1985].
3. 신원증명서는 금치산 또는 한정치산의 선고를 받고 취소되지 않은 사실의 해당 여부를 증명하는 문서로서 사용권한자가 특정되어 있다고 할 수 없고 또 용도도 다양하며 반드시 피증명인만이 사용할 수 있는 것이 아니므로 문서상의 피증명인의 의사에 의하지 아니하고 사용하였다 하더라도 그것이 문서 본래의 취지에 따른 용도에 합치되는 이상 공문서부정행사죄는 성립되지 아니한다[대판 1993.5.11. 93도127].
4. 화해조서경정신청에 대한 기각결정문을 화해조서정본인 것처럼 등기서류로 제출 행사하였다고 하더라도 공문서부정행사죄는 성립하지 아니한다[대판 1984.2.28. 82도2851].

2. 행위

부정사용이다. 사용권한자와 용도가 특정되어 작성된 공문서 또는 공도화를 사용권한 없는 자가 사용권한이 있는 것처럼 가장하여 부정한 목적으로 행사하거나 또는 권한 있는 자라도 정당한 용법에 반하여 부정하게 사용하는 것을 말한다[대판 1999.5.14. 99도206].

판례연습

【공문서부정행사죄】 ※ 허락의 증표로 주민등록증을 사용한 사건

甲은 이동전화기 대리점 직원에게 기왕에 습득한 타인의 주민등록증을 내보이고 그 타인이 자신의 어머니인데 어머니의 허락을 받았다고 속여 타인의 이름으로 이동전화 가입신청을 하여 이동전화기를 교부받았다. 甲에게는 공문서부정행사죄가 성립한다. [O, X]

판결요지

[1] 사용권한자와 용도가 특정되어 있는 공문서를 사용권한 없는 자가 사용한 경우에도 그 공문서 본래의 용도에 따른 사용이 아닌 경우에는 형법 제230조의 공문서부정행사죄가 성립되지 아니한다.
[2] 피고인이 기왕에 습득한 타인의 주민등록증을 피고인 가족의 것이라고 제시하면서 그 주민등록증상의 명의 또는 가명으로 이동전화 가입신청을 한 경우, 타인의 주민등록증을 본래의 사용용도인 신분확인용으로 사용한 것이라고 볼 수 없어 공문서부정행사죄가 성립하지 않는다고 한 사례[대판 2003.2.26. 2002도4935]. [23 경간부, 16 법원9급]*

정답 [X]

판례 | 운전면허증의 특정된 용법에 따른 행사라고 볼 수 없어 공문서부정행사죄가 성립하지 않는 경우

공문서부정행사죄는 공문서에 대한 공공의 신용 등을 보호하기 위한 데 입법취지가 있는 것으로, 공문서에 대한 공공의 신용 등을 해할 위험이 있으면 범죄가 성립하지만, 그러한 위험조차 없는 경우에는 범죄가 성립하지 아니한다.
도로교통법은 자동차등을 운전하려는 사람은 지방경찰청장으로부터 운전면허를 받아야 하고(제80조 제1항), 운전면허의 효력은 본인 또는 대리인이 운전면허증을 발급받은 때부터 발생한다고 규정하고 있으며(제85조 제5항), 이러한 운전면허증의 서식, 재질, 규격 등은 법정되어 있다(도로교통법 제85조 제2항, 도로교통법 시행규칙 제77조 제2항 [별지 제55호 서식]).
도로교통법에 의하면, 운전면허증을 발급받은 사람은 자동차 등을 운전할 때 운전면허증 등을 지니고 있어야 하고(제92조 제1항), 운전자는 운전 중에 교통안전이나 교통질서 유지를 위하여 경찰공무원이 운전면허증 등을 제시할 것을 요구할 때에는 이에 응하여야 한다(제92조 제2항). 도로교통법이 자동차 등의 운전자에 대하여 위와 같은 의무를 부과하는 취지는 경찰공무원으로 하여금 교통안전 등을 위하여 현장에서 운전자의 신원과 면허조건 등을 법령에 따라 발급된 운전면허증의 외관만으로 신속하게 확인할 수 있도록 하고자 하는 데 있다. 만일 경찰공무원이 자동차 등의 운전자로부터 운전면허증의 이미지파일 형태를 제시받는 경우에는 그 입수 경위 등을 추가로 조사·확인하지 않는 한 이러한 목적을 달성할 수 없을 뿐만 아니라, 그 이미지파일을 신용하여 적법한 운전면허증의 제시가 있었던 것으로 취급할 수도 없다.
따라서 도로교통법 제92조 제2항에서 제시의 객체로 규정한 운전면허증은 적법한 운전면허의 존재를 추단 내지 증명할 수 있는 운전면허증 그 자체를 가리키는 것이지, 그 이미지파일 형태는 여기에 해당하지 않는다.
이와 같은 공문서부정행사죄의 구성요건과 그 입법취지, 도로교통법 제92조의 규정 내용과 그 입법취지 등에 비추어 보면, 자동차 등의 운전자가 운전 중에 도로교통법 제92조 제2항에 따라 경찰공무원으로부터 운전면허증의 제시를 요구받은 경우 운전면허증의 특정된 용법에 따른 행사는 도로교통법 관계법령에 따라 발급된 운전면허증 자체를 제시하는 것이라고 보아야 한다. 이 경우 자동차 등의 운전자가 경찰공무원에게 다른 사람의 운전면허증 자체가 아니라 이를 촬영한 이미지파일을 휴대전화 화면 등을 통하여 보여주는 행위는 운전면허증의 특정된 용법에 따른 행사라고 볼 수 없는 것이어서 그로 인하여 경찰공무원이 그릇된 신용을 형성할 위험이 있다고 할 수 없으므로, 이러한 행위는 결국 공문서부정행사죄를 구성하지 아니한다[대판 2019.12.12. 2018도2560]. [22 경간부, 21 법원9급, 20 법원행시]*

판례 | 공문서부정행사죄가 성립하는 경우

1. 자동차를 임차하려는 피고인들이 자동차 대여업체의 담당직원들로부터 임차할 자동차의 운전에 필요한 운전면허가 있고 또 운전면허증을 소지하고 있는지를 확인하기 위한 운전면허증의 제시 요구를 받자 타인의 운전면허증을 소지하고 있음을 기화로 자신이 타인의 자동차운전면허를 받은 사람들인 것처럼 행세하면서 자동차 대여업체의 직원들에게 이를 제시한 것이라면, 피고인들의 위와 같은 행위는 단순히 신분확인을 위한 것이라고는 할 수 없고, 이는 운전면허증을 사용권한이 없는 자가 사용권한이 있는 것처럼 가장하여 부정한 목적으로 사용한 것이기는 하나 운전면허증의 본래의 용도에 따른 사용행위라고 할 것이므로 공문서부정행사죄에 해당한다[대판 1998.8.21. 98도1701].
2. 피고인이 공소외 A인 양 허위신고하여 피고인의 사진과 지문이 찍힌 공소외 A 명의의 주민등록증을 발급받은 이상 주민등록증의 발행목적상 피고인에게 위 주민등록증에 부착된 사진의 인물이 공소외 A의 신원사항을 가진 사람이라는 허위사실을 증명하는 용도로 이를 사용할 수 있는 권한이 없다는 사실을 인식하고 있었다고도 할 것이므로 이를 검문경찰관에게 제시하여 이러한 허위사실을 증명하는 용도로 사용한 것은 공문서부정행사죄를 구성한다[대판 1982.9.28. 82도1297].
3. 운전면허증은 운전면허를 받은 사람이 운전면허시험에 합격하여 자동차의 운전이 허락된 사람임을 증명하는 공문서로서, 운전면허증에 표시된 사람이 운전면허시험에 합격한 사람이라는 '자격증명'과 이를 지니고 있으면서 내보이는 사람이 바로 그 사람이라는 '동일인증명'의 기능을 동시에 가지고 있다. … 따라서 제3자로부터 신분확인을 위하여 신분증명서의 제시를 요구받고 다른 사람의 운전면허증을 제시한 행위는 그 사용목적에 따른 행사로서 공문서부정행사죄에 해당한다고 보는 것이 옳다[대판(전) 2001.4.19. 2000도1985]. [16 변호사, 16 법원9급]*

판례 | 공문서부정행사죄가 성립하지 않는 경우

1. 선박법과 선박법 시행규칙 등 관계 법령에 의하면, 선박국적증서는 한국선박으로서 등록하는 때에 선박번호, 선박의 종류, 명칭, 선적항 등을 수록하여 발급하는 문서이고, 선박검사증서는 선박정기검사 등에 합격한 선박에 대하여 항해구역 · 최대승선인원 등을 수록하여 발급하는 문서이다. 위 각 문서는 당해 선박이 한국선박임을 증명하고, 법률상 항행할 수 있는 자격이 있음을 증명하기 위하여 선박소유자에게 교부되어 사용되는 것이다. 따라서 어떤 선박이 사고를 낸 것처럼 허위로 사고신고를 하면서 그 선박의 선박국적증서와 선박검사증서를 함께 제출하였다고 하더라도, 선박국적증서와 선박검사증서는 위 선박의 국적과 항행할 수 있는 자격을 증명하기 위한 용도로 사용된 것일 뿐 그 본래의 용도를 벗어나 행사된 것으로 보기는 어려우므로, 이와 같은 행위는 공문서부정행사죄에 해당하지 않는다[대판 2009.2.26. 2008도10851]. [20 변호사, 19 경간부]*

2. 장애인사용자동차표지를 사용할 권한이 없는 사람이 장애인전용주차구역에 주차하는 등 장애인사용자동차에 대한 지원을 받을 것으로 합리적으로 기대되는 상황이 아닌 경우, 단순히 이를 자동차에 비치하였더라도 공문서부정행사죄가 성립하지 않는다[대판 2022.9.29. 2021도14514].

   판례해설 장애인복지법과 장애인등편의법의 규정과 관련 법리에 따르면, 장애인사용자동차표지는 장애인이 이용하는 자동차에 대한 조세감면 등 필요한 지원의 편의를 위하여 장애인이 사용하는 자동차를 대상으로 발급되는 것이고, 장애인전용주차구역 주차표지가 있는 장애인사용자동차표지는 보행상 장애가 있는 사람이 이용하는 자동차에 대한 지원의 편의를 위하여 발급되는 것이다.

   [사실관계] 피고인은 실효된 '장애인전용주차구역 주차표지가 있는 장애인사용자동차표지'를 승용차에 비치한 채 이 사건 아파트의 주차장 중 장애인전용주차구역이 아닌 장소에 승용차를 주차한 사실을 알 수 있다. 이는 피고인이 장애인사용자동차에 대한 지원을 받을 것으로 합리적으로 기대되는 상황에서 장애인사용자동차표지를 승용차에 비치한 경우에 해당한다고 볼 수 없고, 달리 이를 인정할 만한 사정도 보이지 않는다.

제2편

2026 해커스경찰 허정 형사법 2권 형법각론

제4절 인장에 관한 죄

I 총설

보호법익은 인장 등의 진정에 대한 공공의 신용이다. 보호의 정도는 추상적 위험범이다.

II 사인 등 위조 · 부정사용죄

제239조(사인 등의 위조, 부정사용) ① 행사할 목적으로 타인의 인장, 서명, 기명 또는 기호를 위조 또는 부정사용한 자는 3년 이하의 징역에 처한다.

제240조(미수범) 미수범은 처벌한다.

1. 행위의 객체

타인의 인장 · 서명 · 기명 · 기호이다. ⅰ) 인장 등은 법률상 · 거래상 중요사항에 관련된 것이어야 한다. 따라서 명승지의 기념스템프는 인장에 해당하지 않으며, 연예인의 '싸인'은 서명이 아니다. ⅱ) 인장은 인영 · 인과 양자를 포함한다(통설).

> **판례 | 인장에 해당하지 않는 경우(생략문서: 문서에 해당함)**
>
> 이른바 생략문서도 그것이 사람 등의 동일성을 나타내는 데에 그치지 않고 그 이외의 사항도 증명 · 표시하는 한 인장이나 기호가 아니라 문서로서 취급하여야 한다[대판 1995.9.5. 95도1269].

2. 행위

위조 또는 부정사용하는 것이다.

① **위조**: 위조의 방법에는 제한이 없다. 따라서 타인의 인과를 제조하거나 묘사에 의하여 인영을 작출하는 경우는 물론 기존의 인영을 소재로 새로운 인영을 현출하는 것도 위조가 된다.

② **부정사용**: 진정한 인장 등을 권한 없이 사용하거나, 권한 있는 자가 그 권한을 남용하여 부당하게 사용하는 것을 말한다.

> **판례 | 사인 등 위조죄와 관련한 판례정리**
>
> 1. **(인장위조죄가 성립하지 않는 경우)** 형법 제239조 제1항의 사인위조죄는 그 명의인의 의사에 반하여 위법하게 행사할 목적으로 권한 없이 타인의 인장을 위조한 경우에 성립하므로, 타인의 인장을 조각할 당시에 그 명의자로부터 명시적이거나 묵시적인 승낙 내지 위임을 받았다면 인장위조죄가 성립하지 않는다고 할 것이다[대판 2014.9.26. 2014도9213]. [20 경간부, 18 경간부, 17 국가7급, 16 경간부]*
>
>   **동지판례** 선거무효로 노동조합 지부장직을 상실한 자가 동 조합지부인과 지부장인을 동 지부장 직무대리에게 인계하지 아니하므로, 이에 대한 대응책으로 동 지부의 문서에 사용할 목적으로 동 지부장 직무대리의 승인하에 동 지부장인을 조각한 행위는 부정한 방법으로 정당한 인장인 양 가장하기 위하여 직인 등을 위조한 것이라고 할 수 없다[대판 1981.5.6. 81도721].
>
> 2. **(인장위조죄가 성립하는 경우)** 아파트 주민대표회 간부들이, 동대표로 당선된 공소외 甲이 사실은 대학을 졸업하지 않았음이 사립대학 교무처장 명의로 된 학력조회 회보서를 통해 확인되자, 甲의 허위학력 사실을 아파트 주민들에게 공고문 형식으로 알리면서 그 공고문의 신뢰성 제고를 위해 공고문 안에 대학 교무처장 명의의 직인을 함께 나타냈다면, 위 공고문에 현출된 직인은 일반인으로 하여금 진정한 직인으로 오신하게 할 정도에 이르렀다고 할 것이다[대판 2010.1.14. 2009도5929].
>
> 3. **(행사의 목적이 인정되지 않는 경우)** 형법 제239조 제1항 소정의 인장위조죄는 그 명의인의 의사에 반하여 위법하게 행사할 목적이 인정되어야 하며, 타인의 인장을 조각할 당시에는 미처 그 명의인의 승낙을 얻지 아니하였다고 하더라도 인장을 조각하여 그 명의인의 승낙을 얻어 그 명의인의 문서를 작성하는 데 사용할 의도로 인장을 조각하였으나 그 명의인의 승낙을 얻지 못하여 이를 사용하지 아니하고 명의인에게 돌려주었다면, 특별한 사정이 없는 한 행사의 목적이 있었다고 인정할 수 없다[대판 1992.10.27. 92도1578].

3. 죄수

인장 등의 위조 · 부정사용이 유가증권 · 문서위조의 수단으로 행해진 경우에는 유가증권위조죄 · 문서위조죄에 흡수된다.

Ⅲ 위조사인 등 행사죄

제239조(사인 등의 위조, 부정사용) ② 위조 또는 부정사용한 타인의 인장, 서명, 기명 또는 기호를 행사한 때에도 전항의 형과 같다.

제240조(미수범) 미수범은 처벌한다.

판례 | 위조사서명행사죄가 성립하는 경우

1. [1] 어떤 문서에 권한 없는 자가 타인의 서명을 기재하는 경우에는 그 문서가 완성되기 전이라도 일반인으로서는 그 문서에 기재된 타인의 서명을 그 명의인의 진정한 서명으로 오신할 수도 있으므로, 일단 서명이 완성된 이상 문서가 완성되지 아니한 경우에도 서명의 위조죄는 성립할 수 있는 것이다. [20 경간부, 19 법원행시, 16 변호사]*
[2] 수사기관이 수사대상자의 진술을 기재한 후 진술자로 하여금 그의 면전에서 조서의 말미에 서명 등을 하도록 한 후 그 자리에서 바로 회수하는 수사서류의 경우에는, 그 진술자가 그 문서에 서명을 하는 순간 바로 수사기관이 열람할 수 있는 상태에 놓이게 되는 것이므로, 그 진술자가 마치 타인인 양 행세하며 타인의 서명을 기재한 경우 그 서명을 수사기관이 열람하기 전에 즉시 파기하였다는 등의 특별한 사정이 없는 이상 그 서명 기재와 동시에 위조사서명행사죄가 성립하는 것이며, 그와 같이 위조사서명행사죄가 성립된 직후에 수사기관이 위 서명이 위조된 것임을 알게 되었다고 하더라도 이미 성립한 위조사서명행사죄를 부정할 수 없다 할 것이다.
[3] 피고인이 음주운전 등으로 경찰서에서 조사를 받으면서 제3자로 행세하여 피의자신문조서의 진술자란에 제3자의 서명을 기재하였으나 그 이후 피고인의 간인이나 조사 경찰관의 서명날인 등이 완료되기 전에 그 서명위조 사실이 발각되었다고 하더라도 사서명위조죄 및 그 행사죄가 성립한다고 한 사례[대판 2005.12.23. 2005도4478], [대판 2011.3.10. 2011도503].
2. 피고인이 경찰에서 피의자로서 조사받으면서 자신의 형인 공소외인의 인적 사항을 밝히면서 자신이 공소외인인 것처럼 행세를 하고, 자신에 대한 피의자신문조서의 말미에 위 공소외인의 서명을 하여 수사기록에 편철하게 한 경우는 사서명위조 및 동행사죄에 해당한다[대판 2005.7.14. 2005도3357].
3. [1] 사서명 등 위조죄가 성립하려면 서명 등이 일반인으로 하여금 특정인의 진정한 서명 등으로 오신하게 할 정도에 이르러야 하고, 일반인이 특정인의 진정한 서명 등으로 오신하기에 충분한 정도인지 여부는 서명 등의 형식과 외관, 작성 경위뿐만 아니라 서명 등이 기재된 문서에 서명 등을 할 필요성, 문서의 작성 경위, 종류, 내용 그리고 일반거래에서 문서가 가지는 기능 등도 함께 고려하여 판단하여야 한다.
[2] 피고인이 음주운전으로 단속되자 동생 甲의 이름을 대며 조사를 받다가 경찰관으로부터 음주운전 단속내역이 입력된 휴대용정보단말기(PDA)에 전자 서명할 것을 요구받자, 운전자 甲의 서명란에 甲의 이름 대신 의미를 알 수 없는 부호(Z자 2개를 합친 것처럼 휘날려 쓴 서명)를 기재하여 이를 경찰전산망에 전송하게 하였다면 이는 사서명위조죄 및 위조사서명행사죄에 해당한다[대판 2020.12.30. 2020도14045].

판례 | 위조된 인과의 교부 = 위조인장행사죄 X

형법 제239조 제2항의 위조인장행사죄에 있어서 행사라 함은 위조된 인장을 진정한 것처럼 용법에 따라 사용하는 행위를 말한다 할 것이므로 위조된 인영을 타인에게 열람할 수 있는 상태에 두든지, 인과의 경우에는 날인하여 일반인이 열람할 수 있는 상태에 두면 그것으로 행사가 되는 것이고, 위조된 인과 그 자체를 타인에게 교부한 것만으로는 위조인장행사죄를 구성한다고는 할 수 없다[대판 1984.2.28. 84도90].

판례연습

【공기호부정사용과 부정사용공기호행사의 구별】

甲은 乙의 자동차를 훔쳐 자신의 낡은 자동차 번호판을 떼어 훔친 차에 부착하고 타고 다니다가 경찰로부터 음주단속 검문을 당하여 운전면허증제시를 요구받자 빌려 소지하고 있던 丙의 운전면허증을 자기 것처럼 제시하였다. 그러나 이를 알아차린 경찰관에 의해 체포되었다. 甲의 형법상 죄책은?

판결요지

형법 제238조 제1항에서 규정하고 있는 공기호인 자동차등록번호판의 부정사용이라 함은 진정하게 만들어진 자동차등록번호판을 권한 없는 자가 사용하든가, 권한 있는 자라도 권한을 남용하여 부당하게 사용하는 행위를 말하는 것이고, 같은조 제2항에서 규정하고 있는 그 행사죄는 부정사용한 공기호인 자동차등록번호판을 마치 진정한 것처럼 그 용법에 따라 사용하는 행위를 말하는 것으로 그 행위개념을 달리하고 있다[대판 1997.7.8. 96도3319].

정답

형법상, 甲이 자동차를 훔친 행위는 절도죄, 자동차 번호판을 떼어 훔친 차에 부착한 행위는 공기호부정사용죄, 자동차에 부착하여 운행한 행위는 부정사용공기호행사죄, 丙의 운전면허증을 자기 것처럼 제시한 행위는 공문서부정행사죄에 해당한다. 한편 특별형법까지 고려하면 자동차 번호판을 떼어 낸 행위는 자동차관리법위반죄가 추가적으로 성립한다.

판례 | 공기호위조죄가 성립하는 경우

형법 제238조 제1항에 의하면 행사할 목적으로 공기호인 자동차등록번호판을 위조한 경우에 공기호위조죄가 성립하고, 여기서 '행사할 목적'이란 위조한 자동차등록번호판을 마치 진정한 것처럼 그 용법에 따라 사용할 목적을 말한다. 또한 '위조한 자동차등록번호판을 그 용법에 따라 사용할 목적'이란 위조한 자동차등록번호판을 자동차에 부착하여 운행함으로써 일반인으로 하여금 자동차의 동일성에 관한 오인을 불러일으킬 수 있도록 하는 것을 말한다[대판 2016.4.29. 2015도1413].

판례 | 공기호위조죄가 성립하지 않는 경우(중요)

[1] 형법상 인장에 관한 죄에서 인장은 사람의 동일성을 표시하기 위하여 사용하는 일정한 상형을 의미하고, 기호는 물건에 압날하여 사람의 인격상 동일성 이외의 일정한 사항을 증명하는 부호를 의미한다. 그리고 형법 제238조의 공기호는 ⅰ) **해당 부호를 공무원 또는 공무소가 사용**하는 것만으로는 부족하고, ⅱ) **그 부호를 통하여 증명을 하는 사항이 구체적으로 특정되어 있고** ⅲ) **해당 사항은 그 부호에 의하여 증명이 이루어질 것**이 요구된다.

[2] 피고인이 온라인 구매사이트에서 ① 검찰 업무표장(에서 '검찰'을 제외한 부분) 아래 '검찰 PROSECUTION SERVICE'라고 기재하고 그 아래 피고인의 전화번호를 기재한 주차표지판 1개, ② 검찰 업무표장() 아래 '검찰 PROSECUTION OFFICE'라고 기재하고 그 아래 피고인의 차량번호를 표시한 표지판 1개, ③ 검찰 업무표장() 아래 '검찰 PROSECUTION SERVICE'라고 기재하고 그 아래 '공무수행'이라고 표시한 표지판 1개를 주문하여 배송받음으로써 행사할 목적으로 공기호인 검찰청 업무표장을 각각 위조하고, 이를 자신의 승용차에 부착하고 다님으로써 위조된 공기호인 검찰청 업무표장을 행사하였다는 공소사실로 기소된 사안에서, 위 각 표지판에 사용된 검찰 업무표장은 검찰수사, 공판, 형의 집행부터 대외 홍보 등 검찰청의 업무 전반 또는 검찰청 업무와의 관련성을 나타내기 위한 것으로 보일 뿐, 이것이 부착된 차량은 '검찰 공무수행 차량'이라는 것을 증명하는 기능이 있다는 등 이를 통하여 증명을 하는 사항이 구체적으로 특정되어 있다거나 그 사항이 이러한 검찰 업무표장에 의하여 증명된다고 볼 근거가 없고, 일반인들이 위 각 표지판이 부착된 차량을 '검찰 공무수행 차량'으로 오인할 수 있다고 해도 위 각 검찰 업무표장이 위와 같은 증명적 기능을 갖추지 못한 이상, 이를 공기호라고 볼 수 없음에도, 이와 달리 보아 공소사실을 유죄로 인정한 원심판단에 법리오해 등의 잘못이 있다고 한 사례[대판 2024.1.4. 2023도11313].

Ⅳ 공인 등 위조 · 부정사용죄

제238조(공인 등의 위조, 부정사용) ① 행사할 목적으로 공무원 또는 공무소의 인장, 서명, 기명 또는 기호를 위조 또는 부정사용한 자는 5년 이하의 징역에 처한다.
③ 7년 이하의 자격정지를 병과할 수 있다.

제240조(미수범) 미수범은 처벌한다.

판례 | 관련판례정리

택시미터기의 수리는 계량법 시행규칙에 의하여 검정의무가 면제되는 간이수리에 해당하나, 택시미터기에 적법하게 부착된 검정납봉의 봉인철사를 일단 절단한 후에는 소관 검정기관만이 이를 다시 부착할 수 있는 것이므로 피고인이 임의로 한 검정납봉 재봉인부착행위는 형법 제238조 제2항 소정의 공무소기호부정사용죄에 해당한다[대판 1982.6.8. 82도138].

Ⅴ 위조공인 등 행사죄

제238조(공인 등의 위조, 부정사용) ② 위조 또는 부정사용한 공무원 또는 공무소의 인장, 서명, 기명 또는 기호를 행사한 자도 전항의 형과 같다.
③ 7년 이하의 자격정지를 병과할 수 있다.

제240조(미수범) 미수범은 처벌한다.

판례 | 공기호행사죄가 성립하지 않는 경우

형법 제238조 제2항에 규정된 부정사용된 공기호의 행사죄는 위조 · 변조문서의 행사와 같이 부정사용된 공기호를 이를 진정한 것으로 임의로 공범자 이외의 자에게 보이는 등 사용하는 행위를 말하는 것이니 이는 타인에 대한 외부적 행위라고 할 것이므로 … 부정사용된 공기호 그 자체를 타인에게 제시하는 등 사실 없이 극인이 타기 된 소나무 등을 산판에 적치하였거나 반출하였다 하여 곧 공기호행사죄가 된다고 할 수 없다[대판 1981.12.22. 80도1472].

제3장 공중의 건강에 대한 죄

제1절 먹는 물에 관한 죄

Ⅰ 총설

1. 의의

음용수에 관한 죄란 사람의 음용에 사용하는 정수 또는 그 수원에 오물·독물 기타 건강을 해치는 물건을 넣거나, 수도 기타 시설을 손괴하거나 불통시켜 공중의 음용수이용과 안전을 위태롭게 하는 것을 내용으로 하는 범죄이다.

2. 보호법익

공중의 건강을 보호법익으로 하는 공공위험죄이며, 보호의 정도는 추상적 위험범이다.

Ⅱ 음용수사용방해죄

제192조(먹는 물의 사용방해) ① 일상생활에서 먹는 물로 사용되는 물에 오물을 넣어 먹는 물로 쓰지 못하게 한 자는 1년 이하의 징역 또는 500만원 이하의 벌금에 처한다.

Ⅲ 음용수유해물혼입죄

제192조(먹는 물의 사용방해) ② 제1항의 먹는 물에 독물이나 그 밖에 건강을 해하는 물질을 넣은 사람은 10년 이하의 징역에 처한다.

제196조(미수범) 미수범은 처벌한다.

제197조(예비, 음모) 본죄를 범할 목적으로 예비 또는 음모한 자는 2년 이하의 징역에 처한다.

Ⅳ 수도음용수사용방해죄

제193조(수돗물의 사용방해) ① 수도를 통해 공중이 먹는 물로 사용하는 물 또는 그 수원(수원)에 오물을 넣어 먹는 물로 쓰지 못하게 한 자는 1년 이상 10년 이하의 징역에 처한다.

Ⅴ 수도음용수유해물혼입죄

제193조(수돗물의 사용방해) ② 제1항의 먹는 물 또는 수원에 독물 그 밖에 건강을 해하는 물질을 넣은 자는 2년 이상의 유기징역에 처한다.

제196조(미수범) 미수범은 처벌한다.

제197조(예비, 음모) 본죄를 범할 목적으로 예비 또는 음모한 자는 2년 이하의 징역에 처한다.

Ⅵ 음용수혼독치사상죄

제194조(먹는 물 혼독치사상) 제192조 제2항 또는 제193조 제2항의 죄를 지어 사람을 상해에 이르게 한 경우에는 무기 또는 3년 이상의 징역에 처한다. 사망에 이르게 한 경우에는 무기 또는 5년 이상의 징역에 처한다.

Ⅶ 수도불통죄

제195조(수도불통) 공중이 먹는 물을 공급하는 수도 그 밖의 시설을 손괴하거나 그 밖의 방법으로 불통하게 한 자는 1년 이상 10년 이하의 징역에 처한다.

제196조(미수범) 미수범은 처벌한다.

제197조(예비, 음모) 본죄를 범할 목적으로 예비 또는 음모한 자는 2년 이하의 징역에 처한다.

판례 | 관련판례정리

1. 비록 절차를 밟지 않고 임의로 가설한 수도라 할지라도 그것이 현실로 공중생활에 필요한 음용수를 공급하고 있는 시설인 이상 이를 불법하게 손괴하여서 수도를 불통하게 한 때에는 수도불통으로 봄이 상당하다[대판 1957.2.1. 4289형상317].
2. 본건 사설특수가압수도시설은 피고인이 관계당국으로부터 그 명의의 설치허가를 받아 사재로써 시의 상수도관에다가 특수가압간선을 시설한 것으로서 그 시설에 의한 급수를 받고자 하는 자는 시설자와의 계약에 의하여 시설운영위원회에 가입한 후 시의 급수승인을 받아야 하고 그러한 절차를 거치지 않은 자에 대하여는 시설자가 마음대로 단수조치를 할 수 있는 것이므로 그 시설자인 피고인이 불법이용자에 대한 단수조치로서 급수관을 발굴 절단하였다 하여도 수도불통죄에 해당하는 행위라고 할 수 없다[대판 1971.1.26. 70도2654].
3. 사설수도를 설치한 시장 번영회가 수도요금을 체납한 회원에 대하여 사전 경고까지 하고 한 단수행위에는 위법성이 있다고 볼 수 없다[대판 1977.11.22. 77도103].

제2절 아편에 관한 죄

Ⅰ 총설

1. 의의

아편에 관한 죄란 아편을 흡식하거나 아편 또는 아편흡식기구를 제조 · 수입 · 판매 또는 소지하는 것을 내용으로 하는 범죄이다.

2. 보호법익

보호법익은 공중의 건강이며, 보호의 정도는 추상적 위험범이다.

Ⅱ 아편흡식죄

제201조(아편흡식 등) ① 아편을 흡식하거나 몰핀을 주사한 자는 5년 이하의 징역에 처한다.

제202조(미수범) 미수범은 처벌한다.

제206조(몰수, 추징) 본장의 죄에 제공한 아편, 몰핀이나 그 화합물 또는 아편흡식기는 몰수한다. 그를 몰수하기 불능한 때에는 그 가액을 추징한다.

Ⅲ 아편흡식장소제공죄

제201조(동장소제공) ② 아편흡식 또는 몰핀 주사의 장소를 제공하여 이익을 취한 자도 전항의 형과 같다.

제202조(미수범) 미수범은 처벌한다.

제206조(몰수, 추징) 본장의 죄에 제공한 아편, 몰핀이나 그 화합물 또는 아편흡식기는 몰수한다. 그를 몰수하기 불능한 때에는 그 가액을 추징한다.

판례 | 이익을 취득한 때에 해당하는 경우

형법 제201조 제2항 또는 마약법 제6조 제6호에 이른바 이익취득이라 함은 그 장소사용에 관련하여 계정되는 대가적 성질을 띤 일체의 적극적 · 소극적 이득을 포함하는 것으로 해석할 것인바, 타인을 과거에 3년간 사역한 관계로 그 노무에 대한 대가적인 의미로 그 타인의 아편판매를 위한 장소를 제공한 경우는 전술한 바의 이익을 취득한 때에 해당한다[대판 1960.4.6. 4292형상844].

Ⅳ 아편 등 제조 · 수입 · 판매 · 판매목적소지죄

제198조(아편 등의 제조 등) 아편, 몰핀 또는 그 화합물을 제조, 수입 또는 판매하거나 판매할 목적으로 소지한 자는 10년 이하의 징역에 처한다.

제202조(미수범) 미수범은 처벌한다.

제206조(몰수, 추징) 본장의 죄에 제공한 아편, 몰핀이나 그 화합물 또는 아편흡식기는 몰수한다. 그를 몰수하기 불능한 때에는 그 가액을 추징한다.

V 아편흡식기 제조 · 수입 · 판매 · 판매목적소지죄

제199조(아편흡식기의 제조 등) 아편을 흡식하는 기구를 제조, 수입 또는 판매하거나 판매할 목적으로 소지한 자는 5년 이하의 징역에 처한다.

제202조(미수범) 미수범은 처벌한다.

제206조(몰수, 추징) 본장의 죄에 제공한 아편, 몰핀이나 그 화합물 또는 아편흡식기는 몰수한다. 그를 몰수하기 불능한 때에는 그 가액을 추징한다.

VI 세관공무원의 아편 등 수입 · 수입허용죄[103)]

제200조(세관공무원의 아편 등의 수입) 세관의 공무원이 아편, 몰핀이나 그 화합물 또는 아편흡식기구를 수입하거나 그 수입을 허용한 때에는 1년 이상의 유기징역에 처한다.

제202조(미수범) 미수범은 처벌한다.

제206조(몰수, 추징) 본장의 죄에 제공한 아편, 몰핀이나 그 화합물 또는 아편흡식기는 몰수한다. 그를 몰수하기 불능한 때에는 그 가액을 추징한다.

VII 상습아편흡식 · 제조 · 수입 · 판매죄

제203조(상습범) 상습으로 전5조의 죄를 범한 때에는 각조에 정한 형의 2분의 1까지 가중한다.

VIII 아편 등 소지죄

제205조(아편 등의 소지) 아편, 몰핀이나 그 화합물 또는 아편흡식기구를 소지한 자는 1년 이하의 징역 또는 500만원 이하의 벌금에 처한다.

제206조(몰수, 추징) 본장의 죄에 제공한 아편, 몰핀이나 그 화합물 또는 아편흡식기는 몰수한다. 그를 몰수하기 불능한 때에는 그 가액을 추징한다.

103) 수입죄의 공범을 독립범죄로 규정한 것이므로 총칙상의 공범에 관한 규정이 적용되지 않는다.

제4장 사회의 도덕에 대한 죄

출제 POINT

도박죄의 경우 우연성의 의미 및 사기도박의 경우 사기죄만 성립한다는 판례, 음란물죄의 경우 음란의 개념 및 음란성의 판단기준에 관한 판례를 알아두면 족하다. 시험에 출제되지 않는 부분은 일독 후 과감하게 생략하여야 한다.

제1절 성풍속에 관한 죄

Ⅰ 총설

1. 의의

성풍속에 관한 죄란 성생활에 관련되는 성도덕 또는 건전한 성풍속을 해하는 행위를 내용으로 하는 범죄이다.

2. 보호법익

① 음행매개죄: 보호법익은 건전한 성풍속이며, 개인의 성적 자유도 부차적인 보호법익이 된다(통설). 보호의 정도는 침해범이다.

② 음란물죄 · 공연음란죄: 보호법익은 사회의 건전한 성풍속이다. 보호의 정도는 추상적 위험범이다.

Ⅱ 음행매개죄

제242조(음행매개) 영리의 목적으로 사람을 매개하여 간음하게 한 자는 3년 이하의 징역 또는 1천500만원 이하의 벌금에 처한다. [18 법원행시]*

1. 법적 성질

본죄는 필요적 공범 중 대향범에 해당한다. 처벌규정이 있는 매개자만 처벌되고, 처벌규정이 없는 피매개자는 본죄로 처벌되지 않으며 또한 형법총칙상의 공범규정이 적용되지도 않는다.

2. 행위의 객체

사람이다. 따라서 성년, 미성년을 불문하며, 음행의 상습성 여부도 불문한다.[104]

104) 개정 전에는 '미성년 또는 음행의 상습없는 부녀'만을 객체로 하였다.

판례 | 음행매개죄의 객체인 미성년자(음행의 상습유무 불문, 동의 불문)

형법 제242조 소정 미성년자에 대한 음행매개죄의 성립에는 그 미성년자가 음행의 상습이 있거나 그 음행에 자진 동의한 사실은 하등 영향을 미치는 것이 아니다[대판 1955.7.8. 4288형상37].

3. 행위

① 사람을 매개하여 간음하게 하는 것이다.

② 매개란 간음을 권유하는 일체의 행위를 말한다. 다만 매개란 피매개자의 자유의사를 전제로 하므로 폭행·협박은 매개행위가 될 수 없다. 피매개자에게 간음의사가 있었는지는 불문한다. 따라서 매개행위가 반드시 교사행위일 필요는 없다.

③ 매개에 의하여 간음함으로써 기수가 된다. 따라서 간음을 매개하였으나 간음에 이르지 못한 경우에는 본죄가 성립하지 않는다. 간음이란 부부 사이 이외의 성교를 말한다.

4. 목적범

고의 이외에 영리의 목적이 있어야 한다. 그러나 목적달성 여부는 본죄의 성립에 영향이 없다.

Ⅲ 음화 등 반포·판매·임대·공연전시죄

제243조(음화반포 등) 음란한 문서, 도화, 필름 기타 물건을 반포, 판매 또는 임대하거나 공연히 전시 또는 상영한 자는 1년 이하의 징역 또는 500만원 이하의 벌금에 처한다.

1. 음란한 물건

음란한 물건이라 함은 성욕을 자극하거나 흥분 또는 만족케 하는 물건들로서 일반인의 정상적인 성적 수치심을 해치고 선량한 성적 도의관념에 반하는 것을 의미한다. 어떤 물건이 음란한 물건에 해당하는지 여부는 행위자의 주관적 의도나 반포, 전시 등이 행하여진 상황에 관계없이 그 물건 자체에 관하여 객관적으로 판단하여야 하며, 작품 전체를 평가하는 전체적 고찰방법에 따라서 판단해야 한다(판례).

판례 | 음란한 물건의 의미와 음란성을 인정하기 위한 요건

1. 형법 제243조에 규정된 '음란한 도화'라 함은 일반 보통인의 성욕을 자극하여 성적 흥분을 유발하고 정상적인 성적 수치심을 해하여 성적 도의관념에 반하는 것을 가리킨다고 할 것이고, 이는 당해 도화의 성에 관한 노골적이고 상세한 표현의 정도와 그 수법, 당해 도화의 구성 또는 예술성, 사상성 등에 의한 성적 자극의 완화의 정도, 이들의 관점으로부터 당해 도화를 전체로서 보았을 때 주로 독자의 호색적 흥미를 돋구는 것으로 인정되느냐의 여부 등을 검토, 종합하여 그 시대의 건전한 사회통념에 비추어 판단하여야 할 것이다[대판 2002.8.23. 2002도2889].
2. 어떠한 물건을 음란하다고 평가하려면 그 물건을 전체적으로 관찰·평가하여 볼 때 단순히 저속하다거나 문란한 느낌을 주는 정도를 넘어 사람의 존엄성과 가치를 심각하게 훼손·왜곡하였다고 평가할 수 있을 정도로 노골적인 방법에 의하여 성적 부위 등을 적나라하게 표현 또는 묘사하는 것이어야 한다[대판 2014.6.12. 2013도6345].

판례 | 음란성 판단의 주체와 기준

(판단의 주체는 법관, 판단의 기준은 일반보통인의 정서) 형법 제243조 소정의 '음란'이라는 개념 자체가 사회와 시대적 변화에 따라 변동하는 상대적이고도 유동적인 것이고, 그 시대에 있어서 사회의 풍속, 윤리, 종교 등과도 밀접한 관계를 가지는 추상적인 것이므로 결국 구체적인 판단에 있어서는 사회통념상 일반보통인의 정서를 그 판단의 규준으로 삼을 수밖에 없다고 할지라도, 이는 법관이 일정한 가치판단에 의하여 내릴 수 있는 규범적인 개념이라 할 것이어서 그 최종적인 판단의 주체는 어디까지나 당해 사건을 담당하는 법관이라 할 것이니, 음란성을 판단함에 있어 법관이 자신의 정서가 아닌 일반 보통인의 정서를 규준으로 하여 이를 판단하면 족한 것이지 법관이 일일이 일반 보통인을 상대로 과연 당해 문서나 도화 등이 그들의 성욕을 자극하여 성적 흥분을 유발하거나 정상적인 성적 수치심을 해하여 성적 도의관념에 반하는 것인지의 여부를 묻는 절차를 거쳐야만 되는 것은 아니라고 할 것이다[대판 1995.2.10. 94도2266].

판례 | 음란성 판단의 방법

1. **(주관적 의도와 관계없이 객관적으로 판단)** 음란한 물건이라 함은 성욕을 자극하거나 흥분 또는 만족케 하는 물건들로서 일반인의 정상적인 성적 수치심을 해치고 선량한 성적 도의관념에 반하는 것을 의미하며, 어떤 물건이 음란한 물건에 해당하는지 여부는 행위자의 주관적 의도나 반포, 전시 등이 행하여진 상황에 관계없이 그 물건 자체에 관하여 객관적으로 판단하여야 한다[대판 2003.5.16. 2003도988].
2. **(당해문서를 전체적으로 고찰하여 판단)** 형법 제243조의 음화등의반포등죄 및 형법 제244조의 음화등의제조등죄에 규정한 음란한 문서라 함은 … 당해 문서를 전체로서 보았을 때 주로 독자의 호색적 흥미를 돋우는 것으로 인정되느냐의 여부 등의 여러 점을 검토하는 것이 필요하다[대판 1995.6.16. 94도2413].
3. **(정보통신망을 통하여 제공한다고 하여 엄격한 기준으로 음란 여부를 판단할 것을 요하지 않음)** 영상물등급위원회로부터 18세 관람가로 등급분류 받은 비디오물을 편집 · 변경함이 없이 그대로 옮겨 제작한 동영상을 정보통신망을 통하여 제공한 경우, 정보통신망을 통하여 제공한다는 시청환경 때문에 보다 엄격한 기준으로 음란 여부를 판단할 것은 아니다[대판 2008.3.13. 2006도3558].

판례 | 음란성이 인정된 경우

1. 공연윤리위원회의 심의를 마친 영화작품이라 하더라도 이것을 영화관에서 상영하는 것이 아니고 관람객을 유치하기 위하여 영화장면의 일부를 포스터나 스틸사진 등으로 제작하였고, 제작된 포스터 등 도화가 그 영화의 예술적 측면이 아닌 선정적 측면을 특히 강조하여 그 표현이 과도하게 성욕을 자극시키고 일반인의 정상적인 성적 정서를 해치는 것이어서 건전한 성풍속이나 성도덕관념에 반하는 것이라면 그 포스터 등 광고물은 음화에 해당한다[대판 1990.10.16. 90도1485]. [16 법원행시]*
2. 사진 전체로 보아 선정적 측면을 강조하여 주로 독자의 호색적 흥미를 돋구는 사진첩은 음란한 도화에 해당한다[대판 1997.8.22. 97도937].
3. 소설 "즐거운 사라"는 음란한 문서에 해당한다[대판 1995.6.16. 94도2413].

판례 | 음란성이 인정되지 않은 경우

1. 소설 반노의 13장 내지 14장에 기재된 사실은 그 표현에 있어 과도하게 성욕을 자극시키거나 또는 정상적인 성적정서를 크게 해칠 정도로 노골적이고 구체적인 묘사라고 볼 수 없고 더우기 그 전체적인 내용의 흐름이 인간에 내재하는 향락적인 성욕에 반항함으로서 결국 그로부터 벗어나 새로운 자아를 발견하는 과정으로 이끌어 매듭된 경우에는 이 소설을 음란한 작품이라고 단정할 수 없다[대판 1975.12.9. 74도976].
2. 본건에서 문제가 된 "해면체비대기"는 그 구조와 작용방법으로 미루어 보면 남자의 성기(음경)를 크게 늘구는 데에 쓰려고 만든 도구(장치)라는 것이고, 일부에 음경을 넣게는 되어 있으나 원통으로 되어 있어 음경을 연상케 함도 없고, 그 전체에서 성에 관련된 어떤 뜻이 나온다고도 인정할 수 없으니, 그 기구자체가 성욕을 자극, 흥분 혹은 만족시키게 하는 음란물건이라고 할 수 없다[대판 1978.11.14. 78도2327].

3. 여성용 자위기구나 돌출콘돔의 경우 그 자체로 남성의 성기를 연상케 하는 면이 있다 하여도 그 정도만으로 그 기구 자체가 성욕을 자극, 흥분 또는 만족시키게 하는 물건으로 볼 수 없을 뿐만 아니라 일반인의 정상적인 성적 수치심을 해치고 선량한 성적 도의관념에 반한다고도 볼 수 없으므로 음란한 물건에 해당한다고 볼 수 없다[대판 2000.10.13. 2000도3346].

비교판례 남성용 자위기구인 모조여성성기가 음란한 물건에 해당한다고 한 사례[대판 2003.5.16. 2003도988].

2. 문학성 · 예술성 · 과학성과 음란성의 양립여부

문학성 내지 예술성과 음란성은 차원을 달리하는 관념이므로 어느 문학작품이나 예술작품에 문학성 내지 예술성이 있다고 하여 그 작품의 음란성이 당연히 부정되는 것은 아니다(판례).

판례 | 문학성 및 예술성이 있더라도 음란성이 당연히 부정되는 것은 아니라는 판례

형법 제243조 및 제244조에서 말하는 '음란'이라 함은 … 그 사회의 평균인의 입장에서 문서 전체를 대상으로 하여 규범적으로 평가하여야 할 것이며, 문학성 내지 예술성과 음란성은 차원을 달리하는 관념이므로 어느 문학작품이나 예술작품에 문학성 내지 예술성이 있다고 하여 그 작품의 음란성이 당연히 부정되는 것은 아니라 할 것이고, 다만 그 작품의 문학적 · 예술적 가치, 주제와 성적 표현의 관련성 정도 등에 따라서는 그 음란성이 완화되어 결국은 형법이 처벌대상으로 삼을 수 없게 되는 경우가 있을 수 있을 뿐이다[대판 2000.10.27. 98도679], [대판 2002.8.23. 2002도2889]. [18 법원행시]*

3. 상대적 음란성이론

음란성은 문서의 내용 이외에 작자나 출판자의 의도, 광고 · 선전 · 판매의 방법, 독자 · 관람자의 제한성 등의 부수적 사정을 고려하여 상대적으로 판단해야 한다는 이론이다. 그러나 다수설은 이를 부정한다.

판례 | 상대적 음란개념에 입각한 판례

침대 위에 비스듬히 위를 보고 누워있는 천연색 나체화 카드 사진이 비록 명화집에 실려 있는 그림이라 하여도 성냥갑 속에 넣어서 시판할 목적으로 이를 복사 · 제조하거나 시판한 경우 그 그림이 보는 사람으로 하여금 성욕을 자극하여 흥분케 할 뿐만 아니라 일반인의 정상적인 성적 정서와 선량한 사회풍교를 해칠 가능성이 있는 때에는 음화제조 · 판매죄가 성립한다 [대판 1970.10.30. 70도1879].

4. 행위

반포 · 판매 · 임대하거나 공연히 전시 또는 상영하는 것이다.

판례 | 공연히 전시한다는 의미

[1] 구 정보통신망 이용촉진 및 정보보호 등에 관한 법률(2007.1.26. 법률 제8289호로 개정되기 전의 것) 제65조 제1항 제2호에서 '공연히 전시'한다고 함은 불특정 또는 다수인이 실제로 음란한 부호 · 문언 · 음향 또는 영상을 인식할 수 있는 상태에 두는 것을 의미한다.

[2] 인터넷사이트에 집단 성행위 목적의 카페를 개설, 운영한 자가 남녀 회원을 모집한 후 특별모임을 빙자하여 집단으로 성행위를 하고 그 촬영물이나 사진 등을 카페에 게시한 사안에서, 카페가 회원제로 운영되는 등 제한적이고 회원들 상호간에 음란물을 게시, 공유해 온 사정이 있다고 하더라도, 위 카페의 회원수에 비추어 위 게시행위가 음란물을 공연히 전시한 것에 해당한다고 한 사례[대판 2009.5.14. 2008도10914]. [18 경찰승진]*

판례 | 공연전시에 해당하지 않는 경우

형법 제243조에서 음화 등을 공연히 전시한다는 것은 음화 등을 불특정 또는 다수인이 관람할 수 있는 상태하에 현출시키는 것을 뜻하는 것으로서, 특정된 소수인만이 볼 수 있는 상태에 두는 것은 이에 해당되지 않는다고 할 것이다. 그러므로 집 방안에서 자기 친구 두 사람이 보는 앞에서 영사기로 도색영화필림을 상영한 행위는 형법 제243조 소정의 공연전시에 해당되지 않는다[대판 1973.8.21. 73도409].

판례 | 음란물죄의 주관적 요건

형법음화의 제조 내지 판매죄의 범의 성립에 있어서 음화에 해당하는 그림이 존재한다는 것과 이를 제조나 판매하고 있다는 것을 인식하고 있으면 되고, 더 나가서 그 그림이 음란한 것인가 아닌가를 인식할 필요는 없다[대판 1970.10.30. 70도1879]. [18 법원행시]*

Ⅳ 음화 등 제조 · 소지 · 수입 · 수출죄

제244조(음화제조 등) 제243조의 행위에 공할 목적으로 음란한 물건을 제조, 소지, 수입 또는 수출한 자는 1년 이하의 징역 또는 500만원 이하의 벌금에 처한다.

Ⅴ 공연음란죄

제245조(공연음란) 공연히 음란한 행위를 한 자는 1년 이하의 징역, 500만원 이하의 벌금, 구류 또는 과료에 처한다.

판례 | 음란한 행위의 의미와 공연음란죄에 해당하는 경우

[1] 형법 제245조 소정의 '음란한 행위'라 함은 일반 보통인의 성욕을 자극하여 성적 흥분을 유발하고 정상적인 성적 수치심을 해하여 성적 도의관념에 반하는 행위를 가리키는 것이고, 그 행위가 반드시 성행위를 묘사하거나 성적인 의도를 표출할 것을 요하는 것은 아니다.

[2] 요구르트 제품의 홍보를 위하여 전라의 여성 누드모델들이 일반 관람객과 기자 등 수십명이 있는 자리에서, 알몸에 밀가루를 바르고 무대에 나와 분무기로 요구르트를 몸에 뿌려 밀가루를 벗겨내는 방법으로 알몸을 완전히 드러낸 채 음부 및 유방 등이 노출된 상태에서 무대를 돌며 관람객들을 향하여 요구르트를 던진 행위가 공연음란죄에 해당한다고 한 사례[대판 2006.1.13. 2005도1264]. [16 법원행시]*

판례 | 음란성의 판단기준(공연행위 자체에 대한 객관적 판단)

표현물의 음란 여부를 판단함에 있어서는 표현물 제작자의 주관적 의도가 아니라 그 사회의 평균인의 입장에서 그 시대의 건전한 사회통념에 따라 객관적이고 규범적으로 평가하여야 한다[대판 2019.1.10. 2016도8783].

판례 | 음란한 행위에 해당하는 경우

1. 고속도로에서 승용차를 손괴하거나 타인에게 상해를 가하는 등의 행패를 부리던 자가 이를 제지하려는 경찰관에 대항하여 공중 앞에서 알몸이 되어 성기를 노출한 경우, 음란한 행위에 해당하고 그 인식도 있었다고 한 사례[대판 2000.12.22. 2000도4372]. [18 경찰승진, 16 법원행시]*
2. 피고인이 성기와 엉덩이를 드러내놓은 채 나신의 여인 조각상이 있는 참전비를 바라보거나 그 주위를 서성거렸고, 통행하던 여성 4인과 아이들을 포함한 다수의 통행인이 그 모습을 충분히 볼 수 있었던 상황이었다면 피고인의 행위는 음란한 행위에 해당한다[대판 2020.1.16. 2019도14056].

판례 | 음란한 행위에 해당하지 않는 경우

[1] 단순히 다른 사람에게 부끄러운 느낌이나 불쾌감을 주는 정도에 불과하다고 인정되는 경우 형법 제245조의 음란행위에 해당한다고 할 수 없다.

[2] 말다툼을 한 후 항의의 표시로 엉덩이를 노출시킨 행위는 음란한 행위에 해당하지 아니한다[대판 2004.3.12. 2003도6514]. [19 경간부, 16 법원행시]*

판례 | 공연음란죄의 주관적 요건(성적인 목적 불요)

형법 제245조 소정의 '음란한 행위'라 함은 일반 보통인의 성욕을 자극하여 성적 흥분을 유발하고 정상적인 성적 수치심을 해하여 성적 도의관념에 반하는 것을 가리킨다고 할 것이고, 위 죄는 주관적으로 성욕의 흥분, 만족 등의 성적인 목적이 있어야 성립하는 것은 아니고 그 행위의 음란성에 대한 의미의 인식이 있으면 족하다[대판 2004.3.12. 2003도6514]. [19 경간부, 17 국가9급]*

제2절 도박과 복표에 관한 죄

Ⅰ 총설

보호법익은 국민의 근로관념과 공공의 미풍양속 내지 근로라는 사회의 경제도덕이다. 보호의 정도는 추상적 위험범이다.

Ⅱ 도박죄

제246조(도박) ① 도박을 한 사람은 1천만원 이하의 벌금에 처한다. 다만, 일시오락 정도에 불과한 경우에는 예외로 한다.

1. 의의

도박함으로써 성립하는 범죄이다.

2. 구성요건

(1) 객관적 구성요건

① **주체**: 제한이 없다. 도박의 당사자는 필요적 공범 중 대향범에 해당한다.

② **행위**: 도박하는 것이다.[105)]

㉮ **객체**: ⅰ) 재물 이외에 재산상 이익도 포함된다. ⅱ) 재물이 도박현장에 있을 것을 요하지 않으며, 재물의 액수가 미리 확정되어 있을 필요도 없다.

㉯ **도박**: ⅰ) 재물 또는 재산상의 이익을 걸고 우연에 의하여 재물의 득실을 결정하는 것을 말한다. ⅱ) 우연은 당사자에게 주관적으로 불확실하면 족하고 객관적으로 불확실할 필요는 없다. 따라서 주관적으로 불확실한 이상 장래 · 현재 · 과거사실에 대해서도 도박을 할 수 있다. ⅲ) 편면적 도박(사기도박)의 경우에는 우연성이 결여되어 있으므로 사기도박자에게만 사기죄가 성립하고, 그 상대방에게는 범죄가 성립하지 않는다(판례, 통설). ⅳ) 당사자의 기능이 승패에 영향을 미치더라도 조금이라도 우연의 지배를 받는 것이라면 도박에 해당한다(판례).

판례 | 도박죄가 성립하기 위한 도박의 우연성의 의미 및 우연성의 정도

[1] 형법 제246조에서 도박죄를 처벌하는 이유는 정당한 근로에 의하지 아니한 재물의 취득을 처벌함으로써 경제에 관한 건전한 도덕법칙을 보호하는 데 있다. 그리고 도박은 '재물 등을 걸고 우연에 의하여 그 득실을 결정하는 것'을 의미하는바, 여기서 '우연'이란 주관적으로 '당사자에 있어서 확실히 예견 또는 자유로이 지배할 수 없는 사실에 관하여 승패를 결정하는 것'을 말하고, 객관적으로 불확실할 것을 요구하지 아니한다. 따라서, 당사자의 능력이 승패의 결과에 영향을 미친다고 하더라도 다소라도 우연성의 사정에 의하여 영향을 받게 되는 때에는 도박죄가 성립할 수 있다.
[2] 피고인들이 각자 핸디캡을 정하고 홀마다 또는 9홀마다 별도의 돈을 걸고 총 26 내지 32회에 걸쳐 내기 골프를 한 행위가 도박에 해당한다고 한 사례[대판 2008.10.23. 2006도736].

판례 | 편면적(사기) 도박(사기행위자 = 도박죄 X, 사기죄 ○, 그 상대방 = 도박죄 X)

1. [1] 도박이라 함은 2인 이상의 자가 상호간에 재물을 도(賭)하여 우연한 승패에 의하여 그 재물 등의 득실을 결정하는 것이므로, 이른바 사기도박에 있어서와 같이 도박당사자의 일방이 사기의 수단으로써 승패의 수를 지배하는 경우에는 도박에 있어서의 우연성이 결여되어 사기죄만 성립하고 도박죄는 성립하지 아니한다. [18 경간부, 16 경찰승진]*
   [2] 피고인 등이 사기도박에 필요한 준비를 갖추고 그러한 의도로 피해자들에게 도박에 참가하도록 권유한 때 또는 늦어도 그 정을 알지 못하는 피해자들이 도박에 참가한 때에는 이미 사기죄의 실행에 착수하였다고 할 것이므로, 피고인 등이 그 후에 사기도박을 숨기기 위하여 얼마간 정상적인 도박을 하였더라도 이는 사기죄의 실행행위에 포함되는 것이어서 피고인에 대하여는 피해자들에 대한 사기죄만이 성립하고 도박죄는 따로 성립하지 아니한다[대판 2011.1.13. 2010도9330]. [17 법원행시, 17 경찰채용]*
2. 사기도박의 경우 사기행위자에게는 사기죄가 성립하지만 그 상대방에게는 도박죄가 성립하는 데 있어서 필요한 우연성이 인정될 수 없으므로 도박죄가 성립하지 아니한다[대판 1960.11.16. 4293형상743].

---

105) 형법 개정에 의하여 '재물로써 도박'의 부분이 '도박'으로 변경되었으며, 벌금형의 상한이 500만원에서 1천만원으로 상향되었으며, 과료는 폐지되었다. 다만 개정 전에도 도박의 객체는 재물에 한정되지 아니하며 재산상 이익도 포함되는 것으로 해석되어 왔으나, 개정 형법은 재산상의 이익도 도박죄의 객체에 포함된다는 것을 명확히 했다는 점에 의의가 있다.

㉰ 기수시기: 도박행위에 착수하면 기수가 된다. 따라서 승패의 결정 · 재물 등의 득실이 있었을 것을 요하지 않는다.

(2) **주관적 구성요건**

고의가 있어야 한다.

3. 위법성

① 도박행위가 일시오락의 정도에 불과한 때에는 본죄는 성립하지 않는다. 일시오락의 정도는 도박죄의 위법성 조각사유가 된다(판례, 통설).

② 일시오락의 정도에 해당하는가는 도박의 시간과 장소, 도박에 건 재물의 가액, 도박에 가담한 자들의 사회적 지위나 재산정도 및 도박으로 인한 이득의 용도 등 여러 가지 사정을 참작하여 판단해야 한다(판례, 다수설). 따라서 승패결정의 흥미를 북돋우기 위한 경우에는 금전을 거는 경우에도 일시오락으로 볼 수 있다(판례, 통설).

판례 | 일시오락의 정도에 불과하여 도박죄를 구성하지 않는 경우

1. 피고인들은 서로 친숙하게 지내온 사이로서 이 사건 당일 우연히 다방에서 만나게 되어 약 3,000원 상당의 음식내기 화투놀이를 약 30분동안 한 사실이 인정되는바, 위와 같은 피고인들의 친분관계, 화투놀이가 행하여졌던 시간과 장소, 도박을 하게 된 경위 및 그 금액의 근소성 등을 종합하여 보면, 피고인들의 이 사건 행위는 일시오락의 정도에 불과하고 도박죄를 구성하지 않는다[대판 1984.4.10. 84도194].
2. 각자 1,000원 내지 7,000원을 판돈으로 내놓고 한 점에 100원짜리 속칭 "고스톱"을 한 것은 일시오락의 정도에 불과하다[대판 1990.2.9. 89도1992].
3. 피고인이 그의 아들 생일이라면서 사 온 돼지고기를 안주로 술을 사 마시자고 하여 나머지 피고인 4명이 각각 금 1000원씩을 내어 모아 놓고 성냥개비 열개씩을 나누어 가지고 속칭 "고스톱"을 치면서 3점, 5점, 7점에 각 성냥개비 1개, 2개, 3개씩을 내기로 하고 한 사람이 성냥개비 전부를 따면 자신이 내놓은 금 1,000원은 회수하고 나머지 돈으로 술을 사기로 한 경우라면 피고인 등의 연령, 직업, 재산정도 등에 비추어 피고인 등의 행위는 일시오락의 정도에 불과하여 도박죄를 구성하지 않는다 할 것이다[대판 1984.7.10. 84도1043].

Ⅲ 상습도박죄

제246조(상습도박) ② 상습으로 제1항의 죄를 범한 사람은 3년 이하의 징역 또는 2천만원 이하의 벌금에 처한다.

제249조(벌금의 병과) 1천만원 이하의 벌금을 병과할 수 있다.

참고 상습범에 대하여 1/2을 가중하지 아니하고 직접 가중된 형을 규정한 경우

① 상습도박죄
② 상습장물죄
③ 상습강도죄
※ 영리등을 위한 약취, 유인, 매매죄의 상습범 규정은 개정형법에서 폐지되었다.

판례 | 상습도박죄에 있어서 상습성의 의미와 판단 방법(도박전과 없이도 상습성 인정 가능)

상습도박죄에 있어서의 상습성이라 함은 반복하여 도박행위를 하는 습벽으로서 행위자의 속성을 말하는데, 이러한 습벽의 유무를 판단함에 있어서는 도박의 전과나 도박 회수 등이 중요한 판단자료가 되나 도박전과가 없다 하더라도 도박의 성질과 방법, 도금의 규모, 도박에 가담하게 된 태양 등의 제반 사정을 참작하여 도박의 습벽이 인정되는 경우에는 상습성을 인정하여도 무방하다[대판 1995.7.11. 95도955].

판례 | 도박의 상습성이 인정되는 경우

1. 피고인에게 아무 전과가 없다 하더라도 2개월 10일 동안 9회에 걸쳐 반복을 하였다면 이는 상습성이 있다[대판 1983.10.25. 83도2448].
2. 단시일 내에 전후 6회에 걸쳐 판돈 3,000,000원여가 오간 도박의 경우, 1회의 도금 및 승패금과 압수된 금원 등에 비추어 이를 일시적인 오락으로 한 것으로는 볼 수 없고 여기에는 상습성이 있다고 할 것이다[대판 1985.6.11. 85도748].

판례 | 도박의 상습성이 인정되지 않는 경우

상피고인이 사용해 보라고 건네주는 유실물인 자기앞수표 금 1,000,000원 권 10매를 건네받은 도박 전과가 없는 피고인이 21:00경부터 이튿날 09:00경까지 사이에 위 수표를 가지고 공소외 4인과 함께 화투를 사용하여 1회 도금 최고 금 100,000원씩을 걸고 약 200회에 걸쳐 속칭 '모이쪼'라는 도박을 하였다면, 도박에 제공된 돈의 액수가 다소 많은 것은 사실이나 그 돈의 출처, 도박하기에 이른 경위 등에 비추어 도박의 상습성을 인정할 수 없다[대판 1991.10.8. 91도1894].

Ⅳ 도박장소 등 개설죄

제247조(도박장소 등 개설) 영리의 목적으로 도박을 하는 장소나 공간을 개설한 사람은 5년 이하의 징역 또는 3천만원 이하의 벌금에 처한다.

제249조(벌금의 병과) 1천만원 이하의 벌금을 병과할 수 있다.

1. 도박장소 개설

스스로 도박의 주재자가 되어 그 지배하에 도박의 장소를 개설하는 것을 말한다. 따라서 주재자가 되지 않고 단순히 도박장소를 제공함에 그친 경우에는 도박죄의 종범이 될 뿐이다(다수설). 형법은 상습도박죄의 규정을 두고 있으나, 도박장소등개설죄의 경우 상습범 규정을 두고 있지 않다.

2. 도박공간 개설[106)]

인터넷 상에 도박사이트를 개설하여 전자화폐나 온라인으로 결제하도록 하는 경우를 처벌하기 위한 규정이다. 인터넷 상에 도박사이트를 개설한 행위에 대하여는 판례가 도박개장죄로 처벌하여 왔으나 그 가벌성을 명확히 하기 위하여 신설된 규정이다.

106) 형법 개정에 의하여 '도박 공간을 개설하는 경우'가 추가되었으며, 법정형이 3년 이하의 징역 또는 2천만원 이하의 벌금에서 5년 이하의 징역 또는 3천만원 이하의 벌금으로 상향 조정되었다.

판례 | 도박개장죄가 성립하는 경우

1. 인터넷 고스톱게임 사이트를 유료화하는 과정에서 사이트를 홍보하기 위하여 고스톱대회를 개최하면서 참가자들로부터 참가비를 받고 입상자들에게 상금을 지급한 행위는 도박개장죄에 해당한다[대판 2002.4.12. 2001도5802]. [18 법원행시, 18 경찰승진, 18 경간부]*
2. 성인PC방 운영자가 손님들로 하여금 컴퓨터에 접속하여 인터넷 도박게임을 하고 게임머니의 충전과 환전을 하도록 하면서 게임머니의 일정 금액을 수수료 명목으로 받은 행위는 도박개장죄에 해당한다[대판 2008.10.23. 2008도3970].
3. 인터넷 사이트 운영자가 회원들로 하여금 온라인에서 현금화할 수 있는 게임코인을 걸고 속칭 고스톱, 포커 등을 하도록 하고, 수수료 명목으로 일정액을 이익으로 취한 행위는 도박개장죄에 해당한다[대판 2008.9.11. 2008도1667].
4. 유료낚시터를 운영하는 사람이 입장료 명목으로 요금을 받은 후 물고기에 부착된 시상번호에 따라 경품을 지급한 사안에서, 도박개장죄를 인정한 사례[대판 2009.2.26. 2008도10582].
5. 인터넷컴퓨터게임시설제공업을 영위하는 피고인이 그 이용자들로 하여금 '파랑게임'이 운영하는 온라인 게임물에 접속하여 포커, 바둑이, 맞고 등을 할 수 있도록 선불카드를 판매하였고 게임물의 이용자가 획득한 점수를 금전으로 바꾸어 돌려받는 것이 가능하였던 이상 그러한 환전과정에 피고인이 직접 관여한 바 없다고 하더라도 도박개장죄의 성립에는 지장이 없다[대판 2012.5.24. 2010도14216].

   판례해설 선불카드의 판매를 통해 이익을 취득할 목적이었으므로 영리목적으로 도박을 개장한 것이다.

판례 | 정범의 도박개장행위가 인정되지 않아 도박개장방조죄가 성립하지 않는 경우(주의)

[1] 종범은 정범의 실행행위 전이나 실행행위 중에 정범을 방조하여 그 실행행위를 용이하게 하는 것을 말하므로 정범의 실행행위가 있어야 성립한다.
[2] 인터넷 게임사이트의 온라인게임에서 통용되는 사이버머니를 구입하고자 하는 사람을 유인하여 돈을 받고 위 게임사이트에 접속하여 일부러 패하는 방법으로 사이버머니를 판매한 사람에 대하여, 정범인 위 게임사이트 개설자의 도박개장행위를 인정할 수 없는 이상 종범인 도박개장방조죄도 성립하지 않는다고 한 사례[대판 2007.11.29. 2007도8050].

3. 기수시기

영리의 목적으로 도박을 하는 장소나 공간을 개설하면 기수가 된다.

판례 | 도박개장죄의 기수시기

1. **(영리목적을 달성할 것을 요하지 않음)** 형법 제247조의 도박개장죄의, '영리의 목적'이란 도박개장의 대가로 불법한 재산상의 이익을 얻으려는 의사를 의미하고, 반드시 도박개장의 직접적 대가가 아니라 도박개장을 통하여 간접적으로 얻게 될 이익을 위한 경우에도 영리의 목적이 인정되며, 또한 현실적으로 그 이익을 얻었을 것을 요하지는 않는다[대판 2008.10.23. 2008도3970].
2. **(현실로 도박이 행하여졌음을 요하지 않음)** [1] 형법 제247조의 도박개장죄는 영리의 목적으로 도박을 개장하면 기수에 이르고, 현실로 도박이 행하여졌음은 묻지 않는다. 따라서 영리의 목적으로 속칭 포커나 바둑이, 고스톱 등의 인터넷 도박게임 사이트를 개설하여 운영하는 경우, 현실적으로 게임이용자들로부터 돈을 받고 게임머니를 제공하고 게임이용자들이 위 도박게임 사이트에 접속하여 도박을 하여, 위 게임으로 획득한 게임머니를 현금으로 환전해 주는 방법 등으로 게임이용자들과 게임회사 사이에 있어서 재물이 오고갈 수 있는 상태에 있으면, 게임이용자가 위 도박게임 사이트에 접속하여 실제 게임을 하였는지 여부와 관계없이 도박개장죄는 '기수'에 이른다. [18 법원행시, 16 경찰승진]*
   [2] 피고인이 단순히 가맹점만을 모집한 상태에서 도박게임 프로그램을 시험가동한 정도에 그친 것이 아니라, 가맹점을 모집하여 인터넷 도박게임이 가능하도록 시설 등을 설치하고 도박게임 프로그램을 가동하던 중 문제가 발생하여 더 이상의 영업으로 나아가지 못한 것으로 볼 여지가 있다면 이로써 도박개장죄는 이미 '기수'에 이르렀다고 볼 수 있고, 나아가 피고인이 모집한 피씨방의 업주들이 그곳을 찾은 이용자들에게 피고인이 개설한 도박게임 사이트에 접속하여 도박을 하게 한 사실이 없다고 하여 도박개장죄의 성립이 부정된다고 할 수 없다고 한 사례[대판 2009.12.10. 2008도5282]. [19 법원행시]*

4. 죄수

도박장소 등을 개설한 자가 도박을 한 경우에는 도박장소등개설죄와 도박죄의 실체적 경합이 된다.

V 복표발매 · 중개 · 취득죄

제248조(복표의 발매 등) ① 법령에 의하지 아니한 복표를 발매한 사람은 5년 이하의 징역 또는 3천만원 이하의 벌금에 처한다.[107]

② 제1항의 복표발매를 중개한 사람은 3년 이하의 징역 또는 2천만원 이하의 벌금에 처한다.[108]

③ 제1항의 복표를 취득한 사람은 1천만원 이하의 벌금에 처한다.[109]

제249조(벌금의 병과) 제1항의 경우에는 1천만원 이하의 벌금을 병과할 수 있다.

판례 | 복표의 요건과 광고복권이 복표로 인정된 경우

[1] 형법 제248조가 규정하는 복표의 개념요소는 ① 특정한 표찰일 것, ② 그 표찰을 발매하여 다수인으로부터 금품을 모을 것, ③ 추첨 등의 우연한 방법에 의하여 그 다수인 중 일부 당첨자에게 재산상의 이익을 주고 다른 참가자에게 손실을 줄 것의 세 가지로 파악할 수 있으며,[110] 이 점에서 경제상의 거래에 부수하는 특수한 이익의 급여 내지 가격할인에 불과한 경품권이나 사은권 등과는 그 성질이 다른 것이지만, 어떠한 표찰이 형법 제248조 소정의 복표에 해당하는지 여부는 그 표찰 자체가 갖는 성질에 의하여 결정되어야 하고, 그 기본적인 성질이 위와 같은 개념요소를 갖추고 있다면, 거기에 광고 등 다른 기능이 일부 가미되어 있는 관계로 당첨되지 않은 참가자의 손실을 그 광고주 등 다른 사업주들이 대신 부담한다고 하더라도, 특별한 사정이 없는 한 복표로서의 성질을 상실하지는 않는다.

[2] 이른바 '광고복권'은 통상의 경우 이를 홍보 및 판촉의 수단으로 사용하는 사업자들이 당첨되지 않은 참가자들의 손실을 대신 부담하여 주는 것일 뿐, 그 자체로는 추첨 등의 우연한 방법에 의하여 일부 당첨자에게 재산상의 이익을 주고 다른 참가자에게 손실을 주는 복표로서의 성질을 갖추고 있다고 보아 형법 제248조 소정의 복표에 해당한다고 한 사례[대판 2003.12.26. 2003도5433].

107) 형법 개정에 의하여 법정형이 3년 이하의 징역 또는 2천만원 이하의 벌금에서 5년 이하의 징역 또는 3천만원 이하의 벌금으로 상향 조정되었다.

108) 형법 개정에 의하여 법정형이 1년 이하의 징역 또는 500만원 이하의 벌금에서 3년 이하의 징역 또는 2천만원 이하의 벌금으로 상향 조정되었다.

109) 형법 개정에 의하여 법정형이 500만원 이하의 벌금에서 1천만원 이하의 벌금으로 상향 조정되었다.

110) 경품권이나 사은권은 특정한 표찰이라는 점과 추첨으로 당첨자를 결정한다는 점이 복표와 유사하나 경품권이나 사은권 자체를 지급하고 금품을 모으는 것은 아니라는 점과 참가자에게 손실이 아니라 특수한 이익의 급여를 내용으로 하는 것이라는 점에서 복표에 해당하지 않는다.

제3절 신앙에 관한 죄

Ⅰ 총설

사회풍속으로서의 종교감정과 종교생활의 평온을 보호법익으로 한다. 보호의 정도는 추상적 위험범이다.111) [23 경간부]*

Ⅱ 장례식 등 방해죄

제158조(장례식 등의 방해) 장례식, 제사, 예배 또는 설교를 방해한 자는 3년 이하의 징역 또는 500만원 이하의 벌금에 처한다.

판례 | 설교 또는 예배방해죄의 보호대상인 설교와 예배에 해당하는 경우

정식절차를 밟은 위임목사가 아닌 자가 당회의 결의에 반하여 설교와 예배인도를 한 경우라 할지라도 그가 그 교파의 목사로서 그 교의를 신봉하는 신도 약 350여 명 앞에서 그 교지에 따라 설교와 예배인도를 한 것이라면 다른 특별한 사정이 없는 한 그 설교와 예배인도는 형법상 보호를 받을 가치가 있고, 이러한 설교와 예배인도의 평온한 수행에 지장을 주는 행위를 하면 형법 제158조의 설교 또는 예배방해죄가 성립한다[대판 1971.9.28. 71도1465].

판례 | 예배방해죄의 보호대상인 예배에 해당하지 않는 경우

소속 교단으로부터 목사면직의 판결을 받은 목사가 일부 신도들과 함께 소속 교단을 탈퇴한 후 아무런 통보나 예고도 없이, 부활절 예배를 준비 중이던 종전 교회 예배당으로 들어와 찬송가를 부르고 종전 교회의 교인들로부터 예배당을 비워달라는 요구를 받았으나 이를 계속 거부한 경우, 위 목사와 신도들의 행위는 종전 교회의 교인들의 예배를 방해하는 것으로서 형법 제158조 예배방해죄에서 보호하는 '예배'에 해당한다고 보기는 어렵다[대판 2008.2.28. 2006도4773].

판례 | 예배방해죄의 인정요건과 예배방해죄가 성립하지 않는 경우

[1] 형법 제158조에 규정된 예배방해죄는 공중의 종교생활의 평온과 종교감정을 그 보호법익으로 하는 것이므로, 예배중이거나 예배와 시간적으로 밀접불가분의 관계에 있는 준비단계에서 이를 방해하는 경우에만 성립한다. [18 경간부]*

[2] 교회의 교인이었던 사람이 교인들의 총유인 교회 현판, 나무십자가 등을 떼어 내고 예배당 건물에 들어가 출입문 자물쇠를 교체하여 7개월 동안 교인들의 출입을 막은 경우, 장기간 예배당 건물의 출입을 통제한 위 행위는 교인들의 예배 내지 그와 밀접불가분의 관계에 있는 준비단계를 계속하여 방해한 것으로 볼 수 없어 예배방해죄가 성립하지 않는다[대판 2008.2.1. 2007도5296]. [16 경간부]*

판결이유 피고인이 교회를 떠난 후 공소외인이 이 사건 예배당 건물을 점유·관리하고 있음에도, 피고인이 공소외인의 의사에 반하여 교회 현판, 나무십자가 등을 떼어 내고 위 예배당 건물에 들어가서 예배의자를 밀쳐 내고 피고인의 장롱을 들여 놓은 후 교인들의 출입을 막은 사실을 인정할 수 있고, 이에 따르면 피고인이 위 물건들의 효용을 해하였다고 볼 수 있고, 또 피고인이 단순히 교회의 교인으로서 이 사건 예배당 건물에 출입한 것이 아니라 이 사건 예배당 건물에 침입하였다고 보아야 할 것이므로, 재물손괴죄와 건조물침입죄가 성립한다.

111) 장례식방해죄는 장례식의 평온과 공중의 추모감정을 보호법익으로 하는 이른바 추상적 위험범이다[대판 2013.2.14. 2010도13450]. [23 경간부]*

판례 | 제사방해죄의 인정요건과 제사방해죄가 성립하지 않는 경우

형법 제158조에 규정된 제전(제사)방해죄는 제전의 평온을 그 보호법익으로 하는 것이므로 제전이 집행 중이거나 제전의 집행과 시간적으로 밀접 불가분의 관계에 있는 준비단계에서 이를 방해하는 경우에만 성립한다 할 것인바, 피고인이 피해자의 집에 가서 시비 중에 마침 제사 상에 사용할 음식을 마련하여 임시로 작은 상 위에 올려 놓은 것을 발로 찼다는 정도의 행위는 제전방해죄에 해당되지 않는다고 할 것이다[대판 1982.2.23. 81도2691].

판례 | 제사방해죄의 인정요건과 제사방해죄가 성립하지 않는 경우

[1] 장례식방해죄는 장례식의 평온과 공중의 추모감정을 보호법익으로 하는 이른바 추상적 위험범으로서 범인의 행위로 인하여 장례식이 현실적으로 저지 내지 방해되었다고 하는 결과의 발생까지 요하지 않고 방해행위의 수단과 방법에도 아무런 제한이 없으며 일시적인 행위라 하더라도 무방하나, 적어도 객관적으로 보아 장례식의 평온한 수행에 지장을 줄 만한 행위를 함으로써 장례식의 절차와 평온을 저해할 위험이 초래될 수 있는 정도는 되어야 비로소 방해행위가 있다고 보아 장례식방해죄가 성립한다고 할 것이다.

[2] 이명박 대통령의 헌화 순서에 맞추어 헌화대 쪽을 향하여 몇 걸음을 옮기면서 크게 소리를 지른 행위가 비록 피고인이 대통령의 헌화를 방해하려는 의도를 가지고 한 행동이라 하더라도, 그 행위의 내용, 경호원들의 제압에 대한 피고인의 반응, 소란이 있었던 시간 등 여러 객관적 사정으로 보아 피고인의 위와 같은 행위가 이 사건 영결식의 평온한 수행에 지장을 줄 만한 행위로서 이로 말미암아 이 사건 영결식의 절차와 평온을 저해할 위험이 초래될 정도라고 단정하기는 어렵다고 한 사례[대판 2013.2.14. 2010도13450].

판례해설 피고인의 행위가 있은 후 영결식에 참석하여 피고인의 뒤쪽에 앉아 있던 일부 참석자들이 자리에서 일어나 "손대지 마라." 등 소리를 지르기도 하여 잠시 소란이 발생하였으나, 영결식 사회자의 장내 정리 발언에 따라 곧바로 정리되었다. … 이러한 사실관계에 대하여 대법원은 영결식에 참석한 다른 참석자들의 행위에 대한 부분은 피고인의 행위에 해당하지 않음이 분명하고, 검사의 주장과 같이 피고인이 영결식에 참석한 다른 참석자들의 행위로 인해 소란스러운 결과가 초래될 것이라는 점을 충분히 예견하고 있었다거나 예견할 수 있었다고 볼 증거도 찾아볼 수 없다고 판시하였다.

Ⅲ 사체 등 오욕죄

제159조(시체 등의 오욕) 시체, 유골 또는 유발을 오욕한 자는 2년 이하의 징역 또는 500만원 이하의 벌금에 처한다.

Ⅳ 분묘발굴죄

제160조(분묘의 발굴) 분묘를 발굴한 자는 5년 이하의 징역에 처한다.

제162조(미수범) 미수범은 처벌한다.

판례 | 분묘발굴죄의 보호법익

분묘발굴의 피해법익은 종교감정의 공서양속을 해치는 데 있으므로 생모의 묘를 설묘관리하는 甲의 의사에 반하여 그 묘를 발굴한 乙은 설령 그 묘가 자기의 생모(甲과는 이부동복간)의 묘라도 죄가 성립한다[대판 1971.10.25. 71도1727].

판례 | 분묘발굴죄의 객체인 분묘에 해당하는 경우

1. 분묘발굴죄의 객체인 분묘는 사람의 사체, 유골, 유발 등을 매장하여 제사나 예배 또는 기념의 대상으로 하는 장소를 말하는 것이고, 사체나 유골이 토괴화 하였을 때에도 분묘인 것이며, 그 사자가 누구인지 불명하다고 할지라도 현재 제사 숭경하고 종교적 예의의 대상으로 되어 있고 이를 수호, 봉사하는 자가 있으면 분묘에 해당한다고 할 것이다[대판 1990.2.13. 89도2061].
2. 묘의 봉분이 없어지고 평토화 가까이 되어 있고 묘비 등 표식이 없어 그 묘 있음을 확인할 수 없는 분묘라 하더라도 현재 이를 제사 숭경하고 종교적 의례의 대상으로 하는 자가 있는 경우에는 그가 바로 무연고분으로서 제사와 신앙의 대상이 되는 분묘라 할 수 없다거나 분묘발굴죄의 객체인 분묘에 해당되지 않는다고는 할 수 없다. 또한 암장된 분묘라 하더라도 당국의 허가 없이 자구행위로 이를 발굴하여 개장할 수는 없는 것이다[대판 1976.10.29. 76도2828].

판례 | 분묘발굴의 위법성조각의 요건

분묘발굴죄는 그 분묘에 대하여 아무런 권한 없는 자나 또는 권한이 있는 자라도 사체에 대한 종교적 양속에 반하여 함부로 이를 발굴하는 경우만을 처벌대상으로 삼는 취지라고 보아야 할 것이므로 법률상 그 분묘를 수호·봉사하며 관리하고 처분할 권한이 있는 자 또는 그로부터 정당하게 승낙을 얻은 자가 사체에 대한 종교적, 관습적 양속에 따른 존숭의 예를 갖추어 이를 발굴하는 경우에는 그 행위의 위법성은 조각된다고 할 것이다[대판 1995.2.10. 94도1190; 동지 대판 2007.12.13. 2007도8131].

판례 | 분묘발굴행위가 정당한 것으로 인정되지 않는 경우

토지구획정리사업 시행자로부터 분묘의 개장명령을 받았다 하더라도 그 분묘를 보존 수호하는 권한 있는 자의 제지를 무릅쓰고 한 분묘발굴행위가 정당한 것으로 될 수는 없고 또 그와 같은 개장명령이 있었다 하여 '매장 및 묘지 등에 관한 법률'에 정한 절차에 따른 개장신고를 하지 않아도 된다고 볼 수도 없다[대판 1978.5.9. 77도3588].

V 사체 등 손괴·유기·은닉·영득죄

제161조(시체 등의 유기 등) ① 시체, 유골, 유발 또는 관 속에 넣어 둔 물건을 손괴, 유기, 은닉 또는 영득(한 자는 7년 이하의 징역에 처한다.
② 분묘를 발굴하여 제1항의 죄를 지은 자는 10년 이하의 징역에 처한다.

제162조(미수범) 미수범은 처벌한다.

판례 | 사체유기죄의 성립과 감호의무의 요부

사체유기죄의 성립에 있어서 적극적으로 사체를 다른 곳에 옮겨 유기하는 경우에는 유기하는 자의 그 사체에 대한 감호의무의 유무를 불문하나, 소극적으로 단순히 사체를 방치함에 그친 경우에는 법령 또는 관습에 의하여 장제 또는 감호의무가 있어야 한다[대판 1948.6.8. 4281형상48].

판례 | 사체를 유기한 것이라고 볼 수 없는 경우(일반의 장제의 의례를 갖추어 화장한 경우)

일반 화장 절차에 따라 피해자의 시신을 화장하여 일반의 장제의 의례를 갖추었다면 비록 그것이 범행을 은폐할 목적이었다고 하더라도 사자에 대한 종교적 감정을 침해하여 사체유기한 것이라고 할 수 없다[대판 1998.3.10. 98도51]. [18 경찰채용]*

판례 | 과수원의 노무자가 자살하자 그 과수원의 경영자가 사체를 몰래 매장한 경우(사체유기죄 성립)

[1] 피고인은 과수원을 관리경영 중 종전부터 동 과수원에 노무자로 취역하여 오던 A女(22세)가 피고인에 대하여 결혼하여 줄 것을 희망하였으나 그 이루어질 수 없는 것을 체념 · 비관하고 동 과수원 내 원두막에서 농약 '파라치온'을 복용 자살하게 되자 피고인은 바로 1년 전에도 이와 동종의 불상사례가 있어 비밀히 그 사체를 매장함으로써 절박한 곤혹을 모면하고자 익일 오전 영시 경 과수원내에 그 사체를 매몰한 경우에는 사체유기죄가 성립한다.

[2] A女는 그 자살 전까지 상당기간 계속 피고인 소관의 과수원에 노무자로서 종사하여 오고 있었던 것이므로 동인에 있어서 피고인의 관리구역 내에서의 자살사태가 발생하였을 때에는 설령 법률상 또는 계약상의 의무는 아니라 할지라도 의당 소할관서에의 신고 또는 그 유가족에의 통보 · 연락 등 상당한 조처를 취하였어야 할 조리상의 의무를 기대할 수 있다[대판 1961.1.18. 4293형상859].

Ⅵ 변사체검시방해죄

제163조(변사체검시방해) 변사자의 시체 또는 변사로 의심되는 시체를 은닉하거나 변경하거나 그 밖의 방법으로 검시를 방해한 자는 700만원 이하의 벌금에 처한다.

판례 | 사인이 명백한 자(변사자 X)

형법 제163조의 변사자라 함은 부자연한 사망으로서 그 사인이 분명하지 않은 자를 의미하고 그 사인이 명백한 경우는 변사자라 할 수 없으므로, 범죄로 인하여 사망한 것이 명백한 자의 사체는 같은 법조 소정의 변사체검시방해죄의 객체가 될 수 없다[대판 2003.6.27. 2003도1331]. [20 경찰채용, 18 경간부, 18 경찰채용]*

police.Hackers.com

제3편

국가적 법익에 관한 죄

제1장 국가의 존립과 권위에 대한 죄

출제 POINT

구성요건을 읽은 뒤 판례 중심으로 보아 두면 충분하다.

제1절 내란의 죄

I 총설

내란죄는 국가존립과 안전을 보호법익으로 한다. 보호의 정도는 구체적 위험범이다(다수설).

II 내란죄

제87조(내란) 대한민국 영토의 전부 또는 일부에서 국가권력을 배제하거나 국헌을 문란하게 할 목적으로 폭동을 일으킨 자는 다음 각 호의 구분에 따라 처벌한다.
1. 우두머리는 사형, 무기징역 또는 무기금고에 처한다.
2. 모의에 참여하거나 지휘하거나 그 밖의 중요한 임무에 종사한 자는 사형, 무기 또는 5년 이상의 징역이나 금고에 처한다. 살상, 파괴 또는 약탈 행위를 실행한 자도 같다.
3. 부화수행하거나 단순히 폭동에만 관여한 자는 5년 이하의 징역 또는 금고에 처한다.

제89조(미수범) 미수범은 처벌한다.

제91조(국헌문란의 정의) 본장에서 국헌을 문란할 목적이라 함은 다음 각호의 1에 해당함을 말한다.
1. 헌법 또는 법률에 정한 절차에 의하지 아니하고 헌법 또는 법률의 기능을 소멸시키는 것
2. 헌법에 의하여 설치된 국가기관을 강압에 의하여 전복 또는 그 권능행사를 불가능하게 하는 것

1. 폭동

① 다수인이 결합하여 폭행 · 협박하는 것을 말한다.
② 폭행 · 협박은 최광의 개념이며 일 지방의 평온을 해할 정도일 것을 요한다.
③ 폭행 · 협박이 한 지방의 평온을 해할 정도에 이르렀을 때에 기수가 되며 그 정도에 이르지 못한 때에는 미수가 된다.

판례 | 비상계엄의 전국확대가 내란죄의 폭동에 해당한다는 판례

국헌문란의 목적을 가진 자에 의하여 그 목적을 달성하기 위한 수단으로 이용되는 경우에는 비상계엄의 전국확대조치가 내란죄의 구성요건인 폭동의 내용으로서의 협박행위가 되므로 이는 내란죄의 폭동에 해당하고, 또한 그 당시 그와 같은 비상계엄의 전국확대는 우리나라 전국의 평온을 해하는 정도에 이르렀음을 인정할 수 있다[대판(전) 1997.4.17. 96도3376].

판례 | 내란죄에 있어 '폭동'의 의미와 내란죄 기수시기(한 지방의 평온을 해할 정도의 폭행 · 협박행위를 한 때)

1. 내란죄의 구성요건인 폭동의 내용으로서의 폭행 또는 협박은 일체의 유형력의 행사나 외포심을 생기게 하는 해악의 고지를 의미하는 최광의의 폭행 · 협박을 말하는 것으로서 이를 준비하거나 보조하는 행위를 전체적으로 파악한 개념이며, 그 정도가 한 지방의 평온을 해할 정도의 위력이 있음을 요한다[대판(전) 2015.1.22. 2014도10978]. [20 법원행시]*
2. 내란죄는 국토를 참절하거나 국헌을 문란할 목적으로 폭동한 행위로서, 다수인이 결합하여 위와 같은 목적으로 한 지방의 평온을 해할 정도의 폭행 · 협박행위를 하면 기수가 되고, 그 목적의 달성 여부는 이와 무관한 것으로 해석되므로, 다수인이 한 지방의 평온을 해할 정도의 폭동을 하였을 때 이미 내란의 구성요건은 완전히 충족된다고 할 것이어서 상태범으로 봄이 상당하다[대판(전) 1997.4.17. 96도3376]. [20 국가9급, 19 변호사, 16 법원행시]*

판례 | 5 · 18 내란행위의 종료시기

비상계엄의 전국확대를 포함한 일련의 내란행위는 위 비상계엄이 해제된 1981.1.24.에 비로소 종료되었다고 보아야 한다[대판(전) 1997.4.17. 96도3376].

판례 | 국헌문란의 의미

[1] 형법 제91조 제2호에 의하면 헌법에 의하여 설치된 국가기관을 강압에 의하여 전복 또는 그 권능행사를 불가능하게 하는 것을 국헌문란의 목적의 하나로 규정하고 있는데, 여기에서 '권능행사를 불가능하게 한다'고 하는 것은 그 기관을 제도적으로 영구히 폐지하는 경우만을 가리키는 것은 아니고 사실상 상당기간 기능을 제대로 할 수 없게 만드는 것을 포함한다.
[2] 5 · 18내란 행위자들이 1980.5.17. 24:00를 기하여 비상계엄을 전국으로 확대하는 등 헌법기관인 대통령, 국무위원들에 대하여 강압을 가하고 있는 상태에서, 이에 항의하기 위하여 일어난 광주시민들의 시위는 국헌을 문란하게 하는 내란행위가 아니라 헌정질서를 수호하기 위한 정당한 행위였음에도 불구하고 이를 난폭하게 진압함으로써, 대통령과 국무위원들에 대하여 보다 강한 위협을 가하여 그들을 외포하게 하였다면, 그 시위진압행위는 내란행위자들이 헌법기관인 대통령과 국무위원들을 강압하여 그 권능행사를 불가능하게 한 것으로 보아야 하므로 국헌문란에 해당한다[대판(전) 1997.4.17. 96도3376].

판례 | 내란죄의 목적의 인식 정도(결과발생의 희망 · 의욕임을 필요 X, 미필적 인식으로 족함)

내란죄에 있어서의 국헌문란의 목적은 결과발생의 희망 · 의욕임을 필요로 한다고 할 수는 없고, 또 확정적 인식임을 요하지 아니하며, 다만 미필적 인식이 있으면 족하다 할 것이다[대판 1980.5.20. 80도306].

2. 공범규정의 적용 여부

① 내란죄는 필요적 공범이므로 내부참가자에 대하여는 총칙상의 공범규정이 적용되지 않는다(통설). 따라서 내부참가자는 모두 제87조 내란죄의 정범에 해당하며 가담형태에 따라서 각 호의 형으로 처벌된다.
② 외부관여자는 교사 · 방조의 규정은 적용될 수 있으나 공동정범의 규정은 적용될 수 없다(다수설).

3. 죄수

폭동에 수반하여 살인 · 상해 · 방화 · 손괴 등의 행위를 한 경우에 살인죄 등은 내란죄에 흡수된다(판례).

판례 | 내란의 과정에서 발생한 살인행위의 내란목적살인죄 성립 여부

내란목적살인죄는 국헌을 문란할 목적을 가지고 직접적인 수단으로 사람을 살해함으로써 성립하는 범죄라 할 것이므로, 국헌문란의 목적을 달성함에 있어 내란죄가 '폭동'을 그 수단으로 함에 비하여 내란목적살인죄는 '살인'을 그 수단으로 하는 점에서 두 죄는 엄격히 구별된다. 따라서 내란의 실행과정에서 폭동행위에 수반하여 개별적으로 발생한 살인행위는 내란행위의 한 구성요소를 이루는 것이므로 내란행위에 흡수되어 내란목적살인의 별죄를 구성하지 아니하나, 특정인 또는 일정한 범위 내의 한정된 집단에 대한 살해가 내란의 와중에 폭동에 수반하여 일어난 것이 아니라 그것 자체가 의도적으로 실행된 경우에는 이러한 살인행위는 내란에 흡수될 수 없고 내란목적살인의 별죄를 구성한다[대판(전) 1997.4.17. 96도3376]. [16 법원행시]*

판례 | 국헌문란목적을 위하여 행하여진 일련의 폭동(내란죄의 단순일죄)

내란죄는 그 구성요건의 의미 내용 그 자체가 목적에 의하여 결합된 다수의 폭동을 예상하고 있는 범죄라고 할 것이므로, 내란행위자들에 의하여 애초에 계획된 국헌문란의 목적을 위하여 행하여진 일련의 폭동행위는 단일한 내란죄의 구성요건을 충족하는 것으로서 이른바 단순일죄로 보아야 한다[대판(전) 1997.4.17. 96도3376].

참고 내란죄와 소요죄의 구별

구분	내란죄	소요죄
보호법익	국가의 내적 안전	공공의 안전과 평온
보호의 정도	구체적 위험범	추상적 위험범
조직성 요부	필요	불필요
가담자의 처벌	지위에 따라 세분화	세분하지 않음
행위	폭동	폭행, 협박, 손괴
목적	국토참절 · 국헌문란의 목적	목적 불필요
기수시기	일 지방의 평온을 해할 정도	폭행 · 협박 · 손괴행위시
미수	처벌	불벌
예비 · 음모 등의 처벌 여부	처벌	불벌
자수특례	있음(필요적 감면)	없음
형법 제5조의 적용 여부	적용	부적용

Ⅲ 내란목적살인죄

제88조(내란목적의 살인) 대한민국 영토의 전부 또는 일부에서 국가권력을 배제하거나 국헌을 문란하게 할 목적으로 사람을 살해한 자는 사형, 무기징역 또는 무기금고에 처한다.

제89조(미수범) 미수범은 처벌한다.

Ⅳ 내란예비 · 음모 · 선동 · 선전죄

제90조(예비, 음모, 선동, 선전) ① 제87조 또는 제88조의 죄를 범할 목적으로 예비 또는 음모한 자는 3년 이상의 유기징역이나 유기금고에 처한다. 단 그 목적한 죄의 실행에 이르기 전에 자수한 때에는 그 형을 감경 또는 면제한다.
② 제87조 또는 제88조의 죄를 범할 것을 선동 또는 선전한 자도 전항의 형과 같다.

판례 | 내란선동죄의 성립요건

[1] 우리 헌법은 국민주권주의, 자유민주주의, 국민의 기본권보장, 법치주의 등을 국가의 근본이념 및 기본원리로 하고 있다. 이러한 헌법질서 아래에서 헌법이 정한 민주적 절차가 아니라 폭력 등의 수단에 의하여 헌법기관의 권능행사를 불가능하게 하거나 헌법의 기능을 소멸시키는 행위는 어떠한 경우에도 용인될 수 없다. 일단 국헌문란을 목적으로 한 폭동이 발생하면 이로 인하여 막대한 인명과 재산상의 피해 및 사회적 혼란이 초래될 것은 명백하고, 혹시라도 내란이 성공하여 국민적 합의로 성립한 현재의 헌법질서가 폭력에 의하여 무너지게 되면, 이를 원래대로 회복한다는 것은 대단히 어려운 일이 될 것이므로, 그러한 내란행위는 사전에 차단하는 것이 필요하고, 따라서 직접적인 폭력행위 등의 방법으로 헌법질서를 전복할 것을 선동하는 것 역시 정치적 표현의 자유의 한계를 현저히 일탈한 것으로서 허용될 수 없다.
이에 따라 형법은 국가의 기본조직을 폭력적으로 변혁할 것을 목적으로 하는 집단적 행위로부터 국가의 존립과 헌법질서를 보호하기 위하여 제87조에서 "국토를 참절하거나 국헌을 문란할 목적으로 폭동한 자"를 내란죄로 처벌한다고 규정하면서 제90조 제1항 및 제2항에서 내란 목적으로 예비 또는 음모한 자와 내란을 선동 또는 선전한 자를 모두 3년 이상의 유기징역 또는 유기금고에 처한다고 규정하고 있다.
내란선동죄는 내란이 실행되는 것을 목표로 선동함으로써 성립하는 독립한 범죄이고, 선동으로 말미암아 피선동자들에게 반드시 범죄의 결의가 발생할 것을 요건으로 하지 않는다. 즉 내란선동은 주로 내란행위의 외부적 준비행위에도 이르지 않은 단계에서 이루어지지만, 다수인의 심리상태에 영향을 주는 방법으로 내란의 실행욕구를 유발 또는 증대시킴으로써 집단적인 내란의 결의와 실행으로 이어지게 할 수 있는 파급력이 큰 행위이다. 따라서 내란을 목표로 선동하는 행위는 그 자체로 내란예비 · 음모에 준하는 불법성이 있다고 보아 내란예비 · 음모와 동일한 법정형으로 처벌되는 것이다.
[2] 내란선동죄에서 '국헌을 문란할 목적'이라 함은 "헌법 또는 법률에 정한 절차에 의하지 아니하고 헌법 또는 법률의 기능을 소멸시키는 것(형법 제91조 제1호)" 또는 "헌법에 의하여 설치된 국가기관을 강압에 의하여 전복 또는 그 권능행사를 불가능하게 하는 것(같은 조 제2호)"을 말한다. 국헌문란의 목적은 범죄 성립을 위하여 고의 외에 요구되는 초과주관적 위법요소로서 엄격한 증명사항에 속하나, 확정적 인식임을 요하지 아니하며, 다만 미필적 인식이 있으면 족하다. 그리고 국헌문란의 목적이 있었는지 여부는 피고인들이 이를 자백하지 않는 이상 외부적으로 드러난 피고인들의 행위와 그 행위에 이르게 된 경위 등 사물의 성질상 그와 관련성 있는 간접사실 또는 정황사실을 종합하여 판단하면 되고, 선동자의 표현 자체에 공격대상인 국가기관과 그를 통해 달성하고자 하는 목표, 실현방법과 계획이 구체적으로 나타나 있어야만 인정되는 것은 아니다.
또한, 형법상 내란죄의 구성요건인 폭동의 내용으로서의 폭행 또는 협박은 일체의 유형력의 행사나 외포심을 생기게 하는 해악의 고지를 의미하는 최광의의 폭행 · 협박을 말하는 것으로서, 이를 준비하거나 보조하는 행위를 전체적으로 파악한 개념이며, 그 정도가 한 지방의 평온을 해할 정도의 위력이 있음을 요한다.
내란선동이라 함은 내란이 실행되는 것을 목표로 하여 피선동자들에게 내란행위를 결의, 실행하도록 충동하고 격려하는 일체의 행위를 말한다. 내란선동은 주로 언동, 문서, 도화 등에 의한 표현행위의 단계에서 문제되는 것이므로 내란선동죄의 구성요건을 해석함에 있어서는 국민의 기본권인 표현의 자유가 위축되거나 그 본질이 침해되지 아니하도록 죄형법정주의의 기본정신에 따라 엄격하게 해석하여야 할 것이다. 따라서 내란을 실행시킬 목표를 가지고 있다 하여도 단순히 특정한 정치적 사상이나 추상적인 원리를 옹호하거나 교시하는 것만으로는 내란선동이 될 수 없고, 그 내용이 내란에 이를 수 있을 정도의 폭력적인 행위를 선동하는 것이어야 하고, 나아가 피선동자의 구성 및 성향, 선동자와 피선동자의 관계 등에 비추어 피선동자에게 내란 결의를 유발하거나 증대시킬 위험성이 인정되어야만 내란선동으로 볼 수 있다. 언어적 표현행위는 매우 추상적이고 다의적일 수 있으므로 그 표현행위가 위와 같은 내란선동에 해당하는지를 가림에 있어서는 선동행위 당시의 객관적 상황, 발언 등의 장소와 기회, 표현 방식과 전체적인 맥락 등을 종합하여 신중하게 판단하여야 할 것이다.
다만 선동행위는 선동자에 의하여 일방적으로 행해지고, 그 이후 선동에 따른 범죄의 결의 여부 및 그 내용은 선동자의 지배영역을 벗어나 피선동자에 의하여 결정될 수 있으며, 내란선동을 처벌하는 근거가 선동행위 자체의 위험성과 불법성에 있다는 점 등을 전제하면, 내란선동에 있어 시기와 장소, 대상과 방식, 역할분담 등 내란 실행행위의 주요 내용이 선동 단계에서 구체적으로 제시되어야 하는 것은 아니고, 또 선동에 따라 피선동자가 내란의 실행행위로 나아갈 개연성이 있다고 인정되어야만 내란선동의 위험성이 있는 것으로 볼 수도 없다[대판(전) 2015.1.22. 2014도10978]. [20 법원행시, 18 경간부, 17 법원9급, 16 법원행시]*

판례 | 내란음모죄의 성립요건

[1] 내란음모죄도 내란시도를 사전에 차단하여 국가의 존립과 헌법질서를 보호하는 것을 입법목적으로 함은 내란선동죄와 마찬가지이다.

음모는 실행의 착수 이전에 2인 이상의 자 사이에 성립한 범죄실행의 합의로서, 합의 자체는 행위로 표출되지 않은 합의 당사자들 사이의 의사표시에 불과한 만큼 실행행위로서의 정형이 없고, 따라서 합의의 모습 및 구체성의 정도도 매우 다양하게 나타날 수밖에 없다. 그런데 어떤 범죄를 실행하기로 막연하게 합의한 경우나 특정한 범죄와 관련하여 단순히 의견을 교환한 경우까지 모두 범죄실행의 합의가 있는 것으로 보아 음모죄가 성립한다고 한다면 음모죄의 성립범위가 과도하게 확대되어 국민의 기본권인 사상과 표현의 자유가 위축되거나 그 본질이 침해되는 등 죄형법정주의 원칙이 형해화될 우려가 있으므로, 음모죄의 성립범위도 이러한 확대해석의 위험성을 고려하여 엄격하게 제한하여야 할 것이다.

한편 내란죄의 주체는 국토를 참절하거나 국헌을 문란할 목적을 이룰 수 있을 정도로 조직화된 집단으로서 다수의 자이어야 하고, 그 역할도 수괴, 중요한 임무에 종사한 자, 부화수행한 자 등으로 나뉜다(형법 제87조 각호 참조). 또한, 실행행위인 폭동행위는 살상, 파괴, 약탈, 단순 폭동 등 여러 가지 폭력행위가 혼합되어 있고, 그 정도가 한 지방의 평온을 해할 정도의 위력이 있음을 요한다.

2인 이상의 자 사이에 어떠한 폭동행위에 대한 합의가 있는 경우에도 공격의 대상과 목표가 설정되어 있지 않고, 시기와 실행방법이 어떠한지를 알 수 없으면 그것이 '내란'에 관한 음모인지를 알 수 없다. 따라서 내란음모가 성립하였다고 하기 위해서는 개별 범죄행위에 관한 세부적인 합의가 있을 필요는 없으나, 공격의 대상과 목표가 설정되어 있고, 그 밖의 실행계획에 있어서 주요 사항의 윤곽을 공통적으로 인식할 정도의 합의가 있어야 할 것이다.

나아가 합의는 실행행위로 나아간다는 확정적인 의미를 가진 것이어야 하고, 단순히 내란에 관한 생각이나 이론을 논의한 것으로는 부족하다. 또한, 내란음모가 단순히 내란에 관한 생각이나 이론을 논의 내지 표현한 것인지 실행행위로 나아간다는 확정적인 의미를 가진 합의인지를 구분하기가 쉽지 않다는 점을 고려하면, 내란음모죄에 해당하는 합의가 있다고 하기 위해서는 단순히 내란에 관한 범죄결심을 외부에 표시 · 전달하는 것만으로는 부족하고 객관적으로 내란범죄의 실행을 위한 합의라는 것이 명백히 인정되고, 그러한 합의에 실질적인 위험성이 인정되어야 할 것이다.

그리고 내란음모가 실질적 위험성이 있는지 여부는 합의 내용으로 된 폭력행위의 유형, 내용의 구체성, 계획된 실행시기와의 근접성, 합의 당사자의 수와 합의 당사자들 사이의 관계, 합의의 강도, 합의 당시의 사회정세, 합의를 사전에 준비하였는지 여부, 합의의 후속 조치가 있었는지 여부 등을 종합적으로 고려하여 판단하여야 한다. [19 경찰승진, 16 경간부, 16 경찰채용]*

[2] 일부 피고인들에 대한 내란선동의 공소사실을 유죄로, 피고인들에 대한 내란음모의 공소사실을 무죄로 판단한 원심을 수긍한 사례[대판(전) 2015.1.22. 2014도10978]. [21 법원9급, 20 법원행시, 17 법원9급, 16 법원행시, 16 경간부, 16 경찰채용]*

제2절 외환의 죄

I 총설

1. 의의

외환의 죄란 외환을 유치하거나 대한민국에 항적하거나 적국에 이익을 제공하여 국가의 안전을 위태롭게 하는 것을 내용으로 하는 범죄이다.

2. 보호법익

국가의 외적 안전을 보호법익으로 하며, 보호의 정도는 구체적 위험범이다.

Ⅱ 외환유치죄

제92조(외환유치) 외국과 통모하여 대한민국에 대하여 전단을 열게 하거나 외국인과 통모하여 대한민국에 항적한 자는 사형 또는 무기징역에 처한다.

제100조(미수범) 미수범은 처벌한다.

제104조(동맹국) 본장의 규정은 동맹국에 대한 행위에 적용한다.

Ⅲ 여적죄

제93조(여적) 적국과 합세하여 대한민국에 항적한 자는 사형에 처한다.

제100조(미수범) 미수범은 처벌한다.

제102조(준적국) 대한민국에 적대하는 외국 또는 외국인의 단체는 적국으로 간주한다.

제104조(동맹국) 본장의 규정은 동맹국에 대한 행위에 적용한다.

Ⅳ 모병이적죄

제94조(모병이적) ① 적국을 위하여 모병한 자는 사형 또는 무기징역에 처한다.
② 전항의 모병에 응한 자는 무기 또는 5년 이상의 징역에 처한다.

제100조(미수범) 미수범은 처벌한다.

제102조(준적국) 대한민국에 적대하는 외국 또는 외국인의 단체는 적국으로 간주한다.

제104조(동맹국) 본장의 규정은 동맹국에 대한 행위에 적용한다.

Ⅴ 시설제공이적죄

제95조(시설제공이적) ① 군대, 요새, 진영 또는 군용에 공하는 선박이나 항공기 기타 장소, 설비 또는 건조물을 적국에 제공한 자는 사형 또는 무기징역에 처한다.
② 병기 또는 탄약 기타 군용에 공하는 물건을 적국에 제공한 자도 전항의 형과 같다.

제100조(미수범) 미수범은 처벌한다.

제102조(준적국) 대한민국에 적대하는 외국 또는 외국인의 단체는 적국으로 간주한다.

제104조(동맹국) 본장의 규정은 동맹국에 대한 행위에 적용한다.

Ⅵ 시설파괴이적죄

제96조(시설파괴이적) 적국을 위하여 전조에 기재한 군용시설 기타 물건을 파괴하거나 사용할 수 없게 한 자는 사형 또는 무기징역에 처한다.

제100조(미수범) 미수범은 처벌한다.

제102조(준적국) 대한민국에 적대하는 외국 또는 외국인의 단체는 적국으로 간주한다.

제104조(동맹국) 본장의 규정은 동맹국에 대한 행위에 적용한다.

Ⅶ 물건제공이적죄

제97조(물건제공이적) 군용에 공하지 아니하는 병기, 탄약 또는 전투용에 공할 수 있는 물건을 적국에 제공한 자는 무기 또는 5년 이상의 징역에 처한다.

제100조(미수범) 미수범은 처벌한다.

제102조(준적국) 대한민국에 적대하는 외국 또는 외국인의 단체는 적국으로 간주한다.

제104조(동맹국) 본장의 규정은 동맹국에 대한 행위에 적용한다.

Ⅷ 일반이적죄[112)]

제99조(일반이적) 전7조에 기재한 이외에 대한민국의 군사상 이익을 해하거나 적국에 군사상 이익을 공여한 자는 무기 또는 3년 이상의 징역에 처한다.

제100조(미수범) 미수범은 처벌한다.

제102조(준적국) 대한민국에 적대하는 외국 또는 외국인의 단체는 적국으로 간주한다.

제104조(동맹국) 본장의 규정은 동맹국에 대한 행위에 적용한다.

판례 | 일반이적죄가 성립하는 경우

직무에 관하여 군사상 기밀을 지득한 자가 이를 적국에 누설한 경우에는 형법 제98조 제2항에, 직무와 관계없이 지득한 군사상 기밀을 적국에 누설한 경우에는 형법 제99조에 각 해당한다[대판 1982.11.23. 82도2201].

Ⅸ 간첩죄

제98조(간첩) ① 적국을 위하여 간첩하거나 적국의 간첩을 방조한 자는 사형, 무기 또는 7년 이상의 징역에 처한다.
② 군사상의 기밀을 적국에 누설한 자도 전항의 형과 같다.

제100조(미수범) 미수범은 처벌한다.

제102조(준적국) 대한민국에 적대하는 외국 또는 외국인의 단체는 적국으로 간주한다.

제104조(동맹국) 본장의 규정은 동맹국에 대한 행위에 적용한다.

---

112) 일반이적죄는 이적죄의 기본적 구성요건으로서 기타 이적죄에 대한 보충적 구성요건에 해당한다(명시적 보충관계).

1. 간첩

적국에 알리기 위하여 국가기밀을 탐지 · 수집하는 것을 말한다.

① 적국과의 의사연락을 요하므로 편면적 간첩은 간첩죄가 아니라 간첩예비에 해당한다.

판례 | 적측과 의사연락 없이 한 기밀수집(간첩죄 X, 군사상 기밀누설의 예비행위 ○)

1. 적측과 아무런 의사연락 없이 편면적으로 취학을 주된 목적으로 하고 월북하여 그곳 관헌의 호의를 사기 위하여 누설코저 군사에 관한 정보를 수집하였다면 그는 형법 제98조 제2항의 군사상 기밀누설의 예비행위라고 보는 것이 타당하다고 볼 것이다[대판 1959.5.18. 4292형상34].
2. 형법 제98조 제1항의 간첩이라 함은 적국을 위하여 적국의 지령 사주 기타 의사의 연락하에 군사상(총력전하에서는 정치, 경제, 사회, 문화에 관한 분야를 포함한 광의로 해석하여야 할 것임)의 기밀사항 또는 도서 물건을 탐지 수집하는 것을 의미하는 것이므로 북괴의 지령 사주 기타의 의사의 연락이 없이 편면적으로 지득하였던 군사상의 기밀사항을 북괴에 납북된 상태하에서 제보한 행위는 위 법조 소정의 간첩죄에 해당하지 아니하고 다만 반공법 제4조 제1항 소정의 반국가단체를 이롭게 하는 행위에 해당한다[대판 1975.9.23. 75도1773]. [19 경간부]*

② 국가기밀은 대한민국의 안전을 위하여 객관적으로 적국에 대하여 비밀로 해야 할 이익이 있는 것을 말하며(실질적 비밀개념), 그 범위는 군사기밀뿐만 아니라 정치 · 경제 · 사회 · 문화 등 각 방면의 기밀을 포함한다(예 수배자명단, 민심동향). 또한 위법한 국가기밀도 본죄의 기밀에 포함된다(다수설). 그러나 공지의 사실은 국가기밀에 포함되지 아니한다(판례, 통설).[113]

판례 | 국가기밀의 요건 및 국가기밀에 해당되는 경우

1. **(비공지의 사실로서 기밀로서 보호할 가치가 있는 것)** 국가보안법 제4조 제1항 제2호 나.목에 정한 기밀을 해석함에 있어서 그 기밀은 정치, 경제, 사회, 문화 등 각 방면에 관하여 반국가단체에 대하여 비밀로 하거나 확인되지 아니함이 대한민국의 이익이 되는 모든 사실, 물건 또는 지식으로서 그것들이 국내에서의 적법한 절차 등을 거쳐 이미 일반인에게 널리 알려진 공지의 사실 · 물건 또는 지식에 속하지 아니한 것이어야 하고 또 그 내용이 누설되는 경우 국가의 안전에 위험을 초래할 우려가 있어 기밀로 보호할 실질가치를 갖춘 것이어야 한다[대판(전) 1997.7.16. 97도985]. [19 경간부]*
2. **(민심동향, 해외교포사회의 정보도 기밀에 포함)** 간첩죄에 있어서의 국가기밀이란 순전한 의미에서의 국가기밀에만 국한할 것이 아니고 정치, 경제, 사회, 문화 등 각 방면에 걸쳐서 대한민국의 국방정책상 북한에 알리지 아니하거나 확인되지 아니함이 이익이 되는 모든 기밀사항을 포함하고, 지령에 의하여 민심동향을 파악 · 수집하는 것도 이에 해당되며, 그 탐지 · 수집의 대상이 우리 국민의 해외교포사회에 대한 정보여서 그 기밀사항이 국외에 존재한다고 하여도 위의 국가기밀에 포함된다[대판 1988.11.8. 88도1630].

③ **실행의 착수시기**: 통설은 국가기밀을 탐지 · 수집하는 행위의 개시가 있을 때 실행의 착수가 인정된다고 보나, 판례는 간첩을 위하여 국내에 잠입 · 입국한 때에 실행의 착수를 인정한다.

113) 다수설은 Mosaik 이론을 부정한다. 동이론은 개별적으로 알려진 사실도 그것이 결합하여 비밀을 유지해야할 새로운 전체형상이 된 때에는 국가기밀이 될 수 있다는 이론을 말한다.

판례 | 간첩죄의 실행의 착수로 인정되는 경우

간첩의 목적으로 외국 또는 북한에서 국내에 침투 또는 월남하는 경우에는 기밀탐지가 가능한 국내에 침투·상륙함으로써 실행의 착수가 있다고 할 것이다[대판 1984.9.11. 84도1381]. [19 경간부, 18 경간부]*

판례 | 간첩죄의 실행의 착수로 인정되지 않는 경우

1. 피고인들이 외국에서 학업을 마치고 우리나라로 귀국함에 있어 반국가단체의 구성원으로부터 국내에 돌아가면 동지포섭, 지하당조직과 같은 지령을 받고 돌아온 경우, 반공법 제6조 제4항 소정의 잠입죄에 해당함은 물론이나, 국가보안법 제2조, 형법 제98조 소정의 국가 기밀을 탐지·보고하라는 지령을 전혀 받은 바 없다면, 귀국행위가 바로 위 법조 소정의 간첩죄의 착수라고는 볼 수 없다 할 것이다[대판 1968.7.30. 68도754].
2. 형법 제98조 제2항에서 말하는 간첩미수죄는 국가기밀을 탐지수집하라는 지령을 받았거나 소위 무인포스트를 설정하는 것만으로는 부족하고 그 지령에 따라 국가기밀을 탐지·수집하는 행위의 실행의 착수가 있어야 성립된다[대판 1974.11.11. 74도2662].

④ 기수시기: 국가기밀을 탐지·수집한 때이다(통설).

2. 간첩방조

간첩임을 알면서 그 실행을 용이하게 하는 일체의 행위를 말한다. 간첩과 대등한 독립범죄이므로 총칙상의 종범규정은 적용되지 않는다. 따라서 본죄의 미수는 방조행위 자체가 미수에 그친 때를 의미하며, 종범감경을 할 수 없다.

판례 | 간첩방조죄의 성립 여부

(1) 간첩방조죄가 성립하는 경우

1. 북괴가 남파한 대남공작원을 상륙시킨 행위는 간첩방조가 된다[대판 1961.1.27. 4293형상807].
2. 북괴가 남파한 대남공작원으로 하여금 합법적인 신분을 가장케 하기 위한 행위는 간첩방조죄가 성립한다[대판 1970.10.30. 70도1870].

(2) 간첩방조죄가 성립하지 않는 경우

1. 북괴 간첩에게 숙식을 제공하였다고 하여서 반드시 간첩방조죄가 성립한다고는 할 수 없고 행위자에게 간첩의 활동을 방조할 의사와 숙식제공으로 간첩활동을 용이하게 한 사실이 인정되어야 한다[대판 1967.1.31. 66도1661].
2. 간첩을 숨겨준 사실이 있다 하더라도 그 간첩이 군사기밀을 탐지·수집·누설하거나 하려한 사실을 인정할 수 없어서 간첩의 범행을 용이하게 하려는 의사가 있다고 볼 수 없으면 간첩방조죄는 성립되지 아니한다[대판 1979.10.10. 75도1003].
3. 간첩방조죄가 성립하기 위하여는 방조하는 행위가 본범인 간첩의 임무수행과 직접·간접으로 관련하는 행위가 있어야 될 것이므로 이와 관련 없이 간첩의 단순한 심부름으로 하였다 하더라도 간첩방조죄를 구성할 수 없다[대판 1966.7.12. 66도470].
4. 간첩이란 적국을 위하여 국가기밀사항을 탐지·수집하는 행위를 지칭하는 것이므로 무전기를 매몰하는 행위를 간첩행위로 볼 수 없다 하겠으니 이를 망보아 준 행위는 간첩방조죄를 구성하지 않는다[대판 1983.4.26. 83도416].

3. 군사상 기밀누설

> **판례 | 제98조 제2항의 죄(군사상 기밀누설)(진정신분범)**
>
> 형법 제98조 제2항의 죄는 신분범으로서 그 행위자는 그 직무에만 관하여 군사상의 기밀을 지득한 자라야 하므로 동조를 적용 처단함에 있어서는 피고인이 누설한 기밀이 그 직무상에 관하여 지득한 군사상의 기밀이라는 사실의 확정이 있어야 한다[대판 1971.6.30. 71도774].
>
> 관련판례 직무와 관계 없이 지득한 군사상 기밀을 적국에 누설한 경우에는 형법 제99조(일반이적죄)에 각 해당한다[대판 1982.11.23. 82도2201].

Ⅹ 전시군수계약불이행죄

> **제103조(전시군수계약불이행)** ① 전시 또는 사변에 있어서 정당한 이유 없이 정부에 대한 군수품 또는 군용공작물에 관한 계약을 이행하지 아니한 자는 10년 이하의 징역에 처한다.
> ② 전항의 계약이행을 방해한 자도 전항의 형과 같다.

Ⅺ 외환예비 · 음모 · 선동 · 선전죄

> **제101조(예비, 음모, 선동, 선전)** ① 제92조 내지 제99조의 죄를 범할 목적으로 예비 또는 음모한 자는 2년 이상의 유기징역에 처한다. 단 그 목적한 죄의 실행에 이르기 전에 자수한 때에는 그 형을 감경 또는 면제한다.
> ② 제92조 내지 제99조의 죄를 선동 또는 선전한 자도 전항의 형과 같다.

제3절 국기에 관한 죄

Ⅰ 총설

1. 의의

국기에 관한 죄란 대한민국을 모욕할 목적으로 국기 또는 국장을 손상 · 제거 · 오욕 또는 비방하는 것을 내용으로 하는 범죄이다.

2. 보호법익

국가의 권위와 대외적 체면을 보호법익으로 하며, 보호의 정도는 구체적 위험범이다.

Ⅱ 국기 · 국장모독죄

제105조(국기, 국장[114]의 모독) 대한민국을 모욕할 목적으로 국기 또는 국장을 손상, 제거 또는 오욕한 자는 5년 이하의 징역이나 금고, 10년 이하의 자격정지 또는 700만원 이하의 벌금에 처한다. [18 법원행시, 18 경간부]*

Ⅲ 국기 · 국장비방죄

제106조(국기, 국장의 비방) 전조의 목적으로 국기 또는 국장을 비방한 자는 1년 이하의 징역이나 금고, 5년 이하의 자격정지 또는 200만원 이하의 벌금에 처한다.

판례 | 국기에 대한 비기에 해당하지 않는 경우

교리상 국기에 대하여 절을 해서는 안되나 국가를 존중하는 의미에서 가슴에 손을 얹고 주목하는 방법으로 경의를 표할 수 있다고 말한 것은 국기에 대한 비기에 해당하지 않는다[대판 1975.5.13. 74도2183].

제4절 국교에 관한 죄

Ⅰ 총설

1. 의의

국교에 관한 죄는 외국과의 국교관계를 해하고 우리나라의 대외적 지위를 위태롭게 하는 것을 내용으로 하는 범죄이다.

2. 보호법익

주로 외국의 이익을 보호하기 위한 범죄이지만 동시에 우리나라의 대외적 지위도 보호한다(다수설). 보호의 정도는 추상적 위험범이다.

Ⅱ 외국원수에 대한 폭행 등 죄

제107조(외국원수에 대한 폭행 등) ① 대한민국에 체재하는 외국의 원수에 대하여 폭행 또는 협박을 가한 자는 7년 이하의 징역이나 금고에 처한다.
② 전항의 외국원수에 대하여 모욕을 가하거나 명예를 훼손한 자는 5년 이하의 징역이나 금고에 처한다.

제110조(피해자의 의사) 본죄는 그 외국정부의 명시한 의사에 반하여 공소를 제기할 수 없다.

114) **국기 · 국장**: 공용 · 사용을 불문하며, 소유관계도 불문한다.

Ⅲ 외국사절에 대한 폭행 등 죄

제108조(외국사절에 대한 폭행 등) ① 대한민국에 파견된 외국사절에 대하여 폭행 또는 협박을 가한 자는 5년 이하의 징역이나 금고에 처한다.
② 전항의 외국사절에 대하여 모욕을 가하거나 명예를 훼손한 자는 3년 이하의 징역이나 금고에 처한다.

제110조(피해자의 의사) 본죄는 그 외국정부의 명시한 의사에 반하여 공소를 제기할 수 없다.

Ⅳ 외국국기 · 국장모독죄

제109조(외국의 국기, 국장의 모독) 외국을 모욕할 목적으로 그 나라의 공용에 공하는 국기 또는 국장을 손상, 제거 또는 오욕한 자는 2년 이하의 징역이나 금고 또는 300만원 이하의 벌금에 처한다.

제110조(피해자의 의사) 본죄는 그 외국정부의 명시한 의사에 반하여 공소를 제기할 수 없다.

Ⅴ 외국에 대한 사전죄

제111조(외국에 대한 사전) ① 외국에 대하여 사전한 자는 1년 이상의 유기징역에 처한다.
② 전항의 미수범은 처벌한다.
③ 제1항의 죄를 범할 목적으로 예비 또는 음모한 자는 3년 이하의 금고 또는 500만원 이하의 벌금에 처한다. 단 그 목적한 죄의 실행에 이르기 전에 자수한 때에는 감경 또는 면제한다.

Ⅵ 중립명령위반죄

제112조(중립명령위반) 외국간의 교전에 있어서 중립에 관한 명령에 위반한 자는 3년 이하의 금고 또는 500만원 이하의 벌금에 처한다.

Ⅶ 외교상 기밀누설죄

제113조(외교상 기밀의 누설) ① 외교상의 기밀을 누설한 자는 5년 이하의 징역 또는 1천만원 이하의 벌금에 처한다. [17 국가9급]*
② 누설할 목적으로 외교상의 기밀을 탐지 또는 수집한 자도 전항의 형과 같다.

판례 | 외국에 이미 알려져 있는 사항(외교상의 기밀 X)

외국에 이미 알려져 있는 사항은 특단의 사정이 없는 한 이를 비밀로 하거나 확인되지 아니함이 외교정책상의 이익이 된다고 할 수 없는 것이어서 외교상의 기밀에 해당하지 아니한다. 따라서 외국언론에 이미 보도된 바 있는 우리나라의 외교정책이나 활동에 관련된 사항들에 관하여 정부가 이른바 보도지침의 형식으로 국내언론기관의 보도 여부 등을 통제하고 있다는 사실을 알리는 것은 외교상의 기밀을 누설한 경우에 해당하지 않는다[대판 1995.12.5. 94도2379]. [18 법원행시, 18 경간부]*

제2장 국가의 기능에 대한 죄

제1절 공무원의 직무에 관한 죄

출제 POINT

직무유기죄의 경우 동죄의 성립 여부 및 죄수에 관한 판례를 정리하여야 하며, 직권남용죄의 경우 최근 새로이 나온 판례를 정리해 두어야 한다. 뇌물죄에 관한 판례는 거의 매년 출제되는 부분이다. 특히 몰수·추징에 관한 판례는 출제될 가능성이 높다.

Ⅰ 총설

공무원이란 법령에 의하여 공무에 종사하는 자를 말한다. 그러나 단순한 기계적·육체적 노무에 종사하는 자는 형법상의 공무원에 해당하지 아니한다(예 청소부, 사환).

Ⅱ 직무유기죄

제122조(직무유기) 공무원이 정당한 이유 없이 그 직무수행을 거부하거나 그 직무를 유기한 때에는 1년 이하의 징역이나 금고 또는 3년 이하의 자격정지에 처한다.

1. 의의

공무원이 정당한 이유 없이 그 직무수행을 거부하거나 그 직무를 유기함으로써 성립하는 범죄이다. 구체적 위험범이며 계속범에 해당한다.

판례 | 직무유기죄의 성격

1. **(구체적 위험범)** 공무원의 추상적인 충근의무를 태만히 하는 일체의 경우가 직무유기에 해당하는 것이 아니라, 국가의 기능을 저해하며 국민에게 피해를 야기시킬 가능성이 있는 경우만이 직무유기에 해당한다[대판 1970.9.20. 70도1790].
2. **(계속범)** 직무유기죄는 그 직무를 수행하여야 하는 작위의무의 존재와 그에 대한 위반을 전제로 하고 있는바, 그 작위의무를 수행하지 아니함으로써 구성요건에 해당하는 사실이 있었고 그 후에도 계속하여 그 작위의무를 수행하지 아니하는 위법한 부작위상태가 계속되는 한 가벌적 위법상태는 계속 존재하고 있다고 할 것이며 형법 제122조 후단은 이를 전체적으로 보아 1죄로 처벌하는 취지로 해석되므로 이를 즉시범이라고 할 수 없다[대판 1997.8.29. 97도675]. [20 변호사, 20 법원행시, 20 국가9급, 16 법원9급]*
3. **(부진정부작위범)** 직무유기죄는 이른바 부진정부작위범으로서 구체적으로 그 직무를 수행하여야 할 작위의무가 있는데도 불구하고 이러한 직무를 버린다는 인식하에 그 작위의무를 수행하지 아니함으로써 성립하는 것이다[대판 1983.3.22. 82도3065].

2. 구성요건

(1) 객관적 구성요건

① 주체: 공무원이다.

판례 | 병가 중인 공무원(직무유기죄의 주체 X)

직무유기죄는 구체적으로 그 직무를 수행하여야 할 작위의무가 있는데도 불구하고 이러한 직무를 버린다는 인식하에 그 작위의무를 수행하지 아니함으로써 성립하는 것이고, 또 그 직무를 유기한 때라 함은 공무원이 법령, 내규 등에 의한 추상적인 충근의무를 태만히 하는 일체의 경우를 이르는 것이 아니고, 직장의 무단이탈, 직무의 의식적인 포기 등과 같이 그것이 국가의 기능을 저해하며 국민에게 피해를 야기시킬 가능성이 있는 경우를 말하는 것이므로, 병가 중인 자의 경우 구체적인 작위의무 내지 국가기능의 저해에 대한 구체적인 위험성이 있다고 할 수 없어 직무유기죄의 주체로 될 수는 없다[대판 1997.4.22. 95도748].

② 행위: 직무수행을 거부하거나 직무를 유기하는 것이다.

㉮ 직무의 범위: ⅰ) 공무원법상의 본래의 직무 또는 고유한 직무를 말한다. 따라서 공무원 신분으로 인한 부수적 · 파생적 직무는 포함되지 아니한다(예 형사소송법상의 고발의무). ⅱ) 공무원이 맡은 바 직무를 제때에 수행하지 않으면 실효를 거둘 수 없는 구체적 직무여야 한다.

㉯ 직무수행거부와 직무유기: ⅰ) 직무유기란 정당한 이유 없이 직무를 의식적으로 방임 · 포기하는 것을 말하며, 부작위뿐만 아니라 작위로서도 가능하다.

ⅱ) 직무를 집행한 이상 법정절차를 준수하지 않았거나 내용이 다소 부실하더라도 본죄는 성립하지 않는다.

판례 | 직무유기의 의미와 직무유기에 해당하지 않는 경우

1. [1] 직무유기죄는 공무원이 법령 · 내규 등에 의한 추상적 충근의무를 태만히 하는 일체의 경우에 성립하는 것이 아니라, 직장의 무단이탈이나 직무의 의식적인 포기 등과 같이 국가의 기능을 저해하고 국민에게 피해를 야기시킬 구체적 위험성이 있고 불법과 책임비난의 정도가 높은 법익침해의 경우에 한하여 성립하므로, 어떠한 형태로든 직무집행의 의사로 자신의 직무를 수행한 경우에는 그 직무집행의 내용이 위법한 것으로 평가된다는 점만으로 직무유기죄의 성립을 인정할 것은 아니다. [20 법원행시, 20 경찰채용, 19 경찰채용, 18 법원9급, 18 경간부, 17 국가9급, 16 법원9급]*

[2] 지방자치단체장이 전국공무원노동조합이 주도한 파업에 참가한 소속 공무원들에 대하여 관할 인사위원회에 징계의결요구를 하지 아니하고 가담 정도의 경중을 가려 자체 인사위원회에 징계의결요구를 하거나 훈계처분을 하도록 지시한 행위가 직무유기죄를 구성하지 않는다고 한 사례[대판 2007.7.12. 2006도1390].

동지판례 [1] 공무원이 직무를 유기한 때라 함은 공무원이 법령 내규 또는 지시 통첩에 의한 추상적인 충근의무를 게을리한 일체의 경우를 지칭하는 것이 아니라 주관적으로 직무집행의사를 포기하고 객관적으로 정당한 이유없이 직무집행을 하지 아니하는 부작위 상태가 있어 국가기능을 저해하는 경우를 말한다. [19 경찰승진]*

[2] 사법경찰관리가 직무집행의사로 위법사실을 조사하여 훈방을 하는 등 어떤 형태로든지 그 직무집행행위를 하였다면 형사피의사건으로 입건 수사하지 아니하였다 하여 직무유기죄가 성립한다고 볼 수 없다[대판 1982.6.8. 82도117].

비교판례 경찰관이 불법체류자의 신병을 출입국관리사무소에 인계하지 않고 훈방하면서 이들의 인적사항조차 기재해 두지 아니하였다면 직무유기죄가 성립한다고 한 사례[대판 2008.2.14. 2005도4202]. [18 법원9급, 16 경찰승진]*

[사실관계] 파출소 부소장인 경찰 甲은 파출소로 연행되어 온 A 등 5명이 불법체류자임을 알면서도 이들의 신병을 출입국관리사무소에 인계하지 않고 본서에도 보고하지 않았을 뿐만 아니라, 근무일지에 '혐의점 없어 귀가시킴'이라고 기재하고, 통상의 절차와 달리 이들의 인적사항을 기재해 두지 아니하고 훈방하였다.

2. 형법 제122조의 이른바 직무를 유기한다는 것은 법령, 내규, 통첩 또는 지시 등에 의한 추상적인 충근의무를 태만히 하는 일체의 경우를 이르는 것이 아니라 구체적으로 직무의 의식적인 포기 등과 같이 국가의 기능을 해하며 국민에게 피해를 야기시킬 가능성이 있는 경우를 일컫는 것이므로 직무유기죄가 성립하려면 주관적으로는 직무를 버린다는 인식과 객관적으로는 직무 또는 직장을 벗어나는 행위가 있어야 하고 다만 직무집행에 관하여 태만, 분망, 착각 등 일신상 또는 객관적 사정으로 어떤 부당한 결과를 초래한 경우에는 형법상의 직무유기죄는 성립하지 않는다 할 것이므로, [20 법원행시]* 피고인이 치안책임자(경찰서장)로서 그 관내에서 일어난 총기난동사건에 대하여 전혀 효과적인 대응책을 강구하지 못한 사실은 인정되지만, 사건 당일은 칠흑같은 깊은 밤인데다 비마저 내리고 있어서 총기난동자의 소재파악이 어려웠을 뿐만 아니라, 피고인의 직속부하인 경찰관이 그 관내에서 총기를 무차별 난사하여 수십명을 헤아리는 사상자가 발생하는 미증유의 사태에서 피고인이 망연 자실하여 거의 정상적인 사고력을 잃은 정도였고, 피고인이 궁유지서에 도착한 당일 01:30경은 이미 범인이 총기난사를 끝내고 은신하고 있을 때라는 사실 등에 비추어 보면, 특수범 진압조직으로 대처하지 않았다는 점 등 피고인의 대응조치가 적절하지 못하였다는 사정만으로서는 형법상 직무유기죄가 성립한다고 볼 수 없다[대판 1983.1.18. 82도2624].

동지판례 i) 전매공무원인 피고인이 외제담배를 긴급압수한 후 도주한 범칙자를 찾는 데 급급하여 미처 압수수색영장을 신청하지 못한 이 사건에서와 같이 직무수행과 관련하여 태만, 분망, 착각 등 일신상 또는 객관적 사유로 인하여 부당한 결과를 초래한 것에 불과한 경우에는 직무유기죄는 성립하지 않는다[대판 1982.9.28. 82도1633].
ii) 교육기관 · 교육행정기관 · 지방자치단체 또는 교육연구기관의 장이 징계의결을 집행하지 못할 법률상 · 사실상의 장애가 없는데도 징계의결서를 통보받은 날로부터 법정 시한이 지나도록 집행을 유보하는 모든 경우에 직무유기죄가 성립하는 것은 아니고, 그러한 유보가 직무에 관한 의식적인 방임이나 포기에 해당한다고 볼 수 있는 경우에 한하여 직무유기죄가 성립한다고 보아야 한다[대판 2014.4.10. 2013도229]. [19 법원행시, 19 경찰승진]*

3. 무단이탈로 인한 직무유기죄 성립 여부는 결근 사유와 기간, 담당하는 직무의 내용과 적시 수행 필요성, 결근으로 직무수행이 불가능한지, 결근 기간에 국가기능의 저해에 대한 구체적인 위험이 발생하였는지 등을 종합적으로 고려하여 신중하게 판단해야 한다. 특히 근무기간을 정하여 임용된 공무원의 경우에는 근무기간 안에 특정 직무를 마쳐야 하는 특별한 사정이 있는지 등을 고려할 필요가 있다[대판 2022.6.30. 2021도8361].

판례 | 직무유기죄가 성립하는 경우

1. 학생군사교육단의 당직사관으로 주번근무를 하던 육군 중위가 당직근무를 함에 있어서 훈육관실에서 학군사관후보생 2명과 함께 술을 마시고 내무반에서 학군사관후보생 2명 및 애인 등과 함께 화투놀이를 한 다음 애인과 함께 자고 난 뒤 교대할 당직근무자에게 당직근무의 인계 · 인수도 하지 아니한 채 퇴근하였다면 직무유기죄가 성립된다[대판 1990.12.21. 90도2425]. [16 경찰승진]*
2. 피고인들을 비롯한 경찰관들이 현행범으로 체포한 도박혐의자 17명에 대해 현행범인체포서 대신에 임의동행동의서를 작성하게 하고, 그나마 제대로 조사도 하지 않은 채 석방하였으며, 현행범인 석방사실을 검사에게 보고도 하지 않았고, 석방일시 · 사유를 기재한 서면을 작성하여 기록에 편철하지도 않았으며, 압수한 일부 도박자금에 관하여 압수조서 및 목록도 작성하지 않은 채 검사의 지휘도 받지 않고 반환하였고, 일부 도박혐의자의 명의도용 사실과 도박 관련 범죄로 수회 처벌받은 전력을 확인하고서도 아무런 추가조사 없이 석방한 경우, 이는 단순히 업무를 소홀히 수행한 것이 아니라 정당한 사유 없이 의도적으로 수사업무를 방임 내지 포기한 것이므로, 피고인들의 행위는 직무유기죄가 성립한다[대판 2010.6.24. 2008도11226]. [16 경찰승진]*
3. 차량번호판의 교부담당직원은 자동차운수사업법 제32조 제1항의 규정에 비추어 행정처분에 의하여 자동차의 사용이 정지된 경우에는 특별한 사정이 없는 한 그 번호판을 재교부하여서는 안되는 직무상의 의무가 있으므로 운행정지처분을 받은 자동차에 대하여 번호판을 재교부한 경우에는 직무유기죄가 성립한다[대판 1972.6.27. 72도969].
4. 세관감시과 소속 공무원으로서 항구에 정박 중인 외항선에 머무르면서 밀수여부의 감시, 방지 등 근무명령을 받았음에도 불구하고 감기가 들어 몸이 불편하다는 구실로 위 임무를 도중에 포기하고 집에 돌아와 자버린 행위는 위 임무를 포기하지 아니치 못할 정당한 사유가 있지 않은 이상 그 임무를 포기하고 직무를 유기한 것이라고 할 것이다[대판 1970.9.29. 70도1790].
5. 피고인이 가축검사원으로 재직하는 공무원으로서 퇴근시에는 소 계류장 출입문의 시정 · 봉인조치를 하여 소에 대한 강제급수를 미리 방지하는 등 검사원으로서의 직무를 철저히 해야 함에도, 퇴근시 소 계류장의 시정 · 봉인조치를 취하지 아니하고 그 관리를 도축장 직원에게 방치한 행위는 직무유기죄에 해당된다[대판 1990.5.25. 90도191].

6. 소속대 수송관 겸 3종 출납관으로서 소속대 유류 수령과 불출 및 그에 따른 결산 기타 업무를 수행할 직무 있는 자가 신병치료를 이유로 상부의 승인 없이 1984.12.초부터 1985.3.경까지 3종 출납관 도장과 창고열쇠를 포함한 3종 업무일체를 계원에게 맡겨두고 이에 대한 일체의 확인감독마저 하지 않았다면 이는 부대관례에 따른 정당한 위임의 정도를 벗어난 직무의 의식적인 포기로서 직무유기죄에 해당한다[대판 1986.2.11. 85도2471].

7. 인감증명 발급사무를 담당하는 공무원이 청탁을 받고 정당한 이유 없이 인감증명서의 본적, 주소, 주민등록번호, 성명, 생년월일란에 아무런 기재를 않음은 물론 인감란에 인영을 현출하거나 신고한 인감과의 상위여부를 확인함이 없이 발행일자 및 동장 명의의 공무인과 동장직인 및 계인을 압날하여 증명신청인에게 교부한 경우에는 직무유기죄를 구성한다[대판 1971.6.22. 71도778].

8. 경찰관이 장기간에 걸쳐 여러 번 오토바이를 오토바이 상회 운영자에게 보관시키고도 경찰관 스스로 소유자를 찾아 반환하도록 처리하거나 상회 운영자에게 반환 여부를 확인한 일이 전혀 없고, 상회 운영자로부터 오토바이를 보내준 대가 또는 그 처분대가로 돈까지 지급받았다면, 경찰관의 이와 같은 행위는 습득물을 단순히 상회 운영자에게 보관시키거나 소유자를 찾아서 반환하도록 협조를 구한 정도를 벗어나 상회 운영자에게 그 습득물에 대한 임의적인 처분까지 용인한 것으로서 습득물 처리 지침에 따른 직무를 의식적으로 방임 내지 포기하고 정당한 사유 없이 직무를 수행하지 아니한 경우에 해당한다[대판 2002.5.17. 2001도6170]. [16 국가7급, 16 경찰승진]*

9. 벌금미납자에 대한 노역장유치 집행을 위하여 검사의 지휘를 받아 형집행장을 집행하는 경우 벌금미납자에 대한 검거는 사법경찰관리의 직무범위에 속한다고 보아야하므로 형집행장이 발부되어 있었음에도 경찰관인 피고인이 벌금미납자로 지명수배되어 있던 甲을 세 차례에 걸쳐 만나고도 그를 검거하여 검찰청에 신병을 인계하는 등 필요한 조치를 취하지 않았다면 직무유기죄가 성립한다[대판 2011.9.8. 2009도13371].

판례 | 직무유기죄가 성립하지 않는 경우

1. 통고처분이나 고발을 할 권한이 없는 세무공무원이 그 권한자에게 범칙사건 조사 결과에 따른 통고처분이나 고발조치를 건의하는 등의 조치를 취하지 않았다고 하더라도, 구체적 사정에 비추어 그것이 직무를 성실히 수행하지 못한 것이라고 할 수 있을지언정 그 직무를 의식적으로 방임 내지 포기하였다고 볼 수 없다[대판 1997.4.11. 96도2753].

2. 군사법경찰관리가 아닌 군인에게는 군무이탈자를 체포 · 연행할 의무가 없고, 군사법경찰관리가 아닌 군인에 대한 상관의 군무이탈자 체포 · 연행명령은 위법한 것이라 할 것이니 군사법경찰관리가 아닌 군인에게는 그런 직무가 있다 할 수 없고, 따라서 군무이탈자를 연행하다가 놓쳤다하여 직무유기로 단정할 수 없다[대판 1976.10.12. 75도1895].

3. 약사감시원이 무허가 약국 개설자를 적발하고 상사에 보고하여 그 지시에 따라 약국을 폐쇄토록 하였다면 수사관서에 고발하지 아니하였다 하여 직무를 유기했다 할 수 없다[대판 1969.2.4. 67도184].

   비교판례 세무공무원이 자기 담당구역 내에 거주하는 자에 관한 양도소득세 관계 세무자료를 다른 공무원이 고의로 은닉하고 있는 사실을 발견하고 그대로 방치하였다면 단순히 윤리적 · 추상적 직무를 넘는 구체적 직무라 할 위 과세자료를 양성화하면서 국가 조세징수권의 적정한 행사가 되도록 하여야 할 피고인의 직무를 유기한 경우에 해당한다[대판 1984.4.10. 83도1653].

4. 일직사관인 피고인이 순찰 및 검사 등을 하지 아니하고 잠을 잔 것은 일직사관으로서의 직무를 성실하게 수행하지 아니하여 충근의무에 위반한 허물이 있다 하겠으나, 근무장소에서 유사시에 즉시 깨어 직무수행에 임할 수 있는 상황에서 잠을 잔 것이므로 피고인이 고의로 일직사관으로서의 직무를 포기하거나 직장을 이탈한 것이라고는 할 수 없어 형법 제122조의 직무유기에 해당하지 않는다[대판 1984.3.27. 83도3260].

5. 교도소 보안과 출정계장과 감독교사가 호송지휘관 및 감독교사로서 호송교도관 5명을 지휘하여 재소자 25명을 전국의 각 교도소로 이감하는 호송업무를 수행함에 있어서, 시간이 촉박하여 호송교도관들이 피호송자 개개인에 대하여 규정에 따른 검신 등의 절차를 철저히 이행하지 아니한 채 호송하는데도 위 호송교도관들에게 호송업무 등을 대강 지시한 후에는 그들이 이를 제대로 수행할 것으로 믿고 구체적인 확인 · 감독을 하지 아니한 잘못으로 말미암아 피호송자들이 집단도주하는 결과가 발생한 경우, 위 출정계장과 감독교사가 재소자의 호송계호업무를 수행함에 있어서 성실하게 그 직무를 수행하지 아니하여 충근의무에 위반한 잘못은 인정되나 고의로 호송계호업무를 포기하거나 직무 또는 직장을 이탈한 것이라고는 볼 수 없으므로 형법상 직무유기죄를 구성하지 아니한다[대판 1991.6.11. 91도96]. [18 경찰승진]*

6. 지방자치단체의 교육기관 등의 장이 국가위임사무인 교육공무원에 대한 징계사무를 처리함에 있어 주무부장관의 직무이행명령을 받은 경우에도 이의가 있으면 대법원에 소를 제기할 수 있다 할 것이므로, 수사기관 등으로부터 징계사유를 통보받고도 징계요구를 하지 아니하여 주무부장관으로부터 징계요구를 하라는 직무이행명령을 받았다 하더라도 그에 대한 이의의 소를 제기한 경우에는, 수사기관 등으로부터 통보받은 자료 등으로 보아 징계사유에 해당함이 객관적으로 명백한 경우 등 특별한 사정이 없는 한 징계사유를 통보받은 날로부터 1개월 내에 징계요구를 하지 않았다는 것만으로 곧바로 직무를 유기한 것에 해당한다고 볼 수는 없다[대판 2013.6.27. 2011도797].

(2) 주관적 구성요건

고의, 즉 직무수행을 거부하거나 직무를 의식적으로 포기·방임한다는 인식이 있어야 한다.

판례 | 직무유기의 고의가 인정되지 않은 경우

야간의 특파근무공무원이 밤 10시경에 그 자리를 떠나 귀가하였다 하더라도 근무상 관례에 따른 것인 경우에는 이는 정당한 사유가 되어 직무유기의 범의가 있다고 단정하기 어려울 것이다[대판 1971.2.9. 70도2590].

3. 죄수·타죄와의 관계

(1) 죄수

판례 | 직무유기죄의 죄수(포괄일죄에 해당하는 경우)

1. 직무유기죄는 그 직무를 수행하여야 하는 작위의무의 존재와 그에 대한 위반을 전제로 하고 있는바, 그 작위의무를 수행하지 아니함으로써 구성요건에 해당하는 사실이 있었고 그 후에도 계속하여 그 작위의무를 수행하지 아니하는 경우 형법 제122조 후단은 이를 전체적으로 보아 1죄로 처벌하는 취지로 해석된다[대판 1997.8.29. 97도675].
2. 피고인은 읍장으로서 관내 위법건축물의 발생을 예방 단속할 직무상 의무를 위배하여 위법건축을 하도록 교사한 사실이 있고, 그 뒤에 상급 군수로부터 그 시정지시를 받고 방치했다 해도 당초 직무위반의 위법상태가 그대로 계속된 것에 불과하여 별도 직무유기죄가 성립되어 건축법위반교사죄와 실체적 경합범이 되지는 아니한다[대판 1980.3.25. 79도2831].

(2) 타죄와의 관계

판례 | 작위범인 범인도피죄·증거인멸죄와 부작위범인 직무유기죄와의 관계

1. **(범인도피죄만 성립)** 경찰관이 검사로부터 범인을 검거하라는 지시를 받고서도 그 직무상의 의무에 따른 적절한 조치를 취하지 아니하고 오히려 범인에게 전화로 도피하라고 권유하여 그를 도피케 하였다는 범죄사실만으로는 직무위배의 위법상태가 범인도피행위 속에 포함되어 있는 것으로 보아야 할 것이므로, 이와 같은 경우에는 작위범인 범인도피죄만이 성립하고 부작위범인 직무유기죄는 따로 성립하지 아니한다[대판 1996.5.10. 96도51]. [17 경찰채용]*

   동지판례 경찰공무원이 지명수배 중인 범인을 발견하고도 직무상 의무에 따른 적절한 조치를 취하지 아니하고 오히려 범인을 도피하게 하는 행위를 하였다면, 그 직무위배의 위법상태는 범인도피행위 속에 포함되어 있다고 보아야 할 것이므로, 이와 같은 경우에는 작위범인 범인도피죄만이 성립하고 부작위범인 직무유기죄는 따로 성립하지 아니한다[대판 2017.3.15. 2015도1456]. [19 변호사, 18 국가7급, 18 경찰승진, 18 경찰채용]*

   관련판례 하나의 행위가 부작위범인 직무유기죄와 작위범인 범인도피죄의 구성요건을 동시에 충족하는 경우 공소제기권자는 재량에 의하여 작위범인 범인도피죄로 공소를 제기하지 않고 부작위범인 직무유기죄로만 공소를 제기할 수도 있다[대판 1999.11.26. 99도1904].

2. **(증거인멸죄만 성립)** 경찰서 방범과장이 부하직원으로부터 음반 · 비디오물 및 게임물에 관한 법률 위반 혐의로 오락실을 단속하여 증거물로 오락기의 변조 기판을 압수하여 사무실에 보관중임을 보고받아 알고 있었음에도 그 직무상의 의무에 따라 위 압수물을 수사계에 인계하고 검찰에 송치하여 범죄 혐의의 입증에 사용하도록 하는 등의 적절한 조치를 취하지 않고, 오히려 부하직원에게 위와 같이 압수한 변조 기판을 돌려주라고 지시하여 오락실 업주에게 이를 돌려준 경우, 작위범인 증거인멸죄만이 성립하고 부작위범인 직무유기(거부)죄는 따로 성립하지 아니한다[대판(전) 2006.10.19. 2005도3909]. [20 법원9급, 20 국가7급, 19 국가7급, 19 경찰승진, 18 변호사, 18 법원9급]*

판례 | 비리은폐목적의 허위공문서작성 · 행사의 경우(직무유기죄 불성립)

예비군 중대장이 그 소속 예비군중대원의 훈련불참사실을 알았다면 이를 소속 대대장에게 보고하는 등의 조치를 취할 직무상의 의무가 있음은 물론이나, 소속 예비군대원의 훈련불참사실을 고의로 은폐할 목적으로 당해 예비군대원이 훈련에 참석한 양 허위내용의 학급편성명부를 작성 · 행사하였다면, 직무위배의 위법상태는 허위공문서작성 당시부터 그 속에 포함되어 있는 것이고 그 후 소속 대대장에게 보고하지 아니하였다 하더라도 당초에 있었던 직무위배의 위법상태가 그대로 계속된 것에 불과하다고 보아야 하고, 별도의 직무유기죄가 성립하여 양죄가 실체적 경합범이 된다고 할 수 없다[대판 1982.12.28. 82도2210]. [16 경찰승진]*

동지판례 i) 공무원이 어떠한 위법사실을 발견하고도 직무상 의무에 따른 적절한 조치를 취하지 아니하고 위법사실을 적극적으로 은폐할 목적으로 허위공문서를 작성 · 행사한 경우에는 직무위배의 위법상태는 허위공문서작성 당시부터 그 속에 포함되는 것으로 작위범인 허위공문서작성, 동행사죄만이 성립하고 부작위범인 직무유기죄는 따로 성립하지 아니한다[대판 1999.12.24. 99도2240]. [23 경간부, 16 법원9급]*

[사실관계] 수사업무에 종사하는 피고인들이 공소외인 등 18명의 도박범행사실을 적발하고 그들의 인적사항을 확인하였음에도 이를 상사인 파출소장에게 즉시 보고하여 그 도금 등을 압수하고 공소외인 등을 도박죄로 형사입건하는 등 범죄수사에 필요한 조치를 다하지 아니하고 공소외인 등으로부터 이를 묵인하여 달라는 부탁을 받고 그 도박사실을 발견하지 못한 것처럼 판시 근무일지를 허위로 작성하고 소속 파출소장에게 이를 허위로 보고한 사건이다.

ii) 공무원이 신축건물에 대한 착공 및 준공검사를 마치고 관계서류를 작성함에 있어 그 허가조건 위배사실을 숨기기 위하여 허위의 복명서를 작성 행사하였을 경우에는 작위범인 허위공문서작성 및 동행사죄만이 성립하고 부작위범인 직무유기죄는 성립하지 아니한다[대판 1972.5.9. 72도722].

판례 | 새로운 위법상태의 창출을 위한 허위공문서작성 · 행사의 경우(직무유기죄 성립)

공무원이 어떠한 위법사실을 발견하고도 직무상 의무에 따른 적절한 조치를 취하지 아니하고 위법사실을 적극적으로 은폐할 목적으로 허위공문서를 작성 · 행사한 경우에는 직무위배의 위법상태는 허위공문서작성 당시부터 그 속에 포함되는 것으로 작위범인 허위공문서작성, 동행사죄만이 성립하고 부작위범인 직무유기죄는 따로 성립하지 아니하나, 위 복명서 및 심사의견서를 허위작성한 것이 농지일시전용허가를 신청하자 이를 허가하여 주기 위하여 한 것이라면 직접적으로 농지불법전용 사실을 은폐하기 위하여 한 것은 아니므로 위 허위공문서작성, 동행사죄와 직무유기죄는 실체적 경합범의 관계에 있다[대판 1993.12.24. 92도3334]. [18 법원9급]*

판례 | 위계에 의한 공무집행방해죄가 성립하는 경우(직무유기죄 불성립)

피고인이 출원인이 어업허가를 받을 수 없는 자라는 사실을 알면서도 그 직무상의 의무에 따른 적절한 조치를 취하지 않고 오히려 부하직원으로 하여금 어업허가 처리기안문을 작성하게 한 다음 피고인 스스로 중간결재를 하는 등 위계로써 농수산국장의 최종결재를 받았다면, 직무위배의 위법상태가 위계에 의한 공무집행방해행위 속에 포함되어 있는 것이라고 보아야 할 것이므로, 이와 같은 경우에는 작위범인 위계에 의한 공무집행방해죄만이 성립하고 부작위범인 직무유기죄는 따로 성립하지 아니한다[대판 1997.2.28. 96도2825].

Ⅲ 피의사실공표죄

제126조(피의사실공표) 검찰, 경찰 그 밖에 범죄수사에 관한 직무를 수행하는 자 또는 이를 감독하거나 보조하는 자가 그 직무를 수행하면서 알게 된 피의사실을 공소제기 전에 공표한 경우에는 3년 이하의 징역 또는 5년 이하의 자격정지에 처한다.

※ **공판청구 전**: 공소제기 전을 의미하므로, 공소제기 후에 피의사실을 공표하는 것은 본죄에 해당하지 않는다.

Ⅳ 공무상 비밀누설죄

제127조(공무상 비밀의 누설) 공무원 또는 공무원이었던 자가 법령에 의한 직무상 비밀을 누설한 때에는 2년 이하의 징역이나 금고 또는 5년 이하의 자격정지에 처한다.

판례 | 공무상 비밀누설죄의 비밀의 의미와 보호법익

형법 제127조는 공무원 또는 공무원이었던 자가 법령에 의한 직무상 비밀을 누설하는 것을 구성요건으로 하고, 같은 조에서 '법령에 의한 직무상 비밀'이란 반드시 법령에 의하여 비밀로 규정되었거나 비밀로 분류 명시된 사항에 한하지 아니하고, 정치, 군사, 외교, 경제, 사회적 필요에 따라 비밀로 된 사항은 물론 정부나 공무소 또는 국민이 객관적, 일반적인 입장에서 외부에 알려지지 않는 것에 상당한 이익이 있는 사항도 포함하나, 실질적으로 그것을 비밀로서 보호할 가치가 있다고 인정할 수 있는 것이어야 하고, 본죄는 비밀 그 자체를 보호하는 것이 아니라 공무원의 비밀엄수의무의 침해에 의하여 위험하게 되는 이익, 즉 비밀 누설에 의하여 위협받는 국가의 기능을 보호하기 위한 것이다[대판 2012.3.15. 2010도14734]. [23 변호사, 19 경찰채용, 18 법원행시, 18 경찰채용, 17 국가9급]*

판례 | 공무상 비밀에 해당하는 경우(누설하는 경우 공무상비밀누설죄 성립)

1. [1] 검찰 등 수사기관이 특정 사건에 대하여 수사를 진행하고 있는 상태에서, 수사기관이 현재 어떤 자료를 확보하였고 해당 사안이나 피의자의 죄책, 신병처리에 대하여 수사책임자가 어떤 의견을 가지고 있는지 등의 정보는, 그것이 수사의 대상이 될 가능성이 있는 자 등 수사기관 외부로 누설될 경우 피의자 등이 아직까지 수사기관에서 확보하지 못한 자료를 인멸하거나, 수사기관에서 파악하고 있는 내용에 맞추어 증거를 조작하거나, 허위의 진술을 준비하는 등의 방법으로 수사기관의 범죄수사 기능에 장애를 초래할 위험이 있는 점에 비추어 보면, 해당 사건에 대한 종국적인 결정을 하기 전까지는 외부에 누설되어서는 안 될 수사기관 내부의 비밀에 해당한다.
   [2] 검찰의 고위 간부가 특정 사건에 대한 수사가 계속 진행중인 상태에서 해당 사안에 관한 수사책임자의 잠정적인 판단 등 수사팀의 내부 상황을 확인한 뒤 그 내용을 수사 대상자 측에 전달한 행위가 형법 제127조에 정한 공무상 비밀누설에 해당한다고 한 사례[대판 2007.6.14. 2004도5561]. [20 경찰채용, 19 경찰승진]*

   동지판례 검사가 수사의 대상, 방법 등에 관하여 사법경찰관리에게 지휘한 내용을 기재한 수사지휘서의 기재 내용과 이에 관계된 수사상황은 해당 사건에 대한 종국적인 결정을 하기 전까지는 외부에 누설되어서는 안 될 수사기관 내부의 비밀에 해당한다[대판 2018.2.13. 2014도11441]. [20 법원행시, 19 국가9급]*

2. 피의자들의 범죄행위에 대한 형사고소 사건에 있어서 제출된 증거 관계, 특히 당사자가 부인하는 범죄사건에 있어서 범죄장면을 촬영한 CD와 같은 직접적 증거의 존재 및 제출여부는, 그 사실이 당해 사건의 피의자에게 누설될 경우 피의자로 하여금 제출된 증거의 종류 및 증명력 여하에 따라 범행을 부인하거나 관련된 증거의 인멸, 위·변조 등을 시도하게 할 염려가 있고, 누설된 사실을 고소인 등 일반 국민이 알게 될 경우 국가기관이 엄정한 법집행에 대한 국민의 신뢰가 추락하는 등 국가기관의 수사 목적을 방해하고 수사 기능을 저해하는 요소로 작용될 수 있는 사항이라 할 것이어서, 비록 관계 법령에서 이를 비밀 사항으로 규정한 바 없다 하더라도 형사 사건에 있어서 제출된 증거에 관한 정보는 실질적으로 비밀성을 지녔다 할 것이어서, 이를 피의자에게 알려주는 등으로 특정인의 이익을 도모하여 정당한 이유 없이 누설함은 형법 제127조 소정의 공무상비밀누설죄에 해당한다[대판 2005.9.14. 2005도4843].

3. 비록 도시계획사업을 규율하는 도시계획법 등에 도시계획 시설결정 사실을 비밀 사항으로 규정한 바 없다 하더라도 도시계획시설결정 사실은 실질적으로 비밀성을 지녔다 할 것이므로 이를 특정인의 이익을 도모하여 정당한 이유 없이 누설함은 형법 제127조 소정의 공무상 비밀누설죄에 해당한다[대판 1982.6.22. 80도2822].

4. 피고인이 유출한 FTA 관련 문건의 내용이 직무상 비밀에 해당한다[대판 2009.6.11. 2009도2669].

5. 제18대 대통령 당선인 갑의 비서실 소속 공무원인 피고인이 당시 갑을 위하여 중국에 파견할 특사단 추천 의원을 정리한 문건은 사전에 외부로 누설될 경우 대통령 당선인의 인사 기능에 장애를 초래할 위험이 있으므로, 종국적인 의사결정이 있기 전까지는 외부에 누설되어서는 아니 되는 비밀로서 보호할 가치가 있는 직무상 비밀에 해당한다[대판 2018.4.26. 2018도2624].

판례 | 공무상 비밀누설죄가 성립하지 않는 경우

1. 옷값 대납 사건의 내사결과보고서의 내용이 비공지의 사실이기는 하나 실질적으로 비밀로서 보호할 가치가 있는 것이라고 인정할 수 없다[대판 2003.12.26. 2002도7339].

2. 당시 부동산투기가 심각한 사회문제로 대두되어 정부에서 토지공개념 도입 등의 대책을 강구하고 있었고, 기업의 비업무용 부동산 보유실태에 관하여 국민의 관심이 집중된 상황하에서 기업의 비업무용 부동산 보유실태가 공개되는 것이 국민 전체의 이익에 이바지한다 할 수 있을 뿐 그러한 사항이 공개됨으로써 국가의 기능이 위협을 받는다고 할 수도 없으므로 기업의 비업무용 부동산 보유실태에 관한 감사원 보고서의 내용은 공무상 비밀에 해당한다고 할 수 없다[대판 1996.5.10. 95도780].

3. 피고인들이 타인에게 열람·등사하게 한 수사기록의 내용은 모두 피의사실, 피의자 및 피해자의 각 인적사항, 피해자의 상해 정도 또는 피의자의 신병처리 지휘내용 등에 관한 내용에 불과하여, 위 수사서류는 법령에 의한 직무상의 비밀을 내용으로 하는 문서들이 아니다[대판 2003.6.12. 2001도1343].

4. 구청에서 체납차량 영치 및 공매 등의 업무를 담당하던 공무원인 피고인이 甲의 부탁을 받고 차적 조회 시스템을 이용하여 乙의 유사휘발유 제조 현장 부근에서 경찰의 잠복근무에 이용되고 있던 경찰청 소속 차량의 소유관계에 관한 정보를 알아내 甲에게 알려준 경우라고 하더라도, 재산의 소유 주체에 관한 정보에 불과한 자동차 소유자에 관한 정보를 정부나 공무소 또는 국민이 객관적, 일반적인 입장에서 외부에 알려지지 않는 것에 상당한 이익이 있는 사항으로서 실질적으로 비밀로 보호할 가치가 있다거나, 그 누설에 의하여 국가의 기능이 위협받는다고 볼 수 없고, 경찰청 소속 차량으로 잠복수사에 이용되는 경우 소속이 외부에 드러나지 말아야 할 사실상의 필요성이 있다는 사정만으로 달리 볼 것이 아니어서, 피고인이 甲에게 제공한 차량 소유관계에 관한 정보가 형법 제127조에서 정한 '법령에 의한 직무상 비밀'에 해당한다고 볼 수 없으므로 공무상비밀누설죄가 성립하지 아니한다[대판 2012.3.15. 2010도14734]. [19 법원행시]*

판례 | 수뢰후 구술시험문제를 타인에게 알린 경우(공무상비밀누설죄 및 수뢰후부정처사죄 성립)

[1] 피고인이 시험 정리원으로서 그 직무에 관련하여 乙로부터 돈을 받는 것은 뇌물수수죄가 된다.
[2] 피고인이 그 직무상 지득한 구술시험 문제 중에서 소론 사항을 타인에게 알린 것은 공무상 비밀의 누설인 동시에 형법 제131조 제1항(수뢰후부정처사죄)의 부정한 행위를 한 때에 해당한다[대판 1970.6.30. 70도562].

V 직권남용죄

제123조(직권남용) 공무원이 직권을 남용하여 사람으로 하여금 의무 없는 일을 하게 하거나 사람의 권리행사를 방해한 때에는 5년 이하의 징역, 10년 이하의 자격정지 또는 1천만원 이하의 벌금에 처한다.

1. 객관적 구성요건

(1) 공무원

① 통설: 본죄의 성질상 일정한 행위를 명하고 필요하면 이를 강제할 수 있는 직무를 행하는 공무원에 제한된다(예 경찰, 집행관).

② 판례: 공무원의 직무권한은 반드시 법률상의 강제력을 수반하는 것임을 요하지 않는다는 입장이다.

판례 | 직권남용죄의 직무의 성격(강제력을 수반하는 것임을 요하지 않음)

직권남용죄는 공무원이 그 일반적 직무권한에 속하는 사항에 관하여 직권의 행사에 가탁하여 실질적, 구체적으로 위법 · 부당한 행위를 한 경우에 성립하고, 그 일반적 직무권한은 반드시 법률상의 강제력을 수반하는 것임을 요하지 아니하며, 그것이 남용될 경우 직권행사의 상대방으로 하여금 법률상 의무 없는 일을 하게 하거나 정당한 권리행사를 방해하기에 충분한 것이면 된다[대판 2004.5.27. 2002도6251]. [20 법원9급, 19 경찰채용, 18 경간부]*

(2) 직권남용

형식상 일반적 직무권한에 속하는 사항에 대하여 목적 · 방법 등에 있어서 실질적으로 부당한 조치를 취하는 것을 말한다. 따라서 일반적 직무권한에 속하지 않는 사항이나 일반적 직무권한과 관련이 없는 행위에 대해서는 본죄가 성립하지 않는다(예 집행관의 채무자 체포, 세무공무원의 세금미납자 감금).

판례 | 직권남용의 의미

1. 직권남용죄의 "직권남용"이란 공무원이 그의 일반적 권한에 속하는 사항에 관하여 그것을 불법하게 행사하는 것, 즉 형식적, 외형적으로는 직무집행으로 보이나 그 실질은 정당한 권한 이외의 행위를 하는 경우를 의미하고, 따라서 직권남용은 공무원이 그의 일반적 권한에 속하지 않는 행위를 하는 경우인 지위를 이용한 불법행위와는 구별된다[대판 1991.12.27. 90도2800]. 직권남용에 해당하는가를 판단하는 기준은 구체적인 공무원의 직무행위가 본래 법령에서 그 직권을 부여한 목적에 따라 이루어졌는지, 직무행위가 행해진 상황에서 볼 때 필요성 · 상당성이 있는 행위인지, 직권행사가 허용되는 법령상의 요건을 충족했는지 등을 종합하여 판단하여야 한다[대판 2020.2.13. 2019도5186]. [21 법원9급]*
2. 직권남용권리행사방해죄에서 '직권남용'이란 공무원이 그 일반적 직무권한에 속하는 사항에 관하여 직권의 행사에 가탁하여 실질적, 구체적으로 위법 · 부당한 행위를 하는 경우를 의미하고, 공무원이 직무와는 상관없이 단순히 개인적인 친분에 근거하여 문화예술 활동에 대한 지원을 권유하거나 협조를 의뢰한 것에 불과한 경우까지 직권남용에 해당한다고 할 수는 없다[대판 2009.1.30. 2008도6950].
3. [1] 직권남용죄에서 어떠한 직무가 공무원의 일반적 권한에 속하는 사항이라고 하기 위해서는 그에 관한 법령상의 근거가 필요하다. 다만 법령상의 근거는 반드시 명문의 근거만을 의미하는 것은 아니고, 명문이 없는 경우라도 법 · 제도를 종합적, 실질적으로 관찰해서 그것이 해당 공무원의 직무권한에 속한다고 해석되고 그것이 남용된 경우 상대방으로 하여금 의무 없는 일을 행하게 하거나 상대방의 권리를 방해하기에 충분한 것이라고 인정되는 경우에는 직권남용죄에서 말하는 일반적 권한에 포함된다. [21 법원9급, 20 변호사, 20 법원행시]*
   [2] 공무원이 한 행위가 직권남용에 해당한다고 하여 그러한 이유만으로 상대방이 한 일이 '의무 없는 일'에 해당한다고 인정할 수는 없다. [21 법원9급, 20 법원행시]*
   [3] 직권남용 행위의 상대방이 일반 사인인 경우 특별한 사정이 없는 한 직권에 대응하여 따라야 할 의무가 없으므로 그에게 어떠한 행위를 하게 하였다면 '의무 없는 일을 하게 한 때'에 해당할 수 있다. [21 법원9급, 21 경찰채용, 20 법원행시]*
   [4] 공무원인 피고인이 퇴임한 이후에는 직권남용죄의 성립의 전제인 직권이 존재하지 않으므로, 퇴임 후에도 실질적 영향력을 행사하는 등으로 퇴임 전 공모한 범행에 관한 기능적 행위지배가 계속되었다고 인정할 만한 특별한 사정이 없는 한, 퇴임 후의 범행에 관하여는 공범으로서 책임을 지지 않는다고 보아야 한다. [20 법원행시]*
   [5] 공무원인 행위자가 상대방에게 어떠한 이익 등의 제공을 요구한 경우라도 그것이 구체적인 해악의 고지로 인정될 수 없다면 직권남용이나 뇌물 요구 등이 될 수는 있어도 협박을 요건으로 하는 강요죄가 성립하기는 어렵다[대판 2020.2.13. 2019도5186], [대판 2011.7.28. 2011도1739]. [21 법원9급, 20 법원행시, 20 국가7급]*

4. [1] 행정조직은 통일된 계통구조를 갖고 효율적으로 운영될 필요가 있고, 민주적으로 운영되어야 하며, 행정목적을 달성하기 위하여 긴밀한 협동과 합리적인 조정이 필요하다. 그로 인하여 행정기관의 의사결정과 집행은 다양한 준비과정과 검토 및 다른 공무원, 부서 또는 유관기관 등과의 협조를 거쳐 이루어지는 것이 통상적이다. 이러한 협조 또는 의견교환 등은 행정의 효율성을 높이기 위하여 필요하고, 동등한 지위 사이뿐만 아니라 상하기관 사이, 감독기관과 피감독기관 사이에서도 이루어질 수 있다. 이러한 관계에서 일방이 상대방의 요청을 청취하고 자신의 의견을 밝히거나 협조하는 등 요청에 응하는 행위를 하는 것은 특별한 사정이 없는 한 법령상 의무 없는 일이라고 단정할 수 없다. 결국 공무원이 직권을 남용하여 사람으로 하여금 어떠한 일을 하게 한 때에 상대방이 공무원 또는 유관기관의 임직원인 경우에는, 그가 한 일이 형식과 내용 등에서 직무범위 내에 속하는 사항으로서 법령 그 밖의 관련 규정에 따라 직무수행 과정에서 준수해야 할 원칙이나 기준, 절차 등을 위반하였는지 등을 살펴 법령상 의무 없는 일을 하게 한 때에 해당하는지를 판단해야 한다.
[2] 대통령비서실 소속 비서관들인 피고인 甲과 피고인 乙이 4·16세월호참사 특별조사위원회 설립준비 관련 업무를 담당하거나 설립팀장으로 지원근무 중이던 해양수산부 소속 공무원들에게 '세월호 특별조사위 설립준비 추진경위 및 대응방안 문건'을 작성하게 하고, 피고인 甲이 소속 비서관실 행정관 또는 해양수산부 공무원들에게 위 위원회의 동향을 파악하여 보고하도록 지시한 경우 법령상 의무 없는 일을 하게 한 때에 해당한다고 볼 여지가 있다고 한 사안[대판 2023.4.27. 2020도18296].

판례 | '직권의 남용'의 판단 기준

공무원이 위법·부당한 행위를 한 경우 그 위법성의 정도는 불법행위책임에 그치는 경우, 징계사유에 해당하는 경우, 형사처벌사유에 해당하는 경우 등으로 다양하게 나타날 수 있고, 그 중 형사처벌은 기본권 침해의 정도가 가장 무거우므로, 공무원의 직무행위가 형사처벌의 대상인 직권남용에 해당하는지 여부는 기본권 제한에 관한 최소침해의 원칙을 참작하여 엄격하게 판단하여야 한다. 구체적 사건에서 직권남용 여부를 판단함에 있어서는, 직권 행사의 주된 목적이 직무 본연의 수행에 있지 않고 본인 또는 제3자의 사적 이익 추구나 청탁 또는 불법목적의 실현 등에 있는 경우, 권한 행사의 형식을 갖추기 위하여 관련 자료나 근거를 작출, 조작, 은닉, 묵비하는 등의 적극적 또는 소극적 행위가 개입된 경우 등과 같이, 직권 행사의 목적과 방법에 있어 그 위법·부당의 정도가 실질적·구체적으로 보아 직무 본래의 수행이라고 평가할 수 없을 정도에 이른 경우라면 직권을 남용하였다고 평가할 수 있을 것이나, 위법·부당의 정도가 그에 미치지 못하는 경우라면 직권남용 해당 여부를 보다 신중하게 판단할 필요가 있다[대판 2022.10.27. 2020도15105].

판례 | 일반적 직무권한의 남용에 해당하는 경우(직권남용죄 성립)

대통령비서실 민정수석비서관이 대통령의 근친관리업무와 관련하여 정부 각 부처에 대한 지시와 협조 요청을 할 수 있는 일반적 권한을 갖고 있었음에 비추어 그가 농수산물 도매시장 관리공사 대표이사에게 요구하여 위 시장 내의 주유소와 써어비스동을 당초 예정된 공개입찰방식이 아닌 수의계약으로 대통령의 근친이 설립한 회사에 임대케 한 행위는 공무원이 그 일반적 직무권한에 속하는 사항에 관하여 직권의 행사에 가탁하여 실질적, 구체적으로 위법·부당한 행위를 한 경우에 해당하여 타인의 권리행사방해죄의 구성요건을 충족한다[대판 1992.3.10. 92도116].

판례 | 일반적 직무권한의 남용에 해당하지 않는 경우(직권남용죄 불성립)

치안본부장이 국립과학수사연구소 법의학1과장에게 고문치사자의 사인에 관하여 기자간담회에 참고할 메모를 작성하도록 요구한 경우에 있어서 위 과장의 메모작성 행위가 국립과학수사연구소의 행정업무에 관한 행정상 보고의무라고 할 수 없고 치안본부장이 위 과장에게 메모를 작성토록 한 행위가 그 일반적 권한에 속하는 사항이라고도 볼 수 없으며 또 위 과장이 그 요청에 따라 작성해 준 메모는 정식 부검소견서가 아니어서 동인이 위 메모를 작성하여 줄 법률상 의무가 있는 것도 아닐 뿐만 아니라, 그와 같은 메모를 작성하여 준 것도 단순한 심리적 의무감 또는 스스로의 의사에 기한 것으로 볼 수 있을 뿐이어서 법률상 의무에 기인한 것이라고 인정할 수도 없으므로, 치안본부장이 동인에게 메모의 작성을 요구하고 이를 동인이 내심의 의사에 반하여 두 번이나 고쳐 작성하도록 하였다 하여도 이를 의무 없는 일을 하게 한 것이라고 볼 수 없어 직권남용죄는 성립되지 아니한다[대판 1991.12.27. 90도2800].

(3) 의무 없는 일을 하게 함

법령상 의무 없는 자에게 이를 강요하는 것을 말한다(예 과중한 납세의무 부과, 의무이행시기의 단축).

판례 | 직권남용죄에서의 "의무"의 의미(법률상 의무 ○, 심리적 · 도덕적 의무 X)

직권남용죄에서 말하는 "의무"란 법률상 의무를 가리키고, 단순한 심리적 의무감 또는 도덕적 의무는 이에 해당하지 아니한다[대판 1991.12.27. 90도2800].

판례 | 직권남용죄에서의 의무 없는 일을 하게 한 때의 의미와 이에 해당하는 경우

[1] 형법 제123조의 직권남용권리행사방해죄에서 '직권의 남용'이란 공무원이 일반적 직무권한에 속하는 사항을 불법하게 행사하는 것, 즉 형식적 · 외형적으로는 직무집행으로 보이나 실질은 정당한 권한 이외의 행위를 하는 경우를 의미하고, 직권남용에 해당하는가의 판단 기준은 구체적인 공무원의 직무행위가 그 목적, 그것이 행하여진 상황에서 볼 때의 필요성 · 상당성 여부, 직권행사가 허용되는 법령상의 요건을 충족했는지 등 제반 요소를 고려하여 결정하여야 하며, '의무 없는 일을 하게 한 때'란 '사람'으로 하여금 법령상 의무 없는 일을 하게 하는 때를 의미하고, 직무집행의 기준과 절차가 법령에 구체적으로 명시되어 있고 실무 담당자에게도 직무집행의 기준을 적용하고 절차에 관여할 고유한 권한과 역할이 부여되어 있다면 실무 담당자로 하여금 그러한 기준과 절차를 위반하여 직무집행을 보조하게 한 경우에는 '의무 없는 일을 하게 한 때'에 해당한다.
[2] 시장인 피고인 甲이 자신의 인사관리업무를 보좌하는 행정과장 피고인 乙과 공동하여, 관련 법령에서 정한 절차에 따라 평정대상 공무원에 대한 평정단위별 서열명부가 작성되고 이에 따라 평정순위가 정해졌는데도 평정권자나 실무 담당자 등에게 특정 공무원들에 대한 평정순위 변경을 구체적으로 지시하여 평정단위별 서열명부를 새로 작성하도록 한 경우, 피고인들의 행위는 직권남용권리행사방해죄에 해당한다[대판 2012.1.27. 2010도11884].

(4) 권리행사방해

'권리'는 법률에 명기된 권리에 한하지 않고 법령상 보호되어야 할 이익이면 족하고, 공법상의 권리인지 사법상의 권리인지를 묻지 않는다(예 부당한 영업정지, 부당한 인 · 허가 거부). '권리행사를 방해한다' 함은 법령상 행사할 수 있는 권리의 정당한 행사를 방해하는 것을 말하므로 이에 해당하려면 구체화된 권리의 현실적인 행사가 방해된 경우라야 한다(판례).

판례 | 직권남용죄에서의 '권리' 및 '권리행사방해'의 의미

1. [1] 형법 제123조의 직권남용권리행사방해죄에서 말하는 '권리'는 법률에 명기된 권리에 한하지 않고 법령상 보호되어야 할 이익이면 족한 것으로서, 공법상의 권리인지 사법상의 권리인지를 묻지 않는다고 봄이 상당하다. [20 변호사, 18 경간부]*
   [2] 경찰관 직무집행법의 관련 규정상 경찰관은 범죄를 수사할 권한을 가지고 있으므로, 이러한 범죄수사권은 직권남용권리행사방해죄에서 말하는 '권리'에 해당한다[대판 2010.1.28. 2008도7312].
2. [1] 형법 제123조가 규정하는 직권남용권리행사방해죄에서 권리행사를 방해한다 함은 법령상 행사할 수 있는 권리의 정당한 행사를 방해하는 것을 말한다고 할 것이므로 이에 해당하려면 구체화된 권리의 현실적인 행사가 방해된 경우라야 할 것이다. [20 변호사, 20 법원행시, 20 법원9급, 16 경간부]*
   [2] 정보통신부장관이 개인휴대통신 사업자선정과 관련하여 서류심사는 완결된 상태에서 청문심사의 배점방식을 변경함으로써 직권을 남용하였다 하더라도, 이로 인하여 최종 사업권자로 선정되지 못한 경쟁업체가 가진 구체적인 권리의 현실적 행사가 방해되는 결과가 발생하지는 아니하였다는 이유로 무죄를 선고한 원심의 판단을 수긍한 사례(정보통신부 장관인 피고인이 PCS 사업자 선정 과정에서 통신위원회의 심의 · 의결 없이 청문회 심사 배정방식 등을 특정회사에 유리하게 변경토록 지시하는 등 직권을 남용하였더라도, 청문 평가의 배점이 2.2점으로 정하여져 있는 상황에서 에버넷이 이전의 사업계획서의 심사결과에서 엘지텔레콤보다 0.38점 앞서 있었다는 사정만으로는 에버넷이 PCS 사업자로 선정될 수 있는 권리라는 것은 아직 구체화된 권리라고 볼 수 없어, 결국 에버넷이 가진 구체적인 권리의 현실적 행사가 방해되는 결과가 발생하지는 않은 것이므로 직권남용죄는 성립하지 아니한다)[대판 2006.2.9. 2003도4599]. [18 경찰승진]*

동지판례 형법 제123조의 직권남용죄에 있어서 직권남용이란 공무원이 그 일반적 직무권한에 속하는 사항에 관하여 직권의 행사에 가탁하여 실질적, 구체적으로 위법·부당한 행위를 하는 경우를 의미하고, 위 죄에 해당하려면 현실적으로 다른 사람이 의무 없는 일을 하였거나 다른 사람의 구체적인 권리행사가 방해되는 결과가 발생하여야 하며, 또한 그 결과의 발생은 직권남용 행위로 인한 것이어야 한다[대판 2005.4.15. 2002도3453].

3. 형법 제123조가 규정하는 타인의 권리행사방해죄에서 권리행사를 방해한다 함은 법령상 행사할 수 있는 권리의 정당한 행사를 방해하는 것을 말한다고 할 것이므로 이에 해당하려면 구체화된 권리의 현실적인 행사가 방해된 경우라야 할 것이어서 검사가 고발사건을 불기소결정하여 피고발인으로 하여금 처벌받게 하려는 고발인의 의도가 이루어질 수 없게 되었다 하여 고발인의 권리행사를 방해하였다고는 말할 수 없다[대결 1986.6.30. 86모12].

(5) 기수시기

피해자가 의무 없는 일을 현실적으로 행하거나 권리행사가 현실적으로 방해되었을 때 기수가 된다(판례, 통설).

판례 | 직권남용죄의 기수요건(현실적으로 권리행사의 방해라는 결과가 발생할 것을 요함)

공무원의 직권남용행위가 있었다 할지라도 현실적으로 권리행사의 방해라는 결과가 발생하지 아니하였다면 본죄의 기수를 인정할 수 없다[대판 2006.2.9. 2003도4599].

동지판례 정보담당 경찰관이 증거수집을 위하여 정당 지구당의 집행위원회에서 쓰일 회의장소에 몰래 도청기를 마련해 놓았다가 회의 개회 전에 들켜 뜯김으로서 도청을 못하였다면 회의진행을 도청당하지 아니할 권리가 침해된 현실적인 사실이 있다고 할 수 없으니 형법 제123조의 직권남용죄의 기수로 논할 수 없다[대판 1978.10.10. 75도2665]. ※ 직권남용죄는 미수규정이 없으므로 처벌할 수 없다.

판례 | 직권남용죄에 해당하는 경우

1. 검찰의 고위 간부가 내사 담당 검사로 하여금 내사를 중도에서 그만두고 종결처리토록 한 행위가 직권남용권리행사방해죄에 해당한다고 한 사례[대판 2007.6.14. 2004도5561].
2. 대통령비서실 민정수석비서관이 대통령의 근친관리업무와 관련하여 정부 각 부처에 대한 지시와 협조요청을 할 수 있는 일반적 권한을 갖고 있었음에 비추어 그가 농수산물도매시장 관리공사 대표이사에게 요구하여 위 시장 내의 주유소와 써어비스동을 당초 예정된 공개입찰방식이 아닌 수의계약으로 대통령의 근친이 설립한 회사에 임대케 한 행위는 공무원들이 그 일반적 직무권한에 속하는 사항에 관하여 직권의 행사에 가탁하여 실질적, 구체적으로 위법·부당한 행위를 한 경우에 해당하여 타인의 권리행사방해죄의 구성요건을 충족한다[대판 1992.3.10. 92도116].
3. 국세청장이 과장으로부터 특정 그룹에 대한 71억원과 51억원 추징예상세액안을 보고받으면서 동인에게 추징세액을 더 낮추어 보라는 취지의 지시를 한 경우, 피고인에게는 직권남용권리행사방해의 죄책이 인정된다[대판 2006.12.21. 2004도7356].
4. 재정경제원장관이 대기업에 해당되지도 아니하며 회생 가능성도 불투명하여 대출이 가능한 요건을 갖추었다고 보기 어려운 기업에 대하여 은행감독원장으로부터 경영개선명령을 받아 신규대출을 기피하고 있던 위 기업의 주거래 은행의 은행장에게 개인적 친분이 있는 위 기업을 도와 주기 위한 목적으로 대출을 실행하여 줄 것을 요구하고, 위 요구에 따라 위 은행장이 이미 같은 은행으로부터 대출신청이 거절당한 바 있는 위 기업에 대하여 새로이 다른 채권은행장들과 협조융자를 추진하고 대출하도록 한 행위는 직권남용죄에 해당한다[대판 2004.5.27. 2002도6251].
5. 순경은 불가피한 경우에 상사로부터 구체적인 사건을 특정하여 수사명령을 받지 아니하면 사법경찰관사무를 취급할 권한이 없으므로 순경이 상사의 명령이 없고 입건되지도 아니한 경우 범죄수사를 빙자하여 허위의 명령서를 발부하여 의무 없는 서류제출을 하게 함은 허위공문서작성 및 직권남용죄에 해당한다[대판 1955.10.18. 4288형상266].
6. 대통령비서실 정책실장이 공무원으로 하여금 특별교부세 교부대상이 아닌 특정 사찰의 증·개축사업을 지원하는 특별교부세 교부신청 및 교부결정을 하도록 하게 한 행위가 직권남용권리행사방해죄를 구성한다고 한 사례[대판 2009.1.30. 2008도6950].
7. 해군본부 법무실장인 피고인이 국방부 검찰수사관 甲에게 군내 납품비리 수사와 관련한 수사기밀사항을 보고하게 한 경우 직권남용권리행사방해죄가 성립한다[대판 2011.7.28. 2011도1739].

8. [1] 공무원이 자신의 직무권한에 속하는 사항에 관하여 실무 담당자로 하여금 그 직무집행을 보조하는 사실행위를 하도록 하더라도 이는 공무원 자신의 직무집행으로 귀결될 뿐이므로 원칙적으로 직권남용권리행사방해죄에서 말하는 '의무 없는 일을 하게 한 때'에 해당한다고 할 수 없으나, 직무집행의 기준과 절차가 법령에 구체적으로 명시되어 있고 실무 담당자에게도 직무집행의 기준을 적용하고 절차에 관여할 고유한 권한과 역할이 부여되어 있다면 실무 담당자로 하여금 그러한 기준과 절차에 위반하여 직무집행을 보조하게 한 경우에는 '의무 없는 일을 하게 한 때'에 해당한다.
[2] 서울특별시 교육감인 甲이 인사담당장학관 등에게 지시하여 승진 또는 자격연수 대상이 될 수 없는 특정 교원들을 승진임용하거나 그 대상자가 되도록 한 경우, 甲에게는 직권남용권리행사방해죄가 성립한다[대판 2011.2.10. 2010도13766].

판례 | 직권남용죄에 해당하지 않는 경우

1. 지방자치단체의 장이 승진후보자명부 방식에 의한 5급 공무원 승진임용 절차에서 인사위원회의 사전심의·의결 결과를 참고하여 승진후보자명부상 후보자들에 대하여 승진임용 여부를 심사하고서 최종적으로 승진대상자를 결정하는 것이 아니라, 미리 승진후보자명부상 후보자들 중에서 승진대상자를 실질적으로 결정한 다음 그 내용을 인사위원회 간사, 서기 등을 통해 인사위원회 위원들에게 '승진대상자 추천'이라는 명목으로 제시하여 인사위원회로 하여금 자신이 특정한 후보자들을 승진대상자로 의결하도록 유도하는 행위는 인사위원회 사전심의 제도의 취지에 부합하지 않다는 점에서 바람직하지 않다고 볼 수 있지만, 그것만으로는 직권남용권리행사방해죄의 구성요건인 '직권의 남용' 및 '의무 없는 일을 하게 한 경우'로 볼 수 없다[대판 2020.12.10. 2019도17879].

   판결이유 (1) 승진후보자명부에 포함된 후보자들 중에서 승진대상자를 결정할 최종적인 권한은 임용권자에게 있다. 임용권자가 인사위원회의 심의·의결 결과와는 다른 내용으로 승진대상자를 결정하여 승진임용을 하는 것이 허용되는 이상, 임용권자가 미리 의견을 조율하는 차원에서 승진대상자 선정에 관한 자신의 의견을 인사위원회에 제시하는 것이 위법하다고 볼 수는 없다.
   (2) 임용권자가 승진후보자명부에 포함된 후보자들 중 특정인을 승진대상자로 제시한 경우에도, 인사위원회 회의에서 위원들은 자신의 독자적인 심의권한을 행사하여 여러 후보자들 중에서 누가 승진임용에 더욱 적합한지에 관한 의견을 개진하고 구성원 2/3 이상의 출석과 출석위원 과반수의 찬성으로 의결하는 방식으로 인사위원회 차원에서 승진대상자를 선정하여 임용권자에게 제시할 권한과 의무가 있다.

2. 아무런 직권을 가지지 않는 자의 행위 또는 자기의 직권과 관계 없는 행위는 직권남용에 해당하지 않으므로, 당직대의 조장이 당직근무를 마치고 내무반에 들어와 하급자에게 다른 이유로 기합을 준 행위는 당직조장으로서의 어떤 직권을 남용한 것이 아니라 사적 제재에 불과하다고 하여 군형법 제62조 소정의 직권남용죄에 해당하지 않는다고 한 사례[대판 1985.5.14. 84도10452].
3. 대검찰청 공안부장이 한국조폐공사 사장에게 조폐공사의 쟁의행위·경영에 관하여 어떠한 지시나 명령을 할 수 있는 권한을 가지고 있다고 볼 수 없으며, 또한 공안부장의 위 전화행위와 조폐공사 사장이 직장폐쇄를 철회하고, 인력감축을 하지 않으려던 경영방침을 포기한 후 옥천조폐창을 경산조폐창으로 조기에 통합하기로 결정한 것 사이에 인과관계가 있다고 볼 수 없으므로 직권남용죄는 성립하지 아니한다[대판 2005.4.15. 2002도3453].

2. 주관적 구성요건

판례 | 직권남용에 대한 고의가 인정되지 않은 경우

교도소에서 접견업무를 담당하던 교도관이 접견신청에 대하여 행형법 제18조 제2항 소정의 '필요용무'가 있는 때에 해당하지 아니한다고 판단하여 그 접견신청을 거부하였다면, 단지 접견신청거부행위의 위법성에 대한 인식이 없었던 것에 불과한 것이 아니라 애초부터 직권남용에 대한 범의 자체가 없어 직권남용죄를 구성하지 아니한다[대결 1993.7.26. 92모29].

3. 죄수

판례 | 권리행사를 방해함으로 인한 직권남용권리행사방해죄와 의무 없는 일을 하게 함으로 인한 직권남용권리행사방해죄의 죄수

상급 경찰관이 직권을 남용하여 부하 경찰관들의 수사를 중단시키거나 사건을 다른 경찰관서로 이첩하게 한 경우, 일단 '부하 경찰관들의 수사권 행사를 방해한 것'에 해당함과 아울러 '부하 경찰관들로 하여금 수사를 중단하거나 사건을 다른 경찰관서로 이첩할 의무가 없음에도 불구하고 수사를 중단하게 하거나 사건을 이첩하게 한 것'에도 해당된다고 볼 여지가 있다. 그러나 이는 어디까지나 하나의 사실을 각기 다른 측면에서 해석한 것에 불과한 것으로서, '권리행사를 방해함으로 인한 직권남용권리행사방해죄'와 '의무 없는 일을 하게 함으로 인한 직권남용권리행사방해죄'가 별개로 성립하는 것이라고 할 수는 없다. 따라서 위 두 가지 행위 태양에 모두 해당하는 것으로 기소된 경우, '권리행사를 방해함으로 인한 직권남용권리행사방해죄'만 성립하고 '의무 없는 일을 하게 함으로 인한 직권남용권리행사방해죄'는 따로 성립하지 아니한다[대판 2010.1.28. 2008도7312]. [20 변호사, 19 경찰승진]*

VI 불법체포 · 감금죄

제124조(불법체포, 불법감금) ① 재판, 검찰, 경찰 기타 인신구속에 관한 직무를 행하는 자 또는 이를 보조하는 자가 그 직권을 남용하여 사람을 체포 또는 감금한 때에는 7년 이하의 징역과 10년 이하의 자격정지에 처한다.
② 전항의 미수범은 처벌한다.

판례 | 불법(체포)감금죄가 성립하는 경우

1. 수사기관이 피의자를 수사하는 과정에서 구속영장 없이 피의자를 함부로 구금하여 피의자의 신체의 자유를 박탈하였다면 직권을 남용한 불법감금의 죄책을 면할 수 없고, 수사의 필요상 피의자를 임의동행한 경우에도 조사 후 귀가시키지 아니하고 그의 의사에 반하여 경찰서 조사실 또는 보호실 등에 계속 유치함으로써 신체의 자유를 속박하였다면 이는 구금에 해당한다[대결 1985.7.29. 85모16; 동지 대판 1994.3.11. 93도958]. [20 경찰채용]*
2. 감금죄에 있어서의 감금행위는 사람으로 하여금 일정한 장소 밖으로 나가지 못하도록 하여 신체의 자유를 제한하는 행위를 가리키는 것이고, 그 방법은 반드시 물리적, 유형적 장애를 사용하는 경우뿐만 아니라 심리적, 무형적 장애에 의하는 경우도 포함되는 것인바, 설사 피해자가 경찰서 안에서 직장동료인 피의자들과 같이 식사도 하고 사무실 안팎을 내왕하였다 하여도 피해자를 경찰서 밖으로 나가지 못하도록 그 신체의 자유를 제한하는 유형, 무형의 억압이 있었다면 이는 감금행위에 해당한다[대결 1991.12.30. 91모5].
3. 즉결심판 피의자의 정당한 귀가요청을 거절한 채 다음날 즉결심판법정이 열릴 때까지 피의자를 경찰서 보호실에 강제유치시키려고 함으로써 피의자를 경찰서 내 즉결피의자 대기실에 10~20분 동안 있게 한 행위는 형법 제124조 제1항의 불법감금죄에 해당한다[대판 1997.6.13. 97도877]. [18 경찰채용]*
4. 범죄의 고의는 확정적 고의뿐만 아니라 결과 발생에 대한 인식이 있고 이를 용인하는 의사인 이른바 미필적 고의도 포함하므로, 피고인이 인신구속에 관한 직무를 집행하는 사법경찰관으로서 체포 당시 상황을 고려하여 경험칙에 비추어 현저하게 합리성을 잃지 않은 채 판단하면 체포 요건이 충족되지 아니함을 충분히 알 수 있었는데도, 자신의 재량 범위를 벗어난다는 사실을 인식하고 그와 같은 결과를 용인한 채 사람을 체포하여 그 권리행사를 방해하였다면, 직권남용체포죄와 직권남용권리행사방해죄가 성립한다[대판 2017.3.9. 2013도16162]. [17 경찰채용]*

Ⅶ 폭행 · 가혹행위죄

> **제125조(폭행, 가혹행위)** 재판, 검찰, 경찰 그 밖에 인신구속에 관한 직무를 수행하는 자 또는 이를 보조하는 자가 그 직무를 수행하면서 형사피의자나 그 밖의 사람에 대하여 폭행 또는 가혹행위를 한 경우에는 5년 이하의 징역과 10년 이하의 자격정지에 처한다.

Ⅷ 선거방해죄

> **제128조(선거방해)** 검찰, 경찰 또는 군의 직에 있는 공무원이 법령에 의한 선거에 관하여 선거인, 입후보자 또는 입후보자 되려는 자에게 협박을 가하거나 기타 방법으로 선거의 자유를 방해한 때에는 10년 이하의 징역과 5년 이상의 자격정지에 처한다.

Ⅸ 뇌물죄의 일반이론

1. 의의

뇌물죄란 공무원 또는 중재인이 직무행위에 대한 대가로서 부당한 이익을 취득하는 것을 내용으로 하는 범죄이다.

2. 본질(보호법익)

> **판례 | 뇌물죄의 보호법익**
>
> 뇌물죄가 직무집행의 공정과 이에 대한 사회의 신뢰 및 직무행위의 불가매수성을 그 보호법익으로 하고 있음에 비추어 볼 때, 공무원이 그 이익을 수수하는 것으로 인하여 사회일반으로부터 직무집행의 공정성을 의심받게 되는지 여부도 뇌물죄의 성부를 판단함에 있어서의 판단기준이 된다[대판 2000.1.21, 99도4940; 동지 대판 2003.6.13, 2003도1060]. [17 경찰채용]*

3. 뇌물

(1) 뇌물의 개념

뇌물이란 직무에 관한 부당한 이익을 말한다.

(2) 뇌물의 요건

① 직무관련성

㉮ 직무: 공무원 · 중재인이 그 지위에 따라 담당하는 일체의 사무를 말한다.

ⅰ) 법령 · 행정처분 · 훈령 등에 의한 직무는 물론, 관례 · 상사의 명령에 의해 소관 이외의 사무를 일시 대리할 경우의 사무도 포함된다. ⅱ) 현재 구체적으로 담당하고 있는 사무임을 요하지 않는다. 과거 · 장래의 직무도 포함된다. ⅲ) 결정권자를 보좌하여 영향을 줄 수 있는 직무도 포함된다. ⅳ) 직무행위의 정당 · 부당, 적법 · 위법은 불문한다.

판례 | 뇌물죄에서 말하는 '직무'의 의의(범위)

1. 뇌물죄는 직무집행의 공정과 이에 대한 사회의 신뢰에 기하여 직무행위의 불가매수성을 그 직접의 보호법익으로 하고 있으므로 뇌물성은 의무위반 행위나 청탁의 유무 및 금품수수 시기와 직무집행 행위의 전후를 가리지 아니한다 할 것이고, 따라서 뇌물죄에서 말하는 '직무'에는 법령에 정하여진 직무뿐만 아니라 그와 관련 있는 직무, 과거에 담당하였거나 장래에 담당할 직무 외에 사무분장에 따라 현실적으로 담당하지 않는 직무라도 법령상 일반적인 직무권한에 속하는 직무 등 공무원이 그 직위에 따라 공무로 담당할 일체의 직무를 포함한다 할 것이고, 수뢰후부정처사죄에서 말하는 '부정한 행위'라 함은 직무에 위배되는 일체의 행위를 말하는 것으로 직무행위 자체는 물론 그것과 객관적으로 관련 있는 행위까지를 포함한다[대판 2003.6.13. 2003도1060]. [22 경간부, 19 법원9급, 17 국가9급]*

   [사실관계] 교통계에 근무하는 경찰관이 도박장개설 및 도박범행을 묵인하는 등 편의를 봐주는 데 대한 사례비 명목으로 금원을 교부받은 후, 위 도박장개설 및 도박범행사실을 잘 알면서도 이를 단속하지 아니한 사건이다. 경찰관에게는 수뢰후부정처사죄가 성립한다.

2. 뇌물죄에 있어서의 직무라 함은 공무원이 법령상 관장하는 직무 그 자체뿐만 아니라 그 직무와 밀접한 관계가 있는 행위 또는 관례상이나 사실상 소관하는 직무행위 및 결정권자를 보좌하거나 영향을 줄 수 있는 직무행위도 포함된다[대판 1999.1.29. 98도3584], [대판(전) 2000.6.15. 98도3697]. [18 경찰채용]*

   관련판례 농림부 주관 농림기술개발사업의 일환으로 시행되고, 국립대학교 총장 명의로 체결된 연구 용역 약정에 기하여 소속 대학 교수가 행하는 연구활동은 교육공무원인 위 교수의 직무 집행 행위에 해당한다[대판 2005.10.14. 2003도1154].

④ 직무에 관하여: ⅰ) 권한에 속하는 직무행위뿐만 아니라 직무행위와 밀접한 관계가 있거나, 직무행위와 관련하여 사실상 처리하던 직무를 포함한다. ⅱ) 공무원이 추상적 직무권한을 달리하는 다른 직무로 전직한 후에 전직 전의 직무와 관련하여 뇌물을 수수한 경우에도 직무관련성이 인정된다(통설).

판례 | 직무관련성을 인정한 경우

1. 국책사업의 사업자 선정도 역시 대통령의 직무범위에 속하거나 그 직무와 밀접한 관계가 있는 행위이므로 이에 관하여 대통령에게 금품을 공여하면 바로 뇌물공여죄가 성립하고, 대통령이 실제로 영향력을 행사하였는지 여부는 범죄의 성립에 영향을 미치지 않는다[대판 1997.4.17. 96도3377].
2. 시의회 의장은 토지구획정리사업에 대한 시의회의 심의와 관련하여 영향을 미칠 수 있는 지위에 있으므로 뇌물죄의 직무관련성이 인정된다[대판 1996.11.15. 95도1114].
3. 지방자치법 제42조 제1항의 규정에 의하면 지방의회는 의장을 의원들간의 무기명투표로 선거하도록 되어 있으므로 의장선거에서의 투표권을 가지고 있는 군의원들이 이와 관련하여 금품 등을 수수할 경우 이는 군의원으로서의 직무와 관련된 것이라 할 것이므로 뇌물죄가 성립한다[대판 2002.5.10. 2000도2251].
4. 국회 정무위원회 수석전문위원으로서 정무위원회 소관 기관에 대하여 상당한 영향력을 가진 피고인이 그 소관 기관 등의 업무에 관한 청탁 또는 부탁을 받고 금품을 수수한 경우, 피고인의 위 행위는 자신의 직무이거나 그 직무와 밀접한 관계가 있는 행위라고 할 것이어서 형법 제129조의 수뢰죄에 해당한다[대판 2010.12.23. 2010도10910].
5. 경찰서 경비과 교통지도계 경찰관인 피고인 甲이 피단속자인 乙로부터 운전면허가 취소되지 않도록 하여 달라는 청탁을 받고 금원을 교부받은 경우 甲은 직무와 관련하여 뇌물을 수수한 것이라고 할 것이고, 운전면허취소업무가 甲이 현실적으로 담당하지 않은 직무라거나 금원의 수수시기가 甲이 단속에 관하여 작성한 서류를 인계한 후라고 하더라도 직무와의 관련성을 부정할 수 없다[대판 1999.11.9. 99도2530]. [18 경찰채용, 16 경찰채용]*
6. 경찰관이 재건축조합 직무대행자에 대한 진정사건을 수사하면서 진정인 측에 의하여 재건축 설계업체로 선정되기를 희망하던 건축사사무소 대표로부터 금원을 수수한 경우, 금원의 수수와 경찰공무원의 직무인 진정사건 수사와의 관련성을 배척할 수 없다[대판 2007.4.26. 2005도4204].

7. 과세자료를 조사 수집하고 그에 따라 법령의 규정에 따른 과세를 하여 이를 징수하는 법령상의 직무를 수행하는 세무공무원이 그 직무와 관련하여 그가 보관하는 공무소에서 사용하는 서류를 반환하여 달라는 청탁을 받고 이를 응락한 후 그 청탁명목으로 금원을 수수하였다면 직무에 관한 뇌물의 수수라고 할 것이다[대판 1981.8.24. 81도1830].

8. 설사 칸트리클럽에 대한 지도 · 감독업무가 각 시도지사에게 위임되었다 하더라도 지방자치단체의 장에게 위임한 국가행정사무에 관하여는 당해 주무부장관이 이를 지휘 · 감독하도록 되어 있으므로 피고인(교통부장관 보좌관)이 교통부장관을 보좌하여 관광호텔 골프장 등 관광이용시설업체의 지휘 · 감독 등의 업무를 관장하고 있었다면 이를 들어 피고인의 직무의 관련성을 부정할 수 없다[대판 1984.8.14. 84도1139].

9. 한국토지개발공사 서울지사 공사부장으로서 택지개발현장에서의 공사관리를 총괄하는 직무를 담당하는 피고인이 공사현장에서 발생하는 건축물 폐재류의 처리공사를 담당할 하도급업체를 甲 건설이 선정함에 있어 乙 기업이 하도급 받을 수 있도록 甲 건설에 청탁하는 것은 피고인의 직무와 밀접한 관계가 있는 행위라고 봄이 상당하다[대판 1998.2.27. 96도582].

10. 국회의원이 특정 협회로부터 요청받은 자료를 제공하고 그 대가로서 후원금 명목으로 금원을 교부받은 사안에서, 직무관련성이 있어 뇌물죄가 성립한다고 한 사례[대판 2009.5.14. 2008도8852].

판례 | 직무관련성을 부정한 경우

1. 교과서의 내용검토 및 개편수정은 발행자나 저작자의 책임에 속하는 것이고 이를 문교부 편수국 공무원인 피고인들의 직무에 속한다고 할 수 없으므로 피고인들이 교과서의 내용검토 및 개편수정작업을 의뢰받고 그에 소요되는 비용을 받았다 하더라도 이를 직무에 관한 뇌물로써 부정하게 수수한 것이라고 볼 수 없다[대판 1979.5.22. 78도296].

2. 법원의 참여주사가 공판에 참여하여 양형에 관한 사항의 심리내용을 공판조서에 기재한다고 하더라도 이를 가지고 형사사건의 양형이 참여주사의 직무와 밀접한 관계가 있는 사무라고는 할 수 없으므로 참여주사가 형량을 감경케 하여 달라는 청탁과 함께 금품을 수수하였다고 하더라도 뇌물수수죄의 주체가 될 수 없다[대판 1980.10.14. 80도1373].

3. 경찰청 정보과 근무 경찰관의 직무와 중소기업협동조합중앙회장의 외국인산업연수생에 대한 국내 관리업체 선정업무는 직무관련성이 없다[대판 1999.6.11. 99도275].

4. 공무원이 그 직무의 대상이 되는 사람으로부터 금품 기타 이익을 받은 때에는 사회상규에 비추어 볼 때에 의례상의 대가에 불과한 것이라고 여겨지거나, 개인적인 친분관계가 있어서 교분상의 필요에 의한 것이라고 명백하게 인정할 수 있는 경우 등에는 직무와의 관련성이 없는 것이다[대판 2001.10.12. 2001도3579].

5. 서울대학교 의과대학 교수가 서울대학교병원 의사를 겸직하더라도 의사로서의 진료행위의 실질이나 직무성격이 바로 공무로 되거나 당연히 공무적 성격을 띤다고 할 수 없다는 등의 이유로 같은 병원 의사인 피고인에 대한 알선수재의 공소사실에 관하여 무죄를 선고한 원심판결을 수긍한 사례[대판 2006.5.26. 2005도1904].

   판례해설 이 사건에서 문제가 되고 있는 진료행위 등은 고등교육법 제15조 제2항, 제1조 제2항에 의하여 교원의 임무로 되어 있는 학생의 교육지도나 학문연구와는 밀접하게 관련되어 있다고 볼 수 없다는 것도 무죄의 근거가 되었다.

6. 서울대학교 의과대학 교수 겸 서울대학교병원 의사가 구치소로 왕진을 나가 진료하고 진단서를 작성해 주거나 법원의 사실조회에 대하여 회신을 해주는 것은 의사로서의 진료업무이지 교육공무원인 서울대학교 의과대학 교수의 직무와 밀접한 관련 있는 행위라고 할 수 없다는 이유로 뇌물수수의 공소사실에 대하여 무죄를 선고한 원심의 조치를 수긍한 사례[대판 2006.6.15. 2005도1420].

7. 구 해양수산부 해운정책과 소속 공무원인 피고인이 甲 해운회사의 대표이사 등에게서 중국의 선박운항허가 담당부서가 관장하는 중국 국적선사의 선박에 대한 운항허가를 받을 수 있도록 노력해 달라는 부탁을 받고 돈을 받은 경우, 관련 규정에 의하면 해운정책과 업무에는 대한민국 국적선사의 선박에 관한 것만 포함되어 있을 뿐 외국 국적선사의 선박에 대한 행정처분에 관한 것은 포함되어 있지 않고, 또한 외국 국적선사의 선박에 대한 구체적인 행정처분은, 해운정책과 소속 공무원에게 이를 좌우할 수 있는 어떠한 영향력이 있다고 할 수도 없어 해운정책과 소속 공무원의 직무와 밀접한 관계에 있는 행위라거나 또는 그가 관여하는 행위에 해당한다고 볼 수 없으므로, 직무관련성이 없어 뇌물수수죄가 성립하지 않는다[대판 2011.5.26. 2009도2453]. [18 경찰채용]*

판례 | 직무관련성(또는 그 대가성)을 단정할 수 없는 경우

공무원이 장래에 담당할 직무에 대한 대가로 이익을 수수한 경우에도 뇌물수수죄가 성립할 수 있지만, 그 이익을 수수할 당시 장래에 담당할 직무에 속하는 사항이 그 수수한 이익과 관련된 것임을 확인할 수 없을 정도로 막연하고 추상적이거나, 장차 그 수수한 이익과 관련지을 만한 직무권한을 행사할지 여부 자체를 알 수 없다면, 그 이익이 장래에 담당할 직무에 관하여 수수되었다거나 그 대가로 수수되었다고 단정하기 어렵다[대판 2017.12.22. 2017도12346]. [20 법원9급, 19 법원행시]*

② 부당한 이익

㉮ **대가관계:** i) 대가관계는 공무원의 직무에 관한 것이면 특정적 · 포괄적을 불문한다. ii) 알선수뢰죄의 경우에는 수뢰공무원의 직무행위가 아니라 알선행위와의 사이에 대가관계가 존재해야 한다. iii) 사교적 의례로서의 선물이라 할지라도 직무행위와 대가관계가 인정되는 경우에는 뇌물에 해당한다(판례).

판례 | 대가관계가 인정되는 경우

1. 뇌물죄에 있어서 직무에는 공무원이 법령상 관장하는 직무 그 자체뿐만 아니라 그 직무와 밀접한 관계가 있는 행위 또는 관례상이나 사실상 소관하는 직무행위도 포함된다 할 것이므로, 국회의원이 그 직무권한의 행사로서의 의정활동과 전체적 · 포괄적으로 대가관계가 있는 금원을 교부받았다면 그 금원의 수수가 어느 직무행위와 대가관계에 있는 것인지 특정할 수 없다고 하더라도 이는 국회의원의 직무에 관련된 것으로 보아야 하고, 한편 국회의원이 다른 의원의 직무행위에 관여하는 것이 국회의원의 직무행위 자체라고 할 수는 없으나, 국회의원이 자신의 직무권한인 의안의 심의 · 표결권 행사의 연장선상에서 일정한 의안에 관하여 다른 동료의원에게 작용하여 일정한 의정활동을 하도록 권유 · 설득하는 행위 역시 국회의원이 가지고 있는 위 직무권한의 행사와 밀접한 관계가 있는 행위로서 그와 관련하여 금원을 수수하는 경우에도 뇌물수수죄가 성립한다[대판 1997.12.26. 97도2609].
2. 정치자금, 선거자금, 성금 등의 명목으로 이루어진 금품의 수수라 할지라도, 그것이 정치가인 공무원의 직무행위에 대한 대가로서의 실체를 갖는 한 뇌물로서의 성격을 잃지 않는다[대판 1997.4.17. 96도3378].

판례 | 대가관계가 있는 부분과 없는 부분이 불가분적으로 결합된 경우(수수한 금품 전액이 뇌물)

공무원이 수수한 금품에 직무행위와 대가관계가 있는 부분과 그렇지 않은 부분이 불가분적으로 결합되어 있는 경우, 수수한 금품 '전액'이 직무행위에 대한 대가로 수수한 뇌물이다[대판 2009.8.20. 2009도4391].

판례 | 직무의 대상자로부터 수수한 금품의 뇌물성 판단

1. **(원칙적으로 직무관련성 인정, 사교적 의례의 형식일지라도 뇌물성 인정)** 공무원이 그 직무의 대상이 되는 사람으로부터 금품 기타 이익을 받은 때에는 그것이 그 사람이 종전에 공무원으로부터 접대 또는 수수받은 것을 갚는 것으로서 사회상규에 비추어 볼 때에 의례상의 대가에 불과한 것이라고 여겨지거나, 개인적인 친분관계가 있어서 교분상의 필요에 의한 것이라고 명백하게 인정할 수 있는 경우 등 특별한 사정이 없는 한 직무와의 관련성이 없는 것으로 볼 수 없고, 공무원의 직무와 관련하여 금품을 수수하였다면 비록 사교적 의례의 형식을 빌어 금품을 주고 받았다 하더라도 그 수수한 금품은 뇌물이 된다[대판 2002.7.26. 2001도6721]. [19 경찰채용, 18 경찰채용]*

   관련판례 i) 노동청 해외근로국장으로서 해외취업자 국외송출허가 등 업무를 취급하던 피고인이 접대부 등의 국외송출을 부탁받고 시가 70,000원 상당의 주식을 접대 받은 경우, 비록 그 접대의 규모가 그리 크지 아니하였다 하더라도 그 사유만으로 이를 단순한 사교적 의례의 범위에 속하는 향응에 불과하다고 볼 수 없으며 뇌물성을 띤다고 볼 것이다[대판 1984.4.10. 83도1499].
   ii) 재건축추진위원장이 재건축조합의 조속한 설립인가를 위해 담당공무원에게 두 차례에 걸쳐 점심 식사를 제공한 사안에서, 뇌물공여죄의 성립을 인정한 사례[대판 2008.11.27. 2006도8779].

2. **(예외적으로 특별한 사정이 있는 경우 직무관련성 및 뇌물성 부정)** 공무원이 그 직무의 대상이 되는 사람으로부터 금품 기타 이익을 받은 때에는 사회상규에 비추어 볼 때에 의례상의 대가에 불과한 것이라고 여겨지거나, 개인적인 친분관계가 있어서 교분상의 필요에 의한 것이라고 명백하게 인정할 수 있는 경우 등 특별한 사정이 없는 한 직무와의 관련성이 없는 것으로 볼 수 없으며, 공무원이 직무와 관련하여 금품을 수수하였다면 비록 사교적 의례의 형식을 빌어 금품을 주고받았다 하더라도 그 수수한 금품은 뇌물이 된다[대판 2001.10.12, 2001도3579; 동지 대판 1999.1.29, 98도3584].

관련판례 피고인의 아들의 결혼식장에서 공소외인들이 축의금으로 낸 것을 사후에 전달받은 것일 뿐만 아니라 피고인이 동 공소외인들과는 개인적으로도 친분관계를 맺어온 사이였다면 비록 동 공소외인들이 피고인의 직무와 관련이 있는 사업을 경영하는 사람들이었다 하더라도 그 사정만으로 위 금원이 축의금을 빙자하여 뇌물로 수수된 것이라고 단정할 수 없다[대판 1982.9.14, 81도2774].

㉯ 이익: 사람의 수요 · 욕망을 충족시킬 수 있는 일체의 것을 말한다. i) 재산적 이익 · 비재산적 이익을 불문한다(예 금융이익, 차용금명목의 금원, 자동차의 제공, 해외여행, 향응의 제공, 이성간의 정교). ii) 이익은 제공 당시 현존하거나 확정적일 필요는 없다. 따라서 시가앙등이 예상되는 주식을 액면가로 매수하게 해 준 경우도 뇌물에 해당한다.

판례 | 뇌물의 범위

뇌물의 내용인 이익이라 함은 금전, 물품 기타의 재산적 이익뿐만 아니라 사람의 수요 욕망을 충족시키기에 족한 일체의 유형 · 무형의 이익을 포함하는 것이다[대판 2001.1.5, 2000도4714].

판례 | 뇌물성이 인정되는 경우

1. 조합아파트 가입권에 붙은 소위 프리미엄도 뇌물에 해당한다[대판 1992.12.22, 92도1762].
2. 투기적 사업에 참여할 기회를 얻는 것도 이에 해당한다. 따라서 직무와 관련하여 장래 시가앙등이 예상되는 체비지의 지분을 낙찰원가에 매수한 것은 투기적 사업에 참여할 기회를 제공받은 것으로 뇌물수수죄에 해당된다[대판 1994.11.4, 94도129].
3. 군에서 일차진급 평정권자가 그 평정업무와 관련하여 진급대상자로 하여금 자신의 은행대출금채무에 연대보증하게 한 행위는 직무에 관련하여 이익인 뇌물을 받은 것에 해당된다[대판 2001.1.5, 2000도4714].
4. 재개발주택조합의 조합장이 그 재직 중 고소하거나 고소당한 사건의 수사를 담당한 경찰관에게 액수 미상의 프리미엄이 예상되는 그 조합아파트 1세대를 분양해 준 경우, 그 아파트가 당첨자의 분양권 포기로 조합에서 임의분양하기로 된 것으로서 예상되는 프리미엄의 금액이 불확실하였다고 하더라도, 조합, 즉 조합장이 선택한 수분양자가 되어 분양계약을 체결한 것 자체가 경제적인 이익이라고 볼 수 있으므로 뇌물공여죄에 해당한다고 한 사례[대판 2002.11.26, 2002도3539].
5. 건축지도계장으로 근무하는 피고인이 건축업자에게 편의를 제공한 후 동인에게 자신의 주상복합건물 신축공사를 도급주어 시공하게 한 사안에서, 통상공사비보다 다소 저렴한 액수로 공사계약을 체결한 것이 직무와 관련하여 부당하게 저렴한 가격으로 결정되었다고 볼 수 없다는 이유로 뇌물죄에 대하여 무죄를 선고한 원심판결을 법리오해, 채증법칙 위반 등을 이유로 파기한 사례[대판 1998.3.10, 97도3113].
6. [1] '성적 욕구의 충족'도 뇌물의 내용인 이익에 포함된다. [19 경간부, 18 경찰채용, 17 법원9급, 17 경간부, 17 경찰채용, 16 경간부, 16 경찰채용]*
[2] 뇌물죄는 공무원의 직무집행의 공정과 이에 대한 사회의 신뢰 및 직무행위의 불가매수성을 그 보호법익으로 하고 있고, 직무에 관한 청탁이나 부정한 행위를 필요로 하는 것은 아니어서 수수된 금품의 뇌물성을 인정하는 데 특별한 청탁이 있어야만 하는 것은 아니며, 또한 금품이 직무에 관하여 수수된 것으로 족하고 개개의 직무행위와 대가적 관계에 있을 필요는 없다[대판 2014.1.29, 2013도13937]. [18 변호사, 17 국가9급, 17 경간부, 17 경찰채용]*

판례 | 뇌물성이 부정된 경우

수의계약을 체결하는 공무원이 해당 공사업자와 적정한 금액 이상으로 계약금액을 부풀려서 계약하고 부풀린 금액을 자신이 되돌려 받기로 사전에 약정한 다음 그에 따라 수수한 돈은 성격상 뇌물이 아니고 횡령금에 해당한다[대판 2007.10.12. 2005도7112]. [23 변호사, 20 경찰승진, 19 경찰승진, 17 경찰승진, 17 경간부, 16 경찰채용]*

동지판례 ⅰ) 금융기관의 임직원이 대출상대방과 공모하여 임무에 위배하여 대출상대방에게 담보로 제공되는 부동산의 담보가치보다 훨씬 초과하는 금원을 대출하여 주고 대출금 중 일부를 되돌려받기로 한 다음 그에 따라 약정된 금품을 수수하는 것은 부실대출로 인한 업무상배임죄의 공동정범들 사이의 내부적인 이익분배에 불과한 것이고, 별도로 그러한 금품 수수행위에 관하여 특경법 위반(수재등)죄가 성립하는 것은 아니라고 할 것이다[대판 2013.10.24. 2013도7201].
ⅱ) 횡령 범행으로 취득한 돈을 공범자끼리 수수한 행위가 공동정범들 사이의 범행에 의하여 취득한 돈을 공모에 따라 내부적으로 분배한 것에 지나지 않는다면 별도로 그 돈의 수수행위에 관하여 뇌물죄가 성립하는 것은 아니다[대판 2019.11.28. 2019도11766]. [21 법원9급, 20 법원행시]*

4. 뇌물의 몰수와 추징

제134조(몰수, 추징) 범인 또는 사정을 아는 제3자가 받은 뇌물 또는 뇌물로 제공하려고 한 금품은 몰수한다. 이를 몰수할 수 없을 경우에는 그 가액을 추징한다.

(1) 필요적 몰수 · 추징

뇌물의 몰수와 추징은 필요적이다.

(2) 몰수 · 추징의 대상

① 범인 또는 정을 아는 제3자가 받은 뇌물 또는 뇌물에 공할 금품이다.
② 공여하였으나 수수되지 않은 뇌물과 공여를 약속한 뇌물도 포함한다.
③ 뇌물을 요구만 한 경우에는 몰수할 수 없다(판례, 다수설).

판례 | 몰수할 수 없으나 추징을 할 수 있는 경우

피고인이 뇌물로 받은 주식이 압수되어 있지 않고 주주명부상 피고인의 배우자 명의로 등재되어 있으며, 위 배우자는 몰수의 선고를 받은 자가 아니어서 그에 대해서는 몰수물의 제출을 명할 수도 없고, 몰수를 선고한 판결의 효력도 미치지 않는 등의 이유로 위 주식을 몰수함이 상당하지 아니하다고 보아 몰수하는 대신 그 가액을 추징할 수 있다고 한 사례[대판 2005.10.28. 2005도5822].

판례 | 추징을 할 수 없는 경우(뇌물에 공할 금품이 특정되지 않았던 경우)

형법 제134조는 뇌물에 공할 금품을 필요적으로 몰수하고 이를 몰수하기 불가능한 때에는 그 가액을 추징하도록 규정하고 있는바, 몰수는 특정된 물건에 대한 것이고 추징은 본래 몰수할 수 있었음을 전제로 하는 것임에 비추어 뇌물에 공할 금품이 특정되지 않았던 것은 몰수할 수 없고 그 가액을 추징할 수도 없다[대판 1996.5.8. 96도221]. [18 변호사, 18 경찰채용, 17 국가9급, 17 경간부]*

판결이유 원심은, 甲(피고인)이 乙과 공모하여 丙에게 승용차대금 명목으로 금 14,000,000원을 뇌물로 제공하기로 약속하였고, 또 乙, 丁, 戊와 공모하여 위 丙에게 금 1,000,000원짜리 자기앞수표 10장을 뇌물로 제공하여 뇌물공여의 의사표시를 하였다는 공소사실을 유죄로 인정한 다음, 위 형법 조항에 의하여 위 피고인으로부터 위 각 금품의 가액을 공범들에게 균분하여 계산한 금 9,500,000원{= 7,000,000원(= 14,000,000원 × 1/2) + 2,500,000원(= 1,000,000원 × 10 × 1/4)}을 추징한 제1심판결에 대한 위 피고인의 항소를 기각하여 이를 그대로 유지하고 있다. 그러나 기록에 의하여 살피건대, 위 자기앞수표 10장은 일단 특정되어 범행에 제공된 뒤 공범들 중 누가 보관하고 있다가 몰수불능에 이르렀는지가 분명하지 않아 그 가액을 공범들에게 균분하여 추징할 수밖에 없으므로, 위 甲(피고인)으로부터 그 가액을 균분한 금 2,500,000원을 추징한 것은 정당하다 할 것이지만, 한편 뇌물로 약속된 위 승용차대금 명목의 금품은 특정되지 않아 이를 몰수할 수 없었으므로 그 가액을 추징할 수 없는 것임에도 이를 간과하고 그 가액을 공범들에게 균분하여 위와 같이 금 7,000,000원을 추징한 원심판결은 앞서 설시한 위 조항 소정의 추징에 관한 법리를 오해하여 판결에 영향을 미친 위법을 저지른 것이다.

동지판례 범죄수익은닉의 규제 및 처벌 등에 관한 법률에 의한 추징의 경우 그 대상이 되는 범죄수익을 특정할 수 없는 경우에는 추징할 수 없다[대판 2007.6.14. 2007도2451].

판례 | 금원을 무이자로 차용한 경우(금융이익이 뇌물 ○, 금원은 뇌물이 아님, 금원은 총칙상 몰수대상)

[1] 공무원이 그 직무에 관하여 금원을 무기한 무이자로 차용한 경우에는 수뢰자가 받은 실질적 이익은 무기한 무이자차용금의 금융이익상당이므로 위의 경우에는 그 금융이익이 뇌물이라 할 것이다. [19 변호사, 19 국가7급, 19 경찰승진, 19 경간부, 17 경간부, 16 법원행시, 16 경찰승진, 16 경간부]*
[2] 수뢰의 목적이 금전소비대차계약에 의한 금융이익이어서 그 금융이익이 뇌물이 되는 경우 소비대차의 목적인 금원 그 자체는 뇌물이 아니므로 대여로 받은 그 금원 자체는 본조에 의하여 몰수 또는 추징할 수 없고 이는 범죄행위로 인하여 취득한 물건으로서 피고인 이외의 자의 소유에 속하지 아니하므로 본법 제48조 제1항 제2호에 의하여 몰수할 것이다[대판 1976.9.28. 75도3607].

동지판례 금품의 무상차용을 통하여 위법한 재산상 이익을 취득한 경우 범인이 받은 부정한 이익은 그로 인한 금융이익 상당액이므로 추징의 대상이 되는 것은 무상으로 대여받은 금품 그 자체가 아니라 위 금융이익 상당액이다[대판 2008.9.25. 2008도2590].

(3) 몰수 · 추징의 상대방

뇌물을 현재 보유하고 있는 자로부터 몰수 · 추징해야 한다. 따라서 i) 수뢰자가 뇌물을 보관하다가 증뢰자에게 뇌물 자체를 반환한 경우에는 증뢰자로부터 몰수 · 추징한다(판례). ii) 수뢰자가 뇌물을 소비 · 예금한 후 같은 액수의 금원을 반환한 경우에는 수뢰자로부터 몰수 · 추징한다(판례). iii) 수뢰자가 뇌물을 다시 타인에게 뇌물로 공여한 경우에는 수뢰자로부터 몰수 · 추징한다. 이는 뇌물의 소비에 해당하기 때문이다(판례). iv) 뇌물의 일부를 받은 취지에 따라 청탁과 관련하여 관계 공무원에게 뇌물로 공여한 경우에는 그 부분의 이익은 실질적으로 범인에게 귀속된 것이 아니므로 이를 제외한 나머지 금품만을 몰수하거나 그 가액을 추징하여야 한다(판례).

판례 | 뇌물의 몰수 · 추징의 상대방

1. 무릇 뇌물을 받은 자가 그 뇌물을 증뢰자에게 반환한 때에는 이를 수뢰자로부터 추징할 수 없다 할 것이므로 피고인이 수수한 위 금원을 그대로 보관하고 있다가 이를 공여자에게 반환하였다면 증뢰자로부터 몰수 또는 추징을 할 것이지 피고인으로부터 추징할 수 없다[대판 1984.2.28. 83도2783]. [17 국가9급]*

2. 수뢰자가 자기앞수표를 뇌물로 받아 이를 소비한 후 자기앞수표 상당액을 증뢰자에게 반환하였다 하더라도 뇌물 그 자체를 반환한 것은 아니므로 이를 몰수할 수 없고 수뢰자로부터 그 가액을 추징하여야 할 것이다[대판 1999.1.29. 98도3584; 동지 대판 1983.4.12. 82도2462]. [20 변호사, 19 법원9급]*

   동지판례 i) 수뢰죄에 있어서 수뢰자가 일단 수수한 뇌물을 소비하여 몰수하기 불능하게 되었을 때에는 그 후에 동액의 금원을 증뢰자에게 반환하였다 하여도 수뢰자로부터 그 가액을 추징하여야 한다[대판 1986.10.14. 86도1189].
   ii) 甲이 피해자 乙로부터 공무원이 취급하는 사무에 대한 청탁명목으로 받은 금 300만원 중 금 20만원은 경비로 사용하고 금 280만원은 乙에게 반환하라고 공범인 丙에게 돌려 주자 丙이 이를 소비한 경우에는 甲으로부터 금 300만원을 추징하여야 한다[대판 1989.2.27. 88도2405].

3. 뇌물로 받은 돈을 은행에 예금한 경우 그 예금행위는 뇌물의 처분행위에 해당하므로 그 후 수뢰자가 같은 액수의 돈을 증뢰자에게 반환하였다 하더라도 이를 뇌물 그 자체의 반환으로 볼 수 없으니 이러한 경우에는 수뢰자로부터 그 가액을 추징하여야 한다[대판 1996.10.25. 96도2022]. [20 변호사, 20 경찰승진]*

   동지판례 교부받은 뇌물 200만원 상당액을 증뢰자의 거래은행구좌에 온라인으로 입금하여 반환하였다면 그 반환시기 등에 비추어 반환한 돈 200만원이 뇌물로 교부받았던 바로 그 돈이었다고 보기 어려우므로 그 가액상당을 수뢰자로부터 추징한 조치는 적법하다[대판 1986.12.23. 86도2021].

4. 특정범죄 가중처벌 등에 관한 법률 제13조의 규정에 의한 필요적 몰수 또는 추징은, 범인이 취득한 당해 재산을 범인으로부터 박탈하여 범인으로 하여금 부정한 이익을 보유하지 못하게 함에 그 목적이 있는 것으로서, 이 점은 공무원범죄에 관한 몰수특례법 제6조의 경우도 마찬가지이므로, 공무원의 직무에 속한 사항의 알선에 관하여 금품을 받고 그 금품 중의 일부를 받은 취지에 따라 청탁과 관련하여 관계 공무원에게 뇌물로 공여하거나 다른 알선행위자에게 청탁의 명목으로 교부한 경우에는 그 부분의 이익은 실질적으로 범인에게 귀속된 것이 아니어서 이를 제외한 나머지 금품만을 몰수하거나 그 가액을 추징하여야 하지만, 공무원의 직무에 속한 사항의 알선에 관하여 금품을 받은 자가 그 금품 중의 일부를 다른 알선행위자에게 청탁의 명목으로 교부하였다 하더라도 당초 금품을 받을 당시 그와 같이 사용하기로 예정되어 있어서 그 받은 취지에 따라 그와 같이 사용한 것이 아니라, 범인의 독자적인 판단에 따라 경비로 사용한 것이라면 이는 범인이 받은 금품을 소비하는 방법의 하나에 지나지 아니하므로, 그 가액 역시 범인으로부터 추징하지 않으면 안 된다[대판 1999.6.25. 99도1900].

[16 경간부]*

동지판례 ⅰ) **(위 기본판례의 전단부의 기술과 동지)** 공무원의 직무에 속한 사항의 알선에 관하여 금품을 받고 그 금품 중의 일부를 받은 취지에 따라 청탁과 관련하여 관계 공무원에게 뇌물로 공여하거나 다른 알선행위자에게 청탁의 명목으로 교부한 경우에는 그 부분을 제외한 나머지 금품만을 몰수하거나 그 가액을 추징하여야 한다[대판 2002.6.14. 2002도1283].

ⅱ) **(위 기본판례의 후단부의 기술에 해당하는 사례)** 변호사를 선임하여 주겠다는 명목이 아니라 판사, 검사에게 청탁하여 석방시켜 주겠다는 명목으로 돈을 받은 이상 그 중 일부를 변호사 선임비로 사용하였다 하더라도 이는 변호사법위반으로 취득한 재물의 소비방법에 불과하므로 변호사선임비로 사용한 금액 상당을 추징액에서 제외할 수는 없다[대판 2000.5.26. 2000도440].

5. 특정범죄 가중처벌 등에 관한 법률 제13조의 규정에 의한 필요적 몰수 또는 추징은, 범인이 취득한 당해 재산을 범인으로부터 박탈하여 범인으로 하여금 부정한 이익을 보유하지 못하게 함에 그 목적이 있는 것으로서, 공무원의 직무에 속한 사항의 알선에 관하여 금품을 받음에 있어 타인의 동의하에 그 타인 명의의 예금계좌로 입금받는 방식을 취하였다고 하더라도 이는 범인이 받은 금품을 관리하는 방법의 하나에 지나지 아니하므로, 그 가액 역시 범인으로부터 추징하지 않으면 안 된다고 할 것이다[대판 2006.10.26. 2006도4659]. [19 변호사]*

판례연습

【뇌물죄와 몰수 · 추징의 상대방(1)】

공무원 甲이 업자인 乙로부터 납품과 관련하여 뇌물로 100만원권 자기앞수표 8장을 교부받아 그중 6장은 자신의 통장에 예금해 둔 후, 나머지 2장은 자신의 진급을 위하여 상급자인 丙에게 뇌물로 제공하였고 丙은 이를 모두 소비하였다. 그런데 후에 문제가 발생하자 丙은 현금 200만원을 甲에게 반환하였고, 甲은 이 돈에다 위 통장에서 찾은 600만원을 보태어 乙에게 800만원을 반환하였다. 이 경우 甲, 乙, 丙으로부터 몰수 또는 추징해야 할 금액은?

판결요지

관련판례 ⅰ) 뇌물로 받은 돈을 은행에 예금한 경우 그 예금행위는 뇌물의 처분행위에 해당하므로 그 후 수뢰자가 같은 액수의 돈을 증뢰자에게 반환하였다 하더라도 이를 뇌물 그 자체의 반환으로 볼 수 없으니 이러한 경우에는 수뢰자로부터 그 가액을 추징하여야 한다[대판 1996.10.25. 96도2022]. ※ 수표 6장의 예금한 부분에 대하여는 그 가액인 600만원을 수뢰자인 甲으로부터 추징하여야 한다.

ⅱ) 피고인들이 뇌물로 받은 돈을 그 후 다른 사람에게 다시 뇌물로 공여하였다 하더라도 그 수뢰의 주체는 어디까지나 피고인들이고 그 수뢰한 돈을 다른 사람에게 공여한 것은 수뢰한 돈을 소비하는 방법에 지나지 아니하므로 피고인들로부터 그 수뢰액 전부를 각 추징하여야 한다[대판 1986.11.25. 86도1951]. [19 법원9급]* ※ 甲이 진급을 위하여 상급자인 丙에게 제공한 수표 2장에 대하여는 그 가액인 200만원을 甲으로부터 추징하여야 한다.

ⅲ) 수뢰죄에 있어서 수뢰자가 일단 수수한 뇌물을 소비하여 몰수하기 불능하게 되었을 때에는 그 후에 동액의 금원을 증뢰자에게 반환하였다 하여도 수뢰자로부터 그 가액을 추징하여야 한다[대판 1986.10.14. 86도1189]. ※ 이 800만원을 乙에게 반환하였더라도 甲에게서 800만원을 추징하여야 한다. 또한 丙이 200만원을 반환하였더라도 丙에게서 200만원을 추징하여야 한다.

정답 [甲으로부터 800만원을, 丙으로부터 200만원을 추징해야 한다]

판례연습

【뇌물죄와 몰수 · 추징의 상대방(2)】

건설담당부서 공무원 甲은 건설업자 乙로부터 100만원 상당의 향응을 받고 그 자리에서 현금 1천만원을 받아 뇌물을 수수하였다. 甲은 뇌물로 받은 현금 가운데 8백만원은 소비하였다. 그 후 문제가 되자 甲은 뇌물로 받은 돈 가운데 남은 돈 2백만원과 은행에서 차용한 돈 3백만원을 합한 5백만원을 乙에게 반환하였다. 甲과 乙이 뇌물로 기소된 사건에서 모두 유죄로 인정될 경우 甲으로부터 추징할 금액은?

판결요지

수뢰죄에 있어서 수뢰자가 일단 수수한 뇌물을 소비하여 몰수하기 불능하게 되었을 때에는 그 후에 동액의 금원을 증뢰자에게 반환하였다 하여도 수뢰자로부터 그 가액을 추징하여야 한다[대판 1986.10.14. 86도1189]. 따라서 향응의 가액에 해당하는 100만원을 추징해야 하고, 그리고 수수한 현금 가운데 소비한 800만원도 추징하여야 한다. 뇌물로 받은 돈 가운데 남은 돈 200만원은 뇌물 그 자체를 그대로 증뢰자에게 반환한 경우이므로 甲으로부터는 추징할 수 없고 증뢰자인 乙로부터 몰수 · 추징해야 한다. 은행에서 차용한 돈 300만원을 반환하였을지라도 이미 뇌물을 소비한 이후이므로 300만원이 추징액에서 공제되는 것은 아니다. 따라서 총 900만원을 甲으로부터 추징해야 한다.

정답 [900만원]

(4) 몰수 · 추징의 방법

① 뇌물죄로 얻은 이익을 몰수 · 추징함에 있어서는 그 받은 뇌물 자체를 몰수하여야 하고, 취득을 위하여 상대방에게 뇌물의 가액에 상당하는 금원의 일부를 비용의 명목으로 출연하거나 그 밖에 경제적 이익을 제공하였다 하더라도 그 뇌물의 가액에서 지출을 공제한 나머지 가액에 상당한 이익만을 몰수 · 추징하는 것은 아니다.

판례 | 뇌물의 취득을 위하여 비용을 지출한 경우 몰수 · 추징 가액(비용을 제외하지 않은 뇌물의 가액)

공무원이 뇌물을 받음에 있어서 그 취득을 위하여 상대방에게 뇌물의 가액에 상당하는 금원의 일부를 비용의 명목으로 출연하거나 그 밖에 경제적 이익을 제공하였다 하더라도, 이는 뇌물을 받는 데 지출한 부수적 비용에 불과하다고 보아야 할 것이지, 이로 인하여 공무원이 받은 뇌물이 그 뇌물의 가액에서 위와 같은 지출액을 공제한 나머지 가액에 상당한 이익에 한정되는 것이라고 볼 수는 없으므로, 그 공무원으로부터 뇌물죄로 얻은 이익을 몰수 · 추징함에 있어서는 그 받은 뇌물 자체를 몰수하여야 하고, 그 뇌물의 가액에서 위와 같은 지출을 공제한 나머지 가액에 상당한 이익만을 몰수 · 추징할 것은 아니다[대판 1999.10.8. 99도1638].

동지판례 i) 변호사법 위반의 범행으로 금품을 취득한 경우 그 범행과정에서 지출한 비용은 그 금품을 취득하기 위하여 지출한 부수적 비용에 불과하고, 몰수하여야 할 것은 변호사법 위반의 범행으로 취득한 금품 그 자체이므로, 취득한 금품이 이미 처분되어 추징할 금원을 산정할 때 그 금품의 가액에서 위 지출 비용을 공제할 수는 없다[대판 2008.10.9. 2008도6944]. [19 경찰승진]*

ii) 공무원이 뇌물을 받는 데에 필요한 경비를 지출한 경우 그 경비는 뇌물수수의 부수적 비용에 불과하여 뇌물의 가액과 추징액에서 공제할 항목에 해당하지 않는다. 뇌물을 받는 주체가 아닌 자가 수고비로 받은 부분이나 뇌물을 받기 위하여 형식적으로 체결된 용역계약에 따른 비용으로 사용된 부분은 뇌물수수의 부수적 비용에 지나지 않는다[대판 2017.3.22. 2016도21536]. [18 경간부, 17 법원행시, 17 국가7급]*

② 뇌물을 공동으로 수수한 경우 원칙적으로 실제 수수한 금품 또는 그 가액을 몰수 · 추징한다. 실제 수수액이 불명한 경우에는 평등하게 몰수 · 추징한다.

판례 | 직무행위와 대가관계가 있는 금원과 그렇지 않은 금원이 혼재된 경우 수뢰액

공무원이 수수한 이익에 직무행위에 대한 대가로서의 성질과 직무 외의 행위에 대한 사례로서의 성질이 불가분적으로 결합되어 있는 경우에는 그 전부가 직무행위에 대한 대가로서의 성질을 가진다[대판 2013.4.11. 2012도16277]. [20 법원9급, 18 경찰승진]*

판례 | 공동수수의 경우 수뢰액의 확정방법

여러 사람이 공동으로 뇌물을 수수한 경우 그 가액을 추징하려면 실제로 분배받은 금품만을 개별적으로 추징하여야 하고 수수금품을 개별적으로 알 수 없을 때에는 평등하게 추징하여야 하며 공동정범뿐 아니라 교사범 또는 종범도 뇌물의 공동수수자에 해당할 수 있으나, 공동정범이 아닌 교사범 또는 종범의 경우에는 정범과의 관계, 범행 가담 경위 및 정도, 뇌물 분배에 관한 사전약정의 존재 여부, 뇌물공여자의 의사, 종범 또는 교사범이 취득한 금품이 전체 뇌물수수액에서 차지하는 비중 등을 고려하여 공동수수자에 해당하는지를 판단하여야 한다. 그리고 뇌물을 수수한 자가 공동수수자가 아닌 교사범 또는 종범에게 뇌물 중 일부를 사례금 등의 명목으로 교부하였다면 이는 뇌물을 수수하는 데 따르는 부수적 비용의 지출 또는 뇌물의 소비행위에 지나지 아니하므로, 뇌물수수자에게서 수뢰액 전부를 추징하여야 한다[대판 2011.11.24. 2011도9585]. [19 법원행시, 18 변호사, 18 경찰채용, 17 법원행시, 16 법원행시]*

판례 | 향응을 제공받은 경우 수뢰액의 확정방법

[1] 피고인이 증뢰자와 함께 향응을 하고 증뢰자가 이에 소요되는 금원을 지출한 경우 이에 관한 피고인의 수뢰액을 인정함에 있어서는 먼저 피고인의 접대에 요한 비용과 증뢰자가 소비한 비용을 가려내어 전자의 수액을 가지고 피고인의 수뢰액으로 하여야 하고 만일 각자에 요한 비용액이 불명일 때에는 이를 평등하게 분할한 액을 가지고 피고인의 수뢰액으로 인정하여야 할 것이고, [2] 피고인이 향응을 제공받는 자리에 피고인 스스로 제3자를 초대하여 함께 접대를 받은 경우에는, 그 제3자가 피고인과는 별도의 지위에서 접대를 받는 공무원이라는 등의 특별한 사정이 없는 한 그 제3자의 접대에 요한 비용도 피고인의 접대에 요한 비용에 포함시켜 피고인의 수뢰액으로 보아야 한다[대판 2001.10.12. 99도5294]. [16 변호사, 16 경간부]*

판례 | 금품의 수수가 수회에 걸쳐 이루어지고 각 수수 행위별로 직무 관련성 유무를 달리 볼 여지가 있는 경우 및 공무원이 아닌 사람과 공무원이 공모하여 금품을 수수하고 각 수수자가 수수한 금품별로 직무 관련성 유무를 달리 볼 수 있는 경우, 직무 관련성을 판단하는 방법

뇌물죄에서의 수뢰액은 그 많고 적음에 따라 범죄구성요건이 되므로 엄격한 증명의 대상이 된다. 이때 공무원이 수수한 금품에 직무행위에 대한 대가로서의 성질과 직무 외의 행위에 대한 대가로서의 성질이 불가분적으로 결합되어 있는 경우에는 그 수수한 금품 전부가 불가분적으로 직무행위에 대한 대가로서의 성질을 가진다. 다만 그 금품의 수수가 수회에 걸쳐 이루어졌고 각 수수 행위별로 직무 관련성 유무를 달리 볼 여지가 있는 경우에는 그 행위마다 직무와의 관련성 여부를 가릴 필요가 있다. 그리고 공무원이 아닌 사람과 공무원이 공모하여 금품을 수수한 경우에도 각 수수자가 수수한 금품별로 직무 관련성 유무를 달리 볼 수 있다면, 각 금품마다 직무와의 관련성을 따져 뇌물성을 인정하는 것이 책임주의 원칙에 부합한다[대판 2024.3.12. 2023도17394].

③ 뇌물을 몰수하기 불능한 경우 그 가액을 추징한다. 그러나 가액산정이 처음부터 불가능한 경우는 추징할 수 없다(예 이성간의 정교).

판례 | 추징을 할 수 없는 경우(뇌물의 액수를 특정할 수 없는 경우)

[1] 형법 제134조의 몰수나 추징을 선고하기 위하여는 몰수나 추징의 요건이 공소가 제기된 범죄사실과 관련되어 있어야 하므로, 법원으로서는 범죄사실에서 인정되지 아니한 사실에 관하여는 몰수나 추징을 선고할 수 없다고 보아야 한다.
[2] 범죄사실에서 수수한 뇌물의 액수를 특정할 수 없다면, 추징을 함에 있어서도 그 추징의 대상이 되는 뇌물의 액수를 특정할 수 없는 경우에 해당한다고 보아 추징을 선고하여서는 안 될 것이다[대판 2009.8.20. 2009도4391].

동지판례 수뢰액을 특정할 수 없는 경우에는 가액을 추징할 수 없다[대판 2011.5.26. 2009도2453].

판례연습

【뇌물죄와 몰수 · 추징의 방법】

공무원 甲은 모건설회사 사장 乙로부터 업무와 관련하여 청탁을 하기 위해 식사를 같이 하자는 요청을 받고 이에 응하여 친구인 丙과 함께 乙로부터 200만원 상당의 식사와 술을 대접받았다. 이때 乙은 자신의 회사 상무인 丁과 같이 동석하였다. 乙은 이 자리에서 甲에게 100만원짜리 자기앞수표 10장을 뇌물로 제공하였으며, 甲은 그 금액이 지나치게 많은 것을 알고 어느 정도의 대가를 지불하려고 생각하던 중, 乙에게 200만원 상당의 도자기를 선물하였다. 한편 甲은 혼자서는 乙의 청탁을 들어주기가 곤란하다고 스스로 판단하고, 그 업무를 처리하는 공무원 戊에게 300만원을 전달하였으며, 후에 이러한 사실이 알려져 문제가 되자 자신의 은행계좌에서 현금 500만원을 인출하여 乙에게 돌려주었다. 이 경우 甲으로부터 몰수 또는 추징할 금액의 합계는? (다툼이 있으면 판례에 의함)

판결요지

아래의 관련판례 ⅰ을 고려하면 식사와 술대접을 받은 부분에서 증뢰자 측이 소요한 비용을 제외한 100만원(친구인 丙에게 소요된 비용까지 포함됨)이 수뢰액에 해당하고 추징대상이다. 그리고 甲이 자기앞수표로 1,000만원을 받으면서 대가로 지급한 도자기는 뇌물의 가액에서 공제할 대상이 아니며(관련판례 ⅱ 참고), 스스로의 판단에 따라 戊에게 전달한 300만원 역시 수뢰한 돈을 소비하는 방법에 지나지 아니하므로 甲에게서 추징하여야 하며(관련판례 ⅲ 참고), 자신의 은행계좌에서 인출하여 돌려준 500만원은 뇌물 그 자체의 반환으로 볼 수 없으므로 역시 甲에게서 추징하여야 한다(관련판례 ⅳ 참고). 따라서 자기앞수표 1,000만원을 수뢰한 부분에 대하여는 모두 甲에게서 몰수하거나 또는 추징하여야 한다. 결국 甲으로부터 몰수 또는 추징할 금액의 합계는 1,100만원이다.

관련판례 ⅰ) 피고인이 증뢰자와 함께 향응을 하고 증뢰자가 이에 소요되는 금원을 지출한 경우 이에 관한 피고인의 수뢰액을 인정함에 있어서는 먼저 피고인의 접대에 요한 비용과 증뢰자가 소비한 비용을 가려내어 전자의 수액을 가지고 피고인의 수뢰액으로 하여야 하고 만일 각자에 요한 비용액이 불명일 때에는 이를 평등하게 분할한 액을 가지고 피고인의 수뢰액으로 인정하여야 할 것이고, 피고인이 향응을 제공받는 자리에 피고인 스스로 제3자를 초대하여 함께 접대를 받은 경우에는, 그 제3자가 피고인과는 별도의 지위에서 접대를 받는 공무원이라는 등의 특별한 사정이 없는 한 그 제3자의 접대에 요한 비용도 피고인의 접대에 요한 비용에 포함시켜 피고인의 수뢰액으로 보아야 한다[대판 2001.10.12. 99도5294].

ⅱ) 공무원이 뇌물을 받음에 있어서 그 취득을 위하여 상대방에게 뇌물의 가액에 상당하는 금원의 일부를 비용의 명목으로 출연하거나 그 밖에 경제적 이익을 제공하였다 하더라도, 이는 뇌물을 받는 데 지출한 부수적 비용에 불과하다고 보아야 할 것이지, 이로 인하여 공무원이 받은 뇌물이 그 뇌물의 가액에서 위와 같은 지출액을 공제한 나머지 가액에 상당한 이익에 한정되는 것이라고 볼 수는 없으므로, 그 공무원으로부터 뇌물죄로 얻은 이익을 몰수 · 추징함에 있어서는 그 받은 뇌물 자체를 몰수하여야 하고, 그 뇌물의 가액에서 위와 같은 지출을 공제한 나머지 가액에 상당한 이익만을 몰수 · 추징할 것은 아니다[대판 1999.10.8. 99도1638]. [19 변호사, 19 법원행시]*

ⅲ) 피고인들이 뇌물로 받은 돈을 그 후 다른 사람에게 다시 뇌물로 공여하였다 하더라도 그 수뢰의 주체는 어디까지나 피고인들이고 그 수뢰한 돈을 다른 사람에게 공여한 것은 수뢰한 돈을 소비하는 방법에 지나지 아니하므로 피고인들로부터 그 수뢰액 전부를 각 추징하여야 한다[대판 1986.11.25. 86도1951].

ⅳ) 뇌물로 받은 돈을 은행에 예금한 경우 그 예금행위는 뇌물의 처분행위에 해당하므로 그 후 수뢰자가 같은 액수의 돈을 증뢰자에게 반환하였다 하더라도 이를 뇌물 그 자체의 반환으로 볼 수 없으니 이러한 경우에는 수뢰자로부터 그 가액을 추징하여야 한다[대판 1996.10.25. 96도2022].

정답 [1,100만원]

(5) 추징가액산정의 기준시기

판례 | 추징가액의 산정시기(재판선고시의 가격이 기준)

몰수의 취지가 범죄에 의한 이득의 박탈을 그 목적으로 하는 것이고 추징도 이러한 몰수의 취지를 관철하기 위한 것이라는 점을 고려하면 몰수하기 불능한 때에 추징하여야 할 가액은 범인이 그 물건을 보유하고 있다가 몰수의 선고를 받았더라면 잃었을 이득상당액을 의미한다고 보아야 할 것이므로 그 가액산정은 재판선고시의 가격을 기준으로 하여야 할 것이다[대판 1991.5.28. 91도352]. [17 국가9급, 16 법원행시]*

판례 | 특가법 적용대상인 수뢰액의 산정방법

수인이 공동하여 뇌물수수죄를 범한 경우에 공범자는 자기의 수뢰액뿐만 아니라 다른 공범자의 수뢰액에 대하여도 그 죄책을 면할 수 없는 것이므로, 특정범죄 가중처벌 등에 관한 법률 제2조 제1항의 적용 여부를 가리는 수뢰액을 정함에 있어서는 그 공범자 전원의 수뢰액을 합한 금액을 기준으로 하여야 할 것이고, 각 공범자들이 실제로 취득한 금액이나 분배받기로 한 금액을 기준으로 할 것이 아니다[대판 1999.8.20. 99도1557].

판례 | 특가법과 관련한 판례정리

1. [1] 특정범죄가중처벌 등에 관한 법률(이하 '특가법'이라고만 한다) 제13조의 규정에 의한 필요적 몰수 또는 추징은, 금품 기타 이익을 범인으로부터 박탈하여 그로 하여금 부정한 이익을 보유하지 못하게 함에 그 목적이 있는 것인데, 범인이 알선 대가로 수수한 금품에 관하여 소득신고를 하고 이에 관하여 법인세 등 세금을 납부하였다고 하더라도 이는 범인이 자신의 알선수재행위를 정당화시키기 위한 것이거나, 범인 자신의 독자적인 판단에 따라 소비하는 방법의 하나에 지나지 아니하므로 이를 추징에서 제외할 것은 아니다.
   [2] 알선의뢰인이 알선수재자와 사이에 공무원의 직무에 속한 사항에 관하여 알선을 하고 그 대가를 지불하기로 하는 용역제공계약의 형식을 취한 다음, 알선행위에 대한 대가로 용역대금과 함께 이에 대한 부가가치세 상당액을 교부한 경우에 알선수재자가 수수한 용역대금과 부가가치세 상당액은 모두 알선과 관련하여 수수한 금품에 해당하는 것이어서, 알선수재자가 용역계약에 따른 부가가치세를 실제로 납부하였는지를 불문하고 부가가치세 상당액도 특가법 위반(알선수재)죄의 알선수재금에 해당한다고 보아야 한다. 다만 알선수재자가 부가가치세 상당액을 납부하였을 경우에도 이를 추징할 수 있는지 여부는 그 납부세액을 환급받을 수 있는지 여부 등을 고려하여 따로 판단하여야 한다[대판 2010.3.25. 2009도11660].
2. [1] 갑 주식회사 대표이사인 피고인이 금융기관에 청탁하여 을 주식회사가 대출을 받을 수 있도록 알선행위를 하고 그 대가로 용역대금 명목의 수수료를 갑 회사 계좌를 통해 송금받아 특정경제범죄 가중처벌 등에 관한 법률 위반(알선수재)죄가 인정된 사안에서, 피고인이 갑 회사의 대표이사로서 같은 법 제7조에 해당하는 행위를 하고 당해 행위로 인한 대가로 수수료를 받았다면, 수수료에 대한 권리가 갑 회사에 귀속된다 하더라도 행위자인 피고인으로부터 수수료로 받은 금품을 몰수 또는 그 가액을 추징할 수 있으므로, 피고인이 개인적으로 실제 사용한 금품이 없더라도 마찬가지라고 본 원심판단을 정당하다고 한 사례.
   [2] 뇌물수수나 알선수재에 이용된 공급계약이 실제 공급이 없는 형식적 계약에 불과하여 부가가치세 과세대상이 아니라면 그에 관한 납세의무가 없으므로, 설령 부가가치세 명목의 금전을 포함한 대가를 받았다고 하더라도 그 일부를 부가가치세로 거래 징수하였다고 할 수 없어 수수한 금액 전부가 범죄로 얻은 이익에 해당하여 추징대상이 되며, 그 후에 이를 부가가치세로 신고·납부하였다고 하더라도 달리 볼 수 없다[대판 2015.1.15. 2012도7571]. [18 변호사, 18 법원행시, 17 경간부]*

판례 | 추징규정의 법원에 의한 직권 적용 여부

추징은 형의 일종으로서 검사가 공소를 제기할 때 필요적 추징규정의 적용을 빠뜨렸다 하더라도 법원은 직권으로 이를 적용하여야 한다[대판 1989.2.14. 88도2211].

X 수뢰죄

제129조(수뢰) ① 공무원 또는 중재인이 그 직무에 관하여 뇌물을 수수, 요구 또는 약속한 때에는 5년 이하의 징역 또는 10년 이하의 자격정지에 처한다.

1. 의의

공무원 또는 중재인이 그 직무에 관하여 뇌물을 수수·요구 또는 약속함으로써 성립하는 범죄이다.

2. 구성요건

(1) 객관적 구성요건

① 주체: 공무원 또는 중재인이다. i) 공무원은 그 사무의 내용이 단순한 기계적·육체적인 것에 한정되어 있지 않은 자를 말한다. ii) 중재인은 법령에 의하여 중재의 직무를 담당하는 자를 말한다. 사실상 중재하는 것만으로는 족하지 않다.

판례 | 수뢰죄의 주체인 공무원이 되는 시기

시·도지사에 의하여 '지방교통영향심의위원회의 위원'으로 임명 또는 위촉된 자는 그때부터 형법 제129조에 규정된 수뢰죄의 주체인 공무원에 해당하게 되고, 특정 안건을 심의하기 위한 '지방교통영향심의위원회의 회의' 개최를 앞두고 위원장에 의하여 그 회의의 위원으로 지명된 때에 비로소 위 법조에 정한 '공무원'에 해당하게 되는 것은 아니다[대판 2009.2.12. 2007도2733].

판례 | 수뢰죄의 주체인 공무원의 범위

1. [1] 형법 제129조 내지 제132조 및 구 변호사법 제111조에서 정한 '공무원'이란 국가공무원법과 지방공무원법상 공무원 및 다른 법률에 따라 위 규정들을 적용할 때 공무원으로 간주되는 자 외에 법령에 기하여 국가 또는 지방자치단체 및 이에 준하는 공법인의 사무에 종사하는 자로서 노무의 내용이 단순한 기계적·육체적인 것에 한정되어 있지 않은 자를 말한다.
   [2] 집행관사무소의 사무원이 집행관을 보조하여 담당하는 사무의 성질이 국가의 사무에 준하는 측면이 있다는 사정만으로는 형법 제129조 내지 제132조 및 구 변호사법 제111조에서 정한 '공무원'에 해당한다고 보기 어렵다[대판 2011.3.10. 2010도14394]. [17 경간부]*
2. 구 약사법에 의하여 설치된 중앙약사심의위원회 소속분과위원회의 소분과위원회 위원의 후보자군에 포함 편성되는 것만으로는 그 때부터 공무에 종사하는 것이라고 할 수는 없으나, 그 후보자들 중 중앙약사심의위원회 소분과위원회의 개최를 앞두고 소분과위원회 위원으로 위촉된 사람은 그 때부터 보건사회부장관이 자문을 구한 당해 안건의 심의가 끝날 때까지의 기간 동안은 위의 근거 법령에 의하여 공무에 종사하는 자로서 형법 제129조에 규정된 수뢰죄의 주체인 공무원이라고 할 것이다[대판 2002.11.22. 2000도4593].
3. 재건축조합장의 경우 도시 및 주거환경정비법에 의해 공무원으로 의제되므로, 건설업자들이 재건축조합장에게 직무와 관련하여 금전을 제공하였다면 별도의 부정한 청탁이 존재하지 않더라도 뇌물공여죄가 성립한다[대판 2008.1.24. 2006도5711; 동지 대판 2006.5.25. 2006도1146].

판례 | 수뢰죄의 주체인 공무원으로 인정되는 경우

법령에 기한 임명권자에 의하여 임용되어 공무에 종사하여 온 사람이 나중에 그가 임용결격자이었음이 밝혀져 당초의 임용행위가 무효라고 하더라도, 그가 임용행위라는 외관을 갖추어 실제로 공무를 수행한 이상 공무 수행의 공정과 그에 대한 사회의 신뢰 및 직무행위의 불가매수성은 여전히 보호되어야 한다. 따라서 이러한 사람은 형법 제129조에서 규정한 공무원으로 봄이 타당하고, 그가 그 직무에 관하여 뇌물을 수수한 때에는 수뢰죄로 처벌할 수 있다[대판 2014.3.27. 2013도11357]. [20 법원행시, 20 법원9급, 19 국가7급, 18 변호사, 18 법원행시, 18 국가9급, 18 경찰채용, 17 변호사, 16 법원행시, 16 국가7급]*

동지판례 실질적으로 조합 임원으로서의 직무를 수행하여 왔다면 그 직무수행의 공정과 그에 대한 사회의 신뢰 및 직무행위의 불가매수성은 여전히 보호되어야 한다. 따라서 그 조합 임원은 임원의 지위 상실이나 직무수행권의 상실에도 불구하고 도시정비법 제84조에 따라 형법 제129조 내지 제132조의 적용에 있어서 공무원으로 보아야 한다[대판 2016.1.14. 2015도15798]. [17 법원9급, 16 경찰채용]*

② 객체: 뇌물이다.

③ 행위: 직무에 관하여 뇌물을 수수·요구 또는 약속하는 것이다.

판례 | 수뢰죄(뇌물수수죄)가 성립하는 경우

1. **(사리를 취한 바 없는 경우)** 뇌물죄에 있어서 금품을 수수한 장소가 공개된 공사현장이었고 금품을 수수한 공무원이 이를 공사현장 인부들의 식대 또는 동 공사의 홍보비 등으로 소비하였을 뿐 자신의 사리를 취한 바 없다 하더라도 그 뇌물성이 부인되지 않는다[대판 1985.5.14. 83도2050].

   동지판례 수뢰한 금품의 용도는 그것을 개인의 용도에 사용하였건 부대의 행정에 소요되는 비용에 충당하였건 뇌물죄의 성립에 영향이 없다[대판 1984.2.14. 83도3218].

2. **(영득의사로 수령한 후 반환한 경우: 수뢰죄 성립)** 뇌물을 수수한다는 것은 영득의 의사로 금품을 수수하는 것을 말하므로, 뇌물인지 모르고 이를 수수하였다가 뇌물임을 알고 즉시 반환하거나, 증뢰자가 일방적으로 뇌물을 두고 가므로 후일 기회를 보아 반환할 의사로 어쩔 수 없이 일시 보관하다가 반환하는 등 그 영득의 의사가 없었다고 인정되는 경우라면 뇌물을 수수하였다고 할 수 없겠지만, 피고인이 먼저 뇌물을 요구하여 증뢰자가 제공하는 돈을 받았다면 피고인에게는 받은 돈 전부에 대한 영득의 의사가 인정된다고 하지 않을 수 없고, 이처럼 영득의 의사로 뇌물을 수령한 이상 그 액수가 피고인이 예상한 것보다 너무 많은 액수여서 후에 이를 반환하였다고 하더라도 뇌물죄의 성립에는 영향이 없다[대판 2007.3.29. 2006도9182]. [19 법원행시, 17 법원행시]*

   동지판례 공무원인 피고인이 부동산업자 乙로부터 토지에 관하여 건축허가를 내줄 것을 부탁받고 乙로부터 1~2일 후 만나 3,000만 원권 자기앞수표가 든 봉투를 건네받았는데, 그 후 수시로 통화하면서도 이를 즉시 乙에게 돌려주지 않고 위 자기앞수표를 10일 가량 가지고 있다가 돌려주었다면, 피고인은 영득의 의사로 위 자기앞수표를 뇌물로 받은 것이다[대판 2012.8.23. 2010도6504].

   비교판례 **(반환의사로 일단 받아 둔 경우: 수뢰죄 불성립)** 뇌물을 수수한다는 것은 영득의 의사로 받는 것을 말하고 후일 기회를 보아서 반환할 의사로서 일단 받아둔 데 불과하다면 뇌물의 수수라고 할 수 없다[대판 1989.7.25. 89도126]. [19 국가7급]*

3. **(함정인줄 모르고 수수한 경우)** [1] 뇌물공여죄와 뇌물수수죄는 필요적 공범관계에 있다고 할 것이나, 필요적 공범이라는 것은 법률상 범죄의 실행이 다수인의 협력을 필요로 하는 것을 가리키는 것으로서 이러한 범죄의 성립에는 행위의 공동을 필요로 하는 것에 불과하고 반드시 협력자 전부가 책임이 있음을 필요로 하는 것은 아니므로, 오로지 공무원을 함정에 빠뜨릴 의사로 직무와 관련되었다는 형식을 빌려 그 공무원에게 금품을 공여한 경우에도 공무원이 그 금품을 직무와 관련하여 수수한다는 의사를 가지고 받아들이면 뇌물수수죄가 성립한다. [19 변호사, 19 법원행시, 18 국가9급, 16 법원행시]*
   [2] 공무원을 함정에 빠뜨릴 의사로 직무와 관련되었다는 형식을 빌려 그 공무원에게 금품을 공여한 경우에도 공무원이 그 금품을 직무와 관련하여 수수한다는 의사를 가지고 받아들이면 뇌물수수죄가 성립한다[대판 2008.3.13. 2007도10804].

4. 경찰청장으로서 모든 범죄수사에 관하여 직무상 또는 사실상의 영향력을 행사할 수 있는 지위에 있던 피고인이, 1년에 3~4차례 정도 전화로 안부 인사를 나눌 정도였던 甲으로부터 미화 2만 달러를 받은 것은 직무와 관련하여 뇌물로 수수한 것이라고 할 수 있다[대판 2010.4.29. 2010도1082].

5. 시의원인 피고인이 신문사와 노인단체의 부탁을 받고 노인시설에서 구독하는 신문의 구독료 예산을 확보하여 지급되도록 한 다음 수수료 명목의 돈을 수수한 경우 위 돈은 피고인이 직무에 관하여 수수한 것으로 보아야 한다[대판 2011.12.8. 2010도15628].

판례 | 뇌물수수죄가 성립하지 않는 경우

불우이웃돕기 성금이나 연극제에 전달할 의사로 금원을 받은 것에 불과하다면 영득할 의사로 수수하였다고 할 수 없으므로, 뇌물수수죄가 성립할 수 없다[대판 2010.4.29. 2010도1082].

판례 | 뇌물수수를 약속하고 퇴직 후 수수한 경우(뇌물수수죄 X, 뇌물약속죄 또는 사후수뢰죄 ○)

뇌물수수죄는 공무원 또는 중재인이 그 직무에 관하여 뇌물을 수수한 때에 성립하는 것이어서 그 주체는 현재 공무원 또는 중재인의 직에 있는 자에 한정되므로, 공무원이 직무와 관련하여 뇌물수수를 약속하고 퇴직 후 이를 수수하는 경우에는, 뇌물약속과 뇌물수수가 시간적으로 근접하여 연속되어 있다고 하더라도, 뇌물약속죄 및 사후수뢰죄가 성립할 수 있음은 별론으로 하고, 뇌물수수죄는 성립하지 않는다[대판 2008.2.1. 2007도5190; 동지 대판 2010.10.14. 2010도387]. [20 경찰채용, 19 국가7급, 19 경찰승진]*

동지판례 [1] 구 건설기술관리법 제45조 제1호는 형법 제129조부터 제132조까지의 뇌물죄 규정을 적용할 때에는 제5조 제1항에 따른 지방건설기술심의위원회(이하 '기술심의위원회'라 한다)의 위원 중 공무원이 아닌 위원은 공무원으로 본다고 규정하고 있다. 이는 심의의 공정성과 투명성을 높이기 위하여 공무원이 아닌 사람이 기술심의위원회의 위원으로서 직무를 처리하는 경우에 그 직무와 관련하여 부당한 금품을 수수하면 공무원으로 보아 형법 제129조부터 제132조까지의 뇌물죄로 처벌하려는 것이다. 위와 같은 의제 규정의 내용 및 목적에 비추어 보면, 국가공무원이나 지방공무원 등 공무원이 기술심의위원회의 위원으로서 직무를 처리하는 경우에 그 직무가 그 공무원이 취급하는 원래의 직무 범위에 속하지 아니한다고 하더라도 기술심의위원회 위원의 직무와 관련하여 부당한 금품을 수수한 때에는 뇌물죄가 성립한다.

[2] 형법은 공무원이었던 자가 재직 중에 청탁을 받고 직무상 부정한 행위를 한 후 뇌물을 수수, 요구 또는 약속을 한 때에는 제131조 제3항에서 사후수뢰죄로 처벌하도록 규정하고 있으므로, 뇌물의 수수 등을 할 당시 이미 공무원의 지위를 떠난 경우에는 제129조 제1항의 수뢰죄로는 처벌할 수 없고 사후수뢰죄의 요건에 해당할 경우에 한하여 그 죄로 처벌할 수 있을 뿐이다. [19 경간부, 18 경찰승진, 16 법원행시]*

[3] 국가공무원이 지방자치단체의 업무에 관하여 전문가로서 위원 위촉을 받아 한시적으로 직무를 수행하는 경우와 같이 공무원이 그 고유의 직무와 관련이 없는 일에 관하여 별도의 위촉절차 등을 거쳐 다른 직무를 수행하게 된 경우에는 그 위촉이 종료되면 그 위원 등으로서 새로 보유하였던 공무원 지위는 소멸한다고 보아야 하므로, 그 이후에 종전에 위촉받아 수행한 직무에 관하여 금품을 수수하더라도 이는 사후수뢰죄에 해당할 수 있음은 별론으로 하고 일반 수뢰죄로 처벌할 수는 없다[대판 2013.11.28. 2013도10011].

판례 | 투기적 사업에 참여할 기회를 얻어 뇌물수수죄가 성립하는 경우 그 기수시기

공무원이 뇌물로 투기적 사업에 참여할 기회를 제공받은 경우, 뇌물수수죄의 기수 시기는 투기적 사업에 참여하는 행위가 종료된 때로 보아야 하며, 그 행위가 종료된 후 경제사정의 변동 등으로 인하여 당초의 예상과는 달리 그 사업 참여로 인한 아무런 이득을 얻지 못한 경우라도 뇌물수수죄의 성립에는 아무런 영향이 없다[대판 2002.5.10. 2000도2251]. [19 법원9급, 17 국가9급, 17 경찰채용, 16 국가7급]*

동지판례 뇌물로 공여된 당좌수표가 수수 후 부도가 되었다 하더라도 뇌물죄의 성립에는 아무런 소장이 없다[대판 1983.2.22. 82도2964]. [16 경찰승진]*

판례 | 뇌물수수의 방법

1. 뇌물죄는 공여자의 출연에 의한 수뢰자의 영득의사의 실현으로서, 공여자의 특정은 직무행위와 관련이 있는 이익의 부담 주체라는 관점에서 파악하여야 하므로, 금품이나 재산상 이익 등이 반드시 공여자와 수뢰자 사이에 직접 수수될 필요는 없고, 그 사이에서 제3자가 먼저 공여자를 대신하여 자신의 자금으로 수뢰자에게 지급한 다음 공여자로부터 그 금액을 상환받는 방식으로 수수되었다 할지라도, 공여자와 수뢰자 사이에 금품 제공에 관한 의사의 합치가 존재하고 또한 그러한 지급방법에 관하여 수뢰자가 양해하였다고 인정되는 한, 공여자와 수뢰자 사이에 직접 금품이 수수되지 아니하였다는 사정만으로는 뇌물수수죄의 죄책을 면할 수 없다[대판 2008.6.12. 2006도8568].
2. 어로행위 관련 단속 업무 등을 총괄하는 도청 공무원인 甲은 도내 어촌계장 乙로부터 "선물을 할 사람이 있으면 새우젓을 보내 주겠다."라는 말을 듣고 이를 승낙한 뒤 새우젓을 보내고자 하는 사람들의 명단을 乙에게 보내 주고 乙로 하여금 위 사람들에게 甲의 이름을 적어 甲이 선물을 하는 것처럼 새우젓을 택배로 발송하게 하고 그 대금을 지급하지 않았다. 이 경우 피고인 을의 새우젓 출연에 의한 피고인 갑의 영득의사가 실현되어 형법 제129조 제1항의 뇌물공여죄 및 뇌물수수죄가 성립하고, 공여자와 수뢰자 사이에 직접 금품이 수수되지 않았다는 사정만으로 이와 달리 볼 수 없다[대판 2020.9.24. 2017도12389].

판례 | 뇌물약속죄와 관련된 판례정리

1. **(약속의 방법과 의미)** 형법 제129조의 구성요건인 뇌물의 '약속'은 양 당사자 사이의 뇌물수수의 합의를 말하고, 여기에서 '합의'란 그 방법에 아무런 제한이 없고 명시적일 필요도 없지만, 장래 공무원의 직무와 관련하여 뇌물을 주고 받겠다는 양 당사자의 의사표시가 확정적으로 합치하여야 한다[대판 2007.7.13. 2004도3995]. [20 경찰승진, 17 법원9급]*

2. **(약속당시 뇌물의 목적물은 현존 불요, 가액이 이익인 경우 가액확정 불요)** 뇌물약속죄에 있어서 뇌물의 목적물인 이익은 약속 당시에 현존할 필요는 없고 약속 당시에 예견할 수 있는 것이라도 무방하며, 뇌물의 목적물이 이익인 경우에는 그 가액이 확정되어 있지 않아도 뇌물약속죄가 성립하는 데는 영향이 없으므로, 공무원이 건축업자로부터 그가 건축할 주택을 공사비 상당액으로 분양받기로 약속한 경우에는 매매시가 중 공사비를 초과하는 액수만큼의 이익을 뇌물로서 약속한 것이 되어 뇌물약속죄가 성립한다[대판 1981.8.20. 81도698]. [20 법원9급, 18 법원행시, 18 법원9급, 17 국가7급, 17 법원9급]*

   동지판례 뇌물약속죄에 있어서 뇌물의 목적물인 이익은 약속 당시에 현존할 필요는 없고 약속 당시에 예기할 수 있는 것이라도 무방하며, 뇌물의 목적물이 이익인 경우에는 그 가액이 확정되어 있지 않아도 뇌물약속죄가 성립하는 데는 영향이 없다. 따라서 피고인으로서는 장기간 처분하지 못하던 토지를 처분하는 한편 매수를 희망하던 전원주택지로 향후 개발이 되면 가격이 많이 상승할 토지를 매수하게 되는 무형의 이익도 뇌물에 해당한다[대판 2001.9.18. 2000도5438]. [18 법원9급]*

(2) 주관적 구성요건

고의가 있어야 한다. 뇌물을 받은 대가로서 직무집행을 할 의사는 필요 없다.

판례 | 뇌물수수의 고의가 인정되는 경우

피고인이 소외 甲으로부터 인력송출의 부탁과 함께 사례조로 교부받은 자기앞수표를 약 2주일 후 송환하여 주었다 하더라도, 위 수표를 일단 피고인의 은행구좌에 예치시켰다가 그 뒤 동료직원들에게 위 甲에 대하여 탐문해 본 결과 믿을 수 없다고 하므로 후환을 염려하여 甲에게 반환한 것이라면 피고인에게 뇌물수수의 고의가 있었다고 할 것이다[대판 1984.4.10. 83도1499].

판례 | 뇌물수수의 고의가 인정되지 않는 경우

피고인이 택시를 타고 떠나려는 순간 뒤쫓아 와서 돈뭉치를 창문으로 던져 넣고 가버려 의족을 한 불구의 몸인 피고인으로서는 도저히 뒤따라가 돌려줄 방법이 없어 부득이 그대로 귀가하였다가 다음날 바로 다른 사람을 시켜 이를 반환한 경우 피고인에게는 뇌물을 수수할 의사가 있었다고는 볼 수 없다[대판 1979.7.10. 79도1124].

판례 | (종합) 공무원과 비공무원 사이에 뇌물수수죄의 공동정범이 성립하는 경우 뇌물죄의 법률관계

[1] 신분관계가 없는 사람이 신분관계로 인하여 성립될 범죄에 가공한 경우에는 신분관계가 있는 사람과 공범이 성립한다(형법 제33조 본문 참조). 따라서 공무원이 아닌 사람(이하 '비공무원'이라 한다)이 공무원과 공동가공의 의사와 이를 기초로 한 기능적 행위지배를 통하여 공무원의 직무에 관하여 뇌물을 수수하는 범죄를 실행하였다면 공무원이 직접 뇌물을 받은 것과 동일하게 평가할 수 있으므로 공무원과 비공무원에게 형법 제129조 제1항에서 정한 뇌물수수죄의 공동정범이 성립한다. [23 변호사, 22 경간부, 20 변호사, 20 법원행시]*

형법은 제130조에서 제129조 제1항 뇌물수수죄와는 별도로 공무원이 그 직무에 관하여 뇌물공여자로 하여금 제3자에게 뇌물을 공여하게 한 경우에는 부정한 청탁을 받고 그와 같은 행위를 한 때에 뇌물수수죄와 법정형이 동일한 제3자뇌물수수죄로 처벌하고 있다. 제3자뇌물수수죄에서 뇌물을 받는 제3자가 뇌물임을 인식할 것을 요건으로 하지 않는다. [20 법원행시]* 그러나 공무원이 뇌물공여자로 하여금 공무원과 뇌물수수죄의 공동정범 관계에 있는 비공무원에게 뇌물을 공여하게 한 경우에는 공동정범의 성질상 공무원 자신에게 뇌물을 공여하게 한 것으로 볼 수 있다. 공무원과 공동정범 관계에 있는 비공무원은 제3자뇌물수수죄에서 말하는 제3자가 될 수 없고, 공무원과 공동정범 관계에 있는 비공무원이 뇌물을 받은 경우에는 공무원과 함께 뇌물수수죄의 공동정범이 성립하고 제3자뇌물수수죄는 성립하지 않는다. [20 경찰승진]*

뇌물수수죄의 공범들 사이에 직무와 관련하여 금품이나 이익을 수수하기로 하는 명시적 또는 암묵적 공모관계가 성립하고 공모 내용에 따라 공범 중 1인이 금품이나 이익을 주고받았다면, 특별한 사정이 없는 한 이를 주고받은 때 금품이나 이익 전부에 관하여 뇌물수수죄의 공동정범이 성립하고, 금품이나 이익의 규모나 정도 등에 대하여 사전에 서로 의사의 연락이 있거나 금품 등의 구체적 금액을 공범이 알아야 공동정범이 성립하는 것은 아니다.
금품이나 이익 전부에 관하여 뇌물수수죄의 공동정범이 성립한 이후에 뇌물이 실제로 공동정범인 공무원 또는 비공무원 중 누구에게 귀속되었는지는 이미 성립한 뇌물수수죄에 영향을 미치지 않는다. 공무원과 비공무원이 사전에 뇌물을 비공무원에게 귀속시키기로 모의하였거나 뇌물의 성질상 비공무원이 사용하거나 소비할 것이라고 하더라도 이러한 사정은 뇌물수수죄의 공동정범이 성립한 이후 뇌물의 처리에 관한 것에 불과하므로 뇌물수수죄가 성립하는 데 영향이 없다. [20 법원행시]*
형법 제133조 제1항, 제129조 제1항에서 정한 뇌물공여죄의 고의는 '공무원에게 그 직무에 관하여 뇌물을 공여한다'는 사실에 대한 인식과 의사를 말하고, 미필적 고의로도 충분하다. 공여자가 공무원의 요구에 따라 비공무원에게 뇌물을 공여한 경우 공무원과 비공무원 사이의 관계가 형법 제129조 제1항 뇌물수수죄의 공동정범에 해당하고 공여자가 이러한 사실을 인식하였다면 공여자에게 형법 제133조 제1항, 제129조 제1항에서 정한 뇌물공여죄의 고의가 인정된다.
[2] 뇌물죄에서 뇌물의 내용인 이익은 금전, 물품 기타의 재산적 이익과 사람의 수요 욕망을 충족시키기에 충분한 일체의 유형·무형의 이익을 포함한다. 뇌물수수에서 말하는 '수수'란 받는 것, 즉 뇌물을 취득하는 것이고, 뇌물공여에서 말하는 '공여'란 뇌물을 취득하게 하는 것이다. 여기에서 취득이란 뇌물에 대한 사실상의 처분권을 획득하는 것을 의미하고, 뇌물인 물건의 법률상 소유권까지 취득하여야 하는 것은 아니다. 뇌물수수자가 법률상 소유권 취득의 요건을 갖추지는 않았더라도 뇌물로 제공된 물건에 대한 점유를 취득하고 뇌물공여자 또는 법률상 소유자로부터 반환을 요구받지 않는 관계에 이른 경우에는 그 물건에 대한 실질적인 사용·처분권한을 갖게 되어 그 물건 자체를 뇌물로 받은 것으로 보아야 한다.
뇌물수수자가 뇌물공여자에 대한 내부관계에서 물건에 대한 실질적인 사용·처분권한을 취득하였으나 뇌물수수 사실을 은닉하거나 뇌물공여자가 계속 그 물건에 대한 비용 등을 부담하기 위하여 소유권 이전의 형식적 요건을 유보하는 경우에는 뇌물수수자와 뇌물공여자 사이에서는 소유권을 이전받은 경우와 다르지 않으므로 그 물건을 뇌물로 수수하고 공여하였다고 보아야 한다. 뇌물수수자가 교부받은 물건을 뇌물공여자에게 반환할 것이 아니므로 뇌물수수자에게 영득의 의사도 인정되고, 뇌물공여자가 교부한 물건을 뇌물수수자로부터 반환받을 것이 아니므로 뇌물공여자에게 고의도 인정된다. [20 법원행시]*
[3] 형법 제130조 제3자뇌물수수죄는 공무원 또는 중재인이 직무에 관하여 부정한 청탁을 받고 제3자에게 뇌물을 공여하게 하는 행위를 구성요건으로 한다. 여기에서 뇌물이란 공무원의 직무에 관하여 부정한 청탁을 매개로 제3자에게 교부되는 위법·부당한 이익을 말하고, 형법 제129조 뇌물죄와 마찬가지로 직무관련성이 있으면 인정된다.
'부정한 청탁'이란 청탁이 위법·부당한 직무집행을 내용으로 하는 경우는 물론, 청탁의 대상이 된 직무집행 그 자체는 위법·부당하지 않더라도 직무집행을 어떤 대가관계와 연결시켜 직무집행에 관한 대가의 교부를 내용으로 하는 경우도 포함한다. 청탁의 대상인 직무행위의 내용을 구체적으로 특정할 필요도 없다. 부정한 청탁의 내용은 공무원의 직무와 제3자에게 제공되는 이익 사이의 대가관계를 인정할 수 있을 정도로 특정하면 충분하고, 이미 발생한 현안뿐만 아니라 장래 발생될 것으로 예상되는 현안도 위와 같은 정도로 특정되면 부정한 청탁의 내용이 될 수 있다. 부정한 청탁은 명시적인 의사표시가 없더라도 청탁의 대상이 되는 직무집행의 내용과 제3자에게 제공되는 금품이 직무집행에 대한 대가라는 점에 대하여 당사자 사이에 공통의 인식이나 양해가 있는 경우에는 묵시적 의사표시로 가능하다[대판(전) 2019.8.29. 2018도2738]. [22 경간부]*

3. 죄수 및 타죄와의 관계

판례 | 공무원이 직무집행의 의사 없이 공갈하여 재물을 수령한 경우(공갈죄만 성립)

공무원이 직무집행의 의사 없이 또는 직무처리와 대가적 관계없이 타인을 공갈하여 재물을 교부하게 한 경우에는 공갈죄만이 성립하고, 이러한 경우 재물의 교부자가 공무원의 해악의 고지로 인하여 외포의 결과 금품을 제공한 것이라면 그는 공갈죄의 피해자가 될 것이고 뇌물공여죄는 성립될 수 없다고 하여야 할 것이다[대판 1994.12.22. 94도2528].

판례 | 공무원이 뇌물을 수수함에 있어 공여자를 기망한 경우(사기죄 이외에 뇌물죄도 성립)

뇌물을 수수함에 있어서 공여자를 기망한 점이 있다 하여도 뇌물수수죄, 뇌물공여죄의 성립에는 영향이 없고, 이 경우 뇌물을 수수한 공무원에 대하여는 한 개의 행위가 뇌물죄와 사기죄의 각 구성요건에 해당하므로 형법 제40조에 의하여 상상적 경합으로 처단하여야 할 것이다[대판 2015.10.29. 2015도12838]. [20 변호사, 20 법원9급, 19 국가7급, 18 법원9급, 18 국가7급]*

판례 | 기망에 의한 수뢰(뇌물죄와 사기죄의 상상적 경합)

소속대 병기과 선임하사직에 복무하는 피고인이 같은 부대 인사계 직원으로부터 총기부족사항을 듣고, 위 총기부족은 행정착오로서 그 총기는 같은 중대에 있음을 알고 있음에도 불구하고 그 총기가 분실된 것으로만 알고 있는 같은 부대 甲의 부탁을 받고, 위 행정착오인 사실을 감추고 다른 곳에서 총기를 구입해 줄 것 같은 태도를 취하여 동인으로 하여금 취지를 오신시켜 2차례 걸쳐 돈 6만원을 교부받아 편취하였다면 위 행위는 형법상 1개의 행위가 뇌물죄와 사기죄의 각 구성요건에 해당하는 경우로서 형법 제40조에 의하여 상상적 경합으로 처단하여야 할 것이다[대판 1977.6.7. 77도1069].

XI 사전수뢰죄

제129조(사전수뢰) ② 공무원 또는 중재인이 될 자가 그 담당할 직무에 관하여 청탁을 받고 뇌물을 수수, 요구 또는 약속한 후 공무원 또는 중재인이 된 때에는 3년 이하의 징역 또는 7년 이하의 자격정지에 처한다.

1. 공무원 또는 중재인이 될 자

판례 | 사전수뢰죄의 주체

[1] 구 「도시개발법」(2005.1.14. 법률 제7335호로 일부 개정되기 전의 것. 이하 같다) 제82조는 "조합의 임원 및 직원은 「형법」 제129조 내지 제132조의 적용에 있어 이를 공무원으로 본다."라고 규정함으로써 「형법」 제129조 제1항(수뢰)은 물론 제2항(사전수뢰)의 경우에도 동일하게 의제하고 있는데, 형법 제129조 제2항에 정한 '공무원 또는 중재인이 될 자'란 공무원채용시험에 합격하여 발령을 대기하고 있는 자 또는 선거에 의해 당선이 확정된 자 등 공무원 또는 중재인이 될 것이 예정되어 있는 자뿐만 아니라 공직취임의 가능성이 확실하지는 않더라도 어느 정도의 개연성을 갖춘 자를 포함한다고 할 것이다.
[2] 도시개발조합의 임원인 조합장 또는 상무이사로 선출될 상당한 개연성이 있는 피고인들이 그 담당할 직무에 관하여 청탁을 받고 소유권이전등기를 마칠 수 있는 기회를 제공받는 방법으로 이익을 수수한 사안에서, 사전수뢰죄의 성립을 긍정한 사례[대판 2010.5.13. 2009도7040].

2. 청탁을 받고

청탁에 응할 것을 약속하는 것을 의미한다. 직무행위가 부정할 것을 요하지 않으며, 청탁과 약속이 명시적이어야 하는 것도 아니다.

판례 | 청탁의 내용

형법 제129조 제2항의 사전수뢰는 단순수뢰의 경우와는 달리 청탁을 받을 것을 요건으로 하고 있는바, 여기에서 청탁이라 함은 공무원에 대하여 일정한 직무행위를 할 것을 의뢰하는 것을 말하는 것으로서 그 직무행위가 부정한 것인가 하는 점은 묻지 않으며, 그 청탁이 반드시 명시적이어야 하는 것도 아니라고 할 것이다[대판 1999.7.23. 99도1911].

3. 공무원 또는 중재인이 된 때

객관적 처벌조건에 해당한다(통설).

XII 제3자 뇌물공여죄

제130조(제3자 뇌물제공) 공무원 또는 중재인이 그 직무에 관하여 부정한 청탁을 받고 제3자에게 뇌물을 공여하게 하거나 공여를 요구 또는 약속한 때에는 5년 이하의 징역 또는 10년 이하의 자격정지에 처한다.

1. 부정한 청탁

청탁이란 일정한 행위를 해줄 것을 요청하는 것을 말하며, 청탁의 내용이 위법한 것뿐만 아니라 부당한 것도 부정한 청탁에 포함한다.

판례 | 부정한 청탁의 의미와 부정한 청탁에 해당하는 경우

[1] 형법 제130조의 제3자 뇌물공여죄에 있어서 '부정한 청탁'이라 함은, 그 청탁이 위법하거나 부당한 직무집행을 내용으로 하는 경우는 물론, 비록 청탁의 대상이 된 직무집행 그 자체는 위법·부당한 것이 아니라 하더라도 당해 직무집행을 어떤 대가관계와 연결시켜 그 직무집행에 관한 대가의 교부를 내용으로 하는 청탁이라면 이는 의연 '부정한 청탁'에 해당한다고 보아야 한다.
[2] 형법 제130조 뇌물죄에 있어서의 뇌물성은 형법 제129조 뇌물죄에 있어서와 마찬가지로 직무와의 관련성이 있으면 인정되는 것이고, 그 뇌물을 받는 제3자가 뇌물임을 인식할 것을 요하지 아니하며, 그 뇌물을 제3자에게 공여하게 한 동기를 묻지 아니하므로, 어떤 금품이 공무원의 직무행위와 관련하여 교부된 것이라면 그것이 시주의 형식으로 교부되었고 또 불심에서 우러나온 것이라 하더라도 뇌물임을 면할 수 없다.
[3] 공정거래위원회 위원장인 피고인이 이동통신회사가 속한 그룹의 구조조정본부장으로부터 당해 이동통신회사의 기업결합심사에 대하여 선처를 부탁받으면서 특정 사찰에의 시주를 요청하여 시주금을 제공케 한 사안에서, 그 부탁한 직무가 피고인의 재량권한 내에 속하더라도 형법 제130조에 정한 '부정한 청탁'에 해당하고, 위 시주는 기업결합심사와 관련되어 이루어진 것이라고 판단하여 제3자뇌물수수의 죄책을 인정한 원심의 조치를 수긍한 사례[대판 2006.6.15. 2004도3424].

관련판례 도지사가 제3자로부터 복지재단 출연금의 형태로 거액을 수수한 행위가 관광지구 추가지정 및 관련 절차의 진행에 있어서 이를 총괄하는 도지사로서의 직무와 관련하여 제3자 뇌물공여죄에서 뜻하는 광의의 부정한 청탁을 매개로 이루어진 것으로 본 사례[대판 2007.1.26. 2004도1632].

판례 | 부정한 청탁에 해당하지 않는 경우

1. [1] 정치자금의 기부행위는 정치활동에 대한 재정적 지원행위이고, 뇌물은 공무원의 직무행위에 대한 위법한 대가로서 양자는 별개의 개념이므로, 금품이 정치자금의 명목으로 수수되었고 또한 당시 시행되던 구 정치자금에 관한 법률에 정한 절차를 밟았다 할지라도, 정치인의 정치활동 전반에 대한 지원의 성격을 갖는 것이 아니라 공무원으로서의 정치인의 특정한 구체적 직무행위와 관련하여 제공자에게 유리한 행위를 기대하거나 혹은 그에 대한 사례로서 이루어짐으로써 정치인인 공무원의 직무행위에 대한 대가로서의 실체를 가진다면 뇌물성이 인정된다. [19 법원행시]*
[2] 제3자뇌물공여죄에서 '부정한 청탁'을 요건으로 하고 있는 취지는 처벌의 범위가 불명확해지지 않도록 하기 위한 것이므로, 청탁의 부정성을 규정짓는 이러한 대가관계에 관한 양해가 명시적이든 묵시적이든 당사자 사이에 존재하여야 하며, 이와 같이 청탁과 관련하여 대가관계에 대한 양해가 존재하지 않는다면 단지 나중에 제3자와 금품 수수가 있었다는 사정만으로 소급하여 청탁이 부정한 것으로 평가할 수는 없다[대판 2008.6.12. 2006도8568].
2. 형법 제130조의 제3자뇌물공여죄에서 '부정한 청탁'을 요건으로 하는 취지는 처벌의 범위가 불명확해지지 않도록 하기 위한 것으로서, 이러한 '부정한 청탁'은 명시적인 의사표시에 의한 것은 물론 묵시적인 의사표시에 의한 것도 가능하다. 그러나 막연히 선처하여 줄 것이라는 기대에 의하거나 직무집행과는 무관한 다른 동기에 의하여 제3자에게 금품을 공여한 경우에는 묵시적인 의사표시에 의한 부정한 청탁이 있다고 보기 어렵다. 공무원이 먼저 제3자에게 금품을 공여할 것을 요구한 경우에도 마찬가지이다[대판 2009.1.30. 2008도6950]. [20 경찰승진, 19 경찰승진, 17 국가7급]*

2. 제3자

① 행위자와 공동정범자 이외의 사람을 말한다. 따라서 교사자 · 방조자도 제3자에 포함된다.

판례 | 제3자의 범위

제3자뇌물수수죄에서 제3자란 행위자와 공동정범 이외의 사람을 말하고, 교사자나 방조자도 포함될 수 있다[대판 2017.3.15. 2016도19659].

② 처자 기타 생활관계를 같이 하는 가족은 제3자가 될 수 없다. 형식상 제3자가 수수하였을지라도 공무원 본인이 직접 수수한 것과 동일시할 수 있는 경우에는 부정한 청탁이 있었는지 여부를 불문하고 단순수뢰죄가 성립한다.

판례 | 제3자뇌물제공죄의 제3자의 판단방법

1. 공무원이 직접 뇌물을 받지 아니하고 증뢰자로 하여금 다른 사람에게 뇌물을 공여하도록 한 경우, 그 다른 사람이 공무원의 사자 또는 대리인으로서 뇌물을 받은 경우나 그 밖에 예컨대, 평소 공무원이 그 다른 사람의 생활비 등을 부담하고 있었다거나 혹은 그 다른 사람에 대하여 채무를 부담하고 있었다는 등의 사정이 있어서 그 다른 사람이 뇌물을 받음으로써 공무원은 그만큼 지출을 면하게 되는 경우 등 사회통념상 그 다른 사람이 뇌물을 받은 것을 공무원이 직접 받은 것과 같이 평가할 수 있는 관계가 있는 경우에는 형법 제130조의 제3자뇌물제공죄가 아니라, 형법 제129조 제1항의 뇌물수수죄가 성립한다[대판 2002.4.9. 2001도7056]. [18 변호사, 18 법원9급, 18 경찰채용, 17 경찰승진]*

관련판례 특정경제범죄 가중처벌 등에 관한 법률(이하 '특정경제범죄법'이라 한다) 제5조 제1항의 특정경제범죄법 위반(수재등)죄는 금융회사 등의 임직원이 그 직무에 관하여 금품이나 그 밖의 이익을 수수할 때에 적용되는 것으로서, 이와 별도로 특정경제범죄법 제5조 제2항에서 금융회사 등의 임직원이 그 직무에 관하여 부정한 청탁을 받고 제3자에게 금품이나 그 밖의 이익을 공여하게 한 때에 특정경제범죄법 위반(수재등)죄로 처벌하도록 규정하고 있는 점에 비추어 보면, 금융회사 등의 임직원이 직접 금품이나 그 밖의 이익을 받지 아니하고 공여자로 하여금 다른 사람에게 금품이나 그 밖의 이익을 공여하도록 한 경우에는 그 다른 사람이 금융회사 등의 임직원의 사자 또는 대리인으로서 금품이나 그 밖의 이익을 받은 경우나 그 밖에 예컨대 평소 금융회사 등의 임직원이 그 다른 사람의 생활비 등을 부담하고 있었다거나 혹은 그 다른 사람에 대하여 채무를 부담하고 있었다는 등의 사정이 있어서 그 다른 사람이 금품이나 그 밖의 이익을 받음으로써 금융회사 등의 임직원이 그만큼 지출을 면하게 되는 경우 등 사회통념상 그 다른 사람이 금품이나 그 밖의 이익을 받은 것을 금융회사 등의 임직원이 직접 받은 것과 같이 평가할 수 있는 관계가 있는 경우에 한하여 특정경제범죄법 제5조 제1항의 특정경제범죄법 위반(수재등)죄가 성립한다.
특정경제범죄법 제5조 제2항은 부정한 청탁을 받고 그와 같은 행위를 한 경우에 한하여 특정경제범죄법 제5조 제1항 위반죄와 같은 형으로 처벌하며, 만일 부정한 청탁을 받은 일이 없다면 이를 처벌하지 아니한다는 취지이다. 특정경제범죄법 제5조 제1항, 제2항은 범행의 유형으로 수수뿐만 아니라 요구 · 약속을 같이 규정하고 있다. 요구 또는 약속은 수수의 전 단계를 이루는 행위이므로, 사회통념상 다른 사람이 금품이나 그 밖의 이익을 받는 것을 금융회사 등의 임직원이 직접 받는 것과 같이 볼 수 없는 경우에는 이를 요구하거나 약속하는 행위도 금융회사 등 임직원이 직접 받을 것을 요구 · 약속한 것과 같이 볼 수는 없다[대판 2025.4.10. 2024도15789].115)

115) [판례해설] 가) 원심은 피고인 1이 공소외 1, 공소외 3으로 하여금 공소외 2에게 지급해야 할 변호사비 중 5,000만 원을 법률자문료 명목으로 대납하게 함으로써 직무에 관하여 금품이나 그 밖의 이익을 수수하였다는 주위적 공소사실에 대해, 공소외 2가 공소외 4 회사로부터 받은 법률자문료 5,000만 원을 피고인 1의 변호인 선임비용으로 인식하였다고 볼 수 없는 이상 피고인 1이 위 5,000만 원의 지급으로써 비용 지출을 면하는 관계에 있다고 보기 어렵다는 이유를 들어 무죄로 판단하였다. 이는 피고인 1이 공소외 2에 대해 추가 선임료 지급채무를 부담하였던 것이 아니므로 사회통념상 공소외 2가 지급받은 법률자문료 5,000만 원을 피고인 1이 직접 받은 것과 같이 평가할 수 없다는 취지로 이해된다.
나) 피고인 1은 공소외 2에게 직접 지급한 선임료 1,000만 원 이외에 추가 선임료 지급채무를 부담한 바 없으므로, 공소외 1, 공소외 3으로 하여금 공소외 2에게 법률자문료 5,000만 원을 지급하도록 요구하거나 약속하였다고 하더라도 그로 인한 금품 등의 이익은 어디까지나 제3자인 공소외 2에게 귀속되는 것일 뿐이다. 피고인 1로서는 공소외 2에게 그와 같은 이익을 공여하게 함으로써 유 · 무형의 간접적인 이익을 얻을 수 있다고 하더라도, 피고인 1이 구체적으로 채무나 비용 지출을 면하지 않은 이상 사회통념상 공소외 2의 금품 수수를 피고인 1이 직접 받은 것과 같다고 보기는 어렵다. 이 경우 피고인 1이 '부정한 청탁'을 받았다면 특정경제범죄법 제5조 제2항 위반죄가 성립할 수 있음은 별론으로 하고, 예비적 공소사실에 대하여 같은 조 제1항 위반죄는 성립하기 어렵다.

2. 뇌물공여자가 공무원인 뇌물수수자가 제공한 명단 기재 대상자들에게 택배를 이용하여 뇌물수수자의 명의로 새우젓을 선물발송한 사안에서, 뇌물공여자는 뇌물수수자가 지정한 자들에게 뇌물수수자의 이름으로 새우젓에 대한 배송업무를 대신하여 주었을 뿐이고 새우젓을 받은 사람들은 보낸 사람을 뇌물수수자로 인식하였으며, 뇌물공여자와 뇌물수수자 사이에 새우젓 제공에 관한 의사합치가 존재하고 위와 같은 제공방법에 관하여 뇌물수수자가 양해하였다고 보이므로, 이로써 뇌물공여자의 새우젓 출연에 의하여 뇌물수수자의 영득의사가 실현되어 단순뇌물공여죄 및 수수죄가 성립한다고 보아야 한 사례[대판 2020.9.24. 2017도12389].

판례 | 제3자뇌물제공죄의 제3자로 인정되는 경우(단순수뢰죄 불성립)

1. 구청장인 피고인이 관내의 공사 인·허가와 관련하여 甲 회사로 하여금 누각을 구(區)에 기부채납하게 한 경우, 지방자치단체인 구는 '제3자뇌물제공죄의 제3자'가 될 수 있으나 '부정한 청탁'이 인정되지 않는 경우 제3자뇌물제공죄가 성립할 수 없다[대판 2011.4.14. 2010도12313].
2. 산악회 지부가 사업자로부터 등반대회 행사용 수건을 교부받은 것을 산악회 지부의 고문으로 있는 군수가 이를 교부받은 것과 동일시하기에는 부족하므로 형법 제129조 제1항의 뇌물수수죄가 성립한다고 볼 수 없다[대판 2002.4.9. 2001도7056].

판례 | 제3자뇌물제공죄의 제3자로 인정되지 않는 경우(단순수뢰죄 성립)

1. 공무원이 실질적인 경영자로 있는 회사가 청탁 명목의 금원을 회사 명의의 예금계좌로 송금받은 경우에 사회통념상 위 공무원이 직접 받은 것과 같이 평가할 수 있어 뇌물수수죄가 성립한다[대판 2004.3.26. 2003도8077].

   동지판례 구 도시 및 주거환경정비법상 정비사업전문관리업체 임원으로서 공무원인 피고인이 건설회사에게서 재개발정비사업 시공사로 선정되도록 도와달라는 취지의 부탁을 받고 자신이 실질적으로 장악하고 있는 컨설팅회사 명의 계좌로 돈을 교부받았다면, 이는 공무원이 직접 받은 것과 같이 평가할 수 있 피고인에게는 뇌물수수죄가 성립한다[대판 2011.11.24. 2011도9585].
2. 공무원이 다른 사람과 공동으로 또는 그 다른 사람을 통하여 투자하는 관계에 있으면서 공무원 자신의 투자금 내지 대여금으로 계산하면서 그 다른 사람 이름으로 뇌물을 받는 경우에는 형법 제129조 제1항의 뇌물수수죄가 성립한다[대판 2009.10.15. 2009도6422].

XIII 수뢰후부정처사죄

제131조(수뢰후부정처사) ① 공무원 또는 중재인이 전2조의 죄를 범하여 부정한 행위를 한 때에는 1년 이상의 유기징역에 처한다.
④ 10년 이하의 자격정지를 병과할 수 있다.

판례 | 수뢰후부정사죄의 죄수 판단

수뢰후부정처사죄를 정한 형법 제131조 제1항은 공무원 또는 중재인이 형법 제129조(수뢰, 사전수뢰) 및 제130조(제3자뇌물제공)의 죄를 범하여 부정한 행위를 하는 것을 구성요건으로 하고 있다. 여기에서 '형법 제129조 및 제130조의 죄를 범하여'란 반드시 뇌물수수 등의 행위가 완료된 이후에 부정한 행위가 이루어져야 함을 의미하는 것은 아니고, 결합범 또는 결과적 가중범 등에서의 기본행위와 마찬가지로 뇌물수수 등의 행위를 하는 중에 부정한 행위를 한 경우도 포함하는 것으로 보아야 한다. 따라서 단일하고도 계속된 범의 아래 일정 기간 반복하여 일련의 뇌물수수 행위와 부정한 행위가 행하여졌고 그 뇌물수수 행위와 부정한 행위 사이에 인과관계가 인정되며 피해법익도 동일하다면, 최후의 부정한 행위 이후에 저질러진 뇌물수수 행위도 최후의 부정한 행위 이전의 뇌물수수 행위 및 부정한 행위와 함께 수뢰후부정처사죄의 포괄일죄로 처벌함이 타당하다[대판 2021.2.4. 2020도12103].

판례 | 수뢰후부정처사죄가 성립하지 않는 경우

과세 대상에 관한 규정이 명확하지 않고 그에 관한 확립된 선례도 없었던 경우, 공무원이 주식회사로부터 뇌물을 받은 후 관계 법령에 대한 충분한 연구·검토 없이 위 회사에 유리한 쪽으로 법령을 해석하여 감액처분하였더라도 위 감액처분이 위법하지 않으면 그 공무원이 수뢰 후 '부정한 행위'를 한 것으로서 '수뢰후부정처사죄'를 범하였다고 볼 수는 없다[대판 1995.12.12. 95도2320].

XIV 부정처사후수뢰죄

제131조(사후수뢰) ② 공무원 또는 중재인이 그 직무상 부정한 행위를 한 후 뇌물을 수수, 요구 또는 약속하거나 제3자에게 이를 공여하게 하거나 공여를 요구 또는 약속한 때에도 전항의 형과 같다.
④ 10년 이하의 자격정지를 병과할 수 있다.

판례 | 부정처사후수뢰죄가 성립하는 경우

공사의 입찰업무를 담당하고 있는 장교가 비밀로 하여야 할 그 공사의 입찰예정가격을 응찰자에게 미리 알려준 행위는 직무에 위배되는 행위로서 형법 제131조 제2항의 부정한 행위에 해당한다 할 것이어서 입찰이 끝난 후 20여 일이 경과한 후 전속시의 전별금 명목으로 금원을 받았다 하더라도 이는 직무행위의 부정행위와 관련된 금품의 수수에 해당하므로 사후수뢰죄(* 저자 주 – 강학상 부정처사후수뢰죄를 의미함)를 구성한다[대판 1983.4.26. 82도2095].

판례 | 부정처사후수뢰죄가 성립하지 않는 경우

특정범죄 가중처벌 등에 관한 법률 제5조 소정의 배임에 의한 국고손실죄의 공동정범인 공무원이 다른 공범으로부터 그 범행에 의하여 취득한 금원의 일부를 받은 경우, 그 금원의 성격은 그 성질이 공동정범들 사이의 내부적 이익분배에 불과한 것이고 별도로 사후수뢰죄에 해당하지 않는다[대판 1997.2.25. 94도3346].

XV 사후수뢰죄[116)]

제131조(사후수뢰) ③ 공무원 또는 중재인이었던 자가 그 재직 중에 청탁을 받고 직무상 부정한 행위를 한 후 뇌물을 수수, 요구 또는 약속한 때에는 5년 이하의 징역 또는 10년 이하의 자격정지에 처한다.
④ 10년 이하의 자격정지를 병과할 수 있다.

XVI 알선수뢰죄

제132조(알선수뢰) 공무원이 그 지위를 이용하여 다른 공무원의 직무에 속한 사항의 알선에 관하여 뇌물을 수수, 요구 또는 약속한 때에는 3년 이하의 징역 또는 7년 이하의 자격정지에 처한다.

116) 재직 중에 청탁을 받고 직무상 부정한 행위를 한 후 퇴직한 다음에 뇌물을 수수·요구 또는 약속하는 것을 내용으로 하는 범죄이다. 따라서 재직 중 정당한 행위를 한 후 퇴직한 다음에 뇌물을 수수한 경우에는 사후수뢰죄가 성립하지 않는다.

1. 주체

알선수뢰죄의 주체는 다른 뇌물죄와 달리 공무원에 한하고 중재인은 포함되지 않는다. 알선하는 공무원은 직무를 처리하는 공무원과 직무상 직·간접의 연관관계를 가지고 법률상·사실상 영향력을 미칠 수 있는 지위에 있으면 족하고 그 사이에 상하관계, 협동관계, 감독권한 등의 특수한 관계가 있음을 요하지 않는다(판례).

2. 지위의 이용

공무원이 그 지위를 이용하는 경우여야 하므로 단순히 공무원으로서의 신분이 있다는 것만을 이용하는 경우 또는 공무원이 친구, 친족관계 등 사적인 관계를 이용하는 경우에는 이에 해당하지 않는다.

판례 | 알선수뢰죄의 주체인 공무원의 요건 및 '지위를 이용'한다는 의미

1. 알선수뢰죄는 공무원이 그 지위를 이용하여 다른 공무원의 직무에 속한 사항의 알선에 관하여 뇌물을 수수, 요구 또는 약속하는 것을 그 성립요건으로 하고 있고, 여기서 '공무원이 그 지위를 이용하여'라 함은 친구, 친족관계 등 사적인 관계를 이용하는 경우에는 이에 해당한다고 할 수 없으나, 다른 공무원이 취급하는 사무의 처리에 법률상이거나 사실상으로 영향을 줄 수 있는 관계에 있는 공무원이 그 지위를 이용하는 경우에는 이에 해당하고, 그 사이에 상하관계, 협동관계, 감독권한 등의 특수한 관계가 있음을 요하지 않는다고 할 것이고, '다른 공무원의 직무에 속한 사항의 알선행위'는 그 공무원의 직무에 속하는 사항에 관한 것이면 되는 것이지 그것이 반드시 부정행위라거나 그 직무에 관하여 결재권한이나 최종 결정권한을 갖고 있어야 하는 것이 아니다[대판 2006.4.27. 2006도735]. [22 경간부, 19 국가9급, 19 경찰승진, 18 국가9급, 17 법원행시]*
2. 형법 제132조 소정의 알선수뢰죄에 있어서 "공무원이 그 지위를 이용하여"라고 함은 친구, 친족관계 등 사적인 관계를 이용하는 경우이거나 단순히 공무원으로서의 신분이 있다는 것만을 이용하는 경우에는 여기에 해당한다고 볼 수 없으나, 다른 공무원이 취급하는 업무처리에 법률상 또는 사실상으로 영향을 줄 수 있는 공무원이 그 지위를 이용하는 경우에는 여기에 해당하고 그 사이에 반드시 상하관계, 협동관계, 감독권한 등의 특수한 관계에 있거나 같은 부서에 근무할 것을 요하는 것은 아니다[대판 1994.10.21. 94도852].

판례 | 지위이용을 긍정한 판례

1. 서울시 공무원으로 11년 이상 근무하여 왔고 5급 별정직의 신분으로 서울시 부시장의 비서관으로 재직하던 자가 시청 관재과 소속 공무원에게 부탁하여 체비지를 불하받도록 하여 주겠다고 약속하고 그 교제비로 금원을 교부받았다면, 이는 체비지 불하업무를 취급하는 시청 관재과 소속 공무원과의 사이에 직무상 연관관계를 가지고 사실상 어떤 영향력을 미칠 수 있는 지위를 이용하여 그 공무원의 직무에 속하는 사항의 알선에 관하여 뇌물을 수수한 것이라고 봄이 상당하다[대판 1989.11.14. 89도1700].
2. 피고인이 남광주세무서 징세계장인 공소외인의 전임자였고 이 사건 당시에 서광주세무서 징세계장으로 근무하고 있었다면 이 사건 압류재산의 공매담당자인 위 공소외인의 직무에 관하여 사실상의 영향력을 행사할 수 있는 지위에 있었다고 할 것이다[대판 1989.12.26. 89도2018].
3. 농림수산부장관은 한국마사회장의 임명권, 마사회의 업무에 관한 감독권을 갖고 있으며 국회에는 입법권, 예산안심의확정권, 국정에 관한 조사권 등이 있고 국무위원 등에 대하여 국회에 출석, 국정처리상황에 관하여 답변할 것을 요구할 권한 등이 있으므로 국회의원은 한국마사회장에 대하여 사실상 영향력을 미칠 수 있는 지위에 있다고 보아야 할 것이고, 따라서 피고인이 국회의원에게 한국마사회가 발주하는 공사를 수의계약에 의하여 수주할 수 있도록 한국마사회장에게 알선하여 달라는 청탁을 하고 금원을 지급하였다면 알선증뢰죄로 구성한다 할 것이다[대판 1990.8.10. 90도665].
4. 토지구획정리사업 등의 업무를 담당하던 시청 도시계장이 토지구획정리사업시행 여부를 결정하기 위하여 현지에 답사차 내려 온 건설부 소속 공무원들에게 청탁하여 사업시행인가가 날수 있도록 하여 달라는 명목으로 지급하는 금원을 교부받았다면 알선수뢰죄에 해당한다[대판 1991.7.23. 91도1190].

판례 | 지위이용을 부정한 판례

1. 피고인 甲은 당시 순천지청 검찰사무주무(검찰주사)로서 乙 등 5인의 관세법위반 피의사건의 수사사무를 담당하였던 검사 丙에게 직무상 어떠한 연관관계를 가지고 법률상 또는 사실상 어떤 영향력을 미칠 수 있는 지위에 있었다고도 보기 어렵다[대판 1982.6.8. 82도403].

   판결이유 피고인은 1976.3.11.부터 그해 9.30.까지 위 순천지청의 검찰사무주무(검찰주사)로 근무하였고 공소외 1 등 5인에 대한 관세법위반 피의사건은 동인들이 1976.8.27.부터 그달 29. 사이에 각 구속되어 수사담당 검사 조가춘 입회 검찰주사 김현수의 조사를 받다가 그해 9.14.부터 수사담당 검사 김성곤 입회 검찰주사 박의서로 변경되었고 그달 18.에 구속 기소된 사실을 인정하고 피고인은 당시 위 순천지청 검찰사무주무(검찰주사)로서 공소외 1 등 5인의 관세법위반 피의사건의 수사사무를 담당하였던 검사 김성곤에게 직무상 어떠한 연관관계를 가지고 법률상 또는 사실상 어떤 영향력을 미칠 수 있는 지위에 있었다고도 보기 어렵다 할 것이다.

2. 도교육위원회 사회체육과 보건계에서 아동급식과 아동 및 교원의 신체검사에 관한 업무를 담당하는 지방보건기사는 도 보건사회국에서 카바레 영업허가업무를 담당하는 시 등의 환경위생과 식품위생계를 감독하고 그 영업허가에 앞서 사전 승인하는 업무를 담당하는 지방행정주사보와 직접 · 간접의 연관관계도 없을 뿐만 아니라 법률상이나 사실상 어떠한 영향력을 줄 수 있는 지위에 있지 않은 이상 단지 공무원의 신분을 가졌다는 사실만으로는 공무원이 지위를 이용하여 다른 공무원의 직무에 속한 사항의 알선에 관하여 뇌물을 수수하였다고 할 수 없다[대판 1983.8.23. 82도956]. [17 국가7급, 16 변호사]*

3. 농업협동조합이 해외에서 구입한 물품이 한국 도착시 물량부족임이 발견되었음에도 그 배상문제가 신속히 타결되지 않으므로 피고인 甲이 해외여행 중인 국회의원인 피고인 乙에게 위 문제의 타결에 힘써 달라고 요청하여 피고인 乙이 개인 자격으로 외국수출업체의 부사장을 만나 부족 물량의 변상을 설득, 그에 대한 승낙을 받아내자, 이에 피고인 甲이 감사의 뜻으로 피고인 乙에게 미화 2,000달러를 준 것이라면, 이는 피고인 甲이 다른 공무원의 직무에 속한 사항의 알선에 관하여 교부한 것이라고 볼 수 없다[대판 1984.4.10. 82도766].

3. 다른 공무원의 직무에 속한 사항의 알선행위

① '다른 공무원의 직무에 속한 사항의 알선행위'는 그 공무원의 직무에 속하는 사항에 관한 것이면 되는 것이지 그것이 반드시 부정행위라거나 그 직무에 관하여 결재권한이나 최종결정권한을 갖고 있어야 하는 것이 아니다(판례). 따라서 정당한 직무행위를 알선한 경우에도 알선수뢰죄는 성립한다.

② 알선행위는 장래의 것이라도 무방하므로, 알선뇌물요구죄가 성립하기 위하여는 뇌물을 요구할 당시 반드시 상대방에게 알선에 의하여 해결을 도모하여야 할 현안이 존재하여야 할 필요는 없다(판례).

판례 | 알선뇌물요구죄가 성립하기 위하여 해결해야 할 현안의 존재 요부(불필요)

형법 제132조에서 말하는 '다른 공무원의 직무에 속한 사항의 알선에 관하여 뇌물을 요구한다'고 함은, 다른 공무원의 직무에 속한 사항을 알선한다는 명목으로 뇌물을 요구하는 행위로서 반드시 알선의 상대방인 다른 공무원이나 그 직무의 내용이 구체적으로 특정될 필요까지는 없지만, 알선뇌물요구죄가 성립하려면 알선할 사항이 다른 공무원의 직무에 속하는 사항으로서 뇌물요구의 명목이 그 사항의 알선에 관련된 것임이 어느 정도 구체적으로 나타나야 한다. 단지 상대방으로 하여금 뇌물을 요구하는 자에게 잘 보이면 그로부터 어떤 도움을 받을 수 있다거나 손해를 입을 염려가 없다는 정도의 막연한 기대감을 갖게 하는 정도에 불과하고, 뇌물을 요구하는 자 역시 상대방이 그러한 기대감을 가질 것이라고 짐작하면서 뇌물을 요구하였다는 정도의 사정만으로는 알선뇌물요구죄가 성립한다고 볼 수 없다. 한편, 여기서 말하는 알선행위는 장래의 것이라도 무방하므로, 알선뇌물요구죄가 성립하기 위하여는 뇌물을 요구할 당시 반드시 상대방에게 알선에 의하여 해결을 도모하여야 할 현안이 존재하여야 할 필요는 없다[대판 2009.7.23. 2009도3924]. [19 국가9급, 18 법원행시, 17 법원행시]*

판례 | 알선수뢰 사건에서 뇌물의 범위

[1] 자동차를 뇌물로 제공한 경우 자동차등록원부에 뇌물수수자가 그 소유자로 등록되지 않았다고 하더라도 자동차의 사실상 소유자로서 자동차에 대한 실질적인 사용 및 처분권한이 있다면 자동차 자체를 뇌물로 취득한 것으로 보아야 한다. [19 국가9급, 17 법원행시, 17 경찰승진]*

[2] 피고인에게 뇌물로 제공되었다는 자동차는 리스차량으로 리스회사 명의로 등록되어 있는 점, 피고인이 처분승낙서, 권리확인서 등 원하는 경우 소유권이전을 할 수 있는 서류를 소지하고 있지도 아니한 점, 리스계약상 리스계약이 기간만료 또는 리스료 연체로 종료되어 리스회사에서 위 승용차의 반환을 구하는 경우 피고인은 이에 응할 수밖에 없다고 보이는 점 등에 비추어 볼 때 피고인에게 위 승용차에 대한 실질적 처분권한이 있다고 할 수 없어 자동차 자체를 뇌물로 수수한 것으로 볼 수 없다고 한 사례[대판 2006.4.27. 2006도735].

판례 | 특가법상의 알선수재죄에 관한 판례정리

1. 甲이 뇌물공여의 점에 대해 공동정범의 관계에 있는 乙으로부터 뇌물로 공여할 금품을 교부받은 경우, 그 행위는 상호간의 뇌물공여를 위한 예비행위에 불과할 뿐 자신의 이익을 취득하기 위하여 받은 것으로 볼 수는 없으므로, 甲에게는 구 특정범죄가중처벌 등에 관한 법률 위반(알선수재)죄가 성립하지 아니한다[대판 2010.4.15. 2009도11146].
2. 육군본부 정보작전지원참모부에서 조직진단관으로 근무하는 3급 군무원인 피고인이 장군진급심사를 앞두고 있던 甲으로부터 인사참모부 선발관리실장인 乙에게 부탁하여 장군진급이 되도록 하여 달라는 부탁을 받고 합계 5,000만 원을 받았다고 하더라도, 피고인이 위 금원을 수수할 당시 자신의 지위를 이용하여 선발관리실장이던 乙의 진급업무와 관련하여 사실상 영향을 줄 수 있는 관계에 있었다고 하기에 부족하므로 특정범죄 가중처벌 등에 관한 법률상 알선수뢰죄가 성립하지 아니한다[대판 2010.11.25. 2010도11460].
3. 특정경제범죄 가중처벌 등에 관한 법률 제7조에서 말하는 '알선'이란 '일정한 사항에 관하여 어떤 사람과 그 상대방 사이에 서서 중개하거나 편의를 도모하는 행위'를 의미하므로, 어떤 사람이 청탁한 취지를 그대로 상대방에게 전하는 경우뿐만 아니라 그 사람을 대신하여 스스로 상대방에게 청탁을 하는 행위도 이에 해당하고, 그 알선행위가 과거의 것이나 정당한 직무행위를 대상으로 하는 경우에도 이에 포함되며, 위와 같은 알선의 명목으로 금품 등을 수수하였다면 실제로 어떤 알선행위를 하였는지와 관계없이 위 죄는 성립한다[대판 2012.9.13. 2011도16066].

XVII 증뢰죄

제133조(뇌물공여 등) ① 제129조부터 제132조까지에 기재한 뇌물을 약속, 공여 또는 공여의 의사를 표시한 자는 5년 이하의 징역 또는 2천만원 이하의 벌금에 처한다.
② 제1항의 행위에 제공할 목적으로 제3자에게 금품을 교부한 자 또는 그 사정을 알면서 금품을 교부받은 제3자도 제1항의 형에 처한다.

1. 주체

제한이 없다. 일반인은 물론 공무원도 주체가 될 수 있다.

판례 | 증뢰물전달죄의 주체(공무원도 가능)

본죄의 주체는 비공무원을 예정한 것이나 공무원일지라도 직무와 관계되지 않는 범위 내에서는 본죄의 주체에 해당될 수 있다 할 것이므로, [17 국가7급]* 피고인이 자신의 공무원으로서의 직무와는 무관하게 군의관 등의 직무에 관하여 뇌물에 공할 목적의 금품이라는 정을 알고 이를 전달해준다는 명목으로 취득한 경우라면 제3자뇌물취득죄(증뢰물전달죄)가 성립된다[대판 2002.6.14. 2002도1283; 동지 대판 2007.7.27. 2007도3798]. [19 경간부, 18 경찰채용, 16 변호사, 16 법원9급, 16 경간부]*

2. 행위

(1) 약속 · 공여 또는 공여의 의사표시

공여란 뇌물을 수수할 수 있도록 제공하는 것을 말한다. 상대방이 수수할 수 있는 상태에 두면 충분하고 현실적인 취득은 요구되지 않는다. 다만, 증뢰행위는 상대방인 공무원 · 중재인의 직무행위와 관련성이 있어야 한다(판례).

(2) 증뢰물을 제3자에게 교부 또는 교부받음(증뢰물전달)

판례 | 뇌물공여죄의 성립요건

1. 뇌물공여죄가 성립하기 위하여는 뇌물을 공여하는 행위와 상대방측에서 금전적으로 가치가 있는 그 물품 등을 받아들이는 행위(부작위 포함)가 필요할 뿐 반드시 상대방측에서 뇌물수수죄가 성립하여야 함을 뜻하는 것은 아니다[대판 2006.2.24. 2005도4737].

   판결이유 2억원의 현금이 든 굴비상자를 제공한 공소외 1(사업자)의 행위가 뇌물공여죄가 성립한다 하여 그가 제공하려고 한 물건의 뇌물성에 대한 인식이 없었던 피고인(인천시장)에 대하여도 뇌물수수죄가 반드시 성립하는 것은 아니다.

   판례해설 인천시장이 뇌물수수죄가 성립하지 않는다고 하더라도 그가 돈이 들어 있는 굴비상자를 받아 들인 이상 사업자에게는 뇌물공여죄가 성립할 수 있다는 취지이다.

2. 뇌물죄는 공여자의 출연에 의한 수뢰자의 영득의사의 실현으로서, 공여자의 특정은 직무행위와 관련이 있는 이익의 부담 주체라는 관점에서 파악하여야 하므로, 금품이나 재산상 이익 등이 반드시 공여자와 수뢰자 사이에 직접 수수될 필요는 없고, 그 사이에서 제3자가 먼저 공여자를 대신하여 자신의 자금으로 수뢰자에게 지급한 다음 공여자로부터 그 금액을 상환받는 방식으로 공여되었다 할지라도, 공여자와 수뢰자 사이에 금품 제공에 관한 의사의 합치가 존재하고 또한 그러한 지급방법에 관하여 수뢰자가 양해하였다고 인정되는 한, 공여자와 수뢰자 사이에 직접 금품이 수수되지 아니하였다는 사정만으로는 뇌물공여죄의 죄책을 면할 수 없다[대판 2014.12.24. 2014도10199].

판례 | 뇌물공여죄가 성립하지 않는 경우

배임수재자가 배임증재자에게서 그가 무상으로 빌려준 물건을 인도받아 사용하고 있던 중에 공무원이 된 경우, 그 사실을 알게 된 배임증재자가 배임수재자에게 앞으로 물건은 공무원의 직무에 관하여 빌려주는 것이라고 하면서 뇌물공여의 뜻을 밝히고 물건을 계속하여 배임수재자가 사용할 수 있는 상태로 두더라도, 처음에 배임증재로 무상 대여할 당시에 정한 사용기간을 추가로 연장해 주는 등 새로운 이익을 제공한 것으로 평가할 만한 사정이 없다면, 이는 종전에 이미 제공한 이익을 나중에 와서 뇌물로 하겠다는 것에 불과할 뿐 새롭게 뇌물로 제공되는 이익이 없어 뇌물공여죄가 성립하지 않는다[대판 2015.10.15. 2015도6232].

[20 경찰승진, 17 법원9급, 16 법원행시]*

판례 | 증뢰물전달죄의 성립요건(증뢰물의 전달은 그 요건이 아님)

형법 제133조 제2항은 증뢰자가 뇌물에 공할 목적으로 금품을 제3자에게 교부하거나 또는 그 정을 알면서 교부받는 증뢰물 전달행위를 독립한 구성요건으로 하여 이를 같은 조 제1항의 뇌물공여죄와 같은 형으로 처벌하는 규정으로서, 제3자의 증뢰물전달죄는 제3자가 증뢰자로부터 교부받은 금품을 수뢰할 사람에게 전달하였는지 여부에 관계없이 제3자가 그 정을 알면서 금품을 교부받음으로써 성립하는 것이며, 나아가 제3자가 그 교부받은 금품을 수뢰할 사람에게 전달하였다고 하여 증뢰물전달죄 외에 별도로 뇌물공여죄가 성립하는 것은 아니다[대판 1997.9.5. 97도1572; 동지 대판 2007.7.27. 2007도3798].

판례 | 제3자가 자기의 이익을 취득하기 위하여 금품을 교부받은 경우(증뢰물전달죄 불성립)

공무원이 취급하는 사건 또는 사무에 관한 청탁을 받고 청탁 상대방인 공무원에게 제공할 금품을 받아 그 공무원에게 단순히 전달한 경우와는 달리, 자기 자신의 이득을 취하기 위하여 공무원이 취급하는 사건 또는 사무에 관하여 청탁한다는 등의 명목으로 금품 등을 교부받으면 그로써 곧 구 변호사법(1996.12.12. 법률 제5177호로 개정되기 전의 것) 제90조 제1호 위반죄가 성립되고 이와 같은 경우에는 형법 제133조 제2항 증뢰물전달죄는 성립할 여지가 없다[대판 2006.11.24. 2005도5567].

비교판례 **(제3자가 자신의 이익을 취하기 위하여 금품을 교부받은 것이 아닌 경우: 증뢰물전달죄 성립 가능)** 공무원이 취급하는 사건 또는 사무에 관하여 청탁한다는 명목으로 자신의 이득을 취하기 위하여 금품 등을 교부받은 것이 아니고, 공무원이 취급하는 사무에 관한 청탁을 받고 청탁 상대방인 공무원에게 제공할 금품을 받아 그 공무원에게 단순히 전달한 경우에는 알선수뢰죄나 증뢰물전달죄만이 성립하고, 이와 같은 경우에 변호사법 제111조 위반죄는 성립할 수 없다[대판 2007.2.23. 2004도6025].

제2절 공무방해에 관한 죄

출제 POINT

공무집행방해죄의 경우 그 수단인 폭행 · 협박의 인정 여부 및 그에 따른 동죄의 성립 여부에 관한 판례, 위계에 의한 공무집행방해죄의 경우 위계의 의미와 위계의 인정 여부 및 그에 따른 동죄의 성립 여부가 출제되어 왔다. 특수공무방해치상죄의 경우 총론의 논점인 부진정결과적 가중범의 인정 여부 및 죄수판단에 관한 판례가 중요하다.

Ⅰ 총설

국가 또는 공공기관의 기능적 작용으로서의 공무 그 자체를 보호법익으로 한다(통설). 보호의 정도는 추상적 위험범이다(통설).

Ⅱ 공무집행방해죄

제136조(공무집행방해) ① 직무를 집행하는 공무원에 대하여 폭행 또는 협박한 자는 5년 이하의 징역 또는 1천만원 이하의 벌금에 처한다.

1. 의의

직무를 집행하는 공무원에 대하여 폭행 · 협박함으로써 성립하는 범죄이다.

2. 구성요건

(1) 객관적 구성요건

① 주체: 제한이 없다. 직무집행행위의 상대방 또는 제3자를 불문한다.

② 객체: 직무를 집행하는 공무원이다.

㉮ 객체: 직무를 집행하는 공무원이다.

㉯ **공무원**: 청원경찰[대판 1986.1.28. 85도2448], 전투경찰[대판 1992.8.18. 92도1244]도 공무원에 포함된다. 그러나 외국의 공무원은 포함되지 아니한다.

㉰ **직무집행**: i) 직무의 종류 · 성질에는 제한이 없다. 따라서 강제력을 행사하는 권력적 작용일 필요가 없다. ii) 단순한 내부적 사무라도 공법적 행위의 성질을 가지고 있는 한 본죄의 직무집행에 포함된다. iii) 직무를 '집행하는'이란 원칙적으로 직무집행을 개시하여 종료되기 이전일 것을 요하지만, 직무집행과 밀접불가분의 관계가 있는 행위도 여기에 포함된다(예 직무집행에 착수하기 전의 준비행위, 대기행위, 일시적 휴식행위). 그러나 단순히 직무집행이 예상되는 것만으로는 집무집행에 해당된다고 할 수 없다(예 공무원의 출근행위).

판례 | 공무원에 해당하지 않는 경우

1. [1] 형법상 공무원이라 함은 국가 또는 지방자치단체 및 이에 준하는 공법인의 사무에 종사하는 자로서 그 노무의 내용이 단순한 기계적 육체적인 것에 한정되어 있지 않은 자를 말한다.
   [2] 피고인이 국민기초생활 보장법상 '자활근로자'로 선정되어 주민자치센터 사회복지담당 공무원의 복지도우미로 근무하던 A를 협박하여 그 직무집행을 방해하였다고 하더라도, A가 공무원으로서 공무를 담당하고 있었다고 볼 수 없어 공무집행방해죄가 성립하지 아니한다[대판 2011.1.27. 2010도14484].
2. 국민권익위원회 운영지원과 소속 기간제근로자인 갑은 국민권익위원회 위원장과 계약기간 1년의 근로계약을 체결한 점, 공무원으로 임용된 적이 없고 공무원연금이 아니라 국민연금에 가입되어 있는 점 등을 고려하면 갑을 공무집행방해죄에서 공무원에 해당한다고 할 수 없다[대판 2015.5.29. 2015도3430]. [23 경간부, 19 법원행시]*

㉱ **직무집행**: i) 공무원의 직무집행이 적법한 경우에만 공무집행방해죄가 성립할 수 있다[대판 1991.9.24. 91도1314]. ii) 직무집행의 실질적 내용의 정당성 여부와 관계없이 당해 공무집행행위가 형식적인 법정요건을 갖추고 있으면 적법한 직무집행으로 평가된다. iii) 직무집행행위가 적법하기 위하여는 당해 공무원의 추상적 직무권한에 속한 것이어야 하고,117) 직무집행행위가 당해 공무원의 구체적 직무권한에 속한 것이어야 하며,118) 법정의 절차 · 방식을 따른 것이어야 한다. iv) 적법성의 판단은 법원이 법령의 해석을 통하여 객관적으로 판단한다(객관설, 통설).

판례 | '직무를 집행하는'의 의미 및 직무를 집행하는 공무원에 해당하는 경우

1. **(직무수행 중인 경우 또는 이를 위하여 근무 중인 경우도 포함)** [1] 형법 제136조 제1항에 규정된 공무집행방해죄에서 '직무를 집행하는'이라 함은 공무원이 직무수행에 직접 필요한 행위를 현실적으로 행하고 있는 때만을 가리키는 것이 아니라 공무원이 직무수행을 위하여 근무 중인 상태에 있는 때를 포괄하고, 직무의 성질에 따라서는 그 직무수행의 과정을 개별적으로 분리하여 부분적으로 각각의 개시와 종료를 논하는 것이 부적절하고 여러 종류의 행위를 포괄하여 일련의 직무수행으로 파악함이 상당한 경우가 있으며, 나아가 현실적으로 구체적인 업무를 처리하고 있지는 않다 하더라도 자기 자리에 앉아 있는 것만으로도 업무의 집행으로 볼 수 있을 때에는 역시 직무집행 중에 있는 것으로 보아야 하고, 직무자체의 성질이 부단히 대기하고 있을 것을 필요로 하는 것일 때에는 대기 자체를 곧 직무행위로 보아야 할 경우도 있다. [19 법원행시, 19 법원9급, 18 경찰채용]*
   [2] 노동조합관계자들과 사용자측 사이의 다툼을 수습하려 하였으나 노동조합측이 지시에 따르지 않자 경비실 밖으로 나와 회사의 노사분규 동향을 파악하거나 파악하기 위해 대기 또는 준비중이던 근로감독관을 폭행한 행위는 공무집행방해죄를 구성한다[대판 2002.4.12. 2000도3485].

117) 직무집행상의 편의를 위한 내부적 사무분담은 직무권한의 범위에 영향을 미치지 않는다.
118) 집행관은 자기에게 위임된 사건에 대해서만 강제집행이 가능하다.

동지판례 시청 청사 내 주민생활복지과 사무실에 술에 취한 상태로 찾아가 소란을 피우던 피고인을 소속 공무원 갑과 을이 제지하며 밖으로 데리고 나가려 하자, 피고인이 갑과 을의 멱살을 잡고 수회 흔든 다음 휴대전화를 휘둘러 갑의 뺨을 때림으로써 시청 공무원들의 주민생활복지에 대한 통합조사 및 민원 업무에 관한 정당한 직무집행을 방해하였다는 공소사실로 기소된 사안에서, 피고인의 행위는 시청 소속 공무원들의 적법한 직무집행을 방해한 행위에 해당하므로 공무집행방해죄를 구성한다고 한 사례[대판 2022.3.17. 2021도13883].

2. **(공무원이 차량단속 근무 중인 경우)** 불법주차 차량에 불법주차 스티커를 붙였다가 이를 다시 떼어 낸 직후에 있는 주차단속 공무원을 폭행한 경우, 폭행 당시 주차단속 공무원은 일련의 직무수행을 위하여 근무중인 상태에 있었다고 보아야 하므로 공무집행방해죄가 성립한다[대판 1999.9.21. 99도383]. [18 경찰채용, 16 경찰승진]*
3. **(공무원의 청사방호)** 피고인들이 안양시청 현관 바로 앞에 해고자 복직을 요구하면서 천막을 설치하고 농성을 하려 할 때에 안양시청 총무과장의 지시를 받은 총무과 소속 공무원들과 청원경찰들로부터 저지당하자 폭행을 하였다면, 비록 피고인들이 불법으로 시청사 안으로 침입을 하려고 하는 것은 아니었다 할지라도, 총무과 소속 공무원들이 시청사 현관 바로 앞에 불법으로 천막을 설치하는 것에 대해서 이를 막으려고 하는 행위 및 천막을 철거하는 행위는 일반적으로 허용된 청사방호의 업무 범위 내에 포함되는 적법한 공무집행행위에 해당한다[대판 2005.5.26. 2004도8464].
4. **(청원경찰이 근무지 내에서 야간 당직근무 중인 경우)** 야간 당직근무 중인 청원경찰이 불법주차 단속요구에 응하여 현장을 확인만 하고 주간 근무자에게 전달하여 단속하겠다고 했다는 이유로 민원인이 청원경찰을 폭행한 사안에서, 야간 당직 근무자는 불법주차 단속권한은 없지만 민원 접수를 받아 다음날 관련 부서에 전달하여 처리하고 있으므로 불법주차 단속업무는 야간 당직 근무자들의 민원업무이자 경비업무로서 공무집행방해죄의 '직무집행'에 해당하여 공무집행방해죄가 성립한다고 한 사례[대판 2009.1.15. 2008도9919].

㉮ 직무집행의 적법성

판례 | 직무집행의 적법성의 판단방법

공무집행방해죄는 공무원의 적법한 공무집행이 전제로 되는데, 추상적인 권한에 속하는 공무원의 어떠한 공무집행이 적법한지 여부는 행위 당시의 구체적 상황에 기하여 객관적·합리적으로 판단하여야 하고 사후적으로 순수한 객관적 기준에서 판단할 것은 아니다. 마찬가지로 현행범 체포의 적법성은 체포 당시의 구체적 상황을 기초로 객관적으로 판단하여야 하고, 사후에 범인으로 인정되었는지에 의할 것은 아니다[대판 2013.8.23. 2011도4763]. [20 법원행시, 19 경찰채용, 17 경찰승진]*

판례해설 행위당시 구체적 상황으로 보아 현행범 체포로서 적법하다고 판단되는 경우라면 체포된 자가 사후에 현행범인이 아니었음이 밝혀진 경우에도 공무원의 직무집행은 적법한 경우에 해당한다는 취지의 판례이다.

판례 | 직무집행의 적법성이 인정되는 경우

1. 지방의회의 회의가 적법한 소집절차를 밟아 소집되었고 소집의 목적이 불법적이거나 사회질서에 반하는 것이 아닌 이상, 그 회의의 의결사항 중에 지방의회의 권한에 속하지 아니하는 사항이 포함되어 있었다 하더라도 지방의회 의원들이 그 회의에 참석하고 그 회의에서 의사진행을 하는 직무행위는 적법한 것이다[대판 1998.5.12. 98도662].
2. **(미란다 원칙의 사후고지)** 사법경찰관리가 현행범인을 체포하는 경우에는 반드시 범죄사실의 요지, 체포의 이유와 변호인을 선임할 수 있음을 말하고 변명할 기회를 주어야 하고, 이와 같은 고지는 체포를 위한 실력행사에 들어가기 이전에 미리 하여야 하는 것이 원칙이나, 달아나는 피의자를 쫓아가 붙들거나 폭력으로 대항하는 피의자를 실력으로 제압하는 경우에는 붙들거나 제압하는 과정에서 고지하거나, 그것이 여의치 않은 경우에라도 일단 붙들거나 제압한 후에 지체없이 (미란다 원칙을) 행하였다면 경찰관의 현행범인 체포는 적법한 공무집행이라고 할 수 있다[대판 2008.10.9. 2008도3640].
3. 교육인적자원부 장관이 약학대학 학제개편에 관한 공청회를 개최하면서 행정절차법상 통지 절차를 위반하였더라도, 위 공청회 개최업무는 공무집행방해죄의 보호대상인 '적법한 공무집행'이라고 한 사례[대판 2007.10.12. 2007도6088].

4. 도로교통법 제41조 제2항에 의하여 경찰공무원이 운전자에 대하여 음주 여부나 주취정도를 측정함에 있어서는 그 측정 방법이나 측정회수에 있어서 합리적인 필요한 한도에 그쳐야 하겠지만 그 한도 내에서는 어느 정도의 재량이 있다고 하여야 할 것인바, 경찰공무원이 승용차에 가족을 태우고 가던 술을 마시지 않은 운전자에게 음주 여부를 확인하려고 후렛쉬봉에 두 차례 입김을 불게 했으나 잘 알 수 없어 동료경찰관에게 확인해 줄 것을 부탁하였고 그가 위와 같은 방법으로 다시 확인하려 했으나 역시 알 수 없어 보다 정확한 음주측정기로 검사받을 것을 요구했다면 다른 사정이 없는 한 위와 같은 상황에서의 음주 여부의 확인을 위하여 한 위 경찰공무원의 행위는 합리적인 필요한 한도를 넘은 것이라고 할 수 없어 적법한 공무집행에 해당한다[대판 1992.4.28. 92도220].

5. 대학생들인 피고인들이 전경 5명을 불법으로 납치, 감금하고 있으면서 경찰의 수회에 걸친 즉시 석방요구에도 불구하고 불가능한 조건을 내세워 이에 불응하고, 경찰이 납치된 전경들을 구출하기 위하여 농성장소인 대학교 도서관 건물에 진입하기 직전 동 대학교 총장에게 이를 통고하고 이에 동 총장이 설득하였음에도 불구하고 이에 응하지 아니한 상황 아래에서는 현행의 불법감금상태를 제거하고 범인을 체포할 긴급한 필요가 있다고 보여지므로, 경찰이 압수수색영장 없이 도서관 건물에 진입한 것은 적법한 공무원의 직무집행이라 할 것이다[대판 1990.6.22. 90도767].

6. 청원경찰관법 제3조, 경찰관직무집행법 제2조 규정에 비추어 보면 군 도시과 단속계 요원으로 근무하고 있는 청원경찰관이 허가 없이 창고를 주택으로 개축하는 것을 단속하는 것은 그의 정당한 공무집행에 속한다고 할 것이므로 이를 폭력으로 방해하는 행위는 공무집행방해죄에 해당된다[대판 1986.1.28. 85도2448].

6-1. 체포장소와 시간, 체포사유 등 경찰관의 현행범인 체포경위 및 그에 대한 현행범인체포서와 범죄사실의 기재에 다소 차이가 있다고 하더라도 그러한 차이가 체포대상이 된 일련의 피고인의 범행이 장소적 · 시간적으로 근접한 것에 기인한 것으로서 그 장소적 · 시간적인 동일성을 해치지 아니하는 정도에 불과하다면 논리와 경험칙상 그러한 사유로 경찰관의 현행범인 체포행위를 부적법한 공무집행이라고는 할 수 없다[대판 2008.10.9. 2008도3640]. [17 경찰채용, 16 경간부, 16 경찰채용]*

7. 인근에서 자전거를 이용한 날치기 사건이 발생한 직후 검문을 실시 중이던 경찰관들이 위 날치기 사건의 범인과 흡사한 인상착의의 피고인이 자전거를 타고 다가오는 것을 발견하고 정지를 요구하였으나 멈추지 않아, 앞을 가로막고 검문에 협조해 달라고 하였음에도 불응하고 그대로 전진하자, 따라가서 재차 앞을 막고 검문에 응하라고 요구하였다면 경찰관 직무집행법을 종합하여 볼 때 경찰관들의 행위는 적법한 불심검문에 해당한다[대판 2012.9.13. 2010도6203]. [19 경찰채용, 17 법원행시]*

8. 피고인이 지구대 내에서 약 1시간 40분 동안 큰 소리로 경찰관을 모욕하는 말을 하고, 그곳 의자에 드러눕거나 다른 사람들에게 시비를 걸고 그 과정에서 경찰관들이 피고인을 내보낸 뒤 문을 잠그자 다시 들어오기 위해 출입문을 계속해서 두드리거나 잡아당기는 등 소란을 피운 경우, 이는 공무원의 정당한 직무집행을 방해하기에 충분한 행위임은 분명하고, 그 행위의 정도에 따라 공무원에 대한 간접적인 유형력의 행사로서 형법 제136조에서 규정한 폭행에 해당한다고 볼 여지가 있다[대판 2013.12.26. 2013도11050]. [18 경찰채용]*

8-1. 피고인이 A 시청 옆 일반국도인 도로의 보도에서 철야농성을 위해 천막을 설치하던 중 이를 제지하는 A 시청 소속 공무원들에게 폭행을 가한 사안에서, 정당한 사유 없이 보도에 천막을 설치하여 교통에 지장을 끼치는 등 도로법 제45조에 규정된 금지행위를 하는 데 대하여 도로 관리청 소속 공무원이 도로 관리의 목적으로 이를 제지하고 시설물의 설치를 완성하지 못하도록 막는 등의 행위는 도로의 본래 목적을 달성하도록 하기 위한 합리적 상당성이 있는 조치로서 포괄적인 도로관리권의 행사 범주에 속하므로, 도로관리권에 근거한 공무집행을 하는 공무원에 대하여 폭행 등을 가한 피고인의 행위는 공무집행방해죄를 구성한다고 한 사례[대판 2014.2.13. 2011도10625]. [20 법원행시]*

9. 공사현장 출입구 앞 도로 한복판을 점거하고 공사차량의 출입을 방해하던 피고인의 팔과 다리를 잡고 도로 밖으로 옮기려고 한 경찰관의 행위는 적법한 공무집행에 해당하므로 경찰관의 팔을 물어뜯은 피고인의 행위는 공무집행방해죄 및 상해죄가 성립한다[대판 2013.09.26. 2013도643]. [18 경간부]*

10. 검문하는 사람이 경찰관이고 검문하는 이유가 범죄행위에 관한 것임을 피고인이 충분히 알고 있었다고 보이는 경우에는 신분증을 제시하지 않았다고 하여 그 불심검문이 위법한 공무집행이라고 할 수 없다[대판 2014.12.11. 2014도7976]. [20 국가9급, 19 변호사, 19 경찰채용, 18 경찰승진, 17 경찰승진, 16 경찰채용]*

11. 피고인이 자정에 가까운 한밤중에 음악을 크게 켜놓거나 소리를 지른 것은 경범죄 처벌법 제3조 제1항 제21호에서 금지하는 인근소란행위에 해당하고, 그로 인하여 인근 주민들이 잠을 이루지 못하게 될 수 있으며, 갑과 을이 112신고를 받고 출동하여 눈앞에서 벌어지고 있는 범죄행위를 막고 주민들의 피해를 예방하기 위해 피고인을 만나려 하였으나 피고인은 문조차 열어주지 않고 소란행위를 멈추지 않았던 상황이라면 피고인의 행위를 제지하고 수사하는 것은 경찰관의 직무상 권한이자 의무라고 볼 수 있으므로, 위와 같은 상황에서 갑과 을이 피고인의 집으로 통하는 전기를 일시적으로 차단한 것은 피고인을 집 밖으로 나오도록 유도한 것으로서, 피고인의 범죄행위를 진압·예방하고 수사하기 위해 필요하고도 적절한 조치로 보이고, 경찰관 직무집행법이 정한 즉시강제의 요건을 충족한 적법한 직무집행으로 볼 여지가 있다[대판 2018.12.13. 2016도19417]. [23 경간부]*

12. 음주운전 신고를 받고 출동한 경찰관이 만취한 상태로 시동이 걸린 차량 운전석에 앉아있는 피고인을 발견하고 음주측정을 위해 하차를 요구함으로써 도로교통법 제44조 제2항이 정한 음주측정에 관한 직무에 착수하였다고 할 것이고, 피고인이 차량을 운전하지 않았다고 다투자 경찰관이 지구대로 가서 차량 블랙박스를 확인하자고 한 것은 음주측정에 관한 직무 중 '운전' 여부 확인을 위한 임의동행 요구에 해당하고, 피고인이 차량에서 내리자마자 도주한 것을 임의동행 요구에 대한 거부로 보더라도, 경찰관이 음주측정에 관한 직무를 계속하기 위하여 피고인을 추격하여 도주를 제지한 것은 앞서 본 바와 같이 도로교통법상 음주측정에 관한 일련의 직무집행 과정에서 이루어진 행위로써 정당한 직무집행에 해당한다[대판 2020.8.20. 2020도7193]. [22 경간부]*

13. 피고인들을 포함한 '갑 주식회사 희생자 추모와 해고자 복직을 위한 범국민대책위원회'(약칭 '대책위')가 덕수궁 대한문 화단 앞 인도('농성 장소')를 불법적으로 점거한 뒤 천막·분향소 등을 설치하고 농성을 계속하다가 관할 구청이 행정대집행으로 농성 장소에 있던 물건을 치웠음에도 대책위 관계자들이 이에 대한 항의의 일환으로 기자회견 명목의 집회를 개최하려고 하자, 출동한 경찰 병력이 농성 장소를 둘러싼 채 대책위 관계자들의 농성 장소 진입을 제지하는 과정에서 피고인들이 경찰관을 밀치는 등으로 공무집행을 방해하였다는 내용으로 기소된 사안에서, 경찰의 농성 장소에 대한 점거와 대책위의 집회 개최를 제지한 직무집행이 '위법한 공무집행'이라고 본 원심판단에 법리오해의 잘못이 있다고 한 사례[대판 2021.10.14. 2018도2993].

판례 | 공무집행방해죄가 성립하지 않는 경우(적법한 공무집행이 아닌 경우)

1. **(적법성이 결여된 직무집행에 대항한 행위)** 형법 제136조가 규정하는 공무집행방해죄는 공무원의 직무집행이 적법한 경우에 한하여 성립하는 것이고, 여기서 적법한 공무집행이라고 함은 그 행위가 공무원의 추상적 권한에 속할 뿐 아니라 구체적 직무집행에 관한 법률상 요건과 방식을 갖춘 경우를 가리키는 것이므로, 이러한 적법성이 결여된 직무행위를 하는 공무원에게 대항하여 폭행이나 협박을 가하였다고 하더라도 공무집행방해죄가 성립한다고 볼 수는 없다[대판 2013.3.14. 2011도7259]. [20 법원행시, 19 경간부, 18 경간부, 18 경찰채용, 16 경찰승진]*

2. **(행정사무의 편의를 위한 행위)** 면사무소에 설계도면을 제출할 의무나 설계에 필요한 금원을 지급할 의무가 없다면 피고인이 설계도를 제출하지 않음으로써 건축시공상의 어떤 불이익을 받는 것은 별론으로 하고 면사무소 공무원으로서도 이를 적법하게 강제할 권한이 없는 것이므로 면사무소 공무원이 자신의 행정사무의 편의를 위한 목적으로 설계도의 제출을 요구한 행위는 공무집행방해죄에 있어서의 공무집행에 해당한다고 단정할 수는 없다[대판 1982.11.23. 81도1872].

3. **(불법한 강제연행)** ⅰ) 공소외인의 행위가 법정형 5만원 이하의 벌금, 구류 또는 과료에 해당하는 경미한 범죄에 불과한 경우 비록 그가 현행범인이라고 하더라도 영장 없이 체포할 수는 없고, 또한 범죄의 사전 진압이나 교통단속의 목적만을 이유로 그에게 임의동행을 강요할 수도 없다 할 것이므로, 경찰관이 그의 의사에 반하여 강제로 연행하려고 한 행위는 적법한 공무집행이라고 볼 수 없고, 따라서 피고인이 위 경찰관의 행위를 제지하기 위하여 경찰관에게 폭행을 가하였다고 하여도 이는 공무집행방해죄를 구성하지 아니한다[대판 1992.5.22. 92도506].
   ⅱ) 피고인이 교통단속 경찰관의 면허증 제시 요구에 응하지 않고 교통경찰관을 폭행한 사안에 대하여 경찰관의 면허증 제시 요구에 순순히 응하지 않은 것은 잘못이라고 하겠으나, 피고인이 위 경찰관에게 먼저 폭행 또는 협박을 가한 것이 아니라면 경찰관의 오만한 단속 태도에 항의한다고 하여 피고인을 그 의사에 반하여 교통초소로 연행해 갈 권한은 경찰관에게 없는 것이므로, 이러한 강제연행에 항거하는 와중에서 경찰관의 멱살을 잡는 등 폭행을 가하였다고 하여도 공무집행방해죄가 성립되지 않는다[대판 1992.2.11. 91도2797].

동지판례 ⅰ) **(불법한 체포)** 경찰관의 행위가 적법한 공무집행을 벗어나 불법하게 체포한 것으로 볼 수밖에 없다면, 그 체포를 면하려고 반항하는 과정에서 경찰관에게 상해를 가한 것은 불법 체포로 인한 신체에 대한 현재의 부당한 침해에서 벗어나기 위한 행위로서 정당방위에 해당하여 위법성이 조각된다[대판 2000.7.4. 99도4341].

ⅱ) **(위법한 수색)** 경찰관들이 주류 판매여부를 확인하기 위하여 노래연습장을 검색하는 행위는 풍속영업의 규제에 관한 법률 제9조 제1항에서 규정하고 있는 '검사'에 해당하지 아니하고 또 이를 일반적으로 허용하는 법령도 없어서, 법관이 발부한 영장 없이는 노래연습장 업주의 의사에 반하여 이를 행할 수 없다고 할 것인데, 위 경찰관들은 피고인의 의사에 반함에도 불구하고 영장 없이 이를 행하였음이 기록상 분명하므로, 위 경찰관들의 위 각 행위는 적법한 직무집행으로 볼 수 없고, 따라서 피고인이 이를 방해하였다고 하더라도 공무집행방해죄를 구성하지 아니한다[대판 2005.10.28. 2004도4731].

ⅲ) **(현행범이 아닌 자에 대한 강제연행)** [1] 형사소송법 제211조가 현행범인으로 규정한 '범죄의 실행의 즉후인 자'라고 함은, 범죄의 실행행위를 종료한 직후의 범인이라는 것이 체포하는 자의 입장에서 볼 때 명백한 경우를 일컫는 것으로서, 위 법조가 제1항에서 본래의 의미의 현행범인에 관하여 규정하면서 '범죄의 실행의 즉후인 자'를 '범죄의 실행 중인 자'와 마찬가지로 현행범인으로 보고 있고, 제2항에서는 현행범인으로 간주되는 준현행범인에 관하여 별도로 규정하고 있는 점 등으로 미루어 볼 때, '범죄의 실행행위를 종료한 직후'라고 함은, 범죄행위를 실행하여 끝마친 순간 또는 이에 아주 접착된 시간적 단계를 의미하는 것으로 해석되므로, 시간적으로나 장소적으로 보아 체포를 당하는 자가 방금 범죄를 실행한 범인이라는 점에 관한 죄증이 명백히 존재하는 것으로 인정되는 경우에만 현행범인으로 볼 수 있다.
[2] 현행범인으로서의 요건을 갖추고 있었다고 인정되지 않는 상황에서 경찰관들이 동행을 거부하는 자를 체포하거나 강제로 연행하려고 하였다면, 이는 적법한 공무집행이라고 볼 수 없고, 그 체포를 면하려고 반항하는 과정에서 경찰관에게 상해를 가한 것은 불법 체포로 인한 신체에 대한 현재의 부당한 침해에서 벗어나기 위한 행위로서 정당방위에 해당하여 위법성이 조각된다[대판 2002.5.10. 2001도310].

ⅳ) **(현행범이 아닌 자에 대한 불법체포 등)** [1] 경찰관들이 현행범이나 준현행범도 아닌 피고인을 체포하려고(법원의 영장도 없이) 피고인의 집(주거)에 강제로 들어가려고 하여 피고인이 이를 제지하는 행위를 한 경우, 위 경찰관들의 행위는 적법한 공무집행이라 볼 수 없으므로 피고인의 행위는 공무집행방해죄에 해당하지 아니한다[대판 1991.12.10. 91도2395].
[2] 경찰관이, 피고인이 음주운전을 종료한 후 40분 이상이 경과한 시점에서 길가에 앉아 있던 피고인에게서 술냄새가 난다는 점만을 근거로, 피고인을 음주운전의 현행범으로 체포한 것은 피고인이 '방금 음주운전을 실행한 범인이라는 점에 관한 죄증이 명백하다고 할 수 없는 상태'에서 이루어진 것으로서 적법한 공무집행이라고 볼 수 없어 피고인에게 무죄를 선고한 조치는 정당하고 위법이 없다[대판 2007.4.13. 2007도1249].

ⅴ) **(긴급체포의 요건을 갖추지 못한 자에 대한 긴급체포)** [1] 형법 제136조가 규정하는 공무집행방해죄는 공무원의 직무집행이 적법한 경우에 한하여 성립하고, 여기서 적법한 공무집행은 그 행위가 공무원의 추상적 권한에 속할 뿐 아니라 구체적 직무집행에 관한 법률상 요건과 방식을 갖춘 경우를 가리키므로, 검사나 사법경찰관이 수사기관에 자진출석한 사람을 긴급체포의 요건을 갖추지 못하였음에도 실력으로 체포하려고 하였다면 적법한 공무집행이라고 할 수 없고, 자진출석한 사람이 검사나 사법경찰관에 대하여 이를 거부하는 방법으로써 폭행을 하였다고 하여 공무집행방해죄가 성립하는 것은 아니다.
[2] 검사가 참고인 조사를 받는 줄 알고 검찰청에 자진출석한 변호사사무실 사무장을 합리적 근거 없이 긴급체포하자 그 변호사가 이를 제지하는 과정에서 위 검사에게 상해를 가한 것은 정당방위에 해당한다[대판 2006.9.8. 2006도148].

ⅵ) **(형의 집행장의 제시 없이 노역장 유치를 위하여 체포·구인한 경우)** [1] 사법경찰관리가 벌금형을 받은 이를 그에 따르는 노역장 유치의 집행을 위하여 구인하려면, 검사로부터 발부받은 형집행장을 그 상대방에게 제시하여야 한다(형사소송법 제85조 제1항).
[2] 경찰관이 벌금형에 따르는 노역장 유치의 집행을 위하여 형집행장을 소지하지 아니한 채 피고인을 구인할 목적으로 그의 주거지를 방문하여 임의동행의 형식으로 데리고 가다가, 피고인이 동행을 거부하며 다른 곳으로 가려는 것을 제지하면서 체포·구인하려고 하자 피고인이 이를 거부하면서 경찰관을 폭행한 경우, 위와 같이 피고인을 체포·구인하려고 한 것은 노역장 유치의 집행에 관한 법규정에 반하는 것으로서 적법한 공무집행행위라고 할 수 없으며, 또한 그 경우에 형집행장의 제시 없이 구인할 수 있는 '급속을 요하는 경우'(형사소송법 제85조 제3항)에 해당한다고 할 수 없고, 이는 피고인이 벌금미납자로 지명수배 되었다고 하더라도 마찬가지이므로, 공무집행방해죄가 성립할 수 없다[대판 2010.10.14. 2010도8591]. [18 법원9급, 17 법원행시]*

ⅶ) **(음주측정을 위하여 운전자를 강제연행한 경우)** 교통안전과 위험방지를 위한 필요가 없음에도 주취운전을 하였다고 인정할 만한 상당한 이유가 있다는 이유만으로 이루어지는 음주측정은 이미 행하여진 주취운전이라는 범죄행위에 대한 증거 수집을 위한 수사절차로서 의미를 가지는데, 도로교통법상 규정들이 음주측정을 위한 강제처분의 근거가 될 수 없으므로 위와 같은 음주측정을 위하여 운전자를 강제로 연행하기 위해서는 수사상 강제처분에 관한 형사소송법상 절차에 따라야 하고, 이러한 절차를 무시한 채 이루어진 강제연행은 위법한 체포에 해당한다[대판 2012.12.13. 2012도11162].

4. **(미란다원칙의 불고지)** 비록 사법경찰관 등이 피의자에 대한 구속영장을 소지하였다 하더라도 피의자를 체포하기 위하여는 체포 당시에 피의자에 대한 범죄사실의 요지, 구속의 이유와 변호인을 선임할 수 있음을 말하고 변명할 기회를 준 후가 아니면 체포할 수 없고, 이와 같은 절차를 밟지 아니한 채 실력으로 연행하려 하였다면 적법한 공무집행으로 볼 수 없다[대판 1996.12.23. 96도2673].

동지판례 **(미란다원칙의 불고지)** 의경이 피고인을 파출소로 끌고 가려고 한 것은 음주측정을 하기 위한 것일 뿐, 피고인을 음주운전이나 음주측정거부의 현행범으로 체포하려는 의사였는지도 의심스러울 뿐 아니라, 가사 현행범으로 체포하려 하였더라도 현행범을 체포함에 있어서는 체포 당시에 헌법 및 형사소송법에 규정된 바와 같이 피의자에 대하여 범죄사실의 요지, 체포 또는 구속의 이유와 변호인을 선임할 수 있음을 말하고 변명할 기회를 주는 등 적법절차를 준수하여야 함에도 현행범으로 체포한다는 사실조차 고지하지 아니한 채 실력으로 연행하려 하였다면 그 의경의 행위는 적법한 공무집행으로 볼 수 없다[대판 1994.10.25. 94도2283].

5. **(위법한 운전면허증 제시요구)** 도로교통법 제120조는 "경찰서장은 범칙금납부통고서를 받기를 거부한 사람에 대하여는 지체없이 즉결심판을 청구하여야 한다."고 규정하고 있으므로, 교통경찰관인 乙로서는 교통단속 업무를 수행함에 있어 피고인이 신호위반을 하였다고 하더라도 범칙금납부통고서를 받지 않겠다는 의사를 분명히 밝힌 이상, 피고인에 대하여 지체없이 즉결심판 출석통지서를 교부 또는 발송하고 즉결심판청구서를 작성하여 관할 법원에 제출하는 등 즉결심판청구의 절차로 나아가야 함에도, 이러한 절차를 밟지 아니한 채 범칙금납부 통고처분을 강행할 목적으로 무리하게 운전면허증을 제시할 것을 계속 요구한 것은 적법한 교통단속 업무라고 할 수 없으며, 이와 같이 적법성이 결여된 직무행위를 하는 乙에 대항하여 피고인이 폭행을 가하였다고 하더라도 이를 공무집행방해죄에 해당한다고 볼 수 없다[대판 2004.7.8. 2003도8336].

6. **(집회 · 시위에 참가하려는 자를 지나치게 사전에 제지하는 행위)** 구 집회 및 시위에 관한 법률(2007.5.11. 법률 제8424호로 개정되기 전의 것)에 의하여 금지되어 그 주최 또는 참가행위가 형사처벌의 대상이 되는 위법한 집회 · 시위가 장차 특정지역에서 개최될 것이 예상된다고 하더라도, 이와 시간적 · 장소적으로 근접하지 않은 다른 지역에서 그 집회 · 시위에 참가하기 위하여 출발 또는 이동하는 행위를 함부로 제지하는 것은 경찰관직무집행법 제6조 제1항의 행정상 즉시강제인 경찰관의 제지의 범위를 명백히 넘어 허용될 수 없다. 따라서 이러한 제지 행위는 공무집행방해죄의 보호대상이 되는 공무원의 적법한 직무집행이 아니다[대판 2008.11.13. 2007도9794]. [16 경찰채용]*

7. **(국회 경위들이 상임위원회 위원들의 회의장 출입을 막는 행위)** 한미FTA 비준동의안에 대한 국회 외교통상 상임위원회(이하 '외통위'라 한다)의 처리 과정에서, 갑 정당 당직자인 피고인들이 갑 정당 소속 외통위 위원 등과 함께 외통위 회의장 출입문 앞에 배치되어 출입을 막고 있던 국회 경위들을 밀어내기 위해 국회 경위들의 옷을 잡아당기거나 밀치는 등의 행위를 한 사안에서, 제반 사정에 비추어 외통위 위원장이 을 정당 소속 외통위 위원들이 위원장실에 이미 입실한 상태에서 회의장 출입구를 폐쇄하고 출입을 봉쇄하여 다른 정당 소속 외통위 위원들의 회의장 출입을 막은 행위는 상임위원회 위원장의 질서유지권 행사의 한계를 벗어난 위법한 조치이고, 회의장 근처에 배치된 국회 경위들이 갑 정당 소속 외통위 위원들의 회의장 출입을 막은 행위는 외통위 위원장의 위법한 조치를 보조한 행위에 지나지 아니하여 역시 위법한 직무집행이며, 피고인들이 갑 정당 소속 외통위 위원들을 회의장으로 들여보내기 위하여 그들과 함께 국회 경위들을 밀어내는 과정에서 경위들의 옷을 잡아당기는 등의 행위를 하였더라도, 이러한 행위는 적법성이 결여된 직무행위를 하는 공무원에게 대항하여 한 것에 지나지 아니하여 공무집행이 적법함을 전제로 하는 공무집행방해죄는 성립하지 않는다고 한 사례[대판 2013.6.13. 2010도13609]. [18 변호사, 17 경간부, 16 경찰채용]*

8. [1] 교정시설의 소장에 의하여 허용된 범위를 넘어 사진 또는 그림 등을 부착한 수용자에 대하여 교도관이 부착물의 제거를 지시한 행위는 수용자가 복종하여야 할 직무상 지시로서 적법한 직무집행이라고 보아야 한다.
[2] 징벌사유에 해당하는 행위를 하였다고 의심할 만한 상당한 이유가 있는 수용자에 대하여 조사가 필요한 경우라 하더라도, 특히 그 수용자에 대한 조사거실에의 분리 수용은 형의 집행 및 수용자의 처우에 관한 법률 제110조 제1항의 각 호에 따라 그 수용자가 증거를 인멸할 우려가 있는 때 또는 다른 사람에게 위해를 끼칠 우려가 있거나 다른 수용자의 위해로부터 보호할 필요가 있는 때에 한하여 인정된다[대판 2014.9.25. 2013도1198].

판결이유 피고인을 조사거실에 강제로 수용하려고 한 행위 및 그 수용을 위하여 검신을 요구한 행위라는 피해자의 위법한 직무집행에 저항하는 과정에서 이루어진 피고인의 피해자에 대한 폭행은 공무집행방해죄에 해당하지 않는다.

③ 행위: 폭행 · 협박하는 것이다.

㉮ 폭행은 공무원에 대한 직접 · 간접의 유형력의 행사를 말한다(광의의 폭행).

판례 | 공무집행방해죄가 성립하는 경우(공무원에 대한 간접폭행)

1. 경찰관이 공무를 집행하고 있는 파출소 사무실의 바닥에 인분이 들어 있는 물통을 집어던지고 책상 위에 있던 재떨이에 인분을 퍼담아 사무실 바닥에 던지는 행위는 동 경찰관에 대한 폭행이다[대판 1981.3.24. 81도326].
2. 폭행의 상대방이 집달관 대리가 아니고 그 인부라 하더라도 동인에게 폭행을 가함으로써 집달관 대리에 대하여 간접으로 폭행을 가한 것이 되어 공무집행방해죄가 성립한다[대판 1970.5.12. 70도561].

판례 | 음향이 공무집행방해죄에서의 폭행에 해당하는지 여부(경우에 따라 달리 판단됨)

민주사회에서 공무원의 직무수행에 대한 시민들의 건전한 비판과 감시는 가능한 한 널리 허용되어야 한다는 점에서 볼 때, 공무원의 직무 수행에 대한 비판이나 시정 등을 요구하는 집회 · 시위 과정에서 일시적으로 상당한 소음이 발생하였다는 사정만으로는 이를 공무집행방해죄에서의 음향으로 인한 폭행이 있었다고 할 수는 없다. 그러나 의사전달수단으로서 합리적 범위를 넘어서 상대방에게 고통을 줄 의도로 음향을 이용하였다면 이를 폭행으로 인정할 수 있을 것인바, 구체적인 상황에서 공무집행방해죄에서의 음향으로 인한 폭행에 해당하는지 여부는 음량의 크기나 음의 높이, 음향의 지속시간, 종류, 음향 발생 행위자의 의도, 음향발생원과 직무를 집행 중인 공무원과의 거리, 음향발생 당시의 주변 상황을 종합적으로 고려하여 판단하여야 한다[대판 2009.10.29. 2007도3584].

판례 | 공무집행방해죄가 성립하지 않는 경우(공무원에 대한 폭행이라고 볼 수 없는 경우)

차량을 일단 정차한 다음 경찰관의 운전면허증 제시요구에 불응하고 다시 출발하는 과정에서 경찰관이 잡고 있던 운전석 쪽의 열린 유리창 윗부분을 놓지 않은 채 어느 정도 진행하다가 차량속도가 빨라지자 더 이상 따라가지 못하고 손을 놓아버렸다면 이러한 사실만으로는 피고인의 행위가 공무집행방해죄에 있어서의 폭행에 해당한다고 할 수 없다[대판 1996.4.26. 96도281].

㉯ 협박은 공무원에게 공포심을 생기게 할 수 있는 일체의 해악의 고지를 말하며, 현실적으로 공포심이 발생할 것을 요하지 않는다(광의의 협박).

㉰ 폭행 · 협박은 적극적인 행위에 의할 것을 요하므로 소극적 거동 · 불복종은 여기에 포함되지 않는다(예 연행하려고 잡아끄는 경찰의 손을 뿌리친 경우, 공무원의 출입을 막기 위하여 닫힌 문을 열어주지 않은 경우).

판례 | 공무집행방해죄가 성립하는 경우(공무원에 대한 협박이라고 볼 수 있는 경우)

1. 수산업협동조합 조합장 甲이 해양경찰서 경찰공무원인 A에게 전화로 수사에 대하여 강하게 항의하면서 해양경찰청 고위 간부들과의 친분관계를 이용하여 A에게 인사상 불이익을 가하겠다 말하였다면, 이는 객관적으로 보아 상대방으로 하여금 공포심을 느끼게 하기에 충분한 해악의 고지에 해당하므로 甲에게는 공무집행방해죄가 성립한다[대판 2011.2.10. 2010도15986].
2. 가옥명도를 집행하는 집달관에게 욕설을 하고 그를 마루 밑으로 떨어뜨리면서 불법집행이라고 소리를 쳤다는 일련의 언동은 협박이라고 할 수 있다[대판 1969.2.18. 68도44].
3. 폭력행위 등 전과 12범인 피고인이 그 경영의 술집에서 떠들며 놀다가 주민의 신고를 받고 출동한 경찰로부터 조용히 하라는 주의를 받은 것 뿐인데 그후 새벽 4시의 이른 시각에 파출소에까지 뒤쫓아가서 "우리 집에 무슨 감정이 있느냐, 이 순사새끼들 죽고 싶으냐"는 등의 폭언을 하였다면, 이는 단순한 불만의 표시나 감정적인 욕설에 그친다고 볼 수 없고, 경찰이 계속하여 단속하는 경우에 생명, 신체에 어떤 위해가 가해지리라는 것을 통보함으로써 공포심을 품게 하려는데 그 목적이 있었다고 할 것이고, 또 이는 객관적으로 보아 상대방으로 하여금 공포심을 느끼게 하기에 족하다고 할 것이다[대판 1989.12.26. 89도1204].

판례 | 공무집행방해죄에 있어서의 폭행·협박의 정도와 이 정도에 이르지 않은 경우

1. 경찰관의 임의동행을 요구받은 피고인이 자기집 안방으로 피하여 문을 잠그었다면 이는 임의동행 요구를 거절한 것이므로 피요구자의 승낙을 조건으로 하는 임의동행하려는 직무행위는 끝난 것이고 피고인이 문을 잠근 방안에서 면도칼로 앞가슴 등을 그어 피를 보이면서 자신이 죽어버리겠다고 불온한 언사를 농하였다 하여도 이는 자해자학행위는 될지언정 위 경찰관에 대한 유형력의 행사나 해악의 고지표시가 되는 폭행 또는 협박으로 볼 수 없다[대판 1976.3.9. 75도3779]. [16 경찰승진]*
2. [1] 공무집행방해죄에 있어서의 폭행·협박은 성질상 공무원의 직무집행을 방해할 만한 정도의 것이어야 하므로, 경미하여 공무원이 개의치 않을 정도의 것이라면 여기의 폭행·협박에는 해당하지 아니한다고 할 것이다. [19 경찰채용]*
[2] 경찰관 A 등이 게임장의 경영자를 설득하여 위 게임장 오락기계의 기판을 임의제출하도록 하여 의경 B가 오락실 밖에서 기판이 든 박스를 옮기자 甲이 의경 B를 뒤쫓아 가 '이 박스는 압수된 것이 아니다'라고 말하며 B의 손에 있던 박스를 수거한 행위는 공무집행을 방해할 만한 폭행 또는 협박에 해당하지 아니한다[대판 2007.6.1. 2006도4449].

㉣ 기수시기는 공무원에 대한 폭행·협박행위가 있을 때이며, 공무집행의 현실적 방해결과는 요하지 않는다(추상적 위험범).

판례 | 공무집행방해죄의 법적 성질(추상적 위험범)

공무집행방해죄에서 '폭행'은 사람에 대한 유형력의 행사로 족하고 반드시 그 신체에 대한 것임을 요하지 아니하며 또한 추상적 위험범으로서 구체적으로 직무집행의 방해라는 결과발생을 요하지도 아니한다[대판 2018.3.29. 2017도21537]. [22 경간부, 20 경간부, 19 변호사, 19 국가9급, 19 경찰채용, 18 경찰채용]*

(2) 주관적 구성요건

고의 즉 적법한 직무를 집행중인 공무원에 대하여 폭행·협박한다는 인식과 의사가 있어야 한다. 그러나 공무원의 직무집행을 방해할 의사를 필요로 하지 아니한다(판례, 통설).

판례 | 공무집행방해죄에 있어서의 고의의 성립요건

공무집행방해죄에 있어서의 범의는 상대방이 직무를 집행하는 공무원이라는 사실, 그리고 이에 대하여 폭행 또는 협박을 한다는 사실을 인식하는 것을 그 내용으로 하고, 그 인식은 불확정적인 것이라도 소위 미필적 고의가 있다고 보아야 하며, 그 직무집행을 방해할 의사를 필요로 하지 아니한다[대판 1995.1.24. 94도1949]. [19 국가9급, 19 경간부, 16 경찰채용]*

3. 죄수

통설은 공무의 수를 기준으로 죄수를 판단하나, 판례는 공무원의 수를 기준으로 죄수를 판단한다[대판 1961.9.28. 4291형상415].

Ⅲ 직무·사직강요죄

제136조(공무집행방해) ② 공무원에 대하여 그 직무상의 행위를 강요 또는 저지하거나 그 직을 사퇴하게 할 목적으로 폭행 또는 협박한 자도 전항의 형과 같다.

Ⅳ 위계에 의한 공무집행방해죄

> **제137조(위계에 의한 공무집행방해)** 위계로써 공무원의 직무집행을 방해한 자는 5년 이하의 징역 또는 1천만원 이하의 벌금에 처한다.

1. 객관적 구성요건

(1) 행위의 객체

현재 공무집행 중인 공무원뿐만 아니라 장래 직무집행이 예상되는 공무원과 직무집행과 관련이 있는 비공무원인 제3자도 포함된다.

판례 | 위계에 의한 공무집행방해죄의 공무원의 '직무집행'의 범위

위계에 의한 공무집행방해죄는 행위목적을 이루기 위하여 상대방에게 오인, 착각, 부지를 일으키게 하여 이를 이용함으로써 법령에 의하여 위임된 공무원의 적법한 직무에 관하여 그릇된 행위나 처분을 하게 하는 경우에 성립하고, 여기에서 공무원의 직무집행이란 법령의 위임에 따른 공무원의 적법한 직무집행인 이상 공권력의 행사를 내용으로 하는 권력적 작용뿐만 아니라 사경제주체로서의 활동을 비롯한 비권력적 작용도 포함되는 것으로 봄이 상당하다[대판 2003.12.26. 2001도6349]. [22 경간부, 19 법원행시, 17 경찰승진, 17 경찰채용]*

(2) 행위

위계로써 공무집행을 방해하는 것이다.

① **위계**: 행위자가 일정한 목적을 달성하기 위하여 상대방에게 오인 · 착각 · 부지를 발생케 하여 이를 이용하는 일체의 행위를 말한다. 그 방법은 기망 · 유혹을 불문하며 반드시 비밀로 할 것도 요하지 않는다.

② **위계의 상대방**: 반드시 직무담당 공무원일 필요는 없고 제3자를 기망하여 공무를 방해하는 경우도 포함된다.

③ **공무집행방해**: ⅰ) 다수설은 방해의 결과가 현실적으로 발생할 필요는 없고 공무를 방해할 위험성만 있으면 본죄는 기수가 된다고 본다. ⅱ) 판례는 구체적으로 공무집행이 저지되거나 현실적으로 곤란하게 되었을 때 기수가 된다고 본다.

판례 | 공무집행방해가 위계에 의한 것인지의 판단기준

1. **(신고와 신청의 구별)** [1] 위계에 의한 공무집행방해죄는 상대방의 오인, 착각, 부지를 일으키고 이를 이용하는 위계에 의하여 상대방으로 하여금 그릇된 행위나 처분을 하게 함으로써 공무원의 구체적이고 현실적인 직무집행을 방해하는 경우에 성립한다. [17 법원9급]*
   [2] 신고는 사인(私人)이 행정청에 대하여 일정한 사실 또는 관념을 통지함으로써 공법상 법률효과가 발생하는 행위로서 원칙적으로 행정청에 대한 일방적 통고로 그 효과가 완성될 뿐 이에 대응하여 신고내용에 따라 법률효과를 부여하는 행정청의 행위나 처분을 예정하고 있지 아니하므로, 신고인이 허위사실을 신고서에 기재하거나 허위의 소명자료를 첨부하여 제출하였다고 하더라도 관계 법령에 별도의 처벌규정이 있어 이를 적용하는 것은 별론으로 하고, 일반적으로 위와 같은 허위 신고가 형법상 위계에 의한 공무집행방해죄를 구성한다고 볼 수 없다. 다만 관계 법령이 비록 신고라는 용어를 사용하고 있더라도 사실상 인허가 등 처분의 신청행위와 다를 바 없다고 평가되는 등의 예외적인 경우에는 위계에 의한 공무집행방해죄가 성립할 여지가 있으나, 이때에도 행정청이 나름대로 충분히 사실관계를 확인하더라도 그 신고내용이 허위이거나 법령의 취지에 맞지 아니함을 발견할 수 없었던 경우가 아니라면 심사를 담당하는 행정청이 신고내용이나 자료의 진실성을 충분히 따져보지 않은 채 경솔하게 이를 믿고 어떠한 행위나 처분에 나아갔다고 하여 이를 신고인의 위계에 의한 결과로 볼 수 없으므로 위계에 의한 공무집행방해죄는 성립하지 아니한다[대판 2011.9.8. 2010도7034]. [17 경찰채용, 16 법원행시]*

1-1. **(민원인이 행정관청에 허위의 출원사유나 허위의 소명자료를 제출한 경우)** [1] 행정관청이 출원에 의한 인·허가처분을 함에 있어서는 그 출원사유가 사실과 부합하지 아니하는 경우가 있음을 전제로 하여 인·허가할 것인지의 여부를 심사·결정하는 것이므로 행정관청이 사실을 충분히 확인하지 아니한 채 출원자가 제출한 허위의 출원사유나 허위의 소명자료를 가볍게 믿고 인가 또는 허가를 하였다면 이는 행정관청의 불충분한 심사에 기인한 것으로서 출원자의 위계가 결과 발생의 주된 원인이었다고 할 수 없어 위계에 의한 공무집행방해죄를 구성하지 않는다고 할 것이나, 출원자가 행정관청에 허위의 출원사유를 주장하면서 이에 부합하는 허위의 소명자료를 첨부하여 제출한 경우 허가관청이 관계 법령이 정한 바에 따라 인·허가요건의 존부 여부에 관하여 나름대로 충분히 심사를 하였으나 출원사유 및 소명자료가 허위임을 발견하지 못하여 인·허가처분을 하게 되었다면 이는 허가관청의 불충분한 심사가 그의 원인이 된 것이 아니라 출원인의 위계행위가 원인이 된 것이어서 위계에 의한 공무집행방해죄가 성립된다. [16 법원행시, 16 경간부]*

[2] **(허위진단서의 제출: 위계에 의한 공무집행방해죄 성립)** 피고인이 개인택시 운송사업면허를 받은 지 5년이 경과되지 아니하여 원칙적으로 개인택시 운송사업을 양도할 수 없는 사람 등과 사이에 마치 그들이 1년 이상의 치료를 요하는 질병으로 인하여 직접 운전할 수 없는 것처럼 가장하여 개인택시 운송사업의 양도·양수인가를 받기로 공모한 후, 질병이 있는 노숙자들로 하여금 그들이 개인택시 운송사업을 양도하려고 하는 사람인 것처럼 위장하여 의사의 진료를 받게 한 다음, 그 정을 모르는 의사로부터 환자가 개인택시 운송사업의 양도인으로 된 허위의 진단서를 발급받아 행정관청에 개인택시 운송사업의 양도·양수 인가신청을 하면서 이를 소명자료로 제출하여 진단서의 기재 내용을 신뢰한 행정관청으로부터 인가처분을 받은 경우, 위계에 의한 공무집행방해죄가 성립한다[대판 2002.9.4. 2002도2064]. [17 경간부]*

동지판례 i) 범죄행위로 인하여 강제출국당한 전력이 있는 사람이 외국 주재 한국영사관 담당직원에게 허위의 호구부 및 외국인등록신청서 등을 제출하여 사증 및 외국인등록증을 발급받은 사안에서, 이는 업무담당자의 불충분한 심사가 아니라 신청인의 위계행위에 의한 것이라고 하여 위계에 의한 공무집행방해죄가 성립한다고 한 사례[대판 2009.2.26. 2008도11862]. [16 법원9급]*
ii) 구 병역법(2004.3.11. 법률 제7186호로 개정되기 전의 것)상의 지정업체에서 산업기능요원으로 근무할 의사가 없음에도 해당 지정업체의 장과 공모하여 허위내용의 편입신청서를 제출하여 관할관청으로부터 산업기능요원 편입을 승인받고, 나아가 관할관청의 실태조사를 회피하기 위하여 허위서류를 작성·제출하는 등의 방법으로 파견근무를 신청하여 관할관청으로부터 파견근무를 승인받았다면, 이러한 파견근무의 승인 등은 관할관청의 불충분한 심사가 원인이 된 것이 아니라 출원인의 위계행위가 원인이 된 것이어서 위계에 의한 공무집행방해죄가 성립한다[대판 2009.3.12. 2008도1321]. [16 법원9급]*

2. **(피의자나 참고인이 수사기관에 대하여 허위진술 또는 허위증거를 제출한 경우)** [1] 피의자나 참고인이 피의자의 무고함을 입증하는 등의 목적으로 수사기관에 대하여 허위사실을 진술하거나 허위의 증거를 제출하였다 하더라도, 수사기관이 충분한 수사를 하지 아니한 채 이와 같은 허위의 진술과 증거만으로 잘못된 결론을 내렸다면, 이는 수사기관의 불충분한 수사에 의한 것으로서 피의자 등의 위계에 의하여 수사가 방해되었다고 볼 수 없어 위계에 의한 공무집행방해죄가 성립된다고 할 수 없을 것이나, 피의자나 참고인이 피의자의 무고함을 입증하는 등의 목적으로 적극적으로 허위의 증거를 조작하여 제출하였고 그 증거 조작의 결과 수사기관이 그 진위에 관하여 나름대로 충실한 수사를 하더라도 제출된 증거가 허위임을 발견하지 못하여 잘못된 결론을 내리게 될 정도에 이르렀다면, 이는 위계에 의하여 수사기관의 수사행위를 적극적으로 방해한 것으로서 위계에 의한 공무집행방해죄가 성립된다. [20 법원행시, 17 경찰채용]*

[2] **(혈액을 바꿔치기하여 제출한 경우: 위계에 의한 공무집행방해죄 성립)** 음주운전을 하다가 교통사고를 야기한 후 그 형사처벌을 면하기 위하여 타인의 혈액을 자신의 혈액인 것처럼 교통사고 조사 경찰관에게 제출하여 감정하도록 한 행위는, 단순히 피의자가 수사기관에 대하여 허위사실을 진술하거나 자신에게 불리한 증거를 은닉하는 데 그친 것이 아니라 수사기관의 착오를 이용하여 적극적으로 피의사실에 관한 증거를 조작한 것으로서 위계에 의한 공무집행방해죄가 성립한다[대판 2003.7.25. 2003도1609]. [18 법원9급, 18 경찰채용, 17 법원행시, 17 경간부, 16 법원9급]*

동지판례 **(소변을 바꿔치기하여 제출한 경우: 위계에 의한 공무집행방해죄 성립)** 타인의 소변을 마치 자신의 소변인 것처럼 수사기관에 건네주어 필로폰 음성반응이 나오게 한 경우, 수사기관의 착오를 이용하여 적극적으로 피의사실에 관한 증거를 조작한 것이므로 위계에 의한 공무집행방해죄가 성립한다[대판 2007.10.11. 2007도6101].

비교판례 **(참고인이 아닌 자의 자발적이고 계획적인 허위진술: 위계에 의한 공무집행방해죄 불성립, 주의할 것)** i) 수사기관이 범죄사건을 수사함에 있어서는 피의자나 피의자로 자처하는 자 또는 참고인의 진술여하에 불구하고 피의자를 확정하고 그 피의사실을 인정할 만한 객관적인 제반증거를 수집 조사하여야 할 권리와 의무가 있는 것이라고 할 것이므로 피의자나 참고인이 아닌 자가 자발적이고 계획적으로 피의자를 가장하여 수사기관에 대하여 허위사실을 진술하였다 하여 바로 이를 위계에 의한 공무집행방해죄가 성립된다고 할 수 없다[대판 1977.2.8. 76도3685].
ii) 수사기관에 대하여 피의자가 허위자백을 하거나 참고인이 허위의 진술을 한 것만으로는 위계에 의한 공무집행방해죄가 성립된다고 할 수 없다[대판 1971.3.9. 71도186]. [19 변호사, 18 경찰채용]*

ⅲ) [1] 경범죄 처벌법 제3조 제3항 제2호의 거짓신고로 인한 경범죄 처벌법 위반죄는 '있지 아니한 범죄나 재해 사실을 공무원에게 거짓으로 신고'하는 경우에 성립하는 범죄이고, 형법 제137조의 위계에 의한 공무집행방해죄는 상대방의 오인, 착각, 부지를 일으키고 이를 이용하는 위계에 의하여 상대방으로 하여금 그릇된 행위나 처분을 하게 함으로써 공무원의 구체적이고 현실적인 직무집행을 방해하는 경우에 성립하는 범죄이다. 전자는 사회공공의 질서유지를 보호법익으로 하는 반면, 후자는 국가기능으로서의 공무 그 자체를 보호법익으로 하는 등 양 죄는 그 보호법익이나 규율대상 및 구성요건 등을 달리하는 별개의 죄이다. 따라서 경범죄 처벌법 제3조 제3항 제2호에서 정한 거짓신고 행위가 원인이 되어 상대방인 공무원이 범죄가 발생한 것으로 오인하게 만들었고 이로 인하여 공무원이 그러한 사정을 알았더라면 하지 않았을 대응조치를 취하기에 이르렀다면, 이로써 구체적이고 현실적인 공무집행이 방해되어 위계에 의한 공무집행방해죄가 성립하는 것이지, 그 거짓신고 행위와 결과의 불법성이 경범죄 처벌법 제3조 제3항 제2호가 예상한 정도를 현저하게 넘어선 예외적인 경우에 해당하는지 여부에 의하여 위계에 의한 공무집행방해죄의 성립 여부가 좌우된다고 볼 것은 아니다.

[2] 경찰관의 직무에는 국민의 생명 · 신체 및 재산의 보호, 범죄의 예방, 범죄피해자 보호, 그 밖에 공공의 안녕과 질서 유지 등이 포함된다(경찰관 직무집행법 제2조 제1호, 제2호, 제2호의2, 제7호 참조). 어떤 사람이 경찰관에게 경범죄 처벌법 제3조 제3항 제2호에서 정한 거짓신고를 하였고, 이에 따라 경찰관이 신고의 거짓 여부를 확인하거나 검토할 여유 없이 국민의 생명 · 신체 보호 등을 위해서 다른 업무보다 우선하여 긴급하게 현장에 출동하는 등 즉각적인 대응조치를 취하여야 하는 상황에서 실제로 그러한 대응조치가 이루어졌다면, 특별한 사정이 없는 한 경찰관의 위와 같은 직무에 관하여 위계에 의한 공무집행방해죄가 성립한다고 보아야 한다. 이러한 직무는 경찰관이 수사기관으로서 수행하는 범죄 수사에 관한 직무(경찰관 직무집행법 제2조 제2호 참조)와 구별되는 것이므로, 그 직무에 관하여 위계로 인한 공무집행방해죄가 성립하는가는 피고인이 수사과정에서 허위 진술을 하거나 허위 증거를 제출함으로써 범죄 수사 직무에 관하여 위계에 의한 공무집행방해죄가 성립하는가와 구별하여 살펴보아야 한다[대판 2024.11.14. 2024도11629].119)

[사실관계] 피고인은 2022.11.17. 13:35경 배달원이 머리채를 잡고 가슴을 만지는 등 강제추행을 하였다는 내용으로 허위의 112 신고를 하여, 위와 같은 강제추행 범행이 실제로 있었다고 오인한 경찰관들이 현장에 출동하여 수사를 하게 하고, 피고인에게 임시숙소 제공 및 범죄피해자 안전조치를 실시하게 하였으며, 경찰관들로 하여금 2022.11.17.경부터 2023.1.9.경까지 피고인이 신고한 범죄 혐의 확인을 위한 수사를 하게 하였다.

판례해설 원심판결 이유를 위 법리와 기록에 비추어 살펴보면, 주위적 공소사실 중 '경찰관들로 하여금 2022.11.17.경부터 2023.1.9.경까지 피고인이 신고한 범죄 혐의 확인을 위한 수사를 하게 하였다.'는 부분을 무죄로 판단한 원심에는 위계에 의한 공무집행방해죄의 성립에 관한 법리를 오해한 잘못이 없으나, 주위적 공소사실 중 '경찰관들로 하여금 2022.11.17.경부터 2023.1.9.경까지 피고인이 신고한 범죄 혐의 확인을 위한 수사를 하게 하였다.'는 부분을 제외한 나머지 부분(이하 '나머지 주위적 공소사실'이라 한다)까지 무죄로 본 원심의 판단은 받아들이기 어렵다. 왜냐하면 피고인은 마치 성범죄 피해를 당한 것처럼 112 신고를 함으로써 신고 접수 담당 경찰관으로 하여금 긴급히 대응하여야 할 위급한 상황이 발생한 것으로 오인하게 하였고, 이로 인하여 경찰관들은 현장에 즉각적으로 출동하여 현장 주변을 수색 · 탐문하고 피해자 보호조치를 하는 등 허위의 신고라는 사정을 알았더라면 하지 않았을 대응조치까지 취하였다. 이와 같은 피고인의 행위는 위계로써 경찰관의 112 신고에 따른 사건처리 업무, 범죄예방 업무, 범죄피해자 보호 업무에 관한 구체적인 직무집행을 방해한 것이라고 봄이 타당하기 때문이다.

3. **(비수용자 또는 교도소 내의 수용자의 규율위반행위, 수용자의 규율위반행위를 교도관이 방치한 경우: 위계에 의한 공무집행방해죄 불성립)** 법령에서 교도소 수용자에게는 흡연하거나 담배를 소지 · 수수 · 교환하거나 허가 없이 전화 등의 방법으로 다른 사람과 연락하는 등의 규율위반행위를 하여서는 아니될 금지의무가 부과되어 있고, 교도관은 수용자의 규율위반행위를 감시 · 단속 · 적발하여 상관에게 보고하고 징벌에 회부되도록 하여야 할 일반적인 직무상 권한과 의무가 있다고 할 것인바, 구체적이고 현실적으로 감시 · 단속업무를 수행하는 교도관에 대하여 위계를 사용하여 그 업무집행을 못하게 한다면 이에 대하여 위계에 의한 공무집행방해죄가 성립한다고 할 것이지만, 수용자가 교도관의 감시 · 단속을 피하여 규율위반행위를 하는 것만으로는 단순히 금지규정에 위반되는 행위를 한 것에 지나지 아니할 뿐 이로써 위계에 의한 공무집행방해죄가 성립한다고는 할 수 없고, 수용자가 아닌 자가 교도관의 검사 또는 감시를 피하여 금지물품을 교도소 내로 반입되도록 하였다고 하더라도 교도관에게 교도소 등의 출입자와 반출 · 입 물품을 단속 · 검사하거나 수용자의 거실 또는 신체 등을 검사하여 금지물품 등을 회수하여야 할 권한과 의무가 있는 이상, 그러한 수용자 아닌 자의 행위를 위계에 의한 공무집행방해죄에 해당하는 것으로는 볼 수 없으며, 교도관이 수용자의 규율위반행위를 알면서도 이를 방치하거나 도와주었더라도, 이를 다른 교도관 등에 대한 관계에서 위계에 의한 공무집행방해죄가 성립하는 것으로 볼 수는 없다[대판 2003.11.13. 2001도7045]. [23 경간부, 17 경찰채용, 17 법원행시]*

119) **[주위적 공소사실의 요지]** 피고인은 2022.11.17. 13:35경 원심 판시 무고 부분 범죄사실과 같이 배달원이 머리채를 잡고 가슴을 만지는 등 강제추행을 하였다는 내용으로 허위의 112 신고를 하여, 위와 같은 강제추행 범행이 실제로 있었다고 오인한 경찰관들이 현장에 출동하여 수사를 하게 하고, 피고인에게 임시숙소 제공 및 범죄피해자 안전조치를 실시하게 하였으며, 경찰관들로 하여금 2022.11.17.경부터 2023.1.9.경까지 피고인이 신고한 범죄 혐의 확인을 위한 수사를 하게 하였다. 이로써 피고인은 위계로써 범죄의 수사, 범죄피해자 보호 업무를 수행하는 경찰관들의 정당한 직무집행을 방해하였다.

비교판례 **(변호사의 규율위반행위: 위계에 의한 공무집행방해죄 성립)** [1] 구체적이고 현실적으로 감시·단속업무를 수행하는 교도관에 대하여 그가 충실히 직무를 수행한다고 하더라도 통상적인 업무처리과정하에서는 사실상 적발이 어려운 위계를 적극적으로 사용하여 그 업무집행을 하지 못하게 하였다면 이에 대하여 위계에 의한 공무집행방해죄가 성립한다.
[2] 변호사가 접견을 핑계로 수용자를 위하여 휴대전화와 증권거래용 단말기를 구치소 내로 몰래 반입하여 이용하게 한 행위는 위계에 의한 공무집행방해죄에 해당한다[대판 2005.8.25. 2005도1731]. [18 경찰채용, 17 법원행시]*

판례 | 위계에 의한 공무집행방해죄가 성립하는 경우

1. **(부하 공무원이 상관에 대하여 허위내용의 결재를 받은 경우)** 출원에 대한 심사업무를 담당하는 공무원이 출원인의 출원사유가 허위라는 사실을 알면서도 결재권자로 하여금 오인, 착각, 부지를 일으키게 하고 그 오인, 착각, 부지를 이용하여 인·허가처분에 대한 결재를 받아낸 경우에는 출원자가 허위의 출원사유나 허위의 소명자료를 제출한 경우와는 달리 더 이상 출원에 대한 적정한 심사업무를 기대할 수 없게 되었다고 할 것이어서 그와 같은 행위는 위계로써 결재권자의 직무집행을 방해한 것에 해당하므로 위계에 의한 공무집행방해죄가 성립한다[대판 1997.2.28. 96도2825].

   동지판례 **(담당자가 아닌 공무원이 위계를 써서 담당공무원으로 하여금 인·허가 처분을 하게 한 경우)** 담당자가 아닌 공무원이 출원인의 청탁을 들어줄 목적으로 자신의 업무 범위에 속하지도 않는 업무에 관하여 그 일부를 담당공무원을 대신하여 처리하면서 위계를 써서 담당공무원으로 하여금 오인·착각·부지를 일으키게 하고 그 오인·착각·부지를 이용하여 인·허가처분을 하게 하였다면, 이는 허가관청의 불충분한 심사가 그의 원인이 된 것이 아니라 담당자가 아닌 공무원의 위계행위가 원인이 된 것이어서 위계에 의한 공무집행방해죄가 성립한다[대판 2008.3.13. 2007도7724].

   판결이유 이러한 경우에는 담당공무원으로 하여금 더 이상 출원에 대한 적정한 심사업무를 기대할 수 없게 되었다고 할 것이어서 위와 같은 행위는 위계로써 담당공무원의 직무집행을 방해한 것이다.

2. **(입찰자격을 속인 경우)** 감척어선 입찰자격이 없는 자가 제3자와 공모하여 제3자의 대리인 자격으로 제3자 명의로 입찰에 참가하고, 낙찰받은 후 자신의 자금으로 낙찰대금을 지급하여 감척어선에 대한 실질적 소유권을 취득한 경우, 위계에 의한 공무집행방해죄가 성립한다[대판 2003.12.26. 2001도6349].

   동지판례 지방자치단체의 공사입찰에 있어서 허위서류를 제출하여 입찰참가자격을 얻고 낙찰자로 결정되어 계약을 체결한 경우, 위계에 의한 공무집행방해죄가 성립한다[대판 2003.10.9. 2000도4993].

3. **(부정시험)** 피고인과 甲이 공모하고 피고인이 시험장소 내에서 시험감독관의 감시의 틈을 타서 시험답안지의 해답이 적힌 쪽지를 甲에게 전달한 이상 甲의 행위 여하에 불구하고 공무원의 시험감독에 관한 직무집행을 위계로서 방해한 경우에 해당한다 할 것이다[대판 1967.5.23. 67도650].

   동지판례 i) 피고인이 마치 그의 형인 양 시험감독자를 속이고 원동기장치자전거 운전면허시험에 대리로 응시하였다면 피고인의 행위는 위계에 의한 공무집행방해죄가 성립한다[대판 1986.9.9. 86도1245]. [17 법원행시, 17 경간부]*
   ii) [1] 입시문제를 절취하여 이용한 경우, 공문서류 등 무효죄와 위계에 의한 공무집행방해죄는 상상적 경합관계에 있다.
   [2] 입학고사 실시 전에 그 고사문제를 담당공무원 모르게 부정한 방법으로 입수하여 그 문제의 내용을 미리 알고 응시한 이상 위계에 의한 공무집행방해죄가 성립된다[대판 1966.4.26. 66도30].

4. 간호보조원 교육과정이수에 관한 사문서인 수료증명서의 허위작성은 무형위조로서 처벌대상이 되지 아니하고 피고인들의 행위가 허위작성 및 교부로 끝났다고 하더라도 간호보조원자격시험 응시자격을 증명하는 위 문서의 용도와 그 사용의 결과를 인식하고 공소외인들로 하여금 사용케 할 의도로 작성 교부한 것이고 그들이 위 (허위) 문서를 진정한 문서인 것처럼 시험관리당국에 제출하여 응시자격을 인정받아 응시함으로써 그 시험관리에 관한 공무집행을 방해하는 상태를 초래하였다면 피고인들은 위 공소외인들과 공무집행방해죄의 공동정범의 죄책을 면할 수 없고, 무형위조의 사후행위로써 처벌의 대상이 되지 않는다고 볼 수 없다[대판 1982.7.27. 82도1301].

5. 고등학교 입학원서 추천서란을 사실과 다르게 조작 허위기재하여 그 추천서 성적이 고등학교 입학전형의 자료가 되었다면 위계에 의하여 고등학교 입학전형업무를 방해한 것이다[대판 1983.9.27. 83도1864].

6. 대한주택공사가 시행하는 택지개발사업의 공동택지용지 수의공급업무와 관련하여 택지개발예정지구 지정공고일 이후에 대상토지를 매수하여 관련 규정상 신청자격이 없는 자가, 계약일자를 위 공고일 이전으로 허위기재한 매매계약서를 기초로 소유권이전등기를 마친 후 그 등기부등본과 계약일자를 허위로 기재한 소유토지조서를 첨부하여 수의공급신청을 한 경우, 위 공사의 택지공급업무의 적정성과 공정성을 해할 위험을 초래한 것에 해당하여 위계에 의한 업무방해죄를 구성한다고 한 사례[대판 2007.12.27. 2007도5030].

동지판례 계좌개설 신청인이 접근매체를 양도할 의사로 금융기관에 법인 명의 계좌를 개설하면서 예금거래신청서 등에 금융거래의 목적이나 접근매체의 양도의사 유무 등에 관한 사실을 허위로 기재하였으나, 계좌개설 심사업무를 담당하는 금융기관의 업무담당자가 단순히 예금거래신청서 등에 기재된 계좌개설 신청인의 허위 답변만을 그대로 믿고 그 내용의 진실 여부를 확인할 수 있는 증빙자료의 요구 등 추가적인 확인조치 없이 법인 명의의 계좌를 개설해 준 경우, 신청인에게 위계에 의한 업무방해죄가 성립하지 않는다[대판 2023.8.31. 2021도17151].

7. 구 병역법(2005.5.31. 법률 제7541호로 개정되기 전의 것)상 지정업체에서 전문연구요원으로 근무할 의사가 없음에도 허위내용의 편입신청서를 제출하여 관할관청으로부터 전문연구요원 편입을 승인받고, 관할지방병무청장에게 허위의 공동연구 협약서를 작성 · 제출하여 파견근무를 신청하여 승인받았다면, 이러한 편입 및 파견근무의 승인은 관할관청의 불충분한 심사가 원인이 아니라 출원인의 위계행위가 원인이 된 것이어서 위계에 의한 공무집행방해죄가 성립한다[대판 2008.6.26. 2008도1011].

8. **(무기명투표용지에 투표자를 구별할 수 있는 표시를 한 경우)** 무기명투표는 선거인이 누구에게 투표하였는가를 제3자가 알지 못하게 하기 위하여 마련된 선거방식이다. 따라서 지방의회 의장 선거의 감표위원이 되어 투표용지에 사전에 날인하게 된 것을 기화로 누가 어떤 후보에게 투표를 하였는지 구별할 수 있도록 그 용지에 표시를 하는 행위는 무기명투표의 비밀성을 침해하는 행위로서, 그 후에 그 용지에 의하여 투표가 행하여졌다면 그 자체만으로 의원들의 비밀선거에 의한 의장 선출 직무와 의장의 투표사무 감독직무를 위계로써 방해하는 행위에 해당한다고 할 것이다. 거기서 나아가 의원들이 비밀성이 침해되었음을 알아서 자신들의 소신과 다른 투표를 하게 되어야 비로소 의원들 및 의장의 위 직무의 집행이 방해되었다고 할 것은 아니다[대판 2009.9.10. 2009도6541].

관련판례 피고인들 등은 甲 정당 소속 시(市)의회 의원으로서 시의회 의장선거를 앞두고 개최된 甲 정당 의원총회에서 乙을 의장으로 선출하기로 합의한 다음, 합의 내용의 이행을 확보하고 이탈표 발생을 방지하기 위하여 공모에 따라 피고인별로 미리 정해 둔 투표용지의 가상의 구획 안에 '乙'의 이름을 각각 기재하는 방법으로 투표하여 乙이 의장으로 당선되게 함으로써, 무기명 · 비밀투표 권한을 가진 丙 등 공모하지 않은 의원들의 직무집행을, 투 · 개표 업무에 관한 감표위원 丁 등의 직무집행을, 무기명투표 원칙에 따라 의장선거를 진행하는 사무국장의 직무집행을 각각 방해하였다는 내용으로 기소된 사안에서, 비밀선거 원칙은 선거인의 의사결정이 타인에게 알려지지 않도록 투표 내용의 비밀을 보장함으로써 선거권 행사로 인한 불이익 발생을 방지하기 위한 원칙으로, 투표과정에서 자유로운 의사결정을 보장함으로써 선거의 민주적 · 절차적 정당성을 확보하는 데 그 취지가 있는 점, 피고인들 등의 행위로 인하여 피고인들을 비롯한 담합한 의원들 내부적으로는 서로 누가 누구에게 투표하였는지를 알 수 있게 되었으나, 공모하지 않은 의원들의 투표 내용까지 공개된다고 보기는 어려운 점, 공모하지 않은 의원들은 본래의 의도대로 투표를 하였을 뿐 피고인들 등의 행위로 인하여 오인, 착각, 부지를 일으켜 그릇된 처분이나 행위를 하였다고 보이지 않는 점, 나아가 지방의회 의원 개인들에게 무기명 · 비밀투표에 의해 의장선거가 이루어지도록 하여야 할 일반적인 직무상 권한이나 의무가 있다고 볼 만한 근거도 없는 점 등을 종합하면, 공소사실 중 감표위원들과 사무국장에 대한 위계에 의한 공무집행방해죄를 인정한 원심판단은 정당하나, 공모하지 않은 의원들에 대한 위계에 의한 공무집행방해죄를 인정한 원심판단은 받아들이기 어렵다[대판 2024.3.12. 2023도7760].

9. 불법체류를 이유로 강제출국 당한 중국 동포인 피고인이 중국에서 이름과 생년월일을 변경한 호구부를 발급받아 중국 주재 대한민국 총영사관에 제출하여 변경된 명의로 입국사증을 받은 다음, 다시 입국하여 그 명의로 외국인등록증을 발급받고 귀화허가신청서까지 제출한 사안에서, 피고인이 자신과 동일성을 확인할 수 없도록 변경된 호구부를 중국의 담당관청에서 발급받아 위 대한민국 총영사관에 제출하였으므로, 영사관 담당직원 등이 호구부의 기재를 통하여 피고인의 인적사항 외에 강제출국 전력을 확인하지 못하였더라도, 사증 및 외국인등록증의 발급요건 존부에 대하여 충분한 심사를 한 것으로 보아야 하고, 이러한 경우 행정청의 불충분한 심사가 아니라 출원인의 적극적인 위계에 의해 사증 및 외국인등록증이 발급되었던 것이므로 위계에 의한 공무집행방해죄가 성립하고, 또한 피고인의 위계행위에 의하여 귀화허가에 관한 공무집행방해 상태가 초래된 것이 분명하므로, 귀화허가가 이루어지지 아니하였더라도 위 죄의 성립에 아무런 영향이 없다[대판 2011.4.28. 2010도14696].

10. 등기신청은 단순한 '신고'가 아니라 신청에 따른 등기관의 심사 및 처분을 예정하고 있으므로, 등기신청인이 제출한 허위의 소명자료 등에 대하여 등기관이 나름대로 충분히 심사를 하였음에도 이를 발견하지 못하여 등기가 마쳐지게 되었다면 위계에 의한 공무집행방해죄가 성립할 수 있다. 등기관이 등기신청에 대하여 부동산등기법상 등기신청에 필요한 서면이 제출되었는지 및 제출된 서면이 형식적으로 진정한 것인지를 심사할 권한은 갖고 있으나 등기신청이 실체법상의 권리관계와 일치하는지를 심사할 실질적인 심사권한은 없다고 하여 달리 보아야 하는 것은 아니다[대판 2016.1.28. 2015도17297]. [20 법원행시, 19 법원행시, 18 법원행시, 18 경간부, 17 법원행시, 17 법원9급, 17 국가7급, 16 법원행시]*

11. [1] 형법 제137조에 정한 위계에 의한 공무집행방해죄에서 '위계'는 행위자의 행위목적을 이루기 위하여 상대방에게 오인, 착각, 부지를 일으키게 하여 이를 이용하는 것을 말한다.
[2] 형법 제229조, 제228조 제2항에 정한 불실기재 여권행사죄에서 '허위신고'는 진실에 반하는 사실을 신고하는 것이고, '불실(부실)의 사실'은 '권리의무관계에 중요한 의미를 갖는 사항이 객관적인 진실에 반하는 것'을 말한다. 여권 등 공정증서원본에 기재된 사항이 존재하지 않거나 외관상 존재하더라도 무효사유에 해당하는 흠이 있다면 불실기재에 해당한다. 그러나 기재된 사항이나 원인된 법률행위가 객관적으로 존재하고 취소사유에 해당하는 흠이 있을 뿐이라면 취소되기 전에 공정증서원본에 기재된 사항은 불실기재에 해당하지 않는다.
[3] 외국인 여자가 대한민국에 입국하여 취업 등을 하기 위한 방편으로 대한민국 국민인 남자와 혼인신고를 하였더라도 위와 같은 혼인의 합의가 없다면 구 국적법 제3조 제1호에서 정한 '대한민국 국민의 처가 된 자'에 해당하지 않으므로 대한민국 국적을 취득할 수 없다. 구 국적법 제3조 제1호에 따라 대한민국 국적을 취득하지 않았는데도 대한민국 국적을 취득한 것처럼 인적 사항을 기재하여 대한민국 여권을 발급받은 다음 이를 출입국심사 담당공무원에게 제출하였다면 위계로써 출입국심사업무에 관한 정당한 직무를 방해함과 동시에 불실의 사실이 기재된 여권을 행사한 것으로 볼 수 있다[대판 2022.4.28. 2020도12239].

판례 | 위계에 의한 공무집행방해죄의 성립요건(구체적 직무집행 저지 또는 현실적 곤란을 요함)

위계에 의한 공무집행방해죄는 있어서 위계에 의하여 그 상대방이 이에 따라 그릇된 행위나 처분을 하여야만 이 죄가 성립하는 것이고, 만약 범죄행위가 구체적인 공무집행을 저지하거나 현실적으로 곤란하게 하는 데까지는 이르지 아니하고 미수에 그친 경우에는 위계에 의한 공무집행방해죄로 처벌할 수 없다[대판 2003.2.11. 2002도4293].

동지판례 범죄행위가 법원경매업무를 담당하는 집행관의 구체적인 직무집행을 저지하거나 현실적으로 곤란하게 하는 데까지는 이르지 않고 입찰의 공정을 해하는 정도의 행위라면 경매·입찰방해죄에만 해당될 뿐 위계에 의한 공무집행방해죄에는 해당되지 않는다[대판 2000.3.24. 2000도102]. [20 경찰승진, 18 경간부, 17 경찰채용, 16 경찰채용]*

판례 | 위계에 의한 공무집행방해죄가 성립하지 않는 경우

1-1. 피고인들이 허위의 매매계약서 및 영수증을 소명자료로 첨부하여 가처분신청을 하여 법원으로부터 유체동산에 대한 가처분결정을 받은 경우, 피고인들의 행위로 인하여 법원의 가처분결정 업무의 적정성이 침해되었다고 볼 여지는 있으나 법원의 구체적이고 현실적인 어떤 직무집행이 방해되었다고 할 수는 없으므로, 피고인들의 기만적인 행위로 인하여 잘못된 가처분결정이 내려졌다는 이유만으로 바로 위계에 의한 공무집행방해죄가 성립하지는 않는다[대판 2012.4.26. 2011도17125]. [20 경찰승진, 20 경간부, 17 법원행시, 17 국가7급, 17 경찰채용, 16 법원행시, 16 법원9급]*

1-2. 민사소송을 제기함에 있어 피고의 주소를 허위로 기재하여 법원공무원으로 하여금 변론기일소환장 등을 허위주소로 송달케 하였다는 사실만으로는 이로 인하여 법원공무원의 구체적이고 현실적인 어떤 직무집행이 방해되었다고 할 수는 없으므로, 이로써 바로 위계에 의한 공무집행방해죄가 성립한다고 볼 수는 없다[대판 1996.10.11. 96도312]. [18 법원9급]*

1-3. [1] 국립대학교의 전임교원 공채심사위원인 학과장 甲이 지원자 乙의 부탁을 받고 이미 논문접수가 마감된 학회지에 乙의 논문이 게재되도록 도운 행위는 다소 부적절한 행위라고 볼 수 있지만, 그 후 甲이 연구실적심사의 기준을 강화하자고 제안한 것은 해당 학과의 전임교원 임용 목적에 부합하는 것으로서 공정한 경우에 해당하므로, 설사 甲의 행위가 결과적으로는 乙에게 유리한 결과가 되었다 하더라도 형법 제137조에서 말하는 '위계'에 해당하지 않는다고 한 사례.

[2] 국립대학교의 전임교원 공채 지원자인 乙이 학과장 甲의 도움으로 이미 논문접수가 마감된 학회지에 논문을 추가게재하여 심사요건 이상의 전공논문실적을 확보하였더라도, 이것이 乙이 자신의 노력에 의한 연구결과물로서 심사기준을 충족한 것이고 이후 다른 전형절차들을 모두 거쳐 최종 선발된 것이라면, 형법 제137조에 정한 '위계'에 해당하지 않는다고 한 사례[대판 2009.4.23. 2007도1554].

2-1. 과속단속카메라에 촬영되더라도 불빛을 반사시켜 차량 번호판이 식별되지 않도록 하는 기능이 있는 제품('파워매직세이퍼')을 차량 번호판에 뿌린 상태로 차량을 운행한 행위만으로는, 교통단속 경찰공무원이 충실히 직무를 수행하더라도 통상적인 업무처리과정하에서 사실상 적발이 어려운 위계를 사용하여 그 업무집행을 하지 못하게 한 것으로 보기 어렵다고 한 사례[대판 2010.4.15. 2007도8024]. [20 경찰승진, 18 법원9급, 18 경찰승진, 17 국가7급]*

2-2. 개인택시 운송사업면허 신청은 출원에 의한 행정관청의 일반적인 인·허가처분과 마찬가지로 행정관청이 면허요건에 해당하는 여부를 심리하여 면허 여부를 결정하는 것이고 그 신청서에 첨부된 소명자료가 진실한 것인지를 가리지 않고 면허를 결정하는 것이 아니므로 그 면허신청서에 허위의 소명자료를 첨부한 행위는 위계에 의한 공무집행방해죄에 해당하지 않는다[대판 1988.9.27. 87도2174].

2-3. 허위의 재직증명서를 첨부하여 가입청약을 하고 전화를 가설하였다 하더라도 전화가입 청약에 대하여는 전화관서가 그 승낙순위에 해당하는 여부를 결정하는 것이므로 이로서는 위계에 의한 공무집행방해죄는 성립되지 아니한다[대판 1977.12.27. 77도3199].

3. 건물 점유자로서 명도집행을 저지할 수 있는 정당한 기능이 있는 자가 그 점유사실을 입증하기 위한 수단으로 임대차계약서 사본을 제시하면서 그 실효된 사실을 고지하지 아니하고 자신이 정당한 임차인인 것처럼 주장하였다고 하더라도 이로써 형법 제137조 소정의 위계에 해당한다고는 볼 수 없다[대판 1984.1.31. 83도2290].

4. 특정 정당 소속 지방의회의원인 피고인들 등이 지방의회 의장 선거를 앞두고 '갑을 의장으로 추대'하기로 서면합의하고 그 이행을 확보하기 위해 투표용지에 가상의 구획을 설정하고 각 의원별로 기표할 위치를 미리 정하기로 구두합의하는 방법으로 선거를 사실상 기명·공개투표로 치르기로 공모한 다음 그 정을 모르는 임시의장 을이 선거를 진행할 때 사전공모에 따라 투표하여 단독 출마한 갑이 의장에 당선되도록 하여 위계로써 을의 무기명투표 관리에 관한 직무집행을 방해하였다는 내용으로 기소된 사안에서, 피고인들에게 유죄를 인정한 원심판결에 위계에 의한 공무집행방해죄에서 위계의 실행행위와 공무집행방해의 결과 및 그 고의에 관한 법리 등을 오해한 잘못이 있다고 한 사례[대판 2021.4.29. 2018도18582].

판결이유 지방의회의원들이 사전에 서로 합의한 방식대로 투표행위를 한 것만으로는 무기명투표 원칙에 반하는 전형적인 행위, 즉 투표 과정이나 투표 이후의 단계에서 타인의 투표 내용을 알려는 행위라거나 자신의 투표 내용을 공개하는 것 또는 타인에게 투표의 공개를 요구하는 행위로 평가하기 어렵다는 점 등이 고려되었다.

5. [1] 법령에서 일정한 행위를 금지하면서 이를 위반하는 행위에 대한 벌칙을 정하고 공무원으로 하여금 금지규정의 위반 여부를 감시·단속하도록 한 경우 공무원에게는 금지규정 위반행위의 유무를 감시하여 확인하고 단속할 권한과 의무가 있으므로 구체적이고 현실적으로 감시·단속 업무를 수행하는 공무원에 대하여 위계를 사용하여 업무집행을 못하게 하였다면 위계에 의한 공무집행방해죄가 성립하지만, 단순히 공무원의 감시·단속을 피하여 금지규정을 위반한 것에 지나지 않는다면 그에 대하여 벌칙을 적용하는 것은 별론으로 하고 그 행위가 위계에 의한 공무집행방해죄에 해당한다고 할 수 없다. 피고인이 금지규정을 위반하여 감시·단속을 피하는 것을 공무원이 적발하지 못하였다면 이는 공무원이 감시·단속이라는 직무를 소홀히 한 결과일 뿐 위계로 공무집행을 방해한 것이라고 볼 수 없다.

[2] 녹음·녹화 등을 할 수 있는 전자장비가 교정시설의 안전 또는 질서를 해칠 우려가 있는 금지물품에 해당하여 반입을 금지할 필요가 있다면 교도관은 교정시설 등의 출입자와 반출·반입 물품을 검사·단속해야 할 일반적인 직무상 권한과 의무가 있다. 수용자가 아닌 사람이 위와 같은 금지물품을 교정시설 내로 반입하였다면 교도관의 검사·단속을 피하여 단순히 금지규정을 위반하는 행위를 한 것일 뿐 이로써 위계에 의한 공무집행방해죄가 성립한다고 할 수는 없다[대판 2022.3.31. 2018도15213].

[사실관계] 피고인들은 C언론 시사프로그램 'D'의 제작을 맡고 있는 사람들로서, 보이스피싱 사건을 취재·방송하기 위하여 E구치소에 수용중인 피의자 F를 접견하면서 이를 촬영하기로 마음먹었다. 피고인들은 2015.8.14. 14:03경 G에 있는 E구치소에 이르러 위와 같은 목적을 숨기고 구치소 정문을 통과하여 침입한 다음, 구치소 민원실에서 교도관 H에게 F의 지인인 것처럼 신분을 속이고 접견신청서를 작성·제출하여 접견을 허가받은 후, 반입이 금지되어 있는 명함지갑 모양의 녹음·녹화 장비를 소지하고 접견실로 들어가 약 10분간 F를 접견하면서 그 장면을 촬영하고 대화내용을 녹음하였다. 이로써 피고인들은 공동하여 E구치소장이 관리하는 건조물에 침입하고, 공모하여 위계로써 접견업무를 담당하는 교도관의 정당한 직무집행을 방해하였다.

동지판례 원심은, 피고인들이 위계로써 접견업무를 담당하는 교도관의 정당한 직무집행을 방해하였다고 볼 수 없다는 이유로 이 부분 공소사실을 유죄로 판단한 제1심판결을 파기하고 무죄를 선고하였다. 이러한 원심 판단에 상고이유 주장과 같이 논리와 경험의 법칙을 위반하여 자유심증주의의 한계를 벗어나거나 위계에 의한 공무집행방해죄에 관한 법리를 오해한 잘못이 없다[대판 2022.4.14. 2019도333].

[사실관계] 피고인 A는 2016.4.1. 15:23경, 피고인 B는 2016.4.2. 11:55경 및 2016.4.4. 10:26경 진주교도소에 이르러 취재와 방송을 위해 수용자를 접견하며 그 대화 내용과 장면을 녹음·녹화할 목적과 그 장비를 숨기고 교도소 정문을 통과하여 건조물에 침입하였다는 것이다.

판례해설 위 대판 2018도15213의 법리가 그대로 적용된다.

2. 주관적 구성요건

공무집행을 방해한다는 인식 이외에 공무방해의 의사가 필요하다(판례).

판례 | 위계에 의한 공무집행방해죄의 고의의 성립요건(공무방해의 의사가 필요)

1. 위계에 의한 공무집행방해죄가 성립되려면 자기의 위계행위로 인하여 공무집행을 방해하려는 의사가 있을 경우에 한한다고 보는 것이 상당하다 할 것이므로, 피고인이 경찰관서에 허구의 범죄를 신고한 까닭은 피고인이 생활에 궁하여 오로지 직장을 구하여 볼 의사로서 허위로 간첩이라고 자수를 한 데 불과하고 한 걸음 더 나아가서 그로 말미암아 공무원의 직무집행을 방해하려는 의사까지 있었던 것이라고는 인정되지 아니한다[대판 1970.1.27. 69도2260]. [19 경간부, 17 경찰승진]*
2. 자가용차를 운전하다가 교통사고를 낸 사람이 경찰관서에 신고함에 있어 가해차량이 자가용일 경우 피해자와 합의하는데 불리하다고 생각하여 영업용택시를 운전하다가 사고를 내었다고 허위신고를 하였다 하더라도 이 사실만으로 공무원의 직무집행을 방해할 의사가 있었다고 단정하기 어려우므로 위계로 인한 공무집행방해죄가 성립하지 않는다[대판 1974.12.10. 74도2841].

3. 타죄와의 관계

판례 | 피의자를 가장하여 자발적 계획적으로 허위진술(위계에 의한 공무집행방해죄 X, 범인은닉죄 ○)

피의자나 참고인이 아닌 자가 자발적이고 계획적으로 피의자를 가장하여 수사기관에 대하여 허위사실을 진술하였다 하여 바로 이를 위계에 의한 공무집행방해죄가 성립된다고 할 수 없고 범인은닉죄만 성립한다[대판 1977.2.8. 76도3685].

V 법정·국회회의장모욕죄

제138조(법정 또는 국회회의장모욕) 법원의 재판 또는 국회의 심의를 방해 또는 위협할 목적으로 법정이나 국회회의장 또는 그 부근에서 모욕 또는 소동한 자는 3년 이하의 징역 또는 700만원 이하의 벌금에 처한다.

VI 인권옹호직무방해죄

제139조(인권옹호직무방해) 경찰의 직무를 행하는 자 또는 이를 보조하는 자가 인권옹호에 관한 검사의 직무집행을 방해하거나 그 명령을 준수하지 아니한 때에는 5년 이하의 징역 또는 10년 이하의 자격정지에 처한다.

Ⅶ 공무상 봉인 등 표시무효죄

제140조(공무상비밀표시무효) ① 공무원이 그 직무에 관하여 실시한 봉인 또는 압류 기타 강제처분의 표시를 손상 또는 은닉하거나 기타 방법으로 그 효용을 해한 자는 5년 이하의 징역 또는 700만원 이하의 벌금에 처한다.

제143조(미수범) 미수범은 처벌한다.

1. 주체

주체는 제한이 없다. 반드시 강제처분을 받은 자에 한하지 않는다.

2. 객체

공무원이 그 직무에 관하여 실시한 봉인 또는 압류 기타 강제처분의 표시이다. ⅰ) 강제처분의 표시는 사실상 실시되어 행위 당시에 현존해야 하며 유효할 것을 요한다. 따라서 강제처분이 완결된 후에는 본죄가 성립할 수 없다. ⅱ) 강제처분의 유효성이 인정되는 한 그 결정의 정당성 여부는 불문한다. 따라서 가처분결정이 부당하더라도 가처분의 효력은 인정된다.

판례 | 공무상 표시무효죄 성립의 전제요건(강제처분의 표시가 현존할 것)

공무상 표시무효죄가 성립하기 위하여는 행위 당시에 강제처분의 표시가 현존할 것을 요한다[대판 1997.3.11. 96도2801].

판례 | 강제처분 표시가 유효한 경우

1. 법원의 가처분결정에 기하여 집달관이 한 강제처분 표시의 효력은 그 가처분결정이 적법한 절차에 의하여 취소되지 않는 한 지속되는 것이며, 그 가처분결정이 가령 부당한 것이라 하더라도 그 효력을 부정할 수는 없다[대판 1985.7.9. 85도1165].
2. 공무원이 그 직권을 남용하여 위법하게 실시한 봉인 또는 압류 기타 강제처분의 표시임이 명백하여 법률상 당연무효 또는 부존재라고 볼 수 있는 경우에는 그 봉인 등의 표시는 공무상표시무효죄의 객체가 되지 아니하여 이를 손상 또는 은닉하거나 기타 방법으로 그 효용을 해한다 하더라도 공무상표시무효죄가 성립하지 아니한다 할 것이지만, 공무원이 실시한 봉인 등의 표시에 절차상 또는 실체상의 하자가 있다고 하더라도 객관적 · 일반적으로 그것이 공무원이 그 직무에 관하여 실시한 봉인 등으로 인정할 수 있는 상태에 있다면 적법한 절차에 의하여 취소되지 아니하는 한 공무상표시무효죄의 객체로 된다[대판 2001.1.16. 2000도1757]. [18 경찰채용, 17 법원행시, 17 경간부]*
3. 피고인이 특허권을 침해하였다는 소명이 있다는 이유로 가처분집행이 행하여졌으나 후일 그 본안소송에서 위 특허가 무효라는 취지의 대법원 판결이 선고되어 그 피보전권리의 부존재가 확정된 경우에도 피고인에 대한 공무상표시무효죄가 성립함에는 아무런 영향이 없다[대판 2007.3.14. 2007도312].
4. 채권자 甲에 의하여 압류된 피고인 소유 유체동산에 대하여 다시 채권자 乙에 의하여 조사절차가 취하여진 경우에는 乙에 대한 관계에 있어서도 압류의 효력이 미친다고 할 것이니, 피고인이 甲에 대한 채무를 변제하였다 하여도 그 압류가 해제되지 아니한 한 압류상태에 있다고 할 것이니 甲에 대한 변제사실만 가지고는 압류의 효력이 없다고 할 수 없고, 이를 처분한 피고인에게 공무상 비밀표시무효에 관한 범의가 없었다고도 할 수 없다[대판 1982.10.13. 80도1441].

판례 | 공무상 표시무효죄에 해당하지 않는 경우

1. **(강제집행 완료 후의 행위)** 집달관이 채무자 겸 소유자의 건물에 대한 점유를 해제하고 이를 채권자에게 인도한 후 채무자의 출입을 봉쇄하기 위하여 출입문을 판자로 막아둔 것을 채무자가 이를 뜯어내고 그 건물에 들어갔다 하더라도 이는 강제집행이 완결된 후의 행위로서 공무상 표시무효죄에 해당하지 않는다[대판 1985.7.23. 85도1092].
2. **(구체적인 집행행위를 하기 전의 가처분의 부작위명령을 위반한 행위)** [1] 형법 제140조 제1항의 공무상표시무효죄는 공무원이 그 직무에 관하여 봉인, 동산의 압류, 부동산의 점유 등과 같은 구체적인 강제처분을 실시하였다는 표시를 손상 또는 은닉하거나 기타 방법으로 그 효용을 해함으로써 성립하는 범죄이다. 따라서 집행관이 법원으로부터 피신청인에 대하여 부작위를 명하는 가처분이 발령되었음을 고시하는 데 그치고 나아가 봉인 또는 물건을 자기의 점유로 옮기는 등의 구체적인 집행행위를 하지 아니하였다면, 단순히 피신청인이 위 가처분의 부작위명령을 위반하였다는 것만으로는 공무상 표시의 효용을 해하는 행위에 해당하지 않는다.
   [2] 집행관이 영업방해금지 가처분결정의 취지를 고시한 공시서를 게시하였을 뿐 어떠한 구체적 집행행위를 하지 않은 상태에서 위 가처분에 의하여 부과된 부작위명령을 피고인이 위반한 경우, 공무상표시무효죄가 성립하지 않는다[대판 2010.9.30. 2010도3364; 동지 대판 2008.12.24. 2006도1819].

3. 행위

손상 또는 은닉하거나 기타 방법으로 강제처분표시의 효용을 해하는 것이다. i) 압류시설을 관리할 법적 의무 있는 자의 경우 부작위에 의해서도 본죄를 범할 수 있다. ii) 가처분은 가처분 채무자에 대한 부작위 명령을 집행하는 것이므로 가처분의 채무자가 아닌 제3자가 그 부작위 명령을 위반한 행위는 그 가처분집행 표시의 효용을 해한 것으로 볼 수 없다. iii) 압류물을 종전과 같이 사용할 수 있는 상태대로 압류하여 채무자에게 보관시킨 경우에는 압류물을 종전과 같이 사용했더라도 압류물의 효용을 침해했다고 할 수 없으므로 본죄가 성립하지 않는다.

판례 | 공무상 표시무효죄가 성립하는 경우

1. 직접 점유자에 대한 점유이전금지가처분결정이 집행된 후 그 피신청인인 직접점유자가 가처분 목적물의 간접점유자에게 그 점유를 이전한 경우에는 그 가처분표시의 효용을 해한 것이 된다[대판 1980.12.23. 80도1963]. [20 경간부]*
2. 점유이전금지가처분 채무자인 피고인은, 집행관이 이 사건 건물에 관하여 가처분을 집행하면서 '채무자는 점유를 타에 이전하거나 또는 점유명의를 변경하여서는 아니된다.'는 등의 집행 취지가 기재되어 있는 고시문을 건물에 부착한 이후에, 제3자로 하여금 건물 중 3층에서 카페 영업을 할 수 있도록 이를 무상으로 사용케 하였다는 것인바, 이러한 피고인의 행위는 위 고시문의 효력을 사실상 멸각시키는 행위라 할 것이고, 가족, 고용인 기타 동거자 등 가처분 채무자에게 부수하는 사람을 거주시키는 것과 같이 가처분 채무자가 그 목적물을 사용하는 하나의 태양에 지나지 아니하는 행위라고 보기는 어려우므로 형법 제140조 제1항 소정의 공무상표시무효죄에 해당한다 할 것이다[대판 2004.10.28. 2003도8238].
3. 압류물을 채권자나 집달관 몰래 원래의 보관장소로부터 상당한 거리에 있는 다른 장소로 이동시킨 경우에는 설사 그것이 집행을 면탈할 목적으로 한 것이 아니라 하여도 객관적으로 집행을 현저히 곤란하게 한 것이 되어 형법 제140조 제1항 소정의 "기타의 방법으로 그 효용을 해한" 경우에 해당된다[대판 1986.3.25. 86도69].
4. **(부작위에 의한 공무상표시무효죄가 성립하는 경우)** [1] 이 사건 압류시설의 보관자 지위에 있는 공소외 회사로서는 위 압류시설을 선량한 관리자로서 보관할 주의의무가 있다 할 것이고, 그 대표이사로서 위 압류시설이 위치한 골프장의 개장 및 운영 전반에 걸친 포괄적 권한과 의무를 지닌 피고인으로서는 위와 같은 회사의 대외적 의무사항이 준수될 수 있도록 적절한 조치를 취할 위임계약 혹은 조리상의 작위의무가 존재한다.
   [2] 압류된 골프장시설을 보관하는 회사의 대표이사가 위 압류시설의 사용 및 봉인의 훼손을 방지할 수 있는 적절한 조치 없이 골프장을 개장하게 하여 봉인을 훼손되게 한 경우, 부작위에 의한 공무상표시무효죄가 성립한다[대판 2005.7.22. 2005도3034]. [20 경간부, 19 국가7급]*

5. [1] 형법 제140조 제1항이 정한 공무상표시무효죄 중 '공무원이 그 직무에 관하여 실시한 압류 기타 강제처분의 표시를 기타 방법으로 그 효용을 해하는 것'이란 손상 또는 은닉 이외의 방법으로 그 표시 자체의 효력을 사실상으로 감쇄 또는 멸각시키는 것을 의미하는 것이지, 그 표시의 근거인 처분의 법률상 효력까지 상실케 한다는 의미는 아니다.
[2] 집행관이 유체동산을 가압류하면서 이를 채무자에게 보관하도록 한 경우 그 가압류의 효력은 압류된 물건의 처분행위를 금지하는 효력이 있으므로, 채무자가 가압류된 유체동산을 제3자에게 양도하고 그 점유를 이전한 경우, 이는 가압류집행이 금지하는 처분행위로서, 특별한 사정이 없는 한 가압류표시 자체의 효력을 사실상으로 감쇄 또는 멸각시키는 행위에 해당한다. 이는 채무자와 양수인이 가압류된 유체동산을 원래 있던 장소에 그대로 두었더라도 마찬가지이다[대판 2018.7.11. 2015도5403].
[20 법원행시]*

판례 | 공무상표시무효죄가 성립하지 않는 경우

(1) 가처분의 채무자가 아닌 제3자가 가처분 명령을 위반한 경우

1. 남편을 채무자로 한 출입금지 가처분명령의 효력은 그 처에게는 미치지 아니하므로 그 처가 이를 무시하고 출입금지된 밭에 들어가 작업을 한 경우에 공무원이 직무에 관하여 실시한 강제처분표시의 효용을 해한 것이라고는 할 수 없다[대판 1979.2.13. 77도1455].
2. [1] 가처분은 가처분 채무자에 대한 부작위 명령을 집행하는 것이므로 가처분의 채무자가 아닌 제3자가 그 부작위 명령을 위반한 행위는 그 가처분집행 표시의 효용을 해한 것으로 볼 수 없다.
[2] 온천수 사용금지 가처분결정이 있기 전부터 온천이용허가권자인 가처분 채무자로부터 이를 양수하고 임대차계약의 형식을 빌어 온천수를 이용하여 온 제3자가 위 금지명령을 위반하여 계속 온천수를 사용한 경우, 위 제3자가 위 가처분 사건 당사자 사이의 권리관계 내용을 잘 알고 있었다거나 그가 실질적으로는 가처분 채무자와 같은 당사자 위치에 있었다는 사정이 있다 하여도 위 위반행위가 공무상표시무효죄를 구성하지 않는다[대판 2007.11.16. 2007도5539]. [17 법원행시]*
3. 甲회사에 대한 건축공사중지명령의 가처분이 집행된 후 수급인인 乙회사의 공사보수금채권의 지급확보를 위하여 그 명의로 건축허가명의를 변경한 다음 위 가처분 집행으로서 설치한 표말을 그대로 둔 채 건축공사를 진행하였다 하여도 위 가처분집행은 甲회사에 대하여 부작위명령을 집행한데 불과한 것이지 피고인에 대하여 집행한 것이 아니므로 乙회사의 대표이사인 피고인이 위 건축허가명의를 변경하여 그 공사를 계속하였다고 하여 그 사실 자체만으로는 피고인이 위 가처분집행표시의 효용을 해한 것이라고는 할 수 없다[대판 1976.7.27. 74도1896].

(2) 채권자의 승낙을 얻어 행위를 한 경우(집행관의 승인 불필요, 고시에 명시될 필요 없음)

1. 출입금지가처분은 그 성질상 가처분 채권자의 의사에 반하여 건조물 등에 출입하는 것을 금지하는 것이므로 비록 가처분결정이나 그 결정의 집행으로서 집행관이 실시한 고시에 그러한 취지가 명시되어 있지 않다고 하더라도 가처분 채권자의 승낙을 얻어 그 건조물 등에 출입하는 경우에는 출입금지가처분 표시의 효용을 해한 것이라고 할 수 없다[대판 2006.10.13. 2006도4740]. [20 경간부, 17 법원행시]*
2. 집행관이 그 점유를 옮기고 압류표시를 한 다음 채무자에게 보관을 명한 유체동산에 관하여 채무자가 이를 다른 장소로 이동시켜야 할 특별한 사정이 있고, 그 이동에 앞서 채권자에게 이동사실 및 이동장소를 고지하여 승낙을 얻은 때에는 비록 집행관의 승인을 얻지 못한 채 압류물을 이동시켰다 하더라도 형법 제140조 제1항 소정의 '기타의 방법으로 그 효용을 해한' 경우에 해당한다고 할 수 없다[대판 2004.7.8. 2004도3029].

(3) 압류물을 용법에 따라 종전대로 사용하는 경우

압류는 채무자의 처분행위를 금하는 것이므로 압류의 효용을 손상하지 않는다면 압류상태에서 그 용법에 따라 종전대로 사용하는 것은 허용된다 할 것이므로 피고인이 압류표시된 원동기를 가동하였다 하여 공무상 표시무효죄를 구성한다고 볼 수 없다[대판 1969.6.24. 69도481].

4. 주관적 구성요건

고의가 있어야 한다.

판례 | 고의가 조각되는 경우

민사소송법 기타 공법의 해석을 잘못하여 가압류의 효력이 없어진 것으로 착오하였거나 또는 봉인 등을 손상 또는 효력을 해할 권리가 있다고 오신한 경우에는 형벌법규의 부지와 구별되어 범의를 조각한다고 해석할 것이다[대판 1970.9.22. 70도1206].

Ⅷ 공무상 비밀침해죄

제140조(공무상비밀표시무효) ② 공무원이 그 직무에 관하여 봉함 기타 비밀장치한 문서 또는 도화를 개봉한 자도 제1항의 형과 같다.

③ 공무원이 그 직무에 관하여 봉함 기타 비밀장치한 문서, 도화 또는 전자기록 등 특수매체기록을 기술적 수단을 이용하여 그 내용을 알아낸 자도 제1항의 형과 같다.

제143조(미수범) 미수범은 처벌한다.

Ⅸ 부동산강제집행효용침해죄

제140조의2(부동산강제집행효용침해) 강제집행으로 명도 또는 인도된 부동산에 침입하거나 기타 방법으로 강제집행의 효용을 해한 자는 5년 이하의 징역 또는 700만원 이하의 벌금에 처한다.

제143조(미수범) 미수범은 처벌한다.

판례 | 부동산강제집행효용침해죄가 성립하는 경우

형법 제140조의2 부동산강제집행효용침해죄의 입법취지와 체제 및 내용과 구조를 살펴보면, 부동산강제집행효용침해죄의 객체인 강제집행으로 명도 또는 인도된 부동산에는 강제집행으로 퇴거집행된 부동산을 포함한다고 해석되므로, 퇴거집행이 된 지하주차장에 침입한 피고인의 행위를 부동산강제집행효용침해죄로 처단한 조처는 정당하다[대판 2003.5.13. 2001도3212]. [19 경찰채용, 18 법원행시]*

Ⅹ 공용서류 등 무효죄

제141조(공용서류 등의 무효) ① 공무소에서 사용하는 서류 기타 물건 또는 전자기록 등 특수매체기록을 손상 또는 은닉하거나 기타 방법으로 그 효용을 해한 자는 7년 이하의 징역 또는 1천만원 이하의 벌금에 처한다.

제143조(미수범) 미수범은 처벌한다.

1. 공용서류

① 공문서 · 사문서를 불문한다(예 검찰청에 증거로 제출된 사문서).

② 정식절차를 밟아 접수 · 작성되었는지도 불문한다(예 색인부에 기재하지 않아 아직 공문서로서의 효력이 없는 피의사건기록, 무권한자가 작성한 문서, 위조 · 허위문서, 보존기간이 경과된 문서).

③ 문서가 완성되어 효력이 발생할 것도 요하지 않는다(예 미완성의 피의자신문조서, 수사기록에 편철되지 않은 진술조서).

판례 | 공용서류에 해당되는 경우

1. 공용서류무효죄의 객체는 그것이 공무소에서 사용되는 서류인 이상, 정식절차를 밟아 접수되었는지 또는 완성되어 효력이 발생되었는지의 여부를 묻지 않는다 할 것이므로 피고인이 작성한 이 사건 진술조서가 상사에게 정식으로 보고되어 수사기록에 편철된 문서가 아니라거나 완성된 서류가 아니라 하여 형법 제141조 제1항 소정의 공무소에서 사용하는 서류에 해당하지 않는 것이라고 할 수 없으니, 피고인이 진술자의 서명무인과 간인까지 받아 작성한 진술조서를 수사기록에 편철하지 않은 채 보관하고 있다가 휴지통에 버려 폐기한 행위는 공용서류무효죄에 해당한다[대판 1982.10.12. 82도368].
2. 형법 제141조 제1항이 규정하고 있는 공용서류은닉죄에 있어서의 범의란 피고인에게 공무소에서 사용하는 서류라는 사실과 이를 은닉하는 방법으로 그 효용을 해한다는 사실의 인식이 있음으로써 족하고, 경찰이 작성한 진술조서(또는 피의자신문조서)가 미완성이고 작성자와 진술자가 서명·날인 또는 무인한 것이 아니어서 공문서로서의 효력이 없다고 하더라도 공무소에서 사용하는 서류가 아니라고 할 수는 없다[대판 2006.5.25. 2003도3945; 동지 대판 1987.4.14. 86도2799].
3. 피고인 자신이 작성한 허위내용의 문서라 할지라도 공용문서로서 면사무소에서 비치 보관되어 있는 문서라면 이를 찢은 행위는 공무소에서 사용하는 문서를 손상한 경우에 해당한다 할 것이다[대판 1972.9.26. 72도1132].
4. 공용서류무효죄에 있어서의 객체는 그것이 공무소에서 사용하는 서류인 이상 공문서이거나 사문서이거나 또는 정식절차를 밟아 접수 또는 작성된 것이거나 완성된 것이거나를 묻지 않는다고 할 것이므로 세무공무원이 상속세신고서 및 세무서 작성의 부과결정서 등을 임의로 반환한 경우에는 위 죄에 해당한다[대판 1981.8.25. 81도1830].
5. '공무소에서 사용하는 서류 기타 전자기록'에는 공문서로서의 효력이 생기기 이전의 서류라거나, 정식의 접수 및 결재 절차를 거치지 않은 문서, 결재 상신 과정에서 반려된 문서 등을 포함하는 것으로, 미완성의 문서라고 하더라도 본죄의 성립에는 영향이 없다[대판 2020.12.10. 2015도19296].

판례 | 공용서류에 해당하지 않는 경우

1. 형사사건을 조사하던 경찰관이 스스로의 판단에 따라 자신이 보관하던 진술서를 임의로 피고인에게 넘겨준 것이라면, 위 진술서의 보관책임자인 경찰관은 장차 이를 공무소에서 사용하지 아니하고 폐기할 의도하에 처분한 것이라고 보아야 할 것이므로, 위 진술서는 더 이상 공무소에서 사용하거나 보관하는 문서가 아닌 것이 되어 공용서류로서의 성질을 상실하였다고 보아야 한다[대판 1999.2.24. 98도4350].
2. 사립학교에서 사용하는 입학고사시험지는 형법 제141조 제1항 소정의 공용서류에 해당하지 아니한다[대판 1966.4.26. 66도30].

2. 행위

손상·은닉 기타 방법으로 효용을 해하는 것이다.

판례 | 공용서류무효죄에 해당하는 경우

판사인 피고인이 판결원본의 일부기재 부분을 청잉크로 그었다면 이로 인하여 판결원본의 해당부분이 손상되어 그 효용이 해되었다 아니할 수 없어 공용서류무효죄에 해당한다[대판 1960.5.18. 4292형상652].

판례 | 공용서류무효죄에 해당하지 않는 경우

형법 제141조 제1항이 규정한 공용서류무효죄는 정당한 권한 없이 공무소에서 사용하는 서류의 효용을 해함으로써 성립하는 죄이므로 권한 있는 자의 정당한 처분에 의한 공용서류의 파기에는 적용의 여지가 없고, 또 공무원이 작성하는 공문서는 그것이 작성자의 지배를 떠나 작성자로서도 그 변경 삭제가 불가능한 단계에 이르렀다면 모르되 그렇지 않고 상사가 결재하는 단계에 있어서는 작성자는 결재자인 상사와 상의하여 언제든지 그 내용을 변경 또는 일부 삭제할 수 있는 것이며 그 내용을 정당하게 변경하는 경우는 물론 내용을 허위로 변경하였다 하여도 그 행위가 허위공문서작성죄에 해당할지언정 따로 형법 제141조 소정의 공용서류의 효용을 해하는 행위에 해당한다고는 할 수 없다[대판 1995.11.10. 95도1395].

동지판례 피고인들은 심결문이 그 효력 발생요건인 당사자에의 송달에 부쳐지기 전단계에서, 심판관이 교체됨으로서 위 심결문대로의 심결을 하는 것이 법률상 불가능하게 된 결과 동심결문은 존재의 필요성을 잃었으므로 작성자인 피고인들에 의하여 파기된 것은 공소사실자체에 의하여 뚜렷하므로, 피고인들은 그들의 권한 범위 내에서 심결문을 파기하였다고 보는 것이 상당하므로 이 사건 공소사실 중 공용서류무효의 점은 증명이 없다고 할 것이다[대판 1966.10.18. 66도567].

판례 | 죄수

1. [1] 공용서류무효죄는 공문서이거나 사문서이거나를 불문하고 공무소에서 사용 또는 보관 중인 서류를 정당한 권한 없이 그 효용을 해함으로써 성립하는 것인바, 원심이 확정한 사실에 의하면 상피고인 권○임은 김포군 농림과 공무원으로서 하등 정당한 권한 없이 기히 김포군 건설과에 제출된 피고인 작성명의의 계사건축 허가신청서에 첨부되어 동 군에서 보관 중인 설계도면을 떼내고 동 설계도면과는 전연 별개의 방적연공장 설계도면을 첨부하였다는 것이므로 원심이 그와 같은 소행에 대하여 공용서류무효죄로 의율처단하였음은 정당하다.
   [2] 김포군수 명의로 발부되어 피고인이 보관 중인 계사건축허가통지서에 첨부된 설계도면을 떼내고 건축사협회의 도서등록 일부인을 건축허가신청 당시로 소급변조하여 새로 작성한 위 방적연공장설계도면을 그 자리에 가철한 행위는 공문서변조죄 및 공용서류무효죄의 경합범에 해당한다[대판 1982.12.14. 81도81].
2. 입시문제를 절취하여 이용한 경우, 공문서류 등 무효죄와 위계에 의한 공무집행방해죄는 상상적 경합관계에 있다[대판 1966.4.26. 66도30].

XI 공용물파괴죄

제141조(공용물의 파괴) ② 공무소에서 사용하는 건조물, 선박, 기차 또는 항공기를 파괴한 자는 1년 이상 10년 이하의 징역에 처한다.

제143조(미수범) 미수범은 처벌한다.

XII 공무상 보관물무효죄

제142조(공무상보관물의 무효) 공무소로부터 보관명령을 받거나 공무소의 명령으로 타인이 관리하는 자기의 물건을 손상 또는 은닉하거나 기타 방법으로 그 효용을 해한 자는 5년 이하의 징역 또는 700만원 이하의 벌금에 처한다.

제143조(미수범) 미수범은 처벌한다.

판례 | 공무상 보관물무효죄가 성립하지 않는 경우

채무자가 채권가압류결정의 정본을 송달받고서 제3채무자에게 가압류된 돈을 지급하였어도 채권가압류결정의 송달을 받은 것이 형법 제142조 소정의 공무상 보관명령이 있는 경우도 아니고 형법 제140조 제1항 소정의 강제처분의 표시가 있었다고 볼 수 없으니 공무상 보관물의 무효죄 또는 공무상 비밀표시무효죄가 성립하지 않는다[대판 1975.5.13. 73도2555].

XIII 특수공무방해죄 · 특수공무방해치사상죄

제144조(특수공무방해) ① 단체 또는 다중의 위력을 보이거나 위험한 물건을 휴대하여 제136조, 제138조와 제140조 내지 전조의 죄를 범한 때에는 각조에 정한 형의 2분의 1까지 가중한다.
② 제1항의 죄를 범하여 공무원을 상해에 이르게 한 때에는 3년 이상의 유기징역에 처한다. 사망에 이르게 한 때에는 무기 또는 5년 이상의 징역에 처한다.

판례 | 특수공무집행방해죄가 성립하는 경우

법외 단체인 전국공무원노동조합의 지부가 당초 공무원 직장협의회의 운영에 이용되던 군 청사시설인 사무실을 임의로 사용하자 지방자치단체장이 자진폐쇄 요청 후 행정대집행법에 따라 행정대집행을 하였는데, 지부장 등인 피고인들과 위 지부 소속 군청 공무원들이 위 집행을 행하던 공무원들에게 대항하여 폭행 등 행위를 한 경우, 피고인들은 단체 또는 다중의 위력으로 공무원들의 적법한 직무집행을 방해한 것이므로, 특수공무집행방해죄가 성립한다[대판 2011.4.28, 2007도7514].

판례 | 특수공무집행방해죄가 성립하지 않는 경우

1. [1] 영장주의 원칙의 예외로서 출입국관리공무원 등에게 외국인 등을 방문하여 외국인동향조사 권한을 부여하고 있는 출입국관리법 규정의 입법 취지 및 그 규정 내용 등에 비추어 볼 때, 출입국관리공무원 등이 출입국관리법 제81조 제1항120)에 근거하여 제3자의 주거 또는 일반인의 자유로운 출입이 허용되지 아니한 사업장 등에 들어가 외국인을 상대로 조사하기 위해서는 그 주거권자 또는 관리자의 사전 동의가 있어야 한다.
[2] 출입국관리공무원이 관리자의 사전 동의 없이 사업장에 진입하여 불법체류자 단속업무를 개시하자 이에 피고인이 단속을 피하기 위하여 식칼로 공무원의 오른쪽 허벅지를 찔러 상해를 가한 경우, 공무집행행위의 적법성이 부인되어 특수공무집행방해죄가 성립하지 않는다[대판 2009.3.12, 2008도7156]. [20 경간부]*

판결이유 정당방위가 성립하려면 침해행위에 의하여 침해되는 법익의 종류, 정도, 침해의 방법, 침해행위의 완급과 방위행위에 의하여 침해될 법익의 종류, 정도 등 일체의 구체적 사정들을 참작하여 방위행위가 사회적으로 상당한 것이어야 할 뿐만 아니라 자기 또는 타인의 법익침해를 방위하기 위한 행위로서 상당한 이유가 있어야 한다. 피고인의 위와 같은 행위는 현재의 부당한 침해를 방어하기 위한 상당한 이유가 있는 행위로 볼 수 없다.

2. [1] 도로법 제65조 제1항은 "관리청은 반복적, 상습적으로 도로를 불법 점용하는 경우나 신속하게 실시할 필요가 있어서 행정대집행법 제3조 제1항과 제2항에 따른 절차에 의하면 그 목적을 달성하기 곤란한 경우에는 그 절차를 거치지 아니하고 적치물을 제거하는 등 필요한 조치를 취할 수 있다."고 규정하고 있는바, 위 규정은 일반인의 교통을 위하여 제공되는 도로로서 도로법 제8조에 열거된 도로를 불법 점용하는 경우 등에 적용될 뿐 도로법상 도로가 아닌 장소의 경우에까지 적용된다고 할 수 없고, 토지대장상 지목이 도로로 되어 있다고 하여 반드시 도로법의 적용을 받는 도로라고 할 수는 없다.
[2] 도심광장으로서 '서울특별시 서울광장의 사용 및 관리에 관한 조례'에 의하여 관리되고 있는 '서울광장'에서, 서울시청 및 중구청 공무원들이 행정대집행법이 정한 계고 및 대집행영장에 의한 통지절차를 거치지 아니한 채 위 광장에 무단설치된 천막의 철거대집행에 착수하였고, 이에 피고인들을 비롯한 '광우병위험 미국산 쇠고기 전면 수입을 반대하는 국민대책회의' 소속 단체 회원들이 몸싸움을 하거나 천막을 붙잡고 이를 방해한 경우, 위 서울광장은 비록 공부상 지목이 도로로 되어 있으나 도로법 제65조 제1항 소정의 행정대집행의 특례규정이 적용되는 도로법상 도로라고 할 수 없으므로 위 철거대집행은 구체적 직무집행에 관한 법률상 요건과 방식을 갖추지 못한 것으로서 적법성이 결여되었고 따라서 피고인들이 위 공무원들에 대항하여 폭행 · 협박을 가하였더라도 특수공무집행방해죄는 성립되지 않는다[대판 2010.11.11, 2009도11523]. [23 경간부]*

120) **출입국관리법 제81조(출입국관리공무원 등의 외국인동향조사)** ① 출입국관리공무원과 대통령령이 정하는 관계기관 소속공무원은 외국인이 이 법 또는 이 법에 의한 명령에 따라 적법하게 체류하고 있는지 여부를 조사하기 위하여 외국인, 그 외국인을 고용한 자, 그 외국인의 소속단체 또는 그 외국인이 근무하는 업소의 대표자와 그 외국인을 숙박시킨 자를 방문하여 질문을 하거나 기타 필요한 자료의 제출을 요구할 수 있다.

판례 | 특수공무집행방해치상죄에서의 '상해'에 해당하지 않는 경우

특수공무집행방해치상죄에서의 상해가 형법 제257조의 '상해'로 평가될 수 없을 정도의 극히 하찮은 상처로서 굳이 치료할 필요가 없는 것이어서 그로 인하여 건강상태를 침해하였다고 보기 어려운 경우에는 위 죄가 성립하지 않는다[대판 2011.5.26, 2010도10305].

판례 | 특수공무집행방해치상죄가 성립하지 않는 경우

1. [1] 의무경찰이 학생들의 가두캠페인 행사관계로 직진하여 오는 택시의 운전자에게 좌회전 지시를 하였음에도 택시의 운전자가 계속 직진하여 와서 택시를 세우고는 항의하므로 그 의무경찰이 택시 약 30㎝ 전방에 서서 이유를 설명하고 있는데 그 운전자가 신경질적으로 갑자기 좌회전하는 바람에 택시 우측 앞 범퍼부분으로 의무경찰의 무릎을 들이받은 사안에서, 그 사건의 경위, 사고 당시의 정황, 운전자의 연령 및 경력 등에 비추어 특별한 사정이 없는 한 택시의 회전반경 등 자동차의 운전에 대하여 충분한 지식과 경험을 가졌다고 볼 수 있는 운전자에게는, 사고 당시 최소한 택시를 일단 후진하였다가 안전하게 진행하거나 의무경찰로 하여금 안전하게 비켜서도록 한 다음 진행하지 아니하고 그대로 좌회전하는 경우 그로부터 불과 30㎝ 앞에서 서 있던 의무경찰을 충격하리라는 사실을 쉽게 알고도 이러한 결과발생을 용인하는 내심의 의사, 즉 미필적 고의가 있었다고 봄이 경험칙상 당연하다고 한 사례. [16 경찰승진]*
   [2] [1]항과 같은 사건의 경위와 정황, 그 의무경찰의 피해가 전치 5일 간의 우슬관절부 경도좌상 정도에 불과한 점 등에 비추어 볼 때, 그와 같은 택시운행으로 인하여 사회통념상 피해자인 의무경찰이나 제3자가 위험성을 느꼈으리라고는 보여지지 아니하므로 그 택시 운전자의 범행을 특수공무집행방해치상죄로 의율할 수는 없다[대판 1995.1.24, 94도1949].
2. [1] 형법 제144조 제2항의 특수공무집행방해치상죄는 단체 또는 다중의 위력을 보이거나 위험한 물건을 휴대하여 직무를 집행하는 공무원에 대하여 폭행 또는 협박하여 공무원을 상해에 이르게 함으로써 성립하는 범죄이고, 여기에서의 폭행은 유형력을 행사하는 것을 말한다.
   [2] 피고인이 노조원들과 함께 경찰관인 피해자들이 파업투쟁 중인 공장에 진입할 경우에 대비하여 그들의 부재중에 미리 윤활유나 철판조각을 바닥에 뿌려 놓은 것에 불과하고, 위 피해자들이 이에 미끄러져 넘어지거나 철판조각에 찔려 다쳤다는 것에 지나지 않은 경우, 피고인 등이 위 윤활유나 철판조각을 위 피해자들의 면전에서 그들의 공무집행을 방해할 의도로 뿌린 것이라는 등의 특별한 사정이 있는 경우는 별론으로 하고 이를 가리켜 위 피해자들에 대한 유형력의 행사, 즉 폭행에 해당하는 것으로 볼 수 없으므로, 피고인의 위 행위를 특수공무집행방해치상죄로 처벌할 수 없다[대판 2010.12.23, 2010도7412]. [17 법원행시]*

판례 | 특수공무집행방해치사상죄가 성립하는 경우

1. 피고인도 그 속에 끼인 단체 또는 다중인 데모대원이 던진 돌에 의하여 공무집행 중이던 경찰관이 상해를 입은 경우 피고인이 던진 돌이 동 피해자에게 맞고 안맞고를 가리지 않고 특수공무방해치상죄가 성립한다[대판 1979.7.24, 79도451].
2. 부진정결과적 가중범인 특수공무집행방해치사상죄에 있어서 공무집행을 방해하는 집단행위의 과정에서 일부 집단원이 고의로 방화행위를 하여 사상의 결과를 초래한 경우에 다른 집단원이 그 방화행위로 인한 사상의 결과를 예견할 수 있는 상황이었다면 특수공무집행방해치사상의 책임을 면할 수 없으나 그 방화행위 자체에 공모가담한 바 없는 이상 방화치사상죄로 의율할 수는 없다[대판 1990.6.26, 90도765]. [23 경간부, 19 경찰승진, 17 국가7급]*
3. 집회 및 시위에 참가한 노동조합원 중 일부가 시위진압 경찰관들과의 몸싸움 과정에서 경찰관들에게 상해를 입게 한 사안에서 금속연맹 지역 본부장의 직책을 가지고 그 집회 및 시위에 적극적으로 참가한 피고인에게 특수공무집행방해치상의 공모공동정범이 성립한다고 한 사례[대판 2002.4.12, 2000도3485].
4. 신호위반에 따른 정지 지시를 무시하고 도주하던 사람이 자신을 추격해 온 경찰관의 하차 요구에 불응한 채 계속 도주를 시도하다가 자동차 앞 범퍼로 경찰관을 들이받고, 차 본넷 위에 경찰관을 매달은 채로 그대로 차를 몰고 진행하던 중 인도에 있던 가로수를 들이받아 결국 경찰관을 사망에 이르게 한 사안에서, '위험한 물건'인 자동차를 이용하여 경찰관의 정당한 업무를 방해하고, 이로 인해 사망에 이르게 한 특수공무방해치사죄에 해당한다고 한 사례[대판 2008.2.28, 2008도3].

제3절 도주와 범인은닉의 죄

출제 POINT

범인도피죄의 성립 여부와 관련한 판례 및 친족간의 특례규정의 적용범위에 관한 판례가 주요 출제 대상이다. 범인도피죄의 교사범의 성립 여부와 관련하여 자기도피의 연장인지 방어권의 남용에 해당하여 교사범이 성립하는지 여부에 관한 판례를 정리해 두어야 한다.

Ⅰ 총설

① 도주의 죄의 보호법익은 국가의 구금권이며(다수설), 보호의 정도는 침해범이다.

② 범인은닉의 죄의 보호법익은 국가의 형사사법기능이며(통설), 보호의 정도는 추상적 위험범이다.

Ⅱ 도주죄

제145조(도주) ① 법률에 따라 체포되거나 구금된 자가 도주한 경우에는 1년 이하의 징역에 처한다.

제149조(미수범) 미수범은 처벌한다.

(1) 법률에 의하여 체포 · 구금된 자

① 체포 · 구금의 적법성은 형식적 적법성을 의미하며, 실질적 적법성까지 요하는 것은 아니다.

② 수형자와 미결구금자가 이에 해당한다. 구인된 피고인 · 피의자도 포함된다(다수설). 그러나 사인에 의해 현행범으로 체포된 자(다수설), 가석방 · 보석 중에 있는 자, 형집행정지 · 구속집행정지 중에 있는 자, 아동복지법에 의하여 아동복지시설에 수용 중인 자, 경찰관직무집행법에 의하여 보호 중에 있는 자, 전염병예방법에 의하여 격리수용된 자는 포함되지 않는다.

판례 | 피고인 대기실로 인치된 피고인이 도주죄의 주체인 '법률에 의하여 체포 또는 구금된 자'에 해당하는지 여부(원칙적 적극)

법원이 선고기일에 피고인에 대하여 실형을 선고하면서 구속영장을 발부하는 경우 검사가 법정에 재정하여 법원으로부터 구속영장을 전달받아 집행을 지휘하고, 그에 따라 피고인이 피고인 대기실로 인치되었다면 다른 특별한 사정이 없는 한 피고인은 형법 제145조 제1항의 '법률에 의하여 체포 또는 구금된 자'에 해당한다. 그 이유는 다음과 같다.

(가) 형사소송법은 재판의 집행 일반에 관하여 재판의 성질상 법원 또는 법관이 지휘할 경우를 제외하면 재판을 한 법원에 대응한 검찰청 검사가 지휘한다고 정하면서(제460조 제1항), 구속영장(제81조 제1항 본문, 제209조), 체포영장(제81조 제1항 본문, 제200조의6), 압수 · 수색 · 검증영장(제115조 제1항 본문, 제219조)의 집행 등에 관하여도 검사의 지휘에 의하여 집행한다고 규정하고 있다. 따라서 검사가 법정에서 법원으로부터 구속영장을 전달받아 교도관 등으로 하여금 피고인을 인치하도록 하였다면 집행절차가 적법하게 개시되었다고 볼 수 있다.

(나) 구속영장의 집행을 통하여 최종적으로 피고인에 대한 신병을 인계받아 구금을 담당하는 교도관이 법정에서 곧바로 피고인에 대한 신병을 확보하였다면 구속의 목적이 적법하게 달성된 것으로 볼 수 있다.

(다) 구속영장 발부, 구속영장 집행, 구금 등 모든 과정이 공개된 법정 및 법관의 면전에서 이루어졌다면 특별한 사정이 없는 한, 피고인의 방어권이나 절차적 권리 및 신체의 자유가 침해될 만한 위법이 있다고 평가하기 어렵다[대판 2023.12.28, 2020도12586].

[사실관계] 피고인은 2018.5.3. 서울남부지방법원 형사법정에서 준강제추행죄 등으로 징역 1년 6개월을 선고받고 구속영장에 의해 법정구속되어 구속 피고인 대기실로 인치된 상태에서 서울남부구치소 교감 공소외 1과 교위 공소외 2가 피고인에게 인적사항을 확인하던 중, 갑자기 구속 피고인 대기실 출입문을 열고 법정으로 뛰어 들어가 법정 내부의 재판관계인석과 방청석 사이 공간을 통해 맞은편의 법정 출입문 방향으로 뛰어가 도주하려고 하였으나, 당시 법정 내에서 다른 수용자를 계호하고 있던 서울남부구치소 교위 공소외 3, 교위 공소외 4에 의해 검거되었다.

판례 | 도주죄의 주체가 될 수 없는 경우(불법체포된 자)

사법경찰관이 피고인을 수사관서까지 동행한 것이 사실상의 강제연행, 즉 불법 체포에 해당하고, 불법 체포로부터 6시간 상당이 경과한 후에 이루어진 긴급체포 또한 위법하므로 피고인이 불법체포된 자로서 형법 제145조 제1항에 정한 '법률에 의하여 체포 또는 구금된 자'가 아니어서 도주죄의 주체가 될 수 없다고 한 사례[대판 2006.7.6. 2005도6810]. [17 경간부]*

(2) **도주**

체포 · 구금작용에 대한 침해가 개시된 때 실행의 착수가 인정되며, 체포자 · 간수자의 실력적 지배로부터 완전히 벗어났을 때 기수가 된다(침해범). 따라서 수용시설의 외벽을 넘지 못했거나, 넘었을지라도 계속 추적을 받고 있는 경우에는 미수가 된다.

Ⅲ 집합명령위반죄

제145조(집합명령위반) ② 제1항의 구금된 자가 천재지변이나 사변 그 밖에 법령에 따라 잠시 석방된 상황에서 정당한 이유 없이 집합명령에 위반한 경우에도 제1항의 형에 처한다.

제149조(미수범) 미수범은 처벌한다.

판례 | 집합명령위반죄가 성립하지 않는 경우(법령에 의한 해금이 아니라 불법해금인 경우)

6.25 사변시 각 교도소 및 경찰서에 구금되었다가 불법출소하여 그 후 법무부장관이 공고한 기일 내에 자수치 않은 자에 대하여 도주죄를 인정하였음은 정당하다[대판 1954.7.3. 4287형상45].

Ⅳ 특수도주죄

제146조(특수도주) 수용설비 또는 기구를 손괴하거나 사람에게 폭행 또는 협박을 가하거나 2인 이상이 합동하여 전조 제1항의 죄를 범한 자는 7년 이하의 징역에 처한다.

제149조(미수범) 미수범은 처벌한다.

※ **폭행 · 협박의 대상인 사람:** 간수자 이외에 도주방지에 협력하는 지위에 있는 제3자도 포함된다(다수설).

Ⅴ 도주원조죄

제147조(도주원조) 법률에 의하여 구금된 자를 탈취하거나 도주하게 한 자는 10년 이하의 징역에 처한다.

제149조(미수범) 미수범은 처벌한다.

제150조(예비, 음모) 본죄를 범할 목적으로 예비 또는 음모한 자는 3년 이하의 징역에 처한다.

1. 행위의 객체

법률에 의하여 구금된 자에 한하므로 법률에 의하여 체포된 자는 제외된다.

2. 기수시기

피구금자가 간수자의 실력적 지배로부터 이탈하였을 때이다.

판례 | 도주원조죄에 해당하지 않는 경우(도주죄의 범인이 기수에 이른 경우 도주원조죄 불성립, 범인도피죄 성립)

도주죄는 즉시범으로서 범인이 간수자의 실력적 지배를 이탈한 상태에 이르렀을 때에 기수가 되어 도주행위가 종료하는 것이고, 도주원조죄는 도주죄에 있어서의 범인의 도주행위를 야기시키거나 이를 용이하게 하는 등 그와 공범관계에 있는 행위를 독립한 구성요건으로 하는 범죄이므로, 도주죄의 범인이 도주행위를 하여 기수에 이르른 이후에 범인의 도피를 도와 주는 행위는 범인도피죄에 해당할 수 있을 뿐 도주원조죄에는 해당하지 아니한다[대판 1991.10.11. 91도1656]. [20 변호사, 20 경찰승진, 20 경간부, 19 변호사, 17 경간부]*

Ⅵ 간수자도주원조죄

제148조(간수자의 도주원조) 법률에 의하여 구금된 자를 간수 또는 호송하는 자가 이를 도주하게 한 때에는 1년 이상 10년 이하의 징역에 처한다.

제149조(미수범) 미수범은 처벌한다.

제150조(예비, 음모) 본죄를 범할 목적으로 예비 또는 음모한 자는 3년 이하의 징역에 처한다.

Ⅶ 범인은닉죄

제151조(범인은닉) ① 벌금 이상의 형에 해당하는 죄를 범한 자를 은닉 또는 도피하게 한 자는 3년 이하의 징역 또는 500만원 이하의 벌금에 처한다.

1. 법적 성질

① 범인도피죄는 범인을 도피하게 함으로써 기수에 이르지만 범인도피행위가 계속되는 동안에는 범죄행위도 계속되고 행위가 끝날 때 비로소 범죄행위가 종료되는 계속범에 해당한다[대판 1995.9.5. 95도577].

② 범인도피죄는 위험범으로서 현실적으로 형사사법의 작용을 방해하는 결과가 초래되어야만 성립하는 것은 아니다[대판 2006.5.26. 2005도7528].

2. 객관적 구성요건

① 자기은닉 · 도피: 본죄의 범인은 타인을 의미하므로 구성요건해당성이 없어 처벌할 수 없다. 그러나 공동정범 중 1인이 다른 공동정범을 도피하게 한 경우에도 본죄가 성립한다(판례).

판례 | 자기도피에 해당하는 경우

범인 스스로 도피하는 행위는 처벌되지 아니하므로, 범인이 도피를 위하여 타인에게 도움을 요청하는 행위 역시 도피행위의 범주에 속하는 한 처벌되지 아니하며, 범인의 요청에 응하여 범인을 도운 타인의 행위가 범인도피죄에 해당한다고 하더라도 마찬가지이다. 다만 범인이 타인으로 하여금 허위의 자백을 하게 하는 등으로 범인도피죄를 범하게 하는 경우와 같이 그것이 방어권의 남용으로 볼 수 있을 때에는 범인도피교사죄에 해당할 수 있다[대판 2014.4.10. 2013도12079]. [20 경찰채용, 19 법원행시, 18 법원9급]*

판결이유 벌금 이상의 형에 해당하는 죄를 범하고 도피 중이던 甲이 자신의 휴대폰을 사용할 경우 소재가 드러날 것을 염려하여 평소 가깝게 지내던 후배인 乙에게 요청하여 대포폰을 개설하여 받은 적이 있으며 또한 甲이 乙에게 전화를 걸어 자신이 있는 곳으로 오도록 한 다음 乙이 운전하는 자동차를 타고 청주시 일대를 이동하여 다닌 적이 있다고 하더라도 이는 형사사법에 중대한 장애를 초래한다고 보기 어려운 통상적 도피의 한 유형으로 볼 여지가 충분하므로 甲에게는 범인도피교사죄가 성립하지 아니한다.

② 자기은닉 · 도피의 교사

판례 | 자기도피를 교사한 경우(범인도피교사죄 성립)

1. 범인이 자신을 위하여 타인으로 하여금 허위의 자백을 하게 하여 범인도피죄를 범하게 하는 행위는 방어권의 남용으로 범인도피교사죄에 해당한다[대판 2000.3.24. 2000도20].
2. 피고인이 음주운전 혐의로 적발되자 평소 알고 지내던 乙을 불러내어 그로 하여금 단속경찰관인 丙이 피고인에 대한 주취운전자 적발보고서를 작성하거나 재차 음주측정을 하지 못하도록 제지하는 등으로 丙의 수사를 곤란하게 하였다면 범인도피교사죄가 성립한다[대판 2006.5.26. 2005도7528].

판례 | 범인도피교사죄가 성립하지 않는 경우

형법 제151조의 범인도피죄는 타인을 도피하게 하는 경우에 성립할 수 있는데, 여기에서 타인에는 공범도 포함되나 범인 스스로 도피하는 행위는 처벌되지 않는다. 또한 공범 중 1인이 그 범행에 관한 수사절차에서 참고인 또는 피의자로 조사받으면서 자기의 범행을 구성하는 사실관계에 관하여 허위로 진술하고 허위 자료를 제출하는 것은 자신의 범행에 대한 방어권 행사의 범위를 벗어난 것으로 볼 수 없다. 이러한 행위가 다른 공범을 도피하게 하는 결과가 된다고 하더라도 범인도피죄로 처벌할 수 없다. 이때 공범이 이러한 행위를 교사하였더라도 범죄가 될 수 없는 행위를 교사한 것에 불과하여 범인도피교사죄가 성립하지 않는다[대판 2018.8.1. 2015도20396]. [20 변호사, 20 법원행시, 20 경찰승진]*

③ 죄를 범한 자: ⅰ) 유죄판결이 확정되었거나 공소가 제기되었음을 요하지 않는다. 수사개시의 전후도 불문한다. ⅱ) 구성요건에 해당하고 위법 · 유책한 행위를 하였을 뿐만 아니라 처벌조건 · 소추조건을 구비한 자를 말한다. ⅲ) 진범인 이외에 범죄혐의로 수사 · 소추 중인 자도 포함한다(판례).

판례 | 범인은닉 · 도피죄가 성립하는 경우(객체가 죄를 범한 자에 해당하는 경우)

1. 범인은닉죄는 형사사법에 관한 국권의 행사를 방해하는 자를 처벌하고자 하는 것이므로 형법 제151조 제1항 소정의 '죄를 범한 자'라 함은 범죄의 혐의를 받아 수사 대상이 되어 있는 자를 포함한다. 따라서 구속수사의 대상이 된 공소외인이 그 후 무혐의로 석방되었다 하더라도 위 죄의 성립에 영향이 없다[대판 1982.1.26. 81도1931].

2. 형법 제151조에서 죄를 범한 자라 함은 반드시 공소제기가 되거나 유죄의 판결을 받은 자 뿐만 아니라 범죄의 혐의를 받아 수사 중인 자도 포함되므로 경찰에서 수배중인 자임을 인식하면서 동인을 투숙케 하여 체포를 면하게 한 경우에는 범인은닉죄가 성립한다[대판 1983.8.23. 83도1486].

④ **은닉 · 도피**: 도피비용을 제공한 경우, 범인에게 가족의 안부와 수사상황을 알려준 경우, 진범인의 자수를 저지시키고 소송절차를 진행 · 결심시킨 경우, 범인을 추격하는 경찰차의 진행을 물리적으로 방해한 경우에는 은닉 · 도피에 해당한다. 그러나 증언거부권자에게 증언을 거부하도록 권유한 경우나 피고인 · 피의자에게 진술거부권을 행사하도록 권유한 경우는 은닉 · 도피에 해당하지 않는다.

판례 | 범인은닉 · 도피죄의 성립 여부에 대한 판단기준

1. [1] 형법 제151조 소정의 범인도피죄에서 '도피하게 하는 행위'는 은닉 이외의 방법으로 범인에 대한 수사, 재판 및 형의 집행 등 형사사법의 작용을 곤란 또는 불가능하게 하는 일체의 행위를 말하는 것으로서 그 수단과 방법에는 어떠한 제한이 없고, 또한 위 죄는 위험범으로서 현실적으로 형사사법의 작용을 방해하는 결과가 초래될 것이 요구되지 아니하지만, 같은조에 함께 규정되어 있는 은닉행위에 비견될 정도로 수사기관의 발견 · 체포를 곤란하게 하는 행위 즉 직접 범인을 도피시키는 행위 또는 도피를 직접적으로 용이하게 하는 행위에 한정된다고 해석함이 상당하고, 그 자체로는 도피시키는 것을 직접적인 목적으로 하였다고 보기 어려운 어떤 행위의 결과 간접적으로 범인이 안심하고 도피할 수 있게 한 경우까지 포함되는 것은 아니다. [20 경찰채용, 19 법원행시]*
[2] 원래 수사기관은 범죄사건을 수사함에 있어서 피의자나 참고인의 진술 여하에 불구하고 피의자를 확정하고 그 피의사실을 인정할 만한 객관적인 제반 증거를 수집 · 조사하여야 할 권리와 의무가 있는 것이므로, 참고인이 수사기관에서 범인에 관하여 조사를 받으면서 그가 알고 있는 사실을 묵비하거나 허위로 진술하였다고 하더라도, 그것이 적극적으로 수사기관을 기만하여 착오에 빠지게 함으로써 범인의 발견 또는 체포를 곤란 내지 불가능하게 할 정도의 것이 아니라면 범인도피죄를 구성하지 않는다. [19 경찰승진, 16 법원9급]*
[3] 수사절차에서 작성되는 신원보증서는 형사사법절차상의 편의를 도모하는 것에 불과하여 보증인에게 법적으로 진실한 서류를 작성 · 제출할 의무가 부과된 것은 아니므로, 신원보증서를 작성하여 수사기관에 제출하는 보증인이 피의자의 인적 사항을 허위로 기재하였다고 하더라도, 그로써 적극적으로 수사기관을 기망한 결과 피의자를 석방하게 하였다는 등 특별한 사정이 없는 한, 그 행위만으로 범인도피죄가 성립되지 않는다[대판 2003.2.14. 2002도5374; 동지 대판 1995.3.3. 93도3080]. [18 법원9급, 18 국가7급]*
2. 범인은닉죄라 함은 죄를 범한 자임을 인식하면서 장소를 제공하여 체포를 면하게 하는 것만으로 성립한다 할 것이고, 죄를 범한 자에게 장소를 제공한 후 동인에게 일정 기간 동안 경찰에 출두하지 말라고 권유하는 언동을 하여야만 범인은닉죄가 성립하는 것이 아니며, 또 그 권유에 따르지 않을 경우 강제력을 행사하여야만 한다거나, 죄를 범한 자가 은닉자의 말에 복종하는 관계에 있어야만 범인은닉죄가 성립하는 것은 더욱 아니다[대판 2002.10.11. 2002도3332].

판례 | 범인은닉 · 도피죄에 해당하는 경우

1. 범인이 기소중지자임을 알고도 범인의 부탁으로 다른 사람의 명의로 대신 임대차계약을 체결해 준 경우, 비록 임대차계약서가 공시되는 것은 아니라 하더라도 수사기관이 탐문수사나 신고를 받아 범인을 발견하고 체포하는 것을 곤란하게 하여 범인도피죄에 해당한다[대판 2004.3.26. 2003도8226]. [20 경찰승진, 16 경찰승진, 16 경찰채용]*
2. 혐의를 받아 수사기관으로부터 수사 중인 경우에 범인 아닌 다른 사람으로 하여금 범인으로 가장케 하여 수사를 받도록 함으로써 범인의 발견 · 체포에 지장을 초래케 하는 행위는 범인은닉 또는 도피에 해당된다[대판 1967.5.23. 67도366].
3. 피고인이 수사기관에 적극적으로 범인임을 자처하고 허위사실을 진술함으로써 실제 범인을 도피하게 하였으므로 범인도피죄가 성립한다[대판 2000.11.24. 2000도4078], [대판 1996.6.14. 96도1016]. [19 경찰채용, 16 법원9급, 16 경찰승진]*
4. 피고인이 살인미수의 피의자를 상피고인에게 연락하여 만나게 해주고 동인으로 하여금 도피를 용이하게 한 경우 범인도피죄에 해당한다[대판 1990.12.26. 90도2439].

판례 | 범인은닉·도피죄에 해당하지 않는 경우

1. 범인도피죄에 있어서의 "도피"란 은닉 이외의 방법으로 수사기관의 발견·체포를 곤란 내지 불가능하게 하는 일체의 행위를 뜻하는 것으로, 단순히 안부를 묻거나 통상적인 인사말 등만으로는 범인을 도피하게 한 것이라고 할 수 없을 것인바, 주점 개업식 날 찾아 온 범인에게 "도망다니면서 이렇게 와 주니 고맙다. 항상 몸조심하고 주의하여 다녀라. 열심히 살면서 건강에 조심하라."고 말한 것은 단순히 안부인사에 불과한 것으로 범인을 도피하게 한 것으로 볼 수 없다[대판 1992.6.12. 92도736].
2. 피고인이 절도사건과 관련하여 사법경찰리로부터 조사받는 과정에서 공범인 상피고인들의 이름을 단순히 묵비하였다 하여 절도범인을 도피하게 하였다고는 볼 수 없다[대판 1984.4.10. 83도3288].
3. 참고인이 범인이 아닌 다른 자를 진범이라고 내세우는 경우 등과 같이 적극적으로 허위의 사실을 진술하여 수사관을 기만, 착오에 빠지게 함으로서 범인의 발견 체포에 지장을 초래케 하는 경우와 달리, 참고인이 수사기관에서 진술을 함에 있어 단순히 범인으로 체포된 사람과 동인이 목격한 범인이 동일함에도 불구하고 동일한 사람이 아니라고 허위진술을 한 정도의 것만으로는 참고인의 그 허위진술로 말미암아 증거가 불충분하게 되어 범인을 석방하게 되는 결과가 되었다 하더라도 바로 범인도피죄를 구성한다고는 할 수 없다[대판 1987.2.10. 85도897].

   동지판례 ⅰ) 폭행사건 현장의 참고인이 출동한 경찰관에게 범인의 이름 대신 허무인의 이름을 대면서 구체적인 인적사항에 대한 언급을 피한 사안에서, 범인도피죄가 성립하지 않는다고 한 사례[대판 2008.6.26. 2008도1059].
   ⅱ) 참고인이 수사기관에서 범인에 관하여 조사를 받으면서 그가 알고 있는 사실을 묵비하거나 허위로 진술하였다고 하더라도 그것이 적극적으로 수사기관을 기만하여 착오에 빠지게 함으로써 범인의 발견 또는 체포를 곤란 내지 불가능하게 할 정도의 것이 아니라면 범인도피죄를 구성하지 아니한다[대판 1997.9.9. 97도1596].
   ⅲ) 사행행위 등 규제 및 처벌특례법 위반죄의 피의자가 수사기관에서 조사받으며 오락실을 단독 운영하였다고 허위진술하여 오락실 공동운영자인 공범의 존재를 숨긴 것이 범인도피죄에 해당하지 않는다고 한 사례[대판 2008.12.24. 2007도11137].
4. 피고인들이 부정수표단속법 피의자 甲이 공소 외 乙에 대하여 지는 또 다른 노임채무를 인수키로 하는 지불각서를 작성하여 주고 위 乙이 甲을 수사당국에 인계하는 것을 포기하기로 하는 합의가 이루어져 위 甲이 수사당국에 인계되지 않은 경우이면 피고인들에 대하여 범인도피죄의 성립을 인정할 수 없다[대판 1984.2.14. 83도2209].

   판례해설 범인을 체포하여야 할 보증인지위에 있는 자가 범인을 방치한 경우는 부작위에 의한 범인은닉·도피죄가 성립한다. 그러나 본 판례에서는 피고인들에게 보증인지위가 인정되지 않아 범인도피죄가 성립하지 않는다.

판례 | '바지사장'을 맡은 경우 범인도피죄의 성립 여부(역할의 정도에 따라 유무죄가 달라짐)

게임산업진흥에 관한 법률 위반, 도박개장 등의 혐의로 수사기관에서 조사받는 피의자가 사실은 게임장·오락실·피씨방 등의 실제 업주가 아니라 그 종업원임에도 불구하고 자신이 실제 업주라고 허위로 진술하였다고 하더라도, 그 자체만으로 범인도피죄를 구성하는 것은 아니다. 다만, 그 피의자가 실제 업주로부터 금전적 이익 등을 제공받기로 하고 단속이 되면 실제 업주를 숨기고 자신이 대신하여 처벌받기로 하는 역할(이른바 '바지사장')을 맡기로 하는 등 수사기관을 착오에 빠뜨리기로 하고, 단순히 실제 업주라고 진술하는 것에서 나아가 게임장 등의 운영 경위, 자금 출처, 게임기 등의 구입 경위, 점포의 임대차계약 체결 경위 등에 관해서까지 적극적으로 허위로 진술하거나 허위 자료를 제시하여 그 결과 수사기관이 실제 업주를 발견 또는 체포하는 것이 곤란 내지 불가능하게 될 정도에까지 이른 것으로 평가되는 경우 등에는 범인도피죄를 구성할 수 있다[대판 2010.1.28. 2009도10709; 동지 대판 2010.2.11. 2009도12164]. [18 법원9급]*

판례 | 범인도피방조죄가 성립하는 경우

[1] 범인도피죄는 범인을 도피하게 함으로써 기수에 이르지만, 범인도피행위가 계속되는 동안에는 범죄행위도 계속되고 행위가 끝날 때 비로소 범죄행위가 종료된다. 따라서 공범자의 범인도피행위 도중에 그 범행을 인식하면서 그와 공동의 범의를 가지고 기왕의 범인도피상태를 이용하여 스스로 범인도피행위를 계속한 경우에는 범인도피죄의 공동정범이 성립하고, 이는 공범자의 범행을 방조한 종범의 경우도 마찬가지이다. [20 경찰채용, 19 국가9급, 19 국가7급, 19 경찰승진, 18 법원9급, 17 법원행시, 16 법원9급, 16 경찰채용]*

[2] 甲이 수사기관 및 법원에 출석하여 乙 등의 사기 범행을 자신이 저질렀다는 취지로 허위자백한 후 乙로부터 1억 원을 받고 허위자백을 유지하기로 마음먹고 있었는데 그 후 甲의 사기 피고사건 변호인으로 선임된 피고인이 甲과 乙 양쪽의 의사를 전달하여 부정한 거래가 성사되도록 하여 허위자백이 유지되도록 하였다면 피고인은 범인도피방조죄가 성립한다[대판 2012.8.30. 2012도6027].

3. 주관적 구성요건

고의가 있어야 한다. 범인의 성명 · 범죄의 구체적 내용까지 인식할 필요는 없다.

판례 | 범인은닉 · 도피의 '벌금 이상의 형에 해당하는 자'에 대한 인식의 내용

벌금 이상의 형에 해당하는 자에 대한 인식은 실제로 벌금 이상의 형에 해당하는 범죄를 범한 자라는 것을 인식함으로써 족하고 그 법정형이 벌금 이상이라는 것까지 알 필요는 없다[대판 2000.11.24. 2000도4078].

판례 | 범인은닉 · 도피의 고의가 인정되는 경우

1. 공범이 더 있다는 사실을 숨긴 채 허위보고를 하고 조사를 받고 있는 범인에게 다른 공범이 더 있음을 실토하지 못하도록 하는 등의 행위를 하였다면 도피행위에 대한 고의가 있었다[대판 1995.12.26. 93도904].
2. 부정수표단속법 제2조 제2항 위반의 범죄는 예금부족으로 인하여 제시일에 지급되지 아니할 것이라는 결과발생을 예견하고 수표를 발행한 때에 바로 성립하는 것이고 수표소지인의 제시일에 수표금의 지급이 거절된 때에 비로소 성립하는 것은 아니므로, 피고인이 수표발행인을 은닉한 것이 그 수표가 부도나기 전날이라고 하더라도 그 수표가 부도날 것이라는 사정과 수표발행인이 부정수표단속법 위반으로 수사관서의 수배를 받게 되리라는 사정을 알았다면 범인은닉에 관한 범의가 없다고 할 수는 없을 것이다[대판 1990.3.27. 89도1480].

판례 | 범인도피의 고의가 인정되지 않는 경우

참고인의 허위 진술에 의하여 범인으로 지목된 사람이 구속기소됨으로써 실제의 범인이 용이하게 도피하는 결과를 초래한다고 하더라도 그것만으로는 그 참고인에게 적극적으로 실제의 범인을 도피시켜 국가의 형사사법의 작용을 곤란하게 할 의사가 있었다고 볼 수 없어 그 참고인을 범인도피죄로 처벌할 수는 없다[대판 1997.9.9. 97도1596]. [16 경찰승진]*

4. 친족간의 특례

제151조(범인은닉과 친족간의 특례) ② 친족 또는 동거의 가족이 본인을 위하여 전항의 죄(범인은닉 · 도피죄)를 범한 때에는 처벌하지 아니한다.

특례규정이 적용되는 경우 처벌되지 아니하는 이유에 대하여 친족간의 정의를 고려하여 형을 면제하는 것에 불과하다는 견해(인적처벌조각사유설)가 있으나, 친족간의 정의에 비추어 은닉행위를 하지 않을 것을 기대할 수 없으므로 책임이 조각된다는 견해(책임조각사유설, 다수설)가 타당하다고 본다.

판례 | 친족간의 특례규정이 적용되지 않는 경우

1. **(공동정범자 사이)** 형법 제151조 제1항 소정의 범인도피죄에 있어서 공동정범 중의 1인이 타 공동정범인을 도피시킴에 대하여 동조 제2항과 같은 불처벌의 특례를 규정한 바 없으므로 공동정범 중의 1인인 乙이 타 공동정범인인 소외 丙외 1인을 도피시킴은 범인도피죄의 죄책을 면치 못하고 따라서 피고인이 위 乙의 도피행위를 용이케 함은 동방조죄를 구성한다고 해석함이 타당하다[대판 1958.1.14. 4290형상393].
2. **(사실혼관계자 사이)** 형법 제151조 제2항 및 제155조 제4항은 친족 또는 동거의 가족이 본인을 위하여 범인도피죄, 증거인멸죄 등을 범한 때에는 처벌하지 아니한다고 규정하고 있는바, 사실혼관계에 있는 자는 민법 소정의 친족이라 할 수 없어 위 조항에서 말하는 친족에 해당하지 않는다[대판 2003.12.12. 2003도4533]. [21 법원9급, 19 변호사, 19 법원행시, 19 경찰승진, 19 경찰채용, 18 국가7급]*
따라서 혼인외 출생자가 벌금 이상의 형에 해당하는 죄를 범한 자신의 생부(생부)를 도피하게 하더라도 생부가 혼인외 출생자를 인지하지 않은 경우에는 생부와 혼인외 출생자 사이에 법률상 친자관계가 발생하지 않으므로 혼인외 출생자의 행위에 대하여 형법 제151조 제2항을 적용할 수 없고, 생부가 인지하지 않아 법률상 친자관계가 발생하지 않은 경우에는 비록 생부와 혼인외 출생자 사이의 자연적 혈연관계로 말미암아 도피시키지 않을 것을 기대하기 어려운 경우가 있다고 하더라도 형법 제151조 제2항을 유추적용할 수도 없다[대판 2024.11.28. 2022도10272].121)

판례 | 범인도피교사(방조)죄가 성립하는 경우(범인이 친족을 교사 또는 방조하여 자기를 도피시킨 경우)

[1] 범인이 자신을 위하여 타인으로 하여금 허위의 자백을 하게 하여 범인도피죄를 범하게 하는 행위는 방어권의 남용으로 범인도피교사죄에 해당하는바, 이 경우 그 타인이 형법 제151조 제2항에 의하여 처벌을 받지 아니하는 친족 또는 동거 가족에 해당한다 하여 달리 볼 것은 아니다. [23 변호사]*
[2] 무면허 운전으로 사고를 낸 사람이 동생을 경찰서에 대신 출두시켜 피의자로 조사받도록 한 행위는 범인도피교사죄를 구성한다[대판 2006.12.7. 2005도3707]. [20 변호사, 19 국가9급, 19 경찰채용, 18 경간부, 18 국가9급, 17 국가7급, 17 경찰승진, 16 법원행시, 16 법원9급, 16 경찰승진]*

동지판례 범인이 자신을 위하여 타인으로 하여금 허위의 자백을 하게 하여 범인도피죄를 범하게 하는 행위는 방어권의 남용으로 범인도피교사죄에 해당하는바, 이 경우 그 타인이 형법 제151조 제2항에 의하여 처벌을 받지 아니하는 친족, 호주 또는 동거 가족에 해당한다 하여 달리 볼 것은 아니다. 한편, 이와 같은 법리는 범인을 위해 타인이 범하는 범인도피죄를 범인 스스로 방조하는 경우에도 마찬가지로 적용된다 할 것이다[대판 2008.11.13. 2008도7647].

판례해설 甲이 처(妻)의 甲 자신을 위한 범인도피범행을 돕기 위하여 처에게 사고발생 경위, 도주 경위 등에 관하여 상세한 정보를 제공하여 준 사건에서 甲에게 범인도피방조죄의 성립을 인정한 판례이다.

제4절 위증과 증거인멸의 죄

위증죄의 주체인 증인적격 인정 여부 및 허위의 의미, 진술거부권자가 위증을 한 경우 위증죄의 성립 여부에 관한 판례를 정리해 두어야 한다. 증거인멸죄의 경우 증거위조의 의미와 증거위조에 해당하는지 여부에 관한 판례가 중요하다.

121) [판례해설] 원심판결과 원심이 인용한 제1심판결 이유에 의하면, 원심은 피고인 2와 범인도 피의 본인에 해당하는 범인인 공소외인 사이에는 자연적 혈연관계가 존재한다는 이유로 형법 제151조 제2항을 유추적용할 수 있다고 보아 피고인 2에 대한 공소사실을 무죄로 판단한 제1심판결을 그대로 유지하였음을 알 수 있다. 원심의 이러한 판단에는 형법 제151조 제2항에 관한 법리를 오해하고 피고인 2와 공소외인 사이의 법률상 친자관계 유무에 관한 필요한 심리를 다하지 않음으로써 판결에 영향을 미친 위법이 있다.

Ⅰ 총설

보호법익은 국가의 사법기능이며, 보호의 정도는 추상적 위험범이다(통설).

Ⅱ 위증죄

> **제152조(위증)** ① 법률에 의하여 선서한 증인이 허위의 진술을 한 때에는 5년 이하의 징역 또는 1천만원 이하의 벌금에 처한다.

1. 의의

법률에 의하여 선서한 증인이 허위의 진술을 함으로써 성립하는 범죄이다.

2. 구성요건

(1) 객관적 구성요건

① **주체**: 법률에 의하여 선서한 증인이다.

㉮ **법률에 의한 선서**: ⅰ) 선서는 선서를 하게 할 권한이 있는 기관에 대한 것이어야 한다. 따라서 참고인의 검사 · 사법경찰관에 대한 선서는 무효이다. ⅱ) 선서무능력자의 선서는 무효이다. ⅲ) 절차상의 사소한 하자는 선서의 유효성에 영향을 주지 않는다(예 위증의 벌을 경고하지 않은 경우, 관할위반, 기소절차의 부적법). ⅳ) 선서는 사전선서 · 사후선서를 불문한다.

판례 | 형사사건에서 증인보호절차규정이 준수되지 않은 경우 위증죄의 주체에 해당하는지 여부

1. **(증언거부권의 불고지 + 증인보호에 사실상 장애 초래 = 위증죄 불성립)** [1] 위증죄의 의의 및 보호법익, 형사소송법에 규정된 증인신문절차의 내용, 증언거부권의 취지 등을 종합적으로 살펴보면, 증인신문절차에서 법률에 규정된 증인 보호를 위한 규정이 지켜진 것으로 인정되지 않은 경우에는 증인이 허위의 진술을 하였다고 하더라도 위증죄의 구성요건인 "법률에 의하여 선서한 증인"에 해당하지 아니한다고 보아 이를 위증죄로 처벌할 수 없는 것이 원칙이다. [20 국가7급, 18 변호사, 18 경간부, 18 경찰채용, 16 변호사, 16 경간부]* 다만, 법률에 규정된 증인 보호 절차라 하더라도 개별 보호절차 규정들의 내용과 취지가 같지 아니하고, 당해 신문 과정에서 지키지 못한 절차 규정과 그 경위 및 위반의 정도 등 제반 사정이 개별 사건마다 각기 상이하므로, 이러한 사정을 전체적 · 종합적으로 고려하여 볼 때, 당해 사건에서 증인 보호에 사실상 장애가 초래되었다고 볼 수 없는 경우에까지 예외 없이 위증죄의 성립을 부정할 것은 아니라고 할 것이다.
[2] 재판장이 선서할 증인에 대하여 선서 전에 위증의 벌을 경고하지 않았다는 등의 사유는 그 증인신문절차에서 증인 자신이 위증의 벌을 경고하는 내용의 선서서를 낭독하고 기명날인 또는 서명한 이상 위증의 벌을 몰랐다고 할 수 없을 것이므로 증인 보호에 사실상 장애가 초래되었다고 볼 수 없고, 따라서 위증죄의 성립에 지장이 없다고 보아야 한다. 그리고 증언거부권 제도는 앞서 본 바와 같이 증인에게 증언의무의 이행을 거절할 수 있는 권리를 부여한 것이고, 형사소송법상 증언거부권의 고지 제도는 증인에게 그러한 권리의 존재를 확인시켜 침묵할 것인지 아니면 진술할 것인지에 관하여 심사숙고할 기회를 충분히 부여함으로써 침묵할 수 있는 권리를 보장하기 위한 것임을 감안할 때, 재판장이 신문 전에 증인에게 증언거부권을 고지하지 않은 경우에도 당해 사건에서 증언 당시 증인이 처한 구체적인 상황, 증언거부사유의 내용, 증인이 증언거부사유 또는 증언거부권의 존재를 이미 알고 있었는지 여부, 증언거부권을 고지 받았더라도 허위 진술을 하였을 것이라고 볼 만한 정황이 있는지 등을 전체적 · 종합적으로 고려하여 증인이 침묵하지 아니하고 진술한 것이 자신의 진정한 의사에 의한 것인지 여부를 기준으로 위증죄의 성립 여부를 판단하여야 한다[대판(전) 2010.1.21. 2008도942]. [23 경간부, 20 변호사, 19 법원행시, 17 법원행시, 16 경간부]*

동지판례 **(증언거부권불고지 + 증언거부권이 사실상 침해당한 경우 = 위증죄 불성립)** 사촌관계에 있는 甲의 도박 사실 여부에 관하여 증언거부사유가 발생하게 되었는데도 재판장으로부터 증언거부권을 고지받지 못한 상태에서 허위 진술을 하게 된 사안에서 증언 당시 증언거부권을 고지받지 못함으로 인하여 피고인이 그 증언거부권을 행사하는 데 사실상 장애가 초래되었다고 볼 수 있어, 위증죄가 성립할 수 없다[대판 2010.2.25. 2009도13257].

2. **(증언거부권불고지 + 증언거부권이 사실상 침해당한 경우가 아닌 경우 = 위증죄 성립)** 전 남편에 대한 도로교통법 위반(음주운전) 사건의 증인으로 법정에 출석한 전처가 증언거부권을 고지받지 않은 채 공소사실을 부인하는 전 남편의 변명에 부합하는 내용을 적극적으로 허위 진술한 사안에서, 증인으로 출석하여 증언한 경위와 그 증언 내용, 증언거부권을 고지받았더라도 그와 같이 증언을 하였을 것이라는 취지의 진술 내용 등을 전체적 · 종합적으로 고려할 때 선서 전에 재판장으로부터 증언거부권을 고지받지 아니하였다 하더라도 이로 인하여 증언거부권이 사실상 침해당한 것으로 평가할 수는 없다는 이유로 위증죄의 성립을 긍정한 사례[대판 2010.2.25. 2007도6273].

판례 | 민사소송절차에서 증인이 증언거부권을 고지받지 않은 경우 위증죄의 성립 여부(성립)

[1] 형사소송법은 증언거부권에 관한 규정(제148조, 제149조)과 함께 재판장의 증언거부권 고지의무에 관하여도 규정하고 있는 반면(제160조), 민사소송법은 증언거부권 제도를 두면서도(제314조 내지 제316조) 증언거부권 고지에 관한 규정을 따로 두고 있지 않다. 우리 입법자는 1954.9.23. 제정 당시부터 증언거부권 및 그 고지 규정을 둔 형사소송법과는 달리 그 후인 1960.4.4. 민사소송법을 제정할 때 증언거부권 제도를 두면서도 그 고지 규정을 두지 아니하였고, 2002.1.26. 민사소송법을 전부 개정하면서도 같은 입장을 유지하였다. 이러한 입법 경위 및 규정 내용에 비추어 볼 때, 이는 양 절차에 존재하는 목적 · 적용원리 등의 차이를 염두에 둔 입법적 선택으로 보인다. 더구나 민사소송법은 형사소송법과 달리, '선서거부권 제도'(제324조), '선서면제 제도'(제323조) 등 증인으로 하여금 위증죄의 위험에서 벗어날 수 있도록 하는 이중의 장치를 마련하고 있어 증언거부권 고지 규정을 두지 아니한 것이 입법의 불비라거나 증언거부권 있는 증인의 침묵할 수 있는 권리를 부당하게 침해하는 입법이라고 볼 수도 없다. 그렇다면 민사소송절차에서 재판장이 증인에게 증언거부권을 고지하지 아니하였다 하여 절차위반의 위법이 있다고 할 수 없고, 따라서 적법한 선서절차를 마쳤는데도 허위진술을 한 증인에 대해서는 달리 특별한 사정이 없는 한 위증죄가 성립한다고 보아야 한다. [18 경간부, 16 변호사, 16 경간부]*

[2] 민사소송절차에 증인으로 출석한 피고인이, 민사소송법 제314조에 따라 증언거부권이 있는데도 재판장으로부터 증언거부권을 고지받지 않은 상태에서 민사소송법이 정하는 절차에 따라 증인으로서 적법하게 선서를 마치고도 허위진술을 한 경우 위증죄에 해당한다[대판 2011.7.28. 2009도14928].

동지판례 '국회에서의 증언 · 감정 등에 관한 법률'은 위와 같은 증언거부권의 고지에 관한 규정을 두고 있지 아니한데, 증언거부권의 고지를 규정한 형사소송법 제160조는 '국회에서의 증언 · 감정 등에 관한 법률'에 유추 적용되지 아니한다[대판 2012.10.25. 2009도13197].

판례 | 가처분사건(변론절차의 경우 법률상 선서의 근거가 있으나 심문절차의 경우 근거 없음)

가처분사건이 변론절차에 의하여 진행될 때에는 제3자를 증인으로 선서하게 하고 증언을 하게 할 수 있으나 심문절차에 의할 경우에는 법률상 명문의 규정도 없고, 또 구 민사소송법(2002.1.26. 법률 제6626호로 전문 개정되기 전의 것)의 증인신문에 관한 규정이 준용되지도 아니하므로 선서를 하게 하고 증언을 시킬 수 없다고 할 것이고, 따라서 제3자가 심문절차로 진행되는 가처분 신청사건에서 증인으로 출석하여 선서를 하고 진술함에 있어서 허위의 공술을 하였다고 하더라도 그 선서는 법률상 근거가 없어 무효라고 할 것이므로 위증죄는 성립하지 않는다[대판 2003.7.25. 2003도180]. [19 법원9급, 17 경찰승진, 17 경찰채용, 16 경간부, 16 경찰채용]*

④ 증인: i) 형사피고인 · 민사소송의 당사자는 증인적격이 없다. ii) 공범자 아닌 공동피고인은 증인적격이 있지만, 공범자인 공동피고인은 증인적격이 없다(판례).

판례 | 위증죄의 주체에 해당하지 않는 경우(당사자인 법인의 대표자)

민사소송의 당사자는 증인능력이 없으므로 증인으로 선서하고 증언하였다고 하더라도 위증죄의 주체가 될 수 없고, 이러한 법리는 민사소송에서의 당사자인 법인의 대표자의 경우에도 마찬가지로 적용된다[대판 1998.3.10. 97도1168]. [18 경찰승진, 17 국가7급, 17 경찰승진, 17 경간부, 16 법원9급, 16 경간부]*

판례 | 공범인 공동피고인의 증인적격 인정 요건(소송절차가 분리되어 피고인의 지위를 벗어난 경우)

공범인 공동피고인은 당해 소송절차에서는 피고인의 지위에 있으므로 다른 공동피고인에 대한 공소사실에 관하여 증인이 될 수 없으나, 소송절차가 분리되어 피고인의 지위에서 벗어나게 되면 다른 공동피고인에 대한 공소사실에 관하여 증인이 될 수 있다. 따라서 소송절차가 분리되지 않은 이상 공범인 공동피고인에게는 증인적격이 없어 위증죄가 성립하지 않는다 [대판 2008.6.26. 2008도3300]. [18 경간부, 17 변호사, 17 경간부, 16 변호사, 16 국가7급]*

동지판례 피고인의 지위에 있는 공동피고인은 다른 공동피고인에 대한 공소사실에 관하여 증인이 될 수 없으나, 소송절차가 분리되어 피고인의 지위에서 벗어나게 되면 다른 공동피고인에 대한 공소사실에 관하여 증인이 될 수 있고, 이는 대향범인 공동피고인의 경우에도 다르지 않다[대판 2012.3.29. 2009도11249].

② 행위: 허위의 진술을 하는 것이다.

㉮ 허위의 의미: 증인이 자기의 기억에 반하는 사실을 진술하는 것을 말한다.

㉯ 진술: 진술의 대상은 사실에 한정되며, 가치판단은 포함되지 않는다.

판례 | 위증죄의 허위진술의 의미(기억에 반하는 진술) 및 허위성의 판단방법

1. 위증죄에 있어서의 허위의 공술이란 증인이 자기의 기억에 반하는 사실을 진술하는 것을 말하는 것으로서 그 내용이 객관적 사실과 부합한다고 하여도 위증죄의 성립에 장애가 되지 않는다[대판 1989.1.17. 88도580]. [20 법원9급, 19 경찰채용, 18 경찰채용, 17 경간부]*

   동지판례 위증죄는 법률에 의하여 선서한 증인이 자기의 기억에 반하는 사실을 진술함으로써 성립하는 것이므로 그 진술이 객관적 사실과 부합하지 않는다고 하여 그 증언이 곧바로 위증이라고 단정할 수는 없다[대판 1996.8.23. 95도192].
2. 증인의 증언이 기억에 반하는 허위진술인지 여부는 그 증언의 단편적인 구절에 구애될 것이 아니라 당해 신문절차에 있어서의 증언 전체를 일체로 파악하여 판단하여야 할 것이다[대판 2001.12.27. 2001도5252].
3. (주의) 증언이 기본적인 사항에 관한 것이 아니고 지엽적인 사항에 관한 진술이라 하더라도 그것이 허위 진술인 이상 위증죄 성립에는 영향이 없다[대판 2018.5.15. 2017도19499]. [20 법원9급]*

판례 | 허위진술에 해당하는 경우

1. 타인으로부터 전해 들은 금품의 전달사실을 마치 증인 자신이 전달한 것처럼 진술한 것은 증인의 기억에 반하는 허위진술이라고 할 것이므로 그 진술부분은 위증에 해당한다[대판 1990.5.8. 90도448]. [16 경찰승진]*
2. 위증죄에 있어서의 허위의 공술은 증인의 기억에 반하는 진술을 말하는 것으로서 그 허위여부는 주관적으로 증인이 인식한 경험사실을 기준으로 판단하는 것인바, 증인이 예컨대 전문한 사실을 마치 목격하여 알게 된 사실인 것처럼 진술한 경우에는 경험의 경위에 관하여 기억에 반하는 허위의 공술을 한 것에 해당하는 것이다[대판 1984.3.27. 84도48].
3. 피고 등이 종중의 이사회결의나 임원회의 결의 등이 있었음을 알면서도 이에 반하는 공술을 한 이상, 동 결의가 종중규약에 위반하여 효력이 없는 것이라 한들 위증죄의 성립에 영향을 미치지 않는다[대판 1983.8.22. 82도1989].
4. 상세한 내용의 증인신문사항에 대하여 증인이 그 상세한 신문사항내용을 파악하지 못하였거나 또는 기억하지 못함에도 불구하고 이를 그대로 긍정하는 취지의 답변을 하였다면 기억에 반하여 허위의 진술을 한 것이라고 볼 것이다[대판 1981.6.23. 81도118].
5. 선서를 하고서 진술한 증언내용이 자신이 그 증언내용사실을 잘 알지 못하면서도 잘 아는 것으로 증언한 것이라면 그 증언은 기억에 반한 진술이어서 위증죄가 성립된다[대판 1986.9.9. 86도57].
6. 공소외인이 법원에 출석하여 당사자 본인신문에 응하여 진술한 사실을 모르고 증언을 한 것이라 하더라도 위 공소외인이 피고인의 형수이고 그 민사소송사건의 이해관계인(당사자 본인)이어서 동인이 법원에 출석진술할 여지가 있었음에도 이러한 사실을 확인함이 없이 동인은 의사표시의 능력도 없는 사람이고 법정에 서서 진술한 사실이 전혀 없는 노인이라고 단정 증언하였음은 기억에 반한 진술이라고 하지 않을 수 없다[대판 1985.8.20. 85도868].

판례 | 허위진술에 해당하지 않는 경우

1. 증언의 전체적 취지가 객관적 사실과 일치되고 그것이 기억에 반하는 공술이 아니라면 사소한 부분에 관하여 기억과 불일치하더라도 그것이 신문취지의 몰이해 또는 착오에 인한 것이라면 위증이 될 수 없다[대판 1996.3.12. 95도2864].
2. 위증죄는 법률에 의하여 선서한 증인이 사실에 관하여 기억에 반하는 진술을 한 때에 성립하고, 증인의 진술이 경험한 사실에 대한 법률적 평가이거나 단순한 의견에 지나지 아니하는 경우에는 위증죄에서 말하는 허위의 공술이라고 할 수 없으며, 경험한 객관적 사실에 대한 증인 나름의 법률적 · 주관적 평가나 의견을 부연한 부분에 다소의 오류나 모순이 있더라도 위증죄가 성립하는 것은 아니라고 할 것이다[대판 2009.3.12. 2008도11007]. [20 법원9급, 18 경찰승진]*

   동지판례 위증죄는 법률에 의하여 선언한 증인이 자기의 기억에 반하는 사실을 진술함으로써 성립하는 것이므로, 경험을 통하여 기억하고 있는 사실을 진술한 이상 그 진술이 객관적 사실에 부합되지 아니하거나 경험한 사실에 기초한 주관적 평가나 그 법률적 효력에 관한 견해를 부연한 부분에 다소의 오류나 모순이 있다고 하여 위증죄가 성립하는 것은 아니다[대판 1984.2.14. 83도37].
3. **(주의)** 증인이 법정에서 선서 후 증인진술서에 기재된 구체적인 내용에 관하여 진술함이 없이 단지 그 증인진술서에 기재된 내용이 사실대로라는 취지의 진술만을 한 경우에는 그것이 증인진술서에 기재된 내용 중 특정 사항을 구체적으로 진술한 것과 같이 볼 수 있는 등의 특별한 사정이 없는 한 증인이 그 증인진술서에 기재된 구체적인 내용을 기억하여 반복 진술한 것으로는 볼 수 없으므로, 가사 거기에 기재된 내용에 허위가 있다 하더라도 그 부분에 관하여 법정에서 증언한 것으로 보아 위증죄로 처벌할 수는 없다고 할 것이다[대판 2010.5.13. 2007도1397]. [17 국가7급]*

   동지판례 판사가 증인이 경찰과 검사에게 진술한 내용이 사실이냐고 묻고 수사기록을 제시하고 그 요지를 고지한 즉 증인이 사실대로 진술하였으며 그 내용도 상위없다고 답변하였을 뿐이라면 증인이 수사기록에 있는 그의 진술조서에 기재된 내용을 기억하여 반복 진술한 것이라고 할 수는 없으므로 설사 그 진술조서에 기재된 내용 중 증인의 기억에 반하는 부분이 있다고 하여도 그 기재내용을 상위없다고 하는 진술자체가 위증이 될 수 있음은 별론으로 하고 그 진술기재내용을 위증한 것이라고 할 수는 없다[대판 1989.9.11. 88도1147].
4. 피고인이 8, 9년 전에 취급한 사무에 관한 질문에 대하여 "모른다"고 증언한 것은 당시 취급한 문서에 그렇게 되어 있어도 그 자세한 경위를 알지 못하던가 기억하지 못하고 있다는 취지로 해석하여야 할 것이므로 기억에 반하는 진술이라고 할 수 없다[대판 1983.12.13. 83도2342].

판례 | 위증죄의 성립요건(허위의 진술내용이 요증사항이거나 재판의 결과에 영향을 미칠 것 불요)

위증죄는 선서한 증인이 고의로 자신의 기억에 반하는 증언을 함으로써 성립하고, 그 진술이 당해사건의 요증사항인 여부 및 재판의 결과에 영향을 미친 여부는 위증죄의 성립에 아무 관계가 없다[대판 1981.8.25. 80도2783], [대판 1990.2.23. 89도1212]. [20 법원9급, 17 법원행시, 17 경간부, 16 경찰승진]*

㈐ 기수시기: 신문절차가 종료하여 그 진술을 철회할 수 없는 단계에 이르렀을 때 기수가 된다(판례, 통설).

판례 | 위증죄가 성립하지 않는 경우(신문절차 종료 전에 허위진술을 철회하거나 시정한 경우)

1. 증인의 증언은 그 전부를 일체로 관찰 판단하는 것이므로 선서한 증인이 일단 기억에 반하는 허위의 진술을 하였다 하더라도 그 신문이 끝나기 전에 그 진술을 철회 시정한 경우에는 위증이 되지 아니한다[대판 1993.12.7. 93도2510]. [19 법원행시, 19 법원9급, 18 경찰승진, 16 국가7급]*
2. 증언의 전체취지에 비추어 원고대리인 신문시에 한 증언을 피고대리인과 재판장 신문시에 취소시정한 것으로 보여진다면 앞의 증언부분만을 따로 떼어 위증이라고 보는 것은 위법하다[대판 1984.3.27. 83도2853].

판례 | 위증죄가 성립하는 경우

[1] 증인의 증언은 그 전부를 일체로 관찰 · 판단하는 것이므로 선서한 증인이 일단 기억에 반하는 허위의 진술을 하였더라도 그 신문이 끝나기 전에 그 진술을 철회 · 시정한 경우 위증이 되지 아니한다고 할 것이나, 증인이 1회 또는 수회의 기일에 걸쳐 이루어진 1개의 증인신문절차에서 허위의 진술을 하고 그 진술이 철회 · 시정된 바 없이 그대로 증인신문절차가 종료된 경우 그로써 위증죄는 기수에 달하고, 그 후 별도의 증인 신청 및 채택 절차를 거쳐 그 증인이 다시 신문을 받는 과정에서 종전 신문절차에서의 진술을 철회 · 시정한다 하더라도 그러한 사정은 형법 제153조가 정한 형의 감면사유에 해당할 수 있을 뿐, 이미 종결된 종전 증인신문절차에서 행한 위증죄의 성립에 어떤 영향을 주는 것은 아니다. 위와 같은 법리는 증인이 별도의 증인신문절차에서 새로이 선서를 한 경우뿐만 아니라 종전 증인신문절차에서 한 선서의 효력이 유지됨을 고지 받고 진술한 경우에도 마찬가지로 적용된다. [20 법원9급, 20 법원행시, 20 경찰승진, 19 변호사, 18 경찰승진, 17 법원행시, 17 국가7급, 17 경찰승진, 16 법원9급, 16 경찰승진]*

[2] 피고인으로부터 위증의 교사를 받은 甲이 관련사건의 제1심 제9회 공판기일에 증인으로 출석하여 한 허위 진술이 철회 · 시정된 바 없이 증인신문절차가 그대로 종료되었다가, 그 후 증인으로 다시 신청 · 채택된 甲이 위 관련사건의 제21회 공판기일에 다시 출석하여 종전 선서의 효력이 유지됨을 고지받고 증언하면서 종전 기일에 한 진술이 허위 진술임을 시인하고 이를 철회하는 취지의 진술을 한 경우, 甲의 위증죄는 이미 기수에 이른 것으로 보아야 하고, 그 후 다시 증인으로 신청 · 채택되어 종전 신문절차에서 한 허위 진술을 철회하였더라도 이미 성립한 위증죄에 영향을 미친다고 볼 수는 없다[대판 2010.9.30. 2010도7525].

비교판례 같은 심급에서 변론기일을 달리하여 수차 증인으로 나가 최초 한 선서의 효력을 유지시킨 상태에서 수 개의 허위진술을 하는 경우 1개의 위증죄를 구성함에 그친다[대판 2007.3.14. 2006도9463]. [18 법원9급]*

(2) 주관적 구성요건

고의가 있어야 한다.

판례 | 위증의 고의를 인정할 수 없는 경우

위증죄에서 증인의 증언이 기억에 반하는 허위의 진술인지 여부를 가릴 때에는 그 증언의 단편적인 구절에 구애될 것이 아니라 당해 신문절차에서 한 증언 전체를 일체로 파악하여야 하고, 그 결과 증인이 무엇인가 착오에 빠져 기억에 반한다는 인식이 없이 증언하였음이 밝혀진 경우에는 위증의 범의를 인정할 수 없다[대판 1991.5.10. 89도1748].

3. 책임

판례 | 기대가능성이 인정되어 위증죄가 성립하는 경우

[1] 이미 유죄의 확정판결을 받은 경우에는 일사부재리의 원칙에 의해 다시 처벌받지 아니하므로 자신에 대한 유죄판결이 확정된 증인은 (증언할 당시 앞으로 재심을 청구할 예정이라고 하여도) 공범에 대한 사건에서 증언을 거부할 수 없고, 설령 증인이 자신에 대한 형사사건에서 시종일관 범행을 부인하였더라도 그러한 사정만으로 증인이 진실대로 진술할 것을 기대할 수 있는 가능성이 없는 경우에 해당한다고 할 수 없으므로 허위의 진술에 대하여 위증죄 성립을 부정할 수 없다.

[2] 자신의 강도상해 범행을 일관되게 부인하였으나 유죄판결이 확정된 피고인이 별건으로 기소된 공범의 형사사건에서 자신의 범행사실을 부인하는 증언을 한 사안에서, 피고인에게 사실대로 진술할 기대가능성이 있으므로 위증죄가 성립한다고 판단한 사례[대판 2008.10.23. 2005도10101]. [23 변호사, 20 변호사, 20 법원9급, 20 국가7급, 20 경찰승진, 19 변호사, 19 국가9급, 19 경간부, 19 경찰채용, 18 변호사, 18 법원행시, 18 경찰채용, 17 변호사, 17 국가7급, 17 경간부, 17 법원9급, 16 변호사, 16 국가9급, 16 경찰채용]*

4. 자기의 형사사건에 대한 위증교사

판례 | 자기의 형사사건에 관하여 타인을 교사하여 위증죄를 범하게 한 경우(위증교사죄 성립)

법률에 의하여 선서한 증인이 타인의 형사사건에 관하여 위증을 하면 형법 제152조 제1항의 위증죄가 성립되므로 자기의 형사사건에 관하여 타인을 교사하여 위증죄를 범하게 하는 것은 이러한 방어권을 남용하는 것이라고 할 것이어서 교사범의 죄책을 부담케 함이 상당하다[대판 2004.1.27. 2003도5114]. [20 변호사, 20 법원9급, 19 변호사, 19 국가9급, 18 경찰채용, 17 변호사, 16 법원9급, 16 경찰승진]*

5. 자백[122] · 자수의 특례

제153조(자백, 자수) 본죄를 범한 자가 그 진술한 사건의 재판 또는 징계처분이 확정되기 전에 자백 또는 자수한 때에는 그 형을 감경 또는 면제한다.

판례 | 법원이나 수사기관의 심문에 의한 고백도 자백에 포함되는지 여부(포함)

형법 제153조 소정의 위증죄를 범한 자가 자백, 자수를 한 경우의 형의 감면규정은 재판 확정전의 자백을 형의 필요적 감경 또는 면제사유로 한다는 것이며, 또 위 자백의 절차에 관하여는 아무런 제한이 없으므로 그가 공술한 사건을 다루는 기관에 대한 자발적인 고백은 물론, 위증사건의 피고인 또는 피의자로서 법원이나 수사기관의 심문에 의한 고백도 위 자백의 개념에 포함된다[대판 1973.11.27. 73도1639]. [20 경찰승진, 19 법원행시]*

III 모해위증죄

제152조(모해위증) ② 형사사건 또는 징계사건에 관하여 피고인, 피의자 또는 징계혐의자를 모해할 목적으로 전항의 죄를 범한 때에는 10년 이하의 징역에 처한다.

제153조(자백, 자수) 본죄를 범한 자가 그 진술한 사건의 재판 또는 징계처분이 확정되기 전에 자백 또는 자수한 때에는 그 형을 감경 또는 면제한다.

판례 | 모해할 목적의 의미 및 인정요건

형법 제152조 제2항의 모해위증죄에 있어서 '모해할 목적'이란 피고인 · 피의자 또는 징계혐의자를 불리하게 할 목적을 말하고, 허위진술의 대상이 되는 사실에는 공소 범죄사실을 직접, 간접적으로 뒷받침하는 사실은 물론 이와 밀접한 관련이 있는 것으로서 만일 그것이 사실로 받아들여진다면 피고인이 불리한 상황에 처하게 되는 사실도 포함된다. 그리고 이러한 모해의 목적은 허위의 진술을 함으로써 피고인에게 불리하게 될 것이라는 인식이 있으면 충분하고 그 결과의 발생까지 희망할 필요는 없다[대판 2007.12.27. 2006도3575]. [23 경간부, 20 법원행시, 17 경찰채용]*

---

122) 허위의 진술을 한 사실을 법원 · 수사기관 · 징계기관에 대하여 고백하는 것을 말한다. 따라서 법원이나 수사기관의 심문에 의한 고백도 자백에 포함된다.

Ⅳ 허위감정 · 통역 · 번역죄

제154조(허위의 감정, 통역, 번역) 법률에 의하여 선서한 감정인, 통역인 또는 번역인이 허위의 감정, 통역 또는 번역을 한 때에는 전2조의 예(위증죄, 모해위증죄, 자백 · 자수의 필요적 감면)에 의한다.

판례 | 고의가 인정되지 않는 경우 및 포괄일죄가 성립하는 경우

[1] 허위감정죄는 고의범이므로, 비록 감정내용이 객관적 사실에 반한다고 하더라도 감정인의 주관적 판단에 반하지 않는 이상 허위의 인식이 없어 허위감정죄로 처벌할 수 없다.
[2] 하나의 소송사건에서 동일한 선서 하에 이루어진 법원의 감정명령에 따라 감정인이 동일한 감정명령사항에 대하여 수차례에 걸쳐 허위의 감정보고서를 제출하는 경우에는 각 감정보고서 제출행위시마다 각기 허위감정죄가 성립한다 할 것이나, 이는 단일한 범의 하에 계속하여 허위의 감정을 한 것으로서 포괄하여 1개의 허위감정죄를 구성한다[대판 2000.11.28. 2000도1089].

Ⅴ 증거인멸죄

제155조(증거인멸 등) ① 타인의 형사사건 또는 징계사건에 관한 증거를 인멸, 은닉, 위조 또는 변조하거나 위조 또는 변조한 증거를 사용한 자는 5년 이하의 징역 또는 700만원 이하의 벌금에 처한다.

1. 의의

타인의 형사사건 또는 징계사건에 관한 증거를 인멸, 은닉, 위조 또는 변조하거나 위조 또는 변조한 증거를 사용함으로써 성립하는 범죄이다. 국가의 형사사법 기능을 보호법익으로 하며 보호의 정도는 추상적 위험범이다.

2. 구성요건

(1) 타인의 형사사건 · 징계사건에 관한 증거

① 자기의 형사사건 · 징계사건에 관한 증거 인멸: 증거인멸죄가 성립하지 않는다(판례).

판례 | 자기의 증거인멸(증거인멸죄 X)

본법 제155조 제1항의 증거인멸죄는 국가형벌권의 행사를 저해하는 일체의 행위를 처벌의 대상으로 하고 있으나 범인 자신이 한 증거인멸의 행위는 피고인의 형사소송에 있어서의 방어권을 인정하는 취지와 상충하므로 처벌의 대상이 되지 아니한다[대판 1965.12.10. 65도826].

판례 | 자기의 이익을 위하여 증거를 인멸한 경우(공범자의 증거인가를 불문하고 증거인멸죄 X)

증거인멸죄는 타인의 형사사건 또는 징계사건에 관한 증거를 인멸하는 경우에 성립하는 것으로서, 피고인 자신이 직접 형사처분이나 징계처분을 받게 될 것을 두려워한 나머지 자기의 이익을 위하여 그 증거가 될 자료를 인멸하였다면, 그 행위가 동시에 다른 공범자의 형사사건이나 징계사건에 관한 증거를 인멸한 결과가 된다고 하더라도 이를 증거인멸죄로 다스릴 수 없고, 이러한 법리는 그 행위가 피고인의 공범자가 아닌 자의 형사사건이나 징계사건에 관한 증거를 인멸한 결과가 된다고 하더라도 마찬가지이다[대판 1995.9.29. 94도2608]. [20 법원행시, 19 변호사, 19 국가7급, 16 법원행시]*

판례 | 자기의 이익을 위하여 증거를 은닉한 경우(증거은닉죄 불성립, 제3자와 공동한 경우에도 불성립)

증거은닉죄는 타인의 형사사건이나 징계사건에 관한 증거를 은닉할 때 성립하고, 범인 자신이 한 증거은닉 행위는 형사소송에 있어서 피고인의 방어권을 인정하는 취지와 상충하여 처벌의 대상이 되지 아니하므로 범인이 증거은닉을 위하여 타인에게 도움을 요청하는 행위 역시 원칙적으로 처벌되지 아니한다. 따라서 피고인 자신이 직접 형사처분을 받게 될 것을 두려워한 나머지 자기의 이익을 위하여 그 증거가 될 자료를 은닉하였다면 증거은닉죄에 해당하지 않고, 제3자와 공동하여 그러한 행위를 하였다고 하더라도 마찬가지이다[대판 2018.10.25. 2015도1000]. [20 법원행시]*

② 타인을 교사하여 자기의 형사사건에 관한 증거를 인멸하게 한 경우

판례 | 자기사건에 관한 증거인멸의 교사(증거인멸죄의 교사범 성립)

본법 제155조 제1항의 증거인멸죄는 국가형벌권의 행사를 저해하는 일체의 행위를 처벌의 대상으로 하고 있으나 범인 자신이 한 증거인멸의 행위는 피고인의 형사소송에 있어서의 방어권을 인정하는 취지와 상충하므로 처벌의 대상이 되지 아니한다. 그러나 타인이 타인의 형사사건에 관한 증거를 그 이익을 위하여 인멸하는 행위를 하면 본법 제155조 제1항의 증거인멸죄가 성립되므로 자기의 형사사건에 관한 증거를 인멸하기 위하여 타인을 교사하여 죄를 범하게 한 자에 대하여도 교사범의 죄책을 부담케 함이 상당할 것이다[대판 1965.12.10. 65도826], [대판 2000.3.24. 99도5275]. [20 법원행시, 20 경간부, 19 국가9급, 18 경찰승진, 16 법원행시]*

판례 | 방어권의 남용으로 볼 수 없어 증거은닉교사죄가 성립하지 않는 경우

[1] 증거은닉죄는 타인의 형사사건이나 징계사건에 관한 증거를 은닉할 때 성립하고 자신의 형사사건에 관한 증거은닉 행위는 형사소송에 있어서 피고인의 방어권을 인정하는 취지와 상충하여 처벌의 대상이 되지 아니하므로 자신의 형사사건에 관한 증거은닉을 위하여 타인에게 도움을 요청하는 행위 역시 원칙적으로 처벌되지 아니한다. 다만 그것이 방어권의 남용이라고 볼 수 있을 때는 증거은닉교사죄로 처벌할 수 있다. [18 법원9급]*

[2] **[사실관계]** 국회의원인 甲이 乙로부터 금품과 안마의자를 받은 후, 乙이 비자금을 조성하여 정치인들에게 로비하였다는 등의 혐의를 받게 되자, 금품은 乙에게 반환하면서도 정치활동과 무관한 안마의자는 자신의 주거지에 그대로 두었다가 혹시라도 문제가 될까 염려하여 안마의자를 오랜기간 친분관계를 유지해 오던 A에게 보관하여 달라고 부탁하고 최측근인 보좌관 B에게 그 운반을 지시하여 A와 B로 하여금 요청에 응하도록 하였다. 한편 乙에 대하여 위와 같이 수사가 진행되던 상황이었고, 안마의자가 甲에게 배송된 자료도 있으며, 통화내역과 CCTV 영상 확인 등을 통하여 甲의 주거지에 있던 안마의자가 A의 주거지로 운반된 사정도 조기에 어렵지 않게 드러났다.

[3] 피고인(甲) 행위가 형사사법작용에 중대한 장애를 초래하였다거나 그러한 위험성이 있었다고 보기 어렵고 자기 자신이 한 증거은닉 행위의 범주에 속한다고 볼 여지가 충분하여 방어권을 남용한 정도에 이르렀다고 단정하기 어렵다고 한 사례 [대판 2016.7.29. 2016도5596].

③ 형사사건 · 징계사건

판례 | 증거위조등죄에 있어서 '타인의 형사사건 또는 징계사건'에의 포함 여부

1-0. **(포함되는 경우)** 형법 제155조 제1항의 증거위조죄에서 타인의 형사사건이란 증거위조 행위시에 아직 수사절차가 개시되기 전이라도 장차 형사사건이 될 수 있는 것까지 포함하고, 그 형사사건이 기소되지 아니하거나 무죄가 선고되더라도 증거위조죄의 성립에 영향이 없다. [17 경찰채용]* 여기에서의 '위조'란 문서에 관한 죄에 있어서의 위조 개념과는 달리 새로운 증거의 창조를 의미하는 것이므로 존재하지 아니한 증거를 이전부터 존재하고 있는 것처럼 작출하는 행위도 증거위조에 해당하며, 증거가 문서의 형식을 갖는 경우 증거위조죄에 있어서의 증거에 해당하는지 여부가 그 작성권한의 유무나 내용의 진실성에 좌우되는 것은 아니다. 또한 자기의 형사사건에 관한 증거를 위조하기 위하여 타인을 교사하여 죄를 범하게 한 자에 대하여는 증거위조교사죄가 성립한다[대판 2011.2.10. 2010도15986].

동지판례 ⅰ) 증거은닉죄에 있어서 "타인의 형사사건 또는 징계사건"이란 은닉행위시에 아직 수사 또는 징계절차가 개시되기 전이라도 장차 형사 또는 징계사건이 될 수 있는 것까지를 포함한다[대판 1982.4.27. 82도274], [대판 2003.12.12. 2003도4533]. [18 경찰채용]*
ⅱ) 증거인멸죄에 있어서 '타인의 형사사건 또는 징계사건'이란 인멸행위 시에 아직 수사 또는 징계절차가 개시되기 전이라도 장차 형사 또는 징계사건이 될 수 있는 것까지를 포함한다[대판 2013.11.28. 2011도5329]. [19 변호사, 16 법원행시]*

1-1. **(포함되지 않는 경우)** 형법 제155조 제1항은 '타인의 형사사건 또는 징계사건에 관한 증거를 인멸 · 은닉 · 위조 또는 변조하거나 위조 또는 변조한 증거를 사용한 자'를 처벌한다고 규정하고 있는바, 증거인멸 등 죄는 위증죄와 마찬가지로 국가의 형사사법작용 내지 징계작용을 그 보호법익으로 하므로, 위 법조문에서 말하는 '징계사건'이란 국가의 징계사건에 한정되고 사인(私人) 간의 징계사건은 포함되지 않는다[대판 2007.11.30. 2007도4191].

④ 증거

판례 | 증거의 범위

타인의 형사사건 또는 징계사건에 관한 증거를 위조한 경우에 성립하는 형법 제155조 제1항의 증거위조죄에서 '증거'라 함은 타인의 형사사건 또는 징계사건에 관하여 수사기관이나 법원 또는 징계기관이 국가의 형벌권 또는 징계권의 유무를 확인하는 데 관계있다고 인정되는 일체의 자료를 의미한다. 따라서 타인에게 유리한 것이건 불리한 것이건 가리지 아니하며 또 증거가치의 유무 및 정도를 불문한다[대판 2007.6.28. 2002도3600]. [19 법원행시, 16 법원행시]* 그리고 범죄 또는 징계사유의 성립 여부에 관한 것뿐만 아니라 형 또는 징계의 경중에 관계있는 정상을 인정하는 데 도움이 될 자료까지도 본조가 규정한 증거에 포함된다[대판 2021.1.28. 2020도2642]. [23 변호사]*

(2) 행위

인멸 · 은닉 · 위조 · 변조하거나 위조 · 변조한 증거를 사용하는 것이다.

판례 | 증거위조의 의미(범위)(허위진술 · 증언은 포함 X)

1. 형법 제155조 제1항에서 타인의 형사사건에 관한 증거를 위조한다 함은 증거 자체를 위조함을 말하는 것이고, 참고인이 수사기관에서 허위의 진술을 하는 것은 이에 포함되지 아니한다[대판 1995.4.7. 94도3412]. [20 법원행시]*

1-1. 참고인이 타인의 형사사건 등에서 직접 진술 또는 증언하는 것을 대신하거나 그 진술 등에 앞서서 허위의 사실확인서나 진술서를 작성하여 수사기관 등에 제출하거나 또는 제3자에게 교부하여 제3자가 이를 제출한 것은 존재하지 않는 문서를 이전부터 존재하고 있는 것처럼 작출하는 등의 방법으로 새로운 증거를 창조한 것이 아닐뿐더러, 참고인이 수사기관에서 허위의 진술을 하는 것과 차이가 없으므로, 증거위조죄를 구성하지 않는다고 할 것이다[대판 2011.7.28. 2010도2244]. [20 법원행시, 19 법원행시, 18 경간부]*

비교판례 참고인이 타인의 형사사건 등에 관하여 제3자와 대화를 하면서 허위로 진술하고 위와 같은 허위 진술이 담긴 대화 내용을 녹음한 녹음파일 또는 이를 녹취한 녹취록은 참고인의 허위진술 자체 또는 참고인 작성의 허위 사실확인서 등과는 달리 그 진술내용만이 증거자료로 되는 것이 아니고 녹음 당시의 현장음향 및 제3자의 진술 등이 포함되어 있어 그 일체가 증거자료가 된다고 할 것이므로, 이는 증거위조죄에서 말하는 '증거'에 해당한다. 또한 위와 같이 참고인의 허위 진술이 담긴 대화 내용을 녹음한 녹음파일 또는 이를 녹취한 녹취록을 만들어 내는 행위는 무엇보다도 그 녹음의 자연스러움을 뒷받침하는 현장성이 강하여 단순한 허위진술 또는 허위의 사실확인서 등에 비하여 수사기관 등을 그 증거가치를 판단함에 있어 오도할 위험성을 현저히 증대시킨다고 할 것이므로, 이러한 행위는 허위의 증거를 새로이 작출하는 행위로서 증거위조죄에서 말하는 '위조'에도 해당한다고 봄이 상당하다. 따라서 참고인이 타인의 형사사건 등에 관하여 제3자와 대화를 하면서 허위로 진술하고 위와 같은 허위 진술이 담긴 대화 내용을 녹음한 녹음파일 또는 이를 녹취한 녹취록을 만들어 수사기관 등에 제출하는 것은, 참고인이 타인의 형사사건 등에 관하여 수사기관에 허위의 진술을 하거나 이와 다를 바 없는 것으로서 허위의 사실확인서나 진술서를 작성하여 수사기관 등에 제출하는 것과는 달리, 증거위조죄를 구성한다[대판 2013.12.26. 2013도8085]. [23 변호사, 18 경간부, 17 국가9급, 16 법원행시]*

판례해설 참고인이 허위의 진술서를 작성하여 수사기관에 제출하는 행위는 수사기관에 허위의 진술을 하는 것과 다름없어 증거위조죄가 성립할 수 없다는 점을 주의하여야 한다고 강의 시간에 매우 강조한 바 있다. 그런데 위 사례는 앞의 경우와 달라서 증거위조죄가 성립할 수 있다는 것이 본 판례의 취지이다. 혼돈할 수 있으니 주의하여야 한다. 본 판례의 내용을 숙지하지 않은 수험생은 이를 기존의 판례의 법리가 그대로 적용되는 줄 잘못 알고 오답을 고를 가능성이 매우 높다.

2. 형법 제155조 제1항에서 타인의 형사사건에 관하여 증거를 위조한다 함은 증거 자체를 위조함을 말하는 것으로서, 선서무능력자로서 범죄 현장을 목격하지도 못한 사람으로 하여금 형사법정에서 범죄 현장을 목격한 양 허위의 증언을 하도록 하는 것은 위 조항이 규정하는 증거위조죄를 구성하지 아니한다[대판 1998.2.10. 97도2961]. [17 국가9급]*

3. [1] 타인의 형사사건 또는 징계사건에 관한 증거를 위조한 경우에 성립하는 형법 제155조 제1항의 증거위조죄에서 '위조'란 문서에 관한 죄에 있어서의 위조 개념과는 달리 새로운 증거의 창조를 의미하는 것이므로 존재하지 아니한 증거를 이전부터 존재하고 있는 것처럼 작출하는 행위도 증거위조에 해당하며, 증거가 문서의 형식을 갖는 경우 증거위조죄에 있어서의 증거에 해당하는지 여부가 그 작성권한의 유무나 내용의 진실성에 좌우되는 것은 아니다.
[2] 타인의 형사사건과 관련하여 수사기관이나 법원에 제출하거나 현출되게 할 의도로 법률행위 당시에는 존재하지 아니하였던 처분문서, 즉 그 외형 및 내용상 법률행위가 그 문서 자체에 의하여 이루어진 것과 같은 외관을 가지는 문서를 사후에 그 작성일을 소급하여 작성하는 것은, 가사 그 작성자에게 해당 문서의 작성권한이 있고, 또 그와 같은 법률행위가 당시에 존재하였다거나 그 법률행위의 내용이 위 문서에 기재된 것과 큰 차이가 없다 하여도 증거위조죄의 구성요건을 충족시키는 것이라고 보아야 하고, 비록 그 내용이 진실하다 하여도 국가의 형사사법기능에 대한 위험이 있다는 점은 부인할 수 없다[대판 2007.6.28. 2002도3600]. [17 국가9급, 17 경찰채용, 16 법원행시]*

4. 사실의 증명을 위해 작성된 문서가 그 사실에 관한 내용이나 작성명의 등에 아무런 허위가 없다면 '증거위조'에 해당한다고 볼 수 없다. 설령 사실증명에 관한 문서가 형사사건 또는 징계사건에서 허위의 주장에 관한 증거로 제출되어 그 주장을 뒷받침하게 되더라도 마찬가지이다.

판례 | 증거변조죄의 교사범 및 간접정범이 성립하지 않는 경우

노동조합 지부장인 피고인 甲이 업무상횡령 혐의로 조합원들로부터 고발을 당하자 피고인 乙과 공동하여 조합 회계서류를 무단 폐기한 후 폐기에 정당한 근거가 있는 것처럼 피고인 乙로 하여금 조합 회의록을 조작하여 수사기관에 제출하도록 교사한 경우, 회의록의 변조·사용은 피고인들이 공범관계에 있는 문서손괴죄 형사사건에 관한 증거를 변조·사용한 것으로 볼 수 있어 피고인 乙에 대한 증거변조죄 및 변조증거사용죄가 성립하지 않으며, 피교사자인 피고인 乙이 증거변조죄 및 변조증거사용죄로 처벌되지 않은 이상 피고인 甲에 대하여 공범인 교사범은 물론 그 간접정범도 성립하지 않는다[대판 2011.7.14. 2009도13151].
[17 변호사]*

판결이유 간접정범도 정범의 일종인 이상 증거변조죄 및 변조증거사용죄의 정범으로 처벌되지 아니하는 甲을 같은 죄의 간접정범으로 처벌할 수는 없고, 비록 자기의 형사사건에 관한 증거를 변조·사용하기 위하여 타인을 교사하여 증거를 변조·사용하도록 하였더라도 피교사자인 타인이 같은 형사사건의 공범에 해당하여 증거변조죄 및 변조증거사용죄로 처벌되지 않은 이상 본 죄의 교사범을 처벌하는 취지와 달리 자기 방어권 행사를 위해 제3자로 하여금 새로운 범죄를 저지르게 함으로써 자기 방어권의 한계를 일탈하여 새로이 국가의 형사사법기능을 침해한 경우라고도 보기 어려우므로, 甲에 대하여 증거변조죄 및 변조증거사용죄의 간접정범도 성립하지 않는다.

(3) 주관적 구성요건

고의가 있어야 한다.

> **판례 | 증거인멸죄의 고의가 인정되지 않는 경우**
>
> 대구지하철 화재사고 현장을 수습하기 위한 청소 작업이 한참 진행되고 있는 시간 중에 실종자 유족들로부터 이의제기가 있었음에도 대구지하철공사 사장이 즉각 청소 작업을 중단하도록 지시하지 아니하였고 수사기관과 협의하거나 확인하지 아니하였다고 하여 위 사장에게 그러한 청소 작업으로 인하여 증거인멸의 결과가 발생할 가능성을 용인하는 내심의 의사까지 있었다고 단정하기는 어렵다고 한 사례[대판 2004.5.14. 2004도74].

3. 친족간의 특례

> **제155조(친족간의 특례)** ④ 친족 또는 동거의 가족이 본인을 위하여 본조의 죄를 범한 때에는 처벌하지 아니한다.

Ⅵ 증인은닉 · 도피죄

> **제155조(증거인멸 등과 친족간의 특례)** ② 타인의 형사사건 또는 징계사건에 관한 증인을 은닉 또는 도피하게 한 자도 제1항의 형과 같다.
>
> ④ 친족 또는 동거의 가족이 본인을 위하여 본조의 죄를 범한 때에는 처벌하지 아니한다.

※ 증인: 법률에 의하여 선서한 증인에 국한되지 않는다.

> **판례 | 자기의 이익을 위한 공동증인 도피(증인도피죄 X)**
>
> 형법 제155조 제2항 소정의 증인도피죄는 타인의 형사사건 또는 징계사건에 관한 증인을 은닉 · 도피하게 한 경우에 성립하는 것으로서, 피고인 자신이 직접 형사처분이나 징계처분을 받게 될 것을 두려워한 나머지 자기의 이익을 위하여 증인이 될 사람을 도피하게 하였다면, 그 행위가 동시에 다른 공범자의 형사사건이나 징계사건에 관한 증인을 도피하게 한 결과가 된다고 하더라도 이를 증인도피죄로 처벌할 수 없다[대판 2003.3.14. 2002도6134]. [19 국가9급, 18 경찰승진]*

> **판례 | 허위진술 또는 허위진술을 하도록 교사한 경우(증거위조죄 X, 증거위조죄 교사범 X)**
>
> 단순히 타인의 형사피의사건에 관하여 수사기관에서 허위의 진술을 하거나 허위의 진술을 하도록 교사하는 정도의 행위로는 타인의 형사사건에 관한 증인을 은닉 또는 도피하게 한 것에 해당되지 아니함은 물론 증거의 현출을 방해하여 증거로서의 가치를 멸실 또는 감소시키는 증거인멸 등의 적극적 행위에 나선 것으로는 볼 수 없다 할 것이므로 위와 같은 행위가 증거를 위조하고 또는 그 위조를 교사한 죄를 구성한다고 볼 수 없다[대판 1977.9.13. 77도997].

Ⅶ 모해증거인멸죄

> **제155조(증거인멸 등과 친족간의 특례)** ③ 피고인, 피의자 또는 징계혐의자를 모해할 목적으로 전2항의 죄를 범한 자는 10년 이하의 징역에 처한다.
>
> ④ 친족 또는 동거의 가족이 본인을 위하여 본조의 죄를 범한 때에는 처벌하지 아니한다.

판례 | 모해증거위조죄의 '피의자'의 범위(주의)

형법 제155조 제1항은 "타인의 형사사건 또는 징계사건에 관한 증거를 인멸, 은닉, 위조 또는 변조하거나 위조 또는 변조한 증거를 사용한 자는 5년 이하의 징역 또는 700만 원 이하의 벌금에 처한다"고 하고, 그 제3항은 "피고인, 피의자 또는 징계 혐의자를 모해할 목적으로 제1항의 죄를 범한 자는 10년 이하의 징역에 처한다"고 규정하고 있는바, 그 문언 내용 및 입법 목적과 형벌법규 엄격해석의 원칙 등에 비추어 보면 형법 제155조 제3항(모해증거인멸 등)에서 말하는 '피의자'라고 하기 위해서는 수사기관에 의하여 범죄의 인지 등으로 수사가 개시되어 있을 것을 필요로 하고, 그 이전의 단계에서는 장차 형사입건될 가능성이 크다고 하더라도 그러한 사정만으로 '피의자'에 해당한다고 볼 수는 없다[대판 2010.6.24. 2008도12127].

제5절 무고의 죄

무고죄의 허위의 의미 및 허위신고 해당 여부에 관한 판례, 허위신고의 내용이 형사처분의 원인이 될 수 없는 경우 무고죄가 성립하지 않는다는 판례, 징계처분의 범위에 관한 판례를 정리해 두어야 한다.

Ⅰ 총설

본죄는 국가의 심판기능의 적정한 행사 이외에 피무고자 개인의 법적 안정성도 보호법익으로 한다(통설).

Ⅱ 무고죄

제156조(무고) 타인으로 하여금 형사처분 또는 징계처분을 받게 할 목적으로 공무소 또는 공무원에 대하여 허위의 사실을 신고한 자는 10년 이하의 징역 또는 1천만원 이하의 벌금에 처한다.

제157조(자백, 자수) 제153조는 전조에 준용한다.

제153조(자백, 자수) 본죄를 범한 자가 그 진술한 사건의 재판 또는 징계처분이 확정되기 전에 자백 또는 자수한 때에는 그 형을 감경 또는 면제한다.

1. 의의

타인으로 하여금 형사처분 또는 징계처분을 받게 할 목적으로 공무소 또는 공무원에 대하여 허위의 사실을 신고함으로써 성립하는 범죄이다.

2. 구성요건

(1) 객관적 구성요건

① 주체: 제한이 없으며 공무원도 무고죄의 주체가 될 수 있다.

판례 | 고소장의 명의자와 고소를 주도한 자가 다른 경우(고소의 주도자가 무고죄의 주체)

비록 외관상으로는 타인 명의의 고소장을 대리하여 작성하고 제출하는 형식으로 고소가 이루어진 경우라 하더라도 그 명의자는 고소의 의사가 없이 이름만 빌려준 것에 불과하고 명의자를 대리한 자가 실제 고소의 의사를 가지고 고소행위를 주도한 경우라면 그 명의자를 대리한 자를 신고자로 보아 무고죄의 주체로 인정하여야 할 것이다[대판 2007.3.30. 2006도6017].

② **공무소 · 공무원**: ⅰ) 모든 공무원 · 공무소가 아니라, 형사처분 · 징계처분에 대하여 직권행사를 할 수 있는 해당 관서 또는 그 소속 공무원을 말한다(통설). ⅱ) 형사처분의 경우 수사기관인 검사 · 사법경찰관 및 그 보조자를 포함하며, 징계처분의 경우 징계권이 있는 소속장 이외에 징계처분을 촉구할 수 있는 기관을 포함한다(대통령, 감사원장).

판례 | 무고죄가 성립하는 경우

국세청장은 조세범칙행위에 대하여 벌금 상당액의 통고처분을 하거나 검찰에 이를 고발할 수 있는 권한이 있으므로, 국세청장에 대하여 탈세혐의사실에 관한 허위의 진정서를 제출하였다면 무고죄가 성립한다[대판 1991.12.13. 91도2127].

판례 | 군인에 대한 무고죄가 성립하기 위한 요건

군인에 대한 무고죄의 경우에 공무소 또는 공무원에 대한 신고는 반드시 해당 군인에 대하여 징계처분 또는 형사처분을 심사 결행할 직권 있는 소속 상관에게 직접 하여야 하는 것은 아니지만, 지휘명령 계통이나 수사관할 이첩을 통하여 그런 권한 있는 상관에게 도달되어야 무고죄가 성립한다[대판 2014.12.24. 2012도4531].

③ **허위사실**: 객관적 진실에 반하는 사실을 말한다(판례, 통설). 따라서 신고자가 신고내용을 허위라고 오신한 경우에도 그것이 객관적 진실과 부합할 경우에는 허위신고에 해당하지 않는다.

판례 | 무고죄의 허위신고의 의미(객관적 진실에 반하는 신고)

무고죄는 타인으로 하여금 형사처분 등을 받게 할 목적으로 신고한 사실이 객관적 진실에 반하는 허위사실인 경우에 성립되는 범죄로서, 신고자가 그 신고내용을 허위라고 믿었다 하더라도 그것이 객관적으로 진실한 사실에 부합할 때에는 허위사실의 신고에 해당하지 않아 무고죄는 성립하지 않는 것이며, 한편 위 신고한 사실의 허위 여부는 그 범죄의 구성요건과 관련하여 신고사실의 핵심 또는 중요내용이 허위인가에 따라 판단하여 무고죄의 성립 여부를 가려야 한다[대판 1991.10.11. 91도1950], [대판 2006.2.10. 2003도7487]. [20 경간부, 19 경찰채용, 17 경찰채용]*

판례해설 지엽적인 사실에 대하여 허위진술을 하여도 위증죄가 성립한다는 점과 차이가 있다는 점을 주의하여야 한다.

판례 | 무고죄의 허위사실의 증명의 정도(적극적 증명을 요함)

무고죄는 타인으로 하여금 형사처분이나 징계처분을 받게 할 목적으로 신고한 사실이 객관적 진실에 반하는 허위사실인 경우에 성립되는 범죄이므로 신고한 사실이 객관적 사실에 반하는 허위사실이라는 요건은 적극적인 증명이 있어야 하며, 신고사실의 진실성을 인정할 수 없다는 소극적 증명만으로 곧 그 신고사실이 객관적 진실에 반하는 허위사실이라고 단정하여 무고죄의 성립을 인정할 수는 없다[대판 2006.5.25. 2005도4642; 동지 대판 2004.1.27. 2003도5114], [대판 2014.2.13. 2011도15767]. [21 법원9급, 20 경간부, 19 경간부, 18 경찰채용, 17 경찰승진, 17 경찰채용, 16 법원행시, 16 경간부, 16 경찰채용]*

관련판례 성폭행 등의 피해를 입었다는 신고사실에 관하여 불기소처분 내지 무죄판결이 내려졌다고 하여, 그 자체를 무고를 하였다는 적극적인 근거로 삼아 신고내용을 허위라고 단정하여서는 아니 됨은 물론, 개별적, 구체적인 사건에서 피해자임을 주장하는 자가 처하였던 특별한 사정을 충분히 고려하지 아니한 채 진정한 피해자라면 마땅히 이렇게 하였을 것이라는 기준을 내세워 성폭행 등의 피해를 입었다는 점 및 신고에 이르게 된 경위 등에 관한 변소를 쉽게 배척하여서는 아니 된다[대판 2019.7.11. 2018도2614]. [23 경간부, 21 법원9급]*

판례 | 무고죄의 '허위 사실의 신고'에 해당하는 경우

피고인이 수사기관에 '갑이 민사사건 재판과정에서 위조된 확인서를 제출하였으니 처벌하여 달라'는 내용으로 허위 사실이 기재된 고소장을 제출하면서 '갑이 위조된 합의서도 제출하였다'는 취지로 기재하였으나, 고소보충 진술 시 확인서가 위조되었다는 점에 관하여만 진술한 사안에서, 피고인이 제출한 고소장에 '합의서도 도장을 찍은 바가 없으므로 위조 및 행사 여부를 가려주시기 바랍니다'라고 기재한 내용이 허위의 사실이라면 이 부분에 대해서도 '허위 사실을 신고한 것'으로 보아야 한다고 한 사례[대판 2014.3.13. 2012도2468].

판례 | 객관적 사실과 부합하여 무고죄가 성립하지 않는 경우

[1] 무고죄에 있어서 허위의 사실이라 함은 그 신고된 사실로 인하여 상대방이 형사처분이나 징계처분 등을 받게 될 위험이 있는 것이어야 하고, 비록 신고내용에 일부 객관적 진실에 반하는 내용이 포함되었다 하더라도 그것이 독립하여 형사처분 등의 대상이 되지 아니하고 단지 신고사실의 정황을 과장하는 데 불과하거나 허위의 일부사실의 존부가 전체적으로 보아 범죄사실의 성부에 직접 영향을 줄 정도에 이르지 아니하는 내용에 관계되는 것이라면 무고죄가 성립하지 아니한다. [16 경간부]*

[2] 피고인 자신이 상대방의 범행에 공범으로 가담하였음에도 자신의 가담사실을 숨기고 상대방만을 고소한 경우, 피고인의 고소내용이 상대방의 범행 부분에 관한 한 진실에 부합하므로 이를 허위의 사실로 볼 수 없고, 상대방의 범행에 피고인이 공범으로 가담한 사실을 숨겼다고 하여도 그것이 상대방에 대한 관계에서 독립하여 형사처분 등의 대상이 되지 아니하고 또한 전체적으로 보아 상대방의 범죄사실의 성립 여부에 직접 영향을 줄 정도에 이르지 아니하는 내용에 관계되는 것이므로 무고죄가 성립하지 않는다. [20 경찰승진, 19 법원9급, 18 경찰승진, 16 법원9급]*

[3] 甲이 乙, 丙과 공모하여 은행으로부터 대출금을 편취한 것과는 별도로 乙이 甲을 기망하여 위 대출금을 편취하였으니 처벌해 달라는 취지로 고소하여 乙에 대해 사기죄로 공소제기까지 된 경우, 위 고소는 乙에 대한 관계에서 독립하여 형사처분 등의 대상이 되는 허위사실의 고소로 볼 수 있으므로 甲이 공범이었다고 하더라도 무고죄가 성립한다[대판 2010.2.25. 2009도1302; 동지 대판 2008.8.21. 2008도3754].

판례 | 차용인을 사기죄로 고소하는 경우 허위신고인지의 여부

1. 금원을 대여한 고소인이 차용금을 갚지 않는 차용인을 사기죄로 고소함에 있어서, [1] 피고소인이 차용금의 용도를 사실대로 이야기하였더라면 금원을 대여하지 않았을 것인데 차용금의 용도를 속이는 바람에 대여하였다고 주장하는 사안이라면 그 차용금의 실제용도는 사기죄의 성부에 영향을 미치는 것으로서 고소사실의 중요한 부분이 되고 따라서 그 실제 용도에 관하여 고소인이 허위로 신고를 할 경우에는 그것만으로도 무고죄에 있어서의 허위의 사실을 신고한 경우에 해당한다 할 것이나, [2] 단순히 차용인이 변제의사와 능력의 유무에 관하여 기망하였다는 내용으로 고소한 경우에는 차용금의 용도와 무관하게 다른 자료만으로도 충분히 차용인의 변제의사나 능력의 유무에 관한 기망사실을 인정할 수 있는 경우도 있을 것이므로 그 차용금의 실제 용도에 관하여 사실과 달리 신고하였다 하더라도 그것만으로는 범죄사실의 성부에 영향을 줄 정도의 중요한 부분을 허위로 신고하였다고 할 수 없는 것이고, 이와 같은 법리는 고소인이 차용사기로 고소함에 있어서 묵비하거나 사실과 달리 신고한 차용금의 실제 용도가 도박자금이었다고 하더라도 달리 볼 것은 아니다[대판 2004.12.9. 2004도2212]. [19 경간부]*

   판결이유 공소외인이 변제할 의사 없이 고소인(피고인)으로부터 차용금 명목으로 금원을 교부받아 이를 편취하였다고 신고한 경우, 피고인이 공소외인이 도박자금으로 사용하는 것을 알고 있었던 사실을 밝히지 않았다는 등의 사유만으로는 피고인이 허위의 사실을 신고하였다고 할 수 없다.

동지판례 甲이 돈을 갚지 않는 A를 사기죄로 고소하면서 도박장에서 도박자금으로 빌려 준 사실을 숨기고 단순히 변제의사와 능력의 유무에 관하여 기망하였다는 내용으로 고소하고 또한 A에게 대여장소를 묵비하도록 종용한 경우, 고소내용에 비추어 차용금의 용도와 무관하게 다른 자료들을 토대로 피고소인들이 변제할 의사나 능력이 없이 금원을 차용하였는지 여부를 인정할 수도 있는 것이므로, 위 사정만으로는 사기죄의 성립 여부에 영향을 줄 정도의 중요한 부분을 허위로 신고하였다고 보기는 어려울 것이다[대판 2011.01.13, 2010도14028].

판례해설

① 사기죄로 고소하면서 차용인이 차용금의 용도를 속였다고 주장하는 경우
   ㉠ A가 甲에게 "도박을 하다가 돈이 떨어져서 도박자금이 필요하니 100만원만 빌려 달라"라고 말하여 甲이 A에게 100만원을 빌려줌
   ㉡ 변제기에 A가 돈을 갚지 않자, 甲이 "A가 아들이 교통사고가 나서 병원비가 급하다고 하여 돈을 빌려주었는데, 알고 보니 거짓말이었다. 아직까지도 돈을 갚고 있지 않으니 A를 사기죄로 처벌해 주십시오"라고 A를 경찰서에 고소함
   ㉢ 경찰이 甲이 고소한 내용대로 판단하면 A의 행위는 용도를 속여 돈을 빌린 경우이므로 사기죄에 해당하여 A는 사기죄로 처벌될 수 있음 ⇒ 용도를 속인 사실이 없어 사기죄를 범한 적이 없는 A가 사기죄로 처벌될 수 있으므로, 甲의 고소는 허위사실의 신고에 해당하여 무고죄에 해당한다.

② 사기죄로 고소하면서 차용인이 변제의사와 능력을 속였다고 주장하는 경우
   ㉠ A가 甲에게 "도박을 하다가 돈이 떨어져서 도박자금이 필요하니 100만원만 빌려 달라"라고 말하여 甲이 A에게 100만원을 빌려줌
   ㉡ 변제기에 A가 돈을 갚지 않자, 甲이 "A가 변제할 의사와 능력이 없으면서도 속이고 돈을 빌려가 금원을 편취하였으므로 사기죄로 처벌해 주십시오"라고 경찰서에 A를 고소함
   ㉢ 경찰이 수사를 해 본 결과, 실제로 A에게 변제의사나 능력이 없었다고 인정되면 A는 정말로 사기죄를 범한 자이므로 甲의 고소는 허위사실의 신고에 해당하지 않으나, A에게 변제의사나 능력이 있었다고 인정되면 A는 사기죄를 범한 자가 아니므로 甲의 고소는 허위사실의 신고에 해당한다. ⇒ 甲의 고소는 허위사실의 신고에 해당하지 않을 수도 있고, 허위사실의 신고에 해당할 수 있으므로, 甲의 고소를 허위사실의 신고라고 (단정)하여 무고죄가 성립한다고 할 수 없다.

2. [1] 무고죄는 타인으로 하여금 형사처분 또는 징계처분을 받게 할 목적으로 공무소 또는 공무원에 대하여 허위의 사실을 신고하는 때에 성립하는 것으로, 여기에서 허위사실의 신고라 함은 신고사실이 객관적 사실에 반한다는 것을 확정적이거나 미필적으로 인식하고 신고하는 것을 말하는 것이므로, 신고사실의 일부에 허위의 사실이 포함되어 있다고 하더라도 그 허위부분이 범죄의 성부에 영향을 미치는 중요한 부분이 아니고, 단지 신고한 사실을 과장한 것에 불과한 경우에는 무고죄에 해당하지 아니하지만, 그 일부 허위인 사실이 국가의 심판작용을 그르치거나 부당하게 처벌을 받지 아니할 개인의 법적 안정성을 침해할 우려가 있을 정도로 고소사실 전체의 성질을 변경시키는 때에는 무고죄가 성립될 수 있다.
   [2] 도박자금으로 대여한 금전의 용도에 대하여 허위로 신고한 것이 무고죄의 허위신고에 해당한다고 한 사례[대판 2004.1.16, 2003도7178].

   판결이유 피고인이 공소외 1에게 도박자금으로 대여하였음에도 불구하고 단순히 그 대여금의 용도를 묵비한 것을 넘어서 실제와는 다른 장소에서 공소외 1에게 사고 처리비용조로 금전을 대여하였고 공소외 1이 그 다음날 바로 변제하겠다고 약속하였다는 내용으로 고소하여 그 대여한 금전의 용도에 대하여 허위로 진술한 것은 허위의 사실을 고소한 것이다.

판례 | 무고죄가 성립하지 않는 경우(허위신고이나 형사처분의 원인이 될 수 없는 경우)

1. [1] 타인에게 형사처분을 받게 할 목적으로 '허위의 사실'을 신고한 행위가 무고죄를 구성하기 위하여는 신고된 사실 자체가 형사처분의 원인이 될 수 있어야 할 것이어서, 가령 허위의 사실을 신고하였다 하더라도 그 사실 자체가 형사범죄로 구성되지 아니한다면 무고죄는 성립하지 아니한다. [19 법원9급, 18 경간부, 16 법원9급]*
   [2] "피고소인이 송이의 채취권을 이중으로 양도하여 손해를 입었으니 엄벌하여 달라"는 내용의 고소사실이 횡령죄나 배임죄 기타 형사범죄를 구성하지 않는 내용의 신고에 불과하여 그 신고 내용이 허위라고 하더라도 무고죄가 성립할 수 없다고 한 사례[대판 2007.4.13, 2006도558; 동지 대판 2002.6.28, 2001도2707]. [18 경찰승진, 17 법원9급, 16 국가7급]*

   동지판례 허위의 사실을 신고하였다고 하더라도, 그 고소사실 자체가 사문서위조, 횡령이나 배임, 사기 기타 형사범죄로 구성되지 아니하는 이상 무고죄가 성립한다고 할 수 없다[대판 2002.11.8, 2002도3738].

2. [1] 사문서위조죄에 있어서 위조라 함은 작성권한이 없는 자가 타인 명의의 문서를 작성하는 것을 말하고, 작성권한 있는 자가 진실에 반한 내용의 문서를 작성하는 이른바 무형위조는 처벌대상이 되지 아니하므로, 가사 고소사실과 같이 甲의 승낙 없이 B女와 A가 그들 명의의 임대차계약서를 새로 작성하였다고 하더라도 작성권한이 없는 자가 타인 명의의 문서를 작성한 경우에 해당하지 아니하여 사문서위조죄가 성립할 여지가 없다.

[2] 임대차보증금이 있는 임대차계약에 있어 임대인은 임차인으로 하여금 목적물을 사용·수익하게 할 의무와 임대차가 종료한 경우 임대차보증금 중 연체차임 등 당해 임대차에 관하여 명도시까지 생긴 임차인의 채무를 청산한 나머지 금액을 반환할 사법상의 의무만 있을 뿐이고, 임차인을 위하여 임대차보증금을 보관하거나 임차인의 사무를 처리하는 지위에 있지 아니하다. 따라서 설령 A와 B女가 이중으로 임대차계약을 하고 甲의 임차인으로서의 지위를 부정하였거나 또는 B女를 임대차보증금의 수령권자로 취급하고 甲에 대하여 임대차보증금의 반환을 거부하였다고 하더라도 A가 민사상 채무불이행 책임을 지는 것은 별론으로 하고 횡령죄나 배임죄가 성립할 수는 없다.

[3] A와 甲이 임대차계약을 체결할 당시부터 甲에게 임대할 생각이 아니라 B女에게 임대할 생각이었으면서도 B女와 공모하여 마치 甲에게 다방을 임대할 것처럼 甲을 기망하여 임대차보증금을 교부받아 편취하였다는 내용이 고소사실이라면, 이는 사기죄가 될 여지가 있다고 하겠다. 그러나 甲의 고소사실의 요지는, B女가 A와 공모하여 처음부터 甲을 기망하고, 이에 속은 甲이 임대차계약을 체결하였다는 것이 아니라 B女와 A가 공모하여 임대차 도중에 정당한 임차인인 甲의 승낙 없이 마치 B女가 이 사건 다방을 임차한 것처럼 허위의 계약서를 작성함으로써 甲을 임대차관계에서 배제하였다는 것이므로 그 사실 자체로서는 사기죄를 구성할 여지도 없다.

[4] 그렇다면 가사 甲이 B女와 A 사이의 임대차계약서의 작성을 승낙하였음에도 불구하고 마치 승낙을 하지 않은 것처럼 허위의 사실을 신고하였다고 하더라도, 그 고소사실 자체가 사문서위조, 횡령이나 배임, 사기 기타 형사범죄로 구성되지 아니하는 이상 무고죄가 성립한다고 할 수 없다[대판 2002.11.8. 2002도3738].

판례 | 허위사실 적시의 정도(수사권 또는 징계권의 발동을 촉구하는 정도로 족함)

무고죄에 있어서 허위사실 적시의 정도는 수사관서 또는 감독관서에 대하여 수사권 또는 징계권의 발동을 촉구하는 정도의 것이면 충분하고 반드시 범죄구성요건 사실이나 징계요건 사실을 구체적으로 명시하여야 하는 것은 아니다[대판 2006.5.25. 2005도4642]. [16 법원9급]*

동지판례 무고죄에 있어서 허위사실의 적시는 수사관서 또는 감독관서에 대하여 수사권 또는 징계권의 발동을 촉구하는 정도의 것이라면 충분하고, 그 사실이 해당될 죄명 등 법률적 평가까지 명시하여야 하는 것은 아니다[대판 2009.3.26. 2008도6895]. [19 경간부]*

판례 | 허위인가의 판단시기(신고시를 기준)

[1] 무고죄는 타인으로 하여금 형사처분 등을 받게 할 목적으로 공무소 등에 허위의 사실을 신고함으로써 성립하는 범죄이므로, 그 신고 된 범죄사실이 이미 공소시효가 완성된 것이어서 무고죄가 성립하지 아니하는 경우에 해당하는지 여부는 그 신고시를 기준으로 하여 판단하여야 한다고 할 것이다.

[2] 범행일시를 특정하지 않은 고소장을 제출한 후, 고소보충진술시에 범죄사실의 공소시효가 아직 완성되지 않은 것으로 진술한 피고인이 그 이후 검찰이나 제1심 법정에서 다시 범죄의 공소시효가 완성된 것으로 정정 진술한 경우, 이미 고소보충진술시에 무고죄가 성립하였다[대판 2008.3.27. 2007도11153].

판례 | 피무고자의 특정(성명의 표시를 요하지 않음)

공무원 또는 공무소에 대한 허위 사실의 신고를 무고죄로 처벌하기 위하여는 그 신고에 피무고자의 성명이 표시되어 있지 않더라도 그 신고내용에 의하여 객관적으로 피무고자를 특정할 수 있으면 족하다고 할 것인바, 이 사건 진정서에는 그 피진정인이 '목표교도소 징벌위원회'로 되어 있지만 그 진정 내용은 위 징벌위원회 회의록이 허위로 작성되었다는 취지이므로 위 회의록의 작성권한을 가지는 위 징벌위원회위원장을 그 피진정인으로 특정할 수 있는 것이어서, 이 사건 진정서의 피진정인과 이 부분 공소사실의 피진정인이 동일하다고 볼 수 있다[대판 2006.6.9. 2006도417].

판례 | 무고죄가 성립하는 경우

1. 객관적으로 고소사실에 대한 공소시효가 완성되었더라도 고소를 제기하면서 마치 공소시효가 완성되지 않은 것처럼 고소한 경우에는 국가기관의 직무를 그르칠 염려가 있으므로 무고죄를 구성한다[대판 1995.12.5. 95도1908]. [20 변호사, 16 경간부]*
2. 증언을 한 자가 그 재판 과정에서 자신의 증언과 반대되는 취지의 증언을 한 다른 증인을 위증죄로 고소하였다가 그 고소가 허위임이 밝혀진 경우에는 무고죄가 성립한다[대판 2005.4.14. 2003도1080].
3. 영수증을 정당하게 작성 · 교부하거나 적법하게 백지보충권을 수여하여 그에 따라 백지보충이 이루어졌음에도 불구하고 상대방이 그 영수증을 위조하였다고 신고한 경우, 무고죄에 있어서 허위사실의 신고에 해당한다[대판 2007.6.1. 2007도2299].
4. 피고인이 고소를 통하여 공소외인에게 실제로 돈을 대여한 바 없거나 또는 일부 대여한 돈을 이미 변제받았음에도 불구하고 마치 돈을 대여하였거나 그로 인한 채권이 여전히 존재하는 것처럼 내세워 허위내용의 사실을 신고한 것인 이상, 그것이 단순히 신고사실의 정황을 과장한 데에 지나지 않는다고 말할 수는 없다[대판 1995.3.10. 94도2598].
5. 위법성조각사유가 있음을 알면서도 "피고소인이 허위사실을 공표하였다."고 고소함으로써 결국 적극적으로 위법성조각사유가 적용되지 않는 공직선거법 제250조의 허위사실공표죄로 처벌되어야 한다고 주장한 경우에는 무고죄가 성립한다[대판 1998.3.24. 97도2956]. [19 경간부, 16 경간부]*
6. 종중의 사고수습대책회의가 종묘관리인의 채무를 면제하여 주는 결의를 할 적법한 권한은 없다 하더라도 피고소인은 위 회의의 결의에 따라 종묘관리인의 채무를 면제하여 준 것인데 피고인이 이를 알고 있었음에도 불구하고 진실이라는 확신 없이 위 피고소인이 공소외인으로부터 금원을 받고 임의로 결손처분하였다고 고소하였다면 금전수수의 대가로 채무면제를 하여 주었다는 점에 대하여 수사기관으로 하여금 수사권을 발동하도록 함에 충분하므로 피고인의 위와 같은 행위는 무고죄를 구성한다[대판 1986.12.9. 85도2482].
7. 피고소인들이 피고인과 제3자와의 싸움을 말리려고 하다가 피고인이 말을 듣지 아니하여 만류를 포기하고 옆에서 보고만 있었을 뿐 피고소인들이 피고인의 팔을 잡은 사실이 없었고, 또한 피고인이 그 싸움에서 턱 부위에 상해를 입은 사실은 있으나 그 상해 역시 피고인이 제3자로부터 안면부를 얻어맞아 입은 것이 아니라 서로 멱살을 잡고 밀고 당기는 과정에서 입은 상해임을 엿볼 수 있는 경우, 이와 같은 사실관계에서 "피고소인들이 피고인의 양팔을 잡아 가세하고 제3자가 피고인의 안면부를 때려 상해를 입혔다"는 취지의 고소내용은 그 제3자에 대한 관계에서는 신고사실의 정황을 다소 과장한 것에 불과하다고 볼 수도 있겠으나, 피고소인들에 대한 관계에서는 고소내용 전체가 객관적인 진실에 반하는 허위의 사실을 신고한 것으로서 그것이 단지 신고사실의 정황을 과장하는 데 불과하다고 볼 수는 없다[대판 1995.2.24. 94도3068].
8. 시청의 시민과장이 부당하게 도시계획을 변경하였다는 내용의 허위진정은 비록 도시계획변경은 건설부장관의 권한에 속하며 시청의 시민과장이 임의로 좌우할 수 없다 하더라도 당해 시청에서 도시계획을 수립하는 이상 시청의 시민과장의 징계권자로 하여금 징계권발동을 유발하기에 족한 것으로 보여지므로 무고죄가 성립한다[대판 1977.4.25. 75도2885].
9. 무고죄는 타인으로 하여금 형사처분을 받게 할 목적으로 허위의 사실을 공무소에 신고하면 성립되는 것이고 허위의 사실을 기재한 고소장을 작성하여 수사기관에 제출한 이상 고소장을 작성할 때 변호사 등 법조인의 자문을 받았다 하더라도 무고죄의 성립에는 소장이 없다[대판 1986.10.13. 86도1606].
10. 경찰관이 乙을 현행범으로 체포하려는 상황에서 甲이 경찰관을 폭행하여 甲을 현행범으로 체포하였는데, 甲이 경찰관의 현행범 체포업무를 방해한 일이 없다며 경찰관을 불법체포로 고소한 경우, 무고죄가 성립한다[대판 2009.1.30. 2008도8573].
11. 甲이 먼저 자신을 때려 주면 돈을 주겠다고 하여 乙, 丙이 甲을 때리고 지갑을 교부받아 그 안에 있던 현금을 가지고 간 것임에도, '乙 등이 피고인을 폭행하여 돈을 빼앗았다'는 취지로 허위사실을 신고한 경우, 무고죄가 성립한다[대판 2010.4.29. 2010도2745].
12. 고소사실 자체가 인정되지 않는 경우에는 고소 내용이 설사 피고인의 과실 또는 무지에 기인한 것이라고 하더라도 이를 단순한 정황의 과장에 해당한다고 볼 수 없어, 무고죄가 성립한다[대판 2009.11.12. 2009도8949].

    판결이유 피고인이 송일국으로부터 폭행을 당한 사실 자체가 인정되지 않으므로 피고인이 설령 6개월간의 가료를 요한다는 내용의 일반진단서의 의미를 잘 이해하지 못하였고 치근파절이 기왕증이라는 사실을 몰랐다고 하더라도 피고인의 이 사건 고소가 단순한 정황의 과장에 해당하는 것으로 볼 수 없다.

13. 피고인이 甲 주식회사에서 리스한 승용차를 乙에게 담보로 제공하고 돈을 차용하면서 약정 기간 내에 갚지 못할 경우 이를 처분하더라도 아무런 이의를 제기하지 않기로 하였는데, 변제기 이후 乙 등이 차량을 처분하자 피고인의 허락 없이 마음대로 처분하였다는 취지로 고소하였다면, 위 고소 내용은 허위사실 기재로서 그 자체로 독립하여 무고죄가 성립한다[대판 2012.5.24. 2011도11500].

14. 허위로 신고한 사실이 무고행위 당시 형사처분의 대상이 될 수 있었던 경우에는 국가의 형사사법권의 적정한 행사를 그르치게 할 위험과 부당하게 처벌받지 않을 개인의 법적 안정성이 침해될 위험이 이미 발생하였으므로 무고죄는 기수에 이르고, 이후 그러한 사실이 형사범죄가 되지 않는 것으로 판례가 변경되었더라도 특별한 사정이 없는 한 이미 성립한 무고죄에는 영향을 미치지 않는다[대판 2017.5.30. 2015도15398]. [20 변호사, 19 변호사, 19 국가7급, 18 국가7급, 18 경간부, 17 법원행시, 17 경찰채용]*

판례 | 무고죄가 성립하지 않는 경우

1. 강간을 당하여 상해를 입었다는 고소내용은 하나의 강간행위에 대한 고소사실이고, 이를 분리하여 강간에 관한 고소사실과 상해에 관한 고소사실의 두 가지 고소내용이라고 볼 수는 없으므로, 피고인이 공소외 甲으로부터 강간을 당한 것이 사실인 이상 이를 고소함에 있어서 강간으로 입은 것이 아닌 상해사실을 포함시켰다 하더라도 이는 고소내용의 정황을 과장한 것에 지나지 아니하여 따로이 무고죄를 구성하지 아니한다[대판 1983.1.18. 82도2170].

   동지판례 피고인이 구타를 당한 것이 사실인 이상 이를 고소함에 있어서 입지 않은 상해사실을 포함시켰다 하더라도 이는 고소내용의 정황의 과장에 지나지 않으므로 위 상해부분만이 따로이 무고죄를 구성한다고는 할 수 없다[대판 1973.12.25. 73도2771].

2. 피고인이 공소외인과 주주총회 회의장에서 상대방을 비난하다가 감정이 격해져서 서로 의자를 밀치면서 달려나와 상대방의 멱살을 붙잡고 밀고 당기면서 회의장출구 쪽으로 나가던 중 피고인이 넘어지면서 의자에 다리를 부딪쳐서 상처를 입게 된 경우, 서로 멱살을 잡고 밀고 당기는 과정에서 상처를 입게 된 이상 위 공소외인으로부터 폭행당하여 상해를 입었다고 고소하였다 하더라도 허위사실을 신고한 것이라고 볼 수는 없다[대판 1986.7.21. 86도582].

3. 甲이 A에게 대여하였다가 이미 변제받은 금원에 관하여 A가 이를 수개월간 변제치 않고 있었던 점을 들어 위 금원을 착복하였다는 표현으로 고소장에 기재하였다 하여도 이것이 A로부터 아직 변제받지 못한 나머지 금원에 관한 고소내용의 정황을 과장한 것이거나 또는 주관적 법률평가를 잘못하였음에 지나지 아니한 것이라면 특별의 사정이 없는 한 이로써 허위의 사실을 들어 고소하였다고 단정할 수는 없다[대판 1987.6.8. 87도1029]. [17 법원9급]*

4. 피고인의 고소가 매매대금 수령 전에 등기를 넘겨받은 매수인이 대금을 지급하지 않은 채 타에 처분한 것을 탓하는 취지라면 피고인이 주관적 법률평가의 잘못으로 명의신탁이라는 표현을 썼어도 매수인의 행위는 형사범죄가 되지 않는 것이므로 이러한 내용의 허위사실의 신고는 무고죄에 해당하지 않는다[대판 1992.10.13. 92도1799]. [17 경찰채용]*

5. 피고소인이 피고인 소유의 원목을 절취하였다는 고소사실 중 동 원목이 피고인 소유가 아니라 피고소인 소유이어서 절도죄를 구성하지 아니하여도 피고소인의 행위가 권리행사방해죄를 구성하는 때에는 피고인의 고소를 무고라고 할 수 없다[대판 1981.6.23. 80도1049].

6. 폭행을 당하지는 않았더라도 그와 다투는 과정에서 시비가 되어 서로 허리띠나 옷을 잡고 밀고 당기면서 평소에 좋은 상태가 아니던 요추부에 경도의 염좌증세가 생겼을 가능성이 충분히 있다면 피고인의 구타를 당하여 상해를 입었다는 내용의 고소는 다소 과장된 것이라고 볼 수 있을지언정 무고죄의 처벌대상인 허위사실을 신고한 것이라고 단정하기는 어렵다[대판 1996.5.31. 96도771].

7. 타인으로 하여금 형사처분을 받게 할 목적으로 공무소에 대하여 허위사실을 신고하였다고 하더라도, 신고된 범죄사실에 대한 공소시효가 완성되었음이 신고 내용 자체에 의하여 분명한 경우에는, 형사처분의 대상이 되지 않는 것이므로 무고죄가 성립하지 아니한다[대판 1994.2.8. 93도3445]. [18 경찰승진, 16 경찰승진]*

8. 타인으로 하여금 형사처분을 받게 할 목적으로 공무소에 대하여 허위의 사실을 신고하였다고 하더라도, 그 사실이 친고죄로서 그에 대한 고소기간이 경과하여 공소를 제기할 수 없음이 그 신고내용 자체에 의하여 분명한 때에는 당해 국가기관의 직무를 그르치게 할 위험이 없으므로 이러한 경우에는 무고죄는 성립하지 아니한다[대판 2018.7.11. 2018도1818]. [21 법원9급, 20 변호사, 20 경간부]*

판례 | 고소·고발한 수개의 사실 중 일부가 허위인 경우(허위부분만 독립하여 무고죄 성립)

1통의 고소·고발장에 의하여 수개의 혐의사실을 들어 무고로 고소·고발한 경우 그 중 일부사실은 진실이나 다른 사실은 허위인 때에는 그 허위사실부분만이 독립하여 무고죄를 구성하는 것이다. [16 법원행시]* 한편 위증죄는 진술내용이 당해 사건의 요증사항이 아니거나 재판의 결과에 영향을 미친 바 없더라도 선서한 증인이 그 기억에 반하여 허위의 진술을 한 경우에는 성립되어 그 죄책을 면할 수 없으므로, 위증으로 고소·고발한 사실 중 위증한 당해사건의 요증사항이 아니고 재판결과에 영향을 미친 바 없는 사실만이 허위라고 인정되더라도 무고죄의 성립에는 영향이 없다[대판 1989.9.26. 88도1533], [대판 2001.7.27. 99도2533]. [16 경찰승진]*

④ 신고: ⅰ) 자발성을 요건으로 한다. 따라서 조사관의 요청·수사기관의 신문에 의하여 허위진술을 하는 것은 신고가 아니다. ⅱ) 신고의 방법에는 제한이 없다. 다만, 부작위에 의한 무고는 인정되지 않는다(통설).

판례 | 무고죄의 허위신고의 방법

무고죄에서 허위사실의 신고방식은 구두에 의하건 서면에 의하건 관계가 없고, 서면에 의하는 경우에도 그 신고내용이 타인으로 하여금 형사처분 또는 징계처분을 받게 할 목적의 허위사실이면 충분하며 그 명칭을 반드시 고소장이라고 하여야만 무고죄가 성립하는 것은 아니다[대판 2014.12.24. 2012도4531]. [17 법원9급]*

판례 | 무고죄가 성립하는 경우(자발적 신고로 볼 수 있는 경우)

1. 무고죄에 있어서의 신고는 자발적인 것이어야 하고 수사기관 등의 추문에 대하여 허위의 진술을 하는 것은 무고죄를 구성하지 않는 것이지만, 당초 고소장에 기재하지 않은 사실을 수사기관에서 고소보충조서를 받을 때 자진하여 진술하였다면 이 진술 부분까지 신고한 것으로 보아야 한다[대판 1996.2.9. 95도2652].
2. 수표발행인인 피고인이 은행에 지급제시된 수표가 위조되었다는 내용의 허위의 신고를 하여 그 정을 모르는 은행 직원이 수사기관에 고발을 함에 따라 수사가 개시되고, 피고인이 경찰에 출석하여 수표위조자로 특정인을 지목하는 진술을 한 경우, 이는 피고인이 위조 수표에 대한 부정수표단속법 제7조의 고발의무[123]가 있는 은행원을 도구로 이용하여 수사기관에 고발을 하게 하고 이어 수사기관에 대하여 특정인을 위조자로 지목함으로써 자발적으로 수사기관에 대하여 허위의 사실을 신고한 것으로 평가하여야 한다[대판 2005.12.22. 2005도3203].
3. 피고인이 타인의 소개로 검찰청에서 만난 검찰수사관에게 영수증을 제시하면서 그 영수증에 기재된 금액은 관계기관에 대한 청탁금 명목으로 甲에게 교부한 것이라고 허위의 사실을 말하여 甲에 대한 변호사법위반죄의 혐의를 인정하게 한 다음 위 검찰수사관으로부터 그와 같은 내용으로 진술조서를 받음에 있어 甲에 대한 처벌을 요구하는 진술을 한 것이라면 피고인의 위와 같은 진술행위는 단순히 수사기관의 추문에 의하여 행해진 것이라거나 수사기관의 요청에 의한 범죄의 정보제공에 불과한 것이 아니라 자진하여 타인으로 하여금 형사처분을 받게 할 목적으로 수사기관에 대하여 허위의 사실을 신고한 것으로서 형법 제156조 소정의 무고죄에 있어서의 신고에 해당한다[대판 1988.2.23. 87도2454].

판례 | 무고죄가 성립하지 않는 경우(자발성이 결여된 경우)

피고인이 수사기관에 한 진정 및 그와 관련된 부분을 수사하기 위한 검사의 추문에 대한 대답으로서 진정내용 이외의 사실에 관하여 한 진술은 피고인의 자발적 진정내용에 해당되지 아니하므로 무고죄를 구성하지 않는다[대판 1990.8.14. 90도595].

123) 부정수표단속법 제7조는 금융기관에 종사하는 자가 직무상 위조된 수표를 발견한 때에는 48시간 이내에 이를 고발하여야 하고 고발을 하지 아니한 때에는 형사처벌을 받도록 규정하고 있다.

⑤ 기수시기

판례 | 무고죄의 기수에 해당하는 경우

피고인이 최초에 작성한 허위내용의 고소장을 경찰관에게 제출하였을 때 이미 허위사실의 신고가 수사기관에 도달되어 무고죄의 기수에 이른 것이라 할 것이므로 그 후에 그 고소장을 되돌려 받았다 하더라도 이는 무고죄의 성립에 아무런 영향이 없다[대결 1985.2.28. 84도2215]. [19 국가9급, 16 국가7급, 16 경찰승진]*

(2) 주관적 구성요건

① 고의

판례 | 무고죄의 고의 및 허위에 대한 인식정도

무고죄에 있어서의 범의는 반드시 확정적 고의임을 요하지 아니하고 미필적 고의로서도 족하다 할 것이므로 무고죄는 신고자가 진실하다는 확신 없는 사실을 신고함으로써 성립하고 그 신고사실이 허위라는 것을 확신함을 필요로 하지 않는다[대판 1988.2.9. 87도2366; 동지 대판 1997.3.28. 96도2417]. [23 경간부, 23 변호사]*

판례 | 무고의 고의가 부정되는 경우

1. 고소사실이 객관적 사실에 반하는 허위의 것이라 할지라도 그 허위성에 대한 인식이 없을 때에는 무고에 대한 고의가 없다 할 것이다[대판 2003.1.24. 2002도5939].
2. 진실한 객관적인 사실들에 근거하여 고소인이 피고소인의 주관적인 의사에 관하여 갖게 된 의심을 고소장에 기재하였을 경우에 법률 전문가 아닌 일반인의 입장에서 볼 때 그와 같은 의심을 갖는 것이 충분히 합리적인 근거가 있다고 볼 수 있다면, 비록 그 의심이 나중에 진실하지 않는 것으로 밝혀졌다고 하여 곧바로 고소인에게 무고의 미필적 고의가 있었다고 단정하여서는 안 된다[대판 1996.3.26. 95도2998].

판례 | 무고의 고의가 인정되는 경우

1. 실제 고소를 한 甲이 고소장을 접수하더라도 수사기관의 고소인 출석요구에 응하지 않음으로써 그 단계에서 수사가 중지되고 고소가 각하될 것으로 의도하고 있었고, 더 나아가 피고소인들에 대한 출석요구와 피의자신문 등의 수사권까지 발동될 것은 의욕하지 않았다고 하더라도 피고인들이 위 甲과 공모하여 甲으로 하여금 그러한 허위 사실이 기재된 고소장을 수사기관에 제출하도록 한 이상 피고인들에게는 그 피고소인들이 그로 인하여 형사처분을 받게 될 수도 있다는 점에 대한 인식이 있었다고 보아야 하고, 또 그 고소장 접수 당시에 이미 국가의 형사사법권의 적정한 행사가 저해될 위험도 발생하였다고 보아야 한다[대판 2006.8.25. 2006도3631].

   동지판례 무고죄에 있어서 형사처분을 받게 할 목적은 허위신고를 함에 있어 다른 사람이 그로 인하여 형사처분을 받게 될 것이라는 인식이 있으면 충분하고 그 결과의 발생을 희망할 필요까지는 없다 할 것이므로, 고소인이 고소장을 수사기관에 제출한 이상 그러한 인식은 있다 할 것이고, 나아가 고소를 한 목적이 상대방을 처벌받도록 하는 데 있지 않고 시비를 가려 달라는 데에 있다고 하여 무고죄의 범의가 없다고 할 수 없으며, 그가 신문사의 대표이사로서 위 신문사 수습대책위원회의 요구에 따라 수동적으로 행동한 것이라고 하여도 무고죄의 성립에는 지장이 없다[대판 1995.12.12. 94도3271].

2. 무고죄의 허위신고에 있어서 다른 사람이 그로 인하여 형사처분 또는 징계처분을 받게 될 것이라는 인식이 있으면 족하므로, 고소당한 범죄가 유죄로 인정되는 경우에, 고소를 당한 사람이 고소인에 대하여 '고소당한 죄의 혐의가 없는 것으로 인정된다면 고소인이 자신을 무고한 것에 해당하므로 고소인을 처벌해 달라'는 내용의 고소장을 제출하였다면 설사 그것이 자신의 결백을 주장하기 위한 것이라고 하더라도 방어권의 행사를 벗어난 것으로서 고소인을 무고한다는 범의를 인정할 수 있다[대판 2007.3.15. 2006도9453]. [17 경찰승진]*

3. 무고죄에 있어서 형사처분 또는 징계처분을 받게 할 목적은 허위신고를 함에 있어서 다른 사람이 그로 인하여 형사 또는 징계처분을 받게 될 것이라는 인식이 있으면 족한 것이고, 그 결과발생을 희망하는 것을 요하는 것은 아닌바 피고인이 원심 적시의 고소장을 수사기관에 제출한 이상 그러한 인식은 있었다 할 것이니 피고인이 이 사건 고소를 한 목적이 피고소인들을 처벌받도록 하는 데에 있지 아니하고 단지 회사 장부상의 비리를 밝혀 정당한 정산을 구하는 데에 있다 하여 무고의 범의가 없다 할 수 없다[대판 1991.5.10. 90도2601]. [18 경찰승진, 16 법원행시, 16 법원9급]*

4. 무고죄에 있어서 허위사실의 신고라 함은 신고사실이 객관적 사실에 반한다는 것을 확정적이거나 미필적으로 인식하고 신고하는 것을 말하는 것이므로 객관적 사실과 일치하지 않는 것이라도 신고자가 진실이라고 확신하고 신고하였을 때에는 무고죄가 성립하지 않는다고 할 것이나, 여기에서 진실이라고 확신한다 함은 신고자가 알고 있는 객관적인 사실관계에 의하더라도 신고사실이 허위라거나 또는 허위일 가능성이 있다는 인식을 하지 못하는 경우를 말하는 것이지, 신고자가 알고 있는 객관적 사실관계에 의하여 신고사실이 허위라거나 허위일 가능성이 있다는 인식을 하면서도 이를 무시한 채 무조건 자신의 주장이 옳다고 생각하는 경우까지 포함되는 것은 아니다[대판 2000.7.4. 2000도1908].

5. 피고인은 2020.3.12. 16:00경 서울 도봉구 B 소재 피고인의 집에서 국민권익위원회에서 운영하는 '국민신문고' 홈페이지에 접속하여 '피진정인 C는 D에 있는 ㅇㅇ약국의 약사로, 무자격자인 종업원 E에게 명찰을 달지 않고 불특정 다수의 환자들에게 의약품을 판매하도록 지시하였는바, 특히 위 E는 2020.3.12.경 위 약국에서 피고인에게 레드콜연질캡슐이라는 약을 처방, 판매하였으니 철저히 조사하여 약사법위반으로 조사하여 처벌하여 달라.'는 내용의 민원을 제기하였다. 그러나 사실 레드콜연질캡슐은 위 약국에서 취급하지 않는 의약품이었고, 위 약국 약사 C는 종업원인 E로 하여금 피고인 또는 불특정 다수의 손님들에게 의약품을 판매하도록 지시한 사실이 전혀 없었고, 위 E도 위와 같은 지시를 받아 의약품을 처방, 판매한 사실이 전혀 없었다. 이 경우 피고인에게 무고죄가 성립한다[대판 2022.6.30. 2022도3413].

판례해설 약사가 무자격자인 종업원으로 하여금 불특정 다수의 환자들에게 의약품을 판매하도록 지시하거나 실제로 자신에게 의약품을 판매하였다는 등의 내용으로 제기된 피고인의 민원은 객관적 사실관계에 반하는 허위사실이고, 미필적으로나마 그 허위 또는 허위의 가능성을 인식한 무고의 고의가 인정된다.

② **타인으로 하여금 형사처분 · 징계처분을 받게 할 목적:** ⅰ) 자기무고는 무고죄의 구성요건해당성이 없다. ⅱ) 공동무고의 경우 타인에 대한 부분은 무고죄가 성립한다. ⅲ) 피해자의 승낙은 무고죄의 성립에 영향이 없다. 본죄는 국가적 법익을 주된 보호법익으로 하고 있기 때문이다. ⅳ) 사자 · 허무인에 대한 무고는 형사처분 · 징계처분을 받게 할 가능성이 없으므로 무고죄의 주관적 요소인 목적성이 결여되어 구성요건해당성이 없다. ⅴ) 목적에 대한 인식정도는 미필적 인식으로 족하다(판례).

판례 | 징계처분의 범위(변호사에 대한 징계처분도 포함: 중요)

[1] 형법 제156조는 타인으로 하여금 형사처분 또는 징계처분을 받게 할 목적으로 공무소 또는 공무원에 대하여 허위의 사실을 신고한 자를 처벌하도록 정하고 있다. 여기서 '징계처분'이란 공법상의 특별권력관계에 기인하여 질서유지를 위하여 과하여지는 제재를 의미하고, 또한 '공무소 또는 공무원'이란 징계처분에 있어서는 징계권자 또는 징계권의 발동을 촉구하는 직권을 가진 자와 그 감독기관 또는 그 소속 구성원을 말한다. [16 법원행시]*
[2] 구 변호사법(2008.3.28. 법률 제8991호로 개정되기 전의 것, 이하 '구 변호사법'이라 한다) 제92조, 제95조, 제96조, 제100조 등 관련 규정에 의하면 변호사에 대한 징계가 대한변호사협회 변호사징계위원회를 거쳐 최종적으로 법무부의 변호사징계위원회에서 결정되고 이에 불복하는 경우에는 행정소송을 할 수 있는 점, 구 변호사법 제93조, 제94조, 제101조의2 등은 판사 2명과 검사 2명이 위원으로 참여하여 대한변호사협회 변호사징계위원회나 법무부의 변호사징계위원회를 구성하고, 서류의 송달, 기일의 지정이나 변경 및 증인 · 감정인의 선서와 급여에 관한 사항에 대하여 '형사소송법'과 '형사소송비용 등에 관한 법률'의 규정을 준용하도록 정하고 있는 점, 위와 같은 절차를 마련한 것은 변호사의 공익적 지위에 기인하여 공법상의 특별권력관계에 준하여 징계에 관하여도 공법상의 통제를 하려는 의도로 보여지는 점 등을 고려하여 보면, 변호사에 대한 징계처분은 형법 제156조에서 정하는 '징계처분'에 포함된다고 봄이 상당하고, 구 변호사법 제97조의2 등 관련 규정에 의하여 그 징계 개시의 신청권이 있는 지방변호사회의 장은 형법 제156조에서 정한 '공무소 또는 공무원'에 포함된다.
[3] 피고인이 변호사인 피해자로 하여금 징계처분을 받게 할 목적으로 서울지방변호사회에 위 변호사회 회장을 수취인으로 하는 허위 내용의 진정서를 제출한 사안에서, 무고죄를 인정한 원심판단을 수긍한 사례[대판 2010.11.25. 2010도10202].

판례 | 징계처분에 포함되지 않는 경우

[1] 사립학교 교원에 대한 학교법인 등의 징계처분은 형법 제156조의 '징계처분'에 포함되지 않는다.
[2] 피고인이 사립대학교 교수인 피해자들로 하여금 징계처분을 받게 할 목적으로 국민권익위원회에서 운영하는 범정부 국민포털인 국민신문고에 민원을 제기한 사안에서, 피해자들은 사립학교 교원이므로 피고인의 행위가 무고죄에 해당하지 않는다고 한 사례[대판 2014.7.24. 2014도6377]. [23 변호사, 18 경찰채용]*

동지판례 ○○○개발원에 소속된 무기계약근로자에 대한 인사권의 행사로서 이루어지는 징계는 공법상 감독관계에서 질서유지를 위한 신분적 제재가 아닌 사법적 법률행위의 성격을 가지므로 위 징계처분은 형법 제156조의 징계처분에 포함될 수 없다. '공소외인이 피고인을 징계해 달라며 ○○○개발원에 허위의 사실을 신고하였다.'는 내용으로 피고인이 신고한 사실은 그 자체로 공소외인에게 무고죄를 구성하지 않으므로, 비록 신고한 사실 자체가 허위라고 하더라도 피고인에게 무고죄가 성립하지 아니한다[대판 2025.5.15. 2025도1084].

판례 | 승낙무고(무고죄 성립), 무고죄의 목적(결과발생을 희망할 것을 요하지 않음)

[1] 무고죄는 국가의 형사사법권 또는 징계권의 적정한 행사를 주된 보호법익으로 하고 다만, 개인의 부당하게 처벌 또는 징계받지 아니할 이익을 부수적으로 보호하는 죄이므로, 설사 무고에 있어서 피무고자의 승낙이 있었다고 하더라도 무고죄의 성립에는 영향을 미치지 못한다 할 것이고, 무고죄에 있어서 형사처분 또는 징계처분을 받게 할 목적은 허위신고를 함에 있어서 다른 사람이 그로 인하여 형사 또는 징계처분을 받게 될 것이라는 인식이 있으면 족한 것이고 그 결과발생을 희망하는 것까지를 요하는 것은 아니므로, 고소인이 고소장을 수사기관에 제출한 이상 그러한 인식은 있었다고 보아야 한다. [20 국가9급, 20 경간부, 19 경찰승진, 16 법원행시, 16 국가7급, 17 법원9급, 16 경찰승진]*
[2] 甲이 乙로부터 피해를 당한 사람들과 乙 사이의 합의를 주선하기 위하여 자신도 피해자인 것처럼 행세하기 위한 방편으로 乙의 승낙을 얻어 乙로부터 차용금 피해를 당한 것처럼 허위사실을 기재하여 乙을 고소하였으나 甲은 바로 乙에게 합의서를 작성하여 교부해 주는 한편 수사기관의 고소인 출석요구에 응하지 않았다고 하더라도, 甲이 허위사실을 기재한 고소장을 제출한 이상 피무고자에 대한 형사처분이라는 결과발생을 의욕한 것은 아니라 하더라도 적어도 그러한 결과발생에 대한 미필적인 인식은 있었던 것으로 보아야 한다[대판 2005.9.30. 2005도2712]. [20 변호사, 19 법원행시, 18 국가7급, 17 변호사, 17 경찰채용]*

판례 | 피무고자의 교사·방조하에 제3자가 피무고자에 대해 허위신고한 경우(피무고자는 공범 성립) (자기무고 교사, 방조의 경우 교사범, 방조범 성립)

[1] 형법 제156조의 무고죄는 국가의 형사사법권 또는 징계권의 적정한 행사를 주된 보호법익으로 하는 죄이나, 스스로 본인을 무고하는 자기무고는 무고죄의 구성요건에 해당하지 아니하여 무고죄를 구성하지 않는다. [20 국가7급, 19 법원행시, 17 경찰채용]* 그러나 피무고자의 교사·방조하에 제3자가 피무고자에 대한 허위의 사실을 신고한 경우에는 제3자의 행위는 무고죄의 구성요건에 해당하여 무고죄를 구성하므로, 제3자를 교사·방조한 피무고자도 교사·방조범으로서의 죄책을 부담한다.
[2] 甲, 乙이 丙의 사업자금을 조달하는 방편으로 약속어음을 발행·보증하였다가 채권자 A가 甲 소유의 부동산에 강제경매를 신청하자 이를 면하기 위하여, 丙의 승낙 아래 그로부터 허위사실을 기재한 확인서 등을 받고 丙과 A를 유가증권위조 등으로 무고한 경우, 丙은 무고방조죄의 죄책을 부담한다[대판 2008.10.23. 2008도4852]. [20 변호사, 19 법원행시, 18 국가7급, 17 변호사, 17 경찰채용]*

3. 죄수

무고죄는 피무고자의 수를 기준으로 죄수를 결정한다.

4. 자백과 자수

판례 | 자백과 자수의 상대방 및 시간적 한계인 '재판이 확정되기 전'의 의미

[1] 형법 제157조, 제153조는 무고죄를 범한 자가 그 신고한 사건의 재판 또는 징계처분이 확정되기 전에 자백 또는 자수한 때에는 그 형을 감경 또는 면제한다고 하여 이러한 재판확정 전의 자백을 필요적 감경 또는 면제사유로 정하고 있다. 위와 같은 자백의 절차에 관해서는 아무런 법령상의 제한이 없으므로 그가 신고한 사건을 다루는 기관에 대한 고백이나 그 사건을 다루는 재판부에 증인으로 다시 출석하여 전에 그가 한 신고가 허위의 사실이었음을 고백하는 것은 물론 무고 사건의 피고인 또는 피의자로서 법원이나 수사기관에서의 신문에 의한 고백 또한 자백의 개념에 포함된다. [22 경간부]*

[2] 형법 제153조에서 정한 '재판이 확정되기 전'에는 피고인의 고소사건 수사 결과 피고인의 무고 혐의가 밝혀져 피고인에 대한 공소가 제기되고 피고소인에 대해서는 불기소결정이 내려져 재판절차가 개시되지 않은 경우도 포함된다[대판 2018.8.1. 2018도7293]. [23 변호사, 20 경간부]*

판례 색인

대법원 판례

1940

1950

1960

1970

1980

1990

2000

2010

2020

대법원 결정

1980

1990

헌법재판소

2020

기타

MEMO

MEMO

MEMO

2026 대비 최신개정판

해커스경찰

허정 형사법

기본서 | 2권 형법각론

개정 3판 1쇄 발행 2025년 10월 14일

지은이	이용배, 허정 공편저
펴낸곳	해커스패스
펴낸이	해커스경찰 출판팀
주소	서울특별시 강남구 강남대로 428 해커스경찰
고객센터	1588-4055
교재 관련 문의	gosi@hackerspass.com 해커스경찰 사이트(police.Hackers.com) 교재 Q&A 게시판 카카오톡 채널 [해커스 경찰공무원]
학원 강의 및 동영상강의	police.Hackers.com
ISBN	979-11-7404-559-1 (13360)
Serial Number	03-01-01